आर. गुप्ता® कृत

पॉपुलर मास्टर गाइड

KVS-PGT

Kendriya Vidyalaya Sangathan – Post Graduate Teachers

SUBJECT

भूगोल

भर्ती परीक्षा

Thoroughly Revised Edition

2026
EDITION

रमेश पब्लिशिंग हाउस, नई दिल्ली

प्रकाशक

ओ.पी. गुप्ता, रमेश पब्लिशिंग हाउस

प्रशासनिक कार्यालय

12-H, न्यू दरियागंज रोड, ऑफिसर्स मेस के सामने,
नई दिल्ली-110002 ✆ 23275224, 23245124

E-mail: info@rameshpublishinghouse.com
For Online Shopping: www.rameshpublishinghouse.com

विक्रय केन्द्र

- बालाजी मार्किट, नई सड़क, दिल्ली-6 ✆ 23253720, 23282525
- 4457, नई सड़क, दिल्ली-6, ✆ 23918938

Book Code: R-1164

ISBN: 978-81-7812-868-9

मूल्यः ₹ 310

मुद्रकः एस.के. ग्राफिक्स, दिल्ली

अनुक्रमणिका

- पिछले प्रश्न-पत्र, 2023 1-20
- पिछले प्रश्न-पत्र, 2018 1-8
- पिछले प्रश्न-पत्र, 2017 1-8

1. भूगोल की प्रकृति, क्षेत्र एवं शाखाएं 3–6
2. ब्रह्मांड और पृथ्वी की उत्पत्ति 7–27
3. पृथ्वी की आन्तरिक संरचना 28–33
4. भू-आकृति 34–54
5. वायुमण्डल और उसका संघटन 55–77
6. महासागर 78–83
7. जीव भूगोल 84–101
8. भारत का सामान्य परिचय 102–105
9. भौतिक अवस्थिति 106–120
10. भारत की जलवायु 121–136
11. प्राकृतिक आपदाएँ 137–139
12. मानव भूगोल 140–155
13. जनसंख्या भूगोल 156–164
14. आर्थिक भूगोल 165–220
15. भारत में परिवहन एवं संचार 221–233
16. नगरीकरण 234–237
17. प्रदूषण के पर्यावरणीय खतरे एवं समस्याएँ तथा ओजोन अवक्षय 238–248
18. मानचित्र कला 249–259

वस्तुनिष्ठ प्रश्न (हल सहित) 260–320

✧ ✧ ✧

Scheme of Written Examination

Test Duration	180 Minutes
Total Questions	180 Objective Type Multiple Choice Questions
Total Marks	180 Marks

Section Name	Marks per Question	No. of Questions
Part-I : Proficiency in Languages (20 marks)		
1. General English	01 mark per question	10
2. General Hindi		10
Part-II : General Awareness, Reasoning & Proficiency in Computers (20 marks)		
1. General Awareness & Current Affairs	01 mark per question	10
2. Reasoning Ability		5
3. Computer Literacy		5
Part-III : Perspectives on Education and Leadership (40 questions & 40 marks)		
Part-IV : Subject-Specific (Geography) (100 questions & 100 marks)		

PROFESSIONAL COMPETENCY TEST: 60 MARKS

(Demo Teaching-30 marks and Interview-30 marks)

पिछले प्रश्न-पत्र

केन्द्रीय विद्यालय संगठन (KVS)—PGT

भूगोल शिक्षक भर्ती परीक्षा, 2023

(Exam held on 18-02-2023)

1. भूगोल शब्द का सर्वप्रथम प्रयोग करने वाले इरेटॉस्थेनीज निम्नलिखित में से किस समूह के विद्वान हैं?

A. अरब विद्वान B. फ्रैंच विद्वान

C. रोमन विद्वान D. ग्रीक विद्वान

2. निम्नलिखित विषयों में से किसका अंतरापृष्ठ (Interface) भौगोलिक चिंतन के साथ है?

A. मानवशास्त्र B. अर्थशास्त्र

C. दर्शनशास्त्र D. समाजशास्त्र

3. निम्नलिखित युगों में से किसमें आधुनिक मानव पृथ्वी पर दिखाई दिया?

A. अभिनव B. अन्यन्त नूतन

C. अति नूतन D. अल्पनूतन

4. पृथ्वी की सतहों में से कौन-सी तरल अवस्था में है?

A. भूपर्पटी B. बाह्य क्रोड

C. आंतरिक क्रोड D. सर्वाधिक ऊपरी मेंटल

5. यदि मैग्मा पदार्थ का बड़ा पिंड भूपर्पटी में अधिक गहराई में ठंडा होकर बड़ा गुंबद बनता है, तो उसे निम्नलिखित में से किस नाम से जाना जाता है?

A. ज्वालामुखी कुंड B. सिल

C. बैथोलिथ D. डाइक

6. दक्षिण अमेरिकी और प्रशान्त प्लेट के बीच स्थित छोटी प्लेट का नाम है :

A. कोकोस प्लेट B. नजका प्लेट

C. अरेबियन प्लेट D. फिलिपीन प्लेट

7. निम्नलिखित में से कौन-सा मध्य अटलांटिक कटक का महत्वपूर्ण लक्षण है?

A. अपसारी सीमा B. अभिसरण सीमा

C. प्रविष्ठन क्षेत्र D. रूपांतर सीमा

8. निम्नलिखित भूखंडों में से कौन-सा गोंडवानालैंड का हिस्सा नहीं था?

A. अफ्रीका B. मेडागास्कर

C. ऑस्ट्रेलिया D. साइबेरिया

9. निम्नलिखित जलवायु प्रदेशों में से किस में अपक्षयित पदार्थों की गहराई अधिकतम होती है?

A. टुंड्रा

B. स्टेपी

C. उष्ण कटिबंधीय वन

D. मरुस्थल

10. निम्नलिखित में से कौन-सा बाह्य बलों में सम्मिलित नहीं है?

A. अपरदन B. रूपांतरण

C. परिवहन D. निक्षेपण

1. D	2. C	3. A	4. B	5. C	6. B	7. A	8. D	9. C	10. B

11. मृदा निर्माण की प्रक्रिया के बारे में निम्नलिखित कथनों में से कौन-सा सही **नहीं** है?

A. मृदा निर्माण में मूल शैल एक निष्क्रिय नियंत्रक कारक है

B. तीव्र ढालों पर मृदा छिछली (Thin) होती है

C. ठंडी जलवायु में ह्यूमस एकत्रण तीव्र होता है, क्योंकि यहाँ बैक्टीरियल वृद्धि तीव्र होती है

D. मृत पौधे मृदा को ह्यूमस प्रदान करते हैं

12. निम्नलिखित में से कौन-सा प्रवाहशील जल द्वारा विकसित वृद्ध स्थलरूप की विशेषता है?

A. विस्तृत बाढ़ के मैदानों में बहती हुई नदी विसर्प

B. उथली V-आकार की घाटियाँ

C. जलप्रपात व क्षिप्रिकाएँ

D. V-आकार की गहरी घाटियाँ

13. निम्नलिखित कथनों में से कौन-सा नदी रोधिकाओं के बारे में सही है?

A. ये नदियों के पार्श्वों में निम्न, रैखिक और समानांतर पदार्थों का निक्षेपण है

B. लूप जैसे चैनल हैं

C. ये गिरिपद पर विकसित होने वाले जलोढ़ पंख हैं

D. ये बड़ी नदियों के विसर्पों के अवतल ढालों पर बनते हैं

14. सबसे ऊँची चोटी माउन्ट एवरेस्ट किस भू-आकृति का उदाहरण है?

A. सर्क (Cirque) B. हॉर्न (Horn)
C. अरेत (Arete) D. कॉल (Col)

15. निम्नलिखित भू-आकृतियों में से कौन-सी सुनामी के समय सबसे पहले बचाव करती हैं?

A. रोध

B. पुलिन स्तूप

C. अपतट पर बनी रोधिकाएँ

D. मैंग्रोव

16. पृथ्वी से संचरित रेडियो तरंगें वायुमंडल की निम्नलिखित में से किस परत से परावर्तित होकर वापस पृथ्वी पर आती है?

A. समतापमंडल B. क्षोभमंडल
C. मध्यमंडल D. आयनमंडल

17. जब सूर्य कर्क रेखा पर लम्बवत् है तो मकर रेखा पर सूर्य की किरणों का कोण निम्नलिखित में से कौन-सा होगा?

A. 47° B. 66½°
C. 43° D. 23½°

18. निम्नलिखित कथनों में से कौन-सा किसी स्थान पर वायु के तापमान को नियंत्रित करने वाले कारकों के बारे में सही **नहीं** है?

A. समुद्र की तुलना में स्थल धीरे-धीरे गर्म और ठंडा होता है

B. समुद्र-तल के पास के स्थानों पर तापमान अधिक होता है

C. तापमान सामान्यतः ऊँचाई बढ़ने के साथ घटता है

D. स्थल की तुलना में समुद्र धीरे-धीरे गर्म और धीरे-धीरे ठंडा होता है

19. जनवरी और जुलाई के बीच सर्वाधिक तापांतर पाया जाता है :

A. मध्य अफ्रीका में

B. एशिया महाद्वीप के उत्तरी पूर्वी भाग में

C. ऑस्ट्रेलिया के आन्तरिक भाग में

D. कनाडा के तटीय भाग में

20. विश्व के किस भाग में वर्ष भर तापमान व्युत्क्रमण सामान्य है?

A. विषुवतीय क्षेत्रों में

B. मरुस्थलीय क्षेत्रों में

C. महाद्वीपों के आन्तरिक क्षेत्रों में

D. ध्रुवीय क्षेत्रों में

11. C	12. A	13. D	14. B	15. C	16. D	17. C	18. A	19. B	20. D

21. उपोष्ण कटिबंधीय मरुस्थलों में सर्वाधिक सूर्यातप निम्नलिखित में से किसके कारण होता है?
A. इन क्षेत्रों में सूर्य की तिरछी किरणों के कारण
B. यहाँ मेघाच्छादन सबसे कम पाया जाता है
C. यहाँ दिन की लम्बाई छोटी होती है
D. अभिवहन प्रक्रिया के कारण

22. समुद्र-तल पर पृथ्वी का औसत तापमान निम्नलिखित में से कौन-सा है?
A. 11.2°C B. 13.2°C
C. 15.2°C D. 17.2°C

23. विषुवत रेखा पर पवनें निम्नलिखित में से किस दिशा में बहती हैं?
A. समदाब रेखाओं के समकोण पर
B. पूर्वी पवनें
C. पछुआ पवनें
D. उत्तरी-पूर्वी

24. कोष्ठ और उनके परिसंचरण क्षेत्र के सुमेलित युग्म की पहचान कीजिए :
A. हेडली कोष्ठ – ध्रुवीय क्षेत्र
B. हेडली कोष्ठ – शीतोष्ण क्षेत्र
C. वाकर कोष्ठ – ध्रुवीय क्षेत्र
D. फेरल कोष्ठ – शीतोष्ण क्षेत्र

25. निम्नलिखित शीतोष्ण कटिबंधीय चक्रवात के किस वाताग्र के साथ वर्षा और हिमवर्षा संबंधित हैं?
A. शीत वाताग्र B. स्थायी वाताग्र
C. गर्म वाताग्र D. अधिविष्ट वाताग्र

26. अटलांटिक महासागर में उत्पन्न होने वाले उष्ण कटिबंधीय चक्रवातों को कहा जाता है :
A. हरीकेन B. टाइफून
C. विली-विलीज D. चक्रवात

27. निम्नलिखित में से कौन-सा ठंडी सतहों पर संघनन के जमाव बिन्दु से कम तापमान पर होने से बनता है?
A. ओस B. कोहरा
C. तुषार D. बादल

28. मेघ और उसके वर्णन के सुमेलित युग्म की पहचान कीजिए :
A. स्तरी मेघ – पंख के समान प्रतीत होते हैं
B. वर्षा मेघ – काले और गहरे स्लेटी रंग के होते हैं
C. पक्षाभ मेघ – रुई के समान दिखते हैं
D. कपासी मेघ – परतदार मेघ

29. क्षोभमंडल में तापमान की सामान्य ह्रास दर, निम्नलिखित में से कौन-सी है?
A. 9.5° से./किमी. B. 8.5° से./किमी.
C. 7.5° से./किमी. D. 6.5° से./किमी.

30. निम्नलिखित कोपेन के जलवायु प्रकारों में से किस एक के लक्षण कोई शुष्क ऋतु नहीं, कोष्ण तथा शीतल ग्रीष्म होते हैं?
A. Cfb B. BSk
C. BWh D. EF

31. उत्तरी सागर में अधिक लवणता निम्नलिखित में से किसके कारण होती है?
A. उच्च वाष्पीकरण के कारण
B. बहुत अधिक मात्रा में नदियों के पानी के प्रवेश के कारण
C. उत्तरी अटलांटिक प्रवाह के द्वारा लाए गए अधिक लवणीय जल के कारण
D. आर्कटिक समुद्र का पिघला हुआ जल आने के कारण

32. विषुवत रेखा से ध्रुवों की ओर समुद्र सतह के जल के तापमान के घटने की सामान्य दर निम्नलिखित में से कौन-सी है?
A. 0.3° से./अक्षांश B. 0.5° से./अक्षांश
C. 0.8° से./अक्षांश D. 1.1° से./अक्षांश

21. B	**22.** C	**23.** A	**24.** D	**25.** C	**26.** A
27. C	**28.** B	**29.** D	**30.** A	**31.** C	**32.** B

33. निम्नलिखित में से कौन-सा एक चपटे शिखर वाला जलमग्न समुद्री टीला है?

A. प्रवाल द्वीप　　B. निमग्न द्वीप
C. समुद्री टीला　　D. जलमग्न कैनियन

34. निम्नलिखित में से किसमें जलकण छोटे वृत्ताकार रूप में ही गति करते हैं?

A. ज्वार-भाटा　　B. महासागरीय धाराएँ
C. महोर्मि (Surges)　　D. तरंगें

35. निम्नलिखित में से उस देश की पहचान कीजिए जिसमें महा विविधता केन्द्र स्थित नहीं है?

A. नीदरलैंड　　B. मेडागास्कर
C. चीन　　D. भारत

36. जापान का कोबे-ओसाका प्रदेश सघन बसा हुआ है। इसका मूल कारण है :

A. उपजाऊ मृदाएँ
B. अनेक उद्योगों की उपस्थिति
C. अनुकूल स्थलाकृति
D. सरकार प्रोत्साहन देती है

37. असंशोधित जन्म दर (CBR) के सूत्र CBR = $\frac{B_i}{P} \times 1000$; इसमें 'P' को व्यक्त किया जाता है :

A. किसी क्षेत्र में 31 दिसम्बर की जनसंख्या
B. किसी क्षेत्र में 1 जनवरी की जनसंख्या
C. किसी क्षेत्र में 1 अप्रैल की जनसंख्या
D. किसी क्षेत्र में वर्ष के मध्य की जनसंख्या

38. विश्व की मानव जनसंख्या 3 अरब से 4 अरब तक बढ़ने में निम्नलिखित में से कौन-सी अवधि लगी?

A. 15 वर्ष　　B. 30 वर्ष
C. 100 वर्ष　　D. 50 वर्ष

39. मानव विकास के निम्नलिखित उपागमों में से कौन-सा मूल रूप से अंतर्राष्ट्रीय श्रम संगठन ने प्रस्तावित किया था?

A. आय उपागम
B. कल्याण उपागम
C. आधारभूत आवश्यकता उपागम
D. क्षमता उपागम

40. निम्नलिखित देशों में से किसका आयु-लिंग पिरामिड घंटी के आकार का है?

A. नाइजीरिया　　B. जापान
C. भारत　　D. ऑस्ट्रेलिया

41. निम्नलिखित में से कौन-सा सामाजिक भूगोल का उप-क्षेत्र है?

A. संसाधन भूगोल　　B. चिकित्सा भूगोल
C. कृषि भूगोल　　D. उद्योग भूगोल

42. जनांकिकीय संक्रमण की प्रथम अवस्था की विशेषता निम्नलिखित में से कौन-सी है?

A. उच्च प्रजननशीलता और उच्च मर्त्यता
B. उच्च प्रजननशीलता और निम्न मर्त्यता
C. निम्न प्रजननशीलता और निम्न मर्त्यता
D. निम्न प्रजननशीलता और उच्च मर्त्यता

43. उच्च अक्षांशों में भोजन संग्रह .... में किया जाता है।

A. अमेजन बेसिन　　B. उष्णकटिबंधीय अफ्रीका
C. उत्तरी कनाडा　　D. पापुआ न्यू गिनी

44. मध्य अमेरिका में कर्तन एवं दहन कृषि को निम्नलिखित में से किसके द्वारा जाना जाता है?

A. झूमिंग　　B. लादांग
C. तमराई　　D. मिल्पा

45. विश्व में व्यापारिक डेरी कृषि का सबसे बड़ा क्षेत्र निम्नलिखित में से कौन-सा है?

A. दक्षिण-पूर्वी ऑस्ट्रेलिया
B. उत्तर-पश्चिमी यूरोप
C. न्यूजीलैंड
D. कनाडा

33. B	**34.** D	**35.** A	**36.** B	**37.** D	**38.** A	**39.** C
40. D	**41.** B	**42.** A	**43.** C	**44.** D	**45.** B	

46. मुम्बई के डब्बावाला (टिफिन) की क्रियाएँ, निम्नलिखित में से किसके अंतर्गत आती है?

A. प्राथमिक क्रियाएँ B. द्वितीयक क्रियाएँ
C. तृतीयक क्रियाएँ D. चतुर्थक क्रियाएँ

47. निम्नलिखित में से कौन-सा व्यक्तिगत दूरसंचार का साधन है?

A. रेडियो B. दूरदर्शन
C. ईमेल D. समाचार-पत्र

48. निम्नलिखित में से कौन-सा 'स्वर्ण कॉलर' श्रमिक है?

A. परामर्शदाता
B. बैंक अधिकारी
C. बीमा सेवा प्रदाता
D. कम्प्यूटर ऑपरेटर

49. निम्नलिखित में से किसमें चतुर्थक क्रियाएँ सम्मिलित नहीं हैं?

A. सूचना का संग्रहण
B. सूचना का उत्पादन
C. सूचना का प्रसार
D. बैंकिंग सेवाओं से संबंध

50. अत्यधिक मशीनीकरण, उच्च प्रति व्यक्ति उपज परन्तु कम प्रति एकड़ उपज, निम्नलिखित में से किस प्रकार की कृषि से संबंधित है?

A. गहन निर्वाह कृषि
B. विस्तृत वाणिज्य अनाज कृषि
C. मिश्रित कृषि
D. आदिम कालीन निर्वाह कृषि

51. निम्नलिखित मानचित्रों के सही अवरोही क्रम (वृहत मापनी से लघु मापनी) की पहचान कीजिए।

A. स्थलाकृतिक मानचित्र - एटलस मानचित्र - भित्ति मानचित्र - भूसंपत्ति मानचित्र
B. भित्ति मानचित्र - एटलस मानचित्र - भूसंपत्ति मानचित्र - स्थलाकृतिक मानचित्र
C. स्थलाकृतिक मानचित्र - भूसंपत्ति मानचित्र - भित्ति मानचित्र - एटलस मानचित्र
D. भूसंपत्ति मानचित्र - स्थलाकृतिक मानचित्र - भित्ति मानचित्र - एटलस मानचित्र

52. निम्नलिखित में से किस उपकरण का उपयोग मानचित्र पर क्षेत्रफल गणना हेतु किया जाता है?

A. रोटामीटर B. एनीमोमीटर
C. प्लैनीमीटर D. हाइग्रोमीटर

53. निम्नलिखित किस देशान्तर पर पूर्वाह्न के 6 बजे होंगे जब ग्रिनविच (Greenwich) पर समय अपराह्न 1 बजे हैं।

A. 75° प. B. 105° प.
C. 75° पू. D. 105° पू.

54. निम्नलिखित किस प्रक्षेप की रचना प्रकाश स्रोत को ग्लोब से अनंत दूरी पर रखकर की जाती है?

A. लम्बकोणीय प्रक्षेप B. नोमॉनिक प्रक्षेप
C. त्रिविम प्रक्षेप D. मर्केटर प्रक्षेप

55. निम्नलिखित कौन-सा अक्षांशीय एवं देशांतरीय विस्तार 1 : 50,000 मापनी के स्थलाकृतिक मानचित्र को प्रदर्शित करता है?

A. 1° × 1° B. 15′ × 15′
C. 15′ × 7′30″ D. 30′ × 30′

56. एक मानक त्रियक रंगी (FCC) बिम्ब में अवरक्त विकिरण को निम्नलिखित में से किस रंग द्वारा निर्दिष्ट किया जाता है?

A. बैंगनी B. हरा
C. लाल D. नीला

57. निम्नलिखित नगरों में कौन-सा प्रकार्यात्मक वर्ग से सही सुमेलित **नहीं** है?

A. प्रशासनिक नगर – चेन्नई
B. सांस्कृतिक नगर – वाराणसी
C. खनन नगर – धनबाद
D. मनोरंजन एवं स्वास्थ्य नगर – ब्रोकन हिल

46. C	**47.** C	**48.** A	**49.** D	**50.** B	**51.** D
52. C	**53.** B	**54.** A	**55.** B	**56.** C	**57.** D

58. निम्नलिखित प्रतिशतों में से कौन-सा वर्तमान में विश्व की नगरीय जनसंख्या का प्रतिनिधित्व करता है?

A. 33% B. 45%
C. 56% D. 48%

59. सन्ननगरों के समूह में विस्तृत बड़े-महानगरीय प्रदेश के लिए किसने 'मेगालोपोलिस' शब्द का प्रयोग किया?

A. पैट्रिक गिडिज
B. वाल्टर बरली ग्रिफिन
C. ली कारबुजियर
D. जीन गॉटमैन

60. निम्नलिखित में से कौन-सा अंतर्देशीय पत्तन नहीं है?

A. हुगली B. एथेंस
C. मैन्चेस्टर D. ड्यूसबर्ग

61. निम्नलिखित में कौन-सा पार-महाद्वीपीय रेलमार्ग रूट उसप्लाटा दर्रे से गुजरता है?

A. पार-साइबेरियन
B. पार-कैनेडियन
C. पार-दक्षिणी अमेरिकन
D. पार-ऑस्ट्रेलियन

62. निम्नलिखित में से किस प्रादेशिक समूह का मुख्यालय सही सुमेलित है?

A. ASEAN - बैंकॉक
B. CIS - मिंस्क
C. EU - वियना
D. OPEC - ब्रुसेल्स

63. राइन जलमार्ग रोटरडम से निम्नलिखित में से किस स्थान तक नौकायन योग्य है?

A. बेसल, स्विट्जरलैंड
B. स्टूटगार्ट, जर्मनी
C. डॉर्टमंड, जर्मनी
D. नैंसी, फ्रांस

64. निम्नलिखित में कौन-सा कथन सही नहीं है?

A. बिग इंच पाईपलाइन यू.एस.ए. में स्थित है
B. परा-महाद्वीपीय स्टुअर्ट महामार्ग ऑस्ट्रेलिया में है
C. अलास्का राजमार्ग का विस्तार लॉस एंजेलिस से अलास्का में एंकॉरेज तक है
D. पार-कनाडियन राजमार्ग वैंकूवर और सेंट जॉन नगर को जोड़ता है

65. निम्नलिखित में से किस समुद्री मार्ग को "बृहद् ट्रंक मार्ग" कहा जाता है?

A. उत्तरी अटलांटिक समुद्री मार्ग
B. स्वेज नहर मार्ग
C. पनामा नहर मार्ग
D. उत्तरी प्रशांत महासागरीय समुद्री मार्ग

66. निम्नलिखित में कौन-सा विश्व का सबसे बड़ा स्थलरुद्ध पत्तन है?

A. विशाखापट्टनम B. सैन फ्रांसिस्को
C. साओ पाओलो D. माराकाइबो

67. जनरल एग्रीमेंट फॉर टैरिफ एंड ट्रेड (GATT) का रूपांतरण विश्व व्यापार संगठन (WTO) के रूप में निम्नलिखित किस वर्ष में हुआ?

A. 1948 B. 1987
C. 1995 D. 1998

68. निम्नलिखित में से किस समुद्री-तट पर कोच्चि बंदरगाह अवस्थित है?

A. मालाबार तट B. कोरोमंडल तट
C. आंध्र तट D. ओडिशा तट

69. भारत के निम्नलिखित में से किस राज्य से कर्क रेखा नहीं गुजरती है?

A. राजस्थान B. झारखंड
C. त्रिपुरा D. मणिपुर

58. C	**59.** D	**60.** B	**61.** C	**62.** B	**63.** A
64. C	**65.** A	**66.** B	**67.** C	**68.** A	**69.** D

70. हिमालय के निम्नलिखित में से किस भाग में करेवा पाया जाता है?

A. कश्मीर हिमालय

B. हिमाचल हिमालय

C. उत्तराखंड हिमालय

D. सिक्किम हिमालय

71. धौलाधार पर्वत श्रेणी निम्नलिखित में से किस पर्वत श्रेणी का हिस्सा है?

A. बृहत् हिमालय B. लघु हिमालय

C. शिवालिक D. ट्रांस-हिमालय

72. अंडमान एवं निकोबार द्वीपों की सबसे ऊँची चोटी, सैडल चोटी निम्नलिखित में से किस द्वीप में स्थित है?

A. ग्रेट निकोबार B. उत्तरी अंडमान

C. मध्य अंडमान D. दक्षिणी अंडमान

73. गरसोप्पा (जोग) जल-प्रपात, निम्नलिखित में से किस नदी पर अवस्थित है?

A. जुआरी B. कालीनदी

C. ब्राह्मणी D. शरावती

74. कोपेन के वर्गीकरण के अनुसार उत्तर प्रदेश की जलवायु मुख्यतः किस प्रकार की है?

A. Cwg B. As

C. Amw D. Dfc

75. औसत वार्षिक वर्षा की परिवर्तिता निम्नलिखित में से किस राज्य में सर्वाधिक है?

A. असम B. राजस्थान

C. मेघालय D. छत्तीसगढ़

76. निम्नलिखित में से किस जीवमंडल निचय की अवस्थिति सही सुमेलित **नहीं** है?

A. नोकरेक – मेघालय

B. अगस्त्यमलाई – केरल

C. शेषाचलम – कर्नाटक

D. सिमलीपाल – ओडिशा

77. हिमालय में सिल्वर फर, जूनिपर तथा रोडोडेन्ड्रॉन वृक्ष निम्नलिखित में से किस ऊँचाई वर्ग में सामान्य हैं?

A. 1000 - 2000 मी.

B. 2000 - 3000 मी.

C. 3000 - 4000 मी.

D. 4000 - 5000 मी.

78. तीव्र निक्षालन के कारण निम्नलिखित मृदाओं में से किसमें लोहे के ऑक्साइड तथा एल्यूमीनियम यौगिकों की भरपूर मात्रा होती है?

A. लैटेराइट मृदाएँ B. लाल मृदाएँ

C. काली मृदाएँ D. जलोढ़ मृदाएँ

79. मृदा की लवणता की समस्या के समाधान हेतु निम्नलिखित में से किसे सामान्यतः प्रयोग किया जाता है?

A. जिप्सम B. यूरिया

C. पोटाश D. फॉस्फेट

80. निम्नलिखित दशकों में से कौन-सा प्राकृतिक आपदा न्यूनीकरण का अंतर्राष्ट्रीय दशक प्रदर्शित करता है?

A. 1990-2000 B. 2000-2010

C. 2010-2020 D. 1980-1990

81. गुजरात का कच्छ क्षेत्र भूकम्प क्षति जोखिम के निम्नलिखित में से किस क्षेत्र में आता है?

A. निम्न क्षति जोखिम क्षेत्र

B. मध्यम क्षति जोखिम क्षेत्र

C. उच्च क्षति जोखिम क्षेत्र

D. अत्यधिक क्षति जोखिम क्षेत्र

82. भारत में चक्रवाती तूफानों की बारम्बारता निम्नलिखित में से किन महीनों में सर्वाधिक है?

A. अप्रैल-मई B. मई-जून

C. जुलाई-अगस्त D. अक्टूबर-नवम्बर

70. A	**71.** B	**72.** B	**73.** D	**74.** A	**75.** B	**76.** C
77. C	**78.** A	**79.** A	**80.** A	**81.** D	**82.** D	

83. पार-हिमालय क्षेत्र के लद्दाख एवं स्पिति भूस्खलन सुभेद्यता के निम्नलिखित में से किस क्षेत्र में आते हैं?

A. अत्यधिक सुभेद्यता क्षेत्र
B. अधिक सुभेद्यता क्षेत्र
C. मध्यम एवं कम सुभेद्यता क्षेत्र
D. भूस्खलन से सुरक्षित

84. निम्नलिखित प्राकृतिक आपदाओं में से किसको वायुमंडलीय मूलक के रूप में वर्गीकृत किया जाता है?

A. बाढ़ B. चक्रवात
C. भूस्खलन D. हिमस्खलन

85. निम्नलिखित में से कौन-सा कथन सही है?

A. ध्वनि प्रदूषण को डॉब्सन इकाईयों में मापा जाता है
B. श्वसननली शोथ रोग जल प्रदूषण द्वारा होता हैं
C. नगरीय धूम्र कुहरा वायुमंडलीय प्रदूषण द्वारा होता है
D. नगरीय ठोस अपशिष्ट का एकत्रण एवं निपटान भारत के गैर-महानगरीय नगरों में दक्षतापूर्ण होता है

86. निम्नलिखित में से कौन-सा कथन **सही** है?

A. झबुआ जिला महाराष्ट्र में स्थित है
B. झबुआ जिले में गौंड जनजाति का उच्च सांद्रण है
C. झबुआ प्रशासन ने साझी संपदा संसाधन का बिना जन सहभागिता के प्रबंधन किया
D. जल संभरण प्रबंधन उपागम से झबुआ जिले के लोगों की आजीविका में सुधार हुआ

87. राष्ट्रीय जलमार्ग संख्या 3 निम्नलिखित में से किस राज्य में क्रियाशील है?

A. केरल B. आंध्र प्रदेश
C. ओडिशा D. असम

88. भारत ने किस वर्ष IRS-1A उपग्रह का प्रक्षेपण किया?

A. 1975 B. 1983
C. 1988 D. 1992

89. पर्वतीय क्षेत्र विकास कार्यक्रम को निम्नलिखित में से किस पंचवर्षीय योजना में प्रारंभ किया गया?

A. तृतीय B. चतुर्थ
C. पाँचवीं D. छठी

90. डल्ली-राजहरा लौह अयस्क खदानें निम्नलिखित में से किस राज्य में स्थित हैं?

A. ओडिशा B. छत्तीसगढ़
C. कर्नाटक D. झारखंड

91. काकरापाड़ा नाभिकीय ऊर्जा परियोजना निम्नलिखित में से किस राज्य में स्थित है?

A. राजस्थान B. कर्नाटक
C. गुजरात D. उत्तर प्रदेश

92. स्थलाकृतिक, जलीय एवं अन्य बाधाओं के कारण निम्नलिखित प्रतिशतताओं में से कौन-सा भारत में उपलब्ध धरातलीय जल उपयोग योग्य को प्रदर्शित करता है?

A. 60 प्रतिशत B. 48 प्रतिशत
C. 32 प्रतिशत D. 71 प्रतिशत

93. भारत के लगभग 90 प्रतिशत धरातलीय एवं भौम जल का निम्नलिखित में से किस सेक्टर में उपयोग किया जाता है?

A. कृषि B. नगरीय
C. शक्ति एवं उद्योग D. घरेलू

94. निम्नलिखित नदी बेसिनों में से कौन-सा दक्षिणतम भाग में अवस्थित है?

A. कृष्णा B. गोदावरी
C. कावेरी D. तापी

83. C	**84.** B	**85.** C	**86.** D	**87.** A	**88.** C
89. C	**90.** B	**91.** C	**92.** C	**93.** A	**94.** C

95. जल उपकर अधिनियम को निम्नलिखित में से किस वर्ष में लागू किया गया?

A. 1974 B. 1977

C. 1986 D. 1997

96. निम्नलिखित में कौन-सा कथन **सही** है?

A. नीरू-मीरू कार्यक्रम तमिलनाडु राज्य से जुड़ा है

B. रालेगॅान सिद्धि महाराष्ट्र के अहमदनगर जिले में एक छोटा-सा गाँव है

C. जल क्रांति अभियान खाद्य सुरक्षा हेतु 2017-18 में आरम्भ किया गया

D. अरवारी पानी संसद उत्तरी बिहार में वृक्षारोपण में सक्रिय है

97. निम्नलिखित में से कौन-सा भारत में वर्ष 2014-15 में निवल बोया क्षेत्र को दर्शाता है?

A. 307.82 मिलियन हैक्टेयर

B. 140.13 मिलियन हैक्टेयर

C. 15.09 मिलियन हैक्टेयर

D. 119.00 मिलियन हैक्टेयर

98. FAO के कृषि आँकड़ों के अनुसार निम्नलिखित किन फसलों में से वर्ष 2018 में विश्व उत्पादन में भारत प्रथम क्रम पर था?

(*a*) चावल (*b*) गेहूँ

(*c*) जूट (*d*) गन्ना

सही विकल्प चुनें :

A. (*a*), (*c*) तथा (*d*)

B. (*c*) तथा (*d*)

C. केवल (*c*)

D. केवल (*d*)

99. निम्नलिखित सूती वस्त्र उद्योग केंद्रों में से कौन-सा सबसे उत्तर की ओर अवस्थित है?

A. उज्जैन B. कानपुर

C. औरंगाबाद D. अहमदाबाद

100. निम्नलिखित में से कौन-सा जिला तेलंगाना राज्य में **नहीं** है?

A. वारंगल B. नलगोंडा

C. मेडक D. नेल्लौर

व्याख्यात्मक उत्तर

1. (D): इरेटॉस्थेनीज प्राचीन यूनानी (ग्रीक) विद्वान थे, जिन्होंने सर्वप्रथम 'भूगोल' शब्द का प्रयोग किया। वे अलैक्जेंड्रिया (मिस्र) के पुस्तकालय के अधीक्षक थे और इन्होंने पृथ्वी की परिधि का एक लगभग सटीक मान भी प्रस्तुत किया था।

2. (C): दर्शनशास्त्र भौगोलिक चिंतन में आधारभूत प्रश्नों के विश्लेषण हेतु महत्वपूर्ण भूमिका निभाता है। इस अंतर्दृष्टि के माध्यम से भूगोल में ज्ञानमीमांसा, मूल्य, अस्तित्व जैसे दार्शनिक आयामों का समावेश होता है। परिणामस्वरूप भौगोलिक घटनाओं की व्याख्या एक गहन सैद्धांतिक पृष्ठभूमि पर स्थापित हो पाती है।

3. (A): 'अभिनव' युग (Holocene) वह अवधि है जिसमें आधुनिक मानव (होमो सेपियन्स) का उद्भव तथा उसकी संस्कृति व चेतना का विकास प्रारंभ हुआ माना जाता है। इसी चरण के दौरान मानव अपने वर्तमान जैविक और व्यवहारिक स्वरूप को प्राप्त करता गया, जो आगे चलकर सभ्यता और समाज के विस्तार का आधार बना।

4. (B): पृथ्वी की आतंरिक संरचना में बाह्य क्रोड (Outer Core) तरल अवस्था में है, जबकि आंतरिक क्रोड ठोस अवस्था में पाई जाती है। भूपर्पटी (Crust) ठोस है और मेंटल (Mantle) का ऊपरी भाग भी ठोस अवस्था में होता है, परंतु बाहरी क्रोड में मुख्यतः पिघला हुआ लोहा और निकेल विद्यमान होते हैं।

95. B **96.** B **97.** B **98.** C **99.** B **100.** D

5. **(C):** भूपर्पटी की गहराई में यदि मैग्मा का बहुत बड़ा पिंड ठंडा होकर गुंबद जैसा रूप ले लेता है तो उसे बैथोलिथ (Batholith) कहा जाता है। यह आंतरिक रूप से निर्मित बड़ी आग्नेय चट्टान संरचना है, जिसके भू-पृष्ठ पर प्रकट होने पर बड़े पैमाने पर भू-आकृतिगत विशेषताएँ देखने को मिलती हैं।

6. **(B):** दक्षिण अमेरिकी प्लेट और प्रशांत (पैसिफिक) प्लेट के बीच स्थित छोटी प्लेट नजका (Nazca) प्लेट है। यह प्लेट मुख्यतः दक्षिण अमेरिका के पश्चिमी तटीय भाग के निकट स्थित है और इसकी टकराहट के कारण एंडीज पर्वतमाला के निर्माण जैसे विवर्तनिक क्रियाएँ होती हैं।

7. **(A):** मध्य अटलांटिक कटक (Mid-Atlantic Ridge) प्लेट विवर्तनिकी की अपसारी सीमा (Divergent Boundary) पर स्थित है। यहाँ दो महासागरीय प्लेटें (उत्तरी अमेरिकी व यूरेशियन प्लेट तथा दक्षिण अमेरिकी व अफ्रीकी प्लेट) एक-दूसरे से दूर हटती जाती हैं, जिसके कारण मध्य महासागरीय कटक बनता है।

8. **(D):** गोंडवानालैंड प्राचीन महाद्वीपीय भूखंड था, जिसमें अफ्रीका, दक्षिण अमेरिका, ऑस्ट्रेलिया, अंटार्कटिका, भारतीय उपमहाद्वीप और मेडागास्कर शामिल थे। साइबेरिया (Siberia) 'लॉरेशिया' या 'अंगारा लैंड' का हिस्सा था, अतः यह गोंडवानालैंड का अंग नहीं था।

9. **(C):** उष्ण कटिबंधीय वन प्रदेश (Tropical Rainforest Region) में ऊष्ण तथा आर्द्र जलवायु की उपस्थिति के कारण रासायनिक अपक्षय अत्यधिक होता है। लगातार उच्च तापमान और प्रचुर वाष्पीकरण से चट्टानों का रासायनिक अपघटन भी ज्यादा होता है, जिससे अपक्षयित पदार्थों की परत बहुत गहरी बन जाती है।

10. **(B):** बाह्य बलों (Exogenic Processes) में मुख्यतः अपरदन (Erosion), परिवहन (Transportation) और निक्षेपण (Deposition) आते हैं। रूपांतरण (Metamorphism) भीतरी (अंतर्जात) प्रक्रिया का परिणाम है, जिसमें चट्टानों का ताप, दाब अथवा रासायनिक क्रियाओं से कायांतरण होता है; अतः यह बाह्य बलों में सम्मिलित नहीं है।

11. **(C):** मृदा निर्माण में मूल शैल (Parent Material) एक नियंत्रक कारक अवश्य है, परंतु ठंडी जलवायु में ह्यूमस का एकत्रण 'बैक्टीरिया की तीव्र वृद्धि' के कारण नहीं बल्कि जैव-अवशेषों के अपघटन की मंद गति के कारण होता है। ठंडे क्षेत्रों में जीवाणु-सक्रियता कम रहती है, जिस कारण जैव-अवशेष देर से सड़ते हैं और ह्यूमस का संचय अधिक हो जाता है। अतः विकल्प C का तर्क (बैक्टीरियल वृद्धि तीव्र) ग़लत है।

12. **(A):** नदी के 'वृद्ध अवस्था' (Old Stage) या परिपक्व चरण में वह चौड़े बाढ़ मैदानों से होकर बहती है और तीव्र विसर्प (Meanders) बनाने लगती है। अन्य विकल्प जैसे जलप्रपात, क्षिप्रिकाएँ, गहरी V-आकार की घाटियाँ इत्यादि, नदी के युवावस्था अथवा पूर्व-मध्य अवस्था के लक्षण हैं।

13. **(D):** नदी रोधिकाएँ (Natural Levees) बड़ी नदियों के बाहरी विसर्पों के अवतल ढालों पर बनने वाली उठी हुई पट्टियाँ हैं। जब नदी बाढ़ के समय अपने तटों पर तलछट का निक्षेप करती है, तब समय के साथ ये रोधिकाएँ निम्न, रैखिक किन्तु थोड़ा-सा ऊँचा भूभाग बना देती हैं, जिससे नदी का मुख्य प्रवाह बँधा हुआ रहता है।

14. **(B):** माउण्ट एवरेस्ट जैसी ऊँची व शिखरयुक्त पर्वतीय संरचनाओं को हिमानी (Glacial) क्षरण की दृष्टि से हॉर्न (Horn) माना जाता है, हालाँकि इसका सबसे क्लासिक उदाहरण मैटरहॉर्न (आल्प्स) है। हॉर्न शिखर ग्लेशियरों द्वारा बहुमुखी क्षरण के परिणामस्वरूप पिरामिडनुमा आकार ग्रहण कर लेते हैं।

15. (C): सुनामी के समय अपतट पर बनी रोधिकाएँ (Off-shore bars) तटीय क्षेत्रों में सबसे पहले प्राकृतिक बचाव (Biological Barrier) का काम करती हैं। ये रोधिकाएँ पानी की ऊँची लहरों की तीव्रता कम करती हैं और तटीय क्षरण व बाढ़ से संरक्षण प्रदान करती हैं।

16. (D): रेडियो तरंगें वायुमंडल की आयनमंडल (Ionosphere) परत से परावर्तित होकर पृथ्वी पर लौटती हैं। आयनमंडल में मुक्त आयन और इलेक्ट्रॉन पर्याप्त मात्रा में होते हैं, जो रेडियो तरंगों को परावर्तित कर देते हैं।

17. (C): जब सूर्य कर्क रेखा (23½° उ.अ.) पर लम्बवत् होता है, तो मकर रेखा (23½° द.अ.) पर सूर्य की किरणों का कोण 90° – (23½° + 23½°) = 90° - 47° = 43° रहता है।

18. (A): स्थल (Land) की तुलना में समुद्र (Sea) धीरे-धीरे गर्म होता है और धीरे-धीरे ठंडा होता है। अतः विकल्प A (जिसमें कहा गया है कि "समुद्र की तुलना में स्थल धीरे-धीरे गर्म व ठंडा होता है") तर्क के विपरीत है; भूमि बहुत तेजी से गर्म भी होती है और तेजी से ठंडी भी।

19. (B): जनवरी व जुलाई के बीच तापमान का अंतर महाद्वीपीयता (Continentality) के कारण अत्यधिक होता है। एशिया महाद्वीप के उत्तरी-पूर्वी हिस्सों (विशेषतः साइबेरिया व आस-पास) में समुद्र से दूर होने और उच्च अक्षांशों के कारण वार्षिक तापांतर सबसे अधिक पाया जाता है।

20. (D): ध्रुवीय क्षेत्रों (Polar Regions) में अधिकांश समय सूर्य की किरणें अत्यंत तिरछी रहती हैं और सतह के पास शीतल वायु की परत नीचे तथा अपेक्षाकृत कुछ कम ठंडी वायु की परत ऊपर होने से तापमान का व्युत्क्रमण (Temperature Inversion) प्रायः वर्ष भर बना रहता है।

21. (B): उपोष्ण कटिबंधीय मरुस्थल (जैसे–सहारा, थार, अरब आदि) उच्च दाब वाले क्षेत्रों में स्थित होते हैं, जहाँ वायु अवरोही होती है और बादलों का निर्माण बहुत कम होता है। कम से कम मेघाच्छादन (Cloud Cover) होने के कारण अधिकांश सूर्य किरणें पृथ्वी की सतह तक पहुँच जाती हैं और उच्च ताप पैदा करती हैं।

22. (C): पृथ्वी पर समुद्र-तल के नजदीक का औसत वार्षिक तापमान लगभग 15°C (लगभग 59°F) माना जाता है। इससे सम्बन्धित विभिन्न अध्ययनों में 15°C के आस-पास का मान सर्वाधिक स्वीकार्य है।

23. (A): विषुवत रेखा पर पवनें प्रायः समदाब रेखाओं के समकोण पर बहती हैं। इसका मुख्य कारण दाब प्रवणता बल (Pressure Gradient Force) का सीधा प्रभाव है, जिसके कारण पवनें निचले अक्षांशों में अपेक्षाकृत सरल रास्ते पर प्रवाहित होती हैं, हालाँकि कोरिओलिस बल यहाँ न्यूनतम रहता है।

24. (D): पृथ्वी के वायुमंडलीय परिसंचरण में मुख्यतः तीन प्रकार के कोष्ठ (Cells) माने जाते हैं :

- हेडली कोष्ठ (0°-30° अक्षांश के बीच, उष्णकटिबंधीय क्षेत्र)
- फेरल कोष्ठ (30°-60° अक्षांश के बीच, शीतोष्ण क्षेत्र)
- ध्रुवीय कोष्ठ (60°-90° अक्षांश के बीच, ध्रुवीय क्षेत्र)

तदनुसार, फेरल कोष्ठ का संबंध शीतोष्ण क्षेत्र से है।

25. (C): शीतोष्ण कटिबंधीय (एक्स्ट्राट्रॉपिकल) चक्रवातों में गर्म वाताग्र (Warm Front) के साथ प्रायः लगातार और धीमी वर्षा (या बर्फबारी) मिलती है। यह आगे की ओर विस्तृत बादल-पट्टी बनाता है, जिसमें निम्बोस्ट्रैटस जैसे बादल वर्षा और हिमवर्षा देते हैं।

26. (A): अटलांटिक महासागर (विशेषतः कैरेबियन सागर/मैक्सिको की खाड़ी आदि) में उत्पन्न उष्णकटिबंधीय चक्रवातों को "हरीकेन" (Hurricanes) कहा जाता है, जबकि इन्हीं की भाँति उत्तर-पश्चिमी प्रशांत में "टाइफून", ऑस्ट्रेलिया क्षेत्र में "विली-विलीज", तथा हिंद महासागर में "साइक्लोन" या "चक्रवात" कहा जाता है।

27. (C): तुषार (Frost) तब बनती है, जब तापमान जमाव बिंदु (0°C) या उससे नीचे हो और जलवाष्प ठंडी सतहों पर सीधे ही जमकर बर्फ के कणों के रूप में जम जाए। ओस (Dew) 0°C से ऊपर के तापमान पर बनती है, जबकि कोहरा (Fog) व बादल (Cloud) वायु में सूक्ष्म जलकणों के निलंबन से बनते हैं।

28. (B): वर्षा मेघ (Nimbostratus या Cumulonimbus, सामान्यतः 'निम्बस' शब्द से जुड़े बादल) गहरे स्लेटी या काले रंग के दिखाई देते हैं और इनसे प्रचुर वर्षा होती है। बाकी विकल्पों में स्तरी मेघ (Stratus) परतदार, पक्षाभ मेघ (Cirrus) पंख-नुमा, व कपासी मेघ (Cumulus) रुई के गोले जैसे होते हैं।

29. (D): क्षोभमंडल (Troposphere) में तापमान की सामान्य (औसत) ह्रास दर लगभग 6.5°C प्रति 1000 मीटर (या 6.5°C प्रति किमी.) मानी जाती है। इसे "सामान्य लैप्स दर" कहा जाता है।

30. (A): कोपेन वर्गीकरण में Cfb जलवायु को "सम समुद्री पश्चिमी तटीय जलवायु" (Marine West Coast Climate) कहा जाता है। इसकी विशेषता है—कोई विशिष्ट शुष्क ऋतु नहीं, कोमल/कोष्ण (Mild) तथा अपेक्षाकृत ठंडी ग्रीष्म ऋतु, और पूरे वर्ष वर्षा का वितरण। BSk (अर्ध-शुष्क ठंडी), BWh (शुष्क-उष्ण मरुस्थलीय), EF (ध्रुवीय हिम आच्छादित) इस विवरण से मेल नहीं खाते।

31. (C): उत्तरी सागर की अधिक लवणता का मुख्य कारण उत्तरी अटलांटिक प्रवाह (North Atlantic Drift) से आने वाला अपेक्षाकृत उच्च लवणीय जल है। यह धारा उत्तरी अटलांटिक महासागर से लवणता अधिक लिए हुए जल को उत्तरी सागर की ओर ले आती है।

32. (B): विषुवत रेखा से ध्रुवों की ओर समुद्री सतह के जल के तापमान के घटने की साधारण दर लगभग 0.5°C/अक्षांश मानी जाती है। यह औसत मान है, वास्तविकता में कहीं-कहीं यह भौगोलिक परिस्थितियों के अनुसार भिन्न-भिन्न हो सकता है।

33. (B): चपटे शिखर वाला निमग्न द्वीप जिसे कभी-कभी 'गायोट' भी कहा जाता है, समुद्र तल के नीचे स्थित ऐसा पर्वत होता है जो किसी समय ज्वालामुखी क्रियाओं से ऊपर उठा हुआ था। बाद में ऊपरी भाग के अपरदित होने या अन्य भू-आकृतिक प्रक्रियाओं से उसका शिखर समतल हो गया, जिससे वह चपटे शिखर वाला जलमग्न ढाँचा बन गया।

34. (D): तरंगों (Waves) में जलकण कक्षा या वृत्ताकार पथ में गति करते हैं। तरंग आगे बढ़ती दिखती है, लेकिन वास्तविकता में जलकण अपनी जगह के इर्द-गिर्द घूमते मात्र हैं।

35. (A): "महा विविधता केन्द्र" (Mega-Diverse Countries) की सूची में प्रमुख रूप से उष्णकटिबंधीय या अत्यधिक जैव विविधता वाले देश (जैसे—भारत, चीन, मेडागास्कर, ब्राजील आदि) शामिल हैं। नीदरलैंड इस सूची में शामिल नहीं है।

36. (B): जापान के कोबे-ओसाका क्षेत्र में अनेक विविध उद्योग और बड़े कारोबारी वाणिज्यिक प्रतिष्ठान स्थापित हैं। यह क्षेत्र जापान के प्रमुख औद्योगिक व आर्थिक क्षेत्रों में से एक है, अतः यहाँ आबादी का घनत्व बहुत अधिक है।

37. (D): असंशोधित जन्म दर (Crude Birth Rate) $= (B_i/P) \times 1000$ में 'P' किसी क्षेत्र की वर्ष के मध्य (Mid-Year) की जनसंख्या को दर्शाता है। जनसांख्यिकी में प्रायः विभिन्न दरों की गणना के लिए मध्य-वर्ष की जनसंख्या का मान लिया जाता है।

38. (A): विश्व की जनसंख्या को 3 अरब (1960) से 4 अरब (1974 लगभग) तक पहुँचने में लगभग 14-15 वर्ष लगे। प्रायः इसे 15 वर्ष माना जाता है।

39. (C): आधारभूत आवश्यकता उपागम (Basic Needs Approach) मूल रूप से अंतर्राष्ट्रीय श्रम संगठन (ILO) द्वारा 1970 के दशक में प्रस्तावित किया गया था, जिसका मुख्य उद्देश्य लोगों की न्यूनतम आवश्यकताओं (भोजन, आवास, वस्त्र, स्वास्थ्य आदि) की पूर्ति पर जोर देना था।

40. (D): घंटी के आकार (Bell Shape) का आयु-लिंग पिरामिड प्रायः उन विकसित देशों में मिलता है, जहाँ जनसंख्या वृद्धि की दर निम्न से मध्यम होती है और जनसंख्या संरचना अपेक्षाकृत स्थिर होती है। ऑस्ट्रेलिया इस तरह के पिरामिड का एक उपयुक्त उदाहरण है।

41. (B): चिकित्सा भूगोल (Medical Geography) सामाजिक भूगोल का एक महत्त्वपूर्ण उप-क्षेत्र माना जाता है, क्योंकि यह स्वास्थ्य, रोगों तथा स्वास्थ्य सेवाओं के स्थानिक वितरण और सामाजिक-सांस्कृतिक प्रभावों का अध्ययन करता है। संसाधन भूगोल, कृषि भूगोल व उद्योग भूगोल आर्थिक भूगोल से अधिक संबंधित माने जाते हैं।

42. (A): जनांकिकीय संक्रमण (Demographic Transition) की प्रथम अवस्था की विशेषता उच्च प्रजननशीलता (High Birth Rate) और उच्च मर्त्यता (High Death Rate) होती है। इस अवस्था में जन्म व मृत्यु, दोनों ही दरें बहुत अधिक रहती हैं, जिससे जनसंख्या वृद्धि सामान्यतः कम रहती है।

43. (C): उच्च अक्षांशों में भोजन-संग्रह उत्तरी कनाडा (Arctic और Subarctic क्षेत्रों) में किया जाता है। अमेजन बेसिन, उष्णकटिबंधीय अफ्रीका और पापुआ न्यू गिनी, ये सभी निम्न अक्षांशों (उष्णकटिबंधीय क्षेत्रों) में स्थित हैं।

44. (D): मध्य अमेरिका में कर्तन एवं दहन कृषि को ''मिल्पा'' कहा जाता है। भारत के उत्तर-पूर्वी राज्यों में इसे ''झूम'', इंडोनेशिया में ''लादांग'' आदि नामों से जाना जाता है।

45. (B): व्यापारिक डेरी कृषि का सबसे बड़ा क्षेत्र उत्तर-पश्चिमी यूरोप (विशेषतया डेनमार्क, नीदरलैंड्स, जर्मनी, ब्रिटेन आदि) है। हालाँकि न्यूजीलैंड, ऑस्ट्रेलिया और कुछ अन्य देश भी डेयरी उत्पादों में अग्रणी हैं, परंतु उत्तर-पश्चिमी यूरोप का परंपरागत व बड़ा डेयरी क्षेत्र विश्व-प्रसिद्ध है।

46. (C): मुंबई में डब्बावाला (टिफिन वितरण) सेवा उद्योगों से संबंधित एक सेवा (Service) है, जो प्रतिदिन कार्यस्थलों तक भोजन पहुँचाती है। यह तृतीयक क्रिया (Tertiary Activity) के अंतर्गत आती है, क्योंकि इसमें प्रत्यक्ष रूप से सेवा प्रदान की जाती है।

47. (C): ईमेल (E-mail) व्यक्तिगत दूरसंचार का साधन है। रेडियो, दूरदर्शन (टेलीविजन) और समाचार-पत्र सामूहिक संचार (Mass Communication) के माध्यम हैं, जिनका संदेश एक ही समय में बहुत-से लोगों तक पहुँचाया जाता है।

48. (A): 'स्वर्ण कॉलर' (Gold Collar) श्रमिकों में उच्च कौशल वाले, उच्च-स्तरीय परामर्शदाता, विश्लेषक, वैज्ञानिक इत्यादि शामिल होते हैं, जिनका कार्य ज्ञान एवं विशेषज्ञता पर आधारित होता है। अतः परामर्शदाता (Consultant) को 'स्वर्ण कॉलर' श्रमिक माना जा सकता है।

49. (D): चतुर्थक क्रियाएँ (Quaternary Activities) मुख्यतः ज्ञान, सूचना व बौद्धिक सेवाओं (Information-based services) से जुड़ी होती हैं, जैसे सूचना का संग्रहण, उत्पादन व प्रसार। बैंकिंग सेवाएँ मूलतः तृतीयक क्षेत्र (Service Sector) में आती हैं, अतः चतुर्थक क्रियाओं में सम्मिलित नहीं की जातीं।

50. (B): विस्तृत वाणिज्यिक अनाज कृषि (Extensive Commercial Grain Farming) में अत्यधिक मशीनीकरण, प्रति व्यक्ति (या प्रति श्रमिक) उपज बहुत अधिक, किंतु प्रति इकाई क्षेत्रफल (एकड़/हेक्टेयर) उपज अपेक्षाकृत कम होती है। यह बड़े भूमि-क्षेत्रों पर कम श्रमिकों के साथ आधुनिक मशीनों द्वारा की जाने वाली कृषि का स्वरूप है।

51. (D): मापनी के आधार पर मानचित्रों का क्रम प्रायः इस प्रकार होता है–

- **भूसंपत्ति मानचित्र (Cadastral Map):** सबसे बड़ी मापनी (भूमि की मिल्कियत व भू-सर्वे)
- **स्थलाकृतिक मानचित्र (Topographical Map):** मध्यम-बड़ी मापनी (1:50,000 या 1:25,000 इत्यादि)
- **भित्ति मानचित्र (Wall Map):** अपेक्षाकृत छोटी मापनी
- **एटलस मानचित्र (Atlas Map):** सबसे छोटी मापनी

अतएव, भूसंपत्ति मानचित्र > स्थलाकृतिक मानचित्र > भित्ति मानचित्र > एटलस मानचित्र (वृहत से लघु की ओर)।

52. (C): प्लैनीमीटर (Planimeter) एक यांत्रिक उपकरण है, जिसका उपयोग मानचित्र पर किसी क्षेत्रफल की गणना हेतु किया जाता है।

- रोटामीटर (Rotameter) द्रव/गैस प्रवाह मापने के लिए
- एनीमोमीटर (Anemometer) पवन गति मापने के लिए
- हाइग्रोमीटर (Hygrometer) आर्द्रता मापने के लिए प्रयुक्त होता है।

53. (B): जब ग्रीनविच (0° देशांतर) पर समय 13:00 (अपराह्न 1 बजे) है और किसी अन्य रेखांश पर 06:00 (पूर्वाह्न) है, तो दोनों के बीच 7 घंटे का अंतर है।

समय का अंतर (घंटों में) × 15

= देशांतर का अंतर

$$7 \times 15 = 105°$$

क्योंकि वहाँ का समय पीछे चल रहा है, अतः वह 105° प. देशांतर पर स्थित होगा।

54. (A): लम्बकोणीय प्रक्षेप (Orthographic Projection) की रचना में प्रकाश-स्रोत को ग्लोब से अनंत दूरी पर रखकर प्रक्षेपण किया जाता है, जिससे धरातल की छाया मानचित्र समतल पर अभिव्यक्त होती है।

- नोमॉनिक (Gnomonic) में प्रकाश-स्रोत केंद्र में
- स्टीरियोग्राफिक (Stereographic) में प्रकाश-स्रोत विपरीत ध्रुव पर
- मर्केटर (Mercator) सिलिंड्रिकल गणनाओं पर आधारित होता है।

55. (B): भारत में 1:50,000 मापनी के स्थलाकृतिक मानचित्र प्रायः 15′ (अक्षांश) × 15′ (देशांतर) के क्षेत्र को आवृत करते हैं।

- 1° × 1° आमतौर पर 1:50,000 या उससे भी छोटी मापनी के लिए
- 7′30″ × 7′30″ प्रायः 1:25,000 मापनी के मानचित्रों के लिए
- 30′ × 30′ प्रायः 1:100,000 मापनी के लिए प्रयुक्त होता है।

56. (C): त्रियक रंगी (FCC–False Colour Composite) बिम्ब में प्रायः 'निकट-अवरक्त' (NIR) बैंड को लाल (Red) रंग द्वारा प्रदर्शित किया जाता है, जिससे वनस्पति इत्यादि का भेद्यता (Contrast) स्पष्ट हो जाता है।

57. (D): ब्रोकन हिल (Broken Hill) ऑस्ट्रेलिया का प्रसिद्ध खनन नगर है (सीसा, जस्ता, चाँदी इत्यादि), न कि मनोरंजन एवं स्वास्थ्य नगर।

- प्रशासनिक नगर – चेन्नई (तमिलनाडु की राजधानी)
- सांस्कृतिक नगर – वाराणसी (आध्यात्मिक/धार्मिक व सांस्कृतिक केंद्र)
- खनन नगर – धनबाद (झारखंड)

58. (C): संयुक्त राष्ट्र एवं विभिन्न संगठनों के ताजा आँकड़ों के अनुसार वर्तमान में विश्व की शहरी आबादी लगभग 56% के आसपास है, जो कि बीते दशकों में तेज़ी से बढ़ी है।

59. (D): 'मेगालोपोलिस' शब्द का प्रयोग सर्वप्रथम जीन गॉटमैन (Jean Gottmann) ने अमेरिका के पूर्वोत्तरी शहरी गलियारे (बोसवॉश–बोस्टन से वॉशिंगटन तक) के लिए किया था, जो अनेक सन्नगरों के समूह से मिलकर बना एक विशाल नगरीय क्षेत्र है।

60. (B): एथेंस (Athens) ग्रीस का तटीय महानगर है और इसका निकटवर्ती प्रमुख बंदरगाह 'पाइरेयस (Piraeus)' समुद्र तट पर स्थित है; अतः यह अंतर्देशीय (Inland) पत्तन नहीं है।

हुगली (प. बंगाल, भारत), मैन्चेस्टर (इंग्लैंड, मैनचेस्टर शिप कैनाल द्वारा), तथा ड्यूसबर्ग (जर्मनी, राइन नदी पर) सभी अंतर्देशीय बंदरगाहों के उदाहरण हैं।

61. (C): उसप्लाटा दर्रा (Uspallata Pass) अर्जेंटीना और चिली के बीच एंडीज पर्वत शृंखला में स्थित है। यह पार-दक्षिणी अमेरिकन रेलमार्ग (Trans-Andean या Trans-South American) का हिस्सा है, जो अर्जेंटीना (मेंडोजा) से चिली (वालपाराइसो) तक जाता है।

62. (B): प्रमुख प्रादेशिक समूहों के मुख्यालय निम्न प्रकार हैं–

- ASEAN का मुख्यालय जकार्ता (इंडोनेशिया) में
- CIS (Commonwealth of Independent States) का मुख्यालय मिंस्क (बेलारूस) में
- EU (European Union) का मुख्यालय ब्रुसेल्स (बेल्जियम) में
- OPEC (Organization of the Petroleum Exporting Countries) का मुख्यालय वियना (ऑस्ट्रिया) में

अतः सही सुमेलित युग्म "CIS-मिंस्क" है।

63. (A): राइन (Rhine) जलमार्ग नीदरलैंड के रॉटरडम बंदरगाह से लेकर स्विट्जरलैंड के बेसल तक नौकायन योग्य है। बड़े अंतर्देशीय पोत एवं जलयान बेसल तक आवागमन कर सकते हैं।

64. (C): यह कथन गलत है : "अलास्का राजमार्ग का विस्तार लॉस एंजेलिस से अलास्का में एंकरिज तक है।"

वास्तव में अलास्का राजमार्ग (Alcan Highway) या अल-कैन राजमार्ग कनाडा के ब्रिटिश कोलंबिया स्थित डॉसन क्रीक (Dawson Creek) से आरंभ होकर अलास्का (यू.एस.) के डेल्टा जंक्शन (Delta Junction) तक जाता है। लॉस एंजेलिस से इसका प्रत्यक्ष संबंध नहीं है।

65. (A): उत्तरी अटलांटिक महासागरीय मार्ग को "बृहद् ट्रंक मार्ग" (Big Trunk Route) कहा जाता है, क्योंकि यह उत्तरी अमेरिका और पश्चिमी यूरोप के बीच व्यापार और यातायात का अत्यंत व्यस्त समुद्री मार्ग है।

66. (B): सैन फ्रांसिस्को एक विशाल प्राकृतिक बंदरगाह वाला स्थलरुद्ध पत्तन माना जाता है, जिसमें समुद्री प्रवेश एक सँकरे गोल्डन गेट जलडमरूमध्य के माध्यम से होता है। यहाँ का अंतर्वर्ती जलक्षेत्र शहर के भूगोल को व्यापार और परिवहन की दृष्टि से अत्यंत महत्त्वपूर्ण बनाता है।

67. (C): GATT (General Agreement on Tariffs and Trade) का रूपांतरण जनवरी 1995 में विश्व व्यापार संगठन (WTO) के रूप में हुआ। माराकेश (मोरोक्को) संधि (1994) के बाद 1 जनवरी 1995 से WTO औपचारिक रूप से अस्तित्व में आया।

68. (A): कोच्चि (Kochi) बंदरगाह केरल के दक्षिण-पश्चिमी तट पर मालाबार तट (Malabar Coast) पर स्थित है। कोरोमंडल तट (पूर्वी तट), आंध्र तट (आंध्र प्रदेश), ओडिशा तट (उड़ीसा) सभी पूर्वी तट के भौगोलिक भाग हैं।

69. (D): कर्क रेखा (23½° उत्तर अक्षांश) भारत के निम्न राज्यों से गुज़रती है : गुजरात, राजस्थान, मध्य प्रदेश, छत्तीसगढ़, झारखंड, पश्चिम बंगाल, त्रिपुरा और मिजोरम। मणिपुर से कर्क रेखा नहीं गुजरती।

70. (A): करेवा (Karewa) जम्मू-कश्मीर (कश्मीर घाटी) में पाई जाने वाली दुमट (एल्यूवियल व लेस जैसे अवसादों की) जमावट है। ये हिमालय की तलीय संरचनाओं में विशिष्ट भू-आकृतिक निक्षेप हैं, जो फल, शुष्क मेवे (जैसे—केसर, बादाम इत्यादि) की खेती के लिए महत्त्वपूर्ण माने जाते हैं।

71. (B): धौलाधार पर्वत श्रेणी, हिमाचल प्रदेश और इसके आसपास स्थित क्षेत्र 'लघु हिमालय' (मध्यम हिमालय) का हिस्सा है। बृहत् हिमालय (ग्रेट हिमालय) सबसे ऊँची श्रेणी है, शिवालिक सबसे बाहरी और नीची पर्वत शृंखलाएँ हैं तथा ट्रांस-हिमालय (जांस्कर, लद्दाख इत्यादि) मुख्य हिमालय से उत्तर में स्थित हैं।

72. (B): सैंडल चोटी उत्तरी अंडमान द्वीप में पाई जाने वाली सबसे ऊँची पर्वतीय चोटी है। यह अंडमान एवं निकोबार द्वीपसमूह की समग्र ऊँचाई की दृष्टि से महत्वपूर्ण है और इसके आसपास का भौगोलिक परिदृश्य वनस्पतियों एवं जीव-जंतुओं की विविधता को समाहित करता है।

73. (D): गरसोप्पा या जोग जलप्रपात कर्नाटक में शरावती नदी पर स्थित है। यह भारत के प्रसिद्ध जलप्रपातों में से एक है, जिसकी ऊँचाई लगभग 253 मीटर (830 फीट) के आसपास मानी जाती है।

74. (A): कोपेन के जलवायु वर्गीकरण में उत्तर प्रदेश की जलवायु को प्रायः Cwg (Monsoon with Dry Winter and Mild Summer) माना गया है, जिसका आशय उष्णकटिबंधीय मानसूनी जलवायु से है, जिसमें ग्रीष्म ऋतु में पर्याप्त वर्षा होती है व ठंडी ऋतु अपेक्षाकृत शुष्क रहती है।

75. (B): सर्वाधिक वार्षिक वर्षा-परिवर्तिता (Variability) राजस्थान में पाई जाती है। यहाँ पश्चिमी भाग (थार मरुस्थल) में बहुत ही कम वर्षा तो पूर्वी भाग में तुलनात्मक रूप से अधिक वर्षा होती है; अतः राज्य के भीतर वर्षा में बहुत अधिक अंतर तथा परिवर्तिता देखी जाती है।

76. (C): शेषाचलम (Seshachalam) जैवमंडल-अभ्यारण्य (Biosphere Reserve) आंध्र प्रदेश राज्य में स्थित है, न कि कर्नाटक में।

- नोकरेक (मेघालय)
- अगस्त्यमलाई (केरल व आंशिक रूप से तमिलनाडु)
- शेषाचलम (आंध्र प्रदेश)
- सिमलीपाल (ओडिशा)

77. (C): हिमालय में लगभग 3000-4000 मी. की ऊँचाई के बीच सिल्वर फर, स्प्रूस, रोडोडेन्ड्रॉन, जूनिपर आदि शीतकालीन शंकुधारी वृक्षों का विस्तार देखने को मिलता है। इससे अधिक ऊँचाई पर ठंड की तीव्रता तथा हिमावरण के कारण वृक्ष रेखा समाप्त हो जाती है।

78. (A): लैटेराइट मृदाओं में तीव्र निक्षालन (Leaching) की प्रक्रिया के चलते लोहा व एल्यूमीनियम यौगिकों की अधिकता होती है। ये उष्ण आर्द्र क्षेत्रों में बनने वाली मृदाएँ हैं, जिनमें जल की अधिकता के कारण अन्य घुलनशील लवण धुलकर बह जाते हैं, जबकि लोहे व एल्यूमीनियम के यौगिक बच रहते हैं।

79. (A): मृदा की लवणता (Salinity) की समस्या के समाधान हेतु जिप्सम (Gypsum) का प्रयोग किया जाता है। यह मृदा में उपस्थित सोडियम लवणों को हटाने/बाधित करने में सहायता करता है और मृदा को पुनः कृषि योग्य बनाने में मदद करता है।

80. (A): संयुक्त राष्ट्र ने 1990-2000 के दशक को "प्राकृतिक आपदा न्यूनीकरण का अंतर्राष्ट्रीय दशक" (International Decade for Natural Disaster Reduction—IDNDR) घोषित किया था, जिसके अंतर्गत आपदाओं की रोकथाम, तैयारी व प्रबंधन पर अंतर्राष्ट्रीय स्तर पर विशेष जोर दिया गया।

81. (D): गुजरात के कच्छ क्षेत्र को भूकम्पीय दृष्टि से 'अत्यधिक क्षति जोखिम क्षेत्र' माना जाता है। भारतीय मानक ब्यूरो (BIS) के अनुसार यह क्षेत्र भूकम्पीय जोन-V में आता है, जहाँ भूकम्प की तीव्रता अत्यधिक (बहुत अधिक) हो सकती है।

82. (D): भारत में चक्रवाती तूफानों की सर्वाधिक बारम्बारता प्रायः अक्टूबर-नवम्बर के दौरान होती है (उत्तर-पूर्व मानसून/post-monsoon season)। अप्रैल-मई (गर्मी पूर्व) भी एक चक्रवाती काल होता है, परंतु तुलनात्मक दृष्टि से अक्टूबर-नवम्बर में अधिक शक्तिशाली चक्रवात बनते हैं।

83. (C): लद्दाख एवं स्पिति पार-हिमालयी (Trans-Himalayan) शुष्क क्षेत्र हैं, जहाँ अत्यधिक वर्षा नहीं होती। इन क्षेत्रों में भूस्खलन की सुभेद्यता तुलनात्मक रूप से मध्यम या कम श्रेणी में मानी जाती है, क्योंकि बड़े पैमाने पर भूस्खलन की घटनाएँ उच्च-वर्षा वाले इलाकों (भू-मध्य हिमालय व पूर्वोत्तरी हिमालय) में अधिक होती हैं।

84. (B): चक्रवात (Cyclone) मुख्यतः वायुमंडलीय प्रक्रिया से उत्पन्न होने वाली आपदा है।

- बाढ़ (Flood) हाइड्रॉलिक/जल संबंधी आपदा है।
- भूस्खलन (Landslide) भू-आकृतिक/स्थलीय आपदा है।
- हिमस्खलन (Avalanche) हिम व भूपटल से संबंधित आपदा है।

85. (C): नगरीय धूम्र कुहरा (Urban Smog) या 'स्मॉग' वायुमंडलीय प्रदूषण का परिणाम है।

- ध्वनि प्रदूषण को डॉब्सन इकाई में नहीं मापा जाता (डॉब्सन इकाई ओजोन की मात्रा के लिए प्रयुक्त होती है)।
- श्वसननली शोथ (Bronchitis) मुख्यतः वायु प्रदूषण से होता है, न कि जल प्रदूषण से।
- ठोस अपशिष्ट का दक्षतापूर्ण निपटान अक्सर भारत के बड़े महानगरों में भी एक चुनौती है, अतः यह कथन कि "गैर-महानगरीय नगरों में दक्षतापूर्ण होता है" सही नहीं है।

86. (D): झबुआ जिला मध्य प्रदेश में स्थित है, जहाँ मुख्यतः भील जनजाति का उच्च सांद्रण है। वहाँ जल संभरण प्रबंधन (Watershed Management) की सहभागितामूलक परियोजनाओं ने कृषि उत्पादकता और आजीविका में सुधार किया है।

87. (A): राष्ट्रीय जलमार्ग संख्या-3 (National Waterway No-3) केरल राज्य में पश्चिमी तट नहर (West Coast Canal) और उससे जुड़े जलमार्गों पर संचालित है, जो कोल्लम (Kollam) से कोट्टापुरम (Kottappuram) तक विस्तृत है।

88. (C): भारत ने अपना प्रथम इन्डियन रिमोट सेंसिंग उपग्रह (IRS-1A) 17 मार्च, 1988 को सोवियत संघ (बाइकोनूर कॉस्मोड्रोम) से प्रक्षेपित किया था।

89. (C): पर्वतीय क्षेत्र विकास कार्यक्रम (Hill Area Development Programme) का आरंभ पाँचवीं पंचवर्षीय योजना (1974-1979) के दौरान किया गया था, जिसका उद्देश्य पर्वतीय क्षेत्रों में संसाधनों का सतत् उपयोग और विकास को बढ़ावा देना था।

90. (B): डल्ली-राजहरा लौह-अयस्क खदानें छत्तीसगढ़ (बालोद जिला) में स्थित हैं। ये खदानें भिलाई इस्पात संयंत्र (Bhilai Steel Plant) के प्रमुख लौह-अयस्क स्रोतों में गिनी जाती हैं।

91. (C): काकरापार (Kakrapar) नाभिकीय ऊर्जा परियोजना गुजरात राज्य में ताप्ती नदी के निकट स्थित है। यह सूरत से लगभग 80 किमी की दूरी पर स्थित है।

92. (C): भारत में उपलब्ध धरातलीय जल (Surface Water) में से भौगोलिक, स्थलाकृतिक व अन्य बाधाओं के कारण लगभग 32% ही व्यावहारिक रूप से उपयोगी माना जाता है। शेष जल विभिन्न कारणों से प्रवाहित होकर समुद्र में चला जाता है या अन्य प्रतिबंधों के कारण सीधे उपयोग में नहीं लाया जा सकता।

93. (A): भारत में उपयोग होने वाले धरातलीय एवं भू-जल (Groundwater) का लगभग 80-90% हिस्सा कृषि क्षेत्र के सिंचाई के लिए ही प्रयुक्त होता है। शेष 10-20% जल घरेलू उपयोग, उद्योग तथा अन्य सेवाओं में व्यय होता है।

94. (C): कृष्णा, गोदावरी, तापी की तुलना में कावेरी दक्षिणतम नदी है। कावेरी कर्नाटक के पश्चिमी घाट से निकलकर तमिलनाडु होते हुए बंगाल की खाड़ी में गिरती है, एवं इसका बेसिन दक्षिणी भारत के अपेक्षाकृत निचले अक्षांशों में स्थित है।

95. (B): जल उपकर (पानी के प्रदूषण की रोकथाम और नियंत्रण हेतु उपकर) अधिनियम वर्ष 1977 में लागू किया गया। ''जल (प्रदूषण निवारण एवं नियंत्रण) अधिनियम'' 1974 में पारित हुआ था, जबकि जल उपकर (Cess) अधिनियम 1977 में लागू किया गया।

96. (B): रालेगण सिद्धि महाराष्ट्र के अहमदनगर जिले का एक छोटा-सा गाँव है, जहाँ सामुदायिक सहभागिता से जल संरक्षण, ग्राम विकास एवं पर्यावरण संरक्षण के मॉडल स्थापित किए गए हैं।

- नीरू-मीरू कार्यक्रम आंध्र प्रदेश से जुड़ा है, न कि तमिलनाडु से।
- जल क्रांति अभियान भारत सरकार द्वारा 2015-16 के आसपास आरंभ किया गया, 2017-18 में विशिष्ट रूप से खाद्य सुरक्षा हेतु नहीं।
- अरवारी पानी संसद राजस्थान में सक्रिय है, न कि उत्तरी बिहार में।

97. (B): भारत में वर्ष 2014-15 के आँकड़ों के अनुसार निवल बोया क्षेत्र (Net Sown Area) लगभग 140 मिलियन हेक्टेयर (लगभग 140.13 मि.हे.) था। यह देश के कुल भौगोलिक क्षेत्र (लगभग 328.7 मि.हे.) के लगभग 42-43% के आसपास है।

98. (C): FAO के 2018 के कृषि आँकड़ों के अनुसार विश्व उत्पादन में भारत जूट उत्पादन में प्रथम स्थान पर था।

- चावल व गेहूँ उत्पादन में भारत द्वितीय स्थान पर है (चीन के पश्चात)।
- गन्ना उत्पादन में भारत ब्राजील के बाद द्वितीय स्थान पर है।

99. (B): दिए गए सूती वस्त्र उद्योग केंद्रों में 'कानपुर' (उत्तर प्रदेश) भौगोलिक दृष्टि से सबसे उत्तर में अवस्थित है।

- कानपुर : लगभग 26.46° उत्तरी अक्षांश
- उज्जैन : लगभग 23.18° उत्तरी अक्षांश
- अहमदाबाद : लगभग 23.03° उत्तरी अक्षांश
- औरंगाबाद : लगभग 19.89° उत्तरी अक्षांश

100. (D): तेलंगाना के जिलों में वारंगल, नलगोंडा, मेडक इत्यादि सम्मिलित हैं, जबकि नेल्लूर (Nellore) आंध्र प्रदेश राज्य में स्थित जिला है, जो बंगाल की खाड़ी के तटीय क्षेत्र में आता है।

YOUR SPACE

YOUR SPACE

पिछले प्रश्न-पत्र (हल सहित)

KVS-PGT भूगोल शिक्षक भर्ती परीक्षा-2018*

विषय : भूगोल

1. भारत में भूमि-राजस्व रेकॉर्ड के अनुसार 'फसल बुवाई और कटाई' निम्नलिखित में से किस भूमि प्रयोग श्रेणी में सम्मिलित किया गया है?

A. बागान व पेड़-फसल

B. कृषि योग्य बेकार भूमि

C. सकल बोया गया क्षेत्र

D. परती भूमि

2. निम्नलिखित में से उपसौर के समय सूर्य और पृथ्वी के बीच कौन सही दूरी है?

A. 146 मिलियन कि.मी.

B. 147 मिलियन कि.मी.

C. 148 मिलियन कि.मी.

D. 150 मिलियन कि.मी.

3. निम्नलिखित में से कौन-सा अंक विश्व की मुख्य टेक्टोनिक प्लेटों की ***सही*** संख्या दर्शाता है?

A. 6 B. 7

C. 8 D. 9

4. पृथ्वी के वायुमंडल के ऊपरी भाग पर औसत सौर ऊर्जा की प्राप्ति की मात्रा (कैलोरीज प्रति वर्ग से.मी. प्रति मिनट) निम्नलिखित में से कौन-सी ***सही*** है?

A. 1.94 B. 1.84

C. 2.94 D. 2.84

5. निम्नलिखित में से सौर परिवार का दूसरा सबसे बड़ा पिण्ड कौन-सा है?

A. सूर्य B. बृहस्पति

C. शनि D. यूरेनस

6. 47° पश्चिमी देशान्तर पर स्थित स्थान 'B' का स्थानीय समय कितना होगा जबकि 47° पूर्वी देशान्तर पर स्थित स्थान 'A' का स्थानीय समय 8:00 पी.एम. है?

A. 4:44 पी.एम. B. 1:44 पी.एम.

C. 4:44 ए.एम. D. 1:44 ए.एम.

7. चम्बल नदी निम्नलिखित राज्यों के किस समूह से होकर गुजरती है?

A. उत्तर प्रदेश, गुजरात, मध्य प्रदेश

B. उत्तर प्रदेश, मध्य प्रदेश, राजस्थान

C. उत्तर प्रदेश, मध्य प्रदेश, छत्तीसगढ़

D. राजस्थान, मध्य प्रदेश, बिहार

8. अन्तर्राष्ट्रीय मौसम संगठन द्वारा प्रमाणित निम्नलिखित में कौन-से मौसम तत्व को नीचे दिये गये संकेत द्वारा दर्शाया जाता है?

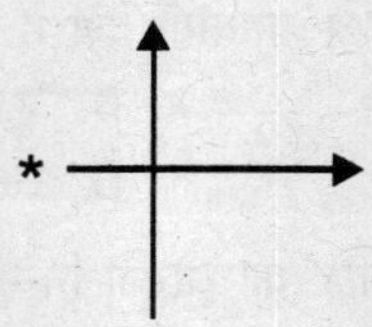

A. धूल झंझावात

B. बर्फ झंझावात

C. ओला

D. हिम वर्षा

9. जब समोच्च रेखाएँ अपने अधिकतर मान की ओर आपस में दूर-दूर हों तो निम्नलिखित ढ़ाल परिच्छेदिकाओं में कौन-सा ***सही*** है?

A. उन्नतोदर ढ़ाल

B. नतोदर ढ़ाल

C. एकसमान ढ़ाल

D. तरंगित ढ़ाल

10. वायुमंडलीय गैसों के प्रतिशत के बढ़ते क्रम में निम्नलिखित में से कौन-सा ***सही*** है?

A. हीलियम, जीनान, कार्बन डाइ ऑक्साइड एवं ऑर्गन

B. जीनान, हीलियम, कार्बन डाइ ऑक्साइड एवं ऑर्गन

C. हीलियम, कार्बन डाइ ऑक्साइड, जीनान एवं ऑर्गन

D. जीनान, कार्बन डाइ ऑक्साइड, हीलियम एवं ऑर्गन

* *Exam held on 23 December, 2018*

11. समान वायु दाब को जोड़ने वाली रेखाओं को क्या कहा जाता है?

A. आइसोहेल B. आइसोहाइट
C. आइसोबार D. आइसोथर्म

12. मेरियाना गर्त निम्नलिखित महासागरों में से किसमें स्थित है?

A. उत्तरी अटलान्टिक महासागर
B. हिन्द महासागर
C. दक्षिणी अटलान्टिक महासागर
D. पश्चिमी प्रशान्त महासागर

13. भूपर्पटी के निर्माण में सिलिकन की मात्रा निम्नलिखित प्रतिशतों में से कौन-सा ***सही*** है?

A. 22.72 B. 27.72
C. 25.72 D. 30.72

14. फ्रांस द्वारा प्रोत्साहित SPOT प्रोग्राम के लिए निम्नलिखित में से कौन मुख्य सहयोगी देश है?

A. जर्मनी B. यू.एस.ए.
C. बेल्जियम D. रूस

15. 'समुद्र तल प्रसार' की धारणा निम्नलिखित में से किसने प्रस्तावित किया?

A. बुलार्ड B. मैकेन्जी
C. हैस D. मोरगन

16. भारतीय जनगणना 2011 के अनुसार, निम्नलिखित राज्यों में से किस प्रदेश/केंद्रशासित प्रदेश में लिंग अनुपात सबसे अधिक अंकित किया गया है?

A. पुडुचेरी B. केरल
C. तमिलनाडु D. आंध्र प्रदेश

17. सूची-I का सूची-II के साथ मिलान करें तथा निम्नलिखित कूटों से ***सही*** उत्तर दीजिये।

सूची-I (मद)	**सूची-II (परिभाषा)**
(*a*) निरपेक्ष दूरी	(*i*) किसी व्यक्ति, स्थान का वस्तु की स्थिति, अन्य के संबंध में।
(*b*) सापेक्षिक दूरी	(*ii*) दो समान स्थानों के बीच मानचित्र तथा जमीन की दूरी के बीच का संबंध।
(*c*) सापेक्षिक स्थिति	(*iii*) दो स्थानों के बीच सामाजिक, सांस्कृतिक और आर्थिक संयोजन का मापन।
(*d*) मापनी	(*iv*) सतह पर दो स्थानों के बीच अलग करने वाली धरातलीय दूरी।

कूट :

	(*a*)	(*b*)	(*c*)	(*d*)
A.	(*i*)	(*iii*)	(*iv*)	(*ii*)
B.	(*ii*)	(*i*)	(*iii*)	(*iv*)
C.	(*iii*)	(*iv*)	(*i*)	(*ii*)
D.	(*iv*)	(*iii*)	(*i*)	(*ii*)

18. सूची-I को सूची-II से मिलान करें तथा निम्नलिखित कूटों से ***सही*** उत्तर दीजिये :

सूची-I (सिद्धांत/परिकल्पना)	**सूची-II (नाम)**
(*a*) चतुष्फलकीय सिद्धांत	(*i*) होम्स
(*b*) महाद्वीपीय विस्थापन	(*ii*) कोबर
(*c*) संवाहनिक धारा	(*iii*) ग्रीन
(*d*) पर्वत निर्माण	(*iv*) वेगनर

कूट :

	(*a*)	(*b*)	(*c*)	(*d*)
A.	(*iii*)	(*iv*)	(*i*)	(*ii*)
B.	(*iii*)	(*iv*)	(*ii*)	(*i*)
C.	(*iii*)	(*i*)	(*ii*)	(*iv*)
D.	(*iii*)	(*i*)	(*iv*)	(*ii*)

19. निम्नलिखित भ्वाकृतिक प्रक्रियाओं में से किसके द्वारा 'अण्डों की टोकरी' जैसी स्थलाकृति बनती हैं?

A. नदी जल कार्य
B. हिमनद कार्य
C. वायु कार्य
D. समुद्री लहरों के कार्य

20. सड़क वर्गीकरण की पुरानी योजना के अंतर्गत राष्ट्रीय महामार्ग-1 निम्नलिखित नगरों में से किनको जोडता है?

A. अम्बाला–मुरादाबाद B. अमृतसर–लखनऊ
C. अमृतसर–दिल्ली D. दिल्ली–हैदराबाद

21. नर्मदा-ताप्ती द्रोणी निम्नलिखित राज्यों में किनसे होकर गुजरती है?

A. महाराष्ट्र—मध्य प्रदेश
B. महाराष्ट्र—छत्तीसगढ़
C. मध्य प्रदेश—गुजरात
D. मध्य प्रदेश—राजस्थान

22. निम्नलिखित स्थलाकृतियों में से किनके द्वारा बहु-चक्रिक अपरदन के संकेत मिलते हैं?
A. नदी-वेदिका
B. महाखड्ड
C. विसर्प
D. डेल्टा

23. निम्नलिखित शब्दों में से किसे पौधे पर निर्भर रहने वाले जीवों के लिए प्रयोग किया जाता है?
A. मूल उपभोगता
B. द्वितीयक उपभोगता
C. वियोजितकर्ता
D. उत्पादक

24. क्षेत्रीय अर्थव्यवस्था में 'स्थान निर्धारण त्रिभुज' की संकल्पना निम्नलिखित में से किसने आरम्भ किया?
A. ए. वेबर
B. टी. प्लेन्डर
C. इ.एम. हूवर
D. ए. लोश

25. 'नव-निश्चयवाद' के संस्थापक कौन थे?
A. सी. डारविन B. एफ. रेटजेल
C. इ.सी. सेम्पुल D. जी. टेलर

26. 2001-2011 के दौरान, जनसंख्या वृद्धि की सबसे कम दर निम्नलिखित राज्यों में से किसमें अंकित की गई?
A. पंजाब B. अरुणाचल प्रदेश
C. नगालैंड D. मध्य प्रदेश

27. सूची-I से सूची-II का मिलान कीजिये तथा निम्नलिखित कूटों से ***सही*** उत्तर दीजिये।

सूची-I (राज्य)	सूची-II (लिंग अनुपात जनगणना 2011 के अनुसार)
(*a*) पुडुचेरी	(*i*) 995
(*b*) केरल	(*ii*) 992
(*c*) तमिलनाडु	(*iii*) 1038
(*d*) आंध्र प्रदेश	(*iv*) 1084

कूट :

	(*a*)	(*b*)	(*c*)	(*d*)
A.	(*i*)	(*iv*)	(*iii*)	(*ii*)
B.	(*iii*)	(*iv*)	(*ii*)	(*i*)
C.	(*iv*)	(*iii*)	(*ii*)	(*i*)
D.	(*iii*)	(*iv*)	(*i*)	(*ii*)

28. बाबाबूदन पहाड़ियां निम्नलिखित राज्यों में से किसमें स्थित है?
A. महाराष्ट्र
B. कर्नाटक
C. तमिलनाडु
D. केरल

29. निम्नलिखित में कौन-सी तिथि GSAT-6A को भारतीय स्पेस प्रोग्राम के अंतर्गत प्रक्षेपित करने के लिए ***सही*** है?
A. 29 मार्च, 2018
B. 15 अप्रैल, 2010
C. 2 सितम्बर, 2007
D. 10 अप्रैल, 1982

30. दुर्बलता मंडल में भूकंपीय तरंगों की गति में कमी का मुख्य कारण निम्नलिखित में कौन-सा है?
A. घनत्व में कमी
B. घनत्व में वृद्धि
C. गहराई में परिवर्तन
D. पदार्थ की अवस्था में परिवर्तन

31. 'स्थिर अनुपातिक सिद्धांत' द्वारा महासागरीय जल लवणता की गणना के लिए निम्नलिखित लवणों में से सामान्यतया किसको लिया जाता है?
A. क्लोरीन B. सोडियम
C. मैग्नेशियम D. सल्फेट

32. निम्नलिखित चट्टानों में से किसमें क्रिस्टलीकरण होता है?
A. कॉंग्लोमरेट B. शेल
C. चूनापत्थर D. बेसाल्ट

33. मालदीव निम्नलिखित में से किस महासागर में स्थित है?
A. उत्तरी अटलान्टिक महासागर
B. हिन्द महासागर
C. प्रशान्त महासागर
D. दक्षिणी अटलान्टिक महासागर

34. सूची-I का सूची-II से मिलान कीजिए और निम्नलिखित दिये कूटों से ***सही*** उत्तर दीजिये :

सूची-I (पुस्तक)	**सूची-II (लेखक)**
(*a*) अर्डकुन्डे	(*i*) कार्ल रिटर
(*b*) कोसमोस	(*ii*) एलैक्जेंडर-वॉन हमबोल्ट
(*c*) एन्थ्रोपोजियोग्राफी	(*iii*) एल्फ्रेड हैटनर
(*d*) भूगोल के विधितन्त्र	(*iv*) फ्रेडरिक रेटजल

कूट :

	(*a*)	(*b*)	(*c*)	(*d*)
A.	(*i*)	(*ii*)	(*iii*)	(*iv*)
B.	(*iii*)	(*iv*)	(*i*)	(*ii*)
C.	(*i*)	(*ii*)	(*iv*)	(*iii*)
D.	(*iv*)	(*i*)	(*ii*)	(*iii*)

35. निम्नलिखित भारत के राज्यों में से किसकी सीमा तीन देशों से मिलती है?

A. हिमाचल प्रदेश
B. सिक्किम
C. उत्तराखंड
D. मिजोरम

36. भारतीय जनगणना 2011 के अनुसार, निम्नलिखित राज्यों में से जनसंख्या घनत्व सबसे अधिक किसमें है?

A. सिक्किम
B. अरुणाचल प्रदेश
C. जम्मू और कश्मीर
D. मिजोरम

37. निम्नलिखित विश्व प्रदेशों में से किस में अधिकतम सूर्यातपन की मात्रा प्राप्त होती है?

A. विषुवतीय प्रदेश
B. उपोष्ण प्रदेश
C. शीतोष्ण प्रदेश
D. अधो-ध्रुवीय प्रदेश

38. बसाव के संगठन के लिए क्रिस्टॉलर के केन्द्रीय स्थान प्रतिमान में निम्नलिखित में से K = 3 किसके द्वारा प्रदर्शित किया जाता है?

A. बाजार सिद्धांत
B. परिवहन सिद्धांत
C. प्रशासनिक सिद्धांत
D. आर्थिक सिद्धांत

39. यूरोप के लिए रिमोट सेन्सिंग सैटेलाइट प्रोग्राम के अंतर्गत SPOT-1 का प्रक्षेपण निम्नलिखित में से किस तिथि को किया गया?

A. जून, 2014
B. सितम्बर, 1993
C. जनवरी, 1990
D. फरवरी, 1986

40. पृथ्वी पर उपोष्ण उच्च वायु दाब की पेटी को ____ भी कहा जाता है।

A. डोलड्रम
B. घोड़ा-अक्षांश
C. व्यापारिक-पवन क्षेत्र
D. पछुवा हवाएँ

41. निम्नलिखित में से सौर परिवार के पिण्डों के बढ़ते घनत्व के अनुसार कौन-सा ***सही*** क्रम में है?

A. बृहस्पति, बुध, पृथ्वी और मंगल
B. बृहस्पति, मंगल, बुध और पृथ्वी
C. मंगल, बुध, बृहस्पति और पृथ्वी
D. मंगल, बुध, पृथ्वी और बृहस्पति

42. अपरदन द्वारा चट्टान के टुकड़ों का छोटा होना निम्नलिखित प्रक्रमों में से किनके द्वारा होता है?

A. अपघर्षण
B. संक्षारण
C. संनिघर्षण
D. निलम्बन

43. यदि एक क्षेत्र में सबसे बड़े शहर की जनसंख्या 10,00,000 है और उस क्षेत्र के सभी नगर सामान्य रूप से श्रेणी-आकार प्रणाली का अनुसरण करते हैं तो 5वें स्थान के शहर के लिए जनसंख्या कितनी होगी?

A. 200,000
B. 400,000
C. 500,000
D. 600,000

44. हिमालय के निम्नलिखित भागों में से कौन पूर्व से पश्चिम दिशा में सबसे ज्यादा लम्बा है?

A. कुमायूं　　B. भूटान
C. नेपाल　　D. पंजाब

45. निम्नलिखित नदियों में से तीस्ता नदी किसी सहायक नदी है?

A. ब्रह्मपुत्र B. गंगा
C. कोसी D. गंडक

46. जब धरातल पर दो स्थानों की दूरी 500 कि.मी. है और उन्हें मानचित्र पर 25 से.मी. द्वारा दर्शाया गया है तो निम्नलिखित प्रतिनिधि भिन्नों में से कौन मानचित्र के मापनी को दर्शाता है?

A. 1 : 2,000
B. 1 : 20,000
C. 1 : 200,000
D. 1 : 2,000,000

47. निम्नलिखित में से किसने 'द स्टडी ऑफ लैण्डफॉर्मस' की रचना की?

A. आर्थर होम्स B. आर.जे. स्माल
C. एम.जे. सेलबाइ D. सी.ए.एम. किंग

48. निम्नलिखित में से शुद्ध प्रकाश-संश्लेषण के लिए कौन ***सही*** है?

A. पौधों में पूर्ण प्रकाश-संश्लेषण के साथ जल का योग
B. पौधों में पूर्ण प्रकाश-संश्लेषण से जल की ऋणात्मकता
C. पौधों में पूर्ण प्रकाश-संश्लेषण से श्वसन की ऋणात्मकता
D. पौधों में पूर्ण प्रकाश-संश्लेषण के साथ श्वसन का योग

49. निम्नलिखित समुद्री जल की मात्राओं में से किसको सामान्य समुद्री लवणता को प्रदर्शित करने के लिए मानक के तौर पर लिया जाता है?

A. 10 ग्राम B. 100 ग्राम
C. 1000 ग्राम D. 10,000 ग्राम

50. कृष्णा नदी का उद्‌गम निम्नलिखित स्थानों में से किसके पास से है?

A. नासिक B. प्रवारा
C. महाबलेश्वर D. तालाकावेरी

51. सूर्य और चन्द्रमा के बीच सबसे लम्बी दूरी को _______ कहते हैं।

A. अपसौर B. उपभू
C. उपसौर D. अपभू

52. निम्नलिखित में लक्षद्वीप की राजधानी कौन-सी है?

A. सिलवासा B. कावारत्ती
C. अगरतला D. आइजोल

53. हैरीस और उल्लमैन द्वारा दिए गए शहरी भूमि उपयोग के बहु-केन्द्रीय मॉडल के नीचे दिए गए चित्र में 'निम्न क्लास आवासीय क्षेत्र' की श्रेणी को निम्नलिखित कूटों में से कौन प्रतिनिधित्व करता है?

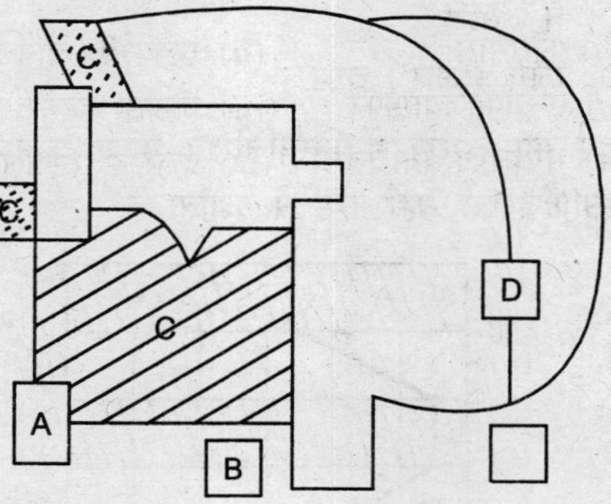

कूट :

A. A B. B
C. C D. D

54. सड़क-परिवहन व महामार्ग मंत्रालय 2012 के अनुसार, सबसे अधिक सड़क घनत्व निम्नलिखित में से किस राज्य में पाया जाता है?

A. त्रिपुरा B. पश्चिम बंगाल
C. केरल D. कर्नाटक

55. 'रुक और चल' निश्चयवाद को किसने प्रस्तुत किया?

A. इ.सी. सेम्पुल
B. जे. ब्रुन्ज
C. जी. टेलर
D. ई. हन्टिंगटन

56. ऑस्ट्रेलिया के निम्नलिखित राज्यों में से किसके तट के साथ 'ग्रेट बेरियर रीफ' पायी जाती है?

A. क्वीन्सलैन्ड
B. दक्षिण आस्ट्रेलिया
C. न्यू दक्षिणी वेल्स
D. विक्टोरिया

57. निम्नलिखित में से कौन 'P' भूकम्पीय तरंगों की छाया कटिबंध को प्रदर्शित करता है?

A. 95° से 150°
B. 100° से 150°
C. 105° से 145°
D. 105° से 155°

58. चट्टानों के कणों में पश्च और अग्र गति निम्नलिखित में से किन भूकम्पीय तरंगों के द्वारा घटित होती है?

A. 'P' तरंगें
B. 'S' तरंगें
C. 'L' तरंगें
D. रेलैग ('आर') तरंगें

59. दिए गए आरेख में निम्नलिखित में से कौन-सा कूट मेसोपॉज को ***सही*** तरह से दर्शाता है?

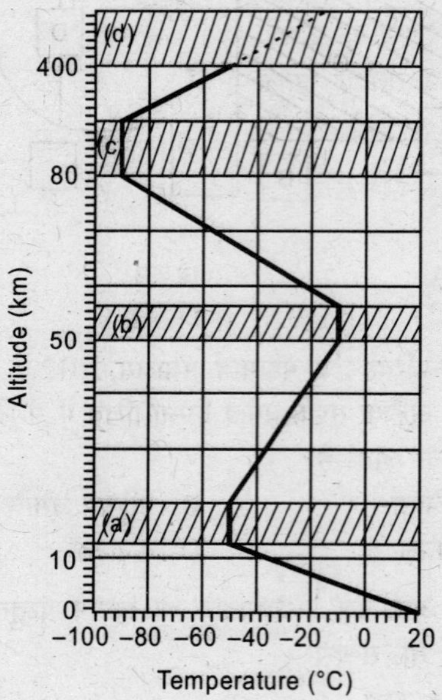

कूट :

A. (*a*) B. (*b*)
C. (*c*) D. (*d*)

60. कैलीफोर्निया ठंडी जलधारा निम्नलिखित में से विश्व के किस तटीय क्षेत्र से गुजरती है?

A. यू.एस.ए. के पश्चिमी क्षेत्र
B. दक्षिणी अमेरिका के पश्चिमी क्षेत्र
C. कनाडा के पूर्वी क्षेत्र
D. ऑस्ट्रेलिया के पश्चिमी क्षेत्र

61. निम्नलिखित में से भूकंप के 'इलास्टिक रिबाउण्ड सिद्धांत' को किसने प्रतिपादित किया?

A. लोथियन ग्रीन
B. जेम्स जीन्स
C. हैरी हैस
D. हेनरी फिल्डींग रीड

62. सूची-I को सूची-II से मेल कीजिये तथा निम्नलिखित कूटों से ***सही*** उत्तर दीजिये।

सूची-I (राज्य)	**सूची-II (जनसंख्या घनत्व : व्यक्ति/कि.मी.^{2} जनगणना 2011 के अनुसार)**
(*a*) बिहार	(*i*) 828
(*b*) पंजाब	(*ii*) 550
(*c*) उत्तर प्रदेश	(*iii*) 1102
(*d*) पश्चिम बंगाल	(*iv*) 1029

कूट :

	(*a*)	(*b*)	(*c*)	(*d*)
A.	(*iii*)	(*ii*)	(*i*)	(*iv*)
B.	(*iii*)	(*i*)	(*iv*)	(*ii*)
C.	(*ii*)	(*iii*)	(*i*)	(*iv*)
D.	(*iv*)	(*ii*)	(*i*)	(*iii*)

63. एक महत्वपूर्ण तेल धारण करने वाली माराकैबो बेसिन निम्नलिखित देशों में से किसमें स्थित है?

A. ईरान B. सऊदी अरब
C. वेनेजुएला D. यू.एस.ए.

64. निम्नलिखित किस महीने में सुनामी महा विपदा द्वारा भारत को घोर क्षति हुई?

A. जनवरी, 2003 B. दिसम्बर, 2003
C. दिसम्बर, 2004 D. दिसम्बर, 2005

65. निम्नलिखित में से कौन-सी मृदा महाराष्ट्र के अधिकतम भाग पर पाई जाती है?

A. लाल मृदा B. लेटराइट मृदा
C. काली मृदा D. धूसर मृदा

66. बोमडी-ला दर्रा भारत के निम्नलिखित राज्यों में से किस पर स्थित है?

A. सिक्किम B. जम्मू एवं कश्मीर
C. अरुणाचल प्रदेश D. हिमाचल प्रदेश

67. 'डूरण्ड रेखा' निम्नलिखित देशों में से किन्हें अलग करती हैं?

A. भारत और पाकिस्तान
B. भारत और अफगानिस्तान
C. भारत और चीन
D. चीन और रूस

68. क्षोभमण्डल में तापमान की सामान्य ह्रासदर निम्नलिखित में से कौन-सा प्रदर्शित करता है?

A. 6.5°C/कि.मी.

B. 5.5°C/कि.मी.

C. 6.0°C/कि.मी.

D. 5.0°C/कि.मी.

69. 20° उत्तरी अक्षांश पर 22 दिसम्बर को निम्नलिखित में से कितने समय सूर्य प्रकाशित रहता है?

A. 12 घं. 00 मि. B. 10 घं. 48 मि.

C. 9 घं. 8 मि. D. 13 घं. 12 मि.

70. निम्नलिखित में से किस चट्टान में लिथिफिकेशन प्रक्रिया होती है?

A. गैब्ब्रो B. चूनापत्थर

C. पेग्मैटाइट D. बेसाल्ट

71. कांडला बंदरगाह निम्नलिखित किस प्रदेश में स्थित है?

A. केरल

B. महाराष्ट्र

C. गुजरात

D. तमिलनाडु

72. भारतीय उपमहाद्वीप पर भूमध्यरेखीय पछुवा पवनें किस माह में प्रारम्भ होती है?

A. दिसम्बर

B. फरवरी

C. जून

D. अक्टूबर

73. 'सारगैसो समुद्र' निम्नलिखित महासागरों में से किसमें पूर्ण विकसित है?

A. उत्तरी प्रशान्त महासागर

B. दक्षिणी प्रशान्त महासागर

C. उत्तरी अटलान्टिक महासागर

D. दक्षिणी अटलान्टिक महासागर

74. द्वितीयक क्रियाओं में लगे श्रमिकों को निम्नलिखित में से किसके द्वारा जाना जाता है?

A. नीले-कॉलर

B. लाल-कॉलर

C. श्वेत-कॉलर

D. सुनहरा-कॉलर

75. भारतीय जनगणना 2011 के अनुसार, निम्नलिखित प्रदेशों में किसमें सबसे अधिक साक्षरता दर अंकित की गई है?

A. तमिलनाडु

B. केरल

C. मेघालय

D. नगालैंड

76. निम्नलिखित फसलों में से भूमध्यसागरीय प्रदेश में सबसे महत्वपूर्ण कौन है?

A. खाद्यान्न फसलें

B. व्यापारिक फसलें

C. औद्योगिक फसलें

D. फलों की फसलें

77. 'समुद्रीय तरंग वेग' निम्नलिखित अनुपातों में से किसके द्वारा सही-सही दर्शाया जाता है?

A. तरंग-ऊँचाई का तरंग लम्बाई से

B. तरंग ऊँचाई का तरंग अवधि से

C. तरंग लम्बाई का तरंग अवधि से

D. तरंग लम्बाई का तरंग ऊँचाई से

78. निम्नलिखित प्रक्षेपों में से किस पर सीधी रेखा दो स्थानों के बीच की सबसे कम दूरी दर्शाती है?

A. मर्केटर प्रक्षेप

B. दो-मानक अक्षांश प्रक्षेप

C. नोमोनिक प्रक्षेप

D. बेलनाकार सम-क्षेत्र प्रक्षेप

79. भारतीय जनगणना 2011 के अनुसार निम्नलिखित केन्द्र शासित प्रदेशों में साक्षरता दर सबसे कम दर्ज की गई है?

A. दादर एवं नगर हवेली

B. लक्षद्वीप

C. पुडुचेरी

D. दमन एवं दीव

80. निम्नलिखित स्थानों में से 21 दिसम्बर को सबसे लम्बी प्रकाश अवधि कहाँ पर होती है?

A. बेंगलुरु

B. मुम्बई

C. जयपुर

D. तिरुवनंतपुरम

उत्तरमाला

1	2	3	4	5	6	7	8	9	10
C	B	B	A	C	A	B	B	A	B
11	**12**	**13**	**14**	**15**	**16**	**17**	**18**	**19**	**20**
C	D	B	C	C	B	B	A	B	C
21	**22**	**23**	**24**	**25**	**26**	**27**	**28**	**29**	**30**
C	B	A	A	D	C	D	B	A	A
31	**32**	**33**	**34**	**35**	**36**	**37**	**38**	**39**	**40**
B	D	B	C	B	C	A	A	D	B
41	**42**	**43**	**44**	**45**	**46**	**47**	**48**	**49**	**50**
B	C	A	C	A	D	B	C	C	C
51	**52**	**53**	**54**	**55**	**56**	**57**	**58**	**59**	**60**
D	B	C	D	C	A	C	A	C	A
61	**62**	**63**	**64**	**65**	**66**	**67**	**68**	**69**	**70**
D	A	C	C	C	C	B	A	B	B
71	**72**	**73**	**74**	**75**	**76**	**77**	**78**	**79**	**80**
C	A	C	A	B	D	C	C	A	D

पिछले प्रश्न-पत्र (हल सहित)

KVS-PGT भूगोल शिक्षक भर्ती परीक्षा-2017*

विषय : भूगोल

1. निम्नलिखित में से, अरब भूगोल वेत्ताओं द्वारा भूगोल की कौन-सी शाखा का अधिकतम विकास किया गया था?

A. समुद्री विज्ञान B. नक्षत्र विज्ञान
C. जलवायु विज्ञान D. गणितीय भूगोल

2. संदेशों, विचारों और सूचनाओं को प्राप्त करने और भेजने की प्रक्रिया को कहा जाता है :

A. परिवहन B. ढुलाई
C. संचार D. पोस्टेज

3. खाद्य संरक्षणता के विचार को भारत में किसने तब्दील किया था?

A. खुसरो B. स्वामीनाथन
C. भाटिया D. शफी

4. आर्द्र उष्णकटिबंधीय सदाबहार वन कितनी वर्षा वाले क्षेत्रों में पाये जाते हैं?

A. 100 cms से कम B. 200 – 300 cms
C. 100 – 200 cms D. 300 cms से अधिक

5. 'भूगोल' शब्द निम्नलिखित में से सबसे पहले किसने प्रयुक्त किया था?

A. अरस्तू B. टॉलमी
C. एरोस्थनीज D. हेरोडोट्स

6. नगरीकरण पर राष्ट्रीय आयोग द्वारा बृहत्त नगर स्कीम (Mega City Scheme) निम्नलिखित में से किस वर्ष में प्रारम्भ की गई थी?

A. 1991 - 1992 B. 1993 - 1994
C. 1992 - 1993 D. 1994 - 1995

7. 'मोहरोविसिक असंबद्धता' सीमा है :

A. भूपर्पटी और मेन्टल
B. आन्तरिक क्रोड और बाह्य क्रोड
C. मेंटल और आन्तरिक क्रोड
D. मेंटल और बाह्य क्रोड

8. निम्नलिखित में उन वनों की पहचान कीजिए जहाँ पेड़ अपनी पत्तियों को एक विशेष मौसम में नहीं गिराते हैं:

A. शंक्वाकार वन
B. गर्म और शुष्क वन
C. शीतोष्ण पर्णपाती वन
D. उष्णकटिबंधीय मानसून वन

9. निम्नलिखित में से कौन Environmental Determinism का समर्थक **नहीं** है?

A. हंटिंगटन B. कार्ल सार
C. मैकिन्डर D. ए.सी. सेम्पल

10. Demograpic Transition का सिद्धान्त किसने विकसित किया था?

A. थाम्पसन और नोटिस्टीन B. जेलेन्सकी
C. ई. रैवेन्सटीन D. व्हिटिलजी

11. निम्नलिखित में से वैयक्तिक संचार के साधनों की पहचान कीजिए :

A. समाचार पत्र B. रेडियो
C. दूरदर्शन D. ई-मेल

12. आर्थर होम्स के संवहनी धाराओं का सिद्धान्त किस दशक में प्रतिपादित किया गया था?

A. 1920s B. 1940s
C. 1930s D. 1950s

13. दो कॉलम नीचे दिए गए हैं। उनका **सही** मिलान कीजिए :

(*a*) खाद्य शृंखला	(*i*) वनस्पति जगत और प्राणि जगत का प्राकृतिक रूप से पाये जाने वाले समुदाय
(*b*) खाद्य जाल	(*ii*) पारिस्थितिकी में कई क्रमानुसार स्तर
(*c*) पोषक स्तर	(*iii*) अनेक जीव जन्तु अपने भोजन के स्रोत के रूप में एक-दूसरे पर निर्भर
(*d*) बायोम	(*iv*) खाद्य-शृंखला की एक दूसरे से सम्बद्ध एवं अन्योन्याश्रित स्वरूप

* ***Held on 7 January, 2017***

कोड :	(a)	(b)	(c)	(d)
A.	(iii)	(iv)	(i)	(ii)
B.	(iii)	(ii)	(i)	(iv)
C.	(iii)	(ii)	(iv)	(i)
D.	(iii)	(iv)	(ii)	(i)

14. क्षोभमण्डल में, तापक्रम की गिरती सामान्य दर उसकी ऊँचाई के आधार पर कितनी है?

A. 10.5 °C/कि.मी. B. 7.8 °C/कि.मी.
C. 8.3 °C/कि.मी. D. 6.4 °C/कि.मी.

15. निम्नलिखित में से किसको मानव निर्मित आपदा वर्ग में शामिल किया गया है?

A. पारिस्थितिकीय आपदा B. संक्रामक आपदा
C. भूस्खलन आपदा D. बाढ़ आपदा

16. दो कॉलम नीचे दिए गए हैं। उनका **सही** मिलान कीजिए :

आपदा	**सावधानी**
(a) भूकम्प	(i) पानी की बर्बादी को रोकना
(b) बाढ़	(ii) किसी भी उद्देश्य के लिए आग के प्रयोग की मनाही
(c) सूखा	(iii) ऊँचे ढाँचों के नीचे आश्रय की मनाही
(d) चक्रवात	(iv) बिजली के खम्भों एवं तारों से अलग रहना

कोड :	(a)	(b)	(c)	(d)
A.	(iii)	(iv)	(i)	(ii)
B.	(iii)	(ii)	(iv)	(i)
C.	(iii)	(iv)	(ii)	(i)
D.	(iii)	(ii)	(i)	(iv)

17. नागालैण्ड, मणिपुर और मिजोरम में हिमालय की श्रेणियां निम्नलिखित दिशाओं में से किसके अनुरूप फैली हैं?

A. उत्तर-दक्षिण दिशा
B. पूर्व-पश्चिम दिशा
C. दक्षिण-पश्चिम से उत्तर-पूर्व दिशा
D. उत्तर-पश्चिम से दक्षिण-पूर्व दिशा

18. जनसंख्या के दोगुना होने का 80 वर्ष का समय था ______ ।

A. 1960 - 1975 के मध्य B. 1850 - 1930 के मध्य
C. 1930 - 1960 के मध्य D. 1650 - 1850 के मध्य

19. निम्नलिखित में से कौन-सा द्वीप भारत का पड़ोसी **नहीं** है?

A. मालद्वीप B. श्रीलंका
C. लक्षद्वीप D. ईस्ट तिमूर

20. जब मुख्य नदियाँ एक-दूसरे के समानान्तर बहती हों तथा द्वितीयक सहायक नदियाँ उनसे समकोण पर मिलती हों, अपवाह प्रतिरूप को जाना जाता है ______ ।

A. अभिकेन्द्री B. जालीनुमा
C. अरीय D. वृक्षाकार

21. निम्नलिखित में से किसको पवन जनित आपदा की श्रेणी में शामिल किया जाता है?

A. बाढ़ B. चक्रवात
C. भूस्खलन D. महामारी

22. जब सभी दिशाओं से नदियाँ बहकर किसी झील या गर्त में विसर्जित होती हैं, तो ऐसे अपवाह प्रतिरूप को जाना जाता है :

A. जालीनुमा B. अरीय
C. अभिकेंद्री D. वृक्षाकार

23. दी गई वायुमंडल की परतों को पृथ्वी की सतह से सबसे ऊपर तक व्यवस्थित करिए :

(a) समतापमंडल (b) तापमंडल
(c) क्षोभमंडल (d) मध्यमंडल

A. (c), (a), (d) और (b) B. (c), (d), (b) और (a)
C. (c), (d), (a) और (b) D. (c), (a), (b) और (d)

24. पुस्तक 'Principles of Human Geography' किसके द्वारा लिखी गई है?

A. एच.जे. मैकिन्डर B. ए.सी. सेम्पल
C. जी. टेलर D. ई. हंटिंगटन

25. 'स्टॉप एंड गो डिटरमिनिज्म', निम्नलिखित में से किसने प्रस्तुत किया था?

A. टैथम B. जी. टेलर
C. हम्बोल्ट D. जीन ब्रनचेज

26. निम्नलिखित नदियों में से यमुना की सहायक नदी कौन-सी है?

A. गोमती B. सोन
C. चम्बल D. शारदा

27. केन्द्र में कौन-सा केंद्रिक मंत्रालय ऐसा है, जो कि निम्नलिखित में से भारत में आपदा प्रबंधन की गतिविधियों का समन्वय करता है?

A. गृह मंत्रालय
B. नागरिक उड्डयन मंत्रालय
C. कृषि मंत्रालय
D. स्वास्थ्य एवं परिवार कल्याण मंत्रालय

28. 'The environment is essentially neutral, its role being dependent on the stage of technology, type of culture and other characteristics of changing society'. यह कथन किससे सम्बन्धित है?

A. एडवार्ड उल्मैन B. हंटिंगटन

C. ओ.एच.के. स्पेट D. जी. टेलर

29. यू.एस.ए. एवं दूसरे देशों की कपास पेटी को दर्शाने हेतु निम्नलिखित में से कौन-सा मानचित्र प्रक्षेप अतिउपयुक्त होगा?

A. बोनस प्रक्षेप

B. बेलनाकार समक्षेत्रीय प्रक्षेप

C. बहुशंकु प्रक्षेप

D. सरल बेलनाकार प्रक्षेप

30. यदि उच्चमान समोच्च रेखाएँ, निकट हों और निम्न मान समोच्च रेखाएँ दूर-दूर हों तो ऐसे क्षेत्र का ढाल किस प्रकार का होगा?

A. उत्तल ढाल B. हल्का सामान्य ढाल

C. अवतल ढाल D. ऊँचा-नीचा ढाल

31. तीन घटकों के लिए पाँच वर्षों के आँकड़े आपको दिए गए हैं। आपसे अपेक्षा की जाती है कि उनकी घटकों की प्रवृत्ति को जाने। आप अपने उद्देश्यों की पूर्ति के लिए निम्नलिखित आरेख प्रकारों में से किसको सर्वोत्तम मानते हैं?

A. बहुरेखीय

B. दण्डारेख और रैखिक आरेख

C. रैखिक आरेख

D. चक्र आरेख

32. लिस्ट-I को लिस्ट-II से सुमेलित कीजिए एवं निम्नलिखित कोड का प्रयोग करते हुए **सही** उत्तर का चयन कीजिए :

लिस्ट-I (सेंक्चुरी)	**लिस्ट-II (वनीय जीवन)**
(*a*) भरतपुर	(*i*) भारतीय गजरात
(*b*) बृहत्त एवं लघु रण	(*ii*) बर्फीला तेंदुआ
(*c*) नीलगिरि पहाड़ियाँ	(*iii*) चिड़ियाँ
(*d*) बृहत्त हिमालय	(*iv*) जंगली गधे

कोड :	(*a*)	(*b*)	(*c*)	(*d*)
A.	(*iii*)	(*iv*)	(*i*)	(*ii*)
B.	(*i*)	(*ii*)	(*iii*)	(*iv*)
C.	(*iv*)	(*iii*)	(*ii*)	(*i*)
D.	(*ii*)	(*i*)	(*iv*)	(*iii*)

33. निम्नलिखित में कौन आधार 'बसाव के प्रारूपों' को दर्शाने के लिए उपयुक्त है?

A. बसाव आकार

B. बसाव का फैलाव

C. बसाव की आकृति

D. बसाव में उसकी संघनता

34. भूपपड़ी, मेंटल और क्रोड के निर्धारण के लिए निम्नलिखित में से कौन-सी विशेषता आधार है?

A. तापक्रम B. दाब

C. संगठन D. पदार्थ का स्वरूप

35. निम्नलिखित में से कौन-सी क्रिया चौथे नम्बर की क्रिया है?

A. रेशम-कीट पालन

B. व्यापार

C. खाद्य-पदार्थों को प्रोसेस करना

D. शिक्षण

36. "The Nature does not drive man along a particular road, but it offers a basket of opportunities from among which man is free to select". यह कथन सम्बन्धित है :

A. पर्यावरणीय निश्चयवाद B. नव निश्चयवाद

C. संभाव्यवाद D. प्रोबैबलिज्म

37. भारत के मुख्य भूभाग का अक्षांशीय और देशांतरीय विस्तार लगभग 30° है। इस तथ्य के बाद भी पूर्व-पश्चिम विस्तार उत्तर-दक्षिण विस्तार से छोटा दिखाई पड़ता है। निम्नलिखित में से सही विकल्प का चयन कीजिए :

A. दो देशांतरों के मध्य की दूरी सदैव बराबर रहती है।

B. दो अक्षांशों के मध्य की दूरी बराबर रहती है।

C. दो देशांतरों के मध्य की दूरी ध्रुवों में घटती जाती है और दो अक्षांशों के मध्य की दूरी बराबर रहती है।

D. दो अक्षांशों और दो देशांतरों के मध्य की दूरी बराबर रहती है।

38. विश्व के किस निम्नलिखित क्षेत्र में कोपिन द्वारा प्रस्तुत 'Bwh' प्रकार की जलवायु पाई जाती है?

A. टुण्ड्रा प्रदेश B. अटाकामा मरुस्थल

C. आल्पस पर्वत D. गोबी मरुस्थल

39. निम्नलिखित देशों में से किसमें वर्षा की परिवर्तन दर (variability) अधिक होगी?

A. श्रीलंका B. सऊदी अरब

C. इंडोनेशिया D. डेनमार्क

40. निम्नलिखित गैसों में से कौन-सी गैस ग्रीन हाउस गैस **नहीं** है?

A. कार्बन-डाई-ऑक्साइड B. कार्बन-मोनो-ऑक्साइड
C. मीथेन D. आर्गन

41. जब सूर्य, चन्द्रमा तथा पृथ्वी एक सरल रेखीय दिशा में होतें हैं तब ज्वारीय तरंगों को क्या कहा जाता है?

A. संयोजक (कन्जंक्शन)
B. अपोसीसन
C. क्वाडरेचर
D. सिजजइ (युक्ति-अयुक्ति बिन्दु)

42. सुनामी किस वर्ग की तबाही से सम्बन्धित है?

A. जलीय तबाही B. पर्यावरणीय तबाही
C. भूगर्भीय तबाही D. जलवायवीय तबाही

43. जोधपुर के लिए बनाया गया क्लाइमोग्राफ निम्नलिखित में से किस प्रकार की जलवायु को प्रस्तुत करेगा?

A. मगी B. रॉ
C. स्कार्चिंग D. कीन

44. लिस्ट-I को लिस्ट-II से सुमेलित कीजिए और कोड का प्रयोग करते हुए **सही** उत्तर का चयन कीजिए :

लिस्ट-I (नगरीय क्षेत्र)	**लिस्ट-II (मंजूरशुदा ध्वनि स्तर डेसिबल में)**
(*a*) शान्त क्षेत्र	(*i*) 70
(*b*) आवासीय क्षेत्र	(*ii*) 65
(*c*) व्यावसायिक क्षेत्र	(*iii*) 55
(*d*) औद्योगिक क्षेत्र	(*iv*) 50

कोड :	(*a*)	(*b*)	(*c*)	(*d*)
A.	(*iv*)	(*iii*)	(*ii*)	(*i*)
B.	(*ii*)	(*i*)	(*iv*)	(*iii*)
C.	(*i*)	(*ii*)	(*iii*)	(*iv*)
D.	(*iii*)	(*iv*)	(*i*)	(*ii*)

45. दो कॉलम नीचे दिए गए हैं। उनका **सही** मिलान कीजिए :

राज्यों के नाम	**स्थानान्तरी कृषि के लिए दिया गया नाम**
(*a*) ओडिशा	(*i*) कुरुवा
(*b*) झारखंड	(*ii*) पामाडाबी
(*c*) आन्ध्र प्रदेश	(*iii*) बेवार
(*d*) मध्य प्रदेश	(*iv*) पोदु

कोड :	(*a*)	(*b*)	(*c*)	(*d*)
A.	(*ii*)	(*i*)	(*iii*)	(*iv*)
B.	(*i*)	(*ii*)	(*iv*)	(*iii*)
C.	(*ii*)	(*i*)	(*iv*)	(*iii*)
D.	(*iv*)	(*i*)	(*ii*)	(*iii*)

46. भूगोल में क्षेत्रीय विभेदन की संकल्पना को प्रस्तुत किया ________ ।

A. पीटर हगेट B. ओ.एच.के. स्पेट
C. एल.सी. किंग D. हॉर्टसोर्न

47. 'अनुकूलतम जनसंख्या सिद्धान्त' किसके द्वारा प्रस्तुत किया गया था?

A. थाम्पसन B. माल्थस
C. सिजवेक D. नोटिस्टीन

48. डिफ्लेशन की क्रिया निम्नलिखित में से किस अपरदन के कार्यकर्ताओं से सम्बन्धित है?

A. पवनें B. नदियाँ
C. हिमनद D. भूमिगत जल

49. निम्नलिखित में से कौन-सा वायु प्रदूषण अंश मानव की हृदय धमनियों की प्रणाली को प्रतिकूल प्रभावित करता है?

A. सल्फर-डाई-ऑक्साइड B. सीसा
C. ओजोन D. कार्बन-मोनो-ऑक्साइड

50. भूकंपीय छाया क्षेत्र के विषय में निम्नलिखित कथनों में कौन-सा सही **नहीं** है?

A. भूकंप के अधिकेन्द्र से 103° से 145° कोणात्मक दूरी पर 'पी' और 'एस' दोनों प्रकार की तरंगें नहीं पहुँचती हैं।
B. 'पी' और 'एस' दोनों तरंगों का छाया क्षेत्र एक पट्टी के रूप में प्रकट हो जाता है।
C. भूकंपीय अधिकेन्द्र से 145° की कोणात्मक दूरी से परे 'एस' तरंगें पुनः प्रकट होती हैं।
D. 'पी' से 'एस' का छाया क्षेत्र बड़ा होता है।

51. निम्नलिखित में से कौन-सा शहर नगरीय बसाव के वर्ग में **नहीं** आता है?

A. बस्ती B. वाणिज्यिक
C. प्रशासनिक D. सांस्कृतिक

52. दक्षिणी सुपरकांटिनेंट के लिए क्या नाम दिया गया?

A. गोंडवानालैंड B. लारेशिया
C. पैंजिया D. पैंथालस

53. निम्नलिखित में पृथ्वी तल पर ऊष्णता बजट की इकाई कितनी होगी? जहाँ ऊष्णता बजट समीकरण $R = Q_s (1 - a) - I$, में पैरामेटालिक मान इस प्रकार है, Q_s = वायुमंडल की ऊपरी परत पर आनेवाली सौर विकिरण (100 इकाई), a = अलबीडो प्रभाव (32 इकाई) और I = बाहर जानेवाली दीर्घ तरंग विकिरण (43 इकाई) है।

A. 25 B. 35
C. 32 D. 45

54. निम्नलिखित समुद्री धाराओं में से गर्म समुद्री धारा कौन-सी है?

A. लैब्रेडोर B. ओयाशियो
C. क्यूरोशियो D. कैलिफोर्निया

55. विभिन्न देशों में स्थानांतरी कृषि भिन्न नामों से प्रचलित है। उनका **सही** मिलान कीजिए।

झूम कृषि व्यवसाय	**देश**
(*a*) मिल्पा	(*i*) वेनेजुएला
(*b*) लदांग	(*ii*) ब्राजील
(*c*) रोका	(*iii*) मैक्सिको
(*d*) कोनूको	(*iv*) इंडोनेशिया

कोड :	(*a*)	(*b*)	(*c*)	(*d*)
A.	(*iii*)	(*iv*)	(*ii*)	(*i*)
B.	(*i*)	(*ii*)	(*iii*)	(*iv*)
C.	(*i*)	(*iii*)	(*iv*)	(*ii*)
D.	(*i*)	(*iv*)	(*ii*)	(*iii*)

56. मौसम मानचित्र पर वर्षा के साथ हिमपात की स्थिति को निम्नलिखित चिह्नों में से किसके द्वारा दर्शाते हैं?

A.  B. 
C. ∞ D. 

57. भारत में रेगुर मृदा निम्नलिखित में से किस प्रदेश में अधिकतम पाई जाती है?

A. ओडिशा B. मध्य प्रदेश
C. उत्तर प्रदेश D. महाराष्ट्र

58. दो कॉलम नीचे दिए गए हैं। उनका **सही** मिलान कीजिए :

चट्टानों के नाम	**कायान्तरित चट्टानें**
(*a*) चूना पत्थर	(*i*) क्वार्टजाइट
(*b*) बलुआ पत्थर	(*ii*) स्लेट
(*c*) शैल	(*iii*) संगमरमर

कोड :	(*a*)	(*b*)	(*c*)
A.	(*iii*)	(*ii*)	(*i*)
B.	(*ii*)	(*i*)	(*iii*)
C.	(*i*)	(*iii*)	(*ii*)
D.	(*ii*)	(*iii*)	(*i*)

59. निम्नलिखित महासागर जल लवणों को उनके अनुपात के अनुसार घटते क्रम में लिखिए :

(*a*) सल्फेट (*b*) सोडियम
(*c*) क्लोरीन (*d*) मैग्नीशियम

A. (*c*), (*a*), (*b*) और (*d*)
B. (*c*), (*b*), (*a*) और (*d*)
C. (*c*), (*d*), (*a*) और (*b*)
D. (*c*), (*d*), (*b*) और (*a*)

60. नीचे दिए गए पृथ्वी के विभिन्न परतों को उन्हें सतह से केन्द्र के क्रम में लगाइए :

(*a*) स्थलमंडल (*b*) आंतरिक क्रोड
(*c*) बाह्य मंडल (*d*) दुर्बल मंडल
(*e*) निम्न मेंटल (*f*) ऊपरी मेंटल

A. (*a*), (*d*), (*e*), (*f*), (*b*) और (*c*)
B. (*a*), (*d*), (*f*), (*e*), (*c*) और (*b*)
C. (*a*), (*f*), (*e*), (*d*), (*c*) और (*b*)
D. (*a*), (*f*), (*d*), (*e*), (*b*) और (*c*)

61. एक मानक फाल्स कलर कम्पोजिट (FCC) पर निर्माणित क्षेत्र किस रंग द्वारा प्रस्तुत होता है?

A. मैजेन्टा B. काला
C. नीला D. सयान

62. निम्नलिखित में से सौरमंडल के सबसे अधिक घनत्व वाले तीसरे ग्रह की पहचान कीजिए।

A. मंगल B. पृथ्वी
C. बुध D. शुक्र

63. पृथ्वी की उत्पत्ति से सम्बन्धित गैसीय पिण्ड सिद्धान्त किसके द्वारा प्रतिपादित किया गया था?

A. सर जेम्स जीन्स एवं हेराल्ड जेफरी
B. साइमन पाइरे लैप्लास
C. इम्मेनुअल कॉट
D. ओटो शिमिट

64. ग्लोब पर भारत की स्थिति के संदर्भ में निम्नलिखित विकल्पों में से कौन-सा **सही** है?

A. पूर्वी और उत्तरी गोलार्ध
B. उत्तरी गोलार्ध

C. उत्तरी और पश्चिमी गोलार्ध
D. पूर्वी गोलार्ध

65. किसान कॉल केन्द्र कब स्थापित हुए थे?

A. 2002 B. 2004
C. 2003 D. 2005

66. जब अवसादी शैलें अति उच्च ताप और दाब के प्रभाव के अन्तर्गत आती हैं, तब परिणाम क्या होगा?

A. मैग्मा की उत्पत्ति
B. अवसादीय शैल का वही रहना
C. आग्नेय शैलों की रचना
D. कायान्तरित शैलों की रचना

67. एयरक्राफ्ट, मशीन टूल्स, टेलीफोन और भारत इलेक्ट्रॉनिक्स निम्नलिखित में से किस औद्योगिक क्षेत्र के स्थल चिह्न (लैंडमार्क) हैं?

A. विशाखापट्टनम - गुन्टूर क्षेत्र
B. गुजरात औद्योगिक क्षेत्र
C. गुड़गाँव - दिल्ली - मेरठ क्षेत्र
D. बेंगलुरु - चेन्नई औद्योगिक क्षेत्र

68. कृषि भू-दृश्य में 'आर्थिक लगान' का विचार पहले किसने दिया था?

A. वान थ्यूनेन B. वेबर
C. आइजार्ड D. लॉश

69. भारतीय जनसंख्या गणना विभाग के अनुसार नगरीय आवासों के कितनी श्रेणी वर्गीकृत की गई है?

A. 6 B. 4
C. 5 D. 3

70. दो कॉलम नीचे दिए गए हैं। उनका **सही** मिलान कीजिए :

जनसांख्यिकी अवस्थाएँ	**जनसंख्या की विशेषताएँ**
(*a*) अवस्था I	(*i*) जनसंख्या विस्फोट
(*b*) अवस्था II	(*ii*) जनसंख्या वृद्धि का धीरे-धीरे घटना
(*c*) अवस्था III	(*iii*) जनसंख्या की मंद वृद्धि
(*d*) अवस्था IV	(*iv*) स्थिर जनसंख्या वृद्धि दर

कोड :	(*a*)	(*b*)	(*c*)	(*d*)
A.	(*iii*)	(*i*)	(*ii*)	(*iv*)
B.	(*iii*)	(*iv*)	(*i*)	(*ii*)
C.	(*iii*)	(*i*)	(*iv*)	(*ii*)
D.	(*iii*)	(*iv*)	(*ii*)	(*i*)

71. निम्नलिखित में कौन-से चित्र में बसाव वितरण का समूह प्रकार दर्शाया गया है?

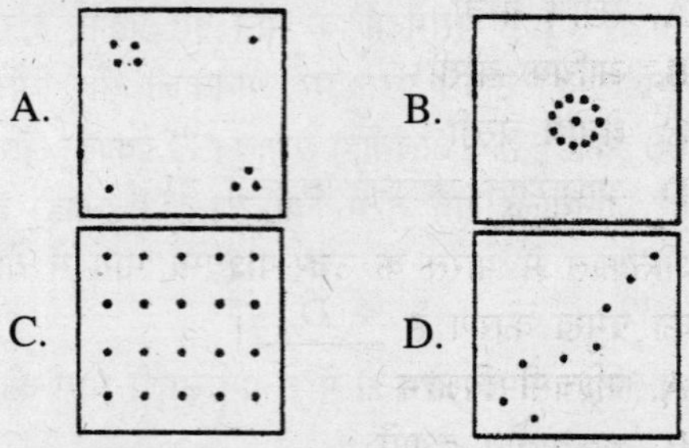

72. रासायनिक अपक्षय का एक प्रक्रम निम्नलिखित में से कौन-सा **नहीं** है?

A. विलयन B. अपशल्कन
C. कार्बोनीकरण D. जलयोजन

73. निम्नलिखित देशों में से किस देश में खानाबदोश चरवाहों का व्यवसाय अति महत्वपूर्ण है?

A. सूडान B. फ्रांस
C. जापान D. सिंगापुर

74. निम्नलिखित संसाधनों में से कौन अनवीकरणीय संसाधन हैं?

A. जलविद्युत B. वन
C. खनिज D. मत्स्यन

75. निम्नलिखित में से कौन-सी गैस 'ओजोन' परत को क्षीण करने के लिए उत्तरदायी है?

A. क्लोरो-फ्लूरो-कार्बन B. ऑक्सीजन
C. नाइट्रोजन ऑक्साइड D. नाइट्रोजन

76. निम्नलिखित में से किस देश में चक्रवातों को विली-विली के नाम से जाना जाता है?

A. ऑस्ट्रेलिया B. वेस्टइंडीज
C. अर्जेन्टाइना D. यू.एस.ए.

77. पंद्रह डिग्री पूर्व देशान्तर पर स्थित किसी जगह का स्थानीय समय क्या होगा यदि उसका ग्रीनविच औसत समय (GMT) 10 : 00 पूर्वाह्न है?

A. 10 : 30 A.M. B. 11 : 30 A.M.
C. 10 : 00 A.M. D. 11 : 00 A.M.

78. "अरब सागर की रानी" के नाम से निम्नलिखित भारत के बंदरगाहों में से किसे जाना जाता है?

A. कांडला B. कोच्चि
C. मुम्बई D. मार्मगाव

79. नदियों, सड़कों और रेलवे लाइनों के साथ विकसित बस्तियों को वर्गीकृत किया जाता है ______।

A. रेखीय बस्ती
B. आर्थिक बस्ती
C. क्षेत्रीय बस्ती
D. आधारभूत संरचना सम्बन्धी बस्ती

80. शीतकाल में भारत के उत्तर-पश्चिमी भाग में वर्षा होने का प्रमुख कारण है ______।

A. पश्चिमी विक्षोभ
B. चक्रवातीय दशाएँ
C. लौटता मानसून
D. आईटी.सी.जेड की वापसी

81. भारत के साथ सबसे ज्यादा लम्बी अन्तर्राष्ट्रीय सीमा निम्नलिखित देशों में से किसकी लगी है?

A. पाकिस्तान B. बांग्लादेश
C. म्यांमार D. चीन

82. दो घटित ज्वारों के बीच में कितना समय लगता है?

A. 48 मिनट 20 सेकेंड B. 53 मिनट 42 सेकेंड
C. 48 मिनट 48 सेकेंड D. 55 मिनट 40 सेकेंड

83. निम्नलिखित में से किसने भूगोल का 'क्षेत्रीय वितरण विज्ञान' अवधारणा द्वारा व्याख्या किया?

A. रिटर B. वेरेनियस
C. परशेल D. हम्बोल्ट

84. गाड़ियों में पेट्रोल या डीजल अपूर्ण रूप से जलने से पैदा होता है ______।

A. मीथेन गैस
B. ओजोन गैस
C. कार्बन डाइ-ऑक्साइड गैस
D. कार्बन मोनोऑक्साइड गैस

85. पर्यावरण का संरक्षण हमें ले जाएगा ______।

A. नियमित विकास की ओर
B. पोषणीय विकास की ओर
C. ऊर्जा विकास की ओर
D. हमारे जीवन में उन्नति की ओर

86. निम्नलिखित में से कौन-सी नदी Superimposed drainage की मिसाल है?

A. गंगा B. नर्मदा
C. ब्रह्मपुत्र D. कावेरी

87. निम्नलिखित में से कौन-सी आकृति चूना प्रदेश में अपरदन चक्र द्वारा निर्मित अन्तिम आकृति है?

A. डोलाइन B. कन्द्रा
C. पोल्जी D. स्टैलक्टाइट

88. निम्नलिखित में से किसके द्वारा 'किताब-अल-हिन्द' लिखी गई थी?

A. अल बाल्खी B. इब्ने बतूता
C. अल बरुनी D. इल्तुतमिश

89. भारत के उत्तरी मैदान को विभिन्न भागों में बाँटा जा सकता है। उन्हें उत्तर से दक्षिण दिशा के क्रम में लगाइए :

(*a*) बांगर (*b*) खादर
(*c*) भाबर (*d*) तराई

A. (*c*), (*a*), (*d*) और (*b*) B. (*c*), (*b*), (*d*) और (*a*)
C. (*c*), (*d*), (*a*) और (*b*) D. (*c*), (*d*), (*b*) और (*a*)

90. भारत सरकार द्वारा पर्यावरण संरक्षण अध्यादेश निम्नलिखित में से किस वर्ष में लागू किया गया था?

A. 1976 B. 1996
C. 1986 D. 2006

91. ई. बरगेज (E. Burgese) द्वारा प्रस्तुत संकेन्द्रीय पेटिका सिद्धान्त (Concentric Zone Theory) के अनुसार मध्य आय वर्ग के आवासीय क्षेत्र निम्नलिखित में से किस पट्टी में पाये जाते हैं?

A. दूसरी B. चौथी
C. तीसरी D. पाँचवीं

92. निम्नलिखित में से विश्व व्यापार संगठन का मुख्यालय कौन-सा है?

A. जेनेवा B. न्यूयॉर्क
C. लंदन D. नई दिल्ली

93. नीचे दिए गए दो कॉलमों का सही मिलान कीजिए :

उपभोक्ता	**जीव**
(*a*) प्राथमिक	(*i*) सर्वाहारी
(*b*) द्वितीयक	(*ii*) अपमार्जक
(*c*) तृतीयक	(*iii*) शाकाहारी
(*d*) विघटक	(*iv*) मांसाहारी

कोड :	(*a*)	(*b*)	(*c*)	(*d*)
A.	(*iii*)	(*iv*)	(*ii*)	(*i*)
B.	(*iii*)	(*i*)	(*iv*)	(*ii*)
C.	(*iii*)	(*iv*)	(*i*)	(*ii*)
D.	(*iii*)	(*i*)	(*ii*)	(*iv*)

94. निम्नलिखित में से कोरल द्वीप कौन-सा है?
A. तस्मानिया द्वीप B. फिजी द्वीप
C. हवाई द्वीप D. बिकनी द्वीप

95. पृथ्वी की घूर्णन गति निम्नलिखित में से किस अक्षांश रेखा पर अधिकतम होगी?
A. कर्क रेखा B. भूमध्य रेखा
C. मकर रेखा D. उत्तरी ध्रुव वृत्त

96. एक समोच्च रेखा मानचित्र में, बिन्दु A और B क्रमशः 3000 m एवं 7000 m समोच्च रेखाओं पर स्थित हैं। यदि इन दोनों बिन्दुओं के बीच का क्षैतिजीय तुल्यमान 4.0 कि.मी. है तो उसके बीच का ढाल निम्नलिखित में से कौन-सा **सही** होगा?
A. 30° B. 40°
C. 35° D. 45°

97. लाल मृदा मुख्य रूप से पायी जाती है ______।
A. बिहार और उत्तर प्रदेश में
B. पंजाब और हिमाचल प्रदेश में
C. तमिलनाडु और आंध्र प्रदेश में
D. राजस्थान और गुजरात में

98. निम्नलिखित में से कौन-सा बिन्दु केन्द्र जल प्रदूषण का प्रकार है?
A. औद्योगिक प्रदूषण
B. अम्लीय वर्षा
C. कृषीय जल का बहाव
D. नगरीय जल का बहाव

99. 'प्रादेशिक भूगोल' एवं 'क्रमबद्ध भूगोल' के मध्य सहसम्बन्ध किसने स्थापित किया था?
A. हंटिंगटन B. वैरीनियस
C. रेक्लास D. ब्लाश

100. सोलफटैरा निम्नलिखित में से किसका एक प्रकार है?
A. एक ब्लाक पर्वत B. एक वलित पर्वत
C. एक कटा छटा पठार D. एक ज्वालामुखी

उत्तरमाला

1	2	3	4	5	6	7	8	9	10
B	C	B	C	C	B	A	A	B	A
11	**12**	**13**	**14**	**15**	**16**	**17**	**18**	**19**	**20**
D	C	D	D	A	A	A	B	C	B
21	**22**	**23**	**24**	**25**	**26**	**27**	**28**	**29**	**30**
B	C	A	D	B	C	A	A	B	C
31	**32**	**33**	**34**	**35**	**36**	**37**	**38**	**39**	**40**
A	A	C	C	D	C	C	B	B	D
41	**42**	**43**	**44**	**45**	**46**	**47**	**48**	**49**	**50**
D	C	C	A	C	D	C	A	D	C
51	**52**	**53**	**54**	**55**	**56**	**57**	**58**	**59**	**60**
A	A	A	C	A	D	D	*	B	B
61	**62**	**63**	**64**	**65**	**66**	**67**	**68**	**69**	**70**
D	D	B	A	B	D	D	A	A	B
71	**72**	**73**	**74**	**75**	**76**	**77**	**78**	**79**	**80**
B	B	A	C	A	A	D	B	A	A
81	**82**	**83**	**84**	**85**	**86**	**87**	**88**	**89**	**90**
B	C	D	D	B	B	C	C	C	C
91	**92**	**93**	**94**	**95**	**96**	**97**	**98**	**99**	**100**
B	A	C	D	B	D	C	A	B	D

भूगोल

1 भूगोल की प्रकृति, क्षेत्र एवं शाखाएं

भूगोल का परिचय

भूगोल एक प्रगतिशील विज्ञान है जिसका अध्ययन पृथ्वी की उत्पत्ति के साथ ही प्रारम्भ हो गया था। लेकिन इसकी परिभाषाओं में फेर-बदल होते रहे हैं।

प्रारम्भ में भूगोल का शाब्दिक अर्थ ''गोल पृथ्वी'' माना जाता था। अंग्रेजी शब्द Geography दो यूनानी शब्दों (Geo + Graphy) से मिलकर बना है। इसमें "Geo" का अर्थ है पृथ्वी और "Graphy" का अर्थ है लिखना या वर्णन करना अर्थात् Geography शब्द का शाब्दिक अर्थ हुआ—पृथ्वी का वर्णन। प्राचीन काल में यूनान और रोम के अनेक विद्वानों ने महत्त्वपूर्ण भौगोलिक वर्णन प्रस्तुत किए। **इरेटोस्थनीज** ने सबसे पहले ज्योग्राफ्रिका अर्थात् 'भूगोल' शब्द का प्रयोग किया था। इसी वजह से इन्हें भूगोल का जन्मदाता माना जाता है। विगत कुछ वर्षों में भूगोल का स्वरूप बदला है तथा इसकी विषय-वस्तु में विस्तार हुआ है। **स्ट्रैबो** नामक भूगोलवेत्ता ने भूगोल को एक स्वतन्त्र विषय माना था जिसका उद्देश्य लोगों को इस विश्व के स्थल, महासागर, जीव-जन्तुओं, वनस्पतियों तथा पृथ्वी पर देखी जाने वाली प्रत्येक अन्य वस्तु का ज्ञान प्राप्त कराना था। **टॉलमी** के शब्दों में ''भूगोल वह आभामय विज्ञान है जो पृथ्वी की झलक स्वर्ग में देखता है।'' **हिप्पोक्रेट्स** ने मनुष्य पर पर्यावरण के प्रभाव का वर्णन किया था जबकि **अरस्तु** ने अपनी प्रसिद्ध पुस्तक ''पॉलिटिक्स'' में राज्य के गठन पर भौगोलिक कारकों के प्रभावों को स्पष्ट किया है। **इमैन्युएल काण्ट** के अनुसार, ''भूगोल भूतल का अध्ययन है। यह भूतल के भिन्न-भिन्न भागों में पाई जाने वाली भिन्नता की पृष्ठभूमि में की गई व्याख्या है।''

जर्मन भूगोलवेत्ता ए.वी. हम्बोल्ट तथा कार्ल रिटर ने अपने रिवाजों और विधियों के द्वारा भूगोल के लिए पथ-प्रदर्शक का काम किया है। **हम्बोल्ट** के अनुसार, ''भूगोल प्रकृति के अध्ययन से सम्बन्धित विज्ञान है।'' जबकि **कार्ल रिटर** के शब्दों में, ''भूगोल, विज्ञान का वह भाग है जिसमें भूमण्डल के सभी लक्षणों, घटनाओं और उनके सम्बन्धों का, पृथ्वी को स्वतन्त्र रूप से मानते हुए वर्णन किया जाता है।'' आधुनिक भूगोलवेत्ता **पीटर हेगेट** के अनुसार, ''भूगोलवेत्ता का सम्बन्ध संरचना तथा पारस्परिक क्रियाओं से होता है जो पृथ्वी तल पर मानव वातावरण के पारिस्थितिक तंत्र (Ecological system) और प्रदेशों (Regions) के स्थानिक तंत्र (Spatial system) की संरचनाओं (Structures) का और पारस्परिक क्रियाओं (Interactions) का अध्ययन करता है।''

आर्थर होम्स (Arthur Homes) के अनुसार, ''भूगोल में पृथ्वी के उस भाग का अध्ययन किया जाता है जो मानव के रहने का स्थान है।'' **ओ.एच.के. स्पेट** (O.H.K. Spat) के अनुसार, ''आधुनिक भूगोल मानव के भौतिक, प्राणि, जैविक तथा सांस्कृतिक पर्यावरण की ओर हमारा ध्यानाकर्षण कराता है। जर्मन भूगोलवेत्ताओं के अनुसार, ''भूगोल वह विज्ञान है जो पृथ्वी के विभिन्न प्रदेशों (Landschaft) का अध्ययन करता है।'' इंग्लैण्ड के भूगोलवेत्ताओं के अनुसार भूगोल में भूमि (Land) तथा मानव (Man) की विभिन्न क्रियाओं और उनके पारस्परिक सम्बन्धों का अध्ययन किया जाता है। रूसी भूगोलवेत्ताओं ने भूगोल की पृथ्वी तल के विभिन्न क्षेत्रों में प्राकृतिक और मानवीय तथ्यों की पारस्परिक क्रियाओं द्वारा निर्मित सम्मिश्र समाकल प्रदेशों (Complex Integral Regions) का अध्ययन बताया है।

भूगोल के विकास के विभिन्न कालक्रम

चिरसम्मत काल (300 ई.पू.–300 ई.)

- **पाइथागोरस : (यूनानी दार्शनिक व गणितज्ञ)**
  - ➤ पृथ्वी का आकार गोलाभ है।
  - ➤ यह अपने ग्रहों के साथ केन्द्रीय अग्नि के चारों ओर घूमती है।
- **हेरोडोटस (484-425 ई.पू.)**
  - ➤ इन्हें ''इतिहास का पिता'' कहा जाता था।
  - ➤ ''हिस्ट्री'' नामक पुस्तक लिखी।
  - ➤ सर्वप्रथम बताया कि मिस्र नील नदी की देन है।
  - ➤ सर्वप्रथम **डेल्टा** शब्द का प्रयोग किया था।
- **अरस्तू (384-322 ई.पू.)**
  - ➤ सर्वप्रथम ग्रहण के कारणों की व्याख्या की।

- **इरेटोस्थनीज (276-194 ई.पू.)**
  - ➤ सर्वप्रथम पृथ्वी की महान रेखा की लम्बाई दोपहर में सूर्य की स्थिति को आधार मानकर नापी थी।
- **हिपार्कस (190-120 ई.पू.) (महान खगोलज्ञ)**
  - ➤ सर्वप्रथम भौगोलिक अवस्थिति का निर्धारण अक्षांश एवं देशांतर रेखाओं के आधार पर किया।
- **टॉलमी (90-168 A.D) (महान खगोलशास्त्री व गणितज्ञ)**
  - ➤ ''ज्योग्राफी '' नामक पुस्तक लिखी।
  - ➤ मानचित्र निर्माण विज्ञान का विकास किया।
  - ➤ मानचित्र पर अक्षांश एवं देशांतर रेखाओं को दर्शाया।

क्रिश्चियन काल (300 ई.-400 ई.)

- **अल-इदरिसी (1099-1154 ई.)**
  - ➤ मध्यकालीन विश्व की महान भौगोलिक पुस्तक लिखीं।
  - ➤ भौगोलिक सूचनाओं का संग्रहण किया।
- **इब्नबतूता (1304-1377 ई.)**
  - ➤ महत्त्वपूर्ण पुस्तक ''यात्राएं'' लिखी।

पुनर्जागरण काल (14वीं-16वीं शताब्दी)

- **मार्को पोलो (1254-1324 ई०)**
  - ➤ यह पहला व्यक्ति था जिसने एशिया के उन सभी भागों का वर्णन किया जिससे होकर वह गुजरा।
- **नाविक हेनरी (1394-1460 ई.) या पुर्तगाल का राजकुमार**
  - ➤ विश्व की पहली वेधशाला स्थापित की।
  - ➤ नौकायन हेतु प्रशिक्षण केन्द्र स्थापित किया।
  - ➤ तटों, भूमियों, समुद्रों आदि को खोजा, मापा व नामकरण किया।

आधुनिक भूगोल

- **वेरेनियस (1622-1650 ई.)**
  - ➤ Geographic Generatis नामक पुस्तक लिखी।
  - ➤ सर्वप्रथम भूगोल को सामान्य व विशेष (क्षेत्रीय) नामक दो भागों में बाँटा।
- **इमेन्युएल कान्ट (1724-1804 ई.)**
  - ➤ इनके अनुसार भूगोल की विषय-वस्तु को तीन समूहों में विभाजित किया जा सकता है।
  - ➤ (*a*) क्रमबद्ध विज्ञान (*b*) ऐतिहासिक विज्ञान (*c*) भौगोलिक विज्ञान।
- **अलेक्जेंडर वॉन हम्बोल्ट (1790-1859 ई.)**
  - ➤ चार्ल्स डार्विन ने हम्बोल्ट के विषय में कहा कि, ''वह महान वैज्ञानिक यात्री था जो कभी नहीं मरेगा।''
  - ➤ 'कॉसमॉस' नामक पुस्तक लिखी।
- **कार्ल रिटर (1779-1859 ई.) (आधुनिक भूगोल का पिता)**
  - ➤ ''डाई अर्कुण्डे'' (Die Erdkunde) नामक पुस्तक को लिखा, जिसमें उन्होंने भौतिक परिवेश का मानवीय क्रियाकलाप पर प्रभाव बतलाया है।
- **इल्सवर्थ हटिंग्टन (1876-1947 ई.)**
  - ➤ महत्त्वपूर्ण कार्य है जलवायु का मानव के अनुवंशिकता एवं सभ्यता पर प्रभाव का वर्णन। ये मानव को निष्क्रिय व प्रकृति को क्रियाशील मानते थे।
- **वाइ-डल-डी-ला-ब्लाश (1848-1918 ई०)**
  - ➤ संभववाद के समर्थक व पर्यावरणवाद के विरोधी थे।
  - ➤ इनके अनुसार, मानव एक सक्रिय अभिकर्त्ता होता है।

भूगोल की शाखाएँ

भूगोल अध्ययन का एक अंतर्शिक्षण (Interdisciplinary) विषय है। प्रत्येक विषय का अध्ययन कुछ उपागमों के अनुसार किया जाता है। इस दृष्टिकोण से भूगोल के अध्ययन के दो प्रमुख उपागम हैं: (1) विषय वस्तुगत (क्रमबद्ध) एवं (2) प्रादेशिक विधि। विषय वस्तुगत भूगोल का उपागम वही है जो सामान्य भूगोल का होता है। यह उपागम एक जर्मन भूगोलवेत्ता, अलेक्जेंडर वॉन हम्बोल्ट (1769-1859) द्वारा प्रवर्तित किया गया, जबकि प्रादेशिक भूगोल का विकास हम्बोल्ट के समकालीन एक दूसरे जर्मन भूगोलवेत्ता कार्ल रिटर (1779-1859) द्वारा किया गया।

क्रमबद्ध विधि

भूगोल के अध्ययन की क्रमबद्ध विधि में एक ही भौगोलिक कारक को लेकर समस्त विश्व अथवा विश्व के किसी भी भाग का अध्ययन किया जाता है। इस विधि के अनुसार भूगोल का अध्ययन इस प्रकार किया जाता है कि हमारा ध्यान भूगोल के किसी एक तत्व पर ही केन्द्रित होता है। धरातल, जल-प्रवाह, जलवायु, मृदा, वनस्पति, खनिज सम्पदा, कृषि, उद्योग, परिवहन, व्यापार, जनसंख्या आदि प्रमुख भौगोलिक तत्व हैं। इन तत्वों का क्षेत्र विशेष के संदर्भ में पृथक्-पृथक् अध्ययन किया जाता है। यह क्षेत्र कोई देश, महाद्वीप अथवा समस्त विश्व हो सकता है। इस विधि को प्रकरण विधि (Topical Approach) भी कहते हैं, क्योंकि इसमें अलग-अलग प्रकरण (Topic) या तत्व मिश्रण का अध्ययन करके ही भूगोल का ज्ञान प्राप्त किया जाता है। प्रसिद्ध भूगोलवेत्ता रिचार्ड हार्टशॉर्न के अनुसार, "क्रमबद्ध भूगोल के अध्ययन का सबसे साधारण तरीका यह है कि पृथ्वी के तल की असमानताओं पर किसी एक भौगोलिक तत्व के संदर्भ में विचार किया जाए।" कुछ भूगोलवेत्ता इसे सामान्य भूगोल (General Geography) के नाम से भी पुकारते हैं।

क्रमबद्ध विधि के आधार पर भूगोल की शाखाएँ

भौतिक भूगोल

- **भू-आकृति विज्ञान :** यह भू-आकृतियों, उनके क्रम विकास एवं संबंधित प्रक्रियाओं का अध्ययन करता है।
- **जलवायु विज्ञान :** इसके अंतर्गत वायुमंडल की संरचना, मौसम तथा जलवायु के तत्व, जलवायु के प्रकार तथा जलवायु प्रदेश का अध्ययन किया जाता है।
- **जल विज्ञान :** यह धरातल के जल परिमंडल जिसमें समुद्र, नदी, झील तथा अन्य जलाशय सम्मिलित हैं तथा उसका मानव सहित विभिन्न प्रकार के जीवों एवं उनके कार्यों पर प्रभाव का अध्ययन है।
- **मृदा भूगोल :** यह मिट्टी निर्माण की प्रक्रियाओं, मिट्टी के प्रकार, उनका उत्पादकता स्तर, वितरण एवं उपयोग आदि के अध्ययन से संबंधित है।

मानव भूगोल

- **सामाजिक/सांस्कृतिक भूगोल :** इसके अंतर्गत समाज तथा इसकी स्थानिक/प्रादेशिक गत्यात्मकता एवं समाज के योगदान से निर्मित सांस्कृतिक तत्वों का अध्ययन आता है।
- **जनसंख्या एवं अधिवास भूगोल :** यह ग्रामीण तथा नगरीय क्षेत्रों में जनसंख्या वृद्धि, उसका वितरण, घनत्व, लिंग-अनुपात, प्रवास एवं व्यावसायिक संरचना आदि का अध्ययन करता है जबकि अधिवास भूगोल में ग्रामीण तथा नगरीय अधिवासों के वितरण प्रारूप तथा अन्य विशेषताओं का अध्ययन किया जाता है।
- **आर्थिक भूगोल :** यह मानव की आर्थिक क्रियाओं, जैसे–कृषि, उद्योग, पर्यटन, व्यापार एवं परिवहन, अवस्थापना तत्व एवं सेवाओं का अध्ययन है।
- **ऐतिहासिक भूगोल :** यह उन ऐतिहासिक प्रक्रियाओं का अध्ययन करता है जो क्षेत्र को संगठित करती हैं। प्रत्येक प्रदेश वर्तमान स्थिति में आने के पूर्व ऐतिहासिक अनुभवों से गुजरता है। भौगोलिक तत्वों में भी सामायिक परिवर्तन होते रहते हैं और इसी की व्याख्या ऐतिहासिक भूगोल का ध्येय है।
- **राजनीतिक भूगोल :** यह क्षेत्र को राजनीतिक घटनाओं की दृष्टि से देखता है एवं सीमाओं, निकटस्थ पड़ोसी इकाइयों के मध्य भू-वैन्यासिक संबंध, निर्वाचन क्षेत्र का परिसीमन एवं चुनाव परिदृश्य का विश्लेषण करता है। साथ ही जनसंख्या के राजनीतिक व्यवहार को समझने के लिए सैद्धांतिक रूपरेखा विकसित करता है।

जीव-भूगोल

भौतिक भूगोल एवं मानव भूगोल के अंतरापृष्ठ के फलस्वरूप जीव-भूगोल का अभ्युदय हुआ। इसके अंतर्गत निम्नलिखित शाखाएँ आती हैं।

- **जीव-भूगोल :** इसमें पशुओं एवं उनके निवास क्षेत्र के स्थानिक स्वरूप एवं भौगोलिक विशेषताओं का अध्ययन होता है।
- **वनस्पति भूगोल :** यह प्राकृतिक वनस्पति का उसके निवास क्षेत्र में स्थानिक प्रारूप का अध्ययन करता है।

- **पारिस्थैतिक विज्ञान :** इसमें प्रजातियों के निवास/स्थिति क्षेत्र का वैज्ञानिक अध्ययन किया जाता है।
- **पर्यावरण भूगोल :** संपूर्ण विश्व में पर्यावरणीय प्रतिबोधन के फलस्वरूप पर्यावरणीय समस्याओं, जैसे-भूमि-ह्रास, प्रदूषण, संरक्षण की चिंता आदि का अनुभव किया गया, जिसके अध्ययन हेतु इस शाखा का विकास हुआ।

प्रादेशिक विधि

भूगोल का अध्ययन करने के लिए हम प्राय: भू-स्थल को विभिन्न प्रदेशों में विभाजित करते हैं। पृथ्वी के तल पर भौगोलिक दिशाएँ सर्वत्र एक समान नहीं, अपितु विभिन्न भागों में विभिन्न होती हैं। इस विधि के अनुसार हमारे क्षेत्र की सीमाओं का पता चलता है, न कि भूगोल के तत्वों की सीमा का। भू-स्थल के विभिन्न भागों का गहन अध्ययन करने के लिए बड़े क्षेत्रों को छोटे क्षेत्रों में बाँटा जाता है। उदाहरणतया, विश्व का अध्ययन करने के लिए संपूर्ण विश्व को प्राकृतिक खंडों में विभाजित किया जाता है। भूतल पर इतनी स्थानिक भिन्नताएँ हैं कि कोई भी क्षेत्र किसी अन्य क्षेत्र जैसा नहीं होता। परन्तु कई बार पृथ्वी तल पर दूर स्थिर प्रदेशों के भौगोलिक वातावरण में काफी समांगता देखने में आती है जिसके परिणामस्वरूप वहाँ पर मानव-जीवन भी एक जैसा ही होता है। उदाहरणतया, भारत का अध्ययन करने के लिए जब हम भारत को विभिन्न प्रदेशों में बाँट कर, उसका अध्ययन करते हैं तो उसे भारत का प्रादेशिक भूगोल कहा जाता है। उदाहरणतया, यदि हम समस्त भारत को न लेकर गंगा का मैदान, छोटा नागपुर का पठार, असम की घाटी अथवा तटीय प्रदेश को लेकर उसकी स्थिति, धरातल, जलप्रवाह, जलवायु, मृदा, प्राकृतिक वनस्पति, खनिज सम्पदा, कृषि, उद्योग, यातायात, व्यापार तथा जनसंख्या आदि का अध्ययन करेंगे तो यह प्रादेशिक विधि होगी। इस प्रकार सारे विश्व या उसके किसी बड़े भाग को भौगोलिक प्रदेशों में विभाजित करके भौगोलिक अध्ययन करने की विधि को 'प्रादेशिक अध्ययन विधि कहते हैं। इस विधि के अन्तर्गत भौगोलिक अध्ययन को 'प्रादेशिक भूगोल' कहते हैं।

प्रादेशिक विधि के आधार पर भूगोल की शाखाएँ

- वृहद्, मध्यम, लघुस्तरीय प्रादेशिक/क्षेत्रीय अध्ययन
- ग्रामीण/इलाका नियोजन तथा शहर एवं नगर नियोजन सहित प्रादेशिक नियोजन
- प्रादेशिक विकास
- प्रादेशिक विवेचना/विश्लेषण

दो ऐसे पक्ष हैं जो सभी विषयों के लिए उभयनिष्ठ/सर्वनिष्ठ हैं। ये हैं:

- **दर्शन**
  - ❑ भौगोलिक चिंतन
  - ❑ भूमि एवं मानव अंतर्प्रक्रिया/मानव पारिस्थितिकी
- **विधितंत्र एवं तकनीक**
  - ❑ सामान्य एवं संगणक आधारित मानचित्रण
  - ❑ परिमाणात्मक तकनीक/ सांख्यिकी तकनीक
  - ❑ क्षेत्र सर्वेक्षण विधियाँ
  - ❑ भू-सूचना विज्ञान तकनीक (Geoinformatics), जैसे-दूर संवेदन तकनीक, भौगोलिक सूचना तंत्र (G.I.S.), वैश्विक स्थितीय तंत्र (G.P.S.)

उपर्युक्त वर्गीकरण भूगोल की शाखाओं की एक विस्तृत रूपरेखा प्रस्तुत करता है।

क्रमबद्ध तथा प्रादेशिक भूगोल में अंतर

क्रमबद्ध भूगोल	प्रादेशिक भूगोल
➤ यह अध्ययन खोज व तथ्यों को प्रस्तुत करता है।	➤ यह अध्ययन किसी प्रदेश के वातावरण तथा मानव के बीच अंतर्सम्बन्ध प्रस्तुत करता है।
➤ क्रमबद्ध विधि क्षेत्र का समाकलित रूप प्रस्तुत करती है।	➤ प्रादेशिक विधि एकाकी रूप प्रस्तुत करती है।
➤ क्रमबद्ध भूगोल में किसी एक विशिष्ट भौगोलिक तत्व का अध्ययन होता है।	➤ प्रादेशिक भूगोल में किसी एक प्रदेश का सभी भौगोलिक तत्वों के संदर्भ में एक इकाई के रूप में अध्ययन होता है।
➤ इस अध्ययन में एक घटक; जैसे जलवायु के आधार पर विभिन्न प्रकार तथा उप-प्रकार निश्चित किए जाते हैं।	➤ इस अध्ययन में प्रदेशों का सीमांकन किया जाता है। इसे प्रादेशीकरण कहते हैं।

2 ब्रह्मांड और पृथ्वी की उत्पत्ति

ऐतिहासिक महत्त्व की दृष्टि से पृथ्वी की उत्पत्ति से सम्बन्धित सभी विचार, परिकल्पना तथा सिद्धान्त अपना अलग-अलग महत्त्व रखते हैं। यद्यपि पृथ्वी की उत्पत्ति के विषय में विद्वानों में मतैक्य नहीं है, तथापि इतना अवश्य कहा जा सकता है कि सौर परिवार के सभी सदस्यों की उत्पत्ति एक ही प्रक्रिया द्वारा हुई होगी। पृथ्वी की उत्पत्ति के सम्बन्ध में दो मत प्रचलित हैं—**वैज्ञानिक संकल्पना** तथा **धार्मिक संकल्पना**। वर्तमान वैज्ञानिक युग में धार्मिक संकल्पना को मान्यता प्राप्त नहीं है, क्योंकि उसके प्राचीन मत एवं विचारधाराएँ तर्क की कसौटी पर खरी नहीं उतरतीं।

वैज्ञानिक संकल्पना

ऐसा माना जाता है कि पृथ्वी की उत्पत्ति के सम्बन्ध में सर्वप्रथम तर्कपूर्ण परिकल्पना का प्रतिपादन सन् 1749 ई. में फ्रांसीसी वैज्ञानिक **'कास्ते द बफन'** द्वारा किया गया। ग्रहों की उत्पत्ति में भाग लेने वाले तारों की संख्या के आधार पर वैज्ञानिक संकल्पनाओं को निम्न वर्गों में बाँटा जाता है—(i) अद्वैतवादी संकल्पना, (ii) द्वैतवादी संकल्पना तथा (iii) आधुनिक संकल्पना।

(i) अद्वैतवादी संकल्पना—इस संकल्पना के अनुसार पृथ्वी तथा अन्य ग्रहों की उत्पत्ति केवल एक तारे से हुई है। **'कास्ते द बफन'** ने इसे पहली बार प्रस्तुत किया। इस संकल्पना को प्रतिपादित करने वाले प्रमुख विद्वान हैं :

काण्ट—जर्मनी के दार्शनिक **काण्ट** ने 1755 में अपना अद्वैतवादी सिद्धान्त प्रस्तुत किया। इसके अनुसार आद्य पदार्थ के कठोर शीतल तथा गतिहीन कण गुरुत्वाकर्षण के कारण आपस में टकरने लगे, जिससे गति उत्पन्न हुई तथा आद्य पदार्थ ने निहारिका का रूप धारण कर लिया। अपकेन्द्रीय बल के कारण निहारिका के विषुवत रेखीय भाग में उभार होने के कारण छल्ले के आकार के नौ पदार्थ बाहर निकले तत्पश्चात् इन कुछ छल्लों से भी दूसरे छल्ले बाहर निकले, जिससे उपग्रह बने।

लॉप्लास—लॉप्लास ने काण्ट की कुछ गलतियों को दूर कर अपना संशोधन प्रस्तुत किया। इनके अनुसार, निहारिका की गति के कारण उष्मा में ह्रास हौने से आयतन में कमी आई तथा गति निरंतर बढ़ने लगी। अत्यधिक गति के कारण केन्द्रापसारी बल के कारण निहारिका के मध्य का पदार्थ भारहीन होने लगा तथा बाहर की ओर उभरने लगा। ऊपरी भाग शीतल होने के कारण अत्यधिक घना हो गया, परन्तु निचले भाग के साथ भ्रमण नहीं कर सका। इस प्रकार ऊपरी भाग, मध्य भाग से छल्ले के रूप में पृथक् होने लगा।

रॉस—इस फ्रांसीसी विद्वान ने 19वीं सदी के मध्य में लॉप्लास परिकल्पना में संशोधन प्रस्तुत किया। रॉस के अनुसार, मुख्य निहारिका से ही कई पतले छल्ले अलग हो गए। प्रत्येक छल्ला घनीभूत होने से ग्रहों की उत्पत्ति हुई।

(ii) द्वैतवादी संकल्पना—इस विचारधारा के अनुसार ग्रहों की रचना, अद्वैतवादी संकल्पना के विपरीत, एक से अधिक खासकर दो तारों के संयोग से मानी गई है। इसलिए इसे 'Bi-Parental Concept' भी कहा जाता है। इस संकल्पना के अन्तर्गत **चैम्बरलीन** तथा **मोल्टन** की 'ग्रहाणु परिकल्पना', **जेम्स जीन्स** एवं **जेफरीज** की 'ज्वारीय परिकल्पना', **एच.एन. रसेल** का द्वैतारक सिद्धान्त (इसमें सूर्य के अलावा दो और तारे थे) इत्यादि प्रमुख हैं। इस संकल्पना के प्रमुख विद्वान हैं :

चैम्बरलिन—1905 में प्रस्तुत इनकी परिकल्पना के अनुसार, ग्रहों की उत्पत्ति सूर्य और एक अन्य तारे के परस्पर आकर्षण के कारण हुई है। एक शीतल और ठोस सर्पिल आकार के पिण्ड के पास से एक विशालकाय तारा गुजरा। सूर्य के पास पहुँचने पर उसके आकर्षण से सूर्य की लपटें उसकी ओर आकर्षित हुईं। सौर ज्वाला के पदार्थ धूल-कणों के रूप में बिखर गए। इन कणों अर्थात् ग्रहाणुओं ने छोटे ग्रहाणुओं को आकर्षित किया। इनके बड़े होने से ग्रह बने।

जेम्स जीन्स एवं जेफरीज—1919 में जेम्स जीन्स (अंग्रेज विद्वान) द्वारा प्रस्तुत ज्वारीय परिकल्पना को जेफरीज ने 1929 में संशोधन के साथ प्रस्तुत किया। सूर्य से भी बड़ा तारा सूर्य के समीप से गुजरा। तारे के आकर्षण से ज्वार उठा। तारे के निकट आने से सूर्य से सिगार की आकृति का एक ज्वारीय पदार्थ अलग हो गया तथा तारे की ओर आकृष्ट हुआ, किन्तु तारे के दूर जाने से यह पदार्थ अलग रह गया तथा इसके खण्डित होने से ग्रह बने।

डी. बफन—फ्रांस के वैज्ञानिक **डी. बफन** के अनुसार सौर परिवार की उत्पत्ति, सूर्य के निकट एक विशालकाय पुच्छल तारे के आने तथा दोनों के आपस में टकराने से हुई। इस टक्कर के कारण कुछ द्रव पदार्थ बाहर निकल गया। इस द्रव पदार्थ के घनीभूत होने से ग्रहों एवं उपग्रहों की उत्पत्ति हुई। डी. बफन ने अपना यह सिद्धान्त 1745 में दिया।

रसेल—आदिकाल में सूर्य का एक साथी तारा उसकी परिक्रमा कर रहा था। बाद में एक और तारा साथी तारे के पास आया और उसके विपरीत दिशा में सूर्य की परिक्रमा करने लगा। साथी तारे पर

ज्वारीय बल के कारण पदार्थ विशालकाय तारे की ओर आकृष्ट होने लगा। विशालकाय तारे के साथी तारों के पास आते जाने से उसमें उभार आता गया। इस तरह अत्यधिक आकर्षण के कारण कुछ पदार्थ साथी तारे से अलग होकर विशालकाय तारे की दिशा में घूमने लगे। आगे चलकर इनसे ही ग्रहों का निर्माण हुआ।

होयल तथा लिटिलटन—कैम्ब्रिज के इन दो गणितज्ञों ने 1939 में अपना सिद्धान्त प्रस्तुत किया। इन्होंने जींस की परिकल्पना में सुधार किया तथा आरंभ तारों की संख्या तीन बतलाई। इनके अनुसार साथी तारा विकिरण को कायम रखने हेतु हाइड्रोजन का तीव्रता से उपभोग कर रहा था तथा अंत में हाइड्रोजन खत्म हो गया। इस कारण साथी तारे में आण्विक प्रतिक्रिया आरंभ हुई तथा साथी तारा विस्फोट के साथ ध्वस्त हो गया। विस्फोट से गैस की विशाल धूल-राशि का आविर्भाव हुआ, जिसके घनीभूत होने से ग्रहों की रचना हुई।

ओटो शिमड—रूसी वैज्ञानिक ओटो शिमड के अनुसार ब्रह्माण्ड में अत्यधिक मात्रा में गैस एवं धूल-कण फैले हुए थे। इन गैस मेघों तथा धूल-कणों की उत्पत्ति उल्काओं या तारों से निकले पदार्थ से मानी जा सकती है। प्रारंभ में जब सूर्य आकाश गंगा के करीब से गुजर रहा था तो उसने अपनी आकर्षण शक्ति से कुछ गैस मेघ तथा धूल-कणों को अपनी ओर आकर्षित कर लिया, जो सामूहिक रूप से सूर्य की परिक्रमा करने लगे।

(iii) आधुनिक संकल्पना—ओटो शिमड द्वारा प्रस्तावित ब्रह्माण्डीय गैस तथा धूलकणों से ग्रहों की उत्पत्ति की मान्यता बढ़ती जा रही है। अमेरिकी खगोलशास्त्री **क्वीपर** का सिद्धान्त (1949) इसी तथ्य पर आधारित है, परन्तु अभी भी लोग उपयुक्त सिद्धान्त के प्रतिपादन में लगे हैं। 1951 में **फेसेनकोव** ने सूर्य से निकले पदार्थ से ग्रहों की उत्पत्ति मानी थी, परन्तु अब उन्होंने अपनी परिकल्पना बदल दी है। इनके अनुसार सूर्य के साथ ही धूलकणों के बादलों से ग्रहों की रचना हुई। **उरे** (1951), **एजवर्थ** (1949) तथा **गोल्ड** (1956) ने ठोस पदार्थों के संगठन तथा घनीभवन से ग्रहों की उत्पत्ति के सिद्धान्त का प्रतिपादन किया है। **ड्रोबीशेवस्की** (E.M. Drobyshevski) ने 'बृहस्पति-सूर्य द्वैतारक परिकल्पना' 1974 के माध्यम से सौरमण्डल की उत्पत्ति की व्याख्या 1974 में की।

बिग बैंग तथा स्फीति सिद्धान्त—**जॉर्ज लेमेटेयर** ने ब्रह्माण्ड, आकाशगंगा ओर सौरमण्डल की उत्पत्ति के लिए इस सिद्धांत का प्रतिपादन किया था तथा 1967 में **राबर्ट बेगोनर** ने इस सिद्धांत की विशद व्याख्या प्रस्तुत की। इस सिद्धांत के अनुसार 15 अरब वर्ष पहले भारी पदार्थों से बना एक विशाल अग्नि पिण्ड था। इसमें अचानक विस्फोट हुआ जिससे पदार्थों का बिखराव हुआ। इन पदार्थों के अलगाव के कारण काले पदार्थों का सृजन हुआ। इन काले पदार्थों का आपस में समूहन होने से अनेक पिण्ड बने तथा इनमें वृद्धि होने के कारण आकाशगंगाओं का जन्म हुआ। ब्रह्माण के लगातार विस्तृत होने से आकाशगंगाएं दूर होती गईं। बाद में आकाशगंगाओं में भी विस्फोट हुआ, जिससे निकले पदार्थों से तारे बने तथा इन तारों में विस्फोट होने के कारण ग्रह बने।

पृथ्वी

- पृथ्वी की अनुमानित आयु: 4600,000,000 वर्ष
- सम्पूर्ण धरातलीय क्षेत्रफल: 510,100,500 वर्ग किमी.
- भूमि क्षेत्रफल: 1,48,951,000 वर्ग किमी. (पृथ्वी के सम्पूर्ण क्षेत्रफल का 29%)
- जलीय क्षेत्रफल: 361,150,000 वर्ग किमी. (पृथ्वी के सम्पूर्ण क्षेत्रफल का 71%)
- औसत घनत्व: 5.52 (पानी के घनत्व के सापेक्ष)
- विषुवत् रेखीय व्यास : 12756 किमी.
- ध्रुवीय व्यास: 12713 किमी.
- सूर्य से दूरी: 1,49,597,900 किमी.
- सूर्य से पृथ्वी तक प्रकाश पहुँचने में लगने वाला समय: 8 मिनट 18 सेकेण्ड
- चन्द्रमा से दूरी: 384,365 किमी.
- समुद्र तल से पृथ्वी की सर्वाधिक ऊँचाई: 8,848 मीटर (माउण्ट एवेरेस्ट)
- समुद्र तल से सागर की सर्वाधिक गहराई: 11,033 मीटर मैरियाना खाई (प्रशान्त महासागर)

पृथ्वी की आकृति एवं गतियाँ

पृथ्वी की आकृति

पृथ्वी सौरमण्डल का एक छोटा ग्रह है। पृथ्वी गोलाकार है। पृथ्वी की इस आकृति को अक्षवध गोलाभ (Oblate Spheroid) कहते हैं, क्योंकि पृथ्वी का भूमध्य रेखीय व्यास 12756 किलोमीटर और ध्रुवीय व्यास 12713 किलोमीटर है। भूमध्य रेखीय परिधि 40,075 किमी. और ध्रुवीय परिधि 40,000 किमी. है। पृथ्वी का पृष्ठीय क्षेत्रफल 510,100,500 वर्ग किलोमीटर है। पृथ्वी के 29% (148,951,000 वर्ग किमी.) क्षेत्र पर स्थलखण्ड व 71% (361,150,000 वर्ग किमी.) क्षेत्र पर जलमण्डल है।

पृथ्वी सपाट नहीं है

1. अगर पृथ्वी सपाट होती तो सूर्योदय सर्वत्र एक समय ही दिखाई पड़ता, परन्तु ऐसा नहीं है। पूर्व में अवस्थित स्थान सूर्योदय पहले देखते हैं।

2. जब जहाज क्षितिज पर पहुंचता है तो सर्वप्रथम उसका मस्तुल दिखता है फिर पाल एवं सम्पूर्ण भाग। अगर पृथ्वी सपाट होती तो सम्पूर्ण जहाज को एक बार में दिखना चाहिए।

पृथ्वी गोलाकार है

1. चन्द्र ग्रहण के समय जब पृथ्वी की छाया चन्द्रमा पर पड़ती है तो वह चापाकार दिखाई पड़ता है। पृथ्वी शायद ही कभी ऐसी तस्वीर पेश करती है, बल्कि यह हमेशा एक गोलाकार छाया चन्द्रमा पर डालती है जिससे साबित होता है कि पृथ्वी गोलाकार है। गोलाकार ही एक मात्र ऐसी आकृति है जो सर्वदा गोलाकार छाया ही प्रस्तुत करती है।
2. उत्तरी ध्रुव पर ध्रुव तारा हमेशा 90° का ही कोण बनाता है। जबकि तारे पृथ्वी के अक्षय से एक सीधी रेखा पर अवस्थित हैं।
3. दक्षिण की ओर यात्रा करने पर ध्रुव तारे का कोण कम होता जाता है।
4. विषुवत रेखा पर कोण शून्य हो जाता है। यह साबित करता है कि गोले पर यात्रा करना चापाकार होता है।
5. सूर्य, चन्द्रमा एवं अन्य आकाशीय पिण्ड विभिन्न स्थानों से देखने पर गोल दिखते हैं। यह साबित करता है कि पृथ्वी गोल है।
6. आकाश से लिए गए चित्र से सारे संदेह समाप्त हो जाते हैं एवं यह साबित हो जाता है कि पृथ्वी गोल है।

पृथ्वी पूर्णत: गोल नहीं—17वीं शताब्दी में सर आइजक न्यूटन ने पृथ्वी को ध्रुवों पर चपटी नारंगी के आकार से मिलती-जुलती बताया। सन् 1903 में जीन्स ने पृथ्वी को नाशपाती के आकार का घोषित किया। कुछ भू-विज्ञेताओं ने पृथ्वी को चतुष्फलक भी बताया। आधुनिक भू-वैज्ञानिकों का मानना है कि पृथ्वी का विषुवत रेखीय व्यास (12,756 कि.मी.) और ध्रुवीय व्यास (12,713 कि.मी.) में 43 कि.मी. का अन्तर है। अर्थात् जब पृथ्वी अपने अक्ष पर घूमती है तो इस घूर्णन से **अपकेन्द्री बल** उत्पन्न होता है, जिसके कारण पृथ्वी विषुवत रेखा पर कुछ उभरी हुई तथा ध्रुवों पर कुछ चपटी हो जाती है। इसी के कारण इन दोनों व्यासों में अन्तर उत्पन्न होता है। अत: पृथ्वी को पूर्णत: गोल नहीं माना जा सकता। जॉन हार्सेल का मानना है कि पृथ्वी का आकार न तो नारंगी के समान है और न ही नाशपाती के, बल्कि पृथ्वी पृथ्व्याकार (Geoid) है। पृथ्वी का पृथ्व्याकार होने के कारण उसके किसी भी अक्षांश का पूर्ण वृत्त न होना है।

पृथ्वी की गतियाँ

पृथ्वी सूर्य के चारों ओर एक अण्डाकार मार्ग (94.14 मि. किमी.) पर 365 दिन, 5 घण्टे, 48 मिनट और 46 सेकेण्ड अर्थात् 365¼ दिन में (1,07,160 किमी. प्रति घण्टे की चाल से) चक्कर पूरा करती है। साधारणतया 1 वर्ष में 365 दिन होते हैं। अत: चौथे वर्ष अथवा लीप वर्ष में एक पूरा दिन जोड़कर 366 दिनों का वर्ष माना जाता है। जबकि पृथ्वी अपनी धुरी पर पश्चिम से पूर्व 1610 किमी. प्रतिघण्टा की चाल से 23 घण्टे, 56 मिनट और 4.09 सेकेण्ड में एक पूरा चक्कर लगाती है। सूर्य के चातुदिंक पृथ्वी के इस पूरे चक्कर को **परिक्रमण** अथवा **पृथ्वी की वार्षिक गति** कहते हैं। इस गति से पृथ्वी पर दिन-रात छोटे-बड़े और ऋतु परिवर्तन होता है। पृथ्वी के अपनी धुरी पर घूमने को **घूर्णन** या **दैनिक गति** कहते हैं। इस गति से दिन-रात होते हैं।

लघु वृत्त—विषुवत वृत्त के समानान्तर खींचे गए वृत्तों को लघु वृत्त कहते हैं। भूमध्य रेखा से समानान्तर होने के कारण वे एक दूसरे के समानान्तर होते हैं इसलिए वे लघु वृत्त उत्तरी ध्रुव या दक्षिण ध्रुव की ओर छोटे होते चले जाते हैं और ध्रुवों पर शून्य के समान रह जाते हैं। इस वृत्त में 23½° उत्तर कर्क रेखा और 23½° दक्षिण मकर रेखा सम्मिलित है।

वृहद् वृत्त—भूमध्य रेखा को वृहद वृत्त माना जाता है, जो पृथ्वी की सतह पर सबसे बड़े काल्पनिक वृत्त का निर्माण करती है। यह वृत्त पृथ्वी के केन्द्र से गुजरने के कारण उसे दो भागों में विभक्त करता है।

घूर्णन गति—पृथ्वी अपने अक्ष पर पश्चिम से पूर्व की ओर लगभग 24 घंटों (23 घंटे, 56 मिनट एवं 4.09 सेकेंड) में एक चक्कर पूरा करती है। यह अवधि एक दिन का निर्माण करती है। अत: पृथ्वी की इस गति को घूर्णन गति भी कहते हैं।

परिक्रमण गति—पृथ्वी अपने अक्ष पर घूमने के साथ-साथ सूर्य के चारों ओर (दीर्घ वृत्तीय रूपी कक्ष पर) भी चक्कर लगाती है। पृथ्वी अपने परिभ्रमण की ही दिशा (अर्थात घड़ी की सूई की विपरीत दिशा) में सूर्य की एक परिक्रमा 365¼ दिन में पूर्ण करती है। इस अवधि को एक वर्ष कहते हैं। परिक्रमण पृथ्वी की वार्षिक गति है। प्रत्येक वर्ष में कुछ समय अधिक होने के कारण प्रत्येक 4 साल बाद ''लौंद की साल'' (Leap Year) में फरवरी 29 दिन की होती है।

घूर्णन के कारण होने वाली घटनाएँ

1. दिन और रात का होना।
2. समय की माप।
3. दिवस के विभिन्न काल (प्रात:, मध्याह्न (दोपहर), सायं एवं मध्य रात्रि)।
4. ग्लोब पर किसी स्थान की स्थिति निर्धारण।
5. आकाश में ग्रहों का पूर्व से पश्चिम की ओर घूमते हुए प्रतीत होना।
6. प्रचलित पवनों एवं समुद्री धाराओं की दिशा पर प्रभाव।
7. दैनिक ज्वार-भाटों में समय का अन्तर।

परिभ्रमण के कारण होने वाली घटनाएँ
1. मध्याह्नकालीन सूर्य की ऊँचाई में अन्तर।
2. दिन व रात की लम्बाई में अन्तर।
3. कर्क और मकर रेखाओं का निर्धारण।
4. ऋतु परिवर्तन।

दिन रात का छोटा-बड़ा होना व ऋतु परिवर्तन—पृथ्वी अपने धुरी से 23½° (23°32′) अक्षांश से एक ओर झुकी है। अत: परिक्रमण के दौरान कभी इसका कोई भाग सूर्य के पास आ जाता है और कभी सूर्य से दूर हो जाता है। वर्ष का वह समय जब सूर्य भूमध्य रेखा पर मध्याह्न में उर्ध्वाधर होता है तो इसे *विषुव* कहते हैं। यह स्थिति 21 मार्च और 22 सितम्बर को होती है। इन्हें उत्तरी गोलार्द्ध में क्रमश: *वसंत विषुव* और *शरद विषुव* कहते हैं। पृथ्वी पर इन दिनों 12 घण्टे का दिन और 12 घण्टे की रात्रि होती है। 21 जून को सूर्य उत्तरी गोलार्द्ध के समीप होता है और दक्षिणी गोलार्द्ध से दूर, अत: उत्तरी गोलार्द्ध में ग्रीष्म ऋतु और दक्षिणी गोलार्द्ध में शीत ऋतु होती है। 21 जून को उत्तरी गोलार्द्ध में दिन बड़े और रात्रि छोटी होती है तथा दक्षिणी गोलार्द्ध में दिन छोटे और रात्रि बड़ी होती है। 22 दिसम्बर को सूर्य दक्षिणी गोलार्द्ध के समीप होता है अत: यहाँ ग्रीष्म ऋतु और उत्तरी गोलार्द्ध में शीत ऋतु होती है। इन दिनों दक्षिणी गोलार्द्ध में दिन बड़े और रात्रि छोटी होती है तथा उत्तरी गोलार्द्ध में रात्रि बड़ी और दिन छोटे होते हैं। सूर्य 21 जून को **उत्तरी अयनांत** (कर्क रेखा) तथा 22 दिसम्बर को **दक्षिणी/अयनांत** (मकर रेखा) पर पहुँचता है। इन अवधियों को उत्तरी गोलार्द्ध में क्रमश: कर्क संक्रान्ति या **ग्रीष्म अयनांत** तथा मकर सक्रान्ति या **शीत अयनांत** कहते हैं।

सूर्योच्च व अपसौर—पृथ्वी की परिक्रमण गति के दौरान 4 जुलाई को पृथ्वी अपनी कक्षा में सूर्य से अधिकतम दूरी (15.2 करोड़ किमी.) पर होती है, तो इस स्थिति को **सूर्योच्च** या **रविउच्च** कहते हैं। 3 जनवरी को पृथ्वी सूर्य के निकटतम दूरी (14.73 करोड़ किमी.) पर होती है, तो इस स्थिति को **अपसौर** कहते हैं।

अयनांत या संक्रांति

वह समय, जब सूर्य भूमध्य रेखा के उत्तर अथवा दक्षिण अपने अधिकतम ऊँचाई पर होता है और दोनों अयन वृत्तों में से किसी एक (कर्क रेखा या मकर रेखा) पर लम्बवत् चमकता है। इस स्थिति में भूमध्य रेखा से सूर्य का झुकाव अधिकतम (23° 30′) होता है। इन स्थितियों को निम्नवत् समझा जा सकता है :

उत्तरायन या कर्क संक्रांति (21 जून)—लगभग 21 जून की स्थिति में सूर्य कर्क रेखा पर लम्बवत् चमकता है। इस समय **उत्तरी गोलार्द्ध** में लम्बे दिन एवं रातें छोटी होती हैं तथा ग्रीष्म ऋतु रहती है, जबकि **दक्षिणी गोलार्द्ध** में शीत ऋतु। ऐसा इसलिए होता है, क्योंकि:

- उत्तरी ध्रुव सूर्य की ओर झुका रहता है, जिससे रातें छोटी और दिन बड़ा होता है। उत्तरी ध्रुव के नजदीक 24 घंटे का एक दिन होता है।
- सूर्य की किरणें कर्क रेखा पर लम्ब रूप में पड़ती हैं, पृथ्वी की इस स्थिति को *कर्क संक्रांति* कहा जाता है। उत्तरी गोलार्द्ध में इसे *ग्रीष्म संक्रांति* कहते हैं।
- दक्षिणी ध्रुव सूर्य से दूर हट जाता है, जिससे रात बड़ी और दिन छोटा होता है। दक्षिणी ध्रुवीय प्रदेश में लगातार 24 घंटे की रात होती है। इस समय यहां सूर्य की किरणें तिरछी पड़ती हैं।
- दक्षिणी गोलार्द्ध में इसे *शीत संक्रांति* कहा जाता है।

दक्षिणायन या मकर संक्रांति (22 दिसम्बर)—लगभग 22 दिसम्बर की स्थिति में सूर्य मकर रेखा पर लम्बवत् चमकता है। सूर्य का दक्षिणी झुकाव अधिकतम (23° 30′) होता है। इस समय उत्तरी गोलार्द्ध में शीत ऋतु तथा दक्षिणी गोलार्द्ध में ग्रीष्म ऋतु रहती है, क्योंकि :

- उत्तरी ध्रुव सूर्य से दूर हट जाता है और दक्षिणी ध्रुव सूर्य की ओर झुका रहता है। फलस्वरूप उत्तरी गोलार्द्ध में दिन छोटा और रातें बड़ी तथा दक्षिणी गोलार्द्ध में दिन बड़ा तथा रातें छोटी होती हैं।
- दक्षिणी गोलार्द्ध में सूर्य की किरण मकर रेखा पर लम्बवत् और उत्तरी गोलार्द्ध में तिरछी पड़ती हैं। पृथ्वी की इस स्थिति को *मकर संक्रांति* कहा जाता है।
- मकर संक्रांति को उत्तरी गोलार्द्ध में वहां विद्यमान शीत ऋतु के कारण *शीत संक्रांति* तथा दक्षिणी गोलार्द्ध में वहां विद्यमान ग्रीष्म ऋतु के कारण *ग्रीष्म संक्रांति* कहा जाता है।

विषुव

वर्ष का वह समय जब भूमध्य रेखा पर दोपहर (मध्याह्न) को सूर्य की स्थिति सिर के ठीक ऊपर (लम्बवत्) होती है। इस समय पृथ्वी के सभी स्थानों पर दिन और रात की अवधि बराबर (प्रत्येक 12 घंटे) होती है। सभी स्थानों पर सूर्य ठीक पूर्व में उदय होता है और ठीक पश्चिम में अस्त होता है। ऐसा *21 मार्च* और *23 सितम्बर* को होता है। इन दोनों स्थितियों को **विषुव** अथवा **सम-रात-दिन** कहा जाता है। एक वर्ष में दो विषुव होते हैं :

शरद विषुव—*23 सितम्बर* वाली स्थिति को **शरद विषुव** कहा जाता है। इसके पश्चात् सूर्य उत्तरायन होता है। अत: उत्तरी गोलार्द्ध में शीत ऋतु और दक्षिणी गोलार्द्ध में ग्रीष्म ऋतु होती है।

वसंत विषुव—*21 मार्च* वाली स्थिति को **वसंत विषुव** कहा जाता है। इसके पश्चात् सूर्य दक्षिणायण होता है। अत: उत्तरी गोलार्द्ध में ग्रीष्म ऋतु और दक्षिणी गोलार्द्ध में शीत ऋतु होती है।

अक्षांश, देशान्तर, गोलार्द्ध, समय निर्धारण, अन्तर्राष्ट्रीय तिथि रेखा एवं मानक समय

अक्षांश

भूपृष्ठ पर विषुवत रेखा (Equator) के उत्तर या दक्षिण में एक याम्योत्तर पर किसी भी बिन्दु की कोणीय दूरी, जो पृथ्वी के केन्द्र से नापी जाती है और अंशों, मिनटों व सेकेण्डों में व्यक्त की जाती है, **अक्षांश** कहलाती है। भूमध्य रेखा 0° का अक्षांश है। अक्षांश भूमध्य रेखा से हर स्थान पर समानान्तर रह कर ध्रुव तक अनेक वृत्तों का निर्माण करता है। अक्षांश रेखाएँ 0° से 90° तक पाई जाती हैं। इस तरह 180° अक्षांश होते हैं। दो अक्षांशों के बीच की दूरी 111 किलोमीटर होती है।

देशान्तर

किसी स्थान की कोणीय दूरी, जो प्रधान याम्योत्तर (0° या ग्रीनविच) के पूर्व व पश्चिम में होती है, देशान्तर कहलाती है। यह इन दोनों में से किसी भी दिशा में 180° तक ही मापी जाती है। भूमध्य रेखा एक वृत्त की परिधि है जिसमें 360° देशान्तर होते हैं, 1° देशान्तर की भूमध्य रेखा पर दूरी 111.32 किलोमीटर है जो ध्रुवों की ओर कम होती जाती है एवं ध्रुवों पर 0 किमी. हो जाती है। अत: देशान्तर रेखाएँ भी 360 डिग्री होती हैं। इन्हें *बृहत् वृत्त* भी कहते हैं। इंगलैण्ड के ग्रीनविच स्थान से गुजरने वाली रेखा को 0° देशान्तर रेखा या ग्रीनविच रेखा कहते हैं। इसके पूर्व में 180° तक सभी देशान्तर पूर्वी देशान्तर और ग्रीनविच देशान्तर से पश्चिम की ओर सभी देशान्तर पश्चिमी देशान्तर कहलाते हैं।

गोलार्द्ध

ग्रीनविच से 180° पूर्व तक *पूर्वी गोलार्द्ध* और 180° पश्चिम तक *पश्चिमी गोलार्द्ध* कहलाता है। चूंकि पृथ्वी की आकृति गोलाकार है और वृत्त को 360° में विभाजित किया जाता है। इस प्रकार 360° घूमने में पृथ्वी को एक दिन-रात अर्थात् 24 घण्टे लगते हैं। अत: 1° की दूरी तय करने में पृथ्वी को 4 मिनट लगते हैं।

समय निर्धारण

पृथ्वी के पश्चिम से पूर्व अपनी धुरी पर घूमने के कारण सूर्योदय पूरब से होता है। अत: पूर्व का समय आगे और पश्चिम का समय पीछे रहता है। इसी कारण पृथ्वी के सभी स्थानों पर भिन्न-भिन्न अक्षांशों पर समय भी अलग-अलग होता है। 15° देशान्तर पर 1 घण्टे का अन्तर आ जाता है। 90° देशान्तर पर 6 घण्टे और 180° देशान्तर पर 12 घण्टे और 360° देशान्तर पर 24 घण्टे का अन्तर रहता है। 180° पूर्व व पश्चिम देशान्तर पर 24 घण्टे अर्थात् 1 दिन-रात का अन्तर हो जाता है।

अन्तर्राष्ट्रीय तिथि रेखा

पृथ्वी पर 180° याम्योत्तर के लगभग साथ-साथ स्थल खण्डों को छोड़ते हुए एक काल्पनिक रेखा निर्धारित की गई है, इसे **अन्तर्राष्ट्रीय तिथि रेखा** कहते हैं। इस रेखा को पार करते समय एक दिन बढ़ा अथवा घटाकर तिथि परिवर्तन किया जाता है। जब कोई जलयान पश्चिम की ओर यात्रा करता है तो एक दिन जोड़ दिया जाता है जैसे सोमवार के स्थान पर मंगलवार और तिथि 27 के स्थान पर 28 मानी जाएगी और जब पूर्व दिशा में यात्रा की जाती है तो एक दिन छोड़ दिया जाता है और वहाँ सोमवार के स्थान पर दूसरा दिन भी सोमवार ही होता है और तिथि भी 27 ही रहती है।

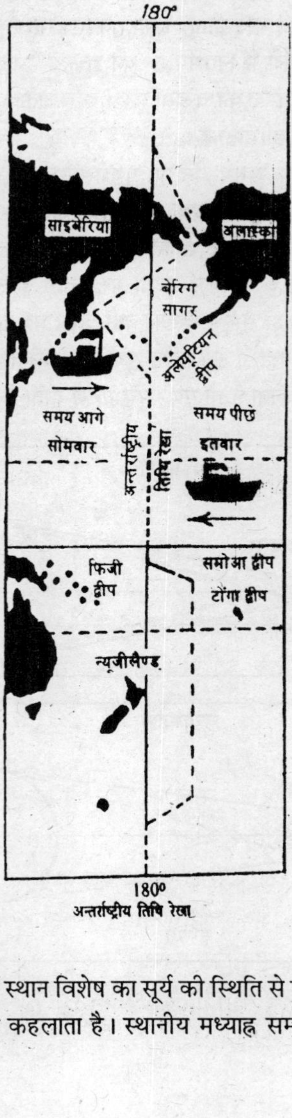

180°
अन्तर्राष्ट्रीय तिथि रेखा

मानक समय

पृथ्वी पर किसी स्थान विशेष का सूर्य की स्थिति से परिकलित समय **स्थानीय समय** कहलाता है। स्थानीय मध्याह्न समय उस क्षण को

मानते हैं जब सूर्य आकाश में अपनी उच्चतम स्थिति पर पहुँच जाता है और भूमि पर किसी वस्तु की छाया लघुत्तम होती है, जबकि किसी देश के मध्य से गुजरने वाली याम्योत्तर का माध्य प्रामाणिक समय होता है, जो स्थानीय समय की असुविधा के कारण सम्पूर्ण देश के लिए प्रस्तुत होता है, जैसे—भारत के लिए 82½° (इलाहाबाद के समीप नैनी) याम्योत्तर का समय प्रामाणिक समय माना जाता है।

ग्रहण

किसी खगोलीय पिण्ड के प्रकाश के मार्ग में किसी अन्य खगोलीय पिण्ड के आ जाने के कारण उसकी छाया उस पिण्ड पर पड़ती है, जिस कारण ग्रहण होता है। पृथ्वी और चन्द्रमा की गतियों के कारण सूर्य ग्रहण और चन्द्र ग्रहण की स्थिति उत्पन्न होती है।

सूर्य ग्रहण—सूर्य ग्रहण अमावस्या के दिन होता है, परन्तु हर एक अमावस्या को नहीं होता। इसका कारण यह है कि पृथ्वी तथा चन्द्रमा के कक्षतलों में लगभग 5° का झुकाव है। सूर्य ग्रहण तभी होता है जब अमावस्या को चन्द्रमा पृथ्वी के कक्षतल में आ जाता है। ऐसा कभी-कभी ही होता है।

सूर्य ग्रहण के समय चन्द्रमा, पृथ्वी और सूर्य के बीच में आ जाता है। इस कारण सूर्य का प्रकाश पृथ्वी के कुछ भाग पर नहीं पहुँच पाता। दूसरे शब्दों में यह कह सकते हैं कि चन्द्रमा के बीच में आ जाने के कारण चन्द्रमा की परछाई पृथ्वी पर पड़ती है और जहाँ-जहाँ परछाई पड़ती है वहाँ से सूर्य दिखाई नहीं देता। जब सूर्य का आंशिक भाग नहीं दिखाई देता तो उसे *खण्ड सूर्य ग्रहण* कहते हैं। जब चन्द्रमा सूर्य को पूरा ढक लेता है तो *पूर्ण-सूर्य ग्रहण* होता है।

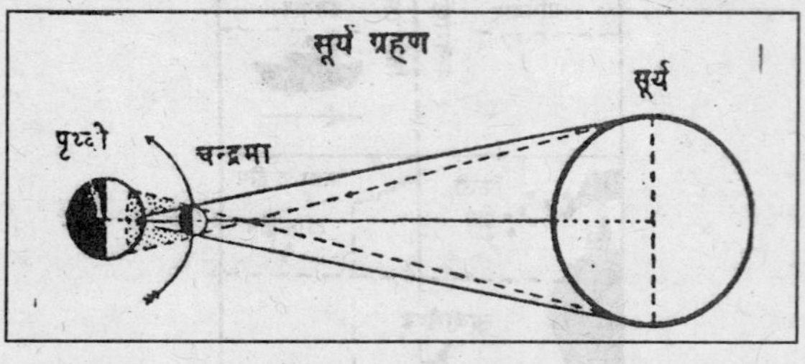

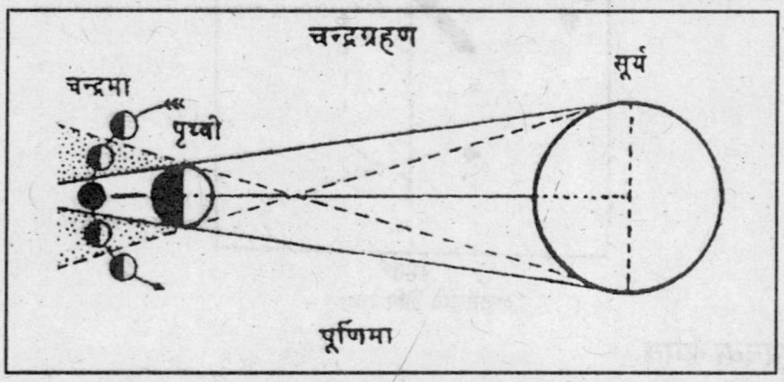

चन्द्र ग्रहण—जब पृथ्वी चाँद और सूर्य के बीच में ठीक सीध में आ जाए तो पृथ्वी की छाया चन्द्रमा पर पड़ती है, जिस कारण उस पर अंधेरा छा जाता है। इसे चन्द्र ग्रहण कहते हैं। चन्द्र ग्रहण सदा पूर्णिमा को होता है, परन्तु हर पूर्णिमा को नहीं होता। इसका कारण यह है कि पृथ्वी तथा चन्द्रमा के कक्षतलों में लगभग 5° का परस्पर झुकाव है। चन्द्र ग्रहण उसी पूर्णिमा को होता है, जब चन्द्रमा पृथ्वी के कक्ष तल में होता है। ऐसा कभी-कभी ही होता है। जब चन्द्रमा का केवल कुछ भाग पृथ्वी की परछाई में आता है तो इसे *आंशिक चन्द्र ग्रहण* कहते हैं। जब चन्द्रमा का पूरा प्रकाशित भाग पृथ्वी की परछाई में आ जाता है तो इसे *पूर्ण चन्द्र ग्रहण* कहते हैं।

चन्द्रकलाएं—चंद्रमा के पास अपना प्रकाश नहीं होता, वह केवल सूर्य द्वारा उत्सर्जित प्रकाश का परावर्तन करता है जैसे कि स्वयं हमारी पृथ्वी करती है। इसी परावर्तन के कारण वह चमकता है। यही कारण है कि एक समय में चंद्रमा का एक ही भाग दिखता है जिस पर सूर्य का प्रकाश पड़ता है। पृथ्वी से चन्द्रमा का सम्पूर्ण भाग महीने में मात्र एक बार, पूर्णिमा को दिखाई देता है। इसी प्रकार महीने में एक बार चन्द्रमा दिखाई नहीं देता, यह अमावस्या कहलाता है। अमावस्या से पूर्णमासी तक चन्द्रमा का दिखाई देने वाला प्रकाशित भाग प्रतिदिन बढ़ता जाता है जबकि पूर्णमासी से आमवस्या तक यह शनैः शनैः घटता जाता है। चन्द्रमा की बदलती हुई यही आकृतियां चन्द्रकलाएं कहलाती हैं। महीने के पहले पखवाड़े में चन्द्रमा बढ़ता जाता है जिसे *शुक्ल पक्ष* कहा जाता है, जबकि महीने के आखिरी पखवाड़े में चन्द्रमा घटता जाता है जिसे *कृष्ण पक्ष* कहा जाता है।

पारिभाषिक शब्द

समदाब रेखा—समान दाब को मिलाने वाली रेखा।

समताप रेखा—समान ताप को मिलाने वाली रेखा।

आइसोबाथ—समुद्र की समान गहराई को मिलाने वाली रेखा।

आइसोहेल—समान सूर्य की किरणें प्राप्त करने वाले स्थलों को मिलाने वाली रेखा।

आइसोहाइट—समान वर्षा रेखा।

आइसोनोक—समान हिम आवरण वाले स्थानों को मिलाने वाली रेखा।

आइसोहेलाइन—समुद्री जल के समान क्षारीयता को मिलाने वाली रेखा।

पृथ्वी

पृथ्वी की आयु

मिस्रवासी, यूनानियों और रोमन लोगों ने पृथ्वी की आयु की ओर विशेष ध्यान दिया। फारस के लोगों ने पृथ्वी को 22000 वर्ष पुरानी माना। आयरलैण्ड के पादरी जेम्स अशर ने ईशा से 4000 वर्ष पूर्व

22 अक्टूबर सायं 7 बजे पृथ्वी की उत्पत्ति मानी। हिन्दू धर्म के अनुसार पृथ्वी 2 अरब वर्ष पुरानी है। वैज्ञानिकों ने कुछ विधियों के आधार पर पृथ्वी की आयु निर्धारित की है जैसे-(i) फ्रांसीसी वैज्ञानिक जॉर्ज बफन ने धातु की दो बड़ी गेंदों को लाल गर्म कराके पृथ्वी की आयु निर्धारित की उन्होंने गेंदों को ठण्डी होने की गति के आधार पर पृथ्वी की आयु 75 हजार वर्ष से ज्यादा मानी है।

पृथ्वी की आयु का निर्धारण (Age of Earth)
• **जॉर्ज बफन**—धातु की दो बड़ी गेन्दों से सिद्ध किया 75000 वर्ष • **लॉर्ड कैल्विन**—4500°से.ग्रे. तापमान से ठण्डी होने पर 10 करोड़ वर्ष • **जॉर्ज डार्विन**—पृथ्वी और चन्द्रमा के बीच की दूरी से 400 करोड़ वर्ष • **एडमण्ड हैली, जौली, जॉर्ज, गेमोव**—समुद्र जल की लवणता के आधार पर 100 करोड़ वर्ष • **होम्स, रदरफोर्ड**—तेज उद्गार पदार्थों के आधार पर

पृथ्वी का भू-गार्भिक इतिहास

पृथ्वी की आयु निर्धारण के पश्चात् प्रश्न उठता है कि उत्पत्ति काल से लेकर वर्तमान काल तक पृथ्वी किन-किन दशाओं से होकर गुजरी। आन्तरिक भाग तथा भूपटल की बनावट किस रूप में हुई ? चट्टानों के विभिन्न स्तरों का विकास कब और कैसे हुआ ? पृथ्वी पर जीव का विकास किस रूप में तथा किन-किन दशाओं में हुआ ? ये सारे सवाल पृथ्वी के इतिहास से प्रत्यक्ष रूप से जुड़े हुए हैं। इन्हें समझने के लिए तथा अध्ययन की सुविधा के लिए पृथ्वी के भौगोलिक इतिहास को महाकल्पों (Eras), युगों (Epochs) और कल्पों (Periods) में वर्गीकृत किया गया है, जो निम्न हैं :

1. आद्य महाकल्प (Eozoic Era)—इतिहास का सबसे प्राचीन महाकल्प है। इनमें ग्रेनाइट और नीस, जिनमें सोना और लोहा पाया जाता है, प्राचीनतम शैलें हैं, जो भूपटल का आधार बनी हैं। संयुक्त राज्य अमेरिका के मोनीटोबा राज्य; भारत में बंगाल, बुन्देलखण्ड और चारकोनाइट नीस इस काल की चट्टानें हैं। इसमें जीवाश्म बिल्कुल नहीं पाया जाता है। इस महाकल्प में भूकम्प तथा ज्वालामुखी उदगार हुए। महाकल्प के अन्त में हर्सिनियन हलचलें (Hursenian Earth

<table>
<tr><th colspan="4">पृथ्वी की आयु के अनुमान</th></tr>
<tr><td>I. भौगोलिक साक्ष्य</td><td>(अ) सूर्य तथा अन्य तारों द्वारा</td><td colspan="2">(ब) चन्द्रमा की आयु तथा ज्वारीय प्रभाव द्वारा</td></tr>
<tr><td></td><td>हाइड्रोजन के जलने से प्राप्त हीलियम द्वारा तारों को उर्जा प्राप्त होती है। सूर्य को अपनी समस्त हाइड्रोजन व्यय करने में लगभग 4,700 करोड़ वर्ष लगेंगे। गैमो के अनुसार सूर्य ने अभी तक 6% हाइड्रोजन का उपभोग किया है अत: उसकी आयु 300 करोड़ वर्ष है। जैफ्रे के अनुसार, इस आधार पर पृथ्वी की आयु 200 करोड़ वर्ष ठहरती है, क्योंकि तब निहारिकाएं परस्पर निकट थीं।</td><td colspan="2">चन्द्रमा के आकर्षण द्वारा उत्पन्न ज्वार, पृथ्वी के घूर्णन में बाधा पहुँचाता है, जिससे घूर्णन का समय बढ़ता जा रहा है। इस कारण चन्द्रमा पृथ्वी से दूर होता जा रहा है। जॉर्ज डार्विन के अनुसार यह दूरी प्रतिवर्ष 13 सेमी है। चन्द्रमा पृथ्वी से 3.86 लाख किमी. दूर है। चन्द्रमा को यह दूरी तय करने में 400 करोड़ वर्ष लगे होंगे। इस आधार पर गैमो ने पृथ्वी की आयु 400 करोड़ वर्ष बताई है।</td></tr>
<tr><td>II. भू-वैज्ञानिक सांक्ष्य</td><td>(अ) सागरीय लवणता</td><td>(ब) अवसाद क्रिया</td><td>(स) रेडियो ऐक्टिव</td></tr>
<tr><td></td><td>हैली के अनुसार नदियों द्वारा लाए गए लवणों के कारण ही सागर का जल खारा है। जोली के अनुसार वर्तमान लवण की मात्रा (1.26 × 1012 ग्राम) होने में 8 करोड़ वर्ष लगे होंगे। भूवैज्ञानिकों के अनुसार नदियों की लवण पहुँचाने की गति एक समान नहीं रही होगी; क्योंकि पर्वतों के अनाच्छादन के पश्चात् नदियों का बहना और अपरदन द्वारा लवण पहुँचाने की दर कम हो गई होगी। इस तथ्य के अनुसार सागरों की आयु 150 करोड़ वर्ष होगी तथा पृथ्वी की आयु उससे कुछ अधिक होगी।</td><td>अवसादी शैलों की कुल आयु 130 करोड़ वर्ष निर्धारित की गई है। इस आधार पर पृथ्वी की आयु उससे दोगुनी मानी जा सकती है।</td><td>आग्नेय शैलों में उपस्थित रेडियो ऐक्टिव तत्त्वों के रूपान्तरण का अध्ययन कर शैलों की आयु 200 करोड़ वर्ष आंकी गई है। रूबीडियम—स्ट्रोन्शियम अनुपात द्वारा शैलों की आयु लगभग 400 करोड़ वर्ष मानी गई है। पृथ्वी की आयु भी लगभग इतनी ही है।</td></tr>
<tr><td>III. जीव वैज्ञानिक के साक्ष्य</td><td colspan="3">कुवियर तथा स्मिथ के अनुसार प्रत्येक शैल में विशिष्ट प्रकार के जीवाश्म पाए जाते हैं। प्राचीन शैलों के अध्ययन से भूपटल पर सर्वप्रथम जीवन का प्रथम साक्ष्य 100 या 150 करोड़ वर्ष पूर्व माना गया है। इस आधार पर पृथ्वी की आयु 200 करोड़ वर्ष मानी जा सकती है।</td></tr>
</table>

Movement) आईं, जिससे पैगाई महाद्वीप चार भूखण्डों गोंडवाना, अंगारा, लॉरेशियन और बाल्टिक के नाम से प्रसिद्ध हुआ।

2. पुराजीव महाकल्प (Palaeozoic Era)—इस काल में वनस्पति एवं जीवों का विकास हुआ, जो रीढ़ की हड्डी वाले जीव थे। इसके अतिरिक्त शैल, स्लेट, कठोर बलुआ पत्थर और चूने के पत्थर की शैलें बनीं। इस महाकल्प के दो भाग हैं—

(i) प्राचीन पुराजीव महाकल्प (Pre-Paleozoic Era)—इसमें कैम्ब्रियन, ओर्डोवीसियन और सिल्यूरियन कल्प कैम्ब्रियन युग में प्राचीनतम अवसादी शैलें जैसे चूने के पत्थर उसके बाद बालू के पत्थर और फिर चूने के पत्थर की शैलें बनीं। इन शैलों में बिना रीढ़ की हड्डी वाले जीवाश्म मिले। **ओर्डोवीसियन युग**—ट्रिबीलाइटस (Tribelites) तथा ग्रेपटेलाइटस (Graptalites) जीव, समुद्र में पैदा होने वाली घास, अप्लेशियन पर्वतों का निर्माण हुआ। **सिल्यूरियन युग**—इस कल्प में रीढ़ वाले जीव (Vertibrates) समुद्र में सबसे पहले मछलियाँ दिखाई दीं। सबसे पहले पर्वत श्रेणियाँ जो स्केण्डिनेविया, स्कॉटलैण्ड एवं स्पिटसवर्जन के पर्वत इसी कल्प में बने। लाल बलुआ पत्थर भी इसी कल्प में मिला।

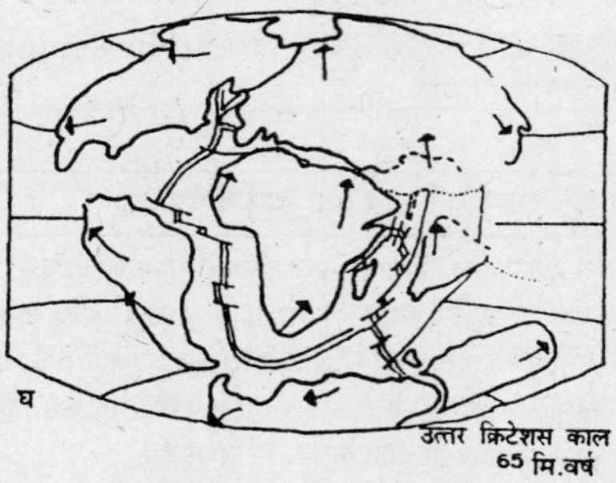

पैंजिया-उत्तर क्रिटेशस काल में

(ii) नवीन पुराजीव महाकल्प (Neo-Paleozoic Era)—इसमें डिवोनियन, कार्बोनीफेरस और पर्मियन कल्प आए। **डिवोनियन**—इस युग में समुद्रों का स्थल पर अतिक्रमण, लाल बलुआ पत्थर, चूने का पत्थर एवं शैल का निर्माण हुआ। **कार्बोनीफेरस**—इस कल्प में पृथ्वी की जलवायु अति उष्ण और आर्द्र थी। वनों की उत्पत्ति हुई, भूपटल पर उथल-पुथल के कारण वन समुद्रों में डूब गए। पृथ्वी की भीतरी गर्मी, ऊपरी दबाव एवं रासायनिक परिवर्तनों के कारण वन कालान्तर में कोयले में परिवर्तित हो गए। इसी कल्प के आर्मेरिक भू-हलचल प्रारम्भ हुई, जिससे समुद्र स्थलों की ओर अग्रसर हुए और इस कल्प में जल-स्थल चारी (Amphibians) का विकास हुआ। **पर्मियन युग**—इस कल्प में हर्सिनियन भू-हलचलें हुईं और इनमें मध्य यूरोप, उत्तरी अमेरिका आदि में भारी परिवर्तन, रेंगने वाले जीवों का विकास, पृथ्वी के तापमान में वृद्धि आदि घटनाएँ हुईं।

3. मध्य जीव महाकल्प (Mesozoic Era)—इस काल में विशालकाय और भयानक जीवों का विकास हुआ। आकाश में उड़ने वाले पक्षी, भूमि पर फूल और फल वाले पौधे पैदा हुए। इस महाकल्प के 1. ट्रियासिक, 2. जूरैसिक तथा 3. क्रिटेशियस कल्प हुए। **ट्रियासिक कल्प** में जलवायु की शुष्कता के कारण अधिकांश जीवों का विकास हुआ। इस कल्प में गोंडवाना लैण्ड छिन्न-भिन्न हुआ और आस्ट्रेलिया, दक्षिणी भारत, अफ्रीका और दक्षिणी अमेरिका के ठोस स्थल भागों में बँटे और हिमालय, आल्पस एवं भूमध्य सागर के स्थान पर एक विशाल टेथिस सागर लहराया। **जुरैसिक कल्प**—इस कल्प में जल के तरंगों में लम्बी गर्दन वाले प्लीओसोर्स (Pliosaurus) एवं स्थल पर डाइनोसोर्स (Dinosaurus) और आकाश में उड़ने वाले रोडेक्टाइल आदि विकसित हुए। **क्रिटेशियस कल्प**-इस कल्प में समुद्री अतिक्रमण अधिक हुआ। यह कल्प खटी कल्प कहलाया, क्योंकि इस कल्प में खाड़ियाँ या खटी की परतों का जमाव हुआ।

4. नवीन महाकल्प (Cenozoic Era)—इस कल्प में पृथ्वी का ताप कम होने लगा जिससे धरातल के कई भाग हिम से ढक गए। हर्सिनियन और एल्पाइन भू-हलचलें इसी काल में हुईं। इस महाकल्प को निम्नलिखित कल्पों में बाँटा गया—(*i*) इओसीन (आदिनूतन), (*ii*) ओलिगोसीन (अधिनूतन), (*iii*) मायोसीन (अल्पनूतन) तथा (*iv*) प्लायोसीन (अतिनूतन)।

इस कल्प की मुख्य विशेषताएँ धरातल की गर्मी का धीरे-धीरे कम होना, शीतलता के कारण भूतल का बहुत बड़ा भाग हिम से ढकना, जलवायु की कठोरता के कारण जीवों का समाप्त होना, वनों के साथ घास के मैदानों का, फल-फूल वाले पौधों का विकास, स्तनपोशी जीवों का उदय, मानव का आगमन आदि थीं।

इस युग में भूगार्भिक हलचलों में यूरोप में हर्सियिन पर्वतों के उत्तर की ओर दक्षिणी पूर्वी इंगलैण्ड, बेल्जियम, डेनमार्क, उत्तरी फ्रांस, उत्तरी जर्मनी समुद्र में डूबे हुए थे और दक्षिण की ओर विशाल टैथिस सागर था। ओलिगोसीन कल्प की एल्पाइन हलचलों ने इटली को छोड़कर समस्त यूरोप को ऊपर उठा दिया जिससे एक ओर आल्पस पर्वतमाला और दूसरी ओर यूरोप के मैदान की रचना हुई। अति नूतन कल्प की हलचलों ने इटली प्रायद्वीप और इस्ट एंगलिया को छोड़कर सम्पूर्ण यूरोप को सँवार दिया।

इस काल में संसार के विस्तृत भागों में वलित पर्वतों (Folded Mountain) का निर्माण हुआ। यह पर्वत यूरेशियन महाद्वीप में जिब्राल्टर से हिमालय तक फैले, हिमालय से लगे बर्मा, मलाया, हिन्देशिया और न्यूजीलैण्ड तक फैले। इनकी एक शाखा जापान तक गई। उत्तरी अमेरिका में रॉकीज भी इसी समय बने। इस कल्प में **गोण्डवाना प्रायद्वीप** टुकड़ों में बँटा, गोंडवाना के टूटने के कारण भारत, अफ्रीका से अलग हुआ। ओलिगोसीन कल्प की एल्पाइन हलचलों से टैथिस महासागर से हिमालय का जन्म हुआ। टैथिस सागर के हट जाने पर पूर्व की ओर असम की खाड़ी और पश्चिम की ओर उत्तर पश्चिम की खाड़ी का निर्माण हुआ। इनमें काँप मिट्टी भरने से असम और पाकिस्तान बने। हिमालय पर्वत और दक्षिण के पठार के मध्य की द्रोणी

(Trough) भरने से उत्तर के बड़े मैदान का निर्माण हुआ। इस समय भारत में रानीकोट सीरिज से शिवालिक की पहाड़ियों तक का निर्माण हुआ। पर्वत निर्माण के साथ विस्तृत ज्वालामुखी जैसे-कोलम्बिया, पनामा और दक्कन का लावा प्रदेश बने।

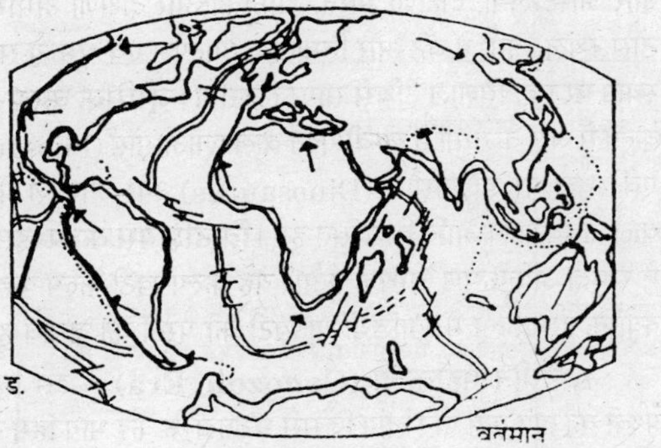

वर्तमान विश्व

5. नूतन कल्प (Neozoic Era)—(1) अभिनूतन कल्प (Pleistocene Period), (2) अभिनव कल्प (Recent Period) इस महाकल्प के कल्प थे। **अभिनूतन कल्प** में पृथ्वी पर शीत का भयंकर प्रकोप हुआ, जिससे हिमाच्छादित हुए। हिमाच्छादन के कारण दैत्यकार जीव नष्ट हो गए, शीत और सुरक्षा के लिए कई जन्तुओं के शरीर छोटे हो गए, हड्डियाँ छोटी और हल्की हो गईं, शरीर पर पंख लग गए। वर्तमान हाथी, घोड़, ऊँट, शेर, कुत्ते, बिल्ली इसी कल्प में दृष्टिगोचर हुए। **अभिनव कल्प** में पुनः तापमान बढ़ने से कई भाग हिम मुक्त हो गए, जिससे हिमोढ़ के जमाव हो गए। यूरोप और अमेरिका के हिमाच्छादित क्षेत्र में कई झीलें बन गईं तथा गंगा-सिन्धु के मैदान में खादर क्षेत्र बने।

नया भौगोलिक काल

भू-वैज्ञानिकों ने मार्च 2004 में पृथ्वी के कालानुक्रम में एक और काल 'एडियाकैरन पीरियड' जोड़ दिया। एडियाकैरन पीरियड नामक यह काल लगभग 50 मिलियन वर्ष में समाप्त हुआ। यह काल लगभग 600 मिलियन वर्ष पूर्व से 542 मिलियन वर्ष तक माना गया है। यह कालविधि प्रिकैंब्रियन के नियोप्रोटेरोजोइक काल का अंतिम भाग था। सर्वप्रथम इसी काल में मल्टीसेल्ड आर्गेनिज्म दिखाई दिया। 120 वर्षों में यह पहला समय है जब कालानुक्रम में एक नया काल जोड़ा गया है।

भूगार्भिक समय सारणी

मिलियन वर्ष पहले	भू-वैज्ञानिक विभाजन			पृथ्वी की स्थिति	वनस्पति एवं जीव-जंतु का विकास
	सेनोज़ोइक कल्प	चतुर्थक शक	होलोसीन युग (प्रारंभ-10,000)	बर्फ की चादरें पिघलकर सीमित हो गईं। समुद्र स्तर उठ गया एवं वर्तमान स्थलाकृति एवं तट रेखा का विकास हुआ।	वनस्पति का विस्तार हुआ। वर्तमान समुद्री जीव एवं स्थलीय जीव-जंतु का विकास हुआ। मानव ने अन्य जंतुओं को पालतु बनाया तथा खाद्यान्न उत्पन्न करना सीखा।
			प्लीस्टोसीन युग (प्रारंभ-10,00,000; अवधि-9,90,000)	जलवायु में आमूलचूल परिवर्तन आया। यूरोप एवं उत्तरी अमेरिका की बर्फ की चादरें पिघल गईं। हिमानियों का पिघलना जारी रहा। वर्तमान स्थल खंड अस्तित्व में आया।	बहुत सारे पौधे सामाप्त प्रायः हो गए। आदि मानव का विकास हुआ जिसने पत्थर के औजार का प्रयोग करना सिखा। कुछ प्राचीन जीवों का अंत हो गया।
1	सेनोजोइक कल्प	टर्शियरी शक	प्लायोसीन युग (प्रारंभ-1,10,00,000; अवधि-1,000,000)	पर्वत निर्माण में कमी आई। पृथ्वी का वर्तमान स्वरूप अस्तित्व में आया। जलवायु पहले से अधिक टंडी हुई।	जीव-जंतुओं का विकास होता हुआ वर्तमान स्तर तक पहुँचा। इसी काल में काई का विकास हुआ, जिससे वर्तमान मानव अस्तित्व में आया।
10			मायोसीन युग (प्रारंभ-2,50,00,000; अवधि-1,40,00,000)	समुद्र का पीछे हटना जारी रहा। पर्वतों का निर्माण हुआ तथा ज्वालामुखी विस्फोट हुए।	पुष्पी पौधों का काफी विकास हुआ। चरने वाले स्तनपायी का विस्तार हुआ। कपियों का और अधिक विकास तथा प्रसारण हुआ।
25			ओलिगोसीन युग (प्रारंभ-4,00,00,000; अवधि-1,50,00,000)	समुद्र स्थल से पीछे हट गया। इस काल में पर्वत निर्माण तथा ज्वालामुखी विस्फोट बहुतायत में हुए।	कुत्ते, बिल्लियों, कृतंक और भालुओं का विकास हुआ। शाकाहारी जंतुओं का काफी विकास हुआ। इसी युग में छोटे हाथियों का जिसके पास छोटे सूंड तथा ऊपरी एवं निचली जबड़े थे, विकास हुआ। प्राचीन कपि का विकास हुआ।
40			इओसीन युग (प्रारंभ-7,00,00,000; अवधि-3.00,00,000)	तटवर्ती भाग जो भूमि के निमज्जन के कारण गहरे हो गए थे उसमें जल जमाव हो गया। अटलांटिक महासागर अपने वर्तमान स्वरूप में आया।	अनाज एवं घासों के पौधों का प्रसार हुआ। बहुत सारी मछलियाँ, स्तनपायी एवं कीट-पतंग का वर्तमान रूप विकसित हुआ।

70	मेसोज़ोइक कल्प		क्रिटेशियस शक (प्रारंभ-13,50,00,000; अवधि-6,50,00,000)	पर्वत निर्माण का प्रमुख युग। विभिन्न क्षेत्रों में चॉक का निर्माण हुआ। समुद्र का स्थल पर अतिक्रमण जारी रहा। दलदल का निर्माण हुआ, जिसमें बाद के काल में कोयले का निर्माण हुआ।	पुष्पी पौधों का विकास हुआ। अभी तक स्थल एवं समुद्र पर सरीसृप का साम्राज्य था, उनमें से कई काफी भयावह थे। स्तनपायी का विकास जारी रहा।
			जुरैसिक शक (प्रारंभ-18,00,00,000; अवधि-4,50,00,000)	पर्वतों का और ज्यादा अपदरन हुआ एवं समुद्र का स्थल पर अतिक्रमण जारी रहा। महाद्वीप दलदलों द्वारा एक दूसरे से कट गए। चूना पत्थर एवं बालू पत्थर का निर्माण हुआ।	सरीसृप स्थल एवं समुद्र पर प्रभावी रहे। पहली चिड़िया आर्कियोटेरिक्स का उद्‌भव।
135			ट्रियासिक शक (प्रारंभ-25,50,00,000; अवधि-4,50,00,000)	धरती का ज्यादातर भाग अभी भी शुष्क था, लेकिन कुछ ज्वालामुखी क्रियाकलाप हुए तथा चिकनी मिट्टी एवं बालू-पत्थर का निक्षेपण हुआ। इसी समय ताँबा एवं यूरेनियम का निर्माण भी हुआ।	इस समय कोणधारी, फर्न एवं साइकेड्स सामान्य था। प्रथम स्तनधारी का उद्‌भव, कछुए एवं घड़ियाल की उत्पत्ति, इस समय तक डायनासोर्स अपनी प्रारंभिक अवस्था में था।
180	पैल्योज़ोइक कल्प	कार्बोनिफ़ेरस शक	पर्मियन शक (प्रारंभ-27,00,00,000; अवधि-4,50,00,000)	इस समय पृथ्वी में काफी हलचलें उत्पन्न हुईं तथा पर्वतों का निर्माण हुआ। हिमानियों के पिघलने से बड़े-बड़े परतदार निक्षेप हुए।	पतझड़ पेड़ों का विस्तार ट्राइलोबीन एवं ड्यूरोपिरिज समाप्त प्रायः हो गए। सरीसृप का उद्‌भव।
225			कार्बोनिफेरस शक (प्रारंभ-35,00,00,000; अवधि-8,00,00,000)	प्रथम कोयला युग। सड़े हुए वनस्पति पहले पीट एवं बाद में कोयला में तब्दील हो गया। लीड एवं जिंक के अतिरिक्त अन्य खनिजों का निर्माण भी इसी युग में हुआ।	इसी युग में काई उत्पन्न हुई। उभयचारी जंतुओं का विकास जारी रहा। बड़ी प्रवाल भित्तियों का विकास प्रारंभ हुआ।
270			डिवोनियन शक (प्रारंभ-40,00,00,000; अवधि-5,00,00,000)	कोयला निर्माण का दूसरा युग। स्थल का जो भाग जलमग्न हो गया था बड़े दलदल बन गए या छिछले समुद्र में परिणत हो गया। दूसरे स्थानों पर समुद्री सतहों का उत्थापन हुआ एवं वह भाग सूखे स्थल खंड में परिणत हो गए।	बड़ी संख्या में सदाहरित पेड़-पौधों का विकास मछलियाँ सामान्य थीं एवं उभयचरों का विकास हुआ। बड़े किटों का विकास एवं सरीसृप का उद्‌भव हुआ।
310			सिल्यूरियन शक (प्रारंभ-44,00,00,000; अवधि-4,00,00,000)	शुष्क क्षेत्रों का विकास हुआ। पर्वतों का निर्माण हुआ। शैल, स्लेट एवं बालू पत्थर का निर्माण भी हुआ।	पृथ्वी पर फर्न का विकास हुआ। शार्क एवं अन्य मछलियों का उद्‌भव हुआ। उभयचर प्राणियों एवं किटों का विकास हुआ।
350			आर्डोनियन शक (प्रारंभ-50,00,00,000; अवधि-6,00,00,000)	समुद्री सतह ऊपर उठा एवं गिरा। यूरोप में पर्वतों का निर्माण हुआ चूना पत्थर एवं बालू पत्थर का निर्माण।	पर्णविहीन पौधों का धरती पर उद्‌भव हुआ। ड्यूरिफरड्रेस, साँस लेने वाले जीव-जंतुओं का विकास समुद्र में हुआ।
400			कैम्ब्रियन शक (प्रारंभ-60,00,00,000; अवधि-10,00,00,000)	कुछ पर्वतों का निर्माण हुआ। स्थल एवं समुद्र के बीच की विभाजन रेखा लगातार बदलती रही।	अभी भी धरती पर कोई जीव विकसित नहीं हो पाया था। अकशेरुकी जीव अभी भी समुद्र में प्रचुर मात्रा में पाए जाते थे। जबड़ा रहित मछलियों का विकास हुआ।
440			कैम्ब्रियन पूर्व (प्रारंभ-70,00,00,000)	स्थल का अधिकतर भाग समुद्र के अतिक्रमण में था। जलवायु सम हो रही थी। कुछ ज्वालामुखी उद्‌भेदन हुए।	अकशेरुकी जंतुओं यथा टोरिलोबाइल्स सामान्य थे। इस शक के अंत में प्रथम मछली का विकास हुआ।
500	प्री पैल्योज़ोइक कल्प		आर्कियन (प्रारंभ-80,00,00,000)	पर्वतों का निर्माण हुआ। पृथ्वी के चारों तरफ का जलवाष्प धरती के जल के रूप में जमा हुआ। शायद इस काल में धरती के ज्यादातर भाग मरुस्थल थे।	पृथ्वी पर कोई जीवन नहीं था। एल्गी एवं कीटाणुओं का समुद्र में विकास हुआ। बाद में अकशेरुकी जीव-जंतुओं, यथा—जेलीफीश, स्पंज एवं वार्म आदि गर्म जल में रह रहे थे।

	युग	काल/वर्ष ईसा पूर्व	जीवन/ मुख्य घटना
तारों का उदय	5000	5000 मिलियिन	
सुपरनोवा	-137000	12000 मिलियिन	सूर्य का उदय
बिग बैंग	मिलियन	13700 मिलियन	ब्रह्मांड का उदय

ज्वालामुखी

ज्वालामुखी एवं ज्वालामुखी क्रिया

सामान्य बोलचाल में ज्वालामुखी एवं ज्वालामुखी क्रिया में कोई विभेद नहीं होता, किन्तु भू-विज्ञान की दृष्टि से दोनों में पर्याप्त अंतर है।

मोंकहाउस के अनुसार ज्वालामुखी भू-पटल के वे छिद्र हैं, जिनसे भू-गर्भ का मैग्मा आदि पदार्थ उद्‌गार के रूप में बाहर निकलता है।

ज्वालामुखी के शाब्दिक अर्थ से भ्रम होता है कि ज्वालामुखी से आग की लपटें बाहर निकलती हैं, किन्तु वास्तव में ज्वालामुखी से निकलने वाली ज्वलनशील गैसों के कारण आग की लपटों का भ्रम होता है।

ज्वालामुखी क्रिया का अभिप्राय उस विनाशकारी घटना या प्रक्रिया से है, जिसमें भूगर्भ से गर्म गैसें, जलवाष्प, लावा, राख, धुआँ, ठोस पिण्ड इत्यादि भयंकर गर्जन के साथ भू-पटल पर प्रकट होते हैं।

ज्वालामुखी की रचना

सामान्यतः ज्वालामुखी एक वृत्ताकार छिद्र अथवा दरार के रूप में प्रारम्भ होता है। उस छिद्र का सम्बन्ध भू-गर्भ में अति गहराई से रहता है। भीतरी उद्वेग से इस छिद्र की रचना होती है। इस छिद्र से भीतरी गरम लावा, तप्त गैसें, उष्ण वाष्प तथा अन्य शैल पदार्थ बाहर निकलते हैं। ज्वालामुखी का यह छिद्र कदाचित ही कुछ सौ फुट से अधिक व्यास का होता है। इसको प्रायः ज्वालामुखी नली कहा जाता है। इस नली के ऊपरी भाग को ज्वालामुखी कहते हैं। उद्‌भेदन के समय ज्वालामुखी से निकला हुआ पदार्थ आस-पास जमा होता जाता है, जिससे वहाँ एक ऊँचा टीला बन जाता है। कभी-कभी ये टीले बहुत ऊँचे होते हैं जिसे **'ज्वालामुखी पर्वत'** कहा जाता है। कई बार ज्वालामुखी पूर्ण शंकु के आकृति वाले होते हैं। यद्यपि प्रायः ज्वालामुखी शंक्वाकार पर्वत के रूप में मिलते हैं, किन्तु कुछ ज्वालामुखी ऐसे आकार वाले नहीं होते।

मुख्य ज्वालामुखी

नाम	देश	पेटी
स्ट्रांबोली	इटली	मध्य महाद्वीपीय मेखला
एटना	"	"
वलकैनी	"	"
लाकी	आइसलैण्ड	"
हेकला	"	"
देवानंद	ईरान	"
खोई सुल्तान	"	"
अल तुर्ग	जार्जिया	"
अराशत	अर्मेनिया	"
मा० रेनियर	संयुक्त राज्य अमेरिका	परिप्रशांत पेटी
मा शंस्ता	"	"
लैसन	"	"
माउंट रैजल	कनाडा	"
कटमई	अलास्का	"
कोटोपैक्सी	इक्वेडोर	"
चिम्बोरेजी	"	"
फ्यूजीयामा	जापान	"
कामाटोआ	इण्डोनेशिया	"
सेंट हेलेना	अटलांटिक महासागर	मध्य अटलांटिक मेखला
किलिमंजारो	तंजानिया	अफ्रीकी भ्रंश घाटी मेखला
मा० केन्या	केन्या	"
मेरु	"	अफ्रीकी भ्रंश घाटी

ज्वालामुखी के अंग

ये निस्सृत पदार्थ जब ज्वालामुखी छिद्र के चारों तरफ क्रमशः जमा होने लगते हैं तो ज्वालामुखी शंकु का निर्माण होता है। जब जमाव अधिक हो जाता है, तो शंकु काफी बड़ा हो जाता है तथा पर्वत का रूप धारण कर लेता है। इस प्रकार के शंकु को 'ज्वालामुखी पर्वत' कहते हैं। इस पर्वत के ऊपर लगभग बीच में एक छिद्र होता है, जिसे 'ज्वालामुखी छिद्र' कहते हैं। इस छिद्र का धरातल के नीचे भू-गर्भ से सम्बन्ध एक पतली नली से होता है। इस नली को 'ज्वालामुखी नली' कहते हैं। जब ज्वालामुखी का छिद्र विस्तृत हो जाता है तो उसे 'ज्वालामुखी का मुख' कहते हैं। जब धंसाव या अन्य कारण से ज्वालामुखी का विस्तार अत्यधिक हो जाता है तो उसे 'काल्डेरा' कहते हैं।

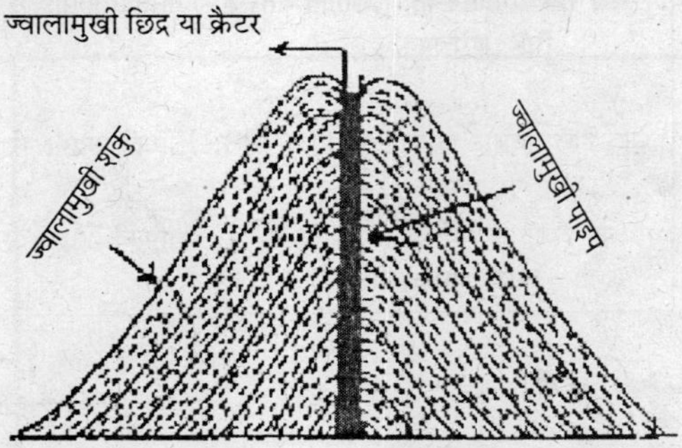

ज्वालामुखी के विभिन्न अंग

ज्वालामुखी के प्रकार

निष्कासित पदार्थ एवं उद्‌गार की भिन्नता के कारण ज्वालामुखी की आकृति में भिन्नता पाई जाती है। **लैक्रोई** (1908) ने उद्‌गार के आधार पर तथा कॉटन (1944) ने निष्कासित पदार्थ की भिन्नता के आधार पर ज्वालामुखियों का वर्गीकरण किया।

ज्वालामुखी उद्‌गार की अवधि के अनुसार वर्गीकरण

ज्वालामुखी हमेशा क्रियाशील नहीं होते। उद्‌गार की अवधि के अनुसार ये तीन प्रकार के होते हैं :

I. सक्रिय व जाग्रत ज्वालामुखी—इन ज्वालामुखियों से सदैव वाष्प, गैस, राख, धुआँ, विखण्डित पदार्थ एवं प्राय: लावा निष्कासित होता रहता है। लिपारी द्वीप के स्ट्राम्बोली एवं इटली के एटना ऐसे ही सक्रिय ज्वालामुखी हैं। अनुमानत: विश्व में 500 सक्रिय ज्वालामुखी पाये जाते हैं।

II. प्रसुप्त ज्वालामुखी—ऐसे ज्वामुखी जो उद्‌गार के पश्चात् कुछ अवधि तक शांत रहते हैं तथा अचानक पुन: सक्रिय हो जाते हैं, प्रसुप्त ज्वालामुख्खी कहलाते हैं। ये ज्वालामुखी भयंकर विनाशकारी होते हैं, क्योंकि दीर्घकाल तक सक्रिय न होने पर इनके निकट नगर स्थापित हो जाते हैं जो ज्वालामुखी का उद्‌गार होने पर नष्ट हो जाते हैं। विसुवियस ज्वालामुखी 700 वर्षों तक शांत रहने के बाद 79 ई. में सक्रिय हुआ तब पोम्पेई व हरकुलेनियम नगरों में भारी विनाश हुआ था। हाल ही में कोलम्बिया (दक्षिण अमेरिका) में नेवादो डेल रुईज के 390 वर्ष तक शांत रहने के पश्चात् नवम्बर 1985 में सक्रिय होने पर समस्त आरमेरो नगर नष्ट हो गया।

III. मृत अथवा निर्वापित ज्वालामुखी—ये वे ज्वालामुखी हैं जो अतीत काल में सक्रिय हुए थे किन्तु शताब्दियों से वे निष्क्रिय हैं। इनके क्रेटर में जल भरने से झीलें बन जाती हैं। भविष्य में भी इनके उद्‌गार की संभावना नहीं होती। ईरान का कोहे-सुलेमान व देमावेन्द तथा बर्मा का पोपा ऐसे ही ज्वालामुखी हैं। ऐसे ज्वालामुखियों के ऊपर बस्तियाँ भी स्थापित हो जाती है। काहिरा से 140 किमी दूर 2000 वर्ष पूराना एक मृत ज्वालामुखी मिला है जो 500 ई.पू. में मृत हो गया था। अब इसके ऊपर कोम फेरिन नामक गाँव बस गया है।

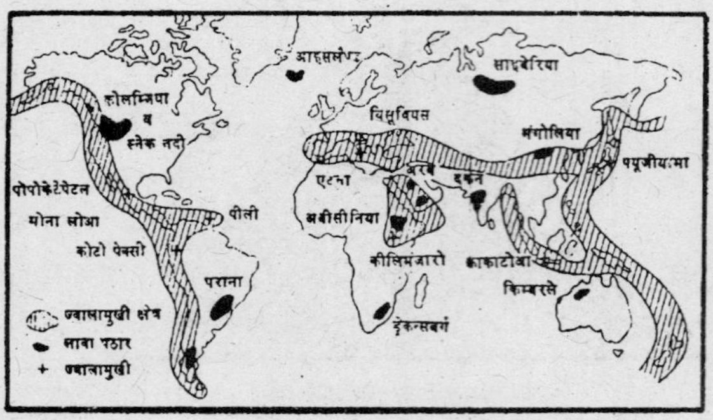

ज्वालामुखी क्षेत्र

ज्वालाभुखियों का विश्व वितरण

विश्व में अनुमानत: 500 सक्रिय ज्वालामुखी पाए जाते हैं। महासागरों के भीतर भी ज्वालामुखी स्थित हैं, लेकिन उनके बारे में जानकारी नहीं है। **सौयर के अनुसार** पृथ्वी पर 430 सक्रिय ज्वालामुखी हैं, जिनमें 275 उत्तरी गोलार्द्ध तथा 155 दक्षिणी गोलार्द्ध में स्थित हैं।

पूरे विश्व में ज्वालामुखियों का वितरण निम्नलिखित पेटियों में पाया जाता है :

1. परि-प्रशान्त महासागरीय पेटी—होम्स के अनुसार प्रशान्त महासागर के तटों पर विश्व के 2/3 सक्रिय ज्वालामुखी स्थित हैं। इसीलिए इस पेटी को **अग्नि वलय** (Ring of fire) भी कहा जाता है। इस पेटी का प्रधान क्षेत्र पूर्वी द्वीप समूह है। अकेले जावा द्वीप में 43 ज्वालामुखी पाये जाते हैं। यह पेटी अन्टार्कटिका के ग्राह्म द्वीप के निकट माउन्ट एरेबस तथा टेरर ज्वालामुखियों से आरम्भ होकर दक्षिणी अमेरिका के पश्चिमी तट के सहारे एण्डीज पर्वत श्रेणी के समानान्तर तथा उत्तरी अमेरिका में रॉकी पर्वत श्रेणी के समानान्तर अलास्का तक चली गयी है। आगे यह एशिया के पूर्वी तट के सहारे एल्युशियन, कमचटका, क्यूचटका, क्यूराइल द्वीप होते हुए जपाना, फिलीपाइन्स, पूर्वी द्वीप समूह तक विस्तृत है।

विश्व के अधिकांश सर्वोच्च ज्वालामुखी इसी पेटी में स्थित हैं। अधिकांश ज्वालामुखी शृंखला के रूप में मिलते हैं। एल्युशियन, जापान एवं हवाई द्वीपों के ज्वालामुखी श्रेणी के रूप में स्थित है। इक्वेडोर में 22 ज्वालामुखी पर्वत, समूह में पाये जाते हैं। यहाँ विश्व का सर्वोच्च ज्वालामुखी कोटोपेक्सी स्थित है। इसी पेटी में जापान का फ्यूजीयामा, फिलीपाइन्स का माउन्ट ताल व मेयान संयुक्त राज्य का शस्ता, रेनियर व हुड तथा मध्य अमेरिका का चिम्बरेजो प्रमुख ज्वालामुखी हैं।

संख्या की दृष्टि से फिलीपाइन्स (98), एल्युशियन एवं अलास्का प्रायद्वीप (35), जापान द्वीप समूह (33), एन्डीज (53), न्यूगिनी (15), क्यूराइल (13), ग्वाटेमाला (14), में अधिक ज्वालामुखी स्थित हैं।

2. अटलांटिक महासागरीय पेटी—यहाँ विश्व के 10 प्रतिशत ज्वालामुखी पाए जाते हैं। हालांकि यहाँ ज्वालामुखियों का वितरण सुनिश्चित क्रमबद्ध पेटी में नहीं मिलता। दक्षिणी अटलांटिक में लेसर एन्टीलीज एवं दक्षिणी एन्टीलीज प्रमुख ज्वालामुखी क्षेत्र हैं। उत्तरी अटलांटिक में आइसलैण्ड प्रमुख ज्वालामुखी क्षेत्र हैं, यहाँ अनेक सक्रिय ज्वालामुखी स्थित हैं। मध्यवर्ती रिज के सहारे एजोर्स, सेंट हेलेना आदि ज्वालामुखी द्वीप स्थित हैं। सुदूर उत्तर- पश्चिम में जान मायेन द्वीप पर अनेक सक्रिय ज्वालामुखी स्थित हैं।

3. मध्य महाद्वीपीय पेटी—इस पेटी का आरम्भ वास्तव में इस आइसलैण्ड के हेलका पर्वत से होता है जहाँ लाकी सहित अनेक दरारी ज्वालामुखी स्थित हैं। आगे यह पेटी स्कॉटलैण्ड होते हुए दक्षिण में अफ्रीका के पश्चिम में कनारी द्वीप की ओर चली जाती है। इस पेटी की मुख्य शाखा स्पेन, इटली, काकेशिया होते हुए, हिमालय श्रेणी के सहारे बर्मा तक जाती है। फिर दक्षिण व आगे दक्षिण पूर्व की

ओर मुड़कर पूर्वी द्वीप समूह में प्रशान्त महासागरीय पेटी से मिल जाती है। यहीं विश्व प्रसिद्ध **स्ट्राम्बोली, विसूवियस, एटना, देमाबेन्द, कोह-सुल्तान, एल्बुर्ज, अरारात** आदि ज्वालामुखी पर्वत स्थित हैं।

4. पूर्वी अफ्रीका पेटी—अफ्रीका की प्रसिद्ध रिफ्ट घाटी में इजराइल, लाल सागर से मेडागास्कर तक अनेक ज्वालामुखी स्थित हैं। इनमें **किलीमंजारो, मेरू, एल्गन, बिरुन्गा, रंगवी, केमरून** आदि प्रमुख हैं।

5. अन्य क्षेत्र—उपरोक्त पेटियों के अतिरिक्त बिखरे हुए क्षेत्रों में कुछ प्रमुख ज्वालामुखी स्थित हैं। हिन्द महासागर में मेडागास्कर के निकट **मॉरीशस, कमोरो, रियूनियन** द्वीपों में शान्त (extinct) ज्वालामुखी स्थित हैं। प्रशान्त महासागर में हवाई द्वीप में मोना लोआ व मोनाकी सहित 50 अन्य सक्रिय ज्वालामुखी स्थित हैं। अन्टार्कटिका में रॉस सागर के निकट **एरेबस** व **टेरर** प्रमुख सक्रिय ज्वालामुखी हैं।

भूकम्प

भूकम्प का शाब्दिक अर्थ है—धरातल या भू-पटल का काँपना या हिलना। यह एक आकस्मिक अन्तर्जात प्रक्रिया है। वास्तव में किसी महत्त्वपूर्ण भूगार्भिक क्रिया का परिणाम होता है—चट्टानों का हिलना। जब हम किसी तालाब में पत्थर फेंकते हैं, तो पानी की लहरें सभी दिशाओं में फैलने लगती हैं इसी प्रकार पृथ्वी के भीतर की चट्टानें जब हिलती हैं, तो कम्पन पैदा होते हैं जो चारों ओर फैलने लगते हैं, इस प्रकार चट्टानों के हिलने को ही भूकम्प कहते हैं, भूकम्प का कम्पन केवल भूपटल भाग में ही सीमित रहता है।

भूकम्प के कारण

1. भ्रंशन क्रिया द्वारा—पृथ्वी के भीतर अधिक गहराई पर तापमान और दाब बहुत अधिक होता है। यह दाब हर स्थान पर समान नहीं होता कभी-कभी यह दाब इतना अधिक बढ़ जाता है। जिसके कारण गहराई पर स्थित चट्टानें मुड़ने लगती हैं और अन्तत: टूट जाती हैं, चट्टानों के टूटे हुए भाग ऊपर अथवा नीचे की ओर सरक जाते हैं, इसे भ्रंश (जियोलोजिकल फॉल्ट) कहते हैं। एक विशाल भूकम्प के आने के बाद पृथ्वी को स्थिर होने में समय लगता है और काफी समय तक हल्के-हल्के झटके आते रहते हैं, जिन्हें बाद के झटके (आफ्टर शॉक) कहते हैं।

2. प्लेट टेक्टोनिक कारण—एक दूसरा कारण विवर्तनिक भी है। पृथ्वी के पटल को 12 प्लेटों का बना हुआ माना गया है, ये प्लेटें सरकती रहती हैं और कभी-कभी दूसरी प्लेटों से टकरा भी जाती हैं, अत: इन प्लेटों के टकराने से भी भूकम्प आते हैं।

3. अविवर्तनिक कारण—भूकम्प की उत्पत्ति के अविवर्तनिक (नॉन टेक्टोनिक) कारण भी होते हैं, जब ज्वालामुखी से उद्गार निकलते हैं तब भी पृथ्वी की सतह पर कम्पन होते हैं। इसके अतिरिक्त चट्टानों के खिसकने, बम फटने अथवा भारी वाहनों और रेलगाड़ियों की तीव्र गति से भी कम्पन पैदा होता है, किन्तु इस प्रकार का भूकम्प बहुत हल्का होता है, तेज-से-तेज ज्वालामुखी भूकम्प एक मध्यम विवर्तनिक भूकम्प से हल्का होता है।

4. समस्थितिक समायोजन—अपरदन के विविध साधन महाद्वीपों के पदार्थों को काट-छाँटकर अधिकांशत: सागरों में निक्षेपित करते रहते हैं। इससे सागर की तली का भार अधिक हो जाता है। उन स्थानों की शैलें नीचे धँसती हैं। भूसन्तुलन स्थापित करने के लिए पर्वतीय क्षेत्रों में उत्थान की क्रिया होती है। इससे शैलों में विक्षोभ उत्पन्न होता है, जिससे भूकम्प आते हैं। हिन्दुकुश (1948), कांगड़ा (1905), चीन के कांसू प्रदेश (1920, 1927), असम (1897) में इसी प्रकार के भूकम्प उत्पन्न हुए थे।

5. प्रत्यास्थ पुन: चलन सिद्धान्त—प्रो. रीड (1906) के अनुसार भूगार्भिक शैलें रबड़ की भाँति लचीली होती हैं। तनाव होने पर वे एक सीमा तक खिंचती हैं। अधिक तनाव होने पर वे टूट जाती हैं। टूटे हुए भूखण्ड पुन: खिंचकर अपना स्थान ग्रहण करते हैं। इससे भूकम्प उत्पन्न होते हैं। बिहार (1944), असम (1950), उत्तर प्रदेश (1956,) के भूकम्प इसी कारण उत्पन्न माने गये थे।

भूकम्प का विश्व वितरण

विश्व के भूकम्प क्षेत्र निम्न हैं :

1. प्रशान्त परिधीय पेटी—प्रशान्त महासागर के तटीय भाग, जो विश्व के प्रमुख ज्वालामुखी क्षेत्र भी हैं, भूकम्प के प्रधान क्षेत्र हैं। यहीं संसार के 2/3 भूकम्प आते हैं। यहाँ भूकम्प के सर्वाधिक प्रभाव के दो प्रमुख क्षेत्र स्थित हैं—(i) प्रशान्त महासागर के पूर्वी तट पर आलस्का से चिली तक, एवं (ii) प्रशान्त महासागर के पश्चिमी तट पर कमचटका से न्यूजीलैण्ड तक। जापान में विश्व के सर्वाधिक भूकम्प आते हैं। अलास्का, केलिफोर्निया, मैक्सिको व चिली में भी अधिक भूकम्प आते हैं।

2. मध्य महाद्वीपीय पेटी—यह पेटी यूरेशिया के नवीन वलित पर्वतीय क्षेत्रों में आल्प्स, एशिया माइनर, काकेशिया, ईरान, बलूचिस्तान, अफगानिस्तान, भारत, म्यांमार तथा इण्डोनेशिया तक विस्तृत है। पहले इस क्षेत्र को भूकम्प मुक्त समझा जाता था किन्तु 1954 में स्पेन के सियरा निवादा क्षेत्र में 630 किमी. गहराई पर उत्पन्न शक्तिशाली भूकम्प आने पर यह धारणा बदल गई। आर्मेनिया (1988) का विनाशकारी भूकम्प इसी पेटी में आया।

3. मध्य अटलांटिक पेटी—मध्य अटलांटिक कटक के सहारे यह पेटी आर्कटिक महासागर में स्पिट्सबर्जन द्वीप समूह से दक्षिण की ओर आइसलैण्ड, अजोर्स, मेडोरा, कनारी,केप वर्डे, एसेन्शियन, सेन्ट हेलेना व प्रिंस एडवर्ड द्वीपों तक विस्तृत है। इसी पेटी की पश्चिमी शाखा सेन्ट हेलेना में ट्रिनीडाड, त्रिस्तान दा-कुन्हा, दक्षिणी जॉर्जिया

या दक्षिण सेण्डविच द्वीपों को पार कर अन्टार्कटिका तक गई है। एक अन्य शाखा प्रिन्स एडवर्ड द्वीपों से उत्तर पूर्व की ओर रियूनियन, मॉरीशस, सेचिलीस, मालद्वीव से दक्षिण-पूर्व की ओर चागोस द्वीप समूह, डिएगो गार्सिया होते हुए कॉक्कोस से आस्ट्रेलिया तक जाती है। यह शाखा हिन्द **महासागरी पेटी** कहलाती है।

4. पूर्वी अफ्रीका की पेटी—यह पेटी स्वेज नहर में लाल सागर के सहारे इथोपिया होकर अफ्रीका की भ्रंश घाटी में युगाण्डा, तन्जानिया, न्यासा झील पार कर डिलगोआ खाड़ी तक विस्तृत है। मेडागास्कार द्वीप भी इसके प्रभाव क्षेत्र में है। यहाँ विवर्तनिक कारणों से भूकम्प आते हैं।

भूकम्प की तीव्रता तथा प्रभाव

क्र. सं.	तीव्रता	उच्चतम परिमाण (मरकोली पैमाने में)	धरातल पर प्रभाव
1.	यान्त्रिक	3.5 से कम	केवल भूकम्पलेखी में अनुभूति।
2.	क्षीण	3.5	केवल संवेदनशील व्यक्तियों द्वारा अनुभूति।
3.	हल्का	4.2	विश्राम करते हुए व्यक्तियों द्वारा अनुभूति।
4.	साधारण	4.3	गतिशील व्यक्तियों द्वारा अनुभूति।
5.	थोड़ा तीव्र	4.8	सभी व्यक्तियों को अनुभव घंटियाँ बजने लगती हैं।
6.	तीव्र	5.4	इसके झटकों को सभी अनुभव करते हैं। भय छा जाना और लोगों का घर से बाहर भागना।
7.	प्रचण्ड	6.1	दीवारों में दरार पड़ना और मकानों को क्षति।
8.	विनाशकारी	6.2	दीवारों की चिनाई में दरारें पड़ जाती हैं तथा चिमनियाँ गिर जाती हैं।
9.	विध्वंसकारी	6.9	धरती में चौड़ी दरारें तथा इमारतें गिर जाती हैं।
10.	भयंकर	7.3	पृथ्वी फट जाती है, रेल की पटरियाँ तथा पुल नष्ट हो जाते हैं।
11.	प्रलय	8.1	पृथ्वी के फट जाने पर नीचे का जल निकलकर बाढ़ का रूप ले लेता है। सभी निर्माण कार्य ध्वस्त हो जाते हैं।
12.	महाप्रलय	8.1 से अधिक	सर्वनाश की स्थिति उत्पन्न हो जाती है। वस्तुएँ हवा में उछलने लगती हैं और पृथ्वी हिलने लगती है।

भारत में भूकम्प का वितरण

भारत के भूकम्प क्षेत्रों का देश के प्रमुख प्राकृतिक भागों से घनिष्ठ सम्बन्ध है। संरचना के अनुसार भारत के मुख्य प्राकृतिक भागों के आधार पर देश को तीन भूकम्प क्षेत्रों में बाँटा जा सकता है :

(1) हिमालयीय भूकम्प क्षेत्र—भू-संरचना की दृष्टि से यह भाग शेष देश से भिन्न है। यह अभी भी अपने निर्माण की अवस्था में है। अत: भू-सन्तुलन की दृष्टि से यह एक अस्थिर क्षेत्र है। इस कारण इस क्षेत्र में सबसे अधिक भूकम्प आया करते हैं।

(2) उत्तरी मैदान का भूकम्प क्षेत्र—यह क्षेत्र हिमालय के दक्षिण में सिन्धु, गंगा और ब्रह्मपुत्र नदियों का मैदान है। इस मैदान की रचना असंगठित जलोढ़ मिट्टी से हुई है। हिमालय के निर्माण के समय सम्पीडन के फलस्वरूप इस मैदान में कई दरारें बन गईं। अत: भूगार्भिक हलचलों से यह प्रदेश शीघ्र कम्पित हो जाता है।

(3) दक्षिण के पठार का भूकम्प क्षेत्र—यह भारत का सबसे प्राचीन और कठोर स्थलखण्ड है। भू-सन्तुलन की दृष्टि से यह एक स्थिर भाग है। अत: इस क्षेत्र में बहुत ही कम भूकम्प आते हैं। पिछले कुछ दशकों में इसमें केवल कुछ ही भूकम्प आए हैं, जिनमें 1967 का कोयना भूकम्प एवं लातूर भूकम्प अपना विशेष स्थान रखता है।

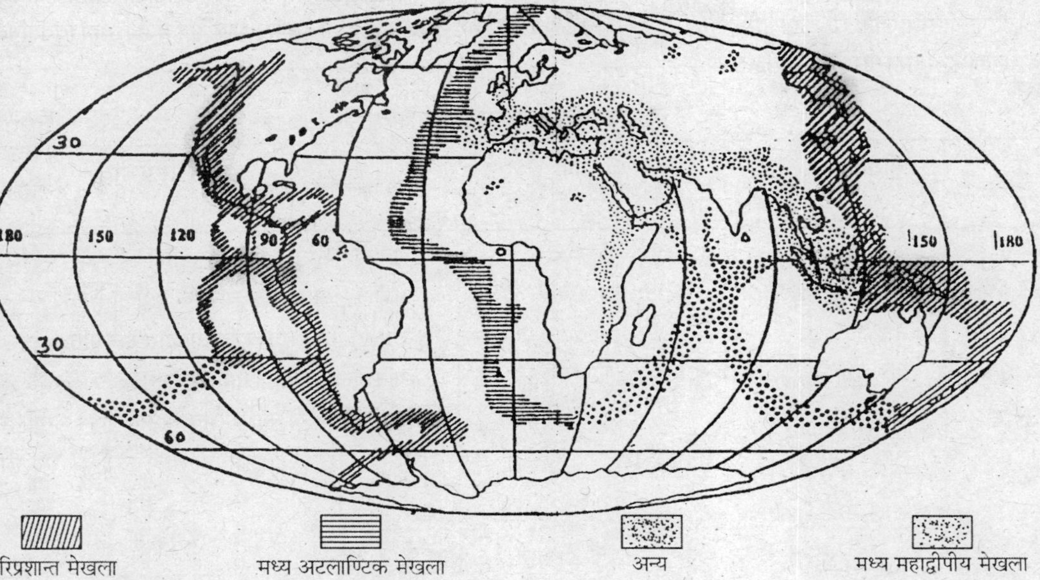

विश्व में भूकम्प का वितरण

भूकम्प की माप

किसी स्थान पर आए भूकम्प को हजारों मील दूर स्थित प्रयोगशाला में अंकित किया जा सकता है। जिस यंत्र से इसे अंकित करते हैं, उसे भूकम्पलेखी कहते हैं।

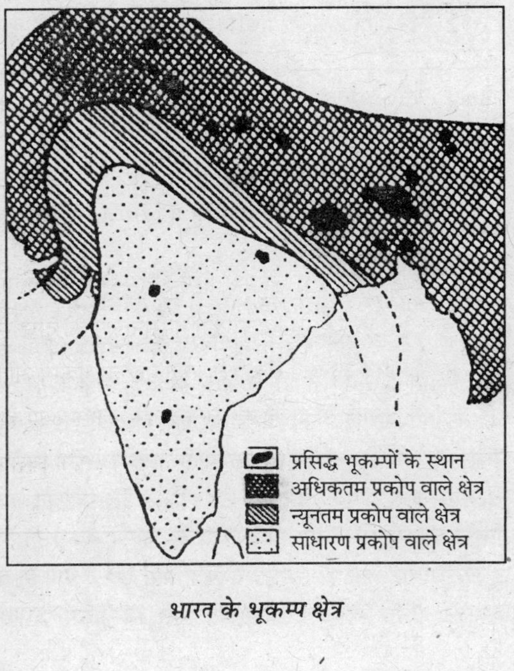

भारत के भूकम्प क्षेत्र

एक भूकम्प अभिलेख (सीस्मोग्राफ) के विस्तृत अध्ययन से, जिस पर भूकम्पीय तरंगें अंकित होती हैं। यह पता लगाया जा सकता है कि किस समय कहाँ पर भूकम्प आया और इसकी क्या गति थी? पृथ्वी के अंदर का वह भाग जहाँ पर कम्पन की क्रिया आरम्भ होती है, इसे *अवकेन्द्र* और उसके ठीक ऊपर पृथ्वी की सतह के भाग को *अधिकेन्द्र* (Epicentre) कहते हैं। अधिकेन्द्र पर भूकम्प का धक्का तीव्र होता है। अतः इस केन्द्र के आसपास के क्षेत्र में विनाश सबसे अधिक होता है। इस केन्द्र से दूर की ओर भूकम्प-तरंगों की शक्ति शनैः शनैः कम होती जाती है और क्षति भी कम होती जाती है।

महाद्वीप एवं महासागर

महाद्वीप एवं महासागर पृथ्वी की दो प्रमुख स्थलाकृतियाँ हैं। पृथ्वी के लगभग 29% भाग पर स्थल है, जबकि 71% भाग पर समुद्र पाया जाता है। स्थल का सर्वाधिक ऊँचा भाग माउंट ऐवरेस्ट (समुद्री सतह से लगभग 8,848 मीटर) है, जबकि स्थल का सबसे गहरा भाग चैलेंजर गर्त में मौरियाना खाई है जो प्रशांत महासागर में (11,022 मी.) अवस्थित है। इस प्रकार उच्चावच की अधिकतम भिन्नता कोई 20 किमी. है, जो पृथ्वी के आकार को देखते हुए बहुत कम है।

विश्व के स्थल भाग एवं उच्चावच

संसार कितना बड़ा है ? सबसे बड़ा महाद्वीप कौन-सा है ? नीचे महाद्वीपों का विवरण आकार के अनुसार दिया गया है :

क्षेत्र	स्थल भाग (लगभग) वर्ग किमी. में	स्थल भाग (लगभग) वर्ग मील में	कुल क्षेत्र का प्रतिशत	उच्चावच	
				अधिकतम	न्यूनतम
विश्व	148,647,000	57,393,000	100.00%	माउंट ऐवरेस्ट (तिब्बत, नेपाल, 29,035 फिट, (8,850 मीटर)	मृत सागर (इजराइल-जॉर्डन) 1,349 फिट समुद्र तल से (–411 मीटर) नीचा
अफ्रीका	30,065,000	11,608,000	20.2%	माउंट किलीमंजारो (तंजानिया) 19,340 फिट (5,895 मीटर)	असेल झील (जीबूती) 512 फीट समुद्र सतह से (–156 मीटर)
अंटार्कटिका	13,209,000	5,100,000	8.9	बेसन मैसिफ, एल्सवर्थ पर्वत, 16,066 फीट (4,897 मीटर)	न्यूनतम स्थल केन्द्र बेल्ली उपहिमानी के नीचे
एशिया (मध्यपूर्व के साथ)	44,579,000	17,212,000	30.0	माउंट ऐवरेस्ट तिब्बत-नेपाल 29,035 फीट (8,850 मीटर)	मृत सागर (इजराइल-जार्डन) 1,349 फीट समुद्री सतह से (–411 मीटर) नीचा
यूरोप (यूराल पर्वत एशिया एवं यूरोप की सीमाएँ निर्धारित करती है)	9,938,000	3,837,000	6.7	माउंट एलब्रूज रूस/जार्जिया 18,510 फीट (5,642 मी.)	कैस्पियन सागर (रूस, काजाखस्तान) 92 फीट, समुद्र सतह से (–86 मीटर) नीचा
ऑस्ट्रेलिया (ओशेनिया के साथ)	8,112,000	3,132,000	5.3	माउंट कियोस्को ऑस्ट्रेलिया 7,310 फीट (2,228 मीटर)	आयर झील, ऑस्ट्रेलिया समुद्र सतह से (–12 मीटर) नीचा
उत्तरी अमेरीका (केन्द्रीय अमेरीका एवं कैरेबियन अमेरीका के साथ)	24,474,000	9,449,000	16.5	माउंट मैकिन्ले अलास्का, 20,320 फीट (6,960 मीटर)	मृत घाटी, कैलिफोर्निया 282 फीट समुद्र सतह से से (–86 मीटर) नीचा
दक्षिणी अमेरीका	17,819,000	6,879,000	12.0	माउंट ऐकान्कागुआ अर्जेन्टीना, 22,834 फीट (6,960 मीटर)	वेल्ड प्रायद्वीप, अर्जेन्टीना 131 फीट, समुद्र सतह से (–40 मीटर) नीचा

महाद्वीपीय एवं महासागरीय नितल की उत्पत्ति

पृथ्वी की तरह महाद्वीपों व महासागरों की उत्पत्ति की समस्या भी अत्यन्त जटिल है। पृथ्वी के धरातल का लगभग 71 प्रतिशत भाग जल तथा 29 प्रतिशत भाग स्थल से आवृत्त है। जल और थल का यह वितरण समान नहीं है। ये महाद्वीप और महासागर भू-पटल के प्रारम्भिक स्थल रूप हैं, जिनमें पर्याप्त अंतर है तथा जो विशाल गड्ढों एवं गगनचुम्बी ऊँचाइयों के बीच विद्यमान हैं। इनकी उत्पत्ति तीन वर्गों से मानी जाती है—1. आरम्भिक मत 2. संकुचन पर आधारित सिद्धान्त तथा 3. महाद्वीपीय विस्थापन के सिद्धान्त।

महासागरीय नितल का उच्चावच

महासागरों का नितल या तल सर्वत्र एक जैसा नहीं है। इनमें पठार, कटकें, वक्राकार पहाड़ियों के रूप में चाप, द्वीप, द्रोणियाँ, कन्दराएँ, संकीर्ण खाइयाँ, गर्त इत्यादि मुख्य हैं। गहराई के अनुसार सागरीय तल को चार प्रमुख उच्चावच मण्डलों में विभजित किया जाता है :

1. महाद्वीपीय मग्नतट

महाद्वीपों का किनारे वाला वह भाग जो कि महासागरीय जल में डूबा रहता है, उस पर जल की औसत गहराई 100 फैदम (एक फैदम 6 फीट) तथा ढाल 1° से 3° के बीच होता है 'महाद्वीपीय मग्नतट' कहलाता है। मग्नतटों की चौड़ाई पर तटीय स्थलीय उच्चावच्च का नियन्त्रण रहता है। जहाँ पर तट से लगे उच्च पर्वतीय भाग होते हैं, वहाँ पर मग्नतट संकरे होते हैं। उदाहरण के लिए दक्षिण अमेरिका प्रशान्त महासागरीय मग्नतट एण्डीज के कारण संकरा हो गया है। इसके विपरीत जहाँ पर स्थलीय तटवर्ती भाग मैदानी भाग हैं, वहाँ पर मग्नतट अधिक विस्तृत देखे गए हैं। परन्तु, मिसीसिपी के मुहाने पर

मग्नतट (अपवाद स्वरूप) संकरा है। सामान्य रूप से मग्नतटों की औसत चौड़ाई 48 किमी. (30 मील) होती है। शेपर्ड महोदय ने मग्नतटों की औसत चौड़ाई 42 मील (67.2 किमी.) तथा गहराई 72 फैदम बताई है। दक्षिणी अमेरिका का प्रशान्त महासागरीय मग्नतट 10 मील (16 किमी.), उत्तरी अमेरिका के पूर्वी तट पर 60-75 मील (96-120 किमी.), पूर्वी द्वीप समूह में कई सौ मील, आर्कटिक सागर में 100 से 300 मील (160 से 480 किमी.) चौड़े मग्नतट मिलते हैं। इसी तरह चीन सागर, एड्रियाटिक सागर, अराफुरा सागर आदि में चौड़े मग्नतट मिलते हैं। समस्त महासागरीय नितल के क्षेत्रफल के 8.6 प्रतिशत भाग पर मग्नतट पाए जाते हैं (अटलांटिक महासागर के पूर्ण क्षेत्र के 13.3% भाग पर, प्रशान्त महासागर के 5.7% भाग पर तथा हिन्द महासागर के 4.2% भाग पर मग्नतट मिलते हैं)। खनिज तेल व प्रकृतिक गैस की दृष्टि से यह क्षेत्र समृद्ध है। तेल व गैस का लगभग 20 प्रतिशत यहीं से प्राप्त होता है।

2. महाद्वीपीय मग्नढाल

महाद्वीपीय मग्नतट की अन्तिम सीमा से ही मग्नढाल का आरम्भ होता है। मग्नढाल के आरम्भ से ही समुद्र की गहराई बढ़ जाती है। **शेपर्ड** के अनुसार औसत ढाल 4°17′ का है, किन्तु पहाड़ी तटों पर ये ढाल 3°30′ और चौड़े तटीय मैदानों के सहारे 2°2′ हैं। आयरलैण्ड के समुद्रतट पर ढाल का कोण 5° है, जबकि स्पेन के तट पर ढाल का कोण 36° है। मग्नढाल की गहराई 600 से 10,200 फुट तक मानी जाती है, परन्तु कहीं-कहीं इनकी गहराई 30,000 फुट तक भी पाई गई है। ऐसे ढाल पूर्ण रूप से पहाड़ी ढालों से मिलते-जुलते होते हैं। इनमें भी पहाड़ी के अनुरूप बड़े-बड़े खड्डु पाए जाते हैं। कुछ ढालों पर बीच-बीच में पठार तथा श्रेणियाँ हैं और कुछ ढालों पर भृगु भी देखी जाती हैं। प्राय: ढालों का बाहरी सिरा समतल होता है, परन्तु उनमें यत्र-तत्र कैनियन भी देखे जाते हैं। सब समुद्रों में महाद्वीपीय ढाल 8.5% क्षेत्रफल घेरे हुए हैं।

3. गहन सागरीय मैदान

महाद्वीपीय मग्नढाल के आगे गहन सागरीय मैदान स्थित होते हैं। यह महासागरीय तल का सर्वाधिक विस्तृत मण्डल है। इनका विस्तार कुल महासागरीय क्षेत्र के 75.9% भाग पर पाया जाता है। प्रशान्त महासागर में ये 80.3%, हिन्द महासागर में 80.1% तथा अटलांटिक महासागर में 54.9% क्षेत्र पर विस्तृत हैं। ये मैदान 3000 मीटर से 6000 मीटर की गहराई पर स्थित मिलते हैं। इनका ढाल अत्यन्त मन्द होता है, किन्तु कहीं-कहीं इनके ऊपर लम्बे व पतले तीक्ष्ण कटक स्थित होते हैं। बहुधा ये कटक सागरीय जल के ऊपर भी उभरे दिखते हैं। गहन सागरीय मैदानों पर सागरीय जीवों, पौधों, सिन्धु पंक तथा क्षारीय पदार्थों के निक्षेप पाए जाते हैं, किन्तु इन पर तलछट के जमाव नहीं मिलते। कहीं-कहीं ज्वालामुखी निक्षेप भी पाए जाते हैं।

4. महासागरीय गर्त

गहन सागरीय मैदानों में कहीं-कहीं गहरे गर्त पाए जाते हैं। ये महासागरों के सबसे गहरे भाग होते हैं। इनका विस्तार महासागरों के 7% क्षेत्र पर है। अधिकांश गर्त्त पर्वतीय मेखलाओं के सामने या ज्वालामुखी द्वीपों के सहारे स्थित हैं। आकार की दृष्टि से इन्हें दो भागों में विभाजित किया जा सकता है—(*i*) कम क्षेत्रफल वाले किन्तु अधिक गहरे खड्डु गर्त कहलाते हैं तथा (*ii*) अधिक लम्बे गर्त खाई कहलाते हैं। अब तक कुल 57 गर्त ज्ञात हैं जिनमें से 32 प्रशान्त महासागर में, 19 अटलांटिक महासागर में, एवं 6 हिन्द महासागर में स्थित हैं।

विश्व के महत्त्वपूर्ण गर्त

गर्त	महासागर	सर्वाधिक गहराई
1. मैरियाना गर्त	प्रशांत महासागर	11,034 मी.
2. तोंगा गर्त	प्रशांत महासागर	10,882 मी.
3. फिलीपाइन गर्त	प्रशांत महासागर	10,545 मी.
4. कुरील-कामचेटका गर्त	प्रशांत महासागर	10,542 मी.
5. कस्माडेक गर्त	प्रशांत महासागर	10,047 मी.
6. इजु-बोनिन गर्त	प्रशांत महासागर	9,810 मी.
7. प्यूरिटो-रिको गर्त	अटलांटिक महासागर	8,800 मी.
8. साउथ सेंडविच गर्त	अटलांटिक महासागर	8,428 मी.
9. पेरू-चिली गर्त (अटाकामा गर्त)	प्रशांत महासागर	8,065 मी.

महासागर संबंधी प्रमुख तथ्य

महासागर	क्षेत्रफल (वर्ग किमी०)	जल का भाग (वर्ग किमी०)
प्रशांत	166,240,000	46.0
अटलांटिक	86,560,000	23.9
हिन्द	73,430,000	20.3
आर्कटिक	13,230,000	3.7
अन्य	22,280,000	6.1

महासागरीय तल के अन्य स्थल रूप

महासागरीय खाइयाँ

प्रशान्त महासागर के पश्चिमी तट के सहारे द्वीपीय चापों की शृंखला उत्तर-पूर्व में अलास्का के एल्युशियन द्वीपों से आरम्भ होकर पश्चिम में क्यूराइल द्वीप समूह, जापान द्वीप समूह, रियूक्यू द्वीप समूह, ताइवान, फिलीपाइन द्वीप समूह, न्यूगिनी से आगे आस्ट्रेलिया के उत्तर-पूर्व तथा न्यूजीलैण्ड के उत्तर-पूर्व तक स्थित है। इसकी एक शाखा इण्डोनेशिया होते हुए बंगाल की खाड़ी तक विस्तृत है। इन द्वीप मालाओं के साथ सक्रिय ज्वालामुखी, भूकम्प केन्द्र एवं गहन सागरीय ट्रींचें सम्बद्ध हैं।

महासागरीय कटक

स्थल भागों में पाई जाने वाली पर्वतीय कटकों की भाँति महासागरों में भी उसकी तली पर कटकें पाई जाती हैं। महासागरों में पाई जाने वाली कई कटकें हिमालय, रॉकीज तथा एण्डीज पर्वत श्रेणियों से भी अधिक लम्बाई वाली हैं। इनकी ऊँचाई भी आधार से 10 से 12 हजार फीट तक पाई जाती है। अटलाण्टिक महासागर में विद्यमान मध्य अटलाण्टिक कटक सबसे बड़ी कटक है। उत्तरी अटलाण्टिक में इस जलमग्न कटक को **डॉलफिन कटक** और दक्षिणी अटलाण्टिक में **चेलेन्जर कटक** कहते हैं। प्रशान्त महासागर में ऐसी मध्यवर्ती कटकें नहीं पाई जातीं। पूर्वी भाग में ये छोटे पठारों के रूप में मिलती हैं। हिन्द महासागर में भी उत्तर से दक्षिण के मध्य भारतीय कटक फैली हुई है।

गीओ

गीओ एक प्रकार के समुद्री पर्वत हैं, जिनका शीर्ष चोटीनुमा न होकर चपटा होता है। वस्तुतः इनका निर्माण अन्तःसागरीय ज्वालामुखी उद्गार से होता है। अतः प्रारम्भ में इनका शिखर नुकीला होता है। धीरे-धीरे लहरों की अपरदन क्रिया से इनके शिखर घिसकर चौरस हो जाते हैं और इनकी आकृति पठार के समान हो जाती है। जब ये पर्वत शिखर जलमग्न हो जाते हैं तो उन्हें **गीओ** कहा जाता है।

तट, भित्तियाँ, शोल एवं अंतःसागरीय कैनियन

महासागरीय नितल के उच्च क्षेत्रों के ऊपरी भागों पर स्थित तट, शोल और भित्ति वे जलमग्न ठोस आकृतियाँ हैं, जो क्रमशः अपरदन, निक्षेपण तथा जैविक प्रक्रियाओं से निर्मित होती हैं।

तट : महाद्वीपों के किनारे स्थित समतल शीर्ष वाले उत्थान तट कहलाते हैं। ये नौसंचालन के लिए पर्याप्त होते हैं।

भित्ति : जीवित अथवा मृत जीवों के निक्षेप से भित्ति का निर्माण होता है, जो समुद्री नितल पर टीलों अथवा कटकों के समान दिखती है। भित्ति कई प्रकार की होती है—तटीय भित्ति, प्रवाल रोधिका भित्ति तथा प्रवाल वलय भित्ति। सबसे बड़ी प्रवाल भित्ति ऑस्ट्रेलिया के क्विंसलैंड के समीप पाई जाती है।

शोल : शोल जलमग्न उत्थान के विलग भाग होते हैं जहाँ जल की गहराई छिछली होती है।

अंतःसागरीय कैनियन : नदी की संकीर्ण एवं अत्यधिक गहरी घाटी को गंभीर खड्ड या कैनियन कहा जाता है। इनकी आकृति V सदृश होती है। ये कैनियन न केवल महाद्वीपों, अपितु महासागरों में भी पाए जाते हैं। ये कैनियन मग्नतटों पर नदियों के मुहानों के समीप अधिक पाए जाते हैं, किंतु समुद्र के मग्नढालों पर भी ये कई जगह देखे गए हैं। कांगों, सिंध, हडसन, डेलावेयर, कोलम्बिया आदि नदियों के मुहानों के समीप इन खड्डों की उपस्थिति का पता चला है। हडसन कैनियन, जो हडसन नदी के मुहाने से प्रारंभ होकर अटलांटिक महासागर तक विस्तृत है, विश्व की सर्वाधिक प्रसिद्ध जलमग्न कैनियन है। इनकी गहराई 1829 से 2443 मीटर तक होती है। **अंतः**सागरीय कैनियन विश्व के सभी भागों में पाए जाते हैं, यथा :

- अटलांटिक महासागर के पश्चिमी तट पर कनाडा से हैटरस अंतरीप तक कई कैनियन स्थित हैं, जिनमें **हडसन, चेसापीक, मिसीसिपी कैनियन** प्रमुख हैं।
- अटलांटिक के पूर्वी तट पर बिस्के की खाड़ी में **केप ब्रिटेन कैनियन,** पुर्तगाल के निकट **नजारे कैनियन** तथा अफ्रीका के गोल्ड कोस्ट के समीप **कांगो कैनियन** आदि प्रमुख हैं।
- प्रशांत महासागर के पश्चिमी तट पर भी अनेक कैनियन स्थित हैं। यहाँ अधिकांश कैलिफोर्निया की खाड़ी में पाई जाती हैं। यहाँ स्थित **मोण्टेरी कैनियन** उल्लेखनीय है।
- हिंद महासागर में अंतःसागरीय कैनियन अपेक्षाकृत कम पाए जाते हैं।
- अफ्रीका के पूर्वी तट पर एवं श्रीलंका के उत्तर-पूर्व में कुछ महत्त्वपूर्ण कैनियन स्थित हैं।

पर्वत

प्रो. फिंच के अनुसार, जो भू-भाग अपने आसपास के क्षेत्र से 2000 फुट से अधिक ऊँचा हो पर्वत कहलाता है। सेलिसबरी ने पर्वतों की व्याख्या करते हुए कहा है कि पर्वत स्थल के वह भाग हैं जो अपनी पर्याप्त ऊँचाई के कारण अपने समीपवर्ती क्षेत्र की अपेक्षा बहुत स्पष्ट होते हैं, किन्तु उनके शीर्ष का विस्तार बहुत कम होता है।

पर्वतों के अनेक स्वरूप होते हैं, जो निम्नलिखित हैं :

1. पर्वत कटक—ये लम्बी व संकरी पहाड़ियों के क्रम होते हैं। सामान्यतः इनका एक ओर का ढाल सामान्य तथा दूसरी ओर का ढाल अत्यन्त तीव्र होता है, वैसे दोनों ही ढाल सामान्य या तीव्र भी हो सकते हैं। अप्लेशियन पर्वत की ब्लूरिज कटक इसका उत्तम उदाहरण है।

2. पर्वत श्रेणी—अनेक कटकों, शिखरों व घाटियों से युक्त पहाड़ियों का लम्बा क्रम पर्वत श्रेणी कहलाता है। विभिन्न श्रेणियों की

निर्माण प्रक्रिया समान होने पर भी उनकी आकृति तथा संरचना में बहुत अन्तर पाए जाते हैं। हिमालय की विभिन्न श्रेणियाँ इसका उदाहरण हैं।

3. पर्वत शृंखला या माला—विभिन्न युगों में भिन्न प्रकार से निर्मित लम्बे व संकरे पर्वत, जिनके मध्य पठार भी स्थित होते हैं, पर्वतमाला या शृंखला कहलाते हैं। एल्युशियन पर्वतमाला इसका उदाहरण है।

4. पर्वत तन्त्र—ये एक ही युग में निर्मित लम्बाकार, समानान्तर पर्वत श्रेणियों के समूह होते हैं। श्रेणियों के मध्य घाटियाँ पाई जाती हैं। अप्लेशियन पर्वत समूह इसका उदाहरण है।

5. पर्वत समूह—पर्वत प्रदेश या पर्वत समूह में विभिन्न युगों में विभिन्न प्रकार के निर्मित पर्वत श्रेणियाँ, पर्वत तन्त्र तथा पर्वत शृंखलाएँ पाई जाती हैं। इनका कोई निश्चित क्रम या रूप नहीं होता। कहीं ये समानान्तर श्रेणियों के रूप में होते हैं जैसे पैसेफिक कॉर्डिलरा, तो कहीं ये केन्द्रीय गाँठ से चारों ओर फैली पर्वत श्रेणियों के रूप में होते हैं। इनके मध्य घाटियाँ व पठार भी स्थित होते हैं।

6. पर्वत शिखर—किसी पहाड़ का सबसे ऊँचा प्राय: पिरामिड जैसा नुकीला, अथवा गुम्बदाकार भाग पर्वत शिखर कहलाता है। आल्पस की माउण्ट ब्लैक; हिमालय की ऐवरेस्ट, K2, कंचनजंगा; एण्डीज की एकाँकागुआ, रॉकीज की माउन्ट मैकिन्ले आदि विश्व प्रसिद्ध शिखरें हैं।

पर्वतों की उत्पत्ति

जिस प्रकार पृथ्वी की उत्पत्ति का विषय बड़ा विवादास्पद रहा है, उसी प्रकार पर्वतों की उत्पत्ति का प्रश्न भी है। पर्वतों की उत्पत्ति बहुत कुछ महाद्वीप और महासागरों की उत्पत्ति से जुड़ी हुई है। यद्यपि पर्वतों की रचना में सम्पीडन शक्ति का ही प्रमुख हाथ रहा है, किन्तु यह सम्पीडन शक्ति कहाँ से और कैसे उत्पन्न होती है, इस बारे में विद्वानों में बड़ा मतभेद है। इसके अतिरिक्त पर्वत की निर्माण-क्रिया के सम्बन्ध में भी विद्वानों के भिन्न-भिन्न विचार हैं। अत: पर्वत निर्माण के सम्बन्ध में कई विद्वानों ने अपने सिद्धान्त प्रस्तुत किए हैं, जिनमें से प्रमुख निम्नलिखित हैं :

जेफ्रीज का तापीय संकुचन सिद्धान्त : प्रारम्भ में पृथ्वी जलता हुआ आग का गोला थी। धीरे-धीरे ठंडी होकर यह पहले द्रव अवस्था और अन्त में ठोस अवस्था को प्राप्त हुई। शीतल होने की इस क्रिया से पृथ्वी का ऊपरी धरातल तो ठोस बन गया, परन्तु उसका भीतरी भाग आज भी तप्त है। अत: अभी भी पृथ्वी का भीतरी भाग उष्मा विकिरण द्वारा ठण्डा हो रहा है। शीतल होने से प्रत्येक पदार्थ सिकुड़ता है और अपने आयतन में घट जाता है। पृथ्वी के भीतर इस प्रकार ताप की कमी के साथ संकुचन हुआ जिससे पदार्थ सिकुड गया। भीतरी पदार्थ के सिकुड़ने पर वह ऊपर की ठोस पपड़ी से अलग हो गया। फलस्वरूप गुरुत्वाकर्षण बल के कारण ऊपर की पपड़ी लचक गई जिससे उस पर दबाव पड़ा। इस दबाव के कारण ही पृथ्वी का धरातल ऊँचा-नीचा हो गया और उस पर पर्वत बन गए।

जौली का तापीय चक्र सिद्धान्त : जौली की मान्यता है कि महाद्वीपीय भाग जो सियाल के बने हुए हैं, सीमा पर तैर रहे हैं। महाद्वीपों के नीचे सीमा वाले स्तर को अध:स्तर कहा जाता है। अध:स्तर में उपस्थित रेडियोधर्मी पदार्थों द्वारा एक लम्बी अवधि में इतना ताप बढ़ जाता है कि उसका ऊपरी भाग पिघल जाता है। सीमा के पिघलने से उसका घनत्व कम हो जाता है जिससे उस पर आधारित महाद्वीप नीचे धँस जाते हैं। उसके मतानुसार कालान्तर में एक समय ऐसा आया कि अध:स्तर की गर्मी महासागरों से होकर बाहर निकलने लगी। इससे अध:स्तर सिकुड़ने लगा और आयतन में छोटा हो गया, किन्तु इसके ऊपर का धरातल ठोस होने के साथ-साथ सिकुड़ने में असमर्थ रहा। अत: ऊपरी धरातल अध:स्तर की अपेक्षा बड़ा रह जाता है। ऐसी दशा में ऊपरी धरातल बिना सहारे के रह जाता है। फलस्वरूप गुरुत्वाकर्षण शक्ति के द्वारा वह नीचे धँसने लगता है। नीचे धँसने से उसमें सम्पीड़न होता है। इस सम्पीडन के कारण महासागरों का तल महाद्वीपों से टकराता है जिससे महाद्वीपों के किनारे पर्वतों की रचना हो जाती है।

डेली का महाद्वीपों के विसर्पण का सिद्धान्त : पर्वत निर्माण के सम्बन्ध में डेली की धारणा यह है कि जब भू-अभिनति में अवसाद की मात्रा बहुत अधिक हो जाती है तो वह भार के कारण नीचे दबती है। इस प्रकार के दबाव में उसकी गहराई बढ़ती जाती है और उसकी ओर स्थलखण्डों का अध:सर्पण होने लगता है। इस अध:सर्पण के कारण उसका नितल फट जाता है जिससे स्थलखण्डों के अनेक टुकड़े बेसाल्ट में नीचे धँस जाते हैं। धरातल के इस अध:स्तर में ताप की अधिकता रहती है। ताप की अधिकता से यहाँ स्थल के टुकड़े तथा भू-अभिनतियों के अवसाद गरम होकर फैलने लगते हैं। फैलने की उनकी इस क्रिया से धरातल से लगी हुई अवसादी चट्टानों में उदग्र गति होने लगती है जिससे पर्वतों की रचना होती है।

होम्स का संवाहन तरंग सिद्धान्त : होम्स की मान्यता है कि पृथ्वी के शीतल होने की प्रारम्भिक अवस्था में उसके अध:स्तर में संवाहन की धाराएँ उत्पन्न हुई होंगी। भू-गर्भ में उत्पन्न संवाहन धाराएँ जब-जब धरातल के समीप पहुँचती हैं तो वे क्षितिजोत्तर दिशा में प्रवाहित होने लगती हैं। इससे धरातल के ऊपर उनका बड़ा भारी प्रवाह होता है। ऊपर उठकर जहाँ कहीं धाराएँ चारों ओर अपसरित होती हैं वहाँ धरातल पर खिंचाव अथवा तनाव उत्पन्न होता है और जहाँ ये धाराएँ अभिसरित होती हैं वहाँ धरातल पर सम्पीडन पैदा होता है। अत: इस सिद्धान्त के अनुसार धरातल पर पर्वतों की रचना उन्हीं स्थानों पर होती है जहाँ संवाहन धाराएँ भिन्न दिशाओं से आकर अभिसरित होती हैं।

कोबर का भू-अभिनतीय सिद्धान्त : कोबर मूलतः संकुचन मत को मानने वाला था। उसने पृथ्वी के भू-पटल का अध्ययन कर यह धारणा निश्चित की कि पृथ्वी के अति कठोर प्राचीन भू-भाग—रूस, चीन, साइबेरिया, भारत, आस्ट्रेलिया, ब्राजील, कनाडा, अफ्रीका एवं अण्टार्कटिका में—तथा गतिशील निर्बल क्षेत्र—भू-अभिनतियाँ—सदा एक-दूसरे के निकट स्थित रहे हैं। कठोर भू-भागों और निर्बल क्षेत्रों की यह स्थिति पर्वत-निर्माण की दृष्टि से बड़ी महत्त्वपूर्ण है, क्योंकि संकुचन के कारण निर्बल क्षेत्र ही पर्वतों के रूप में ऊपर उठे। इस प्रकार संकुचन कोबर के पर्वत-निर्माण का मुख्य तथ्य है।

प्लेट विवर्तनिकी सिद्धान्त : भू-वैज्ञानिकों के अनुसार पृथ्वी का ऊपरी ठोस भाग अर्थात् कठोर एवं दृढ़ भू-प्लेटों का एक संगठन है। भू-पटल में 6 बड़ी और 14 छोटी प्लेटें हैं। इन प्लेटों की औसत मोटाई 100 किमी. है। ये सब प्लेटें गतिशील हैं। सभी प्लेटें अपने घूर्णन ध्रुव के चतुर्दिक एक वृत्ताकार मार्ग में भ्रमण करती हैं। भूगर्भ में होने वाली सभी क्रियाएँ इन प्लेटों के किनारों पर होती हैं। पर्वत निर्माण की क्रियाएँ भी इन प्लेटों के किनारों पर ही होती हैं। संसार में जहाँ कहीं दो प्लेटें परस्पर टकराती हैं वहाँ भारी पदार्थ से निर्मित किनारा मुड़कर नीचे चला जाता है और दूसरी प्लेट के किनारे पर सम्पीडन के प्रभाव से उसका पदार्थ भिंच जाने से पर्वत का रूप ले लेता है। टरशियरी युग में वलित पर्वतों की रचना इसी प्रकार हुई थी। हिमालय पर्वत की रचना भारतीय प्लेट तथा यूरेशिया प्लेट के टकराने से हुई। इसी तरह रॉकीज तथा एण्डीज पर्वतों की रचना प्रशान्त महासागरीय प्लेट और अमेरिकन प्लेट के परस्पर टकराने तथा आल्पस पर्वत की रचना यूरोपीय प्लेट एवं अफ्रीकी प्लेट के टकराने से हुई।

उत्पत्ति के आधार पर

उत्पत्ति या निर्माण प्रक्रिया के अनुसार पर्वतों को दो भागों में विभाजित किया जाता है :

1. मौलिक अथवा विवर्तनिक पर्वत—मौलिक अथवा विवर्त्तनिक पर्वतों को चार भागों में बाँटा जाता है :

(i) वलित पर्वत—शैल परतों में अन्तर्जात शक्तियों द्वारा वलन (Folds) पड़ने पर ये पर्वत उत्पन्न होते हैं। ये विश्व के सर्वोच्च तथा सर्वाधिक विस्तृत पर्वत हैं। आयु के आधार पर इन्हें दो वर्गों में रखा जाता है—

(अ) प्राचीन वलित पर्वत—इनका निर्माण अल्पाइन या टर्शियरी युगीन पर्वतों के पूर्व हुआ। कैम्ब्रियन पूर्व, कैलिडोनियन तथा हर्सिनियन पर्वत इसी वर्ग में आते हैं, किन्तु अब ये मौलिक रूप में नहीं रह गए हैं। अनाच्छादन की क्रियाओं से ये अत्यधिक अपरदित व घर्षित होकर समप्राय मैदान जैसे बन गए हैं। अप्लेशियन, स्केन्डिनेवियन, स्कॉटलैण्ड, यूराल, अरावली, विन्ध्याचल आदि ऐसे ही पर्वत हैं, जो अब अवशिष्ट रूप से पाए जाते हैं।

(ब) नवीन वलित पर्वत—टर्शियरी युगीन अल्पाइन पर्वत इस वर्ग में आते हैं। रॉकीज, एण्डीज, आल्पस, हिमालय आदि इनके प्रमुख उदाहरण हैं। इन पर्वतों में कई पर्वत वर्ग, पर्वत तन्त्र, श्रेणियाँ, कटक, शृंखलाएँ एवं शिखरें पाई जाती हैं। इन पर्वतों में शैलों का अत्यन्त जटिल वलन तथा कायान्तरण हुआ है। अधिक ऊँचाई के कारण ये सदैव हिमाच्छादित रहते हैं, इनमें हिमानीकृत स्थलाकृतियाँ विकसित हुई हैं।

(ii) अवरोधी या ब्लॉक पर्वत—इन पर्वतों की रचना तनाव एवं खिंचाव की शक्तियों से हुई है। इस क्रिया से दरारें व भ्रंश पड़ते हैं, स्थलखण्डों का स्थानान्तरण भी होता है। फलतः धरातल का कुछ भाग धँस जाता है व कुछ ऊपर उठ जाता है। आसपास के धँसे हुए भागों के मध्य ऊँचे उठे पर्वत **भ्रंशोत्थ** कहलाते हैं। इसका ऊपरी भाग सपाट तथा पार्श्व तीव्र या खड़े ढालयुक्त होते हैं। भ्रंशोत्थ के विपरीत, दो उठे हुए भागों के मध्य धँसा हुआ भाग **भू-भ्रंश घाटी** कहलाता है।

(iii) गुम्बदाकार पर्वत—भूपटल में चापाकार उभार गुम्बद कहलाता है। उभार की ऊँचाई कम होने पर वह पठार के रूप में होता है, अधिक ऊँचा होने पर पर्वत कहलाता है। इन पर्वतों के आकार में बहुत अन्तर होता है, ये कुछ सौ मीटर से लेकर कई किमी. तक विस्तृत होते हैं। संयुक्त राज्य में सिनसिनाती उभार एक लघु तथा निम्न गुम्बद है, इसके विपरीत ब्लैकहिल्स तथा बिगहार्न्स विस्तृत गुम्बद है। विकास की अवस्था के आधार पर गुम्बदाकार पर्वत तीन प्रकार के होते हैं—(अ) युवा, (ब) परिपक्व तथा (स) जीर्ण (घर्षित)। निर्माण प्रक्रिया व शैल संरचना के अनुसार भी गुम्बदाकार पर्वत तीन प्रकार के होते हैं—(अ) साधारण गुम्बद, (ब) ज्वालामुखी या लावा गुम्बद तथा (स) सॉल्ट गुम्बद।

(iv) संग्रहीत पर्वत—ये पर्वत धरातल पर मलवा, लावा, इत्यादि पदार्थों के संग्रह से उत्पन्न होते हैं। आरम्भ में इनका आकार टीलों की भाँति होता है। ज्वालामुखी क्रिया से निस्सृत पदार्थों से निर्मित शंकु द्वारा ज्वालामुखी पर्वतों की रचना होती है। संयुक्त राज्य के शास्ता, रेनियर, जापान का फ्यूजीयामा, फिलिपाइन्स का मेयान, इक्वेडोर में कोटोपेक्सी, चिली में एकांकागुआ, मैक्सिको में पोपोकैटीपेटल, केलिफोर्निया में लासनपीक, इटली में विसूवियस आदि ऐसे ही पर्वत हैं।

2. अवशिष्ट अथवा घर्षित पर्वत—पूर्व निर्मित किसी भी प्रकार के पर्वतों के अपरदन से उत्पन्न पर्वत घर्षित या अवशिष्ट पर्वत कहलाते हैं। सर्वोच्च वलित पर्वत भी कालान्तर में अनाच्छादन की शक्तियों द्वारा घिसकर अवशिष्ट पर्वत का रूप धारण करते हैं। भारत

में विन्ध्याचल, अरावली, सतपुड़ा, सह्याद्रि, पारसनाथ आदि तथा उत्तरी अमेरिका में ओजॉर्क पर्वत इसी प्रकार के हैं।

भू-अभिनतियाँ

भू-अभिनतियाँ लम्बे, संकरे तथा उथले जलीय गर्त हैं, जिसमें अवसादीकरण तथा अवतलन होता रहता है। विवर्तनिक क्रियाओं के कारण भू-अभिनतियों की स्थिति, आकार एवं विस्तार में परिवर्तन, इनकी गतिशीलता, भू-वैज्ञानिक इतिहास के कई युगों से गुजरना, दो दृढ़ भू-खण्डों के मध्य स्थित होना इत्यादि भू-अभिनति की विशेषताएँ हैं।

इसकी संकल्पना अमेरिकी वैज्ञानिक **हॉल** (1859) ने अप्लेशियन पर्वतों के अध्ययन पर प्रस्तुत की। **डाना** (1873) ने इस सिद्धान्त का नामकरण तथा **हॉग** ने प्रतिपादन किया।

पठार

पठार, ऊँचाई की दृष्टि से पर्वतों के बाद तथा क्षेत्रीय विस्तार के अनुसार मैदान के बाद अपना स्थान रखते हैं। समतल भूपटल के 41 प्रतिशत भाग पर मैदानों, 33 प्रतिशत पर पठारों तथा 14 प्रतिशत पर पर्वतों का विस्तार है। प्राय: सागर तल से 300 से 1000 मीटर ऊँचे स्थल को पठार माना जाता है। ऊँचाई के आधार पर फिन्च तथा ट्रिवार्था आसपास के धरातल से 500 फीट (154 मीटर) ऊँचे उठे भाग को 'पठार' मानते हैं। किन्तु, ऊँचाई के आधार पर पठारों को परिभाषित करने का आधार बहुत भ्रामक है, क्योंकि तिब्बत का पठार समुद्र तल से 5000 मीटर तथा बोलीविया का पठार समुद्र तल से 4000 मीटर ऊँचा है। इसी तरह कुछ पठार कुछ सौ मीटर तक ही ऊँचे होते हैं। अत: सामान्य रूप से यह कहा जा सकता है कि भूपटल के वे स्थलखण्ड 'पठार' होते हैं, जिनका कम-से-कम एक ओर ढाल समीपी सतह या सागर तट से अधिक ऊँचा और खड़े ढाल वाला हो तथा उसका ऊपरी भाग मेज के आकार में सपाट हो। इस तरह पठार की ऊँचाई कुछ भी हो सकती है।

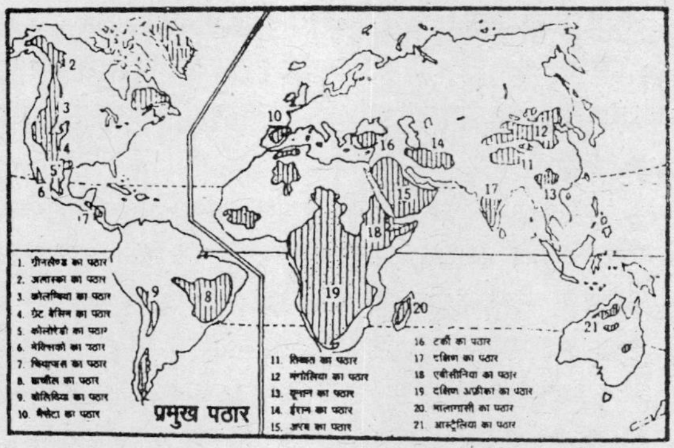

विश्व के प्रमुख पठार

3 पृथ्वी की आन्तरिक संरचना

पृथ्वी की आंतरिक संरचना के ज्ञान स्रोत

पृथ्वी की आन्तरिक संरचना से तात्पर्य उसकी आन्तरिक बनावट से है। पृथ्वी की संरचना विभिन्न परतों से हुई है, जो प्याज के छिलके की तरह एक दूसरे के ऊपर स्थित हैं। परतें विभिन्न रासायनिक पदार्थों से बनी हुई हैं और इन परतों का विकास पृथ्वी की उत्पत्ति के समय हुआ। प्रारम्भ में पृथ्वी गैसीय तथा तरल अवस्था में थी, जो बाद में ठण्डी होकर बनी। इस शीतलन एवं ठोसीयकरण की प्रक्रिया के समय अधिक घनत्व के कण सबसे नीचे बैठ गए। इस प्रकार तीन प्रमुख परतों का निर्माण हुआ, जो अपने घनत्व के अनुसार एक दूसरे पर स्थित हैं।

वैसे तो पृथ्वी के भीतरी भाग का विस्तृत अध्ययन भूगोल की विषयवस्तु से अलग है, इसका अध्ययन भूगर्भ शास्त्र में किया जाता है। लेकिन इसकी कुछ जानकारी भूगोल में आवश्यक है, क्योंकि इसके द्वारा धरातल पर होने वाले परिवर्तनों को ठीक से समझने में मदद मिलती है। बड़े पर्वतों के उत्थान, भूपर्पटी का फैलना और सिकुड़ना तथा इसके आंशिक अवतलन (नीचे की ओर धंसाव) का सीधा सम्बन्ध पृथ्वी की आन्तरिक शक्तियों से होता है जो पृथ्वी के अन्दर कार्य करती हैं। धरातल की आन्तरिक बनावट के बारे में ज्ञान प्राप्त करना मुश्किल काम है, क्योंकि पृथ्वी के नीचे की चट्टानों को आसानी से नहीं देखा जा सकता है। दूसरे शब्दों में पृथ्वी के नीचे बहुत गहराई तक देखने की कल्पना नहीं की जा सकती है, क्योंकि अभी तक खनिज तेल की खोज के लिए मनुष्य ने लगभग 6 किमी. गहरे छेद बनाए हैं, और ये गहराइयाँ पृथ्वी के केन्द्र की तुलना में कुछ भी नहीं हैं। इसके बावजूद बिना छेद बनाए ही कई ऐसे स्रोत हैं जिनसे पृथ्वी के भीतरी भाग के बारे में खास जानकारी मिलती है। पृथ्वी के आन्तरिक भाग की जानकारी केवल परोक्ष वैज्ञानिक प्रमाणों पर ही आधारित है। इन स्रोतों को तीन वर्गों में विभाजित किया जाता है :

I. अप्राकृतिक स्रोत

(क) घनत्व— भू-वैज्ञानिकों के अनुसार पृथ्वी का ऊपरी भाग परतदार शैलों का बना है, जिसकी औसत मोटाई 8.45 किमी. तक पाई जाती है। इस परतदार सतह के नीचे पृथ्वी के चारों ओर रवेदार अथवा स्फटिकीय शैल की एक दूसरी परत है। इसका और इसकी निचली परत का घनत्व 2.75 से 2.90 तक होता है। इन सारी परतों को भूपर्पटी के नाम से जाना जाता है। इसके नीचे मैंटल पाया जाता है, जो सिलिकेट और मैग्नेशियम शैलों से बना है। इसका घनत्व 3.10 से 5.00 तक है और इस परत के बाद धात्विक क्रोड़ या अन्तरतम (Core) मिलता है, जिसका घनत्व 5.10 से 13.00 तक पाया जाता है। सम्पूर्ण पृथ्वी का औसत घनत्व 5.5 है। 1950 के बाद स्पुतनिक के आधार पर पृथ्वी के औसत घनत्व के परिकलन का सिलसिला शुरू हो गया है।

(ख) दबाव—शुरू में यह कल्पना की गई थी कि ऊपर से नीचे की ओर जाने पर चट्टानों का भार तथा दबाव बढ़ता जाता है, इसलिए पृथ्वी के अन्तरतम का अधिक घनत्व बढ़ते हुए दबाव के कारण है, क्योंकि बढ़ते हुए दबाव के साथ चट्टान का घनत्व भी बढ़ जाता है। इसलिए पृथ्वी के अन्तरतम का अत्यधिक घनत्व वहाँ पर स्थित अत्यधिक दबाव के कारण है। लेकिन आधुनिक प्रयोगों द्वारा यह साबित कर दिया गया है कि प्रत्येक शैल में एक ऐसी सीमा होती है जिसके आगे उसका घनत्व अधिक नहीं हो सकता, चाहे उसका दबाव कितना भी अधिक क्यों न कर दिया जाए। इस बात से हमें यह संकेत मिलता है कि अन्तरतम का घनत्व उन धातुओं की वजह से है जिन पदार्थों से इसका निर्माण हुआ है। ये धातुएँ हैं—निकेल और लोहे का मिश्रण, जो इसको चुम्बकीय शक्ति भी प्रदान करती हैं।

(ग) तापमान—सामान्यत: खानों और दूसरे स्रोतों से उपलब्ध विवरणों के आधार पर पृथ्वी की ऊपरी सतह से नीचे की ओर गहराई में जाने पर औसत रूप में तापमान प्रत्येक 32 मीटर की गहराई पर 1 डिग्री सेल्सियस बढ़ जाता है। लेकिन आठ किमी. से अधिक गहराई पर जाने पर तापमान की वास्तविक वृद्धि दर का पता लगाना मुश्किल है। परीक्षणों के आधार पर महाद्वीपीय क्रस्ट में तापमान की वृद्धि दर का परिकलन भूताप ग्राफ के आधार पर किया गया है। आठ किमी. के बाद गहराई पर तापमान एक-सा नहीं रहता। धरातल से केन्द्र तक तापमान विभिन्न दरों से बढ़ता है। तापमान की यह वृद्धि लगभग इस प्रकार है, धरातल से लगभग 100 किमी. की गहराई तक 12 डिग्री सेल्सियस प्रति किमी., उसके नीचे 300 किमी. तक 2 डिग्री सेल्सियस प्रति किमी. और उसके नीचे 1 डिग्री सेल्सियस प्रति किमी.। इस गणना के अनुसार धात्विक क्रोड़ का तापमान 2,000 डिग्री सेल्सियस है। इसके अलावा तापमान में और भिन्नता पाई जाती है। विवर्तनिक रूप से सक्रिय क्षेत्र में 40 किमी. की गहराई पर 1060 डिग्री सेल्सियस तापमान गंभीर क्रस्ट और मैंटल की शैलों खासकर बैसाल्ट तथा पेरिडोटाइट के प्रारम्भिक गलनांक (initial melting) के करीब है। इस प्रकार क्रस्ट के गर्म क्षेत्र में विवर्तनिक घटना और ज्वालामुखी क्रिया और गलनांक के करीब तापमान में गहरा सम्बन्ध स्थापित होता है। विवर्तनिक रूप से स्थिर प्रदेशों में 40 किमी. की गहराई पर तापमान 500 डिग्री सेल्सियस तक ही रहता है जो दीर्घकालीन भूगार्भिक स्थिरता से सम्बन्धित है।

पृथ्वी के अन्दर की गर्मी और उसके तापमान में वृद्धि के मुख्य कारण हैं आन्तरिक शक्तियाँ, जैसे–रासायनिक प्रतिक्रियाएँ, रेडियोधर्मी पदार्थों का स्वत: विखण्डन इत्यादि।

II. पृथ्वी की उत्पत्ति से सम्बन्धित सिद्धान्तों के साक्ष्य

अलग–अलग विद्वानों ने पृथ्वी की उत्पत्ति की समस्या के हल ढूँढते हुए उसका मूल रूप ठोस, वायव्य और तरल भाग माना है। चैम्बरलिन की ग्रहाणु परिकल्पना के अनुसार पृथ्वी ठोस ग्रहाणुओं के एकत्रित होने से बनी है जिसका अन्तरतम ठोस अवस्था में है। ज्वारीय परिकल्पना जो जेम्स जीन्स ने प्रतिपादित की थी और जेफरीज ने संशोधित की थी, के अनुसार पृथ्वी का निर्माण सूर्य से निस्तृत ज्वारीय पदार्थ से हुआ है और पृथ्वी का अन्तरतम तरल अवस्था में है। लाप्लास, जो वायव्य नीहारिका परिकल्पना के प्रतिपादक हैं, के अनुसार पृथ्वी का अन्तरतम तरल है। नीहारिका परिकल्पना के अनुसार पृथ्वी की उत्पत्ति गैस से बनी नीहारिका से मानी जाती है जो इस बात का प्रमाण है कि पृथ्वी के अन्तरतम को वायव्य अवस्था में होना चाहिए। जबकि इसके प्रतिपादक इसे तरल मानते हैं। जेफ्रीज और रिटर ने भी पृथ्वी के अन्तरतम को गैस का बना हुआ माना है। अत: दो ही मत पृथ्वी के अन्तरतम के बारे में सत्य के करीब हैं, जो ठोस अवस्था में या फिर द्रव अवस्था में माने जाते हैं।

III. प्राकृतिक स्रोत

(क) ज्वालामुखी क्रिया—जब कभी भी ज्वालामुखी के उद्गार की प्रक्रिया शुरू होती है, तो उस समय पृथ्वी के अन्दर से गर्म और तरल लावे का धरती पर आगमन शुरू हो जाता है जो पृथ्वी पर विशाल मैग्मा भण्डार के रूप में स्थित हो जाता है। यह इस बात का प्रमाण है कि पृथ्वी की गहराई में कम-से-कम एक ऐसी परत अवश्य है, जो सदैव तरल अवस्था में रहती है। लेकिन यह बात उल्लेखनीय है कि पृथ्वी के ऊपरी भाग से पड़ने वाला भारी दबाव आन्तरिक भाग की चट्टानों को द्रव अवस्था में आने नहीं देता। इस कारण आन्तरिक भाग ठोस होता है न कि तरल। कभी-कभी यह सम्भव हो सकता है कि पृथ्वी के ऊपरी भाग पर दरार आदि पड़ने से चट्टान का दबाव कम हो जाता है, जिससे चट्टान का गलनांक बन्दु गिर जाता है, जिस कारण चट्टान वहाँ पर स्थित अधिक ताप के कारण पिघल कर ज्वालामुखी के रूप में प्रकट हो जाती है। इस तरह ज्वालामुखी प्रक्रिया से भी पृथ्वी के अन्त:काल की बनावट के विषय में कोई निश्चित जानकारी नहीं मिलती है।

(ख) भूकम्पी तरंगों के साक्ष्य—भूगर्भ की जानकारी का सही ज्ञान हमें भूकम्पी तरंगों से होता है। भूकम्पीय लहरों का सीस्मोग्राफ यन्त्र द्वारा अंकन करके अध्ययन किया जाता है। जिस जमीन के माध्यम से तरंगें गुजरती हैं वह यदि ठोस अवस्था में है तो तरंगों का आचरण दूसरे प्रकार का होता है। तरंगों की गति दोनों स्थितियों में भिन्न होती है। पृथ्वी के जिस स्थान से भूकम्प का जन्म होता है उसे भूकम्प मूल एवं धरती पर जहाँ सबसे पहले भूकम्प का अनुभव किया जाता है उसे अधिकेन्द्र कहते हैं। यह स्थान भूकम्प मूल के बिल्कुल ऊपर लम्बवत् धरातल पर स्थित होता है। ये तरंगें तीन प्रकार की होती हैं—

(i) 'पी' तरंगें या प्राथमिक या अनुदैर्ध्य तरंगें—इसकी गति गहराई के साथ-साथ बढ़ती जाती है। ये बहुत ही तेज गति से और सीधी रेखा में चलती हैं, लेकिन गति बढ़ने का यह क्रम सिर्फ 2900 किमी. की गहराई तक ही सीमित रहता है। इसके पश्चात् गति कम हो जाती है।

(ii) 'एस' तरंगें या द्वितीय या अनुप्रस्थ तरंगें—इसकी भी गति पृथ्वी की गहराई के साथ बढ़ती है और इसमें कणों की गति लहर की दिशा को समकोण पर काटती है। इस तरंग की खास विशेषता है कि यह 2900 किमी. की गहराई के बाद काम करना बन्द कर देती है और पृथ्वी के आन्तरिक भाग के द्रव पदार्थ में लुप्त हो जाती है।

(iii) 'एल' तरंगें या धरातलीय या लम्बी तरंगें—यह तरंगें धरातल पर चलती हैं और पृथ्वी के ऊपरी भाग को प्रभावित करती हैं। ये तरंगें अन्य तरंगों की अपेक्षा सबसे लम्बा मार्ग तय करती हैं। यद्यपि इनकी गति सबसे कम होती है तथापि ये सबसे अधिक भयंकर

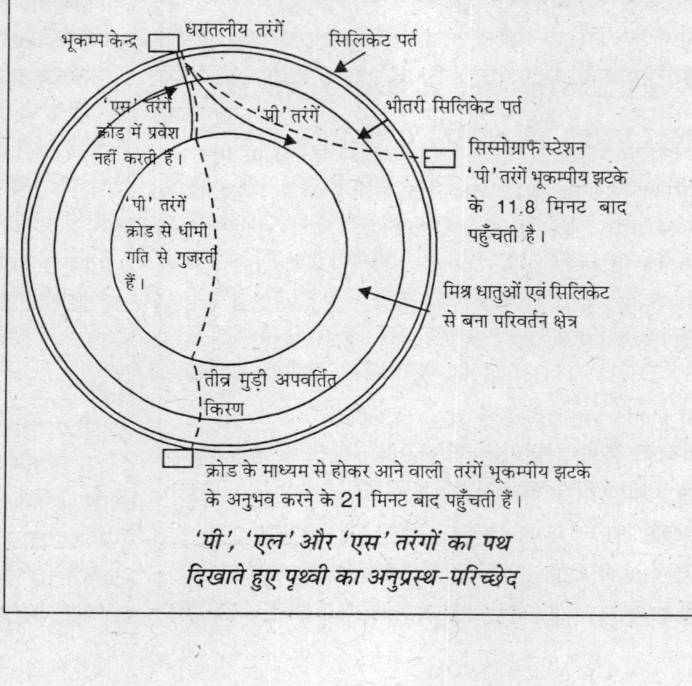

'पी', 'एल' और 'एस' तरंगों का पथ दिखाते हुए पृथ्वी का अनुप्रस्थ-परिच्छेद

होती हैं। जब कभी भूकम्प आता है तो भूकम्प केन्द्र पर इन तरंगों का अंकन किया जाता है। सर्वप्रथम लघु अथवा कमजोर कम्पन आता है, जिसे प्राथमिक कम्पन के नाम से जाना जाता है। कुछ अन्तराल के बाद दूसरा अपेक्षाकृत कुछ अधिक प्रभावशाली कम्पन आता है, जिसे द्वितीयक कम्पन के नाम से जाना जाता है। इसके बाद अधिक अवधि वाला मुख्य कम्पन आता है। इस प्रकार ये तीनों कम्पन क्रमशः पी. (P), एस (S) और एल (L) लहरों द्वारा प्रदर्शित होते हैं।

इन तरंगों की गति और चलने के आधार पर पृथ्वी के आन्तरिक भाग के विषय में जानकारी मिलती है। भूकम्पीय लहरें प्रायः ठोस भाग से होकर गुजरती हैं और एक ही स्वभाव वाले ठोस भाग में ये तरंगें एक सीधी रेखा में सीधे मार्ग से चलती हैं। इन प्रमाणों के आधार पर अगर पृथ्वी एक ही प्रकार की घनत्व वाली चट्टानों से बना हुआ एक भाग होती तो भूकम्पीय तरंगें एक समान गति से पृथ्वी के अन्तरतम तक सीधी रेखा में पहुँच जातीं। लेकिन भूकम्प केन्द्रों पर इन लहरों के अंकन से जानकारी मिलती है कि ये लहरें एक सीधी दिशा में न चलकर वक्राकार मार्ग से गुजरती हैं। जिससे यह साबित होता है कि पृथ्वी के भीतर घनत्व में विभिन्नता है। घनत्व की विभिन्नता के कारण लहरें परावर्तित होकर वक्राकार हो जाती हैं। इस वजह से तरंगों का मार्ग भी वक्राकार हो जाता है। अतः कोर में ये लहरें (P) और (S) वक्राकार होकर सतह की ओर अवतल हो जाती हैं। 'एस' तरंगों का पूर्ण अभाव है, जो इस बात को प्रमाणित करता है कि पृथ्वी के आन्तरिक भाग में तरल अवस्था में क्रोड है जो कि 2900 किमी. से अधिक गहराई में केन्द्र के चारों ओर फैला है जिससे विद्वानों ने अनुमान लगाया कि पृथ्वी के अन्तराल में लोहा और निकल तरल अवस्था में है।

पृथ्वी के आन्तरिक भाग में स्थित अलग-अलग मण्डल (परतें) और उनकी रासायनिक बनावट

पृथ्वी के आन्तरिक भाग की रासायनिक बनावट एक विवादस्पद विषय है। विभिन्न प्रमाणों के आधार पर यह माना जाता है कि भूपटल का सबसे ऊपरी भाग परतदार अवसादी शैलों का बना है, जिसकी गहराई और घनत्व दोनों ही बहुत कम हैं। इस परत में सिलिकेट से बनी रवेदार शैलों का योगदान करीब 87 प्रतिशत तक है, जिसमें फेल्सपर तथा अभ्रक खनिज बहुत अधिक मात्रा में पाए जाते हैं।

विभिन्न प्रमाणों के आधार पर पृथ्वी को रासायनिक बनावट के आधार पर निम्नलिखित तीन परतों में बाँटा जाता है :

I. भूपर्पटी

भूपर्पटी, पृथ्वी के सबसे ऊपरी भाग को कहते हैं। यह सबसे हल्की परत है, इसका घनत्व 2.7 है। यह ग्रेनाइट शैलों की बनी है और इसमें

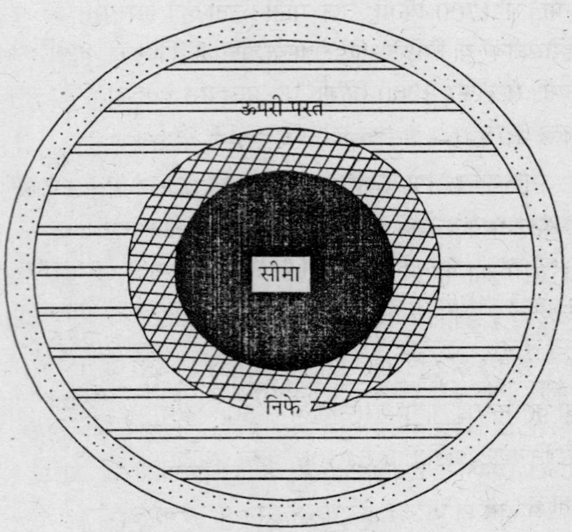

स्वेस के अनुसार पृथ्वी की आन्तरिक रचना

सिलिका और एल्युमिनियम तत्त्व अधिकता में पाए जाते हैं। इसी वजह से इसका संक्षिप्त नाम सियाल है, जो दो तत्त्वों (सिलिका + एल्युमिनियम) के प्रथम अक्षरों के मिलने से बना है। यह परत महाद्वीपों के नीचे महासागरों की अपेक्षा अधिक मोटी होती है। इस परत की औसत गहराई 60 किमी. से लेकर 300 किमी. तक होती है। इस परत के ऊपरी भाग को स्थलमण्डल के नाम से जाना जाता है, जिसकी मोटाई 100 किमी. तक होती है और घनत्व 3.5 है। इस परत में पोटैशियम, एल्युमिनियम, सोडियम जैसे एसिडिक पदार्थों की बहुलता होती है। इस परत की निचली सीमा मोहोरोविक अन्तराल द्वारा निर्मित होती है। इस अन्तराल में भूकम्पीय तरंगों की गति अचानक बढ़ जाती है, जिसके आधार पर ए. मोहोरोविक महोदय ने 1909 में भूपर्पटी और मैंटल के बीच एक असम्बद्धता स्थापित की। इसी के नाम पर इसे मोहोरोविक या मोहो असम्बद्धता कहा गया है, जिसकी मोटाई 1000 मी. मानी जाती है। भूकम्पीय तरंगों की गति के आधार पर भूपर्पटियों को दो भागों में बाँटा जाता है ऊपरी भूपर्पटी और निचली भूपर्पटी यद्यपि दोनों भूपर्पटी समान रचना वाली हैं, लेकिन इनके घनत्व क्रमशः 2.7 तथा 3.0 होते हैं जो कि दबाव के कारण है। ऊपरी भूपर्पटी में 'पी' तरंगों की गति 6 किमी. प्रति सेकेण्ड होती है, जो निचली भूपर्पटी में बढ़कर 7 किमी. प्रति सेकेण्ड तक हो जाती है।

II. मैंटल

भूपर्पटी से नीचे की परत मैंटल कहलाती है, जो बेसाल्ट शैलों की बनी है। इसमें सिलिका और मैग्नीशीयम तत्त्व अधिकता में पाए जाते हैं इसलिए इसका संक्षिप्त नाम साइमा है। जो दोनों तत्त्वों (सिलिका + मैग्नीशियम) के प्रथम अक्षरों को जोड़कर बनाया गया है। इसका घनत्व 3.10 से 4.75 तक पाया गया है। यह कुछ ठोस और कुछ गले प्लास्टिक की तरह के पदार्थों का बना है। इसकी गहराई 100

किमी. से 1700 किमी. तक मानी जाती है। इस परत के अन्दर पाइरोस्फीयर या मिश्रित मण्डल पाया जाता है, जिसकी मोटाई 1700 किमी. से लेकर 2900 किमी. के आसपास तक होती है। इसका घनत्व 4.75 से 5.00 तक होता है।

भूकम्पीय तरंगों में अचानक वृद्धि होने से यह सूचित हो जाता है कि मैंटल परत की शुरुआत हो गई है। भूपर्पटी के निचले भाग में जहाँ 'पी' तरंगों की गति 6.8 किमी. प्रति सेकेण्ड होती है, वह गति मैंटल में बढ़कर 7.8 किमी. से 8.2 किमी. प्रति सेकेण्ड हो जाती है। मैंटल को दो ऊपरी और निचले भागों में विभाजित किया जाता है। ऊपरी भाग की गहराई मोहो असम्बद्धता से 800 किमी. तक पाई जाती है और निचले भाग की गहराई 800 किमी. से 2,900 किमी. तक पाई जाती है।

III. क्रोड़

पृथ्वी का केन्द्रीय क्रोड़ अत्यधिक घनत्व वाले भारयुक्त खनिज पदार्थों से बना है। इस क्रोड़ पदार्थ को 'निफे' (निकिल + लोहा) कहते हैं। भारी धातुओं और सिलिका-युक्त पदार्थों के मिश्रण से बनी एक मोटी परत पृथ्वी के धात्विक क्रोड़ को बाहरी परतों से अलग करती है। इसका घनत्व 11 है। इसकी मोटाई 2,900 किमी. तक है। इसका विस्तार 6900 किमी. के व्यास में है और प्रचुर मात्रा में लोहे की उपस्थिति इस भाग को चुम्बकीय शक्ति प्रदान करती है। क्रोड को दो भागों में बाँटा जाता है :

(1) बाह्य क्रोड़—इस आन्तरिक परत का विस्तार मैंटल की निचली परत 2900 किमी. से 4980 किमी. तक है। यह निकेल और लोहे को मिलाकर बनती है। इस परत की विशेषता है कि इसमें भूकम्प की एस तरंगें नहीं घुस पाती हैं, जो इस बात का प्रमाण है कि यह द्रव स्थिति में है।

(2) आन्तरिक क्रोड़—क्रोड़ के इस भाग का विस्तार 4900 किमी. से लेकर 6400 किमी. तक है, जो पृथ्वी का केन्द्र है। इसका घनत्व सबसे ज्यादा है जो 13.5 के आस-पास में होता है और इसमें भूकम्प की 'पी' तरंगों की गति करीब 11.5 किमी. प्रति सेकेण्ड तक हो जाती है।

इस प्रकार पृथ्वी की आन्तरिक संरचना के तीन भाग हैं—भूपर्पटी, मैंटल और क्रोड़। पृथ्वी के कुल आयतन का 5 प्रतिशत भाग भूपर्पटी है, 83 प्रतिशत मैंटल और 16 प्रतिशत भाग क्रोड़ है। क्रोड़ का 80 प्रतिशत भाग लोहा एवं निकेल और 20 प्रतिशत सिलिका होता है।

पृथ्वी की पर्पटी के प्रमुख तत्त्व

संख्या	पदार्थ	वज़न के अनुसार %
1.	ऑक्सीजन	46.60
2.	सिलिकन	27.72
3.	एल्युमिनियम	8.13
4.	लौह	5.00
5.	कैलशियम	3.63
6.	सोडियम	2.83
7.	पोटैशियम	2.59
8.	मैग्नीशीयम	2.09
9.	अन्य	1.41

प्लेट विवर्तनिकी सिद्धान्त

20वीं शताब्दी के सातवें-आठवें दशक में अनेक विद्वानों ने प्लेट विवर्तनिकी पर आधारित नए विचार प्रस्तुत किए, यथा—हेस (1960), मैसन (1962), वाइन (1963), मैथ्यूज (1963), काक्स, डोएल, डालरिम्पल, आपडाइक (1966), हर्जलर (1966), मार्गन (1968), वैलेनटाइन और मूर्स (1970), हालम (1973)।

हेस तथा **डीज** ने सन् 1962 में अध:स्तर में संवाहन धाराओं की कोशिका की परिकल्पना में बताया (1) सभी महासागरीय तलों में तलछट का अभाव है, (2) महासागरीय तलों में उभरी हुई पर्वत श्रेणियाँ और कहीं-कहीं विवर भी पाए जाते हैं, (3) केलिफोर्निया एवं ग्रीनलैण्ड में विस्थापन के प्रमाण मिलते हैं, जिससे संवाहन धाराएँ महासागरों के नीचे उत्पन्न होती हैं। जिससे महासागरीय तलों के नीचे शैलें स्थान परिवर्तन करती रहती हैं। इन संवाहन धाराओं के चक्र विभिन्न कोशों में सक्रिय रहते हैं। इससे (1) विपरीत दिशाओं से आकर मिलने वाली अभिसारी धाराओं के स्थान पर स्थायी महाद्वीप, (2) नीचे से ऊपर आकर सतह पर विभिन्न दिशाओं में फैलने वाली प्रतिसारी धाराओं के ऊपर यदि कोई भूखण्ड स्थित है तो वह खण्डित हो जाएगा और उसमें तनाव के फलस्वरूप दरार पड़ जाएगी। (3) यदि किसी महाद्वीप के नीचे से संवाहन धारा ऊपर की ओर आ रही है तो वह महाद्वीप स्थानान्तरित हो जाएगा।

सन् 1970 के पश्चात् विभिन्न वैज्ञानिक अन्वेषणों से यह प्रमाणित हो चुका है कि भूपटल और उसके नीचे की मैंटल परत, जो सम्मिलित रूप से स्थलमण्डल कहलाती है, 6 बड़ी और 14 छोटी दृढ़ व कठोर भू-प्लेटों में विभक्त है, जिनकी औसत मोटाई लगभग 100 किमी. है जो हजारों वर्ग किलोमीटर में विस्तृत है। इन भू-प्लेटों पर स्थलाकृतियों का निर्माण भ्रंशन, विस्थापन आदि क्रियाओं, जिन्हें विवर्तनिकी कहते हैं, द्वारा होता है। महासागरों का निर्माण करने वाली महासागरीय

प्लेट तथा महाद्वीप का निर्माण करने वाली महाद्वीपीय प्लेट कहलाती हैं। भूपटल के नीचे कठोर शैलों का मैंटल परत तथा उसके नीचे दुर्बलता मण्डल में पिघलता मैग्मा संवाहन क्रिया द्वारा ऊपर उठकर दाईं और बाईं ओर प्रवाहित होता है, जिससे भू-प्लेटों में विस्थापन होता है। इस सिद्धांत के अनुसार स्थलमण्डल मध्यम दृढ़ प्लेटों में विभक्त है तथा ये निरंतर सापेक्ष दिशा में संचालन कर रही हैं। इस आधार पर तीन विभिन्न प्लेट सीमाएं हैं :

(i) **अपसरण क्षेत्र**—इस सीमा पर प्लेटें एक-दूसरे से अलग होती हैं। इस प्रक्रिया में भूगर्भ से मैग्मा बाहर आ जाता है। जहाँ नए महासागरीय अधस्तल के रूप में स्थलमण्डल का निर्माण हो रहा हो, वहाँ ऐसा रैखिक महासागरीय कटकों के साथ-साथ देखा जाता है। सक्रिय ज्वालामुखी का उद्भव इस क्षेत्र की विशेषता है।

(ii) **अभिसरण क्षेत्र**—इस क्षेत्र में एक प्लेट का किनारा दूसरे पर चढ़ जाता है, जिससे नीचे की प्लेट मैंटल में फिसलकर इसीमें विलीन हो जाती है। इन सीमाओं पर ज्वालामुखी का उद्भव, गहरी सागरीय खाई, द्रोणियों, वलित पर्वतों की रचना होती है।

(iii) **रूपांतर भ्रंश**—इस क्षेत्र में न तो भूपर्पटी का निर्माण होता है और न विनाश। यहाँ प्लेटें एक-दूसरे के विपरीत दिशा में साथ-साथ खिसकती हैड्ढ।

बड़ी प्लेटें

(i) अंटार्कटिक प्लेट (जिसमें अंटार्कटिक से घिरा महासागर भी शामिल है)

(ii) उत्तरी अमेरिकी प्लेट (जिसमें पश्चिमी अंधमहासागरीय तल सम्मिलित है तथा दक्षिणी अमेरिकन प्लेट व कैरेबियन द्वीप इसकी सीमा का निर्धारण करते हैं)

(iii) दक्षिणी अमेरिकी प्लेट (पश्चिमी अटलांटिक तल समेत और उत्तरी अमेरिकी प्लेट व कैरेबियन द्वीप इसे पृथक् करते हैं)

(iv) प्रशांत महासागरीय प्लेट

(v) इंडो-आस्ट्रेलियन-न्यूजीलैंड प्लेट

(vi) अफ्रीकी.प्लेट (जिसमें पूर्वी अटलांटिक तल शामिल है)

(vii) युरेशियाई प्लेट (जिसमें पूर्वी अटलांटिक महासागरीय तल सम्मिलित है)

छोटी प्लेटें

(i) **कोकोस प्लेट**—यह प्लेट मध्यवर्ती अमेरिका और प्रशांत महासागरीय प्लेट के बीच स्थित है।

(ii) **नज़का प्लेट**—यह दक्षिण अमेरिका व प्रशांत महासागरीय प्लेट के बीच स्थित है।

(iii) **अरेबियन प्लेट**—इसमें अधिकतर अरब प्रायद्वीप का भू-भाग सम्मिलित है।

(iv) **फिलिपीन प्लेट**—यह एशिया महाद्वीप और प्रशांत महासागरीय प्लेट के बीच स्थित है।

(v) **कैरोलिन प्लेट**—यह न्यू गिनी के उत्तर में फिलिपीयन व इंडियन प्लेट के बीच स्थित है।

(vi) **फ्यूज़ी प्लेट**—यह आस्ट्रेलिया के उत्तर-पूर्व में स्थित है।

भारतीय प्लेट का संचलन

भारतीय प्लेट में प्रायद्वीपीय भारत और आस्ट्रेलिया महाद्वीपीय भाग सम्मिलित हैं। भारत एक वृहत् द्वीप था, जो आस्ट्रेलियाई तट से दूर एक विशाल महासागर में स्थित था। लगभग 22.5 करोड़ वर्ष पूर्व पहले तक टैथीस सागर इसे एशिया महाद्वीप से अलग करता था। लगभग 20 करोड़ वर्ष पूर्व पैंजिया के विभक्त होने पर इसने उत्तर की ओर खिसकना आरंभ किया। लगभग 4-5 करोड़ वर्ष पूर्व यह एशिया से टकराया, जिसके कारण हिमालय का उत्थान हुआ। भारतीय प्लेट के एशियाई प्लेट की तरफ प्रवाह के दौरान लावा प्रवाह से दक्कन ट्रैप का निर्माण हुआ। यह घटना लगभग 6 करोड़ वर्ष पूर्व आरंभ हुई।

वेगनर का महाद्वीपीय प्रवाह सिद्धान्त

वेगनर ने पूर्व जलवायु शास्त्र, पूर्व वनस्पति शास्त्र, भूशास्त्र तथा भूगर्भशास्त्र के प्रमाणों के आधार पर यह मान लिया कि कार्बोनीफेरस युग में समस्त स्थल भाग एक स्थल भाग के रूप में संलग्न थे। इस स्थल पिण्ड का नामकरण **पैंजिया** किया है। इस पर छोटे-छोटे आन्तरिक सागरों का विस्तार था। **पैंजिया** के चारों ओर एक विशाल जल भाग था, जिसका नामकरण वेगनर ने **पैंथालासा** किया है। पैंजिया का उत्तरी भाग **लॉरेशिया** (उ. अमेरिका, यूरोप तथा एशिया) तथा द. भाग **गोण्डवाना लैण्ड** (द. अमेरिका, अफ्रीका, मैडागास्कर, प्रायद्वीपीय भारत, आस्ट्रेलिया तथा अण्टार्कटिका) को प्रदर्शित करता था। पैंजिया में तीन परतें थीं। ऊपरी परत **सियाल,** मध्यवर्ती भाग **सीमा** तथा केन्द्र भाग **निफे** का बना माना गया है। सियाल (महाद्वीपीय भाग) बिना किसी रुकावट के सीमा पर तैर रहा था। कार्बोनीफेरस युग में द. ध्रुव अफ्रीका में वर्तमान डरबन (नेटाल) के पास (पैंजिया के मध्य में) था। वेगनर के सिद्धान्त का, इस प्रकार, कार्यान्वयन कार्बोनीफेरस युग से प्रारम्भ होता है। आगे चलकर पैंजिया का विभंजन हो गया तथा स्थल भाग एक दूसरे से अलग हो गए, परिणामस्वरूप महासागरों तथा महाद्वीपों का वर्तमान रूप प्राप्त हुआ।

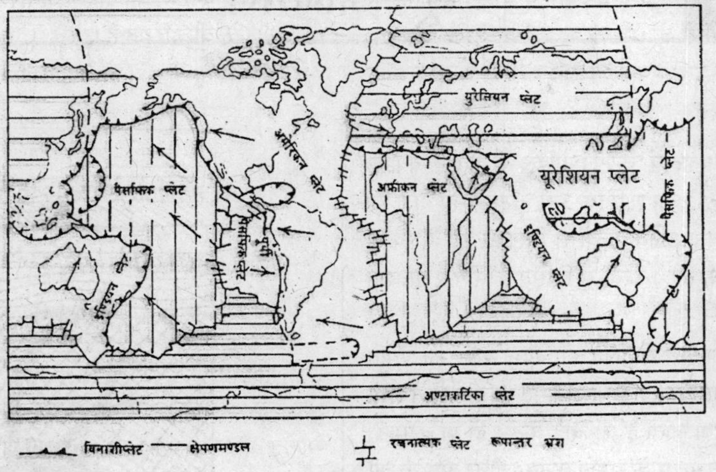

प्लेटों का विश्व विवरण

परत का नाम	रासायनिक बनावट	औसत मोटाई	घनत्व	भौतिक गुण
(क) भूपर्पटी	**सियाल**			
(1) स्थलमण्डल की ऊपरी परत, जो धरातल के नए अवसादों के ठीक नीचे है	(सिलिका + एल्युमिनियम) अवसादी एवं ग्रेनाइट चट्टानें	8 से 45 किमी. (मुख्य रूप से महाद्वीपों के नीचे)	—	ठोस अवस्था
(2) स्थलमण्डल की आन्तरिक परत या बाह्य सिलिकेट परत	(सिलिका + एल्युमिनियम) अवसादी एवं ग्रेनाइट चट्टानें	45 से 100 किमी. (कुछ भाग महासागरों के नीचे भी)	2.75 – 2.90	—
(ख) मैंटल				
(1) आन्तरिक सिलिकेट परत	साइमा (आंशिक रूप से) (सिलिकेट + मैग्नीशियम)	100 से 1,700 किमी. (मुख्यत: महासागरों के नीचे)	3.10 – 4.75	कुछ गुण ठोस के और कुछ प्लास्टिक के, गलने की स्थिति के पास
(2) धातुओं एवं सिलिकेट के मिश्रण से बना परिवर्तन क्षेत्र	पूर्णत: साइमा (अतिक्षारीय चट्टानें)	1,700 से 2,900 किमी.	4.75 – 5.00	ठोस पदार्थ जैसा आचरण, भारी
(ग) धात्विक क्रोड़ या गुरुमण्डल निफे				
(1) बाह्य धात्विक क्रोड़	(निकेल + फेरस या लोहा)	2,900 से 4,980 किमी.	5.10 – 11.00	तरल अथवा प्लास्टिक अवस्था में
(2) आन्तरिक धात्विक क्रोड़	भारी धातुओं से बनी	4980 से 6,400 किमी.	—	अत्यधिक दबाव के कारण ठोस

4 भू – आकृति

चट्टान

सामान्यत: स्थलमण्डल का तात्पर्य 'चट्टान मण्डल' से होता है, क्योंकि 'लिथास' (Lithosphere) का शाब्दिक अर्थ 'चट्टान' ही होता है। पृथ्वी की पपड़ी की संरचना अनेक तत्त्वों से मिलकर हुई है, किन्तु उसका 98 प्रतिशत भाग केवल 4 तत्त्वों से निर्मित है। शेष 2 प्रतिशत लगभग 90 तत्त्वों से निर्मित है।

उपर्युक्त पपड़ी के पदार्थों के लिए ही चट्टान शब्द का प्रयोग व्यापक अर्थ में किया जाता है। 'चट्टान' के अन्तर्गत पपड़ी के उन सभी पदार्थों को सम्मिलित किया जाता है जो चाहे कठोर हो या कोमल। चट्टान, ग्रेनाइट तथा बलुआ पत्थर के समान कठोर, चीका और रेत की तरह कोमल, खड़िया मिट्टी तथा चूने पत्थर की तरह प्रवेश्य, स्लेट के समान अप्रवेश्य हो सकती है। प्रत्येक शैल में एक से अधिक खनिजों का सम्मिश्रण रहता है।

चट्टानों का वर्गीकरण

शैलों की उत्पत्ति भौतिक गुण, रासायनिक गुण एवं स्थिति में पर्याप्त अंतर पाया जाता है। इनका विभाजन दो प्रकार से किया जाता है :

1. बनावट के आधार पर वर्गीकरण—इस आधार पर चट्टानों को तीन वर्गों में वर्गीकृत किया जाता है—आग्नेय, अवसादी तथा रूपांतरित या कायांतरित चट्टान।

2. सामान्य वर्गीकरण—इस आधार पर चट्टानों को दो वर्गों में वर्गीकृत किया जाता है—**रवेदार चट्टान**-आग्नेय, रूपान्तरित तथा **ढेरयुक्त चट्टान**-अवसादी।

(क) आग्नेय चट्टान

'आग्नेय' शब्द लैटिन भाषा के इग्निस अर्थात् अग्नि से बना है। इस शैल की रचना तप्त एवं तरल मैग्मा के शीतल होने से होती है। चूँकि सर्वप्रथम इसी शैल का निर्माण हुआ, अत: इसे 'प्राथमिक शैल' भी कहते हैं। इसी तरह प्रत्यक्ष या अप्रत्यक्ष रूप में अन्य शैलों या चट्टानों का निर्माण भी इसी चट्टान से हुआ है। भूगर्भ में अत्यंत उच्च तापमान के कारण द्रव अवस्था, जिसे **मैग्मा** कहते हैं, के जमने से ठोस रवेदार आग्नेय शैलें बनी हैं।

आग्नेय शैल की विशेषता

1.ये शैलें रवेदार होती हैं जो द्रवीभूत अवस्था से क्रमश: ठंडे होने के कारण बनती हैं। 2. असरन्ध्री होती है। 3. सघन और स्थूल होती हैं। 4. स्तरहीन होती हैं। 5. जीवांश नहीं होते। 6. अपरदन कठिनाई से होता है। 7. लोहा, सोना, चांदी, हीरा, मैंगनीज, निकेल इत्यादि बहुमूल्य खनिज प्राप्त होते हैं।

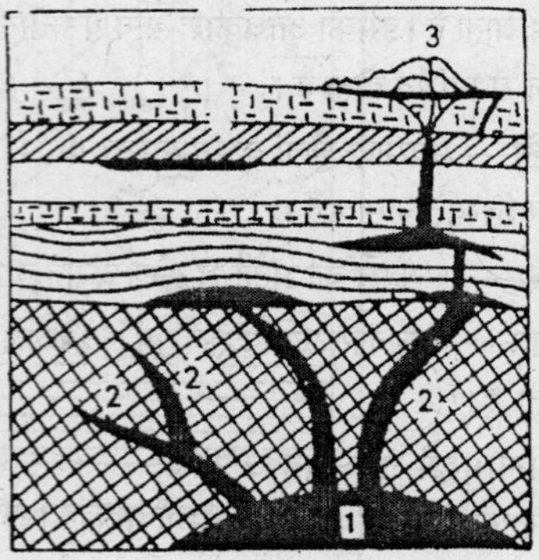

अन्त: निर्मित आग्नेय झील

आग्नेय शैल का वर्गीकरण

I. उत्पत्ति के आधार पर वर्गीकरण

(अ) अन्त:निर्मित—ज्वालामुखी उद्‌गार के समय जब मैग्मा धरातल के ऊपर न पहुँचकर धरातल के अन्दर ही ठंडा होकर ठोस रूप धारण कर लेता है, तब अंत:निर्मित आग्नेय शैल का जन्म होता है। इसे **अन्तर्जात या आंतरिक** आग्नेय भी कहते हैं। इससे निर्मित होने वाले स्थान की गहराई में एक स्थान से दूसरे स्थान में पर्याप्त अंतर पाया जाता है। इस कारण इसे पुन: दो भागों में बाँटा गया है-1. पातालीय अन्तर्जात, 2. मध्यवर्ती अन्तर्जात।

(i) पातालीय अन्तर्जात—इस प्रकार की शैलें पृथ्वी की अधिक गहराई में पायी जाती हैं। काफी गहराई होने के कारण इनके ठंडा होने में अधिक समय लगता है। ग्रेनाइट इस शैल का प्रमुख उदाहरण है। पातालीय शैल का नामकरण 'प्लूटो' के नाम पर किया गया है, जिसका अर्थ है-'पाताल का देवता'।

(ii) मध्यवर्ती अन्तर्जात—जब मैग्मा धरातलीय अवरोधों के कारण दरारों, छिद्रों, नालिकाओं में जमकर ठोस रूप धारण कर लेता है तो सूक्ष्म रवेदार चट्टानें बनती हैं। इसे मध्यवर्ती आग्नेय शैल कहा जाता है।

अंत:निर्मित आग्नेय शैल के प्रमुख उदाहरण

- **छत्रशिला या लैकोलिथ**—ये भूमिगत पर्तों में उन्नतोदर रूप में वाष्प एवं गैस युक्त मैग्मा के गुम्बदनुमा जमाव होते हैं।
- **सिडार**—विभिन्न पर्तों में गुम्बद्‌नुमा जमाव देवदार वृक्ष की विशिष्ट आकृति में उत्पन्न होते हैं।
- **फैकोलिथ**—जब वलित पर्वतों की अभिनतियों व अपनतियों में मैग्मा लहरदार जमाव होते हैं।

- **लेपोलिथ**—जब मैग्मा के जमाव तश्तरीनुमा नतोदर बेसिन में होते हैं।
- **बेथोलिथ**—जब मैग्मा अत्यधिक गहराई पर वृहत् गुम्बदनुमा जम जाता है। इसका अधिकांश भाग ग्रेनाडायोराइट ग्रेनाइट शैल से निर्मित होता है।
- **सिल**—अवसादी शैलों के समानान्तर पर्तों में मैग्मा के मोटे और विस्तृत जमाव हैं।
- **बास**—भू-पटल की सतह से कोण बनाते हुये लघु जमाव।
- **स्टाक**—गोलाकार आग्नेय शैल पूर्व स्थित शैल में अन्तर्वेधित होती है।
- **ज्वालामुखी नालिका व ग्रीवा**—जब ज्वालामुखी की नालिका से बाहर आते हुए मैग्मा नालिका में जम जाते हैं।
- **डाइक**—यह सामान्यत: सिल की तरह होती है। सिल एवं शीट के विपरीत डाइक परतों से लम्ब के रूप में पाई जाती है। डाइक कठोर तथा मुलायम दोनों प्रकार की होती है। इस प्रकार स्थल रूपों के निर्माण में इनका गहरा हाथ होता है।

(ब) बाह्य निर्मित—जब मैग्मा भूपटल के बाहर वायुण्डलीय सम्पर्क में आकर शीघ्र ही ठंडा हो जाता है तो इस प्रकार बाह्य निर्मित आग्नेय शैल का जन्म होता है। इन शैलों में रवे नहीं होते। इसे **'ज्वालामुखी शैल'** भी कहते हैं। बेसाल्ट चट्टान इस प्रकार की शैल का प्रमुख उदाहरण है। गैब्रो तथा आब्सीडियन नामक आग्नेय शैल भी इसी श्रेणी में आते हैं। लावा के सतह पर प्रकट होने एवं रूप के अनुसार इस चट्टान को पुन: दो वर्गों में विभाजित किया जाता है :

(i) विस्फोटक उद्गार से निर्मित—जब ज्वालामुखी का उद्गार काफी तीव्र गति से होता है तो विभिन्न आकार एवं प्रकार के पदार्थ बड़ी ऊँचाई तक ऊपर उछाल दिये जाते हैं। बाद में इनका जमाव सतह पर होता है।

(ii) शान्त उद्गार से निर्मित—जब छोटे-छोटे सुराखों से मैग्मा धरातल पर शान्त रूप से आकर फैल जाता है, तो इस प्रकार के प्रवाह को **लावा प्रवाह** कहते हैं। कभी-कभी कुछ अवकाश के बाद लावा का लगातार प्रवाह होता रहता है और लावा की एक परत (चादर) के बाद दूसरी परत का जमाव होता रहता है जिससे लावा की मोटाई बढ़ती जाती है। यद्यपि लावा का जमाव परत के बाद परत के रूप में क्रमश: होता रहता है, परन्तु इसे परतदार शैल नहीं कहा जा सकता है, क्योंकि परतों के बीच की विभाजक रेखा स्पष्ट नहीं होती है। वास्तव में एक ही प्रकार के पदार्थों का जमाव क्रमिक रूप में होता है।

II. रासायनिक संरचना के आधार पर वर्गीकरण

विभिन आग्नेय चट्टानों का रासायनिक संगठन भिन्न-भिन्न होता है, किन्तु प्रत्येक में सिलिका की कुछ-न-कुछ मात्रा अवश्य रहती है।

(अ) अम्ल प्रधान शैल—ऐसी शैलों में एल्युमिनियम, सोडियम, मैग्नीशियम इत्यदि खनिजों की मात्रा 20 प्रतिशत तक होती है। बालू या सिलिका की मात्रा अधिक और लोहा और मैगनीशियम की मात्रा कम होती है। यह अनाच्छादन से कम प्रभावित होती है। ग्रेनाइट इसका प्रमुख उदाहरण है।

(ब) अल्प सिलिका आग्नेय शैल—सिलिका की मात्रा 40% या उससे कम मैगनीशिया अधिक होता है, इसलिए इस शैल का रंग गहरा होता है, लोहा **एल्युमिनियम** और पोटाश कम मात्रा में मिलते हैं, बेसाल्ट मुख्य उदाहरण हैं।

(स) मध्यवर्ती शैल—जब आग्नेय शैल में सिलिका की मात्रा एसिड तथा बेसिक चट्टानों के बीच की होती है तो चट्टान को मध्यवर्ती आग्नेय शैल कहते हैं। इसका घनत्व 2.75 से 2.8 होता है। इनके प्रमुख उदाहरण डायोराइट तथा एण्डेसाइट हैं।

(द) अल्ट्रा बेसिक चट्टानें—जब आग्नेय शैल में सिलिका की मात्रा 45 प्रतिशत से कम होती है तथा घनत्व 2.8 से 3.4 होता है तो उस शैल को 'अल्ट्रा बेसिक' चट्टान कहते हैं। पेरिडोटाइट इसका प्रमुख उदाहरण है।

III. कणों की बनावट के अनुसार वर्गीकरण

ऐसी शैलों की बनावट तीन स्थितियों पर निर्भर करती है :

1. लावा की उत्पत्ति तथा उसके ठंडा होने का स्थान,
2. लावा के ठंडा होने तथा ठोस होने की गति, तथा
3. तरल लावा के साथ जल एवं गैस की मात्रा।

कणों की बनावट के आधार पर आग्नेय शैल को 6 भागों में बाँटा गया है :

(अ) बहुत बड़े कणों वाली आग्नेय शैल (पैग्मैटिक)—कण बहुत बड़े होते हैं, सूक्ष्म वीक्षक यंत्र के बिना देखा जा सकता है, ग्रेनाइट डायोराइट पातालीय शैलें मुख्य उदाहरण हैं।

(ब) बड़े कणों वाली आग्नेय शैल (फैनेरिटिक)—कण बहुत बड़े तथा फेल्सपार एवं क्वार्ट्जाइट की अधिकता होती है।

(स) सूक्ष्म कणों वाली आग्नेय शैल (एफैनिटिक)—इसके कणों को वीक्षक यंत्र के बिना नहीं देखा जा सकता है, बेसाल्ट, फेल्साइट, डाइक, सिल मुख्य उदाहरण हैं।

(द) मिश्रित कणों वाली आग्नेय शैल (पोरफाइरिटिक)—छोटे-बड़े कण एवं कण विहीन शैलें एक साथ मिलती हैं।

(य) कणविहीन आग्नेय शैल (ग्लासरी)—इनमें कणों का अभाव एवं शीघ्र ही जमने वाली शीट और डाइक शैलें मिलती हैं, आब्सीडियन, पिचस्टोन, प्यूमिक परलाइट मुख्य उदाहरण हैं।

(र) **टुकड़ों वाली आग्नेय शैल (फ्रैग्मैंटल)**—इनमें ज्वालामुखी बम, लैपिली ब्रेसिया, ज्वालामुखी धूल या राख आदि शामिल है।

(ख) अवसादी चट्टान

इस तरह की चट्टानों का निर्माण अवसादों के समूहन के फलस्वरूप होता है। 'अवसादी' (sedimentary) शब्द लैटिन भाषा के 'Sedimentum' शब्द से बना है, जिसका अर्थ है—'नीचे बैठना'। इस शैल का निर्माण वस्तुत: चट्टान चूर्ण के एकत्र होकर नीचे जमा होते जाने से ही होता है। इसे **परतदार चट्टान** भी कहते हैं, क्योंकि इनमें अवसाद की विभिन्न परतें संगठित होने लगती हैं तथा अन्त में परतदार चट्टान की रचना पूर्ण हो जाती है।

अवसादी शैल की विशेषता

1. अवसादी चट्टानों का निर्माण चट्टान चूर्ण तथा जीवावशेषों एवं वनस्पतियों के समूहन से होता है। यही कारण है कि अवसादी शैल में जीवावशेष पाये जाते हैं। इन जीवावशेषों के आधार पर चट्टान विशेष के निर्माण काल का पता लगाया जा सकता है।

2. अवसादी चट्टान भूपृष्ठ में सर्वाधिक क्षेत्र में पायी जाती है। ऐसा अनुमान किया जाता है कि भूपृष्ठ का लगभग 75 प्रतिशत भाग अवसादी शैल से आवृत्त है तथा शेष 25 प्रतिशत भाग पर आग्नेय तथा रूपान्तरित चट्टानें पायी जाती हैं। यद्यपि अवसादी शैल धरातल का अधिकांश भाग आवृत्त किये हुए है, तथापि भूपृष्ठ (क्रस्ट) की बनावट में इसका योग केवल 5 प्रतिशत का ही है तथा 95 प्रतिशत भाग आग्नेय तथा रूपान्तरित चट्टानों द्वारा बना है। अवसादी शैल का महत्व केवल क्षेत्रीय विस्तार के लिए है, भूपृष्ठ की गहराई के लिए नहीं।

अवसादी शैल का वर्गीकरण

I. निर्माण में भाग लेने वाले अवसादों के अनुसार वर्गीकरण

इस प्रक्रिया में प्रयुक्त अवसादों के अनुसार अवसादी शैलों का निर्माण अपरदन एवं अपक्षय की क्रियाओं द्वारा शैलों के विघटन, अपघटन और टूट-फूट से होता है। इस प्रकार चट्टान चूर्ण, रासायनिक घुलनशील पदार्थ और कार्बनिक पदार्थ के आधार पर अवसादी शैलों को वर्गीकृत किया जाता है।

(अ) यान्त्रिक क्रियाओं द्वारा या चट्टान चूर्ण से निर्मित—अपक्षय की यांत्रिक क्रियाओं के कारण चट्टानों में विघटन होता है और अपरदन के साधन इन्हें अपने स्थान से हटाकर दूसरी जगह बिछाते रहते हैं, खासकर सागर और झीलों में। इन चट्टानों के नाम हैं (i) बालूका पत्थर, जिसका निर्माण मुख्यत: बालू के कणों से होता है। (ii) कांग्लोमरेट, जो चिकने तथा गोलाकार पत्थर के टुकड़े होते हैं और जब कभी भी चीका चिपक जाता है तो बजरी या ग्वले कहलाते हैं। (iii) चीका मिट्टी एवं शैल बहुत ही सूक्ष्म कणों से बने होते हैं।

(ब) जैविक तत्त्वों से निर्मित शैल—जीव-जंतुओं और वनस्पतियों के अवशेष भाग उपयुक्त स्थानों पर धीरे-धीरे जमा होते हैं। आगे चलकर संगठित होकर एक ठोस चट्टान का रूप धारण कर लेते हैं। इसके विभिन्न प्रकार हैं—(i) चूना प्रधान शैलें, (ii) कार्बन प्रधान शैले, (iii) रासायनिक तत्त्वों से निर्मित शैलें।

II. निर्माण में भाग लेने वाले साधनों या कारकों के स्थान के आधार पर वर्गीकरण

अपरदन और परिवहन के अनेक साधन अवसादों को एक स्थान से दूसरे स्थान पर जमा करते हैं। इस शैल के जमाव में हवा, जल, सागरीय लहरों, हिमानी आदि का प्रमुख योग होता है।

(अ) जलीय या जल-निर्मित शैल—जब नदियों द्वारा तलछट एक जगह से बहाकर दूसरे किनारे, झीलों और सागरीय भागों में जमा कर दिया जाता है तो जलज शैल का निर्माण होता है। इसे जलज चट्टान इसलिए कहते हैं क्योंकि इसका जमाव जल भाग में होता है। इसके विभिन्न प्रकार हैं—(i) नदी शैलें, (ii) सरोवरीय शैलें, (iii) सागरीय शैलें।

(ब) वायुनिर्मित शैल—गर्म एवं शुष्क प्रदेशों में यांत्रिक अपक्षय के कारण चट्टानों के विघटन एवं वियोजन के फलस्वरूप चट्टान-चूर्ण बनाते हैं। वायु इन्हें एक स्थान से उड़ाकर दूसरे स्थान पर जमा कर देती है। लगातार जमाव के बाद अवसादों की विभिन्न परतें जमा हो जाती हैं। निरन्तर दबाव एवं पदार्थ के निक्षेप में यह कठोर हो जाती है। लोयस का जमाव वायु-निर्मित चट्टान का सबसे प्रमुख उदाहरण है।

(स) हिमानी शैलें—हिमानी अपने अपरदनात्मक कार्यों द्वारा चट्टानों के टुकड़ों को अपने साथ परिवहन करके उन्हें यथास्थान जमा कर देता है। जिसको मोरेन या हिमोढ़ कहते हैं।

III. रचना सामग्री के आधार पर वर्गीकरण

(i) बालुका पत्थर—बालुका पत्थर का निर्माण मुख्य रूप से बालू के कणों से होता है। बालू (रेत) का निर्माण शक्कर के महीन कणों की तरह बारीक कणों के सम्मिश्रण से होता है। इन कणों का निर्माण क्वार्ट्ज खनिज से होता है। बालू के कणों का आकार विभिन्न प्रकार का होता है जो परिवहन करने वाले साधनों की शक्ति पर आधारित होता है।

(ii) कांग्लोमरेट—रेत के साथ कंकड़ भी मिले होते हैं। चिकने गोल आकार वाले पत्थर के टुकड़े को कंकड या 'पेब्बुल' कहते हैं। इनकी व्यास 4 मिलीमीटर तक होती है। बड़े-बड़े पत्थर (इनकी व्यास 256 मिलीमीटर तक होती है) के सम्मिश्रण से चीका मिट्टी द्वारा संयुक्त होने पर ग्रैवेल का निर्माण होता है, यद्यपि ग्रैवेल परत में या तह में पायी जाती है लेकिन इसमें समरूपता का प्राय: अभाव होता है। जब कणों का संगठन क्वार्ट्ज खनिज द्वारा होता है तो ग्रैवेल का

रूप कांग्लोमरेट में बदल जाता है। यदि कांग्लोमरेट का निर्माण सिलिका द्वारा संयुक्त होने पर होता है, तो चट्टान सबसे अधिक कठोर तथा अपरदन के लिए अवरोधक होती है। अपनी कठोरता के कारण कांग्लोमरेट का योगदान स्थलाकृतियों के निर्माण में अधिक होता है। जब कंकड़ गोल न होकर कोन वाले होते हैं तो उसमें निर्मित शैल को ब्रेसिया कहते हैं।

(iii) चीका मिट्टी एवं शैल—चट्टान-चूर्ण के बारीक कणों के निक्षेपण से चीका शैल का निर्माण होता है। प्राय: इस शैल का निर्माण सागर, झील अथवा बाढ़ के समय नदियों के किनारे पर होता है। जब शैल में कणों का आकार 1/32 से 1/256 मिलीमीटर व्यास का होता है तो उसे **'सिल्ट'** कहते हैं। जब कणों की व्यास 1/256 से 1/8192 मिलीमीटर होती है तो उस शैल को **'चीका'** या **'क्ले चट्टान'** कहते हैं।

'सिल्ट' एवं 'क्ले' के संगठित हो जाने पर **शेल** चट्टान का निर्माण होता है। जमा होने वाले पदार्थों में विभिन्नता के कारण शेल चट्टान से शीघ्रता से पतली-पतली परतें अलग होने लगती हैं, जिस कारण अपक्षय तथा अपरदन आसानी से होने लगता है। शेल के अप्रवेश्य स्वभाव के कारण ही विश्व के अधिकांश तेल भण्डार इन्हीं शेल चट्टानों के ऊपर पाया जाता है।

(ब) रासायनिक पदार्थों से निर्मित शैल—बहते हुए जल के साथ कुछ घोलक रासायनिक पदार्थ मिल जाते हैं। इस कारण जब इस जल का सम्पर्क अन्य चट्टानों से (खासकर धरातल के नीचे) होता है तो चट्टानों के घुलनशील पदार्थ घुलकर जल के साथ मिल जाते हैं। बाद में दबाव कम हो जाने पर जल के वाष्प में परिणत हो जाने पर अथवा जल की प्रवाह गति में कमी आने के कारण ये घुले हुए पदार्थ नीचे बैठने लगते है। इस प्रकार रासायनिक परतदार शैल का निर्माण होता है। शेलखरी, नमक की चट्टानें आदि प्रमुख उदाहरण है।

(स) कार्बनिक तत्त्वों से निर्मित शैल—

(i) चूना प्रधान शैल—चूनेदार शैलों का निर्माण जलाशय, झील अथवा सागर में उन जीवों के अस्थिपंजर तथा वनस्पतियों के भाग से होता है, जिनमें चूना की प्रधनता होती है। इसका निर्माण एक वैज्ञानिक पद्धति पर होता है। रासायनिक अपक्षय के समय कार्बन डाइ-आक्साइड का जब जल से संयोग होता है तो उसके प्रभाव से चट्टानों से कैल्सियम अलग होकर कैल्सियम बाई कार्बोनेट बन जाते हैं तथा घोल के रूप में नदियों द्वारा सागर में ले जाये जाते हैं। वहाँ पर प्रवाल आदि जीव अपने-अपने अस्थिपंजर के निर्माण के लिए इन कार्बोनेट को ग्रहण करते हैं। कुछ वनस्पतियों जैसे अल्गी भी इस कैल्सियम कार्बोनेट को ग्रहण करती है। जब ये जीव मर जाते हैं तो उनके अस्थिपंजर, जो कि कैल्सियम कार्बोनेट (चूना) के बने होते हैं, सागरीय लहरों द्वारा टूट-फूट जाते हैं। ये बड़े तथा छोटे-छोटे टुकड़े जब एक जगह बैठकर परतों के रूप में संगठित हो जाते हैं तो 'चूने के पत्थर' का निर्माण होता है।

(ii) कार्बन प्रधान शैल—कार्बनिक तत्त्वों से निर्मित शैलें की रचना प्रत्यक्ष रूप में वनस्पतियों के अवशेष के जमा होने तथा संगठित होने से हेाती है। जब वनस्पति का भाग पृथ्वी की हलचल अथवा भूगार्भिक हलचल होने के कारण नीचे चला जाता है तथा ऊपर से अवसाद (तलछट) का जमाव होता रहता है तो ऊपर का भार बढ़ जाता है। इस प्रकार अधिक दबाव तथा नीचे के ताप के कारण वनस्पति का रूप बदल जाता है एवं संगठन के बाद ठोस चट्टान का रूप हो जाता है। इस प्रकार की चट्टान का प्रारम्भिक रूप पीट होता है। इसका रंग गहरा भूरा होता है तथा माइक्रोस्कोप द्वारा इसमें वनस्पति का कुछ रूप देखा जा सकता है। कुछ समय बाद पीट, लिगनाइट कोयला में बदल जाता है। इसमें कार्बन का प्रतिशत पहले की अपेक्षा बढ़ जाता है तथा रंग काफी गहरा भूरा एवं काला हो जाता है। जब इसका रूप अधिक बदल जाता है, तो वास्तविक बिटुमिनस एवं एन्थ्रासाइट कोयले का निर्माण होता है।

(iii) सिलिका प्रधान शैल—जब चट्टान में सिलिका की मात्रा अधिक होती है तो उसे सिलिका प्रधान चट्टान कहते हैं। इसका निर्माण रेडियोलेरिया एवं स्पंज जीवों तथा डायटम पौधों के अवशिष्ट भाग के संगठन से होता है। गेसर के जल से जमा किया गया 'गेसराइट' सिलिका का ही जमाव होता है। इसका रंग जमाव की अशुद्धियों के आधार पर सफेद, भूरा अथवा पीला होता है। गेसराइट का जमाव गेसर के आस-पास हेाता है।

(ग) रूपान्तरित या कायांतरित चट्टान

रूपान्तरित या कायांतरित चट्टान, अन्य चट्टानों के रूप परिवर्तन के फलस्वरूप निर्मित होती है। इसकी अंग्रेजी 'Metamorphic' है, जो अंग्रेजी के 'Meta' (परिवर्तन) तथा 'Morphic' (आकृति) से बना है। रूपान्तरण की क्रिया के दौरान चट्टानों का रूप बदलता है, यह दो रूपों में सम्भव होता है-भौतिक रूपान्तरण अथवा रासायनिक रूपांतरण। कभी-कभी ये दोनों रूपांतरण साथ-साथ कार्य करते हैं।

रूपांतरण के समय चट्टान का पूर्ण आकार बदल सकता है, खनिजों का रूप बदल सकता है, पुराने खनिजों का पुन: नवीन रूप हो सकता है, नए खनिज बन सकते हैं, अत्यधिक ताप के कारण खनिज पिघलकर दूसरा रूप धारण कर सकते हैं, चट्टान रवेदार हो सकती है, पहले से ही रवेदार पुन: रवेदार हो सकती हैं। परन्तु चट्टान में विघटन तथा वियोजन नहीं हो सकता है।

खनिज

पृथ्वी के गर्भ (आन्तरिक भाग) से निकाले जाने वाले पदार्थ **खनिज** कहलाते हैं। खनिज प्राकृतिक रूप से निकलने

वाला वह पदार्थ है, जिसकी अपनी भौतिक विशेषताएं होती हैं और जिसकी बनावट को रासायनिक गुणों द्वारा व्यक्त किया जा सकता है। खनिज एक या एक से अधिक तत्त्वों वाले अजैव प्रकृतिक पदार्थ हैं। इनका विशिष्ट रासायनिक संघटन होता है, ये अपने भौतिक और रासायनिक गुणों के आधार पर पहचाने जाते हैं। पृथ्वी पर लगभग 2000 प्रकार के खनिज पाए जाते हैं। सामान्य खनिज 8 मुख्य तत्त्वों से बनते हैं और ये तत्त्व प्रकृति में पर्याप्त मात्रा में मिलते हैं। इनमें से सिलिकेट, कोर्बोनेट और आक्साइड चट्टानों की मात्रा बहुत अधिक है। चट्टानों का सर्वप्रमुख खनिज **क्वार्ट्ज** है। क्वार्ट्ज में सिलिकन और ऑक्सीजन पाए जाते हैं। इन दोनों तत्त्वों के रासायनिक यौगिक को **सिलिका** कहते हैं। सिलिका के अन्य ऑक्साइडों के मिलने पर **सिलिकेट** का निर्माण होता है, जिसमें **फेल्सपार** पाया जाता है। खनिज, चट्टानों के रंध्रों में शिराओं के रूप में पाए जाते हैं। चट्टान विभिन्न खनिजों का ही सम्मिलित रूप है। नदी की तलहटी में मिलने वाले खनिज जमाव को **क्षोभ निक्षेप** कहते हैं। खनिजों के वैज्ञानिक अध्ययन को **मिनिरोलॉजी** (खनिज विज्ञान) कहते हैं। उद्योगों तथा आधुनिक जीवन के अन्य कार्यों में इन प्राकृतिक पदार्थों का अत्यधिक महत्त्व है।

चट्टान चक्र

पृथ्वी पर अरबों वर्षों से आग्नेय चट्टानें वायु, जल, हिमनद आदि साधनों द्वारा कट-कट कर यांत्रिक और रासायनिक विधियों द्वारा अवसादी चट्टानों में परिवर्तित हो रही है। भू—अभिनतियों में ये चट्टानें दाब और ताप के प्रभाव में रूपान्तरित चट्टानों में परिवर्तित हो जाती हैं। जो रूपान्तरित और अवसादी चट्टानें भू-अभिनतियों में दब कर मैग्मा तक पहुँच जाती हैं, वह भीषण गर्मी से पिघलकर पुनः ऊपर आकर आग्नेय चट्टानों में बदल जाती हैं। इस प्रकार चट्टानें एक चक्रीय क्रम में अपना रूप बदलती हैं। चट्टानों के इस पारस्परिक परिवर्तन को चट्टान चक्र कहते हैं। यह चक्र किसी भी प्रकार की चट्टान से आरम्भ हो सकता है और फिर चट्टान को अनेक रूपों में परिवर्तित करता रहता है।

रूपांतरित चट्टानों का वर्गीकरण

मौलिक चट्टान के आधार पर रूपांतरित शैल को दो भागों में विभाजित किया जाता है-1. अवसादी चट्टानों से रूपांतरित शैल 2. आग्नेय चट्टानों से रूपांतरित शैल।

I. अवसादी चट्टानों से रूपान्तरित शैल

इस शैल को 'Meta-Sedimentary' कहते हैं। इसमें अवसादी शैल, शैल तथा चीका का स्लेट, चूने के पत्थर का संगमरमर तथा बालूका पत्थर का क्वार्ट्जाइट आदि रूपान्तरित चट्टानें बन जाती हैं। इस शैल को 'Para Metamorphic' शैल भी कहते हैं।

II. आग्नेय शैल से रूपान्तरित शैल

जब आग्नेय चट्टानों का रूपान्तरण होता है तो उसे 'आग्नेय रूपान्तरित शैल' कहते हैं। उदाहरण के लिए ग्रेनाइट से नीस का निर्माण होता है। जब परिवर्तित शैल का कई बार रूपान्तरण होता है तो उसे 'पुनः रूपान्तरित शैल' कहते हैं।

जब रूपान्तरित शैल के कण कुछ-कुछ परत के रूप में समानान्तर अवस्था में पाये जाते हैं तो इस प्रकार की बनावट को **'फोलिएशन'** कहते हैं। इस आधार पर रूपान्तरित चट्टानें दो वर्गों में विभाजित की जाती हैं—1. **पत्राभिकृत**—इसमें मुख्य हैं, स्लेट, शिस्ट तथा नीस। 2. **अपत्राभिकृत**—क्वार्टजाइट, संगमरमर तथा सर्पेंटाइन आदि।

अवसादी शैल	कायान्तरण
संपिण्ड	संपिण्ड शिस्ट
बालूका पत्थर	क्वार्ट्ज या शिस्ट
शैल	स्लेट या अभ्रक
स्लेट	फाइलाइट
चूना पत्थर	संगमरमर
लिग्नाइट	बिटूमिनस एवं ऐन्थ्रेसाइट
कोयला	ग्रेफाइट या हीरा
आग्नेय शैल	**कायान्तरण**
ग्रेनाइट	ग्रेनाइट नीस
गैब्रो	गैब्रो नीस
बेसाल्ट	शिस्ट
रायोलाइट	शिस्ट

मैदान

मैदान प्रायः भूपटल पर समतल, किन्तु निचले स्थलखण्ड होते हैं। कुछ मैदान हॉलैण्ड के तट के समान सागर तल से नीचे भी होते हैं। इसके विपरीत कुछ मैदान सागर तल से कुछ ही मीटर ऊँचे होते हैं जबकि कुछ मैदान सैकड़ों मीटर तक ऊँचे होते हैं। ऊँचाई की दृष्टि से समुद्र तल से 150 मीटर तक ऊँचे, किन्तु समतल तथा विस्तृत स्थलखण्ड को मैदान की संज्ञा दी जाती है।

फिन्च तथा **ट्रिवार्था** के अनुसार, ''समुद्र तल से लगभग 500 फीट तक ऊँचे निम्न भू-भाग मैदान कहलाते हैं।'' **सीमेन** के अनुसार, ''मैदान कम ढाल तथा उच्चावच वाले समतल भू-भाग होते हैं।''

विश्व के प्रमुख मैदान

मध्यवर्ती बड़ा मैदान या Great Plain—उ. अमेरिका (कनाडा तथा संयुक्त राज्य); अमेजन का मैदान—द. अमेरिका; पैटागोनिया का मैदान—द. अमेरिका; पम्पास का मैदान—द. अमेरिका; फ्रांस का मैदान—फ्रांस; यूरोप का बड़ा मैदान—यूरोप; द. साइबेरिया का मैदान—एशिया; सहारा मैदान—अफ्रीका; नील नदी का मैदान—मिस्र; अफ्रीका का पूर्वी तटीय मैदान; अफ्रीका का पश्चिमी तटीय मैदान; मलागासी का मैदान—मलागासी; गंगा, यमुना एवं ब्रह्मपुत्र का मैदान—भारत एवं बांग्लादेश; सिन्ध का मैदान—भारत एवं पाकिस्तान; अरब का बड़ा मैदान—सउदी अरब, इराक तथा ईरान आदि; चीन का मैदान—चीन; आस्ट्रेलिया का पूर्वी मैदान—आस्ट्रेलिया।

अपरदन चक्र की संकल्पना

डेविस का भौगोलिक चक्र

डेविस ने 1899 में भौगोलिक चक्र की संकल्पना का प्रतिपादन किया तथा पाया कि, ''भौगोलिक चक्र समय की वह अवधि है, जिसके अन्तर्गत उत्थित भूखण्ड अपरदन के प्रक्रम द्वास प्रभावित होकर एक आकृतिविहीन समतल मैदान में बदल जाता है।'' उन्होंने बताया कि स्थलरूपों के निर्माण एवं विकास पर संरचना, प्रक्रम तथा समय का प्रभाव ही है। इसी आधार पर डेविस ने यह प्रतिपादित किया कि स्थलरूप—संरचना, प्रक्रम तथा समय का प्रतिफल होता है।

इन तीनों—संरचना, प्रक्रम तथा समय—को '**डेविस के त्रिकूट**' के नाम से जाना जाता है। डेविस ने अपने अपरदन चक्र में नदी के अपरदन चक्र को सामान्य अपरदन चक्र में तीन अवस्थाएँ मानी हैं—**I. युवावस्था, II. प्रौढ़ावस्था** तथा **III. वृद्धावस्था**

पेंक की परिकल्पना

जर्मनी के विद्वान वाल्टर पेंक ने डेविस की भौगोलिक चक्र संकल्पना को निरुद्देश्य एवं असंगत बताकर अस्वीकार कर दिया तथा स्थलरूपों के विकास के नए मॉडल का प्रतिपादन किया, जिसे 'Morphological System' या 'Morphological Analysis' के नाम से जाना जाता है। पेंक के मॉडल का मुख्य उद्देश्य बहिर्जात प्रक्रमों तथा आकृतिक विशेषताओं के आधार पर धरातलीय संचालन के विकास एवं उसके कारणों की कल्पना करना था। पेंक के अनुसार स्थलरूप संरचना, प्रक्रम तथा अवस्था का प्रतिफल न होकर उत्थान की दर तथा अपरदन की दर के बीच अनुपात का प्रतिफल है।

नवोन्मेष या पुनर्युवन

नदी के अपरदन की शक्ति में अपरदन के आधार तल में ऋणात्मक परिवर्तन के फलस्वरूप त्वरित गति से वृद्धि को नवोन्मेष या पुनर्युवन कहते हैं। नवोन्मेष के कारण नदियाँ अपनी घाटी को निम्नवर्ती अपरदन द्वारा पुन: गहरा करने लगती हैं। नवोन्मेष की स्थिति में अपरदन चक्र की अवधि बढ़ जाती है। नवोन्मेष को तीन वर्गों में वर्गीकृत किया जाता है :

1. गतिक नवोन्मेष के कारण

(अ) स्थलखण्ड में उत्थान, (ब) स्थल भाग में झुकाव, (स) नदियों के निकास (जिस झील से नदियाँ निकलती हैं) का नीचा होना।

2. सुस्थैतिक नवोन्मेष के कारण

(अ) पटल विरूपणी घटनाओं द्वारा सागरतल में परिवर्तन, (ब) हिमानीकरण के कारण सागरतल में गिरावट।

3. स्थैतिक नवोन्मेष के कारण

(अ) नदी के अवसाद भार में कमी, (ब) वर्षा या हिमद्रवित जल में वृद्धि के कारण सरिता के जल आयतन में जल विसर्जन में वृद्धि, भूखण्ड का धंसना, ज्वालामुखी क्रिया, समुद्र तल में परिवर्तन, जलवायु परिवर्तन, नदी में जलोढ़क की मात्रा की कमी, नदी अपहरण द्वारा नदी जल में वृद्धि, निकास का नीचा होना, पटल विरूपण द्वारा भूखण्ड में उत्थान इत्यादि **नवोन्मेष** के कारण हैं। इससे निक प्वाइंट, अध:कर्तित विसर्प, दो तले वाली घाटी, सोपानाकार वेदिकाएँ, उत्थित सम्प्राय मैदान इत्यादि, जिन्हें बहुचक्रीय स्थलाकृति कहा जाता है, का निर्माण होता है।

अपरदन के कारक

1. नदी (प्रवाहित जल)

प्रवाहित जल अपरदन का सामान्य अभिकर्त्ता है। नदी का अपरदन कार्य नदी के ढाल तथा वेग एवं उसमें स्थित नदी के बोझ पर आधारित होता है। जब छोटी नदियाँ किसी बड़ी नदी में मिल जाती हैं तो वह किसी बड़ी नदी की सहायक कहलाती हैं। सहायक और प्रमुख नदी मिलकर किसी भी क्षेत्र के जल को प्रभावित करती हैं। अपवाह तंत्र या प्रवाह प्रणाली का अभिप्राय एक नदी और उसकी सहायक धाराओं द्वारा निर्मित जल प्रवाह की विशेष व्यवस्था से होता है। अपवाह तंत्र में नदियों की स्थिति, संख्या प्रवाह, मार्ग एवं दिशा का प्रभाव पड़ता है। जैसे—भूमि का ढाल, संरचनात्मक पटल विरुपण, जलधाराओं के लिए पर्याप्त वर्षा के जल की प्राप्ति, अपवाह क्षेत्र का भू-गार्भिक इतिहास इत्यादि।

नदी के कार्य

नदी के प्रमुख कार्य है–I. अपरदन, II. परिवहन और III. निक्षेप।

I. अपरदन कार्य

(i) **ऊपरी भाग**— जहाँ कटाव अर्थात् अपरदन कार्य अधिक होता है उस भाग को पर्वतीय या युवास्था कहते हैं, इस स्थिति में भूमि का ढाल तेज होता है।

(ii) **मध्य भाग**—इस स्थिति में नदी का मुख्य कार्य परिवहन होता है, यह नदी की प्रौढ़ावस्था है, इस भाग में तीव्र ढाल न होने के कारण बहाव कम होता है।

(iii) **निचला भाग**—यहाँ नदी का मुख्य कार्य जमाव होता है, यह नदी की वृद्धावस्था होती है, क्योंकि ढाल कम होने के कारण नदी द्वारा लाया गया सारा पदार्थ नदी के मुहाने पर डेल्टा के रूप में जमा किया जाता है।

नदी द्वारा अपरदन कार्य की विधियाँ

(i) **संक्षारण क्रिया या घोलकरण**—इस क्रिया में जल के सम्पर्क में आने वाली शैलों के घुलनशील खनिज पृथक् हो जाते हैं।

(ii) **अपघर्षण**—इस क्रिया द्वारा नदी के जल के साथ बहता हुआ पदार्थ उसके तल एवं पार्श्वों को खुरचकर चिकना करता है।

(iii) **सन्निघर्षण**—इस क्रिया के अन्तर्गत नदी के साथ प्रवाहित प्रावार शैल परस्पर रगड़ खाकर क्षीण हो जाता है।

(iv) **जलगति क्रिया**—इस क्रिया में नदी का जल किसी सामग्री के बिना ही यान्त्रिक विधि द्वारा शैल कणों को ढीला करता है।

अपरदन द्वारा निर्मित भू-आकृतियाँ

अपरदन द्वारा निर्मित भू-आकृतियों में नदी द्वारा निर्मित V आकार की घाटियाँ मुख्य हैं, इसमें नदी द्वारा पार्श्विक अपरदन की दर से ऊर्ध्वाधर अपरदन अधिक होकर घाटी का ढाल निरन्तर गहरा होता रहता है। इसके अन्तर्गत जल गति क्रिया तली का अपघर्षण जल गतिकाओं द्वारा छेदन, घोलीकरण एवं अपक्षय प्रक्रम में सहयोग देते हैं, नदी के मार्ग का ढाल, शैल संरचना, जल एवं जलोढ़क की मात्रा घाटी के गहराई में विकसित होने के नियन्त्रण कारक हैं। इस आकार की घाटी को कन्दरा या गार्ज कहते हैं। निम्न कटाव द्वारा यह गहरी होती जाती है, यह नदी युवावस्था का कार्य है। सिंधु एवं सतलुज, संयुक्त राज्य अमेरिका की ग्राण्ड कैनियन, जिओन केनियन और चेली कैनियन क्रमशः कोलोरेडो, स्नेक एवं यलोस्टोन नदियों द्वारा निर्मित प्रमुख कैनियन हैं।

जल प्रपात तथा क्षिप्रिका

जब किसी स्थान पर नदियों का जल ऊँचाई से बड़े ढाल ऊपरी भाग से अत्यधिक वेग से नीचे की ओर गिरता है तो उसे जल-प्रपात कहते हैं। इसका निर्माण कठोर एवं मुलायम शैल स्तर परस्पर क्षैतिज अथवा लम्बवत् अवस्था में विच्छिन्नता उत्पन्न होने से होता है। नियाग्रा (यू. एस. ए.), एंजिल प्रपात (वेनेजुएला), लिविंगस्टोन और विक्टोरिया प्रपात (अफ्रीका), जोग प्रपात (भारत) इत्यादि विश्व के प्रमुख प्रपात हैं।

नदी के जिस भाग में जलधारा का प्रवाह साधारण वेग से अधिक होता है तो उसे **क्षिप्रिका** कहते हैं। प्रपात में ऊँचाई अधिक होती है तथा ढाल खड़ा होता है। क्षिप्रिका की ऊँचाई प्रपात की अपेक्षा कम होती है तथा ढाल सामान्य होता है। इस प्रकार क्षिप्रिका, प्रपात का एक छोटा एवं सामान्य रूप है। क्षिप्रिका की स्थिति प्रायः प्रपात के नीचे या ऊपर हुआ करती है, किन्तु यह आवश्यक नहीं है कि क्षिप्रिका प्रपात के साथ ही होगी।

जल प्रपातों के प्रकार

1. सामान्य जलप्रपात

(अ) सोपानी प्रपात, (ब) छत्रक शैल प्रपात, (स) अवरोधी प्रपात तथा (द) पठारी प्रपात।

2. गौण जलप्रपात

(अ) अन्तर्जात बलों द्वारा उत्पन्न प्रपात,

(i) भ्रंश प्रपात तथा (ii) उत्थान जनित प्रपात।

(ब) नदियों की घाटियों के तल में परिवर्तन से जनित प्रपात

(i) लटकती घाटी प्रपात, (ii) हिमानी लटकती घाटी प्रपात, (iii) सरिता अपहरण जनित प्रपात, (iv) सागर तटीय लटकती घाटी प्रपात तथा (v) निक प्वाइंट प्रपात।

(स) नदियों के मार्ग में अवरोध के कारण उत्पन्न प्रपात

(i) भूमिस्खलन जनित प्रपात, (ii) लावा बांध द्वारा निर्मित प्रपात, (iii) हिमोढ़ द्वारा बना प्रपात।

विश्व के महत्त्वपूर्ण जल प्रपात

(अ) ऊँचे प्रपात

प्रपात के नाम	ऊँचाई (मीटर में)	अवस्थिति
एंजेल प्रपात	979	वेनेजुएला
ब्राउनी प्रपात	837	न्यूजीलैण्ड
कजेइफासीन प्रपात	792	नार्वे
योसेमाइट प्रपात	739	कैलिफोर्निया (सं. रा. अ.)
सरदलैण्ड प्रपात	579.34	न्यूजीलैण्ड
रोरैमा प्रपात	457.20	ब्रिटिश गुयाना
कोलम्बो प्रपात	426.72	दक्षिण अफ्रीका
टकाकू प्रपात	400.26	ब्रिटिश कोलम्बिया (कनाडा)
गरसोप्पा (जोग) प्रपात	253	शारावती नदी (कर्नाटक), भारत
मुल्टनोमाह प्रपात	250.85	ओरेगन (सं. रा. अ.)
बिदालवेल प्रपात	188.97	कैलिफोर्निया (सं. रा. अ.)

(ब) अधिक आयतन वाले प्रपात

प्रपात के नाम	ऊँचाई (मीटर में)	अवस्थिति
नियाग्रा प्रपात	62	संयुक्त राज्य अमेरिका तथा कनाडा
विक्टोरिया प्रपात	108	जिम्बाब्वे
इग्वाजू प्रपात	70	ब्राजील-अर्जेंटीना
केटूर प्रपाप	266.66	ब्रिटिश गुयाना
लोअर यल्लोस्टोन प्रपात	102.66	वायोमिंग (सं. रा. अ.)
ग्राण्ड प्रपात	105.33	लेब्राडोर (कनाडा)

II. परिवहन कार्य

नदियाँ अपरदन से प्राप्त चट्टान-चूर्ण या मलबे को एक स्थान से दूसरे स्थान तक स्थानांतरित करती हैं। नदी द्वारा किए गए इस कार्य को परिवहन कहा जाता है। नदी की परिवहन शक्ति की सीमा होती है, जिससे अधिक बोझ होने पर नदी उसे ढोने में असमर्थ हो जाती है और निक्षेप करने लगती है।

नदियाँ परिवहन कई रूपों में करती हैं। जिनमें महत्त्वपूर्ण निम्नलिखित हैं :

(i) **कर्षण द्वारा**—जब चट्टानों के बड़े-बड़े टुकड़े लुढ़कते हुए चलते हैं तो इस क्रिया को 'कर्षण' कहते हैं। इस विधि में चट्टानों के टुकड़े एक ही बार में परिवहित नहीं हो पाते हैं, वरन् एक स्थान से दूसरे स्थान पर , पुनः उससे तीसरे स्थान पर धीरे-धीरे चलते हैं। ये टुकड़े नदी की तली के साथ फिसलकर या लुढ़क कर चलते हैं।

(ii) **उत्परिवर्तन द्वारा**—इस विधि में चट्टानों के टुकड़े जल के साथ नदी की तली पर उछल-उछल कर स्थानान्तरित होते हैं। उछलने या फुदकने की क्रिया निहायत मन्द होती है। इस विधि से परिवहन की क्रिया को 'उत्परिवर्तन' कहते हैं।

(iii) **लटक कर**—यह सामान्य नियम है कि जल में प्रत्येक वस्तु का भार कम हो जाता है। जब शैल कण चट्टानों से अलग होकर नदी जल में गिरते हैं, तो जल की प्लवनशीलता के कारण उनके भार में कमी आ जाती है। इस क्रिया के कारण मध्यम श्रेणी के टुकड़े जल में लटके रहते हैं तथा जलधारा द्वारा दूर तक बहा लिए जाते हैं।

(iv) **घुलकर**—चट्टानों के घुलनशील पदार्थ जल के साथ घुलकर मिल जाते हैं तथा जल के साथ अदृश्य रूप में बहते हुए चलते हैं।

III. निक्षेप कार्य

नदी के निक्षेप कार्य में निर्मित भू-आकृतियों में जलोढ़ पंख, शंकु, बाढ़ का मैदान, प्राकृतिक तटबन्ध एवं डेल्टा मुख्य हैं, जलोढ़ पंख एवं शंकु का निर्माण पर्वतीय उद्‌गमों से निकलने वाली प्रायः सभी नदियों से होता है जो अपने जल द्वारा डेल्टा परिवाहित किए कुछ पदार्थों का निक्षेप करती हैं जो प्रायः पंखाकार होते हैं, इन्हें जलोढ़ पंख कहते हैं, जलोढ़ पंख की आकृतियाँ अधिक प्रबल ढाल वाली और अधिक स्थल शंकु के आकार की होती है तो वह जलोढ़ शंकु कहलाती है। नदी के मुहाने पर निक्षेपित जलोढ़ पदार्थों से निर्मित निम्न स्तरीय दलदली मैदान ही डेल्टा कहलाता है।

निक्षेप द्वारा निर्मित स्थलरूप

नदियों द्वारा निक्षेप से निर्मित प्रमुख स्थलरूप निम्नलिखित हैं :

(i) जलोढ़ शंकु—जलोढ़ शंकु नदी की प्रौढ़ावस्था में प्रवेश करने के सूचक होते हैं। पर्वतों से उतर कर नदी जब मैदान में प्रवेश करती है तो नदी का ढाल तथा वेग अकस्मात् कम होने पर उसकी भार बहन करने की क्षमता कम हो जाती है। जब वह पर्वतों के आधार (तलहटी) में प्रावार शैल का निक्षेपण शंकु के आकार में करती है। इनके तल में बड़े शिलाखण्ड, ऊपर बजरी तथा सबसे ऊपर महीन रेत का निक्षेप होता है।

(ii) जलोढ़ पंख—जलोढ़ पंख वास्तव में जलोढ़ शंकु का ही एक रूप है। दोनों में मुख्य अंतर आकार का है, निर्माण प्रक्रिया एक ही होती है। जलोढ़ शंकु की रचना अधिक तीव्र पर्वतीय ढालों पर नदी द्वारा एकत्रित प्रावार शैल के ऊंचे निक्षेप के रूप में होती है, विशेषतः जबकि नदी में जल की मात्रा कम तथा प्रावार शैल अधिक हों। जलोढ़ पंख की रचना कम तीव्र ढालों पर अधिक जल युक्त नदी द्वारा होती है, इनमें मलबे का विस्तार अर्द्ध वृत्ताकार या पंखे के आकार में दूर तक होता है। पंख के शीर्ष के पास नदी कई धाराओं में बँटकर बजरी के ऊपर बहने लगती है। प्रायः ये धाराएँ काफी दूर तक बजरी में अदृश्य रूप से बहती हैं तथा आगे जाकर स्रोत के रूप में पुनः प्रकट होती है। ऐसी धारा गुम्फित नदी (Braided stream) कहलाती है। ये धाराएँ अक्सर शुष्क रहती है, केवल वर्षा काल में जलपूर्ण रहती हैं।

जलोढ़ शंकु

(iii) गिरिपदीय जलोढ़ मैदान—जलोढ़ पंखों का क्रमिक विस्तार दो रूपों में होता है। ऊँचाई में विस्तार होने पर वे जलोढ़ शंकु की रचना करते हैं। परिधि की ओर विस्तार होने पर कई पंख परस्पर मिल जाते हैं जिससे संयुक्त जलोढ़ पंख (Compound alluvial fan) की रचना होती है। कई विस्तृत पंखों के परस्पर मिलने से एक विस्तृत मैदान की रचना होती है जिसे **गिरिपदीय जलोढ़ मैदान** (Piedmont alluvial plain) कहते हैं। हिमालय की तलहटी में ऐसे मैदान विशेषत: दर्शनीय हैं। इन मैदानों का महत्त्व मानव निवास के लिए अधिक होता है।

(iv) नदी विसर्प एवं चापाकार झील—वास्तव में नदी विसर्प अपरदन एवं निक्षेपण क्रिया का सम्मिलित परिणाम है। मैदान में ढाल प्रवणता (Gradient) कम होने के कारण नदी का वेग एवं उसकी परिवहन क्षमता कम हो जाती है। तब वह अतिरिक्त जलोढ़क का पार्श्वों पर निक्षेपण करने लगती है। मंद प्रवाह के कारण मार्ग में जरा-सी भी बाधा आने पर वह मुड़ जाती है। प्रौढ़ नदी अपने बाहरी तट का अपरदन तथा भीतरी तट पर निक्षेपण करती है। इससे विसर्पों का क्रमिक विस्तार होता है। विसर्प की ग्रीवा अत्यन्त संकरी हो जाने पर बाढ़ के समय वह कट जाती है तथा नदी सीधा मार्ग ग्रहण कर लेती है। कटे हुए विसर्पों में जल भरा रहता है जिन्हें चापाकार झील (Oxbow lake) कहते हैं।

(v) प्राकृतिक तटबन्ध—नदी अपनी परिपक्व प्रौढ़ावस्था (Late maturity) में अपने तटों पर जलोढ़क का निक्षेप करती है। वर्षा काल में जल का आयतन बढ़ जाने पर वह तटों को तोड़कर दूर तक बहने लगता है। बाढ़ का जल उतर जाने पर अधिकांश जलोढ़क नदी तटों पर निक्षेपित हो जाता है। इस निक्षेपण से कम ऊँचाई वाले कटक (Low ridges) बनते हैं जिन्हें प्राकृतिक तटबंध कहते हैं। सामान्यत: इनकी ऊँचाई 10 मीटर तक होती है। प्राय: ये बाढ़ से सुरक्षा प्रदान करते हैं। इनका आर्थिक महत्त्व भी अधिक है। उर्वरता के कारण इनके बाह्य ढालों पर बस्तियाँ स्थापित हो जाती है। किन्तु भयंकर बाढ़ों के समय ये तटबन्ध टूट जाते हैं जिससे बहुत विनाश होता है। चीन की ह्वांगहो नदी के तटबन्ध टूटने से उत्पन्न भयंकर बाढ़ों के कारण ही इस नदी को 'चीन का शोक' कहते हैं।

(vi) बाढ़ के मैदान—प्रौढ़ावस्था में नदी पार्श्विक अपरदन के द्वारा घाटी का चौड़ाई में विस्तार करती है। साथ ही वेग मन्द पड़ जाने के कारण उसका निक्षेप कार्य भी बढ़ जाता है। वर्षाकाल में बाढ़ का जल प्राकृतिक तटबन्धों को तोड़कर दूर-दूर तक फैल जाता है। जल सूखने के बाद जलोढ़क का विस्तृत क्षेत्रों में निक्षेप हो जाता है। इनसे उर्वर मैदानों की रचना होती है।

(vii) डेल्टा—नदी की वृद्धावस्था में उसके मुहाने के निकट जलोढ़क के निक्षेप से निर्मित यह महत्त्वपूर्ण आकृति है। इस त्रिभुजाकार आकृति का नामकरण लैटिन भाषा के Δ (डेल्टा) वर्ण के नाम पर किया गया है। सर्वप्रथम हेरोडोटस ने नील नदी के मुहाने पर निर्मित इस आकार का नामकरण किया था। तत्पश्चात् विभिन्न आकृतियों वाले इस स्थलरूप के लिए डेल्टा शब्द का ही प्रयोग होने लगा। सभी नदियाँ झील या सागर में गिरती तो हैं लेकिन वे सभी डेल्टा नहीं बनातीं। नदी के मुहाने पर डेल्टा के निर्माण में निम्न तथ्यों का योगदान होता है—(a) अधिक अपरदन से प्राप्त पदार्थ के कारण नदी अतिभारित (Overloaded) हो जाती है। तब वह अपने पार्श्वों, तली मुहाने पर अधिकांश पदार्थ को एकत्रित करती है। (b) मुहाने के निकट ढाल में बहुत कमी होने के कारण, नदी जलोढ़क का परिवहन नदी कर पाती है। (c) झील या सागर में गिरने पर सागरीय जल से रगड़ (Friction) के द्वारा नदी के वेग में बाधा पड़ती है। तब मुहाने पर डेल्टा के रूप में जलोढ़क का निक्षेप होता है। (d) सागर के खारे जल के सम्पर्क से जलोढ़क के सूक्ष्म कण भारी हो जाते हैं तो सरलता से तली में बैठने लगते हैं।

2. भूमिगत जल

पृथ्वी की सतह से नीचे भूपृष्ठीय चट्टानों के छिद्रों तथा दरारों में स्थित जल को भूमिगत जल कहा जाता है। इसे अध:तल जल भी कहा जाता है। वर्षा, हिम, सहजात जल, मैग्मा जल इत्यादि भूमिगत जल के स्रोत हैं।

I. अपरदन कार्य

अपरदन के अन्य कारकों की भाँति भूमिगत जल भी अपरदन कार्य करता है। अपक्षय के साथ विघटित तथा वियोजित चट्टानों के सामूहिक स्थानान्तरण में भूमिगत जल की महत्त्वपूर्ण भूमिका होती है। अपक्षय के कारण चट्टानें जब विघटित तथा वियोजित होकर ढीली पड़ जाती हैं तो भूमिगत जल चट्टानों की भग्नराशि को सामूहिक रूप से खिसकने में चिकनाहट का कार्य करता है। जल से चट्टानें संतृप्त होकर ऊँचे ढालों से निचले भागों में सामूहिक रूप से सरकने लगती हैं। इस क्रिया को 'भग्नराशि का सामूहिक स्थानान्तरण' कहा जाता है। इसके अन्तर्गत भू-स्खलन, मृदा सर्पण, भूमि सर्पण, पंकवाह, अवपात इत्यादि को शामिल किया जाता है। भूमिगत जल चार प्रकार से अपरदन करता है—1. घुलन क्रिया क्रिया द्वारा; 2. जलगति क्रिया 3. अपघर्षण द्वारा; 4. सन्निघर्षण द्वारा।

अपरदन क्रिया द्वारा विलयन रन्ध्र, घोल रन्ध्र, दोलाइन पोल्जे, लैपीज, युवाला, प्राकृतिक पुल, कन्दराओं इत्यादि का निर्माण होता है।

II. परिवहन कार्य

भूमिगत जल द्वारा परिवहनात्मक कार्य उतना महत्त्वपूर्ण नहीं होता। वास्तव में परिवहन होता ही नहीं, क्योंकि भूमिगत जल की गति अत्यधिक मंद होती है। सारे पदार्थ घोल के रूप में रहते हैं।

III. निक्षेपण कार्य

घुलन क्रिया के कारण भूमिगत जल में कई प्रकार के रासायनिक पदार्थ मिल जाते हैं। इस प्रकार एक निश्चित सीमा के बाद भूमिगत जल अवसाद से परिपूर्ण हो जाता है। उसमें और अधिक पदार्थ को समाविष्ट करने की सामर्थ्य नहीं रहती है। इस तरह घोल में मिला हुआ बारीक पदार्थ निक्षेपित होने लगता है।

भूमिगत जल से उत्पन्न स्थलाकृतियाँ

कार्स्ट शब्द की उत्पत्ति यूगोस्लाव भाषा के क्रास (Croas) शब्द से हुई है, जिसका अर्थ चूने के प्रदेश से है। एड्रियाटिक तट पर सागर तल से 200 मीटर ऊपर लगभग 480 कि.मी. लम्बा एवं 80 कि.मी. चौड़ा चूने का प्रदेश स्थित है। यहाँ जल की घुलनशील क्रिया द्वारा अनेक प्रकार की विशिष्ट अपरदनात्मक एवं निक्षेपात्मक आकृतियाँ देखने को मिलती हैं। यूगोस्लाविया के अतिरिक्त ग्रीस, दक्षिणी स्पेन, एण्डालुसिया, उत्तरी पोर्टोरिका, जमैका, पश्चिमी क्यूबा, सं.रा. अमेरिका (इण्डियाना, पश्चिमी मध्य केन्टुकी, वर्जीनिया, टेनेसी मध्यवर्ती फ्लोरिडा), इंगलैण्ड के चाक प्रदेश, फ्रांस के चाक प्रदेश, जूरा पर्वत, आल्पस, एपीनपाइन, पर्वतों के कुछ भाग में मिलती-जुलती कार्स्ट स्थलाकृतियाँ विकसित हुई हैं।

कार्स्ट स्थलाकृतियाँ (अपरदनात्मक स्वरूप)

लैपीज—चूने की चट्टानों पर, जब कार्बन मिश्रित जल बहता है तो इसके कुछ अंश को घुलाकर रंध्रों एवं दरारों से पानी भीतर प्रवेश कर जाता है और चट्टानों की रंध्रों को अधिक चौड़ा कर देता है तथा समस्त धरातल कटा-फटा दिखाई देता है। इसे फ्रांसीसी भाषा में लैपिज, जर्मन में कारेन, अंग्रेजी में स्लीण्ट तथा ग्राइक और सर्बिया भाषा में बोगाज कहते हैं।

घोलरन्ध्र—क्षैतिज परत युक्त चूने के समतल धरातल पर कार्बन-डाइऑक्साइड मिश्रित जल की घुलन क्रिया से असंख्य घोल रन्ध्र बन जाते हैं। संधियों में घुसकर जल उनका विस्तार करता है। ये बेलनाकार और कीपाकार होते हैं।

विलयन छिद्र—जब घोल रन्ध्र बड़े आकार के हो जाते हैं तो वे **डोलाइन** और **डोलोनाइस** कहलाते हैं।

कार्स्ट खिड़की—विलियन छिद्रों के अचानक ढह जाने के कारण, घुलनशील क्रिया द्वारा छिद्र प्रायः मिल जाते हैं तो कार्स्ट खिड़की का निर्माण होता है।

कार्स्ट झील—जब डोलाइन के जल में मृत्तिका जम जाती है और जल संचित होने लगता है तो छोटी झील बन जाती है, जैसे—एलागुआ झील (फ्लोरिडा)।

घोल पटल—यह एक उथला और विस्तृत बेसिन होता है।

युवाला—ये घोलीकरण द्वारा या डोलाइन की ऊपरी छत के ध्वस्त हो जाने से बनते हैं।

कार्स्ट घाटियाँ—जब कार्स्ट मैदान का धरातल छलनी जैसा दिखता है और कार्स्ट मैदान में बहती हुई नदी का जल छिद्रों और दरारों के सहारे भूमिगत होने लगता है और छोटी नदियाँ धरातल पर बहने वाली नदी का जल भूमिगत होकर घाटी शुष्क हो जाती है और शुष्क नदी तल बन जाता है तो **अंधी घाटी** बनती है। जब U आकार की घाटी घुलन क्रिया द्वारा बनती है तो **घोलन घाटी** या **कार्स्ट घाटी** कहलाती है।

पार्नास—लम्बवत् चौड़े मार्ग, जिनमें होकर छिद्रों और संधियों का जल गुफाओं में प्रवेश करता है, तो पार्नास का निर्माण होता है। फ्रांस में इसे **अन्वेस** कहा जाता है।

कन्दरा या गुफा—यह भूमिगत जल की घुलन क्रिया एवं अपघर्षण द्वारा बनती है। यह भूमि के नीचे खोखली आकृति है जो विभिन्न आकार एवं विस्तार में पायी जाती है।

चूर्णकूट—जब घुलन क्रिया द्वारा अधिकांश शैलें नष्ट हो जाती हैं तथा केवल कठोर शैल अपरदन से अप्रभावित रह जाती हैं तो अप्रभावित कठोर शैल के टीले के अवशिष्ट पहाड़ी के रूप में रह जाते हैं, जो यूगोस्लाविया में हम्स, पोर्टोरिको में पेपिनो पहाड़ी, क्यूबा में मोगोटस तथा फ्रांस में बूटे कहलाते हैं।

प्राकृतिक पुल—जब कन्दरा की छत गिरने पर उसका एक भाग पुल के रूप में अथवा चूने के प्रदेश में विलियन छिद्र पर भीतर ही भीतर लुप्त होकर अपघर्षण एवं घुलन क्रिया द्वारा कन्दरा का निर्माण होता है और पुनः सतह पर प्रकट होती है तथा कन्दरा की छत के धंसने पर केवल दोनों किनारों को जोड़ने वाली भाग शेष बच जाता है, जिससे कार्स्ट पुल या प्राकृतिक पुल बनता है।

निक्षेपात्मक स्थल स्वरूप

चूना पत्थर से निर्मित कन्दराओं में सभी प्रकार के निक्षेपों को सम्मिलित रूप से '**स्पीलिथोथेम**' कहा जाता है। **कैलसाइट** इसका प्रमुख संघटक होता है। भूमिगत कन्दराओं में जल के वाष्पीकरण होने से, कार्बन-डाइऑक्साइड पृथक् होने तथा कैल्सियम कार्बोनेट के निक्षेप गुफा के फर्श एवं छत पर एकत्रित होने लगते हैं। ये निक्षेप ट्रेवरटाइन कहलाते हैं। ये आकृतियाँ निम्न हैं :

स्टैलेक्टाइट—जब कन्दरा की छत पर पदार्थ का निक्षेप स्तंभ के रूप में नीचे की ओर विकसित होता है, तो इसे **स्टैलेक्टाइट** कहा जाता है। इसे **आकाशी स्तंभ** भी कहा जाता है।

स्टैलेग्माइट—जब फर्श पर स्तंभ की आकृति बनकर ऊपर की ओर विकसित होती है तो इसे **स्टैलेग्माइट** कहा जाता है।

गुहा स्तंभ—जब स्टैलेक्टाइट एवं स्टैलग्माइट एक-दूसरे की ओर बढ़ते हुए स्तंभ की रचना करते हैं तो उसे गुहा-स्तंभ कहा जाता है।

हेलिक्टाइट—जब स्तंभ का निर्माण आर्द्रता युक्त सतह पर किसी भी दिशा में होता है तो उसे हेलिक्टाइट कहते हैं।

संग्रथन—जब ठोस कण के चारों ओर पदार्थ एकत्रित होकर कैल्सियम कार्बोनेट का निक्षेप करते हैं तो इसे संग्रथन कहा जाता है।

शिराएँ—जब शैल संधियों में खनिजों का निक्षेप होता है तथा गौण आकृतियाँ बनती हैं तो उन्हें शिराएँ कहा जाता है।

3. सागरीय जल

सागरीय लहर, धाराएँ, ज्वारीय तरंग, सुनामी इत्यादि कई कारकों द्वारा सागरीय जल का कार्य सम्पन्न होता है। नदियों की तरह इनके भी तीन कार्य होते हैं :

I. अपरदन कार्य

सागरीय तरंग, सुनामी इत्यादि सागरीय अपरदन के मुख्य कारक हैं। अपरदन का सामान्य रूप प्राय: सर्फ की तरंगों (टूटी हुई तरंग) द्वारा होता रहता है, किन्तु तुफानी तरंगें अपरदन में सर्वाधिक भाग लेती हैं। सागरीय तरंगों द्वारा अपरदन रूपों में उत्पन्न होता है, यथा—

(i) जलगति क्रिया—सागरीय तरंगें तीव्र वेग से तटों से सीधे टकराती हैं, जिससे जल के दाब से तट की चट्टानें टूटकर बिखरने लगती हैं।

(ii) अपघर्षण—जब सागरीय तरंगों में कंकड़-पत्थर अधिक मात्रा में मिले रहते हैं तो ऐसी तरंगें तट के क्लिफ से टकराकर चट्टानों का तोड़-फोड़ करती हैं तथा उन्हें बहा ले जाती हैं। सागरीय तरंग का यह कार्य सर्वाधिक महत्त्वपूर्ण होता है।

(iii) सन्निघर्षण—इस क्रिया के अंतर्गत तरंगों के साथ चलने वाले शैल आपस में ही टक्कर खाकर टूटते रहते हैं। यह क्रिया मुख्य रूप से अध:प्रवाह तथा तरंगिकाओं द्वारा अधिक होती है। ये तरंगें तट से सागर की ओर चलती है। अत: ये तरंगें तट पर अपरदित पदार्थों को अपने साथ सागर की ओर ले जाती हैं।

(iv) घुलन क्रिया—चाक, डोलोमाइट, लाइमस्टोन, जिप्सम इत्यादि घुलनशील चट्टानों वाले तटों पर तरंगें इन पदार्थों वाले तटों के सीमित होने के कारण, यह रूप उतना महत्त्वपूर्ण नहीं है।

(v) जल दाब की स्थिति—विकसित हुए तटीय चट्टानों के छिद्रों की हवा सागरीय तरंगों के टकराने के कारण दबाव से संपीड़ित हो जाती हैं तथा तरंगों के पीछे हटने पर दबाव कम होते ही छिद्रों की हवा तेजी से बाहर निकलने का प्रयास करती है। इस कारण चट्टानों का आयतन बार-बार घटता-बढ़ता रहता है, जिससे चट्टानें विस्फोट के साथ टूटने लगती हैं।

अपरदनात्मक स्थलाकृति

क्लिफ—क्लिफ का निर्माण तरंगों द्वारा अपरदन के कारण तट रेखा के सहारे होता है इसलिए चट्टान के प्रकार, संरचना आदि इसके निर्माण को प्रभावित करते हैं। चट्टानों के प्रकार के अनुसार क्लिफ भी अलग-अलग आकार-प्रकार के होते हैं। ए. गिलशर के अनुसार ये चार प्रकार के होते हैं—(i) अवरोधी क्लिफ, (ii) कमजोर क्लिफ, (iii) संयुक्त क्लिफ तथा (iv) जटिल क्लिफ।

सागरीय भृगु—सागरीय भृगु का निर्माण तटीय भागों में कोमल तलछटी तथा लम्बवत् स्तरों वाली शैलों पर होता है। विशेषकर ढालू तटीय भागों में फेनिल तरंगों के शैलों के आधार पर लगातार क्रम से खाँच का दाँत बन जाता है। भृगु का शेष भाग सागर की ओर लटका रह जाता है। जब खाँचा स्थल की ओर अधिक विस्तृत होता है तब इस प्रकार लटकती हुई भृगु का निर्माण होता है।

लघु निवेशिका—जब तट के समानान्तर कठोर और कोमल शैलों की पर्तों की संधियों में तरंगों का जल प्रविष्ट होकर पीछे की कोमल शैलों को अपरदन द्वारा खोखला कर देता है तब कोमल शैलों के स्थान पर निर्मित अण्डाकार आकृति को लघु निवेशिका कहते हैं।

कन्दरा—जब संधियों में वायु वेग के थपेड़ों से तरंग कोमल शैलों का अपरदन करके एक वात छिद्र का निर्माण करके उसे अधिक विकसित करते रहते हैं तो कन्दरा का निर्माण होता है।

जिओ—जब कन्दरा की छत का कुछ भाग टूट जाता है तो संकरी और छोटी खाड़ी बन जाती है, जिसे **जिओ** कहते हैं।

मेहराब—समुद्र के भीतर प्रविष्ट शैल के आर-पार छिद्र होने पर एक विशाल द्वार बनता है, जिसे मेहराब कहते हैं।

स्कैरी—जब मेहराब की छत टूट जाती है और दीवार स्तंभ के रूप में रह जाती है तो इसे **स्कैरी या स्टेक** कहते हैं।

वेदिका या तरंग घर्षित मैदान—जब तट पर तरंगों के टकराव के कारण लटकती हुई भृगु या सागरीय भृगु के सामने जल के भीतर एक चबूतरा बन जाता है इसे वेदिका या तरंग घर्षित मैदान कहते हैं।

अपतटीय मैदान—जब उथले सागर तट पर लहरों द्वारा समानान्तर अपरदन की क्रिया से सीढ़ी की आकृति उत्पन्न होती है तो अपतटीय मैदान का निर्माण होता है।

II. परिवहन कार्य

सागरीय तरंगें तथा धाराएँ अपरदित पदार्थों का परिवहन करती हैं, किन्तु अन्य अपरदन के कारकों की तुलना में तरंगों द्वारा परिवहन कार्य विचित्र रूप में सम्पन्न होता है। कभी मलबे का परिवहन स्थल या तट की ओर होता है, तो कभी सागर की ओर। कभी तट के समानान्तर परिवहन होता है तो कभी गुरुत्व के कारण तट से अधिक दूर गहरे सागर की ओर। इसका प्रमुख कारण तरंगों का तट की ओर आना तथा पुन: पीछे लौट जाना, तरंगों का तट के साथ तिरछे रूप में टकराना तथा पुन: वेलांचली धारा का रूप धारण करना है।

III. निक्षेपात्मक स्थलाकृति

सागरीय तरंगों द्वारा अपरदित पदार्थों का तट के सहारे या तट से सुदूरवर्ती किनारे तक निक्षेप होता है। तटाभिमुख तरंगें मलबे को अपने साथ तट की ओर लाती हैं, किन्तु यह पदार्थ ढाल की ओर चला जाता है। अध:प्रवाह तथा रिप करेण्ट द्वारा भी पदार्थ तट से दूर सागर में निक्षेपित होता है। तूफानी तरंगों द्वारा बड़े-बड़े अवसाद तट के पास जमा कर दिए जाते हैं। जहाँ तक सामान्य तरंगें नहीं पहुँच पाती हैं। वेलांचली धाराओं द्वारा तट के सहारे निक्षेप होता है। इस तरह विविध रूपों में होने वाले निक्षेप के कारण तट के पास तथा उसे दूर तरह-तरह की आकृतियों का निर्माण होता है।

पुलिन—सागरीय तट के सहारे मलबे के निक्षेप से बने स्थल के रूप को पुलिन कहा जाता है। इसका निर्माण उच्च ज्वारतल तथा निम्न ज्वारतल के बीच वाले स्थानों में होता है। पुलिन का निर्माण एक जटिल प्रक्रिया है। यदि तटाभिमुख तरंगें निक्षेप में प्रयत्नशील रहती हैं तो अध:प्रवाह और सागरोन्मुख रिप तरंगें उसे हटाने तथा अपरदित करने में लगी रहती हैं। यदि तरंग घर्षित प्लेटफार्म संकरा तथा अधिक ढालुआ होता है तो अध: प्रवाह निक्षेपित पदार्थों को आसानी से बहाकर सागर के गहरे भाग में ले जाता है। धीरे-धीरे पुलिन का विस्तार होता है, जिससे तट सागर की ओर बढ़ता जाता है। पुलिन एक अस्थायी तथा अल्पकालिक निक्षेपजनित स्थलरूप होता है जो बनता-बिगड़ता रहता हो।

एक पूर्ण विकसित आदर्श पुलिन में दो संघटक होते हैं—(a) ऊपरी पुलिन तथा (b) निचली पुलिन। इसके अतिरिक्त स्टार्म पुलिन, पुलिन कटक या बर्म, पुलिन कस्प, रनेल, तरंगिका चिह्न इत्यादि भी पुलिन के तत्त्व होते हैं। अवसादों के आधार पर पुलिन (Beach) को तीन वर्गों में विभाजित किया जाता है—(a) रेत पुलिन, (b) शिंगिल पुलिन, तथा (c) बोल्डर (गोलाश्म) पुलिन।

भारत के पुलिन (बीच)

पश्चिमी तट	पूर्वी तट
जुहू पुलिन (मुम्बई तट), गोवा तट के सहारे कोल्बा, कलनगूट, अन्जना पुलिन, केरल तट के सहारे कोबलम पुलिन इत्यादि।	मेरिना पुलिन (चेन्नई तट), विशाखापटनम पुलिन, पुरी पुलिन इत्यादि।

कस्प पुलिन—अधिकांश पुलिन के सागरवर्ती भाग में रेत, गोलाश्म तथा बजरी का तरंगों द्वारा इस तरह निक्षेप हो जाता है, जो कि सागर की ओर निकले रहते हैं। इस तरह निकले हुए कटकों के बीच की दूरी प्राय: समान होती है। इन निकले हुए कटकों को **कस्प** कहते हैं। कस्पयुक्त पुलिन को **कस्प पुलिन** कहा जाता है।

रोध तथा रोधिका—तरंगों तथा धाराओं द्वारा निर्मित कटक या बाँध को **रोधिका** कहा जाता है। इनका रूप कई तरह का होता है। इसी कारण नामकरण भी अलग-अलग रूपों में किया जाता है। ये बाँध जल से ऊपर या नीचे दोनों रूपों में हो सकते हैं। बाँधों का निर्माण मुख्य रूप से तरंग घर्षित प्लेटफार्म पर तट से दूर या पास, तट से संलग्न लम्बवत् रूप में या तट के समानान्तर निक्षेपण द्वारा बाँधों का निर्माण विभिन्न रूपों में तथा विभिन्न स्थानों पर होता है। रोध तथा रोधिका में सामान्य अन्तर यह है कि रोधिका या तो जल के नीचे रहती है या उच्च ज्वार के समय अवश्य डूब जाती है, परन्तु रोध ऊँचा होने के कारण जल से ऊपर ही रहते हैं।

अपतट रोधिका—जब रोधिकाओं का निर्माण तट से दूर इस तरह होता है कि वे तट के प्राय: समानान्तर होती हैं, परन्तु तट से संलग्न नहीं होती हैं तो उन्हें **अपतट रोधिका** या **तटीय रोधिका** कहते हैं।

सबखा—शुष्क उष्ण कटिबन्धीय भागों में तटीय भागों में सपाट निक्षेप जनित तटों को **साल्ट फ्लैट** या **सबखा** कहते हैं। ये पूर्णतया चौरस बंजर तटीय भाग होते हैं। इनका मिस्र, यूनाइटेड अरब अमीरात मेक्सिको तथा कैलिफोर्निया (संयुक्त राज्य) में विकास हुआ है।

तटीय तरभाग—तटीय क्षेत्रों में विकसित सपाट दलदली भागों का निर्माण जब आर्द्र उष्ण कटिबन्धी भागों में होता है तो उन्हें **तटीय तर भाग** कहा जाता है। इनका निर्माण सामान्यतया स्पिट या रोधिका के पीछे होता है। इन सपाट भागों में उच्चावच का अभाव होता है तथा इनमें सागरीय जल स्थिर रहता है। अपवाद बारीक कणों वाले होते हैं। जल खारा होता है। मैंग्रोव वन इस तर भाग की प्रमुख विशेषता है। पश्चिम बंगाल के तटीय तर भाग का मैंग्रोव वन विश्व विख्यात है।

लूप या छल्ला—जब विरोधी धारायें वेलांचली धाराओं से अधिक प्रबल हो जाती हैं तो कभी-कभी स्पिट इतना अधिक मुड़ जाती है कि वह तट से जाकर मिल जाती है। इस तरह एक पूर्ण छल्ले का निर्माण हो जाता है, जिसके अंदर सागर का जल बन्द हो जाता है। इस तरह की आकृति को **लूप** या **छल्ला** कहते हैं। जब किसी द्वीप के चारों तरफ स्पिट का विकास होता है तो उसे लूप रोधिका या छल्लेदार रोधिका कहते हैं।

स्पिट—जब सारगीय मलबे का निक्षेप इस तरह होता है कि वह रोधिका के रूप में जल की ओर निकला होता है तो उसे **स्पिट** या **भूजिह्वा** कहते हैं। भारत के पूर्वी तथा पश्चिमी तटीय भागों में कई स्पिट का विकास हुआ है। यथा—उड़ीसा तट पर चिल्का झील के मुख में 50 किमी. लम्बी स्पिट, कलिंगापटनम के पास 16 किमी. लम्बी स्पिट, काकिनाडा खाड़ी के पूर्व में 12 किमी. लम्बी स्पिट,

पुलिकट झील के पूर्व में 60 किमी. लम्बी स्पिट, कोच्चि के पास पेम्बनाद झील में विकसित 22 एवं 25 किमी. लम्बी स्पिट महत्त्वपूर्ण हैं। रामेश्वर स्पिट अत्यधिक प्रसिद्ध है। इस स्पिट पर तो मानव अधिवास भी विकसित हो गया है।

हुक—तूफानी तरंगे स्पिट के आकार में परिवर्तन लाती रहती हैं। एक ओर स्पिट के निर्माण में भाग लेने वाली तरंगें उसके सिरे या अग्रभाग पर पदार्थों को जमा करके उसे (स्पिट) सागर की ओर बढ़ाने का प्रयास करती हैं तो दूसरी ओर अन्य धारायें तथा तरंगें स्पिट को अपने बल द्वारा मोड़कर उनकी दिशा में परिवर्तन लाने का प्रयास करती हैं। जब मोड़ने वाली तरंग या धारा अधिक प्रबल हो जाती है तो **स्पिट** का अग्रभाग तट की ओर मुड़ जाता है। धीरे-धीरे यह मोड़ बढ़ता जाता है तथा कुछ समय बाद अंकुश के आकार का हो जाता है। इस तरह तट की ओर मुड़ी हुई स्पिट को हुक कहते हैं। यह प्रक्रिया बार-बार चलती रहती है।

संयोजक रोधिका—कभी-कभी रोधिका विस्तृत होकर दो द्वीपों या मुख्य स्थल से द्वीप को जोड़ देती है तो वह संयोजक रोधिका कहलाती है। इसे संयोजी भित्ति या **टोम्बोलो** भी कहते हैं। वास्तव में टोम्बोलो तट तथा द्वीप के मध्य या दो स्थल खण्डों के मध्य पुल का कार्य करता है।

खाड़ी रोधिका—जब रोधिका का विस्तार खाड़ी के सहारे इस प्रकार होता है कि खाड़ी के दोनों सिरे मिल जाते हैं तथा उनकी पीछे व तट के मध्य उथला लैगून स्थित होता है तो उसे खाड़ी रोधिका कहते हैं।

उभयाग्र रोधिका—दो संलग्न भित्तियों (रोधिकाओं) के परस्पर मिल जाने पर यह बनती है। इसे डंगनैस (Dungness) भी कहते हैं।

सागरीय तट या किनारा

सागरीय तट और सागरीय किनारा में महत्त्वपूर्ण अंतर होता है। महाद्वीपीय क्लिफ से सागर की ओर का शुष्क स्थलीय भाग 'तट' कहलाता है, जबकि तट से आगे महाद्वीपीय मग्न ढाल का भाग जो जलमग्न रहता है, किनारा कहलाता है। ज्वार के समय यह किनारा उच्च किनारा तथा भाटा के समय निम्न किनारा कहलाता है। सागरीय किनारें तीन प्रकार के होते हैं :

1. **पृष्ठ किनारा**—जिस स्थान तक समुद्र की बढ़ती हुई लहर पहुँचती है उसे पृष्ठ किनारा कहते हैं। यह स्थल की ओर लहर की अन्तिम सीमा होती है।
2. **अग्र किनारा**—जहाँ सागरीय जल सदैव विद्यमान रहता है।
3. **बाह्य किनारा**—महाद्वीपीय मग्न तट का उथला भाग जो जलमग्न रहता है, बाह्य किनारा कहलाता है।

तट रेखाएँ

सुएस के अनुसार तट रेखाएँ दो प्रकार की होती हैं :

1. प्रशांत महासागरीय तट रेखा—इस तट रेखा के सहारे नवीन वलित पर्वत स्थित हैं। पूर्वी तट के सहारे रॉकी एवं एण्डीज तथा पश्चिमी तट के सहारे जापान एवं अन्य द्वीपों में वलित पर्वत स्थित हैं। उत्तरी अफ्रीका, दक्षिणी स्पेन, इटली, युगोस्लाविया आदि में भी इस प्रकार की तट रेखा पायी जाती है। यह तट रेखा रिचथोफेन के द्वारा वर्णित अनुदैर्ध्य तट की भाँति है।

2. अटलांटिक तट रेखा—इस तट रेखा पर तटीय संरचना का प्रभाव नहीं पड़ता है। रिचथोफेन द्वारा वर्णित अधिकांश तट रेखएँ इसी वर्ग में आती है।

समुद्री किनारों का वर्गीकरण

समुद्री किनारों पर उत्पन्न स्थलरूपों के विवेचन में किनारों का आनुवंशिक वर्गीकरण (Genetic classification) जानना आवश्यक है। संरचना की भिन्नता होने पर तरंगों एवं धाराओं का कार्य भी भिन्न होता है। **जॉनसन** (D. W. Johnson, 1919) के अनुसार समुद्री किनारे चार प्रकार के होते हैं :

1. निमग्न समुद्री किनारा—संसार के अधिकांश वर्तमान समुद्री किनारे जलमग्न ही हैं। विद्वानों के मत में प्लीस्टोसीन हिमयुग की समाप्ति पर हिमानियाँ पीछे हटीं तथा उनका मलबा समुद्र में एकत्रित होने लगा। निरन्तर जल की मात्रा बढ़ने से समुद्री किनारे जलमग्न हो गए। जलमग्न किनारों की उत्पत्ति का दूसरा कारण पटल-विरूपण क्रिया है, जिससे भूमि का अवतलन होता है। जलमग्र किनारे टेढ़े-मेढ़े होते हैं। यहाँ युवावस्था के चिह्न अधिक मिलते हैं। इन किनारों पर निम्न प्रकार की आकृतियाँ पायी जाती हैं।

(i) रिया तट—सागर तट पर नदी घाटियों के जल मग्न होने से ज्वारनदमुख (Estuary) बनते हैं। गहरी घाटियों के निमग्न होने से गहरे तट उत्पन्न होते हैं। दक्षिणी पश्चिमी आयरलैण्ड का तट इसी प्रकार का है।

(ii) फियोर्ड तट—हिमानियों द्वारा निर्मित घाटियों के जलमग्न होने पर ये तट बनते हैं। ये तट सागर तल से भी नीचे होते हैं। इन तटों पर हिमोढ़ों से निर्मित द्वीप स्थित होते हैं। नार्वे, चिली, ग्रीनलैण्ड, अलास्का आदि के तट इसी प्रकार के हैं।

(iii) डाल्मेशियन तट—तट के समानान्तर विस्तृत पर्वत श्रेणी यदि जलमग्न हो जाती है तो उनके मध्य घाटियों में जल भर जाता है तथा समुद्र के किनारे लम्बाकार द्वीप बन जाते हैं। यूगोस्लाविया के डाल्मेशियन तट के नाम पर ये तट विख्यात हैं।

(iv) हैफ तट—शुष्क मरुस्थलों के किनारों पर बालू के निक्षेप अधिक पाये जाते हैं। रोधिकाएँ, हुक, भूजिह्वा आदि आकृतियाँ उत्पन्न

होती हैं। पूर्वी एशिया तट एवं फ्रांस का गरोन (सोमरसेटशायर) तट इसके उत्तम उदाहरण है।

2. उन्मग्न समुद्री किनारा—हिम युग के दौरान जल की कमी अथवा पटलविरूपण द्वारा किनारे की भूमि के उन्मज्जन से ये किनारे उत्पन्न होते हैं। इन तटों पर 30 से 50 मीटर तक उन्मग्न तरंग घर्षित मैदान (Wave cut plains) सीढ़ीनुमा ढाल, समुद्री गुफाएँ आदि आकर देखे जा सकते हैं। पुलिन (Beach) के ऊपर प्रावार शैल के निक्षेप मिलते हैं। ऐसी तट रेखा पर्याप्त सीधी और व्यवस्थित होती है।

3. तटस्थ समुद्री किनारा (Neutral shoreline)—जलमग्न तट या उन्मग्नता से प्रभावित क्षेत्रों में ये तट स्थित होते हैं। इन किनारों पर चापाकार डेल्टा, बालू भित्ति लैगून, प्रवाल आदि पाये जाते हैं।

4. मिश्रित समुद्री किनारा (Compound shoreline)—इन किनारों पर कई बार जलमग्नता तथा उन्मग्नता के प्रभाव पड़ते हैं। अतः इन किनारों पर मिश्रित आकृतियाँ उत्पन्न होती हैं।

4. पवन

अपरदन के अन्य कारकों की तरह पवन भी अपरदन तथा निक्षेप का मुख्य कारक है। पवन का अपरदन कार्य भौतिक एवं यांत्रिक प्रक्रमों द्वारा होता है। मरुस्थलीय क्षेत्रों में जल द्वारा रासायनिक क्रिया होती है। यांत्रिक अपक्षय द्वारा शैलें ढीली पड़ जाती हैं, जिसे पवन सरलता से अपरदित करके स्थानान्तरित करती है।

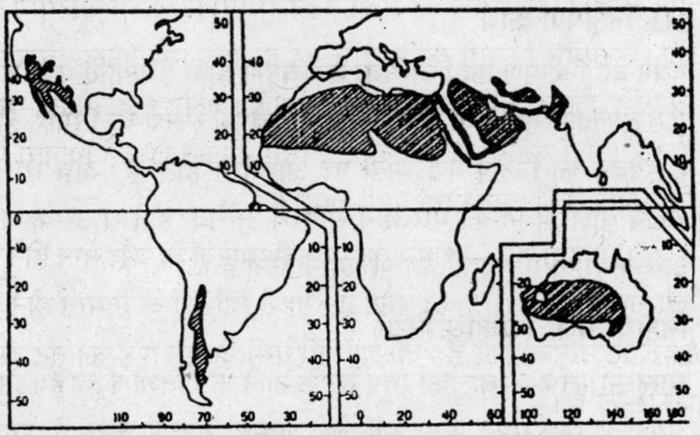

विश्व के प्रमुख मरुस्थल

> **विश्व के प्रमुख 5 मरुस्थल प्रदेश**
>
> **1. सहारा-मध्य एशिया प्रदेश** (सहारा रेगिस्तान, अरेबियन रेगिस्तान, भारत का थार मरुस्थल, कराकुम तथा किजिलकुम मरुस्थल तकलामकान एवं गोबी मरुस्थल), **2. दक्षिण अफ्रीकी प्रदेश** (कालाहारी, नामीब, कारू मरुस्थल), **3. दक्षिण अमेरिकी प्रदेश** (अटाकामा-चिली तथा पेरू तट के सहारे पैंटागोनिया मरुस्थल, **4. उत्तरी अमेरिकी प्रदेश** (कैलिफोर्निया तथा एरिजोना के मोजाबे एवं मेक्सिको का सोनोरा मरुस्थल), **5. आस्ट्रेलिया मरुस्थल प्रदेश।**

I. अपरदन कार्य

पवन द्वारा अपरदनात्मक कार्य तीन विधियों द्वारा सम्पन्न होता है :

1. अपवाहन—इस क्रिया में ढीली तथा असंगठित शैल कणों को पवन उड़ा ले जाती है और धरातल की परत-दर-परत उतरती रहती है तथा आधार शैल नग्न हो जाती है। इस क्रिया द्वारा धरातल पर गर्त उत्पन्न होते हैं, जैसे—मिस्र का कतारा नामक गर्त।

2. अपघर्षण—इस क्रिया में मार्ग में पड़ने वाली शैलों को पवन के साथ उड़ते हुए रेत या धूल के कण अपरदन यंत्र अथवा रेगमान की तरह कार्य करते हैं। पवन की यह क्रिया पवन के वेग, रेत कणों की मात्रा तथा मार्गवर्ती शैलों की संरचना पर निर्भर करती है। यह कार्य 6 फीट की ऊँचाई तक महत्त्वपूर्ण है। ब्लैक वेल्डर के अनुसार अपघर्षण की क्रिया शैलों की पालिस एवं गर्त, खरोंच तथा फलक क्रिया रूप में होती हैं।

3. सन्निघर्षण—तीव्र पवन के साथ उड़ने वाली शैलकण तथा धूल कण मार्ग में पड़ने वाली चट्टानों को रगड़ने तथा घिसने के अलावा स्वयं आपस में टकराकर रगड़ खाकर टूटते-फूटते रहते हैं। इस कारण कणों का आकार छोटा तथा गोल होने लगता है। अधिक रगड़ होने के कारण कण बारीक हो जाते हैं। इस तरह शैल कणों के आपस में रगड़ खाकर यांत्रिक ढंग से टूटने की क्रिया को सन्निघर्षण कहते हैं।

अपरदनात्मक स्थलरूप

भूस्तंभ—शुष्क प्रदेश में जहाँ पर असंगठित तथा कोमल शैल के ऊपर कठोर तथा प्रतिरोधी शैल का आवरण होता है, वहाँ पर इस आवरण के कारण नीचे की कोमल शैल का अपरदन नहीं हो पाता है, क्योंकि ऊपर कठोर शैल के आवरण से निचली कोमल शैल को संरक्षण प्राप्त होता है। परन्तु समीप्य कोमल चट्टान का अपरदन होता रहता है, जिस कारण आस-पास की शैल कट कर हट जाती है और कठोर शैल के आवरण वाला भाग एक स्तम्भ के रूप में सतह पर दिखाई पड़ता है। इसे भूस्तम्भ कहा जाता है।

यारडांग—यारडांग की रचना ज्यूगेन के विपरीत होती है। जब कोमल तथा कठोर चट्टानों के स्तर लम्बवत् दिशा में मिलते हैं तो पवन कठोर शैल की अपेक्षा मुलायम शैल को शीघ्र अपरदित करके उड़ा ले जाती है। इस प्रकार कठोर शैलों के मध्य कोमल शैलों के अपरदित होकर उड़ जाने के कारण कठोर चट्टान के भाग खड़े रह जाते हैं। इन शैलों के पार्श्व में पवन द्वारा कटाव होने से नालियाँ बन जाती हैं। इस तरह के स्थलरूप को यारडांग कहते हैं। यारडांग प्रायः पवन की दिशा में समानान्तर रूप में होते हैं। इनकी ऊँचाई 20 फीट तक तथा चौड़ाई 30 से 120 फीट तक होती है। यारडांग का निर्माण निश्चित रूप से पवन के अपघर्षण कार्य द्वारा होता है।

पुल तथा खिड़की—जालीदार शिला में पवन के अपरदन द्वारा पवनोन्मुखी भाग में छिद्र हो जाता है। पवन धीरे-धीरे इस छिद्र के विघटित पदार्थों को उड़ा-उड़ा कर उसे विस्तृत करती जाती है। एक लम्बे समय तक अपरदन के कारण यह छिद्र शैल के आर-पार हो जाता है। शैल के इस आर-पास छिद्र को पवन खिड़की या पवन वातायन कहा जाता है। इस खिड़की से होकर अपरदन द्वारा चट्टान का शनैः-शनैः नीचे तक कटाव हो जाता है, परन्तु ऊपरी भाग छत के रूप में वर्तमान रहता है। इस तरह एक मेहराब की आकृति का निर्माण होता है। इसे पुल भी कहा जाता है।

ड्राइकान्टर—पथरीले मरुस्थलों में सतह पर पड़े शिलाखण्डों पर पवन से अपरदन द्वारा खरोंचें पड़ जाती हैं, जिस कारण शिलाखण्ड या पत्थर के टुकड़ों पर तरह-तरह की नक्काशी हो जाती है। यदि पवन कई दिशाओं से होकर चलती है तो इन शिलाखण्डों की आकृति चतुष्फलक जैसी हो जाता है, जिसका एक फल या फलक भूपृष्ठ पर होता है तथा शेष तीन फलक बाहर की ओर होते हैं। इस प्रकार बाहर की ओर निकले तीन फलक या पार्श्वों वाले टुकड़ों को त्रिकोणाकार कंकड़ या ड्राइकान्टर कहते हैं। इन टुकड़ों पर पवन के थपेडों से उत्पन्न खरोंचे स्पष्ट नजर आती हैं। तीन फलक वाले बोल्डर को ड्राइकाण्टर तथा 8 अपघर्षित फलक वाले बोल्डर को वेन्टीफैक्ट कहते हैं।

जालीदार शिला या जालक—मरुस्थलीय भागों में जब सशक्त पवन के सामने ऐसी शिलाएँ पड़ जाती हैं, जिनकी संरचना विभिन्न स्वभाव वाली चट्टानों से हुई होती है अर्थात् जिनके विभिन्न भागों में कठोरता में पर्याप्त भिन्नता होती है तो पवन रेत कणों की सहायता से अपघर्षण द्वारा शैल के कोमल भागों को अपरदित करके उड़ा ले जाती है, परन्तु कठोर भाग यथास्थान स्थित रहते हैं। इस प्रकार के अपरदन के कारण शैल भाग में जाली का निर्माण हो जाता है। इस तरह की शैल को जालीदार शैल या जालक शैल या अहिश्मक जालक कहते हैं।

छत्रक शिला—मरुस्थली भागों में यदि कठोर शैल के नीचे कोमल शैल होता है तो वहाँ चलने वाली हवा के साथ उड़ने वाली रेत उस कोमल शैल को काटती रहती है, किन्तु ये रेत ऊपर तक नहीं जा पाती इसलिए ऊपर का भाग ज्यों-का-त्यों रहता है। इस तरह एक छतरीनुमा स्थलरूप का निर्माण होता है, जिसे छत्रक शिला कहते हैं। छत्रक शिला को सहारा के रेगिस्तान में **गारा** कहा जाता है। जर्मनी में इसे **पिट्जफेल्सन** नाम से सम्बोधित करते हैं। इसे **पेडस्ट शैल** भी कहते हैं।

वातगर्त या अपवाह बेसिन—जब पवन द्वारा धरातल की ढीली तथा असंगठित शैलें अपवाहन क्रिया द्वारा उड़ा ले जायी जाती हैं तो छोटे-छोटे गर्त, जिनकी, अंतिम सीमा भौमजल स्तर द्वारा निर्धारित होती है, बन जाते हैं। वातगर्त कहलाते हैं। इनका आकार तश्तरीनुमा होता है। सहारा, कालाहारी, गोबी इत्यादि मरुस्थलों में ऐसी आकृतियाँ बनती हैं। इनमें जल भर जाने से झीलें बन जाती हैं तथा वहाँ मरुस्थल बन जाते हैं।

इंसेलबर्ग (दीपाभगिरि)—इन्सेलबर्ग जर्मन भाषा का पारिभाषिक शब्द है, जिसका तात्पर्य पर्वत, द्वीप या द्वीपीय पर्वत से है। जब मरुस्थल में कठोर शैलों के उभरे हुए टीले द्वीप या पर्वतशिला की कोमल शैल के अपघर्षण के कारण अवशिष्ट मात्र में रह जाते हैं तो इनकी आकृति पिरामिड जैसी बन जाती है। इन्हें इन्सेलबर्ग कहा जाता है।

ज्यूगेन—इस शब्द का प्रयोग, जर्मन भाषा में, कठोर और प्रतिरोधी शैलों के लिए होता है, जो कोमल शैलों पर दवात के ढक्कन की आकृति की होती हैं। इसकी ऊँचाई 30 मीटर होती है। रचना कोमल तथा कठोर शैलों से होती है। संधियों में ओस जमने से रात्रि में कम तापमान के कारण शैलों में प्रसार एवं दरारों में विस्तार हो जाता है और शैलें संधियों के स्थान पर विघटित होकर ढीलें पदार्थ पवन द्वारा उड़ाए जाने पर ज्यूगेन का निर्माण होता है।

II. परिवहन कार्य

अपने वेग के कारण पवन का परिवहन कार्य अनिश्चित होता है। इस द्वारा परिवहित सूक्ष्म पदार्थ पवन के साथ लटककर चलते हैं तथा छोटे शैलखण्ड उछलकर या खिसककर चलते हैं। अधिक बड़े खण्ड धरातल पर लुढ़ककर चलते हैं। इस क्रिया को पृष्ठीय घर्षण कहते हैं।

III. निक्षेपण कार्य

पवन का निक्षेपण कार्य अधिक महत्त्वपूर्ण होता है क्योंकि इस कार्य द्वारा बालूका स्तूपों तथा लोयस जैसे महत्त्वपूर्ण स्थलों का निर्माण होता है। पवन का निक्षेप कई बातों पर आधारित होता है। तीव्र वेग से चलने वाली पवन की परिवहन सामर्थ्य अधिक होने से उसके साथ अधिक मात्रा में पदार्थों का परिवहन होता है।

निक्षेपात्मक स्थलाकृतियाँ

बालूका स्तूप—बालूका स्तूप रेत के टीले के गतिशील ढेर हैं। इनके समूह को स्तूप समूह, स्तूप उपनिवेश या स्तूप श्रृंखला कहते हैं। इनका पवन के साथ स्थानान्तरण होता रहता है। इनकी रचना क्वार्ट्जाइट बालू द्वारा होती है। इनके निर्माण के लिए प्रचुर मात्रा में रेत, निरंतर वेग से बहती हुई पवन, पवन प्रवाह के मार्ग में बाधा इत्यादि दशाएँ आवश्यक हैं। जब अवरोधक शिला के कुछ पूर्व रेत का ढेर एकत्रित हो जाता है तो प्रगति स्तूप कहलाता है।

बारखान—यह अनुप्रस्थ स्तूप का रूप है। ये अर्द्ध चन्द्राकार या चापाकार होते हैं। इनका विकास पवन के अनुप्रस्थ दिशा में समकोण पर होता है। इनका पवनोन्मुख ढाल उत्तर तथा विमुख अवतल, सिरे नुकीले सींगमुक्त होते हैं। यदि रेत अपर्याप्त है तो

बरखान छोटे और बिखरे हुए अन्यथा समूह अथवा शृंखला के रूप में मिलते हैं।

लोयस—इसका निर्माण पवन द्वारा उड़ाए गए धूल-कणों के निक्षेप से होता है। इनका नामकरण फ्रांस के अलसेस प्रांत में लोयस गाँव में निर्मित आकृति के आधार पर हुआ है। लोयस का सबसे पहले अध्ययन **रिचयोफेन** ने उत्तरी पश्चिमी चीन में किया था। इनमें सिल्ट, मृत्तिका, बालू की मात्रा अधिक होती है।

उर्मिकाएँ—उर्मिकाएँ अथवा तरंग-चिह्न रेतीले मरुस्थलों में व्यापक रूप से मिलते हैं। पवन के बहने से मरुस्थल की रेतीली सतह पर सागरीय तरंगों की भाँति लहरदार चिह्न बन जाते हैं। इनका निर्माण पवन की दिशा के समकोण पर होता है। पवन की दिशा बदलने के साथ ही उर्मिकाएँ भी बनती-बिगड़ती रहती हैं। इनकी ऊँचाई मात्रा कुछ सेन्टीमीटर होती है।

बालूका प्रवाह—यह बालुका स्तूपों का ही विशिष्ट रूप है। ये लम्बाकार एवं तीव्र शिखर वाली बालू निर्मित श्रेणियाँ हैं, जो किसी स्थलाकृतिक बाधा के सहारे पवन को दिशा में आगे बढ़ती है।

बालूका कगार—ये लम्बाकार बालूका श्रेणियों की अपेक्षा अधिक विस्तृत चपटे शिखर वाली पहाड़ियाँ हैं, जो पवन की दिशा के समानान्तर विस्तृत होती है। ये प्राय: 150 फीट ऊँची, 2 मील चौड़ी तथा 100 मील तक लम्बी होती हैं।

बालूका आवरण—ये बालू के विस्तृत क्षेत्र हैं जो प्राय: समतल, आकारविहीन एवं स्तूपरहित होते हैं। इनके ऊपर केवल सूक्ष्म उर्मिकाएँ ही दृष्टिगोचर होती हैं। 3000 वर्गमील में विस्तृत लीबिया की सेलिमा शीट ऐसी ही आकृति है।

छत्रक शिला

भूस्तम्भ

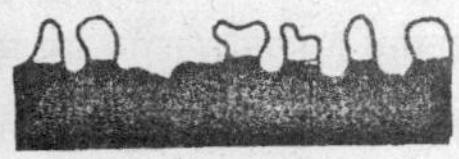

ज्यूगेन

यारडांग

बरखान

5. हिमनद

वारसेस्टर के अनुसार 'हिमानी' हिम की एक ऐसी राशि है, जो धरातल पर संचय के स्थान से धीरे-धीरे खिसकती है।

फ्लिन्ट के अनुसार हिमानी की उत्पत्ति पिघले जल एवं तुषार में पुन: नवीकरण की क्रिया से होती है। हिमनद हिम के समूह होते हैं जो हिम क्षेत्रों से गुरुत्व के कारण बहुत धीमे सरकते हैं। हिमक्षेत्र की निचली सीमा हिमरेखा कहलाती है। विषुवत रेखा पर हिमरेखा सागरतल से 5500 से 6000 मीटर की ऊँचाई पर मिलती है। हिमालय में 4300 मीटर से 5300 मीटर तक, आल्पस में 3000 मीटर पर, नार्वे तथा अलास्का में 1650 मीटर पर एवं ग्रीनलैण्ड में 650 मीटर पर हिमरेखा मिलती है।

हिमक्षेत्र की उत्पत्ति तथा विकास के लिए निम्न दशाएँ आवश्यक हैं :

I. वर्ष में पर्याप्त अवधि तक हिमपात होना चाहिए।

II. वर्ष भर तापमान न्यून रहने चाहिए ताकि पिघल न सके।

III. स्थल का ढाल सामान्य होना चाहिए जिससे हिम संचित रह सके।

IV. तीव्र पवनों तथा सूर्य ताप से सुरक्षित ढाल होने चाहिए।

हिमानी के प्रकार

सामान्यत: रूप एवं आकार के आधार पर चार प्रकार की हिमानियाँ होती हैं—(1) हिमटोपी, (2) हिमचादर, (3) पर्वतीय अथवा घाटी तथा (4) गिरिपदीय।

1. हिमटोपी—कुछ विद्वान इन्हें हिमचादर का लघुरूप मानते हैं। अन्य विद्वान पर्वत शिखरों पर स्थित हिमचादर को हिमटोपी कहते हैं। ये अधिक ऊँचाई पर स्थित होती हैं तथा इनसे अनेक हिमानियों की उत्पत्ति होती है।

2. महाद्वीपीय हिमानी—विस्तृत क्षेत्र में लगातार हिम संचित होने से एक विस्तृत हिमचादर उत्पन्न होती है। अधिक विस्तृत होने के कारण इसे महाद्वीपीय हिमानी कहते हैं। ये प्राय: स्थिर हिमक्षेत्र होते हैं। इनके सरकने की गति बहुत मन्द होती है। प्लीस्टोसीन युग में यूरेशिया तथा उत्तरी अमेरिका का लगभग आधा भाग हिमचादर से ढक गया था, किन्तु वर्तमान समय में ग्रीनलैण्ड तथा अन्टार्कटिका ही व्यापक महाद्वीपीय हिमानियाँ हैं।

3. पर्वतीय या घाटी हिमानी—उच्च पर्वतों में स्थित हिमटोपियों या हिमक्षेत्रों से जब हिमराशि गुरुत्व के कारण ढाल के नीचे सरकती है तब इसे पर्वतीय या घाटी हिमानी कहते हैं। आल्पस में इन हिमानियों का विशेष अध्ययन होने के कारण इन्हें अल्पाइन कहा गया है। पर्वतीय ढाल से घाटी से घाटी की ओर बहने के कारण उन्हें घाटी हिमानी भी कहते हैं। ये केवल हिमरेखा तक स्थित होती हैं। आल्पस, हिमालय, कराकोरम, आदि पर्वत श्रेणियों में विश्व-प्रसिद्ध हिमानियाँ स्थित हैं।

4. गिरिपदीय हिमानी—पर्वतों से उतरकर कई हिमानियाँ तलहटी में एकत्रित होती हैं। ये हिमानियाँ उच्च अक्षांशीय पर्वतीय क्षेत्रों में ही पायी जाती हैं। अलास्का की मेलास्पिना हिमानी, पश्चिमी ग्रीनलैण्ड में फ्रेडरिक शाब हिमानी, अन्टार्कटिका में वटरपाइन्ट हिमानियाँ उल्लेखनीय उदाहरण हैं।

हिमानी के कार्य

I. अपरदन कार्य

संरक्षणवादी विद्वानों के अनुसार स्थाई या स्थिर हिम नीचे की शैलों को ढककर उन्हें संरक्षण प्रदान करती है। अपरदन के समर्थकों के अनुसार गतिशील हिम विभिन्न प्रक्रिया और द्वारा शैलों का अपरदन करता है, यथा—

1. अपघर्षण—शुद्ध हिम में अपरदन की क्षमता अधिक नहीं होती, किन्तु कंकड़, पत्थर, शिलाखण्डों से युक्त होने पर अपरदन सम्पन्न होता है। ये पदार्थ रेगमार की तरह हिमानी के पार्श्वों एवं नली को घिसते, खुरचते रगड़ते हुए चलते हैं।

2. उत्पाटन—वर्षा तथा पिघले हुए हिम से प्राप्त जल शैल संधियों एवं दरारों में प्रवेश करता है। तापमान गिरने पर जल जम जाता है। इससे प्रतिवर्ग इंच क्षेत्र पर 2000 पौंड का दबाव पड़ता है, जिससे शैलें कमजोर पड़ती हैं। इस प्रकार बड़े-बड़े शिलाखण्ड टूटते हैं। इस क्रिया को वेजिंग कहते हैं।

3. सन्निघर्षण—हिमानी के साथ प्रवाहित होते हुए भी शिलाखण्ड परस्पर रगड़कर खण्डित होते हैं तथा क्रमश: सूक्ष्म चूर्ण में परिवर्तित होते हैं।

II. परिवहन कार्य

नदी की तरह हिमानी भी विभिन्न आकार वाले शिलाखण्डों व शिलाचूर्ण का परिवहन होता है, किन्तु नदी के विपरीत हिमानी में सभी प्रकार के पदार्थ एक साथ आगे बढ़ते हैं। हिमानी में नदी की अपेक्षा ढोने की अधिक क्षमता होती है। परिवहन किए जाने वाले कुछ पदार्थ को अपोढ़ कहते हैं।

III. निक्षेपात्मक कार्य

हिम के पिघलने पर अधिकांश पदार्थ वहीं पर छूट जाते हैं। पदार्थों का निक्षेप मिश्रित रूप में होता है, इसलिए पदार्थ स्तरीकरण नहीं पाया जाता। इस ढीले पदार्थ को सम्मिलित रूप से 'टिल' कहते हैं।

अपरदनात्मक स्थलाकृति

1. घाटी : यह दो प्रकार की होती है :

(a) यू-आकार की घाटी—नदी घाटियों में पर्वत प्रक्षेप हिम के अनवरत घिसाव एवं कटाव से नष्ट हो जाते हैं। फलत: घाटियाँ चौड़ी हो जाती हैं और किनारे लगभग खड़े हो जाते हैं, जिन्हें 'यू' आकार की घाटी कहते हैं। इंगलैण्ड की रेडियल घाटी, केलिफोर्निया की योसेमाइट घाटी तथा स्विट्जरलैण्ड की लॉटरब्रुनेन घाटी प्रसिद्ध हिमानी घाटियाँ हैं।

(b) लटकती घाटी—हिमानी की मुख्य घाटी गहरी एवं 'यू' आकार की होती है। इनमें मिलने वाली सहायक घाटी मुख्य घाटी के ऊपर लटकती हुई दृष्टिगोचर होती है। हिम के पिघलने पर इस स्थान पर प्रपात का निर्माण होता है। इनकी उत्पत्ति भी विवादास्पद है। अधिकतम मान्य मत के अनुसार मुख्य हिमानी घाटी ही निर्मित होती है तथा सहायक घाटी का निर्माण अधिक ऊँचाई पर बहने वाली हिमानी द्वारा होता है।

2. सर्क या हिम गह्वर—हिमनद के प्रवाहित होने से पूर्व ही कोई एक उथला गड्डा होता है, जो हिमपात के साथ जल के घर्षण द्वारा बना होता है। इसके पश्चात् हिमनद का प्रवाह आरंभ हो जाता है जो उस पूर्ववर्ती उथले गर्त में बहता रहता है तथा वह उथला गर्त लगातार अधिकाधिक बड़ा होता रहता है और सर्क का निर्माण करता है। यह आराम कुर्सी से मिलती—जुलती आकृति है। इन्हें हिमगर्त या 'हिम गह्वर' भी कहते हैं। इन्हें जर्मनी में **'कार'** वेल्स में **'क्रम'**, **स्कॉटलैण्ड** में **'कौरी'** तथा नार्वे में **'बोटन'** कहा जाता है।

3. टार्न—सर्क रूपी बेसिन में जल भरने पर एक लघु झील का निर्माण होता है, जिसे सर्क झील या टार्न कहते हैं।

4. गिरिशृंग—किसी पहाड़ी के पार्श्वों पर कई सर्क बन जाते हैं। लगातार अपघर्षण द्वारा ये क्रमशः पीछे हटते जाते हैं तब उनके परस्पर मिलने से पिरामिड के आकार की नुकीली चोटी बनती है। स्विट्जरलैण्ड में आल्पस पर्वत की मैटर हार्न नामक नुकीली शिखर के आधार पर इस आकृति का नामकरण किया गया है।

5. अरेत या तीक्ष्ण कटक—किसी पहाड़ी के दोनों पार्श्वों पर सर्क उत्पन्न होते हैं। क्रमशः विकसित होते हुए ये सर्क परस्पर निकट आते हैं तब उनका मध्य भाग नुकीला होने लगता है। अन्ततः नुकीली शिखर विकसित होती है जिसके पार्श्व कंधे या आरे के समान नुकीले होते हैं। सं. रा. अमेरिका में इन्हें **कंकट कटक** कहते हैं।

6. कॉल—जब पहाड़ी के दोनों ओर विकसित सर्क इस प्रकार मिलते हैं कि मध्य की दीवार टूटने से टीलें के आर-पार मार्ग खुल जाता है तो उसे हिमानी दर्रा या कॉल कहते हैं।

7. नुनाटक—ये विस्तृत हिम क्षेत्रों में उभरे हुए टीले हैं जो द्वीप के समान लगते हैं।

8. शृंग व पुच्छ—हिमानी के प्रवाह मार्ग में स्थित ज्वालामुखी प्लेग, बेसाल्ट या अन्य कोई शिला के सम्मुख ढाल पर हिम की घर्षण क्रिया से ऊबड़-खाबड़ ढाल बन जाता है, इसे शृंग कहते हैं। विमुख ढाल पर हिम सरलता से उतर जाता है, यहाँ मन्द व सम ढाल उत्पन्न होता है, इसे पुच्छ कहते हैं।

9. मेष शिला या भेड़ पीठिका—हिमानी के प्रवाह मार्ग में स्थित आधार शैलों में उभरे टीले स्थित होते हैं तब सम्मुख ढाल पर अपघर्षण क्रिया से चिकना व सपाट ढाल उत्पन्न होता है। किन्तु विमुख ढाल पर अपघटन की क्रिया से ऊबड़-खाबड़ ढाल उत्पन्न होता है। यह आकृति दूर से भेड़ की पीठ जैसी लगती है। सर्वप्रथम 1804 में डी सॉसर ने इस आकृति का नामकरण किया था।

10. हिमपात्र एवं सोपान—ये विशाल हिमपात्र नदी घाटी में हिमानी अपरदन से बनते हैं। पर्वतीय ढाल पर अनेक सोपान बन जाते हैं जिन्हें दैत्याकार सोपान कहते हैं। हिमानी के मार्ग में भ्रशंन क्रिया से कई कगार बन जाते हैं। इनके ऊपर प्रवाहित हिमानी अपघर्षण, उत्पादन एवं विशेष अपरदन की क्रियाओं द्वारा इन सोपानों का निर्माण करती हैं। इनमें भ्रंश कगार के निकट निर्मित गर्तों में जल भरने से छोटी-छोटी झीलें बनती हैं जिन्हें **पेटरनॉस्टर झील** कहते हैं। ये झीलें भी सोपानों की तरह शृंखला में पायी जाती हैं।

11. फियोर्ड—ये निमग्न हिमानीकृत घाटियाँ हैं। न्यूजीलैण्ड, नार्वे, ब्रिटिश कोलम्बिया, चिली इत्यादि में ये अधिक पाए जाते हैं।

निक्षेपात्मक स्थलाकृतियाँ

1. हिमोढ़ : ये निम्न प्रकार के होते हैं :

(a) पार्श्विक हिमोढ़—हिमानी अपने पदार्थ का परिवहन मुख्यतः पार्श्वों के सहारे करती है। ये निक्षेप पतले कटक के रूप में पाए जाते हैं जो संकरे, लम्बे तथा खड़े ढालयुक्त होते हैं। सामान्यतया ये 100 मीटर ऊँचे होते हैं।

(b) मध्यस्थ हिमोढ़—दो हिमानियों के संगम पर उनके पार्श्विक हिमोढ़ परस्पर मिलकर मध्यस्थ हिमोढ़ों की रचना करते हैं।

(c) तलवर्ती हिमोढ़—हिमानी के तल में निक्षेपित पदार्थों से इन हिमोढ़ों की रचना होती है। इनमें सूक्ष्म रेत से लेकर बड़े शिलाखण्ड मिश्रित रूप से पाए जाते हैं। ये हिमानी का अपक्षरण होने पर दृष्टिगोचर होते हैं।

(d) अंतिम हिमोढ़—हिमानी का अग्र या अंतिम भाग पिघलने पर उनका आगे बढ़ना रूक जाता है। उसके साथ प्रवाहित पदार्थ इस स्थान पर निक्षेपित हो जाते हैं, जिससे अर्द्धचंद्राकार कटक का निर्माण होता है। हिमानी के क्रमशः पीछे हटने से अंतिम हिमोढ़ों की रचना होती है। इनके पीछे जल एकत्रित होने से झीलें बन जाती हैं। इन हिमोढ़ों को प्रतिसारी हिमोढ़ भी कहते हैं।

2. ड्रमलिन—हिमनदी द्वारा निर्मित गोलाश्म मृतिका की एक लम्बी, चिकनी और अण्डाकार पहाड़ी जो किसी हिमनदित क्षेत्र में पायी जाती है को **ड्रमलिन** कहते हैं।

3. केम—पिघलते हुए हिमनद के जल द्वारा निक्षेपित बालू और बजरी के रुक्ष स्तरीय अनियमित शंक्वाकार टीलों को **केम** कहते हैं।

4. मृदकटक या एस्कर—हिमानी जलोढ़ निक्षेपों में ये सबसे महत्त्वपूर्ण आकार है। ये लम्बे, सँकरे तथा सर्पिल आकार वाले लहरदार तीव्र ढाल युक्त कटक हैं। इनकी रचना बजरी, रेत तथा कंकड़ पत्थर से होती है। इनकी ऊँचाई 100 मीटर तक एवं लम्बाई कई सौ मीटर से कई किमी तक होती है। ये घाटी, दलदल, झील तथा असमतल भूमि में एक कटक के रूप में स्थित होते हैं। बहुधा इनके सहारे रेल व सड़कें बनायी जाती हैं। कभी-कभी एस्कर के मध्य में कठोर शैलों के टीले उभरे रहते हैं तब यह आकृति मोतियों की माला जैसी लगती है। इसे मणिकामय एस्कर कहते हैं।

5. केटिल—केम के विपरीत केटिल गर्त होते हैं। बड़े हिमखण्डों के पिघलने से इनकी रचना होती है। इनके मध्य छोटे टीले भी स्थित होते हैं।

6. हिमानी धौत मैदान—हिमानी के अग्रभाग में पिघली हुई हिम का जल नदी के रूप में बहने लगता है। अधिकांश जल अन्तिम हिमोढ़ के पीछे एकत्रित हो जाता है। इसके आगे जल अनिश्चित रूप से फैल जाता है तब अन्तिम हिमोढ़ का पदार्थ यत्र-तत्र फैलकर निक्षेपित हो जाता है। इसे हिमानी धौत या अवक्षेप मैदान कहते हैं।

7. वैली ट्रेन—किसी पूर्ववत् घाटी में हिमानी अपक्षय द्वारा भराव होने से उत्पन्न विशिष्ट आकृति को वैली ट्रेन कहते हैं।

मृदा निर्माण की प्रक्रियाएँ

मृदा के निर्माण में अनेक प्रक्रियाएं शामिल हैं जो किसी सीमा तक मृदा परिच्छेदिका को प्रभावित कर सकती हैं। ये प्रक्रियाएं निम्न हैं—

अवक्षालन—यह मृतिका या अन्य महीन कणों का यांत्रिक विधि से स्थान परिवर्तन है, जिसमें वे मृदा परिच्छेदिका में नीचे ले जाए जाते हैं।

संयोहन—यह मृदा परिच्छेदिका के निचले संस्तरों में ऊपर से बहाकर लाए गए पदार्थों का संचयन है।

केलूवियेशन—यह निक्षालन के समान पदार्थ का नीचे की ओर संचलन है, परन्तु जैविक संकुल यौगिकी के प्रभाव में।

निक्षालन—इसमें घोल रूप में पदार्थों को किसी परत से हठाकर नीचे की ओर ले जाना है।

मृदा निर्माण के कारक

सभी मृदा की प्रक्रियाएँ अपक्षय से जुड़ी हैं। लेक्नि कई अन्य कारक अपक्षय के अंतिम उत्पाद को प्रभावित करते हैं। इनमें से पाँच प्राथमिक कारक हैं। ये अकेले अथवा सम्मिलित रूप से विभिन्न प्रकार की मृदाओं के विकास के लिए उत्तरदायी हैं। ये कारक हैं—

जनक पदार्थ—कमजोर तरीके से संयोजित बलुआ पत्थर से बनी मृदा बलुई होगी और शेल चट्टान से बनी मृदा उथली तथा महीन गठन वाली होगी। इसी प्रकार मृत्तिका निर्माण में अपघट्य गहरे रंग वाले खनिजों का उच्च प्रतिशत क्वार्ट्ज की अपेक्षा अधिक सहायक है। इस प्रकार जनक पदार्थ अपक्षय की विभिन्न दरों द्वारा मृदा निर्माण को प्रभावित करता है।

जलवायु—आर्द्र क्षेत्रों में अत्यधिक अपक्षय तथा निक्षालन के कारण अम्लीय मृदा का निर्माण होता है। निम्न वर्षा वाले क्षेत्रों में चूने के संचयन या धारण के कारण क्षारीय मृदा का निर्माण होता है। विभिन्न प्रकार के मृदा निर्माण में जलवायु एक अत्यधिक प्रभावी कारक है, विशेषकर तापमान और वर्षा के प्रभावों के कारण। वनस्पति पर अपने प्रभाव के कारण जलवायु, मृदा निर्माण में परोक्ष भूमिका भी निभाती है।

जीवजात—जैविक उत्सर्ग एवं अवशिष्ट पदार्थों के अपघटन तथा जीवित पौधों तथा पशुओं की क्रियाओं का मृदा विकास में विशेष हाथ होता है। बिलकारी प्राणी जैसे- छछूंदर, प्रेअरी डॉग, केंचुआ, चींटी और दीमक आदि धीरे-धीरे जैविक पदार्थों का अपघटन करके तथा दुर्बल अम्ल तैयार करके, जो शीघ्र ही खनिजों को घोल देता है, मृदा विकास में सहायक होते हैं।

स्थलाकृति—पहाड़ियों के तीव्र ढालों पर मृदा आवरण पतला होता है और इसका कारण पृष्ठीय प्रवाह के कारण भूपृष्ठ का अपरदन है। इसके विपरीत पहाड़ियों के मंद ढालों पर मृदा की परत मोटी होती है। इसका कारण वनस्पति की प्रचुरता और पर्याप्त जल का मृदा के नीचे गहराई तक चला जाना है। स्थल-रुद्ध गर्तों में प्रवाहित जल का अधिकांश भाग आता है, जो घनी वनस्पति आवरण के लिए सहायक है, लेकिन आक्सीकरण की कमी के कारण अपघटन धीमा हो जाता है। इससे ऐसी मृदा की उत्पत्ति होती है, जो जैविक पदार्थों में समृद्ध होती है। स्थलाकृति, जल एवं तापमान के साथ अपने संबंध द्वारा मृदा निर्माण को प्रभावित करती है।

समय—आदर्श दशाओं में एक पहचान योग्य मृदा परिच्छेदिका का विकास 200 वर्षों में हो सकता है। परंतु कम अनुकूल परिस्थितियों में यह समय हजारों वर्षों का हो सकता है। समय तथा अन्य विशिष्ट कारकों—जलवायु, जनक साम्रगी, स्थलाकृति तथा जैविक पदार्थ के प्रभावों द्वारा मृदा विकास की दर निर्धारित होती है।

मिट्टियों का वर्गीकरण

विश्व की मिट्टियों का विभिन्न आधारों पर विभिन्न रूपों में वर्गीकरण किया गया है। मृदा विज्ञान के विकास एवं मिट्टियों के वर्गीकरण में रूसी विज्ञानियों ने पहल की है। प्रमुख रूसी भूवैज्ञानिक V.V Dockuchaiev ने किसी भी प्रदेश में मिट्टियों के विकास तथा उस प्रदेश की जलवायु एवं वनस्पतियों में गहरा सम्बन्ध बताया है। प्रसिद्ध अमेरिकी विज्ञानी सी.एफ. मारबुत ने 1938 में मृदा वर्गीकरण के व्यापक तंत्र की योजना प्रस्तुत की। इस योजना को USDA system (USDA=United States Department of Agriculture) कहा जाता है, क्योंकि मिट्टियों के वर्गीकरण की इस योजना का निर्माण अमेरिकी कृषि विभाग के तत्वावधान में किया गया था। इस योजना के अन्तर्गत मिट्टियों को 3 श्रेणियों में विभक्त किया गया है- (i) मण्डलीय या प्रादेशिक मिट्टियाँ, (ii) अन्तः प्रदेशीय मिट्टियाँ तथा (iii) अमण्डलीय या अप्रादेशिक मिट्टियाँ।

1960 में अमेरिकी मृदाविज्ञानियों ने मिट्टियों के वर्गीकरण की एक नयी योजना प्रस्तुत की। इस योजना को **'व्यापक मृदा वर्गीकरण तंत्र'** (CSCS) के नाम से जाना जाता है। संक्षिप्त रूप से इस योजना को CSCS नाम से सम्बोधित करते हैं। ज्ञातव्य है कि मृदा वर्गीकरण की इस योजना को मूल रूप से **'सातवां अनुमान'** कहा गया था, क्योंकि 1950 से मिट्टियों के वर्गीकरण में किया जाने वाला यह सातवां संशोधन था।

सिमनसन (1957) ने पैतृक शैलों, जलवायु तथा जैविक प्रतिक्रियाओं के आधार पर विभिन्न प्रकार की मिट्टियाँ बतायी हैं, जिनमें निम्नलिखित मुख्य हैं :

1. पोडजोल मिट्टियाँ—ये आर्द्र शीतोष्ण जलवायु वाले शंकुधारी वनों में पायी जाती हैं। ये आम्लिक तथा कम उर्वर होती हैं। इनमें जीवांश (ह्यूमस)अधिक पाया जाता है। प्रक्षालन क्रिया से इनके घुलनशील तत्व नष्ट हो जाते हैं।

2. **पोडैकल मिट्टियाँ**—ये मैदानी भागों में प्रक्षालन क्रिया से उत्पन्न मिट्टियाँ हैं। इनमें ऊपरी परतों में कैल्सियम संचित रहता है। कैल्सियम कार्बोनेट ($CaCO_3$) एवं मैग्नीशियम कार्बोनेट ($MgCO_3$) संचित होने के कारण मिट्टियाँ लवणयुक्त हैं।

3. **पेडाल्फर मिट्टियाँ**—ये आर्द्र प्रदेशों में पायी जाती हैं। इन मिट्टियों के घुलनशील तत्त्व जल की स्रवण क्रिया से जड़ों के भी नीचे पहुँच जाते हैं। महत्त्वपूर्ण पोषक तत्त्वों के बह जाने के कारण केवल लवण शेष रह जाते हैं जो इन मिट्टियों को अनुर्वर बना देते हैं।

4. **लेटोजोल मिट्टियाँ**—आर्द्र उष्ण कटिबन्ध अथवा उपोष्ण कटिबन्धीय वनों में ये मिट्टियाँ पाई जाती हैं। आरम्भ में क्षारयुक्त होती हैं, किन्तु लगातार प्रक्षालन के कारण ये अम्लीय हो जाती हैं। इनकी ऊपरी परत बहुत पतली होती है।

5. **चरनोजम मिट्टियाँ**—आर्द्र तथा अर्द्ध-शुष्क शीतोष्ण कटिबन्ध में घास के प्रदेशों में ये मिट्टियाँ व्यापक रूप से पायी जाती हैं। ये अधिक क्षारीय होती हैं तथा इनकी ऊपरी परत अधिक विकसित होती है। प्रेयरी की उर्वर मिट्टियाँ इसी प्रकार की हैं। इनमें ऊपरी परत में जैविक पदार्थ के एकत्रित होने से मिट्टी का रंग काला हो जाता है।

6. **मरुस्थलीय मिट्टियाँ**—ये शुष्क जलवायु वाले मरुस्थलों में पायी जाती हैं। इनमें जीवांश की कमी होती है तथा ये प्राय: अनुर्वर होती है। अर्द्ध शुष्क मरुस्थलों में घास तथा झाड़ियाँ एवं शुष्क मरुस्थलों में विरल वनस्पति पायी जाती है।

7. **टुण्ड्रा की मिट्टियाँ**—टुण्ड्रा में धरातल की निचली परत हिमाच्छादित रहती है। इसके ऊपर लाइकेन, मॉस तथा कुछ शाकीय वनस्पतियाँ उगती हैं। न्यून तापमानों, तुषार भूमि एवं जल निकासी उत्तम न होने के कारण ये मिट्टियाँ अनुर्वर होती हैं।

8. **जलोढ़ मिट्टियाँ**—ये मिट्टियाँ नदियों द्वारा लायी गयी बालू एवं चीका के निपक्षेप से उत्पन्न होती हैं, इनमें परिच्छेदिका नहीं पायी जाती। ये बहुत उर्वर होती हैं।

9. **अन्य प्रकार**—शुष्क जलवायु में अधिक वाष्पीकरण के कारण **लवणयुक्त मिट्टियाँ** पायी जाती हैं। पर्वतीय एवं घाटी प्रदेशों में **अनुर्वर एवं अविकसित मिट्टियाँ** मिलती हैं। तटीय प्रदेशों में बालुका स्तूप के क्षेत्रों में पायी जाने वाली Azonal मिट्टियों में परिच्छेदिका का विकास नहीं हो पाता। प्रक्षालित लाल मिट्टियों के क्षेत्रों में जीवांश की पतली परत वाली **लेटेराइट मिट्टियाँ** पायी जाती हैं।

CSCS योजना के तहत् विश्व मिट्टियों का वर्गीकरण

CSCS योजना के अन्तर्गत विश्व की समस्त मिट्टियों को उच्चतम वर्ग की 10 श्रेणियों में विभक्त किया गया है। वर्गीकरण का प्रमुख आधार मृदा परिच्छेदिका के विभिन्न संस्तरों की लाक्षणिक विशेषतायें है। इनका निर्धारण निम्न आधारों पर किया गया है—(i) जैविक (कार्बनिक) पदार्थों या अजैविक (अकार्बनिक) पदार्थों या दोनों तरह के पदार्थों के सन्दर्भ में मिट्टियों का संघटन, (ii) मृदा परिच्छेदिका में विभिन्न संस्तरों का विकास, (iii) लाक्षणिक संस्तरों की उपस्थिति या अनुपस्थिति, (iv) मृदा में खनिजों के अपक्षय की मात्रा जिसे सामान्यतया **कैटायन विनिमय क्षमता** (CEC–Cation Exchange Capacity) के रूप में या आधार सम्पृक्तता प्रतिशत (PBS-Percent Base Saturation) के रूप में व्यक्त किया जाता है।

मिट्टियां	उपश्रेणियां	विशेषता
1. एण्टीसॉल	(i) अक्वेण्ट्स, (ii) अरेण्ट्स, (iii) फ्लूवेण्ट्स, (iv) पासामेण्ट्स, (v) अर्थेण्ट्स।	इस मिट्टी का विकास अच्छी तरह नहीं हुआ रहता है। इसमें मिट्टी का एक भी संस्तर विकसित नहीं होता है।
2. इनसेप्टीसॉल	(i) अक्वेण्ट्स, (ii) अरेण्ट्स, (iii) ट्रोपेप्ट्स, (iv) अम्ब्रेप्ट्स, (v) आक्रेप्टस, (vi) प्लेजेप्ट्स।	मिट्टी के संस्तरों का या तो ठीक से विकास नहीं हो पाता है या संस्तरों का शीघ्रता से विकास होता है। ये नई मिट्टियाँ होती हैं। इनमें इतना जल रहता है कि पौधों को कम-से-कम तीन महीने तक जल मिलता रहे; एक या दो मृदा संस्तरों का विकास होता है; मृदा के कण बारीक होते हैं। इसमें अपक्षय से प्रभावित कुछ खनिज भी होते हैं।
3. हिस्टोसॉल	(i) फाइब्रिस्ट, (ii) फोलिस्ट, (iii) हेमिस्ट. (iv) सैप्रिस्ट	इनके ऊपर 80 सेण्टीमीटर वाले भाग में जैविक पदार्थों की अधिकता होती है। अधिकतर पीट मिट्टी होती है। वनों की गिरी हुई पत्तियों के सड़ने-गलने से पौधों के वियोजित अवशेष पाए जाते हैं। शीत प्रदेशों में इस मिट्टी में अम्ल की मात्रा ज्यादा होती है। चूने तथा उर्वरकों के प्रयोग से ये उपजाऊ हो जाती हैं, जिस पर सब्जियों की खेती होती है।
4. आल्टीसॉल	(i) आकल्ट्स, (ii) ह्यूल्ट्स, (iii) अडल्ट्स, अस्टल्ट्स (ii) जेरलट्स।	आर्द्र उपोष्ण, शुष्क-तर उष्ण, मानसूनी आदि जलवायु में ऐसी मिट्टियों का विकास होता है। कैटायन विनिमय क्षमता कम तथा औसत वार्षिक तापमान 80° से० से अधिक रहता है। इनका निर्माण वनाच्छादित भागों में होता है। तथा B संस्तर पीला भूरा होता है। द० चीन, द० ब्राजील, प० तथा मध्य अफ्रीका, भारत, सं०रा० अमरीका, बोलिविया, म्यांमार, उ०-पू० आस्ट्रेलिया, पूर्वी द्वीप समूह में प्राप्त होती है।

5. अक्सीसॉल	(i) अक्वाक्स, (ii) ह्यूमाक्स, (iii) आरथाक्स, (iv) टोराक्स (v) अस्टाक्स	ये अति पुरानी उष्ण कटिबन्ध की मिट्टियाँ हैं। एल्युमिनियम तथा लोहे के आक्साइड्स तथा कवोलिनाइट्स की प्रचुरता; (ब) कैटायन विनिमय क्षमता कमी; दोमट तथा मृत्तिका के कणों की अधिकता इसकी प्रमुख विशेषता होती है। सर्वाधिक विकास भू-मध्य रेखीय उष्ण कटिबंधीय तथा उपोषण कटिबंधीय भागों में सर्वाधिक हुआ है। रंग लाल, पीला तथा भूरा होता है। पोषक तत्त्वों की कमी के कारण इस मिट्टी पर झूम कृषि होती है।
6. वर्टीसॉल	(i) टोरेट्र्स, (ii) उडेट्र्स, (iii)अस्ट्टर्स (iv) जेरट्र्स	इसका निर्माण शुष्क एवं आर्द्र मौसम वाले उष्ण एवं उपोष्ण सवाना जलवायु प्रदेशों की घास या सवाना वनस्पति की दशाओं में हुआ है। इस मिट्टियों को काली मिट्टी, कपास मिट्टी, उष्ण कटिबन्धी काली मिट्टी, रेगुर मिट्टी आदि नामों से संबोधित किया जाता है। यह भारत के पठारी भाग, सूडान, पूर्वी आस्ट्रेलिया में पायी जाती है। मिट्टी में कैल्सियम तथा मैग्नेशियम की मात्रा अधिक होती है। कृषि कार्य कठिन होता है।
7. अल्फीसॉल	(i) अक्वल्प्स, (ii) बोरल्प्स, (iii) उडल्प्स, (iv) अस्टल्प्स (i) जेरल्प्स।	लाल या भूरे रंग से ये तर मिट्टी तर होती है। ह्यूमस का अभाव होता है तथा पौधों को कम-से-कम 3 महीनों तक जल सुलभ होता है। मध्य उत्तरी अमेरिका, यूरोप, मध्य साइबेरिया, उत्तरी चीन, दक्षिणी आस्ट्रेलिया, पूर्वी ब्राजील, पूर्वी भारत मिट्टी मिलती है।
8. मोलीसॉल	(i) अलबोल्स, (ii) अक्वोल्स, (iii) बोरोल्स, (iv) रेण्डोल्स, (v) उडोल्स, (vi) अस्टोल्स; (vii) जेरोल्स।	इनके संस्तर का रंग गहरा होता है। सूखने पर इसकी संरचना ढीली हो जाती है। A तथा B संस्तरों में कैल्सियम की अधिकता होती है तथा रंग काला होता है। द०अमेरिका, यूरेशिया में पायी जाती है।
9. स्पाडोसॉल	(i) अक्वाड्स, (ii) फेराड्स, (iii) ह्यूमाड्स (iv) अर्थाड्स।	इस मिट्टी में अम्ल की अधिकता तथा पोषक तत्त्वों की कमी होती है। मृदा कण रेत के होते हैं। ह्यूमस तत्त्व की कमी होती है। कृषि की दृष्टि से महत्त्वहीन होती है।
10. एरिडोसॉल	(i) आरगिड्स, (ii) आरथिड्स। मृदा में जैविक तत्त्वों की मात्रा निहायत कम होती	है। गहराई में कार्बोनेट पदार्थों का अधिकाधिक संग्रह रहता है। ऐसी मृदा का निर्माण रेगिस्तानी या उप मरुस्थली जलवायु दशाओं के अन्तर्गत होता है।

5 वायुमण्डल और उसका संघटन

परिचय

वायुमण्डल अनेक गैसों का यान्त्रिक सम्मिश्रण है। इसमें नाइट्रोजन, ऑक्सीजन, कार्बन डाइऑक्साइड, आर्गन, हाइड्रोजन, हीलियम, नियॉन, क्रिप्टन, जेनॉन तथा ओजोन गैसें पाई जाती हैं। वायुमण्डल का लगभग 99 प्रतिशत भाग केवल नाइट्रोजन (लगभग 78.8%) व ऑक्सीजन (20.95%) गैसों से निर्मित है। शेष 1% भाग में सभी गैसें सम्मिलित हैं। गैसों के साथ-साथ वायुमण्डल में जलवाष्प तथा धूल कणों का भी योग होता है। भूतल से 5 किमी. (ऊँचाई) तक वायुमण्डल में समस्त वायु का 90 प्रतिशत भाग रहता है।

प्रोफेसर **फिन्च एवं ट्रिवार्था** के अनुसार वायुमण्डल गैसों का आवरण है जो धरातल से सैकड़ों मील की ऊँचाई तक विस्तृत तथा पृथ्वी का अभिन्न अंग है। इसका अध्ययन जलवायु विज्ञान एवं अन्तरिक्ष विज्ञान के अन्तर्गत किया जाता है। **पेटरसन** के अनुसार अन्तरिक्ष विज्ञान तो असीम अंतरिक्ष का विज्ञान है जबकि वायुमण्डल के तत्त्वों की सीमा वायुमण्डल के ही भीतर है अत: वायुमण्डल का अध्ययन जलवायु विज्ञान के अन्तर्गत करना अभीष्ठ है। कुल वायुमण्डलीय दशाओं (आर्द्रता, वर्षा, ताप, वायुदाब, पवन इत्यादि) के योग को मौसम कहते हैं, जलवायु में भी इन्हीं तत्त्वों का अध्ययन किया जाता है।

वायुमण्डल की स्थायी गैसें

घटक	सूत्र	द्रव्यमान प्रतिशत
नाइट्रोजन	N_2	78.8
ऑक्सीजन	O_2	20.95
आर्गन	Ar	0.93
कार्बन डाइऑक्साइड	CO_2	0.036
निऑन	Ne	0.002
हीलियम	H_2	0.0005
क्रिप्टे	Kr	0.001
जेनन	Xe	0.00009
हाइड्रोजन	H_2	0.00005
ओजोन	O_3	0.0000001

फ्रिन्च एवं ट्रिवार्था के अनुसार, ''किसी स्थान विशेष की अल्पकालीन वायुमण्डलीय दशाओं का योग मौसम कहलाता है। इसके विपरीत, जलवायु वर्ष भर की मौसमी दशाओं का सामान्य तथा मिश्रित भाव है।''

3.3 वायुमण्डल का स्तरीकरण

वर्तमान में वायुमण्डल की जनकारी प्राप्त करने के लिए रॉकेट यान, राडार, स्पुतनिक इत्यादि नवीन उपकरणों की सहायता ली जाती है। इस आधार पर वायुमण्डल की ऊँचाई 16 से 29 हजार किमी. तक बताई जाती है, किन्तु धरातल से केवल 800 किमी. ऊँचा वायुमण्डल ही अधिक महत्त्वपूर्ण है।

I क्षोभ मण्डल

वायुमण्डल के सबसे निचले भाग को, जिसकी ऊँचाई धरातल से 12 किमी. होती है, परिवर्तन मण्डल या क्षोभमण्डल कहलाता है क्योंकि धरातल से ऊपर जाने पर प्रति एक हजार मीटर पर 6.5°C की दर से तापमान कम हो जाता है। परिवर्तन मण्डल में ऋतुवत् परिवर्तन हुआ करता है। जाड़े की अपेक्षा गर्मी में इसकी सीमा ऊँची हो जाती है। इसकी ऊँचाई पर अक्षांशों का भी प्रभाव होता है। विषुवत रेखा (16 किमी.) से ध्रुवों (6 किमी.) की ओर जाने पर ऊँचाई घटती जाती है। धरातलीय जीवों का सम्बन्ध इसी मण्डल से रहता है। इसी के अन्तर्गत भारी गैसों, जलवाष्प तथा धूलि कणों का अधिकतम भाग रहता है। इस भाग के गर्म और शीतल होने का कार्य विकिरण, संचालन तथा संवहन द्वारा होता है। संवहनीय तरंगों तथा विक्षुब्ध संवहन के कारण इस मण्डल को क्रम से **संवहनीय मण्डल** तथा **विक्षोभमण्डल** कहा जाता है। मौसम की प्राय: सभी घटनाएँ—कुहरा, बादल, ओला, तुषार, आँधी-तूफान, मेघ गर्जन, विद्युत प्रकाश आदि इसी भाग में घटित होती हैं। परिवर्तन मण्डल तथा समताप मण्डल के बीच डेढ़ किमी. मोटी परत को **ट्रोपोपॉज** (Tropopause) कहते हैं। इस भाग में सभी प्रकार के मौसमी परिवर्तन स्थगित हो जाते हैं। वास्तव में यह मण्डल परिवर्तन तथा समताप मण्डलों का विभाजक होता है। विषुवत् रेखा पर ट्रोपोपॉज की ऊँचाई अधिकतम (17 किमी.) तथा ध्रुवों पर न्यूनतम (9 से 10 किमी.) होती है।

II समताप मण्डल

19वीं शताब्दी तक यह मान्यता थी कि वायुमण्डल में ऊँचाई के साथ तापमान क्रमश: घटता जाता है। किन्तु **टीजरेन्स डिबोर्ट** (1898) ने समताप मण्डल परत की जानकारी देते हुए बताया कि तापमानों का घटना क्षोभमण्डल तक सीमित है। क्षोभ सीमा के ऊपर लगभग 50 किमी. की ऊँचाई तक एक ऐसा क्षेत्र विस्तृत है जहाँ तापमान स्थिर रहते हैं। इस मण्डल में संवाहनिक धाराएँ मेघ तथा आर्द्रता लगभग शून्य रहते हैं। ओजोन गैस की अधिकता के कारण पराबैंगनी विकिरण का अवशोषण अधिक होता है। वायुमण्डल का अधिकांश ओजोन (22 किमी की ऊँचाई पर सबसे अधिक सघन) समताप मण्डल में ही पाया जाता है। इस परत के ऊपरी भाग में तापमान 0°C से अधिक पाए जाते हैं। ग्रीष्म ऋतु में ऊँचाई के साथ ताप की निरन्तर वृद्धि होती है।

समताप मण्डल की ऊँचाई ऋतु, अक्षांश एवं आंधियों के अनुसार परिवर्तनशील रहती है। ग्रीष्म ऋतु में यह अधिक ऊँची होती है। इसी प्रकार ध्रुवों की अपेक्षा विषुवत रेखा पर इसकी ऊँचाई अधिक होती है। इसकी निचली सीमा मध्य अक्षांशीय जेट धाराओं के प्रदेशों में अधिक परिवर्तनशील रहती है।

समताप मण्डल में अक्षांशीय ताप वितरण क्षोभमण्डल से भिन्न होता है। विषुवत रेखा पर – 80°C तथा 60° अक्षांशों में – 45°C ताप रहता है। विषुवत रेखीय प्रदेशों में मेघाच्छादन अधिक होने से ध्रुवों की अपेक्षा कम तापमान रहते हैं।

ओजोन परत—सर्वप्रथम उल्काओं के अध्ययन से समताप मण्डल के ऊपर एक गर्म परत की उपस्थिति का संकेत मिला था। **लिन्डेमान** एवं **डॉबसन** (1923) ने पता लगाया कि धरातल से 50 से 80 किमी. के मध्य उल्काएँ अदृश्य हो जाती हैं। तत्पश्चात् रॉकेटों, ध्वनि तरंगों तथा ओजोन के प्रमाणों से भी यह सिद्ध हुआ कि ऊँचाई पर स्थित ओजोन परत का तापमान पृथ्वी के धरातल से भी कई गुना अधिक है। सभी विद्वान इस बात से सहमत हैं कि इस परत में ओजोन गैस के कारण पराबैंगनी विकिरण का अवशोषण होता है। लगभग 25 से 50 किमी. के मध्य यह अवशोषण सर्वाधिक होता है। कुछ विद्वानों ने इस उष्ण परत को **मध्यमण्डल** कहा है। अन्य विद्वान इसे **रसायन मण्डल** भी कहते हैं। इस प्रकार वायुमण्डल की उच्च परतों के नामकरण में सहमति नहीं है। ऑक्सीजन अणुओं के प्राकाशिक नियोजन प्रक्रिया द्वारा ओजोन गैस का निर्माण होता है।

वायुमण्डल में ओजोन का अत्यधिक महत्व होता है क्योंकि यह एक रक्षाआवरण का कार्य करती है। इस आवरण के कारण सूर्य की पराबैंगनी किरणें (ultraviolet rays) परिवर्तन मण्डल तथा पृथ्वी की सतह तक नहीं पहुँच पाती हैं क्योंकि यह गैस इन विकिरण तरंगों का अवशोषण कर लेती है। यदि ये किरणें धरातल तक पहुँच जातीं तो तापक्रम इतना अधिक हो जाता कि किसी भी प्रकार का जीव भूतल पर (वायुमण्डल के निचले भाग, धरातल तक उसके नीचे एवं सागर में) सम्भव नहीं हो पाता।

III मध्य मण्डल

50 किमी. से 80 किमी. की ऊँचाई वाला वायुमण्डलीय भाग मध्य मण्डल कहा जाता है जिसमें तापमान में ऊँचाई के साथ ह्रास होता जाता है। वास्तव में स्ट्रैटोपाज (50 किमी.) पर तापमान की वृद्धि समाप्त हो जाती है तथा और ऊपर जाने पर इसमें ह्रास होता जाता है तथा 80 किमी. की ऊँचाई पर तापमान – 80° सें ग्रे. (– 120° फा.) हो जाता है। इस न्यूनतम तापमान की सीमा को **मेसोपॉज** कहते हैं, जिसके ऊपर जाने पर तापमान में पुनः वृद्धि होती जाती है।

IV ताप मण्डल

मेसोपॉज (80 किमी.) के ऊपर वाला वायुमण्डलीय भाग (अनिश्चित ऊँचाई तक) तापमण्डल कहलाता है। इसमें ऊँचाई के साथ तीव्र गति से तापमान बढ़ता जाता है। अनुमानतः इसकी ऊपरी सीमा पर (ऊँचाई अनिश्चित) तापमान 1700° सेंग्रे. हो जाता है। ज्ञातव्य है इस उच्च तापमान की पृथ्वी तल पर थर्मामीटर द्वारा अंकित तापमान से तुलना नहीं की जा सकती क्योंकि इस ऊँचाई पर गैस इतनी विरल हो जाती है कि सामान्य थर्मामीटर इस क्षेत्र के तापमान का अंकन नहीं कर पाता है। यही कारण है कि इतने उच्च तापमान के होते हुए भी यदि इस भाग में हाथ फैलाया जाए तो गर्मी नहीं महसूस हो पाती है क्योंकि विरल गैस बहुत ही कम उष्मा को रख पाती है।

V आयन मण्डल

ओजोन मण्डल के ऊपर वायु की कई तहें हैं। इन सभी तहों को आयन मण्डल कहा गया है। वायुमण्डल का यह भाग 80 से 600 किमी. तक विस्तृत है। इस भाग में स्वतन्त्र आयन की संख्या प्रभूत मात्रा में पाई जाती है। फलस्वरूप इस क्षेत्र में बड़ी ही विद्युतकीय एवं चुम्बकीय घटनाएँ घटित होती हैं। सुमेरु, ज्योति, कुमेरु ज्योति एवं उल्काओं की चमक इस भाग की विशेष घटनाएँ हैं। अभी इस भाग की पूर्ण जानकारी नहीं है। रेडियो तरंगों की सहायता से इसका ज्ञान प्राप्त किया जा रहा है।

आयनमण्डल कई तहों में बँटा हुआ है। इस मण्डल की सबसे नीचे की तह 'डी तह' कहलाती है। वस्तुतः यह ऊपरी समताप मण्डल में पाई जाती है। ये केवल लम्बी रेडियो तरंगों को परिवर्तित करती है। आयन मण्डल की अन्य दो महत्त्वपूर्ण तहें E_1 और E_2 हैं। ये 80 किमी. से लेकर 140 किमी. की ऊँचाई तक मिलती हैं। रेडियो की मीडियम तरंगें इन्हीं तहों से परिवर्तित होती हैं। इन तहों के ऊपर 140 किमी. की ऊँचाई पर F_1 तह और 248 किमी. की ऊँचाई पर F_2 तह या एफ्लीटन तहे पाई जाती है। ये तहें रेडियो की लघु तरंगों को परिवर्तित करती हैं। इस आयन मण्डल के अभाव में रेडियो तरंगें भूतल पर न आकर आकाश में चली जाती हैं।

VI आयतन, या बाह्यमण्डल या चुम्बकीय मण्डल

यह मण्डल 600 किमी. से अधिक ऊँचाई पर विस्तृत है। विरल गैसों से निर्मित इस परत में ऑक्सीजन के न्यूट्रल अणु, आयनीकृत ऑक्सीजन तथा हाइड्रोजन के अणु भारी मात्रा में पाए जाते हैं। इस परत में गैस के सामान्य नियम लागू नहीं होते। गुरुत्वाकर्षण के क्षीण होने के कारण हाइड्रोजन तथा हीलियम के सूक्ष्म कण शून्य में विसरित हो जाते हैं।

2000 किमी. से ऊपर केवल इलेक्ट्रॉन तथा प्रोटॉन पाए जाते हैं जो क्रमशः ऋणात्मक तथा धनात्मक विद्युत आवेश से पूर्ण होते हैं। इस प्रदेश को चुम्बकीय मण्डल कहते हैं।

सूर्यातप

सूर्य, वायुमण्डल तथा पृथ्वी की ऊष्मा का प्रधान स्रोत है। सूर्य से प्राप्त ऊर्जा को ही सूर्यातप कहा जाता है। ट्रिवार्था के अनुसार, ''लघु तरंगों के रूप में संचालित (ल. 1/250 से 1/6700 मिलीमीटर) और

1,86,000 मील प्रति सेकेण्ड की गति से भ्रमण करती हुई प्राप्त सौर्यिक ऊर्जा को सौर्य विकिरण या 'सूर्यातप' कहते हैं।'' सूर्य का व्यास पृथ्वी से 100 गुना तथा उसके आयतन से 100,000 गुना अधिक है। सूर्य के धरातल का तापमान 11,000°F या 6000°C है। **बायर्स** के अनुसार, पृथ्वी की सतह पर प्रत्यक्षत: प्राप्त सौर विकिरण की दर को सूर्यातप कहते हैं। ट्रिवार्था का कथन है कि, ''सूर्य एक विशाल इंजन है जो धरातल पर पवनों, समुद्री धाराओं और विभिन्न ऋणुओं को उत्पन्न करता है।''

सूर्य : तथ्य एक दृष्टि में

• पृथ्वी से दूरी	—	14.98 करोड़ किमी. लगभग
• पृथ्वी से न्यूनतम दूरी	—	14.70 करोड़ किमी. लगभग
• पृथ्वी से अधिकतम दूरी	—	15.21 करोड़ किमी. लगभग
• सूर्य का व्यास	—	13,92,000 किमी. (पृथ्वी से 109 गुणा अधिक)
• आयतन	—	पृथ्वी से 13 लाख गुना अधिक
• भार	—	पृथ्वी से 3.30 लाख गुना अधिक
• रासायनिक बनावट	—	हाइड्रोजन 71%, हीलियम 26.5% तथा अन्य तत्त्व 2.5%
• सूर्य की सतह का तापमान (प्रकाश मंडल)	—	6000°C
• वर्ण मंडल	—	32,400°C
• संक्रमण क्षेत्र	—	324,000°C
• प्रभा मंडल किरीट (कोरोना)	—	27,00,000°C
• केन्द्र का तापमान	—	1,50,00,000°C
• परिक्रमण गति	—	250 किमी. प्रति सेकेण्ड
• परिक्रमण अवधि	—	25 करोड़ वर्ष
• घूर्णन अवधि	—	25.38 दिन (भूमध्य रेखा पर) 33 दिन (ध्रुवों पर)
• सूर्य से पृथ्वी तक प्रकाश के पहुंचने में लगने वाला समय	—	8 मिनट, 16.6 सेकेण्ड
• आयु	—	5 अरब वर्ष
• संभावित आयु	—	10 अरब वर्ष
• सौर कलंक	—	प्रत्येक 11 वर्ष बाद अधिकतम संख्या में दखे जाते हैं

तापमान

वायु का तापमान थर्मामीटर द्वारा ज्ञात किया जाता है। दिन व रात के 24 घण्टों के दौरान अधिकतम एवं न्यूनतम ताप मालूम किया जाता है। अधिकतम व न्यूनतम ताप के अन्तर को **दैनिक ताप परिसर** कहते हैं। चौबीस घण्टों के दौरान उच्चतम व न्यूनतम तापमानों को जोड़कर उसे दो से भाग देने पर **दैनिक औसत ताप** ज्ञात होता है। किसी महीने के सभी दिनों के औसत तापमानों का योग करके उसमें महीने के दिनों की संख्या से भाग देने पर **औसत मासिक तापमान** ज्ञात किया जाता है। एक वर्ष के कुल महीनों के औसत मासिक तापमानों का योग करके उसे 12 से भाग देने पर **औसत वार्षिक तापमान** ज्ञात होता है। **वार्षिक ताप परिसर** ज्ञात करने के लिए वर्ष के सबसे गर्म तथा सबसे ठण्डे मास के औसत तापमानों का अन्तर मालूम किया जाता है।

तापमान का प्रादेशिक वितरण

(1) प्राचीन ग्रीक विचारकों के अनुसार—इनके अनुसार ग्लोब को तापक्रम की दृष्टि से कुछ ऐसे खास प्रदेशों में बाँट लेते हैं, जिनमें तापक्रम का वितरण तथा उनकी विशेषताएँ लगभग समान होती हैं। इन प्रदेशों का सीमांकन अक्षांशों के आधार पर किया जाता है। इसी के आधार पर प्राचीन ग्रीक विद्वानों ने ग्लोब को तीन प्रमुख कटिबन्धों में विभाजित किया था।

(i) उष्ण कटिबन्ध—भूमध्य रेखा के दोनों ओर $23\frac{1}{2}°$ अक्षांशों तक विस्तृत भाग को उष्ण कटिबन्ध कहते हैं। भूमध्य रेखा के आस-पास वाले भाग में वर्ष भर ऊँचा तापमान रहने के कारण शीत ऋतु नहीं होती है।

(ii) शीतोष्ण कटिबन्ध—इसका विस्तार दोनों गोलार्द्धों में $23\frac{1}{2}°$ से $66\frac{1}{2}°$ अक्षांशों के बीच पाया जाता है। सूर्य के उत्तरायण तथा दक्षिणायन की स्थितियों के कारण ऋतुओं के तापक्रम में अत्यधिक अन्तर पाया जाता है।

(iii) शीत कटिबन्ध—दोनों गोलार्द्धों में $66\frac{1}{2}°$ से ध्रुवीय केन्द्रों तक इस कटिबन्ध का विस्तार है। इस कटिबन्ध में सूर्य की किरणों के अत्यधिक तिरछेपन के कारण तापक्रम नीचा ही रहता है। यहाँ पर सूर्य कभी भी लम्बवत् नहीं हो पाता है।

(2) सूपन के अनुसार—तापक्रम के वितरण पर स्थल तथा जल के विषम स्वभाव, प्रचलित पवन, सागरीय धाराओं आदि का भी अधिक प्रभाव पड़ता है। सूपन महोदय ने इन कारकों को ध्यान में रखकर तापक्रम के कटिबन्धों का निर्धारण समताप रेखाओं के आधार पर किया है। उष्ण कटिबन्ध की सीमा का निर्धारण 20° से. की वार्षिक समताप रेखा द्वारा किया जाना चाहिए। उत्तरी गोलार्द्ध में शीतोष्ण तथा शीत कटिबन्धों का निर्धारण जुलाई की 10° से. की समताप रेखा तथा दक्षिणी गोलार्द्ध में जनवरी की 10° से. की समताप रेखा द्वारा निर्धारण किया जाता है।

कालान्तर में सूपन की विधि में भी संशोधन किया गया तथा ग्लोब के चार विभिन्न तापक्रम के कटिबन्धों में विभाजित किया गया।

(i) उष्ण कटिबन्ध, (ii) उपोष्ण कटिबन्ध, (iii) शीतोष्ण कटिबन्ध तथा (iv) शीत कटिबन्ध।

(3) कोपन ने सूपन के तापीय कटिबन्धों को संशोधित रूप में प्रस्तुत किया। उन्होंने अधिकतम व न्यूनतम तापमानों तथा ताप की अवधि को ध्यान में रखते हुए दोनों गोलार्द्धों में निम्नलिखित कटिबन्ध प्रस्तुत किए—

(i) उष्ण कटिबन्ध—यहाँ वर्ष भर ऊँचा ताप रहता है जो 18°C से नीचे कभी नहीं आता।

(ii) उपोष्ण कटिबन्ध—यहाँ 4 से 11 मास तक 18°C तापमान तथा 1 से 8 मास तक 10°C से 20°C के मध्य तापमान रहते हैं।

(iii) कोष्ण शीतोष्ण कटिबन्ध—यहाँ 4 से 11 मास तक तापमान 10°C से 20°C के मध्य रहते हैं।

(iv) शीत शीतोष्ण कटिबन्ध—यहाँ 1 से 11 मास तक 10°C से 20°C तापमान एवं 8 से 11 मास तक 10°C से कम तापमान रहते हैं।

(v) ध्रुवीय कटिबन्ध—यहाँ सबसे गर्म मास में भी 10°C से कम तापमान रहते हैं।

तापमान का सामान्य प्रादेशिक वितरण

(i) विषुवतरेखीय प्रदेश—इस प्रदेश का विस्तार भूमध्य रेखा के दोनों ओर 5° उत्तरी तथा 5° दक्षिणी अक्षांशों के मध्य है। यहाँ सूर्य की किरणें लम्बवत् चमकती हैं, जिसके कारण वर्ष भर तापक्रम ऊँचा बना रहता है। सूर्य की उत्तरायण तथा दक्षिणायण स्थितियों के कारण वर्ष में दो उच्चतम तथा दो न्यूनतम तापक्रम होते हैं। अत्यधिक तापक्रम होने के कारण यहाँ के वायुमण्डल में सदैव नमी बनी रहती है जो क्षेत्र के निवासियों के लिए अस्वास्थ्यप्रद होती है।

(ii) अन्तरा उष्ण कटिबन्धीय प्रदेश—इस प्रदेश का विस्तार दोनों गोलार्द्धों में 5° से 12° अक्षांशों के मध्य पाया जाता है। यद्यपि तापक्रम वर्ष पर्यन्त ऊँचा रहता है, फिर भी ग्रीष्म तथा शीत ऋतुओं के बीच अन्तर स्पष्ट हो जाता है। यहाँ सबसे उष्ण तथा ठण्डे महीनों का तापक्रम 82° तथा 70° का होता है।

(iii) उष्ण कटिबन्धीय प्रदेश—इस प्रदेश का विस्तार दोनों गोलार्द्धों में 12° से 25° अक्षांशों के मध्य में है। इस प्रदेश में प्रत्येक मास का तापक्रम कम-से-कम 18.5° से. अवश्य होता है। रेगिस्तानी भागों में ग्रीष्म काल में 32.2° से. का तापक्रम अंकित किया जाता है। रात्रि में मरुस्थलों में तापक्रम 4.5° से. तक गिर जाता है। शीत काल 24° से 18.5° से. अंकित किया जाता है। इस तरह ग्लोब का उच्चतम तापक्रम यहीं पर अंकित किया जाता है।

(iv) उपोष्ण कटिबन्धीय प्रदेश—इस प्रदेश का विस्तार 25° से 45° अक्षांशों के मध्य उत्तरी व दक्षिणी गोलार्द्धों में पाया जाता है। सूर्य की किरणों के अपेक्षाकृत अधिक तिरछेपन के कारण सर्दियों में तापक्रम अधिक गिर जाता है। महाद्वीपों के प. तटीय भागों में औसत वार्षिक तापान्तर – 1.11° तथा आन्तरिक भागों में – 1.11° से 21.1° से. तक होता है। दक्षिणी गोलार्द्ध में जल के अधिक विस्तार के कारण वार्षिक तापान्तर – 6.6° से 1.11° से. होता है।

(v) शीतोष्ण कटिबन्धीय प्रदेश—इस प्रदेश का विस्तार दोनों गोलार्द्धों में 45° से $66\frac{1}{2}°$ अक्षांशों के मध्य है। यहाँ शीत तथा ग्रीष्म ऋतुओं के बीच का अन्तर अत्यधिक हो जाता है। जाड़े में तापक्रम हिमांक के नीचे गिर जाता है। जिस कारण कनाडा, साइबेरिया आदि का अधिकांश भाग हिमाच्छादित हो जाता है। कहीं-कहीं गर्म सागरीय धाराओं के कारण शीतकाल का तापक्रम नीचे नहीं गिर पाता है। उदाहरण के लिए उत्तरी-पश्चिमी यूरोप तथा इंग्लैण्ड का भाग द.-प. आयरलैण्ड में स्थित वैलेनटिया नगर का तापक्रम इसी कारण से किसी भी मास में 4.5° से. से कम नहीं हो पाता है। इस प्रदेश की विशेषता अधिक वार्षिक तापान्तर से है।

(vi) टुण्ड्रा प्रदेश—यह प्रदेश शीतोष्ण कटिबन्धीय तथा ध्रुवीय प्रदेशों के बीच पाया जाता है। इस प्रदेश में सूर्य की किरणें इतनी तिरछी हो जाती हैं कि अधिकांश भागों में प्राय: धरातल के समानान्तर हो जाती हैं, जिस कारण कम सूर्य ताप मिलने के कारण तापक्रम अत्यधिक कम हो जाता है। यहाँ अधिकांश भागों में बर्फ पिघल नहीं पाती है। वर्खोयास्क इस प्रदेश का सबसे ठण्डा स्थान है। जहाँ न्यूनतम तापक्रम – 69.4° से. तक गिर जाता है।

(vii) ध्रुवीय प्रदेश—यह प्रदेश उत्तरी तथा दक्षिणी ध्रुवों के चतुर्दिक पाया जाता है। इस प्रदेश के अधिकांश भागों में सूर्य की किरणें धरातल पर नहीं आ पाती हैं। उत्तरी गोलार्द्ध में प्राय: सभी भाग वर्फ हिमाच्छादित रहते हैं। उत्तरी ध्रुव पर जनवरी का तापक्रम – 40° से. हो जाता है। दक्षिणी गोलार्द्ध में ध्रुव के पास स्थल (अण्टार्कटिका महाद्वीप) के कारण जाड़े में तापक्रम – 62.22° से. तक गिर जाता है। सूर्य कभी भी क्षितिज पर प्रकट नहीं होता है।

वायुमण्डलीय दाब व पवनें

वायु विभिन्न गैसों का एक भौतिक मिश्रण है। इसमें भार भी पाया जाता है, इसलिए वायुमण्डल धरातल पर चारों ओर से दबाव भी डालती है। धरातल के प्रति इकाई क्षेत्र में वायु जो भार डालती है, उसे **वायुदाब** कहते हैं। वायुदाब में थोड़ा-सा परिवर्तन हो जाने से हवाओं की गति और उनकी दिशा पर गहरा प्रभाव पड़ता है। हवाएँ, तापमान और वर्षा को प्रभावित करती हैं। दोनों सम्मिलित रूप से कफी हद तक जलवायु और मौसम के रूप को निर्धारित करते हैं। समुद्र से स्थल की ओर चलने वाली हवा, स्थल से समुद्र की ओर चलने वाली हवा की अपेक्षा जलवायु की दृष्टि से अधिक महत्त्वपूर्ण होती है, क्योंकि दोनों में तापमान और आर्द्रता की दृष्टि से बड़ा अन्तर होता है। हवाएँ वायुमण्डल में तापमान का सन्तुलन भी बनाए रखती हैं। हवाएँ महासागरों से जलवाष्प को स्थलखण्डों की ओर आकर्षित करती हैं, जहाँ जलवाष्प घनीभूत होकर वर्षा के रूप में गिरती है। इस प्रकार धरातल पर वर्षा का वितरण वायुदाब तथा पवन प्रवाह से जुड़ा हुआ है।

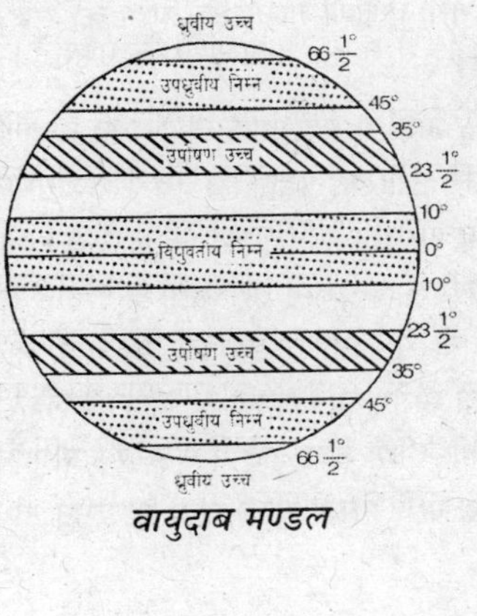

वायुदाब मण्डल

वायुदाब की पेटियाँ

(अ) भूमध्य रेखीय निम्न वायुदाब पेटी—इसका विस्तार भूमध्य रेखा के समीप लगभग 5° उत्तर और 5° दक्षिण तक है। सूर्य के उत्तरायन तथा दक्षिणायन होने पर इस पेटी में खिसकाव या स्थानान्तरण होता रहता है। भूमध्य रेखा पर वर्ष पर्यन्त सूर्य की किरणें लम्बवत् पड़ती हैं तथा दिन-रात बराबर होते हैं, जिस कारण अत्यधिक तापक्रम के कारण हवाएँ गर्म होकर फैलती तथा ऊपर उठती हैं; फलस्वरूप वायुदाब सदैव निम्न रहता है। इस प्रकार वायुमण्डल में संवहन धाराएँ उत्पन्न हो जाती हैं। इस क्षेत्र में धरातल पर पवनों में गति कम होने के कारण शान्त वातावरण रहता है। अत: उसे शान्त क्षेत्र (Doldrum or A Region of Calm) कहा जाता है।

(ब) उपोष्ण उच्च वायुदाब की पेटियाँ—ये पेटियां कर्क एवं मकर रेखाओं के पास से क्रमश: 35° उ. तथा द. अक्षांशों के बीच दोनों गोलार्द्ध में स्थित हैं। अनेक उच्च दाब कोशिकाओं में बंटी इन पेटियों में हवाओं के नीचे उतरने से उच्च दाब बनता है। दुर्बल पवनों के कारण शांत वायु की दशा पैदा हो जाती है, जिसे अश्व अक्षांश कहा जाता है।

(स) उपध्रुवीय निम्न वायुदाब की पेटियाँ—इन पेटियों का विस्तार दोनों गोलर्द्धों पर 60° से 65° अक्षांशों में पाया जाता है। तापमान कम होने पर भी वायुदाब कम पाया जाता है। ऐसा इसलिए होता है क्योंकि पृथ्वी की भ्रमणशील गति (Rotation) के कारण इन अक्षांशों में वायु फैलकर स्थानान्तरित हो जाती है और वायुदाब कम रहता है। तापमान के प्रभाव से ध्रुवों पर उच्च वायुदाब बना रहता है और न्यून वायुदाब की पेटी अन्तत: ध्रुव वृत्तों के ऊपर अथवा ठीक उनके बाहर बनती है।

(द) ध्रुवीय उच्च वायुदाब की पेटियाँ—ध्रुव वृत्तों से ध्रुव की ओर जाने पर वायुदाब बढ़ता जाता है। ध्रुवों के निकट तो उच्च वायुदाब का एक विशेष क्षेत्र बन जाता है। ध्रुवों पर कठोर शीत का वातावरण हमेशा रहता है, इसलिए यहाँ उच्च वायुदाब पाया जाता है।

वायुदाब का मापन

वायुमण्डल पृथ्वी के धरातल पर पृथ्वी की गुरुत्वाकर्षण शक्ति के कारण टिका होता है। इसलिए वह अपने भार के कारण पृथ्वी के धरातल पर दबाव डालता है। वायुमण्डलीय दबाव का अर्थ है—किसी भी दिए गए स्थान और समय पर वहाँ की हवा के स्तम्भ का भार। यह दबाव एक यन्त्र की सहायता से मापा जाता है, जिसे **बैरोमीटर** (दाबमापक यन्त्र) कहते हैं। वायुदाब को प्रति इकाई क्षेत्रफल पर पड़ने वाले बल के रूप में मापते हैं। जलवायु वैज्ञानिकों द्वारा इसके मापन के लिए माप की जो इकाई इस्तेमाल की जाती है, उसे **मिलीबार** कहते हैं। एक मिलीबार एक वर्ग सेन्टीमीटर पर एक ग्राम भार के

बल के बराबर होता है। एक हजार मिलीबार का वायुमण्डलीय दबाव एक वर्ग सेन्टीमीटर पर 1.053 किलोग्राम भार के बराबर होता है। दूसरे शब्दों में हम यह भी कह सकते हैं कि एक हजार मिलीबार का वायुदाब पारा के 75 सेन्टीमीटर ऊँचे स्तम्भ के भार के बराबर होता है। वास्तव में, समुद्र तल पर सामान्य वायुमण्डलीय दबाव लगभग 76 सेन्टीमीटर या 1,013.25 मिलीबार के बराबर होता है, परन्तु यह दबाव इस औसतन मान के ऊपर-नीचे होता रहता है।

वायुदाब प्रवणता

मानचित्र पर वायुमण्डलीय दाब के वितरण को समदाब रेखाओं से दिखाया जाता है। **समदाब रेखा** वह कल्पित रेखा है जो समुद्र तल के बराबर घटाए हुए समान वायुदाब वाले स्थानों को मिलाती है। समदाब रेखाओं की परस्पर दूरियाँ वायुदाब में अन्तर की दिशा की उसकी दर को दर्शाती हैं, जिसे **दाब प्रवणता** कहते हैं। पास-पास स्थित समदाब रेखाएँ तीव्र दाब प्रवणता का संकेत करती हैं, जबकि दूर-दूर स्थित समदाब रेखाओं से मन्द दाब प्रवणता का बोध होता है। दूसरे शब्दों में, यह कहा जा सकता है कि जिस दिशा में दाब अधिकतम तेजी से घट रहा हो, उस दिशा में दूरी की प्रति इकाई पर दाब के घटने की दर को ही दाब प्रवणता कहते हैं। दाब तन्त्र दो प्रकार के होते हैं—उच्च दाब तथा निम्न दाब।

चक्रवात

चक्रवात, सामान्यत: निम्न वायु दाब का केन्द्र होता है, जिसके चारों ओर संकेन्द्रीय सम वायुदाब रेखाएँ फैली हुई होती हैं। केन्द्र से बाहर की ओर सभी ओर वायुदाब बढ़ता जाता है। फलस्वरूप सभी दिशाओं से हवाएँ भीतर केन्द्र की ओर प्रवाहित होने लगती हैं, परन्तु फेरल के नियम के अनुसार उत्तरी गोलार्द्ध में ये हवाएँ दाईं ओर तथा दक्षिणी गोलार्द्ध में बाईं ओर मुड़ जाती हैं। अत: ये हवाएँ केन्द्र तक पहुँचने की अपेक्षा उसकी परिक्रमा करने लगती हैं। उत्तरी गोलार्द्ध में इन हवाओं की दिशा घड़ी की सुइयों के विपरीत तथा दक्षिणी गोलार्द्ध में अनुकूल होती है। चक्रवातों की आकृति प्राय: गोलाकार या वी (V) आकार के समान होती है।

चक्रवात के प्रकार

चक्रवातों को उनकी स्थिति के अनुसार दो वर्गों में विभाजित किया जा सकता है :

I. शीतोष्ण कटिबन्धीय चक्रवात

मध्य अक्षांशों में मौसम कभी एक समान नहीं रहता है। प्राय: यहाँ मौसम परिवर्तित होता रहता है। मध्य अक्षांशों में निर्मित वायु विक्षोभ के केन्द्र में कम दाब तथा बाहर की ओर अधिक दाब होता है। प्राय: ये गोलाकर, अण्डाकार या वेज के आकार के होते हैं, जिससे इन्हें गर्त्त या ट्रफ कहते हैं। इनका निर्माण दो विपरीत स्वभाव वाली ठण्डी तथा उष्णार्द्र हवाओं के मिलने के कारण होता है तथा इनका क्षेत्र 35°–65° अक्षांशों के मध्य दोनों गोलार्द्धों में पाया जाता है, जहाँ पछुआ हवाओं के प्रभाव में पश्चिम से पूर्व दिशा में चलते रहते हैं। इनके चलने का क्रम वैसा ही रहता है, जैसा कि नदी की धारा में भँवरे ऊपर से नीचे चला करती हैं।

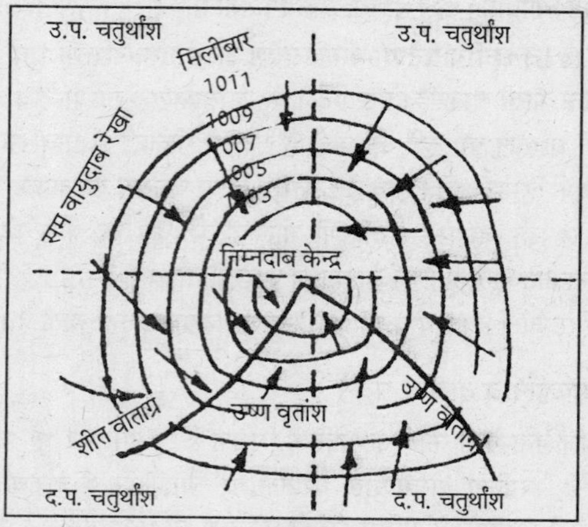

चक्रवात

शीतोष्ण चक्रवातों के प्रकार

शीतोष्ण कटिबन्धीय चक्रवातों को तीन भागों में विभाजित किया जा सकता है :

(i) तापीय चक्रवात, (ii) गतिक चक्रवात, (iii) प्रवासी चक्रवात।

शीतोष्ण चक्रवातों के गर्त्त चक्रों के विस्तार में बड़ी भारी भिन्नता देखी जाती है। साधारणतया वे लम्बे-चौड़े क्षेत्र में फैले रहते हैं। कभी-कभी इनका विस्तार इतना अधिक हो जाता है कि काफी बड़ा क्षेत्र घेर लेते हैं। ये चक्रवात प्रचलित पवनों की दिशा में आगे बढ़ते हैं। पछुआ पवनों के प्रदेश में ये पूर्व की ओर चलते हैं, परन्तु सदैव ही ये पूर्व की ओर नहीं चलते हैं। विशेष अवसरों पर ये विभिन्न मार्ग अपनाते हैं। इन चक्रवातों में पवनों की दिशा उत्तरी गोलार्द्ध में घड़ी की सुई के विपरीत तथा दक्षिणी गोलार्द्ध में घड़ी की सुई की दिशा के अनुकूल होती है।

चक्रवात के आने से पूर्व आकाश में श्वेत बादलों की लम्बी, किन्तु पतली टुकड़ियाँ दिखाई पड़ती हैं। जब कभी बैरोमीटर में निरन्तर पारा गिरने लगे, हवाएँ अपनी दिशा बदलने लगे, सूर्य और चन्द्रमा के चारों ओर प्रभामण्डल बन जाए तथा हवा बन्द होने से नालियों से बदबू आने लगे तो समझना चाहिए कि चक्रवात आने वाला है। चक्रवात ज्यों-ज्यों समीप आने लगता है, बादल फैलकर घने हो जाते हैं। तदनन्तर धीमी-धीमी तथा बाद में घनघोर वर्षा होने लगती हैं। बैरोमीटर का पारा नीचे गिरता चला जाता है, परन्तु उष्ण वाताग्र के

पहुँचते ही पारे का गिरना रुक जाता है और वर्षा बन्द हो जाती है। चक्रवात का केन्द्र, जब तक उष्ण वाताग्र से नहीं गुजर जाता बिल्कुल स्वच्छ रहता है। उष्ण वाताग्र के निकलते ही मौसम फिर बदलने लगता है। धीरे-धीरे बादल हटने लगते हैं और आकाश पुन: मेघ रहित हो जाता है।

II. उष्ण कटिबन्धीय चक्रवात

उष्ण कटिबन्धीय चक्रवात भूमध्यरेखा से दोनों ओर कर्क और मकर रेखाओं के मध्य पाए जाते हैं। ये चक्रवात अनेक रूपों में दृष्टिगोचर होते हैं। इनकी गति तथा आकार विभिन्न मौसम सम्बन्धी घटनाएँ उत्पन्न करती हैं। इन चक्रवातों की प्रमुख विशेषताएँ निम्नलिखित हैं :

(क) इनके केन्द्र में न्यूनदाब होता है। इनकी समदाब रेखाओं का स्वरूप गोलाकार होता है।

(ख) इनमें केवल एक वाताग्र का ही योग रहता है और न तापमान में भिन्नता पाई जाती है। हरीकेन व टाइफून, जैसे तीक्ष्ण तूफान इसी कारण से अपने में अत्यधिक तेजी लाते हैं।

(ग) इनमें आकारों में काफी भिन्नता होती है। साधारणतया इनका व्यास 80 से 300 किमी. तक आँका गया है, लेकिन जो छोटे चक्रवात होते हैं, उनका व्यास 50 किमी. तक पाया जाता है।

(घ) इन चक्रवातों की चाल में काफी अन्तर पाया जाता है। सागरों पर इनकी चाल काफी तेज होती है और स्थलों पर बहुत ही कम। यहाँ तक कि धरातल के मध्य पहुँचते-पहुँचते बिल्कुल विलीन हो जाते हैं। साधारण चक्रवात 2 किमी. प्रति घण्टा की चाल से तथा हरीकेन या टाइफून 120 किमी. प्रति घण्टा की गति से चलते हैं।

(ङ) ये चक्रवात स्थाई होते हैं। एक स्थान पर कई दिन तक वर्षा करते हैं।

ये चक्रवात काफी विनाशकारी होते हैं। कभी-कभी ये एक ही स्थान पर अधिक दिनों तक रुक जाते हैं तो भारी वर्षा के कारण क्षेत्र को बाढ़ग्रस्त बना देते हैं।

इन चक्रवातों को इनके आकार, स्वभाव तथा विभिन्न विनाशकारी घटनाओं के फ़लस्वरूप निम्नलिखित भागों में बाँटा जाता है :

(i) उष्ण कटिबन्धीय विक्षोभ; (ii) उष्ण कटिबन्धीय अवदाब; (iii) उष्ण कटिबन्धीय तूफान; (iv) हरीकेन या टाइफून; (v) टारनेडो।

टारनैडो

चक्रवातों के आकार की दृष्टि से 'टारनैडो' लघुतम होता है, परन्तु प्रभाव के दृष्टिकोण से सबसे प्रलयकारी तथा प्रचण्ड होता है। टारनैडो मुख्य रूप से संयुक्त राज्य अमेरिका तथा गौण रूप से आस्ट्रेलिया में उत्पन्न होते हैं। इनका आकार एक कीप या छलनी के समान होता है, जिसका पतला भाग धरातल से सम्बन्धित होता है। चौड़ा भाग ऊपर कपासी वर्षी मेघ से जुड़ा होता है। छलनी की व्यास निचले भाग में 90 से 460 मीटर तक होती है तथा इसका रंग काला होता है, क्योंकि इसके साथ धूल, रेत तथा मलवा बड़ी मात्रा में मिले होते हैं। टारनैडो के केन्द्र में वायुदाब न्यूनतम होता है तथा केन्द्र और परिधि के वायुदाबों में इतना अधिक अन्तर होता है कि हवाएँ तीव्र गति से केन्द्र की ओर झपटती हैं। यही कारण है कि टारनैडो में हवाएँ 800 किमी. प्रति घण्टे की चाल से प्रवाहित होती हैं, जो कि किसी भी प्रकार के चक्रवात से अधिक तेज हैं। इसे मैक्सिको खाड़ी में **हरिकेन;** चीन, जपान, फिलीपींस में **टाइफून;** आस्ट्रेलिया के उ०-पू० भागों में **विलि-विलि** कहते हैं।

हरिकेन

हरिकेन अपनी भयंकर वर्षा तथा तटीय भागों में विनाशकारी प्रभाव के लिए विश्वविख्यात है। फिलीपींस में टाइफून द्वारा 24 घण्टे में 76 इंच (90 सेमी.) तथा जमैका के 'सिल्वर हिल' पर चार दिन में 96.5 इंच (240 सेमी.) तक वर्षा का अंकन किया जा चुका है। 1780 ई. में पश्चिमी द्वीप समूह के बारबाडोस द्वीप में हरिकेन के भयंकर प्रभाव के कारण पत्थर के भवन नष्ट हो गए, किले बर्बाद हो गए तथा 6000 व्यक्ति काल-कवलित हो गए। हरिकेन के कारण सागर में ऊँची तरंगें उठ जाती हैं, जो कि तटीय भाग के सहारे दूर तक अन्दर प्रविष्ट होकर अपार क्षति करती हैं, क्योंकि प्रभवित भाग जलप्लावित हो जाते हैं। सन् 1970 ई. में गाल्वेस्टन तट पर हरिकेन के कारण जलप्लावन द्वारा 6000 व्यक्ति मारे गए। सन् 1937 ई. में बंगाल की खाड़ी में आए चक्रवात के करण 40 फीट (13 मीटर) ऊँची तरंगें उठीं, जिससे हुगली का मुहाना जलप्लावित हो गया एवं 3,00,000 व्यक्ति मारे गए। 1970 का ढाका (बांग्लादेश) का हरिकेन महान क्षतिकारक प्रमाणित हो चुका है, जिससे 3 लाख व्यक्ति मारे गए। भारत का पूर्वी तट इन उष्ण कटिबन्धीय चक्रवातों से अक्सर प्रभावित होता रहता है।

प्रति चक्रवात

प्रति चक्रवात वृत्ताकार सम वायुदाब रेखाओं द्वारा घिरा एक ऐसा प्रक्रम है जिसके केन्द्र में वायुदाब उच्चतम होता है और बाहर की ओर क्रमश: घटता जाता है, अत: इसमें हवाएँ केन्द्र से परिधि की ओर चलती हैं। प्रतिचक्रवात भूमध्य रेखीय प्रदेशों में कम उत्पन्न होते हैं। परन्तु उपोष्ण कटिबन्धीय उच्च दाब क्षेत्रों में अधिक उत्पन्न होते हैं। प्रति चक्रवात में मौसम साफ होता है और हवाएँ मन्द गति से चलती हैं। प्रति चक्रवातों की अग्रलिखित विशेषताएँ हैं :

1. प्रति चक्रवात आकार में प्राय: गोलाकार होते हैं। परन्तु कभी-कभी इनका आकार अंग्रेजी के 'V' अक्षर के समान

होता है। इनमें अधिकतम वायुदाब केन्द्र में और निम्न वायुदाब परिधि के बाहर की ओर होता है।

2. प्रति चक्रवात आकार की दृष्टि से चक्रवातों की तुलना में काफी अधिक क्षेत्र में विस्तृत होते हैं। इनका व्यास चक्रवातों की तुलना में 75% अधिक बड़ा होता है।
3. प्रति चक्रवात 30–35 किलोमीटर प्रति घण्टा की चाल से चक्रवातों के पीछे चलते हैं। इनका मार्ग व दिशा निश्चित नहीं होती है।
4. प्रति चक्रवात के केन्द्र में उच्च दाब होने के कारण हवाएँ केन्द्र से बाहर की ओर चलती हैं। उत्तरी गोलार्द्ध में इनकी दिशा घड़ी की सुई के अनुकूल और दक्षिणी गोलार्द्ध में घड़ी की सुई के प्रतिकूल होती हैं।
5. प्रति चक्रवात के केन्द्र में हवाएँ ऊपर से नीचे उतरती हैं, अत: केन्द्र का मौसम साफ होता है और वर्षा की सम्भावना नहीं होती है।
6. प्रति चक्रवात का तापमान, मौसम, वायु राशि के स्वभाव तथा आर्द्रता पर निर्भर करता है। शीतकाल में ध्रुवीय हवाओं के कारण तापमान निम्न और ग्रीष्मकाल में उष्ण वायु राशि के कारण तापमान उच्चतर रहता है।

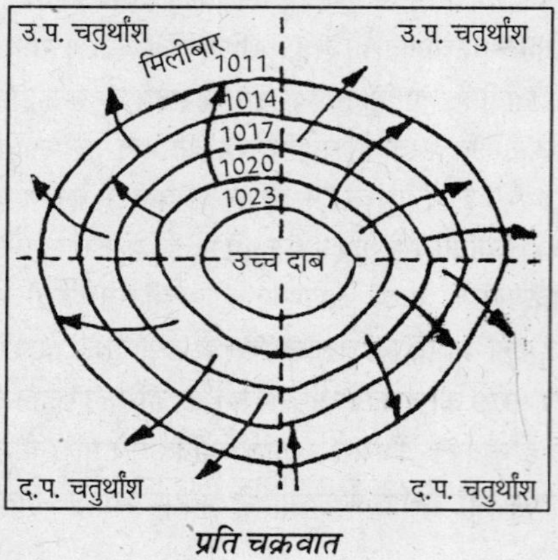

प्रति चक्रवात

पवनें

पवनों की दिशा एवं सिद्धांत

धरातल पर प्रवाहित पवनों तथा वायुदाव में घनिष्ठ सम्बन्ध है। सामान्यतया पवनें उच्च दाब से निम्न दाब की ओर चलती हैं, किन्तु पृथ्वी की घूर्णन गति इसमें परिवर्तन उपस्थित कर देती है। यदि पृथ्वी में घूर्णन गति नहीं होती तो पवनें सदैव समदाब रेखाओं के समकोण की दिशा में प्रवाहित होतीं, परन्तु पृथ्वी की घूर्णन गति के कारण इनकी दिशा में विक्षेप हो जाता है। दिशा परिवर्तन करने वाले इस बल को **विक्षेप बल** कहा जाता है। चूंकि इस बल की खोज करने वाले विद्वान कोरियॉलिस थे, इसलिए उनके नाम पर इस बाल को **कोरियॉलिस बल** भी कहा जाता है।

कोरिऑलिस का नियम—कोरिऑलिस के अनुसार पवनों की दिशा अपकेन्द्री बल तथा अभिकेन्द्रीय बल से प्रभावित होती है। इस सन्दर्भ में निम्न तथ्य उल्लेखनीय है :

(i) पृथ्वी के घूर्णन के कारण उस पर गतिशील प्रत्येक वस्तु बाहर धकेल दी जाती है। इसी को **विक्षेप बल** अथवा **कोरिऑलिस बल** कहा जाता है।

(ii) पृथ्वी पर विक्षेप बल सर्वत्र समान नहीं होता। वह विषुवत रेखा पर न्यूनतम और ध्रुवों पर सर्वाधिक होता है।

(iii) अपकेन्द्रीय बल वायु की गति के वर्ग के अनुसार होता है। वायुगति तीव्र होने पर अपकेन्द्रीय बल तीव्र होता है।

(iv) यदि वायु की दिशा विषुवत रेखा से ध्रुवों की ओर होती है तो वायु की गति और अपकेन्द्रीय बल में वृद्धि होती है।

हैडले का नियम—पृथ्वी पर भूमध्य रेखीय वृत्त अर्थात् विषुवत रेखा सबसे बड़ा वृत्त है। भूमध्य रेखा से ध्रुवों की ओर अक्षांशीय वृत्त क्रमश: छोटे हो जाते हैं। पृथ्वी अपने अक्ष पर पश्चिम से पूर्व की ओर घूमती हुई 24 घण्टे में एक चक्कर पूरा करती है। फलस्वरूप घूर्णन गति भूमध्य रेखा पर सर्वाधिक होती है। ध्रुवों की ओर यह गति कम होती जाती है। धरातल की दाब प्रवणता के अनुसार जब पवनें उत्तर अथवा दक्षिण दिशा में एक सीधी रेखा में चलती है तो वे अपने निर्दिष्ट स्थान को नहीं पहुँच पातीं, क्योंकि घूर्णन गति के कारण वह स्थान तब तक आगे बढ़ जाता है और पवनें पीछे ही रह जाती हैं। ऐसा मुख्यत: भूमध्य रेखा के समीप होता है, क्योंकि यहाँ घूर्णन गति सबसे अधिक होती है। उच्च अक्षांशों में इसके विपरीत पवनें अपने निर्दिष्ट स्थान से आगे निकल जाती हैं। इस प्रकार पवनों के दिशा बदलने की प्रक्रिया को **विक्षेपन** कहा जाता है।

फेरल का नियम—पृथ्वी का परिभ्रमण पश्चिम से पूर्व की ओर होने के कारण उत्तरी गोलार्द्ध में हवाएँ अपनी दाहिनी ओर तथा दक्षिणी गोलार्द्ध में बायीं ओर मुड़ जाती हैं।

बाइज बैलट का नियम—इसके अनुसार जिस दिशा से पवन आ रही है, उस ओर मुंह करके खड़े होने पर न्यून वायु दाब उत्तरी गोलार्द्ध में बायीं ओर तथा दक्षिणी गोलार्द्ध में दायीं ओर होगा।

पवनों का वर्गीकरण

पवनों की अवधि के अनुसार उन्हें निम्न वर्गों में वर्गीकृत किया जाता है–

I. स्थाई पवनें, II. अस्थाई पवनें तथा III. मानसून पवनें।

I. स्थाई पवनें

जो पवनें वर्ष भर में एक निश्चित दिशा में और एक निश्चित क्रम में चला करती हैं, उन्हें **स्थाई पवनें** कहते हैं। इन्हें **प्रचलित पवन**, **निश्चित पवन**, **सनातनी पवन** या **ग्रहीय पवन** भी कहा जाता है।

(अ) अयनवृत्तीय प्रदेशों की पवनें

अयनवृत्तीय प्रदेशों में सामान्य रूप से 30° उत्तर से 30° दक्षिणी अक्षांशों वाले भाग को सम्मिलित किया जाता है, समस्त अयनवृत्तीय भाग में मौसम सम्बन्धी पवनें समान होती हैं तथा भूमध्य रेखा के समीप डोलड्रम या शान्त पेटी होती है। आधुनिक खोजों से ज्ञात हुआ है कि अयनवृत्तीय पेटी में पहले के सभी गुण नहीं मिलते। उनमें कुछ परिवर्तन मिला है। व्यापारिक पवनें उष्ण कटिबन्धीय सागरों के पूर्वी भाग में अधिक चलती हैं।

(i) डोलड्रम या शान्त पेटी—इसका विस्तार भूमध्य रेखा के दोनों ओर 5° उत्तर व दक्षिण तक पाया जाता है। अधिक गर्मी के फलस्वरूप वायु अधिक उष्ण होकर ऊपर को फैलती है। वायु का प्रवाह भूपृष्ठ से ऊपर आकाश की दिशा में होता है। यहाँ अधिकांश समय पवन शान्त रहती है। इसलिए इसे शान्त पेटी अथवा **डोलड्रम** कहते हैं। वायु के शान्त होने के कारण पवन के चलने की दिशा में अनिश्चितता पाई जाती है, किन्तु वास्तव में शान्त प्रदेश सम्पूर्ण पृथ्वी पर एकसमान पेटी में नहीं फैला हुआ है। इनका विस्तार भिन्न ऋतुओं में परिवर्तित होता रहता है। विषुवत् रेखा के निकट इसके तीन उपक्षेत्र हैं—

- हिन्द प्रशान्त डोलड्रम
- भूमध्य रेखा के निकट अफ्रीका के पश्चिमी किनारे पर
- भूमध्य रेखीय मध्य अमरीका के पश्चिमी किनारे पर

(ii) व्यापारिक पवनें—दोनों गोलार्द्धों में अयनवृत्तीय उच्च वायुदाब से विषुवत्रेखीय निम्न वायुदाब की ओर चलने वाली पवनों को व्यापारिक पवनें या सन्मार्गी हवाएँ कहते हैं। उत्तरी गोलार्द्ध में इनकी दिशा उत्तर-पूर्व से दक्षिण-पश्चिम तथा दक्षिणी गोलार्द्ध में दक्षिण-पूर्व में उत्तर-पश्चिम होती हैं। जब ये पवनें चलती हैं, तो फेरल के नियमानुसार उत्तरी गोलार्द्ध में दाईं ओर दक्षिणी गोलार्द्ध में बाईं ओर मुड़ जाती हैं। उपोष्ण कटिबन्ध में अधिक दाब के कारण पवनें धरातल पर उतरती हैं। नीचे उतरने के कारण ये पवनें शुष्क हो जाती हैं और प्रति चक्रावातीय स्थिति उत्पन्न हो जाती हैं।

(ब) अश्व अक्षांश तथा पछुआ पवनें

(i) अश्व अक्षांश—भूमध्य रेखा में पूरे वर्ष उच्च तापमान के कारण हवाएँ ऊपर उठकर फैलती हैं तथा ठंडी होती हैं। ठंडी होकर ये हवाएँ नीचे उतरने की कोशिश करती हैं, किन्तु ऊपर उठती हुई गर्म हवाएँ में बाधा पहुँचाती हैं, फलतः ये व्यापारिक हवाओं के विपरीत दिशा में प्रवाहित होकर भूमध्य रेखा के दोनों ओर 30°-35° अक्षांशों के मध्य नीचे उतरती हैं। इस कारण यहाँ उच्च वायु दाब बनने के कारण चक्रवाती दशाएँ स्थापित हो जाती हैं, पवन का संचार कम हो जाता है और वायुमण्डल में स्थिरता आ जाती है। इस दशा नावों व जहाजों का खेना बड़ा कठिन हो जाता है।

(ii) पछुआ पवनें—ये पवनें 35° से 60° दोनों अक्षांशों के मध्य चलती हैं। इनकी दिशा परिवर्तनशील और वेग प्रचंड होता है। ये कभी-कभी विशेषत: सर्दियों में झंझा का रूप ग्रहण कर लेती हैं। जबकि दक्षिणी गोलार्द्ध में 40° अक्षांश के बाद पछुआ पवनें सर्दी एवं गर्मी दो ऋतुओं में बड़ी तूफानी होती हैं। अत: 40° द० अक्षांश पर **गरजता चालीसा,** 50° द० अक्षांशों पर **भयंकर पचासा** तथा 60° द० अक्षांश पर **चीखता साठा** कहा जाता है।

(स) ध्रुवीय पवनें

ध्रुवों पर पूर्ण विकसित उच्च वायुदाब क्षेत्र हैं। अंटार्कटिक महाद्वीप तथा स्थायी रूप से हिमाच्छादित आर्कटिक सागर का सर्द प्रभाव तापजनित उच्चदाब को जन्म देता है। आधार के समीप सर्द हवा नीचे बैठती और विषुवत रेखा की ओर बहती है, जो शीघ्रता से पूर्व से पश्चिम की दिशा ले लेती हैं। इन्हें ध्रुवीय पवनें कहा जाता है। उत्तरी गोलार्द्ध में इन्हें **नॉर इस्टर्स** कहा जाता है।

II. अस्थाई या सामायिक पवनें

धरातल पर कुछ ऐसी पवनें चलती हैं जो हमेशा एक ही दिशा में नहीं चलतीं, वरन् समय के अनुसार इनकी दिशा बदलती रहती है। इन पवनों को **अस्थाई पवनें** या **सामायिक पवनें** कहते हैं। **ये दो प्रकार की होती हैं :**

(अ) सामयिक पवनें—ये दिन व रात के क्रम से चलने के कारण दैनिक पवनें भी कहलाती हैं। ये तीन प्रकार की होती हैं :

(i) समुद्री समीर—दिन के समय सूर्यातप के कारण धरातल अत्यन्त गर्म हो जाता है। जलीय भाग अपेक्षाकृत ठण्डा रहता है। अतएव धरातल पर न्यून वायु दाब एवं समद्र पर अधिक दाब रहता है। दिन के समय समुद्र से स्थल की ओर पवनें चलती हैं, जिनका प्रभाव तट से 30 या 40 किमी भीतर तक रहता है। नमीयुक्त होने के कारण ये पवनें तटीय भागों के तापमानों को गिरा देती हैं एवं कुछ वर्षा भी कराती हैं।

(ii) स्थलीय समीर—रात्रि के समय धरातल में ताप का विकिरण अधिक होने के कारण धरातल ठण्डा हो जाता है तथा वहाँ अधिक दाब उत्पन्न होता है। किन्तु समुद्री भाग अपेक्षाकृत गर्म होते हैं तथा वहाँ कम वायु दाब रहता है। अत: पवनें स्थल से समुद्र की ओर चलती हैं जो शुष्क होने के कारण वर्षा नहीं करा पातीं।

(iii) पर्वतीय एवं घाटी समीर—पर्वतों एवं घाटियों के मध्य स्थानीय वायु दाब व्यवस्था के कारण पवनें चलती हैं। रात्रि को पर्वतों की ठण्डी व भारी वायु ढालों से नीचे सरक कर घाटी में उतरती हैं। सम्पीड़न के कारण नीचे उतरती हुई वायु का ताप बढ़ता है, अतएव वह घाटी के तापमानों को गिरा देती है। यह 'पर्वतीय पवन'

कहलाती है। दिन के समय घाटी से पर्वत शिखरों की ओर उठने वाली वायु 'घाटी पवन' कहलाती है।

(ब) स्थानीय पवन—किसी स्थान विशेष में चलने वाली, विशेष गुणों से युक्त पवनें **स्थानीय पवन** कहलाती हैं। मूलत: ये दो प्रकार की होती हैं-**गर्म** एवं **ठंडी**। विभिन्न स्थानों पर इन्हें विशेष नामों से पुकारा जाता है।

प्रमुख स्थानीय पवन

सीस्टन—पूर्वी ईरान के सीस्टन प्रान्त में ग्रीष्मकाल में प्रवाहित होने वाली तीव्र उत्तरी पवन, जो कभी-कभी 110 किमी प्रति घण्टा की चाल से चलती है, को सीस्टन कहते हैं। इसे 120 दिन की पवन भी कहा जाता है।

सिमून—सहारा तथा अरब के मरुस्थलीय भागों में बसन्त और ग्रीष्म ऋतु में चलने वाली उष्ण, शुष्क, दमघोटू पवन को सिमून कहते हैं। इन पवनों के साथ सामान्यत: रेत की घनी संहतियाँ उड़ती हैं। जिसके कारण दृश्यता कम या बिल्कुल समाप्त हो जाती हैं। कभी-कभी तो इसके मार्ग में पड़ने वाली बालू टिब्बों की आकृतियाँ भी बदल जाती हैं।

सिराको—सहारा मरुस्थल से उत्तरी अफ्रीका, सिसली तथा दक्षिणी इटली से गुजरने वाली अत्यधिक आर्द्र या काफी शुष्क एवं उष्ण दक्षिणी या दक्षिणी-पूर्वी पवन को सिराको कहते हैं। यह भूमध्य सागर से पूर्व दिशा को जाने वाले अवदाबों से पहले चलती है तथा मरुस्थल से चलने के कारण प्रारम्भ में वह शुष्क होती है और इटली पहुँचते-पहुँचते पर्याप्त नम हो जाती है।

दक्षिणी बर्स्टर—न्यू साउथ वेल्स और आस्ट्रेलिया में प्रवाहित होने वाली प्रबल शुष्क पवन जो यहाँ के तापमान को काफी गिरा देती हैं। इनके अन्तर्गत ध्रुवीय वायुराशियाँ सामान्य तथा गर्म क्षेत्रों में प्रवेश कर जाती हैं।

शामल—इराक, ईरान और अरब के मरुस्थलीय क्षेत्र में गर्म, शुष्क और रेतीली पवनें जो उत्तर व उत्तर-पश्चिम से चलती हैं। ये पवनें जून और जुलाई में निरन्तर चलती हैं। इनकी गति 50 किमी प्रति घण्टा होती है। इनके द्वारा जुलाई में रेतीले तूफान आते हैं। बगदाद में हर वर्ष 5 या इससे अधिक रेतीले तूफान इन्हीं पवनों के द्वारा आ जाते हैं।

तूफान—वायुमण्डल में उत्पन्न अत्यधिक तीव्र विक्षोभ, जिसका प्रभाव विशेषत: समुद्र पर अधिक पड़ता है। यह कई प्रकार का हो सकता है; जैसे—तड़ित तूफान, वर्षा तूफान, ओलों का तूफान, बालू का तूफान तथा धूलि तूफान।

संचित वात—वे पवनें, जो पर्वतों से अवरुद्ध होकर दर्रों तथा उच्च पठारों पर तीव्र वेग से बहती हैं।

बाग्यो—फिलीपींस द्वीप समूहों में चलने वाले उष्ण कटिबन्धीय चक्रवातों को बाग्यो कहते हैं।

बर्ग पवन—दक्षिणी अफ्रीका में शीतकाल में पठारी भाग से समुद्र की ओर प्रवाहित होने वाली कोष्ण व शुष्क पवनों को बर्ग पवन कहते हैं।

बर्फानी तूफान—गतिशील हिम का प्रचण्ड तूफान, जो प्राय: अत्यधिक शीत के साथ आता है, बर्फानी तूफान कहलाता है।

बोरा—मध्य यूरोप में उत्तर-पूर्वी पर्वतों से उत्तरी एड्रियाटिक सागर की ओर प्रचण्ड रूप से प्रवाहित होने वाली अतिशीतल शुष्क पवन को बोरा कहते हैं। यह पवन मध्य यूरोप के उच्च दाब क्षेत्र से भूमध्य सागर में विद्यमान निम्न दाब मे प्राय: शीतकाल में चलती है।

प्रचण्ड पश्चिमी पवन—दक्षिणी गोलार्द्ध में 40° दक्षिणी अक्षांश से 65° दक्षिणी अक्षांशों के मध्य पश्चिम या उत्तर-पश्चिम दिशा से तीव्र शक्तिशाली एवं चिरस्थायी प्रवाहित होने वाली पवनें हैं, जो झंझावत का रूप ग्रहण कर लेती हैं, इन पवनों के प्रवाहन के समय आकाश मेघाच्छादित हो जाते हैं और मौसम नव एवं कठोर हो जाता है जिन अक्षांशों के समीप ये प्रवाहित होते हैं, उन्हें नाविक **'तूफानी चालीसा'** कहते हैं।

टाइफून—पश्चिमी प्रशान्त महासागर के तटीय क्षेत्र और चीन सागर क्षेत्र में आने वाले लघु प्रबल एवं भ्रमिल उष्ण कटिबन्धीय तूफान को टाइफून कहते हैं।

विरासेन—पेरु तथा चिली के पश्चिमी तटों पर चलने वाली समुद्री समीर को विरासेन कहते हैं।

पछुआ या पश्चिमी पवनें—35° से 65° उत्तरी व दक्षिणी अक्षांशों के मध्य उपोष्ण उच्च दाब पेटी से शीतोष्ण निम्न दाब कटिबन्ध की ओर चलने वाली पवनें, जो उत्तरी गोलार्द्ध से दक्षिणी-पश्चिमी दिशा तथा दक्षिणी गोलार्द्ध में उत्तर-पश्चिम दिशा से चलती हैं।

वातावर्त—स्थानीय तापन तथा ऊपर उठने वाली संवहनीय वायु धाराओं के कारण उत्पन्न तीव्र गति से घूमने वाला एक लघु वात स्तम्भ जो कभी-कभी बहुत होता है। इसके मध्य में एक निम्न दाब क्षेत्र पाया जाता है। रेतीले मरुस्थलों में यह धूलित तूफान का रूप धारण कर लेता है।

विलिवाव—मैगेलन के जल संयोजी में स्थायी रूप से चलने वाली प्रचण्ड पश्चिमी पवनों को विलिवाव कहते हैं।

विलि-विलि—आस्ट्रेलिया के उत्तरी-पश्चिमी तट के समीप उत्पन्न होने वाले उष्ण कटिबन्धनीय तीव्र तूफानों को विलि-विलि कहा जाता है।

पवन—धरातल के समानान्तर गतिशील वायु, जिसकी गति एवं दिशा निश्चित नहीं होती, पवन (Wind) कहलाती है।

व्यापारिक पवन की विशेषताएं	पछुआ पवन की विशेषताएं	ध्रुवीय पवन की विशेषताएं
1. ये पवन उप-उष्ण उच्चदाब क्षेत्र से निम्न विषुवतीय दाब क्षेत्र (30° उत्तर की 30° दक्षिण) की ओर चलती हैं।	1. ये पवन उप-उष्ण उच्चदाब क्षेत्र से उप-ध्रुवीय निम्न दाब की (30° एवं 60° दोनों गोलार्द्ध में) की ओर चलती हैं।	1. ये पवन ध्रुवीय उच्च दाब क्षेत्र से उप-ध्रुवीय निम्न दाब क्षेत्र की ओर (60° और ध्रुव दोनों गोलार्द्ध में) चलती हैं।
2. ये उत्तरी गोलार्द्ध में उत्तरी-पूर्वी व्यापारिक पवन के रूप में चलती हैं, जबकि दक्षिणी गोलार्द्ध में दक्षिणी-पूर्वी व्यापारिक पवन के रूप में।	2. ये उत्तरी गोलार्द्ध में दक्षिण-पश्चिम दिशा से चलती हैं, जबकि दक्षिणी गोलार्द्ध में उत्तर-पश्चिम दिशा से।	2. ये पवनें पूर्व की ओर ध्रुवीय पछुआ के रूप में चलती हैं। ये उत्तरी गोलार्द्ध में उत्तर-पूर्व की ओर चलती हैं, जबकि दक्षिणी गोलार्द्ध में दक्षिण-पूर्व की ओर।
3. ये दिशा एवं गति में हमेशा एक समान बनी रहती हैं।	3. ये दिशा एवं गति में व्यापारिक पवन के समान स्थाई नहीं होती पछुआ पवन क्षेत्र की विशेषताएं हैं—बहुधा चक्रवात एवं प्रति चक्रवात का आना।	3. ध्रुवीय पवनें सर्वाधिक विचलित होती हैं। ये अपनी सामान्य मार्ग पर पहुँचने से पहले 90° तक विचलित होती हैं।
4. ऐसे तो व्यापारिक पवनें स्थाई पवनें है, किन्तु हिन्द महासागर एवं दक्षिण-पश्चिम प्रशान्त महासागर के कुछ भागों में पवनें ग्रीष्म काल में मानसून द्वारा प्रतिस्थापित हो जाती हैं।	4. ये दक्षिणी गोलार्द्ध में ज्यादा स्थाई एवं मजबूत होती हैं क्योंकि यहां पर कोई बड़ा स्थल खण्ड मार्ग में नहीं आता। इसे दक्षिणी गोलार्द्ध में कई तीव्रता के आधार पर विभिन्न नामों से जाना जाता है, यथा—गरजता चालीसा, बहादुर पछुआ एवं चीखता साठा।	4. उत्तरी गोलार्द्ध में स्थानीय मौसमी विशेषता के कारण इनके मार्ग में काफी परिवर्तन होता रहता है।
5. व्यापारिक पवनें सूर्य की गति का अनुसरण करते हुए उत्तर एवं दक्षिण की ओर दोलन करती रहती हैं।	5. पछुआ पवनें जो कि सूर्य के उत्तरायण एवं दक्षिणायण का अनुसरण करते हुए उत्तर एवं दक्षिण की ओर दोलन करती रहती हैं।	5. ये दक्षिणी गोलार्द्ध में ज्यादा नियमित होती हैं।
	6. ये पश्चिम की ओर से चलती हैं, अत: इसे पछुआ कहा जाता है।	6. ध्रुवीय पवनें बहुत ही ठंडी एवं सूखी होती हैं, क्योंकि ये बर्फीले क्षेत्रों से आती हैं।

जोन्डा—अर्जेन्टीना में कोष्ण शुष्क पवन, जो पश्चिम में एण्डीज पर्वतमालाओं से नीचे मैदानों की ओर चलती है। इसे शीत फॉन (Winter Foehn) भी कहते हैं।

चिनूक—उत्तरी अमरीका के रॉकी पर्वत श्रेणियों के पूर्वी ढाल पर अलबर्टा, पश्चिमी सस्केचवान तथा मोण्टाना राज्यों में ढालों से नीचे की ओर शुष्क व कोष्ण दक्षिणी-पश्चिमी पवनें प्रवाहित होती हैं। बसन्त काल में इनकी गर्मी से तापमान यकायक बढ़ जाता है और हिम पिघलना तेजी से प्रारम्भ हो जाता है। इन्हीं पवनों को चिनूक कहते हैं।

फॉन—उत्तरी आल्पस की घाटियों में कोष्ण अत्यधिक शुष्क पवन, जो किसी पर्वत श्रेणी को पार करके प्रति पवन ढालों पर नीचे की ओर उतरती है, फॉन कहलती है।

ग्रेगाले—दक्षिणी यूरोप में भूमध्यसागरीय क्षेत्र के मध्य भाग में उत्तर-पश्चिम अथवा उत्तर-पूर्व दिशा से शीत ऋतु में प्रवाहित होने वाली पवन को ग्रेगाले कहते हैं।

हबूब—उत्तरी एवं उत्तरी पूर्व सूडान में खारतूम के निकट तेज अंधड़ को हबूब कहते हैं। ये हवाएं मई से सितम्बर माह में दोपहर के बाद सायंकाल तक अधिक चलती हैं। इनमें धूल के कारण दृश्यता कम हो जाती है। कभी-कभी तड़ित झंझा के साथ भारी वर्षा भी होती है।

हरमट्टन—पश्चिमी अफ्रीका में और मुख्यत: सहारा में गर्म, अतिशुष्क और धूलिमय चलने वाली प्रबल उत्तर-पूर्वी पवनों को हरमट्टन कहते हैं। ये पवनें कभी इतनी गर्म एवं शुष्क होती हैं कि वृक्षों के तनों में दरार तक पैदा कर देती हैं। ये ही पवनें गिनी तट पर नम ऊष्मा से लोगों को आराम देती हैं और स्वास्थ्यप्रद हो जाती हैं।

पैम्पेरो—अर्जेन्टीना व उरुग्वे के पैम्पास क्षेत्र में चलने वाली ठण्डी तीव्र ध्रुवीय पवनें, जो सामान्यतया अबदाब क्षेत्र से दक्षिण-पश्चिम या दक्षिण दिशा से प्रवाहित होती हैं। ये पवनें रेखीय चक्रवात का रूप धारण कर लेती हैं। कभी-कभी गर्जन के साथ वर्षा और तड़ित झंझा लाती हैं, जिससे पैम्पास क्षेत्र में धूलि उड़ जाती है। अत: इन्हें पैम्पेरो पवनें कहते हैं।

पापागायो—मैक्सिको के तट पर प्रवाहित होने वाली तीव्र शुष्क और शीतल पवनें, जो जाड़े में तापमान कम कर देती हैं और मौसम साफ हो जाता है।

भूमण्डलीय पवनें—भूमण्डलीय पवनों के अन्तर्गत वायुमण्डल की निचली परत में सौर्यताप के अन्तर के कारण (i) विषुवत्‌रेखीय निम्न दाब की पेटी में चलने वाली हल्की पवनें अर्थात् डोलड्रम व्यापारिक पवनें, (ii) उत्तरी गोलार्द्ध में पछुआ और दक्षिणी गोलार्द्ध में गरजता चालीसा तथा (iii) ध्रुवीय क्षेत्रों में ध्रुवीय पवनें इन्हीं के अन्तर्गत सम्मिलित हैं।

पोनन्त—भूमध्यसागरीय क्षेत्र में (विशेषकर कोर्सिका तट पर तथा भूमध्यसागरीय फ्रांस में) प्रवाहित होने वाली पश्चिमी पवनें जो सामान्यत: ठण्डी होती हैं और जिनसे मौसम शुष्क हो जाता है।

सनातन पवन—किसी निश्चित स्थान अथवा क्षेत्र पर वह पवन जो प्राय: एक ही दिशा विशेष से चलती रहती है, **सनातनी पवन** कहलाती है।

पुर्गा—टुण्ड्रा प्रदेश में अलास्का व साइबेरिया क्षेत्र में प्रचण्ड हिम झंझावात या बर्फानी तूफान जो प्राय: उत्तर-पश्चिम दिशा से आते हैं, **पुर्गा** कहलाते हैं।

सैमून—ईरान में प्रवाहित होने वाली फोहन के प्रकार की उष्ण, शुष्क और अवरोही पवन को **सैमून** कहते हैं।

रेतीला तूफान—मरुस्थल अथवा अर्द्धशुष्क क्षेत्रों में प्रवाहित होने वाली आँधी, जिसके कारण प्राय: भू-पृष्ठ पर तथा लगभग 15 मीटर ऊपर तक सघन धूल और रेत कणों के मेघ उड़ते हैं, इसमें उड़ने वाली बालू का अपरदन प्रभाव अत्यधिक होता है।

सुमात्रा—मलक्का जल संयोजी क्षेत्र में उत्पन्न होने वाली रेखीय चक्रवात, जो दक्षिण-पश्चिमी मानसून की अवधि में साधारणतया रात्रि के समय अचानक बहने लगती है और तड़ित तूफानों (Thunder Storms) का रूप धारण कर लेती है।

टालविण्ड—वह घाटी पवन जो घाटी में अर्थात पर्वत के पार्श्व पर ऊपर की ओर चल रही है।

टेम्पोरल्स—एक प्रकार की कालिक पवन (मानसून पवन) जो दक्षिण-पश्चिम से तीव्र वेग के साथ ग्रीष्मकाल में मध्य अमरीका के प्रशान्त महासागरीय तट पर चलती है।

तड़ित झंझा—वह तूफान जिसके साथ आकाश में बिजली चमकती है, बादल गरजते हैं, भारी वर्षा होती है तथा कभी-कभी ओले पड़ते हैं। यह उस समय आता है, जब भूमि बहुत गर्म हो जाती है और वायु संवहनीय रूप से ऊपर उठती है और अस्थिरता की चरम दशाएँ उत्पन्न हो जाती हैं तथा आसमान पर कपासी वर्षी मेघ छा जाते हैं।

जूरन—जूरा पर्वत से जेनेवा झील तक रात्रि में बहने वाली शीतल शुष्क पवन जूरन कहलाती है।

लीस्टे—मेडिरा और कनारी द्वीपों के निकटवर्ती क्षेत्र में चलने वाली गर्म शुष्क पवन, जो ग्रीष्मकाल को छोड़कर सभी ऋतुओं में पूर्व से प्रवाहित होती है। इसका उद्भव सहारा में होता है और इसके परिणामस्वरूप पवनें निम्न वायुदाब केन्द्र से पूर्व की ओर चलती है।

लेवेन्ट—पश्चिमी भूमध्य सागर, फ्रांस तथा स्पेन के दक्षिणी तटीय भागों में चलने वाली तीव्र पवनें लेवेन्ट कहलाती हैं। ये पवनें नम आर्द्र और वर्षा प्रदान करने वाली हैं, जो सामान्यतया बसन्त ऋतु में चलती हैं।

काराबुरन—मध्य एशिया के तारिम बेसिन में चलने वाली तीव्र उष्ण उत्तर-पूर्वी हवाओं को काराबुरन कहते हैं, ये हवाएँ सामान्य तथा तेज होती है और धूलि भरे तूफानों को जन्म देती हैं। धूलि से आकाश काला पड़ जाता है। मध्य एशिया के लोयस का मैदान इन्हीं हवाओं द्वारा निक्षेपित धूलि से बना है।

कैटाबेटिक पवनें—यह स्थानीय पवन प्राय: विकिरण द्वारा ठण्डी होकर रात्रि के समय पर्वत ढालों से नीचे की ओर बहती है। यह ठण्डी वायु के प्रवाह से भी उत्पन्न होती है, जो हिम टोपों के ढालों से नीचे चलती है।

थल समीर— रात्रि के समय चलने वाली समीर स्थल के विकिरण द्वारा ठण्डी हो जाने के परिणामस्वरूप कोष्ण सागर की ओर चलती है।

नार्दर—संयुक्त राज्य अमरीका के दक्षिण में टैक्सास व खाड़ी तटीय क्षेत्रों में ठण्डी शुष्क तथा प्रचण्ड वेग से चलने वाली पवनें जो 65 से 95 किमी प्रति घण्टा की गति से चलती है। इन पवनों से 24 घण्टों में तापमान लगभग 20° सें. तक गिर जाता है। इनसे उत्पन्न तड़ित झंझा के फलस्वरूप ओले भी गिरते हैं।

ये एक प्रकार की ध्रुवीय पवनें हैं, जो एक ठण्डी वायु संहति के रूप में उत्तरी अमरीकी महाद्वीप से होकर बिना किसी पर्वतीय अवरोध के दक्षिण तक चली आती हैं।

नॉर वेस्टर पवनें—न्यूजीलैण्ड के दक्षिणी द्वीप में पर्वतों से चलने वाली शुष्क एवं गर्म फॉन सदृश पवनें हैं तथा उत्तरी भारत के मैदानी भागों में ग्रीष्म काल में (अप्रैल से जून तक) चलने वाले चक्रवात है। जो कभी-कभी तीव्र तड़ित झंझा के रूप में भारी वर्षा करते हैं और ओले गिरते हैं। इस ऋतु में बंगाल, असम तथा म्यांमार में होने वाली वर्षा अधिकांशत: इन्हीं पवनों से होती है। असम के चाय बागानों को इन पर्वतों से विशेष लाभ है।

मैस्ट्रो—भूमध्यसागरीय क्षेत्र के मध्यवर्ती भाग में चलने वाला उत्तर-पश्चिमी पवन, जो किसी अवदाब के पश्चिमी भाग में अधिक तीव्र गति से चलता है।

मिस्ट्रल—फ्रांस के मध्य मैसिफ के ठण्डे उच्च पठार से भूमध्य सागर की ओर तीव्र गति से चलने वाली ठण्डी शुष्क उत्तरी-पश्चिमी अथवा उत्तरी हवाएँ, जो मुख्यतया रोन डेल्टा तथा लायन्स की खाड़ी में चलती हैं, मिस्ट्रल कहलाती है। ये ठण्डी हवाएँ मध्यवर्ती यूरोप में उपस्थित शीतकालीन प्रति चक्रवात से भी, पश्चिमी भूमध्यसागरीय बेसिन पर उत्पन्न निम्न दाब क्षेत्र की ओर निचली रोन घाटी से होकर बहती हैं। इन हवाओं की औसत गति 60 किमी प्रति घण्टा होती है। परन्तु कभी-कभी ये 130 किमी प्रति घण्टा की गति से भी चलती है।

नार्ट—मध्य अमरीका के संयुक्त राज्य अमरीका में शीत ऋतु में चलने वाली उत्तरी पवनें, जो शीत ऋतु में चलती हैं। इन पवनों से तापमान में 6° से 9° से. तक की गिरावट आ जाती है। इन पवनों से फलों की फसल को काफी नुकसान होता है।

III. मानसून पवनें

मानसून धरातल पर चलने वाली वे हवाएँ हैं जो ग्रीष्म और जाड़े की ऋतुओं में अपनी प्रवाह दिशा बदल देती हैं। **फ्लीचर-वुल्फ** ने मानसून

हवाओं की व्याख्या करते हुए कहा है कि "कुछ महाद्वीपों पर ऐसी हवाएँ चलती हैं जो साल के कुछ मौसम में प्रचलित हवाओं के रूप में बदल जाती हैं। ऐसी हवाओं को मानसून कहा जाता है।"

'मानसून' शब्द मूल रूप से अरबी भाषा के 'मौसिम' शब्द से बना है, जिसका तात्पर्य 'मौसम' से होता है। मानसून शब्द का सर्वप्रथम प्रयोग अरब सागर में चलने वाली पवनों के लिए किया गया, जो ग्रीष्म काल में दक्षिण-पश्चिम से तथा शीतकाल में उत्तर-पूर्व की ओर से चलती हैं। तत्पश्चात् ग्लोब पर मौसमी क्रम से चलने वाली सभी पवनों को मानसून कहा गया। उसी आधार पर संसार के उन सभी भागों की हवा को जिनकी दिशा में ऋतुवत परिवर्तन हो जाता है, मानसून कहा गया।

ग्रीष्मकालीन मानसून—21 मार्च के बाद सूर्य उत्तरायण होने लगता है तथा 21 जून को सूर्य कर्क रेखा पर लम्बवत् होता है। इस अवधि में अधिकतम सूर्यातप प्राप्ति के कारण एशिया में बैकाल झील तथा उ. प. पाकिस्तान में न्यून वायुदाब केन्द्र स्थापित हो जाते हैं, इसके विपरीत दक्षिणी हिन्द महासागर एवं उत्तरी-पश्चिमी आस्ट्रेलिया के निकट तथा जापान के दक्षिण में प्रशांत महासागर में उच्च दाब केन्द्र विकसित होते हैं। महासागरों में स्थित उच्च दाब केन्द्रों से स्थलीय निम्न दाब केन्द्र की ओर पवनें चलने लगती हैं, जो आर्द्र होने के कारण वर्षा कराती हैं।

शीतकालीन मानसून—23 सितम्बर के पश्चात् सूर्य दक्षिणायन होने लगता है तथा 22 दिसम्बर को मकर रेखा पर लम्बवत् चमकता है। इसलिए उत्तरी गोलार्द्ध में पश्चिमी पाकिस्तान के निकट उच्च दाब केन्द्र स्थापित होते हैं। निकटवर्ती सागरीय भागों में निम्न दाब केन्द्र विकसित होते हैं। अत: पवनें स्थल से सागर की ओर चलने लगती हैं। शुष्क होने के कारण ये वर्षा नहीं करा पातीं। मध्य अक्षांशों में चक्रवती तूफान जाड़े के मानसून में कई बाधाएँ खड़ी कर देते हैं। इन तूफानों के कारण कुछ वर्षा हो जाती है।

स्थल तथा समुद्र समीर

स्थल तथा जल के मध्य दैनिक तापमान की विषमता छोटे स्तर पर दैनिक मानसून को उत्पन्न करता है, जिसे स्थल और समुद्र समीर कहा जाता है। सुबह एवं रात में ठंडी हवा स्थल से समुद्र की ओर चलती है। दिन में गर्मी के कारण स्थल अधिक गर्म हो हो जाता है। जिससे हवा गर्म हो जाती है तथा वायुदाब कम हो जाता है, फलत: हवा समुद्र से स्थल की ओर चलने लगती है। ये हवाऐं तटीय क्षेत्र को आरामप्रद बना देती है।

पर्वत तथा घाटी समीर

दिन के समय पर्वतीय ढाल जो सूर्य के सामने होता है, घाटी से अधिक गर्म हो जाता है जिससे हवाऐं गर्म होकर ऊपर उठती हैं तथा घाटी की

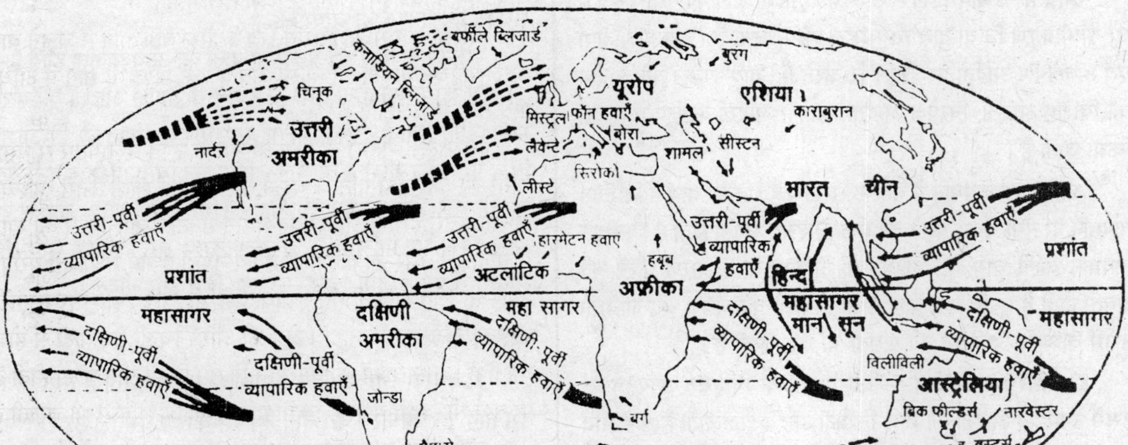

विश्व की स्थानीय हवाएँ

ठंडी हवाऐं ऊपर पर्वतशील की ओर आती हैं, जिसे घाटी समीर कहा जाता है। रात के समय ठीक इसके विपरीत स्थिति होती है तथा पर्वतीय हवाएं घाटी की ओर आने लगती हैं, जिन्हें पर्वतीय समीर कहा जाता है।

जेट स्ट्रीम

परिवर्तन (क्षोभ) मण्डल की ऊपरी सीमा में सैंकड़ों कि.मी. की चौड़ी पट्टी में पश्चिम से पूर्व दिशा में प्रवाहित होने वाली परिध्रुवीय प्रबल पवन धारा को **जेट स्ट्रीम** कहा जाता है। इस पवन धारा का संचरण दोनों गोलार्द्धों में 20° अक्षांश से ध्रुवों के बीच 7.5 से 20 कि.मी. की ऊँचाई के मध्य होता है। जेट स्ट्रीम की खोज द्वितीय विश्वयुद्ध के दौरान उस समय हुई, जब अमरीका बमवर्षक जेट विमानों को जापान की ओर उड़ान भरते समय पवन के विपरीत रूख का सामना करना पड़ रहा था। जिस कारण जेट विमानों की गति में अत्यधिक कमी हो रही थी। इसके विपरीत लौटते समय जेट विमानों की गति में आशातीत वृद्धि हो रही थी। इस परिस्थिति का अध्ययन करने पर पता चला कि क्षोभ मण्डल की ऊपरी सीमा में प्रबल वेगवाली हवाएँ पश्चिम से पूर्व दिशा में प्रवाहित हो रही हैं। इस आधार पर पश्चिम से पूर्व दिशा में विसर्पण करती हुई प्रबल वेग से चलने वाली इन पवन धाराओं का नामकरण जेट स्ट्रीम कर दिया गया।

आर्द्रता एवं तापमान के संबंध

आर्द्रता—वायुमंडल में उपस्थित आर्द्रता जल का गैसीय रूप है जो वाष्पीकरण क्रिया द्वारा वायुमंडल में पहुँचती है। चक्रवात, वर्षा एवं अवक्षेपण आर्द्रता पर ही निर्भर करते हैं। वायुमण्डल की आर्द्रता को विशिष्ट आर्द्रता, निरपेक्ष आर्द्रता, सापेक्ष आर्द्रता के रूप में व्यक्त किया जाता है।

आर्द्रता एवं तापमान में घनिष्ठ सम्बन्ध है। किसी वायु में निश्चित तापमान पर नमी धारण करने की एक निश्चित क्षमता होती है। अधिक तापमान वाली वायु में अधिक-से-अधिक वाष्प धारण करने की क्षमता होती है। यदि उस वायु में ताप किसी कारणवश बढ़ जाये तो उसमें वाष्प धारण करने की क्षमता भी बढ़ जाती है।

(1) निरपेक्ष आर्द्रता—किसी वायु के निश्चित आयतन पर उसमें उपस्थित आर्द्रता की मात्रा निरपेक्ष आर्द्रता कहलाती है। इसे प्रति घन फुट (वायु) पर ग्रेन या प्रति वर्ग से. मीटर (वायु) पर ग्राम में प्रदशित किया जाता है। निरपेक्ष आर्द्रता की मात्रा विभिन्न स्थानों पर भिन्न-भिन्न होती हैं।

(2) सापेक्ष आर्द्रता—किसी निश्चित ताप पर एक निश्चित आयतन वाली वायुराशि में आर्द्रता का सामर्थ्य तथा उसमें उपस्थित जलवाष्प की वास्तविक मात्रा के अनुपात को सापेक्ष आर्द्रता कहते हैं। सापेक्ष आर्द्रता को ज्ञात करने का सूत्र अग्रलिखित है :

$$\text{सापेक्ष आर्द्रता} = \frac{\text{निरपेक्ष आर्द्रता}}{\text{आर्द्रता धारण करने की शक्ति}} \times 100$$

(3) विशिष्ट आर्द्रता—वायु में पाये जाने वाले वाष्प के भार और आर्द्र वायु के भार के अनुपात को विशिष्ट आर्द्रता कहते हैं। प्रति किलोग्राम वायु में जलवाष्प का भार ग्राम में दिखाया जाता है। वायु राशि के ऊँचा उठने या दबने के साथ आयतन एवं वायुदाब बदलने से विशिष्ट आर्द्रता में परिवर्तन होता है।

संघनन

जल को जलवाष्प के रूप में बदलने की क्रिया को संघनन कहते हैं। वायुमण्डल में भाप हवा के ठण्डे होने पर जल रूप में बदल जाती है। जल सीकर, बादल तथा कुहरा उसी विधि से बनते हैं। बिना भाप के घटाए-बढ़ाए ही जिस तापमान पर वायु संतृप्त हो जाती है उस तापमान को **ओस बिन्दु** कहा जाता है। यदि वायु का तापमान ओसांक बिन्दु से भी नीचे गिर जाए तो उसकी अतिरिक्त भाप छोटे-छोटे जल सीकरों में बदलने लगेगी अर्थात् संघनन की क्रिया प्रारम्भ हो जाएगी, यथा—यदि हवा का तापमान 80° फा. है और उसकी वास्तविक आर्द्रता प्रति घन फुट 8 ग्रेन है तो उसकी सापेक्ष आर्द्रता 73 प्रतिशत होगी। अब यदि इस वायुराशि का तापमान घटाया जाय जिससे उसकी भाप धारण करने की शक्ति घट जाय तो वह 70° फा. तापमान पर ओसांक बिन्दु पर पहुँच जायेगी और इस प्रकार उस तापमान पर संतृप्त हो जाएगी। वायुराशि के इस तापमान के नीचे शीतल होने पर संघनन क्रिया शुरू हो जायेगी।

संघनन के लिए इस प्रकार दो बातों की आवश्यकता होती है—(i) हवा का ठण्डा होना तथा (ii) वायु में सापेक्ष आर्द्रता की पर्याप्त मात्रा। यदि हवा 32° फा. या 0° सेण्टीग्रेड तापमान पर ही ओसांक बिन्दु पर पहुँच जाती है तो जल-वाष्प जल बिन्दुओं के रूप में बदल जाएगी जैसे ओस, कुहरा तथा बादल। यदि हवा या 32° फा. से नीचे ओस बिन्दु पर पहुँचती है तो जल-वाष्प सघन होकर सूक्ष्म हिम सीकरों में प्रकट होगी, जैसे—पाला, हिम और बादल।

संघनन के रूप

1. ओस—पृथ्वी दिन में सूर्यातप ग्रहण करती है तथा रात्रि में उस ताप को विकिरण कर देती है। इस कारण धरातल ठंडा हो जाता है, किन्तु धरातल से मुक्त हुआ ताप ऊपर वायुमण्डल जल में पहुँच जाता है। दिन में वाष्पीकरण की क्रिया अधिक होती है, जिससे वायुमण्डल में जल-वाष्प की मात्रा बढ़ जाती है। **वेल्स** के मतानुसार रात में ठंडे धरातल के सम्पर्क में आने वाली वायु की आर्द्रता के कण पेड़-पौधों, धरातल एवं अन्य वस्तुओं पर जल बिन्दु के रूप में बैठ जाते हैं। इन्हीं जल बिन्दुओं को **ओस** कहा जाता है।

2. तुषार—जब जलवाष्प का संघनन 0° कम तापमान पर होता है तो जल कण के बजाय हिम कण उत्पन्न होते हैं। आरम्भ में बहुत सूक्ष्म हिम सीकरों का निर्माण हिमायन नाभिकों के चारों ओर होता है। ये हिमायन नाभिक वर्षा की बूँद उत्पन्न करने वाले आर्द्रताग्राही नाभिकों की भाँति होते हैं। हिम सीकर परस्पर जुड़ कर तुषार रवों की रचना करते हैं, उनकी आकृति षट्भुषीय रवों के रूप में होती है। धरातल पर सघन हिम की उत्पत्ति तुषार वर्षा द्वारा तुषार परतों में क्रमशः जमने से होती है।

3. ओला—कपासी मेघों एवं तड़ित झंझावातों से ओला वृष्टि होती है। मेघों में जल कणों की उत्पत्ति होने पर यदि वायु (मेघ) राशि किसी प्रकार अधिक ऊँचाई पर पहुँच जाती है तो जल कण ठोस हिमकणों में बदल जाते हैं। जब ये हिमकण पर्याप्त बड़े आकार के हो जाते हैं, तो वे धरातल पर तेजी से गिरने लगते हैं। धरातल पर गिरते हुए ये टूट जाते हैं अतः विभिन्न आकारों में ओला वृष्टि होती है। 10 सेमी व्यास तथा एक किलोग्राम भार तक के ओलों के टुकड़े देखे गये हैं।

4. पाला—धरातल पर जलवाष्प का घनीभवन यदि 0° (32°F) या उससे कम तापमान पर होता है तो जल (जलकण) के बजाय हिम (हिमकण) उत्पन्न होता है। ओस एवं पाले की उत्पत्ति के लिए शान्त वायु, स्वच्छ आकाश, लम्बी शीतकालीन रात्रि दशाएँ उपयुक्त होती हैं। पर्वतीय ढालों की अपेक्षा घाटियों एवं मैदानों में पाला अधिक पड़ता है।

5. कुहासा—कोहरा और कुहासा में मुख्य अन्तर यह है कि कोहरे में दृश्यता अधिक प्रभावित होती है, क्योंकि वायुमण्डल में लटकी जल की बूंदें ज्यादा छोटी होती है। कुहासे में दृश्यता 1 किमी. से अधिक, किन्तु 2 किमी. से कम की होती है।

6. धुंध—इसका निर्माण वस्तुतः वायुमण्डल में आर्द्रताग्राही केन्द्रों पर जलकणों की उपस्थिति के कारण होता है। इसके अतिरिक्त धूल कण, धुएँ के कण इत्यादि जब वायुमण्डल में उपस्थित होते हैं तो भी धुंध का निर्माण होता है। इसमें दृश्यता 1 से 2 किमी. तक होती है।

8. कुहरा—धरातल के निकट नम वायु का तापमान जब ओसांक प्राप्त कर लेता है तथा वायु ठंडी हो जाती है तो उसकी आर्द्रता के कण वायुमण्डल में व्याप्त धूल व धुएँ के कणों के ऊपर बैठ जाते हैं। ये संघनित होकर सूक्ष्म जल बिन्दुओं के रूप में लटक जाते हैं। समूह के रूप में ये धुएँ के बादल की तरह दिखते हैं। इनके कारण वायुमण्डल में अन्तर्दृश्यता कम हो जाती है। हल्के कुहरे को **धुंध** या **कुहासा** कहते हैं। कुहरा सतह के निकट पाया जाता है। इसकी उत्पत्ति सागरीय सतह पर भी होती हैं—जहाँ गर्म और ठंडी धाराएँ परस्पर मिलती हैं।

9. मेघ—मेघों का निर्माण अस्थिर वायु द्वारा होता है, यदि किसी वायु राशि में ताप की सामान्य पतन दर शुष्क रुद्धोष्म दर अधिक होती है तो वायु गर्म होकर ऊपर उठती है और अस्थिर हो जाती है। अस्थिर वायु अधिक ऊँचाई पर ठण्डी होने से उसकी आर्द्रता ओसांक प्राप्त कर लेती है। ओसांक 0°C से ऊपर होता है, तो जल बिन्दु और यदि ओसांक 0°C से नीचे होता है, तो हिम बिन्दुओं की रचना होती है। इन सूक्ष्म कणों से ही मेघों का रंग श्वेत दिखाई देता है, मेघों के यह कण इतने छोटे होते हैं कि चाय के एक चम्मच को भरने के लिए कम-से-कम 5 अरब कण अवश्यक होंगे।

मेघों के प्रकार

ल्यूक हावर्ड के अनुसार तीन प्रकार के मेघ होते हैं :

I. पक्षाभ मेघ II. कपासी मेघ III. स्तरी मेघ।

अन्तर्राष्ट्रीय ऋतु विभाग ने 1894 तथा 1932 में मेघों का वर्गीकरण किया। उसके अनुसार ऊँचाई तथा मेघों की विशेषताओं के आधार पर मेघों के 10 उपवर्ग हैं :

उच्च बादल (6000-20,000 मी.)

1. पक्षाभ मेघ—यह मेघ अधिक ऊँचाई पर (8000-20,000 मीटर) पाये जाते हैं। अधिक ऊँचाई के कारण इनका निर्माण प्रायः हिम के सूक्ष्म कणों द्वारा होता है। इनका रंग श्वेत और बनावट पक्षी के पतले परों जैसी होती है। इनके द्वारा चन्द्रमा या सूर्य के चारों और कुण्डल बनाता है। इन मेघों से भूमि पर छाया नहीं बनती और न ही वर्षा होती है। यदि आकाश में इन मेघों का आगमन किसी निश्चित दिशा से होता है तो यह एक चक्रवात के आने की सूचना देते हैं।

2. पक्षाभ कपासी मेघ—आकाश में पतले परों के साथ यदि कहीं-कहीं कपास के ढेरों जैसे मेघ भी होते हैं तो मिश्रित रचना को पक्षाभी कपासी मेघ नाम दिया जाता है। इन मेघों की ऊँचाई भी अधिक होती है।

3. पक्षाभ स्तरी मेघ—इस प्रकार के मेघों की उपस्थिति से आकाश का रंग दूध के समान श्वेत हो जाता है। कहीं-कही पक्षी के परों के समान रेशे दिखाई देते हैं। इनमें सूर्य नहीं छिपता और न पृथ्वी पर छाया ही उत्पन्न होती है। चन्द्रमा या सूर्य के चारों ओर कुण्डल की रचना बहुत ही स्पष्ट होती है। यह मेघ प्रायः चक्रवात के आगमन के सूचक होते हैं।

मध्यम ऊँचाई के बादल (2500-6,000 मी.)

4. कपासी मध्य मेघ—सम्पूर्ण आकाश पर निश्चित दूरियों में कपास के ढेरों की शक्ल में फैले हुए मेघों को कपासी मध्य मेघ की संज्ञा दी गई है। आसमान में फैला हुआ मेघों का यह दृश्य बड़ा मनोहर लगता है। पक्षाभ कपासी मेघों की अपेक्षा इनमें मेघों की आकृति बड़ी होती है ओर उनके निचले हिस्सों में मेघ का रंग कुछ कालापन लिये हुए होता है। भू-पृष्ठ से इन बादलों की ऊँचाई 2,000 से 6,000 मीटर तक होती है।

5. स्तरी मध्य मेघ—पक्षाभ स्तरी मेघ से कुछ और बड़ा रूप इस प्रकार के मेघों का होता है। इन मेघों की परतों में जगह-जगह गहरा भूरा तथा नीला रंग दिखाई पड़ता है। भ्रमण करते हुए इन धब्बों के द्वारा कुछ समय के लिए चन्द्रमा या सूर्य ढक जाते हैं, किन्तु उनका प्रकाश अधिक मन्द नहीं होता। इन मेघों द्वारा वर्षा भी होती है। मेघों की ऊँचाई 2,000 से 6,000 मीटर के मध्य ही होती है।

निम्न ऊँचाई के बादल (2500 से नीचे)

6. स्तरीय कपासी मेघ—बडे पैबन्द के रूप में यह मेघ आकाश में छाए हुए देखे जाते हैं। पैबन्दों के बीच में चमकीला आकाश दिखाई पड़ता है। बड़े-बड़े पैबन्द एक निश्चित प्रणाली में एकत्रित प्रतीत होते हैं। कपासी-मध्य मेघों की अपेक्षा इनमें मेघों की आकृति अधिक बड़ी होती है। मेघों का रंग भूरा और जहाँ-तहाँ उनमें काले धब्बे होते हैं। भू-पृष्ठ से इन मेघों की ऊँचाई अधिक से अधिक 2,000 मीटर होती है।

7. स्तरी मेघ—यह मेघ समस्त आकाश पर एक परत के रूप में छाए हुए होते हैं। यह अधिक नीचे होते हैं। इनकी उपस्थिति के समय ऐसा प्रतीत होता है, जैसे कि घना कुहरा छाया हुआ हो; किन्तु इनके द्वारा वर्षा केवल बौछार के रूप में होती है।

8. वर्षा-स्तरी मेघ—यह अधिक घने किन्तु कोई विशिष्ट रचना लिये हुए प्रतीत नहीं होते। इनमें मेघों की कुछ परतें भू-पृष्ठ से कुछ ही ऊँची होती हैं जिनमें वर्षा की प्राप्ति अवश्यम्भावी होती है। स्तरी मेघों की अपेक्षा इनका रंग अधिक गहरा होता है।

उर्ध्व मेघ

9. कपासी मेघ—यह मेघ कपास के ढेर के समान अलग-अलग स्थित होते हैं, जिनके बीच नीला आकाश दिखाई पड़ता है। कपास के ढेरों की आकृति का निचला भाग चपटा और ऊपरी भाग गोभी के फूल के समान बना होता है। इस प्रकार के मेघ की रचना वायु के संवहीय उठान के कारण उत्पन्न होती है। इसलिए ग्रीष्मकाल में दिन के तीसरे पहर ही यह मेघ दृष्टिगोचर होते हैं। कभी कभी इन मेघों से अधिक वर्षा भी हो जाती है। इन मेघों के निचले भाग की भू-पृष्ठ से ऊँचाई अधिक-से-अधिक 500 मीटर और ऊपरी भाग की ऊँचाई 5,000 से 6,000 मीटर तक होती है।

10. कपासी वर्षा मेघ—यह एक प्रकार से कपासी मेघ ही है जो कि अधिक विशाल होकर अपनी स्वाभाविक आकृति को खो बैठते हैं और इनसे लगभग समस्त आकाश छिपा दिखाई पड़ता है। किन्तु, ऊपरी शिखर फैलकर निहाई जैसी आकृति धारण कर लेते हैं।

वर्षण

वायुमण्डल में उपस्थित जल वाष्प जब संघनित होकर जल की बूँदों के रूप में धरातल पर गिरती हैं तो उसे वर्षा कहते हैं। वर्षा के लिए उष्णार्द्र वायु का ओसांक प्राप्त करना तथा जल कणों के रूप में मेघों का बनना आदि प्रमुख दशाएँ हैं। वायुमण्डल में मेघ तभी बनते हैं, जब वायु पर्याप्त रूप से ठण्डी हो जाती है। वायु सामान्यत: निम्नलिखित दशाओं में ठण्डी हो सकती है—

(1) धरातल पर असाधारण ताप के कारण वायु गर्म होकर ऊपर उठकर फैलती है और अधिक ऊँचाई पर पहुँचने पर ठण्डी हो जाती है।

(2) चक्रवात में पड़ी गर्म वायु ठण्डी वायु के ऊपर चढ़ती है, तो ठण्डी होती है।

(3) भिन्न तापमान वाली वायु राशियाँ जब आपस में मिलती हैं तो ठण्डी हो जाती हैं। गर्म अक्षांशों से ठण्डे अक्षांशों की ओर चलने वाली पवनें इसी प्रकार ठण्डी होती हैं।

(4) वायु के मार्ग में यदि कोई पर्वतीय अवरोध आ जाए तो वायु बाध्य होकर ऊपर चढ़ती है और ठण्डी होती है।

वर्षण के प्रकार

वर्षा, सामान्यतया जल, हिम तथा ओले के रूप में होती है। यदि वायुमण्डल में किसी प्रकार भी असावधानी नहीं उत्पन्न होती तो वर्षा जल की होनी चाहिए, किन्तु यदि जल बूँद को गिरते समय मार्ग में 0°C से नीचा ताप मिलता है तो बूँदें हिम का रूप धारण कर लेती हैं और जल के स्थान पर ओलों की वर्षा होती है। यदि समस्त वायुमण्डल का तापमान हिमांक से नीचा है और संघनन अधिक निम्न तापमान में होता है तो वर्षा केवल हिम की ही होती है। इस दशा में संघनन हिम के रूप में होता है। वर्षा के तीन प्रकार होते हैं—

(1) संवहनीय वर्षा—दिन में सूर्यताप के कारण धरातल के गर्म होने पर उसके निकट की वायुराशि गर्म होकर फैलती है और हल्की होकर ऊपर उठती है। शुष्क रुद्धोष्म शीतायन से तापमान गिरने के कारण ठण्डी होकर संतृप्त होती है, जिससे संघनन क्रिया होने से कपासी वर्षा मेघ बनते हैं और वर्षा प्रारम्भ हो जाती है। विषुवत रेखीय प्रदेशों में प्रतिदिन दोपहर के बाद इसी प्रकार संवाहनिक वर्षा होती है।

(2) पर्वतीय वर्षा—समुद्र से स्थल की ओर चलने वाली आर्द्र पवनें, मार्ग में पर्वतीय बाधा के कारण पर्वतीय ढाल के सहारे ऊपर उठकर शीतल होती हैं। संतृप्त और संघनन होकर घने बादलों के साथ पर्वतों के सम्मुख ढाल पर अधिक वर्षा और विमुख ढाल पर नीचे उतरने के कारण शुष्क होकर कम वर्षा करती है। इन्हें **वृष्टि छाया प्रदेश** कहते हैं। संसार में अधिकांश वर्षा पर्वतीय वर्षा के रूप में होती है।

(3) चक्रवातीय वर्षा—दो विभिन्न स्वभाव वाली वायु राशियों के मिलने से उनके मध्य वाताग्र की उत्पत्ति चक्रवात बनाती है इस वाताग्र के सहारे गर्म हवा ऊपर उठती है और ठण्डी होने लगती है।

इससे संघनन होने से आकाश मेघाच्छादित होकर हल्की बूँदा-बाँदी होने लगती है। चक्रवात के पिछले भाग में ठण्डी वायु गर्म वायु को तेजी से ढकेलती है तो गर्म वायु तेजी ये ऊपर उठकर संघनित होती है; अतएव चक्रवात के पिछले भाग में मेघों की गरज एवं विद्युत चमक से भारी वर्षा होती है, परन्तु चक्रवात गुजरने के बाद वर्षा समाप्त हो जाती है। ऐसी वर्षा अल्पकालिक होती है।

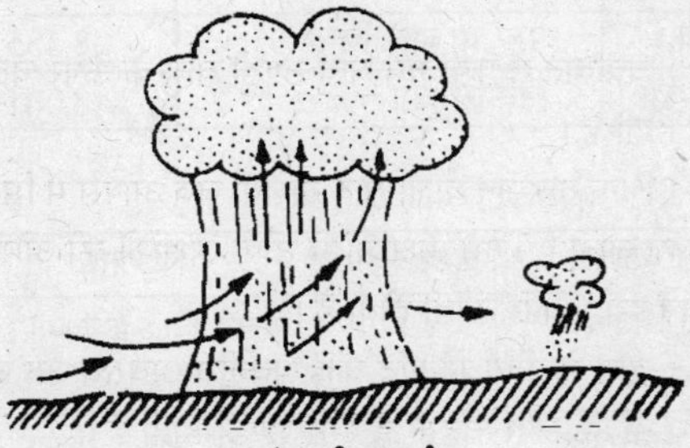

संवहनीय वर्षा

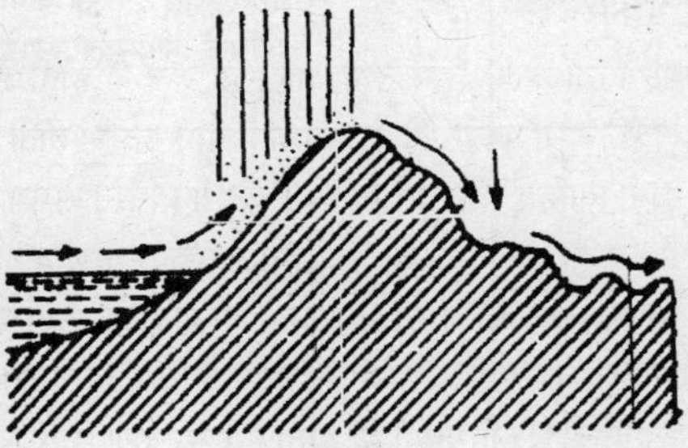

पर्वतीय वर्षा

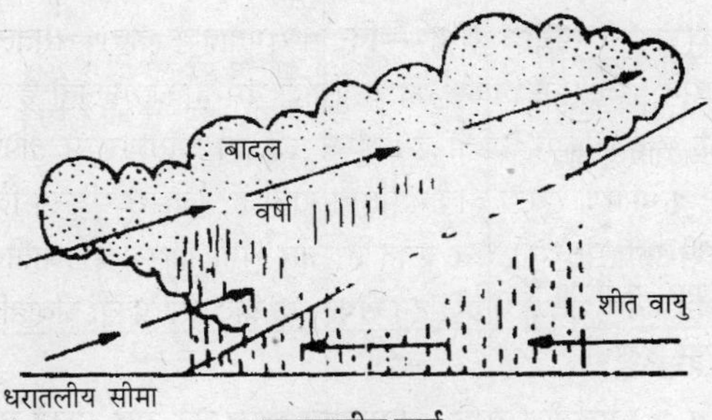

चक्रवातीय वर्षा

विश्व में वर्षा का वितरण

1. अत्यधिक वर्षा वाली विषुवत रेखीय पेटी—इस पेटी में संवाहनिक वर्षा होती है। इसका विस्तार 10° उत्तरी एवं दक्षिणी अक्षांशों के मध्य है। यहाँ प्रतिदिन गर्जन तथा विद्युत चमक के साथ दोपहर के बाद वर्षा होती है। वार्षिक वर्षा की मात्रा 175 से 200 सेमी तक है।

2. व्यापारिक पवनों की वर्षा वाली पेटी—इसका विस्तार 10° से 20° के मध्य दोनों गोलार्द्धों में है। यहाँ व्यापारिक पवनों द्वारा महाद्वीपीय भागों में वर्षा होती है, किन्तु वर्ष का काफी भाग शुष्क रहता है। मानसूनी वर्षा भी इसी पेटी में होती है।

3. उपोष्ण कटिबन्धीय न्यूनतम वर्षा वाली पेटी—यह पेटी 20° से 30° अक्षांशों के मध्य दोनों गोलार्द्ध में स्थित है। यह उच्च दाब की पेटी है, अत: प्रति चक्रवातीय (शुष्क) दशाएं पायी जाती हैं। यहाँ अधिकांश मरुस्थल स्थित हैं, जिनमें वर्षा का वार्षिक औसत 25 सेमी से कम होता है। महाद्वीपों के पूर्वी भाग में आर्द्र पवनों से ग्रीष्मकाल में अधिक वर्षा होती है, अत: इस पेटी में वार्षिक वर्षा का कुल औसत 25 सेमी तक पाया जाता है।

4. भूमध्य सागरीय वर्षा वाली पेटी—इसका विस्तार 30° से 40° अक्षांशों के मध्य पाया जाता है। यहाँ शीतकाल में पछुवा पवनों एवं चक्रवातों से वर्षा होती है। यहाँ वार्षिक वर्षा का औसत 100 सेमी तक रहता है। शुष्क ग्रीष्म ऋतु इस पेटी की प्रमुख विशेषता है क्योंकि इस समय यह पेटी शुष्क व्यापारिक पवनों के अन्तर्गत रहती है।

5. मध्य अक्षांशीय अधिक वर्षा की पेटी—40° से 60° अक्षांशों के मध्य दोनों गोलार्द्धों में पछुवा पवनों के क्षेत्र में यह पेटी स्थित है। यहाँ वार्षिक वर्षा का औसत 100 से 125 सेमी तक रहता है। महाद्वीप के पश्चिमी भागों में अधिक वर्षा होती है जो भीतरी भागों की ओर घटती जाती है। उत्तरी गोलार्द्ध की अपेक्षा दक्षिणी गोलार्द्ध में चक्रवातीय वर्षा के कारण अधिक वर्षा होती है।

6. ध्रुवीय न्यून वर्षा की पेटी—60° अक्षांशों से ध्रुवों की ओर वर्षा की मात्रा कम होती जाती है। ध्रुवों के निकट मात्र 25 सेमी. वार्षिक वर्षा होती है। अधिकांश वर्षा हिम के रूप में होती है।

वर्षा की प्रवृत्ति की दृष्टि से 6 प्रकार की वर्षा की पेटियाँ पाई जाती हैं—1. विषुवत रेखीय वर्षा 2. उपोषण कटिबंधीय वर्षा 3. उष्णकटिबंधीय वर्षा 4. मानसूनी वर्षा 5. मध्य अक्षांशीय वर्षा तथा 6. भूमध्यसागरीय वर्षा।

क्षेत्रफल के आधार पर विश्व की प्रमुख झीलें

झीलें	स्थिति	क्षेत्रफल (वर्ग किमी.)
कैस्पियन सागर	कजाकिस्तान, रूस, तुर्कमेनिस्तान, अजरबैजान व ईरान	3,71,000
सुपीरियर	कनाडा व अमेरिका	82,414
विक्टोरिया	युगांडा, केन्या व तंजानिया	69,485
ह्यूरन	कनाडा व अमेरिका	59,600
मिशीगन	अमेरिका	58,000
टंगानिका	बुरूंडी, तंजानिया, जांबिया, कांगो	32,893

झीलें	स्थिति	क्षेत्रफल (वर्ग किमी.)
बैकाल	रूस	31,500
ग्रेट बियर	कनाडा	31,080
मलावी	मलावी, मोजाम्बिक, तंजानिया	30,044
ग्रेट स्लेव	कनाडा	28,930
इरी	कनाडा व अमेरिका	25,719
ओंटारियो	कनाडा व अमेरिका	19,477

झीलें	स्थिति	क्षेत्रफल (वर्ग किमी.)
लेडोगा	रूस	18,130
बाल्खश	कजाकिस्तान	16,400
बोस्टक	अंटार्कटिका	15,690
ओनेगा	रूस	9,891
टिटिकाका	पेरू व बोलिविया	8,135
निकारागुआ	निकारागुआ	8,001

विश्व के प्रमुख नदी तंत्र

	नाम	उद्‌गम	क्षेत्र एवं अन्त (मुहाना)	लम्ब. कि.मी.	विशेषता
1.	नील नदी (अफ्रीका)	बुरुण्डी	तंजानिया,युगाण्डा, सूडान तथा मिस्र, भूमध्यसागर	6,670	नौगम्यता 1,545 किमी.; डेल्टा क्षेत्र 23,960 वर्ग किमी.
2.	आमेजन (दक्षिणी अफ्रीका)	पेरु (लैगो विलफेरा)	कोलम्बिया से भूमध्यरेखीय ब्राजली, दक्षिणी अटलांटिक महासागर	6,448	15,000 शाखाएं, जिनमें से 10 लम्बाई 1,600 किमी. से अधिक, नौगम्यता 3,7000 किमी.
3.	डैन्यूब (यूरोप)	ब्लैक फॉरेस्ट पर्वत द.प. जर्मनी, (ब्रेक एवं ब्रिगेक नदियों के रूप में)	काला सागर	2,850	——
4.	नाइजर (अफ्रीका)	गीनिया (सियरा लियोन की सीमा पर स्थित लोमाचोटी से)	माली, नाइजर एवं बोनिन की सीमा से प्रवाहित होकर नाइजीरिया में, फिर वहाँ से अटलांटिक महासागर में गिरती है	4,184	——
5.	मर्रे-डार्लिंग	क्वींसलैण्ड (आस्ट्रेलिया)	बैलोन वेरस नदी के रूप में साउथ वेल्स में डार्लिंग नदी से मिलकर विक्टोरिया प्रांत की सीमा बनाते हुए प. में अलेक्जेण्ड्रिया झील (द. आस्ट्रेलिया) में गिरती है		डार्लिंग की लम्बाई 2,750 किमी. तथा मर्रे की लम्बाई 1,870 किमी.
6.	वोल्गा (यूरोप)	रूस	कैस्पियन सागर के उत्तर में मिलती है	3,690	——
7.	यांगटिसीक्यांग (एशिया)	प. चीन (कुनलुन), शान पर्वत	पीला सागर	5,530	एश्चुअरी की लम्बाई 190 किमी.
8.	मिसिसिपी-मिसौरी (उत्तरी अमरीका)	बीबरहेड काउण्डी द. मोण्टाना (सं. रा. अमरीका)	उत्तरी डकोटा, दक्षिणी डकोटा, नेब्रास्का, आयोवा, मिसौरी, कन्सास, इल्लीनॉयस, केण्टुकी, टेनेसी, अरकन्सास, मिसीसिपी, ल्यूसियाना; मेक्सिको की खाड़ी का दक्षिणी-पश्चिमी भाग	5,920	मिसिसिपी की लं. 3,725 किमी. जेऊरसन बीवरहेड-रेडरॉक की लं. 349 किमी., निचली मिसिसिपी की लं. 1,884 किमी., इटास्का झील (मिनीसोटा) से मिसिसिपी की कुल लं. 3,778 किमी., किसी देश में बहने वाली विश्व की सबसे लम्बी नदी

9.	मैकेंजी पीस (उत्तरी अमरीका)	टाटूलाटुई झील (स्कीना चोटी, रॉकीज पर्वत माला); ब्रिटिश कोलम्बिया (कनाडा) में फिनले नदी के रूप में	400 किमी. तक फिनले नदी के रूप में पीस नदी के संगम तक, संगम से स्लेव नदी तक 1690 किमी., ग्रेट स्लेव झील में मैकेंजी के रूप में प्रवाहित होते हुए ब्लू फोर्ट सागर में गिरती है	4,240	मैकेंजी की लम्बाई 1,733 किमी., पीस की लम्बाई 1,923 किमी.
10.	मीकांग (एशिया)	मध्यवर्ती तिब्बत	चीन में प्रवाहित होते हुए दक्षिण में म्यांमार-लाओस तथा थाईलैंड-लाओस की अधिकांश सीमा बनाते हुए कम्बोडिया से वियतनाम होकर दक्षिणी चीन सागर में गिरती है	4,180	——

जलवायु

किसी स्थान की जलवायु वहाँ के मौसम के तत्त्वों का संयोग होती है। इसलिए जलवायु के वर्गीकरण में इन तत्त्वों को ही आधार माना जाता है। **मॉकहाउस** के अनुसार, ''जलवायु का प्रादेशिक वर्गीकरण वास्तव में सुविधा का वर्गीकरण होता है।''

तापमान के आधार पर जलवायु का वर्गीकरण

भूपटल पर ताप के वितरण के आधार पर पृथ्वी को कई ताप कटिबन्धों में विभाजित किया गया है। इसमें मुख्य रूप से ग्रीन तथा सूपन महोदय ने अपने वर्गीकरण प्रस्तुत किए। यह विभाजन पूर्व-पश्चिम कटिबन्धीय विभाजन तथा समतल विभाजन कहलाता है। ताप के आधार पर भूपटल को तीन भागों में बाँटा जा सकता है :

(i) उष्ण कटिबन्ध;

(ii) शीतोष्ण कटिबन्ध;

(iii) शीत कटिबन्ध।

सूपन ने सम वायुदाब रेखाओं के आधार पर ताप कटिबन्धों की निम्नलिखित सीमाएँ निर्धारित की हैं :

(1) उष्ण विषुवत रेखीय मण्डल; (2) शीतोष्ण मण्डल (3) शीत मण्डल।

वर्षा के आधार पर जलवायु का वर्गीकरण

ब्लेयर (Blair) ने वर्षा के आधार पर पृथ्वी को पाँच खण्डों में विभाजित किया है :

	जलवायु प्रदेश	वर्षा वाले प्रदेश (सेमी. में)	औसत वार्षिक वर्षा
(i)	शुष्क (Arid)	अल्प (Scanty)	0-25
(ii)	अर्द्ध शुष्क (Semi Arid)	हल्की (Light)	25-50
(iii)	अल्पार्द्र (Sub-humid)	साधारण (Moderate)	50-100
(iv)	आर्द्र (Humid)	भारी (Heavy)	100-200
(v)	अति आर्द्र (Very Wet)	अति भारी (Very Heavy)	200 से अधिक

वर्षा के आधार पर जलवायु का वर्गीकरण करना अनुपयुक्त है, क्योंकि इसमें ध्रुवीय तथा उपध्रुवीय जलवायु को निम्न अक्षांशों की शुष्क और गर्म मरुस्थलीय जलवायु से मिला दिया गया है। इसमें एक ही जलवायु के तत्त्व को आधार माना गया है।

हवाओं के आधार पर जलवायु का वर्गीकरण

यह वर्गीकरण प्रसिद्ध अमरीकी भूगोलवेत्ता डब्ल्यू.एम. डेविस द्वारा निर्मित है। इन्होंने इसे निम्नलिखित तीन कटिबन्धों में वर्गीकृत किया है:

(1) शीत कटिबन्ध (जहाँ ध्रुवीय हवाएँ चलती हैं)।

(2) शीतोष्ण कटिबन्ध (जहाँ पछुआ हवाएँ चलती हैं)।

(3) उष्ण कटिबन्ध (जहाँ व्यापारिक हवाएँ चलती हैं)।

कोपेन का जलवायु वर्गीकरण

कोपेन ने कैण्डोल (Candolle) द्वारा 1874 में प्रस्तावित विश्व के 5 वनस्पति मण्डलों के आधार पर विश्व जलवायु को 5 प्रमुख समूहों में विभक्त किया है, जिसका नामकरण क्रमशः A, B, C, D तथा E अक्षरों से किया गया है।

1. A– उष्ण कटिबन्धीय या भूमध्यरेखीय आर्द्र जलवायु
2. B– शुष्क जलवायु

3. C– उष्ण आर्द्र-समताप जलवायु
4. D– शीत-शीतोष्ण जलवायु
5. E– ध्रुवीय जलवायु

(1) A—जलवायु (उष्ण-आर्द्र जलवायु)

यहाँ वर्ष के प्रत्येक महीने में औसतन तापमान 18°C से अधिक रहता है। वर्षा, ताप तथा शुष्कता के आधार पर इसे तीन भागों में बाँटा जा सकता है—

(i) Af = जहाँ वर्ष भर वर्षा हो, वार्षिक तापान्तर बिल्कुल नहीं होता है तथा शुष्कता का अभाव है।

(ii) Am = इसे मानसूनी जलवायु भी कहते हैं। यहाँ वर्षा अधिक होने से वन अधिक मिलते हैं। यहाँ एक लघु शुष्क ऋतु भी पाई जाती है।

(iii) AW = इसे उष्ण कटिबन्धीय सवाना जलवायु भी कहते हैं। इस भाग में शीत ऋतु होती है। वर्ष भर तापमान ऊँचा रहता है।

(2) B—जलवायु (शुष्क जलवायु)

इसमें वर्षा की अपेक्षा वाष्पीकरण अधिक होता है। अत: यहाँ अतिरिक्त जल की कमी रहती है। तापमान तथा अधिक वर्षा के कारण इसे दो भागों में बाँटा जा सकता है—

(i) BS–स्टेपी प्रदेश

(ii) BW–मरुस्थलीय प्रदेश

स्टेपी तथा मरुस्थलीय जलवायु के तापमान के आधार पर दो-दो उपविभाग और किए गए हैं—

(a) Bhs–उष्ण कटिबन्धीय स्टैपी जलवायु

(b) Bsk–शीत स्टैपी जलवायु

(c) Bwh–उष्ण कटिबन्धीय मरुस्थलीय वायु

(d) Bwk–शीत कटिबन्धीय मरुस्थलीय वायु

(3) C—जलवायु (समशीतोष्ण आर्द्र जलवायु)

इसे गर्म शीतोष्ण आर्द्र जलवायु भी कहते हैं। सबसे ठण्डे महीने का औसत तापमान 13°C से कम तथा 3°C से अधिक होता है। इसे वर्षा के मौसमी वितरण के आधार पर निम्नलिखित तीन भागों में बाँटा गया है—

(i) Cf – वर्ष भर उष्ण शीतोष्ण जलवायु—वर्षा पूरे वर्ष होती है। इसे आर्द्र मेसोथर्मल जलवायु भी कहते हैं।

(ii) Cs – वर्ष भर उष्ण शीतोष्ण जलवायु—ग्रीष्म ऋतु बिल्कुल शुष्क होती है। यहाँ ग्रीष्म ऋतु में सबसे शुष्क महीने की वर्षा 3 सेमी. से कम होती है।

(iii) Sw – वर्ष भर उष्ण शीतोष्ण जलवायु—शीतकाल शुष्क रहता है। शीतकाल के शुष्कतम महीने की अपेक्षा ग्रीष्मकाल के सबसे आर्द्र महीने में दस गुनी वर्षा होती है।

(4) D—जलवायु (शीतार्द्र जलवायु)

इस जलवायु में सर्वाधिक ठण्डे महीने का तापमान 3°C से कम रहता है और उष्णतम महीने का तापमान 10°C से अधिक होता है। इसके दो उपविभाग किए जा सकते हैं :

(i) Df – शीत शीतोष्ण आर्द्र क्षेत्र जहाँ शुष्क ऋतु नहीं हाती है तथा वर्षा वर्ष भर होती रहती है।

(ii) Dw – शीत शीतोष्ण क्षेत्र जहाँ शीत ऋतु शुष्क होती है।

(5) E—जलवायु (ध्रुवीय जलवायु)

इस भाग में सबसे गर्म महीने का औसत तापमान 10°C से कम रहता है। इस भाग में ग्रीष्म ऋतु नहीं होती है। इसको दो उपविभागों में बाँटा जा सकता है :

(i) ET – टुण्ड्रा जलवायु या ध्रुवीय उपखण्ड—वर्ष के सबसे उष्ण महीने का तापमान 10°C से कम तथा 0°C से अधिक रहता है।

(ii) EF – सतत् हिमाच्छादित प्रदेश सारा धरातल हिमाच्छादित रहता है।

थार्नवेट का वर्गीकरण

प्रथम वर्गीकरण

कोपेन की भाँति थार्नवेट ने भी यह माना कि वनस्पति जलवायु की सूचक होती है। अत: उसने प्राकृतिक वनस्पति को ध्यान में रख कर ही जलवायु का वर्गीकरण किया। वनस्पति की उत्पत्ति केवल वर्षा की मात्रा एवं पर्याप्त तापमान पर ही निर्भर न होकर वाष्पीकरण की न्यूनाधिकता पर भी निर्भर करती है। अत: थार्नवेट ने जलवायु के वर्गीकरण में अन्य तत्त्वों के साथ वाष्पीकरण की मात्रा को विशेष महत्त्व दिया। उसने जलवायु का वर्गीकरण निम्नलिखित आधार पर किया—

(1) वर्षण प्रभाविता

(2) वर्षा का मौसमी वितरण

(3) तापीय दक्षता

कोपेन तथा थार्नवेट के वर्गीकरण की तुलना

कोपेन का वर्गीकरण	थार्नवेट का वर्गीकरण
(1) कोपेन का वर्गीकरण मात्रात्मक है।	(1) थार्नवेट का वर्गीकरण भी मात्रात्मक है।
(2) इन्होंने अंग्रेजी के सांकेतिक वर्णों का प्रयोग किया है।	(2) इन्होंने भी अंग्रेजी के सांकेतिक वर्णों का प्रयोग किया है।
(3) यह पूर्णत: सैद्धान्तिक वर्गीकरण है।	(3) यह वर्गीकरण केवल जलवायु के तत्त्वों पर आधारित है।
(4) इस वर्गीकरण की जलवायु सीमाएँ काफी सरल हैं।	(4) इस वर्गीकरण की सीमाएँ काफी जटिल हैं।
(5) संकेतों की अधिकता के कारण यह एक दुरूह (कठिन) वर्गीकरण है।	(5) सरल संकेतों के प्रयोग के कारण अधिक वर्ग होने पर भी यह अधिक बोधगम्य है।

जलवायु के प्रमुख प्रदेश

1918 में जर्मनी के विद्वान ब्लादिमीर कोपेन ने तथा 1931 में थार्नवेट ने जलवायु का वर्गीकरण प्रस्तुत किया था। सामान्यत: पूरे विश्व को 13 जलवायु प्रदेशों में बाँटा जाता है—

1. भूमध्यरेखीय प्रदेश—भूमध्य रेखीय प्रदेश भूमध्य रेखा के दोनों ओर 5° उत्तर एवं 5° दक्षिणी अक्षांशों के मध्य स्थित हैं। इनका विस्तार दक्षिणी अमरीका में अमेजन बेसिन, इक्वेडोर तथा उत्तरी पश्चिमी तट पर, अफ्रीका में कांगो बेसिन, गिनी तट तथा पूर्वी तट एवं एशिया में पूर्वी द्वीपसमूह (मलाया, जावा, सुमात्रा, बोर्निया, श्रीलंका, न्यूगिनी आदि) में इन प्रदेशों का विस्तार है।

सूर्य लगभग वर्ष भर भूमध्य रेखा पर लम्बवत् चमकता है। दिन व रात की अवधि में अन्तर बहुत कम होता है। तापमान ऊँचा रहता है। औसत वार्षिक तापमान 27° से. रहता है। तापान्तर कम होता है। प्राय: प्रतिदिन सायंकाल 4 बजे वर्षा प्रारम्भ हो जाती है। यहाँ की वर्षा संवहनीय होती है, जो तेज व मूसलाधार होती है। वर्ष का औसत 200 सेमी. है। तटीय एवं पर्वतीय भागों में 200 से 300 सेमी. वर्षा होती है। रात्रि में मौसम साफ हो जाता है और आकाश स्वच्छ हो जाता है।

2. सूडान तुल्य प्रदेश—सूडान तुल्य प्रदेश या सवाना तुल्य प्रदेश भूमध्य रेखा के उत्तर में 5° से 25° तथा दक्षिण में 5° से 25° अक्षांशों के मध्य स्थित हैं। इन प्रदेशों का विस्तार अफ्रीका महाद्वीप के सूडान, पूर्वी अफ्रीका के पठार, जाम्बेजी बेसिन, दक्षिणी अमरीका में गयना का पठार तथा ब्राजील का पठार तथा आस्ट्रेलिया के उच्च भाग में आस्ट्रेलियन सवाना क्षेत्र में पाया जाता है।

इन प्रदेशों में गर्म एवं साधारण आर्द्र जलवायु पाई जाती है ग्रीष्म काल का तापमान 28° से 33° से. और शीतकाल का तापमान 18° से 25° से. तक पाया जाता है। इन भागों में वार्षिक तापान्तर 5° से 10° के मध्य रहता है। वर्षा का औसत 100 से 150 सेमी. होता है। भूमध्य रेखा के निकटवर्ती भागों में वर्षा 150 से 200 सेमी. और ऊँचे अक्षांशीय भागों में 50 सेमी. होती है।

3. मानसूनी प्रदेश—मानसूनी प्रदेश उत्तरी व दक्षिणी गोलार्द्धों में 5° से 30° अक्षांशों के मध्य स्थित हैं। इन प्रदेशों का विस्तार एशिया में भारत, पाकिस्तान, बांग्लादेश, म्यांमार, थाईलैण्ड, दक्षिणी चीन, फिलीपाइन्स द्वीप समूह, अफ्रीका में मालागासी व मोजाम्बिक, आस्ट्रेलिया का उत्तर पूर्वी भाग, दक्षिणी अमरीका में कैरेबिन द्वीपसमूह ब्राजील का पूर्वी तटीय भाग और उत्तरी अमरीका के पश्चिम द्वीपसमूह मध्य अमरीका, मैक्सिको आदि में है।

मानसूनी जलवायु के प्रदेशों में जलवायु उष्ण एवं आर्द्र होती है। ग्रीष्म काल का औसत तापमान 30° से 35° से. तक रहता है। उत्तरी भारत के मैदानों में तापमान 45° से. और मैक्सिको में 40° से. से अधिक पहुँच जाता है। शीतकाल का तापमान 15° से. से 20° से. तक रहता है। उत्तरी भारत के मैदानों में तापमान 5° से. तक गिर जाता है। मानसूनी प्रदेशों में वर्षा ग्रीष्म काल में सागर की ओर चलने वाली हवाओं (मनसूनी हवाओं) से होती है। वर्षा का औसत 50 सेमी. से 150 सेमी. तक होता है। सागर तटीय प्रदेशों में पर्वतीय क्षेत्रों में वर्षा अधिक होती है। विश्व में सर्वाधिक वर्षा प्राप्त करने वाला मॉसिनराम (मेघालय-भारत) भी इन्हीं प्रदेशों में स्थित है। इन प्रदेशों में 90% वर्षा ग्रीष्मकालीन मानसूनों से और 10% वर्षा शीतकालीन चक्रवातों से प्राप्त होती है।

4. सहारा तुल्य प्रदेश—सहारा तुल्य प्रदेश उत्तरी और दक्षिणी दोनों ही गोलार्द्धों में 20° से 30° अक्षांशों के मध्य महाद्वीपों के पश्चिमी भाग में स्थित हैं। इन प्रदेशों का विस्तार अफ्रीका के सहारा एवं कालाहारी में, एशिया के अरब व थार क्षेत्र में, उत्तरी अमरीका के कोलोरैडो में, दक्षिणी अमरीका के आटकामा में और आस्ट्रेलिया के पश्चिमी मरुस्थल में है।

सहारा तुल्य प्रदेश गर्म एवं शुष्क प्रदेश हैं। ग्रीष्म काल में यहाँ का तापमान 35° से 40° से. तक रहता है। सहारा के मध्यवर्ती कुछ भागों में तापमान 55° से. तक पहुँच जाता है। विश्व के गर्मतम स्थल अल-अजीजिया (लीबिया), मृत घाटी (सरेजोना, संयुक्त राज्य) इन्हीं प्रदेशों में स्थित हैं। इन प्रदेशों में वर्षा का औसत 10 सेमी. से 15 सेमी. तक रहता है।

5. भूमध्यसागरीय प्रदेश—भूमध्यसागरीय प्रदेश उत्तरी व दक्षिणी दोनों ही गोलार्द्धों में 30° से 45° अक्षांशों के मध्य स्थित है। इन प्रदेशों का विस्तार महाद्वीपों के पश्चिमी भागों में है। इस जलवायु

का मुख्य क्षेत्र भूमध्यसागर के तटीय भागों में स्थित है। अत: उसी के नाम पर इस जलवायु को भूमध्यसागरीय जलवायु कहते हैं। इसका विस्तार यूरोप में स्पेन, पुर्तगाल, फ्रांस, इटली व बालकन प्रायद्वीप में, एशिया में साइप्रस, सीरिया, टर्की, जार्डन, इजराइल व लेबनान में, अफ्रीका में एटलस प्रदेश व केप प्रान्त में, उत्तरी अमरीका में कैलिफोर्निया की घाटी में, दक्षिणी अमरीका में मध्य चिली में और आस्ट्रेलिया के दक्षिणी भाग व उत्तरी न्यूजीलैण्ड द्वीप में है।

यह सम जलवायु है। ग्रीष्म और शीत काल की दशाओं में काफी समानता मिलती है। ग्रीष्मकाल में औसत तापमान 21° से. से 26° से. है जो कभी-कभी मोरक्को में 30° से. तक पहुँच जाता है। शीतकाल में तापमान 7° से 12° से. तक पाए जाते हैं। कहीं-कहीं तापमान 0° से. तक भी पहुँच जाता है। इन प्रदेशों में वर्षा शीतकाल में होती है। ग्रीष्मकाल शुष्क रहता है। वर्षा का औसत 40 सेमी. से 60 सेमी. रहता है। द. आस्ट्रेलिया व न्यूजीलैण्ड में 60 सेमी. से 80 सेमी. वर्षा अंकित की जाती है।

6. चीन तुल्य प्रदेश—चीन तुल्य जलवायु के प्रदेश उत्तरी और दक्षिणी दोनों ही गोलार्द्धों में 30° से 45° अक्षांशों के मध्य महाद्वीपों के पूर्वी तटों पर पाए जाते हैं। इन प्रदेशों का विस्तार एशिया में मध्य एवं उत्तरी चीन, दक्षिणी जापान, दक्षिणी-पश्चिमी कोरिया, अफ्रीका में नैटाल, दक्षिणी अमरीका में दक्षिणी पूर्वी ब्राजील तथा उरुग्वे, उत्तरी अमरीका में दक्षिणी पूर्वी संयुक्त राज्य अमरीका और आस्ट्रेलिया के दक्षिणी-पूर्वी भाग में है।

चीन तुल्य प्रदेशों की जलवायु अति विषम होती है। ग्रीष्मकाल का औसत तापमान 24° से 28° से. रहता है। कभी-कभी तापमान 38° से. तक पहुँच जाता है। शीतकाल का तापमान 0° से 5° से. तक मिलता है। उत्तरी चीन में तापमान –10° से. तक गिर जाता है। वर्षा का औसत 80 सेमी. से 120 सेमी. तक रहता है। वर्षा ग्रीष्मकाल में अधिक होती है। चीन में वर्षा मानसूनी हवाओं से होती है। इस जलवायु के प्रदेशों में भयंकर तूफान आते हैं, जिन्हें चीन में **टाइफून** और संयुक्त राज्य अमरीका के दक्षिणी-पूर्वी तटीय भाग में **टॉरनेडो** कहते हैं।

7. ईरान तुल्य प्रदेश—ईरान तुल्य जलवायु के प्रदेश उत्तरी व दक्षिणी गोलार्द्धों में 23° से 48° अक्षांशों के मध्य पाए जाते हैं। इन प्रदेशों का विस्तार एशिया के ईरान, इराक, अफगानिस्तान, तारिम बेसिन तथा गोबी के क्षेत्र में उत्तरी अमरीका में ग्रेट बेसिन के पठार और अफ्रीका में वेल्ड के पठार में है।

इन प्रदेशों में भी जलवायु विषम पाई जाती है। ग्रीष्मकाल में औसत तापमान 27° से 32° से. रहता है। लेकिन जून माह में गोबी के मरुस्थल का तापमान 45° से. तक पहुँच जाता है। शीतकाल का औसत तापमान 3° से 8° से. तक रहता है। वर्षा इन प्रदेशों में कम होती है। ग्रीष्मकाल में 30 से 50 सेमी. तक वर्षा हो जाती है।

8. तूरान तुल्य प्रदेश—तूरान तुल्य जलवायु के प्रदेश उत्तरी एवं दक्षिणी दोनों ही गोलार्द्धों में 20° से 40° अक्षांशों के मध्य महाद्वीपों के आन्तरिक भागों में पाए जाते हैं। इन प्रदेशों का विस्तार यूरेशिया (यूरोप व एशिया) में कैस्पियन सागर के चतुर्दिक एवं काला सागर के उत्तरी-पूर्वी भाग व अजोव सागर तक। उत्तरी अमरीका में रॉकीज के पूर्वी ढाल (मध्यवर्ती क्षेत्र), दक्षिणी अमरीका में लाप्लाट बेसिन (अर्जेन्टाइना और बोलिविया के पूर्व एवं पैराग्वे नदी के पश्चिम में) और आस्ट्रेलिया के दक्षिणी-पूर्वी भाग में है।

इस प्रदेश की जलवायु अत्यन्त विषम है। यहाँ ग्रीष्मकाल का औसत तापमान 23° से 28° से. रहता है। शीतकाल में तापमान 0° से. नीचे चला जाता है। वर्षा यहाँ बहुत कम अर्थात् 20 से 30 सेमी. तक होती है। वर्षा ग्रीष्मकाल शुरू होने से पूर्व होती है। इन भागों में हिमपात भी होता है।

9. पश्चिमी यूरोपीय तुल्य प्रदेश—पश्चिमी यूरोपीय तुल्य जलवायु के प्रदेश उत्तरी एवं दक्षिणी दोनों गोलार्द्धों में 45° से 60° अक्षांशों के मध्य महाद्वीपों के पश्चिमी किनारों पर पाए जाते हैं। इन प्रदेशों का विस्तार यूरोप में ब्रिटेन, दक्षिणी नार्वे, दक्षिणी-पूर्वी फिनलैण्ड, बेल्जियम, हॉलैण्ड, डेनमार्क, पश्चिमी जर्मनी, उत्तरी स्पेन, उत्तरी फ्रांस, उत्तरी अमरीका में दक्षिणी अलास्का और ब्रिटिश कोलम्बिया, दक्षिणी अमरीका में दक्षिणी चिली तथा आस्ट्रेलिया में तस्मानिया तथा दक्षिणी न्यूजीलैण्ड द्वीप में है।

इन प्रदेशों की जलवायु सामुद्रिक प्रभाव के कारण सम जलवायु है। यहाँ ग्रीष्मकाल शीतल व शीतकाल साधारण ठण्डे होते हैं। ग्रीष्मकाल में औसत तापमान 18° से. और शीतकाल में औसत तापमान 3° से 7° से. तक रहता है। पछुआ पवनों द्वारा यहाँ सालों भर वर्षा होती है। वर्षा का औसत 150 से 250 सेमी. तक रहता है। तटीय भागों में वर्षा अधिक और आन्तरिक मैदानी भागों में कम होती है।

10. स्टेप्स तुल्य प्रदेश—स्टैप्स तुल्य जलवायु के प्रदेश उत्तरी व दक्षिणी गोलार्द्धों में 45° से 60° अक्षांशों के मध्य महाद्वीपों के मध्यवर्ती भागों में पाए जाते हैं। इन प्रदेशों का विस्तार यूरेशिया में हंगरी का मैदान, पोलैण्ड, रूमानिया, पश्चिमी यूक्रेन में चरनोजम (काली) मिट्टी का क्षेत्र, स्टेप्स व साइबेरिया के दक्षिणी-पश्चिमी मैदान में उत्तरी अमरीका में प्रेयरी प्रदेश (कनाडा में मेनीटोबा, सस्केचवान और अलबर्टा और यू.एस.ए. के उत्तरी-मध्य भाग) में है।

इन प्रदेशों में ग्रीष्मकाल छोटा व गर्म तथा शीतकाल लम्बा व ठण्डा होता है। ग्रीष्मकाल का औसत तापमान 17° से. से 20° से. तक और शीतकाल का औसत तापमान हिमांक बिन्दु (0° से.) के आसपास रहता है। कुछ भागों में हिमपात भी हो जाता है। वर्ष का वार्षिक औसत 15 से 25 सेमी. तक रहता है।

11. सेण्ट लारेन्स तुल्य प्रदेश—सेण्ट लारेन्स तुल्य जलवायु के प्रदेश उत्तरी एवं दक्षिणी गोलार्द्धों में 35° से 50° अक्षांशों के मध्य महाद्वीपों के पूर्वी भाग में पाए जाते हैं। इन प्रदेशों का विस्तार उत्तरी अमरीका में सेंट लॉरेन्स बेसिन तथा न्यूफाउण्डलैण्ड द्वीप में, दक्षिणी अमरीका में पैंटागोनिया तथा एशिया में मंचूरिया, सखालीन तथा होकैडो द्वीप में है।

इस जलवायु के प्रदेशों में ग्रीष्मकाल में साधारण गर्मी और शीतकाल में कठोर ठण्ड पड़ती है। ग्रीष्मकाल का तापमान 17° से 22° से. रहता है। शीतकाल का तापमान हिमांक (0° से.) से नीचे रहता है। शीतकाल में प्राय: बर्फ जम जाती है। वर्षा का औसत 50 से 100 सेमी. तक रहता है। ग्रीष्मकाल में वर्षा अधिक होती है। शीतकाल की वर्षा हिम वर्षा के रूप में होती है।

12. टैगा प्रदेश—टैगा जलवायु के प्रदेश उत्तरी गोलार्द्ध में 50° से 65° अक्षांशों के मध्य पाए जाते हैं। इन प्रदेशों का विस्तार उत्तरी अमरीका में मध्य कनाडा, यूरोप में स्वीडन, द. फिनलैण्ड, पोलैण्ड तथा पश्चिमी रूस व साइबेरिया है।

यह जलवायु अत्यधिक ठण्डी व विषम है। शीतकाल बहुत लम्बा व कठोर होता है। शीतकाल में तापमान सदैव हिमांक (0° से.) से नीचे रहता है। कभी-कभी न्यूनतम तापमान – 65° से. तक पहुँच जाता है। विश्व का शीत ध्रुव (Cold pole) कहा जाने वाला बर्खोयास्क यहीं स्थित है। ग्रीष्मकाल साधारण गर्म होता है और तापमान 10° से. तक पाया जाता है। वर्षा ग्रीष्मकाल के प्रारम्भ में 50 सेमी. तक हो पाती है।

13. टुण्ड्रा प्रदेश—टुण्ड्रा जलवायु के प्रदेश उत्तरी गोलार्द्ध में 60° उत्तरी अक्षांश के उत्तर में पाए जाते हैं। इन प्रदेशों का विस्तार यूरोप में नार्वे, फिनलैण्ड तथा रूस का उत्तरी भाग, एशिया में साइबेरिया का उत्तरी भाग, उत्तरी अमरीका में उत्तरी कनाडा व अलास्का में है।

इन प्रदेशों की जलवायु अत्यधिक ठण्डी होती है। यहाँ शीतकाल अति लम्बा व कठोर होता है। शीतकाल 8 से 10 माह का होता है। इस काल में तापमान – 50° से. तक पहुँच जाता है और ठण्डी व बर्फीली हवाएँ चलती हैं। ग्रीष्काल का औसत तापमान 5° से. रहता है। वर्षा इन प्रदेशों में अति अल्प व ग्रीष्मकाल में होती है। वर्षा का औसत 25 सेमी. से कम रहता है।

6 महासागर

महासागरीय ताप

महासागरीय जल का तापमान न केवल महासागरों में रहने वाले जीवों तथा वनस्पतियों को प्रभावित करता है, अपितु तटवर्ती स्थलीय भागों की जलवायु को भी प्रभावित करता है। इस कारण सागरीय जल के तापमान काफी महत्त्वपूर्ण हैं। सागरीय जल के तापमान का सर्वाधिक महत्त्वपूर्ण स्रोत सूर्य है। सूर्य के अतिरिक्त तापमान की कुछ मात्रा सागर तली के नीचे पृथ्वी के आंतरिक भाग तथा जल की दबाव प्रक्रिया से प्राप्त होती है, परन्तु यह मात्रा नगण्य होती है।

महासागरीय तापमान के वितरण को प्रभावित करने वाले कारक—I. अक्षांश, II. प्रचलित पवन, III. समुद्रों की गहराई, IV. जल और स्थल का वितरण, V. ऋतु परिवर्तन, VI. धाराओं का प्रभाव, VII. समुद्र जल की लवणता, VIII. समीपवर्ती स्थलखण्डों का प्रभाव, IX. समुद्रों की स्थिति और आकार।

महासागरीय तापमान का क्षैतिज वितरण

सामान्यत: महासागरों की ऊपरी सतह का तापमान भूमध्य रेखा से ध्रुवों की ओर घटता जाता है। भूमध्य रेखा के समीप महासागरों का सतही तापमान 27° से. अंकित किया जाता है। इसके बाद उत्तर तथा दक्षिण की ओर जाने पर तापमान में गिरावट होती जाती है। यह गिरावट साधारणत: प्रत्येक अक्षांश के साथ 1/2° की दर से होती है।

अक्षांश	सतही जल का तापमान
0°	26° सेण्टीग्रेड
$23\frac{1°}{2}°$	24° सेण्टीग्रेड
45°	13° सेण्टीग्रेड
$66\frac{1°}{2}°$	5° सेण्टीग्रेड
80°	1° सेण्टीग्रेड

महासागरीय ताप का ऊर्ध्वाधर (लम्बवत्) वितरण

महासागरों का सर्वाधिक तापक्रम सतह पर ही पाया जाता है। सूर्य की किरणें सागर के अंदर 200 मीटर की गहराई तक प्रवेश कर सकती हैं। इससे अधिक गहरे भाग में सूर्य की किरणें प्रविष्ट नहीं हो पाती हैं। वास्तव में सूर्य की किरणें 20 मीटर की गहराई तक सागरीय जल को गर्म करने में अधिक प्रभावपूर्ण होती हैं तथा 200 मीटर के नीचे शायद ही जा पाती हैं। सतह से नीचे गहराई की ओर जाने पर तापक्रम घटता जाता है, परन्तु प्रत्येक स्थान पर तापक्रम में गहराई के साथ गिरावट समान नहीं होती है। 2000 मीटर की गहराई तक तापक्रम में गिरावट तीव्र गति से होती है।

महासागरीय लवणता

सामान्यतया सागरीय जल में लवण पदार्थ घुले रहते हैं, जिसे सागरीय जल की लवणता कहते हैं। यह खारापन या लवणता उन सभी घुले हुए खनिज पदार्थों से प्राप्त होता है जो समुद्र जल में स्वतंत्र रूप से निश्चित अनुपात में मिलते हैं—यद्यपि इनकी मात्रा भिन्न-भिन्न स्थानों पर पृथक्-पृथक् पायी जाती है। समुद्री जल में मिलने वाले नमक अथवा खारेपन में निरन्तर वृद्धि हो रही है, जिसका कारण यह है कि एक ओर तो नदियों द्वारा अपने साथ प्रतिवर्ष बहाकर लाए गए खनिज तत्त्वों को समुद्र में जमा करना तथा दूसरे वाष्पीकरण की तीव्रता।

मुख्य रूप से लवण इकट्ठा करने के निम्न. साधन हैं—

(1) नदियाँ; (2) सामुद्रिक लहरें; (3) हवाएँ; (4) ज्वालामुखी विस्फोट।

महासागरों के जल में अधिकांश लवणता सोडियम क्लोराइट के कारण होती है। औसत रूप से 1000 ग्राम सागरीय जल में 35 ग्राम विभिन्न लवण उत्पादक पदार्थ घुले होते हैं। यह मात्रा प्रति हजार में दिखाई जाती है। विभिन्न लवणों का प्रतिशत निम्न लिखित प्रकार है—

लवण	प्रति हजार
1. सोडियम क्लोराइड	27.213
2. मैग्नीशियम क्लोराइड	3.807
3. मैग्नीशियम सल्फेट	1.658
4. कैल्सियम सल्फेट	1.260
5. पोटैशियम सल्फेट	0.863
6. कैल्सियम कार्बोनेट	0.123
7. मैग्नीशियम ब्रोमाइड	0.076
योग	**35.000**

प्रमुख धाराएं

प्रशांत महासागर की धाराएं—

प्रशान्त महासागर की विशेषता है कि इसमें अटलांटिक महासागर में अनेक धाराएँ बहती हैं, लेकिन इस महासागर की प्राकृतिक बनावट, जल तल की स्थिति में परिवर्तन आदि धाराओं की गति में परिवर्तन लाते हैं। इस महासागर की प्रमुख धाराएँ निम्नलिखित हैं—

(1) उत्तरी विषुवत रेखीय धारा—उत्तरी प्रशान्त महासागर में यह धारा पूर्व से पश्चिम की ओर महासागर के आर-पार बहती है। यह गर्म धारा है और मध्य अमेरिका के पश्चिम तट से शुरू होकर यह पश्चिमी प्रशान्त महासागर में फीलिपीन्स द्वीप समूह तक पहुँचती है। यहाँ इस धारा की दो शाखाएँ हो जाती हैं। एक धारा उत्तर की ओर मुड़ जाती है और क्यूरोशिवो धारा के नाम से फिलिपीन्स द्वीप समूह, ताइवान और जापान के तटों के साथ बहती है और दूसरी धारा दक्षिण की ओर मुड़कर अपनी दिशा पूर्व की ओर कर लेती है जिसे प्रति विषुवत रेखीय धारा कहते हैं।

(2) क्यूरोशिवो धारा—उत्तरी विषुवतरेखीय धारा जब फिलीपीन्स द्वीप समूह के नजदीक पहुँचकर सन्मार्गी पवनों के प्रभाव से उत्तर की ओर मुड़ जाती है तो मध्य चीन के सहारे बहती हुई जापान के पूर्वी तट पर पहुँचती है। इस महासागरीय धारा का रंग गहरा नीला होने के कारण जापान के लोग इसे **जापान की काली धारा** कहते हैं। यह गर्म जल की धारा है। जापान के दक्षिण-पूर्वी तट के नजदीक क्युरोशिवो धारा प्रचलित पछुआ पवन की चपेट में आ जाती है और क्यूराइल द्वीप समूह के समीप क्यूराइल नाम की ठण्डी धाराओं से मिल जाती है और महासागर के आर-पार पश्चिम से पूर्व दिशा में **उत्तरी प्रशान्त धारा** के नाम से बहती है। उत्तरी अमेरिका के पश्चिमी तट पर पहुँचकर यह बैंकूवर के निकट दो भागों में बँट जाती है। उत्तरी शाखा ब्रिटिश कोलम्बिया और अलास्का के तटों पर घड़ी की सुइयों के विपरीत दिशा में **अलास्का धारा** के नाम से बहती है। यह अलास्का में चली जाती है तथा अलास्का तट के सहारे बहती है। यह गर्म धारा है जिससे तट भी गर्म हो जाता है। दूसरी शाखा कैलिफोर्निया के पश्चिम तट पर दक्षिण की ओर बहती है, यह ठण्डी जलधारा है और यह **कैलिफोर्निया धारा** के नाम से जानी जाती है जो दक्षिण में उत्तरी विषुवतरेखीय धारा से मिल जाती है।

(3) क्यूराइल की धारा—बेरिंग जल डमरू मध्य से दक्षिण साइबेरिया तट के साथ बहते हुए क्यूराइल द्वीप समूह के निकट क्यूरोशिवो की धारा से मिलने वाली इस ठण्डी धारा को क्यूराइल या ओयाशिवो के नाम से जाना जाता है।

(4) दक्षिण विषुवतरेखीय धारा—दक्षिणी प्रशान्त महासागर में दक्षिण अमेरिका महाद्वीप के पश्चिमी भाग से लगभग 5°–10° दक्षिणी अक्षांश पर यह धारा पश्चिम की ओर बहती है और **पूर्वी आस्ट्रेलियाई धारा** के नाम से दक्षिण की ओर मुड़ जाती है। पश्चिम दिशा में बहती हुई आस्ट्रेलिया के उत्तर में स्थित न्यूगिनी तट से टकराकर दो धाराओं में विभाजित हो जाती है। प्रथम धारा उत्तर की ओर चलकर **प्रति विषुवत रेखीय धारा** बन जाती है जिसकी दिशा पूर्व की ओर होती है। दूसरी धारा आस्ट्रेलिया के पूर्वी भाग पर दक्षिण की ओर जाती हुई पुन: पूर्व की ओर दिशा परिवर्तित कर लेती है।

(5) पूर्वी आस्ट्रेलियाई धारा—जब दक्षिणी विषुवतरेखीय धारा न्यूगिनी द्वीप के समीप दो धाराओं में बँट जाती है तब इसकी दक्षिणी धारा पूर्वी आस्ट्रेलिया तट के साथ-साथ बहने लगती है। इसलिए इसे **पूर्वी आस्ट्रेलिया की गर्म धारा** कहा जाता है। न्यू साऊथ वेल्स में इसे **न्यू साउथ वेल्स की धारा** के नाम से जाना जाता है।

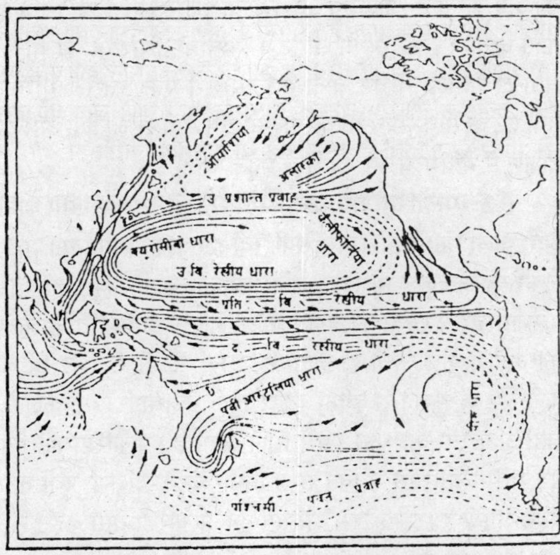

प्रशान्त महासागर की धाराएँ

(6) पेरु धारा—पूर्वी आस्ट्रेलियाई धारा तस्मानिया के नजदीक दक्षिण प्रशान्त धारा में मिल जाती है जो पश्चिम से पूर्व की ओर बहती है। दक्षिणी अमेरिका के दक्षिण-पश्चिमी तट पर पहुँचकर यह उत्तर की ओर मुड़ जाती है जहाँ से यह पेरु के तट के सहारे बहती है। इसी कारण यह पेरू की धारा के नाम से जानी जाती है। यह एक ठंडी जलधारा है जो आखिर में दक्षिणी विषुवतीय धारा में विलीन होकर चक्कर पूरा करती है। प्रसिद्ध भूगोलवेत्ता हम्बोल्ट ने सबसे पहले इसको देखा था, इसलिए इसे **हम्बोल्ट धारा** के नाम से भी जाना जाता है।

(7) एलनिनो या विपरीत विषुवत रेखीय धारा—यह गर्म धारा है, जिसके उत्पन्न होने का मुख्य कारण है—उत्तरी-दक्षिणी विषुवत रेखीय धाराओं का अक्षांशीय स्थिति पर खिसकाव होना। इस धारा के दक्षिण की ओर जाने से पेरू के तट और आसपास के जल का तापमान बढ़ जाता है और मछलियों के विकास में कठिनाई होती है।

अटलांटिक महासागर की धाराएँ

प्रचलित व्यापारिक पवन, विषुवत रेखा के उत्तर और दक्षिण में महासागर के धरातलीय जल को बहने के लिए प्रेरित करती है। इससे यहाँ का जल दो धाराओं के रूप में पश्चिम की ओर बहता है। इस महासागर की निम्नलिखित धाराएँ हैं—

(1) उत्तरी विषुवत रेखीय धारा—यह धारा अटलांटिक महासागर में भूमध्यरेखा के उत्तर में उत्तरी पूर्वी व्यापारिक पवनों के द्वारा पैदा की जाती है, जिससे गर्म जल पूर्व से पश्चिम की ओर जाता है। इस धारा को उत्तरी विषुवतरेखीय धारा कहते हैं। इस प्रकार से असन्तुलित हुए जल स्तर का संतुलन वापस लाने के उद्देश्य से एक वापसी धारा जिसे **विरुद्ध विषुवतीय धारा** कहते हैं, पश्चिम से पूर्व की ओर बहती है। पश्चिमी अफ्रीका के तट के समीप इसे **गिनी धारा** कहा जाता है। कैरीबियन सागर में पश्चिमी द्वीससमूह के बीच यह धारा दो धाराओं में बँट जाती है जिसमें से एक उत्तरी अमेरिका के पूर्वी तट के साथ-साथ बहकर गल्फस्ट्रीम में मिल जाती है और दूसरी दक्षिण में मैक्सिको की खाड़ी में पहुँच जाती है।

(2) फ्लोरिडा की धारा—यह उत्तरी भूमध्यरेखीय धारा का आगे वाला भाग है जो मिसिसिपी नदी द्वारा प्रदत्त अतिरिक्त जल को लेकर युकाटन जल संधि द्वारा मैक्सिको की खाड़ी में घुसती है। इसके परिणामस्वरूप खाड़ी का जल स्तर अटलांटिक महासागर के जलस्तर की अपेक्षा कुछ ऊँचा हो जाता है। अत: खाड़ी से जल की धारा, फ्लोरिडा के मुहाने से होकर बाहर खुले महासागर में निकलती है, जहाँ अंटाईल्स की धारा इससे मिल जाती है। फ्लोरिडा अंतरीप से यह सम्मिलित धारा संयुक्त राज्य अमेरिका के दक्षिण-पूर्वी तट पर बहने लगती है। इसे हटेरस अंतरीप तक फ्लोरिडा धारा कहते हैं, जो एक गर्म धारा है।

(3) गल्फ स्ट्रीम धारा—यह उष्ण जल धारा 20° उत्तरी अक्षांश के पास मैक्सिको की खाड़ी से उत्पन्न होकर उत्तर-पूर्व की ओर 70° उत्तरी अक्षांश तक पश्चिमी यूरोप के पश्चिमी तट तक प्रवाहित होती है। इसी धारा को उत्तर में उत्तरी अटलांटिक प्रवाह कहा जाता है, जो अटलांटिक महासागर के आर-पार पूर्व की ओर बहती है।

(4) नार्वे की धारा—जब उत्तरी अटलांटिक प्रवाह स्कैण्डेनेविया तट के सहारे बहती है, तब इसे नार्वे की धारा कहते हैं। यह ठण्डी जलधारा है जो स्कैण्डेनेविया तट से बेरेण्ट सागर होती हुई स्पिट्सवर्जन द्वीप में खत्म हो जाती है।

(5) लैब्रोडोर की धारा—यह ठण्डी जलधारा है जो आर्कटिक महासागर से अटलांटिक महासागर में ग्रीनलैण्ड के पश्चिमी तट पर बेफिन की खाड़ी से निकलकर लैब्रोडोर के पठार के सहारे बहती है। लैब्रोडोर धारा कनाडा के पूर्वी तट पर बहती हुई गर्म गल्फस्ट्रीम से मिलती है। भिन्न तापमान वाली इन दो धाराओं के संगम से न्यूफाउंडलैंड के समीप विख्यात कोहरे का निर्माण होता है और यह संसार का सबसे महत्त्वूपर्ण मत्स्य आखेट क्षेत्र है।

(6) पूर्वी ग्रीनलैण्ड की धारा—यह ठंडी जलधारा है जो आर्कटिक महासागर से डेनमार्क जलसन्धि के रास्ते ग्रीनलैण्ड के पूर्वी किनारे पर अटलांटिक महासागर में बहती है। पूर्वी तथा दक्षिणी तट के सहारे बहती हुई यह ठण्डी धारा उत्तरी अटलांटिक महासागरीय प्रवाह के उत्तरी किनारे से मिल जाती है। इसे पूर्वी आइसलैण्ड की धारा के नाम से भी जाना जाता है।

(7) केनारी की धारा—यह एक ठंडी जल धारा है जो उत्तरी अफ्रीका के पश्चिमी तट के सहारे केपवर्ड के पास होकर दक्षिण की ओर बहती है। यह उत्तरी अटलांटिक प्रवाह की उपधारा है जो पश्चिमी यूरोपियन तट से टकराकर दक्षिण की ओर उत्तरी भूमध्य रेखीय धारा से मिल जाती है। अंत में यह उत्तरी विषुवतीय धारा में विलीन होकर उत्तरी अटलांटिक में धाराओं के चक्र को पूरा करती है।

(8) दक्षिणी भूमध्य रेखीय धारा—इस धारा की उत्पत्ति दक्षिणी-पूर्वी व्यापारिक पवनों से होती है जो भूमध्य रेखा के समान्तर पूर्व से पश्चिम की ओर बहती है।

(9) ब्राजील धारा—दक्षिणी अटलांटिक महासागर में दक्षिणी विषुवतीय धारा की एक शाखा साओराक अंतरीप से दक्षिण की ओर दक्षिणी अमेरिका के पूर्वी तट से लगती हुई बहती है, जिसे ब्राजील धारा कहते हैं। लगभग 35° अक्षांश पर ब्राजील धारा की गति में परिवर्तन आ जाता है और परिभ्रमण गति और पछुआ पवनों के प्रभाव से यह धारा पूर्व की ओर मुड़ जाती है।

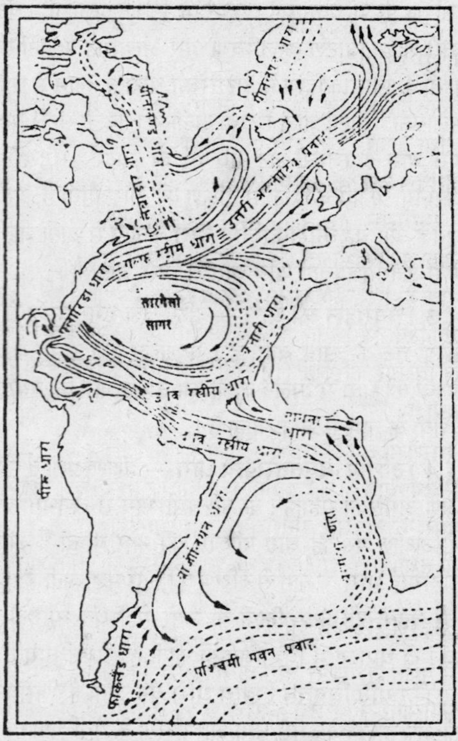

अटलांटिक महासागर की धाराएँ

(10) वेंगुएला धारा—गुड होप अंतरीप के निकट दक्षिणी अटलांटिक धारा की एक शाखा दक्षिणी अफ्रीका के पश्चिमी तट पर उत्तर की ओर बहती है। यह ठंडी जल धारा है जो अण्टार्कटिका के ठण्डे पानी से मिलने के कारण ठण्डी होती है और यह आगे चलकर भूमध्य रेखीय धारा में विलीन हो जाती है।

(11) फॉकलैंड धारा—हाई अन्तरीप की धारा फाकलैंड द्वीप से टकराकर दो दिशाओं में बँट जाती है। एक ठंडी जल धारा दक्षिणी अमेरिका के दक्षिण-पूर्वी तट पर दक्षिण से उत्तर की ओर बहती है, जिसे फॉकलैण्ड धारा कहते हैं।

(12) अण्टार्कटिक प्रवाह—दक्षिणी पूर्व महासागर में पछुआ पवनों के कारण पश्चिमी से पूर्व की ओर प्रवाहित होने वाले प्रवाह को अण्टार्कटिक प्रवाह कहते हैं। यह ठण्डा जल प्रवाह है जो तीव्र वेग से बहता है।

(13) विपरीत भूमध्य रेखीय धारा—दक्षिणी और उत्तरी भूमध्य रेखीय जल धाराएँ जब दक्षिणी अमेरिका के पूर्व तट पर पहुँचकर टकराती हैं तो इन धाराओं का कुछ जल पुन: भूमध्य रेखा के शान्त खण्ड में होकर अफ्रीका के गिनी तट की ओर आ जाता है। दोनों धाराओं के मध्य जल के इस उल्टे बहाव को विपरीत भूमध्य रेखीय धारा कहते हैं, जो **गिनी की धारा** के नाम से भी जाना जाता है।

सारगैसो सागर

उत्तरी अटलांटिक महासागर में उत्तरी विषुवतरेखीय धारा, गल्फ स्ट्रीम तथा कनारी धारा द्वारा एक प्रति चक्रवातीय प्रवाह क्रम पाया जाता है। इस चक्र के अन्तर्गत शान्त एवं गतिहीन जल पाया जाता है जिसमें सारगैसम घास फैली रहती है। इस भाग को सारगैसो सागर कहा जाता है। 'सारगैसो' एक पुर्तगाली शब्द है जो सारगैसम शब्द से लिया गया है, जिसका अर्थ समुद्री घास होता है। सर्वप्रथम स्पेन वालों ने अटलांटिक महासागर के इस क्षेत्र में सारगैसम नामक घास के विशाल विस्तार को देखा। अत: उन्होंने इसका नाम सारगैसो सागर रख दिया।

सारगैसो का विस्तार—सारगैसो का विस्तार सागरीय घास के विस्तार तथा धाराओं की चक्रगति के आधार पर निश्चित किया जाता है। मार्मर के अनुसार सारगैसो का विस्तार 20° तथा 40° उत्तरी अक्षांशों तथा 35°–75° प. देशान्तरों के मध्य में पाया जाता है।

हिन्द महासागर की धाराएँ

उत्तर में पूर्णत: स्थल से घिरा केवल अर्द्ध महासागर होने के कारण हिन्द महासागर में धाराओं के संचरण की विशेषताएँ अटलांटिक और प्रशान्त महासागरों से भिन्न हैं। हिन्द महासागर के उत्तरी भाग की धाराएँ सामान्य प्रवाह तंत्र से बिल्कुल अलग हैं। मानसूनी मौसमी व्यवस्था के अनुसार धाराएँ भी एक मौसम से दूसरे मौसम में अपनी दिशाएँ बदलती रहती हैं। इस महासागर में पवन का प्रभाव अधिक स्पष्ट है।

(1) दक्षिणी-विषुवत रेखीय धारा—इस धारा का जन्म दक्षिणी-पूर्वी व्यापारिक पवनों के प्रभाव से होता है जो आस्ट्रेलिया में पश्चिम से पूर्व की ओर चलती है। यह धारा मेडागाकर तट पर दक्षिण की ओर मुड़ जाती है। शीत ऋतु में उत्तरी विषुवतीय धारा और दक्षिणी विषुवतीय धारा पूर्व से पश्चिम की ओर बहती है और दोनों विषुवतीय धाराओं के बीच एक विरुद्ध विषुवतीय धारा पश्चिम से पूर्व की ओर यानी जंजीबार से सुमात्रा की ओर बहती है।

(2) उत्तरी-पूर्वी मानसून धारा—यह धारा भूमध्य रेखा के उत्तर में बंगाल की खाड़ी और अरब सागर में चलती है। शीतकाल में उत्तरी पूर्वी मानसून पवनें स्थल से जल की ओर बहती हैं। इन पवनों के प्रभाव से हिन्द महासागर में सोमाली और अण्डमान द्वीपों के मध्य उत्तरी-पूर्वी गर्म धाराएँ उत्पन्न होती हैं।

(3) दक्षिणी-पश्चिमी मानसून धारा—ग्रीष्मऋतु में उत्तरी गोलार्द्ध में मानसूनी पवनों की दिशा दक्षिण-पश्चिम में परिवर्तित हो जाती है। इस से पूरी धारा का क्रम बदल जाता है। यह धारा अपनी अनेक छोटी-छोटी उप धाराओं के साथ बंगाल की खाड़ी और अरब सागर में घुसती हैं, जिससे शीतऋतु की धारा मुड़ जाती है।

(4) मोजाम्बिक धारा—दक्षिणी विषुवतीय धारा से मोजाम्बिक धारा का जन्म होता है जो पूर्व से पश्चिम की ओर प्रवाहित होती है। अफ्रीका के मोजाम्बिक तट के समीप यह धारा दक्षिण की ओर मुड़ जाती है। मोजाम्बिक के मुहाने से होकर बहने वाली इस धारा को गर्म मोजाम्बिक धारा कहते हैं।

(5) अगुलहास धारा—जब मोजाम्बिक धारा उत्तर से दक्षिण की ओर बढ़ती है तथा दक्षिणी विषुवतीय धारा की उप-शाखा से मिल जाती है तो यह मेडागास्कर के तट से लगकर बहती है। इस संगम के बाद इसे अगुलहास धारा कहते हैं। यह एक गर्म धारा है। यह धारा अफ्रीका के पूर्वी तट से लगभग 80 किमी. की दूरी पर बहती है।

(6) दक्षिणी हिन्द महासागर की धारा—दक्षिणी हिन्द महासागर की धारा एक ठंडी जल धारा है जो अगुलहास धारा का ही विस्तार है। यह पछुआ पवन द्वारा प्रेरित प्रवाह में मिलकर दक्षिणी हिन्द धारा के नाम से पूर्व की ओर बहने लगती है। आस्ट्रेलिया के दक्षिण-पश्चिम किनारे के समीप इसकी एक शाखा उत्तर की ओर मुड़कर आस्ट्रेलिया के पश्चिम तट से लगकर उत्तर की ओर बहने लगती है जिसे पश्चिम आस्ट्रेलियाई धारा कहते हैं। यह भी ठंडी जलधारा है और आखिर में यह दक्षिणी विषुवतीय धारा से मिलकर धाराओं के चक्र को पूरा करती है।

विश्व प्रसिद्ध जलसंधियां

जलसंधि	देश	जिनको जोड़ती हैं
• बेरिंग जलसंधि	अलास्का-रूस	बेरिंग सागर एवं चुकसी सागर।
• डेनमार्क जलसंधि	इंग्लैण्ड-फ्रांस	उत्तरी अटलांटिक एवं आर्कटिक महासागर
• हारमुज जलसंधि	ओमन-ईरान	फारसी की खाड़ी एवं ओमान की खाड़ी
• हडसन जलसंधि	कनाडा	हडसन की खाड़ी एवं अटलांटिक महासागर
• जिब्राल्टर जलसंधि	स्पेन-मोरक्को	भूमध्यसागर एवं अटलांटिक महासागर
• मलक्का जलसंधि	इण्डोनेशिया-मलेशिया	अडमान सागर एवं द०चीन सागर
• पाक जलसंधि	भारत-श्रीलंका	मन्नार व बंगाल की खाड़ी
• सुण्डा जलसंधि	इण्डोनेशिया	जावा सागर एवं हिन्द महासागर
• यूकाटन जलसंधि	मैक्सिको-क्यूबा	मैक्सिको की खाड़ी एवं कैरीबियन सागर
• डेविस जलसंधि	ग्रीनलैंड-कनाडा	बेफिन खाड़ी एवं अटलांटिक महासागर
• बॉस जलसंधि	आस्ट्रेलिया	तस्मान सागर एवं द० सागर
• डोवर जलसंधि	इंग्लैंड-फ्रांस	इंगलिश चैनल एवं उत्तरी सागर
• फ्लोरिडा जलसंधि	सं०रा०अमरीका-क्यूबा	मैक्सिको की खाड़ी एवं अटलांटिक महासागर
• डैम्पियर जलसंधि	इण्डोनेशिया	प्रशान्त महासागर
• कोरिया जलसंधि	जापान-कोरिया	जापान सागर एवं पूर्वी चीन सागर
• मैगेलन जलसंधि	चिली	प्रशान्त एवं द० अटलांटिक महासागर
• कारीमाटा जलसंधि	इण्डोनेशिया	द० चीन सागर एवं जावा सागर
• फोवेक्स जलसंधि	न्यूजीलैण्ड	तस्मान सागर एवं दक्षिण सागर
• ओरण्टो जलसंधि	इटली-अलबानिया	एड्रियाटिक सागर एवं एजियन सागर
• कुक जलसंधि	न्यूजीलैण्ड (उ० एवं द० द्वीप)	द० प्रशान्त सागर
• मोजाम्बिक जलसंधि	मोजाम्बिक-मालागासी	हिन्द महासागर
• नार्थ जलसंधि	आयरलैण्ड-इंग्लैण्ड	आयरिश सागर एवं अटलांटिक महासागर
• टारस जलसंधि	आस्ट्रेलिया-पापुआ	पापुआ की खाड़ी एवं अराफुरा न्यूगिनी सागर
• सुगारु जलसंधि	जापान	जापान सागर एवं प्रशांत महासागर
• टोकरा जलसंधि	जापान	पूर्वी चीन सागर एवं प्रशांत महासागर
• सुलीमा जलसंधि	जापान	जापान सागर एवं चीन सागर
• मक्कासार जलसंधि	इण्डोनेशिया	जावा सागर सेलीब्रीज सागर
• मोसिना जलसंधि	इटली-सिसली	भू-मध्यसागर
• एमक्ल्यूरे जलसंधि	कनाडा	आर्कटिक महासागर
• नेमूरो जलसंधि	जापान	प्रशांत महासागर
• जुआन-डि-फुका जलसंधि	कनाडा	प्रशांत महासागर
• डुण्डॉस जलसंधि	आस्ट्रेलिया-कोल्विन द्वीप	वानडीमन खाड़ी
• शेलीकॉफ जलसंधि	अलास्का-कोडियाक द्वीप	आलस्का की खाड़ी
• बाला बैक जलसंधि	बोर्नियो-पलावन	सेलेबीज सागर सुलूसागर
• लुजोन जलसंधि	ताइवान और फिलिपीन्स का लुजोन द्वीप	द० चीन एवं फिलीपीन का सागर
• बाब-एल-मण्डब जलसंधि	यमन-जिबौती	लाल सागर एवं अरब सागर

जलसंधि	देश	जिनको जोड़ती हैं
• जापेन जलसंधि	इण्डोनेशिया	प्रशांत महासागर
• डार्डेनलीज जलसंधि	टर्की	मारमरा सागर और एजियन सागर
• बास-पोरस जलसंधि	टर्की	काला सागर एवं मारमरा सागर
• बोनोफैसियो जलसंधि	कोर्सिका-सारडोर्निया	भू-मध्य सागर
• बेले द्वीप जलसंधि	कनाडा	सेंट लॉरेंस खाड़ी एवं अटलांटिक महासागर

ज्वार-भाटा

ज्वार-भाटा समुद्र की अस्थिर गतियों में से एक गति है। इस प्रक्रिया में सागर का जल कभी ऊपर और कभी नीचे होता है; इस क्रिया को ज्वार-भाटा कहा जाता है। जल के ऊपर उठने को ज्वार तथा नीचे गिरने या पीछे हटने को भाटा कहते हैं। समुद्र जल का ऊपर उठना या नीचे गिरना सूर्य और चन्द्रमा को आकर्षण शक्ति के कारण होता है।

ज्वार-भाटा के प्रकार—सागरीय जल में ज्वार का प्रत्यक्ष सम्बन्ध चन्द्रमा की आकर्षण शक्ति से है। ज्वार-भाटा के निम्न प्रकार हैं :

(i) दीर्घ ज्वार—जब सूर्य, चन्द्रमा और पृथ्वी तीनों एक सीध में होते हैं तो सूर्य और चन्द्रमा का सम्मिलित आकर्षण बल पृथ्वी पर पड़ता है। इस कारण उच्च या दीर्घ ज्वार आता है। ऐसी अवस्था **अमावस्या** या **पूर्णिमा** को होती है।

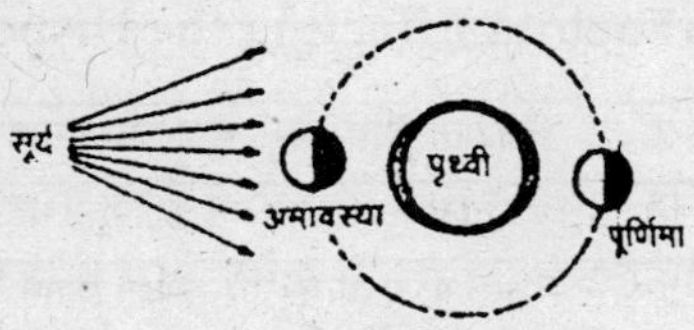

वृहत ज्वार

(ii) लघु ज्वार—जब चन्द्रमा और सूर्य, पृथ्वी से समकोण बनाते हैं तो दोनों अपनी तरफ जल को खींचने का प्रयास करते हैं, फलस्वरुप जल अधिक ऊपर नहीं उठ पाता। अतः लघु ज्वार का अनुभव होता है। यह अवस्था अमावस्या और पूर्णिमा के अतिरिक्त तिथियों पर होती है, विशेषकर **सप्तमी** और **अष्टमी** को।

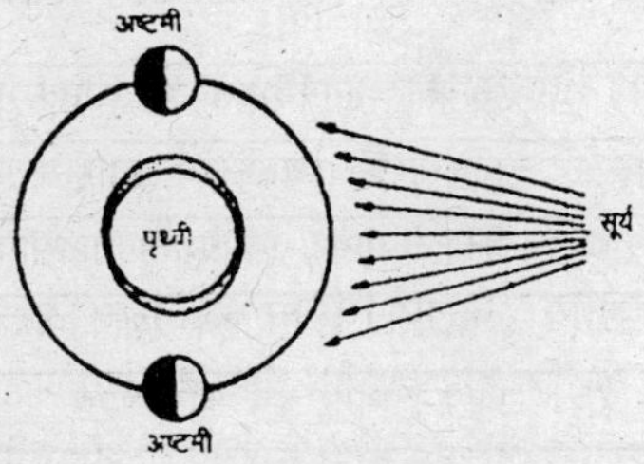

लघु ज्वार

(iii) उच्च भूमि तथा निम्न भूमि ज्वार—चन्द्रमा, पृथ्वी का गोलाकार पथ पर तथा पृथ्वी सूर्य की अण्डाकार परिक्रमा करती है। इस क्रिया में चन्द्रमा और पृथ्वी जब एक-दूसरे के नजदीक आते हैं तो चन्द्रमा की आकर्षण शक्ति अधिक होने के कारण ऊँचा ज्वार आता है, जिसे निम्न भूमि ज्वार कहते हैं तथा चन्द्रमा और पृथ्वी एक-दूसरे से दूर होते हैं तो आकर्षण शक्ति कम होने के कारण निम्न ज्वार आता है, जिसे उच्च भूमि ज्वार कहते हैं।

(iv) अयनवर्ती तथा विषुवतरेखीय ज्वार—सूर्य के समान चन्द्रमा की स्थिति भी उत्तरायण और दक्षिणायण होती है। चन्द्रमा का यह झुकाव सूर्य के वार्षिक झुकाव के बराबर होता है, किन्तु चन्द्रमा इसे 29½ दिन के संयुक्त माह माह में पूरा कर लेता है। जब चन्द्रमा का झुकाव उत्तर की ओर होता है तो ज्वारीय केन्द्र कर्क रेखा के पास तथा झुकाव दक्षिण की ओर होने पर ज्वारीय केन्द्र विषुवत रेखा के पास होता है। अतः कर्क और-मकर रेखा पर उत्पन्नन होने वाले ज्वार को अयनवृत्तीय ज्वार कहा जाता है तथा चन्द्रमा भूमध्य रेखा पर प्रत्येक महीने लम्बवत् पड़ने से ज्वार की दैनिक असमानता समाप्त हो जाती है, क्योंकि दो उच्च ज्वारों और दो निम्न ज्वारों की ऊँचाई समान होती है, इसे विषुवत रेखीय ज्वार कहते हैं। ऐसे ज्वार-भाटे महीने में दो बार आते हैं।

(v) दैनिक ज्वार—यह ज्वार किसी स्थान पर एक दिन में केवल एक बार ही आता है। यह 24 घण्टे में 52 मिनट के अंतर से आता है। इससे सूर्य, चन्द्रमा और पृथ्वी की गतियां समयानुसार काफी प्रभावित होती हैं।

(vi) अर्द्ध दैनिक ज्वार—ऐसा ज्वार-भाटा दिन में दो बार आता है। यह प्रत्येक दिन समयानुसार 12 घण्टे 26 मिनट बाद आता है।

ज्वार का समय—चन्द्रमा घूमती हुई पृथ्वी की परिक्रमा करता है। पृथ्वी के परिभ्रमण के कारण ही ज्वार पश्चिम से पूर्व की ओर बढ़ता है। पृथ्वी की इस परिभ्रमण गति के कारण ही ज्वार केन्द्र के एक पूरे चक्कर के बाद चन्द्रमा अपनी गति से कुछ आगे निकल जाता है। इसलिए ज्वार केन्द्र को चन्द्रमा केन्द्र तक पहुँचने में 24 घण्टे 52 मिनट लगते हैं। इस कारण प्रत्येक ज्वार 12 घंटे के अंतराल पर न आकर 12 घंटे 26 मिनट के अंतराल पर आता है। **ज्वार के 6 घंटे 13 मिनट बाद भाटा आता है।**

7 जीव भूगोल

पौधों व पशुओं का विश्वव्यापी वितरण तथा उसको प्रभावित करने वाले भौतिक कारक (World Distribution of Plants and Animals and its Physical Factors in Influencing)

पशुओं और पौधों के वितरण का वर्णन जैव भूगोल (Bio-Geography) का विषय है। विविधता प्रकृति का नियम है। पशु और पौधे प्रकृति प्रदत्त संसाधन हैं जो कि प्रकृति की विविधता से जुड़े होते हैं। किसी स्थान पर पाये जाने वाले सामूहिक पशुओं को **प्राणीजात** (Founa) तथा वनस्पतियों को **वनस्पतिजात** (Flora) कहते हैं। किसी विशेष क्षेत्र पर पाये जाने वाले प्राणीजात एवं वनस्पतिजात उस क्षेत्र के **जीवजात** (Biota) कहलाते हैं। इनका एक आपस में घनिष्ठ संबंध है तथा एक-दूसरे के अस्तित्व को प्रभावित करते हैं। जिस क्षेत्र में लगभग एक ही प्रकार के पशु पाए जाते हैं उस क्षेत्र को **परिमण्डल** (Realm) के नाम से पुकारते हैं। यह भी मानना होगा कि करीबी संबंधित वर्ग के पशु भी उसी मौलिक स्थान से विसर्जित हुए होंगे जहाँ से उसके सगे-संबंधी पशु पैदा हुए थे लेकिन विसर्जन के प्रक्रम में जलवायु और वातावरण की विभिन्नता के कारण उसमें कुछ परिवर्तन आ गए। परिमण्डल की अपनी **सीमाएँ** होती हैं किन्तु जिन पशुओं में बदलते हुए वातावरण को सहन करने की क्षमता होती है, वह अपने परिमण्डल की सीमाओं को लाँघ कर वृहद् क्षेत्र में विचरण करते हैं तथा अपनी **अनुकूलन क्षणता** से परिवर्तित वातावरण के अनुकल अपने को व्यवस्थित कर लेते हैं। यह तथ्य पक्षियों, मौलस्क तथा कीड़े-मकोड़ों के संबंध में सिद्ध होता है। जीवाश्मों के अध्ययन से यह प्रत्यक्ष प्रमाण मिलते हैं कि पशुओं के वर्तमान और अतीत के वितरण में बहुत अन्तर है। अतीत में आस्ट्रेलिया, दक्षिणी और उत्तरी अमेरिका, भारत आदि महाद्वीप और देश अफ्रीका महाद्वीप से जुड़े हुए थे जो कि समय के साथ पृथक् हो गए और उन पर विचरण करने वाले जीव भी अपने मौलिक स्थान से दूर हो गए तथा बदलते हुए वातावरण के साथ अपने को अनुकूल बना लिया तथा अपने परिवर्तित आकार, रूप और रंग के साथ आज भी अस्तित्व में हैं। अधिकांश पार्थिक जन्तु शुद्ध भौतिक कारकों के अनुकूल अपने को समायोजित कर लेते हैं। अधिकांश बड़े-बड़े पशुओं का परिसर साधारणत: अधिक विस्तृत होता है तथा ये किसी विशिष्ट पौध समुदाय की सीमा रेखाओं को लाँघ सकते हैं। स्थलीय जन्तु महासागरीय जीवों की तुलना में संचालन की अधिक शक्ति रखते हैं।

स्थलीय प्राणियों का विसरण (Dispersal of Terrestrial Animals)

पृथ्वी के धरातल पर पाये जाने वाले विविध प्रकार के जीवों की उत्पत्ति पृथ्वी के भिन्न-भिन्न भागों में हुई है लेकिन जब हम इनके स्थानिक वितरण पर दृष्टिपात करते हैं तो यह तथ्य सामने आता है कि यथार्थ में बहुत से जीव-जन्तु ऐसे भी हैं जो कि अपने उत्पत्ति से स्थान से काफी दूर तक पाये जाते हैं, अर्थात् उनमें भी मानव की तरह प्रवास (Migration) की आदत पायी जाती है।

सामान्य शब्दों में जन्तुओं द्वारा अपने उत्पत्ति क्षेत्र या मूल क्षेत्र से दूसरे क्षेत्रों में गमन अथवा प्रसरण को ही हम जन्तु विसरण (Animal Dispersal) की संज्ञा देते हैं।

प्राणियों के विसरण को प्रभावित करने वाले कारक (Factors Effecting the Dispersal of Animals)

विविध प्रकार के जीवों के प्रसरण में अनेक प्रकार के कारण दो प्रकार की भूमिका निभाते हैं या तो वे उनके प्रसरण में प्रोत्साहन करते हैं या फिर उनके विसरण में बाधा उत्पन्न करते हैं। ये कारण उनकी स्वयं की शारीरिक विशेषताओं व पर्यावरण दोनों से ही संबंधित हैं। ये निम्न हैं :

(1) भौतिक कारक (Physical Factors)

(2) जैविक कारक (Biotic Factors)

(1) भौतिक कारक (Physical Factors)

धरातल पर जलीय व थलीय विस्तार धरातल के विविध प्रकार के उच्चावच जैसे—पर्वत, पठार, मैदान आदि इसके अन्तर्गत आते हैं। स्थलीय व जलीय विस्तार का विसरण पर काफी गहरा प्रभाव पड़ता है क्योंकि यदि स्थलीय भागों के मध्य जल हो तो स्थलीय जीवों का विसरण असंभव होता है इसका स्पष्ट उदाहरण पैंजिया से स्पष्ट है क्योंकि जब पैंजिया एक महाद्वीप के रूप में था तो इस पर स्थलीय जीवों का विसरण पर्याप्त मात्रा में देखा जाता था पर इसके हटने के पश्चात् इनके मध्य जल का विस्तार होने से यह विसरण रुक गया व यही कारण है कि कंगारू जीव आज भी मात्र आस्ट्रेलिया महाद्वीप में ही प्रधानता से पाया जाता है। अधिकांश स्थानीय प्राणियों में तैरने का गुण नहीं पाया जाता है और यदि कुछ जीवों में यह गुण पाया भी जाता है तो वे कुछ ही दूरी तक तैर पाते हैं अत: जीवों का विसरण बाधित ही रहता है। हालांकि यह भी उल्लेखनीय है कि विस्तृत जलीय भाग जहां एक ओर स्थलीय जीवों के विसरण को तो बाधित करता है लेकिन यह सागरीय जीवों के विसरण को प्रोत्साहन भी देता है।

पर्वत, पठार, मैदान, घाटी, रेगिस्तान आदि जैसे विविध धरातलीय उच्चावच भी जन्तुओं के विसरण को प्रभावित करते हैं। ये सभी धरातल में उच्चावच मुख्य रूप से जीवों के विसरण में 'बाधक' (Barriers) का कार्य ही करते हैं क्योंकि स्थलीय प्राणी सामान्यत: इन बाधाओं को पार नहीं कर पाते हैं। जैसे कि हिमालय पर्वत श्रेणी के निर्माण के बाद उत्तरी व दक्षिणी एशिया के जीवों का विसरण रुक गया, इसी प्रकार उत्तरी अमेरिका में रॉकी पर्वत शृंखला व दक्षिणी अमेरिका में पर्वत श्रेणी के कारण भी पूर्वी व पश्चिमी क्षेत्रों के जीवों का विसरण रुक गया है। इसी तरह मरुस्थलों की उपस्थिति भी जन्तुओं के विसरण में बाधा उत्पन्न करते हैं।

जलवायु भी जन्तुओं के विसरण को प्रभावित करने वाले कारकों में उल्लेखनीय भूमिका निभाता है। सामान्यत: यह कारक विसरण को प्रोत्साहन देता है जैसे कि साइबेरिया की ठण्डी जलवायु के पक्षी भारत में शीतकाल में ठण्डी जलवायु के कारण ही 3-4 माह के लिए समय व्यतीत करते हैं। लेकिन प्रतिकूल जलवायु इसके विपरीत जन्तुओं के विसरण में बाधा उत्पन्न करती है जैसे कि गर्म जलवायु वाले जीव-जन्तु ठण्डी जलवायु के प्रदेशों में नहीं पाये जाते हैं।

दूरी भी जन्तुओं के विसरण को प्रभावित करती है। एक ही समान जलवायु होने अथवा एक ही प्रकार का विस्तृत धरातलीय भाग होने के बावजूद भी यदि दूरी अधिक है तो जन्तु अधिक दूरी तक विसरण नहीं करते हैं। सामान्यत: जन्तु सीमित दूरी तक ही विसरण करते हैं।

(2) जीवीय कारक (Biotic Factors)

प्राणियों के स्वयं के गुण, मानवीय हस्तक्षेप आदि कारक जन्तुओं के विसरण को प्रभावित करने वाले जीवीय कारकों में शामिल किए जाते हैं। जीवों में पाये जाने वाले कुछ विशिष्ट जन्मजात गुण जैसे—दौड़ना, उड़ना, तैरना, रेंगना आदि उनके विसरण में सहायक होते हैं। इन गुणों से जब जन्तु स्वयं ही विसरण हेतु प्रोत्साहित होते हैं तो वह **'सक्रिय विसरण'** (Active Dispersal) कहलाता है। इसके विपरीत जब जन्तु वितरण स्वयं उसके गुणों के द्वारा प्रोत्साहित न होकर किसी वाहक (Carrier) द्वारा होता है तो वह निष्क्रिय विसरण (Inactive Dispersal) कहलाता है। ये वाहक चार प्रकार के होते हैं :

(*i*) जल वाहक (Water as a Carrier)—यह जल की तरंगों अथवा लहरों अथवा जल की धाराओं द्वारा सम्पन्न होता है। जैसे—अन्ध महासागर में एक भौंरे जैसा जल कीट गल्फस्ट्रीम की धारा की सहायता से उत्तरी अमेरिका के पूर्वी तट से यूरोप के पश्चिमी तट तक विसरण कर गया।

(*ii*) वायु वाहक (Wind as a Carrier)—वायु की धाराओं, वायुराशियों आदि के द्वारा यह सम्पन्न होता है, अधिकाशंत: छोटे-छोटे जन्तु इस प्रकार के वाहक द्वारा विसरण करते हैं।

(*iii*) मानव वाहक (Man as a Carrier)—मानव न केवल जानबूझकर बल्कि कभी-कभी अनायास ही जन्तुओं के विसरण हेतु वाहक का कार्य करता है। पक्षियों की कई प्रजातियों का मानव द्वारा यूरोप से उत्तरी अमेरिका व न्यूजीलैण्ड में लेकर आना इसके द्वारा जानबूझकर किए जाने वाले वाहक के कार्य का उदाहरण है जबकि वर्तमान में भूरे रंग के चूहे जो कि सम्पूर्ण विश्व में पाये जाते हैं, मानव द्वारा होने वाले अनायास वाहक कार्य का उदाहरण हैं।

(*iv*) जीवीय कारक (Biotic Carrier)—कभी-कभी एक प्राणी का विसरण भी हो जाता है जैसे कि छोटे-छोटे कीट- पतंग।

विसरण के प्रकार
(Types of Dispersal)

जीव-जन्तुओं में पाये जाने वाला विसरण (Dispersal) कई प्रकार का होता है :

(1) त्वरित विसरण (Rapid Dispersal)
(2) दीर्घकालीन विसरण (Longterm Dispersal)
(3) ऋत्विक विसरण (Seasional Dispersal)
(4) बलात् विसरण (Forced Dispersal)

(1) त्वरित विसरण (Rapid Dispersal)—जन्तुओं द्वारा कभी-कभी पर्यावरणीय दशाओं अथवा अपने जैवीय गुणों के कारण (Rapid Dispersal) किया जाता है। टिड्डी व लेमिंग इसके सर्वश्रेष्ठ उदाहरण हैं। टिड्डियों में कुछ ऐसे जैविक गुण होते हैं कि वे एक दल के रूप में अचानक ही स्थान-परिवर्तन करने लगती हैं। कभी-कभी जंगलों की कटाव अथवा भूकम्प के कारण आए परिवर्तनों से भी जन्तु सामूहिक रूप से अन्य क्षेत्रों में यकायक विसरण करते हैं।

(2) दीर्घकालीन विसरण (Long Term Dis-persal)—इसे क्रमश: या धीरे- धीरे लगातार (Gradually or Continuously) चलनेवाला विसरण भी कहते हैं। इस प्रकार के विसरण वृहत् पैमाने पर होते हैं। इसमें जन्तुओं का विसरण मंद गति से होता है। जलवायु में होने वाले दीर्घकालीन परिवर्तनों के कारण पक्षी, जीव आदि क्रमश: अपना स्थान आदि परिवर्तित करते रहते हैं और दीर्घकाल के बाद एक विस्तृत क्षेत्र पर जन्तुओं का विसरण हो जाता है।

(3) ऋत्विक विसरण ((Seasional Dispersal)—जैसा कि नाम से ही स्पष्ट है कि यह विसरण जन्तुओं द्वारा प्रतिवर्ष ही निश्चित काल में जलवायु की प्रतिकूल दशाओं से बचने के लिए किया जाता है जैसे कि हिमालय क्षेत्र में कई पक्षी सर्दी या शीत चक्र में हिमालयी क्षेत्रों में टूट अपेक्षाकृत कम सर्दी वाले स्थानों पर चले जाते हैं व ग्रीष्म काल में आते-आते पुन: हिमालय तराई क्षेत्र में वापस आ जाते हैं। उनकी यह प्रक्रिया प्रतिवर्ष जारी रहती है।

(4) बलात् विसरण (Forced Dispersal)—कभी-कभी विपरीत जलवायुविक अथवा विपरीत पर्यावरणीय दशाओं के कारण भी जीव-जन्तु विसरण के लिए बाध्य हो जाते हैं जो कि न चाहते हुए भी अपने अस्तित्व को बचाये रखने के लिए विसरण करते हैं।

पौधों का विश्व वितरण (Distribution of Flora World)

धरातल पर वनस्पतियों के वितरण में पर्याप्त असमाननता पायी जाती है। भूमध्य रेखा से ध्रुवों तक तथा सागर तल से उच्च पर्वतों तक पादपों के वितरण में कटिबंधीय या मण्डलीय प्रारूप (Zonal Pattern) पाया जाता है। पादपों के वितरण पर **जलवायु कारकों** (तापमान, प्रकाश, आर्द्रता, मृदा में नमी आदि); **मृदा संबंधी कारक** (Ediphic Factors) (मृदा में पोषक तत्वों की स्थिति, मृदा गठन, मृदा संरचना, उसकी अम्लता एवं क्षारीय गुण आदि); **जैविक कारक** (आवास विशेष में जीवित जीवों का विशेषकर प्राणी तथा मानव का पौधों पर प्रभाव तथा पादपों का आपस में तथा पादपों एवं प्राणियों में अन्तर्संबंध यथा—प्राकृतिक चयन, प्रतिस्पर्द्धा, परस्पर सहयोगवाद (Mutualism), सहभोजिता (Commensalism), परजीविता (Paraticism) आदि); **भौतिक कारक** (उच्चावचीय, ढाल कोण तथा ढाल पहलू (Slope aspect, धरातलीय संरचना आदि); **भूगर्भिक कारक** (महाद्वीपीय विस्थापन तथा प्रवाह, प्लेट संचलन); **अग्नि कारक** (वनार्गन (Forest Fire) मानव द्वारा सोद्देश्य वनों को लगाना, मानव द्वारा अनजाने में वन में आग लगाना तथा प्राकृतिक वनाग्नि आदि); **पादपों का विसरण तथा प्रकीर्णन** एवं मानव हस्तक्षेप आदि का महत्त्वपूर्ण प्रभाव होता है।

विश्व में पौधों के वितरण का अध्ययन अनेक रूपों में किया जा सकता है यथा—(*i*) **आवासों** के आधार पर (स्थलीय एवं जलीय आवासों के पौधों का वितरण), (*ii*) वानस्पतिक विभाजन के आधार पर, (*iii*) अक्षांशीय विस्तार एवं ऊंचाई के आधार पर (*iv*) पादप समुदाय की विशिष्ट विशेषताओं के आधार पर आदि।

(1) स्थलीय पौधों का वितरण—जीवमण्डल में वनस्पति का अध्ययन दो रूपों में किया जाता है—(अ) पादपों के किसी खास जाति (Species) का विश्वस्तरीय वितरण—जिसमें पादपों के वितरण के प्रतिरूपों एवं उनके वैषम्य का अध्ययन जलवायु विभिन्नताओं, पादपों के **विसरण** (Dispersal) तथा **प्रवास** (Migration) तथा महाद्वीपों के विस्थापन एवं प्रवाह के संदर्भ में किया जाता है। (ब) वनस्पतियों का अध्ययन पारिस्थितिक तंत्रग (Eco-system) के संदर्भ में किया जाता है जिसमें समान पर्यावरण वाले विभिन्न **आवासों** (Habitats) में पादपों की समस्त जातियों (जो वहाँ मौजूद होती हैं) का सामूहिक अध्ययन करते हैं।

भूगोल में वनस्पतियों का वितरण भौगोलिक प्रदेशों के संदर्भ में किया जाता है। **क्रिटैशियस** युग में **पुष्पी पौधों** (Flowering Plants of Angiosperms) का प्रादुर्भाव, विकास तथा भूमण्डल के विभिन्न भागों में विसरण तथा प्रवाह होने से उनके अलग-अलग समूहों का विकास हुआ है। इस तरह के खास प्रकार के आवासों (समान पर्यावरण वाले में) वानस्पातिक समूहों के वृहद् स्तरीय रूपों को **वानस्पतिक जगत** (Floristic Kingdoms) कहते हैं। प्रत्येक वनस्पतीय जगत में भी प्रादेशिक स्तर पर कुछ विभिन्नताएँ अवश्य होती है, अत: प्रत्येक वनस्पतीय जगत को लघु क्षेत्रीय **वानस्पतीय प्रान्तों** (Floristic Provinces) या **वनस्पतिक प्रदेशों** में विभक्त किया जाता है।

स्मरण रहे कि प्रत्येक वनस्पतीय प्रदेश में विभिन्न जीवन-रूपों (Life forms) वाले समस्त पादपों (जो उस प्रदेश में मौजूद होते हैं) को (यथा—वृक्ष, झाड़ी, घास आदि) शामिल किया जाता है। इस तरह वनस्पतीय प्रदेश को 'Formation' भी कहते हैं। किसी भी पारिस्थितिक तंत्र में अथवा **आवास** में पौधों तथा प्राणियों के सम्मिलित रूप को **जीवोम** अथवा **बायोम** कहते हैं। भूमण्डल में वनस्पतीय प्रदेशों का विकास मुख्य रूप से टर्शरी युग में हुआ लेकिन **क्वाटरनरी युग** में हुए जलवायु परिवर्तनों के कारण इन वनस्पतीय प्रदेशों में भी परिमार्जन तथा परिवर्तन हुए हैं। ज्ञात होगा कि पादपों की कुछ जातियों का ही विश्वव्यापी वितरण संभव हो पाया है जबकि अधिकांश जातियाँ कुछ निश्चित स्थानों में ही सीमित हैं। अत: जातियों के व्यापक वितरण के आधार पर समस्त विश्व को 6 प्रमुख वनस्पतीय जगत (स्थलीय पौधों को) में विभक्त किया गया है।

(*i*) **आस्ट्रेलियन जगत्**—इसमें समस्त आस्ट्रेलिया महाद्वीप आता है तथा यहाँ पर विशिष्ट प्रकार के पौधे पाए जाते है जिनमें सर्वाधिक महत्त्वपूर्ण **यूकेलिप्टस** है जिसकी संख्या आस्ट्रेलिया के संपूर्ण वृक्षों का 75 प्रतिशत है। यहाँ पर यूकेलिप्टस की 600 जातियाँ (Species) पायी जाती हैं। इनमें पर्याप्त विषमता पायी जाती है। ऊँचे तथा वृहदाकार छायाकार वृक्षों से लेकर यूकेलिप्टस तथा मरुस्थलीय बौने वृक्षों से लेकर यूकेलिप्टस को मिमोसा (Mimosa) का संबंधी बताया जाता है जिसकी कुछ जातियाँ आज भी दक्षिणी अमेरिका में पायी जाती हैं। आस्ट्रेलिया से यूकेलिप्टस का मनुष्य ने प्राय: प्रत्येक महाद्वीप में विसरण (Dispersal) किया है। भारत के प्राय: प्रत्येक राज्य में यूकेलिप्टस के वृक्ष (मुख्य रूप से सड़कों तथा रेल लाईन के किनारे-किनारे) लगाए जाते हैं तथा इसका विस्तार (मानव द्वारा तीव्र गति से किया जा रहा है। महाद्वीपीय प्रवाह के कारण आस्ट्रेलिया के पृथक्करण (solation) के फलस्वरूप यहां पर विशेष क्षेत्रीय वनस्पति का विकास हुआ है।

(*ii*) केप जगत् (Cap Kingdom)—इसका विस्तार अफ्रीका के दक्षिणी छोर पर हुआ है जहाँ पर **शकरकंद** (Bulbs or Tubers)

वाले पौधों का विकास हुआ (ऐसे पौधों की जड़ों में मृदा के नीचे बल्ब या कंद का जन्म होता है, जिनसे नए पौधों का जन्म होता है, जैसे—कंदमूल आदि)। इस प्रकार के पौधे वाटिका के पुष्पी पौधे होते हैं तथा Labelia, Kriphogia, Erica, Fressia आदि जातियाँ हैं। ज्ञातव्य तथ्य है कि इस क्षेत्र के यूरोपीय लोगों द्वारा औपनिवेशीकरण के पश्चात् इन पुष्पी जातियों के पौधों को विश्व के अधिकांश देशों की वाटिकाओं में फूलों के लिए ले जाया गया है। यद्यपि इन **वाटिका पुष्पी पौधों** (Garden Flowering Plants) का अन्यन्त्र विसरण एवं वितरण हुआ है। परंतु अपने मूल स्थान में ही इसकी संख्या तथा क्षेत्र में ह्रास हो रहा है क्योंकि उन्हें हटा कर कृषि में भूमि का क्षेत्र बढ़ाया जा रहा है। जिन क्षेत्रों में अभी तक कृषि का प्रसार नहीं हुआ है वहाँ पर (Sclerophy- llous झाड़ियाँ पायी जाती हैं जिनकी ऊँचाई एक मीटर से कई मीटर तक होती है। इनके नीचे **शाकीय झाड़ियाँ** (Herbaceous Shrubs) होती हैं। इन वनस्पतियों के विकास के पहले यहाँ पर सदाबहार **शीतोष्ण कटिबंधीय** वन थे लेकिन यूरोपियन लोगों ने इन मौलिक वनों को साफ कर दिया तथा बाद में उपर्युक्त झाड़ियों का विकास हुआ।

***(iii)* अण्टार्कटिक जगत्**—इसका विस्तार एक पतली मेखला में अण्टार्कटिका महाद्वीप के उत्तर में दक्षिणी अमेरिका के पैरागोनिया तथा दक्षिणी चिली से न्यूजीलैण्ड तक पाया जाता है। इस जगत की सर्वप्रमुख पौधा (Nothofagus) (दक्षिणी बीच) है। न्यूजीलैण्ड में देशीय (Native) शीतोष्ण घासों में (आज से लगभग 100 मिलियन वर्ष पूर्व) ऐसी जातियाँ विकसित थीं, जो गुच्छेदार होती थीं जिनके पास **नरकुल** (Sedges, पानी में उगने वाले) तथा **द्विबीज पत्री** (Dicotyledous) झाड़ियाँ भी थी, परंतु यूरोपीय लोगों के आगमन के साथ ही इनमें पर्याप्त परिमार्जन (Modification) हुआ है। इन परिमार्जित तथा रूपान्तरित घासों में आज भी दो प्रमुख प्रकार पाए जाते हैं :

(अ) लघु तृणगुच्छ घास क्षेत्र (Short Tussock Grass lands) जिनमें Festuea तथा Reo प्रमुख जातियाँ हैं। इनकी ऊंचाई 0.5 मीटर तक तथा रंग पीला-भूरा होता है।

(ब) **उच्च तृणगुच्छ घास में प्रमुख जाति** Chomechloa है। न्यूजीलैंड के गर्म शीतोष्ण भागों के वनों में **अनावृत्त बीजी** (Gymnosperms) तथा **आवृत्त बीजी** (Angiosperms) वृक्षों की भरमार पायी जाती है। **अनावृत्त बीजी** के कोणधारी परिवार में प्रमुख हैं—Pockorpaceare, Cuprerrsacease तथा Aravcariaceae तथा आवृत्त बीजी समूह में पुष्पी पौधे आते है, जिनमें प्रमुख है—Nothofagus, न्यूजीलैण्ड के उपोष्ण कटिबंधीय वन सदाबहार प्रकार के हैं जिनमें ऊँचे-ऊँचे वृक्ष घने आवरण के रूप में पाये जाते हैं। न्यूजीलैंड में मानव क्रिया-कलापों तथा यूरोप में लाए गए स्तनधारी जानवरों (यथा—लाल हिरण) के कारण **वनस्पति समुदाय** (Vegetation Community) में बड़े स्तर पर असंतुलन हो गया है।

***(iv)* पुरा उष्ण कटिबंधी जगत् ((Palaeotropical Kingdom)**—इसमें अफ्रीका का अधिकतर भाग, दक्षिण-पश्चिम एशिया, दक्षिण-पश्चिम एशिया का अधिकतर भाग, दक्षिणी-पूर्वी एशिया तथा चीन का दक्षिण मध्यवर्ती भाग शामिल किया गया है। इस वृहद जगत के तीन प्रमुख उपजगत (Sub Kingdom) में विभक्त किया जाता है—अफ्रीकी उपजगत, भारत-मलाया उपजगत तथा पोलिनेलियन उपजगत। इन उपजगत को पुनः कई प्रदेशों में बाँटा जा सकता है। कुछ ऐसे पौधे हैं जो सभी प्रदेशों में पाए जाते हैं।

***(v)* नवायन वृत्तीय जगत (Neotropical King-dom)**—इसमें पेटागोनिया तथा दक्षिणी चिली को छोड़कर समस्त दक्षिणी अमेरिका का भाग शामिल किया जाता है। इस जगत तथा **पुरायन-वृत्तीय जगत** (Palaeotropical Kingdom) विशेषकर-अफ्रीका) के वनस्पति प्रदेशों के कई **वंश** (Genera) उभय रूप में मिलते हैं। प्रारंभ में जबकि गौण्डवाना लैण्ड के सभी सदस्य आपस में संलग्न थे तो **क्रिटेशियस युग** में उष्ण कटिबंधी पुष्पी पौधों का विकास गौण्डवाना लैण्ड के अधिकतर भागों में हुआ। बाद में गौण्डवाना लैण्ड के विभंजन तथा दक्षिणी अमेरिका के पश्चिम की तरफ प्रवाह तथा अटंलाटिक महासागर के **सागर नितल प्रसरण** (Sea Floor Spreading) के फलस्वरूप विस्तार के कारण इसका गौण्डवाना लैण्ड के अन्य सदस्यों से संबंधविच्छेद हो गया जिस कारण (पृथक्करण Isolation) दक्षिण अमेरिका तथा अफ्रीका की वनस्पतियों में अतंर आ गया।

***(vi)* उत्तरी जगत (Boreal Kingdom)**—इसमें मध्य अमेरिका को छोड़कर समस्त उत्तरी अमेरिका, ग्रीनलैंड, समस्त यूरोप तथा उत्तरी एशिया तथा आर्कटिक क्षेत्रों को शामिल किया जाता है तथा यह सभी **वनस्पति जगत** (Floral Kingdoms) में सर्वाधिक विस्तृत है।

इसमें कई उपजगत तथा प्रदेशों का निर्धारण किया गया है। यथा—रूम सागरीय प्रदेश (RMR, चित्र में), अटंलाटिक उत्तरी अमेरिकन प्रदेश (ANAR, चित्र में) आर्कटिक तथा उप-आर्कटिक प्रदेश (ASAR, चित्र में), यरोसार बेरियन प्रदेश (ESR) आदि। इन उपजगत तथा वनस्पति प्रदेशों का एक-दूसरे से अलगाव महासागर, पर्वत, मरुस्थलीय अवरोधों (Barriers) द्वारा हुआ है।

इन प्रदेशों में पौधों की जातियों, वंशों, परिवाररों आदि तथा प्रमुख वनस्पतियों का विवरण भी आवश्यक है।

(2) सागरीय पौधों का वितरण—पादपों के **आवासों** (Habitats) को दो प्रमुख भागों में विभक्त करते हैं—**स्थलीय आवास** तथा **जलीय आवास** (Aquatic Habitats)। जलीय आवास को पुनः दो वृहद् आवासों में विभक्त किया जाता है—(*i*)

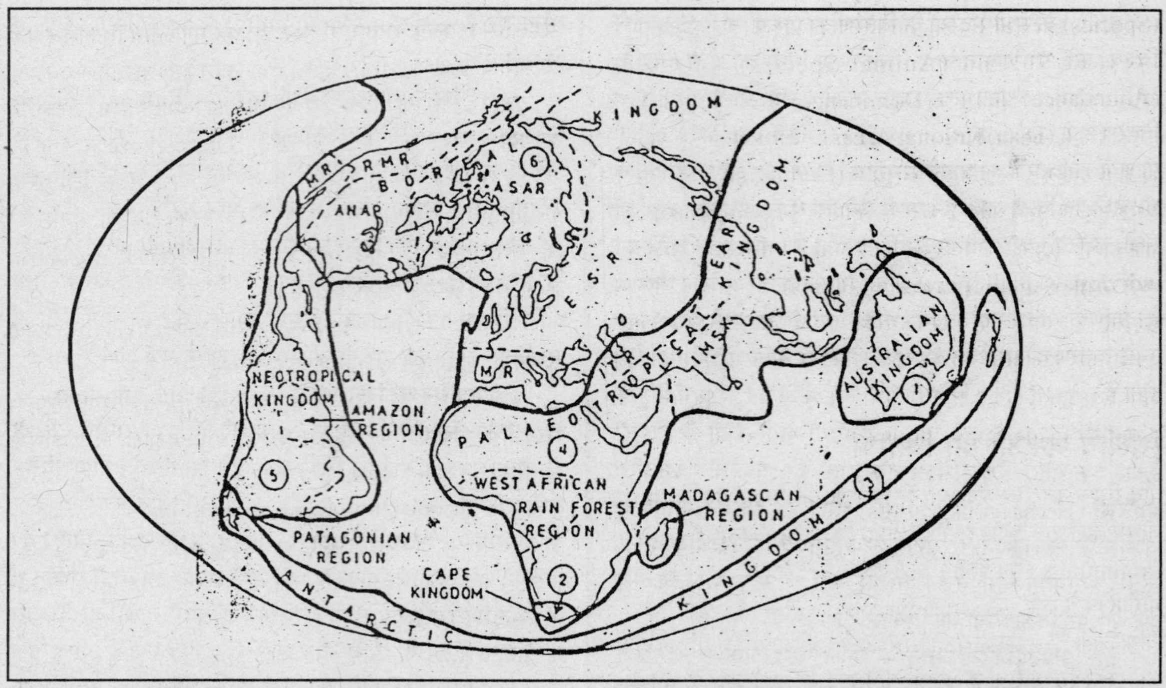

भूमण्डल के स्थलीय वनस्पतीय जगह तथा प्रदेशों का वर्तमान प्रारूप। यह विभाजन बड़े वृक्षों (जिनमें बीज होते हैं) तथा जातियों के वितरण के आधार पर किया गया है।

MSK = Indo-Malayan, Sub-Kingdom, EAR = East Asian Region, ESR = Euro-Siberian Region, ITR = Iranian Turanian Règion, MR = Mediterranean Region, ANAR = Atlantic-North American Region, ASAR = Artic and sub-Arctie Region.

सागरीय आवास (Marine Habitats) तथा (*ii*) **अलवणीय जलीय आवास** (Fresh Water Habitats) या स्थल स्थित जलीय भाग यथा नदी जिसमें जल सतत् गतिशील रहता है तथा सील, तालाब, जलभण्डार (Roserrior) जिंनमें अपेक्षाकृत जल स्थिर रहता है। सागरीय आवास को पुन: दो भागों में विभक्त किया जाता है—(अ) **पेलैजिक** (Pelogic) **आवास**—जिसमें सागर तथा महासागर के समस्त जल को शामिल करते है तथा (ब) **नितलस्थ आवास** (Benthic Habitats) जिसमें सागर की तली (Sea Bed) को ही शामिल किया जाता है। सागरीय भागों में पादपों की स्थलीय पादपों की तुलना में बहुत ही कम प्रणालियाँ होती हैं। सागरीय पादप जगत का निर्माण मुख्य रूप से **सूक्ष्मदर्शी फाइटो लैक्टन** (Microscopic Phytoplankens) तथा छिछले बर्गों की तली में रहने वाले शैवाल (Algae) से हुआ है। सागरीय पादपों में प्राय: समरूपता का मुख्य कारण यह है कि स्थलीय भागों की भाँति इसमें अवरोध (Barrier) नहीं होते हैं, बल्कि इनमें सागरीय गतियों के कारण पादपों में मुक्त मिश्रण ((Free Mixing) होता रहता है तथा स्थलीय भागों की भाँति तापमान में विषुणता भी अधिक नहीं होती है। सागरीय पादपों में तली में रहने वाले तथा जल पर तैरने वाले पादपों में ही सर्वाधिक विषमता होती है। **सागरीय पौधों** को सागरीय तापमान के आधार पर दो भागों में विभक्त कर सकते हैं :

(क) गर्म जल वाले पादप तथा

(ख) शीत जल वाले पादप

सागरीय पादपों की सर्वाधिक जातियाँ (Species) तथा वंश (Genera) उष्ण कटिबंधीय भाग के गर्म जल मण्डल में पाये जाते हैं। इस प्रदेश को चार मण्डलों में विभक्त किया जा सकता है—(*i*) अटलांटिक अयनवर्ती भाग, (*ii*) हिन्द महासागरीय अयनवर्ती भाग, (*iii*) पश्चिमी भाग तथा (*iv*) पूर्वी प्रशान्त महासागरीय अनवर्ती भाग। पादपों के सर्वाधिक प्रकार हिन्द-प. प्रशान्त महासागरीय मंडल के जलमग्न तटीय भागों में पाए जाते हैं।

प्राणियों/जन्तुओं का वितरण
(Distribution of Fanual World)

जीवमण्डल में प्राणियों (Animals) के वितरण का अध्ययन कई रूपों में किया जा सकता है यथा—क्षेत्र विशेष में किसी खास जाति

(Species) के सभी सदस्यों के वितरण का प्रारूप। इस दृष्टिकोण से विश्व की प्राणिजात (Animal Species) के आधिक्य (Abundance) या प्रभुत्व (Dominance) के आधार पर विभिन्न वितरण क्षेत्रों (Distributional Areas) में विभक्त किया जाता है। प्राणियों के वितरण का **प्राणी समुदाय** (Community) के स्तर पर भी अध्ययन किया जाता है। प्राणी समुदाय में किसी क्षेत्र विशेष की सभी जातियों के सभी सदस्यों (Total Populatiton of all individuals of all species) का सामूहिक अध्ययन किया जाता है। प्राणियों के वर्तमान विश्व स्तरीय वितरण के उल्लेख के पहले उनके वितरण को प्रभावित करने वाले कारकों का अध्ययन आवश्यक होता है।

स्थलीय जन्तुओं का वितरण

यदि विश्व स्तर पर प्राणियों के वितरण को देखा जाए तो समस्त जीवमण्डल एक इकाई बनता है जो वृहत् **प्राणी समुदाय** (Animal Community) का प्रतिनिधित्व करता है। इसे पुनः दो प्रमुख प्राणी भौगोलिक प्रदेशों (Zoo-Geographical Regions) में विभक्त किया जाता है—**स्थलीय प्राणीमण्डल** तथा **जलीय प्राणीमण्डल।**

स्थलीय प्राणियों के आधार पर विश्व को पुनः वृहद प्राणी प्रदेशों में बाँटा जाता है। प्राणी प्रदेशों (Faunal Regions) का यह तात्पर्य नहीं है कि अमुक प्रदेश में किसी खास जाति अथवा **परिवार** अथवा **कोटि** (order) के सभी प्राणी का समान वितरण होता है तथा ये प्राणी किसी एक प्रदेश में ही पाए जाते हैं, अन्यत्र नहीं मिलते हैं। वास्तव में **जाति उद्भवन** (Speciation), **प्रवास** (Migration), **विसरण** (Dispersal) तथा **विलोपन** साथ-साथ प्राणी विकास के प्रत्येक चरण में क्रियाशील रहते हैं, परिणामस्वरूप प्राणियों का विश्ववितरण सरल न होकर अत्यन्त जटिल हो जाता है। इसके होते हुए भी विश्व में प्राणियों के कुछ खास अवश्य होते हैं जिनमें प्राणियों की उभय विशेषताएँ होती हैं। इनके आधार पर विभिन्न **प्राणी प्रदेशों** का निर्धारण किया जाता है। प्राणियों के विश्व-वितरण के अध्ययन में निम्न तथ्यों पर ध्यान दिया जाता है—

(1) भौतिक पर्यावरण दशाएँ प्राणियों की संख्या, प्रचुरता, विविधता आदि को निर्धारित करती है। सर्वाधिक विविधता उष्ण कटिबंधीय भागों के स्थलीय तथा अलवण जलीय क्षेत्रों (Fresh Waters) के रीढ़ वाले प्राणियों में मिलती है।

(2) प्राणियों के वितरण में कटिबंधीय प्रतिरूप (Zonal Pattern) पाया जाता है। यह कटिबंधीय प्रतिरूप **क्षैतिज** (Horizontal) तथा **लम्बवत्** (Vertical) दोनों रूपों में होता है। क्षैतिज मण्डलीय प्रतिरूप में अक्षांशों का नियंत्रण सर्वाधिक होता है। **जातियों** की विविधता विषुवत् रेखा से ध्रुवों की तरफ घटती जाती है। भूमध्यरेखा से ध्रुवों की तरफ प्राणीमंडलों (Animal Zones) का विकास भूमध्य रेखा की ओर वाले मंडलों से निकली जातियों से हुआ है। यह मण्डलीय विकास रूप से प्राणियों के **प्रवास** (Migration) तथा **जाति उद्भव** द्वारा संभव हुआ है। यथा—शीतोष्ण कटिबंधीय प्राणियों का विकास उष्ण कटिबंधीय प्राणियों के प्रवाह के दौरान व्यवकलन (Subtraction) द्वारा होता है।

(3) प्राणियों का उत्पत्ति केन्द्रों के चारों तरफ **विकिरण** (Radiation) हुआ है अर्थात् चारों तरफ प्रसरण हुआ है। परिणामस्वरूप प्राणियों का वितरण संकेन्द्रीय मण्डल (Concentric Zones) के रूप में पाया जाता है।

(4) किसी भी क्षेत्र में प्राणियों में विविधता (Diversity) उनके विसरण तथा औपनिवेशिकरण के फलस्वरूप हुई है।

(5) प्राणियों का केन्द्रण (Concentration) मुख्य रूप से **स्तनधारी प्राणियों** (Mammals) में ही संभव हुआ है, अन्य प्राणियों का वितरण व्यापक रूप में पाया जाता है।

(6) कुछ प्राणियों का वितरण असम्बद्ध (Discontinous or Disjunct) रूप में तथा कुछ का सम्बद्ध रूप में पाया जाता है। यथा—Moose (एक प्रकार का हिरण) का वितरण यूरेशिया तथा उतरी अमेरिका के टैगा प्रदेश में सम्बद्ध मण्डलीय प्रतिरूप (Continuous Zonal Pattern) में पाया जाता है जबकि Azure-Winged Magpie, Weather Fish तथा Bitterling का वितरण असम्बद्ध रूप में पाया जाता है। इनके दो असम्बद्ध मण्डल पाए जाते हैं—एक मध्य तथा पश्चिमी यूरोप में तथा दूसरा पूर्वी एशिया में? इन दोनों मण्डलों के मध्य विस्तृत भू-भाग इन प्राणियों से रहित हैं।

(7) द्वीपों पर विशिष्ट प्रकार के प्राणी पाए जाते हैं क्योंकि सागरीय अवरोध के कारण इनमें प्राणियों तथा पादपों का न्यूनतम वितरण हुआ है। हवाई द्वीप (जो किसी भी भूगर्भिक काल में स्थलीय भाग से सम्बद्ध नहीं था) में **रेप्टाइन्स, जलभमिया** जन्तु अलवण जल की मछलियाँ तथा स्तनधारी प्राणियों (चमगादड़ की एक जाति को छोड़कर) पूर्णतया अनुपस्थित है।

विश्व को **प्राणी प्रदेशों या जन्तु प्रदेशों** (Fanual Regions) में विभाजित करने का प्रथम सफल प्रयास **A.R. Wallance** ने 1876 में किया था। उसके बाद अनेक विद्वानों ने इस विभाजन का कार्य किया लेकिन आज भी **वैलास** का विभाजन सर्वाधिक मान्य है। विश्व को छः प्रमुख प्राणी या जन्तु प्रदेशों में विभाजित किया जा सकता है। (चित्र में दिया गया है)

पादपों एवं प्राणी जगत् के भौगोलिक प्रदेश (Geographical Regions of Flora & Fanual World)

(1) पुरा आर्कटिक प्रदेश (Pahearctic Region)—इसमें यूरोप तथा मध्य एवं उत्तरी एशिया को शामिल करते हैं। इसमें 28 रीढ़वाले

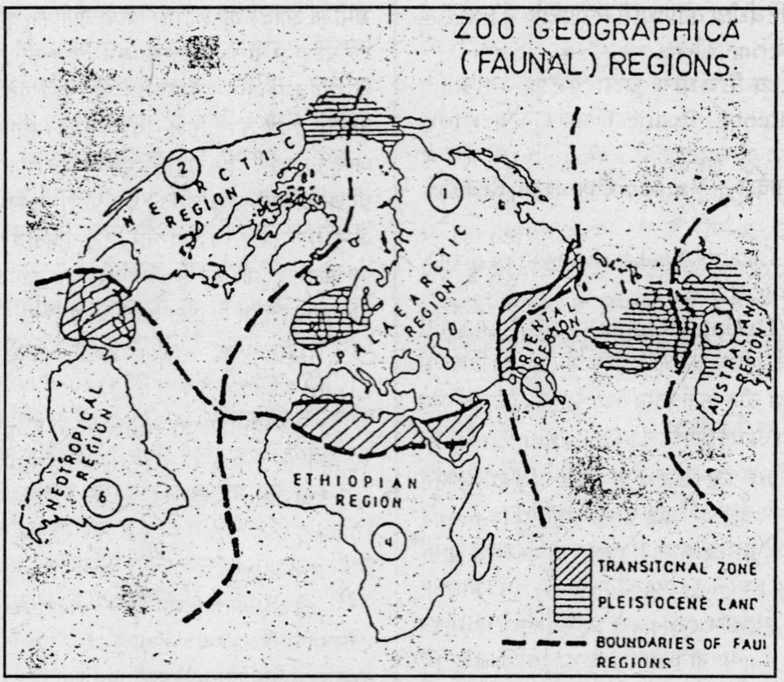

स्थलीय जन्तुओं का विश्व वितरण तथा प्रमुख जन्तु प्रदेश
(Fanual Regions)

परिवार (Chordate Families) पाए जाते हैं। इस प्रदेश के प्रमुख प्राणी रूसी कस्तूरी, बिज्जू, यूरेशिया का Clormice, रूम सागरीय क्षेत्र का Mote, Vats, Saiya and Chiru Antelope (एक प्रकार का हिरण), Acentors, Crocodile, Lizards आदि हैं। इस प्रदेश में रेप्टाइल्स की संख्या कम पायी जाती है। वनस्पति के आधार पर इस प्रदेश को पुन: पाँच उप-प्रदेशों में विभक्त किया जाता है—(i) **टुण्ड्रा प्रदेश**—इसमें Caribou, Lemmina, Musk-Ox, Actic Hare, Wolf Arctic Fox, Polar Bear आदि प्राणी पाए जाते हैं। (ii) **कोणधारी (शीतोष्ण) कटिबंधीय वन प्रदेश**—Moose, Mole, Deer, Lynx आदि प्रमुख प्राणी है। (iii) **शीतोष्ण कटिबंधीय घास प्रदेश**—Saigai, Wildass, Horse, Camel, Zebra, Homster, Jackal प्रमुख जन्तु हैं। (iv) **पतझड़ वन प्रदेश**— Racaoms, Oppasum, Red Fox, Black Bear आदि प्रमुख हैं। (v) **मरु प्रदेश**—Lizards, Snakes, Zebra, Hamster, Heolgehog, Rat, Cottontai) आदि प्रमुख हैं।

पुरा आर्कटिक प्रदेश में समस्त रीढ़ वाले प्राणियों के 136 परिवार, स्तनधारी प्राणियों के 100 वंश (Genera) तथा पक्षियों के 174 वंश पाए जाते हैं। इनके अलावा संपूर्ण रीढ़ वाले, स्तनधारी तथा पक्षियों के क्रमश: 3 विचित्र परिवार, 35 विचित्र वंश तथा 57 विचित्र वंश पाए जाते हैं।

(2) नूतन आर्कटिक प्रदेश (Nearctic Region)—इस प्रदेश में उत्तरी अमेरिका तथा ग्रीनलैण्ड को शामिल किया जाता है। पूरा आर्कटिक तथा नूतन आर्कटिक प्रदेशों में पर्याप्त समता पायी जाती है। टर्शियरी तथा प्लीस्टोसीन युग में ये दोनों प्रदेश **बेरिंग जलडमरूमध्य के स्थल सेतु** (Land Bridge) द्वारा संबंधित थे जिस कारण दोनों क्षेत्रों में प्राणियों का विसरण एक-दूसरे क्षेत्र में संभव हुआ। परिणामस्वरूप जातियों का पर्याप्त मिश्रण हुआ। यथा—अमेरिका तथा यूरोपीय Bisons आपस में लैंगिक सम्पर्क द्वारा प्रजनन करते हैं। दोनों प्रदेशों में सालमन तथा ट्राउर पायी जाती है। कुछ लोग दोनों प्रदेशों को **उत्तर ध्रुवीय प्रदेश** (Holarctic Region) के रूप में एक ही प्रदेश मानते हैं लेकिन प्रारंभ में नूतन आर्कटिक प्रदेश में घोड़ा, सूअर, बकरी तथा भेड़ें नहीं थीं। इनका उत्तरी-पूर्वी एशिया में बेरिंग जलडमरूमध्य से होकर इस प्रदेश में आगमन हुआ है। इस प्रदेश में कुछ विशिष्ट प्रकार के प्राणी पो जाते हैं। इसमें रेप्टाइल्स भारी मात्रा में पाए जाते हैं। इस प्रदेश में सम्पूर्ण रीढ़वाले 122 **परिवार** पाए जाते हैं जिनमें 12 परिवार अद्वितीय (Unique) हैं। स्तनधारी प्राणियों के 74 **वंश** (24 अद्वितीय) तथा पक्षियों के 169 **वंश** (52 अद्वितीय) हैं। इस प्रदेश के भी 5 उप भाग किए जाते हैं—

(i) **ट्रण्ड्रा प्रदेश**—Caribou, Muskox, Lemming, Orctic Hare, Wolf, Arctic Fox, Polar Bear.

(ii) **शीतोष्ण कटिबंधीय कोणधारी वन प्रदेश**—Moose, Mule, Deer, Wolverine, Lynx.

(iii) **शीतोष्ण कटिबंधीय घास प्रदेश**—Bisan, Pronghom, Jack Rebbit, Prairie Dog, Gopher fox, Coyofe.

(iv) **पतझड़ वन प्रदेश**—Racoon, Opossum, Red fox, Black Bear.

(v) **मरु प्रदेश**—Lizards, Snakes, Kangaroo, Zebra, Homster, Hadgehog, Rat.

(3) प्राच्य प्रदेश (Oriental Region)—इसमें मुख्य रूप से दक्षिणी तथा दक्षिणी-पूर्वी एशिया को शामिल किया जाता है। हिमालय पर्वत, तिब्बत पठार, तथा चीन के पर्वतीय भाग प्राच्य प्रदेश तथा पूरा आर्कटिक प्रदेश के मध्य आवान्तर मंडल (Transition Zone) का निर्माण करते हैं। इसी तरह इस प्रदेश तथा आस्ट्रेलियाई प्रदेश के मध्य-पूर्वी द्वीप समूह आवान्तर मंडल का निर्माण करता है। यह समस्त प्रदेश उष्ण कटिबंधीय प्रदेश में आता है, अत: इसका संबंध **इथिओपियन प्रदेश** से हो जाता है। इसी प्रकार के रीढ़ वाले प्राणियों के 164 परिवार (12 अद्वितीय) स्तनधारी प्राणियों के 340 वंश (अद्वितीय) पाए जाते हैं। भारतीय हाथी, गैण्डा, हिरण की कई जातियाँ पाई जाती हैं।

(4) इथिओपियन प्रदेश (Ethiopian Region)—इसमें सहारा के दक्षिण का समस्त अफ्रीकी भाग तथा सुदूर दक्षिणी-पश्चिमी अरेबिया शामिल किया जाता है। यह प्रदेश भी उष्ण कटिबंधीय है। इस प्रदेश में अन्य प्रदेशों की तुलना में प्राणियों में सबसे अधिक विविधता पायी जाती है यद्यपि इसमें Motes, Beaves, Bears तथा Canels की पूर्णतया अनुपस्थिति है। यहाँ पर पाए जाने वाले सभी प्रकार के रीढ़ वाले जन्तुओं के 174 परिवाार (22 अद्वितीय), स्तनधारी जन्तुओं के 140 वंश (90 अद्वितीय) तथा पक्षियों के 294 वंश (179 अद्वितीय) पाए जाते है। इस प्रदेश को पुन: तीन उपप्रदेशों में बाँटा जा सकता है—

(i) **मरु प्रदेश**—Springbok, Purepine, Jerboa, Rook hyrax प्रमुख प्राणी हैं।

(ii) **सवाना प्रदेश**—Zebra, Eland, Gemsbok, Hartebeest, Gnu, Giraffe, Elephant, Ostrich Lion, Cheetah प्रमुख प्राणी हैं तथा

(iii) **उष्ण कटिबंधीय वन प्रदेश**—Kapi, Gorill, Chimpazee, Monkey, Forest elephants प्रमुख प्राणी हैं।

इस प्रदेश तथा **प्राच्य प्रदेश** के कई प्राणियों में समानता पायी जाती है।

(5) आस्ट्रेलियन प्रदेश—इसमें आस्ट्रेलिया महाद्वीप, द.-पू. एशिया तथा आस्ट्रेलिया के मध्य कुछ द्वीपों (न्यूगाइना, सोलोमन, समोआ आदि) को शामिल किया जाता है। कुछ लोग न्यूजीलैण्ड को इस प्रदेश से अलग मानते हैं। इस प्रदेश की प्राच्य प्रदेश से सम्बद्धता के विषय में लोग एकमत नहीं हैं। इसी प्रदेश में गर्भ में बच्चों को आहार-प्रदान करने वाले (Placental) स्तनधारी जन्तु कम ही पाए जाते हैं। अपने उदर के बाह्य भाग में थैली धारण करने वाले जन्तु इस प्रदेश के विशिष्ट प्राणी हैं। इस प्रदेश के सभी प्रकार के रीढ़ वाले जन्तुओं के कुल 141 परिवार (22 अद्वितीय), स्तनधारी जन्तुओं के 72 वंश तथा पक्षियों के 298 वंश पाए जाते हैं। इस प्रदेश को पुन: तीन उपप्रदेशों में विभक्त किया जाता है—

(i) **मरु प्रदेश**—Marsupial, Mole, Jerboa, Parakeet, Lizard आदि प्रमुख जन्तु हैं।

(ii) **सवाना प्रदेश**—Env, Red Kangaroo, Bandicoot, Wombat, Cookatoo, Parrot आदि प्रमुख जन्तु हैं तथा

(iii) **उष्ण कटिबंधीय वन प्रदेश**—Tree and Musk Kangaroos, Wallaby, Loola, Oppossum, Cassowany आदि प्रमुख जन्तु हैं।

(6) नवायनवर्तीय प्रदेश (Neotropical Region)—इसमें दक्षिण अमेरिका को शामिल किया जाता है। जो उष्ण कटिबंधीय पर्यावरण वाला है। इस प्रदेश में स्तनधारी जन्तुओं के सर्वाधिक एकान्तिक (Exclusive, जो अन्यन्त्र नहीं पाए जाते हैं) परिवार पाए जाते हैं। इस प्रदेश के समस्त रीढ़ वाले जन्तुओं के 168 परिवार (44 अद्वितीय), स्तनधारी जन्तुओं के कुल 130 वंश (103 अद्वितीय) तथा पक्षियों के 683 वंश (576 अद्वितीय) पाए जाते हैं। इनको पुन: उपप्रदेशों में विभक्त किया जाता है—

(i) **शीतोष्ण कटिबंधीय घास क्षेत्र**—Guanaca, Rhea, Viscacha, Cavy, Fox आदि प्रमुख जन्तु हैं।

(ii) **मरु प्रदेश**—Guanaco, Rhea, Armadillo, Volture आदि प्रमुख जन्तु हैं तथा

(iii) **अयनवर्ती वन प्रदेश**—Monkey, Kindkajov, Pygmy, Anteater, Sloth, Tree Snake आदि प्रमुख प्राणी हैं।

कुछ लोगों ने कुछ विशिष्ट द्वीपों को जिनका संबंध स्थलीय भाग से नहीं बताया गया (यद्यपि यह तथ्य संदिग्ध है) अलग गौण द्वीप प्रदेश का दर्जा दिया है।

सागरीय जन्तुओं का वितरण

स्थलीय तथा सागरीय प्राणियों के वितरण में पर्याप्त अन्तर पाया जाता है क्योंकि स्थलों पर विभिन्न प्रकार की वनस्पतियों (शैवाल से उच्च वृक्ष तक) पायी जाती है जबकि सागरों में अधिकतर सूक्ष्मदर्शी **फाइटो प्लैकटन** तथा सागरों के छिछले भागों में तली में रहने वाले **शैवाल** आदि ही पाए जाते हैं। स्थलीय भागों के समान सागरीय भागों में अवरोध (Barriers) नहीं पाये जाते हैं अत: प्राणी अधिक दूरी तक

प्रवास कर जाते हैं। तापमान में भी भिन्नता कम होती है क्योंकि सागरों में क्षैतिज तथा लम्बवत गतियाँ तापमान का मिश्रण कर देती हैं तथा उसे एक सम बनाने का प्रयास करती हैं। सागरीय प्राणियों को उनके **जीवन रूप** (Life Forms) के अन्तर के आधार पर दो प्रमुख श्रेणियों में विभक्त करते हैं—(i) **तलस्थ प्राणी** (ii) **तैरने वाले प्राणी**। जो जल के ऊपरी भाग में रहते हैं। तापमान में भिन्नता के आधार पर इन्हें दो भागों में विभक्त किया जा सकता है—(i) **ठण्डे जल के प्राणी** तथा (ii) **गर्म जल के प्राणी**। सागरीय जल के तापमान में भूमध्य रेखा से ध्रुवों तक जो भिन्नता होती है वह जल के ऊपरी भाग तक ही सीमित होती है। गहराई में जाने पर तापमान में सर्वत्र प्राय: समरूपता पायी जाती है। अयनवर्ती प्रदेश के सागरों में ऊपरी सतह में रहने वाले प्राणी अधिक संख्या में (ठण्डे प्रदेशों की तुलना में) पाए जाते हैं तथा केवल अयनवर्ती भागों में सगरीय प्राणियों का वितरण **कटिबंधीय प्रतिरूप** (Zonal Pattern) में पाया जाता है। प्राणियों के जीवनरूपों में क्षेत्रीय विविधता के आधार पर अयनवर्ती सागरीय प्राणी प्रदेश को चार मण्डलों में विभक्त किया जाता है—

(1) अटलांटिक मण्डल, (2) हिन्द महासागरीय मण्डल, (3) पश्चिमी प्रशांत महासागरीय मण्डल, (4) पूर्व प्रशांत महासागरीय मंडल।

पारिस्थितिक तंत्र की रचनाएँ एवं कार्य (Forms and Functions of Eco-System)

पारिस्थितिकी (Ecology)

पारिस्थितिक शब्द की उत्पत्ति ग्रीक भाषा के शब्द **OIKOS** से हुई है, जिसका शाब्दिक अर्थ **'घर'** अथवा रहने का मकान होता है, अत: पारिस्थितिकी से तात्पर्य **'जीव का घर में अध्ययन'** है। (Ecology is the study of Organism in home)। अत: पारिस्थितिकी की परिभाषा निम्न प्रकार से दी जा सकती है :

''पारिस्थितिकी में जीवन अथवा जीव के समूह का उसके पर्यावरण का अध्ययन है।'' एक अन्य परिभाषा के अनुसार ''पारिस्थितिकी जीवित जीव और उनके पर्यावरण के अंतर्संबंध का विज्ञान है।''

एक अन्य परिभाषा के अनुसार, ''पारिस्थितिकी का संबंध विशेष रूप से जीवन और जैविक समूह तथा स्वच्छ जल पर क्रियाशील प्रक्रम से है।''

पारिस्थितिक (Eco-System) नामावली का सर्वप्रथम प्रयोग **ए.जी. टान्सली** द्वारा 1935 में किया गया। **टान्सली** के अनुसार, ''पारिस्थितिक तंत्र भौतिक तंत्रों का एक विशेष प्रकार का होता है। इसकी रचना जीवों तथा अजैविक संघटकों से होती है, यह अपेक्षाकृत स्थिर समस्थिति में रहता है, यह खुला तंत्र (Open System) होता है तथा विभिन्न आकारों एवं प्रकारों का होता है।'' टान्ली ने पुनः बताया कि पारिस्थितिक तंत्र दो प्रमुख भागों में बना होता है—

1. जीवोम या बायोन किसी खास क्षेत्रीय इकाई के पौधों तथा जन्तुओं के समस्त जटिल समूह तथा

2. निवास्य क्षेत्र (Habital, भौतिक पर्यावरण) अत: इस तरह के पारिस्थितिक तंत्र के सभी भागों—जैविक एवं अजैविक बायोम तथा निवास्य क्षेत्र को परस्पर क्रियाशील कारक समझना चाहिए जो एक प्रौढ़ पारिस्थितिक तंत्र में, लगभग सन्तुलन दशा में होते हैं, इन कारकों की पारस्परिक क्रियाओं द्वारा ही समस्त तंत्र कायम रहता है।

ओडम ने पारिस्थितिकी की एक नयी परिभाषा सन् 1971 में अपनी पुस्तक 'Fundamentals of Ecology' में प्रस्तुत की है। **ओडम** (Odum) के अनुसार, ''पारिस्थितिकी मानव एवं पर्यावरण के सफल स्वरूपीय अध्ययन का विज्ञान है।'' (Ecology is the Science of totality of Man and Environment.)

इससे पूर्व सन् 1953 में पारिस्थितिकी की व्याख्या करते हुए **ओडम** ने बताया कि ''पारिस्थितिक तंत्र मूल क्रियात्मक इकाई है जिसमें जीवीय तथा अजीवीय वातावरण शामिल है जो परस्पर एक-दूसरे को प्रभावित करता है, जिससे ऊर्जा प्रवाह में तंत्र में निश्चित एवं स्पष्ट जीवीय विविधता का चक्र बनता है।''

ओडम 1963 के अनुसार, ''पारिस्थितिक प्रकृति की संरचना एवं कार्यप्रणाली का अध्ययन है।''

सन् 1968 में स्पेनिश विद्वान **R. Margalof** ने कहा, ''पारिस्थितिकी या इकोलॉजी पारिस्थितिकी तंत्र का अध्ययन है।'' (Ecology is the Study of Eco-System.)

लिण्डमैन 1942 के अनुसार, ''किसी भी परिमाण वाली स्थान-समय इकाई के अन्तर्गत भौतिक-रासायनिक जैविक प्रक्रमों में निर्मित तंत्र के लिए किया जाता है।''

क्लार्क 1954 के अनुसार, ''पारिस्थितिक तंत्र वातावरण एवं समुदाय की क्रियात्मक समक्रिया है।''

फासबर्ग 1963 के अनुसार, ''पारिस्थितिक तंत्र एक कार्यशील एवं परस्पर क्रियाशील (Interacting) तंत्र होता है जिसका संघटन एक या अधिक जीवों तथा उनके प्रभावी पर्यावरण भौतिक एवं जैविक दोनों से होता है।''

स्ट्राहलर व स्ट्राहलर (1976) के अनुसार, ''जीवों के समूह के साथ परस्पर क्रियाशील संघटकों के सफल समुच्चय (Total Assemblage) को पारिस्थितिक तंत्र या सामान्य रूप से पारिस्थितिक तंत्र कहते हैं। पारिस्थितिक तंत्रों में पदार्थों तथा ऊर्जा का निवेश (Input) होता है जो जैविक संरचना (जैव पुंज या बायोमास) का निर्माण करता है तथा आवश्यक आंतरिक ऊर्जा स्तर का उत्पादन तथा अनुरक्षण (Maintance) करता है। पारिस्थितिक तंत्र से ऊर्जा तथा पदार्थों का बहिर्गमन भी होता है। एक पारिस्थितिक तंत्र अपने अंदर

विभिन्न प्रक्रमों तथा क्रियाओं की समस्थिति (Balance) को प्राप्त करने की ओर सदा उन्मुख रहता है।''

उपर्युक्त परिभाषाओं के आधार पर यह निष्कर्ष निकाला जा सकता है कि पारिस्थितिकी जैविक और पर्यावरण के आपसी संबंधों तथा अंत:प्रभावों का अध्ययन है। अत: इसमें पारिस्थितिक तंत्र का अध्ययन विशेष महत्त्वपूर्ण है।

पारिस्थितिक तंत्र की परिभाषा इस प्रकार दी जा सकती है, ''जीव समूह तथा अजीव पर्यावरण दोनों की सम्मिलित प्रक्रिया '**पारिस्थितिक तंत्र**' कहलाती है।''

पारिस्थितिक तंत्र एक क्षेत्रीय इकाई होती है जिसमें (लघु स्तरीय से वृहद् स्तरीय यथा—एक गौशाला से लेकर नदी बेसिन, महाद्वीप या पूर्व विश्व) जीवों तथा उनके भौतिक पर्यावरण के मध्य पारस्परिक क्रिया होती रहती है।

सामान्य रूप में जीवमण्डल के सभी संघटकों के समूह, जो पारस्परिक क्रिया में शामिल होते हैं, को पारिस्थितिक तंत्र कहते हैं।

जीवित जैव (Living Organism) और उनका अजैव पर्यावरण (Abiotic Environment) आपस में संबंधित होते हैं तथा एक-दूसरे को प्रभवित करते हैं। कोई इकाई जिसमें एक निश्चित क्षेत्र के सभी जीव एवं वहाँ का भौतिक पर्यावरण एक दूसरे को प्रभावित करते हैं जिससे शक्ति के संचार स्वरूप स्पष्टत: पोषणज संरचना, जैविक भिन्नता और पार्थिव चक्र तंत्र में निर्मित होता है, यह पारिस्थितिक तंत्र (Eco-System) कहलाता है। पौधे, जन्तु तथा अन्य जीव और भौतिक पर्यावरण एक साथ मिलकर पारिस्थितिक तंत्र या पारितन्त्र का निर्माण करते हैं। इस तरह अन्य तंत्रों की भांति पारिस्थितिकी तंत्र या इको तंत्र में संरचनात्मक घटक होते हैं। ये हैं—*(i)* जीव एवं उसका *(ii)* पर्यावरण। इन दोनों के मध्य निरन्तर अन्त:क्रियाएँ होती रहती हैं। इन क्रियाओं में ऊर्जा का प्रवाह एवं पदार्थ का चक्र व प्रतिचक्र (Flow of energy and Cycling and Recycling of Material) प्रतिपादित होता है। अत: पारिस्थितिकी तंत्र के **जैविक एवं अजैविक घटक** दोनों का ही समान रूप से महत्त्व है।

पारिस्थितिकी का पारिस्थितिक तंत्र (Eco-System) क्रियाशील इकाई होती है जिसमें जीव और अजैव पर्यावरण एक-दूसरे के गुणों को प्रभावित करते हैं तथा दोनों ही पृथ्वी पर जीवन बनाये रखने के लिए आवश्यक हैं। कोई भी जीव बिना पर्यावरण के जीवित नहीं रह सकता है, उसका अपना एक पारिस्थितिक तंत्र होता है।

पारिस्थितिक तंत्र की मूलभूत विशेषताएँ (Main Characteristic of Eco-System)

1. किसी निश्चित स्थान, समय, इकाई वाला पारिस्थितिक तंत्र उस क्षेत्र के सभी जीवधारियों (पौधे तथा जन्तु) एवं उसके भौतिक पर्यावरण के सकल योग का प्रतिनिधित्व करता है।

2. इसकी संरचना तीन मूलभूत संघटकों द्वारा होती है—*(i)* ऊर्जा संघटक, *(ii)* जैविक (बायोम) संघटक तथा *(iii)* अजैविक या भौतिक (निवास क्षेत्र) संघटक।

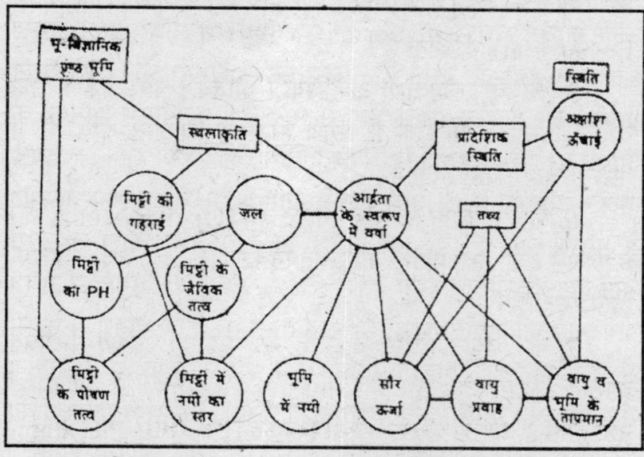

चित्र : *एक आदर्श पारिस्थितिक तन्त्र व्यवस्था*

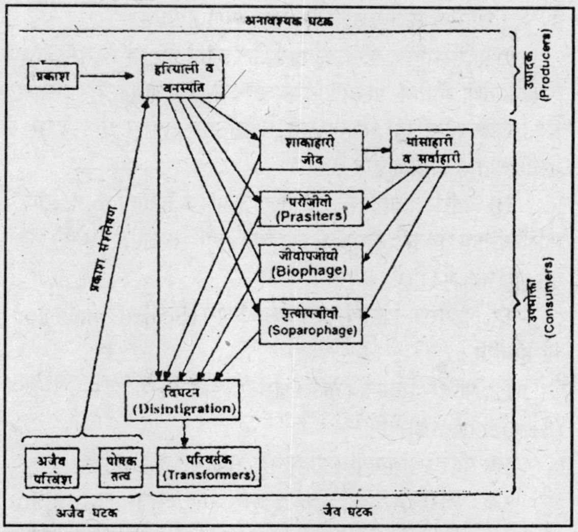

चित्र : *जैविक विकास से सम्बन्धित अजैविक घटक व परिवेश*

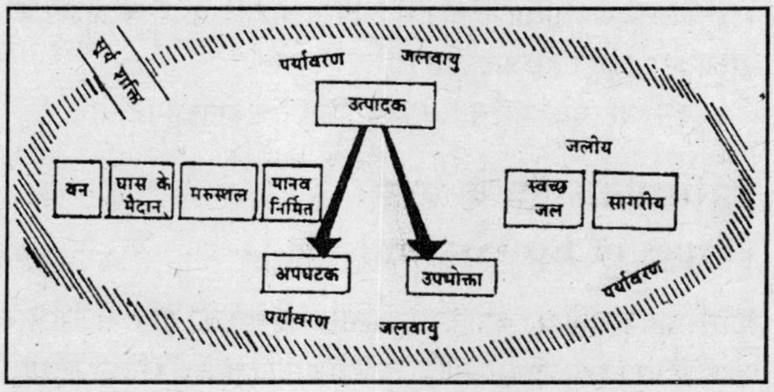

चित्र : *जैवमण्डल—वातावरण एवं विभिन्न पारिस्थितिक तन्त्र*

3. पारिस्थितिक तंत्र भूतल पर एक सुनिश्चित क्षेत्र धारण करता है। यह पारिस्थितिक तंत्र का क्षेत्रीय आयाम (Spatial Dimension) है।

4. पारिस्थितिक तंत्र का समय इकाई के संदर्भ में पर्यवेक्षण किया जाता है अर्थात् पारिस्थितिक तंत्र का समय आयाम (Temporal Dimension) भी होता है।

5. जैविक ऊर्जा तथा अजैविक (भौतिक) संघटकों के मध्य जटिल अन्तक्रियाएँ होती हैं, साथ ही साथ विभिन्न जीवों में भी पारस्परिक क्रियाएँ होती हैं।

6. पारिस्थितिक तंत्र एक विवृत्त तंत्र (Open System) होता है जिसमें ऊर्जा तथा पदार्थों का सतत् निवेश (Input) तथा बर्हिगमन होता रहता है।

7. जब तक पारिस्थितिक तंत्र के एक या अधिक नियंत्रक कारकों (सीमाकारी कारक-Limiting Factors) में अव्यवस्था नहीं होती है, पारिस्थितिक तंत्र अपेक्षाकृत स्थिर समस्थिति (Stable Equilibrium) में होता है।

8. पारिस्थितिक तंत्र विभिन्न प्रकार की ऊर्जा द्वारा चालित होता है, परंतु सौयिक ऊर्जा सर्वाधिक महत्त्वपूर्ण होती है।

9. पारिस्थितिक तंत्र एक कार्यशील इकाई होता है जिसमें जैविक संघटक तथा भौतिक या अजैविक संघटक शृंखलाबद्ध वृहद स्तरीय चक्रीय क्रियाविधियों के माध्यम से घनिष्ठ रूप से एक-दूसरे से संबंधित तथा आबद्ध होते हैं।

10. पारिस्थितिक तंत्र की निजी उत्पादकता होती हैं। वास्तव में पारिस्थितिक तंत्र की उत्पादकता उसमें (पारिस्थितिक तंत्र में) ऊर्जा की सुलभता पर निर्भर करती है।

11. पारिस्थितिक तंत्र के मापक आयाम (Scale Dimension) भी होता है।

12. पारिस्थितिक तंत्र के विकास एवं संवर्द्धन के विभिन्न अनुक्रम (Sequences) होते हैं।

13. पारिस्थितिक तंत्र प्राकृतिक संसाधन तंत्र होते हैं।

14. पारिस्थितिक तंत्र एकल संकल्पना (Monistic Concept) है क्योंकि भौतिक पर्यावरण तथा जैविक संघटक एक ही ढाँचे (Frame Work) के साथ-साथ होते हैं। अत: इन संघटकों (जैविक तथा अजैविक दोनों) में आपसी अन्तर्क्रियाओं के प्रारूप का अध्ययन आसान हो जाता है।

15. यह एक संरचित व सुसंगठित तंत्र होता है।

पारिस्थितिक तंत्र के प्रकार (Types of Eco-System)

पारिस्थितिक तंत्रों का वर्गीकरण विभिन्न उद्देश्यों की दृष्टि से विभिन्न आधारों पर किया जा सकता है। पारिस्थितिक तंत्रों का निम्न आधारों पर वर्गीकरण किया जा सकता है—

1. निवास्य क्षेत्र के आधार पर वर्गीकरण।
2. इकोक्लाइन के आधार पर वर्गीकरण।
3. क्षेत्रीय मापक (विस्तार) के आधार पर वर्गीकरण।
4. उपयोग के आधार पर वर्गीकरण।
5. ऊर्जा के स्रोत तथा स्तर के आधार पर वर्गीकरण।
6. पारिस्थितिक तंत्र के विकास की अवस्थाओं के आधार पर वर्गीकरण।
7. स्थिरता या अस्थिरता के आधार पर वर्गीकरण।

जीवमण्डल में दो प्रकार के पारिस्थितिकी तन्त्र पाए जाते हैं—

1. प्राकृतिक पारिस्थितिक तंत्र (Natural Eco-System)

2. अप्राकृतिक अथवा कृत्रिम पारिस्थितिक तंत्र (Artifical or Man Made Eco-System)

1. प्राकृतिक पारिस्थितिक तंत्र (Natural Eco-System) ये स्वयं प्रकृति के नियमों द्वारा सम्पन्न होते हैं, मानव हस्तक्षेप के रहित सम्पन्न होते हैं। विशेष प्राकृतिक वास (habitat) के आधार पर ये निम्नांकित दो प्रकार के होते हैं—

(अ) पार्थिव/स्थलीय पारिस्थितिक तंत्र (Terrestrial Eco-System) : भौतिक दशाओं एवं उनके जैविक समुदायों पर प्रभाव (Response) के अनुसार पार्थिव/स्थलीय पारिस्थितिक तंत्रों में विभिन्नताएँ होती हैं अत: पार्थिव पारिस्थितिक तंत्रों को पुन: कर उपभागों में विभाजित किया जाता है। यथा—*(i)* उच्च स्थलीय या पर्वत पारिस्थितिक तंत्र, *(ii)* निम्न स्थलीय पारिस्थितिक तंत्र, *(iii)* उष्ण रेगिस्तानी पारिस्थितिक तंत्र तथा *(iv)* शीत रेगिस्तानी पारिस्थितिक तंत्र। विशिष्ट अध्ययन एवं निश्चित उद्देश्यों के आधार पर इन पारिस्थितिक तंत्रों को पुन: कई लघु भागों में विभक्त किया जाता हैं।

(ब) जलीय पारिस्थितिक तंत्र (Aquetic Eco-System): जलीय पारिस्थितिक तंत्र को दो प्रमुख उपभागों में विभक्त किया जाता है—*(i)* **ताजे जल वाले** (महाद्वीपों पर स्थित जलीय भाग) पारिस्थितिक तंत्र तथा *(ii)* **सागरीय पारिस्थितिक तंत्र।** ताजे जल वाले पारिस्थितिक तंत्रों को पुन: कई भागों में विभक्त किया जाता है। यथा—सरिता पारिस्थितिक तंत्र, झील पारिस्थितिक तंत्र, जलाशय पारिस्थितिक तंत्र, दलदल पारिस्थितिक तंत्र आदि। सागरीय पारिस्थितिक तंत्रों को खुले सागरीय पारिस्थितिक तंत्र, तटीय ज्वारनदमुखी पारिस्थितिक तंत्र, कोरलरीफ पारिस्थितिक तंत्र आदि उपप्रकारों में विभक्त किया जाता है। सागरीय पारिस्थितिक तंत्रों को दूसरे रूप में भी विभाजित किया जा सकता है। यथा—सागर सतह पारिस्थितिक तंत्र तथा सागर नितल पारिस्थितिक तंत्र।

2. अप्राकृतिक/कृत्रिम अथवा मानव निर्मित पारिस्थितिक तंत्र (Artifical or Man-Made Eco-system) : ये पारिस्थितिक तंत्र मानव द्वारा नियंत्रित किए जाते हैं। मानव के हस्त कौशल, तकनीकी ज्ञान के द्वारा प्राकृतिक सन्तुलन बिगड़ जाता है।

वनों को काटकर औद्योगिक क्षेत्रों का निर्माण किया जाता है—यह सांस्कृतिक भू-दृश्य अथवा मानव निर्मित भू-दृश्य कहा जाता है। इसमें मानव अथवा मानव समूह, भौतिक-रसायन पर्यावरण को नियन्त्रित करने का प्रयास करता है, अतः इसे **कृत्रिम** अथवा **अप्राकृतिक पारिस्थितिक तंत्र** (Artifical Eco-System) कहा जाता है।

पारिस्थितिक तंत्र की संरचना या संघटक (Structure of Components of Eco-System)

सामान्य रूप से पारिस्थितिक तंत्रों की संरचना दो प्रकार के संघटकों से होती है—

(i) अजैविक या भौतिक संघटक तथा (Abiotic or Physical Components)

(ii) जैविक संघटक (Biotic Components)

यदि भौतिक संघटक के ऊर्जा पक्ष को पारिस्थितिक तंत्र के चालन में उसकी अहम भूमिका को देखते हुए अलग रूप में रखा जाए, तो पारिस्थितिक तंत्रों के तीन संघटक होते हैं :

1. ऊर्जा संघटक
2. अजैविक या भौतिक संघटक
3. जैविक संघटक

1. ऊर्जा संघटक में सौर्यिक प्रकाश, सौर्यिक विकिरण तथा उसके विभिन्न पक्षों को शामिल किया जाता है।

2. भौतिक संघटक में स्थल, मृदा, जल, वायु तथा उसके विभिन्न पक्षों को शामिल करते हैं। इन दोनों सघटकों के उपर्युक्त तत्वों के अलावा पारिस्थितिक तंत्र के विभिनन जैविक समुदायों के जीवन-निर्वाह के लिए कुछ अन्य भौतिक एवं जैविक तत्वों की आवश्यकता होती है। यथा—जैविक तत्व (कार्बोहाइड्रेट्स, प्रोटीन, वसा तथा तरल तत्व) तथा जीवजनक तत्व (Biogenic substances, कार्बन, नाइट्रोजन, हाइड्रोजन, फॉस्फोरस, पोटेशियम की अधिक मात्रा में तथा लोहा, मैगनीशियम, जस्ता, कोबाल्ट, आदि की कम मात्रा में आवश्यकता होती है)।

3. जैविक संघटक में पौधों, जन्तुओं तथा सूक्ष्म जीवों एवं अनेक मृत भागों को शामिल किया जाता है। कार्य के आधार पर जैविक संघटकों को दो प्रमुख भागों में विभक्त किया जा सकता है :

(i) **स्वपोषिक संघटक :** इसमें उन पौधों को शामिल किया जाता है जो **प्रकाश संश्लेषण** तथा **रसायन संश्लेषण** द्वारा अपना आहार स्वयं निर्मित करते हैं। इन्हें पुनः दो उपवर्गों में बाँटा जा सकता है : (a) **प्रकाश संश्लेषी** पौधे जो सौर्यिक विकिरण से प्राप्त ऊर्जा का प्रयोग करके प्रकाश संश्लेषण विधि से आहार निर्मित करते हैं। इसमें सभी हरी पत्तियों वाले पौधे होते हैं। (b) **रसायन संश्लेषी :** जो ऑक्सीडेशन के द्वारा अजैविक तत्व में रसायन संश्लेषण विधि से आहार निर्मित करते हैं। इस तरह समस्त स्वपोषित पौधे **प्राथमिक उत्पादक** (Primary Producers) होते हैं।

(ii) **परपोषित संघटक :** इसमें वे जीव (केवल जन्तु) आते हैं जो अपने आहार के लिए स्वपोषित प्राथमिक उत्पादक पौधे पर पूर्णरूप से निर्भर करते हैं। कुछ परपोषित जीव जैविक पदार्थों को वियोजित (Decompase) करते हैं तथा उनकी पुनर्व्यवस्था करते हैं। आहार ग्रहण करने की प्रक्रिया के आधार पर परपोषित जीवों को तीन उप प्रकारों में विभाजित किया जाता है : (a) **मृतजीवी** (Sapriphyte) : ये जन्तु मृत पौधे तथा जन्तुओं से प्राप्त जैविक यौगिक (Organic Compounds) को घोल रूप में ग्रहण करके जीवित रहते हैं। (b) **परजीवी** (Parasite) : ये जन्तु दूसरे जीवित जीवों पर आधारित होते हैं (अपने आहार तथा जीवन-निर्वाह के लिए) तथा (c) **प्राणिसम भोज** (Holozonic) : इस प्रकार के जन्तु अपने मुख द्वारा आहार ग्रहण करते हैं। सभी बड़े जन्तु-वर्ग इसमें आते हैं। मनुष्य भी इस श्रेणी में आ जाता है।

कार्यशीलता के आधार पर (On the basis of function-ing) के आधार पर पारिस्थितिक तंत्रों के संघटकों को पाँच वर्गों में विभक्त किया जाता है :

1. अजैविक तत्व : किसी निश्चित स्थान या निवास्य क्षेत्र (Habitat) के मूल अजैविक या भौतिक यौगिकों को इसमें शामिल करते हैं। इनकी स्थिति मिट्टियों में होती है।

2. मृत जैविक तत्व : इसमें जीवित जीवों (पौधों तथा जन्तुओं) के मृत भागों को शामिल किया जाता है।

3. उत्पादक (Producers) : ये मुख्य रूप से हरी पत्ती वाले स्वपोषित पौधे होते हैं। ये जैविक एवं अजैविक (भौतिक) संघटकों के मध्य बिचौलिया (Intermediataries) होते हैं, क्योंकि ये सौर्यिक विकिरण से ऊर्जा प्राप्त करके प्रकाश संश्लेषण विधि से आहार निर्मित करते हैं, अपनी जड़ों द्वारा मिट्टियों से अजैविक पदार्थों को ग्रहण करते हैं तथा जन्तुओं के लिए आहार एवं ऊर्जा प्रदान करते हैं।

4. उपभोक्ता (Consumers) : ये मानव सहित परपोषित जन्तु होते हैं जो स्वपोषित प्राथमिक उत्पादक पौधों द्वारा उत्पन्न जैविक तत्वों से अपना आहार प्राप्त करते हैं।

5. वियोजक (Decomposers) : ये सूक्ष्मजीव (Micro-organisms) होते हैं जो मृत पौधों तथा जन्तुओं एवं अन्य जैविक पदार्थों को सड़ा-गला कर वियोजित करते हैं। इस प्रक्रिया के दौरान (वियोजन) से अपना आहार ग्रहण करते हैं अर्थात् ये वियोजक जीव (बैक्टीरिया, कवक) जटिल जैविक पदार्थों को एक-दूसरे से अलग करके उन्हें सामान्य बनाते हैं जिस कारण से तत्व स्वपोषित प्राथमिक उत्पादक पौधों के प्रयोग के लिए पुनः सुलभ हो जाते हैं।

पारिस्थितिकी तंत्र के घटकों की अन्त:क्रिया
(Interaction of Ecological Factors)

पर्यावरण से तात्पर्य जीव के चारों तरफ के परिवेश से होता है। यह पर्यावरण अनेक तत्वों से निर्मित जटिल परिवेश होता है जो जीव के चारों तरफ पाया जाता है। कोई भी बाहरी शक्ति यौगिक अथवा अवस्था जो जीव को घेरे रहती है और उसे किसी भी प्रकार से प्रभावित करती है, **वातावरण** अथवा **पर्यावरण** कहलाता है। इन सभी घटकों को पर्यावरण घटक अथवा पारिस्थितिकीय घटक कहा जाता है। यह सभी घटक उपर्युक्त दो प्रकार के होते हैं : *(i)* जैविक (Biotic) एवं *(ii)* अजैविक (Abiotic)। ये जैविक और जैविक घटक मिलकर जीव के वातारण का निर्माण करते हैं। वह स्थान जहाँ जीव निवास करता है उसे Habitat कहते हैं तथा जिसमें एक विशेष निश्चित पर्यावरण अवस्थाएँ होती हैं उसे **पर्यावरण समष्टि** (Environment Complex) कहा जाता है।

पारिस्थितिक तंत्र में ऊर्जा प्रवाह
(Energy flow in Eco-System)

पेड़-पौधों व जीवधारियों का जीवन पारिस्थितिक तन्त्र में ऊर्जा प्रवाह पर निर्भर है। ऊर्जा का प्रधान स्रोत सूर्य है। सूर्य की विकिरण ऊर्जा का दृश्य भाग प्रकाश और अदृश्य भाग (जो तरंगों के रूप में पृथ्वी तक पहुँचता है) ऊष्मा कहलाता है। हरे पौधे इस ऊर्जा का रूपान्तरण कर लगभग 1 प्रतिशत भाग ही विभव (Potential) अर्थात् गुप्त उष्मा में परिवर्तित कर लेते हैं। स्मरण रहे कि पौधों को सामान्य रूप से क्रिया करने के लिए प्रकाश-ऊर्जा की आवश्यकता वास्तविक उपयोग की मात्रा से अधिक होती है। पौधे लगभग 7 प्रतिशत ऊर्जा अवशोषित कर इसका अल्पांश ही आहार ऊर्जा में परिवर्तित करते हैं। खाद्य निर्माण के इस प्रक्रम को प्राय: **हरित पौधों का व्यवसाय** कहते हैं जो कि कार्बोहाइड्रेट्स के संश्लेषण के साथ-साथ होता है।

ऊर्जा का यह प्रवाह ऊष्मा गतिकी के प्रथम तथा द्वितीय नियम द्वारा नियंत्रित रहता है। **ऊष्मा गतिकी के प्रथम नियम** के अन्तर्गत ऊष्मा एक सतत प्रवाह का प्राकृतिक स्रोत है जिसको मनुष्य न तो पैदा कर सकता है और न ही नष्ट कर सकता है लेकिन उसको एक-दूसरे से दूसरे रूप में परिवर्तित कर सकता है।

ऊष्मा गतिकी के द्वितीय नियम के अन्तर्गत जिस समय ऊष्मा का एक स्थान से दूसरे स्थान पर स्थानान्तरण होता है या रूप परिवर्तन होता है तो उसका कुछ भाग नष्ट हो जाता है जिसको पुन: प्राप्त करना संभव नहीं है।

पेड़-पौधे सौर ऊर्जा को ग्रहण कर हरे पत्तों द्वारा अर्थात् हरे रासायनिक जिसे क्लोरोफिल (Chlorophyll) कहते हैं, के द्वारा भोजन की पूर्ति करते हैं। अत: पादप प्राथमिक उत्पादक का कार्य सम्पन्न करते हैं।

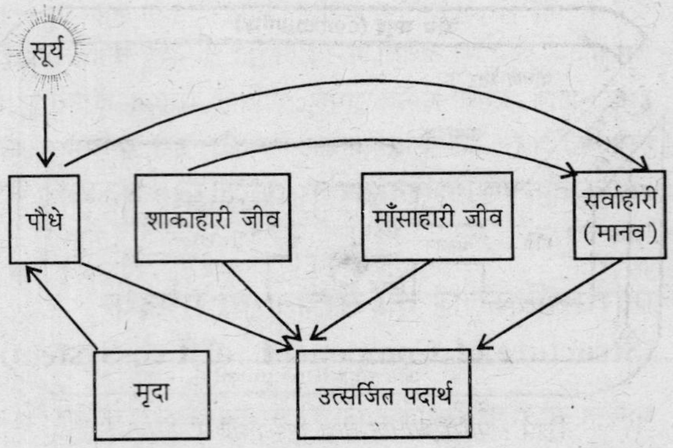

चित्र : *पारिस्थितिक तंत्र में पोषण स्तर (आहार श्रृंखला)*

आहार श्रृंखला एवं आहार जाल
(Food Chain and Food Web)

मानस समेत सभी जीव भोजन ग्रहण करते हैं। भोजन से प्राप्त ऊर्जा का कुछ अंश जैव प्रक्रियाओं में लग जाता है। ऊर्जा का शेष भाग श्वसन प्रक्रिया द्वारा ऊष्मा ऊर्जा के रूप में पर्यावरण में विलीन हो जाता है।

पारिस्थितिक तंत्र में आहार पोषण कई पदानुक्रमों में सम्पन्न होता है। इस प्रकार उन स्तरों या बिन्दुओं को, जिनसे होकर आहार ऊर्जा का एक वर्ग के जीवों से दूसरे वर्ग के जीवों में गमन या स्थानान्तरण होता है, पोषण स्तर (Tropic Level) कहलाता है।

आहार तथा ऊर्जा एक वर्ग के जीवों से दूसरे वर्ग के जीवों में श्रृंखलाबद्ध रूप से स्थानान्तरित होती है। इस श्रृंखला को **आहार श्रृंखला** कहा जाता है। उदाहरण के लिए खरगोश घास खाता है एवं लोमड़ी खरगोश को खा जाती है। यह एक साधारण खाद्य श्रृंखला है। लेकिन कुछ जीव अनेक प्रकार के जीवों को खा जाते हैं, जैसे—शेर, खरगोश, हिरण, लोमड़ी आदि को खाता है। इस प्रकार प्रकृति में खाद्य श्रृंखलाएँ जटिल बन जाती हैं अर्थात् प्रकृति में खाद्य श्रृंखलाओं का जाल-सा बन जाता है। खाद्य श्रृंखलाओं के ऐसे जटिल जालों को **खाद्य जाल** या **आहार जाल** कहा जाता है।

पारिस्थितिक तंत्र में पोषण-स्तर
(Tropic Level in an Eco-System)

जीवों का पोषण-स्तर (Tropic-Level) किसी भी पारिस्थितिक तंत्र (Eco-System) में विविध प्रकार से व विविध स्तरों पर सम्पूरित होता है। जीवन के लिए भोजन अत्यावश्यक है क्योंकि यही एक आवश्यक ऊर्जा का स्रोत है। चूँकि प्रत्येक जीव की अपनी भोजन ग्रहण करने की व उसे पचाने की क्षमता भिन्न-भिन्न होती है। अत: उन्हें ऊर्जा की मात्रा की आवश्यकता भी भिन्न-भिन्न होती है। इसी कारण प्राकृतिक नियमों

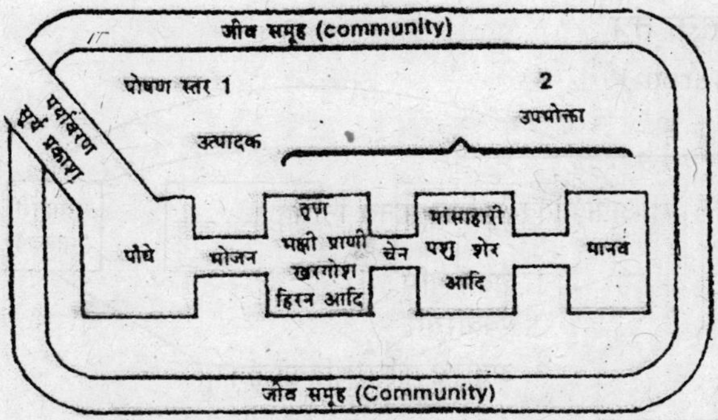

चित्र : *पारिस्थितिक तत्व एवं विविध पोषक स्तर*

के अनुसार पोषण स्तर भी अनेक रूपों में पाये जाते हैं। भोजन एक जीव से दूसरे जीव को एक शृंखलाबद्ध रूप में स्थानान्तरित होता रहता है जिसे **आहार शृंखला** कहते हैं जिसमें कि पोषण के 5 स्तर देखने को मिलते हैं। किसी भी आहार शृंखला में ऊर्जा के लिए जो भोजन जीवों द्वारा प्रयुक्त होता है उसकी ऊर्जा एक स्तर के जीवों से दूसरे स्तर के जीवों को पहुँचने या प्राप्त होने से अधिकांश नष्ट हो जाती है जैसे कि एक आकलन के अनुसार एक पारिस्थितिक तंत्र में पौधों द्वारा जितनी ऊर्जा प्रकाश संश्लेषण की प्रक्रिया से भोजन के रूप में प्रयुक्त होती है व कार्बनिक पदार्थों के रूप में परिवर्तित होती है। पौधों द्वारा इस संगृहीत ऊर्जा को शाकाहारी जीव भोजन के रूप में प्रयोग करते हैं लेकिन ये शाकाहारी जीव इस ऊर्जा का मात्र 10 प्रतिशत ही प्राप्त कर पाते हैं अर्थात (10 प्रतिशत अपने शरीर में संचय कर पाते हैं) व शेष 10 प्रतिशत उसकी जैविक क्रिया व त्याज्य पदार्थों के साथ पर्यावरण में मिश्रित हो जाते हैं।

जीवों के पोषण-स्तर को निम्नवत् वर्गीकृत किया जा सकता है इनमें प्रत्येक अगला पोषण-स्तर (Tropic-Level) अपने पिछले वाले पोषण-स्तर पर निर्भर करता है अर्थात् एक वर्ग के जीव दूसरे वर्ग के जीव पर अपने भोजन के लिए निर्भर रहते हैं। ये निम्न हैं :

1. प्रथम पोषण-स्तर : प्रथम पोषण-स्तर में हरे पौधों को शामिल किया है, जो अपना भोजन स्वयं बनाते हैं। इन्हें **प्राथमिक उत्पादक** भी कहते हैं।

2. द्वितीय पोषण-स्तर : इसके अंतर्गत शाकाहारी जीव आते हैं, जो पौधों से अपना भोजन प्राप्त करते हैं। इन्हें **प्राथमिक उपभोक्ता** भी कहा जाता है।

3. तृतीय पोषण-स्तर : मांसाहारी, जो शाकाहारी जीवों को खाते हैं, द्वितीय पोषण-स्तर में रखे जाते हैं। इन्हें **द्वितीयक उपभोक्ता** भी कहा जाता है।

4. चतुर्थ पोषण-स्तर : इस पोषण-स्तर के अन्तर्गत वे जीव-जन्तु आते हैं, जो उपर्युक्त तीनों पोषण-स्तरों से प्रत्यक्ष अथवा अप्रत्यक्ष रूप से अपना आहार प्राप्त करते हैं। इनमें सर्वाहारी जीव आते हैं। इन्हें **तृतीयक उपभोक्ता** भी कहते हैं। मानव इस पोषण-स्तर का सर्वाधिक महत्त्वपूर्ण सदस्य है।

5. पंचम पोषण-स्तर : इसे **चतुर्थ उपभोक्ता** भी कहते हैं। इनमें अपघटक जीव आते हैं। पोषण-स्तरों को एक पिरामिड के रूप में प्रदर्शित किया जा सकता है, जिसे **पारिस्थितिक पिरामिड** कहा जाता है।

एक पोषण-स्तर से दूसरे पोषण-स्तर में स्थानान्तरित ऊर्जा के प्रतिशत को पारिस्थितिक क्षमता कहा जाता है। जीवों की जाति एवं पर्यावरणीय दशाओं के अनुसार यह क्षमता 5 प्रतिशत से 20 प्रतिशत के मध्य हो सकती है। स्थलीय पारिस्थितिक तंत्र में औसतन केवल 10 प्रतिशत ऊर्जा का स्थानान्तरण ही एक-पोषण स्तर से दूसरे पोषण-स्तर में होता है, अर्थात् जीवों को किग्रा. मांस पैदा करने के लिए 10 किग्रा. अनाज की आवश्यकता होती है।

पारिस्थितिक तंत्र की साम्यावस्था

पारिस्थितिकी का विचार और यह धारंणा कि मानव एक जटिल जैव रसायनिक चक्र का भाग, आधुनिक पारिस्थितिकी की मूलभूत संरचना है। केन्द्रीय तंत्रिका (Central Nervous System) और मस्तिष्क के विकास के परिणामस्वरूप मानव ने अपने पारिस्थितिकी तंत्र की क्रिया को परिवर्तिन करने की क्षमता है लेकिन अभी तक वह उनके परिणामों को समझने में अक्षम है जो कि एक भयानक स्थिति है। मानव ही पादपों का सबसे बड़ा उपभोक्ता है। सर्वाहारी होने के नाते वह सभी श्रेणी के उपभोक्ताओं का भक्षण करता है। इस तरह के भोजन जाल के एक श्रेणी के शृंखला के जीवों का आवश्यकता से अधिक उपयोग सम्पूर्ण भोजन जाल को असन्तुलित कर देता है। मानव द्वारा अनेक वैज्ञानिक परीक्षणों और आकांक्षाओं की पूर्ति हेतु भोग-विलास की वस्तुओं के निर्माण से दिनों-दिन प्रदूषणों की समस्याएँ उत्पन्न हो रही हैं, जो कि हमारे पारिस्थितिक तंत्र के लिए घातक सिद्ध हो रही हैं।

वर्तमान आर्थिक विकास की पद्धति ज्ञात प्राकृतिक संसाधनों के तेजी के विदोहन पर टिकी हुई है। वर्तमान में विश्व के अधिकांश विकसित राष्ट्रों ने अपने यहाँ के प्राकृतिक संसाधनों के अधिकांश भाग का उपभोग कर लिया है तथा आर्थिक विकास की दर को कायम रखने के लिए वह तीसरी दुनिया के देशों पर नजर टिकाए हुए है।

अत: पारिस्थितिकी तंत्र में सन्तुलन बनाये रखने के लिए मानव को अपना दृष्टिकोण बदलना होगा तथा प्रकृति में पुन: साम्यावस्था स्थापित करनी होगी अन्यथा भविष्य अंधकारमय है जिसका फल आने वाली पीढ़ियों को भुगतना पड़ेगा।

पारिस्थितिक तंत्र
(Eco-System)

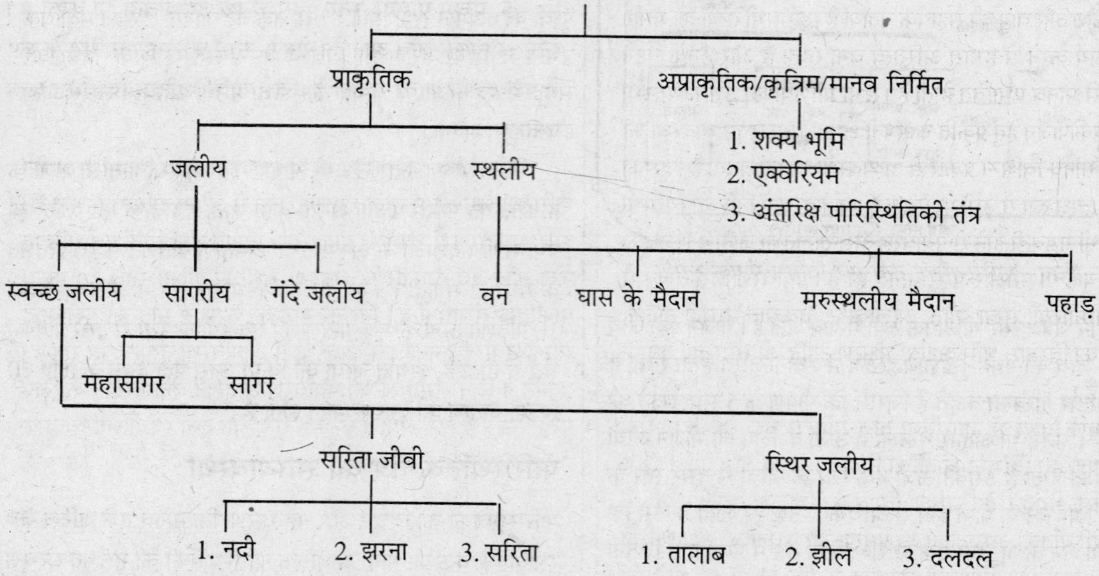

पारिस्थितिकी तंत्र प्रबंधन संकल्पना
(Eco-system Management Concept)

प्राकृतिक संसाधनों के द्रुतगति से दोहन और उनके समाप्त होने की संभावना ने प्राकृतिक संसाधनों के प्रबंधन की संकल्पना को जन्म दिया जो कि वास्तव में पारिस्थितिकी तंत्र प्रबंधन की ही संकल्पना है। सन् 1975 में **स्थित** तथा **हिल** ने इस संकल्पना का प्रथम बार प्रतिपादन किया। इसमें जैविक विभिन्नताओं की दृष्टि से विभिन्न प्रबंधकीय पारिस्थितिकी तंत्रों में आपस में अन्तर्संबंध स्थापित करना है। ग्रामीणों के शहरी क्षेत्रों की तरफ पलायन और जनसंख्या के बढ़ने से खाद्य पदार्थों के लिए कृषि, भूमि पर दबाव, चारागाहों का कृषि-क्षेत्र में परिवर्तन, आवास और आकांक्षाओं की पूर्ति के लिए जंगलों का सफाया तथा खेतों में रसायनिक उर्वरकों, कीटनाशक दवाइयों आदि के उपयोग ने पारिस्थितिकी तंत्र में व्यवधान पैदा कर दिया है। इन सभी क्रियाओं के तालमेल के अभाव में अनेक समस्याओं को पैदा कर दिया है। अत: प्राकृतिक संसाधनों का प्रबंधन अलग से न होकर समस्त अन्तर्संबंधित प्रक्रियाओं या पारिस्थितिकी तंत्र को प्रभावपूर्ण प्रबंधन के संदर्भ में होना चाहिए।

पारिस्थितिकी तंत्र के असंतुलन की समस्या तथा उसका निवारण/संरक्षण
(Problem and Remedy/Conservantion of Eco- System Imbalance)

प्रकृति के सभी भाग एक-दूसरे पर निर्भर रहते हैं तथा एक-दूसरे को प्रभावित करते हैं। अच्छी मिट्टी में पेड़-पौधों का अच्छा विकास होता है। पेड़-पौधे बड़े होकर मृदा कटाव को रोकते हैं तथा उर्वरता बनाए रखने में सहायता करते हैं। हरे पौधे क्लोरोफिल की सहायता से प्रकाश संश्लेषण की क्रिया द्वारा अपना भोजन बनाते हैं। शाकाहारी जीव पेड़-पौधे को अपना भोजन बनाते हैं जिससे उनमें ऊर्जा आती है। मांसाहारी जीव शाकाहारी जीवों को खाकर अपना भोजन प्राप्त करते हैं। सर्वभक्षी सभी शाकाहारी और मांसाहारी जीवों को खाते हैं। इस प्रकार भोजन शृंखला से एक-दूसरे से जुड़े हुए हैं। इससे प्राकृतिक एवं पारिस्थितिक सन्तुलन बना रहता है। पारिस्थितिक सन्तुलन वह है जिसमें पारिस्थितिकी तंत्र की प्राकृतिक अवस्थाओं में विविध चक्रों एवं ऊर्जा प्रवास में एक सामंजस्य होता है जिससे एक गतिशील सन्तुलन बना रहता है जिसे **पारिस्थितिकी सन्तुलन** कहा जाता है।

मनीषियों का मत है कि सम्पूर्ण ब्रह्माण्ड एक प्राकृतिक व्यवस्था से संचालित होता है। इन्हीं मनीषियों ने हमारी उत्पत्ति में पृथ्वी, जल, तेज, आकाश और वायु को सहायक बताया है। इन सभी तत्वों को समान रूप से कार्य करने से हमारा अस्तित्व बना रहता है और उनके घटने या बढ़ने से मानव प्रभावित हेाता है। सभी प्राणियों की उत्तम व्यवस्था तथा जीविकोपार्जन हेतु प्रकृति ने अपनी क्षमतानुसार उत्तम व्यवस्था की है लेकिन मानव विभिन्न प्रकार से अव्यवस्था उत्पन्न करता है जिसका प्रभाव अप्रत्यक्ष रूप से उसी पर पड़ता है। वातावरण में निश्चित व्यवस्था में तनिक भी गड़बड़ी होने से पर्यावरण असन्तुलित हो जाता है। जिसका कारण प्रत्यक्ष या परोक्ष रूप से मानव ही है। पर्यावरण असन्तुलन से भयंकर बीमारियाँ, सूखा, शीत, ओलावृष्टि, चक्रवात, समुद्री तूफान, रेगिस्तान का विस्तार, भूमि कटाव, भूक्षरण आदि की समस्याएँ उत्पन्न हो जाती हैं।

सम्पूर्ण विश्व में जनसंख्या तीव्र गति से बढ़ रही है। इसके भरण-पोषण हेतु विभिन्न स्रोतों का विदोहन किया जा रहा है। इससे प्रदूषण जैसा भयंकर रोग सम्पूर्ण विश्व में फैला जा रहा है।

पारिस्थितिकी असन्तुलन का प्रमुख कारण वनों की अप्रत्याशित कटाई है। पर्यावरण विशेषज्ञों का मत है कि किसी भू-भाग का पारिस्थितिक सन्तुलन बनाए रखने के लिए कम से कम एक तिहाई भाग पर वन होने चाहिए। उनका यह भी विचार है कि पर्वतीय क्षेत्र के तो 60 प्रतिशत भू-भाग पर वन होने चाहिए।

मानव जब आदिम अवस्था में था तब पूर्णत: वनों पर ही आश्रित था। धीरे-धीरे सभ्यता के विकास और बढ़ती जनसंख्या के साथ मानव ने जमीन पर कृषि की, खनिज निकाले तथा वनों को काटा। आज स्थिति यह हो गई है कि अब इन संसाधनों को बढ़ाना असंभव हो गया है। अत: मानव के सामने अपना अस्तित्व बनाए रखने की भी समस्या है। वनों की कटाई से प्रतिवर्ष लगभग 15 लाख हैक्टेयर भूमि पर से वनों का ह्रास हो रहा है। वनों के विनाश को देखकर एक वन विशेषज्ञ **इकोहम** ने कहा है कि **अफगानिस्तान का हिमालय मर गया है, नेपाल का हिमालय मर रहा है तथा भारत का हिमालय गंभीर रूप से रोगी है।** इस तरह वनों की कटाई के द्वारा पर्यावरण असन्तुलित होता जा रहा है। पर्यावरण विशेषज्ञों का अनुमान है कि आकाश तथा अंतरिक्ष में प्राकृतिक तत्व धीरे-धीरे अव्यवस्थित होते जा रहे हैं, अधिकाधिक मात्रा में जलाई जाने वाली लकड़ी से वातावरण में परिवर्तन आता जा रहा है। ऋतु-चक्र में उलट-फेर हो रहा है तथा मौसम भी अनिश्चित की दिशा में बढ़ रहा है। यदि समय रहते पर्यावरण सन्तुलन पर ध्यान नहीं दिया गया तो पृथ्वी का तापमान अधिक बढ़ जाने से प्रलय की स्थिति उत्पन्न हो सकती है। मानव द्वारा विभिन्न प्रकार के हाइड्रोकार्बन ईंधन जलाने से कार्बन-डाइ-ऑक्साइड तथा अन्य गैसें वायुमण्डल में मिलकर अदृश्य रूप से पृथ्वी को ढक लेती हैं जिससे ताप अविरक्त विकिरण के रूप में ऊपर नहीं जा पाता है। इससे तापमान में वृद्धि होती है। तापमान में वृद्धि 134 वर्षों में लगभग 0.7° से. हुई है और यदि यही गति रही हो सन् 2025 तक पृथ्वी का तापमान 1.5° से 4.5° से. तक बढ़ जाएगा। इसका सर्वाधिक प्रभाव ग्लेशियर पर पड़ेगा। विश्व के समस्त ग्लेशियर पिघलकर समुद्र में पहुँच जाएँगे, समुद्र तल ऊँचा उठेगा और अधिकांश भाग इसमें डूब जाएगा।

वनीय जीव-जन्तु समूह के साथ रहकर अदृश्य नियमों के अधीन पारिस्थितिकी को सन्तुलित बनाए रखने में अपना दायित्व निभाते हैं। इससे पर्यावरण में उपयुक्त वातावरण, पर्याप्त जल स्रोतों एवं भूमिगत जल स्रोत एवं आन्तरिक व्यवस्था सभी सन्तुलित रहते हैं। मानव प्राकृतिक संसाधनों को निरन्तर नष्ट करके स्वयं मौत को बुलावा दे रहा है तथा जीवनदायिनी व्यवस्था में अव्यवस्था उत्पन्न कर रहा है। प्रकृति ने जिन संसाधनों को पर्यावरण सन्तुलन बनाए रखने के लिए प्रदान किया है, उन्हें नष्ट करके हम सन्तुलित तथा स्वचालित व्यवस्था में गड़बड़ी उत्पन्न कर रहे हैं जिससे हमारी व्यवस्था असन्तुलित हो रही है।

विश्व में औद्योगिक क्रान्ति भी पर्यावरण को प्रदूषित करके उसे असन्तुलित बना रही है। उद्योग-धन्धों से सर्वप्रथम तो वन ही प्रभावित होते हैं क्योंकि उद्योग को स्थापित करने के लिए पर्याप्त भूमि की आवश्यकता होती है जिसे वनों को काटकर प्राप्त किया जाता है। वन क्षेत्रों के अलावा जब कृषि-क्षेत्रों में उद्योग-धन्धे स्थापित किए जाते हैं तो लोगों के लिए पर्याप्त कृषि-भूमि का अभाव हो जाता है और वे दैनिक आवश्यकताओं की वस्तुओं से वंचित हो जाते हैं तो वे विवश होकर उद्योगों की तरफ ही अग्रसर होते हैं। इससे उद्योगों को बढ़ावा मिलता है। इस प्रकार उद्योगों के बढ़ने से क्षेत्रीय असन्तुलन हो जाता है जिसका तात्पर्य पर्यावरण असन्तुलन है।

औद्योगिक विकास के साथ ही वायु एवं जल प्रदूषण भी तेजी से बढ़ने लगा है। कारखानों में उपयोग में लाई जाने वाली विभिन्न धातुओं से विभिन्न विषाक्त गैसें निकलती हैं जो लगातार रात-दिन स्वच्छ वायु को प्रदूषित कर रही हैं। गैसों के अलावा कई तरह के कणीय पदार्थ तथा रेशे भी कारखानों द्वारा वायुमण्डल में छोड़े जाते हैं जिससे पर्यावरण प्रदूषित होता है। जब वायुमण्डल में इतनी अधिक अशुद्धियाँ हो जाएँ कि वहाँ प्राणियों, वनस्पति तथा अन्य उपयोगी वस्तुओं पर प्रतिकूल प्रभाव पड़े तो वह वायु प्रदूषित कहलाती है। उद्योगों से वायु प्रदूषण औद्योगिक प्रक्रियाओं से जनित धूल, सल्फर डाइ-ऑक्साइड, कार्बन मोनो ऑक्साइड गैसों आदि से होता है। कारखानों से निकलने वाला धुआँ वायुमण्डल में पहुँच कर धूल की मात्रा को बढ़ावा देता है। उद्योगों के कारण स्विटजरलैण्ड के डविस गाँव में धूल की मात्रा 80 प्रतिशत बढ़ी। शिकागो में भी धुआँ द्वारा धूल की मात्रा में अधिक वृद्धि हुई है।

वायु प्रदूषण का प्रभाव इतना भयंकर है कि इससे बचना मुश्किल है। टोकियो में वायु का प्रदूषण इतना अधिक है कि वहाँ जगह-जगह पर ऑक्सीजन गैस के सिलेण्डर लगे रहते हैं जिससे लोग ऑक्सीजन की कमी को पूरा करते हैं। वहाँ बच्चों को शुद्ध एवं स्वच्छ वायु के लिए एक प्रकार की छलनी पहननी पड़ती है। लंदन में भी वायु प्रदूषण की यही स्थिति है। यह अनुमान लगाया गया है कि लंदन में केवल चार घण्टे की ड्यूटी पर तैनात सिपाही के फेफड़ों में लगभग 100 या इससे अधिक सिगरेट पीने के बराबर जहर भर जाता है।

कारखाने से निकलने वाला कचरा एवं अवशिष्ट पदार्थ जल स्रोतों में मिलकर उसे प्रदूषित करते रहते हैं। कारखनों से निकलने वाले दूषित जल में अम्ल, कार्बन, अकार्बनिक रसायन, रंग आदि तो मिले ही रहते हैं, साथ ही कुछ उद्योगों के दूषित जल में धातुओं के आर्सेनिक, सलफ्यूरिक अम्ल, एण्टीमनी, केडेमियम, लैड, सल्फर आदि के अंश भी होते हैं जो जल को प्रदूषित करते हैं। जल के प्रधान स्रोत नदियाँ हैं जिन्हें भारतीय संस्कृति में माता कहा गया है। इसके अलावा इन्हें अमृतदायिनी, पयस्वनी आदि भी कहा जाता है। कारखानों से नदियों का जल प्रदूषित होकर समुद्रों में पहुँचता है। नदियों के अलावा तालाब और समुद्र भी प्रत्यक्ष रूप से औद्योगिक शृंखलाओं से जुड़े हुए हैं। जल प्रदूषण के कारण जल में विद्यमान जीव, मछलियाँ फेफड़े, प्रोन तथा अन्य कई प्रकार के पौष्टिक आहार नष्ट होते जा रहे हैं। समुद्रों के किनारे पर स्थित तेलशोधक कारखानों में छोड़े गए अवशिष्ट समुद्र में एक तैलीय परत जमा करते हैं जिससे सामान्य वाष्पीकरण में अवरोध उत्पन्न होता है। इससे वर्षा में कमी आती है और सूखे की स्थिति उत्पन्न होती है। मथुरा में स्थित तेल शोधक कारखाने से भरतपुर का घना पक्षी विहार (राष्ट्रीय उद्यान) तथा विश्वप्रसिद्ध ताजमहल प्रभावित हो रहे हैं। ऐसा अनुमान लगाया गया है कि इस रिफाइनरी से ताजमहल पर स्टोन कैंसर हो जाएगा। बरौनी तेलशोधक कारखाने से एक बार तेल रिसने से वह गंगा में चला गया जिससे मुंगेर को कई दिनों तक पानी नहीं मिला।

कारखाने में उपयोग में आने वाले विषैले पदार्थों में 80 प्रतिशत पारा श्वास द्वारा मानव-शरीर में प्रवेश करता है जिससे स्नायुमण्डल में रोग फैलते हैं। पारा सबसे अधिक खतरनाक होता है। सन् 1971 में इराक में अनाज से पारायुक्त कीटनाशक को साफ करने के बाद भी उसके उपयोग से लगभग पाँच सौ व्यक्ति मौत को प्राप्त हो गए और छः हजार व्यक्ति रोग पीड़ित हो गए। इसी तरह मैगनीज से पार्किसन रोग, इस्पात उद्योग में प्रयोग किए जाने वाले कार्बोनेट से दिल, नाक तथा कैंसर की बीमारियाँ बढ़ी हैं। कारखानों में कोयले के प्रयोग से वायुमण्डल में कार्बन-डाइ-ऑक्साइड की मात्रा अधिक बढ़ रही है। वायुमण्डल में कार्बन डाइ-ऑक्साइड की मात्रा औद्योगीकरण के बाद से 14 प्रतिशत बढ़ी है। ऐसा अनुमान लगाया जाता है कि जीवाश्म ईंधन के जलाने से सन् 2020 तक वायुमण्डल में कार्बन-डाइ-ऑक्साइड का स्तर दो गुना हो जाएगा। कोयला जलाने से सल्फर डाइ-ऑक्साइड 10 पौंड प्रति सेकण्ड की दर से वायुमण्डल में छोड़ी जाती है। इसके धुएँ से नाइट्रोजन ऑक्साइड तथा नेंजापाइरीन पदार्थों की उत्पत्ति होती है। इस धुएँ से असंख्य व्यक्तियों को श्वास की बीमारी हो गई है।

आणविक ऊर्जा के कारण उत्पन्न रेडियोधर्मी धूल से वातावरण प्रदूषित हो जाता है। इसके कारण गंभीर स्थिति उत्पन्न हो रही है। आणविक विस्फोट से उत्पन्न ऊष्मा से नाइट्रोजन ऑक्साइड का निर्माण होता है जिससे पर्यावरण को सुरक्षित रखने वाली ओजोन गैस की परत का ह्रास हो रहा है। सर्वप्रथम 6 अगस्त 1945 को हिरोशिमा (जापान) पर आणविक बम गिराया गया था जिसके कुपरिणाम लोगों को आज भी भुगतने पड़ रहे हैं लेकिन दुर्भाग्य की बात है कि अब बनने वाले अणुबम हिरोशिमा पर गिरने वाले बम से एक हजार गुना अत्यधिक खतरनाक है। कई राष्ट्रों के पास ऐसे अणुबम हैं जिनका एक अंश भी संपूर्ण पृथ्वी के विनाश के लिए पर्याप्त है।

पारिस्थितिक तंत्र पर मानवीय प्रभाव
(Human Influence on Eco-System)

निःसंदेह पारिस्थितिक तंत्र एक प्राकृतिक क्रिया है जो सदैव कार्यरत रहती है और प्रकृति एवं उस पर निवास करने वाले जीव-जन्तुओं (मानवसहित) प्रभावित करती है। दूसरे शब्दों में सभी जीव उस वृहत् तंत्र के अभिन्न अंग हैं और अन्तर्निभरता के सिद्धान्त पर अवस्थित रहते हैं। मानव अन्य जीवों की तुलना में पारिस्थितिक तंत्र को अधिक प्रभावित करता है क्योंकि वह उससे अधिकतम लाभ या सुख-सुविधाएँ प्राप्त करना चाहता है। मानव ने जो सभ्यता का विकास किया है उसका आधार ही प्रकृति का शोषण है, जिसमें अनेक तत्वों अथवा पदार्थों को प्रकृति या पर्यावरण स्वतः पूर्ण कर लेता है लेकिन अनेकों तत्व पुनः पूरित नहीं होते और पारिस्थितिक तंत्र में अवरोध या असंतुलन आ जाता है जो मानव एवं पर्यावरण दोनों के लिए ही हानिकारक होता है। पारिस्थितिक तंत्र पर मानव का प्रभाव निम्नांकित बिन्दुओं से स्पष्ट होता है :

1. पारिस्थितिकी तंत्र पर वनोन्मूलन का प्रभाव : वानिकी पारिस्थिकी तंत्र की मूलाधार प्राकृतिक वनस्पति है जो सूर्य, वर्षा, मिट्टी द्वारा अस्तित्व में आती है तथा जलवायु, मिट्टी, वन्य जीव-जन्तुओं, पक्षियों को प्रश्रय देती है अथवा उन्हें प्रभावित करती है और मानव इन सभी तत्वों पर प्रत्यक्ष अथवा अप्रत्यक्ष रूप से निर्भर रहता है। लेकिन जब मनुष्य वनों को काटता है, उसका अत्यधिक शोषण करता है तो सम्पूर्ण तंत्र अनियमित होने लगता है, जलवायु गर्म होने लगती है, वर्षा में कमी आ जाती है, भूमि का कटाव होने लगता है,

वन्य जीवों का जीना दूभर हो जाता है। आज विश्व के अनेक भागों में, जिनमें हमारा देश भी शामिल है, वनों की अनियन्त्रित कटाई से वानिकी पारिस्थितिकी तंत्र अनियमित हो गया है।

2. जलवायु परिवर्तन : जलवायु किसी भी पारिस्थितिक तंत्र का नियंत्रक तत्व है। मानव की अनेक क्रियाएँ जलवायु में परिवर्तन का कारण बनती हैं फलस्वरूप पारिस्थितिकी तंत्र में परिवर्तन आ जाता है। उदाहरणार्थ अणु या परमाणु बम का भूमिगत अथवा समुद्र में विस्फोट, अण्टार्कटिका, आर्कटिक, हिमालय आदि संवेदनशील एवं जलवायु नियंत्रकों के साथ छेड़छाड़, वनों का दोहन, औद्योगिक गैसों द्वारा वायुमण्डल में गैसों को प्रभावित करना आदि। ओजोन परत में क्लोरोकार्बन (CFC) द्वारा ओजोन को विरल बनाने जैसे कार्य मानव वैज्ञानिक प्रगति के नाम पर कर रहा है जो जलवायु तंत्र को प्रत्यक्ष एवं पारिस्थितिक तंत्र को अप्रत्यक्ष रूप से प्रभावित करते हैं।

3. पशुपालन का घास पारिस्थितिक तंत्र पर प्रभाव : घास पारिस्थितिक तंत्र (Grass land Eco-System) को मानव पशुपालन द्वारा प्रभावित करता है। जब यह पशुपालन अनियंत्रित हो जाता है जो घास के मैदान साफ होने लगते हैं। इसी तरह मानव इनको कृषि-भूमि में भी बदल कर मूल मंत्र में परिवर्तन ला देता है।

4. कृषि एवं खाद्य उत्पादन का प्रभाव : जैसे-जैसे विश्व की जनसंख्या में वृद्धि होती जा रही है, खाद्यान्न एवं अन्य पदार्थों की माँग में वृद्धि होती जा रही है, परिणामस्वरूप विस्तृत भूमि को कृषि-भूमि में परिवर्तित किया जा रहा है। इस परिवर्तन के लिए मानव वनों को साफ करता है, घास के मैदानों को साफ करता है, यहाँ तक कि समुद्र से भी भूमि निकालने का प्रयास करता है। इन सब प्रक्रियाओं का सीधा प्रभाव पारिस्थितिक तंत्र पर होता है। इसी तरह अधिक उत्पादन के लिए रसायनिक उर्वरकों का प्रयोग, कीटनाशक दवाओं का उपयोग करके जहाँ एक तरफ कृषि उपज में वृद्धि करता है वहीं दूसरी तरफ भूमि के अनेक जीवों एवं कीटों का विनाश भी करता है। कृषि हेतु गहराई से पानी निकालने का परिणाम जल-स्तर में गिरावट आती है, नहरों द्वारा नदियों का जल रोकने से पारिस्थितिक चक्र में परिवर्तन आता है।

5. ऊर्जा संकट एवं अधिक ऊर्जा उपयोग का प्रभाव : मानव वर्तमान में ऊर्जा का अत्यधिक उपयोग कर रहा है तथा उपयोग वृद्धि के साथ ऊर्जा संकट कठिन हो रहा है। कोयला, गैस, पैट्रोल समाप्त हो जाने वाले साधन ऊर्जा के स्रोत हैं। जलविद्युत का सीमित उपयोग होता है। शीत क्षेत्र, शुष्क एवं अर्द्ध-शुष्क क्षेत्रों में यह उपयोगी नहीं। जलविद्युत हेतु बाँध बना कर क्षेत्रीय पारिस्थितिक तंत्र को असंतुलित कर देते हैं क्योंकि इससे हजारों वर्ग किमी. क्षेत्र जलमग्न हो जाता है। परमाणु ऊर्जा उपयोगी होने के साथ-साथ जहाँ लापरवाही से न केवल मानव एवं संपूर्ण जीव जगत को समाप्त कर देती है। ऊर्जा का अनन्त स्रोत सूर्य है, इसका यदि मानव अधिकतम उपयोम करे तो न पर्यावरण प्रदूषित होगा और न यह समाप्त होगी।

6. औद्योगिक प्रदूषण एवं पारिस्थितिक तंत्र : औद्योगिक विकास वर्तमान सभ्यता का पर्याय बन गया है। उद्योगों ने जहाँ अनेक सुविधाएँ दी हैं वहीं प्रदूषण का रोग भी दिया है, जो वायु एवं जल प्रदूषण का प्रमुख कारण है। वायुमण्डल निरन्तर उद्योगों से निकलने वाली विषैली गैसों से प्रदूषित हो रहा है, दूसरी तरफ अनेक उद्योगों से निकलने वाला जल नदियों एवं समुद्री जल में रसायनिक द्रवों का निस्तारण कर जल-जीवों का नाश कर रहा है। वायु एवं जल प्रदूषण पारिस्थितिक तंत्र में असन्तुलन उत्पन्न कर रहा है।

7. खनिज खनन का प्रभाव : मानव द्वारा विभिन्न खनिजों के दोहन के परिणामस्वरूप विस्तृत भूमि का गर्तों में बदल जाना, वनस्पति का विनाश, जीव-जन्तुओं का विनाश आदि क्षेत्रीय पारिस्थितिक तंत्र पर सीधा प्रभाव डालते हैं। यही नहीं अपितु खनिज खनन से भू-स्खलन तथा पर्यावरण प्रदूषण भी होता है। खनिज खनन का पर्यावरण पर प्रभाव, पर्यावरण अवकर्षण में अध्ययन करते हैं।

8. प्राकृतिक आपदाएँ : मानव के पर्यावरण के दुरुपयोग से अनेक प्राकृतिक आपदाएँ आती हैं जिनके कारण पारिस्थितिक तंत्र और अधिक असन्तुलित हो जाता है। बाढ़, अकाल, सूखा, भूमि का धंसकना आदि प्राकृतिक विपदाएँ मानव के स्वयं के कृत्यों से पारिस्थितिक तंत्र को व्यतिक्रम पहुँचाने का परिणाम है। यही नहीं अपितु भूकम्प पेटी में बाँधों का निर्माण अत्यधिक विनाशकारी होता है।

9. आकाशीय शोध का प्रभाव : बाहरी आकाश का पारिस्थितिक तंत्र संपूर्ण वायुमण्डल एवं जीव-जगत को नियंत्रित करता हैं। आज मानव बाहरी आकाश में अनेक कृत्रिम उपग्रह छोड़ रहा है। इनमें कुछ ऐसे भी उपग्रह हैं जिन पर परमाणु अस्त्र अथवा प्रक्षोपास्त्र भी हैं। बाहरी आकाश में किए जाने वाले प्रयोग उसको प्रभावित करते हैं जिनका दूरगामी प्रभाव हो सकता है।

10. वन्य एवं जल-जीव संकट : मानव ने पारिस्थितिक तंत्र को अपने उपयोग से इतना अधिक झकझोर दिया है कि वन्य जीवों का आश्रय स्थल (Habitat) समाप्त हो रहा है। तथा उनकी अनेक प्रजातियों का विनाश हो चुका है तथा अन्य बहुत कम रह गई हैं। समुद्र एवं नदी के जीव न केवल प्रदूषण एवं अन्य मानवीय प्रयोगों से नष्ट हो रहे हैं बल्कि उनका शोषण खाद्य पदार्थ के रूप में अत्यधिक हो रहा है।

उपर्युक्त वर्णन से स्पष्ट है कि मानवीय कृत्य पारिस्थितिक तंत्र में परिवर्तन का कारक हैं उसका प्रत्येक कृत्य इस तंत्र को प्रभावित करता है। इससे यह कदापि तात्पर्य नहीं कि मानव को कुछ करना ही नहीं चाहिए या प्रगति निरर्थक है अपितु आवश्यकता यह है कि मानव के कार्य और प्राकृतिक वातावरण में सन्तुलन स्थापित किया जाए, वनों को नष्ट होने से बचाया जाए, वृक्षारोपण किया जाए, प्रदूषण नियंत्रण के समुचित उपाय किए जाएँ, पशुचारण, खनिज खनन नियंत्रित किया जाए जिससे पारिस्थितिक तंत्र में इतनी विसंगति न आए कि वह जीव-जगत को हानि पहुँचाए।

8 भारत का सामान्य परिचय

प्राकृतिक पृष्ठभूमि

वृहत भौगोलिक विस्तार के कारण भारत को प्रायः उपमहाद्वीप की संज्ञा दी जाती है। भारत के उत्तर में गगनचुम्बी, हिमाच्छादित पर्वत श्रेणियाँ; दक्षिण में पठारों की असमान धरा, प्राचीन पहाड़ियों और नारियल के वृक्षों से भरे तटीय मैदान; पूर्व में हिन्द म्यांमार की जटिल पहाड़ी शृंखलाएँ तथा पश्चिम में प्यासी रेतीली मरुभूमि-थार अवस्थित है।

पूर्णतया उत्तरी गोलार्द्ध में स्थित भारत की मुख्य भूमि 8°4′ और 37°6′ उत्तरी अक्षांश और 68°7′ और 97°25′ पूर्वी देशांतर के बीच फैली हुई है। भारतीय संघ के दक्षिणतम बिन्दु का अक्षांश 6°75′ उत्तरी अक्षांश है जो अण्डमान निकोबार द्वीप समूह के दक्षिण में स्थित है एवं इन्दिरा प्वाइंट के नाम से जाना जाता है। इसे 'पिगमेलियन प्वाइंट' एवं 'लाहिचिग' के नाम से भी जाना जाता है। यह बड़ा या ग्रेट निकोबार में स्थित है। भारत की सबसे उत्तरी बिन्दु इंदिरा कॉल है, जो लद्दाख में स्थित है। भारत की पूर्वी सीमा अरुणाचल प्रदेश एवं पश्चिम सीमा गुजरात में है। इसका विस्तार उत्तर से दक्षिण तक 3,214 कि.मी. तथा पूर्व से पश्चिम तक 2,933 कि.मी. है। इसकी भूमि-सीमा लगभग 15,200 कि.मी. है। मुख्य भूमि, लक्षद्वीप समूह और अंडमान-निकोबार द्वीप समूह के समुद्रतट की कुल लम्बाई 7,516.6 कि.मी. है। इसका क्षेत्रफल 32,87,263 वर्ग कि.मी. है।

क्षेत्रफल की दृष्टि से यह विश्व का सातवाँ बड़ा देश है तथा विश्व के कुल क्षेत्रफल का 2.42 प्रतिशत भाग पर विस्तृत है। रूस, कनाडा, चीन, सं.रा. अमेरिका, ब्राजील तथा आस्ट्रेलिया क्रमशः छह ऐसे देश हैं जो भारत से दो से पाँच गुना तक बड़े हैं।

विशाल देशांतरीय विस्तार के कारण इसके पूर्वी तथा पश्चिमी सुदूर बिन्दुओं के स्थानीय समय में दो घंटों का अंतर है। जब अरुणाचल प्रदेश के पूर्वी भाग में सूर्योदय होता है उस समय गुजरात के पश्चिमी भाग में रात रहती है। इसीलिए भारत की मध्याह्न रेखा (82°30′ पूर्व देशांतर), जो प्रयागराज (इलाहाबाद) के निकट से गुजरती है, का समय ही भारत का मानक समय माना जाता है। भारत विषुवत रेखा के उत्तर में है। विषुवत रेखा से भारत का दक्षिणी बिन्दु 876 किमी दूर है।

कर्क रेखा (23°30′ उत्तरी अक्षांश) देश को दो बराबर भागों में विभाजित करती है। इसका अक्षांशीय विस्तार 29 अक्षांशों 8°4′ N से 37° N तक है। इसका उत्तरी भाग काफी विस्तृत है और पूर्व-पश्चिम दिशा में फैला है। इसके अंतर्गत विशाल मैदान तथा हिमालय पर्वत हैं। कर्क रेखा से दक्षिण का क्षेत्र आकृति में त्रिभुजाकार है। यह मुख्यतः प्रायद्वीपीय पठार का भाग है जिसमें पूर्वी तथा पश्चिमी तटीय भाग भी सम्मिलित हैं।

प्राकृतिक संरचना

मुख्य भूमि चार भागों में बंटी है—विस्तृत पर्वतीय प्रदेश, सिंधु और गंगा के मैदान, रेगिस्तानी क्षेत्र और दक्षिणी प्रायद्वीप।

हिमालय की तीन शृंखलाएं हैं, जो लगभग समानांतर फैली हुई हैं। इनके बीच बड़े-बड़े पठार और घाटियां हैं, इनमें कश्मीर और कुल्लू जैसी कुछ घाटियां उपजाऊँ, विस्तृत और प्राकृतिक सौंदर्य से संपन्न हैं। संसार की काफी ऊंची चोटियों में से कुछ इन्हीं पर्वत शृंखलाओं में हैं। अधिक ऊंचाई के कारण आना-जाना केवल कुछ ही दर्रों से हो पाता है, जिनमें मुख्य हैं—दार्जिलिंग के उत्तर में चुंबी घाटी से होते हुए मुख्य भारत-तिब्बत व्यापार मार्ग पर जेलेप-ला और नाथू-ला दर्रे तथा कल्पा (किन्नौर) के उत्तर-पूर्व में सतलुज घाटी में शिपकी-ला दर्रा। पर्वतीय दीवार लगभग 2,400 कि.मी. की दूरी तक फैली है, जो 240 कि.मी. से 320 कि.मी. तक चौड़ी है। पूर्व में भारत और म्यांमार तथा भारत और बांग्लादेश के बीच में पहाड़ी शृंखलाओं की ऊंचाई बहुत कम है। लगभग पूर्व से पश्चिम तक फैली हुई गारो, खासी, जयंतिया और नागा पहाड़ियां उत्तर से दक्षिण तक फैली मिजो तथा नागा पहाड़ियों की शृंखला से जा मिलती हैं।

सिंधु और गंगा के मैदान लगभग 2,400 कि.मी. लंबे और 240 से 320 कि.मी. तक चौड़े हैं। ये तीन अलग-अलग नदी प्रणालियों सिंधु, गंगा और ब्रह्मपुत्र के थालों से बने हैं। यह संसार के विशालतम सपाट कछारी विस्तारों और पृथ्वी पर बने सर्वाधिक घने क्षेत्रों में से एक है। दिल्ली में यमुना नदी और बंगाल की खाड़ी के बीच लगभग 1,600 कि.मी. की दूरी में केवल 200 कि.मी. की ढलान है।

रेगिस्तानी क्षेत्रों को दो हिस्सों में बांटा जा सकता है—विशाल रेगिस्तान और लघु रेगिस्तान। विशाल रेगिस्तान कच्छ के रण के पास से उत्तर की ओर लूनी नदी तक फैला हुआ है। राजस्थान-सिंध की पूरी सीमा-रेखा इसी रेगिस्तान में है। लघु रेगिस्तान जैसलमेर और जोधपुर के बीच में लूनी नदी से शुरू होकर उत्तरी बंजर भूमि तक फैला हुआ है। इन दोनों रेगिस्तानों के बीच बंजर भूमि क्षेत्र है, जिसमें पथरीली भूमि है, यहां कई स्थानों पर चूने के भंडार हैं।

दक्षिणी प्रायद्वीप का पठार 460 से 1,220 मीटर तक की ऊंचाई के पर्वत तथा पहाड़ियों की श्रेणियों द्वारा सिंधु और गंगा के मैदानों से पृथक् हो जाता है। इसमें प्रमुख हैं—अरावली, विंध्य, सतपुड़ा, मैकाले और अजंता। प्रायद्वीप के एक तरफ पूर्वी घाट है, जहां औसत ऊंचाई 610 मीटर के करीब है और दूसरी तरफ पश्चिमी घाट, जहां ये ऊंचाई साधारणतया 915 से 1,220 मीटर है, तो कहीं-कहीं 2,440 मीटर से अधिक है। पश्चिमी घाट और अरब सागर के बीच समुद्र तट की एक तंग पट्टी है, जबकि पूर्वी घाट

और बंगाल की खाड़ी के बीच चौड़ा तटीय क्षेत्र है। पठार का यह दक्षिणी भाग नीलगिरि की पहाड़ियों से बना है, जहां पूर्वी और पश्चिमी घाट मिलते हैं। इसके पार फैली कार्डमम पहाड़ियां पश्चिमी घाट का विस्तार मानी जा सकती हैं।

सीमाएँ एवं पड़ोसी

समुद्र पार भारत का सबसे निकट का पड़ोसी देश श्रीलंका है और पाक जलडमरुमध्य श्रीलंका को भारत से अलग करता है। हमारा दूसरा निकटतम समुद्री पड़ोसी देश इण्डोनेशिया है जो निकोबार द्वीप समूह के अन्तिम द्वीप के दक्षिण में स्थित है। भारत के पूर्व में बांग्लादेश और म्यांमार स्थित हैं। हमारे पश्चिम में पाकिस्तान तथा अफगानिस्तान स्थित हैं। लक्षद्वीप के दक्षिण में मालद्वीव स्थित है। एशिया के भौतिक उच्चावच के मानचित्र को देखने से ज्ञात होता है कि पाकिस्तान, नेपाल, भूटान, बांग्लादेश तथा भारत सहज ही एक सुस्पष्ट एवं प्राकृतिक भौगोलिक इकाई बनाते हैं, जिसे भारतीय उपमहाद्वीप कहा जाता है। इसका एक अलग ही भौतिक एवं सांस्कृतिक अस्तित्व है जो इसे शेष एशिया से पृथक् करता है। भारत में कुल 247 द्वीप हैं, जिनमें 204 बंगाल की खाड़ी में एवं 43 द्वीप अरब सागर में है। लक्षद्वीप में कुल 36 द्वीप हैं। 10 डिग्री चैनल अण्डमान द्वीप समूह को निकोबार द्वीप समूह से अलग करता है।

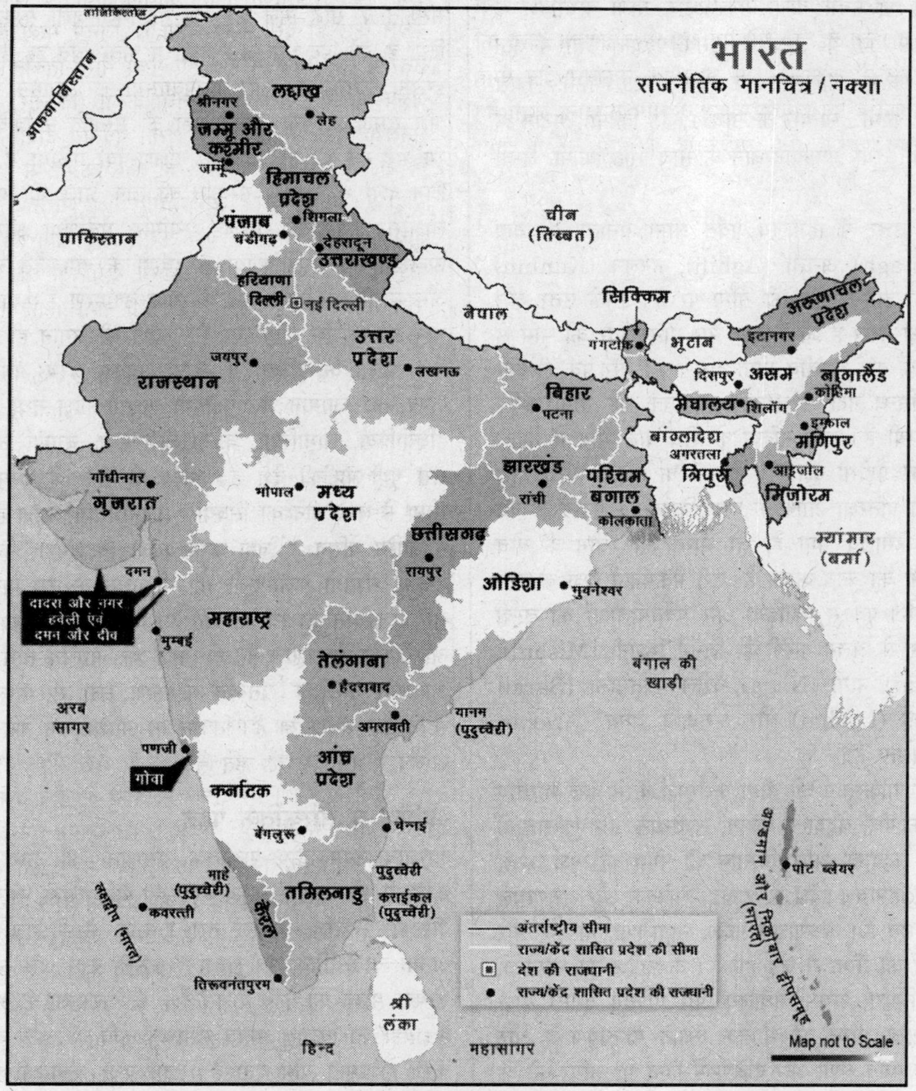

भारत : स्थिति एवं आकार

भारत की कुल 15106.7 किमी सीमा रेखा 96 जिलों एवं 17 राज्यों से होकर गुजरती है। भारत की तट रेखा 7516.6 किमी है, जो 13 राज्यों एवं संघ शासित क्षेत्रों को छूती है। वस्तुतः मध्य प्रदेश, छत्तीसगढ़, झारखण्ड, दिल्ली, हरियाणा एवं चण्डीगढ़ को छोड़कर देश के सारे राज्य एवं संघ शासित क्षेत्र अन्तर्राष्ट्रीय सीमा या तटरेखा को छूते हैं।

भारत के सीमावर्ती देशों में उत्तर-पश्चिम में पाकिस्तान और अफगानिस्तान हैं। उत्तर में चीन, नेपाल और भूटान हैं। पूर्व में म्यांमार और (पश्चिम बंगाल के पूर्व में) बांग्लादेश स्थित हैं। मन्नार की खाड़ी और पाक-जलडमरुमध्य, भारत को श्रीलंका से अलग करते हैं। भारत की सबसे लम्बी अन्तर्राष्ट्रीय सीमा बांग्लादेश के साथ है, जो 4,096 कि.मी. लम्बी है। इसके पश्चात् उत्तर में चीन के साथ 3,488 कि.मी., पाकिस्तान के साथ 3,323 कि.मी., नेपाल के साथ 1,751 कि.मी., म्यांमार के साथ 1,643 कि.मी., भूटान के साथ 699 कि.मी. तथा अफगानिस्तान के साथ 106 कि.मी. लम्बी सीमा रेखा है।

भारत के उत्तर में हिमालय पर्वत सीमा बनाता है। यहां मजताघ (Mustagh), अगली (Aghili), कुनलुन (Kunlun) और काराकोरम, जम्मू-कश्मीर की सीमा पर हैं। इसके उत्तर और पूर्व में तिब्बत का पठार है जो कैलाश और मानसरोवर की भूमि से विख्यात है। इसके बाद भारतीय सीमा दक्षिण-पूर्व और पूर्व की ओर मुड़ती है और सिन्धु नदी से ब्रह्मपुत्र नदी तक यह सीमा करीब 2500 किमी. लम्बी है। इन्हीं नदियों के बीच वाले भाग में नेपाल और भूटान हमारे पड़ोसी देश हैं। भूटान एक विशेष सन्धि द्वारा भारत पर अपनी प्रतिरक्षा आदि के लिए निर्भर है। भूटान के पूर्व की ओर उच्च हिमालय भाग है, जो भारत और चीन के बीच अन्तर्राष्ट्रीय सीमा का कार्य करता है। इसे मैकमोहन रेखा के नाम से जाना जाता है। पूर्व से पहाड़ियों और पर्वतमालाओं की लम्बी लड़ी हमें म्यांमार से अलग करती है, जिनमें मिशनी (Mishni), पटकाई (Patkai), नागा (Naga), बैरील पर्वतमाला (Barail Range), लुशाई (Lushai) और अराकान योमा (Arakan Yoma) पर्वतमालाएं हैं।

भारत और पाकिस्तान की सीमा को स्पर्श करने वाले भारतीय राज्यों में जम्मू-कश्मीर, लद्दाख, पंजाब, राजस्थान और गुजरात के नाम अग्रणी हैं। लद्दाख, अफगानिस्तान की सीमा को स्पर्श करता है। जम्मू-कश्मीर, हिमाचल प्रदेश, उत्तराखंड, सिक्किम और अरुणाचल प्रदेश, चीन को छूते हैं। अरुणाचल प्रदेश, नागालैण्ड, मणिपुर और मिजोरम, म्यांमार की सीमा से जुड़े हुए हैं। बांग्लादेश को भारत के राज्य मिजोरम, त्रिपुरा, असम, मेघालय और पश्चिम बंगाल स्पर्श करते हैं। इस तरह भारत की भौतिक स्थिति महत्त्वपूर्ण है और उत्तर में हिमालय पर्वत श्रेणी और दक्षिण में हिन्द महासागर की दो शाखाएं इसको सुरक्षा प्रदान करती हैं।

पूर्वी दुनिया में भारत की स्थिति

भारत पश्चिमी एशिया तथा पूर्वी एशिया के मध्य में स्थित है। अफ्रीका, औद्योगिक दृष्टि से विकसित यूरोप तथा तेल-संपन्न पश्चिमी एशिया को दक्षिण-पूर्वी एशियाई देशों, चीन, विकसित उद्योग वाले जापान, आस्ट्रेलिया तथा संयुक्त राज्य अमेरिका के पश्चिमी तट जोड़ने वाले महासागर पारीय जल-मार्ग भारत से होकर गुजरते हैं। दक्षिण-पूर्वी एशिया, पश्चिमी एशिया तथा अफ्रीका के पूर्वी तटवर्ती पड़ोसी देशों के साथ भारत के विदेशी संबंधों में सागर की महत्त्वपूर्ण भूमिका रही है। दक्षिण-पूर्वी एशिया में भारतीय और चीनी संस्कृति का संगम हुआ है। इन दोनों संस्कृतियों ने स्थानीय संस्कृति के साथ मिल कर एक नई मिली-जुली संस्कृति को जन्म दिया है, जो हिंद-चीन जैसे शब्दों में प्रतिबिंबित हुई है। इसके बाद इस्लाम, ईसाई धर्म और यूरोपवासियों के आगमन से यह प्रदेश और समृद्ध हो गया। इससे यहाँ की संस्कृति में विविधता के नए रंग भर गए हैं, जो आज के दक्षिण-पूर्वी एशिया में झलकते हैं। जिन देशों में भारतीय संस्कृति की छाप आज भी स्पष्ट है, उनमें लाओस, कंबोडिया, थाईलैंड, म्यांमार, मलेशिया और इंडोनेशिया उल्लेखनीय हैं। इंडोनेशिया के द्वीपों के नाम जैसे सुमात्रा, जावा और बाली भारतीय प्रभाव के स्पष्ट उदाहरण हैं। थाईलैंड (पुराना नाम स्याम) और कंबोडिया की स्थिति भी समान ही है।

भारत के पश्चिम में ईरान, संयुक्त अरब अमीरात, सऊदी अरब, तथा ओमान जैसे पश्चिमी एशियाई देश तथा मिस्र, सूडान, इथियोपिया, सोमालिया, केन्या, तंजानिया, यूगांडा और मॉरीशस जैसे पूर्वी-अफ्रीकी देश हैं। भारत के उत्तर में जम्मू-कश्मीर की सीमा से लगा चीन का सिक्यांग (जिनजियांग) प्रदेश है। इस प्रदेश में तारिम बेसिन है, जहाँ कभी काशी (काशगर) और खेतान की उत्कृष्ट सभ्यता फली-फूली थी। हिमालय के उस पार तिब्बत है, जो आज चीन का स्वायत्त प्रांत है। तिब्बत में प्रसिद्ध कैलाश पर्वत और मानसरोवर झील हैं, जो आज भी भारतीय तीर्थ यात्रियों को आकर्षित करते हैं। तिब्बत के साथ सदा से भारत के निकट सांस्कृतिक संबंध रहे हैं। तिब्बत के आध्यात्मिक गुरु दलाई लामा आजकल भारत में ही रहते हैं।

आर्थिक व सांस्कृतिक पहलू

भारतीय उपमहाद्वीप प्राकृतिक संसाधनों की दृष्टि से, प्राचीन काल से ही अत्यंत समृद्ध रहा है। यहाँ लोहा, तांबा, कोयला, अभ्रक, मैंगनीज, खनिज तेल इत्यादि के विशाल भण्डार हैं। अनेक व्यावसायिक एवं खाद्यान्न फसलें, प्रचुर जल स्रोत एवं पशु सम्पदा भारत को कृषि प्रधान देश की परिभाषा के अन्तर्गत लाते हैं। यहाँ का विशाल मानव संसाधन कृषि व उद्योग को विकसित करने में प्रमुख योग देता है। इतने प्रचुर संसाधनों के होते हुए भी भारत एक विकासशील देश है। कृषि का पिछड़ापन,

औपनिवेशिक शोषण, कमजोर आधारभूत संरचना, असंतुलित औद्योगिक विकास, तीव्र जनसंख्या वृद्धि, गरीबी, अशिक्षा इत्यादि ऐसे कारक हैं, जो भारत की आर्थिक विकास की गति को धीमा करते हैं।

यहाँ प्राचीन काल से ही समृद्ध सांस्कृतिक विकास के प्रमाण मिलते हैं। अनेक सभ्यताओं, यथा–अरबी, तुर्की, यूनानी, पाश्चात्य इत्यादि को आत्मसात् करने के बावजूद भारतीय संस्कृति ने अपने मूलभूत स्वभाव व पहचान को अक्षुण्ण बनाए रखा है।

अनेकता में एकता

भारत अनेकता में एकता वाला देश है। अनेकता में एकता सदियों से यहाँ का मूलमंत्र रहा है। देश के विभिन्न भागों में हिन्दू, मुस्लिम, सिक्ख, बौद्ध, जैन, पारसी व ईसाई के विभिन्न प्रतीक फैले हुए हैं। देश में विभिन्न जातियों के आगमन, अनेक सभ्यताओं के साथ सम्पर्क तथा विभिन्न विचारों के पारस्परिक आदान-प्रदान ने यहाँ की संस्कृति को एक विशिष्ट एवं बहुआयामी स्वरूप प्रदान किया है।

इसके विशाल आकार ने भिन्न प्रकार की क्षेत्रीय विविधताओं को जन्म दिया और वे फल-फूल रही हैं। देश की भौतिक विशेषताओं और जलवायु ने इन विविधताओं के विकास में योगदान दिया है। हम देखते हैं कि भारत का दक्षिणी भाग प्रायद्वीपीय पठार है और उत्तरी पर्वत बर्फ से ढके हुए हैं। बड़े मैदानी क्षेत्र, इन दोनों के बीच तथा समुद्र तट के साथ-साथ फैले हुए हैं। विभिन्न क्षेत्रों में नदी-घाटियों की संरचना विविध है। उत्तरी मैदानी क्षेत्रों में नदियों का घना जाल है, जबकि राजस्थान के मरुस्थल में नदियां बहुत कम हैं। दक्षिणी भाग गर्म और आर्द्र है, जबकि उत्तर-पश्चिम सर्दियों में ठंडा और शुष्क और गर्मियों में गर्म होता है।

9 भौतिक अवस्थिति

भारतीय उपमहाद्वीप का भू-वैज्ञानिक इतिहास

भारत की भूमि की विशेषता इसके भौतिक लक्षणों की अत्यधिक विविधता है, जिसमें कहीं तो उच्च पर्वतमालाएँ, कहीं पठार और कहीं विस्तृत मैदान हैं। नदी घाटियाँ भी इसकी विशेषताएँ हैं। इस देश में प्राचीन पर्वत श्रेणियाँ–अरावली, सतपुड़ा और विन्ध्याचल तथा नवीन हिमालय पर्वतमालाएँ हैं। अरावली भारत की प्राचीनतम पर्वत श्रेणी है। भारतीय भूमि के लगभग 57 प्रतिशत भाग पर पर्वतमालाओं का विस्तार है, जिसमें 305 से 915 मीटर की समुद्रतल से ऊँचाई वाले पठारों का योगदान 27.7 प्रतिशत है। देश के 43 प्रतिशत भाग पर मैदान फैले हुए हैं।

इस उपमहाद्वीप का वर्तमान भौतिक रूप विशाल शैल समूहों का परिणाम है। इसका निर्माण मुख्यतः तीन भू-वैज्ञानिक इकाइयों से हुआ है–(i) प्रायद्वीपीय पठार, (ii) हिमालय पर्वत, (iii) सिन्धु-गंगा के मैदान।

अधिकतर भू-वैज्ञानिकों का विश्वास है कि भारतीय प्रायद्वीप, गोंडवाना द्वीप समूह का अंग था। इसके उत्तर की ओर सरकने और मध्य एशियाई पठार से टकराने के परिणामस्वरूप ही टैथिस सागर से विशाल हिमालय का जन्म हुआ।

भारत का भू-वैज्ञानिक सर्वेक्षण विभाग भारतीय शैल समूह को चार वर्गों में विभाजित करता है–I आद्य महाकल्पीय, II. पुराण महाकल्पीय, III. द्रविड़ महाकल्पीय, IV. आर्य महाकल्पीय।

भारत के महत्त्वपूर्ण शैल समूह हैं–आद्य महाकल्पीय शैल समूह, धारवाड़ शैल समूह, कुड्डप्पा शैल समूह, विंध्यन शैल समूह, गोंडवाना शैल समूह, दक्कन ट्रैप, तृतीय शैल समूह तथा चतुर्थ शैल समूह।

आद्य महाकल्प की चट्टानें मुख्यतः आन्ध्र प्रदेश, तमिलनाडु, मध्य प्रदेश, कर्नाटक, उड़ीसा, राजस्थान, छत्तीसगढ़ और झारखंड में पायी जाती हैं। ये चट्टानें ग्रेनाइट और नीस की बनी हैं। इनमें जीवाश्म के कोई चिह्न नहीं दिखाई देते। ये चट्टानें पृथ्वी की सबसे पहले बनी चट्टानों में से हैं।

धारवाड़ शैल समूह की चट्टानें सबसे पहले बनी हुई अवसादी शैलें हैं। ये चट्टानें मेघालय, कर्नाटक, मध्य प्रदेश, झारखंड और राजस्थान में फैली हैं। इस वर्ग की चट्टानें स्लेट, क्वार्टजाइट, शिस्ट आदि हैं। ये कायान्तरित रूप में मिलती हैं तथा इनमें जीवाश्म नहीं मिलते हैं। इन शैल समूहों में सोना, लौह-अयस्क, मैंगनीज अयस्क, क्रोमियम, तांबा, थोरियम, अभ्रक जैसे खनिज पाए जाते हैं। संगमरमर, क्वार्टजाइट, ग्रेनाइट आदि भी इस समूह में प्राप्त होते हैं। छत्तीसगढ़, मध्य प्रदेश, आन्ध्र प्रदेश, राजस्थान, तमिलनाडु में कुड्डप्पा शैल समूह विस्तृत है। इस शैल समूह में लौह अयस्क, स्लेट, मैंगनीज अयस्क, संगमरमर इत्यादि पाए जाते हैं। विन्ध्यन शैल समूह कुड्डप्पा की चट्टानों पर बिछी हैं। छत्तीसगढ़, राजस्थान, उत्तर प्रदेश, मध्य प्रदेश के क्षेत्रों पर यह समूह विस्तृत है। इस समूह में चूना-पत्थर, बलुआ-पत्थर, स्लेट चट्टानें पायी जाती हैं। ऊपरी कार्बनी कल्प में प्रायद्वीप को पर्पटीय संचलनों के आघात सहने के कारण द्रोणी की आकृति के गर्तों का निर्माण हुआ। इन गर्तों में असंख्य जीव-जन्तु तथा पौधे विद्यमान थे। कालांतर में ये दब गए और इनसे कोयला निक्षेपों की उत्पत्ति हुई। इन्हें गोंडवाना शैल समूह कहते हैं। ये शैल समूह प्रायद्वीप की दामोदर, महानदी और गोदावरी की घाटियों में विस्तृत हैं।

भारत में पर्वतों, पठारों तथा मैदानों का सुन्दर समन्वय है। उत्तर में हिममंडित हिमालय है। यह संसार का नवीनतम तथा सर्वोच्च पर्वत समूह है। तृतीय कल्प के दौरान, लगभग 6 करोड़ वर्ष पूर्व, टेथिस सागर में इसका जन्म हुआ था, तब से लेकर आज तक ये भू-पृष्ठीय अपरदन के नियंत्रण में है। अपरदन के कारक इन पर सक्रिय हैं। दक्षिण में त्रिभुजाकार विशाल प्रायद्वीप है। यह संसार के प्राचीनतम भू-भागों में से एक है। इसका धरातल अवशिष्ट है। हिमालय और प्रायद्वीप के मध्य में गंगा, ब्रह्मपुत्र और सिंधु नदियों के तंत्र का विशाल जलोढ़ मैदान है। यह मैदान भारतीय इतिहास का प्रमुख रंगमंच रहा है। आजकल यह देश में अनाज का मुख्य भंडार है।

भू-आकृतिक वर्गीकरण

विशाल भू-भाग में फैली इन तीन प्रमुख स्थलाकृतियों को सुविधापूर्वक निम्नलिखित भू-आकृतिक इकाइयों में वर्गीकृत किया जा सकता है:

(क) हिमालय पर्वत

1. उत्तरी पर्वत श्रेणियाँ

(ख) गंगा-सिंधु का मैदान

2. विशाल मैदान, 3. थार मरुस्थल

(ग) प्रायद्वीपीय पठार

4. मध्यवर्ती उच्च भूमि, 5. प्रायद्वीपीय पठार, 6. तटीय मैदान

7. द्वीप समूह, 8. तट

(क) हिमालय पर्वत

उत्तरी पर्वत श्रेणियाँः भारत की उत्तरी सीमा पर स्थित हिमालय पर्वत की श्रृंखलाएँ संसार में सबसे ऊँची हैं। विशाल सिंधु नदी और शक्तिशाली ब्रह्मपुत्र इसे तीन भागों में विभाजित कर देती हैं। ये भाग हैं : मुख्य हिमालय, उत्तर पश्चिम हिमालय (हिमालय पार की पर्वत श्रेणियाँ) तथा उत्तर पूर्व हिमालय (पूर्वांचल)।

भारत के प्रमुख भू-वैज्ञानिक शैल समूह

भारतीय महाकल्प	मानक भू-वैज्ञानिक महाकल्प और कल्प	कल्प की अवधि (करोड़ वर्षों में)	प्रारंभ से आयु (करोड़ वर्षों में)	प्रायद्वीप में प्रमुख शैल समूह	प्रायद्वीपीय-इत्तर भाग में प्रमुख शैल समूह
आर्य	**नूतनजीवी**	0.2 से कम	0.2 या 0.3	नवीनतम जलोढ़	गंगा के मैदान
	चतुर्थ			मरुस्थल	की उत्पत्ति
	अभिनव	6.4		लैटराइट	
	अत्यंत नूतन				
	तृतीय				हिमालय की उत्पत्ति
	अतिनूतन			तटीय निक्षेप	
	मध्यनूतन			तटीय निक्षेप	
	अल्पनूतन				
	आदिनूतन				
	मध्यावधि		**6.6**		
	क्रिटेशस	17.9		दक्कन ट्रैप,	ज्वालामुखीय शैल समूह
	जुरैसिक			समुद्री निक्षेप	समुद्री अवसाद
	ट्रियासिक				
	पुराजीवी		**24.5**		
	पर्मियन	32.5		अवर	कश्मीर और स्पीति में निक्षेप
	कार्बनी			गोंडवाना	
द्रविड़	डेबौनी			(कोयला निक्षेप)	
	सिल्यूरियन				
	ओडोविसियन			कोई निक्षेप नहीं	
	प्राक्-कैम्ब्रियन		**57**		
पुराण	अपर प्राक्-कैम्ब्रियन			विंध्यन	आद्य महाकल्पीय नीस
				कुड्डप्पा	
				धारवाड़	
				अरावली	
				आद्य शैल समूह	
आद्य	पूर्व-कैम्ब्रियन				

मुख्य हिमालय का विस्तार उत्तर-पश्चिम में सिंधु नदी से लेकर दक्षिण-पूर्व में ब्रह्मपुत्र नदी तक है। यह संसार के सबसे युवा पर्वत हैं। अपनी युवावस्था के कारण इनमें सबसे ऊँचा माउण्ट एवरेस्ट (8,848 मी.) है। इस पर्वत का नाम भारत के पूर्व महासर्वेक्षक सर जॉर्ज एवरेस्ट के नाम पर रखा गया है। यह नेपाल में है। भारत में स्थित K_2 (8,611 मी.) जिसे गाडविन ऑस्टिन के नाम से भी जाना जाता है, भारत की सबसे ऊँची चोटी है। हिमालय में लगभग 140 पर्वत शिखर ऐसे हैं, जिनकी ऊँचाई आल्पस की सबसे ऊँची चोटी माउंट ब्लैक (4,810 मी.) से भी अधिक है। हिमालय के कुछ उल्लेखनीय पर्वत शिखर ये हैं : कंचनजंगा (8,598 मी.), धौलागिरि (8,178 मी.) तथा गोसाईंथान (8,018 मी.)। हिमालय में उच्चावच ऊँचा, शिखर हिम-मंडित, स्थलाकृति बहुत अधिक विरदित, जटिल भू-वैज्ञानिक संरचना और सघन वन हैं। हिमालय की लंबाई 2,500 कि.मी. है तथा चौड़ाई 150 से 400 कि.मी. के बीच है। हिमालय पर्वत के पश्चिमी हिस्से की अपेक्षा पूर्वी हिस्से में अधिक मानसूनी वर्षा होती है। यही वजह है कि पूर्वी हिमालय में 4000 मीटर और पश्चिमी हिमालय में 3000 मीटर की ऊँचाई तक पर्वतीय वनस्पति पायी जाती है।

इसकी तीन पर्वत श्रेणियाँ हैं : उत्तर में हिमाद्रि (बृहत् हिमालय), मध्य में हिमाचल (लघु हिमालय) तथा शिवालिक (बाह्य हिमालय)।

हिमाद्रि—यह सबसे उत्तरी श्रेणी है। इसे बृहत् हिमालय या आंतरिक हिमालय भी कहते हैं। इसकी औसत ऊँचाई 6,000

मीटर है तथा हिमालय के सभी प्रमुख शिखर इसी श्रेणी में हैं। अधिकांश बड़ी नदियों का उद्‌गम एवं बेसिन इसी श्रेणी में है। माउंट एवरेस्ट (8,848 मीटर) जो संसार का सर्वोच्च शिखर है, नेपाल में इन्हीं श्रेणियों में स्थित हैं। कंचनजंगा (8,586 मीटर) ऊँचा है, जो हिमालय का तीसरा सर्वोच्च शिखर है, यह सिक्किम राज्य में है। यह हिमालय की प्राचीनतम श्रेणी है।

महान हिमालय की चौदह सर्वोच्च चोटियाँ	
चोटियाँ	**ऊँचाई (मीटर में)**
1. माऊंट ऐवरेस्ट (सागर माथा)	8848
2. ऐवरेस्ट साउथ	8757
3. कंचनजंगा I	8598
4. लाहोत्से I	8501
5. मकालू I	8481
6. कंचनजंगा दक्षिण	8474
7. लाहोत्से मध्यवर्ती	8410
8. लाहोत्से सहार	8384
9. कंचनजंगा पश्चिम	8320
10. मनसालू	8156
11. चो ओमू	8153
12. अन्नापूर्णा	8078
13. गोसाईंनाथ (शीशा पंग्मा)	8018
14. मकालू दक्षिण	8010

मध्य हिमालय–हिमाद्रि के दक्षिण में स्थित इस श्रेणी को हिमाचल हिमालय या लघु हिमालय भी कहा जाता है। इनकी औसत चौड़ाई 50 कि.मी. तथा ऊँचाई 3,700 से 4,500 मीटर है। मेन सेंट्रल थ्रस्ट जोन इस श्रेणी को वृहत् हिमालय से अलग करता है। पीर पंजाल, धौलाधर तथा महाभारत श्रेणियाँ इसी भाग में हैं। उत्तरी भारत के सभी महत्त्वपूर्ण पर्वतीय नगर—शिमला, डलहौजी, धर्मशाला, मसूरी तथा दार्जिलिंग इन्हीं श्रेणियों पर स्थित हैं। लघु हिमालय की संरचना में अवसादी शैलों की प्रधानता है जिनमें अधिकांश चूने की चट्टानें पायी जाती हैं।

बाह्य हिमालय–बाह्य हिमालय अथवा शिवालिक श्रेणियाँ मध्य हिमालय श्रेणियों के दक्षिण में 10 से 15 कि. मी. की चौड़ाई में स्थित हैं, जिनकी ऊँचाई 9,00 से 1,200 मीटर तक है। ये श्रेणियाँ ठोस अवसादों वाली शैलों से बनीं हैं। अतः यहाँ प्रायः भू-स्खलन होता रहता है। अनेक स्थानों पर शिवालिक श्रेणियों तथा मध्य हिमालय श्रेणियों के बीच समतल घाटियाँ पाई जाती हैं। ये कंकड़-पत्थरों तथा अवसादों के गहरे निक्षेपों से ढकी हुई हैं और इन्हें 'दून' कहते हैं, जैसे; देहरादून तथा पाटली दून। मेन बाउंड्री थ्रस्ट इस श्रेणी को मध्य हिमालय से अलग करता है।

हिमालय में अनेक दर्रे हैं। इनमें से कुछ हैं : जेलेप-ला, नाथु-ला, चोला, पटकाई, बुमडि-ला, चाँगला, काराकोरम आदि। प्राचीन काल में इनका भारत और तिब्बत के बीच संपर्क मार्ग के रूप में उपयोग होता था, लेकिन आजकल ये ऐसे स्थान हैं, जहाँ सुरक्षा बलों को निरंतर चौकसी रखनी पड़ती है।

हिमालय की उत्पत्ति एवं विकास

हिमालय की उत्पत्ति के संबंध में विद्वान एकमत नहीं हैं, फिर भी अधिकतर विद्वान इस बात पर एकमत हैं कि हिमालय पर्वत का उद्‌गम प्रायद्वीपीय पठार के उत्तर में फैले टेथिस सागर के तल के ऊपर उठने से हुआ है। इसका उत्थान कई अवस्थाओं में हुआ।

करोड़ों वर्ष पूर्व पृथ्वी पर महाद्वीपों व महासागरों का विभाजन आज से सर्वथा भिन्न था। उन दिनों हिमालय और बर्मा के पर्वत तथा हिन्दूकुश से लेकर यूरोप में फैली आल्पस व कार्पेथियन पर्वत श्रेणियों तक एक विशाल सागर लहराता था, जिसे टेथिस सागर कहा जाता है। इस सागर के दोनों तरफ महाद्वीपों का विस्तार था। उत्तर में स्थित महाद्वीप को अंगारा भूमि तथा दक्षिण में स्थित महाद्वीप को गोंडवाना भूमि कहा जाता था। समय के साथ भूगर्भिक उत्पादों से प्रभावित होकर टेथिस सागर ने ऊपर की ओर उठना शुरू किया तथा उठते-उठते जल की सतह तक पहुँच गया। यह जल गोंडवाना भूमि के निचले क्षेत्रों में फैल गया, जिस कारण गोंडवाना महाद्वीप विखण्डित हो गया तथा हिन्द महासागर की उत्पत्ति हुई। कालान्तर में टेथिस सागर और ऊपर उठता गया, फलतः हिमालय का सृजन हुआ।

(ख) गंगा-सिंधु का मैदान

विशाल मैदान का वर्गीकरण–मिट्टी की विशेषता एवं ढाल के आधार पर विशाल मैदान का वर्गीकरण किया जा सकता है, यथा-(i) भाबर, (ii) तराई, (iii) बांगर, (iv) खादर।

उत्तर भारत (सिंधु-गंगा-ब्रह्मपुत्र) का मैदान–हिमालय पर्वत और दक्षिणी प्रायद्वीपीय पठार के मध्य सिन्धु, गंगा और ब्रह्मपुत्र नदियों की निक्षेप क्रिया द्वारा निर्मित एक विशाल तथा महत्वपूर्ण मैदान स्थित है। ये मैदान जलोढ़ मिट्टी के जमाव से बने हैं। इसे **सिन्धु-गंगा-ब्रह्मपुत्र** का मैदान भी कहते हैं। सिन्धु और गंगा दोनों की सभ्यता इन्हीं नदी-मैदानों में विकसित हुई और ये दोनों ही उपजाऊ मिट्टी, उपयुक्त जलवायु और पर्याप्त जल-आपूर्ति की सहायता से विकसित अधिशेष उत्पादन करने वाली कृषि पर आधारित थीं।

गंगा और सिन्धु नदियों के मुहाने के मध्य, पूर्व-पश्चिम दिशा में इसकी लम्बाई लगभग 3,200 किमी० है। रावी और सतलुज के किनारे से गंगा के डेल्टा तक इसका अनुदैर्ध्य विस्तार 2400 किमी० है। यह 150 से 300 किमी० चौड़ा है। असम में यह मैदान संकरा है और इसकी चौड़ाई केवल 90 से 100 किमी० है। पश्चिम की ओर यह मैदान चौड़ा होता जाता है।

राजमहल की पहाड़ियों के पास इसकी चौड़ाई 160 किमी० और इलाहाबाद के निकट 280 किमी० है। लाखों वर्षों से नदियों द्वारा तलछट का निक्षेप होने से इस मैदान में जलोढ़ की बहुत ही मोटी परतें जम गई हैं, जिसकी मोटाई हर स्थान पर एक-सी नहीं है। इस मैदान को प्रादेशिक दृष्टि से उत्तरी राजस्थान, हरियाणा, पंजाब, उत्तर प्रदेश, बिहार, पश्चिमी बंगाल एवं असम के मैदानों में बांटा जाता है। पश्चिमी मैदान का अधिकांश भाग पाकिस्तान में आता है जो सिन्धु और उसकी सहायक नदियों जैसे-सतलुज, व्यास, चेनाब, झेलम और रावी से बना है। ये मैदान बाढ़ से प्रभावित होते हैं, लेकिन कृषि के लिए काफी महत्वपूर्ण हैं।

शिवालिक की पहाड़ियों के साथ लगते हुए मैदान में अनेक छोटी-छोटी नदियों ने बड़ी मात्रा में अपरदन किया है, जिस कारण यहां बड़ी संख्या में खड्डे मिलते हैं। नदियों द्वारा बनाए इन खड्डों को स्थानीय भाषा में 'चो' (Chos) कहते हैं, ये होशियारपुर जिले में अधिक मिलते हैं।

पूर्वी मैदान का फैलाव उत्तर प्रदेश, बिहार एवं पश्चिम बंगाल राज्यों में मिलता है, जिसका क्षेत्रफल 3.57 लाख वर्ग किमी० है। यह मैदान हिमालय से निकलने वाली गंगा एवं इसकी सहायक नदियों-यमुना, गोमती, घाघरा, गण्डक और कोसी की निक्षेप क्रिया द्वारा बना है। दक्षिणी पठार से निकलने वाली नदियों-चम्बल, बेतवा, केन एवं सोन ने भी इस मैदान के निर्माण में अपना योगदान दिया है। इस सम्पूर्ण मैदान का सामान्य ढाल पूर्व और दक्षिण-पूर्व की ओर है। इस भाग में खादर एवं बांगर नाम के दो भूभाग पाये जाते हैं। बांगर पुरानी जलोढ़ मिट्टी के निमित ऊंचे मैदान हैं, जिस पर नदियों के बाढ़ का पानी नहीं पहुंचता है जबकि खादर नये जलोढ़ों से बना मैदान है, जिस पर हर साल बाढ़ का पानी पहुंच जाता है तथा नयी मिट्टी का जमाव करता है। यह काफी उपजाऊ भूमि होती है।

भाबर शिवालिक के गिरिपद प्रदेश में 8-16 किमी० की चौड़ाई वाली संकरी पट्टी है, जिसमें नदियां बड़ी मात्रा में भारी पत्थर, कंकड़, बजरी आदि लाकर जमा कर देती हैं, जिससे पारगम्य चट्टानों का निर्माण होता है, इसलिए छोटी-छोटी नदियां भूमिगत होकर अदृश्य हो जाती हैं। तराई, भाबर के दक्षिण में मैदान का वह भाग है, जहाँ भांबर की लुप्त नदियां फिर से भूतल पर प्रकट हो जाती हैं। यहां पर अधिकांश भाग दलदल होता है। अतः अधिक दलदल तथा नमी के कारण यहां पर घने वन और विभिन्न प्रकार के वन्य प्राणी पाए जाते हैं। लेकिन वर्तमान में यहां की घनी वनस्पतियों को काटकर और दलदलों को सुखाकर कृषि कार्य के उपयोग में लाया जाता है। उत्तरी भारत के मैदान को अलग्र-अलग प्रादेशिक नामों से जाना जाता है। इनमें मुख्य मैदान हैं- पंजाब का मैदान, हरियाणा का मैदान और राजस्थान का मैदान। गंगा के मैदान के हरिद्वार से अलीगढ़ तथा इलाहाबाद तक के भाग को मध्य दोआब कहा जाता है। गंगा-यमुना दोआब, रुहेलखंड और अवध इस मैदान की तीन प्रसिद्ध इकाइयां हैं। गंगा-यमुना दोआब एक निश्चित भौगोलिक इकाई है। यहां पर धरातलीय जलोढ़ों की मोटाई 1000 से 2000 मीटर है जो कि बहुत ही उपजाऊ भाग है। अवध का मैदान उत्तर प्रदेश के उत्तरी-पूर्व भाग में पाया जाता है, जिसमें घाघरा और गोमती नदियां बहती हैं।

बिहार में स्थित एक संक्रमण क्षेत्र के माध्यम से उत्तर प्रदेश का गंगा का मैदान बंगाल के डेल्टाई मैदान से मिल जाता है। इस संक्रमण क्षेत्र की मुख्य विशेषता गंगा के उत्तर और दक्षिण की ओर असंख्य नदियों द्वारा निर्मित प्रवाहनुमा शंकु है। गंगा के मैदान के उत्तरी-पूर्वी भाग में असम तक ब्रह्मपुत्र नदी का मैदान फैला हुआ है जो कि गारो पहाड़ी, मेघालय पठार और हिमालय पर्वत के मध्य लम्बे तथा पतले रूप में फैला है। यह मैदान असम में धुबरी से सदिया तक लगभग 640 किमी० की लम्बाई और 90 से 100 किमी० की चौड़ाई में फैला हुआ है।

सिन्धु एवं गंगा के डेल्टाओं में तुलना

गंगा का डेल्टाई क्षेत्र	सिन्धु का डेल्टाई क्षेत्र
1. यह राजमहल पहाड़ियों से डेल्टा के अंत तक केवल 430 किमी० की दूरी में फैला है।	1. यह अधिक विस्तृत है इसका विस्तार चेनाब पहाड़ी से डेल्टा के अंत तक 960 किमी० है।
2. इसकी चौड़ाई 480 किमी० है।	2. इसकी चौड़ाई 160 किमी० है, जो गंगा की तुलना में मात्र एक-तिहाई है।
3. गंगा डेल्टा में ज्यादा सिल्ट एवं गाद पाई जाती है।	3. सिन्धु डेल्टा में तुलनात्मक रूप से कम सिल्ट एवं गाद पाई जाती है।
4. गंगा के निक्षेप में काफी बारीक कण पाए जाते हैं।	4. सिन्धु के निक्षेप में अपेक्षाकृत मोटे कण पाए जाते हैं।
5. यहां गाद अधिक मोटी पाई जाती है।	5. यहां गाद की मोटाई कम पाई जाती है।

(ग) प्रायद्वीपीय पठार

मध्यवर्ती उच्च भूमिः पश्चिम में अरावली पर्वत श्रेणी से तथा पूर्व में विंध्य की कगार से सीमांकित पहाड़ी प्रदेश की चौड़ी पट्टी को मध्यवर्ती उच्चभूमि कहते हैं। इसकी दक्षिणी सीमा पर नर्मदा की भ्रंश घाटी है। इन उच्चभूमियों में मध्य प्रदेश का आधा, राजस्थान का एक-तिहाई तथा उत्तर प्रदेश का थोड़ा-सा भाग शामिल है। यह पूरा का पूरा प्रदेश वनाच्छादित है। इसमें अधिकतर गोंड, संथाल, उराँव और भील नाम की जनजातियाँ रहती हैं। अरावली पर्वत श्रेणी, पूर्वी राजस्थान की उच्च भूमि, मध्य भारत का पठार, बुंदेलखंड की उच्चभूमि, मालवा का पठार, विंध्य की कगारी भूमि,

विंध्य श्रेणी और नर्मदा घाटी इसी प्रदेश के अंग हैं। इनमें से प्रथम चार उत्तरी उच्च भूमि के भाग हैं तथा अन्तिम चार दक्षिणी उच्च भूमि के भाग हैं।

अरावली पर्वत श्रेणी दिल्ली से लेकर दक्षिण-पश्चिमी की ओर अहमदाबाद के निकट तक लगभग 800 कि.मी. की दूरी में फैली है। यह भारत का सबसे पुराना विवर्तनिक पर्वत है। अरावली कठोर क्वार्टजाइट चट्टानों से बना है। आबू की पहाड़ियों पर स्थित गुरु शिखर (1,722 मी.) अरावली श्रेणी का सबसे ऊँचा शिखर है। अरावली के पूर्व के क्षेत्र की ऊँचाई 250 मी. से लेकर 500 मी. तक है। इसे पूर्वी राजस्थान की उच्चभूमि कहते हैं। चंबल और बनास ही मुख्य रूप से इस क्षेत्र का जल बहाकर ले जाती हैं। चंबल के पूर्व की भूमि चट्टानी है तथा सघन वनों से ढकी है। इसका नाम मध्य भारत का पठार है। इस बलुआ पत्थरावाली उच्चभूमि की मुख्य नदी चंबल है। बुंदेलखंड की उच्चभूमि, यमुना और विंध्य की कगारी भूमि के बीच विस्तृत है। यह क्षेत्र 100 से लेकर 300 मी. तक ऊँचा है। यह उच्चभूमि पुराना अपरदित धरातल है, जिसका निर्माण ग्रेनाइट से हुआ है।

मध्य भारत पठार और विंध्य श्रेणी के मध्य लावा निर्मित विस्तृत पठार है। इसे मालवा का पठार कहते हैं तथा यहाँ काली मिट्टी पाई जाती है। इस पठार के दक्षिण में विंध्याचल पर्वत श्रेणी है। यह नर्मदा नदी के समानांतर फैली है। इसका निर्माण बलुआ पत्थर, चूना पत्थर, क्वार्टजाइट और शैल से हुआ है। इसके उत्तर-पूर्वी भाग में कगारी भूमि की स्थलाकृतियाँ हैं। इसे विंध्य की कगारी भूमि (कैमूर की पहाड़ियाँ) कहते हैं। मध्यवर्ती उच्च भूमि का दक्षिणतम भाग नर्मदा का संरचनात्मक गर्त्त है।

भारत का प्रायद्वीपीय पठारः भारत का प्रायद्वीपीय पठारी प्रदेश एक अनियमित त्रिभुजाकार आकृति है, जिसका आधार दिल्ली तथा राजमहल की पहाड़ियों के बीच उत्तरी मैदान की दक्षिणी सीमा और शीर्ष कन्याकुमारी है। यह भारत का प्राचीनतम भूखण्ड है, जिसकी समुद्र तल से औसत ऊँचाई 600 से 900 मीटर है। इसका क्षेत्रफल लगभग 16 लाख वर्ग किमी. है। इसकी लम्बाई राजस्थान से कन्याकुमारी तक करीब 1,600 किमी. है और चौड़ाई गुजरात से पश्चिम बंगाल तक करीब 1,400 किमी. है। इसके उत्तर में अरावली, विन्ध्याचल और सतपुड़ा की पहाड़ियाँ, पश्चिम में पश्चिमी घाट और पूर्व में पूर्वी घाट स्थित है। नर्मदा और तापी की संकरी श्रेणियाँ इसे दो असमान भागों में बांटती हैं। उत्तरी भाग को मालवा का पठार तथा दक्षिणी भाग को दक्षिण का मुख्य पठार या दक्कन ट्रेप कहते हैं। मालवा पठार का ढाल उत्तर-पूर्व महान मैदान की तरफ है जिस पर बेतवा, काली, सिन्ध, चम्बल नदियाँ प्रवाहित होती हैं। इन नदियों के प्रवाह के कारण यह पठार अनेक स्थानों पर ऊबड़-खाबड़ बन गया है और बड़े-बड़े बीहड़ खड्ड (Reverine) पाए जाते हैं। बुन्देलखण्ड और बघेलखण्ड के पठार मालवा पठार की उत्तरी और उत्तरी-पूर्वी सीमा पर स्थित हैं। इनके पूर्व में छोटा नागपुर का पठार बिहार राज्य के दक्षिण में स्थित है, जिस पर महानदी सुवर्णरेखा, सोन और दामोदर नदियाँ बहती हैं। हजारीबाग और कोडरमा के पठार दामोदर नदी के उत्तर में स्थित हैं जबकि इस नदी के दक्षिण में रांची का पठार है।

मालवा पठार के दक्षिण में स्थित पूर्व-पश्चिम दिशा में विस्तृत विन्ध्याचल पर्वत है, जिसकी अधिकतम ऊंचाई 730 मीटर है और यह भ्रंश पर्वत है। इसके दक्षिण में नर्मदा तथा तापी नदियों के मध्य सतपुड़ा पर्वत है जिसकी औसत ऊंचाई 760 मीटर है। नर्मदा और तापी नदी के दक्षिण में त्रिभुजाकार रूप में फैला हुआ दक्कन का पठार है, जिसको महाराष्ट्र पठार के नाम से भी जाना जाता है। यह पठार मुख्यतः लावा (बैसाल्ट) से बना हुआ है, जिसकी औसत ऊंचाई 600 मीटर है। लगभग 2 लाख वर्ग कि.मी. क्षेत्रफल वाले इस विशाल पठार की ढाल पश्चिम से पूर्व की ओर है। महानदी, गोदावरी, कृष्णा तथा कावेरी नदियाँ पश्चिम से पूर्व की दिशा में प्रवाहित होती हैं। इस पठार को दो भागों में वर्गीकृत किया जाता है—**(i) तेलंगाना का पठार**—इसे गोदावरी नदी दो हिस्सों में बांटती है जिसके निचले समतल हिस्से में हैदराबाद और सिकन्दराबाद शहर बसे हुए हैं। **(ii) कर्नाटक का पठार**—इसको 600 मीटर की ऊंचाई तक दक्षिणी पठार अथवा मैसूर पठार भी कहा जाता है। इसके दक्षिण में नीलगिरि की पहाड़ियाँ पश्चिम में पश्चिमी घाट और पूर्व में पूर्वी घाट पाए जाते हैं।

पश्चिमी एवं पूर्वी घाटः पश्चिमी घाट को सहयाद्रि पर्वत भी कहते हैं, जो उत्तर में ताप्ती नदी से दक्षिण में कन्याकुमारी तक फैला है। इसकी लम्बाई 1,500 किमी. है। इसकी औसत ऊंचाई 900 से 1,100 मीटर है। उत्तर से दक्षिण दिशा में एक दीवार की भाँति खड़े होने से इन्हें पार करना कठिन है, लेकिन इनमें तीन दर्रे हैं जिनके द्वारा इनको पार किया जाता है। पश्चिमी घाट को पारिस्थितिक उष्ण स्थल माना जाता है। उत्तर से दक्षिण की ओर इन दर्रों के नाम हैं—(i) थाल घाट, (ii) भोर घाट और (iii) पाल घाट। थाल घाट से मुम्बई-कोलकाता, भोर घाट से मुम्बई-चेन्नई और पालघाट से कोच्चि-चेन्नई रेलमार्ग होकर जाते हैं। यह पर्वत पश्चिमी ढलान की ओर सीढ़ियों के रूप में हैं, जिस कारण इसे घाट कहते हैं। इसके दक्षिणी भाग में नीलगिरि, अन्ना मलाई, पालनी तथा कार्डमम की पहाड़ियाँ महत्त्वपूर्ण हैं। पालनी पहाड़ियों में स्थित अनाई मूदी शिखर दक्षिण भारत का सबसे ऊँचा शिखर है, जिसकी ऊँचाई 2,695 मीटर है। नीलगिरि में स्थित दोदा बेट्टा का दूसरा स्थान है, इसकी ऊँचाई 2,637 मीटर है। कार्डमम की पहाड़ियों में इलायची बहुत होती है जिस कारण इन्हें कार्डमम (इलायची) की पहाड़ियां कहा जाता है। पूर्वी घाट दक्षिणी पठार के पूर्वी किनारे पर स्थित है जो उड़ीसा के उत्तर-पूर्वी भाग से शुरू होकर बंगाल की खाड़ी के समानांतर चलता हुआ नीलगिरि की पहाड़ियों तक

पहुंचता है। इसकी औसत ऊँचाई 600 मीटर है। सबसे ऊँची चोटी का नाम महेन्द्रगिरि है, जो समुद्र तल से 1,500 मीटर ऊँची है। यह एक टूटी-फूटी अवशिष्ट शृंखला है। महानदी और गोदावरी के बीच की पर्वत-श्रेणी के अतिरिक्त इसमें कहीं भी वास्तविक पर्वतीय लक्षण दिखाई नहीं देते हैं। ये पहाड़ियाँ एक अनियमित रेखा के रूप में विस्तृत हैं, जैसे नल्लामलाई, बेलिकोंडा, पालकोंडा तथा पचलमाई इत्यादि।

प्रायद्वीपीय पठार बिहार के राजमहल की पहाड़ियों के अंतिम छोर पर समाप्त नहीं हो जाता है, जैसा कि गंगा नदी का विशाल मोड़ यह आभास दिलाता है कि यह पठार का अंतिम सीमा बिन्दु है। शिलाँग पठार प्रायद्वीपीय खण्ड के एक विखण्डित भाग के रूप में इससे संबंधित सिलसिले का संकेत देती है। लेकिन इनको जोड़ने वाली चट्टान रचना गंगा के जलोढ़ों के नीचे दबी हुई है। यह पठार 240 किमी. लम्बे और 90 किमी. चौड़े क्षेत्र पर फैला हुआ है। यह पठार सूरमा घाटी की ओर खड़े ढाल के साथ नीचा होता जाता है। मिकिर और रेगमा की पहाड़ियाँ शिलाँग पठार की उत्तरी बाह्य सीमा का प्रतिनिधित्व करती हैं।

पूर्वी एवं पश्चिमी घाट में तुलना

पश्चिमी घाट	पूर्वी घाट
1. ये अधिक ऊंचे हैं। पश्चिमी घाट की सर्वोच्च चोटी अनाईमुदी है, जिसकी ऊंचाई 2,695 मीटर है।	1. ये अपेक्षाकृत निम्न हैं। पूर्वी घाट की सर्वोच्च चोटी महेंद्रगिरि है, जिसकी ऊंचाई 1,500 मीटर है।
2. ये पश्चिमी घाट से सीधा ऊपर उठती है।	2. ये पूर्वी घाट से मंद रफ्तार से ऊपर उठती है।
3. पहाड़ी लगातार है।	3. पहाड़ी विच्छिन्न है।
4. दक्कन के चट्टान की सभी नदियां पश्चिमी घाट से निकलती हैं।	4. नदियां पूर्वी घाट को काटती हुई बहती हैं।

तटीय मैदानः दक्षिणी पठार के पूर्व और पश्चिम की ओर दो संकरे मैदान हैं, जो पूर्वी घाट और पश्चिमी घाट की पर्वतमालाओं और सागर तट के बीच फैले हैं।

पश्चिमी तटीय मैदान पश्चिमी घाट और अरब सागर के तट के बीच गुजरात से कन्याकुमारी के मध्य विस्तृत हैं। गुजरात के कुछ भाग को छोड़कर यह सारा मैदान एक संकरा मैदान है, जिसकी औसत चौड़ाई 64 किमी. है। इस मैदान की सबसे ज्यादा चौड़ाई नर्मदा एवं तापी नदियों के मुहानों के पास लगभग 75-80 किमी. तक है। इस मैदान का ढाल पश्चिम की ओर है। पश्चिमी तटीय मैदान को पाँच भागों में बांटा जाता है। **पहला है** कच्छ तटीय मैदान जो शुष्क, अर्द्धशुष्क और रेतीली है तथा जिसके बीच गिरनार पहाड़ियां पाई जाती हैं। **दूसरा है** गुजरात मैदान, जो कच्छ और सौराष्ट्र के पूर्व में स्थित है तथा जिस पर साबरमती, माही, नर्मदा और तापी नदियां बहती हैं। **तीसरा है** कोंकण का मैदान, जो दमन से गोवा तक फैला हुआ है। **चौथा है** मालाबार तटीय मैदान, जो गोवा से मंगलौर तक पाया जाता है तथा जो पुरानी रूपान्तरित शैलों से निर्मित है। इस मैदान पर गरम मसालों, सुपारी, आम, केला आदि की कृषि की जाती है। **पांचवाँ है** दक्षिण तटीय मैदान या केरल का तटीय मैदान जो मंगलौर से कन्याकुमारी तक विस्तृत है। इसकी विशेषता है, लैगून तथा कयाल नाम की छोटी-छोटी तटीय झीलों का पाया जाना। कोच्चि बन्दरगाह एक लैगून पर स्थित है। इसके तटीय भाग के अधिक कटा-फटा होने के कारण यहां मुम्बई, गोवा, मंगलौर आदि अन्य बन्दरगाह भी पाए जाते हैं।

पूर्वी तटीय मैदान पूर्वी घाट और बंगाल की खाड़ी के मध्य उत्तर में गंगा के मुहाने से दक्षिण में कन्याकुमारी अन्तरीप तक विस्तृत है। इस मैदान की चौड़ाई पश्चिमी तटीय मैदान की अपेक्षा अधिक है। तमिलनाडु में यह मैदान चौड़ा है, जहाँ इसकी चौड़ाई 100 से 120 किमी. है।

यह मैदान महानदी, गोदावरी, कृष्णा और कावेरी नदियों के डेल्टाओं द्वारा निर्मित होने के कारण बड़ा उपजाऊ है। इसे महानदी और कृष्णा नदियों के बीच उत्तरी सरकार और कृष्णा तथा कावेरी नदियों के बीच के भाग को कोरोमण्डल अथवा कर्नाटक तट कहते हैं। इस मैदान में पाए जाने वाली झीलों में चिल्का झील और पुलीकट झीलें महत्त्वपूर्ण हैं। इसके तीन महत्त्वपूर्ण उपवर्ग हैं–(i) उत्कल का मैदान जो उड़ीसा तट के सहारे करीब 400 किमी. तक विस्तृत है तथा इस मैदान में महानदी का डेल्टा, चिल्का झील और विशाखापट्टनम बन्दरगाह पाए जाते हैं। (ii) आन्ध्र का मैदान जो आन्ध्र प्रदेश के तटीय क्षेत्र में स्थित है और इस पर गोदावरी और कृष्णा नदियों ने अपने डेल्टा बनाए हैं। कोलेरू झील इन दोनों डेल्टाओं के बीच पायी जाती है। (iii) तमिलनाडु तटीय मैदान तमिलनाडु और पाण्डिचेरी के तटीय क्षेत्र में स्थित है। पुलीकट जो एक लैगून झील है, यहां से इसकी लम्बाई करीब 700 किमी. कन्याकुमारी तक पायी जाती है।

द्वीप समूहः भारतीय द्वीपों में अंडमान और निकोबार द्वीप समूह तथा लक्षद्वीप समूह के द्वीप महत्त्वपूर्ण हैं। इन दोनों समूहों में कुल 247 द्वीप आते हैं, जिनमें बंगाल की खाड़ी में 204 द्वीप स्थित हैं। इनमें से कुछ की उत्पत्ति ज्वालामुखी उद्गारों से हुई है। केवल अंडमान द्वीप समूह में ही लगभग 200 द्वीप 350 किमी. के विस्तार में पाये जाते हैं। निकोबार द्वीप समूह में 19 द्वीप हैं, जिनमें से कुछ द्वीपों का विस्तार 60 से 100 किमी. है। ऐसा अनुमान है कि इन द्वीपों का निर्माण तृतीयक युग के पर्वतों के निर्माण के समय हुआ है। बंगाल की खाड़ी में समुद्र तट के नजदीक स्थित द्वीपों के नाम हैं, सागर द्वीप, न्यू मोरे द्वीप, श्री हरिकोटा द्वीप, पम्बन द्वीप तथा

हेरय द्वीप, जो प्रवाल से बना है। अण्डमान तथा निकोबार द्वीप समूह में प्रधान द्वीपों के नाम हैं बड़ा अण्डमान, छोटा अण्डमान, कार निकोबार, महान निकोबार, चूनस्ता टैरेसा, ट्रिकेंट इत्यादि। पोर्ट ब्लेयर जो अण्डमान निकोबार की राजधानी है, इसके दक्षिण में बैरन और नरकोण्डम नाम के दो प्रसिद्ध सक्रिय ज्वालामुखी द्वीप हैं।

अरब सागर में पाए जाने वाले द्वीपों का निर्माण प्रवाल भित्तियों से हुआ है। अरब सागर के तट के नजदीक बहुत से चट्टानी संरचना वाले द्वीप हैं, जैसे–हैनरे, बुचर, एलीफैण्टा, भटकल आदि। खदियाबेट और अलियाबेट नाम के दो द्वीप नर्मदा और तापी नदियों के मुहाने पर मिलते हैं। लक्षद्वीप, अमीन दीवी, मिनिकाय आदि द्वीप तट से दूर पाए जाते हैं, ये सभी प्रवाल द्वीप हैं, जो आकार में छोटे हैं। इनमें शायद ही कोई ऐसा द्वीप होगा जिनकी लम्बाई-चौड़ाई एक किलोमीटर से अधिक है।

भारत की भू-आकृतिक इकाइयों का क्षेत्रफल एवं उनकी प्रतिशतता

इकाइयाँ	क्षेत्रफल (वर्ग कि.मी.) लगभग	कुल क्षेत्रफल प्रतिशत
1. उत्तरी पर्वत श्रेणियाँ	5,78,000	17.9
2. विशाल मैदान	5,50,000	17.1
3. थार मरुस्थल	1,75,000	5.4
4. मध्यवर्ती उच्चभूमि	3,36,000	10.4
5. प्रायद्वीपीय पठार	12,41,000	38.5
6. तटीय मैदान	3,35,000	10.4
7. द्वीप समूह	8,300	0.3

तटः भारत के पूर्वी एवं पश्चिमी दोनों छोर पर विस्तृत तट फैले हैं। ये तट मौसमी अपरदन द्वारा निर्मित हुए हैं।

पूर्वी तटः पूर्वी छोर पर दो तट–काकीनाडा तथा कोरोमण्डल आते हैं।

काकीनाडा तटः इस तट का विस्तार गंगा के डेल्टा से कृष्णा नदी के डेल्टा तक हुआ है। इस तट पर प्रवाल भित्ति का अभाव पाया जाता है। विशाखापत्तनम, पुरी, गंजाम, पाराद्वीप, हल्दिया, कलिंगपत्तनम इत्यादि इस तट के मुख्य बंदरगाह हैं।

कोरोमण्डल तटः इसका विस्तार कृष्णा नदी के डेल्टा से लेकर कुमारी अंतरीप तक हुआ है। काकीनाड़ा की तरह यह तट भी छिछला है। पाक, मन्नार, आदम सेतु तथा जल संधि इस तट की प्रमुख खाड़ियाँ तथा चेन्नई, कन्याकुमारी, रामेश्वरम्, करैकाल, नागपत्तनम, पोर्टोनोवो इत्यादि प्रमुख बंदरगाह हैं।

पश्चिमी तटः यह तट खम्भात की खाड़ी से कुमारी अंतरीप तक विस्तृत है। इसका उत्तरी भाग कोंकण तट तथा दक्षिणी भाग मालाबार तट कहलाता है। पश्चिमी तट को सामान्यतया चार भागों में विभाजित किया गया है–

कोंकण तटः यह तट सूरत से गोवा तक एक संकरी पट्टी के रूप मे फैला है। रत्नागिरि, मुम्बई, मर्मागाँव, मालवन, माहिम इत्यादि इस तट के मुख्य बंदरगाह हैं।

मालाबार तटः इस तट का निर्माण पश्चिमी घाट से निकलने वाली छोटी-छोटी तीव्र वेग वाली नदियों द्वारा बहाकर लाए गए अवसादों से हुआ है। इस तट पर खाड़ियों, झीलों व लैगूनों की बहुलता पायी जाती है। इस तट के मुख्य बंदरगाहों में कोच्चि, अर्नाकुलम, मंगलौर, कोल्लम, भटकल, कारवार, तिरुवनंतपुरम, कोझीकोड इत्यादि शामिल हैं।

काठियावाड़ तटः इस तट का विस्तार सौराष्ट्र से सूरत तक है। यहाँ कच्छ तथा खम्भात की प्रमुख खाड़ियाँ हैं। इस तट पर कारुम्भर, शियाल, वारमे बेदी, पिरोटिन आदि प्रमुख द्वीप तथा कांडला, मांडवी, नवलखी, पोरबंदर, ओखा, सिक्का, सूरत, भड़ौच, द्वारका, सोमनाथ, भावनगर इत्यादि प्रमुख बंदरगाह हैं।

दक्षिणी तटः इस तट पर द्वीपों का नितांत अभाव है। यहाँ श्रीलंका की मुख्य भूमि से जोड़ने वाला सेतुबंध लहरों एवं धाराओं के प्रभाव से निर्मित एक भित्ति है।

अपवाह तंत्र

भारतीय अपवाह के प्रतिरूपों का अध्ययन बड़ा रोचक है। विशाल मैदान के अपवाह प्रतिरूप द्रुमाकृतिक हैं, जबकि हिमालय पर्वतमाला और पूर्वांचल के नाम से प्रसिद्ध पूर्वी पहाड़ियों में अपवाह का प्रतिरूप जालीनुमा है। प्रायद्वीपीय नदियाँ आयताकार प्रतिरूप बनाकर बहती हैं। थार मरुस्थल की विशेषता अभिकेंद्री अपवाह प्रतिरूप है।

भारत की नदियाँ

भारत में छोटी-बड़ी अनेक नदियाँ बहती हैं। भारत का अपवाह तंत्र, भू-आकृतियों की विकासात्मक प्रक्रियाओं और वर्षा का परिणाम है। असंख्य नदियाँ अपनी सहायक नदियों के साथ भारत के वर्षा जल को बहाकर समुद्र में ले जाती हैं। देश के वार्षिक वर्षण की कुल अनुमानित मात्रा 3,70,040 करोड़ घन मीटर है। इसमें से 1,67,753 करोड़ घन मीटर अर्थात् लगभग 45.3 प्रतिशत जल देश की 113 नदियों में प्रवाहित होता है। किसी नदी से अपवाहित क्षेत्र को इसकी द्रोणी, जलग्रहण क्षेत्र या जल संभर कहते हैं। नदी छोटी हो या बड़ी, इसकी द्रोणी या जल संभर या जलग्रहण क्षेत्र अवश्य होता है।

- भारत की कुल 12 सबसे बड़ी नदियों का अधिग्रहण क्षेत्र-252.8 मिलियन हेक्टेयर
- प्रमुख नदियां सबसे बड़े अधिग्रहण क्षेत्र के साथ–गंगा-ब्रहमपुत्र मेघना तंत्र (110 मिलियन हेक्टेयर कुल अधिग्रहण क्षेत्र का 43 प्रतिशत)

10 भारत की जलवायु

परिचय

भारत की जलवायु को अभिव्यक्त करने वाले शब्द का नाम मानसून है, क्योंकि यह मानसून पवनों के प्रभाव क्षेत्र के अन्दर आता है। मानसून शब्द मूलतः अरबी भाषा के मौसिम शब्द से बना है। इसका अर्थ है, वर्ष भर में हवाओं के प्रतिरूप में होने वाला ऋतुवत प्रत्यावर्तन। इसके अंतर्गत हवा वर्ष में लगभग छह महीने तक एक दिशा से तथा छह महीने तक ठीक उल्टी दिशा से चलती है। भारत की स्थानीय जलवायु प्राकृतिक रूप से उष्ण है। देश का औसत धरातल तापमान 21.9^0 सेंग्रे. है।

भारत की जलवायु को दो प्रमुख तत्त्वों ने अधिकतम प्रभावित किया है—(1) उत्तर में हिमालय पर्वत की उपस्थिति, जिसके कारण मध्य एशिया से आने वाली शीतल हवाएं भारत में नहीं आ पाती हैं और इस प्रकार भारतीय जलवायु महाद्वीपीय जलवायु का स्वरूप प्राप्त करती है। (2) दक्षिण में हिन्द महासागर की उपस्थिति तथा भूमध्य रेखा से नजदीकी के कारण उष्ण कटिबन्धीय जलवायु अपने आदर्श स्वरूप में पायी जाती है। कर्क रेखा भारत के मध्य से गुजरती है और इस रेखा का दक्षिणी भाग उष्ण कटिबंध में आता है, जो सदैव गर्म होता है तथा दैनिक तापान्तर भी न्यूनतम होता है। भारत के उत्तरी भाग में तीन प्रकार के मौसम पाए जाते हैं—पूर्वी भाग में अधिक ताप तथा वर्षा पाई जाती है, उत्तरी भाग हिमालय के ठण्डे प्रदेश से प्रभावित रहता है तथा पश्चिमी भाग वर्षा की कमी के कारण गर्म और शुष्क रहता है।

भारत में हालांकि वर्षा अधिक होती है, परन्तु यह केवल मानसून के समय ही होती है, परिणामस्वरूप यहां वर्षा का पानी बहकर या वाष्प बनकर नष्ट हो जाता है इसलिए कुछ विद्वान भारत को प्यासी धरती कहते हैं।

भारत की जलवायु को प्रभावित करने वाले कारक

I अक्षांशीय स्थितिः द. भारत भूमध्यरेखा से अधिक निकट है, जिसके कारण यहाँ वर्ष भर गर्म जलवायु पायी जाती है। उत्तरी भारत कर्क रेखा के उत्तर में स्थित होने के कारण शीत ऋतु में ठंड और ग्रीष्म ऋतु में गर्मी पड़ती है। प्रदेश के भागों में शीत ऋतु में हिमपात होता है।

II उच्चावचः उत्तर भारत के उच्च पर्वतीय क्षेत्र अति शीत जलवायु क्षेत्र हैं। ज्ञातव्य है कि प्रत्येक 165 मीटर की ऊँचाई पर 1^0 C तापमान कम हो जाता है, उच्च अक्षांशीय स्थिति के कारण जम्मू-कश्मीर तथा हिमाचल; यही कारण है कि एक ही अक्षांश पर स्थित होने पर भी पर्वतीय और मैदानी भागों के तापमान में अंतर होता है। हिमालय मानसूनी पवनों को रोककर वर्षा करता है, जिससे जलवायु में परिवर्तन होता है। अगर हिमालय नहीं रहता तो मध्य एशिया की तरह शीत काल में अत्यधिक ठंड का प्रभाव रहता।

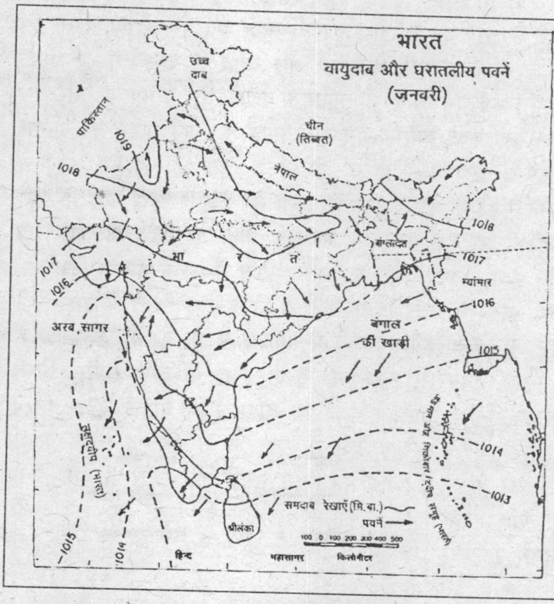

भारत : वायुदाब और धरातलीय पवनें (जनवरी)

III मानसूनी पवनेंः ग्रीष्म काल में मानसूनी पवनों का रुख दक्षिण-पश्चिम तथा शीतकाल में उत्तर-पूर्व रहता है। ये पवनें वर्षा के कारण तापमान और आर्द्रता को प्रभावित करती हैं।

IV समुद्र से दूरीः भारत तीन ओर से समुद्र से घिरा है। हिन्द महासागर क्षेत्र से उत्पन्न होने वाली मानसूनी पवनें वर्षा कराती हैं। समुद्र के निकट स्थानों पर स्थानीय समुद्री पवनें भी वर्षा कराती हैं। अगर ये समुद्र देश के निकट न होते तो वर्षा का अत्यंत अभाव रहता। जो क्षेत्र समुद्र के निकट हैं, वहाँ सम जलवायु है तथा जो क्षेत्र दूर हैं, वहाँ विषम जलवायु पायी जाता है। समुद्र की स्थिति दैनिक व वार्षिक तापांतर को अत्यधिक प्रभावित करती है।

भारत की ऋतुएँ

भारतीय जलवायु की दो स्पष्ट ऋतुएँ हैं। ये हैं : दक्षिण-पश्चिम मानसून की ऋतु अर्थात् वर्षा ऋतु और उत्तर-पूर्व मानसून की ऋतु अर्थात् शीत ऋतु। पहली ऋतु में भारत के अधिकतर भागों में वर्षा होती है, जो देश की कृषि अर्थव्यवस्था के लिए अत्यावश्यक है। दूसरी ऋतु में प्रायद्वीप के दक्षिण-पूर्वी भाग को छोड़कर भारत के अधिकतर भागों में वर्षा नहीं होती है। इन दो ऋतुओं के बीच, दो

ऋतुएँ और होती हैं। एक है, दक्षिण-पश्चिम मानसून के आगमन से पहले की ग्रीष्म ऋतु; दूसरी है, शीत ऋतु (अर्थात उत्तर-पूर्व मानसून के आगमन) से पहले की पीछे हटते मानसून की ऋतु। इस प्रकार पूरे वर्ष को आसानी से निम्नलिखित चार ऋतुओं में बाँटा जाता है—

1. शीत ऋतु : यह ऋतु **दिसंबर** में शुरू होकर **फरवरी** तक रहती है। सूर्य की किरणें इन दिनों मकर वृत्त पर लंबवत् पड़ती हैं। अत्यंत आंतरिक भाग में स्थित और समुद्र के प्रभाव से दूर भारत के उत्तर-पश्चिम भाग में तापमान काफी गिर जाता है और इन दिनों यहाँ उच्च वायुमंडलीय दाब रहता है। यहाँ महीने का औसत तापमान 10° से 12° से. के बीच रहता है, लेकिन न्यूनतम तापमान इससे भी बहुत नीचे रहता है। देश के इस भाग में उच्च वायुदाब का एक केंद्र बन जाता है, जहाँ से बाहर की ओर ठंडी और शुष्क पवनें चलती हैं। उत्तर भारत में पवनें पश्चिम दिशा से, मध्य भारत में उत्तर दिशा से तथा प्रायद्वीपीय भारत में उत्तर पूर्वी दिशा से चलती हैं। इस ऋतु में गंगा के मैदान की ये विशेषताएँ हैं : स्वच्छ आकाश, सुहावना मौसम, मंद पश्चिमी समीर, निम्न आर्द्रता, निम्न तापमान, दिन के तापमान में काफी बड़ा अंतर। ब्रह्मपुत्र और कछार घाटियों में उत्तर-पूर्व से मंद-मंद समीर बहती है। शेष भारत में पवनों की दिशा उत्तरी और उत्तर-पश्चिमी होती है। प्रायद्वीपीय पठार के अधिकतर भाग पर साफ और धूप वाला मौसम रहता है, लेकिन तमिलनाडु के तटीय जिलों में उत्तर-पूर्वी मानसून से वर्षा होती है।

शीत ऋतु में अनेक चक्रवातीय अवदाब भूमध्य-सागर से पूर्व की ओर चलते हुए उत्तर भारत में पहुँचते हैं। इस क्षेत्र में ये अवदाब थोड़ी मात्रा में वर्षा करते हैं। शीत ऋतु की वर्षा तो अल्पमात्रा में होती है, किंतु गेहूँ की फसल के लिए अत्यंत लाभकारी होने के कारण इसका आर्थिक महत्त्व बहुत अधिक है। प्रायद्वीप के दक्षिण-पूर्वी भाग में बंगाल की खाड़ी में बनने वाले चक्रवातीय तूफानों और अवदाबों के प्रभाव से यदा-कदा वर्षा हो जाती है। यह वर्षा आंतरिक भागों की ओर घटती जाती है।

2. ग्रीष्म ऋतुः मार्च से मई की अवधि में उत्तर भारत में तापमान निरंतर तेजी से बढ़ता है तथा वायुदाब कम हो जाता है। दक्षिणी हिंद महासागर में भी तापमान कम हो जाता है। मार्च के महीने में दक्कन के पठार पर दिन का उच्चतम तापमान 38° से. रहता है। गुजरात और मध्य प्रदेश में अप्रैल के महीने में तापमान 38° से 44° से. तक रहता है। उत्तर-पश्चिमी भारत के शुष्क क्षेत्रों में मई के महीने में दिन का उच्चतम तापमान 48° से. से भी अधिक हो जाता है। निम्नतम वायुदाब का क्षेत्र भी इसी प्रदेश में स्थित होता है। इस निम्न वायुदाब की ओर स्थानीय पवनें चलने लगती हैं। स्थानीय पवनों का यह परिसंचरण इसीलिए महत्त्वपूर्ण है कि इससे यहाँ ऐसी दशाएँ पैदा हो जाती हैं, जो दक्षिण पश्चिम पवनों को आकर्षित करने में सहायक होती हैं।

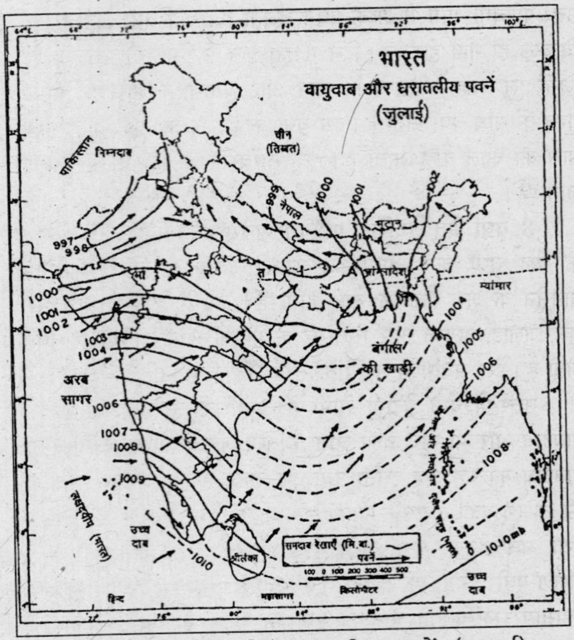

भारत : वायुदाब और धरातलीय पवनें (जुलाई)

उत्तर भारत में पवनें मुख्यतः पश्चिम और उत्तर-पश्चिम दिशा से तथा राजस्थान में दक्षिण-पश्चिम दिशा से चलती हैं। गंगा के पूर्वी मैदान में पवनों की दिशा अधिकतर दक्षिण और दक्षिण-पश्चिम रहती है। ब्रह्मपुत्र घाटी में पवनें पूर्व और पश्चिम दोनों ही दिशाओं से चलती हैं। गुजरात और मध्य भारत में पवनें अधिकतर पश्चिम और उत्तर-पश्चिम दिशाओं से आती हैं। प्रायद्वीपीय और पूर्वी तट के साथ-साथ पवनों की दिशा दक्षिणी और दक्षिण-पश्चिमी होती है। इसके विपरीत पश्चिमी तट पर वे सामान्यतः उत्तर दिशा से ही आती हैं।

उत्तर भारत के अधिकतर भागों में धूल भरी आंधियाँ और तड़ित झंझाओं का चलना सामान्य-सी बात है। इस ऋतु की अधिकतर अवधि में वायुमंडल में धुंध छाई रहती है। जहाँ समुद्री आर्द्र पवनें स्थानीय गर्म और शुष्क पवनों से मिलती हैं, उन प्रदेशों में अक्सर प्रचंड स्थानीय तूफान बन जाते हैं। इन तूफानों के साथ तेज हवाएँ, मूसलाधार वर्षा और ओले आते हैं। इनसे भारी विनाश होता है। ये तूफान पश्चिम बंगाल और असम में प्रायः आते हैं, जहाँ इन्हें क्रमशः काल वैशाखी और बोर्डोइचिल्ला कहते हैं। इन तूफानों से काफी मात्रा में वर्षा होती है, जो चाय की फसल और धान की उगती बसन्ती फसल के लिए लाभदायक होने के कारण इसका बहुत अधिक आर्थिक महत्त्व है। प्रायद्वीप में तड़ित झंझा से वर्षा मुख्य रूप से अप्रैल और मई में होती है। इसे ही आम्रवृष्टि (मैंगोशावर) कहते हैं। दक्षिण-पश्चिम मानसून की अस्थायी लहर द्वारा केरल में मई के महीने में भारी वर्षा होती है। प्रायद्वीप के

उत्तर-पश्चिमी भाग से शुष्क पवनें चलती हैं। यहाँ वर्षा अत्यल्प या बिल्कुल ही नहीं होती है। दिन में इस ऋतु में गर्म हवाएं चलती हैं, जिन्हें 'लू' कहा जाता है। असम और बंगाल में शाम के समय गरज के साथ वर्षा होती है। इस वर्षा को 'काल वैशाखी' या वैसाख मास का काल कहा जाता है। इन्हें नारवेस्टर के नाम से भी जाना जाता है।

3. वर्षा ऋतुः (दक्षिण-पश्चिम मानसून की ऋतु) : ग्रीष्म ऋतु के बाद वर्षा ऋतु आती है। इसका आगमन दक्षिणी-पश्चिमी मानसून के शुरू होने के साथ होता है। लगभग सम्पूर्ण भारत में जून, जुलाई, अगस्त और सितम्बर के महीनों में ही अधिकतर वर्षा होती है। इस अवधि में 80 प्रतिशत वर्षा इन्हीं पवनों द्वारा होती है।

उत्तर-पश्चिमी मैदानी भागों में अत्यधिक तापमान के कारण वायुदाब और भी नीचे चला जाता है तथा जून के प्रारम्भ तक निम्न वायुदाब का यह क्षेत्र इतना प्रबल हो जाता है कि दक्षिणी गोलार्द्ध की दक्षिण-पूर्वी सन्मार्गी हवाएं भूमध्य रेखा को पार कर जाती हैं तथा भारत की निम्न वायुदाब की ओर खिंच जाती हैं। इन दक्षिण-पूर्वी व्यापारिक पवनों का उत्पत्ति स्थान समुद्र है। हिंद महासागर में विषुवत वृत्त को पार कर ये पवनें बंगाल की खाड़ी तथा अरब सागर में आ जाती हैं। इसके बाद ये भारत के वायु संचरण का अंग बन जाती हैं। विषुवतीय गर्म धाराओं के ऊपर से गुजरने के कारण ये भारी मात्रा में आर्द्रता ग्रहण कर लेती हैं तथा विषुवत वृत्त पार करते ही इनकी दिशा दक्षिण-पश्चिम की ओर हो जाती है। इसलिए इन्हें दक्षिणी-पश्चिमी मानसून कहा जाता है। इस प्रकार शीतकालीन स्थलीय उत्तर-पूर्वी व्यापारिक पवनों का स्थान ठीक उल्टी दिशा से आने वाली आर्द्रता से भरी दक्षिणी-पश्चिमी मानसून पवनें ले लेती हैं।

इन वर्षा वाहिनी पवनों की औसत गति 30 किमी. प्रति घंटा होती है। उत्तर-पश्चिमी भागों को छोड़कर ये एक महीने की अवधि में सारे भारत में फैल जाती हैं। आर्द्रता से लदी इन पवनों के साथ ही बादलों का प्रचंड गर्जन तथा बिजली का चमकना शुरू हो जाता है। इसे मानसून का **'फटना'** या **'टूटना'** कहा जाता है। भारतीय मौसम विभाग की परिभाषा के अनुसार वर्षा का दिन वह होता है, जब किसी स्थान विशेष पर इसकी मात्रा 24 घंटे में 2.5 मिमी. से ऊपर हो।

(i) अरब सागर का मानसूनः विषुवत रेखा के दक्षिण से आने वाली स्थायी पवनें जब मानसून के रूप में अरब सागर की ओर आगे बढ़ती हैं तो सबसे पहले पश्चिमी घाट के पहाड़ से टकराती हैं। इस कारण सहयाद्रि या पश्चिमी घाट के पवनाभिमुख ढालों पर भारी वर्षा होती है। पश्चिमी घाट के पर्वत को पार करते समय इनकी शुष्कता में वृद्धि हो जाती है जिसके कारण दक्कन के पठार और मध्य प्रदेश में बहुत कम वर्षा होती है। यह क्षेत्र वृष्टिछाया के अन्तर्गत आ जाता है।

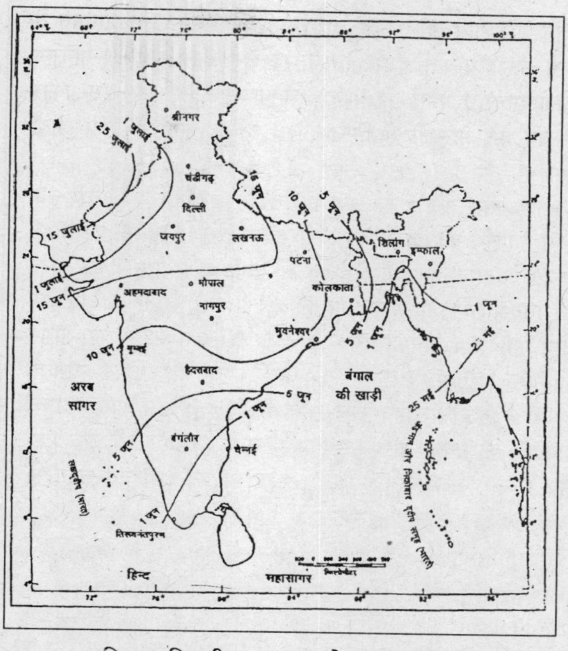

भारत : दक्षिण-पश्चिमी मानसून के आगमन की सामान्य तिथियाँ

अरब सागर के मानसून की शाखा का दूसरा भाग सौराष्ट्र के प्रायद्वीप तथा कच्छ में पहुंचता है। इसके बाद यह पश्चिमी राजस्थान और अरावली पर्वत श्रेणियों के ऊपर से गुजरती हैं, यहां इसके द्वारा बहुत हल्की वर्षा होती है। पंजाब और हरियाणा में पहुंचकर यह शाखा भी बंगाल की खाड़ी के मानसून से मिल जाती है। एक-दूसरे से शक्ति पाकर ये दोनों शाखाएँ हिमालय के पश्चिमी भागों में वर्षा करती हैं।

(ii) बंगाल की खाड़ी का मानसूनः यह दक्षिणी-पश्चिमी मानसून की वह शाखा है, जो भूमध्य रेखा को पार करके भारत में पूर्व की ओर से प्रवेश करती है। यह शाखा म्यांमार के तट की ओर तथा बांग्लादेश के दक्षिण-पूर्वी भागों की तट की ओर बढ़ती है, लेकिन म्यांमार के तट के साथ-साथ फैली अराकान पहाड़ियां इस शाखा के बहुत बड़े भाग को भारतीय उपमहाद्वीप की दिशा में मोड़ देती हैं। इसलिए पश्चिमी बंगाल तथा बांग्लादेश में ये पवनें दक्षिण दिशा से न आकर, दक्षिण तथा दक्षिण-पूर्वी दिशाओं से आती हैं। विशाल हिमालय तथा उत्तर-पश्चिमी भारत के निम्न वायुदाब के प्रभाव से यह शाखा दो भागों में बंट जाती है। एक शाखा पश्चिम की ओर बढ़ती है तथा गंगा के मैदानों तक पहुंचती है। इसकी दूसरी शाखा उत्तर तथा उत्तर-पूर्व दिशा में ब्रह्मपुत्र की घाटी की ओर बढ़ती है। इससे उत्तर-पूर्वी भारत में भारी वर्षा होती है। इसकी एक उपशाखा मेघालय में गारो और खासी की पहाड़ियों से टकराती है। इन पहाड़ियों के दक्षिणी भाग में चेरापूंजी स्थित है।

इसकी स्थिति कीप की आकृति वाली घाटी के शीर्ष पर है। स्थलाकृति की दृष्टि से अनोखी स्थिति तथा पवनों की दिशा के कारण **चेरापूंजी** और **मासिनराम** विश्व में सबसे अधिक वर्षा वाला स्थान है। हिमालय पर्वत के आगे बढ़ने वाली शाखा ज्यों-ज्यों पश्चिम की ओर अग्रसर होती जाती है, त्यों-त्यों उसकी आर्द्रता में कमी आती जाती है।

दक्षिण-पश्चिम मानसून से होने वाली वर्षा के वितरण पर उच्चावच का बहुत प्रभाव पड़ता है। उदाहरण के लिए पश्चिमी घाट के पवनाभिमुख ढालों पर 250 सेमी. से अधिक वर्षा होती है। इसके विपरीत पश्चिमी घाट के पवन विमुख ढालों पर मुश्किल से 50 सेमी. वर्षा होती है।

4. शरद् ऋतुः (पीछे हटते मानसून की ऋतु) अक्टूबर और नवम्बर के महीनों में मानसून पीछे हटने लगता है, जिसे मानसूनी पवनों का प्रत्यावर्तन (Retreat of Monsoon) कहा जाता है। इस ऋतु में मानसून के निम्न वायुदाब का गर्त कमजोर पड़ जाता है तथा उसका स्थान उच्च वायुदाब ले लेता है। परिणामस्वरूप मानसून पीछे हटने लगता है। पृष्ठीय पवनों की दिशा उलटनी शुरू हो जाती है। अक्टूबर-नवम्बर के दो महीने एक संक्राति काल है, इसमें गर्म वर्षा ऋतु के स्थान पर शुष्क ऋतु का आगमन प्रारम्भ हो जाता है। मानसून के हटने से आकाश स्वच्छ हो जाता है और तापमान फिर से बढ़ने लगता है। इस समय जलप्लावित भूमि और तीव्र तापमान के कारण वायु की आर्द्रता इतनी अधिक बढ़ जाती है कि लोगों को कष्टदायक ऊमस का सामना करना पड़ता है। इसका प्रचलित नाम "क्वार की ऊमस" या अक्टूबर की गर्मी है।

भारत की जलवायु का वर्गीकरण

भारतीय मानसून की मौसमी दशाओं में कुछ प्रादेशिक भिन्नताएँ पाई जाती हैं। इन्हीं भिन्नताओं के आधार पर मानसूनी जलवायु के कुछ उप-प्रकारों की पहचान की गई है। जलवायु प्रदेश में जलवायु की लगभग एक जैसी दशाएँ पाई जाती हैं, जो कुछ कारकों का संयुक्त परिणाम होती हैं। तापमान और वर्षा जलवायु के दो महत्त्वपूर्ण तत्त्व हैं, जिन्हें जलवायु के वर्गीकरण की किसी भी योजना में निर्णायक माना जाता है, लेकिन फिर भी जलवायु का वर्गीकरण एक जटिल प्रक्रिया है। भारत की जलवायु को बाँटने के कई प्रयास किए गए हैं, किन्तु कोपेन तथा थार्न्थवेट द्वारा किए गए जलवायु वर्गीकरण अधिक मान्य हैं।

कोपेन का वर्गीकरण

यह वर्गीकरण तापमान एवं वृष्टि के मासिक मान पर आधारित है। इस आधार पर कोपेन ने जलवायु के पाँच प्रकार माने हैं–उष्ण कटिबंधीय जलवायु, शुष्क जलवायु, गर्म जलवायु, हिम जलवायु तथा बर्फीली जलवायु।

तापमान व वर्षा के ऋतुवत् विवरण के आधार पर उक्त पाँच जलवायु प्रदेशों को उप-प्रदेशों में विभाजित किया गया है। इस प्रकार कोपेन महोदय ने पूरे भारत को आठ निम्नलिखित जलवायु प्रदेशों में बाँटा है–

(i) लघु शुष्क ऋतु वाला मानसून प्रकार (Amw) : इस प्रकार की जलवायु भारत के पश्चिमी तटों पर गोवा के दक्षिण में पायी जाती है।

(ii) अधिक ग्रीष्म की अवधि में शुष्क ऋतु वाला मानसून प्रकार (AS): इस प्रकार की जलवायु कोरोमण्डल तट पर पायी जाती है।

(iii) उष्ण कटिबंधीय सवाना प्रकार की जलवायु (AW) : मालाबार तथा कोरोमण्डल तटों को छोड़ समस्त प्रायद्वीपीय पठार पर यह जलवायु पायी जाती है। इसकी उत्तरी सीमा कर्क रेखा के साथ-साथ जाने वाली रेखा द्वारा निर्धारित होती है।

(iv) अर्द्ध शुष्क स्टेपी जलवायु (BShw) : यह जलवायु प्रायद्वीप के अन्तःस्थित वर्षा छाया क्षेत्रों तथा गुजरात, राजस्थान एवं हरियाणा के कुछ भागों में मिलती है।

(v) उष्ण मरुस्थलीय प्रकार की जलवायु (BWhw) : यह जलवायु भारत के पश्चिमी भागों तक सीमित है।

(vi) शुष्क ऋतु वाला मानसून प्रकार (CWg) : यह जलवायु भारत के उत्तरी विशाल मैदान के अधिकांश भागों में पायी जाती है।

(vii) लघु ग्रीष्म के साथ शीतल आर्द्र शीत ऋतु वाली जलवायु (DFc) : इस प्रकार की जलवायु भारत के उत्तरी-पूर्वी भागों में पायी जाती है।

(viii) ध्रुवीय प्रकार (E) : कश्मीर तथा उसकी निकटवर्ती पर्वतमालाओं में ध्रुवीय प्रकार की जलवायु पायी जाती है।

थार्न्थवेट का वर्गीकरण

थार्न्थवेट का वर्गीकरण जल-संतुलन पर आधारित है। इनके अनुसार जिन क्षेत्रों में वर्ष भर जल का अधिशेष रहता है, वहाँ की जलवायु आर्द्र तथा जहाँ वर्ष भर जल का अभाव रहता है, वहाँ की जलवायु शुष्क होती है। थार्न्थवेट के अनुसार भारत में निम्नलिखित जलवायु प्रदेश पाए जाते हैं–

(i) अति आर्द्र (A) : पश्चिमी तट पर गोवा के दक्षिण में तथा उत्तर-पूर्वी भारत के कुछ भागों में यह जलवायु पायी जाती है।

(ii) आर्द्र (B) : यह अति आर्द्र जलवायु वाले प्रदेश के समीप, उत्तर-पश्चिमी बंगाल तथा उत्तरी-पूर्वी भारत के कुछ क्षेत्रों में पायी जाती है।

(iii) नम उप-आर्द्र (C_2) : इस प्रकार की जलवायु पश्चिमी घाट के साथ-साथ, उड़ीसा तथा पश्चिमी बंगाल में पायी जाती है।

(iv) शुष्क उप-आर्द्र (C_1) : इसके अन्तर्गत गंगा घाटी एवं मध्य भारत के उत्तरी-पूर्वी भाग सम्मिलित हैं।

(v) अर्द्ध-शुष्क (D) : प्रायद्वीप के आन्तरिक भागों, पश्चिमी मध्य प्रदेश, पश्चिमी उत्तर प्रदेश, हरियाणा तथा पंजाब में ऐसी जलवायु पाई जाती है।

(vi) शुष्क (E) : इस प्रकार की जलवायु वाले क्षेत्र सौराष्ट्र, कच्छ तथा राजस्थान हैं।

जलवायु के प्रकार	क्षेत्र
A अति आर्द्र	उत्तर-पूर्वी भारत में मिजोरम, त्रिपुरा, मेघालय, निचला असम, और अरुणाचल प्रदेश तथा गोवा के दक्षिण में पश्चिमी तट
B आर्द्र	नागालैंड, ऊपरी असम और मणिपुर, उत्तरी-बंगाल और सिक्किम तथा पश्चिमी तटवर्ती क्षेत्र
C_2 नम उप-आर्द्र	पश्चिम बंगाल, उड़ीसा, पूर्वी बिहार, पंचमढ़ी (मध्य प्रदेश), पश्चिमी घाट के पूर्वी ढाल
C_1 शुष्क उप-आर्द्र	गंगा का मैदान, मध्य प्रदेश, छत्तीसगढ़, झारखंड, उत्तर-पूर्वी आंध्र प्रदेश, उत्तरी पंजाब और हरियाणा, उत्तर-पूर्वी तमिलनाडु, उत्तरांचल, हिमाचल प्रदेश तथा जम्मू और कश्मीर
D अर्द्ध शुष्क	तमिलनाडु, आंध्र प्रदेश, पूर्वी कर्नाटक, पूर्वी महाराष्ट्र, उत्तर-पूर्वी गुजरात, पूर्वी राजस्थान, पंजाब और हरियाणा का अधिकतर भाग
E शुष्क	पश्चिमी राजस्थान, पश्चिमी गुजरात और दक्षिणी पंजाब

मिट्टियाँ

पृथ्वी के धरातल पर मृदा (मिट्टी) असंघटित पदार्थों की एक परत है, जो अपक्षय और विघटन के कारकों के माध्यम से चट्टानों और जैव पदार्थों से बनी है। इसके निर्माण में प्रकृति को हजारों वर्ष लगते हैं तथा पर्यावरण के अनेक कारक इसके निर्माण में सहयोग देते हैं। मिट्टियाँ नदियों द्वारा लाए गए अवसादों के निक्षेपण से विकसित होती हैं या चट्टानों के अपक्षय और बृहत् क्षरण की प्रक्रियाओं द्वारा बनती हैं। मिट्टी की उर्वरता, अपक्षरण तथा संरक्षण हम सभी के लिए अत्यंत आवश्यक है। गहरी और उर्वर मृदा का आवरण सम्पन्न और समृद्ध कृषि अर्थव्यवस्था का आधार है।

मिट्टियों का वर्गीकरण

धरातलीय प्रदेशों के आधार पर मिट्टियों को निम्नलिखित प्रकारों में बाँटा गया है—

1. पर्वतीय क्षेत्रों की पहाड़ी मिट्टियाँ

इसके अन्तर्गत लगभग 2.04 करोड़ हेक्टेयर क्षेत्र आता है, जिसमें 0.24 करोड़ हेक्टेयर पहाड़ी, 1.16 करोड़ हेक्टेयर पहाड़ी चरागाह तथा 0.64 करोड़ हे. में अवर्गीकृत पहाड़ी मिट्टी पायी जाती है। हिमालय पर्वत पर पायी जाने वाली मिट्टियाँ नई हैं। पहाड़ी ढालों की तलहटी में छिद्रमय बलुई एवं कम उपजाऊ **टर्शरी मिट्टी** पायी जाती है। पश्चिमी हिमालय के ढालों पर सामान्य उपजाऊ श्रेणी की बलुआ मिट्टी मिलती है। मध्य हिमालय के क्षेत्र में पायी जाने वाली मिट्टी वनस्पति अंशों की अधिकता से अधिक उपजाऊ है।

हिमालय प्रदेश में मुख्यतः तीन प्रकार की मिट्टियाँ पायी जाती हैं—

(1) हिमालय के दक्षिणी भाग में **पथरीली मिट्टी** (Stony Soil) अधिक पायी जाती है, जिसे नदियों ने लाकर एकत्रित कर दिया है। इस मिट्टी में कंकड़-पत्थर के छोटे टुकड़े भी मिले रहते हैं एवं इसमें वनस्पति, चूने और लोहे का अंश कम होता है, अतः इसमें पैदावार अच्छी नहीं होती है।

(2) हिमालय प्रदेश में कई स्थानों पर **चूने और डोलोमाइट चट्टानों** से प्राप्त मिट्टी मिलती है, विशेषकर नैनीताल, मसूरी, चकराता आदि स्थानों के निकट। वर्षा के फलस्वरूप मिट्टी का थोड़ा भाग ही भूमि पर रह जाता है, अतः यहां की मिट्टी छिछली, अनुत्पादक और बीहड़ों वाली हो जाती है।

(3) हिमालय के कई भागों में ज्वालामुखी के उद्‌गार से बैसाल्ट, ग्रेनाइट, डोलोमाइट, आदि आग्नेय चट्टानें पायी जाती हैं। पर्वतीय ढालों पर इन मिट्टियों में सीढ़ीनुमा कृषि की जाती है क्योंकि ये मिट्टि उपजाऊ व काफी नम होती हैं।

2. मैदानी भागों की नदियों द्वारा प्रवाहित मिट्टियाँ

डॉ. जिन्सबर्ग के अनुसार भारत के 30 से 35% क्षेत्र पर वायु या जल द्वारा प्रवाहित मिट्टियाँ पायी जाती हैं। लगभग 20% भाग पर कांप, चिकनी, बलुई, चीका आदि अवसादी मिट्टियाँ मिलती हैं। ये मिट्टियाँ हिमालय की नदियों द्वारा लायी गयी हैं। ये मिट्टियाँ कंकड़िली नहीं होतीं। इस मिट्टी वाले मैदानों का क्षेत्रफल लगभग 13 करोड़ हेक्टेयर है। लगभग 10 करोड़ हेक्टेयर भूमि में दोमट मिट्टी, 0.88 करोड़ हे. में चूने वाली दोमट, 0.84 करोड़ हे. में किनारे की दोमट मिट्टी पायी जाती है।

यह मिट्टी हल्के भूरे व पीले रंग की होती है तथा इनमें चर्नोजम व अन्य उपजाऊ अवसादी मिट्टियों जैसी विशेषताएँ पायी जाती हैं। इस मिट्टी में नाइट्रोजन, फॉस्फोरस एवं वनस्पति अंशों

की कमी है; परन्तु पोटाश व चूना पर्याप्त मात्रा में पाया जाता है। अधिकतर स्थानों में यह पीली दोमट या भारी दोमट मिट्टी होती है, जबकि अन्य स्थानों में बलुई और चिकनी। रासायनिक विश्लेषण के अनुसार इन मिट्टियों में लोहा, चूना, ऐलुमिना, मैग्नीशिया, पोटाश, फॉस्फोरस पायी जाती हैं। अन्य भाग सोडा, कार्बनडाइऑक्साइड, जीवांश और अघुलनशील पदार्थों का होता है।

जलोढ़ मिट्टियाँः इस मिट्टी को तीन वर्गों में बाँटा गया है–

(i) **पुरातन जलोढ़ मिट्टी**–यह ऊंचे भागों में पायी जाने वाली मिट्टियां हैं। इन मिट्टियों के क्षेत्र में अन्तः अपरदन क्रिया अधिक होती है। कहीं-कहीं कंकड़ों वाली कठोर मिट्टी की ऊंची तहें बची हुई दिखायी देती हैं। यही कालान्तर में रेह (Reh) में बदल जाती हैं, जो कि कृषि के लिए अनुपयोगी होती है। उत्तर प्रदेश, बिहार, पंजाब, हरियाणा तथा राजस्थान के कुछ भागों में रेह मिट्टी मिलती है। पंजाब के कुछ भागों में चूना युक्त मिट्टी मिलती है। वहां इस प्रकार की मिट्टी को **क्षारीय मिट्टी** (Alkaline Soil) कहते हैं। जिन क्षेत्रों में मिट्टी के कण अधिक खुरदरे और बड़े होते हैं, उन्हें बील (Beel) कहते हैं। इस प्रकार बांगर मिट्टी के क्षेत्रों में भी स्थानीय विशेषताएं मिलती हैं।

(ii) **नूतन जलोढ़ मिट्टी**–इसका वितरण नदियों के बाढ़ के मैदानों तक सीमित रहता है। ये मिट्टियां अधिक बारीक कणों से बनती हैं। इनकी जल धारण शक्ति बांगर की अपेक्षा अधिक होती है। इसमें मिट्टी के कण नदी के उद्गम से मुहाने की ओर बारीक होते जाते हैं। इन मिट्टियों में पोटाश, फॉस्फोरिक ऐसिड, चूना तथा जीवांशों की मात्रा अपेक्षाकृत अधिक होती है, अतः ये मिट्टियां विश्व की उपजाऊ मिट्टियों में गिनी जाती हैं।

(iii) **नूतनमय जलोढ़ मिट्टियां**–ये सुन्दरवन, महानदी, कृष्णा, गोदावरी और कावेरी नदियों के डेल्टों में पायी जाती हैं। ये अधिकतर दलदली और नमकीन होती हैं। इनके कण बड़े बारीक होते हैं। इनमें पोटाश, चूना, मैग्नीशियम, फॉस्फोरस और जीवांश अधिक मात्रा में मिलते हैं। विभिन्न क्षेत्रों से बहकर आने के कारण इनमें अनेक प्रकार के लवण एवं रासायनिक पदार्थ भी मिले रहते हैं। इस प्रकार की मिट्टियां विशेष उपजाऊँ होती हैं।

गंगा के ऊपरी और मध्य मैदान में **'खादर'** और **'बांगर'** नाम की दो भिन्न मृदाएँ विकसित हो गई हैं। **खादर** मिट्टी में बालू की मात्रा अधिक है। यहाँ वार्षिक बाढ़ की अधिक संभावना रहती है। प्रतिवर्ष बाढ़ों द्वारा महीन गाद के जमा होनें से इसकी उर्वरता बढ़ जाती है। **बांगर पुरानी जलोढ़** है। इन दोनों में चूनेदार कंकड़ मिले रहते हैं। आजकल ये मिट्टियाँ सीमेंट कारखानों के लिए कच्चे माल का अच्छा स्रोत बन गई हैं।

3. दक्षिण के पठार की मिट्टियाँ (प्रायद्वीपीय मिट्टियाँ)

प्रायद्वीपीय मिट्टियाँ प्राचीन व कठोर चट्टानों से बनी हैं। रचना, उपजाऊपन तथा रंग के अनुसार इन्हें कई वर्गों में बाँटा जा सकता है–

(i) **काली या रेगुर मिट्टी**–ऐसी मिट्टियाँ 12° से 25° उत्तरी आक्षांश और 73° से 80° पूर्वी देशांतरों के बीच पायी जाती हैं। ये लगभग 5 लाख वर्ग कि.मी. क्षेत्र में फैली हुई हैं। महाराष्ट्र में इस मिट्टी का सबसे अधिक विस्तार है। नदी घाटियों में यह 60 मीटर से भी अधिक गहरी पायी जाती है। इस मिट्टी को भी तीन भागों में बाँटा गया है–

- **छिछली काली मिट्टी**–इसका निर्माण बैसाल्ट ट्रैप से हुआ है। यह सामान्य दोमट से लेकर चिकनी व गहरे रंग की होती है। ऐसी मिट्टी मध्य प्रदेश व महाराष्ट्र में मिलती है।
- **मध्यम काली मिट्टी**–इसका निर्माण बैसाल्ट, धारवाड़, ग्रेनाइट, शिष्ट, नीस आदि चट्टानों की टूट-फूट से होता है। इसकी गहराई 50 से 120 से.मी. तक होती है। यह उपजाऊ मिट्टी महाराष्ट्र, गुजरात, उ.प्र. मध्य प्रदेश, उत्तरी कर्नाटक, मध्यवर्ती सौराष्ट्र और उ.पू. आन्ध्र प्रदेश में पायी जाती है।
- **गहरी काली मिट्टी**–यह वास्तविक काली मिट्टी है, जिसका निर्माण ज्वालामुखी के उद्गार से हुआ है। यह बड़ी उपजाऊ होती है तथा मुख्य रूप से गुजरात, महाराष्ट्र और कर्नाटक में पायी जाती है। इन काली मिट्टियों में जल अधिक देर तक ठहर सकता है, क्योंकि इनके कणों की बनावट घनी एवं महीन होती है। इनके सूख जाने पर दरारें पड़ जाती हैं, जिस कारण हल चलाना मुश्किल हो जाता है।

इनमें गेहूं, कपास, गन्ना, केला, ज्वार, चावल, तम्बाकू, अरण्डी, मूंगफली, सोयाबीन, फल, सब्जियां आदि पैदा किए जाते हैं। इस मिट्टी में चूना, पोटाश, मैग्नीशियम, ऐलुमिना तथा लोहा पर्याप्त मात्रा में पाया जाता है, किन्तु फॉस्फोरस, नाइट्रोजन तथा जीवांशों (ह्यूमस) का अभाव पाया जाता है। नागपुर में किए गए परीक्षणों के अनुसार इस मिट्टी में घुलनशील अंश 68.71%, फेरिक ऑक्साइड 11.24%, ऐलुमिना 9.39%, जल तथा जीवांश 5.83%, चूना 1. 81% तथा मैग्नीशिया 1.79% हैं।

(ii) **लाल और पीली मिट्टी**–ये मिट्टियां अपक्षय के प्रभाव से प्राचीन रवेदार और परिवर्तित चट्टानों के टूट-फूट के कारण बनती हैं। यह अपने बनने के स्थान पर ही पड़ी रहती हैं। कहीं-कहीं मिट्टी में लोहा होने से इस मिट्टी का रंग लाल हो गया है। कहीं-कहीं इसका रंग भूरा, चॉकलेटी, पीला अथवा काला भी हो गया है क्योंकि इनमें मूल चट्टान से चॉकलेट रंग वाले खनिज तत्त्व (जैसे, फैलस्पार, ऑलीविन) के महीन कण भी पाये जाते हैं।

इस प्रकार की मिट्टी मध्य प्रदेश, दक्षिणी उत्तर प्रदेश, छोटा नागपुर का पठार एवं मेघालय में लगभग दो लाख वर्ग किमी० क्षेत्र पर पाई जाती है।

अनेक प्रकार की चट्टानों से बनी होने के कारण इनमें गहराई, कणों की संरचना और उर्वरा शक्ति में भिन्नता पायी जाती है। ये मिट्टियां अत्यन्त रंध्रयुक्त (poros) होती हैं और अत्यन्त बारीक तथा गहरी होने पर ही उपजाऊ होती हैं।

इस मिट्टी में लोहा, ऐल्युमिनियम और चूना यथेष्ट होता है, किन्तु नाइट्रोजन, फॉस्फोरस और वनस्पति का अंश कम होता है।

लाल मिट्टी का रासायनिक संगठन इस प्रकार है : अघुलनशील तत्त्व 90.47%, लोहा 3.61%, ऐल्युमिनियम 2.92%, जीवांश और जल 1.01%, मैग्नीशिया 0.70%, चूना 0.56%, कार्बन-डाइ-ऑक्साइड 0.30%, पोटाश 0.24%, सोडा 0.12%, फॉस्फोरस 0.09%, नाइट्रोजन 0.08%।

(iii) **लैटेराइट मिट्टी**—ऐसी मिट्टी लगभग 1.22 लाख वर्ग किलोमीटर क्षेत्र में फैली है। यह विशेषकर मध्य प्रदेश (ग्वालियर, पन्ना और रीवा जिलों में), पूर्वी और पश्चिमी घाटों के समीप कर्नाटक, दक्षिणी महाराष्ट्र, केरल (मालाबार), राजमहल की पहाड़ियों, अरावली पहाड़ियों के पूर्वी भाग में एवं उड़ीसा तथा असम के कुछ भागों में पायी जाती है। इस मिट्टी का रंग लाल होता है। इसका निर्माण शुष्क और तर मौसम वाले क्षेत्रों में होता है। ये मिट्टियां चट्टानों की टूट-फूट एवं रासायनिक क्रिया से बनती हैं। कणों के आधार पर लैटेराइट मिट्टियों के तीन उपभेद किए जाते हैं :

- **गहरी लाल लैटेराइट**—जिसमें लौह-ऑक्साइड और पोटाश की मात्रा अधिक होती है, किन्तु कैओलिन की मात्रा कम। इन मिट्टियों की उर्वरा शक्ति कम होती है।
- **सफेद लैटेराइट**—जिसमें कैओलिन की अधिकता के कारण मिट्टी का रंग सफेद होता है। यह उपजाऊ होती है।
- **भूमिगत जल वाली लैटेराइट**—ऐसी मिट्टियों के निर्माण तथा गुणों में भूगर्भीय जल का हाथ रहता है। ग्रीष्म ऋतु में ऊपरी तहों में ये मिट्टियां सूखकर कड़ी हो जाती हैं, किन्तु वर्षाकाल में जल मिलने पर ऊपरी तह के घुलनशील पदार्थ भूमि के नीचे चले जाते हैं। अतः ऊपरी तह की मिट्टियां उपजाऊ नहीं होती हैं।

यह मिट्टी **तमिलनाडु** के पहाड़ी एवं निचले भागों में, **कर्नाटक** के कुर्ग जिले में तट के निकट, **महाराष्ट्र** में रत्नागिरि जिले में एवं **उड़ीसा** के पठार व ऊपरी घाटियों में पाई जाती है। इस मिट्टी में चूना, फॉस्फोरस और पोटाश कम पाया जाता है, किन्तु वनस्पति का अंश यथेष्ट होता है। अतः यह उपजाऊ होती है। मिट्टी पर किये गये रासायनिक परीक्षणों के अनुसार इसमें लोहा 18.7%, सिलिका 32.62%, ऐलुमिना 25.28%, फॉस्फोरस 0.07%, चूना 0.42% और अघुलनशील तत्त्व होते हैं।

4. अन्य मिट्टियाँ

(i) **मरुस्थलीय मिट्टी**—ऐसी मिट्टी विशेष रूप से पश्चिमी राजस्थान, उत्तरी गुजरात, दक्षिणी पंजाब, पश्चिमी उत्तर प्रदेश, दक्षिणी हरियाणा में पाई जाती है। इसका विस्तार लगभग 1.44 करोड़ हेक्टेयर में है। इसमें खनिज नमक भी पाए जाते हैं, जो जल में शीघ्र घुल जाते हैं। सिंचाई करने से यह मिट्टी उपजाऊ हो जाती है। इस मिट्टी में नाइट्रोजन अपर्याप्त तथा फास्फेट सामान्य मात्रा में होती हैं। इन मिट्टियों वाले क्षेत्रों में मोटे अनाज, तिलहन इत्यादि पैदा किए जाते हैं।

(ii) **नमकीन तथा क्षारीय मिट्टियाँ**—इस प्रकार की मिट्टी शुष्क और अर्द्धशुष्क, दलदली व अधिक सिंचित क्षेत्रों में पायी जाती है। इसे कई नामों से जाना जाता है, जैसे—**ऊसर, कल्लर, रांकड़, थूर, रेह, चोपन** आदि। इसमें सोडियम, कैल्सियम और मैग्नीशियम लवणों की मात्रा अधिक होने के कारण ये प्रायः अनुत्पादक हो जाती है।

(iii) **पीटमय व जैव मृदाएँ**—वनस्पति की अच्छी बढ़ोतरी वाले तथा भारी वर्षा और उच्च आर्द्रता से युक्त क्षेत्रों में ये मृदाएँ पाई जाती हैं। वनस्पति की तीव्र वृद्धि के कारण इन क्षेत्रों में जैव पदार्थ भारी मात्रा में इकट्ठे हो जाते हैं। इससे मृदाओं में पर्याप्त मात्रा में जैव तत्त्व और ह्यूमस होता है। इसलिए इन्हें पीटमय और जैव मृदा कहा जाता है। इनमें जैव पदार्थों की मात्रा 40-50 प्रतिशत तक होती है। इसका रंग भारी तथा काला होता है। इस तरह की मिट्टी उत्तरी बिहार, उत्तरांचल के द. भाग, बंगाल के तटीय क्षेत्र, उड़ीसा तथा तमिलनाडु में पाई जाती है।

उत्तरी भारत के नहरी क्षेत्रों में अत्यधिक सिंचाई तथा शुष्क जलवायु के कारण लगभग 75 लाख हेक्टेयर भूमि केवल पंजाब में ही पायी जाती है, जिस पर नमक जम जाने से खेती नहीं की जा सकती।

उत्तर प्रदेश में विशेषकर मध्य व पश्चिमी भागों में लगभग 77 लाख हेक्टेयर भूमि इस नमकीन मिट्टी के कारण कृषि के अयोग्य है। ऐसे भागों में गंगा के बाएं किनारे पर ऐसे क्षेत्र सबसे अधिक पाये जाते हैं।

राजस्थान में लगभग 20 लाख हेक्टेयर भूमि तथा **उत्तरी बिहार** में लगभग 25 लाख हेक्टेयर भूमि क्षार के कारण पूर्णतः नष्ट हो चुकी है। पश्चिमी बंगाल में 21 लाख एकड़ क्षेत्र में नमकीन मिट्टियां पाई जाती हैं।

भारत में बीहड़ों का क्षेत्रफल (लाख हेक्टेयर में)

राज्य	क्षेत्रफल
उत्तर प्रदेश	12.30
मध्य प्रदेश	6.83
राजस्थान	4.52
गुजरात	4.00
महाराष्ट्र	0.20
पंजाब	1.20
बिहार	6.00
तमिलनाडु	0.60
प. बंगाल	1.04

दक्षिण के पठार के ऊपरी भागों में महाराष्ट्र, गुजरात, कर्नाटक, आन्ध्र प्रदेश तथा तमिलनाडु राज्यों में विशेषतः तापी,

गोदावरी और भीमा नदियों के बीच में जहां अत्यधिक सिंचाई के कारण लगभग 1.87 लाख हेक्टेयर भूमि कृषि के अयोग्य हो गयी है। इसी प्रकार केरल व महानदी डेल्टा एवं महाराष्ट्र के तटीय भागों में यह मिट्टी पाई जाती है। अन्य राज्यों के दलदली तटों एवं अधिक सिंचाई वाले क्षेत्रों में ऐसी भूमि मिलती है।

नमकीन मिट्टी में अनेक प्रकार के खनिज लवण निरन्तर एकत्रित होते जाते हैं, किन्तु इसमें कैल्सियम और नाइट्रोजन का अभाव पाया जाता है। यह मिट्टी अप्रवेश्य होती है। इस प्रकार की मिट्टी में नाइट्रोजन की मात्रा 0.03 से 0.13, पोटाश 0.03 से 0.07, फॉस्फोरस 0.03 से 0.13 और चूना 0.2 से 2% होता है। यदि इन मिट्टियों में चूने की मात्रा कम की जाए तथा जल प्रवाह में सुधार किया जाये अथवा सीमित एवं नवीन स्प्रिंगकल विधि से सिंचाई की जाये और भूमि को विशेष जिप्सम की मात्रा देकर सीमित सिंचाई की जाये तो इससे क्षार का अंश कम हो सकता है। इससे ऐसी मिट्टियां पुनः उपजाऊ होने लगती हैं।

भारतीय मृदाएँ एवं उनका कुल क्षेत्रफल (प्रतिशत में)

मृदा के प्रकार	कुल क्षेत्रफल (प्रतिशत में)
जलोढ़	22.16
काली	29.69
लाल तथा पीली	28.00
लैटेराइट	2.62
मरुस्थलीय	6.13
क्षारीय	1.29
पीटमय एवं जैव	2.17
वन मृदाएँ	7.94

मृदा अपरदन या क्षरण

भारत में मृदा अपरदन

कृषि विशेषज्ञों का कहना है कि भारत में प्रति वर्ष वायु एवं पवन द्वारा 5 बिलियन टन से अधिक मृदा का अपरदन होता है। सूखे क्षेत्र, जहां वर्षा का औसत 250 मिमी० से कम है, जल प्रवाह द्वारा अपरदन होता है। जल द्वारा दो प्रकार के अपरदन—अवनालिका एवं छोटी नदियों द्वारा अपरदन से सर्वाधिक विनाश देखा गया है। इससे भूमि की कार्यात्मक क्षमता घटती है तथा भूमि बेकार हो जाती है। इससे पहले ही 40 लाख हेक्टेयर भूमि बर्बाद हो चुकी है, जिनमें अधिकांश उत्तर प्रदेश, मध्य प्रदेश, बिहार, राजस्थान तथा गुजरात की भूमि शामिल है। कुछ बुरी तरह प्रभावित क्षेत्र निम्न हैं-

अपरदन रोकने के उपाय

पृथ्वी पर मानव जीवन को सुरक्षित रखने के लिए मृदा अपरदन को रोकना अति आवश्यक है। इसे रोकने के प्रमुख उपाय निम्नलिखित हैं:

(i) **बाँध बनाना**—जब वर्षा के दिनों में नदी में बाढ़ आती है तो बहुत-सी मिट्टी जल के साथ बह जाती है। इसे रोकने के लिए बाँध बनाने की आवश्यकता होती है। इससे जल के वेग में कमी आती है और मृदा अपरदन ढक जाता है। इसके अतिरिक्त शुष्क मौसम में बाँधों से नहरों द्वारा सिंचाई भी की जाती है।

(ii) **वृक्षारोपण**—मृदा अपरदन को रोकने का सबसे अच्छा उपाय वृक्षारोपण है। जिन प्रदेशों में मृदा अपरदन की समस्या गम्भीर हो गई है, वहाँ नए पेड़ लगाए जाएँ। जिन प्रदेशों में वन हैं, उन्हें अन्धाधुन्ध काटने तथा उनका दुरुपयोग करने पर रोक लगाई जाए।

(iii) **पशुचारण पर प्रतिबंध**—पशुचारण के लिए अलग चरागाहों की व्यवस्था होनी चाहिए। खाली खेतों में पशु बिना किसी रोक-टोक के घूमते हैं और अपने खुरों से मिट्टी को ढीला कर देते हैं। इससे वर्षा तथा वायु के लिए मृदा अपरदन आसान हो जाता है। विश्व के विस्तृत घास के मैदानों में भी पशुचारण सीमित तथा नियंत्रित रूप में होना चाहिए।

(iv) **कृषि प्रणाली में परिवर्तन**—कृषि प्रणाली में परिवर्तन करके हम मृदा अपरदन को काफी हद तक रोक सकते हैं। महत्त्वपूर्ण परिवर्तन निम्न हैं :

- फसल चक्र अपनाना।
- थोड़े समय में तैयार होने वाली फसलों को उगाना।
- स्थानान्तरी कृषि पर नियन्त्रण करना।
- अवनालिकाओं को भरना।
- ढालों पर समोच्च रेखीय जुताई करना।
- सीढ़ीदार खेत बनाना।
- पवन द्वारा मिट्टी के उड़ने को रोकने के लिए अवरोध लगाना।
- भूमि को पवन की दिशा के समकोण पर जोतना।

प्राकृतिक वनस्पति एवं वन्य जीवन

प्राकृतिक वनस्पति में केवल वे ही पौधे सम्मिलित किए जाते हैं, जो बिना मानवीय सहायता के जंगली अवस्था में उगते हैं। अपनी संरचना और पदार्थों में परिवर्तन करके ऐसे पौधे अपने आपको प्राकृतिक पर्यावरण के अनुकूल बना लेते हैं। इस प्रकार किसी प्रदेश में पाए जाने वाले विभिन्न जाति के पेड़-पौधों के समूह को वनस्पति कहते हैं, जो एक विशिष्ट पर्यावरणीय अथवा पारिस्थितिक ढाँचे में विकसित होते हैं। वन उस बड़े भू-भाग को कहते हैं, जो पेड़-पौधों तथा झाड़ियों द्वारा आच्छादित होता है। मैदानी क्षेत्रों में पारिस्थितिक संतुलन को बनाये रखने के लिए वनावरण का न्यूनतम प्रतिशत लगभग 25 है, जबकि मैदानी एवं पहाड़ी दोनों क्षेत्रों में कुल मिलाकर पारिस्थितिक संतुलन का प्रतिशत 33 है।

भारत की महत्त्वपूर्ण मृदाएं						
क्र.सं.	मृदा के प्रकार	उत्पत्ति एवं निर्माण	प्राप्ति स्थान	संघटन	विशेषताएं	फसलें
1.	जलोढ़ (वाहित)	सिल्ट नदियों द्वारा लाई जाती है	नदी घाटियां-गंगा, ब्रह्मपुत्र, गोदावरी एवं कृष्णा का डेल्टा, प्रायद्वीपीय भारत की तटवर्ती पट्टी, (पंजाब, हरियाणा, उत्तर प्रदेश, बिहार, पश्चिम बंगाल)	पोटाश एवं चूना पर्याप्त किन्तु फास्फोरस एवं ह्यूमस की कमी (गंगा डेल्टा में ह्यूमस अधिक पाया जाता है)	ऊपरी भाग में मोटे कण, मध्य में औसत, जबकि निम्न क्षेत्र में काफी बारीक कण पाये जाते हैं	चावल, गेहूं, गन्ना, कपास, तेल बीज आदि
2.	काली (स्थानीय)	ज्वालामुखी चट्टानों (बेसाल्ट) के अपक्षय (दक्कन लावा) से निर्मित	दक्कन ट्रैप, गोदावरी, कृष्णा, नर्मदा एवं तापी की घाटियां, (महाराष्ट्र, गुजरात, आन्ध्र प्रदेश, मध्य प्रदेश एवं तमिलनाडु)	चूना, लोहा, पोटाश, मैग्नेशियम, एल्युमीनियम एवं कैल्सियम में धनी, जबकि नाइट्रोजन एवं ह्यूमस का अभाव	बारीक कण, नमी धारण क्षमता अच्छी, भीगने पर चिपचिपी एवं सूखने पर दरार पड़ जाती है	कपास, गन्ना, तंबाकू, तेल बीज आदि
3.	लाल मृदा (स्थानीय)	रूपांतरित चट्टानों के अपघटन द्वारा निर्मित	दक्कन पठार के पूर्वी भाग, (दक्षिणी राज्यों के तमिलनाडु, केरल, कर्नाटक एवं छोटा नागपुर पठार)	लौह तत्त्वों में धनी जबकि फास्फोरस, पोटाश, चूना फॉस्फेटिक ऐसिड, नाइट्रोजन एवं सिलिका की कमी	मोटे कण एवं छिद्र युक्त	गेहूं, चावल, कपास, गन्ना, दालें आदि
4.	लैटेराइट मृदा (स्थानीय)	लिचिंग का परिणाम	पूर्वी घाट, पश्चिमी घाट एवं असम पहाड़ियों का क्षेत्र	लौह तत्त्वों की प्रचुरता पोटाश, चूना, फास्फोरिक ऐसिड, नाइट्रोजन एवं सिलिका की कमी	क्षारीय, छिद्र युक्त, मोटे कण	कॉफी, रबर, काजू आदि
5.	मरुस्थलीय मृदा (स्थानीय)	चट्टानों के यांत्रिक अपरदन से बालू के रूप में निर्मित	भारत का उत्तरी-पश्चिमी भाग, राजस्थान, उत्तरी गुजरात एवं दक्षिणी पंजाब राज्य	घुलनशील नमक की प्रधानता, जबकि जैविक पदार्थों की कमी		सिंचाई सुविधा के विकास द्वारा गेहूं, चना, तरबूज व बाजरे का उत्पादन

चूँकि प्राकृतिक वनस्पति अपने आपको भौतिक पर्यावरण, ऊँचाई, मौसम, जलवायु इत्यादि के अनुकूल बना लेती है, इसलिए प्राकृतिक वनस्पति में बहुत भिन्नता पाई जाती है। पर्वतों पर लम्बे और छोटी पत्तियों वाले वृक्षों के वन, उष्ण जलवायु में चौड़ी पत्ती वाले वृक्षों के वन, मरुस्थलों में झाड़ियाँ और कांटेदार वृक्षों वाले वन तथा दलदली भूमि में गरान (मैंग्रोव) वन पाए जाते हैं।

चिपको आंदोलन

1974 में उत्तर भारत के रेणु (उत्तरांचल) की महिलाओं ने पेड़ काटने के खिलाफ सीधे-सादे तरीकों द्वारा प्रभावशाली आन्दोलन किया। ये महिलाएं पेड़ काटने वालों के खिलाफ पेड़ से चिपक कर विरोध करती थीं। इस प्रकार इन महिलाओं ने 12000 वर्ग किमी० क्षेत्रफल के संवेदनशील जलग्रहण क्षेत्र के वनों को बचाया। इस आंदोलन के प्रमुख नेता सुंदर लाल बहुगुणा थे।

वनों के प्रकार एवं विशेषताएं	क्षेत्र	कुछ प्रमुख प्रजातियां
1. उष्ण कटिबंधीय सदाबहार वन (क्षेत्रफल : आर्द्र सदाबहार वन 4.5 मिलियन हेक्टेयर, अर्द्ध सदाबहार वन 1.9 मिलियन हेक्टेयर) दोनों ही सघन, ऊंचे, बहुतायत प्रजाति के पेड़ों एवं सघन लताओं वाले वन हैं। लताएं अर्द्ध सदाबहार वनों में कम एवं नम सदाबहार वन में अधिक पाई जाती हैं।	आर्द्र एवं अर्द्ध सदाबहार वन अण्डमान में पाया जाता है। आर्द्र सदाबहार वन पश्चिमी घाट के साथ-साथ तटवर्ती क्षेत्रों में तथा ऊपरी असम के चाचर में तथा उड़ीसा एवं हिमालय के निचले ढालों पर पाया जाता है।	मिसुआ, सफेद सिडार, होपिया एवं बांस आर्द्र एवं अर्द्ध आर्द्र सदाबहार वनों में पाए जाते हैं। खासकर आर्द्र सदाबहार वनों में जामुन, बेंत तथा अर्द्ध आर्द्र सदाबहार वन में कदम, इरूल, रोजवुड, अखरोट, चम्पा एवं आम के वृक्ष पाए जाते हैं।
2. उष्ण कटिबंधीय आर्द्र पतझड़ वन (क्षेत्रफल : 23.3 मिलियन हेक्टेयर) बहुस्तरीय वन असमान ऊपरी आवरण के साथ जिसमें पतझड़ प्रजाति के वृक्षों की बहुलता होती है। द्वितीय स्तर के वन मिश्रित प्रजाति के वृक्षों वाले तथा निम्न स्तरीय झाड़ियों तथा सघन लताओं वाले होते हैं।	अण्डमान, उत्तर प्रदेश का आर्द्र भाग, मध्य प्रदेश, गुजरात, महाराष्ट्र, कर्नाटक एवं केरल का आर्द्र भाग।	आंवला, सागौन, साल, जामुन, महुआ, बेंत, बांस एवं अन्य वृक्ष।

3. उष्ण शुष्क पतझड़ वन (क्षेत्रफल : 29.2 मिलियन हेक्टेयर) बहुस्तरीय वन, लगभग सम्पूर्ण रूप से पतझड़, झाड़ियां एवं बाँस भी पाए जाते हैं लेकिन बहुत घने नहीं, लताओं की अल्पता ही इसकी विशेषता है।	कोमोरीन अंतरिप से हिमालय पर्वत तक असमान रूप से उत्तर-दक्षिण पट्टी के रूप में विस्तृत लेकिन राजस्थान में अभाव, पश्चिम बंगाल तथा पश्चिमी घाट पर।	सागौन, ताड़, साधारण बांस, साल, लाल चन्दन अन्य वृक्ष।
4. उष्ण कटिबंधीय कंटीले वन (क्षेत्रफल : 5.2 मिलियन हेक्टेयर) खुला, कम घनत्व, मरुद्रभित वृक्षों की प्रमुखता, कांटेदार वृक्षों की प्रजातियां। वृक्षों में छोटी डालियां एवं मोटे पत्ते पाये जाते हैं। कम ऊंचाई, छोटे वृक्ष एवं झाड़ियां पाई जाती हैं।	दक्षिण पंजाब की एक बड़ी पट्टी, राजस्थान, उत्तरी गंगा का मैदान, दक्कन का पठार एवं निम्न प्रायद्वीपीय भारत।	खैर, नीम, चन्दन, बबूल, खेजड़ा एवं पलाश आदि।
5. उष्ण शुष्क सदाबहार वन (क्षेत्रफल : 700,000 हेक्टेयर) सम्पूर्ण वितान का निर्माण सदाबहार पेड़ों से हुआ है। पत्तियां कड़ी होती हैं।	सिर्फ कोंकण क्षेत्र तक सीमित।	जामुन, रीठा, नरेपा, टोडी पाम एवं बेंत आदि।
6. ज्वारीय वन (क्षेत्रफल : 600,000 हेक्टेयर) मुख्यतः सदाबहार प्रजातियां। ऊंचाई एवं घनत्व में असमानता, आर्द्रयुक्त।	नदी डेल्टाओं एवं दलदली क्षेत्रों में।	सुंदरी, अगार, केड़ा, नरेपा, आदि।
7. उप-उष्ण कटिबंधीय चौड़ी पत्ती वाले पहाड़ी वन (क्षेत्रफल : 300,000 हेक्टेयर) घने वन, सदाबहार प्रजाति के वृक्षों की प्रधानता।	खासी, नीलगिरि, महाबलेश्वर एवं पश्चिम बंगाल तथा असम के निम्न हिमालय वाले क्षेत्र।	जामुन, मिलिसम, सिंटीस एवं माचिलस।
8. उप-उष्ण कटिबंधीय पाइन वन (क्षेत्रफल : 3.7 मिलियन हेक्टेयर) लगभग सम्पूर्ण रूप से विशुद्ध चीड़ एवं पाइन के वृक्ष, तलझाड़ी का अभाव, बहुत कम झाड़ियां।	हिमालय के उत्तर-पश्चिम भाग में 1,000 से 1,800 मीटर की ऊंचाई तक, कश्मीर को छोड़कर।	चीड़, जामुन, ओक।
9. उप-उष्ण कटिबंधीय शुष्क सदाबहार वन (क्षेत्रफल : 200,000 हेक्टेयर) निम्न झाड़ीदार वन, छोटे सदाबहार वन भी बीच-बीच में पाए जाते हैं। झाड़ियां कांटेदार प्रजाति के वृक्षों के साथ पाई जाती हैं। मानसून काल में जड़ी-बूटी एवं घासें दिखाई पड़ती हैं।	भाबर, शिवालिक रेंज पश्चिमी हिमालय में 1000 मीटर की ऊंचाई तक।	जैतून, अकाशीया पोडेस्टा एवं पिस्टासीया।
10. पर्वतीय आर्द्र शीतोष्ण वन (क्षेत्रफल : 1.6 मिलियन हेक्टेयर) सदाबहार वन, पेड़ ज्यादातर छोटे, घने डालों वाले, गोल एवं घनी पत्तियां तथा पेड़ों का ऊपरी वितान काफी घना होता है। डालों पर मॉस (लाइकेन) उगे होते हैं।	तमिलनाडु एवं केरल के 150 मीटर से ऊंचे भागों में। पूर्वी हिमालय के पश्चिम बंगाल वाले भाग में।	माचिलस, लिटसिया, मैग्नोलिया, भारतीय चेस्टनट, ब्रिच, बेर।
11. हिमालियन शीतोष्ण कटिबंधीय वन (क्षेत्रफल : आर्द्र सम शीतोष्ण 2.7 मिलियन हेक्टर; शुष्क सम शीतोष्ण 200,000 हेक्टेयर) कोणधारी वन की प्रमुखतः बर्च के पेड़ पर मॉस (लाइकेन) एवं फर्ण (काई) के पौधे खूब उपजते हैं। यहां पर लताएं काफी कम पाई जाती हैं।	आर्द्र शीतोष्ण वन हिमालय के अल्पाइन एवं उप अल्पाइन वनों के बीच पाए जाते हैं। हिमाचल प्रदेश, पंजाब, उत्तर प्रदेश, पश्चिम बंगाल एवं सिक्किम में यह वन 1500 एवं 3300 मीटर की ऊँचाई के बीच पाए जाते हैं। हिमालय के आंतरिक भाग-लद्दाख, लाहुल, चम्बा, गढ़वाल एवं सिक्कम में शुष्क शीतोष्ण वन पाए जाते हैं।	ओक, देवदार, मैपल आदि दोनों जलवायु प्रदेश आर्द्र एवं शुष्क वनों में पाए जाते हैं। आर्द्र हिमालय शीतोष्ण वन के प्रमुख वृक्ष हैं चेस्टनट, कैल, मेयू एवं शुष्क शीतोष्ण वनों में चिलगोजा, ऐश, पैरोतीया एवं जैतुन प्रमुख वृक्ष हैं।
12. अल्पाइन वन (क्षेत्रफल : 3,000 हेक्टेयर) ● **उप-अल्पाइन वन** छोटे पत्तों वाले पेड़ों का घना विकास, यहां झाड़ियां भी पाई जाती हैं, कोणधारी वन भी उपस्थित हैं। ● **आर्द्र अल्पाइन झाड़ियां** छोटी अल्पाइन सदाबहार झाड़ियों का घना विकास, फूल वाली जड़ी-बूटियां, लाइकेन एवं काई। **13. शुष्क अल्पाइन झाड़िया** मरुदभिद् ड्वार्फ झाड़ियां।	ये तीनों प्रकार के वन हिमालय के ऊंचाई वाले भागों में पाए जाते हैं। उप-अल्पाइन वन, अल्पाइन वन के आस-पास ही पनपते हैं, जो 3000 मीटर की ऊंचाई पर विकसित होते हैं।	रोडोडेनड्रन एवं ब्रिच उप-अल्पाइन वनों के सामान्य वृक्ष हैं जबकि आर्द्र अल्पाइन झाड़ियों में फर, स्प्रूस बेर एवं येल विशेष हैं। उप-अल्पाइन वन के वृक्ष हैं-बरबरिस एवं जूनिपर। आर्टिमिसोमा एवं पोटेण्टिला।

कच्छ वनस्पति और मूंगे की चट्टानों का संरक्षण और प्रबंधन

पर्यावरण मंत्रालय देश में कच्छ वनस्पति और मूंगे की चट्टानों के संरक्षण और प्रबंधन को उच्च्य प्राथमिकता प्रदान करता है। उन सभी तटवर्ती राज्यों/केंद्रशासित प्रदेशों को शत-प्रतिशत केंद्रीय सहायता प्रदान की जाती है, जिन्होंने अपनी अनुमोदित प्रबंधन कार्ययोजनाओं के कार्यान्वयन के लिए ऐसी सहायता हेतु अनुरोध किया हो। इन कार्ययोजनाओं में 'बुनियादी' और 'आनुषंगिक' दोनों तरह की गतिविधियाँ होती हैं। इसके अलावा मंत्रालय कच्छ वनस्पति और प्रवाल जैव विविधता, तत्संबंधी प्रबंधन और इन क्षेत्रों में प्रदूषण के विभिन्न पहलुओं के बारे में लक्षित अनुसंधान पर बल देने वाली अनुसंधान और विकास गतिविधियों के लिए भी सहायता प्रदान करता है। सरकार ने कच्छ वनस्पति और मूंगे की चट्टानों के गहन संरक्षण और प्रबंधन के लिए देशभर में 38 कच्छ वनस्पति और 4 मूंगा चट्टान स्थलों का चयन किया है।

कच्छ वनस्पति (मैंग्रोव)

देश में कच्छ वनस्पति क्षेत्र 4,740 वर्ग किलोमीटर में फैला है। कच्छ वनस्पति ऐसे पौधे हैं, जो अन्य पौधों के लिए प्रतिकूल समझी

जाने वाली उच्च लवणता, ज्वारभाटा, तेज हवा के वेग, उच्च तापमान और गाद युक्त अवायवीय मृदा जैसी परिस्थितियों में पाए जाते हैं। कच्छ वनस्पति पारिस्थितिकी प्रणाली स्थलीय पारिस्थितिकी और समुद्री पारिस्थितिकी प्रणालियों के बीच एक सहजीवी संपर्क या सेतु का निर्माण करती है। यह वनस्पति आच्छादित तटों के अंतर-ज्वारीय क्षेत्रों, नदी मुहानों, संकरी खाड़ियों, अप्रवाही घाटियों, दलदली क्षेत्र और कीचड़ क्षेत्र में पाई जाती है। कच्छ वनस्पति सभी राज्यों/केंद्रशासित प्रदेशों में पाई गई है। भारत में दुनिया की कुछ सबसे बेहतरीन कच्छ वनस्पति मिलती हैं। देश में सर्वाधिक कच्छ वनस्पति पश्चिम बंगाल में और उसके बाद गुजरात और अंडमान-निकोबार द्वीप समूह के तटवर्ती क्षेत्रों में पाई जाती है। परंतु, कच्छ वनस्पति उगने के लिए सभी तटवर्ती क्षेत्र उपयुक्त नहीं हैं, क्योंकि इसके विकास और रखरखाव के लिए खारे और ताजा जल का उचित मिश्रण और कीचड़ युक्त मृदा की तरह नरम स्थल आवश्यक होते हैं।

मूंगे की चट्टानें

भारत में मूंगे की चट्टानें 2383.87 वर्ग किलोमीटर में होने का अनुमान है। मूंगे की चट्टानें पथरीले मूंगा पोलिप (जंतु) का संयुक्त रूप होती हैं। ये चट्टानें सर्वाधिक गतिशील पारिस्थितिकी प्रणाली का स्वरूप हैं, जो समुद्री वनस्पति और वन्यजीवों को आश्रय एवं पोषण प्रदान करती हैं। वे तटरेखा और तटवर्ती आबादी के संरक्षक के रूप में काम करती हैं, जो मूंगा चट्टान पारिस्थितिकी प्रणाली पर ज्यादातर निर्भर रहते हैं, भले ही वे कहीं भी विद्यमान हों। 'मूंगा' शब्द का उपयोग एक निर्बल समुद्री जीव की जाति निडेरिया के विकल्प के रूप में किया जाता है, जिसमें नरम और सख्त मूंगा शामिल होते हैं। परंतु, 'मूंगा' शब्द का प्रयोग अक्सर आर्डर स्लेरेक्टिनिया की सख्त चट्टानों के लिए किया जाता है। भारत में गहन संरक्षण एवं प्रबंधन के लिए 4 प्रमुख मूंगा चट्टान क्षेत्रों की पहचान की गई है : (*i*) मन्नार की खाड़ी, (*ii*) कच्छ की खाड़ी, (*iii*) लक्षद्वीप और (*iv*) अंडमान-निकोबार द्वीप समूह। निगरानी और देखरेख के जरिए निवारक पहलुओं पर अधिक बल दिया जाता है क्योंकि बहाली कार्य महंगा और समय खपाऊ होता है।

जैव मंडल सुरक्षित क्षेत्र

भारतीय राष्ट्रीय मानव एवं जैव मंडल (एमएएम) समिति यूनेस्को के दिशानिर्देश और मानदंड का अनुपालन करते हुए जैव मंडल सुरक्षित क्षेत्र निर्दिष्ट करने के लिए संभावित स्थलों का चयन और अनुशंसा करती है। देश में 18 निर्दिष्ट जैव मंडल सुरक्षित क्षेत्र हैं। इन 18 क्षेत्रों में से 9 को यूनेस्को के जैव मंडल सुरक्षित क्षेत्रों के अंतर्राष्ट्रीय नेटवर्क में शामिल किया गया है। इसके मुख्य उद्देश्य इस प्रकार हैं : प्राकृतिक पारिस्थितिकी प्रणालियों में पौधों/जीव जंतुओं की विविधता और एकीकरण का संरक्षण; प्रजातियों की उस आनुवंशिक विविधता की रक्षा करना, जिस पर उनका सतत विकास निर्भर करता है; शिक्षा और प्रशिक्षण की सुविधाएं प्रदान करना; बहुआयामी अनुसंधान एवं जांच के क्षेत्र प्रदान करना और स्थानीय लोगों की आर्थिक समृद्धि में सुधार के लिए सर्वाधिक उपयुक्त प्रौद्योगिकी के जरिए प्राकृतिक संसाधनों का स्थायी उपयोग सुनिश्चित करना।

भारत के जैवमंडल रिजर्व (क्षेत्रफल के अनुसार)

वर्ष	नाम	राज्य	क्षेत्रफल (वर्ग किमी. में)
• 1986	नीलगिरी संरक्षित जैविक क्षेत्र*	तमिलनाडु, केरल और कर्नाटक	5520
• 1988	नन्दा देवी राष्ट्रीय उद्यान एवं बायोस्फीयर रिजर्व*	उत्तराखंड	5860
• 1988	नोकरेक*	मेघालय	820
• 1989	मन्नार की खाड़ी*	तमिलनाडु	10500
• 1989	सुन्दरवन*	पश्चिम बंगाल	9630
• 1989	मानस	असम	2837
• 1989	बड़ा निकोबार जैवमंडल आरक्षित क्षेत्र*	अण्डमान और निकोबार द्वीपसमूह	885
• 1994	सिमलिपाल*	ओडिशा	4374
• 1997	डिब्रू-सैखोवा	असम	765
• 1998	दिहंग-दिबंग	अरुणाचल प्रदेश	5112
• 1999	पंचमढ़ी बायोस्फीयर रिजर्व*	मध्य प्रदेश	4981.72
• 2000	कंचनजंघा	सिक्किम	2620
• 2001	अगस्त्यमलाई बायोस्फीयर रिजर्व*	केरल, तमिलनाडु	3500.08
• 2005	अचानकमार-अमरकंटक बायोस्फीयर रिजर्व*	मध्य प्रदेश, छत्तीसगढ़	3835
• 2008	कच्छ का रण	गुजरात	12454
• 2009	कोल्ड डेजर्ट	हिमाचल प्रदेश	7770
• 2010	शेषचलम पहाड़ियाँ	आंध्र प्रदेश	4755
• 2011	पन्ना राष्ट्रीय उद्यान	मध्य प्रदेश	2998.98

**18 जैवमंडल में से 10 यूनेस्को के मानव और संरक्षित जैवमंडल (MAB) कार्यक्रम सूची के आधार पर संरक्षित जैवमंडलों के विश्व नेटवर्क का एक हिस्सा है।*

जैव सुरक्षा से संबंधित जैव विविधता संरक्षण कार्यक्रम

अनुवांशिक इंजीनियरी अनुमोदन समिति (जीईएसी)

जैव विविधता संरक्षण कार्यक्रम के अंतर्गत 2 प्रमुख उपघटक हैं : जैव विविधता और जैव सुरक्षा। जैव विविधता घटक के अंतर्गत जैविक विविधता संबंधी कन्वेंशन (सीबीडी) और राष्ट्रीय जैव विविधता प्राधिकरण को सहायता संबंधी गतिविधियाँ शामिल हैं। जैव विविधता संबधी घटक के अंतर्गत अनुवांशिक इंजीनियरी अनुमोदन समिति/जैव सुरक्षा के बारे में कार्टाजेना प्रोटोकोल/दायित्व एवं निवारण संबंधी नागोया क्वालालंपुर सप्लीमेंटरी प्रोटोकोल संबंधी गतिविधियां शामिल हैं।

पर्यावरण (संरक्षण) अधिनियम, 1986 के अंतर्गत खतरनाक सूक्ष्मजीव समूहों/अनुवांशिक रूप में यंत्रीकृत जीव समूहों या सेल्स के इस्तेमाल, आयात, निर्यात और भंडारण नियम (नियम, 1989) अधिसूचित किए हैं। ये नियम ऐसे खतरनाक सूक्ष्मजीव समूहों के अनुप्रयोग को कवर करते हैं, जो भले ही अनुवांशिक दृष्टि से परिष्कृत न हों। खतरनाक सूक्ष्म जीव समूहों में वे सभी शामिल हैं, जो जीव-जंतुओं और पौधों दोनों के लिए रोगकारक हों।

कार्टाजेना जैव सुरक्षा प्रोटोकोल

कार्टाजेना जैव सुरक्षा प्रोटोकोल (सीबीपी) संबंधी बातचीत जैविक विविधता संबंधी कन्वेंशन (सीबीडी) के तत्वावधान में की गई और इसे 2000 में पारित किया गया। भारत इस प्रोटोकोल का एक सदस्य है। यह प्रोटोकोल 2003 में लागू हुआ। अभी तक 170 देश इस प्रोटोकोल के सदस्य बन चुके हैं।

प्रोटोकोल का मुख्य उद्देश्य मानव स्वास्थ्य के प्रति जोखिम को देखते हुए आधुनिक जैव प्रौद्योगिकी से उत्पन्न ऐसे सजीव परिष्कृत जीव समूहों (एलएमओज) का सुरक्षित अंतरण, परिचालन और इस्तेमाल सुनिश्चित करना है, जिनका जैविक विविधता संरक्षण और उसके स्थाई इस्तेमाल पर दुष्प्रभाव पड़ने की आशंका हो।

वन नीति

वन नीति प्रभाग यूएस एड/इंडिया–'फोरेस्ट प्लस प्रोग्राम' के साथ समन्वय के लिए एक नोडल प्रभाग है। इस कार्यक्रम पर 2010 में भारत सरकार (आर्थिक मामले विभाग) और संयुक्त राज्य अमरीका के बीच भागीदारी समझौते के अंतर्गत स्थाई वन और जलवायु अनुकूलन परियोजना में समन्वयन के लिए हस्ताक्षर किए गए। यूएस एड का योगदान 2.7 करोड़ अमरीकी डॉलर और भारत सरकार का योगदान 90 लाख अमरीकी डॉलर का है। यह कार्यक्रम वनरोपण, संरक्षण और वनों के स्थायी प्रबंधन, जलवायु लचीलापन संवर्धन, क्षमता निर्माण, वैज्ञानिक/तकनीकी आदान-प्रदान कार्यक्रमों आदि के माध्यम से आरडीडी+ और संवर्धित कार्बन प्रच्छादन पर ध्यान केंद्रित करता है। फोरेस्ट+ प्रोग्राम 4 राज्यों–मध्य प्रदेश, हिमाचल प्रदेश, कर्नाटक और सिक्किम में लागू किया जा रहा है।

संक्षिप्त जानकारी और उद्देश्य

भारतीय वन अधिनियम, 1927 (आईएएफ) वनों के संरक्षण और प्रबंधन, वन उत्पादों और इमारती लकड़ी की ढुलाई, और इमारती लकड़ी तथा अन्य वन उत्पादों पर लगाए जाने वाले शुल्क के लिए एक कानूनी फ्रेमवर्क प्रदान करता है। वन अधिनियम एक प्रमुख कानून है, जो देश में वनों के प्रबंधन का बुनियादी ढांचा प्रदान करता है। इसके अंतर्गत आरक्षित, संरक्षित और ग्राम वनों की अधिसूचना सुनिश्चित करने की व्यवस्था करना, देश के वन संसाधनों, वन जैव विविधता और वन्य जीवों का संरक्षण शामिल है।

वन्यजीव संरक्षण

भारत में संरक्षित वन क्षेत्र नेटवर्क के अंतर्गत 730 संरक्षित क्षेत्र (103 राष्ट्रीय उद्यान, 535 वन्यजीव अभयारण्य, 66 सुरक्षित संरक्षण क्षेत्र और 26 सामुदायिक क्षेत्र) शामिल हैं। इस योजना के अंतर्गत निम्नांकित घटक भी शामिल हैं : 'संरक्षित क्षेत्रों के बाहर वन्य जीवों का संरक्षण' और 'चिंताजनक ढंग से खतरे में पड़ी प्रजातियों और परिवासों को बचाने के लिए जीर्णोद्धार कार्यक्रम।'

हाथी परियोजना

हाथी परियोजना (पीई) 1991-92 में केंद्र प्रायोजित कार्यक्रम के रूप में शुरू की गई थी। इसके निम्नांकित उद्देश्य हैं : हाथियों, उनके परिवासों और गलियारों की रक्षा करना; मानव पशु संघर्ष के मुद्दों का समाधान करना; और पालतू हाथियों का कल्याण करना।

देश में उन राज्यों को वित्तीय और तकनीकी सहायता प्रदान की जा रही है, जहाँ हाथियों की संख्या अधिक है। इस कार्यक्रम के अंतर्गत संबद्ध राज्य सरकार को हाथी परिवासों के वैज्ञानिक प्रबंधन के लिए विभिन्न प्रकार की कार्यवाहियां शुरू करने हेतु शत-प्रतिशत वित्तीय सहायता प्रदान की जाती है। वर्तमान में यह परियोजना 22 राज्यों/केंद्रशासित प्रदेशों में चलाई जा रही है। इनमें आंध्र प्रदेश, अरुणाचल प्रदेश, असम, छत्तीसगढ़, झारखंड, कर्नाटक, केरल, महाराष्ट्र, मेघालय, नगालैंड, ओडिशा, तमिलनाडु, त्रिपुरा, उत्तराखंड, उत्तर प्रदेश, पश्चिम

बंगाल, राजस्थान, अंडमान निकोबार, बिहार, पंजाब, गुजरात और हरियाणा (जहां हाथी परियोजना में मदद पहुंचाने के लिए एक हाथी बचाव केंद्र स्थापित किया गया है) शामिल हैं। देश में 29 अधिसूचित और 2 प्रस्तावित (मेघालय में खासी हिल्स और छत्तीसगढ़ में लेमरू) हाथी सुरक्षित क्षेत्र हैं।

बाघ परियोजना/राष्ट्रीय बाघ संरक्षण प्राधिकरण (एनटीसीए)

केंद्र प्रायोजित योजना बाघ परियोजना अप्रैल, 1973 में शुरू की गई थी। इसका उद्देश्य वैज्ञानिक, आर्थिक, कलात्मक, सांस्कृतिक और परिस्थितिकी मूल्यों के लिए बाघों की आबादी के रखरखाव को सुनिश्चित करना और लोगों के लाभ, शिक्षा और मनोरंजन के लिए इसकी जैविक महत्ता को देखते हुए एक राष्ट्रीय धरोहर के रूप में हर समय इसकी रक्षा करना है। देश में 50 बाघ संरक्षित क्षेत्र हैं।

आर्द्र भूमि संरक्षण

आर्द्र भूमि क्षेत्र बड़ी संख्या में लोगों के लिए जीवन रक्षक का काम करते हैं और मनुष्य मात्र के लिए ताजे जल का महत्वपूर्ण स्रोत हैं। समृद्ध जैव विविधता को आधार प्रदान करने के अतिरिक्त वें मानव को अनेक पारिस्थितिकी प्रणाली विषयक सेवाएं प्रदान करते हैं। परंतु, नृवैज्ञानिक गतिविधियों के कारण आर्द्र भूमि क्षेत्र विकृत होते जा रहे हैं। आर्द्र भूमि क्षेत्रों पर पड़ रहे प्रमुख दबावों में जल वैज्ञानिक व्यवस्थाओं का विखंडन, विकृत जलग्रहण क्षेत्रों में उत्सर्जित गाद, प्रदूषण, आक्रामक प्रजातियों का प्रसार और संसाधनों का अत्यधिक दोहन आदि शामिल हैं।

आर्द्र भूमि क्षेत्रों का ह्रास रोकने और उनके संरक्षण के लिए 1987 में राष्ट्रीय आर्द्र भूमि संरक्षण कार्यक्रम (एमडब्ल्यूसीपी) शुरू किया गया था। इसके अंतर्गत राज्य सरकारों को चुने हुए आर्द्र भूमि क्षेत्रों के संरक्षण एवं प्रबंधन हेतु कार्ययोजनाएं लागू करने के लिए वित्तीय सहायता दी जाती है। अभी तक कुल 115 चुने हुए आर्द्र भूमि क्षेत्रों में से 22 राज्यों में 82 आर्द्र भूमि क्षेत्रों के संरक्षण एवं प्रबंधन के लिए सहायता प्रदान की गई है।

रामसर कन्वेंशन

संभावित आर्द्रभूमि क्षेत्रों के संरक्षण की प्रतिबद्धता के रूप में भारत ने 1982 में रामसर कन्वेंशन पर हस्ताक्षर किए थे। इस कन्वेंशन के अनुसार भारत बंजर भूमि क्षेत्रों के संरक्षण और युक्तिसंगत इस्तेमाल में अंतर्राष्ट्रीय सहयोग करने और राष्ट्रीय कार्ययोजना लागू करने के प्रति वनचबद्ध है। वर्तमान में भारत में 26 रामसर स्थल हैं।

आर्द्र क्षेत्र (संरक्षण और प्रबंधन) नियम, 2010

कन्वेंशन के लक्ष्यों को व्यावहारिक रूप देने के लिए दिसंबर, 2010 में आर्द्र भूमि (संरक्षण और प्रबंधन) नियमों के रूप में एक नियामक व्यवस्था कायम की गई।

देश में आर्द्र भूमि के अधिक कारगर संरक्षण और प्रबंधन तथा विशेष रूप से यह देखते हुए कि जल और भूमि राज्य के विषय हैं, आर्द्र भूमि के प्रबंधन में राज्य सरकारों को बड़ी भूमिका और स्वामित्व प्रदान करने के लिए वर्तमान आर्द्र भूमि नियमों के संशोधन की प्रक्रिया शुरू की है। राज्य आर्द्र भूमि प्राधिकरणों को उनके अधिकार क्षेत्र के भीतर बंजर भूमि के प्रबंधन और नियमन की भूमिका सौंपी गई है।

भारत के प्रमुख राष्ट्रीय उद्यान

क्र. सं.	राष्ट्रीय उद्यान	राज्य	स्थापना वर्ष
1.	पापिकोंडा राष्ट्रीय उद्यान	आंध्र प्रदेश	2008
2.	राजीव गाँधी राष्ट्रीय उद्यान	आंध्र प्रदेश	2005
3.	श्री वेंकटेस्वर राष्ट्रीय उद्यान	आंध्र प्रदेश	1989
4.	नामदफा राष्ट्रीय उद्यान	अरुणाचल प्रदेश	1983
5.	मोउलिंग राष्ट्रीय उद्यान	अरुणाचल प्रदेश	1986
6.	डिब्रु-सैखोवा राष्ट्रीय उद्यान	असम	1999
7.	काजीरंगा राष्ट्रीय उद्यान	असम	1974
8.	मानस राष्ट्रीय उद्यान	असम	1990
9.	नामेरी राष्ट्रीय उद्यान	असम	1998

क्र. सं.	राष्ट्रीय उद्यान	राज्य	स्थापना वर्ष
10.	राजीव गाँधी ओरंग राष्ट्रीय उद्यान	असम	1999
11.	महात्मा गाँधी मरीन (वन्दूर) राष्ट्रीय उद्यान	अण्डमान और निकोबार	1983
12.	मिडिल बटन आइलैंड राष्ट्रीय उद्यान	अण्डमान और निकोबार	1987
13.	माउंट हरिएट राष्ट्रीय उद्यान	अण्डमान और निकोबार	1987
14.	नार्थ बटन आइलैंड राष्ट्रीय उद्यान	अण्डमान और निकोबार	1987
15.	रानी झाँसी मरीन राष्ट्रीय उद्यान	अण्डमान और निकोबार	1996
16.	सैडल पीक राष्ट्रीय उद्यान	अण्डमान और निकोबार	1987
17.	साउथ बटन आइलैंड राष्ट्रीय उद्यान	अण्डमान और निकोबार	1987
18.	कैम्पबेल बे राष्ट्रीय उद्यान	अण्डमान और निकोबार	1992
19.	गलथिया बे राष्ट्रीय उद्यान	अण्डमान और निकोबार	1992
20.	वाल्मीकि राष्ट्रीय उद्यान	बिहार	1989
21.	इंद्रावती राष्ट्रीय उद्यान	छत्तीसगढ़	1982
22.	कांगेर वैली राष्ट्रीय उद्यान	छत्तीसगढ़	1982
23.	गुरु घासीदास (संजय) राष्ट्रीय उद्यान	छत्तीसगढ़	1981
24.	भगवान महावीर (मोलेम) राष्ट्रीय उद्यान	गोवा	1992
25.	ब्लैकबुक वेलवदार राष्ट्रीय उद्यान	गुजरात	1976
26.	गिर राष्ट्रीय उद्यान	गुजरात	1975
27.	मरीन, गल्फ ऑफ कच्छ राष्ट्रीय उद्यान	गुजरात	1982
28.	वांसदा राष्ट्रीय उद्यान	गुजरात	1979
29.	कलेसर राष्ट्रीय उद्यान	हरियाणा	2003
30.	सुल्तानपुर राष्ट्रीय उद्यान	हरियाणा	1989
31.	पिन वैली राष्ट्रीय उद्यान	हिमाचल प्रदेश	1987
32.	ग्रेट हिमालयन राष्ट्रीय उद्यान	हिमाचल प्रदेश	1984
33.	इन्दर्कीला राष्ट्रीय उद्यान	हिमाचल प्रदेश	2010
34.	खीरगंगा राष्ट्रीय उद्यान	हिमाचल प्रदेश	2010
35.	सिम्बॉबेरा राष्ट्रीय उद्यान	हिमाचल प्रदेश	2010
36.	दाचीगम राष्ट्रीय उद्यान	जम्मू एवं कश्मीर	1981
37.	हेमिस राष्ट्रीय उद्यान	लद्दाख	1981
38.	किश्तवार राष्ट्रीय उद्यान	जम्मू एवं कश्मीर	1981
39.	सलीम अली राष्ट्रीय उद्यान	जम्मू एवं कश्मीर	1992
40.	बेतला राष्ट्रीय उद्यान	झारखण्ड	1986
41.	बांदीपुर राष्ट्रीय उद्यान	कर्नाटक	1974
42.	बन्नेरघट्टा राष्ट्रीय उद्यान	कर्नाटक	1974
43.	कुद्रेमुख राष्ट्रीय उद्यान	कर्नाटक	1987
44.	नागरहोले (राजीव गांधी) राष्ट्रीय उद्यान	कर्नाटक	1988

क्र. सं.	राष्ट्रीय उद्यान	राज्य	स्थापना वर्ष
45.	अंशी राष्ट्रीय उद्यान	कर्नाटक	1987
46.	एराविकुलम राष्ट्रीय उद्यान	केरल	1978
47.	मथिकेतन शोला राष्ट्रीय उद्यान	केरल	2003
48.	पेरियार राष्ट्रीय उद्यान	केरल	1982
49.	साइलेंट वैली राष्ट्रीय उद्यान	केरल	1984
50.	अनामुडी शोला राष्ट्रीय उद्यान	केरल	2003
51.	पंबादुम शोला राष्ट्रीय उद्यान	केरल	2003
52.	बांधवगढ़ राष्ट्रीय उद्यान	मध्य प्रदेश	1968
53.	कान्हा राष्ट्रीय उद्यान	मध्य प्रदेश	1955
54.	माधव राष्ट्रीय उद्यान	मध्य प्रदेश	1959
55.	मंडला प्लांट फॉसिल्स राष्ट्रीय उद्यान	मध्य प्रदेश	1983
56.	पन्ना राष्ट्रीय उद्यान	मध्य प्रदेश	1981
57.	पेंच (प्रियदर्शनी) राष्ट्रीय उद्यान	मध्य प्रदेश	1975
58.	संजय राष्ट्रीय उद्यान	मध्य प्रदेश	1981
59.	सतपुरा राष्ट्रीय उद्यान	मध्य प्रदेश	1981
60.	वन विहार राष्ट्रीय उद्यान	मध्य प्रदेश	1979
61.	चंदौली राष्ट्रीय उद्यान	महाराष्ट्र	2004
62.	गुगमल राष्ट्रीय उद्यान	महाराष्ट्र	1975
63.	नावेगों राष्ट्रीय उद्यान	महाराष्ट्र	1975
64.	संजय गांधी (बोरीवली) राष्ट्रीय उद्यान	महाराष्ट्र	1983
65.	ताडोबा राष्ट्रीय उद्यान	महाराष्ट्र	1955
66.	पेंच राष्ट्रीय उद्यान	महाराष्ट्र	1975
67.	केईबुल लम्जाओ राष्ट्रीय उद्यान	मणिपुर	1977
68.	बालपहकराम राष्ट्रीय उद्यान	मेघालय	1985
69.	नोकरेक राष्ट्रीय उद्यान	मेघालय	1986
70.	मुरलें राष्ट्रीय उद्यान	मिजोरम	1991
71.	फावनगपुई ब्लू माउंटेन राष्ट्रीय उद्यान	मिजोरम	1992
72.	इंतंकी राष्ट्रीय उद्यान	नगालैंड	1993
73.	भितरकनिका राष्ट्रीय उद्यान	ओडिशा	1988
74.	सिमलीपाल राष्ट्रीय उद्यान	ओडिशा	1980
75.	सरिस्का राष्ट्रीय उद्यान	राजस्थान	1982
76.	रणथम्भौर राष्ट्रीय उद्यान	राजस्थान	1980
77.	मुकुंदरा हिल्स (दर्रा) राष्ट्रीय उद्यान	राजस्थान	2006
78.	डेजर्ट राष्ट्रीय उद्यान	राजस्थान	1992
79.	केओलादेओ घाना राष्ट्रीय उद्यान	राजस्थान	1981

क्र. सं.	राष्ट्रीय उद्यान	राज्य	स्थापना वर्ष
80.	खांग्चेंडजोंगा राष्ट्रीय उद्यान	सिक्किम	1977
81.	मुदुमलै राष्ट्रीय उद्यान	तमिलनाडु	1990
82.	मुकुर्थी राष्ट्रीय उद्यान	तमिलनाडु	1990
83.	इंदिरा गांधी (अन्नामलाई) राष्ट्रीय उद्यान	तमिलनाडु	1989
84.	गुइंद्य राष्ट्रीय उद्यान	तमिलनाडु	1976
85.	गल्फ ऑफ मन्नार मरीन राष्ट्रीय उद्यान	तमिलनाडु	1980
86.	कसु ब्रह्मानंद रेड्डी राष्ट्रीय उद्यान	तेलंगाना	1994
87.	महावीर हरिणा वनस्थली राष्ट्रीय उद्यान	तेलंगाना	1994
88.	मृगवनी राष्ट्रीय उद्यान	तेलंगाना	1994
89.	बिसन (राजबरी) राष्ट्रीय उद्यान	त्रिपुरा	2007
90.	क्लाउडेड लेपर्ड राष्ट्रीय उद्यान	त्रिपुरा	2007
91.	दुधवा राष्ट्रीय उद्यान	उत्तर प्रदेश	1977
92.	गंगोत्री राष्ट्रीय उद्यान	उत्तराखंड	1989
93.	गोविन्द पशु विहार राष्ट्रीय उद्यान	उत्तराखंड	1990
94.	जिम कॉर्बेट राष्ट्रीय उद्यान	उत्तराखंड	1936
95.	नंदा देवी राष्ट्रीय उद्यान	उत्तराखंड	1982
96.	राजाजी राष्ट्रीय उद्यान	उत्तराखंड	1983
97.	वैली ऑफ फ्लावर्स राष्ट्रीय उद्यान	उत्तराखंड	1982
98.	गोरुमारा राष्ट्रीय उद्यान	पश्चिम बंगाल	1992
99.	बुक्सा राष्ट्रीय उद्यान	पश्चिम बंगाल	1992
100.	नोरा वैली राष्ट्रीय उद्यान	पश्चिम बंगाल	1986
101.	सिंगलीला राष्ट्रीय उद्यान	पश्चिम बंगाल	1986
102.	जलदापाड़ा राष्ट्रीय उद्यान	पश्चिम बंगाल	2014
103.	सुदरबन्स राष्ट्रीय उद्यान	पश्चिम बंगाल	1984

11 प्राकृतिक आपदाएँ

मानव पर दुष्प्रभाव डालने वाले प्राकृतिक परिवर्तनों को प्राकृतिक आपदा कहा जाता है। इसके अन्तर्गत भूकम्प, ज्वालामुखी, चक्रवात, सूखा, बाढ़, सागरीय भूकंप, मृदा अपरदन आदि आते हैं। मानवीय क्रिया-कलापों से निरपेक्ष, पर्यावरण में होने वाली प्राकृतिक प्रक्रियाएँ ही इनका मूल कारण हैं। प्राकृतिक आपदा, महाविनाशकारी, अप्रत्याशित और अनियंत्रित घटना है। ये भू-वैज्ञानिक, जैव, भूकम्पीय, जलविज्ञान संबंधी या मौसमी दशाएँ या प्राकृतिक पर्यावरण की प्रक्रियाएँ होती हैं।

भूकंप

प्राकृतिक विभागों के अनुरूप भारत को तीन भूकम्प क्षेत्रों में बाँटा गया है–I. हिमालय क्षेत्र, II. गंगा-सिन्धु का क्षेत्र, III. प्रायद्वीपीय क्षेत्र।

I. हिमालय क्षेत्र : यह क्षेत्र पूर्व-पश्चिम दिशा में फैला है। इसमें हिमालय पर्वत तथा उसके समीपवर्ती भाग सम्मिलित हैं। ये भाग रवेदार और प्रस्तरीभूत चट्टानों से निर्मित हैं। यह क्षेत्र सबसे अधिक अस्थिर है, क्योंकि अभी तक हिमालय पर्वत पूर्णतः सन्तुलन प्राप्त नहीं कर पाया है और अभी भी बढ़ रहा है। इसलिए इस भाग में विध्वंसकारी भूकम्प उत्पन्न हुए हैं। इसी क्षेत्र की एक शाखा म्यांमार की पहाड़ियों में चली गयी है। यह सबसे अधिक प्रभावित क्षेत्र माना जाता है। इस क्षेत्र में 1828 में कश्मीर का भूकम्प, 1884 में काबुल और पेशावर के भूकम्प, 1885 में श्रीनगर का भूकम्प, 1905 में कांगड़ा का भूकम्प, 1869 और 1897 में असम के भूकम्प, 1936 में क्वेटा का भूकम्प और 1950 में असम का भूकम्प काफी विध्वंसकारी रहे हैं। 1991 के अंत में आया गढ़वाल का भूकम्प विशेष विध्वंसकारी रहा।

II. गंगा सिन्धु का क्षेत्र : यह क्षेत्र उस प्रायद्वीप की कठोर भूमि का समूह है, जिससे हिमालय की उत्पत्ति हुई है। यह क्षेत्र हिमालय क्षेत्र के सन्निकट है, किन्तु इस क्षेत्र में भूकम्पों का प्रभाव इतना विनाशकारी नहीं है। फिर भी कभी-कभी इस क्षेत्र में स्वतंत्र रूप से भूकम्प उत्पन्न होकर प्रलय का दृश्य उपस्थित कर देते हैं। इस क्षेत्र में 1803 में आया दिल्ली का भूकम्प, 1934 में बिहार का भूकम्प, 1936 में क्वेटा का भूकम्प तथा 1966 में पश्चिमी उत्तर प्रदेश में आए भूकम्प ने जान-माल को काफी क्षति पहुँचायी। इस क्षेत्र को भूकम्पों से सामान्यतः प्रभावित क्षेत्र माना जाता है।

III. प्रायद्वीपीय क्षेत्र : यह क्षेत्र बड़ा स्थिर भू-भाग माना जाता था, किन्तु अब यह भाग भी भूकम्प संभावित क्षेत्र है। इस क्षेत्र को अभी तक न्यूनतम प्रभावित क्षेत्र माना जाता था। इस क्षेत्र में अभी तक जो भूकम्प आए, उनमें 1618 में बम्बई का भूकम्प, 1819 में पुणे और अहमदाबाद का भूकम्प, 1843 में दक्षिण भारत का भूकम्प, 1956 में कच्छ और 1968 में कोयना का भूकम्प शामिल हैं। 1993 में महाराष्ट्र के लातूर (उस्मानाबाद) जिले में आया भूकम्प, जिसमें 40,000 लोग मारे गए, ने भू-वैज्ञानिकों की इस मान्यता को खण्डित कर दिया कि प्रायद्वीपीय क्षेत्र भूकंपीय गतिविधियों से हिमालयी पेटी की तुलना में अधिक सुरक्षित है।

ज्वालामुखी

वर्तमान में भारत के अंडमान द्वीप समूह के नारकोंडम और बैरन में जागृत ज्वालामुखी पाए जाते हैं। भारतीय भू-गर्भ विज्ञान के कई कालों में यहां ज्वालामुखी उद्‌गार होते रहे हैं। **सबसे पहले** भारत में दक्षिण पठार पर **आर्कियन युग के धारवाड़ काल** में ज्वालामुखी का 1 अरब वर्ष पूर्व उद्‌गार हुआ। इसका मुख्य केन्द्र बिहार में **डाल्मा श्रेणी** था। **दूसरा** उद्‌गार **कुड्डप्पा काल** में तमिलनाडु के कुड्डप्पा जिले में तथा मध्य प्रदेश के ग्वालियर जिले में हुआ। मध्य प्रदेश के लावा क्षेत्र लगभग 50 करोड़ वर्ष पुराने हैं। **तीसरा** उद्‌गार **विंध्यन काल** में हुआ। इसका मुख्य केन्द्र जोधपुर के निकट **मालानी** था। यहां लावा का जमाव लगभग 42,000 वर्ग किमी० में हुआ है।

पुराजीव कल्प में ज्वालामुखी के उद्‌गार अधिकतर कुमायूं हिमालय में हुए, जिनके मुख्य केन्द्र नैनीताल जिले के भुवाली, भीमताल क्षेत्र थे। इसके अतिरिक्त गढ़वाल जिले के सीमा क्षेत्र तथा उत्तरी शिमला की सतलुज की घाटी में भी ज्वालामुखी के उद्‌गार इसी युग में हुए।

ऊपरी कार्बन युग में ज्वालामुखी के उद्‌गार विशेषतः पीर पंजाल और लद्दाख श्रेणी में हुए। आरम्भ में उद्‌गार बड़ी तीव्र गति से हुए, किंतु शैनःशैनः इनकी तीव्रता कम हो गई। यह उद्‌गार ट्रियासिक युग तक समाप्त हो गए।

इसके बाद **मध्यजीव कल्प** में लगभग 15 करोड़ वर्ष पूर्व ज्वालामुखी के उद्‌गार राजमहल की पहाड़ियों में हुए। वहां लावा के जमाव 3,220 मीटर की गहराई तक पाए जाते हैं।

मध्यजीव कल्प के अन्त में अथवा क्रिटेशियस युग के आरम्भ में एक बार फिर लावा के भीषण उद्‌गार हुए, विशेषतः दक्षिण के पठार पर। इसका विस्तार दक्कन के लावा के पठार के रूप में लगभग 5 लाख वर्ग किमी० क्षेत्र में पाया जाता है।

टर्शरी एवं केनेजोइक कल्प में देश के अधिकांश भाग में जागृत ज्वालामुखी का अभाव ही रहा। नवीनतम ज्वालामुखी का उदाहरण बैरन द्वीप एवं नारकोण्डम् को दिया जा सकता है, जो बंगाल की खाड़ी में स्थित है।

डॉ. चिब्बर के अनुसार भारत में निम्न ज्वालामुखी क्षेत्र हैं–

I. बिहार में पूर्व-पश्चिम का क्षेत्र–इस क्षेत्र में बिहार की डाल्मा श्रेणी के ज्वालामुखी आते हैं। ज्वालामुखी क्रिया धारवाड़ युग में क्रियाशील थी।

II. कुड्डप्पा, बीजापुर और ग्वालियर क्षेत्र–उत्तर-दक्षिण में फैली इस श्रेणी में कुड्डप्पा युग में ज्वालामुखी विस्फोट हुए थे।

III. जोधपुर में मलानी से लेकर पंजाब में किराना पहाड़ियों तक का क्षेत्र–उत्तर-दक्षिण में फैले इस क्षेत्र में विन्ध्य युग में विशेष हलचल रही।

IV. नैनीताल, भुवाली, भीमताल, सतलुज की घाटी, गढ़वाल जिले का लोमा तथा डलहौजी और पीर पंजाल श्रेणी के निचले भाग वाले क्षेत्र–उ.-प. से दक्षिण-पूर्व की ओर विस्तृत इस क्षेत्र में पुराजीव में विस्फोट हुए।

V. राजमहल की पहाड़ी तथा अरुणाचल प्रदेश की आभोर श्रेणी में मध्य-कल्प में ज्वालामुखी विस्फोट हुए थे।

VI. दक्षिण भारत का लावा प्रदेश–इस क्षेत्र में मध्यजीव-कल्प और नवजीव-कल्प के प्रारंभिक युग में विस्फोट हुए थे।

भू-स्खलन

आधार शैलों या आवरण प्रस्तर का भारी मात्रा में तेजी से खिसकना ही भू-स्खलन है। पर्वतीय क्षेत्रों में आने वाले घोर भूकम्प, भू-स्खलनों का प्रमुख कारण है। ढालों पर से मृदा और चट्टानों का प्राकृतिक रूप से हट जाना बृहत् क्षरण कहलाता है। पर्वतवासी प्राचीन काल से ही भू-स्खलन को आपदा के रूप में जानते-पहचानते रहे हैं। भारी वर्षा या हिमपात के दौरान तीव्र पर्वतीय ढालों पर चट्टानों का खिसकना या टूटना विशेष रूप से खतरनाक हो जाता है। भू-स्खलन का परिमाण, ढाल की तीव्रता, चट्टानों के संस्तरण तल, वनस्पति आवरण की मात्रा तथा चट्टानों में वलन और भ्रंशन के परिमाण पर निर्भर करता है। भू-स्खलन के दौरान चट्टानें ही टूट कर अपने साथ मृदा और मलबे को ले जाती हैं। भू-स्खलन को प्रेरित करने का मुख्य कारण ढाल के ऊपर स्थित 'बोझ' तथा जल जैसे स्नेहक की उपस्थिति ही है। इसे 'मृदा सर्पण' कहते हैं। पर्वतीय ढालों पर चट्टानों के बीच में भरे जल के जमने और पिघलने से चट्टानें टूट जाती हैं और ढालों पर नीचे की ओर खिसक जाती हैं। मुलायम पारगम्य, चट्टानों में रिसकर जमा हुए हिम या बर्फ या जल का बोझ भी पर्वतीय ढालों पर चट्टानों के टूटने और खिसकने का कारण है। भू-स्खलन के अन्य कारक हैं–ज्वालामुखी और भूकंप।

चक्रवात

चक्रवात अपने पूरे तंत्र के साथ लगभग 20 कि.मी. प्रति घंटा औसत गति से आगे बढ़ता है। जैसे-जैसे चक्रवात स्थल पर बढ़ता जाता है, समुद्री जल के अभाव में इसकी ऊर्जा घटती जाती है। इससे चक्रवात समाप्त हो जाता है। चक्रवात की जीवन अवधि 5 से 7 दिनों की होती है। 600 कि.मी. या इससे अधिक व्यास वाले चक्रवात, पृथ्वी के वायुमंडलीय तूफानों में सबसे अधिक विनाशक और भयंकर होते हैं। भारतीय उपमहाद्वीप, संसार में चक्रवातों द्वारा सबसे अधिक दुष्प्रभावित क्षेत्र है। संसार में आने वाले चक्रवातों में से 6 प्रतिशत यहीं आते हैं।

उष्ण कटिबंधीय चक्रवातों की उत्पत्ति के विषय में कोई भी सर्वमान्य सिद्धांत नहीं है। जब कमजोर रूप से विकसित कम दबाव के क्षेत्र के चारों ओर तापमान की क्षैतिज प्रवणता बहुत अधिक होती है, तब उष्ण कटिबंधीय चक्रवात बन सकता है। ऊष्मा चक्रवात का इंजन है तथा इसे सागरीय तल से ऊष्मा मिलती है। संघनन के बाद मुक्त ऊष्मा, चक्रवात के लिए गतिज ऊर्जा में बदल जाती है।

चक्रवात की उत्पत्ति की निम्नलिखित अवस्थाएँ हैं :

(i) महासागरीय तल का तापमान 26° से. से अधिक।
(ii) बंद समदाब रेखाओं का अविर्भाव।
(iii) निम्न वायुदाब, 1,000 मि.बा. से कम होना।
(iv) चक्रीय गति के क्षेत्र, प्रारंभ में इनके अर्द्धव्यास 30 से 50 कि.मी. फिर क्रमशः 100-200 कि.मी. और 1,000 कि.मी. तक भी बढ़ जाते हैं।
(v) ऊर्ध्वाधर रूप में पवन की गति का प्रारंभ में 6 कि.मी. की ऊँचाई तक बढ़ना तथा इसके बाद और भी ऊँचा उठना।

उष्ण कटिबंधीय चक्रवात की संरचनाः उष्ण कटिबंधीय चक्रवातों में बहुत अधिक दाब प्रवणता (14-17 मि. बा./100 कि.मी.) होती है। कुछ चक्रवातों में यह इससे भी अधिक ऊँची अर्थात् 60 मि.बा./100 कि.मी. होती है। पवन पट्टी केंद्र से 10 से 150 कि.मी. या कभी-कभी इससे भी अधिक दूरी में फैली होती है। धरातल पर पवन का चक्रवातीय परिसंचरण होता है तथा ऊँचाई पर यह प्रति चक्रवातीय बन जाता है। उष्ण कटिबंधीय चक्रवातों का केन्द्र उष्ण होता है। चक्रवात का केंद्र सामान्यतः मेघ विहीन होता है। उष्ण कटिबंधीय चक्रवात से सामान्यतः 50 से.मी. से अधिक वर्षा होती है। कभी-कभी वर्षा 100 से.मी. से भी अधिक हो जाती है।

बंगाल की खाड़ी और अरब सागर में अधिकतर तूफान अक्तूबर और नवंबर के महीनों में आते हैं। मानसून ऋतु का प्रारंभिक भाग भी बंगाल की खाड़ी और अरब सागर में उष्ण कटिबंधीय तूफानों की उत्पत्ति के अनुकूल है। मानसून ऋतु में अधिकतर चक्रवात 10° उ. तथा 15° उ. अक्षांशों के मध्य ही उत्पन्न होते हैं। जून में बंगाल की खाड़ी के लगभग सभी तूफान 92° पू. देशांतर के पश्चिम में 16° उ. और 21° उ. अक्षांश के मध्य जन्म लेते हैं। जुलाई में खाड़ी के तूफानों का जन्म 18° उ. अक्षांश के उत्तर में तथा 90° पू. देशांतर के पश्चिम में होता है। जुलाई के सभी तूफान पश्चिमी पथ का अनुसरण करते हैं। ये सामान्यतः 20° उ. तथा 25° उ. अक्षांशों के मध्य तक ही

सीमित रहते हैं तथा हिमालय की गिरिपद पहाड़ियों की ओर अपेक्षाकृत कम मुड़ते हैं।

बाढ़ तथा सूखा

बाढ़ - भारी वर्षा, चक्रवात, नदी तल का उच्चावच, नदियों के बहाव की दिशा में परिवर्तन, खराब अपवाह व्यवस्था इत्यादि ऐसे कारक हैं, जिन्होंने भारत को विश्व का सर्वाधिक बाढ़-ग्रस्त क्षेत्र बना दिया है। देश के कुल 3,290 लाख हेक्टेयर भौगोलिक क्षेत्र में से 400 लाख हेक्टेयर क्षेत्र ऐसा है, जिसे बाढ़ की आशंका वाला क्षेत्र माना गया है। बाढ़ के लिए मुख्य रूप से गंगा व ब्रह्मपुत्र नदियाँ जिम्मेदार हैं। बाढ़ से हुई कुल क्षति का लगभग 33% उत्तर प्रदेश को, 27% बिहार को तथा लगभग 15% पंजाब व हरियाणा को वहन करना पड़ता है। इन राज्यों के अतिरिक्त पश्चिम बंगाल, उड़ीसा, असम, गुजरात, मध्य प्रदेश, कर्नाटक इत्यादि राज्य भी बाढ़ प्रभावित क्षेत्र में आते हैं। दक्षिण भारत में भी कृष्णा व गोदावरी नदियों में निरंतर वर्षा तथा ज्वार-भाटा के समय बाढ़ आती है। नदी के मुहाने पर अवरोध, वनोन्मूलन आदि भी बाढ़ के कारणों में सहायक हैं।

बाढ़ प्रबंध का राष्ट्रीय कार्यक्रम 1954 में शुरू किया गया। बाढ़ नियंत्रण के कार्यक्रमों के अन्तर्गत बाढ़ से सुरक्षा प्रदान करने के लिए तटबंध, अपवाह तंत्र, भण्डारण बाँध बनाए गए हैं। 1954 में आरंभ 'राष्ट्रीय बाढ़ नियंत्रण कार्यक्रम' के अन्तर्गत निम्न कार्यक्रम निर्धारित किए गए थे–

- इसके अन्तर्गत 2 वर्ष के पहले चरण में मूलभूत जल संबंधी आंकड़े एकत्र करना, नदी प्रवाह में सुधार करना, तटबंधों का निर्माण करना, ग्रामों के भू-स्तर को बाढ़ स्तर से ऊपर उठाना शामिल था।

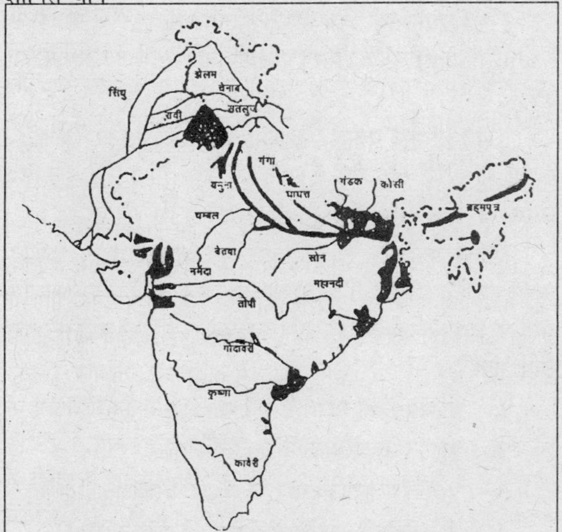

भारत : बाढ़ प्रभावित क्षेत्र

- कार्यक्रम के दूसरे चरण, जिसे अगले 4-5 वर्षों में पूरा किया जाना था, में धरातलीय अपवाह में सुधार, बाढ़ की पूर्व सूचना देने वाले तंत्र का विकास करना, गाँवों को विस्थापित करना तथा उनके स्तर को ऊपर उठाना, तटबंधों का निर्माण करना, निकासी के लिए अपवाह व्यवस्था का निर्माण करना इत्यादि उपाय शामिल किए गए थे।

- तीसरे दीर्घकालीन चरण में बाँध व जल भण्डारण का निर्माण, नदियों के जल ग्रहण क्षेत्र में मृदा संरक्षण आदि कार्यक्रम चलाने के लिए विचाराधीन थे।

केन्द्रीय जल आयोग देश भर में प्रमुख बाँध/बैराजों पर नदी स्तर के 161 भविष्यवाणी केन्द्रों तथा 27 अन्तर्वाह भविष्यवाणी केन्द्रों के माध्यम से अन्तर्राज्यीय नदियों के बारे में बाढ़ संबंधी पूर्वानुमानों की जानकारी देता है। इन सूचना केन्द्रों में गंगा (वाराणसी, बक्सर, पटना), नर्मदा (भड़ौच), तापी (सूरत), ब्रह्मपुत्र (गुवाहाटी, डिब्रूगढ़), तिस्ता (जलपाईगुड़ी), यमुना (दिल्ली), चंबल (गांधीनगर), स्वर्ण रेखा (भुवनेश्वर) इत्यादि केन्द्र शामिल हैं।

सूखा - मानसून की अनिश्चितता के कारण भारत में औसतन प्रति 5 वर्षों में एक सूखा पड़ता है। सूखा के कारण अल्प सिंचाई सुविधा वाले भाग प्रभावित होते हैं। सूखे संभावित क्षेत्रों में अहमदाबाद, जालंधर व कानपुर के मध्य अर्द्ध-शुष्क और मरुस्थलीय क्षेत्र; पश्चिमी घाट में कृष्णा नदी के साथ तट से 80 कि.मी. दूर तक के क्षेत्र; तमिलनाडु के कोयम्बटूर व तिरुन्नेलवेल्ली क्षेत्र, उड़ीसा, कच्छ व सौराष्ट्र, मिर्जापुर पठार, पश्चिम बंगाल इत्यादि आते हैं। देश के कुल क्षेत्रफल के लगभग 35% भाग ऐसे हैं, जहाँ औसतन 75 से. मी. से भी कम वर्षा होती है।

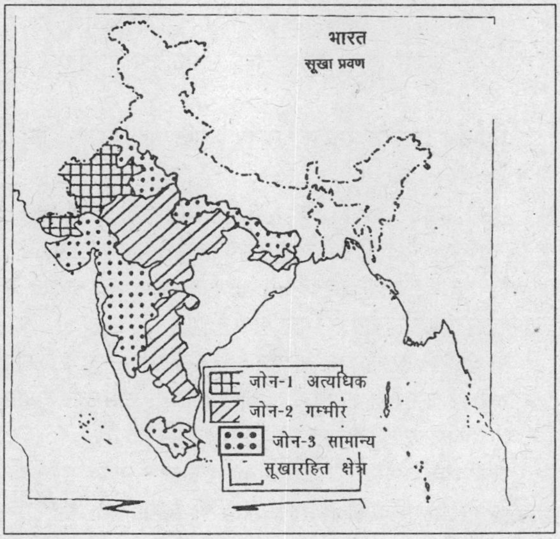

भारत : सूखा प्रवण क्षेत्र

12 मानव भूगोल

विश्व में अनेक प्रकार की प्रजातियाँ पाई जाती हैं जिन्हें **नृवंश** के नाम से भी जाना जाता है। प्रजाति एवं नृवंश (Race) एक जैविक धारणा (Biological Concept) है। इससे अर्थ है कि मानव अपने शरीर को किसी न किसी वंश से प्राप्त करता है इसलिए उससे कई प्रकार से उसमें समानताएँ पाई जाती हैं। मानव इस वर्ग से है जो वंशानुक्रम के द्वारा शारीरिक गुणों अथवा लक्षणों में समानता रखता हो। वह एक नस्ल विशेष अथवा जन्मजात संबंधों से संबंधित मानव वर्ग हो। मानव प्रजाति में कई वर्ग होते हैं जो शारीरिक बनावट के लक्षणों (Somatic Traits) पर आधारित होते हैं। ये लक्षण वंश परम्परानुसार पीढ़ी दर पीढ़ी (Heredity) आगे बढ़ते रहते हैं। प्रजाति (Race) शब्द का प्रयोग सर्वप्रथम सन् 1950 में **फॉक्स** ने अपनी पुस्तक **Book of Martyrs** में किया था। Race शब्द की उत्पत्ति इटली के रज्जा (Razza) शब्द से हुई है जिसका अभिप्राय परिवार, वंशानुक्रम, एक ही रक्त, समान पूर्वजों के वंशजों से है। इसे (प्रजाति) किसी भाषा, धर्म, जाति, समुदाय आदि से नहीं जोड़ा जा सकता। इसे किसी राष्ट्रीयता, जनजाति, कबीला, व्यवसाय, संगठन या क्षेत्र विशेष से भी नहीं जोड़ा जा सकता। वास्तव में विभिन्न क्षेत्रों में विशिष्ट प्रजनन, समान रक्त वर्ग, समान शारीरिक लक्षणों युक्त अंतर्संबंधित पीढ़ी दर पीढ़ी चलने वाले वंशानुक्रम लक्षणों युक्त मानव विशेष की ही प्रजाति (Race) कहते हैं। प्रजाति को विभिन्न विद्वानों ने विभिन्न रूप से परिभाषित किया है।

क्रोबर के अनुसार ''प्रजाति एक प्रमाणित प्राणिशास्त्रीय अवधारणा है। यह एक समूह है, जो वंशानुक्रमण, वंश या प्रजातीय गुण, अथवा उपसमूह के द्वारा संलग्न है। सामाजिक-सांस्कृतिक अवधारणा नहीं है।''

ग्रिफिथ टेलर के अनुसार ''मानव प्रजाति नस्ल को प्रकट करती है, न कि सभ्यता को।''

ए.सी. हैडन ''प्रजाति शब्द एक वर्ग-विशेष को प्रदर्शित करता है, जिनकी सामान्य विशेषताएँ समरूपता प्रदर्शित करती हैं। यह एक जैविक नस्ल है जिसके प्राकृतिक लक्षणों का योग दूसरे प्रजाति के प्राकृतिक लक्षणों के योग से भिन्न होता है।''

जे.बी.एस. हाल्डेन के अनुसार, ''प्रजाति एक समूह है जिसमें एक निश्चित जन्मजात शारीरिक लक्षण सामान्य रूप से होते हैं और जिनकी भौगोलिक उत्पत्ति एक निश्चित क्षेत्र में होती है।''

ब्लाश के अनुसार, ''प्रजाति का वर्गीकरण मानव शरीर की आकृति और शारीरिक लक्षणों के आधार पर किया जाता है।''

स्पष्ट है कि प्रजाति का अर्थ एक जैविक वर्ग से है जो आनुवांशिकता के आधार पर विशिष्ट भौतिक लक्षण—शारीरिक रचना के बाहरी लक्षण एवं रक्त वर्ग (Blood Group) जीन्स (Genes) के आधार पर समान समाहित होते हैं।

उपर्युक्त परिभाषाओं से स्पष्ट होता है कि :

1. प्रजाति की अवधारणा एक प्राणीशास्त्री अवधारणा है, जिसका धर्म, राष्ट्र, जाति, भाषाओं से कोई संबंध नहीं है।
2. प्रजातियों की अपनी पृथक् विशेषताएँ होती हैं, जिनसे इनका अस्तित्व परस्पर पृथक्-पृथक् होता है।
3. प्रजाति के शारीरिक लक्षण वंशानुगत होते हैं। ये लक्षण पीढ़ी दर पीढ़ी वाहक शुक्राणुओं द्वारा हस्तांतरित होते रहते हैं।
4. जिन शारीरिक लक्षणों को प्रजाति का आधार माना गया है वे एक विस्तृत मानव समूह के समान रूप से विद्यमान होते हैं।
5. विश्व की मानव प्रजातियाँ मूल रूप से एक समान हैं, जिनके बाह्य लक्षणों में परिवर्तन परिलक्षित होता है।

प्रजाति के विभाजन में शारीरिक लक्षणों को प्रधानता दी जाती है। समान शारीरिक गठन, समान सिर-आकार, समान वर्ण, समान नासिका आदि लक्षणों से युक्त प्रजातियों को भिन्न-भिन्न वर्गों में विभक्त किया जाता है। प्रजातियों के लक्षणों में स्थायित्व होना आवश्यक है, परन्तु कुछ तथ्य ऐसे होते हैं, जिनके आधार पर इनमें भिन्नता उत्पन्न हो जाती है :

(अ) अन्तर्जातीय विवाह—जब विभिन्न वर्गों के पुरुष-स्त्री विवाह करते हैं, तब इनके संयोग से उत्पन्न संतान में या तो माता के, या पिता के, या दोनों के गुणों का समावेश होता है।

(ब) प्राकृतिक चयन—प्राकृतिक पर्यावरण में समायोजन (Adjustment) स्थापित करने से प्रजातियों में परिवर्तन उत्पन्न होता है।

(स) आवास-प्रवास—आवास-प्रवास में कालान्तर में प्रजातियों के लक्षणों में परिवर्तन होता है। यूरोपीय माता-पिता से उत्पन्न शिशु संयुक्त राज्य अमेरिका में शारीरिक लक्षणों से भिन्न होता है।

भौतिक पर्यावरण, संस्कृति तथा वंशानुक्रम से उत्पन्न 'प्रजाति' मानव का एक समूह है, जिसके शारीरिक एवं सांस्कृतिक लक्षणों में समानता विद्यमान होती है। प्रजाति का विश्लेषण करने पर निम्न तथ्य स्पष्ट होते हैं :

1. प्रजाति वृहत् मानव समूहों द्वारा निर्मित होती है।
2. प्रजाति में शारीरिक विशेषताएँ होती हैं।
3. प्रजाति में वंशानुक्रमण का लक्षण परिलक्षित होता है।
4. दो प्रजातियों के लक्षणों में भिन्नता पाई जाती है।
5. स्थानीय पर्यावरण का प्रजाति पर प्रभाव पड़ता है।

मानव प्रजाति के विकास के कारण
(Causes of Development of Human Races)

मानव प्रजातियों में शारीरिक रचना के बाहरी गुणों यथा : त्वचा का रंग, कद, सिर का आकार, चेहरा, केश, आँखें, नाक आदि की बनावट में विभिन्नता पाई जाती है जिनके आधार पर प्रजातियों में अन्तर स्पष्ट हो जाता है। इस अन्तर को उत्पन्न करने वाले निम्न कारण हैं :

1. जलवायु, **2.** ग्रंथि रसों (Hormones), के द्वारा परिवर्तन, **3.** छाँट और जैविक परिवर्तन (Selection and Biological Motation), **4.** प्रवास (Migration) द्वारा प्रजातियों का मिश्रण (Racial Mixture)।

1. जलवायु—जलवायु एक ऐसा प्रभावकारी कारक है जो मानव के न केवल भोजन, वस्त्र, शरण आदि को ही प्रभावित करता है वरन् उसके नृवंश को भी प्रभावित करता है। इसका अध्ययन हंटिंग्टन, ब्रुक्स, डब्ल्यू.डी. मेथ्यू, टेलर, हेडेन, आर्थर कीथ आदि विद्वानों ने किया है।

टेलर महोदय ने बताया है कि उष्ण कटिबधीय जलवायु में निवास करने वाले नेग्रीटो, नीग्रो, आस्ट्रेलाइड प्रजातियों के शारीरिक लक्षण जलवायु अनुसार विकसित हुए और उनकी त्वचा काली, लम्बे सिर, मोटे होंठ हो गए जबकि ठण्डी जलवायु में निवास करने वाले लोगों का रंग उजला, सिर चौड़ा, होंठ बारीक पाए गए तो वंशानुक्रम के अनुसार पाए जाते हैं।

2. ग्रंथि रस प्रभाव (Hormone Influence)—जलवायु से प्रभावित उत्तेजना का प्रभाव मनुष्य शरीर में रस निकालने वाली ग्रंथियों पर होता है। ये ग्रंथियाँ (Glands) पीयूष ग्रंथि, पिनीमल ग्रंथि, थायराइड ग्रंथ, एट्रिनल ग्रंथ (गुर्दे के समीप)।

आर्थर कीट का मत है कि पीयूष ग्रंथि का असाधारण विकास होने पर ठोड़ी, नाक, भौंहें बहुत बड़े हो जाते हैं। एड्रीनल ग्रंथियों का प्रभाव त्वचा पर पड़ता है। थाइराइड ग्रंथि छोटी रहने से मानव का कद भी छोटा रह जाता है। नाक व केश अविकसित रह जाते हैं, चेहरा सपाट रहता है। नैमारिटो, बुशमैन, छोटे नटोर प्रजातियों के लोग इसलिए छोटे कद के होते हैं। मध्य एशिया की पूर्व की गर्म और तर जलवायु जब ठण्डी और तर हुई जो नीग्रो प्रजाति के लोगों में परिवर्तन होकर मेडिटेरेनियन भूमध्यसागरीय प्रजाति बनी। इसके बाद जलवायु शुष्क होने से एल्पाइन (Alpine) और मंगोलाइड जाति का विकास हुआ।

3. छाँट और जैविक परिवर्तन (Selection and Biological Mutation)—प्रजातियों के मूल शारीरिक लक्षण उसके वंश तत्वों (Genes) में मिले ही यह आवश्यक नहीं है क्योंकि प्राकृतिक छाँट के आधार पर उनमें परिवर्तन आ जाता है। प्राकृतिक छाँट का प्रमुख कारण प्रवास (Migration) है। दीर्घकालीन प्रवास से शारीरिक लक्षणों में परिवर्तन आना स्वाभाविक है। उदाहरणार्थ, भूमध्यसागरीय प्रजाति का प्रवास, अमरीका, एशिया, पोलमोंनेशिया में हुआ और दीर्घकाल तक वहाँ वे स्थायी रूप से रहे। फलस्वरूप इनके शारीरिक लक्षणों में परिवर्तन आ गया।

4. प्रजातीय मिश्रण (Racial Mixture)—एक प्रजाति का दूसरी में प्रवास के कारण मिश्रण होने से नई प्रजाति या मिश्रित प्रजाति का जन्म हो जाता है। उपनिवेशवाद के समय ऐसा ही हुआ था। अमेरिका में नार्डिक अल्पाइन और नीग्रोइड प्रजातियों ने एक नई मिश्रित प्रजाति को जन्म दिया।

मानव उद्गम क्षेत्र (Cradle Land of Man)—विभिन्न विद्वानों के अनुसार मानव का उद्गम निम्नलिखित क्षेत्रों में हुआ है:

टेलर - मध्य एशिया

ऑस्बर्न - तिब्बत तथा मंगोलिया

डार्ट कीथ एवं लीके - अफ्रीका

ड्रायोपिथिकस को मानव का प्राचीनतम पूर्वज माना जाता है। ड्रायोपिथिकस से मानव का विकास (ड्रायोपिथिकस - आस्ट्रेलेपिथिकस-होमो इरेक्टस-होमो सेपियंस) की कड़ी में हुआ है।

क्रो मैग्नन (होमो-सेपियंस-सेपियंस) को आधुनिक मानव का प्रतिनिधि माना जाता है।

ग्रिफिथ टेलर का प्रजातीय विकास का प्रवास कटिबंध या संस्तर एवं प्रखण्ड सिद्धान्त

ग्रिफिथ टेलर ने प्रजाति विकास के '**प्रवास कटिबंध सिद्धांत**' का प्रतिपादन किया। इन्होंने स्पष्ट किया कि समस्त मानव जातियों का उद्गम स्थल मध्य एशिया है। जातियों को उत्पत्ति स्थल का केन्द्र बिन्दु कैस्पियन सागर तथा अरल सागर का निकटवर्ती क्षेत्र था। अतीत में, जलवायु परिवर्तन से मानव प्रजातियों के शारीरिक लक्षणों में परिवर्तन हुआ। जिस कारण अनेक प्रजातियों का उद्भव हुआ। पूर्ण प्रजाति के शारीरिक लक्षण समय के संदर्भ में विलुप्त हो गए। मानव प्रजाति के उद्भव स्थल से मनुष्यों का प्रवास समय-समय पर समीपवर्ती क्षेत्रों में हुआ। अपने विचारों की पुष्टि के लिए इन्होंने निम्न प्रमाण प्रस्तुत किया :

1. मध्य एशिया के अतिरिक्त मानव प्रजातियाँ महाद्वीपों के छोर पर स्थित हैं। उदाहरणार्थ, दक्षिणी अफ्रीका, तस्मानिया, द.पू. एशिया आदि।

2. नवजात मानव प्रजातियाँ मध्य एशिया में परिलक्षित होती हैं। मध्य एशिया में अस्थियाँ औजार, भित्तिचित्र, मृदभाण्ड, आदि स्तरों में पाई जाती हैं।

3. चार बार जलवायु में भीषण परिवर्तन के प्रमाण उपलब्ध हैं। इस समय मानव प्रवास तीव्रतर था। इसका केन्द्र बिन्दु मध्य एशिया था।

टेलर ने प्रागैतिहासिक स्तरों से प्राप्त विभिन्न अवशेषों के आधार पर प्रजातियों को अनेक स्तरों में विभाजित किया। इनका यह सिद्धान्त **जोन एण्ड स्ट्रेआ थ्योरी** के नाम से जाना जाता है।

प्रथम स्तर—इस स्तर में निडरथल मानव को शामिल किया जो अति प्राचीन है। इसके जीवाश्म दक्षिण-पश्चिम तथा मध्य यूरोप, जावा, चीन, रोडेशिया, केपटाउन, गैलिली आदि में प्राप्त हुए हैं। यह प्रथम प्रजातीय स्तर है।

द्वितीय स्तर—इस स्तर में नीग्रीटो मानव को शामिल किया जाता है। इसके जीवाश्म यूरोप से लेकर दक्षिण अफ्रीका तथा भारत में रामगढ़ में प्राप्त हुए हैं। तस्मानिया के पुरातात्विक अन्वेषण से स्पष्ट होता है कि यहाँ पर भी यह प्रजाति विकसित हुई है।

तृतीय स्तर—इस स्तर में नीग्रो लॉयड मानव को शामिल किया जाता है। इसके जीवाश्म ब्रिटेन, स्विट्जरलैण्ड, बल्गीरिया, लम्बार्डी आदि क्षेत्रों में पाए गए हैं।

चतुर्थ स्तर—इस स्तर में आस्ट्रेलियाई मानव को शामिल किया गया है। इनके जीवाश्म तथा वर्तमान वितरण आस्ट्रेलिया, हिंदेशिया, द.-पू. एशिया तथा दक्षिणी भारत में हैं। अमेरिका की ओर इनका प्रवास भी हुआ है।

पंचम स्तर—इस स्तर में मेडिटेरेनियन मानव को शामिल किया जाता है। इनके जीवाश्म साइबेरिया, मंचूरिया तथा मंगोलिया से प्राप्त हुए हैं। अल्पाइन जातियाँ आज जहाँ विकसित हैं, वहीं इनका प्रधान क्षेत्र था। पुरापाषाण काल तथा नवपाषाण काल में इनकी संस्कृति काफी विकसित थी, यहीं से इनकी संस्कृति का प्रभाव अन्य क्षेत्रों में हुआ था। जितने भी जीवाश्म प्राप्त हुए हैं, वे नवपाषाण कालीन मानवों के हैं।

षष्ट्म स्तर—इस स्तर में टेलर ने नार्डिक प्रजाति को शामिल किया है। पश्चिमी यूरोप में इसका विस्तार हुआ है। आज ये तुर्किस्तान से जापान तक विस्तीर्ण हैं।

सप्तम तथा अष्टम स्तर—इन स्तरों में नवविकसित अल्पाइन तथा मंगोलियन प्रजाति को शामिल किया गया है। इन प्रजातियों की संख्या अधिक है। यूरोप, साइबेरिया, चीन, मंगोलिया, द.-पू. एशिया इनका प्रमुख क्षेत्र है।

टेलर ने स्पष्ट किया कि मानव का उद्भव **मध्य एशिया के स्टेपी प्रदेश** में हुआ था। इनके उद्भव काल के समय यहाँ की जलवायु गर्म थी। इस क्षेत्र का उत्तरी भाग वनाच्छादित प्रदेश तथा दक्षिणी भाग मरुस्थलीय तथा वन युक्त था। यहाँ के निवासियों का मुख्य भोजन शिकार से प्राप्त मांस तथा जंगल से प्राप्त कंद मूल आदि था। वे आखेट तथा फल-संग्रह द्वारा जीवनयापन करते थे। हिमावरण की क्रिया प्रारंभ हो गई, जिसमें वनों का विस्तार दक्षिण की तरफ फैलने लगा। सहस्त्रों वर्षों बाद जब शीत युग का अवसान हुआ, तब मध्य एशिया पुन: गर्म जलवायु का क्षेत्र बन गया, जिससे वनस्पतियों एवं जीव-जंतुओं का क्षेत्र उत्तर की तरफ खिसकने लगा। परिणामस्वरूप कुछ जातियाँ पुन: मूल स्थान पर पहुँच गयीं तथा कुछ दक्षिणी भाग में ही आवसित हो गईं। दक्षिणी भाग में जलवायु अपेक्षाकृत गर्म थी, जिसका प्रभाव यहाँ के निवासियों पर पड़ा, जिससे इनके रंग, रूप, त्वाचा आदि भिन्न हो गई। इनका रंग काला हो गया, सिर लम्बा तथा होंठ मोटा हो गया। जो प्रजातियाँ मध्य एशिया में थीं, उनका रंग गोरा तथा सिर चौड़ा था। इस प्रकार की दशाएँ लाखों वर्षों तक विद्यमान रहीं, जो लोग पुन: मध्य एशिया में पहुँच गए थे, उनमें कोई परिवर्तन नहीं हुआ। शीत जलवायु के कारण ये लोग अधिक स्फूर्तिवान तथा विकसित हुए। दूसरे तथा तीसरे हिमयुग में यूरोप की ओर इनका प्रस्थान हुआ।

प्रजातियों में परिवर्तन—मानव प्रजातियों में समय-समय पर सम्मिश्रण हुआ है तथा इन पर प्राकृतिक वातावरण का प्रभाव परिलक्षित होता है। कतिपय विद्वान प्रजातियों में भिन्नता का मूल कारण उनका सम्मिश्रण माना है। मानव प्रजातियों में परिवर्तन वातावरण, वंशानुक्रम तथा सम्मिश्रण से होता है। इनमें कौन सा कारक अधिक महत्त्वपूर्ण है, इसका निर्धारण करना अत्यन्त जटिल है। **प्रो. हैडन** जातीय सम्मिश्रण को इसके परिवर्तन का मुख्य कारण माना है। इसके प्रभाव को सभी ऐतिहासिक युगों में स्वीकार किया, किन्तु इस संबंध में इनका कोई निश्चित मत बन नहीं पाया है कि शारीरिक परिवर्तन में पैतृकता, वातावरण और मिश्रण में किसका योगदान प्रमुख है।

ब्लॉश ने स्पष्ट किया कि प्रजाति के लिए एकान्तता होना आवश्यक है। यदि इससे वास्तविक रूप से अन्तर उत्पन्न नहीं होता तो कम से कम इसके द्वारा इस अन्तर को बनाये तो रखा जा सकता है। वास्तव में जब किसी प्रदेश की प्रजातियाँ आक्रमण करने या स्थायी बसाव के लिए किसी दूसरे क्षेत्र में प्रस्थान करती हैं तब वहाँ पर पहले से आवासित प्रजातियों से इनका मिश्रण होता है। विभिन्न जातियों में वैवाहिक संबंध स्थापित होने के कारण भी इन्हें सम्मिश्रण होता है। अमेरिका में नीग्रो तथा श्वेत जातियों का मिश्रण वैवाहिक संबंध के कारण है।

प्रजातियों के शारीरिक लक्षणों में वंशानुक्रम का प्रभाव परिलक्षित होता है। परन्तु कभी-कभी इन लक्षणों में भी परिवर्तन होता है, जो प्राकृतिक स्थानों में चयन के फलस्वरूप होता है। जलवायुविक या अन्य प्राकृतिक परिवर्तनों के कारण मानव का एक स्थान से दूसरे स्थान पर प्रवास होता है। किसी दूसरे स्थान पर जब कालान्तर तक निवास करता है तो उसके शारीरिक लक्षणों में परिवर्तन आ जाता है।

कतिपय मानवशास्त्रियों ने प्रजाति के परिवर्तन का कारण ग्रंथिरस प्रभाव माना है। **आर्थर कीथ** ने स्पष्ट किया कि सभी प्रजातियाँ एक ही स्थान पर उद्भूत हुई हैं तथा वे सभी एक ही पूर्वज की संतानें हैं। प्रजातियों में त्वचा, बाल, आँख, चेहरे आदि में जो भिन्नता पाई जाती है, उनका कारण शरीर में विद्यमान ग्रंथियाँ है, जिनकी क्रियाएँ भिन्न हैं।

कतिपय मानवशास्त्री प्रजातियों में परिवर्तन का प्रमुख कारण जलवायु परिवर्तन माना है। इसमें टेलर (1943), हैडन, हंटिंगटन, कु.

सैम्पुल, कार सैन्डर्स आदि प्रमुख हैं। टेलर ने मानव प्रजातियों का उद्भव स्थल मध्य एशिया माना। इनकी भिन्नता का कारण शीत एवं गर्म जलवायु का परिवर्तन माना है। इन्होंने स्पष्ट किया कि जो प्रजातियाँ आस्ट्रेलिया और पोलीनेशिया द्वीपसमूह की ओर चली गईं, उनके शारीरिक लक्षणो का विकास उन प्रदेशों में जलवायु के अनुसार होता रहा। **हैडेन** ने स्पष्ट किया कि जलवायु का प्रत्यक्ष प्रभाव मानव की बाह्य शरीर पर होता है तथा अप्रत्यक्ष प्रभाव जीवाणु रस पर पड़ता है जिससे प्रजातियों में भिन्नता उत्पन्न हो जाती है। **हंटिंगटन** ने स्पष्ट किया कि लगभग 5 वर्षों से मानव के विकास पर प्रमुख दो तत्वों का प्रभाव पड़ा है, एक मानव में होने वाला जैविक परिवर्तन जो उनकी खोपड़ी तथा मस्तिष्क में हुए हैं, और दूसरा जलवायु में परिवर्तन के फलस्वरूप उनके प्राकृतिक छाँट और प्रवास पर पड़ने वाला प्रभाव।

1. टेलर, जी. 1929 : इन्वॉरन्मेण्ट, रेस एंड माइग्रेशन, पृ. 275
2. हेडेन ए.सी. : रेस एण्ड मैन, पृ. 150
3. हंटिंगटन, ई. 1940 : प्रिन्सिपल ऑफ जिऑग्रैफिक इन्वॉरन्मेण्ट, पृ. 88-98
4. सेम्पल, ई.सी. : इन्फ्लुएन्स ऑफ जिओग्रैफिक इन्वायरन्मेण्ट, पृ. 36-38
5. कार सान्डर्स, 1936 : दि पापुलेशन प्राब्लम, पृ. 371.

कु. सेम्पुल ने स्पष्ट किया कि मानव के स्वभाव तथा व्यवहार पर जलवायु का प्रभाव परिलक्षित होता है। एण्डीज पर्वत के निवासियों, रेड इण्डियन कबीलों की शारीरिक विशेषताओं में जलवायु का बड़ा प्रभाव रहा है।

कार सॉन्डर्स के अनुसार, इतिहास के प्रारंभिक काल के पूर्व मानव अनेक जलवायु कटिबंधों में फैल गया था। मानव के इस विस्तार के दो परिणाम हुए : मानव समूहों में पृथक् हो गया, जिसके चतुर्दिक वातावरण में विभिन्नता थी, जिस कारण इनके जीवन में भी विभिन्नता आई।

डार्विन ने स्पष्ट किया कि "विषम वातावरण उतपन्न हो जाने पर भी मानव अपने को उस वातावरण के अनुकूल बना लेता है। वंशानुगत गुणों की ग्राह्यता के कारण नूतन प्रजाति रूप में विकसित एक अलग समुदाय बन गया।"

मानव प्रजाति वर्गीकरण के आधार तत्व (Basic Factors of Classification of Human Races)

मानव की रचना स्थूल शरीर द्वारा होती है। सूक्ष्म शरीर की कोई प्रजाति नहीं है। यह सभी में समान रूप से विद्यमान है। इस आधार पर मानव का वर्गीकरण नहीं किया जा सकता है, बल्कि मानव की एक प्रजाति के अन्तर्गत स्वीकार किया जाता है। स्थूल शरीर में : शरीर का कद; सिर : सूचकांक, नासा सूचकांक, बाल, रंग, चेहरा, आँखें, कपाल धारिता आदि को शामिल किया जाता है। इनमें पर्याप्त भिन्नता परिलक्षित होती है। इसके अलावा स्थूल शरीर के आन्तरिक लक्षणों में हड्डियों के ढाँचे, खोपड़ी की लम्बाई-चौड़ाई का अनुपात, ललाट, नाक की ऊँचाई तथा चौड़ाई को शामिल किया जाता है। स्थूल शरीर से युक्त मानव के आन्तरिक तथा बाह्य लक्षणों में भिन्नता पाई जाती है। इस आधार पर मानंव प्रजाति का वर्गीकरण किया जाता है।

1. शारीरिक लक्षण (बाह्य)

(क) शारीरिक कद : मानव प्रजातियों के विभाजन में यह इतना महत्त्वपूर्ण नहीं है, क्योंकि मनुष्य का कद अलग-अलग होता है। प्राय: देखा जाता है कि किसी प्रजाति में विभिन्न कद के मनुष्य होते हैं। **हैडेन** महोदय ने कद के आधार पर पाँच वर्गों में विभक्त किया है:

(i) बौना - 58½ इंच से कम,
(ii) छोटा - 58½-62½ इंच तक,
(iii) मंझोला - 62½-66¾ इंच तक,
(iv) लम्बा - 66-67¾ इंच तक तथा
(v) बहुत लम्बा - 67 इंच से अधिक।

(ख) शिरस्थ सूचकांक : यह मनुष्य का स्थायी लक्षण माना जाता है। कितना भी रूपान्तरण हो जाए, लेकिन इसका कुल लक्षण अवश्य विद्यमान रहता है। शिरस्थ सूचकांक इसलिए भी महत्त्वपूर्ण है क्योंकि इनका शुद्ध मापन किया जाना संभव है। जीवित व मृतक मनुष्य के सिर में लगभग समानता होती है। इन पर वातावरण का प्रभाव कम होता है। इनको निम्न सूत्र से ज्ञात किया जाता है :

$$\text{शिरस्थ सूचकांक} = \frac{\text{चौड़ाई} \times 100}{\text{लम्बाई}}$$

सिर की लम्बाई-चौड़ाई का अनुपात स्त्रियों, पुरुषों एवं बच्चों में समान पाया जाता है। शिरस्थ सूचकांक के आधर पर निम्न वर्गीकण किया जाता है :

(i) दीर्घकापालिक सूचकांक - 75 से कम,
(ii) मध्य कापालिक सूचकांक - 75 से 80 तथा
(iii) लघु कापालिक सूचकांक - 81 से अधिक।

मनुष्यों का विकास ज्यों-ज्यों होता है, कापालिक धारिता बढ़ती जाती है। समस्त मानव जाति का औसत सूचकांक 79 है।

(ग) कपाल-ऊँचाई सूचकांक (Altitudinal Index)— इस सूचकांक के आधार पर मानव प्रजातियों को तीन वर्गों में विभक्त किया जाता है :

(i) प्लेटो सूचकांक - 58 से कम,
(ii) मेसो सूचकांक - 58 से 63 तक तथा
(iii) हिप्पो सूचकांक - 63 से अधिक।

(घ) नासिका सूचकांक (Nosal Index)—मनुष्य का यह लक्षण स्थायी लक्षण नहीं है। यह व्यक्ति की अवस्था के साथ परिवर्तित होता रहता है। मृतक तथा जीवित मनुष्यों में भिन्न-भिन्न होता है। नासिका सूचकांक निम्न सूत्र के द्वारा प्राप्त किया जा सकता है :

$$\text{नासिका सूचकांक} = \frac{\text{चौड़ाई} \times 100}{\text{लम्बाई}}$$

हैडेन महोदय ने नासिका सूचकांक के आधार पर निम्न वर्गीकरण प्रस्तुत किया है :

(i) अत्यन्त पतली नाक - 55 से कम,
(ii) पतली नाक - 55 से 70 तक,
(iii) मध्यम नाक - 70 से 85 तक,
(iv) चौड़ी नाक - 85 से 100 तक, तथा
(v) अत्यन्त चौड़ी नाक - 100 से अधिक।

नाक के दोनों छिद्रों के मध्य अन्तर के अनुपात के आधार पर नासिका सूचकांक ज्ञात किया जाता है। इस आधार पर निम्न वर्गीकरण प्रस्तुत किया जाता है :

(i) कम नासिका वासा,
(ii) मध्यम नासिका वासा, तथा
(iii) उच्च नासिका वासा।

प्रमुख प्रजातियों का भी वर्गीकरण निम्न प्रकार से किया जाता है:

(i) नीग्रोआयड - चौड़ी नाक,
(ii) मंगोलायड - मध्यम तथा चपटी नाक, और
(iii) काकेशायड - लम्बी तथा पतली नाक।

(च) मुखाकृति सूचकांक (Facial Index) : इसके अन्तर्गत सिर एवं जबड़ा को शामिल किया जाता है। इस सूचकांक के आधार पर प्रजातियों का निम्न वर्गीकरण प्रस्तुत किया जाता है:

(i) चौड़े मुख वाले - 85 से कम,
(ii) मध्य मुख वाले - 85 से 98 तक तथा
(iii) संकरे मुख वाले - 98 से अधिक।

(छ) कपालीय धारिता (Cranial Capacity) : कपालीय बनावट में भिन्नता प्रजातियों में पायी जाती है। इनका भिन्न-भिन्न आकार, लम्बा, छोटा तथ गोल होता है। कुछ आगे निकला तथा झुका होता है। इसकी माप घन सेमी. में करते हैं। परन्तु जीवित मनुष्यों की कपाल धारिता ज्ञात नहीं की जा सकती है। साथ ही साथ कपाल धारिता पर मनुष्य के स्वास्थ्य पर प्रभाव पड़ता है। धारिता पर निम्न वर्गीकरण किया जा सकता है :

(i) कम कपाल धारिता - नाटी जातियाँ,
(ii) मध्यम कपाल धारिता - काकेशायड तथा
(iii) अधिक कपाल धारिता - नीग्रोआयड।

(ज) त्वचा का रंग (Colour of the Skin)—विश्व की प्रजातियों के त्वचा रंग में भिन्नता पाई जाती है। इस आधार पर निम्न वर्गीकरण किया जाता है :

(i) श्वेत वर्ण - काकेशियन जाति,
(ii) पीत वर्ण - मंगोलियन जाति तथा
(iii) श्याम वर्ण - नीग्राइड्स जाति।

प्राय: यह द्रष्टव्य है कि एक ही प्रजाति में मिश्रित वर्ण के मनुष्य पाये जाते हैं। प्राकृतिक पर्यावरण त्वचा के रंग को प्रभावित करता है। भूमध्य रेखा से उत्तर की ओर कृष्ण वर्ण तथा इसके आगे शनै:-शनै: श्वेत वर्ण में परिवर्तित हो जाता है।

(झ) बालों की बनावट (Hairs Texture)—विश्व की प्रमुख प्रजातियों के बालों की बनावट में भिन्नता पायी जाती है। कुछ मनुष्य के शरीर पर अधिक बाल तथा कुछ मनुष्य के शरीर पर कम बाल पाए जाते हैं। सिर के बालों की बनावट तथा आकार में भी भिन्नता परिलक्षित होती है प्रजातियों में सीधे, खड़े, लहरदार, घुँघराले, ऐंठे हुए बाल पाए जाते हैं। बालों की बनावट के आधार पर निम्न तीन वर्गीकरण किया जाता है :

(i) सीधे, मोटे, कड़े एवं लम्बे बाल - मंगोल प्रजाति,
(ii) चिकने, लहरदार, घुँघराले, पतले एवं मुलायम बाल - आस्ट्रेलायड प्रजाति तथा
(iii) लच्छेदार एवं काले बाल - नीग्रो।

2. आन्तरिक लक्षण

आन्तरिक लक्षण में खोपड़ी, रक्त आदि को शामिल किया जाता है। ब्लायड महोदय ने हॅसिया - कोशिका तथा रक्त वर्ग (A और B) को प्रजातियों के वर्गीकरण का आधार प्रस्तुत किया है। रक्त वर्ग O, A, B तथा A, B चार हैं। M, N तथा धनात्मक एवं ऋणात्मक Rh को भी शामिल किया जाता है। Rh रक्त वर्ग के आधार पर वर्तमान में प्रजातियों की वर्गीकरण किया जाता है।

आनुवांशिकी शारीरिक लक्षण—मानव शास्त्रियों तथा जीवशास्त्रियों ने आनुवांशिकी शारीरिक लक्षणों के आधार पर प्रजातियों को वर्गीकृत करने का प्रयास किया है। शारीरिक लक्षणों पर जलवायु, पोषण तत्व तथा वातावरण का प्रत्यक्ष प्रभाव परिलक्षित होता है। ये लक्षण दृश्य प्रकृति के तथा आनुवांशिक हैं, लेकिन अनेक प्रभावों, जिनका उल्लेख ऊपर किया गया है, के द्वारा इनमें परिवर्तन होता है। जीन आकृति लक्षणों पर जलवायु (पर्यावरण) का प्रभाव दृष्टिगोचर नहीं होता है। यह पूर्णरूप से आनुवांशिकता पर निर्भर करता है। जीन आकृति लक्षणों को अनेक वर्गों में विभक्त कर प्रजाति की विभेदना को स्पष्ट किया जा सकता है।

सीरस संबंधी विशेषताएँ—भिन्न-भिन्न सीरस संबंधी विशेषताएँ अनेक प्रजातियों में सन्निहित होती हैं। इनको भी कई समूहों में विभक्त किया जा सकता है : (1) ABO, (2) MN, (3) Rh, (4) P, (5) लूथरन तथा (6) किड।

1. ABO समूह—प्रजातियों के वर्गीकरण में ABO रक्त समूह अत्यन्त ही महत्त्वपूर्ण है। समान व्यक्तियों को समान रक्त समूह दिया जाता है, इसके विपरीत शरीर रक्त को ग्रहण नहीं करता है। A, B तथा O रक्त समूह के आधार पर प्रजाति को अलग किया जा सकता है। A रक्त समूह पश्चिमी यूरोप, आस्ट्रेलिया तथा अमेरिका की (एण्डियन) प्रजातियों में पाया जाता है। B रक्त समूह मध्य व दक्षिण एशिया की प्रजातियों तथा O रक्त समूह एशिया की प्रजातियों में परिलक्षित होता है।

A रक्त समूह अनेक उपसमूहों, जैसे : A1, A2, A3, A4 तथा A5 में विभाजित है।

2. M तथा N रक्त समूह—यह रक्त समूह तीन उपवर्गों में विभिक्त है : (1) M रक्त समूह, (2) N रक्त समूह (3) MN रक्त समूह। MN रक्त समूह की संख्या सर्वाधिक लगभग 50 प्रतिशत, M रक्त समूह की संख्या सबसे कम 30 प्रतिशत तथा N रक्त समूह की संख्या 30 प्रतिशत है। यूरोप, जापान, चीन, मिस्र, कोरिया तथा अमेरिका में निवास करने वाले लोगों में यह रक्त समूह दिखाई पड़ता है। MN रक्त समूह के साथ S तथा s कारक भी संलग्न कर दिया जाता है, जैसे MS, Ms, NS तथा Ns।

3. Rh कारक—यह कारक भी प्रजाति व वर्गीकरण के लिए अत्यन्त महत्त्वपूर्ण माना जाता है। यह धनात्मक (Rh+) तथा ऋणात्मक (Rh–) दोनों प्रकार का होता है। इसके अलावा इसका 8 उपविभाजन भी किया किया है : R_1, R_r, R_2, R_o, R‘, R”, R_z तथा R_y आदि। यूरोप तथा उत्तरी अमेरिका में R_1 की सबसे अधिक मात्रा (0.42%) तथा R_z एवं R_y की सबसे कम मात्रा (0.0025%) होती है।

4. लूथरन तथा किड रक्त समूह—यह रक्त समूह भी प्रजाति वर्गीकरण के लिए अत्यन्त महत्त्वपूर्ण माना जाता है। लूथरन रक्त समूह लगभग 96 प्रतिशत लोगों में देखा जाता है। अफ्रीकी नीग्रो प्रजाति में इसकी मात्र 78.2 प्रतिशत तथा अमेरिकन श्वेत प्रजाति में 47.7 प्रतिशत होती है।

5. डफी रक्त समूह—इसकी मात्रा सबसे अधिक चीन में निवास करने वाले मंगोलॉयड प्रजाति में पाई गई है तथा पश्चिमी अफ्रीका में इसकी 30 प्रतिशत आवृत्ति पाई गई।

प्रजातियों का वर्गीकरण (Classification of Races)

वर्तमान समय तक मानव प्रजातियों का वर्गीकरण समय-समय पर प्रस्तुत किया गया है। इन विद्वानों के विभाजन का आधार पृथक्-पृथक् है।

1. हक्सले का वर्गीकरण—हक्सले ने सन् 1870 ई. में विश्व की मानव प्रजातियों को बालों के आधार पर पाँच वर्गों में विभक्त किया :

प्रजाति	वितरण	विवरण
1. आस्ट्रेलॉयड	दक्षिणी भारत तथा आस्ट्रेलिया	रंग चाकलेटी भूरा, आँखें गहरी भूरी, बाल-काले लहरदार, खोपड़ी- संकरी, पलकें-उन्नत, होठ-मोटे तथा नाक-चौड़ी
2. नीग्रोयड	कालाहारी मरुस्थल मालागारी, दक्षिण-पूर्वी अफ्रीका	रंग काला, खोपड़ी-संकरी तथा लम्बी, जबड़ा निकला हुआ, नाक-चपटी, आँखें-काली, बाल-काले तथा घुँघराले।
3. मंगोलॉयड	चीन, तिब्बत, मंगोलिया तथा जापान	कद-मध्यम, आँखें-काली, बादामी, बाल-हल्के, रंग पीला, चेहरा तथा नाक चपटी।
4. सैनथोक्रायड	उत्तरी यूरोप, उत्तरी अफ्रीका, उत्तरी भारत	कद-लम्बा, आँखें-नीली तथा भूरी, बाल भूरे तथा सुनहरे, खोपड़ी चौड़ी।
5. मैलेनक्रॉयड	दक्षिणी यूरोप,	रंग-भूरा, कद-छोटा,
	अरब, स्पेन, यूनान	आँखें-काली, बाल-काले

2. लियेनस का प्रजाति वर्गीकरण—लियेनस महोदय ने 1758 ई. में प्रथम प्रयास किया था। इन्होंने अपने वर्गीकरण का आधार महाद्वीप माना है। इनके वर्गीकरण में अन्तः एवं बाह्य किसी शारीरिक लक्षण तथा प्राकृतिक पर्यावरण के प्रभावों को आधार नहीं माना गया है। इसके अनुसार विश्व की 4 प्रमुख जनजातियाँ हैं :

(i) अमेरिकी प्रजाति, *(ii)* यूरोपीय प्रजाति, *(iii)* एशियाई प्रजाति, तथा *(iv)* अफ्रीकी प्रजाति।

3. ब्लूमन बैक का प्रजाति वर्गीकरण—ब्लूमन बैक महोदय ने लियेनस के वर्गीकरण का संशोधित रूप सन् 1806 में प्रस्तुत किया। इनका निम्न वर्गीकरण है—

(i) काकेशियन प्रजाति, *(ii)* मंगोलियन प्रजाति, *(iii)* इथोपियन प्रजाति तथा *(iv)* अमेरिकन एवं मलय प्रजाति।

4. प्रीकार्ड का प्रजाति वर्गीकरण—इन्होंने विश्व की 7 प्रजातियों में सन् 1840 में वर्गीकृत किया था।

(i) यूरोपियन प्रजाति, *(ii)* मंगोलियन प्रजाति, *(ii)* अमेरिकन प्रजाति, *(iv)* हाटेन्टाट प्रजाति, *(v)* नीग्रो प्रजाति, *(vi)* आस्टेलियन प्रजाति।

5. टॉपीनार्ड का प्रजाति वर्गीकरण—टापीनार्ड महोदय ने बालों की बनावट के आधार पर सन् 1878 ई. में विश्व की प्रजातियों को तीन वर्गों में विभक्त किया था : *(i)* सीधे बसलों वाली प्रजातियाँ, *(ii)* लहरदार बालों वाली प्रजातियाँ तथा *(iii)* घुँघराले बालों वाली प्रजातियाँ।

इन्हांने पुनः 1885 ई. में नासिका तथा त्वचा के वर्ग के आधार पर विश्व की प्रजातियों का निम्न वर्गीकरण प्रस्तुत किया है:

(i) श्वेत वर्ण एवं पतली नाक – यूरोपियन प्रजापति

(ii) पीत वर्ण एवं मध्यम नाक – एस्किमो, पालीनेशियन, एवं मंगोलियन प्रजाति, तथा

(iii) श्याम वर्ण एवं चौड़ी नाक – आस्ट्रेलियन एवं नीग्रो प्रजाति।

6. डेलिकर का प्रजाति वर्गीकरण—इन्होंने सन् 1889 में विश्व की प्रजातियों का वर्गीकरण प्रस्तुत किया था। इनके विभाजन में विश्व की प्रजातियाँ 7 प्रमुख, 17 उपप्रमुख तथा 29 विशिष्ट वर्गों में विभक्त हैं :

7. रिटले का प्रजाति वर्गीकरण—इन्होंने विश्व की प्रजातियों का वर्गीकरण सिर के आकार, त्वचा का वर्ण, शारीरिक कद, नासिका के आधार पर प्रस्तुत किया है।

(i) चौड़े सिर वाली – अल्पाइन प्रजाति,

(ii) श्याम वर्ण, नाटे कद – भूमध्य सागरीय प्रजाति एवं तथा लम्बे सिर वाली

(iii) लम्बे तथा गौर वर्णवाली – नार्डिकल प्रजाति।

8. ग्रिफिथ टेलर का प्रजाति वर्गीकरण—टेलर महोदय का विचार है कि विश्व की 5 प्रमुख प्रजातियां अल्पाइन, मंगोलियन, मेडीटेरियन, आस्ट्रेलायड, नीग्रो तथा नीग्रीटो मध्य एशिया के महाहिमकाल के पूर्व उत्पन्न हुई थी। यहीं से इनका प्रसरण विश्व के अन्य भागों में हुआ है। हिम युग के आगमन से इनका स्थानान्तरण संभव हुआ था। इन्होंने अपने **'पेटियों तथा गर्तों'** के सिद्धान्त का विश्लेक्षण करते हुए लिखा है :

' If there be a centre where evolution (whether of organic of inorganic type) is taking place, the, after a reasonable lapse of time, te various differentiated classes will be found to be arranged in Zones... so that the most Primitive is at the margins, and the most advanced at the centre of the series of Zones. Thus the earliest class will have covered the greatest area in its migrations, but fussil evidence of this class will be found burried in the deepest stratum, under the later strata at the centre of evdufion. This is the 'Zones and Strate' concept, which is less clearly called the 'Age and Area' concept by certain biologists."

सारणी—डेनिकर का विश्व की प्रजातियों का वर्गीकरण

प्रमुख वर्ग	*उपवर्ग*	*विशिष्ट प्रजाति*
1. चौड़ी नासिका तथा घुँघराले बाल	(क) बुशमैन	(ख) नीग्रोइड, बुशमैन, नीग्रीटो, नीग्रो, मेलोनिशियन, तथा पापुआन
2. घुँघराले से लहरियादार बालों वाले	(क) इथोपियन आस्ट्रेलियन	(ख) इथोपियन आस्ट्रेलियन द्राविड़ ऐसीराइड (ग) द्राविड़ (घ) ऐसीराइड
3. लहरदार बालों वाले	(क) इण्डो अफगान	इण्डो अफगान, अरब और बरबर
	(ख) उत्तरी अफ्रीकन	अन्ध-भूमध्य सागरीय, प्रायद्वीपीय
	(ग) दक्षिणी यूरोपियन	पाश्चात्य तथा डिनैरिक
4. हल्के रंग की आँख तथा लहरदार सीधे बाल वाले	(क) उत्तरी यूरोपियन	उत्तरी यूरोपियन एवं पूर्वी यूरोपियन
5. काली आँख तथा लहरदार सीधे बाल वाले	(क) ऐनू	एनू पालीनेशियन तथा हिन्देशियन
	(ख) ओशिनियन	
6. सीधे बाल वाले	(क) अमेरिकन	उत्तरी, दक्षिणी, मध्य अमेरिकन तथा पेटोगोनियन
	(ख) एस्किमो	एस्किमो
	(ग) लैप्स	लैप्स
	(घ) यूरेशियन	अग्रियन तथा तुर्क तातार
	(च) मंगोल	मंगोल

इन्होंने विश्व को पाँच प्रमुख प्रजातियों के अन्तर्गत विभक्त किया है :

9. डिक्सन का प्रजाति वर्गीकरण—डिक्सन महोदय ने विश्व की प्रजातियों का वर्गीकरण सन् 1923 ई. में सिर की चौड़ाई, सिर की ऊँचाई तथा नासिका आकार के आधार पर प्रस्तुत किया था।

सारणी : डिक्सन का प्रजाति वर्गीकरण

प्रजातियाँ	*नाक की आकृति*	*कपाल की आकृति*	*सिर का आकार*
1. कैस्पियन प्रजाति	संकरी नाक	ऊँचा कपाल	लम्बा सिर
2. भूमण्य सागरीय प्रजाति	संकरी नाक	नीचा कपाल	लम्बा सिर
3. प्रोटो-नीग्राइड प्रजाति	चौड़ी नाक	ऊँचा कपाल	लम्बा सिर
4. प्रोटो-आस्ट्रालायड	चौड़ी नाक	नीचा कपाल	लम्बा सिर
5. अल्पाइन प्रजाति	संकरी नाक	ऊँचा कपाल	चौड़ा सिर
6. यूराल प्रजाति	संकरी नाक	नीचा कपाल	चौड़ा सिर
7. पैले-अल्पाइन प्रजाति	चौड़ी नाक	ऊँचा कपाल	चौड़ा सिर
8. मंगोलाइड प्रजाति	चौड़ी नाक	नीचा कपाल	चौड़ा सिर

10. क्रोबर का प्रजाति वर्गीकरण—क्रोबर ने विश्व को 3 प्रमुख प्रजातियों : **काकेनिशयन, नीग्राइड** तथा **मंगोलाइड** में वर्गीकृत किया है। प्रत्येक प्रजाति को पुन: कई उपप्रजातियों मे विभक्त किया है। इनके विभाजन का आधार सिर का आकार, बालों की बनावट, त्वचा का रंग, नासिका आदि हैं। इनका वर्गीकरण इस प्रकार है :

(*i*) काकेशायड -नार्डिक, अल्पाइन, मेडिटेरियन, हिन्दू,

(*ii*) मंगोलायड - मंगोलियन, मलेशियन, अमेरिकन, इण्डियन

(*iii*) निग्राइड - नीग्रो, मेलेनिशियन, पिग्मी, ब्लैक, बुशमैन।

इस वर्गीकरण में 19वीं शताब्दी के पूर्व विश्व की 99 प्रतिशत जनसंख्या तथा 90 प्रतिशत प्रजाति वर्ग आते थे। वर्तमान में ये प्रजातियाँ फैलकर विश्व में मिश्रित हो गई हैं। विशेषकर काकेशस प्रजाति अफ्रीका, आस्ट्रेलिया, अमेरिका आदि में फैल गई है।

विश्व की प्रमुख मानव प्रजात्याँ (Main Human Races of the World)

मानव प्रजातियों के पूर्व वर्गीकरण के इतिहास से स्पष्ट है कि विश्व की मानव प्रजापतियों को तीन वर्गों में विभक्त किया गया है:

1. काकेसाइड, **2.** मंगोलाइड तथा **3.** नीग्राइड

सारणी
क्रोबर का प्रजाति वर्गीकरण

प्रजाति एवं वर्ग	*सिर के बालों की बनावट*	*शरीर तथा मुँह के बालों की मात्रा*	*सिर*	*नाक*	*जबड़ों का झुकाव*	*त्वचा का रंग*	*कद*	*विवरण*
कॉकेशियन								
1. नार्डिक	लहरदार	अधिक	कम चौड़ा	कम चौड़ी	हल्का	अत्यधिक साफ	ऊँचा	तामियाँ तथा हल्की आँखें
2. अल्पाइन	लहरदार	अधिक	चौड़ा	कम चौड़ी	हल्का	साफ	औसत से अधिक	बाल कत्थई तथा आँखें कत्थई
3. भूमध्यसागरीय	लहरदार	अधिक	कम चौड़ा	कम चौड़ी	हल्का	गेहुँआ	मध्यम	सामान्य शारीरिक गुण, सुन्दर
4. हिन्दू	लहरदार	अधिक	कम चौड़ा	परिवर्तनशील	साधारण	भूरा/कत्थई	औसत से अधिक	कालेपन का मिश्रण विशेषत: दक्षिण
मंगोलॉयड								
5. मंगोलियन	सीधे	कम	चौड़ा	मध्यम	मध्यम	हल्का कत्थई	औसत से कम	चौड़ा चेहरा, मंगोलियन आँखें
6. मलेशियन	सीधे	कम	चौड़ा	मध्यम	मध्यम	कत्थई	औसत से कम	—
7. अमेरिकन इण्डियन	सीधे	कम	परिवर्तन-शील	मध्यम	मध्यम	कत्थई	मध्यम से उच्च तक	चौड़ा चेहरा

प्रजाति एवं वर्ग	सिर के बालों की बनावट	शरीर तथा मुँह के बालों की मात्रा	सिर	नाक	जबड़ों का झुकाव	त्वचा का रंग	कद	विवरण
निग्रॉयड								
8. नीग्रो	ऊन सदृश	कम	कम चौड़ा	चौड़ी	अधिक	गहरा कत्थई	लम्बा	मोटे, चौड़े, बाहर-भीतर झुके होंठ
9. मिलिनेसियन	ऊन सदृश	कम	कम चौड़ा	चौड़ी	अधिक	गहरा कत्थई	मध्यम	गिद्ध की तरह झुकी नाक
10. काले पिग्मी	ऊन सदृश	कम	चौड़ा	चौड़ी	अधिक	गहरा कत्थई	बहुत छोटा	—
11. बुश मैन	पेपर कार्न	कम	कम चौडा	चौड़ी	हल्का	पीलाभ	बहुत छोटा	शरीर पर झुर्रियाँ, पतले होंठ, मंगोलियन आँखें, भरे नितम्ब
विवाद पूर्ण प्रजातियाँ								
1. आस्ट्रेलॉयड	लहरदार	अधिक	कम चौड़ा	चौड़ी	अधिक	गहरा	कत्थई	मध्यम नीग्रो प्रातियों के गुण अधिक
2. इण्डोआस्ट्रेलॉयड	लहरदार	साधारण	कम चौड़ा	मध्यम	मध्यम	कत्थई	छोटा	साधारण कॉकेशियन की भाँति
3. पालीनेशियन	लहरदार	साधारण	परिवर्तन-शील	मध्यम	मध्यम	कत्थई	ऊँचा	मंगोलायड तथा कॉकेशयड गुणों से युक्त
4. ऐनू	लहरदार	अधिक	कम चौड़ा	मध्यम	मध्यम	हल्का कत्थई	मध्यम	कॉकेशायड की भाँति

1. काकेसाइड्स प्रजाति—काकेशियन जातियों की अपनी कुछ विशिष्ट विशेषताएँ हैं, जिस आधार पर वे विश्व की अन्य प्रजातियों से भिन्न हैं। इनके प्रमुख लक्षण निम्न हैं :

विशिष्ट लक्षण :

(क) सिर : सामान्य लम्बा, न तो आगे-पीछे निकला होता है।

कद : साधारण तथा ऊँचा।

जबड़ा : उद्गनत हनुता अस्पष्ट।

पिंडली तथा : विकसित, हड्डी उभरी हुई।
मांस पेशियाँ

नाक : ऊँची तथा पतली।

होष्ठ : पतले।

चिबुक : विकसित, तथा

दाँत : छोटे।

(ख) केशों का आकार : सीधा तथा हल्का लहरदार,

केशों का रंग : काला से सुनहरा, तथा

शरीर का बाल : पुरुष के शरीर पर हल्का बाल, स्त्री के शरीर बाल रहिल।

(ग) त्वचा : इसका रंग हल्का, गाढ़ा, भूरा तथा सफेद।

(घ) आँख : आँखों का रंग हल्का, पुतलियाँ भूरी तथा हल्की नीली।

काकेशियान प्रजाति को उपर्युक्त लक्षणों के आधार पर विश्व की अन्य प्रजातियों से पृथक् किया जाता है। इनका उत्पत्ति स्थल मध्य एशिया था। भीषण हिमावरण के समय ये विश्व के विभिन्न भागों में फैल गए थे। चतुर्थ महाहिनकाल के बाद पुनः मध्य एशिया में केन्द्रित हो गए। यहाँ पर विशिष्ट संस्कृति का विकास किए। इस प्रजाति की संख्या निरन्तर बढ़ती रही तथा इनका प्रसरण पुनः विश्व के अनेक भागों में हुआ। अतीत के पर्यावरण रूपान्तरण आदि के कारण इनके लक्षणों में भिन्नता का समावेश होता गया। इन लक्षणों के कारण इनको निम्न उपजातियों में वर्गीकृत किया जाता है :

सारणी : काकेसाइड्स प्रजाति का वर्गीकरण

प्रजाति	उपजाति	वितरण
1. प्राचीन काकेशियन प्रजाति	(क) एनू	जापान
	(ख) आस्ट्रेलाइड	आस्ट्रेलिया, भारत
	(ग) द्राविड़	भारत, श्रीलंका
	(घ) बेद्दा	श्रीलंका
2. प्रमुख काकेशियन प्रजाति	(क) अल्पाइन	आल्पस पर्वतीय क्षेत्र, फ्रांस से रूस तक
	(ख) आर्मीनाइड	दक्षिणी-पूर्वी यूरोप, आमीनिया तथा ईरान
	(ग) भूमध्यसागरीय	भूमध्य सागरीय तटवर्तीय प्रदेश

प्रजाति	उपजाति	वितरण
	(घ) नार्डिक	स्केन्डेनेविया, वाल्टिक राज्य, उत्तरी जर्मनी
3. गौण काकेशियन प्रजाति	(क) डिनैरिक	एशिया माइनर, सीरिया, डिनारिक, आल्पस, स्विट्जरलैंड से अल्बानिया तक
	(ख) पूर्वी बाल्टिक	फिनलैण्ड, उत्तरी रूस, बाल्टिक राज्य तथा उत्तरी जर्मनी
	(ग) पोलीनेशियान	पोलेनेशिया क्षेत्र

2. मंगोलाइड्स प्रजाति : इस प्रजाति का विस्तार तिब्बत, चीन, कोरया, जापान, ग्रीनलैण्ड, उत्तरी अमेरिका का संकीर्ण क्षेत्र, साइबेरिया आदि क्षेत्रों में है। इस प्रजाति की कुछ आन्तरिक एवं बाह्य विशेषताएँ दृष्टिगोचर होती हैं, जिस कारण अन्य प्रजातियों से इनको पृथक् किया जाता है।

विशिष्ट लक्षण

(क) सिर : चौड़ा, लघु कापालिक, ललाट गोलाकार (85),
नाक : सपाट एवं सीधी,
दाँत : बड़े एवं गोलाकार,
जबड़ा : उभरा हुआ,
होष्ठ : सपाट, तथा,
आँख : आँखों का रंग बादामी या भूरा, पलकें मोटी।

(ख) केश : लम्बे, सीधे, मोटे , दउाढ़ी तथा मूँछ पर कम बाल, शरीर पर कम बाल, आँखों पर घने बाल।

(ग) त्वचा : पीला, हल्का भूरा तथा कत्थई।

(घ) लम्बा कद, अंगों का आकार शरीर की अपेक्षा लघु, मोटा हाथ, वक्ष उभरा हुआ तथा स्थूल शरीर।

मंगोलाइड्स प्रजाति के लक्षणों में अन्य प्रजातियों के लक्षणों के मिश्रण के फलस्वरूप भिन्नता उत्पन्न हो गई है, जिस कारण इन्हें उपजातियों में विभक्त किया जाता है।

सारणी : मंगोलाइड्स प्रजाति का वर्गीकरण

प्रजाति	उपजाति	वितरण
1. पुरातन मंगोलाइड्स	(क) बुरियार	तिब्बत, चीन, मंगोलिया, साइबेरिया, कोरिया, पूर्वी व पश्चिमी बैकाल झील प्रदेश
	(ख) कोरयाक	उत्तरी साइबेरिया
	(ग) गिलियाक	उत्तरी सरवालीन, आमूर ऐशचुरी
	(घ) गोल्डी	निचला आमूर
2. आर्कटिक मंगोलाइड	(क) एस्किमो	उत्तरी-पूर्वी एशिया, ग्रीनलैण्ड
	(ख) ऐल्यूश	उत्तरी अमेरिका का ध्रुवीय क्षेत्र
	(ग) रेंडियर	साइबेरिया, बकुची, चुक्ची, याकूत
	(घ) इवेन्की	साइबेरिया, मंगोलिया, एशिया की उच्च भूमि
	(च) समोयडी	कोला प्रायद्वीप, यनीसी घाटी क्षेत्र तथा श्वेत सागर
3. अमेरिकन-इंडियन मंगोलाइड्स	(क) छेदा, सिमिसियन, मिंगित कबीले	उत्तरी मध्य एवं दक्षिणी अमेरिका
4. इंडोमलय मंगोलाइड	(क) इण्डोनेशियन	दक्षिणी चीन, हिन्द चीन, म्यांमार, थाईलैण्ड, मलाया तथा पूर्वी द्वीप समूह
	(ख) मलय	मलाया प्रायद्वीप, इण्डोनेशिया, हिन्दचीन, फिलीपाइन तथा कोकिनावा

3. निग्रायड प्रजाति—निग्रायड प्राति का उद्भव काल तथा स्थान अन्धकारमय है। वर्तमान समय के आधार पर उद्भव स्थल अफ्रीका तथा ओसानिया माना जाता है। मानव इतिहास की प्रथम प्रजाति है तथा इनकी उत्पत्ति सर्वप्रथम हुई होगी। इनके लक्षणों में भिन्नता परिलक्षित होती है, जिस कारण इनको अनेक उपजातियों में विभक्त किया जाता है।

सारणी : नीग्रायड प्रजाति का वर्गीकरण

प्रजाति	उपजाति	वितरण
1. अफ्रीकी नीग्रो	(क) शुद्ध नीग्रो	पश्चिमी अफ्रीका, कैमरूनें, मंगोलिया
	(ख) हेमाइट	पूर्वी तथा उत्तर-पूर्वी अफ्रीका
	(ग) नीलोहेमाइट	पूर्वी तथा पूर्वी मध्य अफ्रीका
	(घ) निलोटिक नीग्रो	उत्तरी नील घाटी, सूडान
	(च) वनीय नीग्रो	उष्ण कटिबंधीय अफ्रीका
	(छ) बौने	भूमध्य रेखीय अफ्रीका
2. बुशमैन हाटेनहाड		दक्षिणी तथा पूर्वी अफ्रीका
3. सामुद्रिक नीग्रो	(क) पापुआन	न्यूगिनी
	(ख) मलेशियन	मलेशया
	(ग) बौने नीग्रीटो	न्यूगिनी
	(घ) अण्डमानी सेमाँगी तथा एटा	अंडमान, मध्यवर्ती मलाया, पूर्वी सुमात्रा तथा फिलीपाइन द्वीप समूह

उपजाति तथा प्रादेशिक वितरण के आधार पर नीग्रायड प्रजाति का एक अन्य वर्गीकरण किया जा सकता है :

1. बुशमैन, निग्रालोस तथा होटेन्टोट्स
2. गिनी और सूडान के नीग्रो
3. बांटू नीग्रो
4. हैमीटो नोग्राआयड
5. उत्तरी अफ्रीका के नीग्रो

भारत की प्रजातियाँ
(Reces of India)

भारत की जनसंख्या में प्रजातीय तत्वों का इतना सम्मिश्रण हुआ है कि इनकी आग-अलग पहचान करना तथा उनकी व्याख्या करना अत्यन्त ही कठिन कार्य है। अनुकूल जलवायु, पर्याप्त संसाधन, उत्कृष्ट तथा शांतिप्रिय धर्म आदि के कारण अतीत से अनेक जातियाँ बाह्य क्षेत्रों से भारत की पवित्र भूमि पर आती रहीं, जिनमें अधिकतर ने अपना स्थायी निवास यहीं बना लिया। बाह्य क्षेत्रों से आए प्रजातीय तत्व तथा संस्कृतियाँ भारत के प्रजातीय तत्वों तथा संस्कृति को प्रभावित किया, जिस कारण भारतीय प्रजातीय तत्वों में जटिल मिश्रण होता गया। पुरातात्विक साक्ष्यों का अभाव तथा प्राप्त जीवाश्मों की अल्पता के कारण भारत की प्रजातियों का ऐतिहासिक विश्लेषण संभव नहीं हो सका। प्रागैतिहासिक काल के उपकरण तो कतिपय क्षेत्रों से प्राप्त किए गए हैं, लेकिन जीवाश्मों के अवशेष नहीं के बराबर हैं। ऐतिहासिक काल के प्राप्त जीवाशेष इतनी अल्प मात्रा में हैं कि उनके आधार पर प्रजाति संबंधी विश्वसनीय निष्कर्ष नहीं प्राप्त किया जा सकता है।

भारत की प्रजातियों का वर्गीकरण प्रमुखत: रिशले, हैडेन, ईक्सटेरे तथा गुहा ने किया है। भारत में मुख्यत: तीन प्रजातियाँ मानी गई हैं : **1.** द्राविड़यन, **2.** इन्डोआर्यन, **3.** मंगोलियन आदि। यह वर्गीकरण भाषा वर्ग का है न कि प्रजाति का, इसलिए इस वर्गीकरण को अपूर्ण और अमान्य करार दिया गया है। गुहा का वर्गीकरण सर्वग्राह्य होने के कारण अध्ययन का विषय है।

1. रिजले का प्रजाति वर्गीकरण—भारत की प्रजातियों के वर्गीकरण का प्रथम प्रयास **सर हरबर्ट होप रिजले** (1915) ने किया, जिन्होंने यहाँ के मानव समूह की शारीरिक बनावट के आधार पर निम्नलिखित सात वर्गों का उल्लेख किया है :

(1) तुर्क-ईरानी प्रजाति—सिर–चौड़ा, नासिका–सुंदर तथा मध्यम, सुविकसित एवं लंबी, कद–ऊँचा (162-172 सेमी.) मुख तथा शरीर पर बालों की अधिकता, नेत्र–काले तथा भूरे आदि इस प्रजाति की विशेषताएँ हैं। रिजले ने इनका उद्‌भव तुर्क तथा परसियन के मिश्रण द्वारा माना है।

(2) भारत आर्य प्रजाति—नाक–लम्बी, संकरी तथा सुविकसित, त्वचा–श्वेत, शरीर तथा मुखमंडल के केश की अधिकता, नेत्र–काले, कद–ऊँचा आदि इस प्रजाति के शारीरिक लक्षण हैं। राजपूताना, पंजाब, कश्मीर की घाटी में इनका वितरण है।

(3) सियो द्रविड़ प्रजाति—सिर–चौड़ा, नाक–मध्यम चौड़ी, त्वचा–श्वेत, केश–शरीर तथा सिर पर अल्प मात्रा में, कद–मंझला आदि इस प्रजाति की विशेषताएँ हैं, जिससे अन्य प्रजातियों से इनको पृथक् किया जा सकता है। रिजले ने स्पष्ट किया कि इस प्रजाति की उत्पत्ति सियो तथा द्राविड़ प्रजाति के मिश्रण से हुई है। इनका विस्तार गुजरात के विस्तृत भूभाग पर है।

(4) आर्य-द्रविड़ प्रजाति—इस प्रजाति का विस्तार उत्तर प्रदेश, राजस्थान तथा बिहार में है। सिर–लम्बा, नाक–मध्यम तथा चौड़ी, त्वचा–हल्की कत्थई से काली, कद–मध्यम (158 सेमी. से 160 सेमी.) आदि इनकी प्रजातीय विशेषताएँ हैं। इनकी उत्पत्ति आर्य पुरुषों तथा द्राविड़ स्त्रियों के संयोग से हुई है।

(5) मंगोल द्रविड प्रजाति—चौड़ा तथा मध्यम, नाक–चौड़ी तथा मध्यम, त्वचा–काली, बाल सिर पर अधिक, कद–मध्यम आदि इसकी

प्रजातीय विशेषताएँ हैं। इस प्रजाति का विस्तार बंगाल तथा उड़ीसा में है। ब्राह्मण तथा कायस्थ इस प्रजाति का प्रतिनिधित्व करते हैं। रिजले के अनुसार इसमें मंगोल, द्रविड़, भारत-आर्य प्रजातियों का मिश्रण हुआ है।

(6) मंगोल प्रजाति—सिर–चौड़ा, नाक–सुन्दर तथा चौड़ी, कद–छोटा तथा मध्यम, नेत्र–तिरछा आदि इसकी प्रजातीय विशेषताएँ पाई जाती हैं। इसका विस्तार असम में है।

(7) द्रविड़ प्रजाति—सिर–लम्बा, नाक–चौड़ी, त्वचा– काली, केश–घुँघराले, कद–ठिगना आदि इस जाति की विशेषताएँ हैं। इसका विस्तार तमिलनाडु, आन्ध्र प्रदेश, छत्तीसगढ़ आदि राज्यों में है।

सारणी : रिजले का प्रजातीय वर्गीकरण

प्रजाति	*उपजाति*	*विवरण*
1. तुर्क-ईरानी	अफगान, बलूची	उत्तर-पश्चिम सीमान्त तथा बलूचिस्तान
2. इण्डो-आर्य	राजपूत, खत्री तथा जाट	पंजाब, राजस्थान तथा कश्मीर
3. सियो-द्रविड़	मराठा, ब्राह्मण, कुणबी, कुर्म	गुजरात, महाराष्ट्र तथा दक्षिणी-पश्चिमी सिन्ध
4. आर्य-द्रविड़	द्रविड, आर्य	उत्तर प्रदेश, पूर्वी राजस्थान
5. मंगोल-द्रविड़	बंगाली, कायस्थ	बंगाल तथा तटवर्ती उड़ीसा
6. मंगोल	पर्वतीय	हिमालय का पर्वतीय भाग, नेपाल तथा असम
7. द्रविड़	आदि द्रविड़	तमिलनाडु, आन्ध्र प्रदेश, केरल तथा मध्य प्रदेश।

सर रिजले ने भारतीय प्रजाति का जो वर्गीकरण प्रस्तुत किया था, वह अनेक प्रजातिशास्त्रियों द्वारा उचित नहीं माना गया क्योंकि रिजले ने अपने प्रजातिय वर्गीकरण में शारीरिक लक्षणों का सूक्ष्म निरीक्षण नहीं किया।

2. ज्यूफ्रीडा तथा रगेरी का प्रजाति वर्गीकरण—इन्होंने भारत के जल समूह में विद्यमान प्रजातीय तत्वों के आधार पर निम्न वर्गीकरण प्रस्तुत किया :

(1) नीग्रटोज : वेड्डाज तथा दक्षिणी भारत के अन्य जन समूह
(2) आस्ट्रेलॉयड : वैदिक संथाल, मुण्डा, ओरॉव
(3) ट्रिवेडयन : तेलुगू तथा तमिल भाषा-भाषी समूह
(4) ऊँचा दीर्घस्कि तत्व : टोंडा
(5) दीर्घशिरस्क आर्यन्स : इण्डो अफगान इण्डोईरान
(6) श्वेत शिरस्क के जनसमूह : आर्नेनो, जार्जियन्स

3. ए.सी. हैडेन का प्रजाति वर्गीकरण—हैडेन के निम्न वर्गीकरण प्रस्तुत किया है—

(1) हिमालय प्रदेश की जातियाँ
 (क) इण्डो आर्यन : पंजाब तथा हिमालय प्रदेश
 (ख) मंगोलॉयड : नेपाल तथा पूर्वी हिमालय प्रदेश
(2) इण्डो-अफगान : सिन्धु तथा गंगा का मैदान
(3) द्राविड़ियन : दक्षिणी पठार
 (क) निग्रिटो
 (ख) प्रो. द्राविड़ियन
 (ग) द्राविड़ियन
 (घ) दक्षिणी चौड़े सिर वाली तथा
 (ङ) पश्चिमी चौड़े सिर वाली।

4. जे.एच. हटन का प्रजाति वर्गीकरण—हटन ने पाँच प्रकार की प्रजातियों का उल्लेख किया है :

(1) निग्रिटो, **(2)** आस्ट्रेलॉयड, **(3)** पूर्वी भूमध्य सागरीय, **(4)** उत्तरी भूमध्य सागरीय, **(5)** अल्पाइन

5. बी.एस. गुहा का भारतीय प्रजातियों का वर्गीकरण : गुहा ने वैज्ञानिक पद्धति से परीक्षण करके निम्न वर्गीकरण प्रस्तुत किया है—

(1) नीग्रिटो
(2) प्रोटो-आस्ट्रेलॉयड
(3) मंगोलायड (क) पैलियो-मंगोलायड
 (ख) तिब्बती मंगोलायड
(4) मेडीटेरियन (क) पैलियो मेडीटेरियन
 (ख) मेडीटेरियन
 (ग) ओरिएन्टल
(5) ब्राची सैफालिक (क) आल्पीन्वायड
 (ख) डिनारिक
 (ग) आर्मीन्वायड
(6) नार्डिक

नीग्रीटो प्रजाति : फिलीपाइन, न्यूगिनी, अंडमान द्वीप तथा मलेशिया में नीग्रीटो प्रजाति से माँग तथा सकाई लोगों के रूप में वितरित है। परन्तु भारत में इस प्रजाति के विषय में संदेह है। **लैपीक** ने दक्षिण भारत के आदिवासियों में नीग्रीटो प्रजाति की उपस्थिति स्वीकार की है। कडार तथा पुलियान (ट्रावनकोर-कोचीन), इरूला आदि जातियाँ बहुत कुछ नीग्रीटो प्रजाति से मिलती-जुलती हैं। **थर्स्टन** ने इस मत को अस्वीकार किया है। **जे. रैपसन** ने स्पष्ट किया कि प्रजातीय दृष्टि से

ये लोग श्रीलंका के बेद्दा, सुमात्रा के बाटिन तथा सेलीबीज के तोला लोगों से संबंधित हैं। **ए.सी. हैडेन** के अनुसार यद्यपि दक्षिण नीग्रीटो प्रजाति होने की शंका की जाती है, किन्तु इसकी वास्तविक सत्यता अभी तक प्रमाणित नहीं है।

हट्टन ने भारत के नीग्रीटो प्रजाति का विशेष अध्ययन किया तथा स्पपष्ट किया कि भारत के पूर्वी सीमान्त की जनसंख्या में नीग्रीटो प्रजाति के विद्यमान हैं। मणीपुर तथा कछार की पहाड़ियों के अंगामी नागाओं के ऊन जैसे बाल पाए जाते हैं। **गुहा** ने कडार तथा अन्य पहाड़ी जातियों में नीग्रीटो तत्व माना है। **डॉ. हट्टन** के अनुसार, भारतीय प्रायद्वीप के सबसे पूर्व के निवासी संभवत: नीग्रो जाति के ही थे, लेकिन बाद में इनका शीघ्र ही ह्रास हो गया। यद्यपि अंडमान द्वीप में वे आज भी विद्यमान हैं, लेकिन भारतीय भूमि पर इनके अंश अल्पमात्र हैं। सुदूर दक्षिण भारत के वनों में यत्र-तत्र छोटे-कद, घुँघराले बाल और नीग्रो आकृति वाले लोग दृष्टिगत हैं, जो भारत में नीग्रीटो प्रजाति के अवशेष स्पष्ट करते हैं।

मलेशिया, फिजी द्वीप समूह, बंगाल की खाड़ी, न्यूगिनी, दक्षिण भारत तथा दक्षिणी अरब में कुछ अंश तक नीग्रीटो के लक्षण अभी विद्यमान हैं, जिससे स्पष्ट है कि पूर्व ऐतिहासिक काल में इनका विस्तार भारत के विस्तृत भू-भाग पर रहा होगा, लेकिन जब द्रविड़ों का प्रवेश हुआ तब शनै:-शनै: उनका ह्रास होना प्रारंभ हो गया होगा, या ये समाप्त हो गए होंगे या इनमें मिश्रित हो गए होंगे।

पूर्व-पाषाण कालीन सभ्यता के साथ नीग्रीटो भारत में प्रवेश किए थे, जिनकी सभ्यता अविकसित थी। पत्थर, हड्डी के भद्दे हथियार तीर-कमान से ही अपनी आवश्यक आवश्यकता की पूर्ति करते थे। कृषि व भवन निर्माता कार्य से परिचित नहीं थे। गुफाओं, पेड़ों के नीचे, पहाड़ों की तलहड़ी में अपना आवास बनाते थे। इनकी धर्म में आस्था थी। ये संभवत: वट वृक्ष की पूजा करते थे।

प्रोटो आस्ट्रेलॉयड : यह प्रजाति सम्पूर्ण भारत में पाई जाती है। जनजातियों में इसके अंश अधिक विद्यमान हैं। इस प्रजाति का मूल फिलिस्तीन में है। वहीं से इनका स्थानान्तरण भारत में हुआ होगा, लेकिन इनके स्थानान्तरण काल तथा मार्ग के संबंध में कोई निश्चित धारणा नहीं बन पाई है। श्रीलंगा की बेद्दा, आस्ट्रेलियाई तथा मलेशियाई के प्रजाति लक्षण इस प्रजाति से साम्य हैं, जिस कारण अनुमान लगाया जाता है कि ये प्रजातियाँ किसी एक प्रजाति के वंशज हैं। भारत की अनुसूचित जातियाँ सम्भवत: इसी प्रजाति से उद्‌भूत हुई हैं। कद–नाटा, रंग–भूरा या काला, सिर–लम्बा, नाक–चौड़ी तथा चपटी, बाल घुँघराले होंठ–मोटे आदि इनके प्रजातीय लक्षण हैं।

मंगोलायड : इस प्रजाति का विस्तार असम तथा पूर्वी कश्मीर में है। अनुमानत: इस प्रजाति का मूल स्थान इरावदी नदी घाटी, चीन, तिब्बत तथा मंगोलिया था। यहीं से प्रथम शताब्दी ईसा पूर्व में भारत में प्रवेश किए थे। इस प्रजाति के भारत में प्रवेश के दो मार्ग थे। उत्तरी-पूर्वी भाग से प्रवेश कर उत्तरी-पूर्वी बंगाल, असम के पर्वतीय क्षेत्र तथा गंगा के मैदानी भाग में फैले थे। दूसरा समूह कश्मीर के क्षेत्र से भारत में प्रवेश किया था। इनके दोनों प्रवेश मार्ग में प्राकृतिक कठिनाइयाँ थीं, लेकिन इन्होंने इन कठिनाइयों को पार कर भारत में अपने अस्तित्व को बनाये रखा। इस प्रजाति की दो उप-प्रजातियाँ हैं : **1.** पूर्वी मंगोलॉयड, **2.** तिब्बती मंगोलॉयड।

पूर्वी मंगोलॉयड प्रजाति अत्यन्त ही प्राचीन है, जिसमें इतना जातीय परिवर्तन हो गया कि यह मूल मंगोलॉयड प्रजाति से भिन्न प्रजाति होती है। सिर, नाक तथा नाक के आधार पर इनकी पहचान की जाती है।

तिब्बती मंगोलॉयड लम्बे, चपटी, नाक, चौड़े सिर, हल्के पीले रंग वाले होते हैं, जिनका विस्तार सिक्किम तथा भूटान में है। अनुमानत: तिब्बत की ओर से भारत में प्रवेश किए तथा इसकी सीमा के समीप ही आवासित हो गए।

मंगोल प्रजाति की संस्कृतिक की झलक भारतीय संस्कृतिक की संरचना में परिलक्षित होती है। इस प्रजाति को कृषि कार्य का पूर्ण ज्ञान था। पहाड़ी ढालों पर सीढ़ीनुमा कृषि की जाती थी।

भूमध्य सागरीय या द्राविड़ प्रजाति : भूमध्य सागरीय प्रजाति का विस्तार भारत में उत्तर प्रदेश, पंजाब, महाराष्ट्र, पश्चिमी बंगाल, मालाबार तट आदि में हैं, जिनकी अनेक किस्में हैं, जिनके सिर लम्बे, काले रंग, ऊँचाई आदि प्रजातीय लक्षणों के आधार पर अन्य प्रजातियों से पृथक् किया जाता है। भारत में यह प्रजाति तीन प्रकारों में विभक्त की जाती है : **1.** प्राचीन भूमध्य सागरीय प्रजाति, **2.** भूमध्यसागरीय प्रजाति, तथा **3.** सेमेटिक प्रजाति।

भारतीय संस्कृति में इस प्रजाति ने अपना महत्त्वपूर्ण योगदान दिया है। मिट्टी के बर्तन, तीर-कमान, देशी नाव, हल आदि का निर्माण इनके द्वारा कुशलता से किया गया। इनका स्थानान्तरण सागरीय क्षेत्रों से भारत में हुआ होगा।

पश्चिमी चौड़े सिरवाली प्रजाति : इस प्रजाति का विस्तार भारत में सौराष्ट्र, गुजरात, बंगाल, महाराष्ट्र तमिलनाडु, बिहार, गंगा के डेल्टा, केरल, उड़ीसा, कन्नड़ प्रदेश आदि में है। यहाँ पर इनको तीन प्रकारों में किया जाता है : **1.** एल्पोनॉइड, **2.** डिनारिक तथा **3.** आरमीनॉयड।

एल्पोनॉइड प्रजाति का मूल स्थान आल्पस पर्वतीय क्षेत्र रहा होगा, क्योंकि आज भी यह प्रजाति वहाँ पर विद्यमान हैं। ये दक्षिणी बलूचिस्तान से सिन्ध, गुजरात, महाराष्ट्र होकर तमिलनाडु तथा श्रीलंका तक विस्तीर्ण हुई। एक शाखा इसकी गंगा घाटी के सहारे पश्चिमी बंगाल तक फैली थी।

डिनारिक प्रजाति का उद्‌भव स्थल भी आल्पस पर्वतीय क्षेत्र रहा होगा। ये लम्बे कद तथा काले रंग के होते हैं। वर्तमान समय में पश्चिमी बंगाल, उड़ीसा, केरल, तमिलनाडु, सौराष्ट्र कन्नड़ आदि

क्षेत्रों में इस प्रजाति का विस्तार भूमध्य सागरीय प्रजाति के साथ पाया जाता है।

आरमीनॉयड प्रजाति भारत में पारसी लोगों के रूप में विद्यमान है। रंग–गोरा, कद–छोटा, सिर–चौड़ा तथा नाक–पतली होती है।

नार्डिक या इण्डो आर्यन—नार्डिक प्रजाति वर्तमान में उत्तरी भारत में विस्तीर्ण है। अनुमानतः इस प्रजाति का मूल स्थान स्टेपी प्रदेश रहा होगा, जहां से भारत में दूसरी शताब्दी ईसा पूर्व में भारत में प्रवेश की होगी। प्रारंभ में इस प्रणाली ने अपना अधिकार पंजाब, गंगा-यमुना घाटी में स्थापित किया होगा। यह प्रजाति श्रेष्ठ थी। इसी ने द्रविड़ों को दक्षिण की तरफ खदेड़ दिया होगा। बाद में वैवाहिक संबंध स्थापित कर इनकी संस्कृति को आत्मसात् कर लिया। संभवतः शूद्रों की उत्पत्ति भी द्रविड़ों तथा आर्यों के मिश्रण से हुई। यह प्रजाति धर्म, कला, कृषि विज्ञान के क्षेत्र में उन्नत थी। भारतीय संस्कृति के विकास में आर्यों का महत्त्वपूर्ण योगदान है। इन्हीं की संस्कृति भारतीय संस्कृति के रूप में जानी जाती है।

वर्तमान प्रजातियाँ तथा उनका वितरण
(Present Races and Its Distribution)

मानवशास्त्रियों ने प्रजातियों का वर्गीकरण विभिन्न आधारों पर किया, परन्तु इनके वर्गीकरण भिन्न-भिन्न हैं, परन्तु इतना अवश्य हुआ कि सभी ने तीन मुख्य प्रजातियाँ **1.** कॉकेशायड (श्वेत), **2.** मंगोलॉयड (पीत), **3.** नीग्राइड (कृष्ण) स्वीकार की है। वर्तमान समय में धरातल पर मुख्यतः 11 प्रजातियाँ विद्यमान हैं :

1. कॉकेशायड, **2.** मंगोलॉयड, **3.** अफ्रीकी नीग्रोयड, **4.** मेलिनिशयन, **5.** माइक्रोनेशियन, **6.** कांगो या मध्य अफ्रीकी पिग्मी, **7.** वन प्रदेश के पिग्मी, **8.** आस्ट्रेलॉयड, **9.** बुशमैन-हॉटेन्टोट, **10.** ऐनू, **11.** वैडायड।

कॉकेशूयड प्रजाति : यह प्रजाति स्कैन्डिनेविया, बाल्टिक प्रदेश, ब्रिटिश द्वीप समूह, पूर्वी मध्य यूरोप में : फ्रांस, पश्चिमी एशिया के केन्द्रीय भाग, भारत, स्पेन, पुर्तगाल, दक्षिणी इटली, उत्तरी अफ्रीका, मिस्र आदि में पाई जाती है। इनकी संख्या करीब 1 अरब है। इनका रंग श्वेत, आँख का रंग हल्के नीले रंग से लेकर भूरे रंग का होता है। बाल काले तथा सीधे, लहरदार तथा लच्छेदार होते हैं। वक्षस्थल, भुजा, पैर, चेहरे आदि पर अधिक बाल, छोटी नाक, होंठ पतले, कद मध्यम तथा लम्बा, कपाल सूचकांक 80 से अधिक, खोपड़ी का घनत्व 1800cc के लगभग आदि विशेषताएँ इसमें विद्यमान हैं। हॉबेल तथा स्मिथ ने इनको तीन वर्गों में विभक्त किया है :

1. **नार्डिक :** स्कैन्डिनेविश, बाल्टिक प्रदेश तथा ब्रिटिश द्वीप समूह आदि।

2. **अल्पाइन :** पूर्वी मध्य यूरोप में फ्रांस तथा पश्चिमी एशिया का केन्द्रीय भाग आदि।

3. **भूमध्यसागरीय :** भारत, स्पेन, दक्षिणी इटली, उत्तरी अफ्रीका, मिस्र आदि।

मंगोलॉयड प्रजाति : इस प्रजाति का उद्भव स्थल मध्य एशिया है। इनका विस्तार केवल एशिया मे ही है। मध्य एशिया, अपने उद्भव काल से इनका प्रसार उत्तर, पूर्व, दक्षिण-पश्चिम तथा पश्चिम दिशा में हुआ। इनकी संख्या करीब 90 लाख अनुमानित है। इनका रंग–भूरा तथा पीला, आँखें–गहरी भूरी, बाल–काले, गाल की हड्डियाँ उभरी हुईं, चेहरा–चौड़ा, कद–छोटा, नाक– चपटी आदि इनकी प्रजातीय विशेषताएँ हैं।

मैलेनिशियन : इनका विस्तार दक्षिणी प्रशान्त द्वीपों-न्यूगिनी से फिजी द्वीप तक है। इनके शारीरिक लक्षणों में नीग्रो प्रजाति से समानता है। इनकी उत्पत्ति अफ्रीकी नीग्रो से हुई मानी जाती है। 20 लाख अनुमानतः इनकी संख्या है। आँखें व तत्वा काली, बाल–घुँघराले, भौंहें–उभरी हुईं, कद–मध्यम तथा सिर–गोल इस प्रजाति की प्रमुख विशेषताएँ हैं।

अफ्रीकी नीग्रोयड—इस प्रजाति का उद्भव स्थल अफ्रीका तथा ओसीनिया माना जाता है। **बील्स** तथा **होइजर** ने इसको विश्व की प्रथम प्रजाति माना। इस प्रजाति का विस्तार दक्षिणी अफ्रीका से लेकर केप ऑफ गुड होप तक है। रंग–गहरा भूरा तथा काला, बाल–काले तथा ऊन जैसे नाक–चौड़ी, सिर पर घने बाल, खोपड़ी–लम्बी, ललाट, सीधा, होंठ–मोटा, कद–औसत आदि इनकी प्रजातीय विशेषताएँ हैं।

माइक्रोनेशियन-पोलीनेशियम—इस प्रजाति का विस्तार मैलेनेशिया द्वीपों में है। इनकी संख्या लगभग 3 लाख है। सिर–चौड़े व ऊँचे, ललाट–अवनत, नाक–मध्यम व ऊँची उठी हुई, त्वचा–पीली या भूरी, बाल–लहरदार तथा काले, कद–औसत आदि इनकी प्रजातीय विशेषताएँ हैं।

कांगो या मध्य अफ्रीका पिग्मी—इनका विस्तार मध्य अफ्रीका में कांगों में है। कद–औसत, रंग–काला, बाल–घने काले तथा घुमावदार होते हैं। इनकी अनुमानित जनसंख्या लगभग 1 लाख है।

सुदूर पूर्वी पिग्मी—इस प्रजाति का विस्तार मिन्डानाओ, अण्डमान, लूजन तथा फिलीपाइन द्वीप में है। कद–औसत, त्वचा–भूरी तथा गहरी काली, होंठ–मोटे, बाल–ऊन जैसे आदि इनकी प्रजातीय विशेषताएँ हैं।

आस्ट्रेलॉयड—इस प्रजाति का उद्भव स्थल आस्ट्रेलिया है। सिर–लम्बा, ललाट–लम्बा, नाक–चौड़ी, भौंहें–बड़ी, होंठ–मोटे, त्वचा–गहरी भूरी, कद–औसत आदि इनकी प्रजातीय विशेषताएँ हैं।

बुशमैन-हॉटेन्टोट—दक्षिणी-पश्चिमी अफ्रीका के कालाहारी मरुस्थल में इन प्रजातियों का विस्तार पाया जाता है। बुशमैन तथा हॉटेन्टोट दो प्रजातियों का इस मरुस्थलीय भू भाग में विस्तार पाया

जाता है। खोपड़ी–लम्बी तथा मध्यम, मस्तक–ऊँचा, नाक, चौड़ी होंठ बाहर निकले हुए, त्वचा–पीली, बाल– घुमावदार, कद–औसत से कम आदि इनकी प्रजातीय विशेषताएँ हैं।

अयनू—इस प्रजाति का विस्तार जापान में है, जो जापान की आदि प्रजातियों का प्रतिनिधित्व करती हैं। खोपड़ी–लम्बी तथा मध्यम, ललाट–अवनत, भौंहे–लम्बी, नाक–चौड़ी, होंठ–मोटे तथा पतले, त्वचा–श्वेत या गहरी भूरी, बाल–काले या हल्के भूरे, आँख–काली, कद–औसत आदि इसकी प्रजातीय विशेषताएँ हैं।

बेडॉयड : यह प्रजाति कॉकेशायड प्रजाति की एक शाखा है। सिर–लम्बा, भौहें–लम्बी, चेहरा–लम्बा, नाक–चौड़ी, होंठ–पतले, त्वचा–गहरी भूरी, बाल–काले, आँख–गहरी भूरी, कद–औसत आदि इसकी प्रजातीय विशेषताएँ हैं।

विश्व की विलुप्त प्रायः प्रजातियाँ

हाज्दा—तंजानिया की विलुप्त प्रायः इस मानव जाति की संख्या केवल 200 व्यक्ति हैं। यह दक्षिणी अफ्रीका के बुशमैन के समान बोली बोलते हैं। आकारीय व आनुवांशिकता की दृष्टि से यह पूर्वी अफ्रीका के लोगों के समान हैं।

कुन्ग—कालाहारी अवरोहांक (Descent) के हैं और इनकी संख्या लगभग 15,000 व्यक्ति हैं। आनुवांशिक साक्ष्यों से इस बात की पुष्टि होती है कि यह अफ्रीका के विशाल क्षेत्र में विस्तृत थे। अभी इस संबंध में पुष्टि नहीं हो सकती है कि यह लोग कब और कहाँ से आए थे।

अपाचे—संयुक्त राज्य अमेरिका के ओकलाहामा के मैदान में अपाचे लोग निवास करते हैं। इनकी संख्या लगभग 1,000 व्यक्ति हैं। इनमें से कुछ अलास्का के दक्षिणी-पश्चिमी भाग में रहते हैं। कुछ विद्वानों का मत है कि यह उत्तरी साइबेरिया से प्रवारित होकर यहाँ आए थे।

यनोमनी—वेनेजुएला और ब्राजील की सीमा पर लगभग 20,000 यनोमनी लोग निवास करते हैं। इनकी भाषा मध्य अमरीका के लोगों के समान है। इनकी उत्पत्ति अभी भी रहस्यमय है।

युकागीर—साइबेरिया में इनकी संख्या केवल 100 व्यक्ति है। यह रेण्डियर का शिकार करने वाले शिकारी लोग हैं। यह आर्कटिक और उपार्कटिक क्षेत्र में पाए जाते हैं। कुछ युकागीर बेरिंग सागर पार कर नई दुनिया (उत्तरी अमेरिका) में बस गए हैं।

चुकची—पाल्को एशियाई भाषा बोलने वाले चुकची उत्तरी-पूर्वी साइबेरिया व उत्तरी अमेरिका में निवास करते हैं। इनकी कुल संख्या लगभग 10,000 व्यक्ति है। आनुवांशिक अध्ययनों से इनकी उत्पत्ति का बोध होता है कि यह अमरीका मूल के हैं।

ओन्गे—अण्डमान द्वीप में 100 से भी कम ओन्गे निवास करते हैं। यह द्रुतगति से विलुप्तप्रायः होते जा रहे हैं। विद्वानों का मानना है कि यह हजारों वर्ष पूर्व अफ्रीका से प्रवासित होकर यहाँ आए थे।

विश्व की प्रमुख जनजातियाँ

	जनजातियाँ	*क्षेत्र*
1.	एस्किमो	कनाडा व ग्रीनलैण्ड के टुण्ड्रा प्रदेश (उत्तरी अमेरिका)
2.	माओरी	न्यूजीलैण्ड
3.	लैप्स	यूरोपियन टुण्ड्रा
4.	समोएड्स	एशियाई टुण्ड्रा
5.	तातार	साइबेरिया
6.	एर्बोजिन्स	पश्चिमी व मध्य आस्ट्रेलिया (आस्ट्रेलिया के मूल निवासी)
7.	बाण्टू	मध्य व दक्षिण अफ्रीका
8.	बर्बर	उत्तरी अफ्रीका (अल्जीरिया, ट्यूनीशिया, मोरक्को)
9.	बिन्दीबू	पश्चिमी आस्ट्रेलिया
10.	फिन्स	यूरोपीय टुण्ड्रा
11.	गाउचो	उरुग्वे एवं अर्जेण्टाइना के पम्पास क्षेत्र
12.	हेमाइट्स	उत्तरी-पश्चिमी अफ्रीका
13.	खिरगीज	मध्य एशिया का स्टेपी क्षेत्र
14.	किवूयू	केनिया
15.	मसाई	पूर्वी अफ्रीका (कीनिया)
16.	पिग्मी	जाइरे (कांगो का बेसिन)
17.	पापुआन	न्यूगिनी
18.	रेड इण्डियन	उत्तरी अमेरिका तथा कनाडा
19.	बेद्दा	श्रीलंका
20.	ओस्तयाक, तुंगु याकूत, युकागीर चकची, कारयाक आदि	एशियाई टुण्ड्रा
21.	जुलू	दक्षिणी अफ्रीका का नैटाल प्रान्त
22.	सेमांग	मलेशिया
23.	वुनान	बोर्निया
24.	बुशमैन	कालाहरी मरुस्थल (द. अफ्रीका)
25.	युकागीर	साइबेरिया
26.	औका	इक्वेडोर
27.	बोरो	द. अमेरिका का अमेजन बेसिन
28.	बद्दू	अरब
29.	आइनू	जापान
30.	हाटेन्टाट	कालाहारी (बोत्सावाना) व उष्ण कटिबंधीय अफ्रीका
31.	कज्जाक	मध्य एशिया

	जनजातियाँ	क्षेत्र
32.	फूलानी	नाइजीरिया
33.	कालमुख	मध्य एशिया
34.	मल्ला कृषक	मिस्र
35.	हौसा	नाइजीरिया
36.	फल्लाह कृषक	नील नदी
37.	अकरीदी	पाकिस्तान
38.	मग्यार (हेग्रेटी)	पूर्वी यूरोप

	जनजातियाँ	क्षेत्र
39.	माया	मैक्सिको
40.	बोअर	दक्षिणी अफ्रीका
41.	बेड़यूइन	अरब, उत्तरी अफ्रीका तथा प.एशिया
42.	नीग्रो	दक्षिणी-पश्चिमी तथा मध्य अफ्रीका
43.	महसूद	उत्तरी-पश्चिमी पाकिस्तान
44.	कोसक	पौलैण्ड तथा यूक्रेन
45.	यस्टर	साइबेरिया, तुर्किस्तान

13 जनसंख्या भूगोल

प्रवास के प्रतिरूप (पैटर्न) तथा प्रक्रम (Pattern and Processes of Migration)

प्रागैतिहासिक काल से ही मानव वर्गों का प्रवास होता रहा है। मानव प्रजातियाँ आदि काल में भी समय-समय पर अपने उद्‌गम क्षेत्र से बाहर प्रवास करती रही थीं। यह प्रवास जलवायु के परिवर्तनों के कारण हिमयुगों में तथा अन्तर्हिम युगों में, प्लीस्टोसीन काल से लेकर अभिनव और उपअभिनव काल तक होते रहे थे।

ऐतिहासिक काल में भी पृथ्वी के विभिन्न क्षेत्रों में, एक प्रदेश से दूसरे प्रदेश को मानव वर्गों का प्रवास होता रहा है, इसे **जनसंख्या का स्थानान्तरण** कहते हैं।

दूसरे शब्दों में, जनसंख्या का स्थानान्तरण, देशान्तरण या प्रवसन से तात्पर्य मानव-समूह अथवा व्यक्ति के भौगोलिक स्थान संबंधी परिवर्तन से है। **संयुक्त राष्ट्र संघ** के अनुसार, ''प्रवसन एक प्रकार की भौगोलिक स्थान संबंधी प्रवासिता है जो एक भौगोलिक इकाई के बीच देखने को मिलती है, जिनमें रहने और पहुँचने का स्थान दोनों भिन्न-भिन्न होते हैं। इस तरह का प्रवसन स्थायी होता है क्योंकि इसमें मानव का निवास स्थायी रूप से परिवर्तित हो जाता है।''

प्रवसन किसी देश-विशेष की जनसंख्या के आकार, वितरण, संरचना की तुरन्त प्रभावित करने वाला घटक है जिससे शीघ्र और आकस्मिक रूप से ऐसे परिवर्तन आते हैं जिनकी कल्पना एवं अध्ययन दोनों ही अत्यन्त कठिन हैं। प्रवसन किसी राष्ट्र के आर्थिक उतार-चढ़ाव एवं राष्ट्रीय घटनाओं से गहन रूप से संबंधित होता है। व्यक्ति का एक स्थान से दूसरे स्थान अथवा देशों को जाना जनसंख्या एवं संरचना में परिवर्तन है।

जे. बोगस के अनुसार, ''प्रवास शब्द आवास के उन परिवर्तनों के लिए आरक्षित होता है जो किसी व्यक्ति के सामुदायिक संबंधों का पूर्णरूपेण परिवर्तन एवं पुनर्सामंजस्य से संबंधित होते हैं।''

प्रो. बर्कले के अनुसार, ''सामान्यत: स्थानान्तरण **जनांनिकी** की सामान्य गति को छिन्न-भिन्न कर देता है। स्थानान्तरण का प्रभाव अति तीव्रगति से हो सकता है। इसके द्वारा कुछ महीनों में करोड़ों व्यक्तियों का स्थानान्तरण हो जाता है।''

गोसल के अनुसार, ''स्थानान्तरण (प्रवास) एक स्थान से दूसरे स्थान पर मात्र निवास परिवर्तन नहीं, बल्कि किसी क्षेत्र के क्षेत्रीय तत्व तथा क्षेत्रीय संबंधों को समझने का प्रमुख आधार है।''

जनसंख्या स्थानान्तरण अथवा प्रवसन का उद्देश्य (Aims of Movement of Migration of Population)

जनसंख्या के स्थानान्तरण अथवा प्रवसन का मुख्य उद्देश्य किसी देश-विशेष की जनसंख्या में होने वाले परिवर्तनों का अध्ययन करना है जैसे कि उस राष्ट्र की जनसंख्या का आकार क्या है? कितनी श्रमशक्ति आर्थिक कार्यों के लिए उपलब्ध है? और आर्थिक नियोजन का आधार क्या है? मानव-समूह किसी स्थान अथवा क्षेत्र से प्रवास करता है तो यह सामाजिक परिवर्तन का एक मुख्य चिन्ह माना जाता है। अधिकांश देशों में औद्योगीकरण अथवा आर्थिक विकास के साथ कृषि-क्षेत्रों से नगरीय क्षेत्रों अथवा एक नगर से दूसरे नगर अथवा एक देश से दूसरे देश की तरफ मानव-समूह का प्रवसन आरंभ होता है। एशिया और लैटिन अमेरिका के देशों में तकनीकी परिवर्तनों के फलस्वरूप मानव-समूह का स्थानान्तरण ग्रामीण क्षेत्रों से नगरीय क्षेत्रों की तरफ हुआ जिसके कारण अनेक महानगरों का जन्म हुआ। आदिकाल से मानव समूह एक स्थान से दूसरे स्थान की ओर प्रवसन करता रहा है। वास्तविकता तो यह है कि जनसंख्या के विकास का आधार ही मनुष्य का स्थानान्तरण है। जब यह स्थानान्तरण वृहत् पैमाने पर होता है तो कई महत्त्वपूर्ण परिवर्तन दिखलाई पड़ते हैं।

सामान्यत: किसी स्थान की आर्थिक, सामाजिक एवं राजनीतिक कारण से जनसंख्या का एक स्थान से दूसरे स्थान पर गतिशीलता स्थानान्तरण है।

स्थानान्तरण के दो भेद हैं :

1. प्रवास (Emigration) : जिन प्रदेशों में कोई भौतिक कष्ट जैसे—कठोर जलवायु, बाढ़, सूखा आदि होते हैं जिसके कारण प्रदेश के किसी भाग या एक स्थान के मनुष्य अपने निवास को परिवर्तित करने के लिए, अपने परिवारजनों सहित किसी दूसरे प्रदेश को जाते हैं।

2. आवास (Immigration) : जिसके द्वारा बाहरी स्थानों के मनुष्य किसी प्रदेश या स्थान के अन्दर आते हैं। उदाहरण के लिए, उत्तरी अमेरिका के ब्रिटेन, इटली और फ्रांस आदि देशों से मनुष्यों का आवास होता जा रहा है। जिन प्रदेशों या देशों में जीवकोपार्जन की पर्याप्त सुविधाएँ होती हैं, वे बाहर के मनुष्यों को अपनी तरफ आकर्षित कर लेते हैं। कभी-कभी आर्थिक या सामाजिक आवश्यकता की पूर्ति के लिए भी बाहरी देशों से मनुष्यों का आवास कराया जाता है।

मध्य एशिया से अनेक बार जनसंख्या का आवास चीन, भारत और यूरोप को होता रहा है। 17वीं शताब्दी में यूरोपीय देशों में मनुष्य

ही उत्तरी अमेरिका, दक्षिण अमेरिका, आस्ट्रेलिया आदि को जाते रहे थे। संयुक्त राज्य, कनाडा, आस्ट्रेलिया आदि में जो आबादी है उसका विकास यूरेशिया महाद्वीप से बारम्बार गए हुए मानव वर्गों के स्थानान्तरण से ही हुआ है।

स्थानान्तरण/प्रवसन के कारण
(Causes of Migration)

समाजशास्त्रियों के अनुसार स्थानान्तरण/प्रवास के लिए दो मुख्य घटक उत्तरदायी हैं :

(i) प्रतिकूल घटक, *(ii)* अनुकूल घटक

***(i)* प्रतिकूल घटक :** प्रतिकूल घटकों में निम्नलिखित तत्व शामिल किए जाते हैं : (a) जनसंख्या की दर ऊँची होने से उसका बढ़ता हुआ भार, (b) जनसंख्या की तुलना में आर्थिक संसाधनों का अभाव, (c) प्राकृतिक संसाधनों का अविवेकपूर्ण विदोहन, (d) प्राकृतिक आपदाएँ : भूकम्प, बाढ़, अकाल आदि, (e) सामाजिक के विभिन्न वर्गों में सामाजिक, राजनीतिक एवं धार्मिक कारणों से होने वाले संघर्ष, (f) एक वर्ग का दूसरे वर्ग के साथ भेदभावपूर्ण व्यवहार, (g) समुदाय विशेष में प्रचलित विश्वासों, रीति-रिवाजों और व्यवहारों से विरक्ति, (h) व्यक्तिगत विकास और रोजगार के अवसरों का अभाव, (i) वर्तमान सामाजिक एवं आर्थिक ढाँचे के प्रति असंतोषजनक एवं (j) संयुक्त परिवार प्रणाली का विघटन।

***(ii)* अनुकूल घटक :** इनमें निम्नलिखित तत्व शामिल किए जाते हैं : (a) रोजगार के श्रेष्ठ अवसरों की उपलब्धता, (b) अधिक आय उपार्जन के श्रेष्ठ अवसरों की प्राप्ति, (c) इच्छित विशिष्ट शिक्षा, (d) अनुकूल वातावरण, (e) पराजयता, (f) नवीन व्यक्तियों से मिलने का प्रलोभन एवं (g) आमोद-प्रमोद के साधनों की सुविधा।

उपर्युक्त घटकों के सम्मिलित रूप से स्थानान्तरण के निम्नलिखित चार प्रमुख कारण हैं :

1. भौतिक या प्राकृतिक कारण,
2. आर्थिक कारण
3. सामाजिक एवं सांस्कृतिक कारण
4. राजनीतिक कारण

1. भौतिक कारण (Physical Factor) : भौतिक कारणों में जलवायु संबंधी परिवर्तन तथा भूकम्प, ज्वालामुखी, हिमराशियों का घटना-बढ़ना, मिट्टी का अनुपजाऊ होना, समुद्री तटों का निमज्जन या उन्मज्जन होना शामिल किया जाता है।

कु. सैम्पुल का कथन है कि ''मध्य एशिया में जल शुष्कता बढ़ गई तो वहाँ से आर्य जाति चारों दिशाओं की तरफ स्थानान्तरण करने लगी और यूरोप, दक्षिण एशिया तथा चीन में अधिवास स्थापित किए।''

उत्तम जलवायु के कारण ही उत्तरी गोलार्द्ध में जनसंख्या का प्रवास अटलांटिक और प्रशान्त महासागर के किनारे न केवल उत्तर से दक्षिण की तरफ बल्कि पूर्व से पश्चिम की तरफ हुआ है।

जलवायु संबंधी परिवर्तन अथवा कारणों के अलावा बाढ़ तथा दुर्भिक्ष भी अधिक संख्या में स्थानान्तरण के लिए उत्तरदायी है। जब बाढ़ों या अकाल का प्रकोप कम हो जाता है तो लोग पुनः अपने स्थानों पर लौट आते हैं अथवा उपजाऊ भूमि और जल मिल जाने वाले स्थानों पर स्थायी रूप से बस जाते हैं।

भूकम्प, ज्वालामुखी, महामारी तथा फसलों और पशुओं की बीमारियाँ भी मनुष्य के स्थानान्तरण का कारण होती हैं।

2. आर्थिक कारण (Economic Factors) : आर्थिक कारणों में मुख्यतः जनसंख्या का भार, भोजन सामग्री का अभाव, नयी और उपजाऊ भूमि का आकर्षण, सिंचाई की सुविधा तथा खनिज और वन सम्पत्ति की उपलब्धि आदि मुख्य हैं। **डॉ. हैडन** के अनुसार ''जनसंख्या के स्थानान्तरण के मुख्य कारण किसी देश की भूमि पर उसकी जनसंख्या का अधिक भार होने से उस देश में खाद्य सामग्री का अभाव होना होता है, जिसके वशीभूत होकर पड़ोस देशों की धन-धान्यता से लाभान्वित होने के लिए आक्रमण कर देने की भावना है।''

3. सामाजिक सांस्कृतिक कारण : धार्मिक संकटों के कारण भी अधिक संख्या में स्थानान्तरण होता है। 16वीं तथा 17वीं शताब्दी में हांगनॉट लोगों ने फ्रांस से भागकर इंग्लैण्ड, बेल्जियम तथा यहूदियों ने जर्मनी से पलायन कर इजराइन में शरण ली थी। इसी प्रकार भारत के विभाजन (1947) से उत्पन्न स्थिति के कारण करोड़ों हिन्दू भारत आए थे और लाखों मुस्लिम भारत छोड़कर पाकिस्तान गए थे। यह जनसंख्या परिवर्तन ऐतिहासिक काल का सबसे बड़ा परिवर्तन माना जाता है। यूनान और तुर्की के मध्य हुए मनमुटाव के कारण जनसंख्या का आदान-प्रदान हुआ था।

4. राजनीतिक कारण : राजनीतिक कारण भी मानव स्थानान्तरण में सहायक होते हैं। आक्रमण, विजय, नए देशों की खोज, उपनिवेशों की स्थापना अथवा बलात् स्थानान्तरण प्रमुख राजनीतिक कारण माने गए हैं।

आक्रमणों के फलस्वरूप हुए स्थानान्तरण के अनेक उदाहरण उपलब्ध हैं, जैसे मुगलों के आने के पूर्व सिकन्दर महान, महमूद गजनवी, मुहम्मद गौरी, चंगेज खाँ और तैमूर लंग के आक्रमणों के समय भारत में बहुत लोग जो इनके साथ आए थे, यहीं बस गए। इसी प्रकार ग्रेट ब्रिटेन से जो प्रवासी उत्तरी अमेरिका और आस्ट्रेलिया तथा न्यूजीलैण्ड की ओर गए उन्होंने वहाँ के मूल निवासियों को वन प्रदेशों की तरफ खदेड़ दिया।

ईस्ट इण्डिया कंपनी के व्यापारियों के भारत आने पर उसका शसन यहाँ स्थापित हो जाने से व्यवस्था आदि के लिए अनेक अंग्रेज यहाँ आकर बसने लगे। अनेक अंग्रेज चाय, कहवा, रबर आदि के उद्योगों में पूँजी लगाकर स्थायी रूप से यही बस गए। कुछ अंग्रेज पादरी धर्म-प्रचार हेतु यहाँ आकर बस गए।

यूरोप के अनेक देशों द्वारा विभिन्न महाद्वीपों में नयी बस्तियाँ, उपनिवेश स्थापित किए गए। स्पेनी-पुर्तगाली लोगों ने लैटिन अमेरिका, फ्रांसीसियों ने कनाडा और संयुक्त राज्य में, अफ्रीका में अपने उपनिवेश स्थापित किए। ये उपनिवेश अधिकांशत: खेती, खनिज उद्योगों का विकास करने के लिए स्थापित किए गए थे।

प्रवास/स्थानान्तरण के प्रकार (Types of Migration)

प्रवास का विस्तृत अध्ययन सर्वप्रथम रैटजेल ने किया था। उसके अनुसार, मनुष्यों और प्रदेशों के अन्तर होने के कारण प्रवास होता है। प्रत्येक स्तर के मानव के मानव में प्रवसन होता है। **'मोरिट्स बेगनर'** ने सर्वप्रथम **'प्रवसन सिद्धान्त'** का प्रतिपादन किया था।

अत: निवास का परिवर्तन मुख्यत: आधार होता है, इस कारण निवास में परिवर्तन और गतिशीलता के आधार पर प्रवसन को **टिलिन स्मिथ** ने दो प्रकारों में विभक्त किया है :

(i) स्थानीय प्रवास (Local Migration)

(ii) अन्तर्राष्ट्रीय प्रवास (International Migration)

प्रवास (Migration)

↓

स्थानीय प्रवास (Lopcal Migration)	**अन्तर्राष्ट्रीय प्रवास** (International Migration)
1. गांव से शहर की ओर	**1.** आर्थिक एवं जनांनिक प्रवास
2. शहर से गाँवों की ओर	**2.** स्वतंत्र एवं सुसंगठित प्रवास
3. अन्तर्क्षेत्रीय प्रवास	**3.** उच्च गुणों वाले व्यक्तियों का प्रवास

1. स्थानीय प्रवास (Local Migration) से अभिप्राय किसी जलसमुदाय का स्थानीय क्षेत्रों में ही आने-जाने से लिया जाता है। इस प्रकार के प्रवास से किसी अन्य इकाई या इकाई विशेष पर प्रभाव नहीं पड़ता है। **टिलिन स्मिथ** ने स्थानीय प्रवास को निम्नांकित तीन प्रकार का बताया है :

(अ) गाँवों से शहर की ओर (Migration from Country side to Cities)

(ब) शहर से गाँवों की ओर (From Cities to Country side)

(स) एक स्थान से दूसरे स्थान को (Inter-Regional)

(अ) गाँवों से शहर की ओर : प्राय: सभी देशों में ग्रेट-ब्रिटेन, जर्मनी, फ्रांस, भारत, जापान आदि देशों में औद्योगीकरण और व्यापार वृद्धि के फलस्वरूप आजीविका अर्जन की खोज में गाँव से नगरों की ओर मानव-समूहों का प्रवास अधिक होता रहा है। कभी-कभी इस प्रकार का प्रवास अल्पकालीन भी होता है क्योंकि यह नगर से नगर की ओर होता है। यदि यह प्रवास गाँवों से शहर की तरफ होता है तो वह दीर्घकालीन होता है। यदि रोजगार का स्थान 50 से 60 किमी. दूर होता है तो दैनिक प्रवसन भी होता है। कर्मचारी प्रतिदिन प्रात: जाकर शाम को वापस लौट आता है। पुणे, मुम्बई, अहमदाबाद, कानपुर, जयपुर, इलाहाबाद, आगरा, दिल्ली, कोलकाता आदि इसके प्रमुख उदाहरण हैं। लेकिन अनेक वृहद् नगरों की जनसंख्या वृद्धि के कारण यह गाँव से शहर की तरफ प्रवास रहा है। भारत में 19वीं और 20वीं शती के प्रारंभ में यह प्रवृत्ति अधिक रही है।

(ब) शहर से गाँवों की ओर : टिलिन के अनुसार, अनेक प्रवास शहर से गाँव की तरफ होते रहे हैं। शहरों से जनसंख्या की अधिकता, प्रदूषित वातावरण, स्वास्थ्य के कारणों से मानव शहर से ग्रामों की तरफ आता है। वर्तमान में अनेक औद्योगिक नगरों की स्थापना छोटे-छोटे गाँवों में की गई है जो कालान्तर में विकसित होकर वृहद् नगर बन गए; जैसे भिलाई, जमशेदपुर, भिलाई बोकारो आदि।

(स) एक स्थान से दूसरे स्थान अथवा अन्तर्क्षेत्रीय प्रवास (Inter-Regional) : इसे **टिलिन-स्मिथ** ने 'एक स्थान से दूसरे स्थान' (One place to another) की संज्ञा दी है। इस अन्तर्क्षेत्रीय प्रवास से तात्पर्य जनसंख्या के किसी भाग का राष्ट्र के एक भाग से दूसरे भाग में जाने से होता है। समय-समय पर राजस्थान के मारवाड़ी भारत के अन्य नगरों को, उत्तर प्रदेश के अनेक श्रमिक अहमदाबाद में, पंजाब के अनेक पंजाबी परिवार तथा केरल वासी भारत के अन्य भागों में जाकर निवास करते हैं। जहाँ वह व्यापार, उद्योग, शिक्षा, कारखानों, कार्यालयों में आजीविका के उपार्जन हेतु जाते हैं।

आन्तरिक अथवा अन्तर्क्षेत्रीय प्रवास में मुख्यत: निम्नांकित कारक प्रभावी रहते हैं :

(i) आर्थिक तत्वों का महत्त्व अधिक रहता है। अन्यत्र आजीविका उपार्जन, यातायात के साधनों की सुविधा इस प्रकार के प्रवास को प्रोत्साहन प्राप्त होता है।

(ii) किसी क्षेत्र अथवा गाँव में नगरों की अपेक्षा जनसंख्या वृद्धि की दर अधिक होती है जिससे इस क्षेत्र में जीवन-निर्वाह के साधनों की कमी बनी रहती है। इस कारण गाँव से शहरों की तरफ प्रवास होता है।

(iii) देश के विभिन्न भागों में जनसंख्या का सन्तुलन बनाए रखने के लिए भी इस प्रकार का प्रवास होता रहता है।

(iv) जीवन-निर्वाह, औद्योगिक विकास की असमानता और अन्य प्रकार की आजीविका के अवसरों का भौगोलिक वितरण भी प्रवास की संख्या एवं दिशा का निर्धारिण करता है।

2. अन्तर्राष्ट्रीय प्रवास (International Migration) : **टिलिन स्मिथ** ने अन्तर्राष्ट्रीय प्रवास में उन प्रवासों को शासित किया है जो एक राष्ट्र से दूसरे राष्ट्र को होता है, जैसे—चीनी, भारतीय अथवा जापानी नागरिकों का अमेरिका अथवा दक्षिणी अमेरिका के देशों मे जाकर बसना। इस प्रकार को वृहत् प्रवास 17वीं शती से 20वीं शती तक यूरोप के पश्चिमी देशों से उत्तरी तथा दक्षिणी अमेरिका, दक्षिणी अफ्रीका, कनाडा, आस्ट्रेलिया, न्यूजीलैण्ड आदि देशों को हुए हैं।

टिलिन स्मिथ ने अन्तर्राष्ट्रीय प्रवास को पुन:प्रवास (Emigration) और आप्रवास (Immigration) में विभक्त किया है। **प्रवास**—जब जनसमूह किसी अन्य देश में जाकर बसता है तो **प्रवास** कहलाता है और जब जनसमूह किसी देश में आता है तो बसने वाले देश के लिए वह **आप्रवासी** होता है।

अन्तर्राष्ट्रीय प्रवास निम्नांकित प्रकार के होते हैं :

***(i)* आर्थिक एवं जनांकिक प्रवास (Economic & Demographic Migrations) :** आर्थिक प्रवाल में श्रमिक या तो एकाकी या कभी-कभी परिवार के सदस्यों के साथ कुछ समय के लिए दूसरे देशों को प्रवास कर जाते हैं लेकिन कालान्तर में वे पुन: अपने देश में वापस लौट आते हैं। जनांनिक प्रवास में सम्पूर्ण परिवार या पुरुष या महिला दूसरे देश में जाकर बस जाते हैं। सम्पूर्ण परिवार का प्रवास तो देश के लिए महत्त्वपूर्ण होता है लेकिन एकाकी पुरुष या महिला का प्रवास महत्त्वपूर्ण नहीं होता क्योंकि ये विदेशों में विवाह कर जनसंख्या का संतुलन विकृत कर देते हैं।

***(ii)* स्वतन्त्र एवं संगठित प्रवास (Free and Organised Migration) :** स्वतंत्र प्रवास में दूसरे देश में बसे हुए एक रिश्तेदार अपने परिवार के सदस्यों को कुछ समय के लिए बसने को आमंत्रित कर लेते हैं। कभी-कभी कुछ संगठन अथवा संस्थाएँ भी बाहर के लोगों को कुछ समय के लिए बसने को आमंत्रित कर लेते हैं। कभी-कभी कुछ संगठन अथवा संस्थाएँ भी बाहर के लोगों को कुछ समय के लिए बसने को आमंत्रित करती हैं। संगठित प्रवास में निमंत्रण देने वाले देश, संस्था, संगठन नवागन्तुकों के लिए आवास, भोजन, रोजगार आदि की पर्याप्त सुविधा देते हैं जिससे नए वातावरण में उन्हें किसी प्रकार की असुविधा न हो।

***(iii)* उच्च गुण वाले व्यक्तियों का प्रवास (High Quality Migration) :** इसमें उच्च गुण सम्पन्न व्यक्ति, जैसे— डॉक्टर, इंजीनियर, शिक्षक, कलाकार आदि उन प्रदेशों में जाकर बस जाते हैं, जहाँ उन्हें अपने देश की अपेक्षा अधिक आय के साधन उपलब्ध होते हैं। भारत में हजारों शिक्षित डॉक्टर, इंजीनियर कनाडा और संयुकत राज्य अमेरिका, इंगलैण्ड और अफ्रीका के देशों में जाकर बस गए हैं। इस प्रकार के प्रवास को भारत में **'मस्तिष्क निष्कासन'** (Brain drain) की संज्ञा दी गई है। अन्तर्राष्ट्रीय प्रवास को प्रोत्साहन देने वाले तत्वों में मुख्य कारण अधिक आय, उच्च जीवन-स्तर की प्राप्ति और जीवन-निर्वाह की अन्य सुविधाओं की प्राप्ति की लालसा है।

प्रवास के प्रभाव (Effects of Migration)

स्थानान्तरण के प्रभाव प्रवासित (Emigrated) और आवासित (Immigrated) दोनों ही क्षेत्रों पर होते हैं। ये प्रभाव मुख्यत: निम्नलिखित हैं :

1. जनसंख्या भार में परिवर्तन : जिस प्रदेश से जनसंख्या जाती है वहाँ जनसंख्या का भार कम हो जाता है और आर्थिक स्थिति नीचे गिरने से रुक जाती है। नए प्रदेश में जनसंख्या पहुँचने पर वहाँ उसका भार बढ़ता है। इसके अच्छे व खराब दोनों प्रकार के परिणाम होते हैं।

2. सांस्कृतिक समेकन (Cultural Fusion) : यूरोपीय देशों से बाहर जाने वाले मनुष्य अपने साथ यूरोपीय सभ्यता भी लेते गए और नए देशों में तथा उपनिवेशों में उन्होंने अपनी सभ्यता का प्रसार किया। भारत, म्यांमार, इण्डोनेशिया, ईरान आदि देशों की सभ्यता पर यूरोपीय सभ्यता की गहरी छाप लग गई है। इन देशों में पूर्वी सभ्यता और पश्चिमी सभ्यता का सम्मिश्रण और समेकन हुआ है।

3. नए देशों का आर्थिक विकास : यूरोपीय देशों से गए मनुष्यों ने उत्तरी अमेरिका, दक्षिणी अमेरिका, दक्षिणी आस्ट्रेलिया आदि देशों में जाकर, वहाँ के प्राकृतिक संसाधनों (Natural Resources) का उपयोग करके विज्ञान और टैक्नोलॉजी द्वारा ही इन देशों की आर्थिक उन्नति की है।

4. पारस्पकि उन्नति : प्राय: ऐसा होता है कि जिस प्रदेश में जनसंख्या प्रवास करती है उस मातृ प्रदेश के लिए वह गई हुई जनसंख्या अपने नए बसाए गए देश का उत्पादन, खाद्य सामग्री और कच्चा माल भेजती रहती है। नए बसे देशों से यूरोप को अनाज, मांस, दूध, कच्चे माल आदि जाते रहे हैं। इसके बदले में नए देशों को निर्मित (Manufactured Goods) का सामान, वैज्ञानिक और औद्योगिक शिक्षा मिलती है। जो लोग बाहर मजदूरी करने जाते हैं, वे वापसी में अपने देशों को धन लेकर आते हैं। गाँवों से नगरों को होने वाले दैनिक प्रवास से नगरों और गाँवों दोनों का ही विकास होता है।

5. जनसंख्या के आयु वर्गों का प्रभाव : जिस देश में जन-संख्या बाहर को प्रवास करती है, वहाँ के नौजवान और जवान मनुष्यों का प्रवास होता है तथा बच्चे और बूढ़े उसी प्रदेश में रह जाते हैं। इस प्रकार प्रवासित क्षेत्र में कार्य करने वाले वर्ग में कमी आ जाती है। इसके विपरीत नए बसे देश में जवानों और नौजवानों का आवास होता है। वहाँ काम करने वाले व्यक्तियों की संख्या (कार्यशील जनसंख्या) अधिक होने से आर्थिक विकास तीव्रता से होता है।

6. नए वातावरण से समायोजन : अफ्रीका, आस्ट्रेलिया, भारत, इण्डोनेशिया आदि की जलवायु यूरोप महाद्वीप की जलवायु से भिन्न है, अत: जो मनुष्य यूरोपीय देशों से या संयुक्त राज्य, कनाडा आदि से इन उष्ण कटिबंधीय प्रदेशों में जाते हैं, वे नए प्रदेशों में पहुँच कर वहाँ की जलवायु और परिस्थिति के साथ समायोजन करते हैं। भारत से बाहर जाने वाले व्यक्ति को बाहर की जलवायु में अनुकूलन करना होता है। कभी-कभी न सहन होने पर वापस लौटना पड़ता है। कहीं-कहीं सांस्कृतिक समायोजन भी करना पड़ता है।

7. अन्तर्राष्ट्रीय सद्भावना में वृद्धि : प्रवास का प्रभाव वर्तमान में मानवता के लिए बहुत ही हितकर हो रहा है। विभिन्न राष्ट्रों के मनुष्यों में आपस में एक-दूसरे राष्ट्र के प्रति जानकारी बढ़ती है। इसमें पारस्परिक सहानुभूति, मित्रता और सहायता बढ़ रही है।

8. विज्ञान की उन्नति : पारस्परिक विचारों के आदान-प्रदान से अपने-अपने आविष्कारों को एक-दूसरे को बताने से वर्तमान काल में वैज्ञानिक उन्नति भी बड़ी तीव्र गति से हो रही है। यदि इन आविष्कारों का सदुपयोग होता रहे तो इससे भविष्य में मानव के कल्याण की बड़ी आशा है।

प्रवास के नियम
(Principles of Migration)

बीसवीं शताब्दी के उत्तरार्द्ध में भूगोल में मात्राकरण, विशिष्टीकरण, सिद्धान्त रचना, अनुप्रयोग एवं प्रतिरूप निर्माण (मॉडल रचना) की प्रवृत्ति में वृद्धि हो रही है। जनसंख्या के प्रवास में भी ऐसे मॉडलों का समुचित प्रयोग किया गया है। प्रमुख सिद्धान्त निम्नलिखित हैं :

1. प्रतिकर्षण-आकर्षण सिद्धान्त (The Push Pull Concept) : किसी व्यक्ति के लिए स्थानान्तरण का निर्णय दो शक्तियों के अन्तर्द्वन्द्व का प्रतिफल होता है :

(i) मानव के स्थायी निवास पर **दबाव** (Pushes) यथा—कम मजदूरी, बेरोजगारी, राजनीतिक-धार्मिक जातीय अत्याचार या उत्पीड़न, प्राकृतिक आपदाएँ यथा—सूखा, अकाल, बाढ़ आदि।

(ii) विभिन्न भावी स्थलों में **अभिप्रेरणा आकर्षण** (Pull) यथा—नियुक्ति प्रस्ताव एवं रोजगार के सुअवसर, बेहतर चिकित्सकीय एवं सामाजिक सुविधाएँ और राजनीतिक एवं धार्मिक सहिष्णुता आदि।

इस संकल्पना के दो अन्य आयाम होते हैं :

(i) **स्थानान्तरण चयनात्मक होता है।** किसी निश्चित परिस्थिति में तथा दिए गए समय पर एक निश्चित व्यक्ति या समूह के ही अन्य की तुलना में अधिक स्थानान्तरण की संभावना होती है। उसे विभेदक चयनात्मकता भी कहते हैं। महत्त्वपूर्ण विभेदक आयु, यौन तथा सामाजिक आर्थिक स्तर है। व्यावसायिक लोगों में श्रमिकों की तुलना में अधिक गतिशीलता पाई जाती है। इसके साथ ही उद्भव एवं गन्तव्य स्थलों की परिवर्तन दशाओं के अनुसार भी स्थानान्तरण प्रवाह में चयनात्मक परिवर्तन दृष्टिगत होता है।

(ii) स्थानान्तरण (प्रवास) लोच के अनुसार प्रवास उत्पन्न करने वाले कारकों यथा—दबाव या प्रलोभन से व्यक्ति में अलग-अलग प्रतिक्रिया होती है। कभी-कभी तो अत्यल्प अभिप्रेरणा से ही लोग स्थानान्तरण के लिए तैयार हो जाते हैं।

2. ई.एस.ली. का प्रवास सिद्धान्त (E.S.Lee's Theory of Migration) : ली ने अपने सिद्धान्त की रचना में उद्भव एवंगन्तव्य स्थल के धनात्मक एवं ऋणात्मक व तटस्थ कारकों पर विचार किया। ली ने स्थानान्तरण को चार कारण समूहों के संदर्भ में देखा :

(i) उद्भव स्थल के कारक,
(ii) गन्तव्य स्थल के कारक,
(iii) अन्तर्वर्ती बाधाएँ
(iv) वैयक्तिक कारक

ली के अनुसार उद्भव और गन्तव्य स्थल दोनों स्थानों पर धनात्मक (आकृष्ट करने वाले) तथा ऋणात्मक (विकर्षण करने वाले) कारक तथा तटस्थ कारक उपस्थित रहते हैं। यदि गन्तव्य स्थल में धनात्मक कारक अधिक और उद्भव स्थल पर ऋणात्मक कारक अधिक होते हैं तो प्रवास की अनुकूल परिस्थितियाँ बनती हैं। मध्यस्थ बाधाएँ भौतिक, आर्थिक, शिक्षा प्रणाली एवं कानूनी हो सकती हैं। मध्यस्थ बाधाएँ बड़ी व कठिन होने पर प्रवास मध्य में ही स्थगित हो सकता है।

3. ई. रवेन्स्टीन का प्रवास सिद्धान्त (E. Ravansteints Law of Migration) : रवेन्स्टीन ने इंग्लैण्ड तथा वेल्स के 1881 के जन्म-स्थल आँकड़ों के आधार पर प्रवास के नियम का प्रतिपादन किया। उसके निम्नलिखित सात नियम हैं :

(i) **स्थानान्तरण एवं दूरी :** वृहद् संख्या में प्रवासी अल्प दूरी तक ही गतिशील होते हैं।

(ii) **अवस्थाओं में स्थानान्तरण :** पहले तीव्रगति से बढ़ रहे नगर के चारों ओर ग्रामीण क्षेत्रों में निवासी स्थानान्तरित होते हैं तथा ग्रामीण क्षेत्र में उत्पन्न खाली स्थान दूरस्थ जनपदों से आए लोगों द्वारा भरा जाता है।

(iii) **धाराएँ एवं प्रतिधाराएँ :** जनस्थानान्तरण की प्रत्येक मुख्य धारा या प्रवाह से प्रतिधारा उद्भूत होती है।

(iv) **ग्रामीण-नगरीय अन्तर :** ग्रामीणों की तुलना में नगर निवास अपेक्षाकृत अल्प स्थानान्तरणशील होते हैं।

(v) **स्त्रियों का आधिक्य :** लघु दूरी प्रवासियों में स्त्रियों का बाहुल्य होता है।

(vi) **तकनीक एवं स्थानान्तरण :** तकनीकी विकास के साथ स्थानान्तरण की मात्रा में वृद्धि होती है।

(vii) **स्थानान्तरण में निहित उद्देश्य :** स्थानान्तरण की मात्रा को प्रभावित करने वाले कारणों में आर्थिक उद्देश्य का प्रभुत्व रहता है।

रवेन्स्टीन के इन नियमों के आधार पर नवीन सिद्धान्त प्रतिपादित किए गए जिनमें से दूरी ह्रास सिद्धान्त, अन्तर्वर्ती सुअवर सिद्धान्त एवं पगीय संचालन संकल्पना प्रमुख हैं।

4. व्यवहारगत मॉडल (Behavioural Modal) : **जुलियन उल्पर्ट** ने व्यवहारगत सिद्धान्त पर आधारित स्थानान्तरण का मॉडल प्रस्तुत किया, जिसमें तीन आधारभूत संकल्पनाओं को एक साथ मिलाकर रखा :

(i) **स्थल उपयोगिता** जिसमें स्थानान्तरण को किसी व्यक्ति के चतुर्दिक परिवेश में अनुमानित परिवर्तन को आत्मसात् करने के रूप में देखा जाता है।

(ii) व्यवहार की खोज संबंधी क्षेत्र सिद्धान्त उपागम भावी प्रवासी के उसके अपने क्रियाशील क्षेत्र के संदर्भ में सूचनाओं के स्रोत से संबंधित होता है।

(iii) न्यूतनतम सीमा के निर्धारणार्थ एक जीवन चक्र उपागम।

जनसांख्यिकीय संक्रमण (Demographic Transition)

संसार में जनसंख्या की वृद्धि के इतिहास पर दृष्टिपात करने से हम जनसंख्या विकास की विभिन्न अवस्थाएँ (stages) देखते हैं। इनके अध्यन से ज्ञात होता है कि जनसंख्या के विकास क्रम में सामान्यतः 5 अवस्थाएँ होती हैं। वर्ग जैरफर, ब्लेकर, साइमन, संयुक्त राष्ट्र आदि ने जनसंख्या वृद्धि क्रम की अवस्थाओं पर अपने विचार प्रकट किए हैं। वे 5 अवस्थाएँ निम्नलिखित हैं :

1. उच्च जन्म दर, उच्च मृत्यु दर (High fertility, High mortality)
2. उच्च जन्म दर, मृत्यु दर उच्च परन्तु गिरती हुई (High fertility, Mortality high but dedining)
3. उच्च जन्म दर, मध्यम मृत्यु दर, (High fertility, Moderate mortality)
4. मध्यम जन्म दर, निम्न मृत्यु दर (Moderate fertility, Low mortality)
5. निम्न जन्म दर, निम्न मृत्यु दर (Low fertility, Low Mortality)

संयुक्त राष्ट संघ ने अपनी रिपोर्टों में तीसरे वर्ग का एक अन्य प्रतिरूप भी लिखा है, जिसमें कुछ-कुछ उच्च जन्म दर (Fairly high fertility) तथा मध्य मृत्यु दर (Moderate mortality) होती है, परन्तु इस प्रकार का प्रदेश केवल क्यूबा है, जो सामान्यतः तीसरे वर्ग में शामिल होता है।

1. Burdorfer, F. : Sterben die Weissen Volker, 1934.
2. Balker, C.P. : Stages in Population Growth : Eugenics Review, Vol. 40, 1948.
3. Simon, L. : Some Aspects of World Population and Food Resources : Eugenics Review, Vol. 46, 1954.
4. United Nations : The Future Growth of Population, 1958.

जनसंख्या वृद्धि क्रम की अवस्थाओं के अनुसार पाँच मुख्य जनांनिकी वर्ग :

1. प्रथम अवस्था में उच्च जन्म दर और मृत्यु दर होती है, जो 40 से 50 तक जन्म तथा मृत्यु प्रति हजार होते हैं। जन्म और मृत्यु दर बराबर होने के कारण इन देशों में जनसंख्या की वृद्धि बहुत मंद होती है। ये देश अधिकतर निर्वाह कृषि (Subsistence agriculture) पर निर्भर करते हैं। अफ्रीका में सूडान, नाइजीरिया, इथोपिया, कांगो, घाना, कीनिया, तंजानिया, अंगोला, रोडेशिया आदि देश तथा मध्य अमेरिका में ग्वाटेमाला और दक्षिण मैक्सिको इसी अवस्था के देश हैं।

2. दूसरी अवस्था में जन्म दर और मृत्यु दर दोनों ही उच्च होती हैं, परन्तु स्वास्थ्य सेवाओं के विकास के कारण मृत्यु दर गिरती हुई होती है। एशिया में पूर्वी, दक्षिणी और मध्य एशिया के देश इस अवस्था में हैं। केवल साइबेरिया और जापान इस अवस्था में नहीं हैं। जापान में जन्म दर तेजी से नीचे को गिर रही है। चीन, भारत, बंगलादेश, पाकिस्तान, इण्डोनेशिया, कोरिया, श्रीलंका, ईराक, टर्की, अरब, आदि इस अवस्था में हैं। इनके अलावा उत्तरी अफ्रीका में मिस्र, लीबिया, अल्जीरिया और मोरक्को तथा दक्षिणी अफ्रीका के प्रदेश इसी वर्ग में आते हैं।

3. तीसरी अवस्था में उच्च जन्म दर और मध्यम मृत्यु दर होती है। मध्य अमेरिका, ब्राजील, वेनेजुएला, कोलम्बिया, इक्वेडोर और पीरू इस अवस्था में हैं।

4. चौथी अवस्था में मध्यम जन्मदर (moderate fertility) और निम्न मृत्यु दर (low mirtality) होती है। पूर्व सेवियत संघ संयुक्त राज्य, आस्ट्रेलिया, न्यूजीलैण्ड, चिली और अर्जेण्टाइना इस प्रकार की अवस्था में हैं। इस अवस्था में जनसंख्या वृद्धि कम होती है। इस अवस्था के देशों में यांत्रिक कृषि (Mechanised Agriculture) के द्वारा प्रायः अधिक भोज्य उत्पादन (Surplus food Production) होता है। निर्माण औद्योगिक धन्धे भी इन देशों में बहुत विकसित हो चले हैं। जिनके कारण वहाँ शहरों की अधिक वृद्धि होने लगी है।

5. पाँचवें वर्ग में निम्न जन्म दर (low fertility) होती है, इसलिए ऐसे देशों को भविष्य में जनसंख्या घट जाने का भय रहता है।

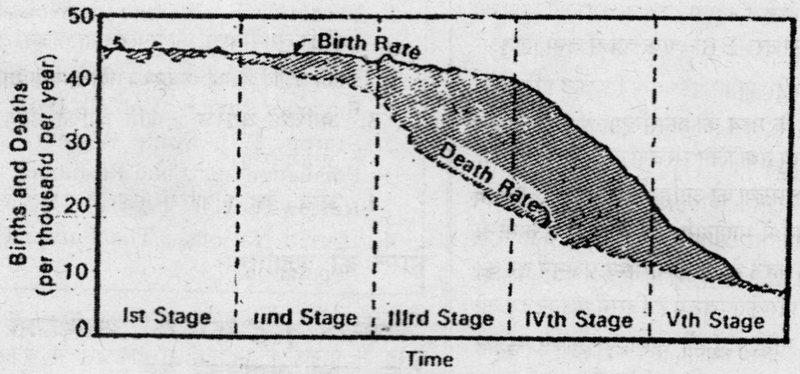

Five Stages of Demographic Transition
जनसंख्या विकास की 5 अवस्थाएँ

पश्चिमी यूरोप के प्रायः सभी देश और जापान इस अवस्था में हैं। ब्रिटेन, जर्मनी, पोलैण्ड, बेल्जियम, स्वीडन, फ्रांस आदि में निम्न दर होने से जनसंख्या की वृद्धि काफी कम है। ऐसा मालूम होता है कि इन देशों में जनसंख्या अपनी स्थायी अवस्था (Static Stage) को प्राप्त हो गई है। जापान में भी अब जन्म दर नीचे गिर रही है। फ्रांस को तो यह डर है कि वहाँ जनसंख्या कम न हो जाए, जिससे राष्ट्र की मानव शक्ति (Human Power) अति दुर्बल हो जाएगी।

आगे बताई गई पाँच अवस्थाओं में गुजरती हुई किसी देश की जनसंख्या अपनी सन्तुलन अवस्था (Equilibrium Stage) को प्राप्त हो जाती है। पश्चिमी यूरोप के देश इन अवस्थाओं को पार करते हुए अंतिम अवस्था में आ गए हैं। इन देशों में सर्वाधिक औद्योगिक तथा व्यापारिक विकास हुआ है। एशियाई देशों में चीन, भारत, बंगलादेश आदि अभी दूसरी अवस्था से गुजर रहे हैं, इसलिए उनमें जन्मदर और मृत्युदर दोनों ऊँची होते हुए भी मृत्यु दर नीचे गिर रही है और वहाँ की जनसंख्या तेजी से बढ़ रही है।

किसी मानव-समूह में हुए सजीव जन्मों एवं जनसंख्या के मध्य जो अनुपात होता है, उसे जन्म दर कहा जाता है। जन्म दर को जनांकिकी, सामाजिक, आर्थिक एवं राजनैतिक कारक प्रभावित करते हैं।

किसी मानव-समूह में होने वाली मृत्यु संख्याओं तथा कुल जनसंख्या के मध्य के अनुपात को मृत्यु दर कहा जाता है।

आयु संरचना के निर्धारक कारक जन्मता, मर्म्यता तथा प्रवास आदि हैं। **क्लार्क** के अनुसार आयु संरचना का निर्धारण करने वाले कारक परस्पर सम्बद्ध हैं। इनमें से किसी एक के परिवर्तित होने से उसका प्रभाव अन्य पर भी पड़ता है।

किसी महिला अथवा उसके किसी समूह द्वारा किसी निश्चित समय में जन्मे कुल सजीव बच्चों की वास्तविक संख्या को प्रजननता कहा जाता है। आयु विश्लेषण की विधियाँ निम्नलिखित हैं : **1.** आयु, **2.** आयु वर्ग एवं **3.** आयु सूचकांक।

फ्रेन्कलिन के अनुसार लिंग अनुपात किसी क्षेत्र की आर्थिक स्थिति का सुन्दर सूचक है और यह प्रादेशिक विश्लेषण में अत्यन्त उपादेय है। लिंग का अन्य जनांकिकी तत्वों यथा जनसंख्या वृद्धि विवाह दर एवं व्यावसायिक संरचना पर गहरा प्रभाव पड़ता है। लिंग अनुपात में परिवर्तन होने से विभिन्न आयु स्तरों पर पुरुषों व स्त्रियों की जन्म दर व मृत्यु दर में परिवर्तन तथा प्रवास के स्वरूप का ज्ञान होता है।

साक्षरता जनसंख्या का ऐसा समाजिक पक्ष है जिसके आधार पर सामाजिक विकास का मापदण्ड निश्चित किया जा सकता है।

जन्म दर एवं मृत्यु दर (Birth and Death Rate)

जन्म एवं मृत्यु दर मानव की जैव शारीरिक विशेषताएँ हैं। ये न केवल जनसंख्या की वृद्धि दर को प्रभावित करती हैं, अपितु आर्थिक विकास व सामाजिक प्रगति के सूचकांक भी हैं।

जन्म दर (Bitrth Rate) : किसी मानवीय समूह में हुए सजीव जन्मों एवं जनसंख्या के मध्य जो अनुपात होता है, उसे जन्म दर कहते हैं। सामान्य तौर पर जन्म दर की गणना एक वर्ष की अवधि में प्रति हजार व्यक्तियों में जन्मे बच्चों की संख्या से ही जाती है। जनांकिकीविदों ने जन्म दर ज्ञात करने की विधियों का विकास किया है।

बर्कले के अनुसार,

$$\text{अशोधित जन्म दर} = \frac{\text{एक वर्ष में जन्मे कुल जीवित शिशुओं की संख्या}}{\text{उस वर्ष के मध्य की जनसंख्या}} \times 1000$$

अथवा

$$CBR = \frac{\Sigma B}{\Sigma P} \times 1000$$

CBR = अशोधित जन्म दर, ΣB = एक वर्ष में जन्मे शिशुओं का योग,

ΣP = उस वर्ष के मध्य की जनसंख्या

इसमें जनसंख्या की आयु तथा लिंग संरचना का कोई ध्यान नहीं दिया जाता, बल्कि सम्पूर्ण जनसंख्या को आधार माना जाता है, जबकि सम्पूर्ण जनसंख्या प्रजनन कार्य में भागीदारी नहीं करती। इस कमी से बचने के लिए जन्म दर ज्ञात करने के लिए **सामान्य प्रजनन दर** की गणना की जाती है। यह एक परिष्कृत स्वरूप है जिसमें प्रजनन दन की गणना प्रजनन आयु वर्ग की महिलाओं की संख्या के आधार पर की जाती है। इसे निम्नलिखित सूत्र से ज्ञात किया जाता है :

$$GFR = \frac{\Sigma B}{\Sigma P} \times 1000$$

जहाँ GFR = सामान्य प्रजनन दर,

ΣB = उस वर्ष में जन्मे जीवित शिशुओं की संख्या,

ΣP = उस वर्ष के मध्य में 15 से 49 वर्ष की महिलाओं की संख्या।

इस विधि का दोष यह है कि 15 से 49 वर्ष की आयु की महिलाओं में प्रजननता दर की समान नहीं होती।

जन्म दर को प्रभावित करने वाले कारक :

1. **जैवीय शारीरिक कारक :** प्रजाति, स्वास्थ्य, उर्वरता (स्त्री के जन्म देने की क्षमता)
2. **जनांनिकी कारक :** आयु संरचना, लिंगानुपात, ग्रामीण-नगरीय आवास, क्रियाशील व निष्क्रिय स्त्रियाँ।
3. **सामाजिक कारक :** विवाह की आयु, वैवाहिक जीवन की अवधि, धार्मिक नियन्त्रण, शिक्षा, स्त्री की सामाजिक स्थिति, बहुपत्नी प्रथा, तलाक एवं अलगाव।
4. **आर्थिक कारक :** आय तथा जीवन स्तर, भोजन का प्रसार।
5. **राजनैतिक कारक :** जनसंख्या नीतियाँ, आवास-प्रवास नीति, परिवार, नियोजन के प्रति किए गए प्रयास।
6. **भौगोलिक (वातावरणीय) कारक :** अति उच्च व निम्न तापमान, आर्द्रता एवं शुष्कता आदि।

मृत्यु दर (Death Rate) : किसी मानवीय समूह में होने वाली मृत्यु संख्याओं एवं कुल जनसंख्या के मध्य के अनुपात को मृत्यु दर कहा जाता है। जन्म दर की तरह मृत्यु दर को भी प्रति जनसंख्या के पीछे एक वर्ष की अवधि में मृत व्यक्तियों की संख्या ज्ञात किया जाता है। मृत्यु दर की गणना निम्नलिखित विधियों द्वारा ज्ञात की जाती है :

मृत्यु दर को प्रभावित करने वाले कारक :

1. **जनांनिकी कारक :** आयु अनुपात, नगरीकरण, लिंगानुपात।
2. **सामाजिक कारक :** शिशु हत्या, विधवा विवाह की दशाएँ, चिकित्सा सेवाओं की उपलब्धता भोजन, वस्त्र एवं आवास की दशाएँ, लोक-स्वास्थ्य, शिक्षा तथा धार्मिक विश्वास।
3. **आर्थिक कारक :** प्रति व्यक्ति आय, जीवन-स्तर, अर्थव्यवस्था।
4. **अन्य :** युद्ध, बीमारियाँ, दुर्भिक्ष तथा प्राकृतिक प्रकोप आदि।

भारत की प्रजातियाँ

भौगोलिक दृष्टि से प्रजाति का काफी महत्त्व है, क्योंकि इससे भारत में मानव के उद्भव और विकास से लेकर अब तक के अस्तित्व का पता चलता है। विभिन्न मानवशास्त्रियों ने भारत की प्रजातियों का वर्गीकरण किया है, जो निम्नलिखित है–

1. **बी.एस. गुहा का वर्गीकरण**–इन्होंने भारतीय प्रजातियों का वैज्ञानिक पद्धति से परीक्षण करके वर्गीकरण किया है–

- नीग्रीटो
- प्रोटो ऑस्ट्रेलाइड
- मंगोलाइड
  - (क) पैलियो मंगोलाइड
  - (ख) तिब्बती मंगोलाइड
- मेडिटरेनियन
  - (क) पैलियो मेडिटरेनियन
  - (ख) मेडिटरेनियन
  - (ग) ओरिएन्टल
- ब्राची सेफालिक
  - (क) आल्पीनवाइड
  - (ख) डिनारिक
  - (ग) आर्मीन्वाइड
- नार्डिक

2. **ए.सी. हेडन का वर्गीकरण**–इनके अनुसार भारतीय प्रजातियों का वर्गीकरण निम्नवत् है–

- हिमालय क्षेत्र
  - (क) इण्डो आर्यन–पंजाब तथा हिमालय
  - (ख) मंगोलाइड–नेपाल तथा पूर्वी हिमालय
- इण्डो अफगान — सिन्धु गंगा मैदान
- द्रविड़ियन — दक्षिणी पठार
  - (क) नीग्रीटो
  - (ख) प्री द्रविड़ियन
  - (ग) द्रविड़ियन
  - (घ) दक्षिणी चौड़े सिर वाली
  - (ङ) पश्चिमी चौड़े सिर वाली

भारत की जनगणना 2011 (अंतिम आंकड़े)

क्र. सं.	राज्य/केन्द्रशासित प्रदेश	जनसंख्या	लिंगानुपात	जनसंख्या घनत्व	साक्षरता दर (%)	दशकीय वृद्धि दर (%) (2001-2011)
	INDIA	1,21,08,54,977	943	382	73.0	17.7
1.	Jammu and Kashmir	1,25,41,302	889	124	67.2	23.6
2.	Himachal Pradesh	68,64,602	972	123	82.8	12.9
3.	Punjab	2,77,43,338	895	551	75.8	13.9
4.	Chandigarh	10,55,450	818	9258	86.0	17.2
5.	Uttarakhand	1,00,86,292	963	189	78.8	18.8
6.	Haryana	2,53,51,462	879	573	75.6	19.9
7.	Delhi	1,67,87,941	868	11320	86.2	21.2
8.	Rajasthan	6,85,48,437	928	200	66.1	21.3
9.	Uttar Pradesh	19,98,12,341	912	829	67.7	20.2
10.	Bihar	10,40,99,452	918	1106	61.8	25.4
11.	Sikkim	6,10,577	890	86	81.4	12.5
12.	Arunanchal Pradesh	13,83,727	938	17	65.4	26.0
13.	Nagaland	19,78,502	931	119	79.6	–0.6
14.	Manipur	25,70,390	992	115	79.2	–18.6
15.	Mizoram	10,97,206	976	52	91.3	23.5
16.	Tripura	36,73,917	960	350	87.2	14.8
17.	Meghalya	29,66,889	989	132	74.4	27.9
18.	Assam	3,12,05,576	958	398	72.2	17.1
19.	West Bengal	9,12,76,115	950	1028	76.3	13.8
20.	Jharkhand	3,29,88,134	948	414	66.4	22.4
21.	Odisha	4,19,74,218	979	270	72.9	14.0
22.	Chhattisgarh	2,55,45,198	991	189	70.3	22.6
23.	Madhya Pradesh	7,26,26,809	931	236	69.3	20.3
24.	Gujarat	6,04,39,692	919	308	78.0	19.3
25.	Daman & Diu	2,43,247	618	2191	87.1	53.8
26.	Dadra & Nagar Haveli	3,43,709	774	700	76.2	55.9
27.	Maharashtra	11,23,74,333	929	365	82.3	16.0
28.	Andhra Pradesh	8,45,80,777	993	308	67.0	11.6
29.	Karnataka	6,10,95,297	973	319	75.4	15.6
30.	Goa	14,58,545	973	394	88.7	8.2
31.	Lakshadweep	64,473	947	2149	91.8	6.3
32.	Kerala	3,34,06,061	1084	860	94.0	4.9
33.	Tamil Nadu	7,21,47,030	996	555	80.1	15.6
34.	Telangana	3,50,03,674	999	312	66.54	13.58
35.	Puducherry	12,47,953	1037	2547	85.8	28.1
36.	Andman & Nicobar Island	3,80,581	876	46	86.6	6.9

3. सर हर्बट रिस्ले का वर्गीकरण–

प्रजाति	उपजाति	वितरण
1. तुर्कोइरानियन	अफगान, बलूची	उत्तर पश्चिमी सीमान्त और ब्लूचिस्तान
2. इण्डो आर्यन	राजपूत, खत्री, जाट	पंजाब, राजस्थान, कश्मीर
3. सिथो द्रविड़ियन	मराठा, ब्राह्मण, कुनवी, कुर्ग	गुजरात, महाराष्ट्र, द.-प. सिन्ध
4. आर्य द्रविड़ियन	द्रविड़, आर्य	उत्तर प्रदेश, बिहार, झारखण्ड
5. मंगोलो द्रविड़ियन	बंगाली	बंगाल तटीय उड़ीसा
6. मंगोलाइड	पर्वतीय	हिमालय, असम, नेपाल
7. द्रविड़ियन	आदि द्रविड़	तमिलनाडु, आन्ध्र, केरल तथा मध्य प्रदेश

इन प्रजातीय वर्गीकरण में वी.एस. गुहा का वर्गीकरण उपयुक्त माना जाता है। इनके अनुसार प्रजातियों का वितरण निम्न है–

प्रजातीय वर्ग		वितरण
1. निग्रीटो	–	अण्डमान, कोच्चि के जनजातीय क्षेत्र
2. प्रोटो ऑस्ट्रेलाइड	–	मध्य भारत से दक्षिण भारत की जनजातियों के रूप में
3. मंगोलाइड	–	हिमालय क्षेत्र
4. मेडिटरेनियन		
(क) पैलियो मैडिटरेनियन	–	आन्ध्र प्रदेश, तमिलनाडु
(ख) मेडिटरेनियन	–	सिन्धु गंगा के मैदानी भाग
(ग) ओरिएन्टल	–	पंजाब, हरियाणा, राजस्थान
5. ब्राची सेफालिक (चौड़े सिर वाली)		
(क) आल्पीनवाइड	–	गुजरात, महाराष्ट्र, कर्नाटक, बिहार, उत्तर प्रदेश
(ख) डिनारिक	–	प. बंगाल, उड़ीसा
(ग) आर्मीन्वाइड	–	उत्तरी भारत
6. नार्डिक	–	मैदानी भाग

14 आर्थिक भूगोल

अर्थव्यवस्था के क्षेत्रक (सेक्टर) : प्राथमिक, द्वितीयक, तृतीयक तथा चतुर्थक (Sectors of Economy : Primary, Secondary, Tertiary and Quaternary)

मानव की प्रमुख जैविक आवश्यकताएँ तीन मानी जाती हैं, जिसके बिना मानव जीवन दुर्लभ है। वायु, जल के अतिरिक्त व्यक्ति के जीवित रहने के लिए भोजन, वस्त्र एवं आश्रय अति आवश्यकताएं हैं।

1. **भोजन :** यह व्यक्ति की शारीरिक शक्ति को बनाए रखने के लिए मानव शरीर के पोषण तथा उसमें स्फूर्ति बनाये रखने के लिए आवश्यक है।
2. **वस्त्र :** वस्त्र मानव शरीर को जलवायु सबंधी विषमताओं से बचाये रखने के लिए आवश्यक है।
3. **आश्रय :** मानव शरीर की रक्षा, विश्राम, निद्रा तथा शत्रुओं के आक्रमण से रक्षा के लिए आश्रय अर्थात् मकान आवश्यक है।

भोजन प्राप्ति के लिए तथा पृथ्वी पर जीवित रहने के लिए मानव कोई-न-कोई व्यवसाय अवश्य करता है। मनुष्य ने श्रम का विभाजन किया है, ताकि सभी लोग केवल खाद्य पदार्थों के उत्पादन में लग जाते हैं, तो कुछ समाज की अन्य आवश्यकताओं को पूरा करने में तथा कुछ अन्य कार्य करने में लग जाते हैं। आर्थिक क्रियाएँ वे हैं जिनसे विभिन्न प्रकार की वस्तुओं के मूल्य एवं स्वरूप में वृद्धि कर मानवीय आवश्यकताओं की संतुष्टि हेतु तैयार किया जाता है। मानव की आर्थिक क्रियाओं का क्षेत्र अत्यधिक व्यापक है। वर्तमान में इसमें बहुस्तरीय, विविध एवं व्यापक आर्थिक क्रियाएँ शामिल की जाती हैं। सामान्य तौर पर मानवीय आर्थिक क्रियाओं को निम्नलिखित भागों में विभक्त किया जा सकता है :

1. **प्राथमिक उत्पादन संबंधी क्रियाएँ (Primary Activities):** इन क्रियाओं में प्राथमिक संसाधनों का प्रत्यक्ष उपयोग किया जाता है। कृषि फसलें उगाने के लिए मिट्टी का सीधा उपयोग किया जाता है। इसी तरह जलीय भागों में मछली पकड़ना, खानों से कोयला, लोहा, आदि खनिज निकालना, वनों से लकड़ियाँ काटना, पशुओं से ऊन, खाल, चमड़ा, बाल, खालें आदि प्राप्त करना प्राथमिक उत्पादन क्रियाएँ हैं। इनसे संबंधित उद्योगों को **प्राथमिक उद्योग** कहा जाता है। तकनीकी विकास के कारण अब प्राथमिक क्रियाओं की उत्पादकता बढ़ गई है। कृषि में मशीनीकरण, सिंचाई की सुविधाओं, उर्वरकों तथा कीटनाशकों के उपयोग से उत्पादन में वृद्धि हुई है। पशुओं की संकर नस्लों से उत्पादन बढ़ाया जा रहा है।
2. **द्वितीयक या गौण उत्पादन क्रियाएँ (Secondary Activities):** इसके अन्तर्गत वे क्रियाएँ आती हैं जिनके अन्तर्गत प्रकृति द्वारा दिए गए संसाधनों का सीधा उपयोग नहीं किया जाता, बल्कि उसका रूप परिवर्तित करके अधिक शुद्ध व उपयोगी बनाया जाता है अर्थात् इनमें प्राथमिक व्यवसाय के उत्पादों को संशोधित किया जाता है। उदाहरणस्वरूप भूमि से कपास उगाना प्राथमिक उत्पादन क्रिया है जबकि सूती वस्त्रों का निर्माण एक द्वितीयक उत्पादन क्रिया है। खान से लौह अयस्क निकालना प्राथमिक व्यवसाय है जबकि लोहा इस्पात उद्योग द्वितीयक व्यवसाय है। उद्योगों में सभी प्रकार के विनिर्माण उद्योग (Manufacturing Industries) आते हैं। निर्माण उद्योग तीन प्रकार के होते हैं : वृहत् पैमाने के उद्योग, लघु पैमाने के उद्योग तथा कुटीर उद्योग आदि। अब द्वितीयक व्यवसायों में भी मशीनों का प्रयोग काफी होने लगा है।
3. **तृतीयक उत्पादन क्रियाएँ (Tertiary Activities):** इसमें वे क्रियाएँ आती हैं जिनके द्वारा प्राथमिक व द्वितीयक उत्पादन वस्तुओं को उपभोक्ता व उद्योगपतियों तक पहुँचाना शामिल है। इन क्रियाओं में वस्तुओं का परिवहन, संचार व संवाद वाहन, वितरण एवं संस्थाओं एवं व्यक्तियों की सेवाएँ भी शामिल हैं। प्राथमिक व द्वितीयक क्रियाओं में लगे व्यक्तियों की तुलना में तृतीयक व्यवसायों में लगे लोगों के कार्य महत्त्वपूर्ण हैं। प्राथमिक एवं द्वितीयक व्यवसायों में लगे लोग समाज के लिए आवश्यक वस्तुओं का उत्पादन करते हैं, जबकि तृतीयक व्यवसायों में लगे व्यक्ति विभिन्न सेवाएँ प्रदान करते हैं। ग्रामीण क्षेत्रों की अपेक्षा नगरीय क्षेत्रों में तृतीयक व्यवसायों में व्यक्ति अधिक हैं।

प्रो. जीन गोटमैन ने प्रत्यक्ष सेवाओं को ही तृतीयक क्रियाओं के अन्तर्गत माना है, जबकि अप्रत्यक्ष सेवाएँ **चतुर्थक उत्पादन** (Quarternary Priduction) माना जाता है।

चतुर्थक उत्पादन क्रियाएँ : वर्तमान समय में आधुनिक विद्वान एक अन्य प्रकार की उत्पादन क्रियाओं को शामिल करते हैं, जिन्हें **चतुर्थक उत्पादन क्रियाएँ** कहा जाता है। इन क्रियाओं में अप्रत्यक्ष रूप से की जाने वाली सेवाएँ शामिल हैं। इसमें उच्च सेवाएँ, शिक्षा प्रबंध, शासन सुरक्षा, शोध अन्तर्राष्ट्रीय स्तर पर कार्य करना आदि शामिल हैं।

कृषि

कृषि एक बहुप्रचलित व्यवसाय है, जिससे संसार की सम्पूर्ण जनसंख्या के भरण-पोषण हेतु भोजन की प्राप्ति होती है। इस व्यवसाय में **पशुपालन** और **मत्स्यपालन** भी आते हैं। कृषि फसलें खाद्य फसलों और औद्योगिक फसलों के रूप में वर्गीकृत की जाती हैं। संसार का केवल 10 प्रतिशत भू-भाग ही कृषि योग्य है। अंटार्कटिका को छोड़ कृषि भूमि के लगभग 75 प्रतिशत भाग पर विश्व की करीब 50% जनसंख्या कृषि कार्य में लगी है। लेकिन जनसंख्या का कृषि कार्य में प्रतिशत प्रत्येक देश के अनुसार अलग-अलग है। उदाहरण के लिए भारत और चीन की 70% फ्रांस की 20% संयुक्त राज्य अमेरिका की 9.5% और इंगलैड की 6-7% जनसंख्या कृषि में कार्यरत है। कृषि जनसंख्या का अधिकांश भाग विकासशील तथा अविकसित देशों में ही पाया जाता है।

स्थानान्तरी कृषि—यह कृषि का सबसे प्राचीन रूप है। यह अधिकतर उष्ण कटिबंधों में रहने वाले लोगों द्वारा की जाती है। इसमें वन के छोटे भू-भागों के वृक्षों और झाड़ियों को जला दिया जाता है, जिससे वन भूमि साफ हो जाती है। उस पर कुछ वर्षों तक कृषि की जाती है, जिसमें जड़ वाली फसलों की उपज की मात्रा अधिक होती है। भूमि की उर्वरता खत्म हो जाने पर उसे छोड़कर दूसरी जगह पर पहले वाली क्रिया अपनायी जाती है और वन के भू-भाग को साफ कर दिया जाता है तथा फसलें उगाई जाती हैं। इसी वजह से इसे काटना और जलाना या **बुश फेलो कृषि** भी कहा जाता है। इसमें एक साथ कई फसलें पैदा की जाती हैं। स्त्रियाँ खेतों की देखभाल करती हैं और पुरुष भोजन संग्रह, आखेट और मछली पकड़ने में लगे रहते हैं। विश्व के अलग-अलग क्षेत्रों में इसके अलग-अलग नाम हैं।

विश्व के विभिन्न भागों में स्थान्तरित कृषि के नाम

नाम	क्षेत्र
हुमा (Hummah)	जावा और इन्डोनेशिया
तुंग्या (Tungya)	म्याँमार
कैंगिन (Kaingin)	फिलीपीन्स
चेन्ना (Chenna)	श्रीलंका
लैदांग (Ledang)	जावा और मलेशिया
रोका (Roca)	ब्राजील
लोगन (Logan)	पश्चिमी अफ्रीका
मिल्पा (Milpa)	यूकाटन और ग्वोटमाला
टावी (Tavy)	मालागासी
कोनूको (Conuco)	वेनेजुएला
झूम (Jhoom)	उत्तरी-पूर्वी भारत

स्थानबद्ध कृषि—यह स्थानांतरी कृषि के बिल्कुल विपरीत है। इसके अन्तर्गत किसी भी स्थान पर रहने वाले किसान और उसके परिवार द्वारा स्थायी रूप से मिलजुल कर कृषि कार्य किया जाता है। इस प्रकार की कृषि में भूमि के किसी भाग पर फसलों को अदल-बदल कर बोया जाता है, जिससे भूमि की उर्वरता बनी रहती है।

जीविका निर्वाह कृषि—इस कृषि में फसलें सिर्फ आजीविका के लिए उगायी जाती हैं। यह कृषि स्थानांतरी या स्थानबद्ध दोनों प्रकार की होती है। जब तक कृषि का मुख्य उद्देश्य मात्र उत्पादक विशेष की निजी आवश्यकताओं की पूर्ति तक ही सीमित रहता है, तब तक हर प्रकार की कृषि जीविका कृषि के वर्ग में आती है। इस प्रकार कृषि का आधुनिक समय में एक विशेष रूप विकसित हो गया है, जिसे गहन जीविका कृषि कहते हैं।

गहन जीविका निर्वाह कृषि—एशिया के मानसूनी जलवायु वाले क्षेत्रों में व अधिक जनसंख्या के घनत्व वाले प्रदेशों में गहन जीविका कृषि की जाती है। इस कृषि में तेज गति से बढ़ती जनसंख्या के भोजन की पूर्ति के लिए उपस्थित भूमि का बड़े पैमाने पर उपयोग किया जाता है। इन क्षेत्रों में धान की खेती का प्रभुत्व रहता है। इस प्रकार की कृषि के कुछ महत्त्वपूर्ण देश है—भारत, बांग्लादेश, थाईलैण्ड, श्रीलंका, फिलीपीन्स और इंडोनेशिया इत्यादि।

गहन कृषि—इस प्रकार की कृषि में फसलों का अधिक-से-अधिक उत्पादन करने के लिए उपस्थित भूमि की प्रत्येक इकाई पर अधिक मात्रा में पूँजी और श्रम का उपयोग होता है। इस कृषि की विशेषता यह है कि इस क्षेत्र में जनसंख्या घनत्व अधिक होता है। अधिक जनसंख्या को ध्यान में रखते हुए अधिक-से-अधिक रासायनिक उर्वरकों, उन्नत बीजों, कीटनाशक दवाइयों, पर्याप्त सिंचाई और फसल परिवर्तन इत्यादि साधनों का प्रयोग करके कृषि को संचालित किया जाता है। जापान, चीन, बंग्लादेश, मलेशिया आदि देशों में इस प्रकार की कृषि की जाती है।

विस्तृत कृषि—बहुत बड़े आकार वाले खेतों पर यान्त्रिक विधियों से सम्पन्न होने वाले कृषि को विस्तृत कृषि कहते हैं। इस कृषि में श्रमिकों का उपयोग कम होता है, लेकिन प्रति व्यक्ति उत्पादन की मात्रा अधिक होती है। इसमें प्रति हैक्टेयर कम होता है, लेकिन कुल उत्पादन बहुत ज्यादा होता है। कम जनसंख्या वाले क्षेत्रों में इस प्रकार की खेती होती है, क्योंकि ऐसे प्रदेशों में कृषि भूमि अधिक होती है। इस प्रकार की खेती में संयुक्त राज्य अमेरिका का मध्यवर्ती और पश्चिमी मैदानी भाग, कनाडा का प्रेयरी क्षेत्र, अर्जेण्टीना का पम्पास क्षेत्र, आस्ट्रेलिया का डाऊंस क्षेत्र और भूतपर्व सोवियत संघ के स्टेपी क्षेत्र को शामिल किया जाता है।

मिश्रित कृषि—यह वह कृषि है, जिसमें कृषि-कार्यों के साथ-साथ पशुपालन का कार्य भी किया जाता है। इस कृषि का सम्बन्ध सघन जनसंख्या वाले क्षेत्रों से है जिनमें किसान अपनी आय बढ़ाने के लिए कृषि के साथ-साथ आधुनिक ढंग से पशुपालन भी करता है।

इस प्रकार की कृषि सम्पूर्ण यूरोप, संयुक्त राज्य अमेरिका के पूर्वी भाग तथा अर्जेण्टीना के पम्पास क्षेत्र में होती है। इसमें किसान एक ही साथ कई फसलों की खेती करते हैं ताकि एक फसल पर निर्भर रहने का जोखिम कम हो सके।

रोपण या बागानी कृषि—यह कृषि का बहुत ही विशिष्टीकृत रूप है। रोपण कृषि के अंतर्गत सैकड़ों हेक्टेयर भूमि में कहवा, चाय, मसाले और रबड़ की फसलें पैदा की जाती हैं। इन फसलों को मुख्य रूप से निर्यात के लिए ही पैदा किया जाता है। रोपण कृषि में भारी मात्रा में पूँजी लगाई जाती है और बहुत बड़ी संख्या में श्रमिकों की आवश्यकता होती है। रोपण कृषि मलेशिया, भारत, श्रीलंका आदि देशों के कुछ भागों में की जाती है।

बागवानी कृषि के विशेषताओं को निम्न रूप में संक्षिप्त किया जा सकता है—

(i) **स्टेट फार्मिंग**—बागवानी कृषि बड़े-बड़े स्टेट पर की जाती है। पश्चिम अफ्रीका के कुछ भागों में जहाँ छोटी-छोटी जोतें थीं, उसके लिए यह काफी महत्त्वपूर्ण है।

(ii) **विदेशी मालिक एवं स्थानीय श्रमिक**—मूल रूप से यह औपनिवेशिक शासकों द्वारा स्थापित किया गया। इसमें तकनीक एवं पूँजी तो विदेशियों की लगी थी, पर श्रमिकों की पूर्ति स्थानीय स्तर पर की गई।

(iii) **वैज्ञानिक प्रबंधन**—इस प्रकार की कृषि में काफी दक्षता के साथ निवेश किया जाता है। मशीन एवं रासायनिक खादों का उपयोग भी व्यापक स्तर पर होता है। इसका मुख्य लक्ष्य उच्च उत्पादकता एवं उच्च स्तर का उत्पादन करना जिनमें से अधिकांश का निर्यात कर दिया जाता है। इसके प्रमुख उत्पाद शीसम, रबर, पाम तेल एवं चाय हैं।

(iv) **उच्च पूँजी निवेश**—उष्ण कटिबंधीय बागानी कृषि को प्रारम्भ करने एवं जारी रखने के लिए भारी पूँजी की आवश्यकता होती है। यहाँ कई बार बागानी कृषि का क्षेत्र मुख्य आबादी से काफी दूर होता है या फिर वहां पर काफी कम आबादी होती है। अत: इस क्षेत्र को मुख्य आबादी क्षेत्र से जोड़ने के लिए व्यापक निवेश कर सड़क या रेल मार्ग बिछाया जाता है। उष्ण कटिबंधीय व्यापारिक कृषि को कई समस्याओं का सामना करना पड़ता है, यथा; जलवायुविक जोखिम, स्थानीय तेज पवन, अतिशक्ति एवं अवपूर्ति भी समस्याएं है। इसके अतिरिक्त पाला एवं कीट पतंगों का प्रकोप भी बना रहता है।

उद्यान कृषि या ट्रक फार्मिंग—यह व्यापारिक स्तर पर सब्जियों, फल और फूलों का उत्पादन करने वाली कृषि है। इस कृषि के उत्पादों के परिवहन में ट्रकों का अधिक उपयोग होने के कारण इसे ट्रक फार्मिंग भी कहा जाता है। इस प्रकार की कृषि का विकास संसार के औद्योगिक क्षेत्रों के नजदीकी भागों में हुआ है, जहाँ से इन उत्पादों की नियमित आपूर्ति की जाती है। संयुक्त राज्य अमेरिका का उत्तरी-पूर्वी भाग, इंग्लैण्ड, फ्रांस और डेनमार्क इत्यादि इसके प्रमुख क्षेत्र हैं।

चलवासी पशुचारण—चलवासी पशुचारण मुख्य रूप से जीवन निर्वाह के लिए किया जाता है। इसके तीन प्रमुख क्षेत्र हैं। **पहला** क्षेत्र 5° दक्षिणी अक्षांश से 50° उत्तरी अक्षांश के मध्य उत्तरी अफ्रीका के सहारा मरुस्थल से पूर्वी अफ्रीका के तटीय भाग, सऊदी अरब, इराक, ईरान, अफगानिस्तान होता हुआ चीन तथा मंगोलिया के शुष्क क्षेत्र तक लगभ 56000 किमी. लम्बे भू-भाग पर स्थित है। **दूसरा** क्षेत्र यूरोपीयन क्षेत्र में टुंड्रा के दक्षिणी सीमांत पर स्थित है। **तीसरा** क्षेत्र दक्षिणी पश्चिमी अफ्रीका तथा मालागासी के पश्चिमी भाग में माना जाता है। चलवासी पशुपालन की मुख्य विशेषता यह है कि ये पशु पूर्णतया प्रकृतिक वनस्पति पर ही निर्भर रहते हैं। पशुपालक चारे एवं पानी की खोज में एक स्थान से दूसरे पर घूमता रहता है। टुंड्रा प्रदेश में चरवाहे ग्रीष्म ऋतु में उत्तर के पर्वतीय ढालों पर और शीत ऋतु में दक्षिण के कोणधारी वनों की ओर ऋतु प्रवास करते हैं।

ट्रांसहूमन—ऋतु प्रवास (ट्रांसहूमन) भी चलवासी पशुचारण के समान ही मौसमी स्थान परिवर्तन है, जो चारे की खोज में किया जाता है। लेकिन यह इस मामले में स्पष्ट अन्तर रखता है कि यह स्थाई प्रक्रिया है एवं पशुपालन की अधिक गहन पद्धति है। पर्वतीय क्षेत्रों में जैसे नार्वे, स्विट्जरलैंड, इटली एवं ब्रिटेन के कुछ लोगों में तथा पश्चिमी संयुक्त राज्य के पर्वतीय भागों तथा कनाडा में पशुओं एवं भेड़ों का 'रैंच' शीत ऋतु में घटियों में रखा जाता है एवं गर्मियों में इसे पर्वतीय घास भूमि या सेइटरस में स्थापित कर दिया जाता है। जहां सर्दियों में बर्फ की चादरें फैली होती हैं तथा गर्मी आते ही वे पिघल जाती हैं तथा इनके स्थान पर घास उग आती है। यूरोप में अक्सर इसी तरीके से डेयरी जानवर पाले जाते हैं।

व्यापारिक पशुचारण—व्यापारिक पशुचारण पशु उत्पादों जैसे मांस, दूध, ऊन तथा खालें आदि बेचकर आय प्राप्त करने के लिए किया जाता है। इनमें पशुओं को बड़े-बड़े चरागाहों पर आधुनिक एवं वैज्ञानिक पद्धति से पाला जाता है। वास्तविक रूप में व्यापारिक पशुपालन संसार के पाँच क्षेत्रों में किया जाता है। ये क्षेत्र हैं—पश्चिमी कनाडा, पश्चिमी संयुक्त राज्य अमेरिका एवं मध्य मैक्सिको का उत्तर से दक्षिण की ओर विस्तृत प्रेयरी क्षेत्र, वेनेजुएला का एक छोटा भाग तथा ब्राजील के पठारी भाग से अर्जेन्टाइना की दक्षिणी सीमा तक का क्षेत्र दक्षिण अफ्रीका का पेल्ड क्षेत्र, आस्ट्रेलिया तथा न्यूजीलैंड की शीतोष्ण घास भूमि, कैस्पियन सागर के पूर्व तथा अरब सागर के उत्तर का विस्तृत भाग। इस पद्धति में गाय तथा बैल अधिक पाले जाते हैं।

यह विकसित अर्थव्यवस्था में बड़े पैमाने पर किया जाने वाला व्यवसाय है। इसका आधार स्थाई है। इस प्रकार व्यापारिक पशुपालन चलवासी पशुओं से कई मामलों में निम्न है।

भूमध्यसागरीय कृषि— भूमध्यसागरीय क्षेत्र में शीत ऋतु में वर्षा होती है एवं ग्रीष्म ऋतु में सूखा रहता है। यहाँ विविध प्रकार की कृषि का विकास हुआ है। इस प्रकार की कृषि इसी अक्षांश के अर्ध-शुष्क एवं शुष्क मरुस्थलीय सिंचित क्षेत्रों में भी पाई जाती है। यहां पर कृषि काफी गहन, विशेषीकृत एवं विविध फसली है। यहाँ निर्वाहन कृषि व्यावसायिक कृषि के साथ साथ पाई जाती है। गेहूँ, जौ एवं सब्जियाँ घरेलू उपयोग के लिए उगाई जाती हैं, जबकि रसदार फल, जैतून एवं अंगूर की कृषि मुख्यत: निर्यात के लिए की जाती है। वस्तुत: भूमध्यसागरीय भूमि 'संसार का बागानी क्षेत्र है' एवं शराब उद्योग का हृदय स्थल भी। इस कृषि के मुख्य चार प्रकार निम्न हैं :

- **बागानी कृषि**—इसके अंतर्गत रसदार फल (नारंगी, नींबू, अंगूर आदि) जैतून एवं अंजीर आते हैं, जिसके लम्बे एवं विस्तृत फैलाव वाली जड़ें, मोटे चिकने तने तथा चमकीले पत्ते जिससे वाष्पोर्त्सजन कम-से-कम हो यहां के जलवायु के अनुकूल पूर्णत: समायोजित हो चुके हैं। उत्तरी अफ्रीका के अर्द्ध-शुष्क प्रदेश एवं दक्षिण-पश्चिमी यूरोप के बिखरे क्षेत्रों में, जहां इन पौधों की खेती नहीं हो सकती, मुख्यत: खजूर के वृक्ष पाए जाते हैं।
- **अंगूर की कृषि**— भूमध्यसागरीय क्षेत्र अंगूर की कृषि के लिए विशेष रूप से प्रसिद्ध हैं। यहां पर अंगूर की कृषि का विशिष्टीकरण हुआ है, जिसमें न केवल यहां के नमी, तापमान एवं मिट्ट्रियों का योगदान है, अपितु अच्छे किस्म के अंगूर के लिए विशेष मानवीय देखभाल की भी आवश्यकता होती है। भूमध्य रेखीय जलवायु प्रदेश के विभिन्न क्षेत्रों में विभिन्न प्रकार के अंगूर उगाए जाते हैं एवं उसी के अनुरूप विशिष्ट शराबों का भी उत्पादन किया जाता है। फ्रांस में शराब बनाना राष्ट्रीय उद्योग है। यहाँ बहुत कम जलवायु प्रदेश भूमध्यसागरीय प्रदेश में आता है, फिर भी यहां पर उच्च कोटि के शराब निर्माण का व्यवसाय विकसित हुआ है। घटिया किस्म के अंगूर को सूखाकर किशमिश बनाया जाता है या फिर अंगूर को ही निर्यात कर दिया जाता है।
- **खाद्यान्न एवं सब्जियां**— भूमध्यसागरीय कृषि मोटे अनाजों के उत्पादन के लिए विशेष रूप से महत्त्वपूर्ण है। गेहूँ, खासकर शीतकालीन कठोर गेहूँ खास खाद्यान्न उत्पादन है, जबकि जौ की कृषि कम उपजाऊ वाले क्षेत्रों में की जाती है। गर्म एवं धूपदार भूमध्यसागरीय प्रदेश विभिन्न फसलों एवं हरी सब्जियों के लिए बहुत अनुकूल है। यहां बींस, लिटिल, प्याज, टमाटर, गाजर, चुकन्दर एवं अन्य दूसरी पत्तेदार सब्जियां उगाई जाती हैं।
- **सीमित पशुपालन**— यहां पर वन एवं झाड़ियों के लिए बहुत उपयुक्त पर्यावरण नहीं है, अत: पशुचारण भी काफी सीमित है। घासें, लम्बी सूखी अवधि के कारण पनप नहीं पाती। केवल कुछ खास क्षेत्रों यथा लुम्बार्डी का मैदान, एन्ब्रो बोसिन, कैलिफोर्निया की सान जैक्विन घाटी आदि क्षेत्रों में दुग्ध उत्पादन महत्त्वपूर्ण है।

डेयरी फार्मिंग— पश्चिमी यूरोप के विभिन्न भागों में यथा ब्रिटेन, डेनमार्क, नीदरलैंड्स, दक्षिणी स्कैंडिनेविया, स्विट्जरलैंड, उत्तरी अमेरिका के ग्रेट लैक्स एवं उत्तरी अटलांटिक राज्यों के दक्षिण की ओर (घास एवं दुग्ध पेटी) के क्षेत्र व्यापारिक दुग्ध उद्योग के लिए विशेषीकृत हैं। दुग्ध उद्योग का विकास दक्षिणी के भी कई क्षेत्रों में हुआ है, यथा—दक्षिण-पूर्व आस्ट्रेलिया, ऑक्लैण्ड प्रायद्वीप एव वंगानूई तथा तरंकाई निम्न भूमि, उत्तरी द्वीप, न्यूजीलैंड आदि।

प्रबंधन के अनुसार कृषि का विभाजन

खेतिहर कृषि— इस प्रकार की कृषि का प्रबंध किसान वैयक्तिक रूप से करता है। भूमि तथा उत्पादन के अन्य कारकों पर उसका स्वामित्व होता है। अपने खेतों पर वह स्वयं या अपने परिवार के सदस्यों के साथ काम करता है। आवश्यकता पड़ने पर मजदूरों की सेवाएं भी प्राप्त करता है। वह खेती का लगान सरकार को देता है। कुछ स्थानों पर किसान बँटाई या किराए पर जमीन लेकर खेती करते हैं।

सहकारी खेती— यह सहकारिता के सिद्धांत पर आधारित कृषि है। इसके अन्तर्गत उत्पादन के कारकों पर स्वामित्व उन सभी किसानों का सामूहिक रूप से होता है जो सहकारी समिति के सदस्य होते हैं। किसान स्वेच्छा से सहकारिता को अपनाते हैं। प्रजातांत्रिक सिद्धांतों के आधार पर इसकी कार्यकारिणी के सदस्य दिन प्रतिदिन के निर्णय लेते हैं। हर सदस्य सहकारी खेतों पर अपना श्रम देता है। सहकारी खेती की विशेषता यह है कि इसके जोत का आकार बड़ा हो जाने के कारण मशीनीकरण किया जा सकता है।

कोलखोज पूर्व सोवियत संघ का एक विशेष प्रकार का कृषि कार्य है, जिसका सैद्धांतिक आधार साम्यवादी कृषि प्रबंध है। पूर्व सोवियत संघ की प्रथम पंचवर्षीय योजना के अन्तर्गत सामूहिक स्वामित्व के आधार पर परम्परागत कृषि क्षेत्रों में कोलखोज का प्रारंभ किया गया। इसके अन्तर्गत बहुत से परिवारों की सामूहिक रूप से सरकारी भूमि पर लगान रहित चिर स्वामित्व प्रदान किया गया।

सरकारी खेती (सोवखोज)— यह कृषि पूर्व सोवियत संघ के ही मॉडल पर स्थापित कुछ अन्य साम्यवादी देशों की कृषि पद्धति है। सर्वप्रथम इसका आविर्भाव पूर्व सोवियत संघ के नए कृषि क्षेत्रों जैसे साइबेरिया एवं कजाखस्तान में किया गया। इसके अन्तर्गत उत्पादन कारकों पर सरकार का स्वामित्व होता है। श्रमिकों को वेतन दिया जाता है। इसका संचालन फैक्ट्री की भांति किया जाता है। इसमें मशीनों का वृहत् प्रयोग किया जाता है। प्रत्येक कृषि कार्य अर्थात् जुताई से कटाई तक का कार्य मशीनों की सहायता से किया जाता है।

संसार की प्रमुख फसलें

फसलें	भौगोलिक परिस्थितियाँ	उत्पादक क्षेत्र व स्थिति
1. गेहूँ **किस्में**–शीतकालीन व वसंतकालीन	मुख्यत: शीतोष्ण कटिबंधीय फसल, किन्तु अनगिनत किस्में होने के कारण उष्ण और उपोष्ण कटिबंधों में भी पैदा होता है। **तापमान**–निम्नतम 10°C तथा अधिकतम 25°C; 90 दिन पाला रहित मौसम; **वर्षा**–50-80 सेमी.; **मिट्टी**–हल्की मृदा, दोमट या भारी दोमट; चूना और फास्फेट वाली मिट्टी सर्वोत्तम; ह्यूमस युक्त काली मृदा।	**सं.रा. अमरीका**–उ. व द. डकोटा, मिनिसोटा, मोण्टाना, मिसौरी, ओक्लाहामा, नेब्रास्का, टेक्सास, कन्सास, कोलोरेडी, आहियो, इण्डियाना, वर्जीनिया, न्यूयार्क, पेन्सिलवानिया। **पूर्व सोवियत संघ**–यूक्रेन, काला सागर का उत्तरी भाग, बोल्गा बेसिन, प. साइबेरिया। **चीन**–ह्वांगहो और वीही घाटी, शांटांग प्रायद्वीप, यांगटीसिक्यांग का मैदान। **भारत**–उत्तरी भारत का विशाल जलोढ़ मैदान।
2. चावल	उष्ण कटिबंधीय प्रदेश की प्रमुख फसल। **तापमान**–20°C, 27°C तक; **वर्षा**–120 सेमी.–200 सेमी.; **मिट्टी**–चिकनी दोमट, गहरी चिकनी, चिकनी मिट्टी; **सस्ता श्रम**–फसल बोने, पानी भरने, काटने व चावल निकालने हेतु।	**चीन**–सीक्यांग घाटी, यांगटीसिक्यांग घाटी का द.-पू. तटीय प्रदेश। **भारत**–प. बंगाल, उत्तर प्रदेश, पंजाब, बिहार, तटीय भारत। **इण्डोनेशिया**–जावा, सुमात्रा, बोर्नियो, सेलिबीज। **बांग्लादेश**–सिलहट, बोगरा, खुलना, जैसोर, रंगपुर, ढाका, पावना, फरीदपुर। **जापान**–शिकोकू व क्यूशू द्वीप।
3. मक्का (कार्न)	उपोष्ण और नम उपोष्ण की फसल, किन्तु विभिन्न जलवायु में पैदा हो सकती है। **तापमान**–18°C, 27°C तक; कम आर्द्रता व खुली धूप; फ्रास्ट से मुक्त 40 दिन की अवधि; **वर्षा**–50-125 सेमी.; **मिट्टी**–चिकनी दोमट और कांप मिट्टी उपयुक्त, प्रमुख उर्वरक नाइट्रोजन और सल्फेट।	**सं.रा. अमरीका**–पेन्सिलवानिया, केन्टुकी, मिसौरी, इलीनोइस, ओहियो, कन्सास, नेब्रास्का। **चीन**–जेचवान, बेसिन, केन्टन डेल्टा, मध्यवर्ती मैदान, यांग्टीसिक्यांग और उत्तरी चीन। **ब्राजील**–मिनास जिरास, साओपालो, रायो ग्राण्डे, डी सूल, पराना।
4. गन्ना	उष्ण-आर्द्र कटिबंधीय फसल **तापमान**–21°C-27°C तक; **वर्षा**–75-150 सेमी.; **मिट्टी**–गहरी दोमट; चिकनी तथा जलोढ़ मिट्टी; **उर्वरक**–अमोनिया सल्फेट, नाइट्रेट और सुपर फास्फेट।	**ब्राजील**–उत्तरी-पूर्वी तटीय भाग, द.पू. क्षेत्र–पाराइबो, पेरानाम्बुको, बाहिया, मिनास जिरास, साओपालो, रियो-डि-जेनेरो। **भारत**–उत्तर प्रदेश, बिहार, तमिलनाडु, महाराष्ट्र, आंध्र प्रदेश, कर्नाटक। **क्यूबा**–मध्य पश्चिमी क्षेत्र, कामागुर, ओरियण्ड।
5. कपास उत्पत्ति के अनुसार	उपोष्ण और सामान्य वर्षा वाली जलवायु उत्तम। **तापमान**–20°C-35°C तक; **वर्षा**–50-100	**चीन**–मध्यपूर्व चीन, यांगटीसिक्यांग की मध्य घाटी व डेल्टा क्षेत्र, ह्वांगहो क्षेत्र।

फसलें	भौगोलिक परिस्थितियाँ	उत्पादक क्षेत्र व स्थिति
कपास की दो किस्में होती हैं–अमेरिकी कपास और एशियाई कपास।	सेमी.; पाला रहित 200 दिन आवश्यक; **मिट्टी**–अच्छी अपवाह वाली चूनायुक्त दोमट मिट्टी, चिका प्रधान दोमट और काली मिट्टी; **उर्वरक**–नाइट्रोजन, अमोनिया सल्फेट, फास्फोरस एसिड।	**सं.रा. अमरीका**–उ. व द. कैरोलिना, जार्जिया, अलबामा, टेनेसी, मिसीसीपी, टेक्सास, अरकनसास; मिसौरी, ओक्लाहामा, वर्जीनिया। **भारत**–महाराष्ट्र, गुजरात, उ. प्रदेश, पंजाब, तमिलनाडु, आंध्र प्रदेश।
6. जूट	उष्ण आर्द्र कटिबंधीय फसल। **तापमान**–25°C-35°C तक; **वर्षा**–125 सेमी.-200 सेमी.; **मिट्टी**–कछारी और डेल्टाई कांप मिट्टी; खेतों में हमेशा जल व सस्ते श्रमिक आवश्यक।	**भारत**–पं. बंगाल, बिहार, असम, उड़ीसा और पूर्वी उत्तर प्रदेश। **बांग्लादेश**–नारायणगंज, मेमनसिंह, सिराजगंज, ढाका, वोगरा, रंगपुर, राजशाही, फरीदपुर।
7. तम्बाकू	उष्ण और उपोष्ण कटिबंधीय क्षेत्र उत्तम। **तापमान**–18°C; **वर्षा**–50-100 सेमी.; **मिट्टी**–दोमट और खनिज तत्त्वों से युक्त मिट्टी।	**चीन**–जचवान बेसिन, उत्तरी मैदान, मंचूरिया और दक्षिणी मैदान। **ब्राजील**–रियो-डि-ग्राण्डे, बाहिया, साओपालो। **भारत**–आंध्र प्रदेश, मध्य प्रदेश, गुजरात, कर्नाटक, महाराष्ट्र, बिहार, उत्तर प्रदेश।
8. रबर	उष्ण कटिबंधीय फसल। **तापमान**–21°C-30°C तक; **वर्षा**–200-300 सेमी.; **मिट्टी**–लैटेराइट, दोमट और लावायुक्त मिट्टी; सुप्रवाहित भूमि।	**थाईलैण्ड**–प्रायद्वीपीय क्षेत्र। **इण्डोनेशिया**–जावा द्वीप के पूर्वी व पश्चिमी तटीय भाग, सुमात्रा का मध्य व पश्चिमी भाग, बोर्नियो। **मलेशिया**–पश्चिमी तटीय क्षेत्र, पर्वतीय क्षेत्र–जौहार पेराक, मलक्का पिनांग, सेलांगोर डिढिने।
9. कहवा	उष्ण कटिबंधीय फसल। **तापमान**–काफिया अरेबिका के लिए 15°C-25°C तथा काफिया रोवस्टा के लिए 20°C-30°C तक; **वर्षा**–150-250 सेमी.; **मिट्टी**–लावायुक्त या लाल मिट्टी।	**ब्राज़ील**–यहाँ कहवे के बागान को फेजेन्डा कहा जाता है। मुख्य उत्पादक क्षेत्र हैं–साओपालो, रियो-डि-जेनेरो, मिनास जिरास। **कोलम्बिया**–काउकी घाटी, कोल्डास क्षेत्र, पूर्वी कार्डिलेरा, बुकारामंगा, बगोटा।
10. चाय	उष्ण आर्द्र कटिबंधीय फसल। **तापमान**–20°C-30°C तक; **वर्षा**–125-200 सेमी.; **मिट्टी**–हल्की व गहरी बलुई दोमट जो पोटाश और लौहांश से युक्त हो। **उर्वरक**–अमोनिया सल्फेट, फास्फेट और हड्डी की खाद।	**भारत**–असम की घाटी, प. बंगाल के दार्जिलिंग जलपाइगुड़ी; द. भारत में नीलगिरि और अन्नामलाई। **चीन**–यांगटीसिक्यांग घाटी, द.-पू. पहाड़ियाँ, क्यांगसी, फूकेन। **श्रीलंका**–कोण्डी, नुएलाइलिया, मध्यवर्ती उच्च पहाड़ी ढाल।

मत्स्यन

महासागर जल के भण्डार ही नहीं, बल्कि अनेक प्राकृतिक संसाधनों के भण्डार भी हैं। जिसमें मछली एक महत्त्वपूर्ण संसाधन है। प्रकृति ने मानव को एक संतुलित भोजन के रूप में मछली को भेंट किया है, जिससे पर्याप्त मात्रा में विटामिन 'डी', पौष्टिक लवण और आयोडीन की प्राप्ति होती है। प्राचीन काल से ही मछली पकड़ना महत्त्वपूर्ण व्यवसाय रहा है। इस प्रकार मत्स्य ग्रहण मनुष्य का एक परम्परागत व्यवसाय है।

विश्व में मछलियों की लगभग 35,000 से 40,000 प्रजातियाँ पायी जाती हैं, जिसमें से लगभग 1000 प्रजातियाँ आर्थिक दृष्टि से महत्त्वपूर्ण हैं।

जलवायु के आधार पर विश्व के प्रमुख मत्स्य-ग्रहण क्षेत्र

जलवायु के आधार पर मत्स्य क्षेत्रों को निम्नलिखित दो वर्गों में बांटा जाता है—

1. **उष्ण कटिबंधीय मत्स्य क्षेत्र**—इस क्षेत्र में और दक्षिणी गोलार्द्ध में बहुत बड़े पैमाने पर मछलियां नहीं पकड़ी जाती हैं, क्योंकि अधिकांश मछलियां खाने योग्य नहीं होती हैं। इसके अलावा गर्मी के कारण ये शीघ्र ही खराब हो जाती हैं। यहां प्लेंक्टन की कमी पायी जाती है और तटीय रेखा प्राय: सीधी है। इसके अतिरिक्त महाद्वीपीय निमग्न तट उष्ण कटिबन्धीय क्षेत्रों में बहुत कम विस्तृत हैं। इसके मत्स्य क्षेत्र निम्नलिखित हैं :
    - **हिन्द महासागर और प्रशान्त महासागर क्षेत्र**—इस क्षेत्र में दक्षिणी-पूर्वी एशिया के द्वीप समूह आते हैं जो हिंद महासागर तथा प्रशान्त महासागर में फैले हुए हैं। इन क्षेत्रों से हैरिंग, साडाइन तथा एन्कोवी मछलियाँ प्राप्त होती हैं जो विश्व की करीब 10 प्रतिशत मांग को पूरा करती हैं।
    - **मध्य अटलांटिक का पश्चिमी क्षेत्र**—यह क्षेत्र भी मछली पकड़ने का महत्त्वपूर्ण स्थान है। इसके अन्तर्गत कैरिबियन सागर और मैक्सिको की खाड़ी का क्षेत्र शामिल किया जाता है।
    - **मध्य प्रशान्त महासागरीय पूर्वी क्षेत्र**—इस क्षेत्र के अन्दर पेरू, पनामा और पश्चिमी मैक्सिको के तटीय भाग आते हैं। यहां से विश्व की लगभग 1 प्रतिशत मछलियां पकड़ी जाती हैं।
2. **शीतोष्ण कटिबंधीय मत्स्य क्षेत्र**—विश्व की अधिकांश मछलियां शीतोष्ण कटिबंधीय मत्स्य क्षेत्रों से आती हैं। इस क्षेत्र में आने वाले देशों के लोगों में किसी भी प्रकार के भोजन के प्रति रूढ़िवादिता नहीं है। ये देश विकसित और सम्पन्न होने के कारण मछलियां पकड़ने में आधुनिक औजारों और तकनीकी का प्रयोग करते हैं। इस क्षेत्र में मछलियों के व्यापार और रख-रखाव की अच्छी सुविधाएं हैं। इन क्षेत्रों में कटे-फटे तट तथा सुरक्षित बंदरगाहों के कारण मछलियां पकड़ने में सुविधा होती है। शीत जलवायु के कारण मछलियां जल्दी खराब नहीं होती हैं। इस क्षेत्र में सबसे बड़ी अनुकूल दशाएं गर्म और ठंडी महासागरीय धाराओं के मिलने से उत्पन्न होती है। इससे प्लेंक्टन का विकास होता है जो मछलियों के लिए भोजन का काम करता है। इसके अलावा बहुत सारे देशों में कृषि योग्य भूमि नहीं होने से इस व्यवसाय को प्रोत्साहन मिला है। शीतोष्ण अक्षांशों में स्थित चार मत्स्य क्षेत्र निम्नलिखित हैं—
    - **उत्तरी-पश्चिमी प्रशान्त महासागरीय क्षेत्र**—यह क्षेत्र बेरिंग सागर से लेकर दक्षिण में फिलीपीन्स सागर तक फैला हुआ है। इस क्षेत्र में व्यापारिक मत्स्य उद्योग में संलग्न देश जापान, पूर्व सोवियत संघ, चीन, कोरिया, फिलीपीन्स और वियतनाम हैं। इस क्षेत्र में जापान के होन्शु तट पर क्यूरोशियो की गर्मधारा और क्यूराइल द्वीप से आने वाली ओयाशियो की ठण्डी धारा का सम्मिलन होता है।
    - **उत्तरी-पश्चिमी अटलांटिक महासागरीय क्षेत्र**—यह क्षेत्र न्यूफाउण्डलैण्ड से लेकर संयुक्त राज्य अमेरिका के दक्षिणी तटीय भागों तक फैला है। इस क्षेत्र में नोवास्कोशिया और क्यूबेक के तट भी आते हैं। यह क्षेत्र एक चौड़ा और विस्तृत महाद्वीपीय निमग्नतट है। यहां पर समुद्र में उथले जल वाले क्षेत्र, जिनको बैंक कहा जाता है, स्थित हैं। कुछ महत्त्वपूर्ण बैंको के नाम हैं—ग्राण्ड बैंक, जार्जेज बैंक आदि। न्यूफाउण्डलैण्ड के पास उत्तर की ओर से लैब्रोडोर की ठण्डी जलधारा और दक्षिण से गल्फस्ट्रीम की गर्म धारा के मिलन से प्लैंकटन का प्रचुर मात्रा में विकास होता है जिससे बड़ी मात्रा में मछलियां उपलब्ध होती हैं। ग्राण्ड बैंक संसार में कॉड मछली के लिए अत्यन्त महत्त्वपूर्ण क्षेत्र है।
    - **उत्तरी-पूर्वी अटलांटिक महासागरीय क्षेत्र**—इस सघन मत्स्यन क्षेत्र का विस्तार आर्कटिक वृत्त के उत्तर से लेकर भूमध्यसागर तक है। उत्तरी सागर में सबसे अधिक मछली पकड़ी जाती है, जिसके अन्दर डॉगर बैंक महत्त्वपूर्ण है। यहां मछली पकड़ने के धन्धे में भाग लेने वाले महत्त्वपूर्ण देश हैं—नार्वे, ब्रिटेन, स्वीडन, डेनमार्क, फ्रांस, पुर्तगाल आदि। अधिक शीतल जलवायु के बावजूद गल्फस्ट्रीम की एक शाखा इस क्षेत्र को खुला रखती है। यह क्षेत्र बहुत उथला है और यहां कई बैंक हैं। इनमें डागर बैंक और ग्रेट फिशर बैंक महत्त्वपूर्ण हैं।
    - **उत्तरी-पूर्वी प्रशान्त महासागरीय क्षेत्र**—इस क्षेत्र का विस्तार अलास्का से लेकर कैलीफोर्निया तट तक, ब्रिटिश कोलंबिया, औरीगन और कैलीफोर्निया के तटवर्ती क्षेत्रों में है। इस क्षेत्र में कनाडा और संयुक्त राज्य अमेरिका द्वारा मछलियां पकड़ी जाती हैं। इस क्षेत्र में अच्छे पोताश्रयों का विकास किया गया है। कैलीफोर्निया में मछलियों के लिए डिब्बाबन्दी उद्योग का बड़े पैमाने पर विकास हुआ है। इस तट के प्रमुख बन्दरगाह हैं—एन्करेज, बैंकूवर और सेनफ्रांसिस्को।

विश्व के प्रमुख खनिज एवं इनके प्रमुख उत्पादक देश

प्रमुख खनिज	उत्पादक क्षेत्र	अग्रणी राष्ट्र (क्रमशः)
1. लौह अयस्क (*i*) मैग्नेटाइट–लौह का अंश 75 प्रतिशत, (*ii*) हेमेटाइट–लौह का अंश 70 प्रतिशत, (*iii*) लिमोनाइट–लौह का अंश 60 प्रतिशत, (*iv*) सिडेराइट–लौह का अंश 40-50 प्रतिशत। यह अमोनिया और रूपांतरित चट्टानों में मिलता है।	**पूर्व सोवियत संघ**–आर्स्क, क्रिवाई रोग, कुर्स्क, तुला, मुरमन्सक, नोलग्रोग्राड, टेलफिस। **ब्राजील**–मिनास-जिरास, इटाबरा खान। **चीन**–म्ताया, हूपे, नानकिंग, चिंगलिंग, उन्थान, पैन्की, तांगशन, मानशान, किकिआग़ व शान्टुग। **संयुक्त राज्य अमेरिका**–मिशीगन क्षेत्र, मिनीसोटा एवं विस्कान्सिन की मेसाबी खान, अप्लेशियन क्षेत्र का न्यूयार्क, पेन्सिलवानिया व न्यूजर्सी की डोगर फील्ड खान, अलबामा क्षेत्र की बर्मिंघम खान, यूटाह और व्योमिंग की खान।	चीन, ब्राजील, ऑस्ट्रेलिया।
2. मैंगनीज इसे लौह अयस्क के साथ मिलाकर लोहा व स्टील बनाया जाता है। यह अवसादी शैलों में मिलता है।	**पूर्व सोवियत संघ**–यूक्रेन की नियोयाल व काकेशस क्षेत्र की चियातुरी खान, यूराल की केमास्क, मरस्याती व बश्किर, तजाकिस्तान की नेताजा, कजाखिस्तान की देकदी, साइबेरिया की माजुलस्की। **द. अफ्रीका**–नेटाल, जोहान्सबर्ग, डर्बन-केपटाउन क्षेत्र। **ब्राजील**–अमासा, बर्नियर, नजोर, यिगुसल, युरुमकुम और लाफायते। **भारत**–महाराष्ट्र, मध्य प्रदेश, उड़ीसा, कर्नाटक, राजस्थान।	चीन, ऑस्ट्रेलिया, दक्षिण अफ्रीका, गेबोन।
3. अभ्रक यह गुलाबी, सफेद व कई दूसरे रंगों का होता है। भारत, विश्व का प्रमुख अभ्रक उत्पादक राष्ट्र है।	**भारत**–आंध्र प्रदेश, झारखंड, राजस्थान, मध्य प्रदेश, तमिलनाडु। **ब्राजील**–सैन्टलुसिया, जुआजीरो, पेकान्हा। **द. अफ्रीका**–कोरोग्वे, मोरोगोरो, किगोमा। **सं.रा. अमेरिका**–कैरोलिना, न्यू हैम्पशायर, दक्षिणी कैरोलिना की शेल्वी, हिकोरी तथा सिल्वाखान।	चीन, रूस, भारत।
4. ताँबा	**सं.रा. अमेरिका**–मिशीगन, यूटाह, एरिजोना, नेवादा, मोण्टान। **चिली**–यूकिकमाटा, अलसल्वाडोर, एलटेनिएण्टी, एलटेनिमेन्ट, पोट्रीलाय, ब्रैडयू। **पूर्व सोवियत संघ**–यूराल, कजाखिस्तान, अर्मेनिया, मध्य एशिया के देशों, किशल की खान। **कनाडा**–ब्रिटिश कोलम्बिया, अण्टोरिया, मैनीटोबा, सस्केचवान, क्यूबेक, न्यूफाउण्डलैण्ड। **जाम्बिया**–नकाना, मिडोला, नचांगा रोकाना की खान।	चिली, पेरू, संयुक्त राज्य अमरीका, चीन।
5. बॉक्साइट	**ऑस्ट्रेलिया**–पूर्वी राज्य; **जमैका, गिनी, गुयाना।**	ऑस्ट्रेलिया, चीन, ब्राजील, भारत।
6. सीसा	**कनाडा**–सुलीवन, ब्रिटिश कोलम्बिया। **ऑस्ट्रेलिया**–ब्रोकेन हिल्स, न्यू साउथवेल्स।	चीन, ऑस्ट्रेलिया, अमेरिका।

प्रमुख खनिज	उत्पादक क्षेत्र	अग्रणी राष्ट्र (क्रमशः)
7. चांदी यह अर्जनराइट तथा पायजाराट खनिजों से प्राप्त होती है।	**ऑस्ट्रेलिया**–न्यू साउथवेल्स, विक्टोरिया की बेलारेट, प. ऑस्ट्रेलिया की कालगुर्ली और कूलगार्डी खानें। **मैक्सिको**–हिल्डाहो के पहूका, पराल; कुहलिया के सियरा मोजाड़। **सं.रा. अमेरिका**–यूटाह, मोण्टाना, नेवादा, इडोहो, कोलेरेडो, एरिजोना। **कनाडा**–ब्रिटिश कोलम्बिया, क्यूबेक, सास्केचवान, ओण्टोरियो, यूकान।	मैक्सिको, पेरू, चीन, ऑस्ट्रेलिया।
8. जस्ता यह जिंक सल्फाइट और कालामाइन से प्राप्त होता है।	**ऑस्ट्रेलिया**–कालगुर्ली, द. ऑस्ट्रेलिया के रमाडो तथा क्वीन्सलैण्ड की माउंट ईसा खान। **कनाडा; पूर्व सोवियत संघ; ऑस्ट्रेलिया, सं.रा. अमेरिका।**	चीन, पेरू, ऑस्ट्रेलिया, अमेरिका, कनाडा, भारत।
9. टिन	**इण्डोनेशिया**–सीइलेगिओत बिलीटन में गोंटोग, मांगर सिंग कैप द्वीप तथा बांका द्वीप में बेर्लिजो। **मलेशिया**–पराक, नेगरी, सम्बीलन, सैलांगीर। **चीन**–कांग्सी, क्यांगसी, हून्नान। **बोलीविया**–पोटासी, कोलकुइटी औरुरो, लापाज, कैताबी खान। **पूर्व सोवियत संघ**–बैकाल झील के पास खाप चरांग, ब्लाडी बोस्टॉक के टैटुखे, उ.-पू. साइबेरिया के मगादान, ओरोतुकान तथा चोन्स्कापा और बोल्गा बेसिन के काल्वा क्षेत्र।	चीन, इंडोनेशिया, पेरू, बोलीविया।
10. हीरा	**द. अफ्रीका**–जोहान्सबर्ग, केपटाउन।	रूस, बोत्सवाना, कांगो, ऑस्ट्रेलिया, कनाडा।
11. सोना	**द. अफ्रीका**–जोहान्सबर्ग की खानें, ट्रांसवाल के किम्बरले, मोनेरीफ, पिलग्रीम देस्ट, बुआलो की खानें, विटवाटर्स रैड, औरेन्ज फ्री स्टेट के ओडेन डाल सरस्ट खान। **पूर्व सोवियत संघ**–कजाकिस्तान के किजिलकुल और जराफसान, लीना, यनीली, विटीम अल्दान और बुरैया नदियों के रेत। **सं.रा. अमेरिका**–मोण्टाना, दक्षिण डकोटा, यूटाह, कोलोरेडो, ओरीजोना, कैलिफोर्निया। **कनाडा**–किर्कलैण्ड, नारी व लिटिल लौंग झील, क्यूबेक की आर्कफील्ड, सलोबन और बेलटरे की खानें, ब्रिटिश कोलम्बिया की कुटेनी खान।	चीन, ब्राजील, टर्की।
12. निकेल	**कनाडा** **पूर्व सोवियत संघ**–यूराल क्षेत्र।	फिलीपींस, रूस, कनाडा, ऑस्ट्रेलिया।
13. मैग्नीशियम		चीन, द. अफ्रीका, ऑस्ट्रेलिया।
14. टाइटेनियम		चीन, रूस, जापान।

विश्व में शक्ति के संसाधन

आज का युग औद्योगिक युग है, जिसका आधार खनिज संसाधन और शक्ति संसाधन हैं। खनिजों से उद्योगों को कच्चा माल प्राप्त होता है और शक्ति संसाधनों द्वारा उद्योगों को ऊर्जा और शक्ति मिलती है। अगर विश्व में शक्ति संसाधन न हों तो हमारे खनिज संसाधनों का कोई महत्त्व नहीं रहेगा, क्योंकि बिना शक्ति संसाधनों के न तो हम भूगर्भ से खनिज संसाधनों को प्राप्त कर पाएँगे और न उनको उद्योगों में कच्चे माल के रूप में प्रयोग कर पाएँगे। अत: आज के औद्योगिक विकास एवं मनुष्य के अस्तित्व के लिए शक्ति के संसाधन अपरिहार्य हैं।

शक्ति के संसाधनों को दो वर्गों में रखा जाता है—अनवीनीकरणीय या परंपरागत शक्ति संसाधन तथा नवीनीकरणीय शक्ति संसाधन। अनवीनीकरणीय शक्ति के संसाधनों में कोयला, पेट्रोलियम, प्राकृतिक गैस, थोरियम और यूरेनियम आते हैं। नवीकरणीय शक्ति संसाधनों में जल, सूर्यताप, भूताप, ज्वारीय ऊर्जा, समुद्री तरंगें तथा पवन हैं। इनको गैर परंपरागत शक्ति संसाधन भी कहा जाता है। विश्व में प्राकृतिक शक्ति के पाँच प्रमुख स्थान हैं—खनिज तेल, कोयला, जल विद्युत, प्राकृतिक गैस, परमाणु ऊर्जा। संसार की व्यापारिक ऊर्जा के उत्पादन का 90 प्रतिशत भाग खनिज तेल, कोयले व प्राकृतिक गैस से मिलता है। जल विद्युत शक्ति और परमाणु शक्ति से शेष 10 प्रतिशत भाग पूरा किया जाता है। शक्ति के साधनों का वितरण बहुत असमान है। कुछ देशों जैसे जापान को ऊर्जा की अपनी सम्पूर्ण माँग आयात से पूरी करनी पड़ती है।

कोयला (Coal)

यूरोप की औद्योगिक क्रान्ति का मूल आधार कोयला था। अत: शक्ति के साधनों में कोयले का महत्त्वपूर्ण स्थान है। लेकिन खनिज तेल की खोज और जल विद्युत के आविष्कार से कोयले का महत्त्व धीरे-धीरे कम हो गया है। कोयला एक जैव निक्षेप है। इसकी उत्पत्ति अतीत काल में भूमि में वनों के दब जाने से हुई है। कोयला अवसादी शैलों के अवसादों की परतों के बीच में विभिन्न मोटाई की परतों में मिलता है। कोयला विभिन्न गुणों वाला होता है। इसके गुण पौधों के अवशेषों के कार्बनीकरण पर निर्भर होते हैं। एंथ्रासाइट उत्तम कोटि का कोयला है, जिसमें कार्बन का अंश 90 प्रतिशत से लेकर 95 प्रतिशत तक होता है। बिटुमिनस कोयले का खनन और उपभोग सबसे अधिक होता है, जिसमें 70 प्रतिशत कार्बन होता है। बिटुमिनस कोयले से कोक बनाया जाता है, जो लौह अयस्क को गलाने के काम आता है। पीट तथा लिग्नाइट निम्न कोटि के कोयले के प्रकार हैं। इन्हें भूरा कोयला भी कहते हैं। इनमें कार्बन की मात्रा 50 प्रतिशत तक होती है।

उत्पादक देश—कोयले के ज्ञात निक्षेपों का वितरण बहुत ही असमान है। असमान वितरण का अर्थ है कि अनेक देश कोयले का उत्पादन नहीं करते बल्कि अपनी आवश्यकताओं की पूर्ति के लिए आयात पर निर्भर रहते हैं। संसार में कोयले के कुल उत्पादन का 60 प्रतिशत भाग चीन, भारत और संयुक्त राज्य अमेरिका से आता है। 1991 के आँकड़ों के अनुसार कोयला उत्पादन करने वाले देशों की श्रेणियों में फेरबदल हुआ है। उदाहरण के लिए पहले संयुक्त राज्य अमेरिका का कोयले के उत्पादन में पहला स्थान था उसके बाद पूर्व सोवियत संघ का, किन्तु 2020 के आंकड़ों के अनुसार चीन का कोयले के उत्पादन में पहला स्थान है।

चीन—आज के समय में चीन का कोयले के उत्पादन में पहला स्थान है। यहाँ के शेन्सी, हूनान, शान्सी, जेचवान, शांटुंग, लिआओनिंग आदि प्रान्तों में कोयले का उत्पादन होता है।

भारत–कोयले के उत्पादन में भारत का विश्व में दूसरा स्थान है। कोयला उत्पादन में झारखंड, छत्तीसगढ़, ओडिशा, मध्य प्रदेश तथा आंध्र प्रदेश राज्य हैं। भारत के कुल उत्पादन का लगभग 98% भाग गोंडवाना काल के कोयले से प्राप्त होता है। प्रायद्वीपीय भारत की नदी-घाटियाँ कोयले के प्रमुख स्थल हैं, जिनमें दामोदर नदी घाटी, सोन-महानदी, ब्राह्मणी नदी घाटी आदि प्रमुख हैं।

संयुक्त राज्य अमेरिका—कभी कोयले के उत्पादन में पहला स्थान रखने वाला यह देश अब चौथे स्थान पर आ गया है। यहाँ के अप्लेशियन कोयला क्षेत्र, मध्य पूर्वी कोयला क्षेत्र, मध्य पश्चिमी कोयला क्षेत्र, रॉकीज पर्वतीय कोयला क्षेत्र और प्रशान्त तटीय कोयला क्षेत्र महत्त्वपूर्ण हैं।

पूर्व सोवियत संघ—यह कोयले का मुख्य उत्पादक राष्ट्र है। यहाँ के डोनेट्स कोयला बेसिन, कुजेनेत्सक कोयला के क्षेत्र और कारगांडा कोयला बेसिन कोयले के उत्पादन के लिए महत्त्वपूर्ण हैं। इनके अलावा मनीसी घाटी, लीना बेसिन, युकुत, कौंल, काकेशस, यूराल आदि क्षेत्र भी कोयले के उत्पादन के लिए महत्त्वपूर्ण हैं।

कनाडा—कनाडा भी कोयले का प्रमुख उत्पादक क्षेत्र बन गया है। यहाँ के नोवो स्कोशिया, ब्रिटिश कोलम्बिया, बैंकूवर द्वीप और अलबर्टा के कोयला क्षेत्रों से कोयला प्राप्त किया जाता है।

आस्ट्रेलिया—दक्षिणी गोलार्द्ध में आस्ट्रेलिया कोयला उत्पादित करने वाला महत्त्वपूर्ण देश है। यहाँ के क्वीन्सलैण्ड, न्यूसाउथ वेल्स

और विक्टोरिया राज्यों में कोयले का बड़ी मात्रा में उत्पादन किया जाता है।

ग्रेट ब्रिटेन—इस देश के कोयले से ही यूरोप में औद्योगिक क्रान्ति प्रारम्भ हुई थी। यहाँ के नार्थम्बर-लैण्ड-डरहम, नाटिंघम शायर, लंका शायर, मिडलैण्ड, कम्बरलैण्ड, पूर्वी केण्टुकी, उत्तरी वेल्स, साउथ वेल्स, स्काटलैण्ड, डर्बीशायर आदि कोयला क्षेत्रों से कोयले का उत्पादन किया जाता है।

पोलैण्ड—पूर्वी यूरोप के देशों में पोलैण्ड कोयले का महत्त्वपूर्ण उत्पादक देश है। यहाँ के साइलेशिया, क्रैको और डैम्ब्रोबा क्षेत्रों में बिटुमिनस जाति का कोयला पाया जाता है।

जर्मनी—जर्मनी भी यूरोप का महत्त्वपूर्ण कोयला उत्पादक देश है। यहाँ के रूर बेसिन, वेस्टफेलिया, सार तथा सैक्सानी क्षेत्रों से कोयला निकाला जाता है।

संयुक्त राज्य अमेरिका, इंगलैण्ड, भारत, पूर्व सोवियत संघ, जर्मनी आदि देशों से कोयले का निर्यात किया जाता है। जबकि जापान, इटली, श्रीलंका, बांग्लादेश और कुछ हद तक फ्रांस कोयले के आयातक देश हैं।

पेट्रोलियम (Petroleum)

पेट्रोलियम या खनिज तेल जैव पदार्थों से बना है, क्योंकि भूगर्भिक काल में जैव पदार्थ अवसादी शैलों की परतों के बीच दब गए थे। खनिज तेल शैलों के रन्ध्रों में रिस जाता है, इसलिए यह पानी और प्राकृतिक गैस के साथ पाया जाता है। खनिज तेल पानी से हल्का होता है। अत: यह पानी पर तैरता रहता है तथा प्राकृतिक गैस तेल के ऊपर होती है। अपने कम घनत्व के कारण तेल अपनतियों में इकट्ठा हो जाता है। खनिज तेल नवीन वलित पर्वत श्रेणियों, तटीय प्रदेशों, अपतटीय प्रदेशों जैसे महाद्वीपीय निमग्न तट में पाया जाता है। खनिज तेल का उपयोग परिवहन के साधनों के संचालन में होता है। इसके अलावा कृत्रिम रबर, विस्फोटक पदार्थ, नाइलोन और रासायनिक पदार्थों के निर्माण में भी इसका उपयोग होता है। तेल का बड़ा सामरिक महत्त्व है, क्योंकि सेनाओं की गतिशीलता और प्रहार शक्ति तेल पर निर्भर करती है। अत: स्थल, जल और वायु परिवहन के लिए तेल का सबसे अधिक महत्त्व है।

उत्पादक देश—संसार में तेल के भण्डारों और उत्पादन का वितरण बहुत ही असमान है। संसार के कुल तेल भण्डारों का लगभग दो-तिहाई भाग दक्षिण-पश्चिम एशिया में फारस की खाड़ी के आसपास केन्द्रित है। प्रमुख तेल उत्पादक देश हैं—

- **रूस (पूर्व सोवियत संघ)**—खनिज तेल के उत्पादन में पूर्व सोवियत संघ का प्रमुख स्थान है। यहाँ के बाकू, अम्बा क्षेत्र, यूराल-वोल्गा क्षेत्र, काकेशस, कैस्पियन, तुर्किस्तान और सरवालीन आदि क्षेत्रों से खनिज तेल का उत्पादन किया जाता है।
- **सऊदी अरब**—यहाँ एवयाक अलखावर, हाफर, भेदगम, धारन, सफानिया, खुरेस, आबू-अली और फलीची क्षेत्रों से बहुत बड़ी मात्रा में तेल निकाला जाता है।
- **संयुक्त राज्य अमेरिका**—संयुक्त राज्य अमेरिका के अप्लेशियन, लीमा-इण्डियाना, मध्य महाद्वीपीय भाग, कैलीफोर्निया, रॉकी पर्वतीय क्षेत्र, टेक्सास राज्य और ग्रेट लेक्स क्षेत्र आदि से खनिज तेल का उत्पादन होता है।
- **इराक**—पश्चिम एशिया के देशों में इराक एक महत्त्वपूर्ण तेल उत्पादक देश है। यहाँ पर किरकुक, एनजलेह, कैयारा, जुबैर, कमैला, बसरा, मौसल, जाम्बुरी आदि क्षेत्रों से खनिज तेल निकाला जाता है।
- **ईरान**—खनिज तेल उत्पादकों में ईरान का महत्त्वपूर्ण स्थान है। यहाँ के मसजिदे सुलेमान, गाकसारब, करमानशा, आगाहाजरी आदि क्षेत्रों में खनिज तेल का उत्पादन होता है।
- **चीन**—चीन भी खनिज तेल का महत्त्वपूर्ण उत्पादक बन गया है। यहाँ के युमन, करामाई, भुजेरियन बेसिन, लाल बेसिन तथा तुरफान बेसिन आदि क्षेत्रों में खनिज तेल का उत्पादन होता है।
- **कुवैत**—कुवैत जैसे छोटे देश की पूरी अर्थव्यवस्था खनिज तेल के उत्पादन और निर्यात पर निर्भर करती है। यहाँ के अलजहरा, बरगन तथा मगब क्षेत्रों से तेल का उत्पादन किया जाता है।
- **ग्रेट ब्रिटेन**—यह यूरोप का महत्त्वपूर्ण तेल उत्पादक देश है। यहाँ के उत्तरी सागर के क्षेत्र में, स्कॉटलैण्ड में, एकरिन कोटन तथा एगमांटन आदि क्षेत्रों में खनिज तेल का उत्पादन होता है।

इन देशों के अलावा खनिज तेल का उत्पादन मैक्सिको देश के रियोग्राण्डी, डेलनार्डे क्षेत्र से, कतर, बहरीन, इण्डोनेशिया के जावा, बोर्निया आदि द्वीपों से, भारत के सुरमा घाटी और गुजरात से, वेनेजुएला के लारोजा और लेगुनोलाज क्षेत्र से, अर्जेन्टीना के प्लाजा और ह्युनकल क्षेत्र से, रोमानिया के कार्पेशियन पर्वत के दक्षिण क्षेत्र से, म्याँमार (बर्मा) के लेबिना, यनागयात, मिनबु आदि क्षेत्रों से किया जाता है।

प्राकृतिक गैस (Natural Gas)

वर्तमान युग में शक्ति के संसाधन के रूप में प्राकृतिक गैस का महत्त्वपूर्ण स्थान है। प्राकृतिक गैस तेल के साथ मिलती है। कुछ कुओं से केवल प्राकृतिक गैस बड़ी मात्रा में निकलती है। घरेलू कार्यों के साथ-साथ प्राकृतिक गैस का उपयोग बिजली के उत्पादन में भी होता है। प्राकृतिक गैस की खोज सर्वप्रथम संयुक्त राज्य अमेरिका में 1820 ई. में की गई थी। आज औद्योगिक और दूसरे क्षेत्रों में प्राकृतिक गैस, शक्ति का लगभग 20 प्रतिशत भाग पूरा करती है।

संयुक्त राज्य अमेरिका का प्राकृतिक गैस के उत्पादन में पहला स्थान है। जबकि रूस और ईरान का स्थान क्रमशः दूसरा एवं तीसरा है। कतर का प्राकृतिक गैस के उत्पादन में चौथा स्थान है। जहाँ पर तेल के क्षेत्रों से गैस का उत्पादन होता है।

यूरेनियम (Uranium)

यूरेनियम परमाणु ऊर्जा का महत्त्वपूर्ण संसाधन है। यह एक भारी, कठोर, रेडियोधर्मी एवं सफेद खनिज पदार्थ है। न्यूक्लियर रिऐक्टरों में विद्युत निर्माण करने के लिए ईंधन के रूप में इसका प्रयोग किया जाता है। संसार में सभी स्रोतों से उत्पन्न कुल शक्ति का 3.9 प्रतिशत भाग परमाणु शक्ति से मिलता है। रसायन, इलेक्ट्रोनिक्स सर्जिकल, संयंत्रों, तेज धार वाले औजार तथा डाई बनाने में भी यूरेनियम का प्रयोग किया जाता है।

यूरेनियम उत्पादन में कजाकिस्तान, कनाडा, आस्ट्रेलिया, नाइजर, रूस तथा नामीबिया क्रमशः शीर्षस्थ देश हैं। इसके अलावा उज्बेकिस्तान, चीन, यू.एस.ए., यूक्रेन, द. अफ्रीका तथा भारत में भी उत्पादन किए जाते हैं।

- **कजाकिस्तान :** वर्ष 2021 में कजाकिस्तान विश्व का सबसे बड़ा यूरेनियम उत्पादक है। यहाँ विश्व का लगभग 45.14% उत्पादन किया जाता है। इनकाई, अकडाला, कराटाउ, खरासन इसके प्रमुख खनन क्षेत्र हैं।
- **नामीबिया :** नामीबिया यूरेनियम का विश्व में दूसरा बड़ा उत्पादक राष्ट्र है। यहाँ विश्व का 11.90 प्रतिशत यूरेनियम का उत्पादन होता है।
- **कनाडा :** कनाडा यूरेनियम का विश्व में तीसरा बड़ा उत्पादक राष्ट्र है। यहाँ विश्व का 9.1 प्रतिशत यूरेनियम का उत्पादन होता है। यहाँ पर यूरेनियम भंडार के 5 बड़े क्षेत्र हैं–(*i*) बीवर लोज (*ii*) पोर्ट रेडियम (*iii*) बान कोफ्ट (*iv*) ब्लाइंड रिवर तथा (*v*) ग्रेट वियर झील।
- **आस्ट्रेलिया :** आस्ट्रेलिया विश्व का चौथा बड़ा उत्पादक देश है। परंतु यूरेनियम की संचित राशि की दृष्टि से आस्ट्रेलिया सबसे धनी देश है और यहाँ पर विश्व की लगभग 28 प्रतिशत संचित राशि है। रेडियम हिल, रमबन तथा मेरी कैथेलिन मुख्य उत्पादक क्षेत्र हैं।

यूरेनियम सैनिक महत्त्व का खनिज पदार्थ है इसलिए इसके उत्पादन को बहुत हद तक गुप्त रखा जाता है। कोई भी देश इसके उत्पादन के आंकड़ों को सही नहीं बताता है। यूरेनियम उत्पादन में कजाकिस्तान का विश्व में पहला स्थान है। इसके उत्पादन में कनाडा का तीसरा स्थान है। यहाँ पर ग्रेट बियर झील के निकट तथा आन्टोरिया प्रान्तों में इसकी खानें पाई जाती हैं। ऑस्ट्रेलिया यूरेनियम उत्पादन में चौथे स्थान पर आता है। संयुक्त राज्य अमेरिका का यूरेनियम के उत्पादन में पन्द्रहवाँ स्थान है। यहाँ पर कोलोरेडो के पठार से यूरेनियम का उत्पादन किया जाता है। दक्षिण अफ्रीका का यूरेनियम उत्पादन में ग्यारहवाँ स्थान है। पूर्व सोवियत संघ में यूरेनियम के निक्षेप तुयायेपन माज्तिसे और बैकाल झील प्रदेश में मिलते हैं। इस ऊर्जा के संसाधन का निर्यात-आयात बहुत सीमित स्तर पर और गुप्त रूप में होता है, क्योंकि इस पदार्थ का दुरुपयोग होने का बहुत डर रहता है। एक देश अपने दुश्मन देश के विरुद्ध परमाणु बम (Bomb) बनाकर इसका दुरुपयोग कर सकता है। इसलिए इसका आयात-निर्यात अन्तर्राष्ट्रीय देख-रेख में होता है।

जल-विद्युत शक्ति (Hydro-electric Power)

आज के औद्योगिक युग में जल-विद्युत का शक्ति के साधनों में प्रमुख स्थान है क्योंकि कोयला और खनिज तेल समाप्त होने वाले साधन हैं, जबकि जल शक्ति (विद्युत) उस समय तक रहेगी जब तक नदियों में पानी बहता रहेगा। बहते हुए जल को ऊँचाई से नीचे गिराकर टरबाइन इंजनों को चलाया जाता है, जिससे बिजली पैदा होती है। इसे जल विद्युत कहते हैं। यह शक्ति का संपूर्ति साधन है। जल-विंद्युत, ताप विद्युत से सस्ती है, क्योंकि इसके उत्पादन में किसी ईंधन या पदार्थ का उपयोग नहीं होता है।

जल विद्युत का उत्पादन और वितरण, प्रचुर मात्रा में जल का नियमित प्रवाह और जल को ऊपर से नीचे गिराने के लिए जलप्रपात के होने पर निर्भर करता है। इन कारकों के आधार पर

जल विद्युत उन्हीं प्रदेशों में पैदा की जाती है, जहाँ पर प्रचुर मात्रा और नियमित प्रवाह वाले जल संसाधन हैं। यह प्रदेश ज्यादातर पर्वतीय और पठारी होते हैं। मैदानी प्रदेशों में कृत्रिम जल प्रपात के जरिए जल विद्युत का उत्पादन किया जाता है। जल विद्युत से विश्व में सभी स्रोतों से उत्पन्न कुल शक्ति का केवल 17 प्रतिशत भाग मिलता है। अफ्रीका महाद्वीप में जल विद्युत शक्ति के विकास की संसार में सबसे अधिक संभावनाएँ हैं।

विश्व के प्रमुख जल-विद्युत उत्पादक राष्ट्र क्रमशः चीन, कनाडा, ब्राजील, यू.एस.ए., रूस, नार्वे, भारत, वेनेजुएला, जापान तथा स्वीडन हैं।

- **चीन :** चीन जल-विद्युत उत्पादन में विश्व का सबसे बड़ा राष्ट्र है। यांग्सी नदी से चीन में बृहत् पैमाने पर जल-विद्युत उत्पन्न की जाती है। यहाँ विश्व का सबसे बड़ा जल-विद्युत उत्पन्न करने का संयंत्र लगा है। चीन 1232 किलोवाट हॉर्स (kWh) प्रतिवर्ष जल-विद्युत उत्पादित करता है।
- **ब्राजील :** ब्राजील जल-विद्युत उत्पादित करने के क्षेत्र में दूसरा सबसे बड़ा देश है। ब्राजील 389 किलोवाट हॉर्स (kWh) प्रतिवर्ष उत्पादित करता है।
- **कनाडा :** कनाडा जल-विद्युत उत्पादन में विश्व का तीसरा सबसे बड़ा राष्ट्र है। कनाडा 386 किलोवाट हॉर्स (kWh) जल-विद्युत प्रतिवर्ष उत्पादित करता है।
- **पूर्व सोवियत संघ :** इस देश में अनेक महत्त्वपूर्ण जल विद्युत परियोजनाएँ हैं। ये हैं—बोल्गा, डोन नहर पर लेनिन, ग्युमुश केन्द्र नीपर परियोजना, कामा, कारगेव गोर्की, वोल्गोग्राड आदि।
- **संयुक्त राज्य अमेरिका :** संयुक्त राज्य अमेरिका विश्व में जल-विद्युत का चौथा सबसे बड़ा उत्पादक देश है। इस देश में जल-विद्युत की बड़ी-बड़ी परियोजनाएँ हैं। इनमें सबसे महत्त्वपूर्ण न्यागरा जल प्रपात विद्युत गृह है, जो मिनिआपोलिस से सेन्ट अन्थोनी प्रपात तक फैला है। इसके अलावा अप्लेशियन प्रदेश में कोलम्बिया, रैले रिचमण्ड, लोवेल मानचेस्टर, फालरिवर, लॉरेंस, वाशिंगटन, बाल्टीमोर और पेटरसन परियोजनाएँ हैं।

इन देशों के अलावा जल-विद्युत का विकास दूसरे देशों में भी हुआ है। नार्वे में जल-विद्युत का विकास दक्षिण में ओस्लो के निकट और सघन जंगलों के प्रदेशों में हुआ है। स्वीडन और इटली में भी जल विद्युत का विकास किया गया है, क्योंकि यहाँ पर ऊर्जा के दूसरे साधनों की कमी है। इन देशों के अलावा फ्रांस, स्विट्जरलैण्ड, जर्मनी आदि देशों में जल-विद्युत का बड़े पैमाने पर विकास किया गया है जिससे यहाँ का औद्योगिक और आर्थिक विकास सम्भव हुआ है।

गैर-परम्परागत ऊर्जा संसाधन

20वीं शताब्दी के सातवें दशक में उत्पन्न हुए ऊर्जा संकट ने नए एवं नवीकरण योग्य वैकल्पिक ऊर्जा संसाधनों के विकास के लिए हमें बाध्य कर दिया। तेल गैस एवं प्राकृतिक गैस समाप्त हो जाने वाले ऊर्जा के स्रोत हैं। अधिक मात्रा में लकड़ी के उपयोग से वनों का विनाश होने तथा पर्यावरणीय अपक्षय का भय है। अतः ऐसे संसाधनों की खोजने एवं विकसित करने की आवश्यकता पड़ी जो असमाप्य हो तथा दीर्घ काल तक के लिए ऊर्जा दे सके। इस श्रेणी में सम्मिलित किए जाने वाले स्रोत बायो गैस, सौर ऊर्जा, पवन ऊर्जा तथा परमाणु ऊर्जा हैं। इनके अतिरिक्त लहरों तथा ज्वार से ऊर्जा प्राप्त करने का प्रयत्न किया जा रहा है। भूतापीय ऊर्जा को भी विकसित करने का प्रयास जारी है।

बायो गैस (Bio-gas)—गैस ऊर्जा का बहुत ही स्वच्छ स्रोत है। प्राकृतिक गैस जो हाइड्रोकार्बन के रूप में प्राप्त होती है, समाप्त होने वाला स्रोत है। पेट्रोल को भी गैस के रूप में परिवर्तन किया जा सकता है, परंतु यह भी समाप्य संसाधन है।

जैव गैस या बायोगैस वह गैस मिश्रण है जो ऑक्सीजन की अनुपस्थिति में जैविक सामग्री के विघटन से उत्पन्न होती है। बायोगैस हालिया मृत आर्गेनिज्म से बनता है, इसलिए यह वातावरण में कार्बन स्तर को नहीं बिगाड़ती। बायोगैस जीवाश्म ईंधन के बजाय इसलिए भी बेहतर है क्योंकि यह सस्ता और नवीकृत ऊर्जा है।

भारत में बायोगैस–भारत में मवेशियों की संख्या विश्व में सर्वाधिक है इसलिए बायोगैस के विकास की प्रचुर संभावना है। हालांकि भारत में बायोगैस का उपयोग 60-70 के दशक से प्रारंभ है परंतु राष्ट्रीय परियोजना के रूप में 1981-82 में स्वीकार किया गया।

भारत में बायोगैस की वर्तमान उपलब्धता प्रति वर्ष लगभग 500 मिलियन मीट्रिक टन अनुमानित है। मंत्रालय द्वारा प्रायोजित अध्ययनों में कृषि और वानिकी के अवशेषों को कवर करते हुए लगभग 120-150 मिलियन मीट्रिक टन प्रति वर्ष की अनुमानित अतिरिक्त जैवमात्रा उपलब्धता का आकलन किया गया है जो लगभग 18,000 एमडब्ल्यू की संभावित क्षमता है। इसके अलावा चीनी मिलों द्वारा उत्पादित बैगास से बिजली उत्पादन के लिए एक 550 चीनी मिलों में बैगास आधारित सहउत्पादन के माध्यम से

लगभग 7000 एमडब्ल्यू अतिरिक्त बिजली उत्पादित की जा सकती है।

सौर ऊर्जा (Solar Energy)—संसार में अधिकतम मात्रा में पाई जाने वाली तथा कभी न समाप्त होने वाली ऊर्जा सूर्य की ऊर्जा है। सौर ऊर्जा का पानी गर्म करने तथा खाना बनाने के लिए प्रयोग किया जा सकता है। यह ऊर्जा उष्ण कटिबंधीय देशों में वर्ष के अधिकतम भाग में प्रचुरता से उपलब्ध होती है। इस ऊर्जा का फोटोबोल्टाइक सेल बनाने वाले देशों में आस्ट्रेलिया, बेल्जियम, ब्राजील, कनाडा, चीन, भारत, मैक्सिको, यूनाइटेड किंगडम, पूर्व सोवियत संघ एवं स्पेन हैं।

पवन ऊर्जा (Wind Energy)—पवन ऊर्जा का सफलतापूर्वक प्रयोग सर्वप्रथम नीदरलैंड में बहुत पहले ही किया जा चुका है। पवन वेग से टर्बाइनों को चलाकर विद्युत पैदा करने का कार्य संयुक्त राज्य अमेरिका में किया जा रहा है। 1989 तक कैलिफोर्निया में 9,700 नई टर्बाइन लगाई जा चुकी थीं। कैलिफोर्निया में संयुक्त राज्य अमेरिका की 90% से अधिक पवन ऊर्जा का उत्पादन होता है। विकासशील देशों के सामने सबसे बड़ी समस्या प्रौद्योगिकी की उपलब्धता है। यह प्रौद्योगिकी बहुत महंगी है तथा इसे उपलब्ध करने में बड़ी मात्रा में पूंजी की आवश्यकता होती है।

भू-तापीय ऊर्जा (Geo-thermal Energy)—भू-तापीय ऊर्जा, ऊर्जा का एक अन्य संचालक संसाधन है। संसार के बहुत-से लोगों में इस प्रकार की ऊर्जा भूगर्भ से प्राप्त की जाती है। इसमें जल पृथ्वी के भीतर से निकलता है, जिससे ऊर्जा प्राप्त की जाती है। ऐसी प्रौद्योगिकी की कमी हैं, जो भूगर्भ में निहित ताप से ऊर्जा का दोहन कर सके। भविष्य में इसकी संभावनाएं हो सकती हैं।

ज्वार ऊर्जा (Wave Energy)—समुद्र में लहरें आती हैं तथा ज्वार भी प्रतिदिन आते हैं। इस उठते हुए जल से जल-विद्युत उत्पन्न की जा सकती है। इसका प्रचलन अभी बड़े पैमाने पर नहीं हुआ है। परन्तु निकट भविष्य में यह ऊर्जा भी मनुष्य को उपलब्ध होगी।

उद्योगों का वर्गीकरण

आकार के आधार पर वर्गीकरण

आकार के आधार पर उद्योगों का परम्परागत विभाजन तीन वर्गों, कुटीर उद्योग, लघु उद्योग तथा बड़े पैमाने के उद्योग में किया जाता है :

- **कुटीर उद्योग**—इसके अन्तर्गत हस्तकार अपनी पैतृक दक्षता के आधार पर अपने परिवार के सदस्यों की सहायता से घर में ही वस्तुएं बनाता है। ये वस्तुएं परिवार की आवश्यकता की पूर्ति करती हैं तथा अधिशेष उत्पाद को स्थानीय बाजार में बेच दिया जाता है।
- **लघु उद्योग**—कुटीर उद्योग में दस्तकार ही अभिकल्पनाएं करता है तथा कारीगर, उत्पादक, विक्रेता सभी कुछ होता है, परन्तु लघु उद्योग में छोटी-छोटी मशीनें लगाई जाती हैं, जो ऊर्जा से चलती है। मजदूरों की सहायता ली जाती है तथा कई बार कच्चा माल दूर से मंगाया जाता है तथा इसके उत्पाद को व्यापारियों की मदद से बाजारों में भेजा जाता है।
- **बड़े उद्योग**—बड़े पैमाने के उद्योग ऊर्जा चालित मशीनों से उत्पादन करते हैं। श्रमिकों की संख्या कुछ कारखानों में हजारों में होती है तथा इसमें बड़े पैमाने पर पूँजी निवेश किया जाता है।

उत्पादों के स्वरूप के आधार पर वर्गीकरण

- **मूलभूत उद्योग**—ये वे उद्योग हैं जिनके उत्पादों का प्रयोग अन्य प्रकार के उत्पादन प्राप्त करने के लिए किया जाता है, यथा—लौह-इस्पात उद्योग आदि।
- **उपभोग वस्तु विनिर्माण उद्योग**—जिन उद्योगों के उत्पाद सीधे उपभोग के लिए प्रयोग किए जाते हैं, यथा—तेल, चाय, कॉफी, ब्रेड आदि।
- **कृषि आधारित उद्योग**—जूट, चीनी, कपड़ा, चाय तथा वनस्पति घी उद्योग आदि।
- **वन उत्पाद पर आधारित उद्योग**—लुग्दी, कागज, रेयान, तारपीन-तेल तथा फर्नीचर उद्योग आदि।
- **धातु उद्योग**—लौह एवं अलौह धात्विक उद्योग।
- **रासायनिक उद्योग**—रासायनिक उत्पादों का प्रयोग कृषि, धात्विक, कपड़ा, काँच, चीनी-मिट्टी के बर्तन, साबुन खाद्य प्रसंस्करण आदि उद्योगों में होता है।

स्वामित्व के आधार पर उद्योगों का वर्गीकरण

- **पूँजीवादी अर्थव्यवस्था**—इस अर्थव्यवस्था के अंतर्गत उत्पादन के साधनों पर वैयक्तिगत स्वामित्व होता है।
- **साम्यवादी अर्थव्यवस्था**—साम्यवादी अर्थव्यवस्था में उत्पादन के साधनों का स्वामित्व सार्वजनिक होता है।
- **मिश्रित अर्थव्यवस्था**—इस व्यवस्था के अन्तर्गत सार्वजनिक एवं निजी क्षेत्रकों का सह-अस्तित्व पाया जाता है।

लोहा तथा इस्पात उद्योग

आधुनिक औद्योगिक युग को लोहा और इस्पात उद्योग आधार प्रदान करता है। इसके बगैर आधुनिक औद्योगिक युग की कल्पना नहीं की जा सकती। इस उद्योग के विकास के लिए लौह-अयस्क, चूना पत्थर, मैंगनीज, डोलोमाइट और जल आदि की जरूरत पड़ती है। यह उद्योग किसी भी देश का आधारभूत उद्योग है। किसी देश के इस्पात उत्पादन और औद्योगिक स्तर में पारस्परिक घनिष्ठ सम्बन्ध होता है। वास्तव

में किसी देश की औद्योगिक उन्नत्ति का अनुमान उस देश के लौह-इस्पात के उत्पादन से लगाया जाता है। यही कारण है कि औद्योगिक रूप से विकसित सभी देशों में लौह-इस्पात का उत्पादन बहुत बड़ी मात्रा में होता है, जबकि औद्योगिक रूप से पिछड़े देशों में इसका उत्पादन बहुत कम होता है। लौह-इस्पात उद्योग का स्थानीयकरण विश्व के अधिकांश औद्योगिक क्षेत्रों में हुआ है जो कि निम्नलिखित हैं—

पूर्व सोवियत संघ— इस देश के मास्को-तुला क्षेत्र, यूराल-कुजनेत्सक क्षेत्र, काकेशस क्षेत्र और दक्षिणी यूक्रेन आदि में लौह-इस्पात के प्रमुख उद्योग हैं। इस देश का लौह-अयस्क के उत्पादन में पहला स्थान है।

संयुक्त राज्य अमेरिका— यह देश भी लौह अयस्क के उत्पादन में महत्त्पूर्ण स्थान रखता है। इस देश के पिट्सबर्ग-यंगस्टाऊन क्षेत्र, मध्य एटलांटिक समुद्र तटीय क्षेत्र, शिकागो गौरी क्षेत्र, इरी झील क्षेत्र, बर्मिंघम अलबामा क्षेत्र तथा पश्चिम राज्य क्षेत्र लौह-इस्पात उत्पादन के लिए महत्त्वपूर्ण हैं। इनका लौह-इस्पात के उत्पादन में तीसरा स्थान है।

इंगलैण्ड— यूरोप के देशों में यह महत्त्वपूर्ण लौह-इस्पात उत्पादक देश है। यहाँ के दक्षिणी यार्कशायर क्षेत्र, उत्तरी-पूर्वी तट, दक्षिणी वेल्स, लंकाशायर क्षेत्र, मिडलैण्ड्स क्षेत्र तथा नार्थम्पटन शायर क्षेत्र में लौह-इस्पात उद्योग हैं।

जर्मनी— लौह-इस्पात के उत्पादन में जर्मनी भी यूरोप का महत्त्वपूर्ण देश है। यहाँ के रूर बेसिन और हार्टज-माउन्टेन, सैक्सोनी और साइलेशिया प्रदेश में इसके उत्पादन केन्द्र हैं।

इन देशों के अलावा फ्रांस के लॉरेन क्षेत्र, साम्बे म्यूज क्षेत्र तथा सार बेसिन में, चीन के मन्चूरिया, यांगटिसी घाटी, शान्सी क्षेत्र में, भारत की दामोदर घाटी, कनाडा के ओंटैरियो झील क्षेत्र, साल्ट मेरी क्षेत्र और नोवास्कोशिया क्षेत्र में, नीदरलैण्ड, पोलैण्ड, स्वीडन, आस्ट्रिया, जापान और आस्ट्रेलिया आदि देशों में भी लौह-इस्पात का उत्पादन बड़ी मात्रा में होता है। यद्यपि जापान के पास लौह-अयस्क तथा दूसरे कच्चे मालों की कमी है फिर भी यह विश्व का दूसरा बड़ा लौह-इस्पात उत्पादन करने वाला देश है।

वस्त्र उद्योग

वस्त्र मनुष्य की मूलभूत आवश्यकता है। यह मनुष्य को अपना शरीर ढँकने के लिए चाहिए। सभ्यता के विकास के साथ-साथ वस्त्रों में भी अभूतपूर्व परिवर्तन आया है। वस्त्र उद्योग के लिए कच्चा माल जानवरों के बालों या वनस्पतियों से प्राप्त होता है। ऊन, रेशम, कपास, फ्लैक्स आदि प्राकृतक स्रोतों से प्राप्त कच्चा माल है जिससे सूती, रेशमी, ऊनी वस्त्र बनते हैं। कुछ कच्चा माल कृत्रिम रूप से मनुष्य द्वारा वैज्ञानिक विकास के फलस्वरूप बनाया गया है, जैसे-रेयॉन, नाइलोन, टेरीलीन या प्राकृतिक और कृत्रिम रेशों के मिश्रण द्वारा बनाया गया रेशा, टैरीकॉट आदि। मनुष्य द्वारा निर्मित सबसे महत्त्वपूर्ण रेशा रेयॉन है जो लुग्दी से बनाया जाता है। यह वनस्पति सामग्री और एक रसायन के मिश्रण से बना हुआ उत्पाद है। महत्त्वपूर्ण वस्त्र उद्योग निम्नलिखित हैं—

1. **सूती वस्त्र उद्योग**— इस वस्त्र उद्योग का आधार कपास है, इसलिए जिन देशों में कपास अधिकाधिक मात्रा में मिलती है, वहाँ पर यह उद्योग विकसित हो गया है। इस उद्योग के विकास में जलवायु, कुशल कारीगर, सस्ते शक्ति के साधन, परिवहन तथा बाजार आदि कारकों का बहुत महत्त्व है। सूती वस्त्र उद्योग के प्रमुख उत्पादक देशों में संयुक्त राज्य अमेरिका, ग्रेट ब्रिटेन, भारत और जापान उल्लेखनीय हैं।
   - **संयुक्त राज्य अमेरिका**— यह देश सूती कपड़े के उत्पादन में महत्त्वपूर्ण है। यहाँ के सूती वस्त्र उद्योग न्यू इंग्लैण्ड राज्य, मध्य अटलाण्टिक राज्य तथा दक्षिण के कपास उत्पादक राज्यों में स्थित हैं।
   - **ब्रिटेन**— यह देश आधुनिक वस्त्र उद्योगों का जन्म स्थान है। यहाँ की अधिकांश सूती वस्त्र मिलें लंकाशायर के आस-पास केन्द्रित हैं। इसके अलावा ये उद्योग क्लाइड घाटी क्षेत्र और वेस्ट राइडिंग, डर्बीशायर तथा मानचेस्टर में पाए जाते हैं।
   - **जापान**— इस देश का सूती वस्त्र उद्योग पूर्णतः आयातित कपास पर निर्भर हैं। यहाँ के उद्योग ओसाका, क्यूरो, हिरोशिमा, याकोहामा, नागोया और टोकियो शहरों में केन्द्रित हैं। इस देश का ओसाका शहर सूती वस्त्र उद्योग के लिए विश्व प्रसिद्ध है। इसलिए इसे जापान का मानचेस्टर भी कहा जाता है।
   - **पूर्व सोवियत संघ**— यह देश संसार का एक महत्त्वपूर्ण वस्त्र उत्पादक देश है। यहाँ के मध्य एशिया में ताशकन्द, यूक्रेन, वोल्गा बेसिन, यूराल क्षेत्र, ट्रान्स कॉकेशिया, लेनिनग्राड क्षेत्र और आइवानोवो क्षेत्रों में सूती वस्त्र उद्योग स्थित हैं। आइवानोवो क्षेत्र इस देश के मानचेस्टर के नाम से प्रसिद्ध है।
   - **भारत**— सूती वस्त्र उद्योग के लिए भारत विश्वप्रसिद्ध है। यहाँ के बम्बई, अहमदाबाद, कानपुर, सूरत, बंगलूर आदि केन्द्रों में सूती वस्त्र का उत्पादन होता है।

   इन देशों के अलावा जर्मनी में ब्रेमेन, आचेड्यूरेन, रूर और सैक्सानी क्षेत्र, फ्रांस के वासजेज, नार्मेडी और उत्तरी-पूर्वी क्षेत्र में, इटली के मिलान, बेल्जियम के ब्रुसेल्स, पोलैण्ड के लोज, स्पेन के वार्सिलोना, ब्राजील के साओपालो और मिनास गेरेस में सूती वस्त्र उद्योग अच्छी तरह विकसित हैं।

2. **ऊनी वस्त्र उद्योग**— ऊनी वस्त्र उद्योग उत्तरी गोलार्द्ध के मध्य अक्षांशों यानी शीत और शीतोष्ण कटिबन्धों में विकसित हुआ है, जहाँ पर इन वस्त्रों का प्रयोग किया जाता है। इस उद्योग का प्रमुख

कच्चा माल ऊन है, जिसको भेड़ों और अन्य पशुओं से प्राप्त किया जाता है। ऊनी वस्त्र उद्योग का विकास ऊन की पूर्ति, साफ और हल्का जल, अधिक कुशल श्रम, सस्ती शक्ति और बाजार की निकटता पर निर्भर करता है। विश्व में इस उद्योग का वितरण निम्नलिखित है—

- **संयुक्त राज्य अमेरिका**— यह उद्योग यहाँ के न्यू-इंगलैण्ड, फिलाडेल्फिया, प्रावीडेन्स वारसोत्तर, लॉरैन्स, न्यूजर्सी, कनवेटी और दक्षिणी राज्यों में स्थित है।
- **पूर्व सोवियत संघ**— यह उद्योग यहाँ के मास्को, लेनिनग्राड, यूक्रेन, काकेशस, काजाखस्तान, आइनोवा, खारकोव और तिबिल्सी में स्थित है।
- **जापान**— यहाँ ये उद्योग ओसाका-कोबे, टोकियो-याकोहामा और नागोया शहरों में स्थित हैं।
- **ग्रेट ब्रिटेन**— यहाँ इस उद्योग का केन्द्र यार्कशायर, स्कॉटलैण्ड, लंकाशायर, लीड्स, गेलशील्ड, वारविक, ब्रेडफोड और हैलीफैक्स शहरों में है।
- **आस्ट्रेलिया**— यह देश ऊन को कच्चे माल के रूप में उत्पादित करने के लिए विख्यात है। यहाँ से यूरोप के देशों में ऊन का निर्यात होता है। इस देश में यह उद्योग सिडनी, मेलबर्न, लासेस्टन और सीलोंग में स्थित है।

इन देशों के अलावा यह उद्योग फ्रांस के टोरकोइगव रोबेक्स में, जर्मनी के बर्मन एल्बरफेल्ड एवं सिलीशिया, इटली के मिलान, लैस्को, नोवारा में, चीन के लैन्चो, टीन्सटिन और शंघाई में, न्युजीलैण्ड के वैलिंगटन, क्राइस्ट चर्च तथा ऑकलैण्ड शहरों में बहुत अच्छी तरह विकसित हो गया है।

3. **रेशमी वस्त्र उद्योग**— आज के वस्त्र उद्योग के विकास में रेशम उद्योग एक प्रमुख उद्योग बन गया है। यह उद्योग रेशम पर आधारित है जो रेशम के कीड़ों (Cocoon) से प्राप्त होता है। कच्चा रेशम, परिवहन के साधन, बाजार, कुशल कारीगर, पूँजी और उत्तम जलवायु आदि साधन इस उद्योग के निर्माण में सहायता करते हैं। यह उद्योग भी विश्व के बहुत कम देशों में विकसित है। ये देश निम्नलिखित हैं :

- **संयुक्त राज्य अमेरिका**— यह उद्योग यहाँ के न्युजर्सी, न्यूयार्क, मैसाचुसेट्स, पेन्सिलवानिया तथा कनेक्टीकट व न्यूयार्क आदि नगरों में विकसित है। यहाँ के उद्योग ज्यादातर आयातित कच्चे मालों पर आधारित हैं।
- **जापान**— यह देश उच्च कोटि के रेशमी वस्त्र का निर्माण करता है। यहाँ के नगोया, कोबे, याकोहाया, ओसाका, टोकियो, क्योटो, कानाजवा तथा फुकुई शहरों में यह उद्योग विकसित है।
- **चीन**— चीन भी रेशमी कपड़ों के उत्पादन में महत्त्वपूर्ण स्थान रखता है। यहाँ पर यह उद्योग शंघाई, हागचाऊ, हंटन, सुचारू तथा चीफू आदि शहरों में विकसित है। यह संसार में सबसे ज्यादा रेशमी वस्त्रों का निर्माण करता है।
- **पूर्व सोवियत संघ**— रेशमी वस्त्र उद्योगों का केन्द्रीकरण इस देश के इवानोवो ब्लाडीमीर, कालिनिन, तिबिल्सी, बाकू, दुशानवे, ताशकन्द, ओश, स्टालिनग्राड, समरकन्द तथा कुत्सी आदि नगरों में विकसित हुआ है। रेशमी कपड़े के उत्पादन में यह देश चौथे स्थान पर आता है।

इन देशों के अलावा रेशम वस्त्र उद्योग फ्रांस के मारसली व निमेजे में, इटली के कोमो, मिलान, बारगेमों और ह्यूमन में, स्विटरलैण्ड के बेसिल, बर्न व जिनोवा में इंग्लैण्ड के हैलीफैक्स, लीक ब्रेडफोर्ड व डर्बी में, जर्मनी के क्रैफील्ड, बेस्टफेलिया और बेडन में तथा भारत के मैसूर, मुर्शिदाबाद तथा वाराणसी शहरों में भली-भाँति विकसित है।

इन उद्योगों के अलावा कृत्रिम रेशों और उनसे बने वस्त्र के उत्पादन में संयुक्त राज्य अमेरिका का पहला स्थान है जबकि जापान, स्वतन्त्र देशों का राष्ट्रकुल, जर्मनी तथा ग्रेट ब्रिटेन क्रमशः दूसरे, तीसरे, चौथे और पाँचवें स्थान पर हैं।

कागज उद्योग (Paper Industry)

कागज का आविष्कार चीन में लगभग सन् 105 ई. में त्साइलुन नामक व्यक्ति ने किया था। इटली और स्पेन में कागज के कारखानों की स्थापना लगभग 1150 ई. के आसपास, जर्मनी में 1291 ई. के आसपास, फ्रांस में 1189 ई. के आसपास और ग्रेट ब्रिटेन में 1330 ई. में की गई थी। इस उद्योग का केन्द्रीकरण उत्तम प्रकार की घास, लकड़ी, पूँजी, विद्युत शक्ति, कुशल कारीगर, परिवहन के साधन और अच्छे बाजार आदि कारकों पर निर्भर करता है। इन कारकों का विश्व में असमान वितरण है। इसलिए कागज उद्योग भी असमान रूप से विश्व में वितरित है।

कनाडा— कागज उद्योग में कनाडा का महत्त्वपूर्ण स्थान है। यहाँ के ओंटेरियो, न्यूफाऊण्डलैण्ड, मोनीटोबा प्रान्त और क्यूबेक प्रान्त में कागज उद्योग वहाँ के सस्ते बिजली के साधनों और प्रचुर मात्रा में स्थानीय वनों की उपलब्धता के कारण स्थापित किए गए हैं।

संयुक्त राज्य अमेरिका— इस देश के कागज उद्योग यहाँ के झील क्षेत्र, न्यू इंग्लैण्ड क्षेत्र, उत्तरी-पश्चिमी क्षेत्र और दक्षिणी क्षेत्र में स्थापित किए गए हैं।

पूर्व सोवियत संघ— कागज उद्योग में इस देश का भी महत्त्वपूर्ण स्थान है। इस देश में यह उद्योग लेनिनग्राड, सेगेझ, वालाख्रा, नोवाया, कामा सोलीकामस्क, विशेरा, सोलोम्बाल्स्की इत्यादि क्षेत्रों में स्थापित किया गया है। यहाँ इन क्षेत्रों में इस उद्योग की सारी आवश्यकताएँ पूरी हो जाती हैं।

चीन— कागज उद्योग में चीन का भी महत्त्वपूर्ण स्थान है। यहाँ के च्यांग सी, चिच्याड, संगरी नदी के तट और फुफीन आदि केन्द्रों में कागज उद्योग बड़े पैमाने पर विकसित हुआ है।

इन देशों के अलावा, इंग्लैण्ड के डेलफैण्ट, रासेन हैम्पशायर, जापान के होकेडो, क्यूशु, होन्शू प्रान्तों में तथा नार्वे, स्वीडन, फिनलैण्ड व भारत के पश्चिम बंगाल, मध्य प्रदेश और उत्तर प्रदेश राज्यों में और यूरोप व दूसरे देशों में भी कागज उद्योग का विकास बड़े पैमाने पर किया गया है।

अन्य उद्योग

- **इन्जीनियरिंग उद्योगों** के वर्ग में आने वाले उद्योग जैसे-कृषि यन्त्रों के निर्माण में स्वतन्त्र देशों के राष्ट्रकुल का प्रथम स्थान, संयुक्त राज्य अमेरिका दूसरे स्थान पर, ब्रिटेन तीसरे स्थान पर, जापान चौथे स्थान पर, कनाडा पाँचवें स्थान तथा भारत छठे स्थान पर है।
- **रासायनिक उद्योग** भी आधुनिक विश्व का महत्त्वपूर्ण उद्योग है। इसके उत्पादन में संयुक्त राज्य अमेरिका का प्रथम स्थान है, जबकि स्वतन्त्र देशों के राष्ट्रकुल का दूसरा स्थान है। जापान को तीसरा स्थान प्राप्त है, जबकि चीन इसके उत्पादन में चौथे स्थान पर आता है।
- **नाइट्रोजन उर्वरक** के उत्पादन में स्वतन्त्र देशों के राष्ट्रकुल ने प्रथम स्थान प्राप्त किया है, जबकि चीन दूसरे स्थान पर है। संयुक्त राज्य अमेरिका नाइट्रोजन उर्वरक के उत्पादन में तीसरा स्थान रखता है, जबकि भारत और कनाडा क्रमशः चौथे और पाँचवें स्थान पर आते हैं।
- **फास्फेट उर्वरक** के उत्पादन में संयुक्त राज्य अमेरिका को प्रथम स्थान हासिल है, जबकि स्वतन्त्र देशों का राष्ट्रकुल दूसरे स्थान पर आता है।
- **पोटाश उर्वरक** भी एक महत्त्वपूर्ण उर्वरक बन गया है। इसका सबसे बड़ा उत्पादक देश संयुक्त राज्य अमेरिका है। दूसरे स्थान पर स्वतन्त्र देशों का राष्ट्रकुल है। इसके उत्पादन में कनाडा को तीसरा, जर्मनी को चौथा और फ्रांस को पाँचवां स्थान हासिल है।
- **तेलशोधन उद्योग** में संयुक्त राज्य अमेरिका प्रथम स्थान पर, स्वतन्त्र देशों का राष्ट्रकुल द्वितीय, ईरान तृतीय और भारत चौथे स्थान पर है।

भारतीय कृषि

कृषि भारतीय अर्थव्यवस्था का मेरूदण्ड है। जहाँ एक ओर यह प्रमुख रोजगार प्रदाता क्षेत्र है। वहीं सकल घरेलू उत्पाद (GDP) में इसका महत्वपूर्ण योगदान है। देश की लगभग 60% जनसंख्या कृषि-कार्य में संलिप्त है। सकल घरेलू उत्पाद में इसकी भागीदारी लगभग 22% है। विकसित देशों में जीडीपी में कृषि की भागीदारी का प्रतिशत कम होता है। भारतीय कृषि की सबसे बड़ी विशेषता यह है कि यह जीवन-निर्वाह कृषि है। साथ-ही हमारी जनसंख्या का बहुत बड़ा हिस्सा कृषि कार्य पर निर्भर करता है, इसलिए कृषि पर हमारी जनसंख्या का दबाव बहुत अधिक है। इसका कारण हमारी कृषि में यंत्रीकरण का अभाव है।

भारत में फसलों का प्रति हेक्टेयर उत्पादन कम है, क्योंकि यहाँ वर्षा अनियमित एवं अनिश्चित होती है, भूमि का उपयोग अव्यवस्थित है, अनुपयुक्त तथा अनुपजाऊ भूमि पर भी खेती की जाती है। उत्तम बीजों एवं रासायनिक उर्वरकों का उपयोग कम होता है। खेती करने का ढंग पुराना है तथा खेत छोटे-छोटे टुकड़ों में बँटे हैं। शीतोष्ण कटिबंधों की तुलना में भारत में एक से अधिक फसलें पैदा की जाती हैं। भारत में पशुओं के लिए विशेष तौर पर ऐसी कोई फसल नहीं उगायी जाती है, जिसका प्रयोग उन्हें खिलाने के लिए किया जा सके।

फसल ऋतुएँ

भारत में मुख्य रूप से तीन फसल ऋतुएँ पायी जाती हैं–I. रबी, II. खरीफ तथा III. जायद।

I. रबी–इसकी ऋतु शीतकाल के आगमन के साथ प्रारंभ होती है तथा ग्रीष्म ऋतु के आगमन (अक्टूबर-नवम्बर से मार्च-अप्रैल) तक रहती है। गेहूँ, चना, जौ, तिलहन (सरसों, अलसी, तोरिया) इत्यादि फसलें इस ऋतु में उगाई जाती हैं। इन फसलों के लिए शीतकालीन हल्की वर्षा अत्यंत लाभकारी होती है। दलहन फसलें भी इस ऋतु की मुख्य फसल हैं।

II. खरीफ–खरीफ ऋतु मानसून के आगमन से प्रारंभ होकर शीत ऋतु के प्रारंभ (जून-जुलाई से अक्टूबर-नवम्बर) तक रहती है। चावल, मक्का, ज्वार-बाजरा, कपास, मूंगफली, मूंग, उड़द, गन्ना, सोयाबीन, राई, जूट इत्यादि इस ऋतु की मुख्य फसलें हैं।

III. जायद–जायद ग्रीष्म की छोटी फसल ऋतु है। चावल, मक्का, सब्जियाँ, फल इस ऋतु की मुख्य फसलें हैं। तरबूज और खीरा-ककड़ी आदि नदियों के किनारे बलुई भागों में उगाए जाते हैं। इसकी फसलें अगस्त-सितम्बर में बोई जाती हैं तथा दिसम्बर-जनवरी तक काट ली जाती हैं। बंगाल और बिहार में ऐसी फसलें बहुतायत से उगाई जाती हैं।

कृषि की प्रमुख शाखाएं	
☞ सीरीकल्चर	रेशम उत्पादन
☞ सिल्वीकल्चर	वन कृषि
☞ हॉर्टिकल्चर	फल उत्पादन
☞ पीसीकल्चर	मत्स्य पालन
☞ विटी कल्चर	अंगूर कृषि

☞ एपिकल्चर	मधुमक्खी पालन
☞ आरबोरिकल्चर	वृक्ष और झाड़ियों की कृषि
☞ फ्लोरीकल्चर	फूलों की कृषि
☞ ओलेरीकल्चर	सब्जियों की कृषि
☞ मेरीकल्चर	समुद्री जीव उत्पादन
☞ नेमॉरिकल्चर	फल व जड़ आदि के संग्रह से संबंधित आदिम कृषि
☞ वेजीकल्चर	सर्वप्रथम द. पू. एशिया में की गई वृक्षों की आदिम कृषि

कृषि प्रदेश

भारत को कृषि प्रदेशों में विभाजिन करने का प्रयास अनेक विद्वानों ने किया है। सभी ने भू-आकृति, जलवायु, जनसंख्या के घनत्व को आधार माना है। कृषि विशेषज्ञ **डॉ. रंधावा** ने भारत को 5 कृषि प्रदेशों में बाँटा गया है–

1. **शीतोष्ण हिमालय प्रदेश :** इस प्रदेश को दो उप-विभागों में विभाजित किया गया है–
   - **पूर्वी हिमालय प्रदेश**–250 से.मी. से अधिक वर्षा होने के कारण सघन वन पाए जाते हैं। मुख्य उपज चावल और चाय है। इसके अन्तर्गत अरुणाचल का पहाड़ी भाग, ऊपरी असम, सिक्किम और भूटान सम्मिलित हैं।
   - **पश्चिमी हिमालय प्रदेश**–इसके अन्तर्गत कुमायूँ, गढ़वाल, शिमला की पहाड़ियाँ, जम्मू-कश्मीर एवं हिमाचल प्रदेश सम्मिलित हैं। जलवायु प्रायः अर्द्धशुष्क है। सर्दियों में वर्षा या हिमपात होता है। सेब, बादाम, नाशपाती, अंगूर, चेरी यहाँ विशेष रूप से पैदा किए जाते हैं। चावल, आलू, मक्का अन्य फसलें हैं। यहाँ विकसित व सिंचित कृषि की जाती है।
2. **उत्तरी शुष्क अथवा गेहूँ प्रदेश :** इस प्रदेश में पंजाब, हरियाणा, पश्चिमी उत्तर प्रदेश, दिल्ली, उत्तरी गुजरात, राजस्थान तथा मध्य प्रदेश सम्मिलित हैं। इस क्षेत्र में वर्षा 75 से.मी. से कम होती है। मरुस्थलीय भागों में वर्षा 20 से.मी. से भी कम होती है। गेहूँ इस क्षेत्र की प्रमुख उपज है। इसके अतिरिक्त कपास, चना, जौ, ज्वार-बाजरा भी पैदा किए जाते हैं। उत्तम नस्ल की गायें, मुर्रा भैंस, बैल, घोड़े, ऊँट, भेड़, बकरियाँ यहाँ के प्रमुख पशु हैं।
3. **पूर्वी तर या चावल प्रदेश :** इस क्षेत्र के अन्तर्गत पश्चिम बंगाल, असम, मेघालय, बिहार, पूर्वी उत्तर प्रदेश, पूर्वी आन्ध्र प्रदेश, पूर्वी तमिलनाडु, पूर्वी मध्य प्रदेश, त्रिपुरा, मणिपुर राज्य आते हैं। यहाँ वर्षा 150 से.मी. या इससे अधिक होती है। मुख्य फसल धान है। धान के अतिरिक्त गन्ना, चाय, जूट इत्यादि फसलें पैदा की जाती हैं।
4. **पश्चिमी तर या मालाबार प्रदेश :** यह एक मेखला है, जो मुम्बई से कन्याकुमारी तक फैली है। इसमें केरल, कर्नाटक एवं महाराष्ट्र के तटीय भाग आते हैं, जहाँ वर्षा 250 से. मी. या इससे अधिक होती है। इस क्षेत्र की अधिकांश मिट्टी लैटेराइट है। मुख्य रूप से बागानी फसलों का उत्पादन होता है जिसमें काजू, कहवा, चाय, अनन्नास, नारियल, गरम मसाले, सुपारी, रबर आदि शामिल हैं।
5. **दक्षिणी मध्यम वर्षा या मोटे अनाज वाला प्रदेश :** 50 से 75 से.मी. वर्षा वाले इस क्षेत्र के अन्तर्गत दक्षिणी उत्तर प्रदेश, दक्षिणी गुजरात, प. मध्य प्रदेश, पूर्वी महाराष्ट्र तथा अधिकांश कर्नाटक आते हैं। मूंगफली, कपास, चावल, गन्ना, ज्वार-बाजरा, दालें, रागी, अरण्डी, मुख्य रूप से पैदा किए जाते हैं। इस क्षेत्र में भेड़ें अधिक पाई जाती हैं, जिनसे ऊन प्राप्त होता है। अब शहतूत की सहायता से रेशम की फार्मिंग को विकसित किया जा रहा है।

प्रो. सेनगुप्त एवं **दायुक** ने भारत का निम्न चार कृषि प्रदेशों में वर्गीकरण किया है–

1. **हिमालय खण्ड :** इस क्षेत्र में वर्षा 125 से 250 से.मी. तक होती है। इस क्षेत्र के 7 प्रतिशत भाग पर कृषि की जाती है। मुख्य उत्पाद गेहूँ, मक्का, चावल, आलू हैं। रसदार फलों की विशेष रूप से पैदावार होती है। इस क्षेत्र के अन्तर्गत जम्मू-कश्मीर, हिमाचल प्रदेश, कुमायूँ, पर्वतपदीय खण्ड, असम, पश्चिम बंगाल का दार्जिलिंग जिला, अरुणाचल प्रदेश आते हैं। यह क्षेत्र कृषि एवं बसाव की दृष्टि से बहुत महत्त्व के नहीं हैं।
2. **पूर्वी एवं आर्द्र तटीय खण्ड :** इस क्षेत्र में वर्षा 100 से 125 से.मी. तक होती है। सामान्यतः सिंचाई की आवश्यकता नहीं होती है। चावल इस खण्ड की मुख्य उपज है। चावल के अतिरिक्त गेहूँ, गन्ना, चाय, चना, तिलहन, गरम मसाले, केला, नारियल, जूट, रबर इत्यादि प्रमुख फसलें हैं। इस खण्ड के अन्तर्गत उत्तरी-पूर्वी एवं मध्य प्रायद्वीपीय पठार, मिजोरम, मणिपुर, गारो, खासी, जयंतिया, उत्तरी कछार, मिकिर पहाड़ियाँ, नागालैण्ड से लेकर मध्यवर्ती मध्य प्रदेश आते हैं। गंगा का डेल्टा, असम का मैदानी भाग एवं सम्पूर्ण तटीय भाग भी इसमें शामिल हैं।
3. **अर्द्ध-आर्द्र प्रदेश :** वर्षा 75 से 100 से.मी. तक होती है। गंगा के मैदान एवं तटीय भागों में 70% भाग पर कृषि की जाती है। चावल, गेहूँ, गन्ना, मक्का, मूँगफली, जूट, कपास, तिलहन, तम्बाकू इस क्षेत्र की मुख्य फसलें हैं। इस खण्ड के अन्तर्गत ऊपरी और मध्य गंगा के मैदान, तराई, पश्चिम बिहार पूर्वी तटीय प्रदेश, मालवा, द.-पूर्वी महाराष्ट्र, उत्तरी तथा दक्षिणी तेलंगाना, तमिलनाडु, कर्नाटक,

वर्धा नदी बेसिन, ऊपरी तापी नदी की घाटी, मालनद एवं मैदानी क्षेत्र, आन्ध्र प्रदेश का अधिकांश तट, कृष्णा गोदावरी का डेल्टा इत्यादि शामिल हैं।

4. **शुष्क खण्ड :** वर्षा 75 से.मी. से कम होती है। केवल सिंचित भागों में दो फसलें पैदा की जाती हैं। ज्वार, बाजरा, मोटे अनाज, चना, तिलहन, गेहूँ, कपास, मूँगफली, मक्का, दालें, मसाले इत्यादि मुख्य रूप से पैदा किए जाते हैं। इस खण्ड के अन्तर्गत पंजाब एवं हरियाणा का मैदान, पश्चिमी उत्तर प्रदेश, राजस्थान का मरुस्थल, गुजरात का सौराष्ट्र एवं कच्छ प्रायद्वीप, पश्चिमी घाट का पूर्वी वृष्टि छाया का संकरा प्रदेश शामिल हैं।

प्रमुख फसलें

भौतिक एवं जलवायु की विविधता के कारण भारत में निम्नलिखित अनेक प्रकार की फसलें पैदा की जाती हैं–

I. **खाद्यान्न फसलें**–चावल, गेहूँ, मक्का, दालें, ज्वार, बाजरा, रागी, जौ।

II. **व्यावसायिक फसलें**–गन्ना, तिलहन (सरसों, मूँगफली, तिल, राई, सोयाबीन), गरम मसाले, फल, सब्जियाँ, रबर।

III. **पेय फसलें**–चाय, कहवा, तम्बाकू।

IV. **रेशेदार फसलें**–कपास, जूट, सन, पटुआ, मेस्टा।

I. खाद्यान्न फसलें

चावल

चावल की उपज की आदर्श दशाएँ मानसूनी प्रदेशों में पायी जाती हैं। चीन के बाद भारत का चावल के उत्पादन मे दूसरा स्थान है। यह कुल फसली क्षेत्र के एक-चौथाई भाग पर उगाया जाता है। इससे देश की लगभग आधी जनसंख्या का भरण-पोषण होता है।

भौगोलिक दशाएँ–इस उष्ण कटिबंधीय फसल को ऊँचे तापमान की आवश्यकता होती है। इसके बुआई के समय 20° से. तथा पकते समय 27° से. तापमान की आवश्यकता होती है। प्रचुर प्रकाश की आवश्यकता होती है। अधिक लम्बा मेघाच्छादित मौसम फसल के लिए हानिकारक होता है।

खेतों में लगभग 75 दिनों तक पानी भरा रहना चाहिए। साधारणतया सिंचित क्षेत्रों तथा 200 से.मी. वर्षा वाले क्षेत्रों में चावल बोया जाता है। चिकनी, कछारी अथवा दोमट मिट्टी फसल के लिए आवश्यक है। हरी खाद, अमोनियम सल्फेट, सुपर फॉस्फेट आदि का प्रयोग कर प्रति हेक्टेयर पैदावार बढ़ाई जाती है। खाद साधारणतः बुआई से पहले तथा अंकुर निकलने के समय दी जाती है।

किस्में : मुख्य किस्में हैं–बाला, रत्ना, करुणा, काची, ताइचुंग नेटिव, जमुना, जगन्नाथ, कृष्णा, कावेरी, पद्मा, हंसा, अन्नपूर्णा, CO-34, IR-8, IR-5. इनका प्रति हेक्टेयर उत्पादन 5,000 से 9,000 किलोग्राम तक है।

उत्पादन क्षेत्र : भारत में कुल बोई गयी भूमि के 23% भाग पर एवं खाद्यान्नों के अन्तर्गत बोई गयी भूमि के 47% भाग पर चावल की खेती की जाती है।

- **पश्चिम बंगाल**–चावल उत्पादन की दृष्टि से पश्चिम बंगाल का भारत में पहला स्थान है। यहाँ के प्रत्येक जिले में कृषि भूमि के 70% भाग पर चावल बोया जाता है। कूच बिहार, जलपाईगुड़ी, बाँकुड़ा, मिदनापुर, दिनाजपुर, बर्दमान, दार्जिलिंग मुख्य चावल उत्पादक जिले हैं। धान की शीतकालीन फसल 'अमन' यहाँ की प्रमुख फसल है, जो लगभग दो-तिहाई भाग पर पैदा की जाती है।
- **उत्तर प्रदेश**–यहाँ चावल की खेती बड़े पैमाने पर नहीं होती। पीलीभीत, गोंडा, बहराइच, रायबरेली, लखनऊ, वाराणसी, गोरखपुर, बस्ती आदि क्षेत्रों में ही चावल की पैदावार होती है।
- **असम**–ब्रह्मपुत्र तथा सुरमा नदी की घाटियों में तथा पहाड़ी ढालों पर चावल की खेती की जाती है। कामरूप, नवगाँव, गोलपाड़ा, शिवसागर, धरांग, लखीमपुर आदि चावल उत्पादक जिले हैं।
- **बिहार**–बिहार में चावल की तीन फसलें पैदा की जाती हैं। गया, मुजफ्फरपुर, भागलपुर, पूर्णिया, मुंगेर आदि जिलों में चावल पैदा किया जाता है।
- **आन्ध्र प्रदेश**–इस राज्य के प्रमुख उत्पादक जिले हैं–तिरुचिरापल्ली, थंजावूर, रामनाथापुरम्, चिंगलपुट, विशाखापट्टनम्, उत्तरी और दक्षिणी अरकाट, मदुरै, कोयम्बटूर और नीलगिरि।
- **कर्नाटक**–तुंगभद्रा, वैनगंगा और कावेरी नदियों की घाटियों में चावल पैदा किया जाता है। दक्षिणी कनारा, शिमोगा, मंडया, मैसूर और रायचूर मुख्य उत्पादक जिले हैं।
- **तमिलनाडु**–यहाँ चावल की दो फसलें पैदा की जाती हैं। प्रमुख चावल उत्पादक जिलों में कृष्णा, गंटूर, चित्तूर, नैल्लोर, सलेम, श्रीकाकूलम, अनन्तपुर, पूर्वी व पश्चिमी गोदावरी जिले शामिल हैं।
- **महाराष्ट्र**–मुख्य उत्पादक क्षेत्र हैं–थाणे, कोलाबा, रत्नागिरि, कनारा। पश्चिमी घाट के पश्चिमी ढाल और समुद्रतटीय भागों में उपर्युक्त क्षेत्र आते हैं। भण्डारा, चन्द्रपुर और कोल्हापुर जिलों में भी चावल पैदा किया जाता है।
- **केरल**–यहाँ पहाड़ी ढालों और मालाबार तटीय मैदान में चावल पैदा होता है। प्रमुख जिले हैं–कोच्चि, ट्रावणकोर, क्विलोन, अल्लेप्पी, कन्नानोर, पालघाट।
- **पंजाब**–पंजाब देश के प्रधान चावल आपूर्ति क्षेत्रों में से है। यहाँ सिंचित क्षेत्रों में तथा कश्मीर में झेलम की घाटी में चावल की पैदावार होती है।
- **उत्तराखंड**–देहरादून व मध्य हिमालय के तराई व ढलान वाले क्षेत्रों में धान की खेती होती है।
- **छत्तीसगढ़**–रायपुर, बालाघाट, रायगढ़, बेतूल, बिलासपुर, सरगुजा आदि जिलों में चावल की खेती होती है। तापी, महानदी और नर्मदा की घाटियों में चावल की सर्वाधिक खेती होती है।

- **राजस्थान**–डूंगरपुर, चित्तौड़गढ़, उदयपुर, बाँसवाड़ा, गंगानगर जिले चावल उत्पादन की दृष्टि से महत्त्वपूर्ण हैं।
- **उड़ीसा**–पुरी, कटक, सम्बलपुर, बालासोर, मयूरगंज, गंजाम, कोरापुट, कालाहांडी, बोलनगिरि आदि जिलों में चावल की खेती होती है।

राज्यों में चावल की कृषि के विभिन्न नाम

राज्य	फसल	बुवाई
उत्तर प्रदेश	कुवारी	जून-जुलाई
	अगहनी	जून-अगस्त
पश्चिम बंगाल	अमन	मई-जुलाई
	बोडो/बोरो	अक्टूबर-जनवरी
बिहार	मदोई	मई-जुलाई
	अगहनी	जून-अगस्त
असम	आडू/और	अप्रैल-जुलाई
	बाओ/साली	मई-जुलाई

गेहूँ

साक्ष्यों से पता चलता है कि भारत में गेहूँ की पैदावार प्राचीन काल से ही होती आ रही है। यह भारत की दूसरी महत्त्वपूर्ण फसल है। चीन के बाद भारत संसार का दूसरा प्रमुख गेहूँ उत्पादक देश है। विगत पाँच दशकों में गेहूँ के क्षेत्र और उत्पादन में असाधारण तीन गुनी वृद्धि हुई है। भारत विश्व का 8% गेहूँ उत्पन्न करता है।

भौगोलिक दशाएँ : गेहूँ की बुआई के समय 10°-15° से. तथा पकने के समय 20° से 28° से. तक तापमान की आवश्यकता पड़ती है। गेहूँ के लिए 50 से 70 से.मी. वर्षा आदर्श मानी गई है। इस फसल के लिए हल्की दोमट या गहरे रंग की मटियार मिट्टी अच्छी होती है।

किस्में : गेहूँ की प्रमुख किस्मों में सोना 227, कल्याण सोना, सोनालिका, शरबती सोनेरा, सोनेरा-63, सोनेरा-64, सफेद लरमा, छोटी लरमा शामिल हैं।

उत्पादक क्षेत्र : भारत में खाद्यान्नों के अन्तर्गत बोई गई कुल भूमि के लगभग 11% भाग पर गेहूँ बोया जाता है। यह उत्तरी, पश्चिमी और मध्य भारत की मुख्य फसल है।

- **उत्तर प्रदेश**–यह भारत का सर्वाधिक गेहूँ उत्पन्न करने वाला राज्य है। गेहूँ के अंतर्गत अधिकांश क्षेत्रफल, गंगा, यमुना, घाघरा नदियों के बीच के क्षेत्र में पाया जाता है। उत्तर प्रदेश के मेरठ, बुलन्दशहर, आगरा, अलीगढ़, मुजफ्फरनगर, मुरादाबाद, इटावा, बदायूँ, फर्रुखाबाद, फतेहपुर, कानपुर आदि जिलों की लगभग एक-तिहाई कृषि योग्य भूमि पर केवल गेहूँ की कृषि होती है।
- **पंजाब**–नहरों की सहायता से सिंचाई का समुचित प्रबंध होने के कारण अमृतसर, लुधियाना, गुरुदासपुर, पटियाला, भटिण्डा, संगरूर, जालंधर, फिरोजपुर जिलों में पंजाब का लगभग आधा गेहूँ पैदा किया जाता है। भारत में इसका स्थान तीसरा है।
- **हरियाणा**–रोहतक, अम्बाला, करनाल, हिसार, जिंद, गुडगांव में गेहूँ की कृषि सिंचाई के सहारे की जाती है। भाखड़ा-नांगल परियोजना की सहायता से गेहूँ के क्षेत्र को दक्षिण-पूर्व की ओर, जो अधिक शुष्क है, बढ़ाया जा रहा है।
- **मध्य प्रदेश**–यह प्रदेश गेहूँ उत्पादन की दृष्टि से भारत में तीसरा स्थान रखता है। सागर, होशंगाबाद, जबलपुर, कटनी आदि जिलों में गेहूँ की अच्छी पैदावार होती है।
- **राजस्थान**–गंगानगर, कोटा, अलवर, टोंक, भरतपुर, सवाईमाधोपुर, जयपुर, उदयपुर, चित्तौड़गढ़ इत्यादि प्रमुख जिले हैं, जहाँ गेहूँ की पैदावार होती है।
- **बिहार**–गेहूँ बिहार की प्रमुख रबी फसल है। भोजपुर, औरंगाबाद, रोहतास, गया, सिवान, सारन, दरभंगा इत्यादि प्रमुख जिले हैं, जहाँ गेहूँ पैदा किया जाता है।

जौ

जौ उत्तर भारत की प्रमुख रबी फसल है। इसका उपयोग चारा और पशुओं के खाद्यान्न में ही अधिक होता है।

भौगोलिक दशाएँ : इस फसल के लिए ऐसे क्षेत्र सर्वाधिक उपयुक्त होते हैं, जहाँ न्यून मात्रा में वर्षा होती है। 75 से.मी. वार्षिक वर्षा इस फसल के लिए उपयुक्त है। इसकी खेती के लिए पाँच महीनों की आवश्यकता होती है। खेती के लिए हल्की मिट्टी की आवश्यकता होती है, किन्तु जल-सिंचित मध्यम दोमट मिट्टी भी इसकी कृषि के लिए उपयुक्त है।

किस्में : के. 24, के. 70, कैलाश, आजाद, आर. डी. 103, डोल्मा, जौ की महत्त्वपूर्ण किस्में हैं।

मक्का

भारत में मक्का अर्द्ध-शुष्क व असिंचित भागों में वर्षाकाल में पैदा की जाती है। विश्व के कुल उत्पादन का केवल 2 प्रतिशत मक्का ही भारत में पैदा की जाती है। देश के कुल फसलगत क्षेत्र के 3.5 प्रतिशत भाग में मक्का बोई जाती है। इसका उपयोग भारत में मुख्यतया खाने में किया जाता है।

भौगोलिक दशाएँ : साधारणतया मक्का के लिए 4 से 6 महीने लम्बी गर्मी का मौसम (जिसमें पाला या सर्दी न हो और दिन एवं रात में समान रूप से गर्मी रहे) होना आवश्यक है। इसके अतिरिक्त स्वच्छ आकाश और उपज काल में 50 से 80 सेमी. वर्षा (रुक-रुक कर) आदर्श मानी जाती है। 100 सेमी. से अधिक वर्षा हानिकारक है। इसके लिए 25°सें. से 30° सें. तापमान उपयुक्त

होता है, किन्तु 12° सें. से 25° सें. तापमान वाले क्षेत्र में भी यह पैदा होती है।

प्रमुख फसलों के 3 शीर्ष उत्पादक राज्य (2020-21)	
फसलें	**राज्य**
खाद्यान्न	
• चावल	पश्चिम बंगाल, उत्तर प्रदेश, पंजाब
• गेहूँ	उत्तर प्रदेश, मध्य प्रदेश, पंजाब
• मक्का	कर्नाटक, मध्य प्रदेश, महाराष्ट्र
• कुल मोटा अनाज	राजस्थान, कर्नाटक, महाराष्ट्र
• चना	मध्य प्रदेश, महाराष्ट्र, राजस्थान
• तूर	महाराष्ट्र, कर्नाटक, तेलंगाना
• जोड़-दालें	मध्य प्रदेश, राजस्थान, महाराष्ट्र
• जोड़-खाद्यान्न	उत्तर प्रदेश, मध्य प्रदेश, पंजाब
तिलहन	
• मूँगफली	गुजरात, राजस्थान, तमिलनाडु
• रैपसीड और सरसों	राजस्थान, मध्य प्रदेश हरियाणा
• सोयाबीन	महाराष्ट्र, मध्य प्रदेश, राजस्थान
• सूरजमुखी	कर्नाटक, हरियाणा, ओडिशा
• कुल-तिलहन	राजस्थान, महाराष्ट्र, मध्य प्रदेश
अन्य नकदी फसलें	
• गन्ना	उत्तर प्रदेश, महाराष्ट्र, कर्नाटक
• कपास	महाराष्ट्र, गुजरात, तेलंगाना
• जूट एवं मेस्ता	पश्चिम बंगाल, बिहार, असम

उत्पादक क्षेत्र–

- **उत्तर प्रदेश** में बुलन्दशहर, मेरठ, फर्रुखाबाद, बहराईच, गोंडा, जौनपुर, एटा और मैनपुरी जिले।
- **पंजाब** में लुधियाना, जालन्धर, संगरूर, होशियारपुर, अमृतसर, फिरोजपुर और पटियाला जिले।
- **बिहार** में मुंगेर, मुजफ्फरपुर, हजारीबाग, भागलपुर, दरभंगा, सारन, चम्पारण और पलामू (झारखण्ड) जिले।
- **राजस्थान** में उदयपुर, डूंगरपुर, बांसवाड़ा, भीलवाड़ा और चित्तौड़गढ़ जिले।
- **मध्य प्रदेश** में उज्जैन, रतलाम, झाबुआ और इन्दौर जिले।
- **जम्मू-कश्मीर** में जम्मू, ऊधमपुर और कथुआ जिले। **हिमाचल प्रदेश** में मण्डी और महासू जिलों में मक्का का उत्पादन होता है।

किस्में : गंगा 101, गंगा सफेद 2, गंगा 3, दक्कन, हिमालय 123, हि-स्टार्च, सोना विक्रम, जवाहर, उदयपुर, अम्बर, विजय इत्यादि मक्का की उन्नत किस्में हैं।

ज्वार

ज्वार की फसल भारत के अधिकांश राज्यों में खरीफ की फसल है। महाराष्ट्र में यह रबी और खरीफ दोनों ही फसलों में बोयी जाती है। काली और मिश्रित काली मिट्टी वाले क्षेत्रों में, जहाँ वर्षा सामान्य और सुवितरित होती है, यह मानसूनी वर्षा के बाद जुलाई के महीने में बो दी जाती है और नवम्बर के अंत तक काट ली जाती है।

उत्पादक क्षेत्र–ज्वार के प्रमुख उत्पादक क्षेत्र हैं–

- **मध्य प्रदेश** में मुख्य उत्पादक जिले मंदसौर, पश्चिमी नीमाड़, राजगढ़, शाजापुर, छिंदवाड़ा, देवास, धार, गुना और सिहोर हैं।
- **महाराष्ट्र** में पुणे, शोलापुर, सतारा, अहमदनगर, बुलढाना, अकोला, यवतमाल, नांदेड़, जलगांव, औरंगाबाद, अमरावती, नागपुर, प्रभाणी, वर्धा और खानदेश जिले।
- **गुजरात** में बड़ोदरा, भड़ौच, जूनागढ़, महसाना, बनासकांठा, राजकोट, भावनगर और सुरेन्द्रनगर जिले।
- **आन्ध्र प्रदेश** में हैदराबाद, कुर्नूल, नलगोंदा, अनन्तपुर, आदिलाबाद, वारंगल, मेंढक, गुंटूर, महबूबनगर और निजामाबाद जिले।
- **कर्नाटक** में बीजापुर, बेल्लारी, चित्रदुर्ग, मैसूर, गुलबर्गा, बीदर, बेलगांव और रायचूर जिले।
- **राजस्थान** में कोटा, अजमेर, नागौर, पाली, बूंदी और झालावाड़ जिले।

बाजरा

बाजरा के प्रमुख उत्पादक क्षेत्र हैं :

- **गुजरात** में कच्छ, अमरेली, सुरेन्द्रनगर, भावनगर, खेड़ा, राजकोट, महसाना और सावरकांटा जिले।
- **उत्तर प्रदेश** में आगरा, बदायूं, अलीगढ़, मथुरा, इटावा, मुरादाबाद, इलाहाबाद, एटा, मैनपुरी, प्रतापगढ़, कानपुर, फर्रुखाबाद, शाहजहाँपुर।
- **राजस्थान** में बाड़मेर, नागौर, जालौर, जोधपुर, पाली, सीकर, झूंझून्, बीकानेर, भरतपुर, अलवर, जैसलमेर और सवाईमाधोपुर जिले।
- **महाराष्ट्र** में नासिक, धूलिया, सतारा, पुणे, सांगली, औरंगाबाद, शोलापुर, जलगांव और अहमदनगर जिले।
- **हरियाणा** में हिसार, गुड़गांव, रोहतक और मेहन्द्रगढ़ जिले।
- **आन्ध्र प्रदेश** में नलगोंदा, प्रकाशम, अनन्तपुर, चित्तूर, महबूबनगर, गुंटूर, कुर्नूल और विशाखापट्टनम जिले।

रागी

रागी कर्नाटक का सर्वप्रमुख अनाज है। यहाँ इसका प्रयोग मुख्यतः खाद्यान्न के रूप में किया जाता है। कर्नाटक के अतिरिक्त आन्ध्र प्रदेश, तमिलनाडु, उड़ीसा, बिहार, गुजरात, महाराष्ट्र, उत्तरांचल तथा हिमाचल प्रदेश में रागी की खेती होती है।

यह छीटककर, स्थानांतरित कर तथा रोपकर तीन विधियों से पैदा की जाती है। जी.पी.यू. 24, एच.पी.बी. 1ई 2, वी.एल. 149 रागी की प्रमुख किस्में हैं।

चना

यह प्रमुख दलहन फसल है, जो कुल दलहन क्षेत्र के एक-तिहाई क्षेत्र में उत्पादित होता है। कुल दलहन उत्पादन में इसकी भागीदारी लगभग 40 प्रतिशत है।

उत्तर प्रदेश, बिहार, पंजाब, हरियाणा, राजस्थान, मध्य प्रदेश, पश्चिम बंगाल इसके मुख्य उत्पादक राज्य हैं।

अरहर

चना के बाद दलहन के क्षेत्र में अरहर का दूसरा स्थान है।

इसकी खेती शुष्क एवं उष्णार्द्र दोनों प्रकार की जलवायु में की जाती है। अरहर के पौधों में फूल निकलते तथा पकते समय सूर्य के प्रकाश वाला मौसम अधिक उपयुक्त होता है। अरहर मुख्य रूप से उत्तर प्रदेश, महाराष्ट्र, मध्य प्रदेश, बिहार, कर्नाटक, आन्ध्र प्रदेश, उड़ीसा, तमिलनाडु तथा गुजरात में पैदा की जाती है।

II. व्यावसायिक फसलें

भारत में अनेक प्रकार की व्यावसायिक फसलें पैदा की जाती हैं। इसे **नकदी** फसल भी कहा जाता है। इससे कृषक को मुद्रा की प्राप्ति होती है।

गन्ना

पूरे विश्व के गन्ना उत्पादन क्षेत्र का 35% भाग भारत में है। गन्ना उत्पादन में भारत का विश्व में ब्राजील के बाद दूसरा स्थान है। गन्ना एक सिंचित फसल है। प्रायद्वीपीय भारत की तुलना में उत्तरी मैदानों में सिंचाई कम लागत में और आसानी से हो जाती है। लेकिन, लम्बी परिपक्वता अवधि ज्यादा रस एवं लम्बी पिराई अवधि के कारण भारत में गन्ने की कृषि का स्थानान्तरण प्रायद्वीपीय भारत की ओर हो रहा है। प्रायद्वीपीय भारत में प्रति हेक्टेयर उत्पादन उत्तरी भारत की तुलना में ज्यादा है।

उत्पादक क्षेत्र–गन्ने के प्रमुख उत्पादक क्षेत्र हैं–

- **उत्तर प्रदेश**–उत्पादन की दृष्टि से भारत में उत्तर प्रदेश का पहला स्थान है। इस राज्य में गन्ने के दो प्रमुख क्षेत्र हैं–पहला क्षेत्र तराई प्रदेश से सम्बद्ध है तथा दूसरा क्षेत्र गंगा-यमुना नदियों के दोआब में स्थित है।
- **महाराष्ट्र**–इस राज्य में गन्ने का क्षेत्र नासिक के दक्षिण में गोदावरी की ऊपरी घाटी में स्थित है। सतारा, सांगली, नासिक, अहमदनगर, शोलापुर, पुणे प्रमुख गन्ना उत्पादक जिले हैं। उत्पादन में इसका स्थान देश में दूसरा है।
- **कर्नाटक**–गन्ने के क्षेत्र एवं उत्पादन की दृष्टि से इस राज्य का स्थान भारत में तीसरा है। राज्य के लगभग 40% गन्ने का उत्पादन बेलगाम तथा मांड्या में होता है। इसके अतिरिक्त रायचूर, बेल्लारी तथा मैसूर भी महत्त्वपूर्ण गन्ना उत्पादक जिले हैं।
- **तमिलनाडु**–यह भारत का चौथा सबसे बड़ा गन्ना उत्पादक राज्य है। कोयम्बटूर, उत्तरी एवं दक्षिणी अर्काट, तिरुचिरापल्ली, सलेम महत्त्वपूर्ण गन्ना उत्पादक जिले हैं। इन जिलों में राज्य के कुल गन्ना उत्पादन का 80% भाग पैदा होता है। तंजावूर, रामनाथपुरम, मदुरै, धर्मपुरी आदि अन्य महत्त्वपूर्ण गन्ना उत्पादक जिले हैं।
- **आन्ध्र प्रदेश**–श्रीकाकुलम, विशाखापट्नम, चित्तूर, पूर्वी एवं पश्चिमी गोदावरी, कृष्णा, निजामाबाद इस राज्य के महत्त्वपूर्ण जिले हैं, जहाँ गन्ने की खेती होती है।
- **पंजाब**–जालंधर, गुरुदासपुर, रूपनगर, संगरूर, पटियाला, लुधियाना, अमृतसर, होशियारपुर, फिरोजपुर आदि प्रमुख गन्ना उत्पादक जिले हैं।
- **गुजरात**–सूरत, गुजरात का सर्वप्रमुख गन्ना उत्पादक जिला है। अन्य गन्ना उत्पादक जिलों में बलसाड़, राजकोट, अमरेली, जूनागढ़, भावनगर शामिल हैं।
- **हरियाणा**–हरियाणा के प्रमुख गन्ना उत्पादक जिलों में रोहतक, जिंद, हिसार, अम्बाला, सोनीपत, करनाल आदि शामिल हैं।
- **बिहार**–उत्तरी बिहार के मैदानी भागों में गन्ने की खेती की जाती है। यहाँ के प्रमुख गन्ना उत्पादक जिलों में चम्पारण, सारन, मुजफ्फरपुर, पटना, सीवान, गोपालगंज आते हैं।

तिलहन

तिलहन वे फसलें हैं, जिनसे तेल उत्पन्न किया जाता है। तिलहनी फसलों में तिल, मूँगफली, सोया और सूरजमूखी महत्वपूर्ण हैं। भारत में विश्व की 24 प्रतिशत मूँगफली, 25 प्रतिशत तिल, 20 प्रतिशत रेंडी और 17 प्रतिशत सरसों उत्पन्न की जाती है। भारत मूँगफली के उत्पादन कनाडा एवं में चीन के बाद तीसरे स्थान पर है। भारत तिलहन उत्पादन में दूसरे स्थान पर है।

- **सरसों और तोरी**–इसके प्रमुख उत्पादक राज्य हैं–उत्तर प्रदेश, पश्चिम बंगाल, उड़ीसा, पंजाब। अन्य महत्त्वपूर्ण उत्पादक राज्य राजस्थान, बिहार, उड़ीसा, गुजरात, असम तथा जम्मू-कश्मीर हैं।
- **मूँगफली**–मूँगफली के उत्पादन में भारत का विश्व में दूसरा स्थान है। विश्व के कुल उत्पादन का लगभग 13.58% भाग अकेले भारत में उत्पादित होता है।

यह प्रायः खरीफ फसल है, जो मई से लेकर अगस्त तक बोई जाती है तथा नवम्बर से जनवरी तक प्राप्त कर ली जाती है।

गुजरात, आन्ध्र प्रदेश, मध्य प्रदेश, तमिलनाडु, महाराष्ट्र और कर्नाटक राज्यों में भारत के कुल उत्पादन का 90% भाग प्राप्त होता है। मध्य प्रदेश, पंजाब, राजस्थान, उत्तर प्रदेश में भी मूँगफली की खेती की जाती है।

- **तिल**–भारत में इसकी पैदावार ठण्डे भागों में खरीफ की फसल के साथ तथा गरम भागों में रबी की फसल के साथ होती है।

  उत्तर प्रदेश, मध्य प्रदेश, आन्ध्र प्रदेश, राजस्थान, गुजरात, महाराष्ट्र, तमिलनाडु तिल के प्रमुख उत्पादक राज्य हैं, जहाँ से भारत की कुल उपज का 90% क्षेत्र आता है।
- **अलसी**–अलसी से तेल तथा रेशा दोनों प्राप्त होता है। विश्व उत्पादन में भारत का स्थान तीसरा है तथा यहाँ कुल विश्व उत्पादन का 12% भाग पैदा होता है।

  भारत के कुल उत्पादन का 90% भाग मध्य प्रदेश, बिहार, राजस्थान, उड़ीसा, बंगाल, गुजरात तथा महाराष्ट्र से प्राप्त होता है। कर्नाटक, आन्ध्र प्रदेश, उत्तर प्रदेश, पंजाब अन्य महत्त्वपूर्ण उत्पादक राज्य हैं।
- **सोयाबीन**–यह 40 से 50% तक तेल वाली रबी फसल है। अब इसकी पैदावार खरीफ फसल के रूप में भी की जाती है। देश का प्रमुख उत्पादक राज्य महाराष्ट्र एवं मध्य प्रदेश है।

  मध्य प्रदेश के अतिरिक्त इसका उत्पादन राजस्थान, गुजरात, उत्तर प्रदेश, उत्तराखंड में होता है।

गरम मसाले

- **काली मिर्च**–भारत में इसकी खेती मालाबार तट पर, पश्चिमी घाट के दोनों ओर की ढलानों पर, उत्तर में कोंकण से लेकर दक्षिण में कोच्चि तक की जाती है। केरल, तमिलनाडु, कर्नाटक में देश के कुल उत्पादन का 98% प्राप्त होता है।
- **इलायची**–भारत में इसका उत्पादन केरल, कर्नाटक, तमिलनाडु और महाराष्ट्र में किया जाता है। मध्य भारत में हरी व सफेद दो प्रकार की इलायची पैदा की जाती है।
- **लाल मिर्च**–इसकी पैदावार सारे भारत में की जाती है, किन्तु मध्य प्रदेश, तमिलनाडु, महाराष्ट्र, कर्नाटक, पंजाब, राजस्थान, आन्ध्र प्रदेश, गुजरात और बिहार में ज्यादा अच्छी होती है।
- **दालचीनी**–देश के आर्द्र-गरम भागों में इसकी पैदावार होती है। इसके लिए कांप बालूई मिट्टी तथा लगभग 200 से.मी. वर्षा की आवश्यकता पड़ती है। इसे नीलगिरि की पहाड़ियों पर पैदा किया जाता है। यह एक प्रकार के वृक्ष की छाल होती है। इस वृक्ष के फल को **'जायफल'** तथा इसके पत्ते को **'तेजपात'** कहते हैं।

  इसका उत्पादन मुख्यतः मालाबार और नीलगिरि की पहाड़ियों पर होता है।
- **अदरक**–इसका सबसे अधिक उत्पादन केरल में होता है। केरल के अतिरिक्त उत्तर प्रदेश, पश्चिम बंगाल, महाराष्ट्र, गुजरात तथा आन्ध्र प्रदेश में भी इसका उत्पादन होता है। **केरल में अदरक को सुखाकर सौंठ तैयार की जाती है।**
- **हल्दी**–उत्पादन मुख्य रूप से आन्ध्र प्रदेश, तमिलनाडु, बिहार, उड़ीसा, महाराष्ट्र, उत्तर प्रदेश, मेघालय में होता है।

रबर

सन 1902 में पहला रबर का वृक्ष केरल में पेरियार नदी के किनारे लगाया गया, इन्हें दक्षिण अमेरिका से मँगवाया गया था।

भारत में कलमी पौधों को इण्डोनेशिया तथा मलेशिया से आयात किया जाता है। कलमी वृक्ष से बीज पौधों की अपेक्षा चौगुना अधिक दूध मिलता है। भारत में केरल, कर्नाटक राज्यों के तटीय क्षेत्रों में इसका अधिक उत्पादन होता है। भारत में केरल अकेले देश के कुल उत्पादन का 85 प्रतिशत रबर का उत्पादन करता है। अन्य उत्पादक राज्यों में तमिलनाडु, असम, त्रिपुरा, मेघालय, मिजोरम, नागालैण्ड, मणिपुर, गोवा, उड़ीसा, महाराष्ट्र, प. बंगाल शामिल हैं। रबर उत्पादन में भारत का विश्व में चौथा स्थान है।

III. पेय फसलें

चाय

यद्यपि जंगली अवस्था में यह असम में पहले से ही पैदा होती थी, किन्तु 1834 में अंग्रेज सरकार ने परीक्षण के रूप में व्यापारिक पैमाने पर इसका उत्पादन आरंभ करवाया। वर्तमान में चाय भारत की मुख्य व्यापारिक फसल है। भारत दुनिया के शीर्ष 5 चाय निर्यातकों में से एक है जो कुल निर्यात का लगभग 10% निर्यात करता है। विश्व उत्पादन में भारत का चीन के बाद दूसरा स्थान है।

विश्व में चाय मुख्यतः दक्षिण पूर्वी एशियाई देशों में की जाती है। चीन, भारत के अलावा इसके प्रमुख उत्पादक राष्ट्र श्रीलंका, केन्या, इंडोनेशिया, तुर्की, जापान आदि हैं।

पूरे विश्व की 20.56 प्रतिशत चाय भारत में पैदा की जाती है। अन्तर्राष्ट्रीय चाय व्यापार में भारत का हिस्सा 15 प्रतिशत है।

भौगोलिक दशाएँ : वृक्षों की छाया में इसके पौधे तेजी से बढ़ते हैं। 22°-34° सें.ग्रे. के बीच तापमान तथा 150-180 से.मी. औसत वार्षिक वर्षा इसके पौधे के लिए उपयुक्त है। इसके पौधों की जड़ों में पानी जमा होने से हानि पहुँचती है। चाय के उद्यान मुख्य रूप से 610-1,830 मीटर की ऊँचाई पर ही पहाड़ी ढालों पर मिलते हैं। इसके लिए गहरी तथा गंधकयुक्त मिट्टी अच्छी होती है।

उपजाऊ, मुलायम, बलुई मिट्टी में जहाँ जैविक एवं रासायनिक तत्त्वों का आधिक्य हो, इसकी अच्छी उपज होती है। दार्जिलिंग की चाय पोटाश एवं फॉस्फोरस की अधिकता के कारण सुंगधित होती है। इसके पौधों में हड्डी, अमोनियम सल्फेट, कम्पोस्ट और हरी खाद डाली जाती है। इसकी खेती के लिए सस्ते श्रमिकों की अधिक आवश्यकता पड़ती है।

उत्पादक क्षेत्र : भारत के कुल चाय क्षेत्र का अधिकांश भाग असम, पश्चिम बंगाल, तमिलनाडु तथा केरल के अन्तर्गत आते हैं।

- **असम**–यह राज्य देश का सबसे बड़ा चाय उत्पादक है। यहाँ देश का कुल 52.97% चाय क्षेत्र स्थित है। यहाँ से कुल चाय उत्पादन का 51.43% भाग उत्पादित किया जाता है। राज्य में चाय के मुख्य क्षेत्र ब्रह्मपुत्र तथा सुरमा घाटी में स्थित हैं।
- **पश्चिम बंगाल**–इस राज्य में देश के कुल चाय क्षेत्र का 23.52% भाग स्थित है। चाय उत्पादन में इस राज्य का प्रमुख स्थान है।
- **उत्तराखंड**–इस राज्य के चाय बागान नैनीताल, देहरादून, मसूरी, गढ़वाल तथा अल्मोड़ा जिलों में हैं।
- **हिमाचल प्रदेश**–इस राज्य के कांगड़ा तथा मण्डी जिलों में चाय का उत्पादन होता है।
- **तमिलनाडु**–इस राज्य में कुल चाय क्षेत्र का 11.64% भाग स्थित है। देश के चाय उत्पादन का 15.92% भाग यहाँ पैदा होता है।
- **केरल**–इस राज्य से कुल चाय उत्पादन का 8.45% भाग प्राप्त होता हैं।

भारत अपने कुल उत्पादन का लगभग 10% चाय का निर्यात करता है। निर्यात लगभग 25 देशों को किया जाता है।

कहवा (कॉफी)

1798 ई. में ईस्ट इण्डिया कम्पनी द्वारा प्रयोगात्मक रूप से इसका उत्पादन शुरू किया गया। इसका व्यापारिक उत्पादन 1820 में शुरू हुआ। पूरे विश्व उत्पादन का 3.19% भाग भारत में होता है। भारत का कहवा उत्तम कोटि का होता है।

भौगोलिक दशाएँ : कहवा के लिए 12°–30° सें.ग्रे. तापमान तथा 150 से 200 से.मी. वर्षा अनुकूल मानी जाती है। अधिक समय तक पानी न मिलने से या अधिक समय तक जड़ों में पानी ठहर जाने पर कॉफी की फसल खराब हो जाती है। इसके लिए अच्छे जल निकास वाले धरातल की आवश्यकता होती है। दोमट या लावा मिट्टी इसके लिए उपयुक्त होती है। जीवांश तथा लोहे के अंश वाली मिट्टी अधिक लाभदायक होती है। कहवा के पौधों को उगाने, दूसरी जगह रोपने, फलों को तोड़ने, सुखाने, पीसने तथा डिब्बाबंद करने के लिए श्रमिकों की आवश्यकता पड़ती है।

भारत में कहवा की दो किस्में पैदा की जाती हैं–**अरेबिका** तथा **रोबेस्टा**। अरेबिका उच्च कोटि का कहवा है, हालांकि इसमें कीड़े अधिक लगते हैं। रोबेस्टा कहवा रोगरोधी है।

उत्पादक क्षेत्र : देश के कहवा क्षेत्र का 90% से अधिक दक्षिण भारत के राज्यों में स्थित है। शेष क्षेत्र उत्तरी-पूर्वी भारत के राज्यों में स्थित है।

- **कर्नाटक**–यह राज्य देश के कुल उत्पादन का 60.49% कहवा उत्पन्न करता है।
- **केरल**–देश का दूसरा सबसे बड़ा कहवा उत्पादक राज्य है। देश का 24.7% भाग कहवा यहाँ से प्राप्त होता है।
- **तमिलनाडु**–कहवा उत्पादन में इस राज्य का प्रमुख स्थान है। देश के कुल उत्पादन का 6.16% यहाँ से प्राप्त होता है। नीलगिरि सबसे महत्त्वपूर्ण कहवा उत्पादक जिला है।

अन्य राज्यों में आन्ध्र प्रदेश, महाराष्ट्र, असम, मिजोरम, नागालैण्ड, त्रिपुरा आदि शामिल हैं। कुल उत्पादन का लगभग आधे से अधिक आंतरिक उपयोग में खर्च हो जाता है।

तम्बाकू

सर्वप्रथम 1508 में पुर्तगालियों ने तम्बाकू का पौधा भारत में लगाया। वर्तमान में कुल विश्व तम्बाकू उत्पादन का लगभग 7% उत्पादन भारत करता है।

भौगोलिक दशाएँ : इसका उत्पादन सामान्य धरातल से लेकर 1,800 मीटर की ऊँचाई तक किया जा सकता है। तापमान 18°–40° सें.ग्रे. के मध्य अच्छा रहता है। इसकी पैदावार के लिए 200 दिनों के पाला रहित मौसम की आवश्यकता होती है। वर्षा की 50-100 से.मी. आवश्यकता होती है। पकने के समय स्वच्छ आकाश और तेज धूप की आवश्यकता होती है। इसके लिए गहरी दोमट या मिश्रित कछारी मिट्टी उपयुक्त रहती है। इसकी खेती के लिए सस्ते श्रमिकों की आवश्यकता पड़ती है।

भारत में लगभग 60 किस्म की तम्बाकू पैदा होती है। निकोटिना टुबैकम तथा निकोटिना रस्टिका तम्बाकू की मुख्य किस्में हैं।

उत्पादक क्षेत्र : आन्ध्र प्रदेश, महाराष्ट्र, तमिलनाडु और कर्नाटक मुख्य उत्पादक राज्य हैं। इन चार राज्यों में ही कुल उत्पादन का लगभग 78% पैदा होता है।

- **आन्ध्र प्रदेश**–इस राज्य के गुन्टूर, कृष्णा, पूर्वी व पश्चिमी गोदावरी जिले, तेलंगाना जिलों में तम्बाकू की पैदावार होती है। इस राज्य का दो-तिहाई से भी अधिक तम्बाकू गुन्टूर जिले से प्राप्त होता है।
- **गुजरात** का खेड़ा जिला; **महाराष्ट्र** के कोल्हापुर, मिराज, सांगली, सतारा जिले; **कर्नाटक** का बेलगाँव जिला; **उत्तर प्रदेश** के बनारस, बुलन्दशहर, मेरठ, मैनपुरी, सहारनपुर तथा फर्रुखाबाद

जिले; **हरियाणा** के गुड़गाँव, करनाल और अम्बाला जिले; **तमिलनाडु** के कोयम्बटूर, मदुरै, डिंडीगुल, थंजावूर, तिरुचिरापल्ली जिले; **बिहार** के मुजफ्फरपुर, दरभंगा, मुंगेर, पूर्णिया जिले; **पश्चिम बंगाल** के माल्दा, जलपाईगुड़ी, हुगली, कूचबिहार, बहारमपुर जिले तम्बाकू उत्पादन के लिए प्रसिद्ध हैं।

IV. रेशेदार फसलें

कपास

कपास भारत की आदि फसल है। प्राचीन साक्ष्यों के अनुसार लगभग 2,500 ई. पू. में भी यहाँ कपास की खेती होती थी। कुल विश्व उत्पादन का 14.5% भाग भारत में पैदा होता है।

भौगोलिक दशाएँ : कपास एक उष्ण कटिबंधीय पौधा है। 50-100 से.मी. वर्षा तथा 20°-30° सें.ग्रे. तापमान इसके पौधे के लिए आवश्यक होता है। इसकी अच्छी खेती के लिए 200 पाला रहित दिन आवश्यक होते हैं। कपास के फूल के खिलते समय स्वच्छ आकाश तथा चमकदार धूप आवश्यक होती है। भारी काली मिट्टी, लाल और काली मिट्टी, कछारी मिट्टी इसकी खेती के लिए अच्छी होती है।

कपास का विश्व-वितरण : कपास की कृषि का सबसे अधिक विकास 19वीं शताब्दी में औद्योगिक क्रांति के बाद हुआ। विश्व में प्रति वर्ष लगभग 182.4 लाख मीट्रिक टन कपास पैदा होती है। इसके प्रमुख उत्पादक चीन, संयुक्त राज्य अमेरिका, भारत, पाकिस्तान, उज्बेकिस्तान तथा टर्की हैं। अन्य उत्पादक देश ऑस्ट्रेलिया, ब्राजील, तुर्कमेनिस्तान, यूनान, सीरिया, मिस्र, अर्जेंटीना, माली आदि हैं।

कपास की किस्में : कपास की चार किस्में पाई जाती हैं–*गोसीपियम आरबोरियम, गोसीपियम हरबेसियम, गोसीपियम हेर्सुटम, गोसीपियम बार्बेडोस।* पहली किस्म देशी जाति की है। इसका रेशा छोटा होता है। यह भारत के प्रायः सभी कपास उत्पादक क्षेत्रों मे बोई जाती है। दूसरी किस्म मध्य एशिया से लाई गयी है तथा यह मध्यम रेशे वाली फसल है। यह मुख्य रूप से गुजरात, महाराष्ट्र, आन्ध्र प्रदेश, कर्नाटक, तमिलनाडु में बोई जाती है। तीसरी किस्म अमेरिकी प्रजाति की है। यह मध्यम लम्बे किस्म की कपास है। यह अर्द्ध शुष्क क्षेत्रों पंजाब, राजस्थान, पश्चिमी उत्तर प्रदेश, आन्ध्र प्रदेश, महाराष्ट्र, कर्नाटक में उगाई जाती है। चौथी किस्म की कपास अमरीकी प्रजाति की है। यह मात्र कर्नाटक तथा केरल राज्य में बोई जाती है। यह लम्बे रेशे वाली कपास है।

भारत : भारत में विश्व की 11% से अधिक कपास पैदा की जाती है। यहाँ कपास के प्रमुख उत्पादक राज्य महाराष्ट्र, गुजरात, राजस्थान, पंजाब, हरियाणा तथा पश्चिमी उत्तर प्रदेश हैं। भारत में अधिकांशतः कपास की खेती सिंचाई की सहायता से की जाती है। दक्कन के पठार की काली मिट्टी में कपास की कृषि का विशेष स्थान है।

उत्पादक क्षेत्र–

- **गुजरात**–वर्तमान में इस राज्य का स्थान उत्पादन में पहला हो गया है। देश के कुल उत्पादन का 29% इस राज्य से प्राप्त होता है। माही तथा नर्मदा नदियों के बीच सबसे अधिक कपास की खेती होती है।
- **महाराष्ट्र**–कपास उत्पादन की दृष्टि से इस राज्य का स्थान भारत में दूसरा है। यहाँ से देश के कुल उत्पादन का 17.89% भाग प्राप्त होता है। यहाँ के गहरी उपजाऊ काली मिट्टी वाले विस्तृत क्षेत्र में कपास के लिए अनुकूल परिस्थितियाँ हैं।
- **आन्ध्र प्रदेश**–देश का महत्त्वपूर्ण कपास उत्पादक राज्य है। इस राज्य की उत्पादकता देश की औसत उत्पादकता के बराबर है। इस राज्य के दो जिलों गुंटूर तथा प्रकाशम से राज्य की दो-तिहाई कपास पैदा होती है।
- **राजस्थान**–उत्पादन की दृष्टि से इसका देश में महत्त्वपूर्ण स्थान है। देश के कुल उत्पादन का 8.45% भाग इस राज्य में पैदा होता है। सिंचाई की कमी उत्पादन में बाधा पहुँचाती है। इस राज्य का गंगानगर जिला सबसे अधिक कपास पैदा करता है।
- **पंजाब**–देश के कुल उत्पादन का 12.6% भाग इस राज्य में पैदा होता है और इस राज्य का चौथा स्थान है। यहाँ कपास अधिकतर सिंचाई के माध्यम से पैदा की जाती है।
- **कर्नाटक**–यह राज्य देश के कुल उत्पादन का 6.53% भाग कपास उत्पन्न करता है। राज्य की आधी कपास रायचूर और धाड़वाड़ जिलों से प्राप्त होती है।
- **मध्य प्रदेश**–यह राज्य कपास उत्पादन के लिए वर्षा पर निर्भर करता है। राज्य के पश्चिमी भाग में कपास की खेती नर्मदा-तापी की घाटी तथा मालवा पठार पर की जाती है।

उपर्युक्त राज्यों के अतिरिक्त तमिलनाडु, केरल, उड़ीसा, असम, बिहार, हिमाचल प्रदेश, जम्मू कश्मीर, उत्तर प्रदेश में भी कपास पैदा किया जाता है।

पटसन *(जूट)*

विभाजन के पूर्व भारत का पटसन की खेती पर एकाधिकार था, किन्तु विभाजन के उपरान्त पटसन का बहुत बड़ा क्षेत्र पूर्वी पाकिस्तान (बांग्लादेश) में चला गया। वर्तमान समय में विश्व के कुल पटसन का 52.7% भाग भारत तथा 27% भाग बांग्लादेश उत्पन्न करता है।

भौगोलिक दशाएँ : यह एक उष्णार्द्र कटिबंधीय पौधा है, किन्तु यह उपोष्ण कटिबंधीय क्षेत्रों में भी उगाया जाता है। इसकी खेती के लिए 150-200 से.मी. वर्षा तथा 20°-30° सें. तापमान अच्छा माना जाता है। इसके लिए समतल धरातल युक्त मटियार

तथा दोमट मिट्टी अधिक उपयोगी होती है। इसके पौधे को साफ कर रेशा निकालने के लिए सस्ते श्रमिकों की आवश्यकता होती है।

उत्पादक क्षेत्र : पश्चिम बंगाल तथा बिहार में देश के कुल उत्पादन का 92.2% पैदा किया जाता है। अन्य महत्त्वपूर्ण उत्पादक राज्यों में असम, उड़ीसा तथा मेघालय हैं।

- **पश्चिम बंगाल**–पटसन उत्पादन में इस राज्य का भारत में पहला स्थान है। यहाँ कुल पटसन क्षेत्र का 72.24% स्थित है तथा कुल उत्पादन का 80.64% पटसन पैदा किया जाता है। यहाँ के अधिकांश क्षेत्र गंगा-डेल्टाई भाग में हैं।
- **बिहार**–पटसन उत्पादन में इस राज्य का दूसरा स्थान है। यहाँ देश का 18% पटसन क्षेत्र स्थित है तथा कुल उत्पादन का 11.56% भाग उत्पन्न होता है। इस राज्य का तराई क्षेत्र पटसन का प्रमुख उत्पादक है।
- **असम**–देश के कुल उत्पादन का 6.98% भाग यह राज्य उत्पन्न करता है। नौगांव तथा कामरूप जिलों में राज्य का दो-तिहाई पटसन उत्पादित होता है।
- **उड़ीसा**–इस राज्य में महानदी के डेल्टाई भाग में पटसन की खेती की जाती है। देश के कुल उत्पादन का 0.41% पटसन इस राज्य से प्राप्त होता है।

उपर्युक्त राज्यों के अतिरिक्त उत्तर प्रदेश, मेघालय, आन्ध्र प्रदेश, छत्तीसगढ़, केरल, त्रिपुरा, तमिलनाडु, मणिपुर में भी पटसन की खेती की जाती है।

भारत से पटसन का जर्मनी, ब्रिटेन, अमेरिका, रूस, फ्रांस, मिस्र, आस्ट्रेलिया आदि देश को निर्यात किया जाता है।

सिंचाई क्षेत्र

सफल कृषि के लिए अन्य बातों के साथ-साथ जल भी आवश्यक होता है। यह जल कृषि को या तो सीधे ही वर्षा द्वारा प्राकृतिक रूप से प्राप्त होता है या इस जल को कृत्रिम रूप से खेतों तक पहुंचाया जाता है। वर्षा के अभाव में कृत्रिम रूप से खेतों तक जल पहुंचाने की क्रिया को सिंचाई कहते हैं।

सिंचाई की आवश्यकता

भारत की भौगोलिक परिस्थितियां विशेषतः यहां की वर्षा इस प्रकार की है कि कृषि को सफल बनाने के लिए सिंचाई का होना आवश्यक हो जाता है। सिंचाई की आवश्यकता तथा इसके महत्व का अनुमान निम्न विवरण द्वारा स्पष्ट हो जाता है :

- **मानसून वर्षा की अनिश्चितता**–मानसूनी वर्षा बड़ी अनिश्चित होती है। यह प्रायः अपने निर्धारित समय पर नहीं आती। कभी यह समय से पहले आ जाती है और कभी काफी विलम्ब से आती है। दस वर्षों में केवल दो वर्ष ही मानसून समय पर आता है। शेष आठ वर्षों में इसके प्रारंभ तथा समापन में अनिश्चतता पाई जाती है। कम वर्षा वाले क्षेत्रों में वर्षा की अनिश्चितता का विशेष प्रभाव पड़ता है। इस अनिश्चितता के कुप्रभाव को कम करने के लिए सिंचाई की आवश्यकता पड़ती है।
- **वर्षा की अनियमितता**–भारत में मानसून की वर्षा अपनी नियमित मात्रा से कभी अधिक तथा कभी कम होती है। इससे बाढ़ अथवा सूखे की स्थिति उत्पन्न हो जाती है। सूखे की स्थिति में सिंचाई की आवश्यकता पड़ती है। वर्षा की अनियमितता का प्रभाव 100 सेमी. से कम वार्षिक वर्षा वाले क्षेत्रों पर विशेष रूप से पड़ता है।
- **वर्षा का असमान वितरण**–भारत में वर्षा का वितरण समान नहीं है। एक तरफ तो चेरापूंजी में 1000 सेमी. से भी अधिक वार्षिक वर्षा होती है तथा दूसरी ओर जैसलमेर में 10 सेमी. से भी कम वर्षा होती है। भारत में कृषिकृत भूमि को केवल 30.2% भाग ही पर्याप्त वर्षा प्राप्त करता है जहां 110 सेमी. से अधिक वर्षा होती है। कृषिगत भूमि के 35.7 प्रतिशत भाग पर 75 से 110 सेमी. तथा 34.1% भाग पर 75 सेमी. से कम वार्षिक वर्षा होती है। इस प्रकार भारत के लगभग दो-तिहाई भाग पर सिंचाई की आवश्यकता होती है।
- **मानसून विभंगता**–वर्षा ऋतु में मानसून पवनें निरन्तर वर्षा नहीं करतीं, बल्कि कुछ अन्तराल पर रुक-रुक कर वर्षा करती हैं। कभी-कभी यह अन्तराल काफी लम्बा हो जाता है और वर्षा काल में भी वर्षा नहीं होती। अतः फसलों को बचाने के लिए सिंचाई का सहारा लेना पड़ता है।
- **वर्षा ऋतु की सीमित अवधि**–भारत में लगभग तीन-चौथाई वर्षा दक्षिण-पश्चिमी मानसून पवनों द्वारा होती है। यह वर्षा केवल ग्रीष्म काल के तीन-चार महीनों में ही होती है और वर्षा का शेष भाग शुष्क ही बीतता है। यह शुष्क अवधि केरल में 5 माह तथा उत्तर-पश्चिमी भारत में 9½ माह है। इस शुष्क मौसम में सिंचाई की आवश्यकता होती है।
- **वर्षा का मूसलाधार स्वरूप**–भारत में मानसूनी वर्षा तेज बौछारों के रूप में अथवा मूसलाधार होती है। इसके परिणामस्वरूप वर्षा के जल को मिट्टी पूर्णतः नहीं सोख सकती और जल व्यर्थ ही बहकर नष्ट हो जाता है। अतः मिट्टी में पर्याप्त जल उपलब्ध नहीं होता और सिंचाई की आवश्यकता पड़ती है।
- **कुछ फसलों के लिए अधिक जल की आवश्यकता**–चावल, पटसन, गन्ना कुछ ऐसी फसलें हैं जिन्हें काफी अधिक जल की आवश्यकता होती है। इनके लिए वर्षा का जल पर्याप्त नहीं होता जिसके कारण सिंचाई का सहारा लेना पड़ता है।

सिंचाई के साधन

भारत एक कृषि प्रधान देश है। यहाँ की भौतिक रचना में विभिन्नता होने के कारण सिंचाई के विभिन्न साधन प्रयोग में लाए जाते हैं। उत्तर भारत में प्रायः नहरों और कुओं से तथा दक्षिण के प्रायद्वीपीय भागों में तालाबों द्वारा सिंचाई की जाती है।

भारत में सन् 1951 में सिंचाई की कुल क्षमता 226 लाख हेक्टेयर थी, जो आठवीं योजना के अन्त तक 896 लाख हेक्टेयर तक हो गई थी। मार्च, 1999 तक यह क्षमता बढ़कर 928 लाख हेक्टेयर तक पहुँच गई थी।

भारत में योजना के आरंभ से ही बड़ी संख्या में सिंचाई परियोजनाएँ शुरू की गई हैं, किन्तु राज्यों के वित्तीय संकट की वजह से कई परियोजनाएँ अधूरी रह गईं। 1996-97 के दौरान एक त्वरित सिंचाई लाभ कार्यक्रम प्रारंभ किया गया, जिसका लक्ष्य कुछ अधूरी परियोजनाओं को पूरा करने के लिए राज्यों को ऋण सहायता उपलब्ध करना है।

भारत में कुल सिंचित क्षेत्र का लगभग 26 प्रतिशत नहरों से, 19 प्रतिशत कुओं से, 3 प्रतिशत तालाबों से, 45 प्रतिशत ट्यूब-वैल से तथा 7 प्रतिशत अन्य साधनों से सिंचाई की जाती है।

नहरें

भारत में अधिकांश नहरें उत्तरी भारत के मैदानों और तटवर्ती नदियों के डेल्टाओं में पायी जाती हैं। उत्तर-प्रदेश, पंजाब, हरियाणा, बिहार, पश्चिम बंगाल, आन्ध्र प्रदेश, तमिलनाडु में सिंचाई मुख्यतया नहरों से ही होती है।

I. पंजाब और हरियाणा की नहरें

दोनों राज्यों में लगभग 60 से.मी. तक ही वर्षा होती है। साथ ही वर्षा की अनिश्चितता भी पाई जाती है। हरियाणा 50% तथा पंजाब का 40% भाग नहरों के माध्यम से सिंचित होता है। यहां की प्रमुख नहरें हैं–

पश्चिमी यमुना नहर–इसका निर्माण 14वीं सदी में फिरोजशाह तुगलक द्वारा करवाया गया था। यह नहर यमुना नदी से अम्बाला जिले के ताजेवाला नामक स्थान से निकाली गयी है। 16वीं सदी (1564) में अकबर, 17वीं सदी (1628) में अली मरदान तथा 1864 में अंग्रेज सरकार द्वारा इसका पुनर्निर्माण करवाया गया। यह 3229 कि.मी. लम्बी नहर कुल 4.8 लाख हेक्टेयर भूमि की सिंचाई करती है।

नांगल बाँध की नहरें–भाखड़ा नांगल योजना के अन्तर्गत नांगल बाँध का निर्माण सिंचाई विस्तार और विद्युत उत्पादन के लिए सतलुज नदी पर नांगल के समीप किया गया है। नांगल बाँध की नहर सन् 1954 ई. में बन कर तैयार हुई।

गुड़गांव नहर–यह नहर ओखला के पास से यमुना नदी से निकाली गयी है। इससे हरियाणा के गुड़गांव जिले की 3 लाख हेक्टेयर से अधिक भूमि की सिंचाई की जाती है।

अपर बारी दोआब नहर–इस नहर का निर्माण सन् 1889 ई. में पूरा हुआ। यह नहर रावी नदी से पठानकोट के निकट माधोपुर नामक स्थान से निकाली गयी है। ऐसा कहा जाता है कि यह नहर अंग्रेजी राज्य की पहली खोदी जाने वाली नहर है। इस नहर की शाखाओं सहित कुल लम्बाई 4900 कि.मी. है।

पूर्वी नहर–इसे फिरोजपुर नहर भी कहते हैं। यह नहर सन् 1954 ई. में निर्मित की गयी। यह माधोपुर व्यास सम्पर्क नहर है। इस नहर में रावी नदी का अतिरिक्त जल छोड़ा जाता है। इससे फिरोजपुर जिले की सिंचाई की जाती है।

पोंग बाँध परियोजना–व्यास नदी पर पोंग नामक स्थान पर 116 मीटर ऊंचा बाँध बना कर उससे नहरें निकाली गयी हैं।

बिस्त दोआब नहर–इस नहर का निर्माण सन् 1954 ई. में किया गया। यह नहर भाखड़ा नांगल की ही एक शाखा है। यह सतलुज नदी से नोवा नामक स्थान से निकाली गयी है। इस नहर की कुल लम्बाई लगभग 145 कि.मी. है।

भाखड़ा नहर–यह भाखड़ा बाँध की नहर है। यह रोपड़ के पास सतलुज नदी से निकाली गयी है। इस नहर से नांगल जल विद्युत का जल निकास किया जाता है। इसकी लम्बाई 864 कि. मी. है।

सरहिन्द नहर–यह नहर सतलुज नदी से रोपड़ नामक स्थान से निकाली गयी है। इसका निर्माण सन् 1887 ई. में किया गया। इस नहर की कुल लम्बाई 6115 कि.मी. है। यह नहर फिरोजपुर के निकट सतलुज नदी में पुनः मिल जाती है।

II. उत्तर प्रदेश और उत्तराखंड की नहरें

यहाँ की कुल सिंचित भूमि का लगभग 30% नहरों द्वारा सींचा जाता है। नहर निर्माण के लिए यहाँ सभी आवश्यक दशाएँ मौजूद हैं। यहां प्रमुख नहरे हैं–

ऊपरी गंगा नहर–यह नहर सन् 1842 ई. से 1856 ई. के मध्य निर्मित की गयी। यह हरिद्वार के पास मायापुर से गंगा नदी से निकाली गयी है। इसकी प्रधान शाखाएँ देवबन्द, अनूप शहर, मांट तथा हाथरस हैं। मुख्य नहर की लम्बाई 341 कि.मी. है, जो हरिद्वार से कानपुर तक है। कुल शाखाओं सहित इसकी लम्बाई 6288 कि.मी. है।

निचली गंगा नहर–यह नहर सन् 1878 ई. में बन कर तैयार हुई। यह बुलन्दशहर के नरौरा नामक स्थान पर गंगा नदी से निकाली गयी है। इसकी फर्रुखाबाद, कानपुर, इटावा तथा फतेहपुर प्रमुख शाखाएँ हैं। अपनी सम्पूर्ण शाखाओं सहित इसकी कुल लम्बाई लगभग 8800 कि.मी. है।

बेतवा नहर–इस नहर का निर्माण सन् 1886 ई. में किया गया। बेतवा नदी पर बाँध बनाकर झांसी से 24 कि.मी. दूर परिछा नामक स्थान से यह नहर निकाली गयी है। इस नहर की दो शाखाएँ हमीरपुर और कठौना हैं।

गंडक नहर–उत्तर प्रदेश और बिहार की सीमा पर गंडक नदी पर भैंसा-लोटन नामक स्थान पर बाँध बनाकर गंडक नहर का निर्माण किया गया है। इस नहर की दो शाखाएँ हैं–(i) पूर्वी शाखा तथा (ii) पश्चिमी शाखा। पूर्वी शाखा बिहार राज्य में चली गयी है।

पश्चिमी शाखा उत्तर प्रदेश के गोरखपुर और देवरिया जिलों में प्रवाहित होती है।

आगरा नहर–यह नहर दिल्ली के निकट ओखला नामक स्थान के पास से यमुना नदी से निकाली गयी है। इसका निर्माण सन् 1857ई. में हुआ। इस नहर की कुल लम्बाई 1600 कि.मी. है। इसकी सहायता से उत्तर प्रदेश के मथुरा और आगरा, हरियाणा के गुड़गांव, राजस्थान के भरतपुर तथा दिल्ली की लगभग 1.5 लाख हेक्टेयर भूमि की सिंचाई होती है।

पूर्वी यमुना नहर–यह नहर सहारनपुर जिले के फैजाबाद स्थान से यमुना नदी से निकाली गयी है। इस नहर का निर्माण शाहजहाँ के शासन काल में हुआ था। सन् 1830 ई. में इसका पुनर्निर्माण कराया गया था। यह नहर यमुना नदी के समानान्तर बहती हुई दिल्ली के पास ओखला के निकट पुनः उसमें मिल जाती है। इसकी शाखाओं सहित कुल लम्बाई लगभग 1440 कि.मी. है।

शारदा नहर–इस नहर का निर्माण कार्य सन् 1926 ई. में पूरा हुआ। यह नहर गोमती नदी के बनवासा नामक स्थान से निकाली गयी है। इस नहर की सभी शाखाओं सहित कुल लम्बाई 12368 कि.मी. है। यह संसार का सबसे बड़ा नहर-तंत्र है। सन् 1950 ई. के बाद इस नहर का दोबारा विस्तार किया गया है। यह नहर रुहेलखण्ड और अवध के पश्चिमी भाग को सिंचती है। इस नहर से उत्तर प्रदेश के प्रमुख जिलों जैसे शाहजहाँपुर, पीलीभीत, खीरी, सुल्तानपुर, इलाहाबाद, जौनपुर आदि में लगभग 8 लाख हेक्टेयर भूमि में सिंचाई की जाती है। यह उत्तर भारत की सबसे बड़ी नहर है।

III. बिहार की नहरें

यहां कुल सिंचित भू-भाग के लगभग 31 प्रतिशत पर नहरों द्वारा सिंचाई होती है यहां की प्रमुख नहरे हैं–

सोन नहर–सोन नदी पर बाँध बनाकर दो नहरें निकाली गयी हैं–

(i) पूर्वी सोन नहर तथा (ii) पश्चिमी सोन नहर। पूर्वी सोन नहर सन् 1875 ई. में बारून नामक स्थान से निकाली गयी है। यह नहर पटना के पास गंगा नदी से मिल जाती है। इसके द्वारा पटना एवं गया जिलों में लगभग ढाई लाख हेक्टेयर भूमि की सिंचाई की जाती है। इस नहर की कुल लम्बाई 130 कि.मी. है।

पश्चिमी सोन नहर डेहरी नामक स्थान से निकाली गयी है। इस नहर की तीन शाखाएँ हैं–(i) डुमरांव शाखा, (ii) आरा शाखा तथा (iii) चौसा शाखा। इन नहरों से रोहतास और भोजपुर जिलों की सिंचाई की जाती है। ग्रीष्म काल में इन नहरों से जल की कमी होने के कारण सिंचाई कम हो पाती है।

त्रिवेणी नहर–इसे गंडक नहर भी कहते हैं। यह नहर गंडक नदी पर त्रिवेणी नामक स्थान (भैंसालोटन) पर बाँध बनाकर निकाली गयी है। इसकी दो शाखाएँ हैं–(i) पश्चिमी शाखा उत्तर प्रदेश के महाराजगंज और देवरिया जिलों में सिंचाई करती है। (ii) पूर्वी शाखा बिहार राज्य के चम्पारण, सारन, मुजफ्फरपुर, दरभंगा जिलों की लगभग एक लाख हेक्टेयर भूमि की सिंचाई करती है। ब्रिटिश काल की त्रिवेणी नहर को विकसित किया गया है और कई उप नहरें निकाली गयी हैं।

कोसी बाँध की नहरें–कोसी नदी पर बहुउद्देशीय परियोजना के अन्तर्गत बाँध बनाकर नहरों का निर्माण किया गया है। इस बाँध से दो नहरें –(i) बाँध के पूर्व की ओर तथा (ii) बाँध के पश्चिम की ओर से निकाली गयी हैं। इन नहरों द्वारा पूर्णिया, मुजफ्फरपुर, सारन, दरभंगा, चम्पारण, मुंगेर और सहरसा जिलों की लगभग 4 लाख हेक्टेयर भूमि की सिंचाई की जाती है।

IV. पश्चिम बंगाल की नहरें

इस राज्य में द.-पश्चिम मानसून से तथा लौटते हुए मानसून से अच्छी और निश्चित वर्षा होती है। फिर भी, यहाँ नहर-तंत्र का बहुत अच्छा विकास हुआ है। इस राज्य में नहरों द्वारा कुल 7.17 लाख हेक्टेयर भूमि की सिंचाई की जाती है, जो कुल सिंचित भू-भाग का 37.52% है। यहां प्रमुख नहरे निम्नलिखित हैं -

दामोदर नहर–इसका निर्माण सन् 1932 ई. में किया गया। यह बिहार और पश्चिम बंगाल की सबसे महत्त्वपूर्ण योजना है। इस नहर द्वारा सिंचित क्षेत्र पश्चिम बंगाल में है।

मयूराक्षी योजना की नहरें–इस योजना के अन्तर्गत मयूराक्षी नदी पर दो बाँध बनाये गये हैं–(i) कनाडा बाँध तथा (ii) तिलपाड़ा बाँध। कनाडा बाँध का निर्माण झारखण्ड राज्य के संथाल परगना में मैसनजोर नामक स्थान पर सन् 1955 ई. में किया गया। इससे निकाली गयी नहरों से लगभग 2.5 लाख हेक्टेयर भूमि सिंची जाती है। तिलपाड़ा बाँध मयूराक्षी नदी पर कनाडा बाँध से 35 कि.मी. दूर वीरभूमि जिले में सूरी नामक स्थान पर बनाया गया है। यह बाँध 310 मीटर लम्बा है।

फरक्का योजना–इसे गंगा बैराज योजना भी कहते हैं। यह एक बहुमुखी योजना है। यह योजना भारत बांग्लादेश की सीमा पर गंगा नदी पर चलाई जा रही है। इस योजना का उद्देश्य सिंचाई के साथ नौका चालन, नदियों के जल का नियंत्रण तथा कोलकाता बंदरगाह का विकास करना है। इस योजना के अन्तर्गत गंगा नदी पर फरक्का बाँध तथा भगीरथी नदी पर जंगीपुर स्थान पर बाँध बनाये गये हैं। यह योजना भारत और बांग्लादेश के बीच समझौते के अन्तर्गत चलाई जा रही है।

कंसावती योजना–यह योजना पश्चिम बंगाल के बांकुड़ा जिले में कंसावती और कुमारी नदियों के संगम से एक कि.मी. ऊपर की ओर अम्बिका नामक स्थान पर क्रियान्वित की गयी है। इस बाँध से निकाली गयी 1305 कि.मी. लम्बी नहरों से लगभग 3.5 लाख हेक्टेयर भूमि की सिंचाई की जाती है।

मिदनापुर नहर–इस नहर का निर्माण सन् 1888 ई. में किया गया। यह नहर मिदनापुर के पास से कोसी नदी से निकाली गयी है। यह पूरब में जा कर हुगली नदी में मिल जाती है। इसकी लम्बाई 520 कि.मी. है।

इडन नहर–यह नहर सन् 1938 ई. में दामोदर नदी से निकाली गयी है। इस नहर की कुल लम्बाई 65 कि.मी. है।

V. राजस्थान की नहरें

राजस्थान में अभी भी कुल बोई गई भूमि के मात्र 33.28% भाग पर ही सिंचाई होती है। कुल सिंचित क्षेत्र की 27.45% भूमि की सिंचाई नहरों द्वारा होती है।

राजस्थान नहर–यह नहर सतलुज और व्यास नदियों के मिलन स्थल पर निर्मित हरीके बाँध से निकाली गयी है। इससे पंजाब और राजस्थान के भू-भाग की सिंचाई की जाती है। इसका नाम अब इंदिरा गांधी परियोजना कर दिया गया है। यह एक बहुउद्देशीय परियोजना है।

बीकानेर नहर–इसे गंगा नहर भी कहते हैं। इस नहर को सन् 1928 ई. में हुसेनवाला नामक स्थान के पास से सतलुज नदी से निकाला गया है। इस नहर की कुल लम्बाइ लगभग 1280 किमी. हैं इसकी प्रमुख शाखाएं लक्ष्मी नारायण जी, लालगढ़ करणी जी और समीजा हैं।

चम्बल योजना–यह राजस्थान और मध्य प्रदेश दोनों राज्यों की सम्मिलित परियोजना है। इसके अन्तर्गत चम्बल नदी पर गांधी सागर, राणाप्रताप सागर, जवाहर सागर एवं कोटा बाँध, चार बाँध तथा कोटा बराज नामक बाँध बनाकर सिंचाई की सुविधाओं को विकसित किया गया है। इससे राजस्थान के कोटा, बूंदी, और झालावाड़ जिलों में लगभग सवा दो लाख हेक्टे. भूमि की सिंचाई की जाती है। इस योजना के अन्तर्गत जल विद्युत भी पैदा की जाती है। इस योजना के शेष 50% जल का उपयोग मध्य प्रदेश में सिंचाई के लिए किया जाता है।

VI. मध्य प्रदेश एवं छत्तीसगढ़ की नहरें

इन प्रदेशों में वर्षा की कमी के साथ-साथ वर्षा की अनिश्चितता पायी जाती है। भूमि पत्थरीली होने के कारण सिंचाई के साधनों को सरलता से विकसित कर पाना कठिन कार्य है। फिर भी कुछ परियोजनाओं द्वारा नहरें निकालकर सिंचाई होती है। छत्तीसगढ़ की 69% कृषि भूमि तथा मध्य प्रदेश की 20% कृषि भूमि में नहरों से सिंचाई की जाती है।

महानदी नहर–यह नहर महानदी के रुद्री नामक स्थान पर बाँध बनाकर निकाली गयी है। इसकी अनेक शाखाएँ हैं। इस नहर की कुल लम्बाई 1530 कि.मी. है।

वैन गंगा नहर–यह नहर वैन गंगा नदी से निकाली गयी है। इसकी सहायता से मध्य प्रदेश तथा महाराष्ट्र राज्यों की लगभग 4 हजार हेक्टेयर भूमि की सिंचाई की जाती है। इस नहर की लम्बाई 45 कि.मी. है। इसकी सहायक दो नहरों की लम्बाई 35 कि.मी. है।

चम्बल की नहरें–चम्बल नदी पर बाँध बनाकर मुरैना जिला के श्योपुर तहसील से होती हुई नहर निकाली गयी है। इस नहर की दो शाखाएँ हैं–(i) अम्बाह शाखा तथा (ii) मुरैना शाखा। इन नहरों से ग्वालियर, भिंड व मुरैना जिलों में सिंचाई होती है।

तवा बाँध योजना–नर्मदा नदी की सहायक तवा नदी पर होशंगाबाद जिले के हरयागढ़ रेलवे स्टेशन के पास यह बाँध बनाया गया है। इस बाँध से दो नहरें निकाली गयी हैं। इनसे लगभग 3 लाख हेक्टेयर भूमि की सिंचाई होंती है।

मोला बाँध की नहरें–यह बाँध गुना जिला में मुंगावली तहसील के दमदमा गांव के पास मोला नदी पर बनाया गया है। इस बाँध से दो नहरें निकाली गयी हैं। इन नहरों से मुगांवली तहसील की लगभग 2 हजार हेक्टेयर भूमि की सिंचाई होती है।

तन्दुला नहर–यह नहर तन्दुला और सूखा नदी के संगम स्थल पर बाँध बनाकर निकाली गयी है। इस नहर से छत्तीसगढ़ राज्य के रायपुर एवं दुर्ग जिलों की लगभग 6 लाख हेक्टेयर भूमि की सिंचाई की जाती है।

वरना परियोजना–यह परियोजना नर्मदा नदी की सहायक वरना नदी पर क्रियान्वित की गयी है। यह नदी भोपाल के निकटवर्ती विन्ध्याचल की पहाड़ियों से निकलती है। इससे रायसेन जिले में सिंचाई की जाती है। इस योजना की नहर से लगभग 66 हजार हेक्टेयर भूमि की सिंचाई की जाती है।

हलाली सिंचाई योजना–यह परियोजना हलाली नदी पर दीवानगंज से लगभग 15 कि.मी. दूर खोआ ग्राम के पास बाँध बनाकर निकाली गई है। यह परियोजना सन् 1968 ई. में पूरी हुई। इस परियोजना के अन्तर्गत विकसित नहरों की लम्बाई लगभग 76 कि.मी. है। इसके माध्यम से लगभग 73.5 हजार हेक्टेयर भूमि की सिंचाई की जाती है।

VII. ओडिशा की नहरें

महानदी से बहुउद्देशीय योजनाओं के अन्तर्गत कई नहरों का विकास किया गया है। कुल सिंचित भूमि (35.02%) के 45.41% भूमि पर नहरों से सिंचाई की जाती है। यहां की प्रमुख नहरें हैं -

महानदी डेल्टा की नहरें–महानदी डेल्टा सिंचाई योजना सन् 1956 ई. में प्रारम्भ की गयी और सन् 1975 में पूरी हुई। महानदी के डेल्टाई भाग में महानदी व उसकी सहायक नदियों से कई नहरें निकाली गयी हैं, जिनकी कुल लम्बाई 3650 कि.मी. है।

हीराकुड बाँध परियोजना की नहरें–यह एक बहुद्देशीय परियोजना है। यह परियोजना महानदी पर सम्भलपुर के पास एक विशाल बाँध बनाकर कार्यान्वित की गयी है। इस बाँध से प्रथम चरण में तीन नहरें निकाली गयी हैं–(i) बीरगढ़, (ii) सेसन तथा (iii) सम्भलपुर। इन नहरों से बोलंगीर, सम्भलपुर, पुरी एवं कटक जिलों की लगभग 3 लाख हेक्टेयर भूमि की सिंचाई की जाती है।

केन्द्रपारा नहर–यह नहर जगदलपुर के पास विरूपा नदी से निकाली गयी है। इस नहर का निर्माण सन् 1869 ई. में किया गया। इस नहर से गोदावरी और महानदी के बीच के क्षेत्रों की सिंचाई होती है। यह नहर 87 कि.मी. लम्बी है। इससे लगभग 66 हजार हेक्टेयर भूमि की सिंचाई की जाती है।

तलकन्दा नहर–यह नहर महानदी के जोवरी एनीकट के ऊपरी भाग से निकाली गयी है। इसकी लम्बाई 84 कि.मी. है। इसकी सहायता से लगभग 66 हजार हेक्टेयर भूमि की सिंचाई की जाती है।

सलन्दी नहर–यह नहर सलन्दी नदी से हदगढ़ और विद्याधरपुर के पास दो बाँध बनाकर निकाली गयी है। इसकी लम्बाई 82 कि.मी. है। इसका निर्माण सन् 1961 ई. में किया गया। इसकी सहायता से बालासोर जिले के लगभग 62 हजार हेक्टेयर भूमि की सिंचाई की जाती है।

VIII. महाराष्ट्र की नहरें

इस राज्य में कई नदियों का प्रवाह है, जिन पर बाँध बनाकर नहरें निकाली गई हैं। यहाँ की कुल सिंचित भूमि (14.36%) का 20.96% भाग नहरों द्वारा सिंचा जाता है। यहां की प्रमुख नहरें हैं :

गोदावरी नहर–गोदावरी नदी के ऊपरी भाग पर बेल झील के पास बाँध बनाकर दोनों किनारों से नहरें निकाली गयी हैं। ये नहरें लगभग 200 कि.मी. लम्बी हैं।

नीरा परियोजना–यह परियोजना नीरा नदी पर विकसित की गयी है। इस नदी पर 3607 मीटर लम्बा तथा 35 मीटर ऊँचा बाँध बनाया गया है। इस बाँध के दोनों तरफ नीरा नहर निकाली गयी है।

गिरना परियोजना–यह परियोजना गिरना नदी पर विकसित की गयी है। इस नदी पर नासिक के निकट पंजन में 963 मीटर लम्बा तथा 58 मीटर ऊँचा बाँध बनाया गया है। इस बाँध से नहरें निकाल कर जलगांव एवं धुले जिलों की लगभग 54 हजार हेक्टेयर भूमि की सिंचाई की जाती है।

मूठा नहर–यह नहर फाइप झील से खड़कवासला नामक स्थान के पास से निकाली गयी है। इसकी दो शाखाएँ हैं। इसकी एक शाखा 112 कि.मी. तथा दूसरी शाखा 29 कि.मी. लम्बी है।

भंडारदरा बाँध योजना–इस बाँध का निर्माण सन् 1935 ई. में किया गया। पश्चिमी घाट के भण्डारदरा नामक स्थान पर एक बाँध का निर्माण कर उससे प्राप्त जल का उपयोग सिंचाई के लिए किया जाता है।

मूला परियोजना–इस परियोजना का निर्माण सन् 1971 ई. में मूला नदी पर किया गया है। इस नदी पर बाँध बनाकर अहमदनगर जिले की लगभग 66 हजार हेक्टेयर भूमि सींची जाती है।

IX. गुजरात की नहरें

इस राज्य में कुल सिंचित भाग (31.69%) के 21.57% पर नहरों द्वारा सिंचाई की जाती है। यहां की प्रमुख नहरें हैं -

तापी नहर योजना–इस नदी पर काकरापारा (सूरत से 80 कि.मी. दूर) नामक स्थान पर एक बाँध बनाया गया है। इस बाँध से निर्मित जलाशय के दोनों तरफ नहरें निकली गई हैं। इन नहरों से 2.3 लाख हेक्टेयर भू-भाग की सिंचाई की जाती है।

माही परियोजना–माही नदी पर बाँध बनाकर नहरें निकाली गई हैं। इन नहरों से 1.5 लाख हेक्टेयर भूमि सिंचित होती है।

उकाई परियोजना–यह परियोजना तापी नदी पर विकसित की गई है। इस नदी पर उकाई गाँव के निकट बाँध बनाया गया है, जिससे नहरें निकाली गई हैं। इससे लगभग 1.5 लाख हेक्टेयर भू-भाग की सिंचाई होती है।

X. केरल की नहरें

इस राज्य के कुल सिंचित भाग (15.73%) का 29.97% भाग नहरों से सींचा जाता है। यहां की प्रमुख नहरें हैं -

मंगलम योजना की नहरें–केरल राज्य के मालाबार जिला में पालक्काड से 48 कि.मी. तथा अलकुर से 24 कि.मी. दूर मंगलम नदी पर नौगाँव नामक स्थान के पास बाँध बनाया गया है। इस जलाशय के दोनों ओर नहरें निकाली गई हैं। इससे लगभग 3400 हेक्टेयर भूमि की सिंचाई की जाती है।

मालमपुंजा योजना–पालक्काड जिलों में मालमपुंजा नदी पर बाँध बनाया गया है। इसके दोनों किनारों पर नहरों का निर्माण किया गया है। इससे पालक्काड जिले की लगभग 38 हजार हेक्टेयर भूमि की सिंचाई की जाती है।

वलायर जलाशय की नहर–कोरयार की सहायक नदी वलयार नदी पर उसके संगम से 4 कि.मी. पर पालक्काड जिले में बाँध बनाया गया है। इससे चार नहरें निकाली गईं हैं, जिससे 3200 हेक्टेयर भूमि की सिंचाई की जाती है।

XI. तमिलनाडु की नहरें

इस राज्य की कावेरी और पेरियार नदियों पर बाँध बनाकर कई नहरें निकाली गई हैं। राज्य की कुल 54.86 लाख हेक्टेयर भूमि पर कृषि होती है, जिसमें 52.72% भाग सिंचित है। कुल सिंचित भूमि के 29 प्रतिशत भाग को नहरों द्वारा सींचा जाता है। यहां की प्रमुख नहरें हैं–

कावेरी डेल्टा की नहरें–कावेरी की मुख्य धारा कोलरून नदी पर श्रीरंगम द्वीप के पास बाँध बनाया गया है। एक दूसरा बाँध श्रीरंगम पर बनाया गया है। इन परियोजनाओं की नहरों की कुल लम्बाई 2,415 कि.मी. है। इन नहरों से डेल्टा की लगभग 4 लाख हेक्टेयर भूमि की सिंचाई होती है।

मैटूर योजना–1934 ई. में कावेरी नदी पर मैटूर नामक स्थान पर यह योजना आरंभ की गई। इस बाँध से निकाली गई नहरों द्वारा कावेरी डेल्टा में तथा सलेम और कोयम्बटूर जिलों में 1.34 लाख हेक्टेयर भूमि की सिंचाई की जाती है।

पेरियार योजना–तमिलनाडु के मदुरै तथा तिरुनलवेल्ली जिलों में कम वर्षा होने के कारण पेरियार नदी, जो कार्डमम पहाड़ियों से निकलती है, पर बाँध बनाकर नहरें निकाली गईं हैं। इस योजना की नहरों की कुल लम्बाई 432 कि.मी. है।

निचली भवली योजना की नहरें–यह योजना नोयल और कावेरी नदी के संगम के पास भवली नदी पर आरंभ की गई। 1956 ई. में निर्मित यह बाँध 9 कि.मी. लम्बा तथा 62 मीटर ऊँचा है।

XII. कर्नाटक की नहरें

इस राज्य की लगभग 23.25% भूमि सिंचित है। कुल सिंचित भूमि का लगभग 36% भाग नहरों द्वारा सींचा जाता है। यहां की प्रमुख नहरें हैं–

मालप्रभा योजना की नहरें–यह नहर बेलगाम जिले में मालप्रभा नदी पर बाँध बनाकर निकाली गयी है। इनसे लगभग 2.5 लाख हेक्टेयर भूमि की सिंचाई की जाती है।

ऊपरी कृष्णा योजना की नहरें–कृष्णा नदी पर नारायणपुर बाँध बनाया गया है। इस बाँध से नहरें निकाल कर सिंचाई की सुविधा विकसित की गयी है।

तुंगा बाँध की नहरें–तुंगभद्रा नदी की सहायक तुंगा नदी पर शिवमोगा में 11 कि.मी. ऊपर एक स्थान पर 366 मीटर लम्बा बाँध बनाकर इसके दोनों ओर से नहरें निकाली गयी हैं। इससे शिवमोगा क्षेत्र में सिंचाई की जाती है। इन नहरों से कर्नाटक राज्य के 3 हजार हेक्टेयर भूमि की सिंचाई की जाती है।

भद्रा योजना की नहरें–भद्रा नहर चिकमंगलूर जिले में लक्कावली गांव के पास भद्रा नदी पर बाँध बनाकर निकाली गयी है।

घाटप्रभा योजना–इस योजना को घाटप्रभा नदी पर शुरू किया गया। इससे बेलगाम तथा बीजापुर की लगभग 1.5 लाख हेक्टेयर भूमि की सिंचाई होती है।

कृष्णराज सागर नहरें–यहाँ से निकाली गई नहरों में मुख्य नहर को इरविन नहर के नाम से जाना जाता है।

XIII. आन्ध्र प्रदेश की नहरें

आन्ध्र प्रदेश में प्रवाहित होने वाली कृष्णा और गोदावरी नदियों से अनेक नहरें निकाली गई हैं। इनसे राज्य की बहुत बड़ी भूमि की सिंचाई की जाती है। यहां की प्रमुख नहरें हैं–

कृष्णा डेल्टा की नहरें–इस नदी के डेल्टाई भाग में विजयवाड़ा नामक स्थान पर बाँध बनाकर दोनों ओर से नहरें निकाली गई हैं। इन नहरों से 4 लाख हेक्टेयर भूमि की सिंचाई होती है।

गोदावरी डेल्टा की नहरें–गोदावरी नदी से लगभग 4000 कि.मी. लम्बी अनेक नहरें निकाली गई हैं, जो 5 लाख हेक्टेयर भूमि की सिंचाई करती हैं।

गोदावरी घाटी योजना–गोदावरी नदी पर कवायली गोदाम तथा कुस्तपुरम नामक स्थलों पर दो बाँध बनाये गये हैं। इनसे नहरें निकाल कर आंध्र प्रदेश की लगभग 12 लाख हेक्टेयर भूमि की सिंचाई की जाती है।

नागार्जुन सागर बाँध–आंध्र प्रदेश के नलगोंडा जिले के नन्दीकोड़ा नामक स्थान के पास कृष्णा नदी पर एक बाँध बनाया गया है। इस नदी के दोनों ओर नहरें निकाली गयी हैं। दायें किनारे की नहर 204 कि.मी. तथा बायें किनारे की नहर 179 कि.मी. लम्बी है। इन नहरों से कुल 5 लाख हेक्टेयर भूमि की सिंचाई होती है।

तुंगभद्रा परियोजना–तुंगभद्रा नदी कृष्णा नदी की सहायक है। इस नदी पर मालापुरम स्थान पर 50 मीटर ऊँचा तथा 2440 मीटर लम्बा बाँध बनाया गया है। इस बाँध के दोनों तरफ से नहरें निकाली गयी हैं। इनसे आंध्र प्रदेश की लगभग 1 लाख हेक्टेयर भूमि की सिंचाई की जाती है।

कृष्णा-पेन्नार परियोजना–कृष्णा नदी पर कुर्नूल जिले में सिद्धेश्वर नामक स्थान पर एक बाँध बनाया गया है। इसी प्रकार पेन्नार नदी पर भी एक बाँध सोमेश्वर नामक स्थान पर बनाया गया है। इन बाँधों से नहरें निकाल कर आंध्र प्रदेश की लगभग 12 लाख़ हेक्टे. कृषि क्षेत्र की सिंचाई की जाती है। नहरों की कुल लम्बाई लगभग 1300 कि.मी. है। इस बाँध से बिजली भी पैदा की जाती है।

मुचकुंड योजना–यह उड़ीसा और आंध्र प्रदेश की सम्मिलित योजना है। दोनों राज्यों की सीमा पर मुचकुंड नदी पर विशाखापट्टनम से 192 कि.मी. उत्तर-पश्चिम में जलपुट नामक स्थान पर 54 मीटर ऊँचा तथा 410 मीटर लम्बा एक बाँध बनाया गया है। यहाँ से नहरें निकाल कर सिंचाई की सुविधा विकसित की गयी है।

कृष्णा सिंचाई परियोजना–कृष्णा नदी पर सन् 1956 ई. में कृष्णा एनीकट से 21 कि.मी. ऊपर एक बाँध बनाया गया है। इस बाँध से नहरें निकाली गयी हैं, जिनसे कृष्णा नदी के ऊपरी क्षेत्र तथा डेल्टाई क्षेत्र में लगभग 30 हजार हेक्टेयर की सिंचाई होती है।

रामपद सागर परियोजना–यह परियोजना गोदावरी नदी पर पोलावरम नामक स्थान पर कार्यान्वित की गयी है। यहाँ पर 98 मीटर ऊँचा तथा 685 मीटर लम्बा रामपद सागर बाँध बनाया गया है। इस बाँध के दोनों किनारों से नहरें निकाली गयी हैं। वर्तमान में यह राज्य की सबसे महत्त्वपूर्ण सिंचाई योजना है।

बहुउद्देशीय परियोजनाएँ

देश की महत्त्वपूर्ण बहुउद्देश्यीय नदी घाटी परियोजनाएं			
परियोजना	नदी	उद्देश्य	लाभान्वित राज्य
1. **भाखड़ा नांगल-** भारत की सबसे बड़ी बहुउद्देशीय परियोजना, विश्व का दूसरा सबसे बड़ा बांध, समुद्रतल से 518 मीटर ऊंचाई। 1,100 किमी. लम्बी नहरें निकाली गई हैं; जिसे 14.6 लाख हेक्टेयर भूमि की सिंचाई की जाती है। नांगल से 1,204 मे. वा. विद्युत का उत्पादन।	सतलुज	सिंचाई, जल-विद्युत उत्पादन	पंजाब, हरियाणा, हिमाचल प्रदेश, राजस्थान
2. **व्यास परियोजना-** इसके अन्तर्गत पोंग बांध का निर्माण किया गया है। पंजाब तथा राजस्थान की 4 लाख भूमि की सिंचाई की जाती है तथा 900 मेगावाट विद्युत का उत्पादन होता है।	व्यास	सिंचाई, जल विद्युत	पंजाब, हरियण, राजस्थान, हिमाचल प्रदेश
3. **इंदिरा गांधी परियोजना (राजस्थान नहर परियोजना)-** 14.5 लाख हेक्टेयर भूमि की सिंचाई होती है।	सतलुज-व्यास के संगम पर	सिंचाई	राजस्थान
4. **कोसी परियोजना-** सिंचाई क्षमता 8.48 लाख हेक्टेयर भूमि, विद्युत क्षमता 20 मेगावाट।	कोसी	सिंचाई, बाढ़ नियंत्रण विद्युत उत्पादन	बिहार, नेपाल
5. **दामोदर घाटी परियोजना-** यह अमरीका की टेनेसी घाटी पर आधारित है। इसके अन्तर्गत 8 बांधों का निर्माण हुआ है। बोकारो, चन्द्रपुरा एवं दुर्गापुर में तापीय विद्युतगृहों की स्थापना की गई है। 1,077 मेगावाट तापीय तथा 104 मेगावाट जलविद्युत पैदा होती है। 5.15 लाख हेक्टेयर, भूमि की सिंचाई होती है।	इस शृंखला में निम्न बांध निर्मित हुए हैं- ☞ कोनार बांध-कोनार नदी ☞ तिलैयाबांध-बराकर नदी ☞ मैथान बांध-बराकर नदी ☞ बाल पहाड़ी बांध-बराकर नदी ☞ पंचते पहाड़ी बांध-दामोदर नदी ☞ बर्मी बांध-दामोदर नदी	विद्युत उत्पादन, सिंचाई, बाढ़ नियन्त्रण	झारखण्ड एवं प. बंगाल
6. **हीराकुण्ड परियोजना-** विश्व का सबसे लम्बा बांध, लम्बाई 4.8 किमी., ऊंचाई 61 मीटर, 2.51 लाख हेक्टेयर भूमि की सिंचाई, 27.2 मेगावाट विद्युत उत्पादन।	महानदी	सिंचाई, जल विद्युत	ओडिशा
7. **चम्बल परियोजना-** इसके अन्तर्गत मध्य प्रदेश में गांधी सागर बांध, राजस्थान में राणाप्रताप सागर बांध एवं जवाहर सागर बांध का निर्माण हुआ है। इसकी सिंचाई क्षमता 5.51 लाख हेक्टेयर है।	चम्बल	जलविद्युत, सिंचाई	राजस्थान, मध्य प्रदेश
8. **तुंगभद्रा परियोजना-** बांध की लम्बाई 2,441 मीटर तथा ऊंचाई 49.38 मीटर, सिंचाई 3.92 लाख हेक्टेयर, विद्युत (उत्पादन 72,000 किलोवाट के निकट)।	तुंगभद्रा नदी (मल्लपुरम के निकट)	सिंचाई, विद्युत उत्पादन	कर्नाटक, आन्ध्र प्रदेश
9. **नागार्जुन सागर परियोजना-**बांध की लम्बाई 1,450 तथा ऊंचाई 92 मीटार, सिंचाई क्षमता 8.95 लाख हेक्टेयर।	कृष्णा	सिंचाई, विद्युत उत्पादन	आन्ध्र प्रदेश
10. **मयूराक्षी परियोजना-** सिंचाई 2.51 लाख हेक्टेयर, विद्युत उत्पादन 4 मेगावाट।	मयूराक्षी	सिंचाई, विद्युत उत्पादन	प. बंगाल
11. **गण्डक परियोजना-** विद्युत क्षमता 15 मेगावाट, सिंचाई क्षमता 14.58 लाख हेक्टेयर (11.90 लाख हेक्टेयर की सिंचाई होगी)।	गण्डक	सिंचाई, विद्युत उत्पादन	बिहार
12. **टिहरी बांध परियोजना-** सिंचाई क्षमता 2.70 लाख हेक्टेयर, विद्युत उत्पादन क्षमता 340 मेगावाट।	भगीरथी एवं भीलांगना	जल विद्युत	उत्तर प्रदेश, उत्तराखंड
13. **नर्मदा घाटी परियोजना-** इसके अन्तर्गत 3000 बांधों का निर्माण किया जाएगा।	नर्मदा	सिंचाई, विद्युत उत्पादन	गुजरात, मध्यप्रदेश

14. **माताटीला परियोजना**- सिंचाई 2.64 लाख एकड़	बेतवा	सिंचाई, विद्युत उत्पादन	उत्तर प्रदेश, मध्य प्रदेश
15. **नाथपा-झाकरी परियोजना**	सतलुज	जल विद्युत	हिमाचल प्रदेश, हरियाणा, पंजाब
16. **कोयना परियोजना**	कोयना	जल विद्युत	महाराष्ट्र
17. **सलाल परियोजना**	चिनाब	जल विद्युत	जम्मू-कश्मीर
18. **रामगंगा परियोजना**	रामगंगा	सिंचाई, जल विद्युत	उत्तर प्रदेश
19. **थीन बांध परियोजना**	रावी	सिंचाई	पंजाब
20. **घाटप्रभा परियोजना**	घाटप्रभा	सिंचाई, जलविद्युत	कर्नाटक
21. **ऊपरी कृष्णा परियोजना**	कृष्णा	सिंचाई	कर्नाटक
22. **फरक्का परियोजना**	गंगा	सिंचाई, नौपरिवहन	प. बंगाल
23. **तवा परियोजना**	तवा	सिंचाई	मध्य प्रदेश
24. **उकाई परियोजना**	ताप्ती	सिंचाई, जलविद्युत	गुजरात
25. **मालप्रभा परियोजना**	मालप्रभा	सिंचाई, जलविद्युत	कर्नाटक
26. **रिहन्द परियोजना**	रिहन्द	सिंचाई, जलविद्युत	उत्तर प्रदेश
27. **इडुक्की परियोजना**	पेरियार	जलविद्युत	केरल
28. **मचकुण्ड परियोजना**	मचकुण्ड	सिंचाई, जलविद्युत	ओडिशा, आन्ध्र प्रदेश
29. **चुखा जल विद्युत परियोजना**	वांग्चु	जलविद्युत	भारत-भूटान
30. **सरदार सरोवर परियोजना**	नर्मदा	सिंचाई, जलविद्युत	मध्य प्रदेश, महाराष्ट्र, गुजरात, राजस्थान
31. **पार्वती जलविद्युत परियोजना**	पार्वती	जलविद्युत	हिमाचल प्रदेश
32. **दुलहस्ती परियोजना**	चिनाब	जलविद्युत	जम्मू-कश्मीर
33. **साबरमती परियोजना**	साबरमती	जलविद्युत	गुजरात
34. **सुवर्ण रेखा परियोजना**	सुवर्ण रेखा	सिंचाई, जलविद्युत	बिहार
35. **जोग (महात्मा गांधी) परियोजना**	श्रावस्ती	जलविद्युत	कर्नाटक
36. **शिव समुद्रम परियोजना**	कावेरी	जलविद्युत	कर्नाटक
37. **मेट्टूर परियोजना**	कावेरी	जलविद्युत	तमिलनाडु
38. **पायकारा परियोजना**	पायकारा	जलविद्युत	तमिलनाडु
39. **निजाम सागर**	मंजरा	जलविद्युत	आन्ध्र प्रदेश
40. **टाटाजल विद्युत परियोजना**	लोनेवाला, शिवरता, (बलहान झील)	जलविद्युत	महाराष्ट्र
41. **श्रावती बांध परियोजना**	श्रावती	जलविद्युत	कर्नाटक
42. **टनकपुर बांध परियोजना**	महाकाली	जलविद्युत	भारत एवं नेपाल

नदी जल विवाद	**सम्बन्धित राज्य**
1. कावेरी जल विवाद	कर्नाटक, तमिलनाडु, केरल
2. तुंगभद्रा जल विवाद	कर्नाटक, आन्ध्र प्रदेश
3. कृष्णा जल विवाद	महाराष्ट्र, आन्ध्र प्रदेश, कर्नाटक
4. गोदावरी नदी जल विवाद	आन्ध्र प्रदेश, महाराष्ट्र, मध्य प्रदेश, कर्नाटक, ओडिशा
5. परम्बिकूलम, अलियार तथा भिवानी नदी जल विवाद	तमिलनाडु तथा केरल
6. नर्मदा नदी जल विवाद	मध्य प्रदेश, गुजरात, महाराष्ट्र, राजस्थान
7. माही नदी जल विवाद	मध्य प्रदेश, गुजरात, राजस्थान
8. यमुना नदी जल विवाद	उत्तर प्रदेश, हिमाचल प्रदेश, हरियाणा, पंजाब, दिल्ली, राजस्थान, मध्य प्रदेश
9. रावी तथा व्यास नदी जल विवाद	हरियाणा, पंजाब, दिल्ली, जम्मू-कश्मीर तथा राजस्थान
10. बराक नदी जल विवाद	बिहार, उत्तर प्रदेश

कुँए

भारत में कुल सिंचित भूमि के लगभग 19% भाग की सिंचाई कुओं से की जाती है।

कुओं द्वारा सिंचाई की दृष्टि से सर्वाधिक महत्त्वपूर्ण भाग पंजाब से लेकर बिहार तक का सतलुज-गंगा का मैदान एवं पूर्वी तटवर्ती मैदान है। पूर्वी उत्तर प्रदेश, बिहार के कुछ भागों में एवं पूर्वी तटीय मैदानों में कम गहराई पर ही पानी मिल जाता है, अतः यहाँ कम खर्चे पर ही कच्चे कुएँ बना लिए जाते हैं। पश्चिमी उत्तर प्रदेश, पंजाब, हरियाणा, उत्तरी गुजरात एवं उत्तरी पूर्वी राजस्थान में जल अधिक गहराई पर मिलता है, अतः यहाँ कुएँ सामान्यतया पक्के ही बनाए जाते हैं।

ट्यूबवेल (नलकूप)

नलकूप कुएँ का ही एक प्रकार है, जिसमें भूमिगत जल को पाइप द्वारा विद्युत पम्प या डीजल इंजन की सहायता से बाहर निकाला जाता है। नलकूप वहीं लगाए जा सकते हैं, जहाँ धरातल के नीचे जल पर्याप्त मात्रा में विद्यमान हो। भारत की 46% भूमि की सिंचाई नलकूप द्वारा की जाती है।

तालाब

भारत में कुल सिंचित क्षेत्र का 3% भाग तालाबों से सींचा जाता है। देश में कुल मिलाकर 5 लाख बड़े तथा 60 लाख छोटे तालाब हैं।

देश में कुल सिंचित भूमि में तालाबों द्वारा सिंचाई का अनुमानित योगदान–तमिलनाडु (18.42) इसके बाद ओडिशा (14.60%), आंध्र प्रदेश (13.44%), केरल (10.26%) तथा कर्नाटक (6.36%) है।

भारत में सिंचाई के स्रोत

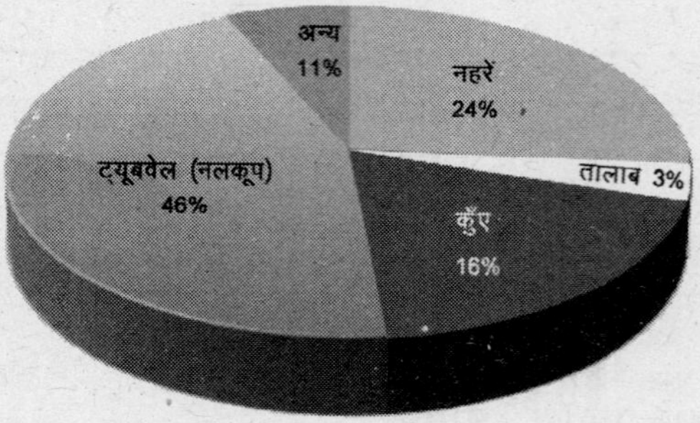

पशुपालन एवं मत्स्यपालन

ग्रामीण अर्थव्यवस्था में पशुपालन और डेयरी विकास की महत्त्वपूर्ण भूमिका है। ग्रामीण परिवार, खासकर भूमिहीन और छोटे तथा बहुत छोटे किसान इन्हें आय के पूरक स्रोत के रूप में अपनाते हैं। इस व्यवसाय से अर्द्ध-शहरी क्षेत्रों में तथा सूखे की आशंका वाले क्षेत्रों, पर्वतीय और जनजातीय क्षेत्रों में रहने वाले लोगों को सहायक रोजगार मिलता है, जहां केवल फसल की उपज से परिवार का गुजर-बसर नहीं हो सकता। देश के कृषि उत्पादन में पशुपालन का 30 प्रतिशत योगदान है।

पशुधन

पूरे विश्व के कुल मवेशियों का 15% भारत में पाया जाता है। देश में देशी नस्ल के गाय-बैलों की 27 और भैंसों की 7 नस्लें उपलब्ध हैं। दूध का उत्पादन बढ़ाकर प्रति व्यक्ति दूध की उपलब्धता बढ़ाने; गाय, बैल और भैंसों में आनुवंशिक सुधार लाने के लिए कई केंद्रीय और केंद्र द्वारा प्रायोजित कार्यक्रम चलाए जा रहे हैं।

भैंस

दूध की प्राप्ति के लिए भैंसे अधिक पाली जाती हैं। इनका दूध अधिक पौष्टिक, भारी और चिकना होता है। ये सबसे अधिक आर्द्र प्रदेशों, यथा में उत्तर प्रदेश, आन्ध्र प्रदेश और महाराष्ट्र में पाली जाती हैं। इनकी प्रमुख नस्लें हैं -

- **जाफराबादी**–यह नस्ल सौराष्ट्र के गिर वन प्रदेश में पायी जाती है। इसका रंग काला, सींग बड़े और झुके हुए और सिर बड़े होते हैं। इस नस्ल से दूध प्रतिवर्ष 1,800 से 3,000 किलोग्राम तक मिलता है।
- **मुर्रा**–यह नस्ल विशेष रूप से उत्तर प्रदेश में मिलती है। दक्षिणी पंजाब, हरियाणा, उत्तरी व दक्षिण पूर्व राजस्थान और दिल्ली में भी यह नस्ल अधिकता से मिलती है। इसका रंग भी काला, शरीर भारी और सुगठित एवं सिर छोटा होता है। प्रति दुग्ध काल में इससे औसतन 1,800 से 2,800 किलोग्राम तक दूध मिलता है।
- **भदावरी** –यह नस्ल उत्तर प्रदेश की बाह तहसील में मिलती है। इटावा और ग्वालियर जिले में यह विशेष रूप से मिलती है। इस नस्ल से 1,200 किलोग्राम तक दूध मिलता है।

उपर्युक्त नस्लों के अलावा भारत में सूरती, महसाना, नीली, पंडरपुरी, तेलंगाना, एलिचबेरी, रावी तथा परलाकीवेदी आदि नस्लें भी पाई जाती हैं। विश्व की कुल भैसों का 57% भारत में पाया जाता है।

गाय

भारत में गायों की मुख्य दुधारू नस्लें निम्न हैं–

1. गिर, 2. साहीवाल, 3. देवनी, 4. कंकरेज, 5. मेवाती, 6. थारपारकर, 7. सिंधी, 4. हराना

बकरियाँ

20% बकरियां दूध के लिए और शेष मांस के लिए पाली जाती हैं। बकरियां भारत के सभी क्षेत्रों में पायी जाती हैं, किन्तु दो क्षेत्रों में इन्हें विशेष रूप से पाला जाता है–**पहला क्षेत्र** सौराष्ट्र और गुजरात से आरम्भ होकर पूर्वी राजस्थान होता हुआ पंजाब तक फैला है।

पूर्वी राजस्थान से यह क्षेत्र पूर्वी उत्तर प्रदेश और उत्तरी बिहार होता हुआ पश्चिम बंगाल तक चला गया है। **दूसरा क्षेत्र** महाराष्ट्र, आन्ध्र प्रदेश, कर्नाटक और तमिलनाडु राज्यों में फैला है।

भारत में बकरियों की निम्न नस्लें पाली जाती हैं :

1. हिमालय क्षेत्र की पहाड़ी बकरी, 2. जमुनापारी, 3. बड़वारी, 4. पश्मीना, 5. बंगाली।

भेड़ें

भारत में भेड़ों का विस्तृत क्षेत्र 30 से 75 सेण्टीमीटर वर्षा वाले पहाड़ी भागों में है, जहां चरागाह पाये जाते हैं। भारत में लगभग 5.08 करोड़ भेड़ें हैं। ये अधिकतर शीतल और सूखे क्षेत्रों में मिलती हैं। गर्म और आर्द्र भागों में इनकी संख्या बहुत ही कम है। भारत में भेड़ पालन के तीन क्षेत्र हैं—

● **उत्तरी क्षेत्र : गुरैज** कश्मीर की गुरैज तहसील में पायी जाती हैं। ये बिना सींग वाली होती हैं। इनसे सफेद ऊन वर्ष में दो बार में 6 से 9 किलोग्राम प्राप्त होता है। करणा कश्मीर में करणा तहसील के पहाड़ी ढालों पर ऊन प्राप्ति हेतु पाली जाती हैं। **भक्खरवाल** कश्मीर के निचले ढालों पर तथा पीर-पंजाल के ऊंचे ढालों पर, श्रीनगर की घाटी में पाली जाती हैं। इनका ऊन मोटा और महीन दोनों ही प्रकार का होता है। **गद्दी** या **भद्दरवाह** नस्ल की बिना सींग की भेड़ें जम्मू की भद्दरवाह और किश्तवार तहसीलों में पाली जाती हैं। इनसे कम्बल और शालें बनाने के लिए अच्छे किस्म की ऊन प्राप्त होती है। सिक्किम नस्ल की भेड़ें सिक्किम में तथा हिमालय के पूर्वी भागों में पायी जाती हैं। ये हृष्ट-पुष्ट और काले चेहरे वाली होती हैं। इन्हें मुख्यतः मांस के लिए पाला जाता है।

दक्षिणी क्षेत्र : दक्कनी भेड़ें दक्षिणी महाराष्ट्र और कर्नाटक राज्य में मिलती हैं। इससे ऊन की अपेक्षा गोश्त अधिक मिलता है। प्रति भेड़ 1.5 किलोग्राम ऊन वर्ष भर में प्राप्त होती है। नेलोरी नस्ल तमिलनाडु और कर्नाटक में पायी जाती है। इनसे सफेद, गहरा भूरा, पीला या सिन्दूरी रंग की ऊन प्राप्त होती है।

भारत में ऊन के कुल उत्पादन का लगभग 50% अकेले राजस्थान से प्राप्त होता है। शेष उत्पादन महत्त्व के अनुसार महाराष्ट्र, गुजरात, आन्ध्र प्रदेश, तमिलनाडु, उत्तर प्रदेश और पंजाब से प्राप्त होता है।

पश्चिमी क्षेत्र : बीकानेरी राजस्थान व हरियाणा के सूखे भागों और पंजाब के फिरोजपुर जिले में पायी जाती हैं। ऊन प्राप्ति के लिए ये सर्वोत्तम मैदानी भेड़ें मानी जाती हैं। प्रतिवर्ष प्रति भेड़ से 4 से 8 किलोग्राम तक ऊन मिलती है। यह ऊन अधिकतर गलीचे बनाने के काम में आती है। लोही भेड़ें राजस्थान के दक्षिणी जिलों और पंजाब के अमृतसर जिले में पाली जाती हैं। ये भेड़ें मुख्यतः गोश्त और दूध के लिए पाली जाती हैं, किन्तु इनकी ऊन खुरदरी होती है। मारवाड़ी राजस्थान के जोधपुर, पाली और बाड़मेर जिलों में पाली जाती हैं। प्रतिवर्ष प्रति भेड़ 1.5 से 2.5 किलोग्राम हल्के किस्म की ऊन मिलती है। कच्छी नस्ल कच्छ और उत्तरी गुजरात में मिलती है। इससे मांस, ऊन और दूध प्राप्त होते हैं। ये बोझ ढोने में अच्छी होती हैं।

दूध उत्पादन

भारत में प्रति गाय लगभग 400 किलोग्राम और भैंस 800 किलोग्राम दूध देती हैं, जबकि डेनमार्क में यह मात्रा 3,902 किलोग्राम, इंगलैण्ड में 3,950 किलोग्राम और संयुक्त राज्य अमेरिका में 4,145 किलोग्राम है। अब तेजी से स्थिति में सुधार आया है एवं भारतीय गाय की नवीन नस्लें आर्थिक इकाई बनती जा रही हैं।

दूध उत्पादन में भारत दुनिया में पहले स्थान पर है। भारत में सबसे अधिक **दूध उत्पादन** उत्तर प्रदेश, राजस्थान, मध्य प्रदेश, गुजरात, आंध्र प्रदेश, महाराष्ट्र, पंजाब, बिहार, हरियाणा, एवं कर्नाटक राज्य में होता है। बड़े पैमाने पर काम करने वाली दुग्धशालाएं अभी बहुत ही सीमित हैं। अलीगढ़ की **कैवेण्टर्स**, आगरा की **राधास्वामी संस्था**, मुम्बई की **आरे**, आनन्द की **अमूल**, दिल्ली की **मदर डेयरी** और मैसूर की **रायनकेरा** प्रमुख दुग्धशालाएं हैं।

ऑपरेशन फ्लड (श्वेत क्रांति)

दूध के उत्पादन में तीव्र वृद्धि ही 'श्वेत क्रांति' कहलाती है। सन् 1964-65 में देश में 'सघन पशु विकास प्रोग्राम' (Intensive Cattle Development Programme, ICDP) चलाया गया, जिसके अन्तर्गत 'धवल क्रांति' अथवा 'श्वेत-क्रांति' लाने के लिए पशु मालिकों को पशुपालन के सुधरे तरीकों का पैकेज प्रदान किया गया। बाद में श्वेत-क्रांति की गति और तेज करने के लिए **'ऑपरेशन फ्लड'** (Operation Flood) आरम्भ किया गया। भारत में विश्व की सबसे अधिक पशु जनसंख्या है।

'ऑपरेशन फ्लड' के सूत्रधार डॉ. वर्घीस कुरियन हैं, जिन्हें इस योजना के क्रियान्वयन एवं सफलता का शत-प्रतिशत श्रेय जाता है। ऑपरेशन फ्लड कार्यक्रम विश्व का सबसे बड़ा समन्वित डेयरी विकास कार्यक्रम है, जो 1970 में राष्ट्रीय डेयरी विकास बोर्ड (NDDB) ने प्रारम्भ किया था। अब तक 'ऑपरेशन फ्लड' के तीन चरण पूर्ण हो चुके हैं, जिनसे किसानों एवं दुग्ध उत्पादकों को काफी आर्थिक लाभ मिला है।

आज 'ऑपरेशन फ्लड' योजना के अन्तर्गत लगभग 90 लाख किसान परिवार कार्यरत होकर 70 हजार से अधिक डेयरी सहकारी संस्थाओं से सम्बद्ध होकर डेयरी विकास कार्यक्रम से लाभान्वित हो रहे हैं।

मत्स्य पालन

भारत में अनेक नदियाँ, नहरें, तालाब, झीलें पायी जाती हैं। यहाँ समुद्री तट लगभग 7515 कि.मी. है। इस कारण यहाँ मत्स्यपालन के लिए अनुकूल परिस्थितियाँ विद्यमान हैं। मत्स्यपालन का भारतीय अर्थव्यवस्था में प्रमुख स्थान है। भारत दुनिया में दूसरा सबसे बड़ा मछली उत्पादक देश है। दुनिया के कुल मछली उत्पादन में भारत का प्रतिशत 5.68 प्रतिशत है। भारत मछली पालन के जरिए मछली उत्पादन करने वाला प्रमुख देश है और चीन के बाद दुनिया में उसका दूसरा स्थान है। मत्स्य पालन भारत में कृषि और संबंधित गतिविधियों के सबसे संभावनापूर्ण क्षेत्रों में से एक है। 12वीं पंचवर्षीय योजना के दौरान इस क्षेत्र में समग्र विकास दर 6 प्रतिशत रही।

भारत के पास ऐसे व्यापक जलीय संसाधन मौजूद हैं, जिनमें सतत उपयोग के लिए विविध मत्स्य जीवों का भंडार है। हमारे देश में मछलियों की 2,200 प्रजातियां पायी जाती हैं, जोकि विश्व स्तर पर उपलब्ध प्रजातियों की 11 प्रतिशत हैं। इन प्रजातियों में से 24.7 प्रतिशत गर्म मीठे पानी में, 3.3 प्रतिशत ठंडे पानी में, 6.5 प्रतिशत नदी के मुहानों पर और बाकी 65.5 प्रतिशत समुद्र में पाई जाती हैं।

अंतर्देशीय मत्स्य पालन और एक्वाकल्चर

जलजीव पालन (एक्वाकल्चर) विश्व में तेजी से बढ़ता खाद्य उत्पादन क्षेत्र है, जिसमें हर वर्ष 7 प्रतिशत की वृद्धि हो रही है। कुल मछली उत्पादन और एक्वाकल्चर से किए जाने वाले मछली उत्पादक देशों में भारत दूसरा सबसे बड़ा देश है। मछली और मत्स्य उत्पादों की बढ़ती मांग को एक्वाकल्चर और जलाशयों में कल्चर आधारित अधिग्रहित मछली पालन से पूरा किया जा रहा है, क्योंकि दुनिया में अधिग्रहित मछली पालन का विकास उतनी तेजी से नहीं हो रहा है।

नील क्रांति

देश में मत्स्य पालन और एक्वाकल्चर के विकास हेतु मत्स्य पालन क्षेत्र की सभी मौजूदा योजनाओं को नील क्रांति के अंतर्गत लाया गया है। नील क्रांति जलजीवों का उत्पादन और उत्पादकता बढ़ाने के लिए देश में मत्स्य पालन और एक्वाकल्चर क्षेत्र के विकास और प्रबंधन की दिशा में की गयी एकीकृत और समग्र पहल का नाम है।

खनिज संसाधन

भूगर्भ से खोदकर निकाली जाने वाली वस्तुओं को खनिज कहते हैं। 'खनिज' प्राकृतिक रासायनिक तत्व या यौगिक हैं जो मुख्यतः अजैव क्रियाओं से बनते हैं। ये अपने भौतिक तथा रासायनिक गुणों से जाने जाते हैं। जिन स्थानों से खनिज निकाले जाते हैं उन्हें 'खान' कहते हैं। खनिज दो प्रकार के होते हैं–धात्विक खनिज तथा अधात्विक खनिज। भारत जैसे विकासशील देश में खनिजों का विशेष महत्व है। हमारे देश के प्रमुख खनिज निम्नलिखित हैं :

लौह अयस्क

चीन, जापान तथा अमरीका के बाद भारत विश्व का चौथा सबसे बड़ा लौह अयस्क उत्पादक देश है। कुडप्पा तथा धारवाड़ युगीन एवं आग्नेय शैलों में लौह-अयस्क की प्राप्ति होती है। इनमें मैग्नेटाइट (Fe_3O_4), हैमेटाइट (Fe_2O_3), सिडेराइट ($FeCO_3$), लिमोनाइट ($2Fe_2O_33H_2O$) तथा लैटेराइट अयस्क प्रमुख हैं। भारत में मुख्यतः उच्च कोटि के लौह-अयस्क हैमेटाइट तथा मैग्नेटाइट पाये जाते हैं जिनमें 60-70% तक लोहा मिलता है। भारत में चार प्रकार के लौह अयस्क पाए जाते हैं, यथा–

1. **मैग्नेटाइट अयस्क**–काले रंग के इस अयस्क में चुम्बकीय लोहे का ऑक्साइड होता है। इसकी प्राप्ति आग्नेय चट्टानों से होती है। इससे 72% तक धातु का अंश प्राप्त होता है। इस अयस्क के भण्डार कर्नाटक, आन्ध्र प्रदेश, गोवा, केरल, राजस्थान, झारखण्ड और तमिलनाडु में हैं।
2. **हेमेटाइट अयस्क**–यह लाल तथा भूरे रंग का होता है। यह धारवाड़ और कुडप्पा क्रम की चट्टानों से प्राप्त होता है। इस अयस्क में लोहे का अंश 70% तक होता है। इसके भंडार झारखण्ड, उड़ीसा, मध्य प्रदेश, कर्नाटक, महाराष्ट्र, गोवा, आन्ध्र प्रदेश तथा राजस्थान में हैं।
3. **लिमोनमाइट तथा सिडेराइट**–इस अयस्क में लोहे का अंश 40-60% तक होता है। इसे निम्न श्रेणी का अयस्क माना जाता है। यह पश्चिम बंगाल में रानीगंज कोयला क्षेत्र में विकसित निम्न गोंडवाना क्रम के लौह-स्तर शैल के रूप में प्राप्त होती हैं।
4. **लैटेराइट अयस्क**–लैटेराइट शैलों के ऋतुक्षरण के फलस्वरूप अवशिष्ट खनिज के रूप में घटिया लोहे और एल्युमिनियम का संकेन्द्रण होता है। इसका उपयोग लाभदायक नहीं है। इस प्रकार का अयस्क मुख्यतः महाराष्ट्र, मध्य प्रदेश और तमिलनाडु राज्यों में मिलता हैं।

वितरण : अनुमान के अनुसार विश्व के कुल संचित लौह अयस्क भंडार का लगभग एक-चौथाई (1/4) भाग भारत में है। यह एशिया का वृहत्तम लौह भंडार है। उत्खनन की दृष्टि से भारत को तीन क्षेत्रों में वर्गीकृत किया जाता है–उत्तरी पूर्वी भारत, मध्य देशीय क्षेत्र तथा दक्षिणी-पश्चिमी प्रायद्वीपीय क्षेत्र। इन तीनों क्षेत्रों के अन्तर्गत निम्न राज्यों में लौह अयस्क की प्राप्ति निम्नवत है–

- **ओडिशा**–ओडिशा भारत का 30 प्रतिशत से अधिक लोहा उत्पादित कर प्रथम स्थान पर है। लौह अयस्क की दृष्टि से इस राज्य के सुन्दरगढ़, मयूरभंज तथा क्योंझर सर्वाधिक महत्त्वपूर्ण जिले हैं। सुन्दरगढ़ जिले में बोनाई तथा मयूरभंज जिले में गुरुमहिसानी, सुलेपट तथा बादाम पहाड़ प्रमुख उत्पादक क्षेत्र हैं। क्योंझर जिले का बांसपानी, टोडा, ठकुरानी, कोडेकोला, फिलोरा, कुरबन्द, किरुबुरु प्रमुख खानें हैं। इन सभी क्षेत्रों में हेमेटाइट किस्म का लोहा निकाला जाता है।
- **कर्नाटक**–यह राज्य भारत का 26 प्रतिशत लोहा उत्पादित करता है। इस राज्य के बेल्लादी जिले में हास्पेट क्षेत्र की सुन्दर पहाड़ियों में लौह भंडार पाए जाते हैं। इस क्षेत्र में रमन दुर्ग, थिम्मापांगुड़ी, उबलगुड़ी, इट्टीहाटी, कुमारस्वामी, राजापुर, दोम्नालाई, बैलगापट्टी, देवदारी तथा कम्माधबेरू प्रमुख हैं।
- **छत्तीसगढ़**–यहाँ उच्च कोटि का हेमेटाइट लोहा मिलता है। इस दृष्टि से बस्तर तथा दुर्ग जिले सबसे अधिक महत्त्वपूर्ण हैं। बस्तर जिले में बैलाडिला तथा रावघाट और दुर्ग जिले में लौह अयस्क टीले के रूप में बिखरे हैं।
- **गोवा**–इस राज्य में लौह अयस्क का विशाल भंडार है। इसके तीन महत्त्वपूर्ण क्षेत्र हैं–उत्तरी गोवा, मध्य गोवा तथा दक्षिणी गोवा। उत्तरी गोवा में अदुलमाले और उसांव के बीच लोहा पाया जाता है। मध्य तथा दक्षिण गोवा में मध्यम तथा निम्न कोटि का लौह अयस्क पाया जाता है।
- **झारखण्ड**–इस राज्य की लौह अयस्क पेटी उड़ीसा से संलग्न है। देश के कुल उत्पादन का 17.68% झारखण्ड राज्य से प्राप्त होता है। यह राज्य के सिंहभूम जिले के कोम्पिलाई के आस-पास मयूरभंज के क्षेत्रों तक तथा उड़ीसा से 48 कि.मी. लम्बी पट्टी में फैला है। सिंहभूम जिले की पंसिराबुरू और बड़ाबुरू सर्वाधिक महत्त्वपूर्ण खानें हैं। यहाँ का अयस्क टाटा आयरन एवं इस्पात संयंत्र द्वारा उपयोग में लाया जाता है।
- **आन्ध्र प्रदेश** में मैग्नेटाइट किस्म का लोहा पाया जाता है, जो करीमनगर, आदिलाबाद तथा निजामाबाद में विस्तृत है। यहाँ के लोहे में शुद्ध धातु का अंश 50-60% है।
- **मध्य प्रदेश**–इस राज्य के पूर्वी तथा दक्षिणी भाग में जबलपुर, माण्डला तथा बालाघाट जनपदों में उच्च कोटि का हेमेटाइट लौह अयस्क प्राप्त होता है।
- **महाराष्ट्र**–पूर्वी तथा दक्षिणी-पश्चिमी क्षेत्र प्रमुख लौह अयस्क के क्षेत्र हैं। पूर्वी क्षेत्र में चांदा के लोहरा, पीपलगाँव, सूरजगढ़, असोला, देवलागाँव इत्यादि क्षेत्र शामिल हैं। दक्षिणी-पश्चिमी भाग में रत्नागिरि जिले में बड़ी मात्रा में लौह अयस्क पाए जाते हैं।
- **तमिलनाडु** में लौह अयस्क की दृष्टि से सलेम जिला सर्वप्रमुख है।
- **गुजरात** में हेमेटाइट किस्म का अयस्क भावनगर, पोरबंदर, नवानगर, जूनागढ़, बड़ोदरा, खाण्डेश्वर जिलों में पाया जाता है।
- **केरल** में मैग्नेटाइट किस्म का अयस्क कोझीकोड जिले में; **राजस्थान** में हेमेटाइट किस्म का अयस्क उदयपुर, जयपुर तथा भीलवाड़ा जिलों से प्राप्त होता है।

इन राज्यों के अतिरिक्त पश्चिम बंगाल, हरियाणा, हिमाचल प्रदेश, जम्मू -कश्मीर, उत्तराखंड तथा उत्तर प्रदेश में भी लौह अयस्क प्राप्त होता है।

मैंगनीज

मैंगनीज धातु प्रायः काले रंग की प्राकृतिक भस्मों के रूप में धारवाड़ युग की पर्तदार चट्टानों में पाई जाती है। इसका सबसे अधिक प्रयोग लोहा-इस्पात उद्योग में होता है। एक टन इस्पात बनाने के लिए लगभग 6 किलोग्राम मैंगनीज की आवश्यकता होती है। इसके अतिक्ति मैंगनीज का प्रयोग रासायनिक उद्योग जैसे–ब्लीचिंग पाउडर, कीटाणुनाशक दवाइयाँ, रंग-रोगन, शुष्क बैटरियाँ तथा चीनी मिट्टी के बर्तन बनाने के लिए भी किया जाता है। मैंगनीज में सिलिका, चूना, एल्यूमीना, मैगनेशिया तथा फास्फोरस जैसी कई अशुद्धियाँ होती हैं जिस कारण इसका प्रयोग शोधन के बाद ही किया जाता है। मैंगनीज के उत्पादन में भारत का विश्व में छठा स्थान है। भारतीय मैंगनीज धातु की शुद्धता 47%-52% तक होती है। यहाँ घरेलू उपयोग से अधिक उत्पादन होने के कारण इसका निर्यात भी किया जाता है।

वितरण : मैंगनीज की प्राप्ति निम्न राज्यों से निम्नवत् होती है–

- **मध्य प्रदेश**–मैंगनीज उत्पादन में इस राज्य का भारत में पहला स्थान है। यहाँ कुल उत्पादन का 33% से अधिक प्राप्त होता है। इस राज्य की मैंगनीज की पेटी बालाघाट तथा छिंदवाडा जिलों में विस्तृत है।
- **महाराष्ट्र**–इस राज्य का स्थान मैंगनीज उत्पादन की दृष्टि से दूसरा है। यहाँ नागपुर, भण्डारा और रत्नागिरि जिलों में सर्वाधिक मैंगनीज प्राप्त होता है। नागपुर जिले के डुमरी कला से खण्डाला तक लगभग 19 कि.मी. क्षेत्र में यह विस्तृत है। यह राज्य देश के कुल उत्पादन का 25% उत्पादन करता है।
- **ओडिशा**–यह राज्य भारत का तीसरा बड़ा मैंगनीज उत्पादक राज्य है। देश के कुल उत्पादन का 19% मैंगनीज का उत्पादन यहां से होता है। अधिकांश उत्पादन सुदरगढ़, संभलपुर, बालनगीर, क्योंझर, कालाहाण्डी, धेनकवाल जिले से प्राप्त होते हैं।

- **आन्ध्र प्रदेश**–देश का पाँचवाँ बड़ा उत्पादक राज्य है। यह राज्य देश के कुल उत्पादन का 11.40% उत्पादन करता है। राज्य के प्रमुख उत्पादक जिलों में श्रीकाकुलम, कुडप्पा, विशाखापट्टनम शामिल हैं। यहाँ से प्राप्त मैंगनीज की शुद्धता 25-55% है।
- **झारखण्ड**–इस राज्य के प्रमुख मैंगनीज उत्पादक क्षेत्र सिंहभूम जिले के वीरमित्रपुर, चाइबासा, बसाडेरा तथा पहाड़पुर हैं।
- **कर्नाटक**–यहाँ से प्राप्त मैंगनीज की शुद्धता 30-50% तक होती है। यहाँ कनारा, शिमोगा, तुमकुर तथा बेल्लारी जिले में महत्वपूर्ण खानें हैं।

इन राज्यों के अतिरिक्त **गोवा, गुजरात** तथा **राजस्थान** राज्यों में भी मैंगनीज का उत्पादन होता है, गोवा में मुख्य क्षेत्र हैं : परनेम तथा बरदार। गुजरात के दो जिलों पंचमहल तथा बड़ोदरा तथा राजस्थान के उदयपुर, सिरोही, पाली, डूंगरपुर, बांसवाड़ा प्रमुख मैंगनीज उत्पादक जिले हैं।

बॉक्साइट

बॉक्साइट अयस्क से एल्युमिनियम की प्राप्ति होती है। यह लौह भस्म के रूप में मिलता है। देश में मिलने वाले सभी लौह-भस्म लैटेराइट प्रकार के हैं जिनमें लाल एवं पीला लौहांश अधिक मात्रा में मिलता है। एल्युमिनियम एक हल्की तथा लचीली धातु है जो विद्युत तथा ऊष्मा का अच्छा चालक है। इसलिए इसे बहुत से उद्योगों में प्रयोग किया जाता है, जिससे इसकी मांग दिन-प्रतिदिन बढ़ती जा रही है। एल्युमिनियम की मांग में वृद्धि होने से बॉक्साइट की मांग में भी उल्लेखनीय वृद्धि हुई है। भारत बॉक्साइट के भंडारों के दृष्टिकोण से धनी है।

भारत में बॉक्साइट के संचित भंडार ओडिशा (51%), आंध्र प्रदेश (16%), गुजरात (9%), झारखंड (6%) तथा महाराष्ट्र (5%) हैं। छत्तीसगढ़, तमिलनाडु, मध्य प्रदेश कर्नाटक तथा गोवा में भी बॉक्साइट उत्पादित किये जाते हैं।

वितरण : बाक्साइट का वितरण निम्न राज्यों में निम्नवत है–

- **ओडिशा**–इस राज्य के सम्भलपुर और कालाहांडी में बॉक्साइट की प्रमुख खानें विद्यमान हैं। यहाँ की बॉक्साइट में धातु की मात्रा 62.6% तक पायी जाती है। वर्तमान में यह राज्य बॉक्साइट उत्पादन की दृष्टि से पहले स्थान पर है।
- **गुजरात**–इस राज्य में कच्छ की खाड़ी से लेकर खम्भात की खाड़ी के मध्य बॉक्साइट अधिक मात्रा में प्राप्त होता है। यहाँ से प्राप्त बॉक्साइट में एल्युमिना की मात्रा 60% है।
- **झारखण्ड**–यहाँ पर बॉक्साइट का जमाव लेटेराइट चट्टानों में मिलता है। यहाँ के बॉक्साइट में एल्युमिना का अंश 65% तक पाया जाता है। यहाँ से भारत का लगभग 11% बॉक्साइट उत्पादित किया जाता है। यह भारत का तीसरा प्रमुख उत्पादित राज्य है। अधिकांश भंडार लोहरदग्गा, राँची, गुमला जिले में हैं।
- **महाराष्ट्र**–बॉक्साइट संचय एवं उत्पादन की दृष्टि से भारत में इस राज्य का पाँचवाँ स्थान है। महाराष्ट्र में भारत का लगभग 10% बॉक्साइट उत्पादित किया जाता है। ये भंडार कोल्हापुर, ठाणे, रत्नागिरी, सतारा एवं पुणे में पाए जाते हैं।
- **मध्य प्रदेश**–इस राज्य में बॉक्साइट के दो प्रमुख क्षेत्र हैं–कटनी, नीमाड़, जबलपुर क्षेत्र तथा अमरकंटक-बालाघाट क्षेत्र। पहले क्षेत्र में बॉक्साइट का जमाव बरगवान पहाड़ी में पाया जाता है। यहाँ के बॉक्साइट का रंग गुलाबी होता है, जो उत्तम होता है।
- **छत्तीसगढ़**–मध्य प्रदेश की अमरकंटक-बालाघाट क्षेत्र की बॉक्साइट पट्टियाँ बिलासपुर तथा दुर्ग जिले में भी पायी जाती हैं। इसके अलावा उपरौरा-नैंनापट-जशपुर क्षेत्र अपरा और होमी नदियों की घाटियों में स्थित हैं।
- **कर्नाटक**–बेलगाम जिले में सिद्ध पहाड़, कालानन्दीगढ़ क्षेत्र, करसारदा पहाड़ियाँ, जम्बोती बेटने तथा बोकनपुर नैलो की पहाड़ियों में बॉक्साइट प्रमुखता से मिलते हैं।
- **तमिलनाडु**–यहाँ के बॉक्साइट में धातु की शुद्धता 45 से 55% तक पायी जाती है।
- **आन्ध्र प्रदेश**–अनन्तगिरि के पठारी भाग में बॉक्साइट प्राप्त होता है। बॉक्साइट का सबसे बड़ा जमाव चिन्तापल्ली क्षेत्र में है। देश का 16% बॉक्साइट का संचय इस राज्य में है, किन्तु उत्पादन की दृष्टि से यह बहुत पीछे है।

इन राज्यों के अतिरिक्त जम्मू-कश्मीर तथा उत्तर प्रदेश में भी बॉक्साइट पाया जाता है।

तांबा

लाल और भूरे रंग की यह धातु विद्युत की सुचालक है। यह बहुत लचीला होता है। अधिक प्रतिरोधक क्षमता होने के कारण विद्युत उद्योग में इसका अधिक उपयोग हो रहा है। इसके अतिरिक्त दूरभाष, दूरसंचार के तार, मोटर उद्योग आदि में भी तांबे का उपयोग बढ़ गया है।

भारत में तांबा सल्फाइड, ऑक्साइड, क्लोराइड या कार्बोनेट आदि रासायन मिश्रित चट्टानों के साथ पाया जाता है। इसके अतिरिक्त चांदी, टिन, सीसा, सोना जैसी धातुओं के साथ तांबा पाया जाता है। तांबा प्रस्तर में तांबे का अंश 3 से 6% तक मिलता है। भारत के कुल भण्डार के 2/3 भाग में शुद्ध तांबे का प्रतिशत

एक से भी कम रहता है। देश में निकाले जा सकने योग्य तांबे का 15115 हजार टन भंडार है। संचित राशि की दृष्टि से राजस्थान लगभग 53.81% के साथ प्रथम स्थान पर है। झारखण्ड एवं मध्य प्रदेश में देश का 39% तांबा भंडार है।

अभ्रक

यह कायान्तरित तथा आग्नेय चट्टानों में पाया जाता है। पारदर्शी, लचीला तथा हल्का चमकीला यह खजिन श्वेत, गुलाबी, काला या गहरे रंग का होता है। सबसे उत्तम किस्म का अभ्रक पैग्मेटाइट नामक आग्नेय चट्टानों में मिलता है, जो श्वेत रंग का होता है।

वितरण : विश्व अभ्रक उत्पादन में भारत का पहला स्थान है। भारत में अभ्रक के कुल भंडार का 41% आन्ध्र प्रदेश से तथा 28% राजस्थान से प्राप्त होता है। अभ्रक क वितरण भिन्न-भिन्न राज्यों में निम्नवत है–

- **झारखंड**–इस राज्य में अभ्रक की विश्व प्रसिद्ध पेटी पायी जाती है। इस राज्य की अभ्रक पेटी हजारीबाग, गिरिडीह, संथाल परगना जिलों में विस्तृत है। यहाँ पेटी 100-150 कि.मी. लम्बी तथा 25 कि.मी. चौड़ी है। यह अभ्रक पेटी भागलपुर, गया, मुंगेर आदि जिलों में फैली है। राज्य का हजारीबाग जिला पूरे राज्य का तीन-चौथाई अभ्रक अकेले उत्पादन करता है। उत्पादन की मात्रा और गुणवता दोनों दृष्टि से यहाँ का अभ्रक सर्वश्रेष्ठ है।
- **आन्ध्र प्रदेश**–संचित राशि की दृष्टि से इस राज्य का भारत में प्रथम स्थान है। यहां 65 कि.मी. लम्बी तथा 20-30 कि.मी. चौड़ी अभ्रक की पेटी पायी जाती है। इस राज्य में कुल उत्पादन का 35% प्राप्त होता है। यहाँ का अभ्रक विशाखापट्नम बंदरगाह से निर्यात होता है।
- **राजस्थान**–भंडार के दृष्टिकोण से देश में इस राज्य का दूसरा स्थान है। 320 कि.मी. लम्बाई तथा 100 कि.मी. चौड़ाई की पट्टी उत्तर-पूर्व जयपुर से लेकर द.-पश्चिम उदयपुर तक विस्तृत है। इस राज्य का भीलवाड़ा जिला सबसे अधिक अभ्रक का उत्पादन करता है।
- **तमिलनाडु**–इस राज्य में अभ्रक का उत्पादन मुख्य रूप से तिरुनवेली, तिरुचिरापल्ली, सलेम, नीलगिरि, मदुरै, कोयम्बटूर जिलों में होता है। तिरुनवेली जिले में कोविलपट्टी के निकट की खदानें अभ्रक उत्पादन के लिए महत्त्वपूर्ण हैं।

इन राज्यों के अतिरिक्त ओडिशा के सुन्दरगढ़, सम्भलपुर, गंजाम, कटक, ढेंकनाल, कोरापुट; कर्नाटक के हासन तथा मैसूर; केरल के अलेप्पी, पुन्नालूर, क्विलोन; पश्चिम बंगाल के मिदनापुर तथा बांकुड़ा; छत्तीसगढ़ का बस्तर जिला; बिहार के गया, मुंगेर, भागलपुर, औरंगाबाद; हरियाणा के नारनौल एवं गुड़गांव तथा हिमाचल प्रदेश के किन्नौर जिले में भी अभ्रक का उत्पादन होता है।

प्रमुख खनिज संसाधन एवं उत्पादक देश

खनिज संसाधन	महत्वपूर्ण उत्पादक राष्ट्र
• लौह अयस्क	चीन, ब्राजील, आस्ट्रेलिया
• ताँबा	चिली, पेरू, यू.एस.ए., चीन
• टिन	चीन, इंडोनेशिया, पेरू, बोलिविया
• सीसा	चीन, आस्ट्रेलिया, यू.एस.ए., पेरू
• जिंक	चीन, आस्ट्रेलिया, पेरू, भारत
• मैंगनीज	चीन, आस्ट्रेलिया, द. अफ्रीका, गेबोन
• एल्युमीनियम	चीन, रूस, कनाडा
• सीमेंट	चीन, भारत, यू.एस.ए., टर्की
• पेट्रोलियम	सऊदी अरब, रूस, यू.एस.ए., चीन
• प्राकृतिक गैस	रूस, यू.एस.ए., कनाडा, ईरान
• चाँदी	मैक्सिको, पेरू, चीन, आस्ट्रेलिया
• कोयला	चीन, भारत, यू.एस.ए., आस्ट्रेलिया
• अभ्रक	चीन, रूस, भारत
• यूरेनियम	कजाकिस्तान, कनाडा, आस्ट्रेलिया
• बॉक्साइट	आस्ट्रेलिया, चीन, ब्राजील, भारत
• थोरियम	भारत, यू.एस.ए., आस्ट्रेलिया, कनाडा
• प्लेटिनम	द. अफ्रीका, रूस, जिम्बाब्वे, कनाडा
• हीरा	रूस, कांगो, आस्ट्रेलिया, बोस्तवाना
• सोना	चीन, आस्ट्रेलिया, यू.एस.ए., रूस
• ग्रेफाइट	चीन, भारत, ब्राजील, टर्की
• मैग्नेशियम	चीन, द. अफ्रीका, आस्ट्रेलिया, ब्राजील
• जिप्सम	चीन, ईरान, स्पेन, यू.एस.ए.
• फेल्सपार	इटली, टर्की, चीन, फ्रांस

सीसा

सीसा अयस्क मुख्यतः गैलेना नामक खनिज से प्राप्त किया जाता है और यह प्रायः चाँदी व जस्ता के साथ मिला रहता है। देश में सीसे का उत्पादन बहुत कम होता है। **राजस्थान** इसका सबसे बड़ा उत्पादक है। राजस्थान के उदयपुर, राजसमन्द, चितौड़, भीलवाड़ा और जयपुर जिलों में तथा **मध्य प्रदेश** के ग्वालियर और दतिया जिलों में सीसे की खानें पाई जाती हैं, किंतु व्यापारिक दृष्टि से लाभदायक ढंग से चलने वाली खानें केवल राजस्थान में उदयपुर से 40 किमी. दूर जावर स्थान पर हैं, भीलवाड़ा में गुलाबपुरा-दरीबा एवं राजसमन्द जिले में राजपुरा-दरीबा में अब बड़े पैमाने पर उत्पादन कार्य हो रहा है। यहाँ से अयस्क खनन का कार्य हिन्दुस्तान जिंक लिमिटेड कम्पनी करती है। अब इसके नवीन भंडार राजसमंद एवं भीलवाड़ा में भी पाए गए हैं। अजमेर के निकट कायड में निम्न

श्रेणी के भंडार भी खोजे गए हैं। **छत्तीसगढ़** में सीसा दुर्ग जिले के चिचोली क्षेत्र में मिलता है। **उत्तराखंड** के पर्वतीय अगम्य भागों में निम्न श्रेणी के भण्डार खोजे गए हैं। **ओडिशा** में सम्बलपुर और कालाहांडी जिलों से; झारखंड में हजारीबाग, संथाल परगना, भागलपुर, रांची, सिंहभूम जिलों से; **कर्नाटक** में चित्रदुर्ग, बेस्लाटी और गुलबर्गा जिलों से; **महाराष्ट्र** में नागपुर जिलों से; **तमिलनाडु** में उत्तरी आर्कोट और दक्षिणी आर्कोट जिलों से भी इस धातु की प्राप्ति होती है।

जस्ता

जस्ता की प्राप्ति जिंक सल्फाइड तथा कैलेमीन, जिंकाइट एवं हैमीमोरफाइट से होती है। व्यापारिक आधार पर चलने वाला क्षेत्र दक्षिणी राजस्थान में है। यहाँ जस्ता एवं सीसा साथ-साथ निकाला जाता है। इसे हिन्दुस्तान जिंक लिमिटेड निकालता है। वर्तमान में उदयपुर जिले में जावरमाला तथा मोछियामगरा, राजसमंद जिले में रेलमगरा, उदयपुर जिले, भीलवाड़ा जिला में गुलाबपुरा, आगुचा-दरीबा क्षेत्र में जस्ते के भंडार पाए गए हैं। जम्मू-कश्मीर के ऊधमपुर जिले, तमिलनाडु के दक्षिणी अर्काट जिले में भी जस्ता प्राप्त होता है।

चांदी

भारत में चांदी का उत्पादन बहुत ही कम होता है। यहाँ प्राचीन काल में **राजस्थान** के उदयपुर में जावर क्षेत्र से चांदी प्राप्त होती थी, किंतु यहां धातु का अंश बहुत कम था। **तमिलनाडु** के अनन्तपुर **जिले** की चांदी की खानें भी समाप्त प्रायः हैं। कर्नाटक में कोलार स्वर्ण क्षेत्र तथा **झारखण्ड** में मानभूम क्षेत्र से कुछ चांदी प्राप्त होती है। भारत में चांदी का उत्पादन कर्नाटक और राजस्थान में दोबारी एवं चितौड़ के जस्ता संद्रावकों से उत्पादन के रूप में होता है। चांदी अयस्क का शोधन झारखण्ड में टुण्डु एवं राजस्थान में देबारी जिंक संद्रावक तथा चित्तौड़ के सुपर जिंक संद्रावक में किया जाता है। चांदी के अन्य उत्पादक क्षेत्र हैं—**कर्नाटक** में चित्रदुर्ग और बेल्लारी जिले; **आंध्र प्रदेश** में कुडप्पा, गंटूर और कुर्नूल जिले; **झारखण्ड** में सिंहभूम और संथाल परगना; **जम्मू-कश्मीर** में बारामूला तथा उत्तराखंड में अलमोड़ा।

वर्तमान में देश की 82% चांदी राजस्थान से 5% झारखण्ड से तथा 3% आंध्र प्रदेश में संचित है। ग्रेट ब्रिटेन, बेल्जियम, जर्मनी से चांदी का आयात किया जाता है।

सोना

सोना एक बहुमूल्य धातु है, जो कभी खानों में शुद्ध रूप में नहीं मिलता। इसमें अधिकतर चांदी और अन्य धातुओं के अंश मिले रहते हैं।

इसका उपयोग अन्तर्राष्ट्रीय बाजार में विनिमय के रूप में, आभूषण निर्माण में, औद्योगिक और रासायनिक क्षेत्र में, औषधि निर्माण इत्यादि में होता है।

वितरण : देश का सर्वाधिक सोना अकेले **कर्नाटक** राज्य में स्थित कोलार एवं हट्टी की खानों से प्राप्त किया जाता है। इस क्षेत्र की विख्यात खानें चैम्पियनरीफ, ओरेगन, कर्नाटक गोल्ड माइन और नदी दुर्ग हैं। रायचूर जिले में हट्टी की खानों से भी सोना मिलता है। कर्नाटक के धारवाड़, चित्रदुर्ग, बेल्लारी, शिमांगा तथा गुलबर्गा जिलों में भी कुछ सोना पाया जाता है।

देश के अन्य भागों में भी सोना प्राप्त होता है। **आंध्र प्रदेश** में अनन्तपुर जिले में रामगिरि खानें, **तमिलनाडु** में सलेम से भी सोना प्राप्त होता है। ये खाने भी धारवाड़ शैलों में स्थित हैं। भारत में कुछ सोना नदियों की रेत से भी प्राप्त होता है। **असम** में ब्रह्मपुत्र व सुवंसिरी, **झारखण्ड** व **उड़ीसा** की स्वर्णरिखा, **उत्तर प्रदेश** की सोन, रामगंगा, शारदा आदि नदियों की काँप में भी सोने की अल्पमात्रा प्राप्त होती है। भारत में सोने का उत्पादन बहुत कम तथा मांग अधिक है।

जिप्सम

जिप्सम कैल्सियम का जलयोजित सल्फाइड है। इसका उपयोग मुख्यतः सीमेंट और एल्युमिनियम सल्फेट बनाने में होता है। इसके अलावा इसका उपयोग प्लास्टर ऑफ पेरिस तथा सेरेमिक उद्योग में भी होता है। भारत के कुल उत्पादन का लगभग 95% अकेले **राजस्थान** से निकाला जाता है। यहाँ इसके प्रमुख उत्पादक **जोधपुर** जिले में मांगलोद, बाड़मेर जिले में मधुपुर तथा बीकानेर जिले में जामसर हैं। **जोधपुर** जिले में यह अधिकतर मंगलोद, कारास, उत्तरलाई, ढाकोरिया, खुतानी, मिलसवासी, बादवासी और मनौना की खानों से तथा **बीकानेर** जिले में जामसर, सियासर, कानसर, हरकासर, पुगाल की खानों से निकाला जाता है। देश में इसके अनुमानित भण्डार 133 करोड़ टन के हैं।

दूसरा क्षेत्र **तमिलनाडु** में है। यहाँ तिरुचिरापल्ली, कोयम्बटूर और रामनाथपुरम् जिलों में थोड़ी मात्रा में हरसौंठ निकाला जाता है।

डोलोमाइट

जब चूना-पत्थर में 10% से अधिक मैग्नैशियम होता है तो वह डोलोमाइट कहलाता है और जब यह अनुपात 45% से अधिक हो जाता है तो इसे शुद्ध डोलोमाइट कहते हैं। इसका 90% उपयोग लोहा-इस्पात उद्योग में होता है। 4% उर्वरक, 2% सीसा तथा मिश्रधातु तथा शेष अन्य उद्योगों में होता है।

वितरण : **उड़ीसा** में उत्तम प्रकार का डोलोमाइट सुन्दरगढ़ जिले के बीरमित्रपुर और पागपोश नामक स्थान पर पाया जाता है। **मध्यप्रदेश** देश का लगभग 27% डोलोमाइट उत्पादित करता है।

झारखण्ड में सिंहभूम जिले में चैबासा के निकट और पलामु (पुटवा) तथा बिहार के रोहतास (बंजारी) जिले में; **कर्नाटक** में तुमकुर, शिमोगा और चित्तलदुर्ग जिलों में; **आन्ध्र प्रदेश** कुड्डप्पा, कुर्नूल और अनन्तपुर जिलों में; **महाराष्ट्र** के चन्द्रपुर जिले में बरार क्षेत्र और बरार की बून तहसील; **मध्य प्रदेश** में रीवा और बिलासपुर एवं उमरिया में; **गुजरात** में बड़ोदरा के निकट मटीपुरा में, जम्बूघोड़ा के उत्तरी भाग में तथा **राजस्थान** में राजसमन्द जिले में पाया जाता है।

हीरा

यह मूल्यवान खनिज है। इसकी रचना कार्बन के रूपान्तरण से होती है। यह प्रायः वर्ण विहीन होता है, लेकिन कभी-कभी इसमें पीले या काले रंग भी पाये जाते हैं। यह आद्यकल्प की चट्टानों में पाया जाता है। हीरा (भंडार वाले प्रमुख क्षेत्र) दक्षिण भारत में आन्ध्र प्रदेश के अनन्तपुर, गुंटूर (कोल्लूर, मालावरम, माडगुला) कुडप्पा, कुर्नूल (मुनीमाडुगू-वंगलपल्ले) कृष्णा तथा गोदावरी (भद्राचलम) जिलों में, कर्नाटक में बेल्लारी जिले में, मध्य प्रदेश के सतना, छत्तरपुर, पन्ना, महाराष्ट्र के चांदा, उड़ीसा के सम्बलपुर तथा उत्तर-प्रदेश के मिर्जापुर, बांदा जिलों में पाया जाता है। तमिलनाडु के तिरुचिरापल्ली में कृत्रिम रूप से हीरा बनाया जाता है।

क्रोमाइट

भारत में क्रोमाइट की प्राप्ति पूर्व कैम्ब्रियन काल की प्राचीन चट्टानों से होती है, जो मुख्यतः प्रायद्वीपीय भारत में फैली हैं। **कर्नाटक** में शिमोगा, चित्रदुर्ग, हासन तथा मैसूर जिलों में महत्त्वपूर्ण खानें हैं। हासन जिले में यह जम्बूर से अर्सीकर तक 89 वर्ग किमी. क्षेत्र में मिलता है। **उड़ीसा** में भारत की 90% क्रोमाइट प्राप्त होती है। यहां क्योंझर नौशाही कटपाल, ढेंगोकटा, कटक (सुकिन्दा क्षेत्र), धेनकनाल (मरुआबिल और मौलाभाजा क्षेत्र) से प्रर्याप्त मात्रा में क्रोमाइट प्राप्त होती है। **महाराष्ट्र** रत्नागिरि जिले से; **तमिलनाडु** में सलेम जिले के सीतामपुंडी क्षेत्र से; **आन्ध्र प्रदेश** में कोंडापाले (कृष्णा जिले) और खम्मम जिलों (गोरावरम तथा देंदेकुरू) से; **झारखंड** के सिंहभूम जिले में चाइबासा के पश्चिम में जोजोहाटू और सरायकेला से तथा **बिहार** में यह मुख्यतः शेरोबुरू, किताबुरू, किंसीबुरू और चितांगुबरू पहाड़ियों से प्राप्त किया जाता है।

ईंधन खनिज (शक्ति संसाधन)

जिन संसाधनों का प्रयोग हम उद्योगों को चलाने, यातायात के साधनों को गति देने, कृषि को यान्त्रिक बनाने तथा घरेलू कामों के लिए करते हैं, उन्हें ऊर्जा संसाधन कहते हैं। प्राचीन काल में ऊर्जा के लिए मनुष्य अपने भुजबल पर ही निर्भर करता था। आधुनिक यंत्रों के अविष्कार से हमारे लिए ऊर्जा का महत्व बहुत बढ़ गया है। ऊर्जा के बिना आधुनिक औद्योगिक विकास बिल्कुल असम्भव है। आज के युग में ऊर्जा के महत्वपूर्ण संसाधन, कोयला, पेट्रोलियम, प्राकृतिक गैस, जल, विद्युत, सौर-ऊर्जा, परमाणु ऊर्जा, भू-ताप, लकड़ी, एवं ज्वारीय शक्ति हैं। इनमें से कोयला, पेट्रोलियम, प्राकृतिक गैस तथा जल-विद्युत औद्योगिक ऊर्जा के महत्वपूर्ण संसाधन हैं।

कोयला

कोयला एक ज्वलनशील जैविक ईंधन है, जो देश में विकसित ऊर्जा संसाधनों में सबसे अधिक महत्त्वपूर्ण है। कोयला वास्तव में आधुनिक भौतिक सभ्यता का प्रमुख संसाधन है। भारत में मुख्य रूप से दो युगों में कोयले का निर्माण हुआ है–गोंडवाना तथा टर्शियरी युग में।

गोंडवाना युगीन कोयला–प्रायद्वीपीय भारत में इस युग के कोयले की प्रधानता मिलती है। भारत का लगभग 98% कोयला इस युग से संबंधित है। अधिकांश कोयला अच्छे किस्म का होता है।

टर्शियरी युगीन कोयला–इयोसीन युग से लेकर प्लायोसीन युग तक निर्मित चट्टानों में टर्शियरी युगीन कोयला मिलता है। इस युग का कोयला मुख्य रूप से हिमालय प्रदेश में मिलता है। यह लिग्नाइट प्रकार का कोयला होता है, जो ताप विद्युत, कृत्रिम तेल आदि बनाने के लिए प्रयुक्त होता है।

वितरण :

1. गोंडवाना कोयला क्षेत्र–

- **दामोदर घाटी कोयला क्षेत्र**–यह भारत का सबसे महत्त्वपूर्ण कोयला उत्पादक क्षेत्र है। यहाँ देश का सबसे अधिक कोयला मिलता है। यह क्षेत्र पश्चिम बंगाल तथा झारखण्ड राज्यों में विस्तृत है। इस क्षेत्र से कोयले का उत्पादन 1814 ई. से ही हो रहा है। इस घाटी के प्रमुख कोयला क्षेत्र निम्नलिखित हैं–

  (*i*) **रानीगंज क्षेत्र**–यह क्षेत्र कोलकाता से 240 कि.मी. उत्तर-पश्चिम में स्थित है। इसकी खानों का क्षेत्रफल 1,500 वर्ग कि.मी. है। इसका अधिकांश क्षेत्र पश्चिम बंगाल में बर्दवान, बांकुरा तथा पुरुलिया जिलों में है। रानीगंज क्षेत्र से देश का लगभग एक-चौथाई कोयला उत्पादित होता है।

  (*ii*) **झरिया**–यह क्षेत्र झारखण्ड राज्य के धनबाद जिले में स्थित है। इस क्षेत्र की लम्बाई 38.6 तथा चौड़ाई 13.5 कि.मी. है। यह न केवल झारखंड राज्य का अपितु भारत का भी सबसे महत्त्वपूर्ण क्षेत्र है। यहाँ का कोयला बिटुमिनस किस्म का है। यहाँ के कुल अनुमानित भंडार में से लगभग 75% सामान्य किस्म का तथा शेष कोक बनाने योग्य कोयला है।

  (*iii*) **गिरिडीह क्षेत्र**–यह झारखण्ड राज्य के हजारीबाग जिले में स्थित है। इसका क्षेत्रफल केवल 28 वर्ग क़िलोमीटर है, जिसमें कोयले वाली जलज शैलें केवल 18 वर्ग किलोमीटर में ही मिलती हैं।

(*iv*) **बोकारो क्षेत्र**–यह झरिया के पश्चिम में स्थित है और दो भागों में बंटा है–पूर्वी बोकारो और पश्चिमी बोकारो। दोनों का क्षेत्रफल मिलाकर 550 वर्ग किलोमीटर है। यहाँ भी कोक बनाने योग्य उत्तम कोयला मिलता है। मुख्य तह करगाली है जो लगभग 66 मीटर मोटी है।

(*v*) **करनपुरा क्षेत्र**–यह क्षेत्र ऊपरी दामोदर की घाटी में बोकारो क्षेत्र से तीन किलोमीटर पश्चिम में स्थित है। इस क्षेत्र के दो भाग हैं : उत्तरी और दक्षिणी करनपुरा। इसका क्षेत्रफल 1,100 वर्ग किलोमीटर है। इस क्षेत्र में कोयले की तहें अधिक मोटी पायी जाती हैं।

(*vi*) **रामगढ़ क्षेत्र**–यह क्षेत्र दामोदर नदी के सहारे लगभग 100 वर्ग कि.मी. क्षेत्र में फैला हुआ है। यह बोकारो क्षेत्र से 8 कि.मी. दूर दक्षिण-पश्चिम में स्थित है। यहाँ के कोयले की प्रमुख तहें रन्ता, सुगिया, सेमकेर तथा मईल में हैं। यहाँ 103 करोड़ टन कोयला होने का अनुमान है।

- **सोन घाटी कोयला क्षेत्र**–यह क्षेत्र सोन नदी घाटी में मध्य प्रदेश, छत्तीसगढ़ तथा झारखण्ड राज्यों में स्थित है। इस क्षेत्र के मुख्य खनन केन्द्र हैं–मध्य प्रदेश की उमरिया, सिंगरौली, सोहागपुर, तातापानी-रामकोला तथा झारखंड राज्य की डाल्टेनगंज, औरंगा तथा हुटार। मध्य प्रदेश के उमरिया का क्षेत्रफल 1500 वर्ग कि.मी. है। यहाँ कोयले की छह परतें पायी जाती हैं। सिंगरौली कोयला क्षेत्र मुख्यतः सोन नदी के दक्षिण शहडोल तथा सीधी जिले में स्थित है। सिंगरौनी खान भारत का सबसे मोटा कोयला खनन केन्द्र है। यहाँ कोयले की मोटाई 7 मीटर से अधिक है। इसमें नमी की मात्रा अधिक पायी जाती है। यहाँ का कोयला वाष्प व गैस बनाने के लिए प्रयुक्त होता है।
- **महानदी कोयला क्षेत्र**–इस क्षेत्र के अन्तर्गत उड़ीसा के तलचर और सम्भलपुर क्षेत्र, **मध्य प्रदेश** के कोरवा, सनहट, झिलमिली-चिरमिरी, रायगढ़-हिंगिरि तथा विश्रामपुर-लखनपुर क्षेत्र मुख्य हैं।
- **गोदावरी-वर्द्धा घाटी कोयला क्षेत्र**–इस क्षेत्र में निम्न किस्म के कोयला क्षेत्र आते हैं। **महाराष्ट्र** के चन्द्रपुर जिले में **बलारपुर** क्षेत्र में कोयले की तहें 10 से 12 मीटर मोटी हैं। यहाँ का कोयला वायु में पड़ा रहने पर चूर-चूर होने लगता है और स्वयं जल जाता है। चन्द्रपुर जिले में ही **वरोरा क्षेत्र** है, जहां 3 मीटर से 7 मीटर मोटी तहें पाई जाती हैं।
- **आन्ध्र प्रदेश के सिंगरैनी क्षेत्र** में बराकर श्रेणी की शिलाएं 54 वर्ग किलोमीटर क्षेत्र में फैली हैं। **सस्ती क्षेत्र** वर्द्धा नदी के पश्चिम में 500 वर्ग किलोमीटर में फैला है। यहाँ 15 मीटर मोटी कोयले की परतें हैं। यह कोयला उत्तम श्रेणी का है। **तन्दूर क्षेत्र** गोदावारी और तन्दूर नदियों के बीच में 250 वर्ग किलोमीटर क्षेत्र में फैला है।
- **सतपुड़ा कोयला क्षेत्र**–सतपुड़ा कोयला क्षेत्र में मध्य प्रदेश और महाराष्ट्र के कुछ कोयला क्षेत्र आते हैं। मोहपानी क्षेत्र में नरसिंहपुर जिले में नर्मदा घाटी के दक्षिण में सतपुड़ा के उत्तरी ढाल के तले में स्थित है।
- **कान्हन घाटी क्षेत्र**–यह क्षेत्र छिन्दवाड़ा जिले में कान्हन नदी की घाटी से पंचवटी तक फैला है। कोयले की तहें 1.5 से 4 मीटर मोटी हैं। **पंचवटी क्षेत्र** छिंदवाड़ा जिले मे कान्हन घाटी के दक्षिण में है।

2. टर्शियरी कोयला क्षेत्र

- भारत का लगभग 1.5% कोयला टर्शियरी काल की चट्टानों से प्राप्त किया जाता है। यह कोयला लिग्नाइट प्रकार का है, जो गोंडवाना युग के कोयले से नया है। नए क्षेत्रों में सघन सर्वेक्षण तथा वास्तविक मूल्यांकन कार्य चल रहा है।

(*i*) **असम कोयला क्षेत्र–असम** में कोयला पूर्वी नागा पर्वत के उत्तरी-पश्चिमी ढाल पर लखीमपुर तथा शिवसागर जिलों में पाया जाता है। यहाँ का सबसे बड़ा क्षेत्र **माकूम** है। यह **नाभदंगा लीडो** कोल क्षेत्र के नाम से प्रसिद्ध है। मेघालय में **मिकिर की पहाड़ियों** की घाटियों में हल्की श्रेणी का कोयला 1 से 2 मीटर मोटी तहों में पाया जाता है। गारो, खासी और जयन्तिया पहाड़ियों में कोयला मिलता है।

(*ii*) **दार्जिलिंग कोयला क्षेत्र**–पश्चिम बंगाल के दार्जिलिंग जिले में बाह्य हिमालय की श्रेणियों में पाया जाने वाला यह क्षेत्र पनकावड़ी तथा द्वालिंग के मध्य लगभग 48 कि.मी. क्षेत्र में फैला हुआ है। कोयले की यह पेटी भूटान तथा असम में भी पायी जाती है। इस क्षेत्र में मेसोजोइक काल का कोयला पाया जाता है, जो बनावट में गोंडवाना काल के समान है।

(*iii*) **सिक्किम कोयला क्षेत्र**–इस राज्य में रणजीत घाटी में कोयला पाया जाता है।

(*iv*) **डाफला पहाड़ी कोयला क्षेत्र**–यह कोयला क्षेत्र अरुणाचल प्रदेश में पाया जाता है। यहाँ डिगरांक क्षेत्र में टर्शियरी काल का कोयला पाया जाता है।

(*v*) **मेघालय राज्य कोयला क्षेत्र**–इस राज्य में गारो, खासी, जयंतिया की पहाड़ियों में लिग्नाइट किस्म का कोयला पाया जाता है। इसमें गंधक का अंश अधिक होता है।

- **दक्षिण भारत में पूर्वी तट पर लिग्नाइट** मिलने की सूचना सबसे पहले सन् 1884 में **डब्ल्यू. किंग** द्वारा दी गयी। यहाँ पर तटीय भागों एवं दोनों अर्काट जिलों में इसके भण्डार पाये जाते हैं।

- **तमिलनाडु** राज्य के दक्षिण में अर्काट जिले में नेवेली नामक स्थान पर पातालीय जल के लिए ड्रिलिंग करते समय सन् 1934 में लिग्नाइट का पता लगा था, किन्तु खुदाई का कार्य सन् 1954 में ही आरम्भ किया गया। यहाँ 250 वर्ग किलोमीटर में 3 से 30 मीटर तक मोटी तहें पायी गयी हैं।
- **पश्चिमी तट में लिग्नाइट** क्षेत्र बरकाला और क्विलोन तथा मालाबार से लगाकर दक्षिणी किनारा तक पाये गये हैं।
- **जम्मू कश्मीर** में दक्षिणी-पश्चिमी भाग में कारेवां संरचनाओं के अन्तर्गत घटिया किस्म का गहरा कत्थई रंग का कोयला मिलता है। मुख्य क्षेत्र हैं : (क) चिनाब नदी के पश्चिम में कालाकोट, महोगला चकर और मेटका की खानों से, (ख) धनसाल-सवालकोट क्षेत्र, (ग) चिनाब के पूर्व में लड्डा क्षेत्र। अनुमान है कि यहाँ 5 करोड़ टन के जमाव हैं। इस कोयले का उपयोग ईंधन के रूप में किया जाता है।

खनिज तेल

भारत में खनिज तेल की प्राप्ति सबसे पहले ऊपरी असम के माकूम क्षेत्र से सन् 1867 में हुई जब यहाँ पर 36 मीटर गहरा कुआँ खोदा गया। खनिज तेल प्रायः तृतीयक अवसादी चट्टानों में पाया जाता है। भारत में खनिज तेल युक्त अवसादी चट्टानों का विस्तार 17.2 लाख वर्ग किलोमीटर क्षेत्रफल पर है। इसमें से 3.20 लाख वर्ग किमी. महाद्वीपीय मग्नतट है जो सागर-तल से 200 मीटर की गहराई तक है। शेष उत्तरी तथा तटीय मैदानी भाग में विस्तृत है। तेलधारी पर्तों वाले 13 महत्वपूर्ण बेसिन हैं जिन्हें तीन वर्गों में रखा गया है। कैम्बे बेसिन, ऊपरी असम तथा मुंबई अपतट बेसिन में वाणिज्य उत्पादन प्राप्त किया जा रहा है। राजस्थान, कावेरी-कृष्णा-गोदावरी बेसिन, अंडमान, बंगाल-हिमालय पाद पहाड़ियों, गंगा घाटी तथा त्रिपुरा-नागालैण्ड वलय मेखला के बारे में यह ज्ञात है कि यहाँ पर तेलधारी परतें पाई जाती हैं। परन्तु अभी तक यहाँ पर वाणिज्यिक पैमाने पर उत्पादन आरम्भ नहीं हुआ। कच्छ-सौराष्ट्र, केरल-कोंकन तथा महानदी में ऐसी भू-वैज्ञानिक संरचनाएँ पाई जाती हैं जहाँ से तेल प्राप्त किया जा सकता है। अतः ये हमारे तेल उत्पादन के भावी प्रदेश हैं।

1. उत्तरी पूर्वी क्षेत्र

- **डिगूबोई क्षेत्र**–नागा पहाड़ी क्षेत्र के लखीमपुर जिले में डिगूबोई क्षेत्र स्थित है। यह क्षेत्र 13 किलोमीटर लम्बा और 1 किलोमीटर चौड़ा है। यहाँ तेल 24 विभिन्न स्तरों में, 1,200 मीटर की गहराई तक बलुआ पत्थर की संरचनाओं में पाया जाता है। यहाँ के तेल क्षेत्र में **एस्फाल्ट** और मोम की मात्रा काफी है। इस तेल को डिगबोई की शोधनशाला में साफ किया जाता है। इस शोधनशाला की उत्पादन क्षमता 5 लाख टन की है।
- **नाहरकटिया तेल क्षेत्र**–डिगबोई से 40 किलोमीटर दक्षिण-पश्चिम में दिहांग नदी के किनारे नाहरकटिया में 4,000 से 5,000 मीटर की गहराई तक कुएं खोदे गये हैं, जिनकी उत्पादन क्षमता लगभग 25 लाख टन की है। इस क्षेत्र से प्रतिदिन 8 से 10 लाख घन मीटर गैस प्राप्त होने का अनुमान है। यहाँ से खनिज तेल को पाइप लाइन द्वारा नूनमाटी (असम) एवं बरौनी (बिहार) भेजा जाता है।
- **मोरान-हुगराजन क्षेत्र**–नाहरकटिया से 40 किलोमीटर दक्षिण-पश्चिम में है। यहाँ प्राकृतिक गैस भी पायी गयी है। यहाँ से तेल बरौनी भेजा जाता है।
- **सुरमा घाटी तेल क्षेत्र**–सुरमा नदी घाटी क्षेत्र के अन्तर्गत हल्की श्रेणी का तेल दक्षिण में **बद्रपुर, मसीमपुर** और **पथरिया** में निकाला जाता है।
- **रुद्र सागर-लकवा क्षेत्र**–सन् 1962 में स्थापित **तेल और प्राकृतिक गैस आयोग** और सन् 1959 में स्थापित ऑयल इण्डिया ने ब्रह्मपुत्र नदी की घाटी में सन् 1961 में **रुद्रसागर** और सन् 1965 में **लकवा** नामक स्थानों पर तेल क्षेत्र का पता लगाया। **रुद्रसागर** का वार्षिक उत्पादन 4 लाख टन और लकवा का 6 लाख टन है। ऑयल इण्डिया के अनुसार असम के रुद्रसागर, लकवा, मोरान और नाहरकटिया में लगभग 50 करोड़ टन तेल के भण्डार हैं। सम्पूर्ण क्षेत्र से तेल गुवाहाटी, डिगूबोई, नूनमाटी, बोंगाई गांव, बरौनी एवं थोड़ी मात्रा में हल्दिया की शोधनशालाओं को तेल भेजा जाता है।

1. पश्चिमी क्षेत्र

- **अंकलेश्वर तेल क्षेत्र**–यह गुजरात राज्य का सबसे बड़ा तेल क्षेत्र है। इसकी स्थिति बड़ोदरा से 30 कि.मी. द.-पश्चिमी में नर्मदा नदी के दक्षिणी कछारी क्षेत्र में भड़ौच के निकट है। यहाँ लगभग 30 वर्ग कि.मी. में तेल पाया जाता है। यहाँ से सन् 1961 से तेल निकालने का काम चल रहा है। यहाँ के खनिज तेल का शोधन कार्य ट्राम्बे कोयली शोधनशाला में किया जाता है। अंकलेश्वर से प्राकृतिक गैस का भी उत्पादन होता है।
- **खम्भात तथा लुनेज क्षेत्र**–खम्भात (काम्बे) की खाड़ी के ऊपरी सिरे पर स्थित इस क्षेत्र को गन्धार क्षेत्र भी कहते हैं। यहाँ टर्शियरी युगीन तलछटीय शैलों में तेल भण्डार है। यहाँ सबसे पहले सितम्बर 1958 में *लुनेज* नामक स्थान पर तेल उपलब्ध हुआ था। यहाँ के अधिकांश कूपों से प्राकृतिक गैस निकाली जाती है, जिसे *धुबरान* ताप विद्युत गृह को भेजा जाता है।
- **अहमदाबाद-कलोल क्षेत्र**–खम्भात तेल क्षेत्र के उत्तर अहमदाबाद के निकटवर्ती क्षेत्र में तेल उत्पादन के कई उपक्षेत्र हैं, जिनका विस्तार उत्तर में मेहसाना तक मिलता है।

'कलोल' (अहमदाबाद से 25 कि.मी. उत्तर) महत्त्वपूर्ण तेल क्षेत्र हैं, जहाँ 1400 मीटर की गहराई पर तेल एवं प्राकृतिक गैस उपलब्ध है। अहमदाबाद के निकटवर्ती तेल उत्पादक अन्य उपक्षेत्र सानन्द (अहमदाबाद से पश्चिम), नवगाम (दक्षिण), धोलका(दक्षिण), वासना, वकरोल (द.पू.) हैं। इनके उत्तर मेहसाना जिले में मेहसाना, कादी, सोभासन, बचराची, अन्य तेल उपक्षेत्र हैं। इन सभी क्षेत्रों से कच्चा तेल *कोयली* शोधनशाला में भेजा जाता है।

3. मुम्बई अपतटीय क्षेत्र

- भारत के अपतटीय क्षेत्र को दो भागों में बाँटा जाता है–(i) अरब सागर अपतटीय क्षेत्र तथा (ii) बंगाल की खाड़ी अपतटीय क्षेत्र। मुम्बई उच्च (बाम्बे हाई) तेल क्षेत्र अरब सागर अपतटीय क्षेत्र में महाराष्ट्र के समुद्री मग्न तट पर मुम्बई के उत्तर-पश्चिमी में लगभग 180 कि.मी. की दूरी पर स्थित है। यहाँ पर व्यावसायिक उत्पादन सन् 1976 ई. में प्रारम्भ हुआ। इसके पूर्व देश का सम्पूर्ण तेल स्थलीय क्षेत्रों से ही उत्पादित किया जाता था। लेकिन सन् 1981 के बाद देश के कुल तेल उत्पादन का आधे से अधिक भाग अपतटीय क्षेत्रों से उत्पादित किया जाने लगा। इस तेल क्षेत्र से खनिज तेल तथा प्राकृतिक गैस दोनों प्राप्त होते हैं। यहाँ लगभग 2500 वर्ग कि.मी. क्षेत्र में तेल के संचित होने की सम्भावना व्यक्त की जाती है।
- अरब सागर अपतटीय क्षेत्र के अन्तर्गत काम्बे बेसिन के निकट एक नये अलियावेट क्षेत्र का पता चला है। यह क्षेत्र भावनगर से 55 कि.मी. दूर खम्भात की खाड़ी (काम्बे) में स्थित है। यहाँ खनिज तेल तथा प्राकृतिक गैस दोनों साथ-साथ मिलते हैं। इसी भाँति एक अन्य क्षेत्र मुम्बई हाई के दक्षिण में स्थित है, जो वसीन क्षेत्र कहलाता है। यहाँ पर तेल तथा प्राकृतिक गैस 1900 मीटर की गहराई पर मिलता है। यहाँ के नवीन तेल क्षेत्र (i) नीलम, (ii) मुक्ता तथा (iii) पन्ना हैं। इसमें नीलम अधिक महत्त्वपूर्ण है, जो लगभग 86 वर्ग कि. मी. क्षेत्र में विस्तृत है।

4. दक्षिणी तेल क्षेत्र

- **गोदावरी-कृष्णा बेसिन क्षेत्र**–गोदावरी एवं कृष्णा नदियों के बेसिन में 41 हजार वर्ग कि.मी. में यह तेल क्षेत्र फैला हुआ है, जिसमें 21 हजार वर्ग कि.मी. अपतटीय (Offshore) एवं 20 हजार वर्ग कि.मी. अभितटीय (Onshore) क्षेत्र है। अपतटीय भाग में *रवा* (Rava) तेल क्षेत्र का उल्लेख किया गया है। अभितटीय भाग से अपेक्षित तेल उत्पादन की मात्रा 1992 में 22 हजार टन थी, जो 1996 में 41 हजार टन हो गयी है। गोदावरी बेसिन के पहले कूप (G-1-1) का वेधन काकीनाड़ा से 75 कि.मी. द. पू. अपतटीय भाग में 1980 में किया गया। बाद में कई कूपों का वेधन यहाँ हुआ।
- **कावेरी बेसिन तेल क्षेत्र**–कावेरी घाटी में स्थित नारीमनम तथा कायेर कलापल्ली के तेल कूपों में व्यावसायिक स्तर पर तेल का उत्पादन हो रहा है। तेल उत्पादन में निरन्तर वृद्धि होती जा रही है। यही कारण है कि तमिलनाडु राज्य में 1989-90 में देश के 0.6 प्रतिशत (2 लाख टन) तेल का उत्पादन होता था, जो अब लगभग 20% (4 लाख टन) हो गया है। यहाँ तेल कूपों का वेधन 1984-85 में किया गया था। इस क्षेत्र में कच्चे तेल का शोधन, चेन्नई के निकट *पनाइगुडी* में *कावेरी* शोधनशाला में होगा।

खनिज तेल शोधन

प्राकृतिक रूप से खनिज तेल कच्चे रूप में पाया जाता है। इसमें अनेक प्रकार के पदार्थ मिले रहते हैं। इन्हें खनिज तेल से अलग करना पड़ता है। इस कार्य के लिए शोधनशालाओं की स्थापना की गई है। भारत में 31 मार्च 2021 तक देश में 23 तेल शोधनशालाएँ हैं, जिनमें 18 सार्वजनिक क्षेत्र में, 2 संयुक्त क्षेत्र में तथा 3 निजी क्षेत्र में हैं।

डिगबोई तेल शोधनशाला–इसकी स्थापना 1899 ई. में असम ऑयल कम्पनी द्वारा की गई थी। इस समय इसकी तेल शोधन क्षमता 5 लाख टन वार्षिक हो गई है। इस शोधनशाला से त्रिपुरा, मणिपुर, अरुणाचल प्रदेश, मेघालय, असम, नागालैण्ड की आवश्यकताएँ पूरी होती हैं। इस समय यह शोधनशाला IOCL द्वारा चलाई जा रही है।

ट्रॉम्बे तेल शोधनशाला–प्रथम पंचवर्षीय योजना के अन्तर्गत दो शोधन शालाएँ स्थापित की गई थीं। पहली न्यूयार्क की एस्सो (ASSO) कम्पनी द्वारा स्थापित की गई। इसमें उत्पादन 1954 में प्रारंभ हुआ। 1974 में इसे भारत सरकार ने अपने अधिकार में ले लिया। इसकी उत्पादन क्षमता 55 लाख टन/वार्षिक है। यह कंपनी बॉम्बे हाई से प्राप्त तथा आयातित तेल साफ करती है। वर्तमान में यह HPCL के अधिकार में है।

दूसरी कंपनी की स्थापना लंदन की वर्माशेल कम्पनी द्वारा 1955 में की गई। 1976 में भारत सरकार ने इसे अपने अधिकार में ले लिया। इसकी शोधन क्षमता 60 लाख टन/वार्षिक है। यह कंपनी बॉम्बे हाई तथा अंकलेश्वर का तेल साफ करती है। वर्तमान में यह HPCL के अधिकार में है।

विशाखापट्टनम शोधनशाला–1857 में ब्रिटिश कालटेक्स तेल कम्पनी ने निजी क्षेत्र में विशाखापट्टनम में तेल शोधन कारखाना स्थापित किया। 1976 में भारत सरकार ने इसे अपनें अधीन कर लिया। वार्षिक उत्पादन 45 लाख टन/वार्षिक है। यहाँ आयातित तेल का शोधन किया जाता है। वर्तमान में यह कम्पनी HPCL के अधिकार में है।

नूनमाटी तेल शोधनशाला–तृतीय पंचवर्षीय योजना में रुमानिया की सहायता से 1962 ई. में गोवाहटी के निकट नूनमाटी में

स्थापित की गई। यह नाहरकटिया, रुद्रसागर तथा मोरान से पाइप लाइन द्वारा जुड़ा है। वर्तमान में यह IOCL के अधिकार में है।

बरौनी तेल शोधनशाला–तृतीय पंचवर्षीय योजना में 1964 में इस कंपनी की स्थापना की गई। इसकी उत्पादन क्षमता 33 लाख टन है। यहाँ असम में तेल साफ किया जाता है। वर्तमान में यह IOCL के अधिकार में है।

कोयली तेल उत्पादित शोधनशाला–तृतीय पंचवर्षीय का यह तीसरा कारखाना 1965 में सोवियत रूस की सहायता से बड़ोदरा के निकट कोयली में स्थापित किया गया। इसकी शोधन क्षमता 95 लाख टन है। यह अंकलेश्वर-कलोल तेल क्षेत्र के तेल को साफ करता है। अब बॉम्बे हाई से भी तेल प्राप्त किया जाता है। वर्तमान में यह कारखाना IOCL के नियंत्रण में है।

कोच्चि तेल शोधनशाला–इसकी स्थापना तीन वार्षिक योजनाओं के काल में अमरीकी फिलिप तेल कम्पनी के संयुक्त क्षेत्र में 1966 में की गई थी। इसकी उत्पादन क्षमता 45 लाख टन/वार्षिक है। इस कंपनी में आयातित तेल साफ किया जाता है। वर्तमान में यह कारखाना BPCL के अधीन है।

मद्रास तेल शोधनशाला–यह कम्पनी तीन वार्षिक योजनाओं की अवधि में 1969 ई. में चेन्नई के निकट तेनाली में नेशनल ईरानियन ऑयल कम्पनी तथा सं. रा. अमरीका की एम्क्को (AMCCO) कम्पनी के सहयोग से स्थापित किया गया। इसकी वार्षिक उत्पादन क्षमता 56 लाख टन है। यहाँ आयातित तेल को साफ किया जाता है। वर्तमान में यह कारखाना IOCL के अधीन है।

हल्दिया तेल शोधनशाला–इस शोध कंपनी की स्थापना चौथी पंचवर्षीय योजना काल में IOCL तथा रूमानिया एवं फ्रांस के फर्मों के बीच एक समझौते के अनुसार 1975 में हल्दिया में की गई थी। इसकी वार्षिक उत्पादन क्षमता 27.5 लाख टन है। यहाँ आयातित तेल साफ किया जाता है। इसे बरौनी से पाइप लाइन द्वारा जोड़ दिया गया है। वर्तमान में यह शोधन शाला IOCL के अन्तर्गत है।

बोंगाईगांव शोधनशाला–पाँचवी योजना काल में स्थापित इस कम्पनी ने 1979 ई. में उत्पादन प्रारंभ किया। यह असम में गोवाहाटी के पश्चिम में 170 कि.मी. दूर स्थित है। इसकी वार्षिक उत्पादन क्षमता 13.5 लाख टन है। यह नूनमाटी से नाहरकटिया तक पाइप लाइन द्वारा जुड़ी है। वर्तमान में यह कंपनी IOCL के अधीन है।

मथुरा तेल शोधनशाला–इसकी स्थापना छठी पंचवर्षीय योजना काल में सोवियत रूस की सहायता से हुई थी। इसने 1982 में उत्पादन शुरू किया। इसकी उत्पादन क्षमता 75 लाख टन/वार्षिक है। इसकी स्थापना देश के उत्तरी-पश्चिमी आवश्यकता को पूरा करने के लिए की गई थी। इसे सलाया से, जो कच्छ की खाड़ी में स्थित है, 1075 कि.मी. लम्बी पाइप द्वारा जोड़ा गया है। यहाँ आयातित तेल साफ किया जाता है। यहाँ आधुनिक तकनीक का प्रयोग किया जाता है। वर्तमान में यह कारखाना IOCL के अधिकार में है।

उपर्युक्त कारखानों के अतिरिक्त करनाल (हरियाणा), कावेरी थालावार (तमिलनाडु), नुमालीगढ़ (असम), मंगलूर (कर्नाटक), जामनगर (गुजरात) में तेल शोधन कारखाने स्थापित हैं। इनमें जामनगर देश का ही नहीं, अपितु एशिया का सबसे बड़ा कारखाना है। इसकी उत्पादन क्षमता 2.7 करोड़ टन वार्षिक है।

तेल और गैस पाइपलाइन

तरल पदार्थों और गैस की लंबी दूरियों के परिवहन के लिए पाइपलाइन परिवहन का सबसे सुविधाजनक साधन है। परंपरा से जल आपूर्ति के लिए प्रयुक्त पाइपलाइनें अब पैट्रोलियम और पैट्रोलियम उत्पादों तथा गैस का लंबी दूरियों तक परिवहन करती हैं। ठोस पदार्थों का भी गाद (स्लरी) के रूप में पाइपलाइनों द्वारा परिवहन होता है।

परिवहन के अन्य साधनों की तुलना में पाइपलाइन परिवहन को ये सुविधाएं प्राप्त हैं-(1) पाइपलाइन ऊबड़-खाबड़ भूमि और पानी के नीचे भी बिछाई जा सकती है, (2) इनके संचालन और रखरखाव की लागत कम होती है और (3) ऊर्जा की बचत होती है तथा पर्यावरण हितैषी है।

ऑयल इंडिया लिमिटेड कंपनी ने असम के नाहरकटिया तेल क्षेत्र से बिहार की बरौनी तेल परिष्करणशाला तथा नूनमाटी से होकर सबसे पहली 1152 कि.मी. लंबी पाइपलाइन सन् 1962-68 में बनाई थी। पैट्रोलियम उत्पादों के परिवहन के लिए 1966 में हल्दिया-बरौनी-कानपुर पाइपलाइन बिछाई गई थी। इसके बाद हल्दिया-मौरीग्राम -राजबंध पाइपलाइन बनीं।

गुजरात प्रदेश में पाइपलाइनों का एक विस्तृत जाल बिछाया गया है। अंकलेश्वर तेल क्षेत्र को कोयली परिष्करणशाला से जोड़ने वाली पहली पाइपलाइन सन् 1965 में बनाई गईं। इसके बाद कलोल-कोयली पाइपलाइन और मुंबई हाई-कोयली पाइपलाइन बिछाई गई। पैट्रोलियम उत्पादों के परिवहन के लिए अहमदाबाद को पाइपलाइन द्वारा कोयली से जोड़ा गया है। खंभात और धुवरन के मध्य अंकलेश्वर और उत्तरण तथा अंकलेश्वर और बडोदरा के मध्य गैस पाइपलाइनें भी बिछाई गई हैं। भारतीय गैस प्राधिकरण लिमिटेड देश में 4200 कि.मी. पाइपलाइनों का संचालन करता है तथा बिजली घरों को गैस की आपूर्ति करता है। 1750 कि. मी. लम्बी हजीरा-विजयपुर-जगदीशपुर गैस पाइपलाइन काफी पहले बन चुकी हैं। अब इस पाइपलाइन का बीजापुर से उत्तर प्रदेश में दादरी तक विस्तार कर दिया गया

है। भारतीय गैस प्राधिकरण लिमिटेड आजकल रसोई गैस (एल. पी.जी.) के परिवहन के लिए 1246 कि.मी. लंबी पाइपलाइन गुजरात में कांडला-जामनगर से लेकर दिल्ली से होते हुए उत्तर प्रदेश के लोनी तक बना रहा है।

मथुरा तेल परिष्करणशाला को कच्चा तेल पाइपलाइन द्वारा मुंबई हाई से भेजा जाता है। यह पाइपलाइन कच्छ की खाड़ी पर स्थित सलाया और मथुरा के बीच बनाई गई है। पैट्रोलियम पदार्थों के परिवहन के लिए मथुरा से दिल्ली और अंबाला होकर जालंधर तक एक पाइपलाइन बनाई गई है। इसके अतिरिक्त मुंबई और पुणे के बीच भी पैट्रोलियम उत्पादों के परिवहन के लिए पाइपलाइन बनाई गई है।

प्राकृतिक गैस

प्राकृतिक गैस भी ऊर्जा का एक महत्वपूर्ण साधन है, परन्तु इसका संचय करना तथा एक स्थान से दूसरे स्थान पर ले जाना एक जटिल प्रक्रिया है।

प्राकृतिक गैस के एक अणु में कार्बन का केवल एक और हाइड्रोजन के चार परमाणु होते हैं। प्राकृतिक गैस में कार्बन और हाइड्रोजन का सबसे न्यूनतम अनुपात है, अतः यह पूरी तरह जल जाती है और इस कारण से इसे स्वच्छतम जीवाश्म ईंधन के तौर पर जाना जाता है।

प्राकृतिक गैस उत्पादन के प्रमुख केन्द्र

देश	प्रमुख उत्पादन केन्द्र
• अल्जीरिया	हस्सी रमेल
• आस्ट्रेलिया	बारो द्वीप, बास जलसंधि, फलाउंडर
• ब्रुनेई	बंदर श्री भगवान
• कनाडा	एलबटी, ब्रिटिश-कोलंबिया, कलाकी झील
• चीन	नान-चांग, सिचुआन
• इराक	बसरा, किर्कुक, मोसल
• ईरान	आगा-जारी, गाच-वरन, अबादान
• लीबिया	सर्ते-बेसिन
• मैक्सिको	बाजा प्रायद्वीप, कोर्डेनास, पोजा-रिका
• नाइजीरिया	नाइजर नदी डेल्टा
• नीदरलैंड	उत्तरी सागर, राइन नदी डेल्टा
• रोमानिया	डेन्युब-डेल्टा
• रूस	ग्रोजनी, दहरान, दम्माम

भारत में वितरण

1. **अभितटीय क्षेत्र**–इसे स्थलीय क्षेत्र भी कहते हैं। इसके अन्तर्गत असम, गुजरात तथा आन्ध्र प्रदेश प्रमुख उत्पादक राज्य हैं। सन् 1976 ई. से पहले भारत में सम्पूर्ण प्राकृतिक गैस स्थलीय क्षेत्र से ही प्राप्त होती थी, लेकिन वर्तमान समय में देश के कुल गैस उत्पादन का मात्र 1/4 भाग स्थलीय क्षेत्र से उत्पादित किया जाता है। असम प्रमुख उत्पादक राज्य है। गुजरात का दूसरा तथा आन्ध्र प्रदेश का तीसरा स्थान है। कृष्णा गोदावरी बेसिन से गैस प्राप्त होती है। त्रिपुरा, तमिलनाडु तथा अरुणाचल प्रदेश से भी गैस का उत्पादन होता है।
2. **अपतटीय क्षेत्र**–इसे समुद्र तट के भीतर छिछले भाग या समुद्र मग्न तटीय भाग भी कहते हैं। भारत में अपतटीय क्षेत्रों से प्राकृतिक गैस का उत्पादन सन् 1976 के बाद प्रारम्भ हुआ। सर्वप्रथम बॉम्बे हाई में खनिज तेल के साथ प्राकृतिक गैस के भण्डार का भी पता चला। इसके अतिरिक्त बॉम्बे हाई के पास के समुद्र में नीलम, मुक्ता, पन्ना तथा तापी क्षेत्र में भी तेल तथा गैस की खोज हुई। पूर्वी समुद्र के अपतटीय क्षेत्र में रवा (कृष्णा-कावेरी बेसिन) तथा पोरतोनोवो (कावेरी बेसिन) में भी प्राकृतिक गैस प्राप्त हुई है। काम्बे बेसिन में भी महत्त्वपूर्ण गैस भण्डार सिर्फ 800 मीटर की गहराई पर मिला है। वर्तमान समय में भारत के कुल गैस उत्पादन का तीन-चौथाई अपतटीय क्षेत्रों से प्राप्त हो रहा है।

जल विद्युत

कोयला एवं खनिज तेल के पश्चात् जल विद्युत भारत का तीसरा महत्त्वपूर्ण ऊर्जा स्रोत है। भारत में पहला जल विद्युत शक्ति गृह 1898 में दार्जिलिंग में स्थापित किया गया था। इसकी उत्पादन क्षमता 20 कि. वॉट थी। 1902 में कर्नाटक में कावेरी नदी के जल प्रपात शिवसमुद्रम् पर 4,200 किलोवॉट शक्ति वाला शक्ति उत्पादक यंत्र लगाया गया। 1909 में जम्मू-कश्मीर में झेलम नदी पर मोहरा नामक स्थान पर 4,500 किलोवॉट शक्ति का यंत्र लगाया गया। 1930 तक देश में जल विद्युत शक्ति की उत्पादन क्षमता 2.8 लाख किलोवॉट हो गई थी। 1951 के बाद से जल विद्युत में तेजी से वृद्धि हुई। 1950-51 में उत्पादन 5.6 लाख टन था, जनवरी 2022 में बढ़कर 46,512 मेगावॉट हो गया।

भारत में जल शक्ति के तीन क्षेत्र पाए जाते हैं–

1. जल-विद्युत का सबसे महत्त्वपूर्ण क्षेत्र हिमालय पर्वत के सहारे पश्चिम में कश्मीर से पूर्व में असम के पहाड़ी क्षेत्रों तक फैला है।
2. दूसरा विशाल क्षेत्र दक्षिणी प्रायद्वीप की पश्चिमी सीमा के सहारे महाराष्ट्र राज्य से होकर केरल, कर्नाटक और तमिलनाडु तक फैला है।
3. तीसरा विस्तृत जल विद्युत शक्ति का क्षेत्र मध्य प्रदेश का क्षेत्र है, जो सतपुड़ा, विन्ध्याचल, महादेव और मैकाल की पहाड़ियों के सहारे पश्चिम से पूर्व की ओर फैला है।

वितरण

- **कश्मीर राज्य में जल-विद्युत परियोजना** के अन्तर्गत झेलम नदी का जल बारामूला के निकट 10 मीटर की ऊंचाई से गिराकर 20 मेगावॉट विद्युत पैदा की जाती है। श्रीनगर में प्रकाश व्यवस्था, रेशम के कारखाने चलाने एवं वूलर झील के निकटवर्ती दलदली भूमि के जल को बहाकर कृषि योग्य भूमि प्राप्त करने में इस शक्ति का उपयोग किया जाता है।

  सिन्धु घाटी विद्युत परियोजना के अन्तर्गत झेलम की एक सहायक नदी सिन्धु में मेडखल स्थान पर एक शक्ति गृह स्थापित किया गया है, जिससे 6 मेगावॉट जल विद्युत शक्ति उत्पन्न की जाती है। यह शक्ति श्रीनगर को दी जाती है। इसके अतिरिक्त राज्य को सलाल योजना से 345 मेगावॉट अतिरिक्त विद्युत 1987 से प्राप्त हो रही है।
- **हिमाचल प्रदेश में मण्डी जल विद्युत परियोजना** प्रमुख है। यह तीन चरणों में पूरी की जानी है। अभी तक दो चरणों का काम पूरा हुआ है। इसकी क्षमता 100 मेगावॉट है। राज्य में इसके अतिरिक्त 10 मध्य दर्जे की जल विद्युत योजनाएं पूरी हो चुकी हैं। इसकी सम्मिलित क्षमता 500 मेगावॉट है। मण्डी के III चरण एवं चामरा निर्माणाधीन योजना के पूरी होने पर 700 मेगावॉट की और क्षमता प्राप्त हो सकेगी। **नाथप्पा झाकड़ी** अन्तर्राज्यीय योजना है। इससे हिमाचल प्रदेश, हरियाणा व पंजाब तीनों को ही लाभ मिलेगा।
- **उत्तर प्रदेश** में ऊपरी गंगा नहर से बिजली उत्पन्न करने की योजना अत्यन्त महत्त्वपूर्ण है। ऊपरी गंगा नहर पर हरिद्वार से अलीगढ़ तक 13 झरने हैं। इनमें से इस समय 11 झरनों पर शक्तिगृह बनाये गये हैं। सभी शक्ति गृहों से 229 मेगावॉट विद्युत 1931 से ही पैदा की जा रही है।
  - *(i)* **माताटीला बाँध :** यह बाँध बेतवा नदी पर झाँसी के निकट मध्य प्रदेश की सीमा के पास बनाया गया है। यहाँ 10,000 किलोवाट विद्युत उत्पन्न होती है जिसे उत्तर प्रदेश तथा मध्य प्रदेश बाँटकर प्रयोग करते हैं। इससे उत्तर प्रदेश के झाँसी, हमीरपुर व बाँदा जिलों को तथा मध्य प्रदेश के ग्वालियर व रतिया जिलों को बिजली मिलती है।
  - *(ii)* **रिहन्द परियोजना :** मिर्जापुर जिले में पीपरी नामक स्थान पर सोन नदी की सहायक रिहन्द नदी पर 91.5 मीटर ऊँचा बाँध बनकर, 3,00,000 किलोवाट क्षमता वाला विद्युत गृह स्थापित किया गया है। इससे कानपुर से मुगलसराय तक के इलाकों को बिजली मिलती है।
- **महाराष्ट्र** में जल-विद्युत शक्ति का विकास लोनवाला के निकट टाटा जल विद्युत परियोजना द्वारा किया गया है।
  - *(i)* **कोयना परियोजना :** यह मुम्बई से 240 किमी. दक्षिण-पूर्व कृष्णा नदी की सहायक नदी कोयना पर स्थित है। इसके निर्माण के पहले तथा दूसरे चरण में आठ बिजली घर लगाए गए थे जिनकी क्षमता 5.5 लाख किलोवाट है। तीसरे चरण में चार और बिजली घर बनाए गए हैं जिनकी क्षमता तीन लाख किलोवाट है।
  - *(ii)* **ककरपारा परियोजना :** यह तापी नदी पर ककरपारा नामक स्थान पर है। इसकी स्थापना 1953 में की गई। यहाँ से 2.2 लाख किलोवाट बिजली पैदा करके सूरत तथा उसके निकटवर्ती क्षेत्रों को भेजी जाती है।
- **कर्नाटक में शिवसमुद्रम परियोजना** के अन्तर्गत कावेरी नदी पर शिवसमुद्रम जलप्रपात के समीप शक्ति गृह स्थापित किया गया है। यहाँ से शक्ति कोलार की खानों, बंगलौर और मैसूर की ऊनी और रेशमी कपड़े की मिलों और अन्य 225 नगरों और गांवों को दी गयी है। शक्ति की मांग अधिक होने के कारण नदी के ऊपर की ओर **कृष्णराज सागर बाँध** बनाकर कावेरी नदी के जल को रोक दिया गया है और इस प्रकार दोनों की सम्मिलित उत्पादन क्षमता 42,000 किलोवॉट हो गयी है। कावेरी की सहायक नदी सिम्सा के प्रताप पर एक शक्ति गृह सन् 1960 में बनाया गया। इससे 17,200 किलोवॉट बिजली उत्पन्न की जाती है।
  - *(i)* **महात्मा गांधी (या जोग-प्रपात) परियोजना** के अन्तर्गत 1948 में शरावती नदी के जोग (गरसप्पा) प्रपात का उपयोग किया गया है। यहाँ का बाँध प्रपात से लगभग 5 किलोमीटर ऊपर और शक्ति गृह प्रपात से 3 किलोमीटर नीचे है। वर्तमान में इस परियोजना से 1,20,000 किलोवॉट विद्युत पैदा की जाती है। शिम्सा, शिवसमुद्रम और जोग-प्रपात की बिजली भद्रावती पर आकर मिल जाती है। उपर्युक्त तीनों परियोजनाओं को जोड़कर कर्नाटक में **जोग-कर्नाटक विद्युत-क्रम** (Jog-Karnatak Electric Grid) का निर्माण किया गया है। इससे कर्नाटक राज्य के विभिन्न स्थानों को बिजली दी जाती है।
  - *(ii)* **कर्नाटक में शरावती परियोजना :** भारत की सबसे बड़ी जल विद्युत परियोजना है। इसके पूरे होने पर दस लाख किलोवॉट से भी अधिक बिजली पैदा होगी। विद्युत उत्पादन हेतु जलाशय से 1,310 मीटर लम्बे दस बड़े-बड़े नालों से सीधे 3,115 मीटर नीचे जल की खड़ी धारें गिरायी गयी हैं। इस सम्पूर्ण परियोजना से 891 मेगावॉट जल विद्युत पैदा की जाती है।
- **केरल में पल्लीबासल** प्रमुख परियोजना है। यह सन् 1940 में विकसित की गयी। इसके अनुसार मदिरापूजा नदी का जल ऊंचाई से गिराकर मुनार पर शक्ति गृह बनाया गया है। इसकी उत्पादन क्षमता 50,000 किलोवॉट है। इसके अतिरिक्त तमिलनाडु

की पापनासम व्यवस्था से भी 30,000 किलोवॉट विद्युत मिल जाती है। इसके लिए कुन्दरा और शेनाकोलट को इकहरी लाइन से जोड़ दिया गया है।

(*i*) **सेंगुलम परियोजना :** पल्लीवासल के नीचे बेलाथुवल स्थान पर एक विद्युत गृह बनाया गया है। इसकी क्षमता 48,000 किलोवाट है।

(*ii*) **पेरिंगलकोथू परियोजना :** त्रिचूर जिले की चेलाकुदी नदी के पेरिंगलकोथू स्थान पर 32,000 किलोवाट क्षमता का बिजली घर बनाया गया है।

(*ii*) **नेरियामंगलम् परियोजना :** पेरियार नदी के दाहिने किनारे पर पनाम कुट्टी स्थान पर 45,000 किलोवाट क्षमता वाला विद्युत उत्पादन गृह बनाया गया है।

(*iv*) **पन्नियार परियोजना :** मथिरापुज्हा नदी के बाएँ किनारे पर सेंगुलम शक्तिगृह के ठीक विपरीत यह शक्ति गृह बनाया गया है। इसकी क्षमता 1,40,000 किलोवाट है।

- **तमिलनाडु** में जल विद्युत विकसित करने के उत्तम क्षेत्र नीलगिरि और पालनी की पहाड़ियों के मध्य में हैं। इस राज्य में तीन महत्त्वपूर्ण परियोजनाएं विकसित की गयी हैं : (*i*) पायकारा परियोजना (*ii*) मेट्टूर परियोजना (*iii*) पापनासम परियोजना।

इसके अतिरिक्त तमिलनाडु में मोयार (36 मेगावॉट), कुण्डा जल विद्युत योजना (145 मेगावॉट), पेरियार विस्तार कार्य (425 मेगावॉट), पम्बिकुलम जल विद्युत योजना (185 मेगावॉट), चेन्नई ताप शक्ति गृह (30 मेगावॉट) और नैवेली लिग्नाइट शक्ति गृह (250 मेगावॉट) योजनाएं पूरी की गई हैं।

ताप-विद्युत

जिन क्षेत्रों में जल-विद्युत उत्पन्न करने के लिए भौगोलिक परिस्थितियाँ अनुकूल न हों या उन क्षेत्रों में विद्युत की माँग वहाँ के जल-विद्युत उत्पादन से अधिक हो तो कोयले, डीजल अथवा प्राकृतिक गैस के प्रयोग से ताप-विद्युत उत्पादन की अपार संभावनाएँ हैं तो भी उनका उचित लाभ नहीं उठाया जाता और ताप-विद्युत का उत्पादन तथा प्रयोग किया जाता है।

यदि हम विभिन्न राज्यों में जल-विद्युत तथा ताप-विद्युत के सापेक्षिक महत्व को देखें तो हमें पता चलता है कि केवल आठ राज्यों (भाखड़ा मैनेजमैंट बोर्ड को छोड़कर) में जल-विद्युत अधिक है। इनमें केरल, हिमाचल प्रदेश, उत्तराखंड, मेघालय, नागालैंड, त्रिपुरा तथा सिक्किम सम्मिलित हैं। ताप-विद्युत का योगदान जम्मू-कश्मीर, ओडिशा तथा कर्नाटक में भी कम है।

अन्य सभी राज्यों में ताप-विद्युत का महत्व जल-विद्युत से अधिक है। बिहार, पश्चिम बंगाल तथा गुजरात मुख्यतः ताप-विद्युत वाले राज्य हैं। दिल्ली, हरियाणा तथा असम में तो शत-प्रतिशत ताप-विद्युत का उत्पादन होता है।

परमाणु ऊर्जा

परमाणु ऊर्जा को रेडियोधर्मी परमाणुओं के विखण्डन से प्राप्त किया जाता है। आण्विक विखण्डन काफी जटिल एवं खर्चीली पड़ती है, फिर भी इससे प्राप्त बिजली काफी सस्ती पड़ती है। इसका कारण यह है कि 1 कि. ग्राम यूरेनियम से उतनी ही विद्युत पैदा की जा सकती है, जितनी 20-25 लाख कि.ग्राम कोयले से। यह स्वच्छ, सुविधाजनक तथा परम शक्तिशाली ऊर्जा संसाधन है।

भारत में परमाणु ऊर्जा कार्यक्रम का प्रारंभ 1948 से माना जा सकता है, जब परमाणु ऊर्जा के शांतिपूर्ण उपयोग के बारे में नीति-निर्धारण करने वाली सर्वोच्च संस्था के रूप में परमाणु ऊर्जा आयोग का गठन किया गया। आधारभूत विज्ञान के क्षेत्र में अनुसंधान करने तथा घरेलू संसाधनों पर आधारित परमाणु प्रौद्योगिकी विकसित करने के लिए 1957 में ट्राम्बे (मुम्बई) में परमाणु ऊर्जा प्रतिष्ठान गठित किया गया है। इस प्रतिष्ठान को अब भाभा परमाणु अनुसंधान केन्द्र कहा जाता है। 1969 में तारापुर परमाणु संयंत्र की स्थापना की गई। परमाणु ऊर्जा के उत्पादन के लिए यूरेनियम, थोरियम एवं भारी जल की आवश्यकता होती है। बिहार तथा राजस्थान में कुल 11,000 टन यूरेनियम के भंडार का पता लगाया गया है। वर्तमान में भारत परमाणु शक्ति सम्पन्न राष्ट्रों की श्रेणी में छठवाँ स्थान रखता है।

उद्योग

भारत के प्रमुख उद्योग

लौह इस्पात उद्योग

प्राकृतिक दशा में लौह अयस्क ऑक्साइड के रूप में मिलता है, जिसमें मिट्टी, गंधक, फॉस्फोरस इत्यादि मिले रहते हैं। इन्हें भट्टी में गलाकर अलग किया जाता है, फिर कार्बन, मैंगनीज आदि मिलाकर इस्पात तैयार किया जाता है।

1830 में सर्वप्रथम तमिलनाडु के दक्षिणी अर्काट में दो अंग्रेजों **मोटले फरकूहर** तथा **जोशिया हीथ** द्वारा लोहा ढालने का असफल प्रयास किया गया। पुनः 44 वर्ष बाद 1874 में झरिया के निकट पश्चिम बंगाल के कुल्टी नामक स्थान पर बराकर आयरन वर्क्स की स्थापना की गई। 1889 में 'बंगाल आयरन एण्ड स्टील कंपनी' ने इसे अपने अधिकार में ले लिया। 1907 में दूसरा कारखाना जमशेद जी टाटा ने साकची (वर्तमान जमशेदपुर) में स्थापित किया।

1909 में आसनसोल के निकट हीरापुर में 'इण्डियन आयरन एण्ड स्टील कंपनी' तथा 1923 में भद्रावती में 'मैसूर आयरन एण्ड स्टील वर्क्स' की स्थापना हुई। कुल्टी तथा हीरापुर के कारखानों को एक प्रबंध तंत्र के अन्तर्गत लाया गया। 1937 में बंगाल के बर्नपुर नामक स्थान पर एक कारखाना स्थापित किया गया, जिसे 1953 में हीरापुर कुल्टी प्रबंध तंत्र में मिला दिया गया। स्वतंत्रता प्राप्ति के समय कुल्टी, हीरापुर, बर्नपुर, जमशेदपुर तथा भद्रावती में लौह-इस्पात के कारखाने थे।

स्वतंत्रता प्राप्ति के बाद पुराने कारखानों का आधुनिकीकरण तथा नए कारखानों की स्थापना पर ध्यान दिया गया। लौह इस्पात की अत्यधिक माँग को देखते हुए द्वितीय पंचवर्षीय योजना में ब्रिटेन की सहायता से दुर्गापुर (प. बंगाल), जर्मनी की सहायता से राउरकेला (उड़ीसा) तथा सोवियत संघ की सहायता से भिलाई (छत्तीसगढ़) में तीन नए कारखाने स्थापित किए गए। चतुर्थ पंचवर्षीय योजना में बोकारो (झारखंड) में लौह इस्पात का कारखाना स्थापित किया गया। लौह इस्पात में और अधिक वृद्धि करने के उद्देश्य से 1973 में 'स्टील अथोरिटी ऑफ इंडिया लिमिटेड' की स्थापना की गई। इसने विशाखापटनम (आन्ध्र प्रदेश), सलेम (तमिलनाडु) तथा विजयनगर (कर्नाटक) में तीन नए इस्पात कारखाने स्थापित किए। पाराद्वीप में भी एक इस्पात कारखाना प्रस्तावित है।

प्रमुख लौह इस्पात इकाइयाँ

- **टाटा आयरन एण्ड स्टील कम्पनी**–यह भारत का निजी क्षेत्र का अकेला कारखाना है। इसकी स्थापना साकची नामक स्थान पर स्वर्णरेखा तथा खरकई नदियों के संगम पर 1907 में जमशेद जी टाटा द्वारा की गई। यह कोलकाता-मुम्बई रेलवे मार्ग पर स्थित है। इस कारखाने को बढ़िया किस्म का कोयला झरिया व बोकारो की खानों से प्राप्त होता है। ये खानें लगभग 160 कि.मी. दूर हैं। सिंहभूम जिले की नोआमंडी तथा मयूरभंज जिले की गुरु माहिसानी की पहाड़ियों से लौह अयस्क मिलता है।
- **भारतीय लौह इस्पात कारखाना**–1874 में स्थापित इस कारखाने में सबसे अधिक लोहे की ढलाई का काम होता है। यह कुल्टी में लोहे और कोयले के क्षेत्र के समीप दामोदर नदी की शाखा बराकर नदी के तट पर स्थापित है। इसके अन्तर्गत कुल्टी, बर्नपुर तथा आसनसोल (हीरापुर) कारखानों को मिलाया गया है। यह 1972 से ही भारत सरकार के हाथ में है।
- **विश्वेश्वरैया आयरन एण्ड स्टील वर्क्स लिमिटेड**–इस कारखाने की स्थापना भद्रा नदी के किनारे कर्नाटक के शिमोगा जिले में भद्रावती नामक स्थान पर 1912 ई. में अमरीकी कंपनी की सहायता से की गई थी। 1962 में यह कर्नाटक सरकार तथा भारत सरकार के संयुक्त स्वामित्व के अन्तर्गत आ गया।
- **राउरकेला इस्पात कारखाना**–जर्मनी के सहयोग से द्वितीय पंचवर्षीय योजना काल में कोलकाता से 431 कि.मी. दूर मुम्बई-कोलकाता रेलमार्ग पर उड़ीसा राज्य के सुन्दरगढ़ जिले में राउरकेला नामक स्थान पर ब्राह्मणी नदी के किनारे इस कारखाने की स्थापना की गई है।
- **भिलाई लौह इस्पात कारखाना**–रूस की मदद से छत्तीसगढ़ राज्य के दुर्ग जिले में नागपुर-कोलकाता मार्ग पर भिलाई नामक स्थान पर 1955 में इस कारखाने की स्थापना की गई थी। इसे सभी भौगोलिक सुविधाएँ प्राप्त हैं। इस कारखाने को डाली राजहरा की खानों से लौह अयस्क; कोरबा की खानों से कोकिंग कोयला; कोरबा ताप विद्युत गृह से बिजली; तन्दुला नहर से स्वच्छ जल; रायपुर, दुर्ग और बिलासपुर की खानों से चूना-पत्थर; भानेवश्व, पारसोंदा, खरिया, रामतोला और हरदी तथा भाटपारा, पाटपारा से डोलोमाइट प्राप्त होता है।
- **दुर्गापुर इस्पात कारखाना**–1956 में ब्रिटेन के सहयोग से कोलकाता से 180 कि.मी. दूर उत्तर-पश्चिम में पश्चिम बंगाल के वर्धमान जिले में दामोदर नदी के किनारे कोलकाता-आसनसोल मार्ग पर दुर्गापुर नामक स्थान पर यह कारखाना स्थापित किया गया है। इस कारखाने को रानीगंज एवं झरिया की खानों से कोयला; दामोदर नदी घाटी परियोजना से जल विद्युत; नोआमंडी तथा गुआ की खानों से लौह अयस्क; उड़ीसा के सुन्दरगढ़ एवं क्योंझर जिलों से मैंगनीज; दुर्गापुर की नहरों से स्वच्छ जल प्राप्त होता है।
- **बोकारो इस्पात कारखाना**–यह कारखाना रूस की सहायता से 1968 ई. में चतुर्थ पंचवर्षीय योजना के अन्तर्गत झारखण्ड राज्य के हजारीबाग जिले में दामोदर तथा बोकारो नदियों के संगम पर बोकारो कोयला क्षेत्र में स्थापित किया गया है। इस कारखाने को दामोदर घाटी परियोजना से सस्ती जलविद्युत; क्योंझर जिले से लौह अयस्क; पलामू (डालटेनगंज) जिला से चूना-पत्थर प्राप्त होता है।
- **विशाखापटनम इस्पात कारखाना**–यह देश का पहला समुद्रतटीय लौह इस्पात कारखाना है, जिसकी स्थापना आन्ध्र प्रदेश के विशाखापटनम नामक स्थान पर की गई है। इस कारखाने को दामोदर घाटी से कोयला; बैलाडिला की ख़ानों से लौह-अयस्क; छत्तीसगढ़ और उड़ीसा की खानों से चूना-पत्थर; डोलोमाइट तथा मैंगनीज की आपूर्ति हो जाती है। इस कारखाने में नर्म एवं जंगरोधक इस्पात तैयार किया जाता है।
- **सलेम इस्पात कारखाना**–यह कारखाना तमिलनाडु के सलेम जिले में विशेष प्रकार का इस्पात बनाने हेतु स्थापित किया गया है। सलेम में मैग्नेटाइट किस्म का लोहा तथा अपार मात्रा में चूना-पत्थर और मैग्नेसाइट उपलब्ध है। नेवेली में प्राप्त लिग्नाइट कोयले की उत्तम किस्म के कोयले के मिश्रण से निर्मित विशेष कोक का उपयोग लोहे को शुद्ध करने के लिए किया जाता है। इस कारखाने में सफेद और रंगीन स्टेनलेस स्टील बनाया जाता है।

एल्युमिनियम उद्योग

एल्युमिनियम का निर्माण बॉक्साइट नामक खनिज से किया जाता है। यह लचीली एवं हल्की धातु है। इसमें जंग (मुर्छा) नहीं लगने और ताप विद्युत की अच्छी परिचालक होने के कारण इसके साथ कुछ धातुओं को मिलाकर अधिक गुणकारी बनाया जा सकता है। इसका उपयोग घरेलू बर्तन, बिजली के तार, भवन निर्माण, मोटरगाड़ी, वायुयान, रेल के डिब्बे, प्रतिरक्षा उपकरणों इत्यादि में होता है। बॉक्साइड से एल्युमिनियम बनाने के लिए इसमें सोडा मिलाकर सिलिका लोहा आदि अनावश्यक पदार्थों को अलग कर दिया जाता है। फिर उसे एल्यूमिनियम ऑक्साइड (एल्यूमीना) में बदला जाता है और ऑक्साइड को क्रायोलाइट के घोल में बिजली की मदद से गलाकर एल्यूमिनियम बनाने के लिए 6 टन बॉक्साइट, 0.5 टन पेट्रोलियम कोक, 0.32 टन कास्टिक सोडा, 0.1 टन चूना एवं कुछ अन्य रसायनों की आवश्यकता पड़ती है। इस प्रक्रिया में कुल 18573 किलोवॉट बिजली खर्च होती है।

भारत में एल्युमीनियम धातु का सर्वप्रथम उत्पादन 1886 ई. में इलेक्ट्रोलिटिक पद्धति से किया गया। 1942 में जे.के. नगर (प. बंगाल) में एल्युमीनियम बनाने का पहला कारखाना स्थापित हुआ। 1944 से इस कारखाना ने एल्युमीनियम का उत्पादन व्यावसायिक स्तर पर शुरू किया। इस उद्योग का वास्तविक विकास द्वितीय पंचवर्षीय योजनाकाल में हुआ। 1967-68 तक देश में कुल पाँच एल्युमीनियम के कारखाने हो गए। इस उद्योग के महत्त्व को देखते हुए 1965 ई. में सार्वजनिक क्षेत्र में भारत एल्युमीनियम कम्पनी की स्थापना हुई। इस कंपनी ने अपनी पहली इकाई 1973 में कोरबा में स्थापित की। इसके पश्चात् सार्वजनिक क्षेत्र में रत्नागिरि, दामन जोड़ी व आंगुल में एल्युमीनियम के कारखाने स्थापित किए गए।

वर्तमान में सार्वजनिक क्षेत्र में 4 तथा निजी क्षेत्र में 6 कारखाने हैं। यह उद्योग पाँच कंपनियों द्वारा संचालित किया जा रहा है, जिनमें दो कपंनियाँ सार्वजनिक क्षेत्र में तथा तीन कंपनियाँ निजी क्षेत्र में हैं। ये कंपनियाँ हैं–

- **भारत एल्युमीनियम कंपनी** (BALCO)–यह कंपनी छत्तीसगढ़ के बिलासपुर जिले में कोरबा तथा पश्चिम बंगाल के आसनसोल (जे.के. नगर या विधानबाग) में एल्युमीनियम इकाई का संचालन करती है। कोरबा से प्रतिवर्ष दो लाख टन एल्युमीनियम तथा एक लाख टन बिक्री योग्य एल्युमीनियम उत्पादन की सुविधा है। जे. के. नगर की अनुमानित क्षमता 6400 टन बिक्री योग्य एल्यूमिनियम बनाने की है। कोरबा को छत्तीसगढ़, उड़ीसा एवं झारखंड से बॉक्साइट तथा ताप एवं जल विद्युत की सुविधा मिलती है। जे.के. नगर (विधानबाग) को ये सुविधाएँ स्थानीय क्षेत्रों से ही उपलब्ध हो जाती हैं।
- **नेशनल एल्युमीनियम कंपनी** (NALCO)–इस कंपनी द्वारा प्रतिवर्ष 8 लाख टन अनुमानित उत्पादन की क्षमता वाली एक रिफाइनरी दमनहोदी (कोरापुट) में तथा प्रतिवर्ष 2 लाख 30 हजार टन उत्पादन क्षमता वाला स्मेल्टर कारखाना आंगुल (ढेंकनाल) में लगाया गया है। यह कंपनी खनिज एवं ऊर्जा की उपलबधता को बनाए रखने के लिए पंचपतमाती (कोरापुट) के पठार से बॉक्साइट का उत्पादन करती है तथा ऊर्जा आपूर्ति के लिए आंगुल में ही 120 मेगावॉट वाले छह विद्युत संयंत्रों का संचालन करती है।
- **इण्डियन एल्युमीनियम कंपनी** (INDALCO)–यह एक निजी क्षेत्र की कंपनी है। यह कंपनी बॉक्साइट से एल्युमीना तथा एल्युमीनियम की चादरें बनाती है। इस कंपनी ने छोटानागपुर पठार पर स्थित मूरी नामक स्थान पर एल्युमीना बनाने का कारखाना लगाया है। इसे झारखण्ड के लोहरदग्गा से बॉक्साइट तथा दामोदर घाटी से कोयला प्राप्त हो जाता है। यहाँ से उत्पादित एल्यूमीना को 2,400 कि.मी. दूर केरल के एल्वाय नामक स्थान पर स्थापित कारखाना में भेजा जाता है, जिसे पल्लीवासल योजना से सस्ती जल विद्युत मिल जाती है। यह कारखाना एल्युमीना से एल्युमीनियम के पिण्ड तैयार करता है। यहाँ से तैयार एल्युमीनियम के पिण्ड बेल्लूर (पं. बंगाल) को एल्युमीनियम की चादरें बनाने के लिए भेजे जाते हैं। इन्डालको द्वारा महाराष्ट्र के थाणे नामक स्थान पर एक दूसरा कारखाना स्थापित किया गया है, जो एल्युमीनियम की चादरें, तार आदि बनाता है। इस कंपनी की अन्य इकाई उड़ीसा के हीराकुड नामक स्थान पर स्थापित की गई है। यह मूरी से एल्युमीना प्राप्त कर एल्युमीनियम तैयार करती है।
- **हिन्दुस्तान एल्युमीनियम कंपनी** (HINDALCO)–इस कंपनी ने उत्तर प्रदेश के रेणुकूट नामक स्थान पर एल्युमीनियम का एक कारखाना स्थापित किया है। यहाँ झारखण्ड राज्य से बॉक्साइट और रिहन्द परियोजना से सस्ती जल विद्युत की आपूर्ति होती है। यहाँ एल्युमीनियम के पिण्ड और उससे संबंधित वस्तुएं जैसे तार, चादर आदि बनाये जाते हैं। विद्युत की कटौती ने इस उद्योग को बहुत प्रभावित किया है।
- **मद्रास एल्युमीनियम कंपनी** (MALCO)–इस कंपनी का कारखाना मैटूर (सलेम जिला, तमिलनाडु) में है। इसे शिवराय पहाड़ियों से बॉक्साइट व चूना-पत्थर प्राप्त होता है तथा मैटूर बांध परियोजना से सस्ती जल विद्युत शक्ति मिल जाती है। इसकी वार्षिक उत्पादन क्षमता 25 हजार टन की है।

मशीन टूल्स उद्योग

लोहा इस्पात के पिण्ड एवं चादरें कई अन्य उद्योगों के लिए कच्चे माल का काम देते हैं। इनसे जो अन्य वस्तुएं बनायी जाती हैं, उन उपकरणों को ही मशीन टूल्स कहते हैं। इनके द्वारा अपने प्रकार की नयी मशीनें बनायी जाती हैं। मशीन टूल्स एक प्रकार का शक्ति चालक यंत्र होता है जो धातु को काटकर, घिसकर, नुकीला या धारदार बनाकर वांछित मोड़ देकर एक विशिष्ट रूप देने के कार्य में

प्रयुक्त होता है। अतः इसे इंजीनियरी उद्योग का आधार कहा गया है। इस समय संगठित क्षेत्र में 160 मशीन टूल की इकाइयां हैं, जबकि लगभग 500 इकाइयां लघु एवं सहायक उद्योग क्षेत्र में हैं।

मशीन टूल दो प्रकार के होते हैं : (1) विशेष प्रयोजन के लिए काम में आने वाले जैसे मोटरगाड़ी के एक्सिल बनाने वाली मशीन जो एक घण्टे में 150 एक्सिल तैयार करती है। (2) साधारण प्रयोजन वाली मशीनें विभिन्न प्रकार की वस्तुएं (मिलिंग, ड्रिलिंग, प्लेटिंग, आदि की मशीनें) बनाने के काम आती हैं। भरत में एच.एम.टी. संस्था की इकाइयां देश के सभी भागों (अधिकांश राज्यों) में स्थित हैं।

इलेक्ट्रॉनिक्स उद्योग

तकनीकी विकास में तेजी से दक्षता प्राप्त करने के साथ ही भारत में 1980 से ही इलेक्ट्रॉनिक्स व कम्प्यूटर सॉफ्टवेयर उत्पादन में वृद्धि होती रही है। इसी कारण देश अब रेडियो, टी.वी., रिमोट कंट्रोल मशीनें, रेफ्रिजरेटर, दूर संचार, परिवहन व निर्माण उद्योग नियंत्रण विविध उच्च स्तरीय इलेक्ट्रॉनिक कम्प्यूटर की स्वदेशी तकनीक में तेजी से आत्मनिर्भर हो रहा है। अब भारत उपग्रह का निर्माण एवं उसके संचालन की संपूर्ण तकनीक अपने यहाँ विकसित कर चुका है।

औद्योगिक मशीन निर्माण उद्योग

- **वस्त्र बनाने की मशीनें**–द्वितीय महायुद्ध में संकटपूर्ण दिनों तथा स्वाधीनता प्राप्ति के बाद तेजी से हो रहे देश के औद्योगीकरण ने भारत में मशीनें बनाने के उद्योग को जन्म दिया है। सुव्यवस्थित ढंग से इस उद्योग का आरम्भ 1946 में हुआ, जब कोलकाता की एक फर्म ने वस्त्र मिलों के लिए स्पिनिंग फ्रेम बनाने आरम्भ किये। इसके अतिरिक्त अब यहाँ इसके महत्त्वपूर्ण पुर्जे, तकुए, रिंग फ्लेटेड वायर, आदि बनाए जाने लगे। मुख्य इकाइयां हैं : (1) नेशनल मशीनरी मैन्यूफैक्चरर्स, मुम्बई; (2) टैक्समैको, कोलकाता; (3) टैक्स टूल्स, कोयम्बटूर; (4) लक्ष्मी रतन इन्जीनियरिंग वर्क्स, मुम्बई; (5) मशीनरी मैन्यूफैक्चरर्स कॉर्पोरेशन, कोलकाता; (6) टैक्समैको, ग्वालियर; (7) दी मैसूर मशीनरी मैन्यूफैक्चर्स, बंगलौर; (8) कपूर इंजीनियरिंग लि., सतारा; (9) बसन्त इण्डस्ट्रियल एण्ड इंजीनियरिंग वर्क्स, मुम्बई; (10) कैलिको इण्डस्ट्रियल इंजीनियर्स, मुम्बई; (11) मानिकलाल मैन्यूफैक्चरिंग कंपनी, मुम्बई; (12) इण्डियन कार्ड क्लोथिंग कंपनी, पुणे तथा (13) लक्ष्मी कार्ड क्लोथिंग एवं इंजीनियरिंग क., मुम्बई।

  उपर्युक्त कारखानों में कताई, धुनाई, बुनाई, सफाई के लिए मशीनें एवं गारनेट व कार्डिंग के लिए विशेष कंघीनुमा तार एवं विशेष ब्रुश, कर्घों के उपकरण आदि बनाए जाते हैं।
- **चीनी उद्योग की मशीनें**–चीनी उद्योग के लिए गन्ना पेरने तथा रस को साफ करने, वाष्पीकरण कर दाना बनाने और केन्द्रीकरण करने के लिए विशेष मशीनों की व्यवस्था होती है। इनका उत्पादन (1) पश्चिमी बंगाल में बैरी ब्रदर्स, चौबीस परगना; (2) सारण इंजीनियरिंग कंपनी, मरहोरा; (3) रिचार्डसन एण्ड क्रूडास, मुम्बई; (4) आर्थर बटलर एण्ड कंपनी, मुजफ्फरपुर; (5) बालचन्द्र इण्डस्ट्रीज, बालचन्द्रनगर; (6) टैक्सटाइल मशीनरी कॉर्पोरेशन, बेलघरिया; (7) बिन्नी इंजीनियरिंग वर्क्स, चेन्नई; (8) के. सी. पी. लि., चेन्नई; (9) बकाऊ वाल्फ इंजीनियरिंग वर्क्स, पिम्परी; (10) त्रिवेणी इंजीनियरिंग वर्क्स, नैनी; (11) इण्डियन शुगर एण्ड जनरल इंजीनियरिंग कॉर्पोरेशन, यमुनानगर; (12) पोर्ट इंजीनियिंग वर्क्स, कोलकाता; (13) सिमको फैक्टरी, भरतपुर द्वारा किया जाता है।
- **चाय उद्योग की मशीनें**–इस उद्योग की मशीनों के निर्माण में 6 इकाइयां कार्यरत हैं, जिनमें ब्रिटानिया इंजीनियरिंग वर्क्स विशेष उल्लेखनीय है। इसके अतिरिक्त मेसर्स मार्सल एण्ड सन्स, गैन्सवटों आदि कंपनियां भी अनेक प्रकार की चाय उद्योग की मशीनें तथा उनसे संबंधित लघु उपकरणों का निर्माण करती हैं। भारत ने इन मशीनों के निर्माण में विविधता तथा उत्कृष्टता प्राप्त कर ली है।
- **कृषि औजार**–भारत में अब कृषि कार्यों में विविध प्रकार के कृषि यंत्रों का उपयोग होने लगा है। इनमें ट्रैक्टर, बोने तथा रोपने के यंत्र, कटाई, मड़ाई, मेड़बन्दी के यंत्र, दुग्ध शाला तथा कुक्कुट शाला में प्रयोग होने वाले यंत्र आदि प्रमुख हैं। देश में कृषि यंत्रों का निर्माण करने वाले 60 से अधिक उद्योग कार्य करते हैं। नाहन फाउन्ड्री सिरमौर (हिमाचल प्रदेश) में मुख्यतः कृषि यंत्रों का निर्माण होता है। टाटा एग्रिको कंपनी जमशेदपुर भारत का सबसे बड़ा कृषि यंत्र का कारखाना है। पिंजौर (हरियाणा) में एच.एम.टी. कंपनी ट्रैक्टर का निर्माण करती है।
- **सीमेंट उद्योग की मशीनें**–भारत में अब सीमेंट उद्योग की मशीनें बड़े स्तर पर बनाई जाने लगी हैं। देश के प्रायः सभी सीमेंट उद्योगों में भारतीय मशीनें ही कार्य कर रही हैं। यहाँ की सीमेंट उद्योग की मशीनें अपनी उत्कृष्टता के कारण विदेशों में निर्यात भी की जाने लगी हैं। सीमेंट की मशीनों के निर्माण के लिए चेन्नई, अहमदाबाद, कोलकाता, कानपुर, दिल्ली, बालचन्द नगर (पुणे), अमृतसर, विशेष उल्लेखनीय हैं।
- **जूट उद्योग की मशीनरी**–जूट मिलों की मशीनें बनाने का कार्य कोलकाता में ब्रिटानिया इंजीनियरिंग वर्क्स, टैक्सटाइल्स मशीनरी कॉर्पोरेशन तथा लेगन जूट मशीनरी कंपनी द्वारा किया जाता है। देश में कुल 60 इकाइयां ये मशीनें तैयार कर रही हैं। इस उद्योग के कार्य स्वरूप में तेज़ी से परिवर्तन आने के साथ-साथ मशीनें भी नई, विकसित व जटिल किस्म की बनने लगी हैं।

रेलवे इंजन बनाने के उद्योग

19वीं शताब्दी के उत्तरार्द्ध में रेलों का विकास आरम्भ होने के बाद जी. आई. पी. रेलवे ने जमालपुर और बी. बी. एण्ड सी. आई. रेलवे ने अजमेर में वर्कशॉप स्थापित कर रेल के इंजन बनाने का कार्य आरम्भ किया। बहुत शीघ्र ही इस कार्य में सफलता मिली। इसके फलस्वरूप सन् 1885 और सन् 1921 के वर्षों के मध्य में जमालपुर के कारखाने में 214 बड़ी लाइन के इंजन और 103 बॉयलर बनाये गये। इसी प्रकार सन् 1896 और सन् 1940 के बीच अजमेर के कारखाने में 446 इंजन तथा 346 बॉयलर तैयार किये गये, किन्तु विदेशी सरकार के इस उद्योग को प्रोत्साहन न देने की नीति के फलस्वरूप यहाँ द्वितीय विश्व युद्ध के बाद यह काम बन्द कर दिया गया।

प्रथम महायुद्ध के समय इंजनों का आयात कठिन होने से शीघ्र ही सन् 1921 में सिंहभूम में इंजन बनाने के लिए **पेनिन्सुलर लोकोमोटिव कंपनी** की स्थापना की गयी। इसका लक्ष्य 200 इंजन प्रतिवर्ष बनाने का रखा गया। ब्रिटिश व्यापारियों के विरोध से यहां सिर्फ निचले ढांचे का उत्पादन ही आरम्भ किया गया, किन्तु शीघ्र ही कारखाना आर्डर न मिलने से बन्द करना पड़ा। द्वितीय महायुद्ध में सुरक्षा विभाग ने सैनिक गाड़ियों के उत्पादन के लिए यह कारखाना ले लिया। युद्ध की समाप्ति पर यह कारखाना टाटा कंपनी को बेच दिया गया, जिसने सन् 1945 में **टाटा इंजीनियरिंग एण्ड लोकोमोटिव कंपनी** के नाम से नया कारखाना आरम्भ किया। युद्ध की समाप्ति पर **मिहीजाम** (चित्तरंजन) नामक स्थान पर सन् 1950 में एक और कारखाना भारत सरकार द्वारा आरम्भ किया गया। आरम्भ में इस कारखाने का लक्ष्य प्रतिवर्ष 120 औसत आकार के बड़ी लाइन के इंजन और 50 बॉयलर तैयार करने का रखा गया, किन्तु अब यहाँ 150 विद्युत व 81 डीजल श्रेणी के माल व यात्री गाड़ियों के इंजन बनाने की क्षमता है। इस कारखाने का नाम **चित्तरंजन लोकोमोटिव वर्क्स** है।

1964 से ही यहाँ डीजल इंजन बनाने के लिए **डीजल लोकोमोटिव वर्क्स**, वाराणसी की स्थापना हुई। प्रारम्भ में शंटिंग के लिए व बाद में मेन लाइन के लिए इंजन बनाये गये।

रेल के डिब्बे बनाने का कारखाना : सार्वजनिक क्षेत्र में चेन्नई के निकट **पैरम्बूर** में है। यहाँ सन् 1955 में डिब्बों के खोल बनाने का काम आरम्भ किया गया। फिर सन् 1957 में खोलों को सुसज्जित करने का कार्य भी आरम्भ किया गया। एक नया रेलवे सवारी डिब्बे बनाने का कारखाना जालधंर में लगाया गया है। इसकी क्षमता 1,600 आधुनिक किस्म के सवारी डिब्बे प्रतिवर्ष है। इसी भांति भारत अर्थमूवर्स कंपनी एवं जोसेफ एण्ड कंपनी (सार्वजनिक क्षेत्र) मिलकर प्रतिवर्ष 450 सवारी डिब्बे बनाती हैं।

कोलकाता के निकट रेलवे के सिगनल और स्लीपर तैयार किये जाते हैं। अब रेलवे ने लकड़ी व लोहे के स्लीपर के स्थान पर अधिक कार्यक्षमता वाले विशेष आकार के सीमेंट के स्लीपर बनाना प्रारम्भ कर दिया है।

मोटरगाड़ी उद्योग

सन् 1928 से ही कोलकाता, मुम्बई और चेन्नई में विभिन्न भागों को एकत्रित करके मोटरगाड़ी तैयार करने का उद्योग शुरू किया गया। इस समय देश में लगभग 14 कारखानें हैं–5 मुम्बई में, 3 चेन्नई में, 1 जमशेदपुर में, 4 कोलकाता में और 1 गुडगांव में।

कोलकाता केन्द्र में जून 1944 में **हिन्दुस्तान मोटर कंपनी** ने कार्य आरम्भ किया था। कोलकाता में उत्तरपाड़ा (हिन्द मोटर्स) में स्थित यह कंपनी पूर्णतः सभी वाहनों के लिए सुसज्जित है। यहाँ पर डीजल व पैट्रोल से चलने वाली कारें एवं डीजल से चलने वाले ट्रक, मेटाडोर व बसों के चेचीस बनाए जाते हैं। कोलकाता में उत्तरपाड़ा नामक स्थान पर उपर्युक्त विविध मोटर वाहनों के 85 से 90 प्रतिशत कलपुर्जे अब स्वदेशी ही काम में लाये जाते हैं।

मुम्बई में **प्रीमियर ओटोमोबाइल कंपनी** स्थित है। इसका संपर्क संयुक्त राज्य की चैस्लर ग्रुप से है। यहाँ पर फिएट व प्रीमियर नाम से कारें, मेटाडोर, बसें, ट्रक आदि बनाये जाते हैं।

मारुति उद्योग लिमिटेड ने मोटर गाड़ी उद्योग में सन् 1981 में सार्वजनिक क्षेत्र में भी प्रवेश किया। इस कारखाने में जापान की सुजुकी कम्पनी से तकनीकी सहयोग लिया गया है। इसकी प्रथम यात्री कार दिसम्बर 1983 में बनकर निकली तब से अब तक इसने काफी प्रगति की है। **डी.सी.एम.** ने भी जापान की टोयटा कंपनी के तकनीकी सहयोग से व्यापारिक वाहनों का उत्पादन आरम्भ किया है। **आयशर ट्रैक्टर** बनाने वाली कंपनी भी अब टेम्पो, मेटाडोर व ट्रक बनाती है। देश में विभिन्न कंपनियां स्कूटर, मोटर साइकिल व मोपेड की विभिन्न किस्मों का निर्माण करती हैं।

जलयान निर्माण उद्योग

आधुनिक ढंग का जलयान बनाने का पहला कारखाना सिंधिया नेविगेशन कंपनी द्वारा सन् 1941 में विशाखापटनम में स्थापित किया गया, किन्तु सन् 1962 में आर्थिक कठिनाइयों के कारण इसका प्रशासन केन्द्रीय सरकार के हाथ में चला गया। अब **हिन्दुस्तान शिपयार्ड** कंपनी इसे चला रही है।

सन् 1960 में गार्डन रीच वर्कशॉप (कोलकाता) और मझगांव डॉक (मुम्बई) को केन्द्रीय सरकार ने सुरक्षा की दृष्टि से अपने हाथ में ले लिया। **गार्डन रीच वर्कशॉप** में देश के भीतर और तटीय भागों में मछुआरों के लिए एवं माल लाने ले जाने वाली नावें या छोटे जहाज और **मझगांव डॉक में** नाविक जहाज, माल ढोले वाली नावें बनायी जाती हैं। यहाँ अभी कुछ समय से फ्रिगेट किस्म के जहाज आदि बनाये जाने लगे हैं।

हिन्दुस्तान शिपयार्ड (विशाखापटनम) में 4 बर्थे हैं, जहाँ 35,500 डी.डब्ल्यू.टी. भार वाले मालवाहक जहाज बनाए जा सकते हैं और एक छोटा बर्थ है, जहाँ नावें बनायी जाती हैं। इस शिपयार्ड के

पुनर्गठन एवं सुधार के पश्चात् अब यहाँ बनाये गये जहाज आधुनिकतम हैं।

गार्डन रीच वर्कशॉप हुगली नदी के पूर्वी किनारे पर स्थित है। यहाँ 4 स्लिप-वे और 2 शुष्क डॉक हैं।

गोवा शिपयार्ड लिमिटेड के अन्तर्गत लांच और टग प्रभृति नावें बनायी जाती हैं तथा जहाजों की मरम्मत भी की जाती है। यहाँ सुरक्षा संबंधी पोत निर्माण कार्य भी होता है।

मझगांव डॉक मुम्बई के पोताश्रय में है, जहाँ 2 शुष्क डॉक और 1 बर्थ है। यहाँ भारतीय नौसेना के फ्रिगेट किस्म के जहाज बनाये जाते हैं। मछुआरों के लिए यांत्रिक नावें एवं ट्रालर जहाज भी अब यहां बनाये जाते हैं, इनमें शीत भण्डार की विशेष व्यवस्था रहती है।

देश की निरंतर बढ़ती हुई आवश्यकताओं को ध्यान में रखते हुए **कोच्चि** में नया शिपयार्ड स्थापित किया गया है, जिस पर 105 करोड़ रुपये खर्च हुए हैं। अब इस शिपयार्ड में 85,000 डी.डब्ल्यू. टी. तक के जलयान बनाये जाते हैं। अब तक यहाँ पर 6 जहाज एवं एक टैंकर बनाये जा चुके हैं एवं यहाँ विशाल जहाजों व टैंकरों की मरम्मत के लिए भी एक विशेष डॉक स्थापित किया गया है।

मरम्मत का काम करने के लिए **रेलवे वर्कशॉप** मुम्बई, लिलुआ, बर्नपुर, गोरखपुर, जमालपुर, खड़गपुर, झांसी, रतलाम, कोटा और अजमेर में कार्य कर रही हैं। रेलवे द्वारा बंगलौर के निकट **येलान्हका** में एक कारखाना स्थापित किया गया है। यहाँ पर वर्तमान में रेलों के लिए 70,000 पहियों तथा 23,000 एक्सिलों का निर्माण करने की क्षमता है। इनका निर्माण इस्पात मिलों में भी होता है।

वायुयान निर्माण उद्योग

भारत में द्वितीय विश्वयुद्ध के पहले वायुयान बनाने का कोई कारखाना नहीं था। केवल वायुयानों की मरम्मत करने वाली कंपनियां थी। सर्वप्रथम सन् 1940 ई. में बंगलौर में हिन्दुस्तान एयर क्राफ्ट लिमिटेड (HAL) नामक एक कंपनी स्थापित की गयी। यह कंपनी बाद में सन् 1942 ई. में भारत सरकार द्वारा खरीद ली गयी। इस कंपनी में वायुयान निर्माण, मरम्मत एवं सफाई के अलावा रेल के डिब्बे, बसों का ढांचा तथा अन्य सामान भी बनता है। इस कारखाने में निर्मित होने वाले प्रमुख वायुयान सुपर सोनिक जेट एयर क्राफ्ट, वैम्पायर जेट फाइटर, जेट, कृषक, हेलिकॉप्टर आदि हैं। इस कंपनी द्वारा निर्मित वैम्पायर, जेट तथा अन्य लड़ाकू विमान हमारी वायु सेना में कार्य कर रहे हैं। बंगलौर की अनुकूल भौगोलिक स्थिति इस उद्योग के विकास में अधिक सहायक है। भ्रदावती आयरन वर्क्स से इस्पात, केरल से एल्युमिनियम, शिवसमुद्रम् से जल विद्युत की प्राप्ति, उचित जलवायु , स्वच्छ आकाश, सुरक्षात्मक स्थिति, वायुयानों की मांग, अनुसंधान संस्थाओं का सहयोग आदि का अनुकूल प्रभाव इस उद्योग पर पड़ा है। हिन्दुस्तान एयर क्राफ्ट लिमिटेड की शाखाएँ देश के विभिन्न भागों में स्थापित की गयी हैं, जो इस प्रकार हैं–

- नासिक शाखा – यहाँ विमान के ढांचे बनते हैं।
- कोरापुट शाखा – यहाँ मिग विमान का इंजन बनता है।
- हैदराबाद शाखा – यहाँ मिग विमान के इलेक्ट्रानिक उपकरण बनते हैं।
- कानपुर शाखा – यहाँ एच.एस.-748 हवाई यान बनते हैं।
- लखनऊ शाखा – यहाँ वायुयान के उपकरण एवं औजार बनते हैं।

रसायनिक खाद (उर्वरक)

सबसे पहले 1906 में तमिलनाडु राज्य के रानीपेट नामक स्थान पर सुपर फास्फेट बनाने का पहला कारखाना खोला गया। दूसरा कारखाना 1939 ई. में कर्नाटक राज्य के बेलागुला नामक स्थान पर अमोनिया सल्फेट बनाने का कारखाना खोला गया। 1947 में केरल के एल्वाय में एक दूसरा कारखाना खोला गया। स्वतंत्रता के पश्चात् पंचवर्षीय योजनाओं के अन्र्तगत उर्वरक उद्योग पर विशेष ध्यान दिया गया। सन् 1951 में झारखण्ड के सिन्दरी में उर्वरक का एक आधुनिक कारखाना खोला गया। निजी एवं सार्वजनिक दोनों क्षेत्रों द्वारा इसके विकास में सक्रिय योगदान देने के कारण वर्तमान में वाराणसी, ट्राम्बे, नांगल, नामरूप, गोरखपुर, लिम्बाइट, नेवेली, बड़ौदरा, राउरकेला, भड़ौच, मंगलूर, हल्दिया, तूतीकोरिन, पारादीप इत्यादि स्थानों पर कारखाने स्थापित हुए।

प्रमुख औद्योगिक इकाइयाँ

सार्वजनिक क्षेत्र

- **फर्टिलाइजर्स कॉर्पोरेशन ऑफ इण्डिया लिमिटेड** (FCI)– इसके अंतर्गत सिंदरी (झारखण्ड), गोरखपुर (उत्तर प्रदेश), तालचेर (उड़ीसा), रामागुंडम (आंध्र प्रदेश) में कारखाने स्थापित किये गये हैं।
- **नेशनल फर्टिलाइजर्स लि.** (NFL)–इसके संयंत्र नांगल, भटिंडा (पंजाब), पानीपत (हरियाणा), विजयपुर (म.प्र.) में हैं। गुना एवं कोच्चि में भी कारखाने स्थापित किये जा रहे हैं।
- **हिन्दुस्तान फर्टिलाइजर कॉर्पोरेशन लि.** (HFCL)–इसके संयंत्र नामरूप (असम), दुर्गापुर (प. बंगाल) और बरौनी में स्थापित हैं। एक अन्य इकाई हल्दिया में चालू हुई है।
- **राष्ट्रीय केमिकल्स एवं फर्टिलाइजर्स लिमिटेड** (RCFL)– इसके संयंत्र मुम्बई के ट्राम्बे और थाल में स्थापित हैं।
- **फर्टिलाइजर्स एवं केमिकल्स ट्रावनकोर लिमिटेड** (FACT)– इसके संयंत्र एल्वाय (केरल) और कोच्चि में स्थापित हैं।

- **मद्रास फर्टिलाइजर्स लिमिटेड** (MFL)—यह संयुक्त क्षेत्र का उपक्रम है। इस कंपनी ने मनाली (चेन्नई) में अपना संयंत्र स्थापित किया है।
- **स्टील अथारिटी आफ इण्डिया लिमिटेड** (SAIL)—इसके संयंत्र राउरकेला (उड़ीसा) में स्थापित हैं।
- **नेवेली लिग्नाइट कॉर्पोरेशन** (NLC)—इसके संयंत्र नेवेली में (तमिलनाडु) में स्थापित हैं।
- **हिन्दुस्तान कॉर्पोरेशन लिमिटेड** (HCL)—इसके संयंत्र खेतड़ी (राजस्थान) में स्थापित हैं।

सहकारी क्षेत्र

इस क्षेत्र के अन्तर्गत दो कंपनियाँ हैं—

- **इण्डियन फार्मर्स फर्टिलाइजर्स कोआपरेटिव लिमिटेड** (IFFCO) —इसके चार कारखाने कार्यरत हैं। ये कारखाने गुजरात राज्य के कलोल और कांडला में तथा उत्तर प्रदेश के फूलपुर और आंवला में स्थापित हैं।
- **कृषक भारतीय कोआपरेटिव लिमिटेड** (KRIBHCO)—इसका संयंत्र गुजरात राज्य के हजीरा में स्थापित है। यह गैस आधारित यूरिया का कारखाना है। उत्तर प्रदेश के शाहजहांपुर में भी गैस आधारित कारखाना स्थापित किया गया है।

निजी क्षेत्र

श्रीराम फर्टिलाइजर्स तथा पाइराइट फॉस्फेट एण्ड केमिकल्स महत्त्वपूर्ण निजी क्षेत्र की कम्पनियाँ हैं। इस क्षेत्र के कारखाने मुख्यतः बड़ौदा, विशाखापटनम, कोटा, कानपुर, तूतीकोरिन, गोवा, एन्नोर, मंगलौर, वाराणसी, भड़ौच, काकीनाडा आदि स्थानों पर हैं।

सीमेंट उद्योग

आधुनिक युग में सीमेंट वास्तुकला निर्माण की सबसे आवश्यक सामग्री है। भारत में पहली बार सीमेंट तैयार करने का प्रयास मद्रास में 1904 ई. में समुद्री सीपियों से किया गया, किन्तु प्रयास असफल रहा। वास्तविक विकास 1912-13 में मध्य प्रदेश के कटनी, राजस्थान के लाखेरी-बूंदी तथा गुजरात के पोरबंदर में हुआ। यहाँ सीमेंट की फैक्ट्रियाँ स्थापित की गई। इन फैक्ट्रियों में सन् 1914 में उत्पादन प्रारंभ हुआ।

सन् 1947 में देश में सीमेंट के कुल 23 कारखाने थे। विभाजन के कारण पाँच कारखाने पाकिस्तान में चले गए। प्रथम पंचवर्षीय योजना के समय देश में कुल 21 कारखाने थे। इस अवधि में 6 नए कारखाने स्थापित हुए। फलस्वरूप संख्या 27 हो गई। 1990-91 में इनकी संख्या 92 हो गई। सीमेंट उद्योग का विकास एवं विस्तार करने के लिए 1965 में सीमेंट उद्योग निगम की स्थापना की गई। इस निगम का कार्य चूना-पत्थर के नए-नए क्षेत्रों का पता लगाना, अन्य कच्चे पदार्थों की खोज करना तथा सीमेंट के नए कारखाने स्थापित करना है।

2019 में देश में 64 कंपनियों के अधीन 190 बड़े सीमेंट प्लान्ट कार्यरत हैं जिनकी क्षमता 485 मिलियन टन वार्षिक है। विश्व में चीन के बाद भारत सीमेंट का दूसरा सबसे बड़ा निर्माता है।

प्रादेशिक वितरण

मध्य प्रदेश—यह भारत का अग्रणी सीमेंट उत्पादक राज्य है। इस राज्य में इस उद्योग के लिए उत्तम किस्म का चूना-पत्थर, कोयला, बिजली, परिवहन, बाजार आदि उपलब्ध हैं। यहाँ के अधिकांश कारखाने पूर्वी भाग में स्थित हैं। मध्य प्रदेश का सबसे उल्लेखनीय क्षेत्र कैमूर की पहाड़ी क्षेत्र है। यहाँ के प्रमुख उत्पादक केन्द्र, कटनी, सतना, कैमूर, जबलपुर, मैहर, नीमच, बनमोर, गोपालनगर, जामुल, अकलतारा, मन्धर तथा तिल्दा हैं।

आन्ध्र प्रदेश–देश के सीमेंट उत्पादन में इस राज्य का दूसरा स्थान है। इस राज्य के कारखाने मुख्यतः तेलंगाना तथा रायल सीमा क्षेत्र में स्थित हैं। यहाँ के प्रमुख सीमेंट उत्पादक केन्द्र मछरेला, मंगलगिरि, कृष्णा, पयनाम, तान्दुर, विजयवाड़ा, येरागुंटला, बुगनीपाली, किस्तना, पेड़ापल्ली, नलकौडा, हैदराबाद, आदिलाबाद, आदि हैं।

तमिलनाडु–सीमेंट उत्पादन में इस राज्य का तीसरा स्थान था, किन्तु वर्तमान में यह पाँचवें स्थान पर चला गया है। यहाँ के कारखाने तमिलनाडु पठार पर स्थित हैं। अन्य राज्यों में नए कारखानों के विकास के परिणामस्वरूप तमिलनाडु का राष्ट्रीय योगदान में प्रतिशत कम हुआ है। इस राज्य के प्रमुख केन्द्र हैं—डालमियापुरम, तिरुनलवेल्ली, अलंगुलम, तलायथू, शंकरदुर्ग, तुलुकापत्ती, राजमलायम, मदुकराची, पुलियूर, आत्यिआलर इत्यादि। यहाँ चूना-पत्थर स्थानीय क्षेत्रों के साथ-साथ कर्नाटक और आन्ध्र प्रदेश से प्राप्त किया जाता है।

राजस्थान–यह देश का तीसरा सबसे बड़ा उत्पादक राज्य बन गया है। यहाँ के सीमेंट कारखाने सवाई माधोपुर, लखेरी, चुरू, नीम्बाहेड़ा, चित्तौड़गढ़, उदयपुर में हैं। इस राज्य में अच्छे किस्म के चूना-पत्थर के भण्डार हैं।

गुजरात–इस राज्य के कारखाने समुद्रतटीय भाग में स्थित हैं। यहाँ के प्रमुख कारखाने सिक्का (जामनगर), अहमदाबाद, सिवालिया, पोरबंदर, द्वारका, नेतरा एवं ओखा मंडल में हैं।

कर्नाटक–इस राज्य में सीमेंट के कारखाने पश्चिमी घाट की पहाड़ी तथा कर्नाटक पठार पर हैं। कच्चा माल तथा शक्ति के साधन स्थानीय क्षेत्र में ही उपलब्ध हैं। यहाँ के कारखाने भद्रावती,

बाड़ी, बागलकोट, बंगलौर, कुरकन्ता, शाहाबाद, आमसन्द्र, गुलबर्गा, बीजापुर, उत्तरी कनारा, तुमकुर में स्थित हैं।

झारखण्ड–इस राज्य में सीमेंट के लिए अनुकूल परिस्थितियाँ उपलब्ध हैं। चूना-पत्थर व कोयला दोनों स्थानीय क्षेत्र में ही उपलब्ध हैं। इस राज्य का सोन घाटी क्षेत्र सीमेंट उद्योग के लिए महत्त्वपूर्ण है। सिन्दरी, डालमियानगर, जापला, खेल्लारी, चाइबासा, बनजोदी, झींकपानी, कल्याणपुर में सीमेंट कारखाने स्थित हैं।

उत्तर प्रदेश–इसके सीमेंट कारखाने नए हैं, इसलिए उत्पादन की क्षमता अधिक है। चूना-पत्थर, ऊर्जा, परिवहन आदि सुविधाएँ यहाँ उपलब्ध हैं। इस राज्य के सीमेंट कारखाने चुर्क, डाला, चोपन तथा चुनार में स्थित हैं।

कागज उद्योग

भारत में इस उद्योग का प्रारंभ आधुनिक रूप में 18वीं सदी में माना जाता है। सर्वप्रथम 1716 ई. में चेन्नई के निकट ट्रंकुवर नामक स्थान पर कागज का एक कारखाना लगाया गया। इसके बाद 1870ई० में हुगली नदी के किनारे बाली नामक स्थान पर एक अन्य कारखाना स्थापित हुआ। किन्तु ये दोनों कारखाने चल न सके। पुनः 1879 में लखनऊ तथा 1881 में टीटागढ़ में कारखाना खोला गया। 1924 ई. तक देश में कागज कारखानों की संख्या 9 हो गई। द्वितीय विश्व युद्ध के पूर्व इनकी संख्या 13 हो गई। विभाजन के बाद भारत में इन कारखानों की संख्या 18 थी, जिनकी क्षमता 1.6 लाख टन थी। वर्तमान में कागज मिलों की संख्या 850 है जिनकी कुल स्थापित क्षमता 29.97 लाख टन है।

वस्त्र उद्योग

सूती वस्त्र–आधुनिक ढंग की पहली वस्त्र मिल सन् 1854 में कवास जी डावर द्वारा मुम्बई में स्थापित की गई। इसके पश्चात् 1861 तक 12 और मिलें खुल चुकी थीं। प्रथम विश्वयुद्ध की समाप्ति के समय मिलों की संख्या 385 के लगभग थी। 1945 तक इनकी संख्या बढ़कर 420 तक हो गई।

विभाजन में प्रमुख कपास उत्पादक क्षेत्र तथा 15 कारखाने पाकिस्तान चले गए। परिणामस्वरूप कारखानें भारत में रह गए तथा कपास उत्पादक क्षेत्र पाकिस्तान में चले गए। वर्तमान में देश में कुल 3,400 मिलें हैं। इस उद्योग में लगभग 3.5 करोड़ श्रमिकों को प्रत्यक्ष रोजगार मिला हुआ है।

चीनी उद्योग

आधुनिक ढंग से चीनी बनाने का उद्योग 20वीं सदी की देन है। सर्वप्रथम 1903 में आधुनिक ढंग का कारखाना लगाया गया, किन्तु इस उद्योग का वास्तविक विकास 1931 से ही हो सका, जब इसे विशेष संरक्षण प्रदान किया गया। 1931 में देश में केवल 31 कारखाने काम कर रहे थे, जिनका उत्पादन 1.58 लाख टन था। इस उद्योग के संरक्षण को 1950 में पूर्ण रूप से उठा लिया गया। 1951 में कुल 131 कारखाने थे, जिनका उत्पादन 15 लाख टन था। वर्तमान समय में देश में चीनी मिलों की संख्या 698 है। उत्पादन की दृष्टि से भारत का विश्व में दूसरा स्थान है।

भारत में चीनी उद्योग की स्थापना वहीं हुई है, जहाँ गन्ना क्षेत्र पाए जाते हैं। ये पाँच क्षेत्र हैं–

1. उत्तरी भारत; 2. गुजरात, महाराष्ट्र, कर्नाटक क्षेत्र; 3. कावेरी बेसिन; 4. तटीय आन्ध्र प्रदेश; 5. हुगली बेसिन

जूट उद्योग

जूट का उपयोग अब बहुत व्यापक हो गया है। इससे दरियाँ, रंग-बिरंगे पर्दे, बिजली निरोधक सामान, वाटरप्रूफ कपड़े, सजावटी वस्तुएँ इत्यादि बनाए जाने लगे हैं। यह उद्योग 19वीं शताब्दी तक कुटीर उद्योग के रूप में विकसित था। यहाँ सर्वप्रथम 1859 में कोलकाता के निकट रिसरा में हुगली नदी के किनारे एक जूट मिल की स्थापना हुई। प्रथम एवं द्वितीय विश्वयुद्ध के दौरान इस उद्योग में भारी प्रगति हुई। 1947 में जूट के 112 कारखाने हो गए। विभाजन के बाद जूट उत्पादन केन्द्र तो बांग्लादेश में चला गया, किंतु इसके कारखाने भारत में रह गए। परिणामस्वरूप कच्चे माल की कमी के कारण कई कारखानें बंद हो गए। स्वतंत्रता पश्चात् इस उद्योग को बढ़ावा दिया गया। अप्रैल, 2021 तक जूट मिलों की संख्या 93 हो गई है।

भारत में प्रादेशिक योजना
(Regional Planning in India)

भारत एक विशाल देश है जहाँ विभिन्नताएँ मिलना स्वाभाविक है। अत: देश के सर्वांगीण विकास के लिए देश को नियोजन प्रदेशों में विभक्त किया जाए। इसके लिए देश में बहुत गोष्ठियाँ व चर्चाएँ हुई। इसी क्रम में स्वतंत्रता प्राप्ति के बाद से पंचवर्षीय योजनाओं का निर्माण किया गया जिनके माध्यम से प्रादेशिक नियोजन (Regional Planning) पर विशेष बल दिया गया।

द्वितीय पंचवर्षीय योजना के प्रारंभ से ही भारत को आर्थिक नियोजन प्रदेशों में विभक्त करने का प्रयास जारी है। भारत में प्रादेशक नियोजन हेतु निम्नलिखित संस्थाएँ कार्यरत हैं :

1. भारत का योजना आयोग,
2. भारतीय सांख्यिकी संस्थाएँ,
3. भारत के महापंजीयक कार्यालय,
4. राष्ट्रीय मानचित्रावली संगठन,

5. केन्द्रीय जल व शक्ति आयोग,
6. व्यापारिक आर्थिक अन्वेषण परिषदें,
7. भारतीय महानगर नियोजन।

उपर्युक्त संस्थानों के अलावा विभिन्न विश्वविद्यालयों के भूगोलवेत्ताओं ने भी प्रादेशिक योजना बनायी तथा उसके क्रियान्वयन हेतु प्रयन्त किए।

भारत में प्रादेशिक नियोजन उपेक्षित-सा रहा है। इस दिशा में एल.एस. भट्ट, बी.एल. प्रकाशराव, ए.टी.ए. लरमान्थ, सेनगुप्ता तथा सदास्युक एवं आर.पी. मिश्रा एवं सुन्दरम आदि ने महत्त्वपूर्ण कार्य किया।

यहाँ नियोजन का प्रमुख उद्देश्य कृषि एवं तत्संबंधित विकास, उद्योग, शक्ति संसाधन, यातायात तथा संचार के साधनों का विकास, सामाजिक सेवाओं का विकास तथा नगर विकास आदि हैं। प्रशासनिक दृष्टि से भारत के निम्नलिखित नियोजन प्रदेश हैं :

- **प्रशासनिक प्रदेश** : प्रशासनिक दृष्टि से देश, राज्यों एवं केन्द्रशासित प्रदेशों, जिलों, तहसीलों, विकास खण्डों तथा पंचायतों में विभक्त हुआ है। इसमें सबसे निचली इकाई गाँव है। सभी क्षेत्रों में विकास हेतु विभिन्न योजनाएँ बनायी जाती हैं तथा उन्हें कार्यान्वित कराया जाता है।
- **संसाधन विकास प्रदेश** : इन प्रदेशों का निर्धारण स्थलाकृति, भूगर्भिक, बनावट, वर्षा, मृदा, कृषि, भूमि उपयोग, फसल प्रतिरूप, जनसंख्या घनत्व तथा संसाधनों की प्राप्ति के आधार पर किया जाता है। ये राज्य सीमा में ही बनाए जाने चाहिए ताकि राज्य सरकार का इन पर पूरा नियंत्रण रह सके। योजना आयोग ने स्थलाकृति, भूगर्भिक बनावट, मृदा, जलवायु, कृषि, भूमि उपयोग एवं फसल प्रतिरूप के आधार पर भारत को विभक्त किया है।
- **महानगरीय प्रदेश** : महानगरीय प्रदेशों में महानगरों के चारों ओर विस्तृत क्षेत्र भी शामिल किया जाता है। महानगरीय प्रदेश वृहद् प्रदेश होता है जिसमें दो या दो से अधिक राज्य शामिल होते हैं। इन्हें छोटे नगरों एवं केन्द्रीय ग्रामों के आधार पर पुनः छोटी इकाइयों में विभक्त किया जाता है।
- **संक्रमण मेखला** : संक्रमण मेखला महानगरीय प्रदेशों के मध्य पायी जाती है। यहाँ दो महानगरीय क्षेत्रों का संक्रमण क्षेत्र होता है। ऐसी स्थिति में यहाँ के निवासी दोनों महानगरों की सेवाएँ लेने के हकदार होते हैं।

राष्ट्रीय मानचित्रावली संगठन द्वारा प्रस्तावित प्रदेश

योजना आयोग की आवश्यकता के आधार पर राष्ट्रीय मानचित्रावली संगठन, कोलकाता ने भारत के आर्थिक विकास के लिए प्रादेशिक विभाजन किया है, इसने भारत को तीन वृहद् आर्थिक प्रदेशों में विभक्त किया :

- **उत्तरी वृहद् आर्थिक प्रदेश** : इसमें जम्मू, कश्मीर, पंजाब, हरियाणा, राजस्थान, गुजरात, हिमाचल प्रदेश, दिल्ली, चण्डीगढ़, पश्चिमी उत्तर प्रदेश एवं पश्चिमी मध्य प्रदेश शामिल हैं। ये प्रदेश वन सम्पदा, कृषि, जल संसाधन तथा कृषि आधारित उद्योगों की दृष्टि से सम्पन्न हैं इन्हें पाँच द्वितीय क्रम के प्रदेशों में विभक्त किया है : *(i)* पश्चिमी हिमालय, *(ii)* उत्तरी वृहद् मैदान, *(iii)* पश्चिमी शुष्क मैदान, *(iv)* मध्य उच्च भूमि तथा *(v)* गुजरात प्रदेश।
- **पूर्वी वृहद् आर्थिक प्रदेश** : इसमें बिहार, मणिपुर, मिजोरम, अरुणाचल प्रदेश, प्र. बंगाल, असम, नागालैण्ड, उड़ीसा, पूर्वी उत्तर प्रदेश, तथा महाराष्ट्र एवं मध्य प्रदेश के कुछ पूर्वी भाग शामिल हैं। औद्योगिक दृष्टि से यह प्रदेश सम्पन्न है। इस प्रदेश को 3 द्वितीय श्रेणी के प्रदेशों में विभक्त किया गया है : *(i)* पूर्वी वृहद् मैदान, *(ii)* उत्तरी-पूर्वी पर्वत तथा, *(iii)* पूर्वी प्रायद्वीपीय पठार आदि।
- **दक्षिणी वृहद् आर्थिक प्रदेश** : इसमें आन्ध्र प्रदेश, तमिलनाडु, कर्नाटक, केरल, महाराष्ट्र के भाग तथा द्वीप समूह शामिल है। यहाँ मुम्बई तथा चेन्नई वृहत्तम, वाणिज्य केन्द्र हैं। इस प्रदेश को 5 द्वितीय श्रेणी के प्रदेशों में विभक्त किया गया है : *(i)* उत्तरी दक्कन पठार, *(ii)* दक्षिणी दक्कन पठार, *(iii)* पश्चिमी समुद्री तट, *(iv)* पूर्वी समुद्री तट तथा *(v)* द्वीप समूह।

15 भारत में परिवहन एवं संचार

अन्तर्राष्ट्रीय परिवहन एवं संचार

आज की सभ्यता परिवहन के साधनों पर आश्रित है क्योंकि परिवहन के साधनों पर ही कृषि की उन्नति, औद्योगिक उन्नति, व्यापार आदि आधारित हैं।

परिवहन के विकसित साधन ही किसी देश की उन्नति का पैमाना होते हैं। परिवहन को निम्नलिखित वर्गों में बाँटा जा सकता है:

1. स्थल परिवहन, इसमें दो वर्ग आते हैं—(क) सड़क, (ख) रेल।
2. जल परिवहन, इसमें भी दो वर्ग आते हैं—(क) आन्तरिक, (ख) समुद्री।
3. वायु परिवहन।

स्थल परिवहन

(क) सड़क परिवहन

आधुनिक काल में सड़कों पर हर प्रकार के परिवहन का प्रयोग होता है। विश्व में ऐसी-ऐसी सड़कें हैं, जो देशों को ही नहीं बल्कि महाद्वीपों को भी आपस में मिलाती हैं। ये लम्बी सड़कें महामार्ग कहलाती हैं, जो अलग-अलग देशों में अलग-अलग नाम से जानी जाती हैं। इनको जर्मन में ऑटोबान्स, ब्रिटेन में हाइवेज, इटली में ऑटोस्ट्राड और संयुक्त राज्य अमेरिका में एक्सप्रेस हाइवेज के नाम से जाना जाता है।

संसार में सड़क सेवाओं के विकास में बहुत असमानता पाई जाती है। विकसित अर्थव्यवस्था के देशों जैसे-उत्तरी अमेरिका के देशों और यूरोपीय देशों में मोटरगाड़ियों की संख्या अधिक है। यहाँ सड़क परिवहन सेवाएँ बहुत विकसित हैं। उत्तरी अमेरिका के पश्चिमी और पूर्वी तटों पर स्थित नगरों को महामार्गों द्वारा जोड़ा गया है। इसके अलावा उत्तर में कनाडा एवं दक्षिण में स्थित मैक्सिको को सड़कों द्वारा जोड़ा जा चुका है।

अफ्रीका महाद्वीप में स्थलाकृति की विविधता के कारण सड़कें ही परिवहन का महत्त्वपूर्ण माध्यम हैं। यहाँ एक महामार्ग भूमध्य सागर के तट पर स्थित अल्जियर्स नगर से एटलस पर्वत श्रेणियों को पार कर, सहारा के मरुस्थलीय भाग से होता हुआ गिनी के कोनाक्री नगर से मिलता है। इसी तरह मिस्र की राजधानी काहिरा से दक्षिण अफ्रीका के नगर केप टाऊन को मिलाने वाला एक अन्तर्महाद्वीपीय प्रस्तावित महामार्ग का अधिकांश भाग बन चुका है। भौगोलिक दृष्टि से बड़े क्षेत्रफल वाले देश चीन में भी स्थलाकृति विभिन्नता के बावजूद सड़क मार्गों का अधिक विकास किया गया है। यहाँ दक्षिण में प्रशान्त महासागर के तटवर्ती भाग में वियतनाम की सीमा के नजदीक स्थित संग्तसो नगर को उत्तर में स्थित बीजिंग को एक सड़क जोड़ती है। शंघाई को दक्षिण में गुआंगझाऊ और उत्तर में बीजिंग से जोड़ा गया है। एक महामार्ग चैगडू से तिब्बत की राजधानी ल्हासा को भी जोड़ते हुए बनाया गया है। पूर्व सोवियत संघ में अच्छी सड़कों या राजमार्गों का विकास यूरोपीय रूस के दक्षिणी भागों में तथा यूराल क्षेत्र के पश्चिम में हुआ है। एशियाई रूस में सड़कें विरल हैं लेकिन मास्को पर कई महामार्ग आकर मिलते हैं।

दक्षिण अमेरिका में पत्तनों को उनके पृष्ठ प्रदेश को मिलाने के लिए राष्ट्रीय महामार्गों का विकास किया गया है। यहाँ की सबसे लम्बी सड़क परियोजना का नाम है—पॉन अमेरिकन महामार्ग, जो दक्षिण अमेरिका के नगरों को मध्य अमेरिका और संयुक्त राज्य अमेरिका के नगरों को मिलाने के लिए बनाई जा रही है। इस महामार्ग का एक छोटा भाग कोलम्बिया और पनामा के बीच में बनना बाकी है।

आस्ट्रेलिया का स्टुअर्ट महामार्ग इस महाद्वीप का सबसे बड़ा मार्ग है जो उत्तरी आस्ट्रेलिया में स्थित विरदुम नगर को एलिस स्प्रिंग तथा टेनेण्टक्रीक होते हुए दक्षिण आस्ट्रेलिया में स्थित ऊनादत्ता नगर को जोड़ता है।

(ख) रेल मार्ग

संसार के प्रमुख रेलमार्गों में वे रेलमार्ग आते हैं, जो महाद्वीप के एक छोर से दूसरे छोर को जोड़ते हैं। इस प्रकार रेलमार्गों का निर्माण आर्थिक और राजनीतिक उद्देश्यों से किया गया है। उदाहरण के लिए, ट्रांस साइबेरियन रेलमार्ग का निर्माण यूरोपीय पूर्व सोवियत संघ को सुदूर पूर्व के भागों से जोड़ने के लिए किया गया था।

विश्व के प्रमुख रेलमार्ग

1. **ट्रान्स साइबेरियन रेलमार्ग**— यह रेलमार्ग संसार का सबसे लम्बा रेलमार्ग है, जिसकी लम्बाई 9289 किलोमीटर है। यह रेलमार्ग सोवियत रूस के बाल्टिक सागर के तट पर स्थित लेनिनग्राड से लेकर प्रशान्त महासागर के तट पर स्थित व्लाडीवोस्टक पत्तन तक जाता है। यह रेलमार्ग पूर्व सोवियत संघ के केन्द्रीय औद्योगिक क्षेत्र को यूराल, साइबेरिया और सुदूर पूर्व के क्षेत्रों से जोड़ता है। इस रेलमार्ग के मुख्य स्टेशन हैं—मास्को, सिजरान, कुइबाइशेब, ओमस्क, नोवोसिविरिस्क, क्रैस्नोयार्स्क, इर्कुतस्क, चिता और साबोरोवस्क आदि। इस रेलमार्ग पर रूस के केन्द्रीय औद्योगिक क्षेत्र से मशीनरी और औद्योगिक उत्पाद पूर्व की ओर भेजे जाते हैं। यूराल क्षेत्र से धातु, मशीनरी और लकड़ी का परिवहन पश्चिम की ओर किया जाता है।

2. **कनेडियन पेसिफिक रेलमार्ग**—यह रेलमार्ग कनाडा के अटलाण्टिक तट पर स्थित हेलिफैक्स को प्रशान्त महासागर तट पर स्थित बैंकूवर से मिलाता है। इसका निर्माण 1886 में हुआ था। इस रेलमार्ग के द्वारा क्यूबेक-माण्ट्रियॉल के औद्योगिक क्षेत्र, मुलायम लकड़ी वाले वन प्रदेश और प्रेयरीज का गेहूँ क्षेत्र आपस में जुड़े हैं। इसको विश्व के सबसे महत्त्वपूर्ण जलमार्ग से मिलाने के लिए विनीपेग से सुपीरियर झील के उत्तरी सिरे पर स्थित फोर्ट विलियम नगर तक एक लूप रेलमार्ग कनाडा के सेन्ट जॉन से बैंकूवर को जोड़ता है।
3. **आस्ट्रेलियन अन्तर्महाद्वीपीय रेलमार्ग**—यह रेलमार्ग आस्ट्रेलिया का सबसे बड़ा रेलमार्ग है। यह पूर्व में स्थित सिडनी को पश्चिम में स्थित पर्थ शहर से मिलाता है। इस रेलमार्ग पर मुख्य स्टेशन ब्रोकेन हिल, पीटर बरो, पोट आगस्टा, कालगूर्ली और कूलगार्डी हैं। इस रेलमार्ग में कठिनाई यह है कि इसके गेज अलग-अलग हैं। परिवहन व्यय और समय दोनों अधिक लगते हैं।
4. **काहिरा-केपटाऊन अन्तर्महाद्वीपीय रेलमार्ग**—यह रेलमार्ग मिस्र की राजधानी काहिरा को दक्षिण अफ्रीका की राजधानी केपटाऊन से बनने के बाद जोड़ेगा। इसका मार्ग अस्वान, अदिस अबाबा, मोम्बासा होता हुआ पूर्वी तट के साथ-साथ केपटाऊन तक जाएगा।
5. **ट्रान्स एण्डियन रेलमार्ग**—यह रेलमार्ग दक्षिण अमेरिका के चिली के वालपेरेजो शहर को अर्जेन्टीना के ब्युनस आयर्स से जोड़ता है।
6. **दक्षिण ट्रांस महाद्वीपीय रेलमार्ग**—यह रेलमार्ग स्वतन्त्र देशों के राष्ट्रकुल को बाटूम शहर के फरगाना और कुश्क से मिलाता है।
7. **मध्य ट्रांस महाद्वीपीय रेलमार्ग**—यह भी संयुक्त राज्य अमेरिका के प्रशान्त महासागर तट पर स्थित सन फ्रांसिस्को शहर को न्यूयार्क से जोड़ता है।
8. **उत्तरी ट्रांस महाद्वीपीय रेलमार्ग**—यह रेलमार्ग संयुक्त राज्य अमेरिका के सिएटल नगर को न्यूयार्क से जोड़ता है।

जल परिवहन

जलमार्गों को दो प्रमुख वर्गों आन्तरिक और सामुद्रिक में बाँटा जाता है:

(क) आन्तरिक जलमार्ग

आन्तरिक जलमार्ग के प्रमुख माध्यम नदियाँ और नहरें होती हैं। नौकावहन योग्य नदियों में नावों तथा स्टीमरों द्वारा परिवहन किया जाता है। आन्तरिक जलमार्ग का विकास पानी की मात्रा, प्रवाह की निरन्तरता और उसकी चौड़ाई पर निर्भर करता है। जिन नदियों पर जल प्रपात होते हैं उनमें यातायात नहीं किया जा सकता और प्रवाह मार्ग बदलने वाली नदियों में भी परिवहन कठिन होता है।

संसार के महत्त्वपूर्ण आन्तरिक जलमार्ग

संसार के हर क्षेत्र में नदियों और नहरों के रूप में आन्तरिक जलमार्गों का विकास किया गया है। विश्व के महत्वपूर्ण आंतरिक जलमार्ग निम्नलिखित हैं :

1. उत्तरी-पश्चिमी यूरोप—यूरोप के उत्तरी सागर में गिरने वाली नदियाँ, जैसे-सीन, राइन और एल्बा इत्यादि नहरों को मिलाकर संसार का उत्तम जल परिवहन मार्ग बनाया गया है। इनके अलावा म्यूज, वेजनर और ऑडर नदियाँ भी यहाँ के जल परिवहन मार्ग में सहायता करती हैं। यूरोप की राइन नदी संसार की सबसे अधिक व्यस्त व्यापारिक नदी है जिसमें कोयले का परिवहन होने के कारण इसे कोयला नदी भी कहा जाता है। इसकी सहायक नदियाँ हैं—वेजन, एल्बा और ऑडर। इस नदी के जलमार्ग की सघनता के कारण इसे यूरोपीय व्यापार की जीवन रेखा भी कहा जाता है।

फ्रांस के आन्तरिक जलमार्ग यहाँ की प्रमुख नदियों, जैसे-सीन, गेरून और लॉयर के मुहाने पर विश्व के महत्त्वपूर्ण बन्दरगाह हैं।

2. वोल्गा प्रणाली—यह पूर्व सोवियत संघ में संसार की एक बड़ी जल-प्रवाह प्रणाली है और 11,200 किलोमीटर नौगम्य जलमार्ग इस प्रणाली के अन्दर उपलब्ध है। वोल्गा-मास्को नहर द्वारा नौकाएँ आ-जा सकती हैं। वोल्गा नदी कैस्पियन सागर में गिरती है। डान नहर से इस नदी के ऊपरी घाटी के क्षेत्रों को काला सागर से जोड़ दिया जाता है।

3. मानसूनी एशिया—इस क्षेत्र में आने वाली नदियाँ भी आन्तरिक जलमार्ग में महत्त्वपूर्ण भूमिका निभाती हैं :

- **(i) चीन के आन्तरिक जलमार्ग**—यहाँ के हुआंग चांग जिआंग जैसी नदियों में नौका वहन किया जाता है। यहाँ की यांगटिसीक्यांग नदी जर्मनी की राइन नदी के बाद संसार का दूसरा व्यस्ततम जलमार्ग है। चांग जिआंग की निचली घाटी में नहरों का जाल बिछा हुआ है, जिसमें नौका वहन किया जाता है।
- **(ii)** भारत में गंगा-ब्रह्मपुत्र की नदी घाटी भी विकसित आन्तरिक जलमार्ग प्रदान करती है।
- **(iii)** म्यांमार की इरावदी और सालविन और वियतनाम की मैकांग नदी आन्तरिक जलमार्ग के प्रमुख साधन हैं।

4. उत्तरी अमेरिका की प्रमुख नदियों का जलमार्ग—इस महाद्वीप में दो महत्त्वपूर्ण आन्तरिक जलमार्ग हैं—(i) ग्रेट लेक-सेंट लॉरेंस जलमार्ग और (ii) दक्षिण की ओर बहने वाली मिसिसिपी और मिसौरी का जलमार्ग।

ग्रेट लेक-सेंट लॉरेंस आन्तरिक जलमार्ग द्वारा समुद्री जहाज करीब 3,760 किमी. तक आन्तरिक भाग में आ-जा सकते हैं। इसी मार्ग के कारण महान झीलों के पत्तनों को समुद्री पत्तनों की भाँति विकसित किया गया है।

दक्षिण की ओर बहने वाली मिसिसिपी में बड़े स्टीमर आ सकते हैं। ओहायो और मिसिसिपी आन्तरिक जलमार्ग का महत्त्व द्वितीय विश्व युद्ध के बाद से बढ़ा है क्योंकि यह मैक्सिको की खाड़ी से मिलता है।

5. दक्षिणी अमेरिका के प्रमुख आन्तरिक जलमार्ग—इस महाद्वीप में अमेजन नदी, जो जल की मात्रा के आधार पर संसार की सबसे बड़ी नदी है, एक प्रमुख आन्तरिक जलमार्ग प्रस्तुत करती है। इसमें समुद्री जहाज 1,600 किमी. अन्दर मनौस बन्दरगाह तक जाते हैं और छोटे-छोटे स्टीमर पेरु में इस्वीटास तक जाते हैं, जो अटलाण्टिक तट से 3,680 किमी. दूर स्थित असेन्शन तक जाते हैं।

इसके अलावा पराना और पैराग्वे नदियाँ भी आन्तरिक जलमार्ग के लिए महत्त्वपूर्ण हैं। पराना में 240 किमी. अन्दर स्थित सान्ताफे तक समुद्री जहाज आ जा सकते हैं। छोटे स्टीमर पैराग्वे होकर 1,360 किमी. उत्तर स्थित असेन्शन तक जाते हैं।

अफ्रीका में नाइजर नदी तक महत्त्वपूर्ण आन्तरिक जलमार्ग का साधन है जिसमें नारियल का तेल और गिरी की ढुलाई अधिकता में किए जाने के कारण इसे तेल की नदी के नाम से भी जाना जाता है। इस महाद्वीप में नील नदी भी है लेकिन उच्चावच सम्बन्धी विविधता के कारण सिर्फ डेल्टा में परिवहन के काम आती है।

आस्ट्रेलिया महाद्वीप के मर्रे तथा डार्लिंग नदियाँ 1,200 किमी. महाद्वीपों के अन्दर बोर्की बन्दरगाह तक जलमार्ग बनाती हैं।

(ख) सामुद्रिक जलमार्ग

समुद्र में परिवहन स्थल की अपेक्षा आसान और सस्ता होता है क्योंकि बन्दरगाह और जलयान बनाकर ही मालों को लाने ले जाने का काम पूरा किया जाता है।

संसार के महत्त्वपूर्ण सामुद्रिक परिवहन मार्ग

1. उत्तरी अटलांटिक जलमार्ग—यह विश्व का महत्त्वपूर्ण और व्यस्त जलमार्ग है क्योंकि यह विश्व के विकसित पश्चिमी यूरोप के देशों और संयुक्त राज्य अमेरिका के पूर्वी तटीय भाग को मिलाता है, जिनका अर्थव्यवस्था में व्यापार के लिए बहुत बड़ा योगदान है। दोनों ही तटों पर विकसित पत्तनों और पोताश्रयों की सुविधा उपलब्ध है।

2. दक्षिणी अटलांटिक जलमार्ग—यह मार्ग पश्चिमी यूरोप के विकसित देशों को दक्षिणी अमेरिका के विकासशील देश ब्राजील, अर्जेन्टीना और उरुग्वे से जोड़ता है। यूरोप से आने वाले जहाज मशीनरी और औद्योगिक उत्पाद ले जाते हैं और दक्षिण अमेरिका से कहवा, कच्चा माल और अन्य खाद्य सामग्री ले आते हैं। अफ्रीकी देशों के विकसित नहीं होने से यह मार्ग ज्यादा महत्त्वपूर्ण नहीं है।

3. उत्तरी प्रशान्त जलमार्ग—यह जलमार्ग उत्तरी अमेरिका के बन्दरगाह जैसे-सिएटल और सेन फ्रान्सिस्को को पूर्व में स्थित बन्दरगाहों जैसे-टोकियो और याकोहामा से जोड़ता है। प्रशान्त महासागर के इस अत्यधिक लम्बे जलमार्ग पर मध्य से विश्राम स्थलों की कमी से पोताश्रय और ईंधन न उपलब्ध हो पाने के कारण बहुत कम व्यापार होता है।

4. दक्षिण प्रशान्त जलमार्ग—इस जलमार्ग द्वारा न्यूजीलैण्ड, आस्ट्रेलिया, उत्तरी अमेरिका तथा पनामा नहर से होकर पश्चिम यूरोपीय देशों के मध्य व्यापार होता है। इस मार्ग पर प्रधान केन्द्र होनोलूलू है।

5. भूमध्य सागर तथा हिन्द महासागर जलमार्ग—पश्चिम यूरोप के औद्योगिक और विकसित देशों को भूमध्य सागर, लाल सागर और हिन्द महासागर से होकर पूर्वी अफ्रीका, दक्षिणी-पश्चिम एशिया, दक्षिणी-पूर्वी एशिया तथा सुदूर पूर्व के देशों को यह जलमार्ग जोड़ता है। इस जलमार्ग से पश्चिम यूरोप से मशीनरी और औद्योगिक उत्पाद पूर्व की ओर जाते हैं और कच्चा माल, जैसे-कपास, चाय, कहवा, रबर, पेट्रोलियम आदि पश्चिम की ओर भेजे जाते हैं।

6. केप जलमार्ग—स्वेज़ नहर के बनने से पहले यह मार्ग महत्त्वपूर्ण था, जो पश्चिम यूरोपीय देशों को सुदूर पूर्व में स्थित देशों और आस्ट्रेलिया-न्यूजीलैण्ड को जोड़ता था। अभी भी इस मार्ग से पश्चिमी अफ्रीका के देशों दक्षिण अफ्रीका और आस्ट्रेलिया तथा न्यूजीलैण्ड से व्यापार किया जाता है।

विश्व के प्रमुख नहर मार्ग

संसार के कुछ नहरों को जहाज चलाने योग्य बनाया गया है। इन नहरों से समुद्री जलमार्गों की दूरी में बहुत कमी आई है, जिससे व्यापार में तीव्र गति से विकास हुआ है। संसार की निम्नलिखित नहरें महत्त्वपूर्ण हैं :

1. स्वेज नहर—यह मनुष्य द्वारा बनाया गया जलमार्ग है, जो मिस्र में भूमध्य सागर और लाल सागर को मिलाता है। इस नहर को बनाने का कार्य 1854 में **एक फ्रांसीसी इंजीनियर फर्दीनन्द-द-लेसेप्स** को दिया गया था और यह 1869 में बनकर तैयार हुई थी। यह नहर पश्चिम में मिस्र की नील घाटी के निचले भाग और पूर्व में सिनाई प्रायद्वीप को अलग करती है। इसके उत्तर में मन्जाला, मध्य में तिम्सा और दक्षिण में बृहत् बिटर झील है, जो दलदली है। यह नहर 168 किमी लम्बी है और इसकी अधिकतम चौड़ाई 365 मीटर है। औसत गहराई 16.15 मीटर है। इसके उत्तरी सिरे पर पोर्ट सईद और दक्षिणी छोर पर स्वेज पत्तन है।

2. पनामा नहर—यह जलमार्ग पूर्व में अटलांटिक महासागर को पश्चिम में स्थित प्रशान्त महासागर से जोड़ता है। इस नहर का निर्माण 1906 में शुरू किया गया और यह जलपोतों के लिए 15 अगस्त, 1914 को खोल दी गई थी। यह नहर पनामा स्थल सन्धि को काटकर बनाई गई है। इसलिए यह उत्तरी और दक्षिणी अमेरिका

के मुख्य स्थल-खण्डों को पृथक् करती है। यह नहर अटलांटिक महासागर तट से प्रशान्त महासागर तट तक 64.8 किमी. लम्बी है, लेकिन जहाजों को दोनों महासागरों के गहरे जल में पहुँचने के लिए 81.12 किमी. की दूरी तय करनी पड़ती है। इस नहर की न्यूनतम गहराई 12.3 मीटर है। पनामा नहर स्वेज नहर से भिन्न है क्योंकि जहाँ जहाज लॉक प्रणाली द्वारा नहर को पार करते हैं। इस नहर के तीन मुख्य लॉक हैं—गाटुन लॉक, गैलार्डकट और पेड्रो मिगुवेल लाक।

3. कील नहर—उत्तरी यूरोप में यह नहर उत्तरी सागर तथा बाल्टिक सागर को जोड़ने के लिए बनाई गई है जिसका व्यापारिक महत्त्व ज्यादा है।

4. गोटा नहर—यह नहर स्वीडन में स्टॉकहोम और गुटेनबर्ग के बीच बनाई गई है।

5. स्टैलिन नहर—यह नहर पूर्व सोवियत संघ में रोस्तोव और स्टालिनग्राड को मिलाती है, जिसे वोल्गा-डॉन नहर के नाम से भी जाना जाता है।

6. उत्तरी सागर की नहर—यह नहर नीदरलैण्ड्स की राजधानी ऐम्स्टरडम को उत्तरी सागर से मिलाती है।

7. सूसेण्ट मेरी नहर—संयुक्त राज्य अमेरिका में स्थित सुपीरियर झील को ह्यूरन झील से जोड़ती है।

8. नवीन जलमार्ग नहर—यह नीदरलैण्ड्स रॉटरडम और उत्तरी सागर के बीच बनाई गई है।

9. मॉनचेस्टर जहाजी नहर—यह नहर ग्रेट ब्रिटेन के मॉनचेस्टर तथा ईस्थम को मिलाती है।

वायु परिवहन

बीसवीं शताब्दी के शुरू में वायु परिवहन का विकास हुआ है, जो अति द्रुतगामी और महंगे परिवहन का साधन है। वायुमार्ग पर चलने के कारण वायुयानों को पृथ्वी पर विद्यमान भौतिक अवरोधों जैसे- पर्वत, मरुस्थल और महासागरों का सामना नहीं करना पड़ता है और न ही इनके निर्माण पर कोई खर्च आता है। सिर्फ देशों के बीच में इसके लिए संधि की आवश्यकता होती है।

वायुयान सेवाओं के प्रतिमान की कुछ विशेषताएँ हैं, पश्चिम यूरोप, पूर्वी संयुक्त राज्य अमेरिका और दक्षिण-पूर्वी एशिया के देशों में वायुमार्गों का सघन जाल बिछा हुआ है। इनके अलावा वायु परिवहन के कुछ महत्त्वपूर्ण बिन्दुओं का विकास हो गया है जहाँ से ये विभिन्न राष्ट्रों और दिशाओं को जाते हैं। ये बिन्दु हैं—लन्दन, रोम, मास्को, पेरिस, नई दिल्ली, कराची, मुम्बई, बैंकाक, टोकियो, सिंगापुर, लॉस एंजिल्स, न्यूयार्क और रियो-डी-जेनरो इत्यादि।

वायुयान परिवहन को चार भागों में बाँटा जाता है—

1. प्रादेशिक वायुमार्ग—इसमें किसी प्रदेश के आन्तरिक भाग की छोटी यात्राओं के लिए वायुयान द्वारा सेवा प्रदान की जाती है। संयुक्त राज्य अमेरिका, जर्मनी, इंग्लैण्ड, जापान, कनाडा और आस्ट्रेलिया में प्रादेशिक वायुयान सेवा प्रदान की जाती है।

2. राष्ट्रीय वायुमार्ग—इस वर्ग के मार्ग किसी देश के आन्तरिक भागों की दूरी तय करने में वायु सेवा प्रदान कराते हैं। उदाहरण के लिए, दिल्ली-मुम्बई-चेन्नई तथा संयुक्त राज्य में न्यूयार्क-शिकागो-सन फ्रान्सिस्को वायुमार्ग।

3. महाद्वीपीय वायुमार्ग—इस वर्ग के वायुमार्ग एक ही महाद्वीप के विभिन्न देशों के बीच वायु सेवा प्रदान करते हैं। उदाहरण के लिए, लंदन-फैंकफर्ट-वार्सा-मास्को मार्ग, न्यूयार्क-शिकागो-मांट्रियल मार्ग और दिल्ली-कोलकाता-हांगकांग-टोकियो मार्ग इत्यादि।

4. अन्तर्महाद्वीपीय वायुमार्ग—इस वर्ग के वायु परिवहन में सबसे लम्बी यात्राओं के मार्ग रखे जाते हैं। उदाहरण के लिए, न्यूयार्क-सन फ्रांसिस्को-होनोलूलू-हांगकांग-एडिलेड-पर्थ वायुमार्ग जो प्रशान्त महासागर को जोड़ता है और दूसरा वायुमार्ग है—न्यूयार्क-लंदन, पेरिस-रोम-काहिरा-दिल्ली।

संचार

आधुनिक युग में मानवीय सभ्यता के विकास में संचार के साधनों का महत्त्वपूर्ण स्थान है। वास्तव में परिवहन और संचार दोनों गाड़ी के दो पहियों के समान हैं। एक के बिना दूसरे का अस्तित्व नहीं है। आज के अधिकांश परिवहन के साधन इन्हीं विकसित संचार के साधनों की उपलब्धि पर आधारित हैं। जैसे-वायु परिवहन, समुद्री परिवहन और रेल परिवहन इन तीनों के समुचित रूप से कार्य करने के लिए टेलीफोन और वायरलैस का प्रबन्ध अति आवश्यक है। वर्तमान व्यापारिक युग में विकसित संचार के साधनों के बिना सफल व्यापार की कल्पना नहीं की जा सकती है। उद्योग तथा व्यापार के लिए संचार के साधन उतने ही आवश्यक हैं जितने कि परिवहन के साधन।

दो महाद्वीपों के बीच तार प्रणाली को चालू रखने के लिए तार की लाइनें समुद्र तल पर बिछाई जाती हैं, जिन्हें Submarine Cables कहते हैं। 1866 में उत्तरी अटलांटिक महासागर में प्रथम केबल बिछाया गया था और विश्व के अधिकांश केबल इसी भाग में मिलते हैं क्योंकि उत्तरी अटलांटिक के दोनों ओर उद्योग और व्यापार में काफी उन्नत देश स्थित हैं। विश्व की 50 प्रतिशत से ज्यादा केबल लाइन पर ग्रेट ब्रिटेन का अधिकार है।

विश्व के कुल टेलीफोन का लगभग 70 प्रतिशत भाग संयुक्त राज्य अमेरिका में मिलता है। बेतार (Wireless) टेलीफोन सिस्टम भी आज के युग में प्रसिद्ध है। रेडियो या बेतार का तार संचार का

नवीनतम और सबसे अधिक विकसित ढंग है। 1902 में सर्वप्रथम यूरोप और अमेरिका के बीच रेडियो द्वारा सन्देश हवाई जहाजों, पानी के जहाजों और दूर स्थित स्थानों को, जहाँ पर इस प्रणाली का प्रबन्ध है, पहुँचाया गया। इसी सिद्धान्त पर वायरलेस, टेलिफोन, टेलीग्राफी, टेलीप्रिन्टर और रेडियो फोटो आदि यन्त्र काम करते हैं जिनके द्वारा मौखिक सूचना, समाचार व चित्र तुरन्त धरती के इस ओर से उस ओर तक भेजे जाते हैं। संयुक्त राज्य अमेरिका में विश्व के 50 प्रतिशत से ज्यादा रेडियो पाए जाते हैं। रेडियो प्रणाली का ही विकसित स्वरूप Television system है। इसमें रेडियो का काम करने के साथ-साथ बोलने वाला व्यक्ति भी दिखाई देता है। इसके अलावा समाचार-पत्र, डाकघर और रडार भी संचार के साधन हैं। रडार यन्त्र एक प्रकार की किरणें प्रसारित करता है। इन किरणों को रोकने वाली कोई भी वस्तु विशेषकर धातु की वस्तु किरणों को उल्टी लौटा देती हैं और रडार स्टेशन पर तुरन्त पता लग जाता है कि अमुक दिशा में कितनी दूर कोई बाधक वस्तु है। आज के समय में मौसम सम्बन्धी सूचना प्राप्त करने के लिए रडार का प्रयोग होना शुरू हो गया है। इसमें आंधी तूफान या चक्रवातों के आगमन की सूचना बहुत जल्दी मिल जाती है। इससे स्पष्ट है कि संचार वाहन के नवीन उन्नतशील तीव्रगामी साधनों द्वारा आर्थिक, राजनीतिक और बौद्धिक विचारों व भावनाओं के तीव्र आदान-प्रदान ने मानव को मानव से और राष्ट्रों को राष्ट्रों से जोड़कर उनके पारस्परिक सम्बन्धों में क्रान्ति उत्पन्न कर दी है। विश्व के दूर स्थित देशों और उनके निवासियों को एक-दूसरे के नजदीक लाने में जो महत्त्वपूर्ण कार्य यातायात के साधनों ने किया है उससे अधिक महत्त्वपूर्ण कार्य संचार के साधनों द्वारा हुए हैं।

अन्तर्राष्ट्रीय व्यापार एवं पत्तन

दो या दो से अधिक देशों के मध्य वस्तुओं और सेवाओं के क्रय-विक्रय तथा आदान-प्रदान को अन्तर्राष्ट्रीय व्यापार कहा जाता है। यह व्यापार देश व्यापार की अपेक्षा अधिक कठिन होता है, क्योंकि अधिकतर वस्तुओं के क्रेता और विक्रेता न तो एक-दूसरे को जानते हैं और न ही उनकी भाषा और मुद्रा समान होती है। अन्तर्राष्ट्रीय व्यापार किसी भी राष्ट्र के आर्थिक विकास का मापदण्ड होता है।

अन्तर्राष्ट्रीय व्यापार के आधार

अन्तर्राष्ट्रीय व्यापार का मूलभूत आधार यह है कि सभी देश अपने बीच प्राकृतिक संसाधनों के असमान वितरण और उपलब्ध उत्पादन के साधनों की असमानता के कारण सभी वस्तुओं का उत्पादन नहीं कर सकते। कुछ देशों में कई संसाधन उनकी आवश्यकता से अधिक पाए जाते हैं और कुछ देशों में इन संसाधनों की मात्रा बहुत कम है। अत: प्रत्येक देश अपनी आवश्यकता की वस्तुओं का आयात करता है और आधिक्य वाली वस्तुओं का निर्यात करता है। इस तरह से अन्तर्राष्ट्रीय व्यापार अस्तित्व में आता है। कनाडा में गेहूँ, अर्जेन्टाइना में माँस, जापान में मछली और भारत में चाय, सऊदी अरब में खनिज तेल अन्तर्राष्ट्रीय व्यापार के लिए उपलब्ध सामग्री हैं। अत: अधिशेष, व्यापार के लिए आवश्यक शर्त है, लेकिन इसके साथ अपवाद भी हैं। उदाहरण के लिए, एक देश में आन्तरिक माँग होते हुए भी विदेशी मुद्रा कमाने के लिए कुछ खास वस्तुओं का निर्यात किया जाता है।

किसी भी विकसित अर्थव्यवस्था का आधार प्रौद्योगिकी का विकास है। इसके विपरीत विकासशील देशों में प्रौद्योगिकी पिछड़ी अवस्था में है। इसलिए विकसित देशों में कच्चे माल की माँग और विकासशील देशों में औद्योगिक उत्पादों की माँग भी अन्तर्राष्ट्रीय व्यापार का आधार है।

अन्तर्राष्ट्रीय व्यापार के प्रकार

अन्तर्राष्ट्रीय व्यापार मुख्य रूप से दो प्रकार का होता है :

1. द्विदेशीय व्यापार—इस व्यापार के अन्दर वस्तुओं का विनिमय दो देशों के बीच होता है। इसमें एक देश कच्चा माल निर्यात करता है तथा दूसरा देश निर्मित वस्तुओं का निर्यात करता है। इसमें एक देश में प्राथमिक व्यवसायों की प्रधानता होती है, जबकि दूसरे में द्वितीयक व्यवसायों की प्रधानता होती है।

2. बहुद्देशीय व्यापार—इसमें व्यापार की वस्तुओं का सीधा लेन-देन नहीं होता है, बल्कि अन्य देशों के माध्यम से होता है।

अन्तर्राष्ट्रीय व्यापार की आधुनिक प्रवृत्तियाँ

वर्तमान समय में अन्तर्राष्ट्रीय व्यापार के स्वरूप में बहुत ज्यादा परिवर्तन आया है। अन्तर्राष्ट्रीय व्यापार की शुरुआत में व्यापारी एक देश से दूसरे देश रेशम, बहुमूल्य पत्थर, हीरे, जवाहरात आदि बेचने के लिए जाते थे। उस समय चीन और दक्षिणी-पश्चिमी एशिया के देशों में रेशम मार्ग हुआ करता था, जिसका उपयोग इन देशों के व्यापारियों द्वारा किया जाता था। इस मार्ग का नाम रेशम इसलिए पड़ा क्योंकि रेशम का व्यापार अधिक मात्रा में हुआ करता था। उस समय अन्तर्राष्ट्रीय व्यापार का आधार विलासिता की वस्तुएँ होती थीं।

भारत और दक्षिण-पूर्वी एशियाई देशों से रत्नाभूषणों और मसालों का भी अन्तर्राष्ट्रीय व्यापार किया जाता था। चीनी, चाय, कॉफी आदि भी पहले विलासिता की वस्तुओं में ही शामिल की जाती थीं, क्योंकि आम आदमियों की पहुँच इन वस्तुओं तक नहीं थी।

वर्तमान समय में खाद्य पदार्थों का विश्व व्यापार में कम-से-कम 25 प्रतिशत का योगदान है, जबकि कच्चे माल विश्व व्यापार में लगभग 35 प्रतिशत के बराबर है। इसके अलावा औद्योगिक उत्पाद का विश्व व्यापार में करीब 40 प्रतिशत का योगदान है।

संसार का प्रत्येक देश कुछ-न-कुछ आयात करता है तथा कोई-न-कोई वस्तु और सेवा का निर्यात करता है। यदि किसी देश में आयात की अपेक्षा निर्यात की जाने वाली वस्तुओं का मूल्य अधिक होता है तो ऐसे देशों के व्यापार संतुलन को धनात्मक कहा जाता है। ऐसे देशों को साहूकार देश भी कहा जाता है। यदि किसी देश में निर्यात की जाने वाली वस्तुओं का मूल्य आयात से कम होता है तो ऐसे व्यापार संतुलन को ऋणात्मक कहा जाता है। इन्हें ऋणी देश भी कहा जाता है क्योंकि दूसरे देशों का इन पर कर्ज होता है। अन्तर्राष्ट्रीय व्यापार की आधुनिक प्रवृत्तियों में व्यापार संघों का संगठन महत्त्वपूर्ण है।

पेट्रोलियम निर्यातक देशों का संगठन (ओपेक)— यह संगठन 1960 में पेट्रोलियम सम्बन्धी नीतियों का निर्धारण करने के लिए अस्तित्व में आया। इसके वर्तमान में 13 सदस्य हैं—इक्वेडोर, गैबो, अंगोला, ईरान, इराक, कुवैत, लीबिया, अल्जीरिया, नाइजीरिया, कांगो, सऊदी अरब, संयुक्त अरब अमीरात तथा वेनेजुएला।

यूरोपीय आर्थिक समुदाय (ई.ई.सी.)— यह संगठन 1957 में रोम सन्धि के कारण यूरोप के छह देशों द्वारा स्थापित किया गया था। ये देश फ्रांस, बेल्जियम, लग्जमबर्ग, नीदरलैण्ड्स, जर्मनी और इटली थे। इनका मुख्य उद्देश्य सदस्य देशों के बीच व्यापार निषेधों का उन्मूलन करना था।

आसियान— इन्हीं आधारों पर दक्षिण-पूर्वी एशिया के देशों ने एक संगठन का निर्माण किया, जिसका नाम **आसियान** (ASEAN) है, जो व्यापार सम्बन्धी रुकावटों को दूर करता है।

यह दस दक्षिण-पूर्वी एशियाई देशों (सिंगापुर, ब्रुनेई, मलेशिया, थाइलैंड, इंडोनेशिया, वियतनाम, फिलीपिंस, लाओस, कम्बोडिया तथा म्यांमार) का समूह है।

नाफ्टा (उत्तरी अटलांटिक स्वच्छंद व्यापार संघ)— कनाडा, संयुक्त राज्य अमेरिका और मैक्सिको इसके सदस्य देश हैं। यह व्यापार संबंधी रुकावटों को दूर करने के उद्देश्य से 1994 में अस्तित्व में आया है।

ब्रिक्स (BRICS) : ब्रिक्स उभरती राष्ट्रीय अर्थव्यवस्थाओं का एक संघ है। इसके घटक राष्ट्र ब्राजील, रूस, भारत, चीन और दक्षिण अफ्रीका हैं। मूलत: 2010 में दक्षिण अफ्रीका के शामिल किए जाने के पहले इसे 'ब्रिक' नाम से जाना जाता था। रूस को छोड़कर ब्रिक्स के सभी सदस्य विकासशील या नव औद्योगिक देश हैं, जिनकी अर्थव्यवस्था तेजी से बढ़ रही है।

अन्तर्राष्ट्रीय व्यापार से सम्बन्धित शब्दावलियाँ

- **विदेशी मुद्रा विनिमय**— इसका तात्पर्य उस व्यवस्था से है, जिसमें अलग-अलग राष्ट्रीय मुद्राओं में व्यापार करने वाले देशों के बीच भुगतान, धन को वास्तविक रूप में दिए बिना किया जाता है। वस्तु का खरीददार देश उसके विक्रेता को उस वस्तु का मूल्य उसके देश की मुद्रा में देता है।
- **विदेशी मुद्रा-विनिमय दर**— विभिन्न देशों के बीच विदेशी मुद्रा विनिमय संचालन के लिए विभिन्न मुद्राओं का मूल्य तय करना होता है। एक मुद्रा को दूसरी में बदलने के लिए एक दर निश्चित करनी पड़ती है, जिसको विदेशी मुद्रा विनिमय दर कहते हैं।
- **आयात-निर्यात**— जब कोई देश अपनी वस्तु को दूसरे देशों को बेचता है और इसके बदले में विदेशी मुद्रा प्राप्त करता है तो इस प्रकार के व्यापार को उस देश का निर्यात व्यापार कहा जाता है। इसके विपरीत जब कोई देश अपनी आवश्यकता की वस्तु को अन्य देशों से मँगाता है तो इस व्यापार को उस देश का आयात व्यापार कहा जाता है।
- **व्यापार सन्तुलन**— किसी देश की एक निश्चित अवधि में किए गए आयात और निर्यात के मूल्यों के अन्तर को व्यापार सन्तुलन कहा जाता है। जिस समय निर्यात, आयात से अधिक होता है तो व्यापार सन्तुलन उस देश के अनुकूल होता है। उसे अनुकूल व्यापार सन्तुलन कहते हैं। इसके विपरीत जब आयात निर्यात से अधिक होता है तो यह व्यापार सन्तुलन उस देश के प्रतिकूल होता है। यह व्यापार का प्रतिकूल सन्तुलन कहा जाता है।
- **भुगतान शेष**— विदेशी व्यापार में वस्तुओं का आयात या निर्यात ही नहीं होता, बल्कि आयात और निर्यात की अन्य मदें भी होती हैं। इनमें बीमा, परिवहन और दान को शामिल किया जाता है। इन मदों की वस्तुओं और माल को साथ मिलाकर किसी देश के कुल आयात और निर्यात का हिसाब लगाने पर जो लेखा किया जाता है, उसे उस देश का भुगतान शेष कहा जाता है। जिस समय कुल निर्यात का मूल्य कुल आयात से अधिक होता है तो भुगतान शेष उस देश के अनुकूल होता है। इसके विपरीत कुल निर्यात की अपेक्षा कुल आयात अधिक होने पर भुगतान शेष प्रतिकूल कहा जाता है।
- **व्यापार बाधाएँ**— आज प्रत्येक देश की अपनी समस्याएँ, सरकारी नीतियाँ, बेरोजगारी या राजनीतिक संकट आदि होती हैं। इन समस्याओं के परिणामस्वरूप प्रत्येक देश एक तरफ स्वयं आत्मनिर्भर बनना चाहता है तो दूसरी तरफ वह अपना निर्यात बढ़ाने का भरसक प्रयत्न करता है। अत: प्रत्येक देश अधिकतम लाभ कमाने की दृष्टि से उत्पादन कर, सीमा कर, विनिमय-नियन्त्रण और कोटे आदि निर्धारित करके बाधाएँ उत्पन्न कर देता है। इन्हीं को अन्तर्राष्ट्रीय व्यापार की बाधाएँ कहा जाता है।

पत्तन

पत्तन किसी देश का वह स्थान (प्रवेश मार्ग) है, जहाँ से जलयान अपनी समुद्री यात्रा आरम्भ करते हैं और जहाँ आकर वे अपनी यात्रा समाप्त करते हैं। पत्तन समुद्र से स्थल की ओर, स्थल से समुद्र की ओर एक द्वार पथ होता है, जहाँ जलयानों से समान उतारा और उन पर लादा जाता है। अत: पत्तन अपने पृष्ठ प्रदेश

के लिए विदेशों से आए माल का प्रवेश द्वारा होता है और अपने पृष्ठ प्रदेश के उत्पादित माल के लिए निकास द्वार का काम करता है। पत्तन का मुख्य कार्य समुद्रोन्मुख या स्थलोन्मुख माल को कम समय में सक्षम ढंग से पहुँचाना है। पत्तन की क्षमता का ज्ञान माल के भार और जलपोतों की संख्या से होता है। पत्तन पर जहाजों के खड़ा होने और उन पर सामान लादने और उतारने की व्यवस्था होती है। इसके अलावा बाहर जाने या देश के अन्दर आने वाले सामान पहुँचाने के लिए भी तेज परिवहन की सुविधाएँ उपलब्ध होती हैं। पत्तन तटीय नगर का ही भाग होता है और इनका वर्गीकरण इनकी कार्य विशिष्टता के आधार पर किया जाता है, जो निम्नलिखित प्रकार के हैं :

1. सवारी पत्तन—इस वर्ग में आने वाले पत्तन ज्यादातर सवारी लाइनरों के ठहने के लिए बनाए जाते हैं। इनसे देश के आंतरिक भागों के लिए रेल और सड़क मार्गों का जाल बिछा होता है, जिससे यहाँ आने वाली सवारियों को शीघ्रता से लाया जा सके और यहाँ से जाने वाली सवारियों को जल्दी से भेजा जा सके। इस प्रकार के पत्तन हैं—मुम्बई, लंदन और न्यूयार्क।

2. वाणिज्यिक पत्तन—इन पत्तनों का विकास मुख्यत: सामान के आयात और निर्यात के कार्य को सम्पन्न करने के लिए किया गया है। इनमें से कुछ पर सवारियाँ भी उतारी जाती हैं और मत्स्य जलपोतों को आश्रय मिलता है।

3. आन्त्रेपो पत्तन—इन पत्तनों का निर्माण एक देश का माल दूसरे देशों को भेजने के लिए किया गया है। इस प्रकार के पत्तन पर जो माल आते हैं उसका गन्तव्य अन्य देश होता है और उस माल का एकत्रीकरण बड़े-बड़े गोदामों में किया जाता है और दूसरे देशों को भेजा जाता है। इसके उदाहरण हैं—सिंगापुर, कोपेनहेगेन और राटरडम इत्यादि।

4. बाह्य पत्तन—इस प्रकार के पत्तन गहरे पानी के पत्तन होते हैं, जिनका निर्माण वास्तविक पत्तन से दूर गहरे समुद्र में किया जाता है। ऐसा इसलिए किया जाता है क्योंकि जलपोत या तो अपने बड़े आकार की वजह से या अधिक मात्रा में अवसाद एकत्रित हो जाने के कारण वास्तविक पत्तन तक नहीं पहुँच पाते हैं। इसके उदाहरण हैं—ब्रिसटल का बाह्य पत्तन, एवनमाउथ, ब्रेमेन का ब्रेमेनवेहन और नैटीज का सैंट नाजेयरे।

5. पैकेट-स्टेशन—इस प्रकार के पत्तन को ''फैरी पोर्ट'' भी कहा जाता है। इस तरह के पत्तनों का प्रयोग छोटे समुद्री मार्ग से आने वाले यात्रियों को उतारने-चढ़ाने और डाक लेने और देने के लिए किया जाता है। इसमें प्राय: दो स्टेशन आमने-सामने होते हैं। उदाहरण के लिए इंग्लिश चैनल के एक ओर डोवर और दूसरी ओर कैले। इनका नाम उन जहाजों के नाम पर पड़ा है जो प्राचीन काल में पत्र और राज्य पत्र आदि ले जाते थे, जिन्हें ''पैकेट'' कहते थे। इसलिए उनके ठहरने के स्थान को पैकेट स्टेशन कहते हैं।

6. आन्तरिक पत्तन—इस प्रकार के पत्तन समुद्र तट से दूर स्थलखण्ड के अन्दर पाए जाते हैं, लेकिन नदी या नहर द्वारा समुद्र से जुड़े होते हैं जिससे विशेष प्रकार के जलपोत बजरों की सहायता से इन तक पहुँच सकते हैं। नौगम्य नहर द्वारा जोड़कर मानचेस्टर इंगलैण्ड में मानचेस्टर पत्तन बनाया गया है। राइन नदी पर स्थित ड्इसबर्ग और मैनहीम, हुगली नदी पर कोलकाता, इरावदी नदी पर यांगून आन्तरिक पत्तन के उदाहरण हैं।

7. नेवी पत्तन—इस प्रकार के पत्तनों का निर्माण सामरिक दृष्टि से ज्यादा और व्यापारिक दृष्टि से कम होता है। यहाँ नौ-सेना के लड़ाकू जहाज रखे जाते हैं। इन पत्तनों में जहाजों को खड़ा करने, उनकी मरम्मत करने और लंगर डालने की व्यवस्था होती है। भारत में कोच्चि और कारवार इसके उदाहरण हैं।

8. पोर्ट ऑफ कॉल—बहुत से ऐसे पत्तन समुद्र मार्गों में बन गए हैं जहाँ पर जलपोत पहले ईंधन, पानी और खाना लेने के लिए रुकते थे। बाद में यह पत्तन के रूप में विकसित हो गए। इस वर्ग के पत्तनों में अदन, होनोलूलू और सिंगापुर हैं।

9. तेल पत्तन—इस प्रकार के पत्तनों का निर्माण 20वीं शताब्दी में हुआ है क्योंकि तेल का महत्त्व आधुनिक अर्थव्यवस्था में बढ़ता गया है जिसके कारण ऐसे पत्तनों का आगमन हुआ जो तेल के निर्यात और आयात में विशिष्टता प्राप्त कर चुके हैं। इस प्रकार के दो पत्तन होते हैं :

(i) टैंकर पत्तन—इस वर्ग में वे पत्तन आते हैं, जिनमें तेल ले जाने वाले और लाने वाले टैंकर ठहरते हैं। यहाँ पर टैंकरों में तेल भरने और उनसे तेल खाली करने की आधुनिक सुविधाएँ उपलब्ध कराई जाती हैं। भारत में बड़ोदरा और कोच्चि इसके उदाहरण हैं।

(ii) परिष्करण शाला पत्तन—इस वर्ग में वे पत्तन आते हैं, जिनमें खनिज तेल की परिष्करण शालाएँ स्थापित की गई हैं। फारस की खाड़ी पर स्थित अबादान इस वर्ग का पत्तन है।

देश के निरंतर विकास में सुचारू व समन्वित परिवहन प्रणाली की महत्त्वपूर्ण भूमिका होती है। वर्तमान प्रणाली में यातायात के साधन–रेल, सड़क, जल तथा वायु परिवहन हैं। इस क्षेत्र में विगत् कुछ वर्षों में काफी विकास एवं विस्तार हुआ है। रेल और वायु परिवहन को छोड़कर अन्य साधनों के विकास के लिए नीतिगत कार्यक्रम बनाने तथा उन्हें लागू करने का दायित्व भूतल परिवहन मंत्रालय निभाता है।

भारत में परिवहन

सड़क परिवहन

स्वतंत्रता से पूर्व भारत में यातायात प्रणाली के विकास का कार्य डाक विभाग के अंतर्गत युद्ध यातायात विभाग करता था। स्वतंत्रता-प्राप्ति के बाद भारत में परिवहन प्रणाली के विकास के लिए चार अलग-अलग मंत्रालयों का गठन किया गया। ये मंत्रालय हैं—रेलवे, पर्यटन, नागरिक, उड्डयन और भूतल परिवहन।

हमारा देश विश्व की सबसे बड़ी सड़क प्रणाली वाले देशों में से एक है। 31 मार्च, 2019 तक देश में सड़कों की कुल लंबाई 63.71 लाख किलोमीटर है। देश के सड़क नेटवर्क में राष्ट्रीय राजमार्ग, राज्यों के राजमार्ग, प्रमुख/अन्य जिला सड़कें और ग्रामीण/देहाती सड़कें शामिल हैं। राष्ट्रीय राजमार्गों की व्यवस्था का दायित्व केन्द्र सरकार का है। इनकी लम्बाई 1,32,500 किलोमीटर है जो सड़कों की कुल लंबाई का मात्र 2.21 प्रतिशत है, लेकिन कुल यातायात का 40 प्रतिशत इन्हीं राष्ट्रीय राजमार्गों से गुजरता है।

राष्ट्रीय राजमार्ग	1,32,500 किलोमीटर
राज्यों के राजमार्ग	1,79,535 किलोमीटर
अन्य सड़कें	63,71,847 किलोमीटर

राष्ट्रीय राजमार्गों की सर्वाधिक लम्बाई महाराष्ट्र (17930.6 किमी.) में है उसके बाद उत्तर प्रदेश (11830.88 किमी.) तथा राजस्थान (10350.12 किमी.) का स्थान है। पक्की सड़कों की सर्वाधिक लम्बाई (31 मार्च, 2017) महाराष्ट्र (495362 किमी.) में है। उसके बाद उत्तर प्रदेश (383488 किमी.) तथा ओडिशा (26883 किमी.) का स्थान है।

सामरिक रूप से महत्त्वपूर्ण तथा उत्तर और पूर्वोत्तर राज्यों के दुर्गम भौगोलिक क्षेत्रों में सड़कों के निर्माण एवं रख-रखाव का कार्य सीमा सड़क संगठन (सी.स.सं.) का है। इसकी स्थापना राजस्थान, जम्मू एवं कश्मीर, हिमाचल प्रदेश, महाराष्ट्र, तमिलनाडु, आंध्र प्रदेश, उत्तर प्रदेश, सिक्किम, असोम, मेघालय, नगालैंड, त्रिपुरा, मणिपुर, मिजोरम, अरुणाचल प्रदेश, बिहार तथा अंडमान और निकोबार द्वीप समूह में सड़क मार्गों के विकास के लिए 1960 में की गई थी। इसके द्वारा लगातार सड़कों का निर्माण किया जा रहा है तथा उन्हें पक्का बनाया जा रहा है। सी.स.सं. सीमांत क्षेत्रों में 25,500 किमी. सड़क का रख-रखाव कर रहा है।

राजमार्गों के विकास के लिए विदेशी पूंजी निवेश आकर्षित करने हेतु सरकार ने कई कदम उठाए हैं, कुछ प्रमुख कदम हैं :

- भूमि अधिग्रहण और पर्यावरण संबंधी क्लियरेंस प्रदान करने की प्रणाली को सरल बनाया गया है।
- निर्माण-संचालन एवं हस्तांतरण के आधार पर परियोजना चलाने के संदर्भ में व्यापक दिशा निर्देश जारी किए गए हैं।
- सरकार परियोजना की कुल लागत पर 40 प्रतिशत का अनुदान देने पर विचार कर रही है।
- सॉफेस्टिकेटेड उपकरणों को मंगाने हेतु आयात शुल्क में छूट दी गई है।
- आयकर में छूट की अवधि को नहीं बढ़ाया गया है।
- विकसित किए गए 4 लेन वाली सड़क पर चुंगी लगाने का फैसला किया गया है।

इन प्रयासों के फलस्वरूप सड़क क्षेत्र में निवेश में वृद्धि हुई है। राजमार्गों पर लेनों की संख्या बढ़ाई गई है। इस तरह नियोजन काल में सड़क परिवहन का उत्तरोत्तर विकास हुआ है।

रेल परिवहन

भारतीय रेलवे देश का सबसे बड़ा राष्ट्रीयकृत प्रतिष्ठान है। भारतीय रेलवे अर्थव्यवस्था के सभी क्षेत्रों (कृषि, उद्योग, व्यापार आदि) के विकास में सहयोग करने वाला प्रमुख परिवहन माध्यम है। इसके अतिरिक्त भारतीय रेल परिवहन राष्ट्रीय सुरक्षा, शांति-व्यवस्था, सांस्कृतिक एवं भौगोलिक एकता स्थापित करने और उसे बनाए रखने में अहम भूमिका निभाती है। भारत में रेलमार्गों का निर्माण 1850 में तत्कालीन वायसराय लार्ड डलहौजी के कार्यकाल में आरंभ हुआ। इंगलैंड की ईस्ट इंडिया रेलवे कंपनी तथा ग्रेट इंडियन पेनिन्सुलर रेलवे कंपनी ने भारत में रेलवे लाइन बिछाने का कार्य प्रारंभ किया और बंबई से थाणे तक 34 किमी. रेलमार्ग पर भारत की पहली रेलगाड़ी 16 अप्रैल, 1853 को चलाई गई। वर्ष 1925 में सर्वप्रथम बंबई वी.टी. तथा कुर्ला के बीच विद्युत रेलगाड़ी (ईएमयू) आरंभ की गई। स्वतंत्रता के पूर्व भारत में कुल 65.6 हजार किलोमीटर लम्बी रेल लाइन थी किन्तु विभाजन के बाद भारत के हिस्से में केवल 54.4 हजार किलोमीटर लंबी रेल लाइन ही आई। भारत के नियोजनकाल में रेल परिवहन का संरचनात्मक एवं गुणात्मक विकास हुआ है और इसी विकास के कारण भारतीय रेलवे का नेटवर्क एशिया में दूसरे नम्बर का और विश्व का दूसरा सबसे बड़ा नेटवर्क बन चुका है। आज देशभर में रेलों का एक व्यापक जाल बिछा हुआ है। रेलवे स्टेशनों की संख्या 7,325 है। रेलमार्ग की कुल लंबाई 67,956 किमी है। 31 मार्च, 2021 तक प्राप्त आंकड़ों के अनुसार, भारतीय रेल के पास 12,734 इंजन, 79,835 यात्री डिब्बे और 3,02,624 माल रेल के डिब्बे थे।

मार्च, 2021 तक भारत के कुल रेलमार्ग के लगभग 65.78 प्रतिशत भाग का विद्युतीकरण हो चुका था। राजधानी एक्सप्रेस का आरंभ 1969 में किया गया जो 130 किमी. प्रति घंटे की रफ्तार से

चलने वाली पहली रेलगाड़ी थी। यह ट्रेन दिल्ली को अन्य राज्यों की राजधानियों से जोड़ती है। 1988 में अधिकतम 140 किमी. प्रति घंटे की रफ्तार से चलने वाली शताब्दी ट्रेनों की शुरुआत की गई। कोलकाता में देश की पहली मैट्रो रेलवे कार्यरत थी जो दमदम से टोलीगंज के भूमिगत 16.95 किमी. लम्बे रेलमार्ग पर परिचालित है। राजधानी दिल्ली में मैट्रो रेल का चालन 24 दिसम्बर 2002 से प्रारम्भ हो गया है। 26 जनवरी 1998 से पूर्ण रूप से आरंभ कोंकण रेलवे की स्थापना रेलवे की प्रमुख उपलब्धि है। 760 किमी. लम्बा ब्रॉड गेज वाला यह रेल मार्ग रोहा से मंगलौर तक चार राज्यों से होकर गुजरता है जिस पर 179 बड़े और 1,819 छोटे पुल हैं। इस मार्ग में 92 सुरंगें हैं जिनकी कुल लम्बाई 84 किमी. है। इसमें से कारबुडे के निकट सबसे लम्बी सुरंग की लम्बाई 6.5 किमी. है। रेल मंत्रालय के अधीन सार्वजनिक क्षेत्र के 13 उपक्रम हैं। इनमें (1) रेल इंडिया टेक्निकल एंड इकोनॉमिक सर्विसेज़ लिमिटेड (राइट्स), (2) इंडियन रेलवे कंस्ट्रक्शन इंटरनेशनल लिमिटेड (इरकॉन), (3) इंडियन रेलवे फाइनेंस कॉर्पोरेशन लिमिटेड, (4) कंटेनर कॉर्पोरेशन ऑफ इंडिया लिमिटेड, (5) कोंकण रेलवे कॉर्पोरेशन लिमिटेड, (6) इंडियन रेलवे केटरिंग ऐंड टूरिज्म कॉर्पोरेशन लिमिटेड, (7) रेलटेल कॉर्पोरेशन ऑफ इंडिया लिमिटेड, (8) मुम्बई रेल विकास निगम लिमिटेड, (9) रेल विकास निगम लिमिटेड (10) डेडीकेटेड माल ढुलाई कॉरीडोर (11) भारत वैगन एवं इंजीनियरिंग निगम लि. (12) बर्न स्टैंडर्ड कंपनी लि. (13) ब्रेथवेट कंपनी लि. शामिल हैं। रेलवे की विभिन्न कंप्यूटर परियोजनाओं की डिजाइन तैयार करने और उन्हें लागू करने के लिए पंजीकृत सोसायटी के रूप में रेल सूचना प्रणाली केन्द्र (सी॰आर॰आई॰एस॰) की स्थापना की गई है।

देश का रेलवे बोर्ड रेलवे के बजट संचालन एवं नीतियों के बारे में निर्णय लेने वाला मुख्य निकाय है। सुविधा के लिए संपूर्ण नेटवर्क को 18 जोनों तथा आगे उप-विभागों में विभाजित किया गया है। जोन और उनके मुख्यालय इस प्रकार हैं : मध्य (मुंबई), पूर्वी (कोलकाता), उत्तर (नई दिल्ली), उत्तर-पूर्वी (गोरखपुर), उत्तर-पूर्वी सीमांत (मालीगांव, गुवाहाटी), दक्षिणी (चेन्नई), दक्षिण-मध्य (सिकन्दराबाद), दक्षिण-पूर्वी (कोलकाता), पश्चिमी (मुंबई चर्च गेट), पूर्वी-तटवर्ती (भुवनेश्वर), उत्तर-मध्य (इलाहाबाद), पूर्वी-मध्य (हाजीपुर), उत्तर-पश्चिम (जयपुर), पश्चिम-मध्य (जबलपुर), दक्षिण-पश्चिम (हुबली), दक्षिण पूर्व मध्य रेलवे (विलासपुर), कोलकाता मेट्रो रेलवे (कोलकाता) और दक्षिण तटीय रेलवे (विशाखापत्तनम)।

भारतीय रेल देश में रोजगार प्रदान करने वाली सबसे बड़ी संस्था है जिसमें लगभग 12.50 लाख कर्मचारी कार्यरत हैं। वर्ष 1924-25 के पश्चात् रेल वित्त को सामान्य राजस्व से अलग रखा जाता था लेकिन वर्ष 2017-18 से इसे पुनः सामान्य राजस्व में मिला दिया गया है।

भारत में लोकोमोटिव का निर्माण चित्तरंजन लोकोमोटिव वर्क्स, चित्तरंजन (पश्चिम बंगाल), डीजल लोकोमोटिव वर्क्स, वाराणसी (उ.प्र.) और भेल, भोपाल (म.प्र.) में किया जाता है। पैसेंजर कोचों का निर्माण इंटेगरल कोच फैक्टरी, पेराम्बूर (तमिलनाडु) और रेल कोच फैक्टरी, कपूरथला (पंजाब) में किया जाता है। बेंगलुरु में पहिया तथा एक्सल का निर्माण करने वाले संयंत्र की स्थापना की गई है।

जल परिवहन

विश्वभर में रेलों के जन्म से पूर्व से ही जल परिवहन अंतर्राष्ट्रीय परिवहन का एक प्रमुख साधन रहा है। आधुनिक बंदरगाहों और जहाजों के निर्माण तथा आधुनिक संचार प्रणाली के विकास के कारण जल परिवहन अब और महत्त्वपूर्ण हो गया है। जल परिवहन दो प्रकार का होता है : 1. आंतरिक अथवा अन्तर्देशीय जल परिवहन (Inlandwater Ways) और 2. जहाजरानी परिवहन (Shipping),

अन्तर्देशीय जल परिवहन : भारत में अन्तर्देशीय जल परिवहन का 14,500 किमी लम्बा जलमार्ग है। देश की प्रमुख नदियों में 3,700 किमी. की दूरी यांत्रिक नौकाओं से पूरी की जा सकती है लेकिन इस क्षमता का पूर्ण उपयोग नहीं किया जा सका है और केवल 2,000 किमी. मार्ग का ही उपयोग किया जा रहा है। अन्तर्देशीय जलमार्गों के विकास के लिए अक्टूबर 1986 में भारतीय देशीय जलमार्ग प्राधिकरण (Inland Water Ways Authority of India) का गठन किया गया। इसे राष्ट्रीय जलमार्गों के विकास, रखरखाव और नियमन की जिम्मेदारी सौंपी गई है। यह अंतर्देशीय जल परिवहन के विकास से संबंधित मामलों में केंद्र तथा राज्य सरकारों को सलाह भी देता है। प्राधिकरण राष्ट्रीय जलमार्गों पर अंतर्देशीय जल परिवहन से संबंधित बुनियादी ढांचे के विकास के लिए विभिन्न योजनाएं चलाता है। इसका मुख्यालय नोएडा में; क्षेत्रीय कार्यालय पटना, कोलकाता, गुवाहाटी व कोच्चि में; तथा शाखा कार्यालय इलाहाबाद, वाराणसी, भागलपुर, फरक्का व कोल्लम में हैं। आन्तरिक जल परिवहन को प्रेषित करने के उद्देश्य से सरकार ने 10 महत्वपूर्ण जलमार्गों को राष्ट्रीय राजमार्गों (National Highways) का दर्जा दिया है। इनमें प्रमुख हैं।

- हल्दिया से इलाहाबाद तक (गंगा नदी में 1,620 किमी.)
- धुबरी से सदिया तक (ब्रह्मपुत्र नदी में 891 किमी.)
- केरल की चंपाकारा से कोट्टापुरम खंड (205 किमी.)

जहाजरानी परिवहन : परिवहन क्षेत्र में देश की अर्थव्यवस्था को मजबूत करने में जहाजरानी की प्रमुख भूमिका है। देश का लगभग 95 प्रतिशत (मूल्य स्तर पर 70 प्रतिशत) व्यापार समुद्री मार्ग से होता है। विकासशील वृद्धि देशों में भारत के पास व्यापारिक जहाजों का सबसे बड़ा बेड़ा है। व्यापारिक जहाजरानी बेड़े की दृष्टि से भारत विश्व में 16वें स्थान पर है। भारतीय जहाजरानी क्षेत्र न केवल राष्ट्रीय तथा अंतर्राष्ट्रीय माल की ढुलाई करता है, बल्कि कई तरह की अन्य सेवाएं भी प्रदान करता है, जैसे–माल लादने-उतारने की सेवाएं, पोतों का निर्माण व रखरखाव, माल अग्रेषण (फ्रेट फॉरवर्डिंग), प्रकाश स्तंभ व्यवस्था, तटवर्ती कर्मचारियों का प्रशिक्षण, आदि।

भारत के पास प्राकृतिक उपमहाद्वीपीय तटीय मार्ग लगभग 6000 किमी का है। भारत के 7,517 किमी लम्बे समुद्र तट पर 13 बड़े व 200 छोटे व मझोले बन्दरगाह हैं। बड़े बन्दरगाहों के प्रबन्ध व विकास की जिम्मेदारी केन्द्र सरकार की है, जबकि अन्य बन्दरगाह समवर्ती सूची में हैं, जिनका प्रबन्ध तथा प्रशासन सम्बद्ध राज्य सरकारें करती हैं। देश में तटीय नौवहन विकास की कार्ययोजना लागू है। तटीय नौवहन और पोत उद्योग को बढ़ावा देने के मकसद से होम ट्रेड जहाजों और नौकायन जहाज को लाइटहाउस अधिनियम 1927 के प्रावधानों के तहत लाइटहाउस शुल्क के भुगतान में छूट दी गई है। देश में छोटे बंदरगाहों को विकसित करने के प्रयास किए जा रहे हैं जिससे तटीय नौवहन का विकास होता है। कांडला, मुंबई, मर्मुगोवा, न्यू मंगलौर, कोची और न्हावाशेवा पर जवाहरलाल नेहरू बंदरगाह (मुंबई) पश्चिमी समुद्री तट पर स्थित बंदरगाह हैं जबकि तूतीकोरिन, चेन्नई, विशाखापट्टनम (सबसे गहरा बंदरगाह), पारादीप और हल्दिया-कोलकाता बंदरगाह पूर्वी समुद्री तट पर स्थित है। कांडला, मर्मुगोवा, न्यू मंगलौर, न्हावाशेवा, पारादीप और तूतीकोरिन बंदरगाह को स्वतंत्रता प्राप्ति के बाद बनाया गया है। कोचीन प्राकृतिक बंदरगाह है। तूतीकोरिन से मुख्यतः कोयले की आवाजाही होती है; न्यू मंगलौर का निर्माण लोहे के निर्यात के लिए किया गया है। चेन्नई पूर्वी समुद्री तट का सबसे प्राचीन बंदरगाह है तथा कोलकाता नदी तटीय बंदरगाह है जहां से विविध वस्तुओं का उतार-चढ़ाव होता है। पारादीप से लोहा, कोयला एवं उर्वरकों का लदान-उतरान होता है।

भारतीय जहाजरानी के सफल संचालन के लिए भारतीय जहाजरानी संगठन में तीन संस्थाएं बनाई गई हैं : *1.* राष्ट्रीय नौवहन बोर्ड (केन्द्र सरकार की सलाहकार संस्था); *2.* जहाजरानी समन्वय समिति (केन्द्रीय भूतल परिवहन मंत्रालय के अंतर्गत कार्य करने वाली समिति जो सरकार एवं जहाज कंपनियों के बीच समन्वय करती है); *3.* अखिल भारतीय जहाजरानी परिषद् (शिपिंग कंपनियों के बीच किराया एवं अन्य समस्याओं पर समझौता करने वाली संस्था)।

भारत में फिलहाल समुद्री जहाज का निर्माण एवं मरम्मत करने वाली 4 प्रमुख संस्थाएं काम कर रही हैं : *1.* कोचीन शिपयार्ड लिमिटेड जहां 1,10,000 DWT क्षमता वाले विशालकाय जलपोतों के निर्माण की क्षमता है। *2.* हिन्दुस्तान शिपयार्ड लिमिटेड (विशाखापट्टनम) जहां 45000 DWT क्षमता के जलपोत निर्मित किए जा सकते हैं। कोलकाता, मुंबई और मर्मुगोवा में भी जलपोत निर्माण की सुविधा है।

मझगांव डाक, मुंबई की स्थापना भारतीय जलसेना के लिए पोत बनाने के उद्देश्य से की गई थी लेकिन यहां बड़े पोत, यात्री पोत आदि भी बनाए जाते हैं। इसकी एक सहायक कंपनी भी है जिसका नाम गोवा शिपयार्ड लिमिटेड है जो जहाजों की मरम्मत करती है तथा लंगर आदि बनाती है।

वायु परिवहन

हालांकि भारत में प्रयोगात्मक उड़ानें 1919 में ही आरंभ हो गई थीं परंतु आधुनिक विमान परिवहन का शुभारंभ 1927 में नागरिक उड्डयन विभाग की स्थापना के साथ हुआ। स्वतंत्रता के बाद सरकार ने 1953 में वायुसेवा का राष्ट्रीयकरण कर दिया और कार्यरत आठ कंपनियों का कार्य अपने हाथ में लेकर दो निगमों की स्थापना की :

- भारतीय विमान निगम (Indian Airlines Corporation) देश के अन्दर आंतरिक सेवाओं के लिए
- अंतर्राष्ट्रीय भारतीय वायु निगम (Air India International Corporation)

भारत अंतर्राष्ट्रीय नागरिक उड्डयन संगठन का सदस्य है और अनेकों विदेशी एयरलाइंस कंपनियां भारत में कार्यरत हैं। भारतीय विमान पत्तन प्राधिकरण देश के 137 हवाई अड्डों का प्रबंधन करता है। इंडियन एयरलाइंस (इंडियन) देश की प्रमुख घरेलू विमान सेवा है।

एयर इंडिया भारत की अंतर्राष्ट्रीय विमान सेवा है जिसका मुख्यालय मुंबई में है। अंतर्राष्ट्रीय उड़ानों का प्रबंधन 1995 तक अंतर्राष्ट्रीय विमानपत्तनम प्राधिकरण द्वारा किया जाता था परंतु अब इसका संचालन भारतीय विमान पत्तन प्राधिकरण द्वारा किया जाता है। एयरइंडिया ने अपनी सेवाओं का विस्तार विश्व के पांचों महाद्वीपों में कर लिया है। पूर्वोत्तर क्षेत्र की हवाई सेवा की आवश्यकताओं को पूरा करने के लिए 20 जनवरी, 1981 को वायुदूत सेवा की स्थापना निगम

के रूप में की गई थी, फिलहाल इसका इंडियन एयरलाइंस में विलय कर दिया गया है।

एअर इंडिया लिमिटेड : एअर इंडिया और इंडियन के विलय के पश्चात 'नेशनल एविऐशन कंपनी ऑफ इंडिया लिमिटेड' का गठन किया हुआ। तब 27 अगस्त, 2007 को यह विलय आधिकारिक हो गया। विलय के पश्चात नयी इकाई का नाम 'एअर इंडिया लिमिटेड' रखा गया। हालांकि इसका शुभंकर 'महाराजा' ही बना रहा।

हेलीकॉप्टर कार्पोरेशन ऑफ इंडिया की स्थापना 15 अक्टूबर, 1985 को एक निगम के रूप में की गई थी परंतु 1987 में इसका नाम बदलकर पवन हंस हैलीकॉप्टर्स लिमिटेड कर दिया गया। इस सेवा की स्थापना मूलत: तेल एवं प्राकृतिक गैस निगम (ओएनजीसी) को तेल संबंधी अन्वेषण में हैलीकॉप्टर सहायता उपलब्ध कराने के लिए की गई थी। वर्तमान में पवन हंस देश के दुर्गम क्षेत्रों में नियमित विमान सेवाएं भी उपलब्ध कराता है।

भारत में 24 अंतर्राष्ट्रीय हवाई अड्डे हैं, इनमें से कुछ प्रमुख के नाम हैं—नई दिल्ली (इंदिरा गांधी अंतर्राष्ट्रीय हवाई अड्डा), मुंबई (छत्रपति शिवाजी अन्तर्राष्ट्रीय हवाई अड्डा), कोलकाता (नेताजी सुभाषचन्द्र बोस अन्तर्राष्ट्रीय हवाई अड्डा), चेन्नई (अन्ना अन्तर्राष्ट्रीय हवाई अड्डा), अमृतसर (श्री गुरु रामदासजी अन्तर्राष्ट्रीय हवाई अड्डा) और त्रिवेन्द्रम (तिरुअनंतपुरम)। सभी राज्यों की राजधानियों और महत्त्वपूर्ण पर्यटन स्थलों को वायुमार्ग से जोड़ दिया गया है।

एलायंस एअर : ऐतिहासिक दृष्टि से 18 फरवरी, 1996 को एलायंस एअर की स्थापना एक अलग कंपनी के तौर पर हुई। इसका उद्देश्य इसे पहले से मौजूद इंडियन एअरलाइन्स लिमिटेड का लाभ-केंद्र बनाना था। ताकि बोइंग 737 एअरक्राफ्टों को प्रभावशाली ढंग से उपयोग में लाया जा सके। इसके साथ ही इंडिया एअरलाइन्स लिमिटेड की उत्पादकता और लाभ को सुधारा जा सके। वर्तमान में 2 जनवरी, 2003 से एलायंस एअर ने लीज पर 4 एजेआर-42 एअरक्राफ्ट लेकर उत्तर-पूर्वी क्षेत्र के लिए शेड्यूल्ड ऑपरेशन की शुरूआत कर दी है। ये एअरक्राफ्ट उत्तर-पूर्वी काउंसिल के साथ तैयार सहमति-पत्र के मुताबिक केवल उत्तर-पूर्वी क्षेत्र में तैनात हैं। बदले में, दसवीं पंचवर्षीय योजना से उत्तर-पूर्वी काउंसिल के द्वारा इसे बजटीय सहायता दी जा रही है। सहमति-पत्र की संपूर्ण अवधि के दौरान उत्तर-पूर्वी काउंसिल एलायंस एअर को ऐजेएफ पर कूट आरएनएफसी दरों की लैंडिंग इत्यादि हासिल करने में मदद करेगा।

नेशनल एविएशन कंपनी ऑफ इंडिया लिमिटेड (एनएसीआईएल) एयर इंडिया और इंडियन एयरलाइंस के विलय के बाद 27 अगस्त, 2007 को भारतीय राष्ट्रीय विमानन कंपनी लि. आधिकारिक अस्तित्व में आई। विलय से इस राष्ट्रीय विमानन कंपनी को 150 हवाई जहाज मिले। अपने क्षेत्र में इसके दबदबे को देखते हुए, विश्व की बड़ी स्टार अलाइंस ने वैश्विक पहुंच और सहज यात्रा अनुभव के लिए एयरइंडिया को अपना सदस्य बनाने का प्रस्ताव दिया है। नई एयरलाइन का लोगो उड़ता हुआ लाल रंग का हंस है जिसके अंदर नारंगी रंग का 'कोणार्क चक्र' स्थित है। उड़ता हंस एयर इंडिया के लोगो से लिया गया है। कोणार्क-चक्र इंडियन का लोगो था। नया लोगो हवाई जहाज के पिछले हिस्से पर प्रमुखता से दिखाई देता है। हवाई जहाज का रंग हाथीदांत जैसा है जबकि बेस एयर इंडिया के पुराने लाल रंग का ही है। अगले दरवाजे से पिछले तक दो समांतर नारंगी तथा लाल रंग की रेखाएं हैं जो दो स्वतंत्र अस्तित्वों के एक दूसरे में मिलने का संकेत देती हैं।

एयर इंडिया का निजीकरण : सार्वजनिक क्षेत्र की विमान सेवा कम्पनी एयर इंडिया के पूर्ण निजीकरण हेतु मार्ग अक्टूबर 2021 में उस समय प्रशस्त हो गया जब इसके लिए टाटा संस की ₹ 18,000 करोड़ की उच्चतम बोली को सरकार ने स्वीकार कर लिया तथा इसके 100 प्रतिशत शेयरों की टाटा समूह को बिक्री के लिए शेयर परचेज एग्रीमेंट पर हस्ताक्षर 26 अक्टूबर को सम्पन्न किए। इससे एयर इंडिया का स्वामित्व एक बार पुनः अब टाटा संस के हाथ में आ जाएगा। भारी घाटे में चल रही इस एयरलाइंस में अपनी 100 प्रतिशत हिस्सेदारी निजी क्षेत्र को बेचने के लिए इच्छुक निवेशकों से अभिरुचि पत्र (Expression of interest) सरकार ने पिछले वर्ष 2020 में आमंत्रित किए थे। विभिन्न चरणों व औपचारिकताओं के पश्चात् टाटा समूह के अतिरिक्त स्पाइस-जैट के अजय सिंह की अगुवाई वाला कंसोर्टियम इसे खरीदने की होड़ में रह गए थे। इसके लिए ₹ 18,000 करोड़ की बोली टाटा संस के स्वामित्व वाली कम्पनी टैलेस प्रा. लि. (Talace Pvt. Ltd.) ने लगाई थी।

संचार

संचार के साधनों को दो वर्गों में विभाजित किया जा सकता है—**व्यक्तिगत संचार तंत्र और जनसंचार तंत्र।**

व्यक्तिगत संचार डाक सेवा द्वारा तथा कम्प्यूटर समर्पित दूरसंचार द्वारा संपन्न होता है। यह आधुनिक संचार प्रौद्योगिकी भारतीय अर्थव्यवस्था और समाज के तीव्र विकास के लिए अत्यंत महत्त्वपूर्ण है। इस तंत्र द्वारा इंटरनेट और 'ई मेल' के माध्यम से

सारे संसार में अपेक्षाकृत कम लागत पर सूचनाएँ प्राप्त की जा सकती हैं।

जनसंचार के लिए मुद्रण माध्यम तथा इलेक्ट्रॉनिक माध्यम का उपयोग किया जाता है। भारत जैसे राष्ट्र में जनसंचार तंत्र सूचना और शिक्षा प्रदान कर लोगों में राष्ट्रीय नीति और कार्यक्रमों के विषय में जागरूकता पैदा कर महत्वपूर्ण भूमिका निभाता है। सूचना और प्रसारण मंत्रालय देश में सूचना और प्रसारण के विकास और नियमन के लिए जिम्मेदार है।

डाक सेवाएं

भारत में शुरुआती डाक व्यवस्था का उपयोग केवल सरकारी कार्यो के लिए होता था, लेकिन 1837 में आम आदमी के लिए भी डाक सेवा सुलभ की जाने लगी। पहला डाक टिकट 1852 में कराची में जारी किया गया, जो केवल सिंध प्रांत में वैध था। भारतीय डाक विभाग का एक संस्था के रूप में पुनर्गठन 1854 में हुआ, जिसके प्रमुख एक महानिदेशक बनाए गए। उस समय 700 डाकघर पहले से काम कर रहे थे। धीरे-धीरे डाक सेवाओं का विस्तार किया गया और अनेक नई सेवाओं के जरिए इसमें विविधता आई। देश में डाक सेवाएं 1898 के भारतीय डाकघर अधिनियम के अंतर्गत संचालित होती हैं। यह अधिनियम सरकार को देश में पत्रों को जमा करने, ढोने और वितरण करने का एकाधिकार देता है।

भारतीय डाक नेटवर्क विश्व का सबसे बड़ा नेटवर्क है। 1947 में आजादी के समय देश में कुल 23,344 डाकघर थे। इनमें से 19,184 डाकघर ग्रामीण और 4,160 शहरी क्षेत्रों में थे। 31 मार्च, 2021 तक देश में कुल 1,56,434 डाकघर हैं, जिनमें 1,41,055 ग्रामीण क्षेत्रों में तथा 15,379 शहरी क्षेत्रों में हैं। डाक नेटवर्क में सात गुना वृद्धि के परिणामस्वरूप भारत विश्व में सबसे बड़ा डाक नेटवर्क रखने वाला देश है।

पिन जोन नम्बर	जिन राज्यों एवं केन्द्र शासित प्रदेशों में आते हैं
1.	दिल्ली, हरियाणा, पंजाब, हिमाचल प्रदेश, चण्डीगढ़
2.	उत्तर प्रदेश, उत्तराखंड
3.	राजस्थान, गुजरात, दमन एवं दीव, दादर एवं नगर हवेली
4.	महाराष्ट्र, गोवा, मध्य प्रदेश, छत्तीसगढ़
5.	आन्ध्र प्रदेश, कर्नाटक
6.	तमिलनाडु, केरल, पांडिचेरी, लक्षद्वीप
7.	पश्चिम बंगाल, असम, अरुणाचल प्रदेश, मेघालय, मिजोरम, नागालैंड, त्रिपुरा, सिक्किम, ओडिशा, अण्डमान एवं निकोबार द्वीप समूह
8.	बिहार एवं झारखंड

दूरसंचार

भारत में दूरसंचार का आगमन लगभग उसी समय हुआ जब यह विश्व के दूसरे हिस्सों में पहुंचा। मुख्य रूप से कार्यालयी कार्यों के लिए यातायात हेतु 1851 में पहले दूरसंचार लाइन की शुरुआत की गई लेकिन 1855 तक टेलीग्राफ सेवा सार्वजनिक रूप से उपलब्ध करा दी गई। पहले टेलीफोन एक्सचेंज को 1882 में कमीशन किया गया।

स्वतंत्रता प्राप्ति के समय भारत में 7,330 टेलीग्राफ ऑफिस थे तथा 1,10,000 टेलीफोन लाइनें थीं। 1951 के बाद से टेलीफोन सेवाओं में विस्तार करने, देश के अंदर और विदेश के लिए (एसटीडी/आईएसडी) स्विचिंग और पारेषण की नई तकनीकों के इस्तेमाल से तथा डाटा और फैसिमाइल सेवाओं का प्रावधान कर दूरसंचार सेवाओं के विकास और आधुनिकीकरण की योजना आरम्भ की गई।

प्रारंभ में टेलीफोन एक्सचेंज मैनुअल यानी हस्तचालित थे जिन्हें बाद में स्वचालित इलेक्ट्रो-मैकेनिकल किस्म के एक्सचेंजों में उच्चीकृत कर दिया गया। पिछले डेढ़ दशक में दूरसंचार नेटवर्क में बड़े भारी पैमाने पर डिजिटल इलेक्ट्रनिक एक्सचेंजों को शामिल कर महत्वपूर्ण गुणात्मक सुधार किया गया है। दूरसंचार विभाग की पहलकारी (प्रोएक्टिव) नीतियों के साथ-साथ सुधार संबंधी उपायों के परिणामस्वरूप दूरसंचार क्षेत्र में अभूतपूर्व वृद्धि हुई है। वर्तमान में भारतीय दूरसंचार नेटवर्क विश्व में दूसरा सबसे बड़ा नेटवर्क है। 31 दिसम्बर, 2021 की स्थिति के अनुसार भारत में टेलीफोन कनेक्शनों की कुल संख्या 117.84 करोड़ थी। भारत विश्वव्यापी दूरसंचार उद्योग के लिए एक प्रमुख आधार के रूप में उभर कर आया है और सरकार का यह प्रयास है कि वह इस महत्वपूर्ण उद्योग के और अधिक विकास को सुकर बनाए, क्योंकि यह केवल किसी एक ही क्षेत्र का विकास नहीं है, बल्कि समस्त अर्थव्यवस्था पर इसका विभिन्न तरह से प्रभाव पड़ता है।

दूरसंचार के विकास की संरचना और गठन में मोबाइल बनाम फिक्स्ड फोन तथा सार्वजनिक-निजी भागीदारी के हिसाब से काफी परिवर्तन आया है। बेतार सेवाओं का विकास असाधारण रहा है। आज, बेतार उपभोक्ता, देश में वायरलाइन उपभोक्ताओं से न केवल काफी अधिक हैं, अपितु काफी तेज रफ्तार से इनकी संख्या बढ़ रही है।

टेलीफोन परिदृश्य : एक दृष्टि में (31 दिसम्बर, 2021 की स्थिति)

विवरण	*वायरलैस*	*वायरलाइन*	*योग*
टेलीफोन उपभोक्ता की कुल संख्या (करोड़ में)	**115.46**	**2.38**	**117.84**
शहरी उपभोक्ता (करोड़)	63.33	2.19	65.52
ग्रामीण उपभोक्ता (करोड़)	52.13	0.19	52.32
टेलीडेंसिटी (प्रतिशत) (प्रति 100 व्यक्तियों पर टेलीफोन कनेक्शन)	84.17	1.73	85.91
शहरी क्षेत्रों में	132.68	4.58	137.26
ग्रामीण क्षेत्रों में	58.28	0.22	58.50
कुल टेलीफोन उपभोक्ताओं में शहरी उपभोक्ताओं का प्रतिशत	54.85	91.89	55.60
ग्रामीण उपभोक्ताओं का प्रतिशत	45.15	8.11	44.40
ब्रॉडबैंड उपभोक्ताओं की संख्या (करोड़ में)	76.57	2.64	79.21

इंटरनेट उपभोक्ताओं की संख्या में वृद्धि: सूचना प्रौद्योगिकी क्षेत्र में महाक्रान्ति लाकर सम्पूर्ण विश्व को एक वैश्विक गाँव के रूप में विकसित करने वाले इंटरनेट ने अपने जन्म के 48 वर्ष 2 सितम्बर, 2017 को पूरे किए हैं। 48 वर्ष पूर्व 2 सितम्बर, 1969 को पहली बार कैलीफॉर्निया विश्वविद्यालय (लॉस, एंजेल्स) में दो अलग-अलग कम्प्यूटरों द्वारा अर्पानेट (Arpanet) के एक परीक्षण में सूचनाओं का आदान-प्रदान सफलतापूर्वक किया गया था। लेन क्लीनरॉक (Len Kleinrock) के इन परीक्षणों ने ही इंटरनेट का सूत्रपात किया। बाद में ई-मेल का विकास रे टॉमिल्सन (Ray Tomlinson) द्वारा 1972 में तथा वर्ल्ड वाइड वेब www का टिम बर्नर्स ली (Tim Berners Lee) द्वारा 1990 में किया गया था।

160 साल पुरानी तार सेवा बंद : ई मेल व मोबाइल फोन के द्वारा एसएमएस आदि के आम प्रचलन में आने पर बीएसएनएल ने तार सेवा बन्द करने की घोषणा जून 2013 में की है। यह सेवा 15 जुलाई, 2013 में बन्द करने की अधिसूचना बीएसएनएल की टेलीग्राफिक सेवाओं के सीनियर जनरल मैनेजर द्वारा 12 जून को जारी की गई। देश में टेलीग्राफ सेवा के लिए राष्ट्रव्यापी नेटवर्क की स्थापना ब्रिटिश काल में 1853 ई. में की गई थी तथा आम जनता के लिए इस सेवा की शुरुआत 1855 ई. में की गई थी। मोबाइल फोन के एसएमएस के प्रचलन से पूर्व जन्म, मृत्यु व अन्य महत्वपूर्ण अवसरों के त्वरित संदेश तार के जरिए ही एक स्थान से दूसरे स्थान पर भेजे जाते थे।

साइबर अपील अधिकरण (कैट) : देश में पहले और एकमात्र साइबर न्यायालय की स्थापना केन्द्र सरकार द्वारा सूचना प्रौद्योगिकी अधिनियम, 2000 की धारा 48(I) के अंतर्गत दिए गए प्रावधानों के अनुसार की गई है। न्यायालय को आरम्भ में साइबर विनियम अपील अधिकरण (कैट) के रूप में जाना जाता था।

सूचना प्रौद्योगिकी अधिनियम में वर्ष 2009 में संशोधन होने के बाद अधिकरण को साइबर अपील अधिकरण के रूप में जाना जाता है जो सूचना प्रौद्योगिकी विभाग के एक संगठन का भाग है तथा पीठासीन अधिकारी इसका अध्यक्ष है। संशोधित अधिनियम में अधिकरण के लिए केन्द्र सरकार द्वारा अधिसूचित/आदेश के अनुसार अध्यक्ष तथा कई सदस्यों का प्रावधान किया गया है।

16 नगरीकरण

आवास, मानव की तीन प्राथमिक आवश्यकताओं में शामिल है। ये आवश्यकताएँ हैं—भोजन, वस्त्र और आवास। विश्व के किसी भी मानव समुदाय में इस क्रम में समानता पाई जाती है। मानव अधिवास का तात्पर्य मनुष्य के सामूहिक निवास स्थान से है। अधिवास की प्रथम कड़ी गृह है। क्रमिक रूप में गृहों की संख्या अथवा कार्य के आधार पर ग्राम, पुरवा से विकसित होकर ग्राम, कस्बों, नगर, महानगर मानव अधिवास के विभिन्न रूप हैं।

अधिवासों के वर्ग

क्रमागत विकास के आधार पर अधिवासों को चार वर्गों में बाँटा गया है—

- **छोटे अधिवास**—ये बिखरे हुए एकाकी गृह होते हैं, जिनका भौगोलिक व्यक्तित्व अति सीमित रहता है।
- **साधारण अधिवास**—ये पुरवा या छोटे गाँव होते हैं, जो विकास की प्रारंभिक अवस्था में रहते हैं। समीपवर्ती क्षेत्र से इनका संबंध अत्यंत सीमित होता है। इस तरह के अधिवास अपनी अनेक आवश्यकताओं की पूर्ति के लिए आत्मनिर्भर रहते हैं। आदिवासी गाँव इसका उत्तम उदाहरण है।
- **बृहदाकार अधिवास**—बड़े कस्बे और नगर, जिनका धरातलीय विन्यास, उर्ध्वाधर विस्तार सर्वोच्च स्तर पर रहता है।
- **अति बृहदाकार अधिवास**—महानगरीय क्षेत्र।

कार्यों के आधार पर मानव अधिवास के दो प्रकार हैं—

- **ग्रामीण अधिवास**—ये प्राथमिक कार्यों जैसे—कृषि, पशुपालन, मत्स्य उत्पादन, आखेट आदि से संबंधित होते हैं। विकास क्रम के अनुसार ये एकाकी गृह, पुरवा, लध्वाकार ग्राम और बृहदाकार ग्राम के रूप में मिलते हैं।
- **नगरीय अधिवास**—ऐसे अधिवास प्रायः द्वितीयक कार्यों, जैसे—उद्योग-धंधे, निर्माण तथा तृतीयक कार्यों को सम्पादित करते हैं। विकास क्रम के अनुसार ये कस्बों, नगर, महानगर आदि रूपों में मिलते हैं।

भारतीय जनगणना विभाग ने देश में गाँवों का जनसंख्या के आधार पर निम्न प्रकार से वर्गीकरण किया है—

1. छोटे गाँव या पुरवा — 1000 से कम जनसंख्या
2. मध्यम आकार के गाँव — 1000 - 2000
3. बड़े गाँव — 2000 - 5000
4. अधिक बड़े गाँव — 5000 - 10,000
5. बृहदाकार गाँव — 10,000 से अधिक जनसंख्या।

भारत में जनसंख्या के आधार पर गाँवों का वितरण, 1991

जनसंख्या वर्ग	गाँवों की संख्या	गाँवों का स्वरूप
1000 से कम	390093	छोटे गाँव
1000 - 1999	114395	मध्यम आकार वाले गाँव
2000 - 4999	62915	बड़े गाँव
5000 - 9999	10597	बहुत बड़े गाँव
10000 से अधिक	2779	बृहदाकार गाँव

भारत में ग्रामीण एवं नगरीय जनसंख्या का अनुपात

जनगणना वर्ष	कुल जनसंख्या के प्रतिशत	
	ग्रामीण	नगरीय
1901	89.2	10.8
1911	89.7	10.3
1921	88.8	11.2
1931	88.0	12.0
1941	86.1	13.9
1951	82.7	17.3
1961	82.0	18.0
1971	80.1	19.9
1981	76.7	23.3
1991	74.3	25.7
2001	72.2	27.8
2011	68.9	31.1

स्रोत—भारत 2017

भारत की जनगणना के दौरान उन्हीं बस्तियों को शहरी श्रेणी में निर्धारित किया गया है, जो निम्न शर्तों को पूरा करती हैं—

I. 5,000 से अधिक की जनसंख्या।

II. 400 व्यक्ति प्रति वर्ग कि.मी. से ऊपर जनसंख्या घनत्व।

III. पुरुष कार्यशील जनसंख्या में से कम-से-कम 75 प्रतिशत गैर-कृषि व्यवसाय पर आश्रित होना।

नगरपालिका, नगर-निगम, छावनी परिषद् और शहरी क्षेत्र समिति किसी निश्चित क्षेत्र को शहरी क्षेत्र का स्वरूप प्रदान करते हैं, यदि वे एक या अन्य शर्तों को नहीं भी पूरा करते हों, फिर भी वे शहर के रूप में जाने जा रहे हैं।

विभिन्न सामाजिक-आर्थिक कारणों से जब ग्रामीण जनसंख्या नगरीय जनसंख्या में परिवर्तित होने लगती है तो परिवर्तन की इस प्रक्रिया को नगरीकरण कहते हैं। जनसंख्या का जब अधिकांश

भाग, कृषि, पशुपालन से संबंधित कार्यों में संलग्न रहता है तो ग्रामीण जनसंख्या स्वयं प्राथमिक कार्यों को परिवर्तित करती है और ये गैर प्राथमिक कार्यों; जैसे, उद्योग आदि में लग जाती है तो उसे ही नगरीकरण कहा जाता है। वास्तव में नगरीकरण एक ऐसी प्रक्रिया है, जो ग्रामीण जनजीवन के सम्पूर्ण परिवर्तन का प्रतिफल है और यह परिवर्तन मानव समाज के सामाजिक-आर्थिक रूपान्तरण से घटित होता है।

नगरीकरण के कारक

किसी भी ग्रामीण जनसंख्या में व्यापक रूप में सामाजिक-आर्थिक संगठन में परिवर्तन होता है तो नगरीकरण का आरंभ होता है। परिवर्तन की इस प्रक्रिया को प्रभावित करने वाले कई कारक उत्तरदायी होते हैं। इनमें से मुख्य निम्न हैं–

1. जनसंख्या में तीव्र वृद्धि, 2. गैर-प्राथमिक कार्यों का विकास, 3. विज्ञान एवं तकनीक का विकास, 4. ग्रामीण क्षेत्र से जनसंख्या का नगरों की ओर उत्प्रवास, 5. प्राथमिक कार्यों से आय में वृद्धि की क्रमबद्धता, 6. नए-नए नगरों की स्थापना, 7. नगरीय जनसंख्या की प्राकृतिक वृद्धि, 8. प्राथमिक कार्यों की उपेक्षा, 9. भौतिकवादी जीवन-शैली के प्रति बढ़ती ललक, 10. विभिन्न सामाजिक-राजनीतिक कारक।

1773 में कोलकाता नगर बसा और 1901 में यहाँ की जनसंख्या 10 लाख हो गयी। 1951 तक केवल भारत में कोलकाता, मुम्बई, दिल्ली, चेन्नई और हैदराबाद दसलाखी नगर थे, जबकि 1981 में 12, 1991 में 23 और 2001 में 35 नगर दसलाखी नगर बन गये। स्वतंत्रता के बाद नगरों की संख्या में तेजी से वृद्धि दर्ज की गयी है। विभिन्न प्रशासनिक और औद्योगिक केन्द्रों के कारण नगरों की संख्या में तेजी से वृद्धि हुई और छोटे नगर बड़ा रूप धारण करने लगे।

वर्ष 2011 की जनगणना के अनुसार, भारत के 53 शहरों की आबादी 1 मिलियन से अधिक थी तथा 37.71 करोड़ भारतीय, जिसमें देश की 31.16 प्रतिशत आबादी शामिल है। 2011 में नगरों की प्रवृत्ति से यह स्पष्ट होता है कि नगरों की संख्या के साथ-साथ महानगरों की संख्या तेजी से बढ़ रही है। इसमें भी दसलाखी नगरों की जनसंख्या में अत्यधिक वृद्धि दर्ज की गई है। यह कहा जा सकता है कि भारत में नगरीकरण की बजाय महानगरीकरण बढ़ रहा है।

नगरीय वृद्धि की प्रक्रिया को समग्र रूप से रेखांकित करते हुए डिकिन्सन ने 7 प्रक्रियाओं का उल्लेख किया है।

(i) केन्द्रीकरण;
(ii) पूंजीकरण;
(iii) बाह्यस्थापन;
(iv) विकेन्द्रीकरण;
(v) पुनः केन्द्रीकरण;
(vi) आवासीय अलगाव; तथा
(vii) प्रभुत्व, अतिक्रमण अनुक्रमण।

नगरीय वृद्धि की अवस्थाओं को जी. टेलर ने 7 भागों में विभाजित किया है–

(i) पूर्व शैशवावस्था;
(ii) शैशवावस्था;
(iii) बाल्यावस्था;
(iv) किशोरावस्था;
(v) प्रौढ़ावस्था;
(vi) उत्तर प्रौढ़ावस्था तथा
(vii) वृद्धावस्था।

भारत में नगरीकरण की प्रवृत्ति (1901-2011)

वर्ष	नगरों की संख्या	कुल जनसंख्या (करोड़ में)	नगरीय जनसंख्या (करोड़ में)	कुल जनसंख्या में नगरीय जनसंख्या % में	नगरीय जनसंख्या में वृद्धि दर % में	दशकीय वृद्धि दर % में
1901	1827	23.83	2.59	10.84	—	—
1911	1815	25.21	2.59	10.29	0.35	0.03
1921	1949	25.13	2.81	11.18	8.27	0.79
1931	2072	27.89	3.35	11.99	19.12	1.75
1941	2250	31.87	4.42	13.86	31.97	2.77
1951	2843	36.10	6.24	17.29	41.42	3.47
1961	2365	43.92	7.89	17.97	26.41	2.34
1971	2590	54.82	10.91	19.91	38.23	3.21
1981	3378	68.33	15.95	23.34	46.14	3.83
1991	3768	84.43	21.72	25.72	36.19	3.09
2001	5161	102.87	28.61	27.81	31.72	3.13
2011	7935	121.05	37.71	31.16	31.2	3.18

लुईस ममफोर्ड ने नगरों के क्रमगत विकास को 6 वर्गों में बाँटा है–

(i) पूर्व नगर अवस्था;
(ii) नगरीय अवस्था;
(iii) महानगरीय अवस्था;
(iv) चरम महानगरीय अवस्था;
(v) स्थिर अवस्था; तथा
(vi) पतनोन्मुख अवस्था।

भारत में नगरीकरण की प्रवृत्ति

1901 में कुल जनसंख्या की मात्र 10.0% जनसंख्या ही नगरीय थी, जो 2011 में बढ़कर 31.2% हो गई है। 1901 से लेकर अब तक नगरीय जनसंख्या के परिवर्तनशील प्रतिरूप की तीन प्रवृतियाँ दृष्टिगोचर होती हैं–

- **अल्प नगरीकरण का युग**–1901-41 तक के काल को इसके अंतर्गत रखा जा सकता है। नगरीय जनसंख्या 1901 में 10% थी, जो बढ़कर 1941 में 13.9% हो गई जो अल्प नगरीकरण का समय माना जा सकता है। कई कारणों से ग्रामीण जनसंख्या के प्राथमिक कार्यों में संलग्नता के परिणामस्वरूप नगरों की और जनसंख्या का स्थानान्तरण नहीं हुआ।
- **मध्यम नगरीकरण का युग**–स्वतंत्रता के बाद भारत के नगरीकरण में उल्लेखनीय परिवर्तन आया। 1951 में नगरीय जनसंख्या का प्रतिशत 17.3 हो गया। 1941 में यह 13.9% थी। 1971 में कुल नगरीय जनसंख्या का प्रतिशत 19.9 था तथा 2011 में नगरीय जनसंख्या का प्रतिशत 31.2 है। भारत में नगरीकरण की इस प्रवृत्ति को मध्यम नगरीकरण का युग कह सकते हैं। पंचवर्षीय योजनाओं के माध्यम से विभिन्न औद्योगिक केंद्रों का विकास, आर्थिक संभावना के कारण जनसंख्या का नगरों में स्थानांतरण आदि कारण नगरीकरण के लिए उत्तरदायी हैं।
- **तीव्र नगरीकरण का युग**–1971 के बाद नगरीय जनसंख्या में तेजी से वृद्धि हुई। 1981 में नगरीय जनसंख्या 23.3% थी, जो 2011 में बढ़कर लगभग 31.2% हो गई। इस तीव्र वृद्धि के कारणों में औद्योगिक केंद्रों का विकास, रेल और सड़क परिवहन का विकास, अन्य क्षेत्रों में कई वर्गों के वाणिज्यिक केंद्रों एवं सेवा केंद्रों का नगरों में परिवर्तन ग्रामीण जनसंख्या का व्यापक रूप में नगरों में अप्रवास, निचले क्रम के नगर केंद्रों में तेज वृद्धि और परिवर्तनशील सामाजिक-आर्थिक कारक आदि शामिल हैं।

भारत के नगर

भारतीय जनगणना विभाग ने जनसंख्या वर्गों के अनुसार भारत के नगरों का निम्नलिखित वर्गीकरण किया है–

1901 में भारत में कुल नगरों की संख्या 1902 थी, जो 1991 में बढ़कर 3909 हो गयी अर्थात् इन वर्षों में कुल नगरों की संख्या में दोगुनी वृद्धि दर्ज की गयी है। यदि विभिन्न वर्गों के नगरों में कालिक परिवर्तन का विश्लेषण किया जाए तो यह स्पष्ट होता है कि मध्यम वर्ग से ऊपर के नगरों (I, II, III) में नीचे के नगरों (IV, V, VI) की अपेक्षा तीव्र वृद्धि देखी गयी है। 1901 में जहां 1,00,000 से अधिक जनसंख्या वाले नगरों की संख्या 25 थी, वह 1991 में 296 हो गयी अर्थात् इस अवधि में लगभग प्रथम श्रेणी के नगरों में 6 गुनी वृद्धि हुई। इसी तरह द्वितीय श्रेणी के नगरों में 1901-1991 में 8 गुनी, तृतीय श्रेणी के नगरों में 6 गुनी वृद्धि दर्ज की गयी, जबकि चतुर्थ श्रेणी (10000-19999) में लगभग ढाई गुनी, पंचम श्रेणी में और षष्ठम श्रेणी के नगरों में ह्रास हुआ है (पंचम श्रेणी में 1901 में 765 से घटकर 1991 में 725 और षष्ठम श्रेणी में 1901 में 499 से घटकर 1991 में 185 नगर रह गये)। यहाँ उल्लेखनीय है कि 1961 में नगरीय परिभाषा में परिवर्तन के कारण 1971 में निम्न श्रेणी के नगरों में ह्रास हुआ, लेकिन पुनः 1971 के बाद वाले वर्षों में सभी श्रेणी के नगरों में वृद्धि हुई है। केवल पंचम और षष्ठम श्रेणी के नगरों में ह्रास हुआ है। पुनः विभिन्न वर्ग के नगरों में जनसंख्या वृद्धि दर का कालिक विश्लेषण किया जाये तो स्पष्ट होता है कि सभी नगरों में औसत वृद्धि 1971-81 में जहाँ 46.2% थी, वहीं 1981-91 में यह घटकर 36.1% हो गयी है।

भारतीय जनगणना विभाग द्वारा भारतीय नगरों को जनसंख्या के आधार पर 6 वर्गों में विभाजित किया गया है–

नगरीय अधिवासों के वर्ग

वर्ग	जनसंख्या
I	1,00000 से अधिक
II	50,000-99999
III	20000-49999
IV	10,000-19999
V	5000-9999
VI	5,000 से कम

महानगरीयकरण के परिणाम

भौगोलिक दृष्टि से तीव्र महानगरीयकरण के निम्नलिखित परिणाम हो सकते हैं–

1. संकेन्द्रण के अर्थतंत्र (Agglomeration Economy) का विकास;
2. ग्रामीण जनसंख्या का तीव्र आव्रजन;
3. गन्दी बस्तियों (Slums) का तेजी से विस्तार;
4. अन्तर्नगरीय परिवहन व आवास की कठिनाइयाँ;
5. ग्रामीण नगरीय असन्तुलन में वृद्धि;
6. सामाजिक-आर्थिक विकास में असमानता का अधिक होना;
7. सामाजिक-आर्थिक अपराधों में वृद्धि;
8. प्रशासन और सुरक्षा संबंधित समस्याएँ;
9. पर्यावरण अवनयन की समस्याएँ।

नगरीय जनगणना : 2011 के अंतिम आंकड़े

क्र.सं.	राज्य/के.शा.प्रदेश	कुल जनसंख्या	नगरीय जनसंख्या	नगरीय जनसंख्या का प्रतिशत
1.	जम्मू कश्मीर	1,25,41,302	34,33,242	27.4
2.	हिमाचल प्रदेश	68,64,602	6,88,552	10.0
3.	पंजाब	2,77,43,338	1,03,99,146	37.5
4.	चंडीगढ़	10,55,450	10,26,459	97.3
5.	उत्तराखंड	1,00,86,292	30,49,338	30.2
6.	हरियाणा	2,53,51,462	88,42,103	34.9
7.	दिल्ली	1,67,87,941	1,63,68,899	97.5
8.	राजस्थान	6,85,48,437	1,70,48,085	24.9
9.	उत्तर प्रदेश	19,98,12,341	4,44,95,063	22.3
10.	बिहार	10,40,99,452	1,17,58,016	11.3
11.	सिक्किम	6,10,577	1,53,578	25.2
12.	अरुणाचल प्रदेश	13,83,727	3,17,369	22.9
13.	नागालैण्ड	19,78,502	5,70,966	28.9
14.	मणिपुर	25,70,390	8,34,154	29.2
15.	मिजोरम	10,97,206	5,71,771	52.1
16.	त्रिपुरा	36,73,917	9,61,453	26.2
17.	मेघालय	29,66,889	5,95,450	20.1
18.	असम	3,12,05,576	43,98,542	14.1
19.	पश्चिम बंगाल	9,12,76,115	2,90,93,002	31.9
20.	झारखण्ड	3,29,88,134	79,33,061	24.0
21.	ओडिशा	4,19,74,218	70,03,656	16.7
22.	छत्तीसगढ़	2,55,45,198	59,37,237	23.2
23.	मध्य प्रदेश	7,26,26,809	2,00,69,405	27.6
24.	गुजरात	6,04,39,692	2,57,45,083	42.6
25.	दमन और दीव	2,43,247	1,82,851	75.2
26.	दादरा/नगर हवेली	3,43,709	1,60,595	46.7
27.	महाराष्ट्र	11,23,74,333	5,08,18,259	45.2
28.	आन्ध्र प्रदेश	4,93,86,799	1,46,10,410	33.4
29.	कर्नाटक	6,10,95,297	2,36,25,962	38.7
30.	गोवा	14,58,545	9,06,814	62.2
31.	लक्षद्वीप	64,473	50,332	78.1
32.	केरल	3,34,06,061	1,59,34,926	47.7
33.	तमिलनाडु	7,21,47,030	3,49,17,440	48.4
34.	पुडुचेरी	12,47,953	8,52,753	68.3
35.	अंडमान/निकोबार द्वीप समूह	3,80,581	1,43,488	37.7
36.	तेलंगाना	3,51,93,978	1,36,08,665	38.64
	भारत	**1,21,08,54,977**	**37,71,06,125**	**31.1**

17 प्रदूषण के पर्यावरणीय खतरे एवं समस्याएँ तथा ओजोन अवक्षय

प्रदूषण क्या है ? (What is Pollution?)

जब पर्यावरण में कोई घटक वायु, जल, भूमि आदि अनचाहे पदार्थों से मिलकर अपने भौतिक, रासायनिक तथा जैविक गुणों में परिवर्तन ले आते हैं और वह या तो उपयोग के काम के नहीं रहते अथवा स्वास्थ्य को हानि पहुँचाते हैं, तो वह प्रक्रिया और परिणाम होने ही **प्रदूषण** (Pollution) कहलाते हैं। वह पदार्थ अथवा वस्तुएँ जिनसे प्रदूषण होता है **'प्रदूषक'** (Pollutants) कहलाते हैं। प्रदूषण की ऐसी ही व्याख्या अनेक स्थानों पर मिलती है :

''प्रदूषण अनचाही वस्तुओं के मिलने से होता है जिससे प्राकृतिक अथवा मानवकृत पर्यावरण पर विपरीत प्रभाव पड़ता है।''

[**EE Ahmedabad**; Ibid, P.84]

''वायु, जल और भूमि में किसी भौतिक, रसायनिक अथवा जैविक अनुचित परिवर्तन से, जिससे प्राणी मात्र के स्वास्थ्य, सुरक्षा और कल्याण को प्रभावी तौर से हानि पहुँचती हो, प्रदूषण कहलाता है।''

[**K.C. Agarwal;** Environmental Biology, Ibid, p. 194]

''अत: जिस क्रिया से हवा, जल, मिट्टी एवं वहाँ के संसाधनों के भौतिक, रसायनिक या जैविक गुणों से किसी अवांछनीय परिवर्तन से जैव जगत एवं सम्पूर्ण परिवेश पर हानिकारक प्रभाव पहुँचे, उसे प्रदूषण कहते हैं।''

'राष्ट्रीय पर्यावरणीय शोध संस्था' (NIRC) ने प्रदूषण को निम्न तरह से परिभाषित किया है :—

''मानव के क्रियाकलापों से उत्पन्न अपशिष्ट उत्पादों के रूप में पदार्थों एवं ऊर्जा से प्राकृतिक पर्यावरण में होने वाले हानिकारक परिवर्तनों को ही प्रदूषण कहते हैं।''

इस तरह उपर्युक्त सभी परिभाषाओं से निष्कर्ष रूप से यह कहा जा सकता है कि संकलित पर्यावरण में सभी घटकों की मात्रा व माप निर्धारित होती है परंतु कभी-कभी इन पर्यावरणीय घटकों की मात्रा या तो आवश्यकता से अधिक हो जाती है अथवा कम या अन्य हानिकारक तत्व पर्यावरण में प्रविष्ट होकर इसे प्रदूषित कर देते हैं जो कि जीवधारियों के लिए हानिकारक सिद्ध होता है यही **पर्यावरण प्रदूषण** कहलाता है।

यद्यपि मानव अबाध गति से विकास के साथ-साथ अपने विविध प्रकार के उन्माद का प्रदर्शन करते हुए पृथ्वी के पर्यावरण को असन्तुलित करता रहा है लेकिन यह सब कुछ पृथ्वी पर अल्पकालिक या लघु क्षेत्रीय रहा, अत: इससे पृथ्वी का उस समय का सशक्त एवं बहुविधि से सुस्थापित सन्तुलन प्राय: अप्रभावित- सा रहा या शीघ्र पुन: अनुकूलन व्यवस्था स्थापित हो गई। लेकिन उन्नीसवीं सदी के उत्तरार्द्ध एवं बीसवीं सदी के पूर्वार्द्ध से ही जिस विधि से मानव ने महाविनाशकारी युद्ध किए, औद्योगिक विकास एवं खनिज निकालने के नाम पर प्रकृति को लूटा, निर्दयी बनकर वनों को समूल नष्ट करना शुरू किया, नई तकनीक एवं नवीन प्रवाह व्यवसायी के नाम पर भूमि, जलवायु में जिस विविधता से अनेक प्रकार की जहरीली दवा, सड़ी-गली वस्तुएँ, कूड़ा व मैले पदार्थ एवं जहरीली गैस एवं आणविक विस्फोट के द्वारा प्रदूषण घोला है वह न सिर्फ प्रकृति को एवं प्राकृतिक पर्यावरण को ही दूषित कर रहा है बल्कि स्वयं मानव को भी श्वास लेना, शुद्ध जल व शुद्ध खाने-पीने की सामग्री निकालना असंभव बनता जा रहा है।

इस तरह मानव ने कुटिल एवं निहित स्वार्थों से अभिभूत होकर जिस विधि से हवा, पानी एवं मिट्टी के भौतिक, रसायनिक एवं जैविक गुणों में अवांछनीय परिवर्तन कर दिए हैं एवं कर रहा है उससे स्वयं मानव का सांस्कृतिक जगत् ही थर्रा उठा है, प्रकृति में भय व्याप्त है। अत: आज की **यह प्रथम एवं सर्वोपरि आवश्यकता है कि इस कुटिल व बहुव्यापी एवं जटिल प्रदूषण पर तत्काल** नियन्त्रण किया जाए क्योंकि एक भोपाल गैस काण्ड का लाखों लोगों पर प्रभाव पड़ चुका है। विश्व के सभी देशों में बेहिसाब ध्वनि प्रदूषण भी आदमी को बहरा किए जा रहा है। यही नहीं, वायुमण्डल का मानव हितैषी **ओजोन मण्डल** परत में छेद पड़ने से मानव-जीवन ही सीधे घातक सौर विकिरण व **ब्रह्माण्ड किरण** (Cosmic rays) एवं पराबैंगनी किरणों के घातक प्रभाव की सीमा में आता जा रहा है। बिगड़ता हुआ मौसम एवं नई-नई बीमारियाँ इसी के कारण हैं।

सम्पूर्ण विश्व में पर्यावरणीय चिन्ता व्याप्त है। वायु, जल, ध्वनि, अंतरिक्ष, ओजोन, रेडियोधर्मी, मृदा इत्यादि विभिन्न क्षेत्र संभागों में प्रदूषण प्रभाव परिलक्षित हो रहे हैं। चूँकि सभी इससे पीड़ित हैं, इसलिए इसके प्रभाव को विस्तार से समझना आवश्यक है, साथ बचाव पक्ष को भी।

मिट्टी, हवा, पानी, पेड़-पौधे, जीव-जन्तु आदि सभी वातावरण के अंग हैं और इन सभी के आपसी तालमेल को पर्यावरण सन्तुलन (Environment Balance) कहा जाता है, लेकिन मानव ने विभिन्न क्रियाकलापों द्वारा इस सन्तुलन को बिगाड़ा है जिसका परिणाम प्रदूषण है। प्रदूषण से तात्पर्य वातावरण के प्राकृतिक सन्तुलन में गड़बड़ी पैदा करना है।

प्रदूषण के स्रोत (Source of Pollution)

प्रदूषण प्रमुखत: दो प्रकारों से होता है :

1. प्राकृतिक एवं **2.** मानवीय

प्राकृतिक स्रोतों में ज्वालामुखी, भूकम्प बाढ़, भूमि अपरदन हैं, जबकि सर्वाधिक मात्रा में प्रदूषण मानव विभिन्न क्रियाकलापों द्वारा करता है।

पर्यावरण प्रदूषण के प्रकार (Type of Environmental Pollution)

पर्यावरण प्रदूषण अथवा पर्यावरण प्रदूषकों को सामान्यत: दो वर्गों में विभक्त किया जाता है :

1. **प्रत्यक्ष प्रदूषण (Direct Pollution) :** वह प्रदूषण जो पेड़-पौधों तथा जीव-जन्तुओं के लिए प्रत्यक्ष रूप से हानिकारक होते हैं अर्थात् इनका प्रभाव जैवमण्डल पर सीधे पड़ता है, **प्रत्यक्ष प्रदूषण** कहलाता है। इसमें मुख्य रूप से विभिन्न प्रकार के परिवहन साधनों, चिमनियों, वायुयानों, कल-कारखानों, गृहों तथा विभिन्न प्रकार के वस्तुओं के जलाने से निकलने वाला धुआँ, कारखानों एवं घरों से निकलने वाला वाहित मल इत्यादि।
2. **अप्रत्यक्ष प्रदूषण (Indirect Pollution) :** वह प्रदूषण जिनका प्रभाव जैवमण्डल पर प्रत्यक्ष रूप से न पड़कर अप्रत्यक्ष रूप से पड़ता है उसे **अप्रत्यक्ष प्रदूषण** कहते हैं। इनमें रेडियोधर्मी पदार्थ, सभी प्रकार के कीटनाशक, खरपतरवारनाशक, कवकनाशक आदि आते हैं।

   भ्रष्टाचार तथा अपराध जैसे समाज विरोधी तत्वों को सामाजिक प्रदूषण माना जाता है। इनको भी अप्रत्यक्ष प्रदूषण के अन्तर्गत रखा जाता है।

प्रमुखत: निम्न प्रकार के प्रदूषणों को पर्यावरण के क्षेत्र में शामिल किया जाता है :

1. वायु प्रदूषण (Air Pollution)
2. जल प्रदूषण (Water Pollution)
3. ध्वनि प्रदूषण (Noise Pollution)
4. भूमि प्रदूषण (Land and Soil Pollution)
5. वाहन प्रदूषण (Vehicler Pollution)
6. तापीय प्रदूषण (Thermal Pollution)
7. विकिरणीय प्रदूषण (Pollution due to Radiation)
8. समुद्रीय प्रदूषण (Marine Pollution)
9. औद्योगिक प्रदूषण (Industrial Pollution)
10. कूड़े-कचरे से प्रदूषण (Waste dispol Pollution)
11. घरों तथा उद्योगों से निकलने वाले जल स्राव से प्रदूषण (Domestic and Industrial Waste Water (Effulent) Pollution)
12. अन्य प्रकार के प्रदूषण (Pollution from other sources)

पर्यावरण प्रदूषण के प्रमुख कारण (Main Couses of Environmental Pollution)

पर्यावरण प्रदूषण का प्रमुख कारण मनुष्यों के अवांछनीय क्रियाकलाप है। बिना सोचे-समझे प्राकृतिक संसाधनों का दोहन करके पारिस्थितक तंत्र के संतुलन को बिगाड़ना, पर्यावरण प्रदूषण का आधारभूत कारण है। पर्यावरण प्रदूषण के प्रमुख कारण निम्नलिखित हैं :

1. मनुष्यों द्वारा उत्पन्न बहि:स्राव, मलमूत्र एवं गैसयुक्त अपशिष्ट पदार्थ, कूड़ा-करकट इत्यादि पर्यावरण प्रदूषण के कारण हैं।
2. अनेक प्रकार के पालतू पशुओं एवं कृषि के कार्यों द्वारा पर्यावरण प्रदूषण फैलता है।
3. सघन कृषि में प्रयोग किए जाने वाले अनेक प्रकार के पेस्टीसाइड्स, विषैले रसायनिक एवं अनेक प्रकार के उर्वरक इत्यादि परोक्ष रूप से पर्यावरण के प्रमुख कारणों में से एक हैं।
4. मनुष्यों, पशुओं के मृतक शरीर का जल स्रोतों से विसर्जन अथवा खुले में दहन अथवा धरती पर ही सड़ने-गलने से पर्यावरण प्रदूषण होता है।
5. नगरों, महानगरों में परिवहन के विभिन्न साधन रेल, बस, कार, मोटर साईकिल, स्कूटर, वायुयान, मोटर-बोट इत्यादि में जलने वाले ईंधन से वायु प्रदूषण होता है।
6. कल-कारखानों, मिलों, फैक्ट्रियों तथा अन्य औद्योगिक संस्थानों में प्रवाहित होने वाले तरल पदार्थ, जल स्रोतों में छोड़ा जाने वाला ठोस अपशिष्ट पदार्थ, वायुमण्डल में विसर्जित होने वाले गैसीय पदार्थ पर्यावरण प्रदूषण के कारण हैं।
7. गाँवों, नगरों, महानगरों की मलिन बस्तियों के कारण जहाँ पर अपशिष्ट पदार्थों, गंदे जल, गैसीय पदार्थों की उपयुक्त स्थान पर विसर्जित करने के स्थान का अभाव होता है, पर्यावरण प्रदूषण का कारण बनता है।
8. विद्युत शक्ति उत्पादन, अणु शक्ति प्लाण्टों के कारण प्रदूषण फैलता है, इस तरह का प्रदूषण विकसित देशों एवं औद्योगिक प्रदेशों में अधिक पाया जाता है।
9. अणु बम विस्फोट एवं परीक्षण से जल, मृदा एवं वायु का भयंकर रूप से प्रदूषण होता है।

10. तैलीय पदार्थों के समुद्री जल एवं अन्य प्रकार के जल स्रोतों में मिलने से भी जल प्रदूषण की समस्या उत्पन्न होती है।
11. मनुष्यों, पशुओं, पक्षियों द्वारा खुले में मल-मूत्र त्याग द्वारा नाना प्रकार के प्रदूषण फैलते हैं।
12. गाँवों, कस्बों में पाए जाने वाले तालाब, गड्ढे एवं पोखरों का रुका हुआ जल जो कपड़ा धाने, पीने, पशुओं को नहलाने, शौच करने, मनुष्यों के स्नान करने एवं हर प्रकार के जल पूर्ति के लिए प्रयोग किए जाते हैं, प्रदूषण के कारण हैं।
13. विभिन्न प्रकार की वस्तुओं में सस्ती, गंदी वस्तुओं के अपमिश्रण द्वारा भी प्रदूषण फैलता है।
14. आँधी, तूफान, तापमान में अत्यधिक परिवर्तन, भीषण वर्षा, जलवायु, आर्द्रता, सूर्य प्रकाश की स्थिति इत्यादि भी अनेक प्रकार के प्रदूषण के कारण हैं।
15. बिना सोचे-समझे अंधाधुंध वनों की कटाई उनके शोषण के कारण भी पर्यावरण प्रदूषण की समस्या गंभीर होती जा रही है।
16. विकास की दौड़ में खनिज पदार्थों की प्राप्ति के लिए खानों को खोदने से पर्यावरण प्रदूषण हो रहा है।
17. अत्यधिक उपज प्राप्त करने के लिए मृदा में रसायनिक उर्वरकों के अंधाधुंध प्रयोग, खेतों को कभी खाली न रखना, मृदा प्रकृति के विपरीत फसलों को उगाना भी प्रदूषण का कारण है।
18. निरन्तर बढ़ती हुई जनसंख्या एवं उनकी प्राथमिक आवश्यकता भी प्रदूषण के कारण हैं।
19. कृषि-क्षेत्रों का सीमान्त एवं ढालू क्षेत्र में खाद्यान्न पूर्ति के लिए विकास।
20. अर्द्धशुष्क प्रदेशों में अधिक चराई, वृक्षों की कटाई एवं बढ़ता हुआ मरुस्थलीकरण पर्यावरण प्रदूषण के कारण हैं।

उपरोक्त तथ्यों के आधार पर स्पष्ट हो जाता है कि पर्यावरण प्रदूषण के प्रमुख प्रदूषक निम्नलिखित हैं :

1. कार्बन डाइ-ऑक्साइड की बढ़ती मात्रा,
2. घरेलू अपमार्जक
3. वाहित मल-मूत्र आदि
4. उद्योगों के अपशिष्ट रसायनिक पदार्थ
5. परिवहन के विभिन्न साधनों में पदार्थों का दहन
6. रेडियोधर्मी पदार्थ
7. कीटनाशक अपतृणनाशक, कवकनाशक एवं रसायनिक आदि
8. विभिन्न प्रकार के शव आदि।

पर्यावरण प्रदूषण का वर्गीकरण
(Classification of Environmental Pollution)

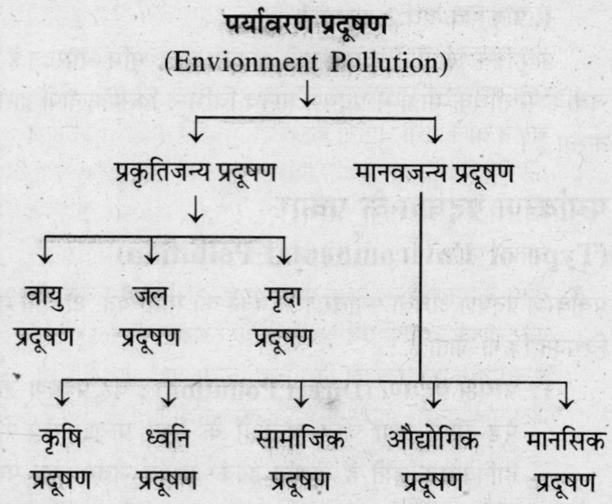

पर्यावरण प्रदूषण निवारण/समाधान
(Suggestions of Environmental Pollution)

पर्यावरण प्रदूषण की समस्या किसी एक व्यक्ति विशेष की समस्या नहीं है बल्कि सम्पूर्ण समाज की एक गंभीर समस्या है, इसलिए इस समस्या के निवारण के लिए समाज के प्रत्येक व्यक्ति को पर्यावरण पारिस्थितिकी ज्ञान से अवगत कराना आवश्यक है। इस समस्या का समाधान बड़े-बड़े उपकरणों एवं वृहद् परियोजनाओं के निर्माण से हल असंभव है। इस समस्या को सुलझाने के लिए हमें व्यावहारिकता को ध्यान में रखते हुए यथोचित् कार्यवाही करनी होगी। इस प्रकार के अनेक उदाहरण पाए जाते हैं जिनके प्रचार-प्रसार एवं क्रियान्वयन से पर्यावरण सुरक्षित रखा जाता है। कोई भी जीव वातावरण से पृथक् होकर नहीं रह सकता है। अत: पर्यावरण को प्रदूषण से बचाना हमारा कर्तव्य है, जिसके लिए नितान्त आवश्यक है कि प्रदूषण को न्यूनतम रखने एवं उसके कुप्रभाव से मुक्ति पाने के लिए निम्नांकित उपाय किए जाएँ :

1. नगरों, महानगरों आदि से मानव मल-मूत्र एवं गंदगी की निकासी से पूर्व उसे पूरी तरह से उपचारित किया जाए। प्रत्येक नगर में कूड़-करकट व मैला उपचारित संयंत्र (Waste dispersal Plant) लगाए जाएँ। इससे खाद बनेगा, सिंचाई हेतु प्रदूषणरहित जल मिलेगा, रसोई गैस व अन्य उपयोगी व पुन: काम में आने वाली सामग्री मिलेगी।
2. उद्योग से निकलने वाले रसायन, कूड़ा-करकट, धुआँ व गैसों को प्रदूषण नियन्त्रण नियम के अन्तर्गत दृढ़ता से फैलने से रोका जाए। इसे नहीं मानने वाले मालिकों पर फौजदारी मुकदमा दायर किया जाए।

3. सभी स्तर पर घर, खेत, राजमार्ग, खुले क्षेत्रों एवं नग्न धरातल पर व्यक्तिगत, सामाजिक एवं शासकीय प्रयास द्वारा क्षेत्र विकसित किया जाए। जापान की भाँति उपयोगी पेड़ लगाएँ। प्रत्येक देश का 35-40 प्रतिशत भू-भाग वनों से ढका है। अभयारण्यों का एवं हरे पेड़ों का विस्तार किया जाए।
4. महानगरों एवं महत्त्वपूर्ण राष्ट्रीय राजमार्गों पर एवं अन्यत्र चलने वाले सभी वाहनों का धुआँ प्रतिशत एवं मशीनी दशा की स्थिति को प्रामाणिक आधार पर निश्चित किया गया, जिससे कि जहरीली गैसें (CO, CO_2) सीसा एवं अन्य घातक पदार्थों से वायु को प्रदूषित करने से रोका जा सके।
5. कृषि की नवीन तकनीक में अंधाधुंध रसायनिक उर्वरकों, कीटनाशक दवाओं एवं अन्य घातक रसायन व तरल पदार्थों के उपयोग को तत्काल नियन्त्रित किया जाए। इससे भूमि, जल एवं मानव-भोजन तथा वनस्पति सभी प्रदूषित होते हैं। नियंत्रित सिंचाई पद्धति का विकास किया जाए।
6. बस्तियों के आस-पास से भट्टे हटा दिए जाएँ व धुआँ निकलने वाली चिमनियों की ऊँचाई 80 से 100 मीटर तक कर दी जाए। 25 लाख से अधिक जनसंख्या वाले महानगरों के 50 किमी. के घेरे में ऐसे उद्योगों को प्रतिबंधित कर दिया जाए।
7. आणविक अनुसंधान केन्द्रों, अन्य आणविक इकाइयों एवं जहरीली गैस की दवाइयों में अनिवार्य रूप से **प्रदूषणमुक्त प्रणाली** अपनायी जा सकी।
8. ग्रामीण एवं नगरीय क्षेत्रों में सामान्य पुरुष व महिलाओं को प्रदूषण के घातक प्रभाव एवं उससे बचने के उपायों की शिक्षा प्रत्येक स्तर पर अवश्य दी जाए।

अब हम प्रत्येक प्रदूषण का अलग-अलग विवेचन करेंगे जिनमें पहले प्रदूषण के प्रमुख कारणों/स्त्रोतों, उसके बाद के प्रभाव व अन्त में समाधान को समझाएँगे।

वायु प्रदूषण पर नियन्त्रण (Control on Air Pollution)

अथवा

वायु प्रदूषण के समाधान के उपाय (Suggestions of Air Pollution)

वायु प्रदूषण को नियंत्रण करने एवं उसके प्रभाव को कम करने की दिशा में अत्यधिक शोध कार्य हो रहा है। अनेक यांत्रिक विधियों का विकास हुआ है जिनमें नि:सादन (Setting), घोल द्वारा (By dissolving), छानकर (Filtering) या अधिशोषण द्वारा (By absorption) वायु प्रदूषण को कम किया जाता है। उद्योगों में प्रदूषण नियंत्रण यंत्र लगाना तथा वाहनों के धुएँ को शुद्धिकरण कर बाहर फैंकने के यंत्रों द्वारा वायु प्रदूषण पर कुछ सीमित नियन्त्रण किया जा सकता है। कई गैसों के हानिकारक तत्वों को रसायनिक प्रक्रिया द्वारा समाप्त कर दिया जाता है। लेकिन वायु प्रदूषण वर्तमान युग की सर्वाधिक ज्वलन्त समस्या है, इसके लिए सामूहिक प्रयत्न आवश्यक है। वायु प्रदूषण की सघनता को कम करने के लिए सामान्य उपाय निम्न हैं :

1. घरों में धुआँरहित ईंधन का उपयोग किया जाए।
2. वाहनों से उत्पन्न धुएँ निकास पर छलनी एवं पश्च-जवलक (After Burner) के उपयोग को कम किया जा सकता है।
3. पुराने वाहनों की रोक, वाहनों की नियमित जाँच, निश्चित गति से वाहन को चलाना आदि से वायु प्रदूषण कम हो सकता है।
4. कोयले के रेल इंजन के स्थान पर विद्युत इंजनों के प्रयोग को प्रोत्साहन दिया जाए।
5. उद्योगों की चिमनियों पर से निकलने वाले धुएँ को परिष्कृत करने वाले यन्त्रों से शुद्ध किया जाए।
6. उद्योगों में कम प्रदूषणकारी प्रौद्योगिकी का प्रयोग किया जाए।
7. प्राकृतिक वनस्पति के विनाश को रोका जाए एवं हरित पेटियों (Green Belt) का विकास उद्योगों एवं नगरों के समीप किया जाए।
8. जनचेतना जागृत की जाए।
9. स्कूल एवं कॉलेजों आदि शिक्षण संस्थानों में पर्यावरण प्रदूषण संबंधी उपयुक्त शिक्षा की व्यवस्था करना आवश्यक है।

वायु प्रदूषण की हानियों को और उसके बहुआयामी प्रभावों को देखते हुए उस पर प्रारंभ से ही जितना शीघ्र हो सके नियन्त्रण एवं निराकरण करना चाहिए। समय रहते हुए यदि वायु प्रदूषण की समस्या पर एवं उसके नियन्त्रण पर ध्यान नहीं दिया गया तो सम्पूर्ण पर्यावरण प्रदूषित हो जाएगा और इस धरा-धाम पर जीवधारियों का जीवित रहना असंभव हो जाएगा।

वर्तमान में सभी देशों की सरकारें प्रदूषण के प्रति सचेष्ट हैं। उन्होंने अनेक कानून भी बनाए हैं। भारत में भी इसके लिए अनेक अधिनियम बने हैं और इस दिशा में पर्याप्त अनुसंधान भी हो रहा है। आवश्यकता है सभी को सचेष्ट रहने की जिससे हमारा वर्तमान ही नहीं बल्कि भविष्य भी सुखद हो सके।

जल प्रदूषण (Water Pollution)

जल के प्राकृतिक स्वरूप में बाह्य अवांछित तत्वों के मिश्रित हो जाने से विकृति आ जाती है तो वह जीव-जगत् के लिए हानिकारक हो जाता है, इसे ही जल प्रदूषण कहा जाता है। मानव जाने-अनजाने में अपने स्वार्थ की पूर्ति हेतु जल में अनेक प्रकार की अशुद्धिताएँ समाहित कर

देता है जिससे जल की रसायनिक, भौतिक ओर जैविक क्रियाओं की विशिष्टताओं में अवनति आ जाती है। जल में कार्बनिक व अकार्बनिक पदार्थों के मिश्रण से उसकी भौतिक व जैविक संरचना का परिवर्तित होकर हानिकारक बन जाना ही जल प्रदूषण है। इस प्रदूषण से जल में दुर्गन्ध, स्वाद परिवर्तन व जीवाणुओं की उत्पत्ति हो जाती है जो मानव, वनस्पति व जीव-जंतुओं को प्रत्यक्ष व अप्रत्यक्ष रूप से हानि पहुँचाता है।

''मानवकृत परिवर्तनों से जल की वास्तविक या संभावित उपयुक्ता में हानिकरण ही जल प्रदूषण है'' अथवा ''प्राकृतिक जल में किसी अवांछित बाह्य पदार्थ का प्रवेश, जिससे जल की गुणवत्ता में अवनति आती है, जल प्रदूषण कहलाता है।''

जल प्रदूषक पदार्थ : प्रदूषक पदार्थों की प्रकृति के आधार पर जल प्रदूषण को भौतिक, रासायनिक व जैव श्रेणियों में विभक्त किया जाता है। भौतिक जल प्रदूषण से जल का रंग, गंध, तापक्रम, स्वाद प्रभावित होता है और रासायनिक जल प्रदूषण से उसमें अनेक रासायनिक हानिकारक पदार्थों का सम्मिश्रण हो जाता है तथा जैव प्रदूषण से बैक्टीरिया के सूक्ष्म जीवाणु जल में उद्भूत हो जाते हैं। ये सभी प्राकृतिक व मानवकृत प्रदूषक तत्व सामूहिक रूप से प्रभाव डालते हैं, लेकिन उनके प्रभाव का परिणाम भिन्न-भिन्न हो जाता है।

जल प्रदूषण के स्रोत
(Source of Water Pollution)

जल प्रदूषण के स्रोत को दो प्रमुख भागों में वर्गीकृत किया जाता है : **(1)** प्राकृतिक स्रोत (Physical Sources) तथा **(2)** मानवीय स्रोत (Human Sources)। जल प्रदूषण यद्यपि किसी एक विशिष्ट स्रोत से नहीं होता है बल्कि इसके विविध स्रोत हैं, लेकिन फिर भी कहीं एक स्रोत और कहीं एक से अधिक स्रोत प्रमुख हो सकते हैं। अधिकांश जल प्रदूषण के स्रोत मानव द्वारा विभिन्न पदार्थों की जल में निस्तारण ही है लेकिन कतिपय प्राकृतिक स्रोत भी जल प्रदूषण के कारण होते हैं।

1. प्राकृतिक स्रोत (Natural/Physical Sources) : जल प्राकृतिक रूप से भी प्रदूषित होता रहता है। इस प्रदूषण के कारण जल में मिलने वाली गैसें, मृदा, खनिज, ह्यूमस पदार्थ, जीव-जन्तुओं का मल-मूत्र आदि हैं। यह प्रदूषण मंद अथवा सामयिक होता है। जल में प्राकृतिक रूप से शुद्ध होने की क्रिया होती रहती है। यह जैव अथवा अजैव, कार्बनिक अथवा अकार्बनिक, रेडियो सक्रिय अथवा निष्क्रिय, विषैले अथवा हानिरहित हो सकती है। धूल के कण, मृदा, पोटेशियम, कैल्सियम, मैग्नीशियम, लौह, मैगनीज आदि की मात्रा सामान्य से अधिक हो जाने पर जल प्रदूषित हो जाता है। इसी तीरह निकल, बेरियम, बेरीलियम, कोबाल्ट, सीसा, कैडमियम, पारा, वैनेडियम जैसी विषैली धातुओं की मात्रा में थोड़ी-सी वृद्धि भी हानिकारक होती है। जलीय वनस्पति की अधिकता भी प्रदूषक का स्रोत बन सकती है।

2. मानवीय स्रोत (Human Sources) : जनसंख्या में निरन्तर तेजी से वृद्धि, औद्योगीकरण, विद्युत उत्पादन, रसायनिक व तैलीय पदार्थों का अधिक उपयोग आदि मानवीय क्रियाएँ जल प्रदूषण का कारण बनकर पेयजल की उपलब्धि को कम कर रही हैं और विकासशील देशों में तकनीकी स्तर की कमी के कारण यह समस्या और भी आत्मघाती हो रही है। मूक दर्शक बनकर मानव यह सभी कुछ देख रहा है कि विकास की दौड़ में नदियाँ, तालाब, कुएँ आदि जल स्रोत प्रदूषण की चपेट में आते जा रहे हैं। जल प्रदूषण के लिए उत्तरदायी मानवीय क्रियाएँ अनेक हैं, जिनमें प्रमुख क्रियाएँ निम्नलिखित हैं—

(i) घरेलू बहि:स्राव (Domestic Effluent)
(ii) वाहित मल (Sewage)
(iii) औद्योगिक बहि:स्राव (Industrial Effluent)
(iv) कृषि बहि:स्राव (Agricultural Effluent)
(v) रेडियोधर्मी अवशिष्ट (Radio-Active Wastes)
(vi) तापीय प्रदूषण (Thermal Pollution)
(vii) तेल प्रदूषण (Oil Pollution)

जल प्रदूषण के दुष्प्रभाव
(Harmful Effects of Water Pollution)

जल प्रदूषण का प्रभाव अत्यन्त व्यापक रूप से हानिकारक होता है, क्योंकि प्रत्येक जीव, मानव, पशु-पक्षी तथा अन्य जीव-जन्तु ही नहीं बल्कि वनस्पति एवं कृषि का अस्तित्व भी जल पर ही निर्भर करता है। जैसे ही जल प्रदूषित हो जाता है, उसका दुष्परिणाम सभी को भुगतना पड़ता है। भोजन चक्र (Food cycle) का नियंत्रक जल ही होता है और यदि भोजय पदार्थ ही दूषित हो जाता है तो उसका दुष्प्रभाव उसे ग्रहण करने वाले पर अवश्य पड़ेगा।

जल प्रदूषण के प्रभावों को अध्ययन की सुविधा की दृष्टि से निम्नलिखित तीन श्रेणियों में विभक्त किया जा सकता है :

1. मनुष्यों पर प्रभाव : जल प्रदूषण का मानव पर प्रत्यक्ष प्रभाव होता है क्योंकि जल का वह अत्यधिक प्रयोग पेयजल एवं अन्य कार्यों में करता है। अत: मानव को शुद्ध जल की आवश्यकता होती है। प्रदूषित जल केवल स्वास्थ्य के लिए ही हानिकारक नहीं होता है बल्कि अनेक जानलेवा बीमारियों का भी कारण बनता है। प्रदूषित व संदूषित जल में जीवाणुओं का तीव्रता से निवास होता है, जिससे मानव स्वास्थ्य पर विपरीत प्रभाव पड़ता है। प्रदूषित जल के पीने से हैजा, टायफाइड, डायरिया, पेचिश, आदि रोग फैल जाते हैं और ये कभी-कभी महामारी का रूप भी ले लेते हैं। दूषित जल में उपस्थित वायरस के यकृतशोथ, पीलिया व पोलियो जैसी भयंकर बीमारियाँ हो

जाती हैं। पेट व आँतों की बीमारियाँ जैसे : अतिसार, यकृत एप्सिस आदि भी प्रदूषित जल के पीने से ही होती हैं। अधिकांश छिछले व खुले कुओं के जल में नारू के कीटाणु होते हैं जिनका पानी पीने से नारू नामक कष्टप्रद रोग हो जाता है।

जीवाणुओं के अलावा प्रदूषित जल में अनेक रसायनों का मिश्रण होता है और उसके पीने से मानव पर विपरीत प्रभाव पड़ता है। जल में क्लोराइड की मात्रा अधिक होने से दाँत विकृत हो जाते हैं और जल के नाइट्रेट्स शरीर में पहुँचकर नाइट्राटस में परविर्तित होकर रक्त ऑक्सीजन वहन क्षमता को कम कर देते हैं। कृषि में प्रयुक डी.डी.टी. एवं अन्य कीटनाशकों और रसायनिक खादों के प्रदूषित जल पीने से अनेक असाध्य रोग हो जाते हैं।

2. जल जीवों एवं जलीय वनस्पति पर प्रभाव : जल प्रदूषण का सर्वाधिक प्रभाव जलीय जीवों एवं जलीय वनस्पति पर होता है क्योंकि इनका अस्तित्व जल में होता है और ये जलीय पारिस्थितिकी का अभिन्न अंग होते हैं। जल में घरेलू अपशिष्टों का मिश्रण हो अथवा औद्योगिक बहि:स्राव के रसायनों का, उसमें तापीय प्रदूषण हो या रेडियोधर्मी अथवा तेल प्रदूषण, सभी जलीय जीवन को हानि पहुँचाते हैं तथा उनका विनाश हो जाता है।

प्रदूषित जल में मछलियाँ मरने लगती हैं, क्योंकि उन्हें पर्याप्त ऑक्सीजन नहीं मिलती है। इसी कारण तेल फैलने से मछलियाँ सर्वाधिक प्रभावित होती हैं। रेडियाधर्मी पदार्थ जल-जीवों में प्रवेश कर अन्तत: उन्हें समाप्त कर देते हैं या उनके माध्यम से मनुष्य के शरीर में पहुँच जाते हैं।

जल प्रदूषण जलीय वनस्पतियों को भी अनेक प्रकार से प्रभावित करता है। जल में नाइट्रेट्स और फॉस्फेट के मिश्रित हो जाने से शैलाव में वृद्धि होती है। प्रदूषित जल में नीले हरित शैवाल और डायएटस (Diatous) आदि अधिक हो जाते हैं। इनकी अत्यधिक वृद्धि से एक तो सूर्य का प्रकाश अन्दर तक नहीं पहुँच पाता तथा अनेक व्यर्थ की वनस्पति का विकास हो जाता है और अनेक जलीय पौधे समाप्त हो जाते हैं। तापीय प्रदूषण से जलीय वनस्पति समाप्त हो जाती है तथा कवक व शैवालों की वृद्धि होती है जिससे जल में श्वसन तथा सड़न के फलस्वरूप ऑक्सीजन में कमी आ जाती है।

3. अन्य प्रभाव : प्रदूषित जल से उपर्युक्त वर्णित प्रभावों के अलावा अन्य कुछ प्रभाव भी पड़ते हैं, जिससे जल की पारदर्शिता में कमी आ जाती है, उसमें दुर्गन्ध आने लगती है तथा उसका स्वाद भी अरुचिकर हो जाता है। कार्बनिक अवशिष्टों के सड़ने से उसमें अमोनिया, हाइड्रोजन, सल्फाइड जैसे तत्त्वों में वृद्धि हो जाती है। अम्लीय तत्वों के परिणामस्वरूप जल विकृत हो जाता है तथा वह भारी हो जाता है। वाहित मल के विघटन से उत्पन्न गैस भी हानिकारक होती है तथा उनमें कभी-कभी पाइपों में विस्फोट भी हो जाता है।

निष्कर्ष रूप में हम कह सकते हैं कि जल प्रदूषण मनुष्य, पशु, जलीय जीव, जलीय वनस्पति को अनेक प्रकार से हानि पहुँचाता है। इसके फलस्वरूप पर्यावरण व वायुमण्डल भी अशुद्ध हो जाता है। इससे सामान्य जलीय पारिस्थितिकी तंत्र में भी असंतुलन उत्पन्न हो जाता है, जिसका परिणाम भविष्य में अत्यधिक हानिकारक होता है। यह एक विश्व व्यापी समस्या है जिस पर समुचित ध्यान देकर वर्तमान अपितु भविष्य को भी सुरक्षित बनाया जा सकता है।

जल प्रदूषण नियन्त्रण
(Control of Water Pollution)

जल प्रदूषण आज विश्वव्यापी समस्या है और इसके नियंत्रण के लिए विकसित देश उच्च तकनीक का प्रयोग करने लगे हैं और एक सीमा तक उसे नियंत्रित करने में सफल सिद्ध हुए हैं। लेकिन आज यह तकनीक अत्यधिक महँगी होने के कारण विकासशील देश इसे उपयोग में नहीं ला सकते हैं। अत: विकास देशों के सम्मुख यह जल प्रदूषण की समस्या बनी हुई है। विश्व संगठन भी इस समस्या के निवारण हेतु सचेष्ट है और अनेक देशों ने नियन्त्रण हेतु कानून भी बनाए हैं। लेकिन यह समस्या मात्र कानून बनाने से हल नहीं हो सकती है। इसके लिए सामान्य जानता में जागृति उत्पन्न कर जन-जन को इसमें भागीदार बनाना पड़ेगा।

जल शोधन की विधियाँ
(Methods of Water Purification)

जल शोधन की निम्नलिखित दो विधियाँ प्रमुख हैं :

1. **जल शोधन की प्राकृतिक विधि (Natural Method of Water Purification) :** इस विधि में अनेक बलों जैसे गुरुत्वाकर्षण, तनुकरण, तापमान, सूर्य का प्रकाश, समय, जीवाणु, जलीय वनस्पति आदि से अशुद्धियों की मात्रा कम होती रहती है। इस प्राकृतिक शोधन को स्वत: शोधन भी कहा जाता है क्योंकि यह प्रक्रिया प्रकृति में निरन्तर अबाध गति से चलती रहती है।
2. **जल शोधन की कृत्रिम विधि (Artificial Method of Water Purification) :** घरों में प्रयोग आने वाले जल का शोधन अनेक प्रकार से किया जाता है, जिनमें जल की कठोरता का निष्कासन करके, उबालकर, छानकर, तलछट करके, आसुतिकरण से, रसायनिक उपचार से तथा जीवाणुनाशन या क्लोरीनीकरण द्वारा आदि विधियाँ प्रमुख हैं।

जल प्रदूषण नियन्त्रण के उपाय : जल प्रदूषण नियन्त्रण हेतु कतिपय सामान्य उपाय निम्नलिखित हैं :

1. घरेलू बहि:स्राव एवं वाहित मल को उपचारित करने के पश्चात् ही किसी जल स्रोत में डाला जाए।
2. उपचारित गंदे पानी का उपयोग सिंचाई के लिए किया जा सकता है क्योंकि इसमें उर्वरता अधिक होने से इसका उपयोग विशेषत: सब्जियों के उत्पादन में किया जा सकता है।

3. पेयजल स्रोतों के समीप गंदगी एकत्रित न होने दें, उनके चारों तरफ पक्की दीवार बनाकर उनमें नहाने व कपड़े धोने पर पूर्णत: प्रतिबंध लगा देना चाहिए।
4. उद्योगों द्वारा वाहित प्रदूषित जल, स्रोतों में न डाला जाए। उद्योगों में जल उपचार संयंत्र लगाए जाएँ और उपचारित जल ही नदियों आदि में छोड़ा जाए।
5. कृषि में कीटनाशक दवाइयों का प्रयोग सीमित किया जाए और डी.डी.टी. तथा अन्य स्थायी प्रकार के कीटनाशकों पर प्रतिबंध लगा दिया जाए।
6. नगरों व महानगरों में शौच हेतु पर्याप्त व्यवस्था हो तथा नदी व जलाशयों के निकट शौच जाने पर रोक लगा दी जाए। सुलभ शौचालयों का निर्माण किया जाए।
7. जल को शुद्ध करने वाले जीवों को संरक्षण दिया जाए।
8. जल स्रोतों में मृत लाशें न बहाई जाएँ।
9. जल की अनावश्यक शैवाल व अन्य पौधों की सफाई कर देनी चाहिए।
10. पेयजल स्रोत को समय-समय पर जीवाणु मुक्त किया जाए।
11. सरकारी स्तर पर जल के प्रदूषण की नियमित जाँच होनी चाहिए।
12. जनजागृति व स्वयं सेवी संस्थाओं का सहयोग भी आवयक है।

जल संरक्षण की विधियाँ (Techniques of Water Conservation) : जल संरक्षण की प्रमुख विधियाँ निम्नलिखित हैं:

1. जल की उचित वितरण व्यवस्था (Proper distribution system of Water)
2. भूमिगत जल का विवेकपूर्ण प्रयोग (Rational use of underground water)
3. वनस्पति विनाश पर नियन्त्रण (Control over deforestation)
4. जल प्रदूषण से बचाव (Protection of water for Pollution)
5. अपशिष्ट जल का शोधन (Purification of waste water)

जल प्रदूषण को नियन्त्रित करने हेतु किए जाने वाले सरकारी प्रयास

किसी भी देश की सरकार को जल प्रदूषण नियन्त्रण के लिए निम्नलिखित प्रयास करने चाहिए :

1. जल स्रोतों के जल प्रदूषण की स्थिति ज्ञात करने के लिए सर्वेक्षण।
2. औद्योगिक संस्थानों एवं इकाइयों द्वारा जल स्रोतों में अपशिष्टों के प्रवाहित होने की निगरानी।
3. प्रदूषित जल शोधन की विधियों का विकास।
4. स्थानीय संस्थानों और औद्योगिक इकाइयों को जल प्रदूषण नियन्त्रण हेतु उपाय सुझाना।
5. पर्यावरण एवं जल प्रदूषण संबंधी शोध एवं अनुसंधान।
6. जल साधारण को प्रदूषण के प्रति जागरूक करना।
7. जल प्रदूषण नियन्त्रण के लिए नियम एवं कानून बनाना तथा उसका कठोरतापूर्वक पालन करवाना।
8. जल प्रदूषण फैलाने वालों को दण्डित करना आदि।

भारत सरकार ने **1974** में **जल प्रदूषण नियन्त्रण अधिनियम** पारित करके जल प्रदूषण के रोकथाम की पहल की है। गंगा को प्रदूषणमुक्त करने के लिए **केन्द्रीय गंगा प्राधिकरण** का गठन किया गया है।

ध्वनि प्रदूषण (Noise Pollution)

ध्वनि पैदा करना मानव तथा जीवधारियों का स्वाभाविक गुण है। ध्वनि या आवाज द्वारा ही एक-दूसरे के विचारों का आदान-प्रदान होता है। किन्तु अनावश्यक, असुविधाजनक तथा अनुपयोगी आवाज को **ध्वनि प्रदूषण** कहा जाता है। ध्वनि जब अप्रिय व अवांछनीय होने लगती है और कानों पर अतिरिक्त दबाव डालती है तब वही ध्वनि शोर का रूप धारण कर लेती है और कर्णेन्द्रियों व मस्तिष्क पर विपरीत प्रभाव डालती है।

मैक्सवेल ने शोर (ध्वनि) को परिभाषित करते हुए कहा है कि **''शोर वह ध्वनि है जो अवांछनीय है। यह वायुमण्डलीय प्रदूषण का एक प्रमुख प्रकार है।''**

मानव सामान्यतया अपने कानों से ध्वनि को एक निश्चित सीमा तक सुन सकता है, किन्तु जब उसके कान सुनने के लिए तैयार न हों तो वही **ध्वनि प्रदूषण है।**

आधुनिक, वैज्ञानिक, तकनीकी व औद्योगिक युग में निरन्तर बढ़ते हुए उद्योग-धन्धों, कल-कारखानों, मोटरों व रेलगाड़ियों आदि वाहनों, स्वचालित वाहनों, जेट व हवाई जहाजों की संख्या ने भी ध्वनि या आवाज को अप्रिय शोर बना दिया है। तेज आवाज का संगीत, धार्मिक व सामाजिक समारोह, जुलूस, जल सभाएँ आदि अनेक तत्व ध्वनि प्रदूषण के कारण बनते हैं, जो कि नगरीय सभ्यता की देन है।

शोर का मापन एवं प्रबलता : शोर एक सापेक्षिक तथ्य है जिसे अनुभव के आधार पर श्रेणीबद्ध करना कठिन है क्योंकि कुछ प्रकार की ध्वनियाँ किसी को तीव्र बनाती हैं तो किसी को मधुर। अत:

शोर मापनहेतु वैज्ञानिकों ने प्रयास किया और मापनहेतु डेसीबल (db/ Decibel Meter) का विकास किया।

तालिका
विभिन्न स्रोतों से ध्वनियों की प्रबलता

स्रोत	*प्रबलता (डेसीबल में)*	*अनुभव*
1. फुसफुसाहट	10-25	शांत
2. धीमा रेडियो	30-40	मधुर
3. वार्तालाप	50-60	सामान्य तेज
4. हल्का यातायात	70	शोरगुल
5. मोटर साईकिल	90	प्रबल
6. जेट इंजन	105	असुविधाजनक प्रबल
7. जेट का उड़ना	150	पीड़ाजनक

ध्वनि प्रदूषण के स्रोत (Sources of Noise Pollution)

ध्वनि प्रदूषण को दो वर्गों में विभक्त किया जाता है : **1. प्राकृतिक** (Natural/Physical) स्रोत, **2. मानवीय या कृत्रिम** (Human or Artifical) **स्रोत।**

ध्वनि प्रदूषण के दुष्प्रभाव (Harmful Effects of Noise Pollution)

वर्तमान में विविध स्रोतों के द्वारा ध्वनि प्रदूषण में निरन्तर वृद्धि हो रही है। ध्वनि द्वारा मानव सर्वाधिक प्रभावित होता है क्योंकि कानों के माध्यम से उसे तीव्र शोर की पीड़ा झेलनी पड़ती है। वैज्ञानिक प्रयोगों ने यह सिद्ध कर दिया है निरन्तर शोर भरे स्थानों पर रहने वाले लोगों में आंशिक या पूर्ण बहरापन आ जाता है। 80 डेसीबल से अधिक वाला शोर श्रवण-शक्ति पर विपरीत प्रभाव डालता है और 120 से अधिक डेसीबल शोर इसे विकृत कर देता है कि कानों की संवेदनशीलता व श्रवण शक्ति लगभग हो जाती है। 150 डेसीबल की ध्वनि त्वचा को सर्वथा जला डालती है और इससे अधिक की ध्वनि से मनुष्य की मौत भी हो सकती है। इसलिए 200 डेसीबल ध्वनि उत्पन्न करने वाले माइक अस्त्रों को विकसित किया गया है।

कानों के अलावा ध्वनि प्रदूषण से मानसिक रोग तथा सिरदर्द भी हो जाता हैं। फ्रांस में मानसिक तनाव के 70 प्रतिशत मामलों की वजह हवाई अड्डों का शोर है। शोर का प्रभाव हृदय व पाचन संस्थान पर पड़ता है। शोर का सर्वाधिक प्रभाव बच्चों पर पड़ता है, उनकी स्मरण-शक्ति कमजोर हो जाती है और पढाई में उनका ध्यान नहीं लगता है। शोर-शराबे में निरन्तर रहने वाले 60 प्रतिशत बच्चे पढ़ने में ध्यान नहीं दे पाते तथा 40 प्रतिशत बहरेपन का शिकार हो जाते हैं तथा अनेक में सिर-दर्द और चिड़चिड़ेपन की शिकायतें हो जाती हैं। शोर के कारण व्यक्ति के दैनिक जीवन में सामाजिक तनाव, लड़ाई-झगड़े, मानसिक अस्थिरता, कुण्ठा, पागलपन आदि अनेक दोष उत्पन्न हो जाते हैं। वास्तव में शोर मनुष्य को समय से पूर्व ही बूढ़ा व अशक्त कर देता है। प्रसिद्ध चिकित्सक **सेमुआन रोंजन** का इसी कारण विचार है कि **''आप चाहे शोर को क्षमा कर दें पर आपकी धमनियाँ नहीं करेंगी।''** कैलीफोर्निया विश्वविद्यालय के प्रोफेसर नोवेल जोन्स ने 2 लाख नवजात बच्चों का परीक्षण कर यह निष्कर्ष निकाला है कि शांत

ध्वनि प्रदूषण

1. प्राकृतिक स्रोत

(i) बादलों की गर्जन
(ii) बिजली की गर्जन
(iii) तूफानी तेज हवाएँ
(iv) भयंकर तूफान
(v) भयंकर जलवृष्टि
(vi) पहाड़ों की ऊँचाई से गिरते जल की ध्वनि
(vii) भूकम्प
(viii) ज्वार-भाटा
(ix) ज्वालामुखी का फटना
(x) दावानल का भयंकर प्रकोप आदि।

2. मानवीय या कृत्रिम स्रोत

- उद्योग धन्धे व मशीनें
- जल, स्थल एवं वायु परिवहन के साधन
- मनोरंजन के साधन एवं धार्मिक क्रियाकलाप
- अन्य कारण

(i) सड़क निर्माण हेतु इंजन चलाना
(ii) चुनावों का प्रचार
(iii) धार्मिक कथा-कीर्तन
(iv) विवाहोत्सवों में बैण्ड बजाना
(v) खनिज खनन
(vi) सेना द्वारा युद्धाभ्यास आदि।

स्थानों में रहने वाली गर्भवती महिलाओं की तुलना में शोरग्रस्त क्षेत्रों में रहने वाली गर्भवती महिलाओं द्वारा जन्मे शिशुओं में जन्मजात विकृतियाँ अधिक होती हैं। इस प्रकार ध्वनि या शोर प्रदूषण के दुष्प्रभाव मानव पर सर्वाधिक पड़ते हैं, जिन्हें देखकर व अनुभव करके ही आजकल शोर प्रदूषण के नियन्त्रण के उपायों पर विचार किया जा रहा है और उन्हें प्रयोग में लिया जा रहा है।

ध्वनि प्रदूषण पर नियन्त्रण (Control on Noise Pollution)

भौतिक विकास के इस युग में ध्वनि प्रदूषण का नियन्त्रण शत-प्रतिशत करने से तात्पर्य औद्योगिक विकास को बिल्कुल बंद कर देना है जो प्राय: असंभव है, फिर भी ध्वनि प्रदूषण के कुछ उपाय निम्नलिखित हैं :

1. ध्वनि प्रदूषण नियन्त्रण का सबसे सरल व उपयुक्त उपाय है कि ध्वनि के उद्गम के स्थान पर ही नियन्त्रण करना चाहिए। शोर करने वाले परिवहन के विभिन्न साधन जो कि खराब एवं जीर्ण अवस्था के कारण शोर उत्पन्न करते हैं, उनके परिचालन पर रोग लगा देनी चाहिए अथवा उन्हें आबादी वाले स्थानों से होकर निकलने पर रोक लगानी चाहिए।
2. सभी प्रकार के परिवहन साधनों के शोर को कम करने के लिए साइलेन्सर लगाना कानूनी रूप से आवश्यक कर देना चाहिए।
3. मोटर वाहनों के तेज और बहुध्वनि वाले हॉर्न बजाने पर प्रतिबंध लगाना चाहिए।
4. वाहनों में प्रयुक्त होने वाले ऐसे टायरों का निर्माण किया जाना चाहिए जिनमें कम आवाज उत्पन्न हो।
5. ध्वनि प्रदूषण के दुष्प्रभावों को रोकने के लिए ध्वनि प्रदूषण नियन्त्रण कानून बनाना चाहिए।
6. राष्ट्रीय स्तर पर ध्वनि प्रदूषण नियन्त्रण हेतु प्रयास किए जाने चाहिए।
7. जेट विमानों के शोर को कम करने के लिए उनके टर्बो को शोर अवशेषक का प्रयोग करना चाहिए।
8. बड़े-बड़े नगरों के समीप से **वाहिमार्ग** (By Pass) का निर्माण होना चाहिए।
9. नए कल-कारखानों को जिनके यंत्रों से अधिक प्रदूषण होता है, शहर से बाहर होना चाहिए।
10. ध्वनि प्रदूषण को नियन्त्रित करने के लिए जनता को शिक्षित एवं जागृत करना चाहिए।
11. विद्यार्थियों को अध्ययन के समय ध्वनि प्रदूषण के विषय में शिक्षा प्रदान करनी चाहिए।
12. बड़े-बड़े नगरों में ध्वनि नियन्त्रण केन्द्रों की स्थापना होनी चाहिए।
13. ध्वनि विस्तारक यन्त्रों को अत्यधिक जोर से नहीं बजाना चाहिए।
14. आवास-गृहों, विद्यालयों, चिकित्सालयों, पुस्तकालयों इत्यादि का निर्माण नगर के कोलाहल से दूर किसी शांत स्थान पर करना चाहिए आदि।

एक स्विस अध्ययन के अनुसार ध्वनि प्रदूषण से बचने के लिए चिकित्सालयों एवं विश्राम-गृह को राष्ट्रीय मार्गों से लगभग 300 मीटर से अधिक दूरी पर, आवास को 150 मीटर से अधिक दूरी पर कार्यालय को 30 मीटर से अधिक दूरी पर निर्मित करवाना चाहिए। विभिन्न प्रकार के भवनों के निर्माण के समय इन तथ्यों को ध्यान में रखने पर ध्वनि प्रदूषण से बचा जा सकता है।

भू-प्रदूषण (Land Pollution)

भूमि व मृदा प्रदूषण : पृथ्वी के धरातल के एक चौथाई भाग पर भूमि है, लेकिन उसमें मानव-उपयोग की भूमि का केवल 280 लाख वर्ग मील अर्थात् 448 लाख वर्ग किमी. है। इस भूमि का सही व समुचित उपयोग आज सम्पूर्ण विश्व का उत्तरदायित्व है, लेकिन विश्व में हो रही तीव्र जनसंख्या-वृद्धि की निरन्तरता से भूमि के उपयोग में विविधता व सघनता आ गई है। इसके फलस्वरूप उसका अनुपयुक्त तरीकों द्वारा उपयोग किया जा रहा है। परिणामस्वरूप '**भू-प्रदूषण**' की समस्या का जन्म हुआ और यह भू-प्रदूषण की समस्या आज विश्व के अनेक भागों की प्रमुख समस्य बनी हुई है।

'भू' अथवा 'भूमि' एक व्यापक शब्द है, जिसमें पृथ्वी का सम्पूर्ण धरातल समाहित है लेकिन मूल रूप से भूमि की ऊपरी परत, जिस पर कृषि की जाती है और मानव जीविकोपार्जन के लिए विविध क्रियाएँ करता है, वह विशेष महत्त्वपूर्ण है। इस परत का भूमि निर्माण विभिन्न प्रकार की शैलों में होता है जिनका क्षरण मृदा को जन्म देता है, जिसमें विभिन्न कार्बनिक एवं अकार्बनिक यौगिकों का मिश्रण होता है। जब मानवीय एवं प्राकृतिक कारणों से भूमि का प्राकृतिक स्वरूप व उसकी जैविक, रसायनिक गुणवत्ता नष्ट होने लगती है, तब भू-प्रदूषण का प्रारंभ होता है। उसे पारिभाषिक रूप से इस प्रकार कहा जा सकता है : **''भूमि के भौतिक, रसायनिक या जैविक गुणों में ऐसा अवांछित परिवर्तन जिसका प्रभाव मनुष्य एवं अन्य जीवों तथा पर्यावरण और पारिस्थितिकी पर पड़े या भूमि की गुणवत्ता तथा उपयोगिता नष्ट हो जावे, तब वह भू-प्रदूषण कहलाता है।''**

भूमि प्रदूषक (Land Pollutants) : भू-प्रदूषण समस्या यथार्थ में ठोस अपशिष्ट के निक्षेपण की ही समस्या है और इस प्रदूषण के लिए घरेलू, औद्योगिक, खनन, नगरपालिका, कृषि अपशिष्टों के साथ-साथ ही रसायनिक कृत्रिम उर्वरक तथा कीटनाशक व कवकनाशक तथा खरपतवार नाशक दवाइयों को प्रदूषकों की श्रेणी में

रखा जाता है। कभी-कभी अत्यधिक सिंचाई, कठोर जल, क्षारीय जल से भी भूमि प्रदूषित हो जाती है।

मृदा/भूमि प्रदूषण के स्रोत
(Source of Soil/Land Pollution)

मृदा/भूमि प्रदूषण के स्रोतों को दो भागों में विभक्त किया जा सकता है :

1. मृदा प्रदूषण के प्राकृतिक स्रोत (Natural Sources of Soil Pollution) :

(i) उत्खनन
(ii) ज्वालामुखी उद्गार
(iii) मृदा क्षरण
(iii) प्राकृतिक रसायनिक प्रदूषण

2. मृदा प्रदूषण के मानव-कृत स्रोत (Human Mode Source of Soil Pollution) :

(i) घरेलू अपशिष्ट (Domestic Wastes)
(ii) औद्योगिक अपशिष्ट (Industrial Wastes)
(iii) कृषि अपशिष्ट (Agricultural Wastes)
(iv) शहरी अवशिष्ट या नगरपालिका का अपशिष्ट (Municipal Wastes)
(v) वन विनाश (Deforestation)
(vi) खनन कार्य (Mining) आदि।

मृदा प्रदूषण के प्रभाव
(Effect of Soil Pollution)

मृदा प्रदूषण से जल प्रदूषण भी प्रारंभ होता है, अतः इसके दुष्प्रभाव अनेक होते हैं, लेकिन इनमें से कुछ प्रमुख प्रभाव निम्नलिखित हैं :

1. भू-दृश्यावली का विकृत होना।
2. अस्वच्छ स्थान पर अनेक कीड़े-मकोड़े, मक्खी-मच्छर उत्पन्न होकर बीमारियाँ फैलाते हैं।
3. दूषित मृदा पर उगाई गई सब्जियों एवं कंदमूल से अनेक रोग फेलते हैं और जन-स्वास्थ्य खराब होता है।
4. घर के आसपास अस्वच्छ वातावरण पैदा होने से मानसिक प्रसन्नता व उल्लास नहीं रहते।
5. कृषि उत्पादन भी घटता है।
6. भू-प्रदूषण अन्य प्रकार के प्रदूषणों की जैसे : वायु एवं जल प्रदूषण में वृद्धि करता है।
7. अपशिष्ट पदार्थों को समुद्रों में डालने की प्रवृत्ति से सामुद्रिक पारिस्थितिक तंत्र में असंतुलन आता जा रहा है।

भू-प्रदूषण के समाधान के उपाय
(Suggestions of Land Pollution)

भू-प्रदूषण क्योंकि ठोस अपशिष्ट के उचित निस्तारण न होने की ही प्रमुख समस्या है, अतः इस समस्या का निवारण अपशिष्ट निस्तारण द्वारा किया जा सकता है। विश्व के अनेक भागों में न केवल अपशिष्टों को समाप्त करने की पद्धतियों का विकास किया गया है लेकिन इनका पुनः उपयोग भी संभव बनाया गया है। इसमें कुछ विधियाँ अधिक खर्चीली हैं तथा कुछ सामान्य खर्च द्वारा ही सम्पन्न हो जाती हैं। अपशिष्ट निस्तारण की समान्य विधियाँ या प्रक्रियाएँ : **1.** महासागरों में अपशिष्ट निस्तारण, **2.** भस्मीकरण, **3.** रसायनिक प्रक्रिया द्वारा समाप्त करना, **4.** कम्पोस्ट बनाना, **5.** दारण (Rendering), **6.** विद्युत उत्पादन आदि। कूड़ा-करकट निस्तारण के लिए अनेक सुधार व प्रयोग किए जा रहे हैं। जैसे : गर्त में भरना, गंदगी को पाइन लाइन से वहन करना, गंदगी को प्लास्टिक की बोरियों में भरना, गंदगी एक स्थान पर कचरा पात्र में डालना, अत्यधिक दबाव डालकर ईंटें बनाना, गर्म करके मिथेन गैस प्राप्त करना, इनमें मिश्रित कार्बनिक तत्वों से चीनी अथवा प्रोटीन प्राप्त करना आदि।

परन्तु उपर्युक्त सुधारों के अलावा यह सबसे अधिक आवश्यक है कि सामान्य नागरिकों के व्यवहार में सुधार हो, नगरपालिकाएँ निस्तारण का उचित प्रबंध करे, औद्योगिक संस्थान अपशिष्टों को नष्ट करने की व्यवस्था करें, कृषि में उर्वरकों व कीटनाशकों का सीमित प्रयोग किया जावे। इन सबके साथ ही पर्यावरण प्रदान करना तथा प्रदूषण के खतरे के विरोध में जनजागृति आवश्यक है।

रेडियोधर्मी प्रदूषण
(Radio Active Pollution)

परमाणु विद्युतगृहों व संयंत्रों से रेडियोधर्मी प्रदूषण उत्पन्न हुआ। मनुष्य ने स्वयं ही अपने विनाश को निमंत्रण दिया। रेडियोधर्मिता का प्रभाव सैकड़ों-हजारों वर्षों तक बना रहता है जिनसे मानव भविष्य में भी भोगने को विवश होता है। खाद्य, वनस्पति, दूध, फल, सबजी आदि के प्रदूषित होने व अनेक रोगों के मूल कारण रेडियोधर्मिता ने मानव को खतरे में डाल दिया है और जरा-सी असावधानी से पूर्व सोवियत रूस जैसे राष्ट्र में चेरमोबिल दुर्घटना ने हजारों व्यक्तियों के प्राण ले लिए।

रेडियोधर्मी प्रदूषण के समाधान के उपाय
(Suggestion of Radio Active Pollution)

1. परमाणु परीक्षणों पर यथासंभव प्रतिबंध लगाना चाहिए। इस दिशा में अन्तर्राष्ट्रीय स्तर पर प्रयास चल रहे हैं।
2. कर्मचारियों को विकिरण स्रोत से सुरक्षित रखा जाना चाहिए।

3. विकिरण स्रोत के पास विकिरण सूचक लगे होने चाहिए जिससे कि उत्सर्जित विकिरण की पूर्ण जानकारी उपलब्ध होती रहे।
4. परमाणु रिएक्टर में दूरस्थ नियन्त्रण यंत्र (Remote Control Appliance) लगा होना चाहिए।
5. परमाणु रिएक्टर नगरों से पर्याप्त दूरी पर लगे होने चाहिए।
6. किसी भी नाभिकीय प्रक्रम से बन रहे रेडियोधर्मी समस्थानिकों का पूर्ण ज्ञान आवश्यक है ताकि समयानुसार उनके लिए आवश्यक सावधानियाँ रखी जा सकें।
7. यदि कोई व्यक्ति विकिरण से प्रभावित हो गया है तो उसे पर्याप्त समय के लिए विकिरण स्रोत से दूर रखना चाहिए। इसके लिए समय-समय पर कार्यरत कर्मचारियों का परीक्षण किया जाना चाहिए।
8. एक्स किरण (X-Rays) प्रयोगशालाओं में कार्यरत कर्मचारियों का फिल्म बैज का प्रयोग करना चाहिए।
9. विकिरण से प्रभावित व्यक्तियों का चिकित्सालय में निरीक्षण कर उनकी उपयुक्त चिकित्सा की जानी चाहिए।
10. नाभिकीय थियेटर में सामान्य व्यक्तियों का प्रवेश निषेध होना चाहिए। यदि सामान्य दर्शक उनमें प्रवेश करें तो सभी सावधानियाँ बरती जानी चाहिए।

सारांश (Conclusion) : विभिन्न प्रकार के प्रदूषणों की चर्चा करते हुए यह सोचते भी भय होने लगा है कि आखिर प्राणी इस पृथ्वी पर जीवित कैसे हैं ? उसे खाने, पीने, सोने, साँस लेने अथवा कोई भी कार्य करने में निरापदता की बात नहीं आती। यह अनजाना भय, अनचाही आशंका और कभी भी अप्रिय घटना की संभावना ने मनुष्य का जीवन दूभर कर दिया है। इसका अधिक दोष बढ़ती आबादी है जिसने अधिक औद्योगिक प्रगति को बढ़ावा दिया है जिससे अधिक प्रदूषण फैलता है। दूसरा दोष देश की आर्थिक व्यवस्था को दिया जा सकता है, क्योंकि भूतपूर्व प्रधानमंत्री स्वर्गीय **इंदिरा गांधी** के शब्दों में:

"Population leads to Poverty and Pollution is the out Come of Poverty."

इसी के परिणामस्वरूप आर्थिक विपन्नता वाले देशों में प्रदूषण की समस्या अधिक है। इससे भी अधिक उत्तरदायी हमारे देश की सामाजिक एवं नागरिक उत्तरदायित्व न वहन करने की आदत है। न तो वर्तमान पीढ़ी इस तरफ स्वयं ध्यान देती है ओर न ही भावी पीढ़ी को सिखाने का प्रयत्न करती है। वस्तुओं के ठीक से उपयोग न करने, जीवन की शैली को अव्यवस्थित रूप से ही चलाये जाने तथा अपने स्वार्थ और सुविधा के लिए दूसरे की परेशानियों की तरफ ध्यान न देने से ही कई समस्याओं ने जन्म लिया है जिसमें प्रदूषण भी एक है व मुख्य है।

प्रशासन चाहे जितनी योजनाएँ बनाए, कितनी की व्यवस्थाएँ करे, प्रदूषण को रोका नहीं जा सकता। इसको नियंत्रित अथवा कम अवश्य किया जा सकता है। पर इसमें निसंदेह आम आदमी को प्रभावी भूमिका निभानी होगी।

ओजोन निम्नता/अवक्षय (Ozone Depletion)

वायुमण्डल में स्थित **'ओजोन परत का कवच'** मानव-जीवन के लिए महत्त्वपूर्ण है, क्योंकि वह सूर्य से आने वाली **'पराबैंगनी किरणों'** (Ultravoialate Rays) को ढाल की भाँति रोककर जन-जीवन की रक्षा करता है। ये हानिकारक किरणें भू-मण्डल पर आकर हमारे शरीर में त्वचा कैंसर, आँखों में मोतियाबिंद उत्पन्न कर अंधापन बढ़ाती हैं तथा इससे जल-जीव एवं फसलों पर भी दुष्प्रभाव पड़ता है।

वायुमण्डल में ओजान की मात्रा बहुत कम होती है, यह भी अधिकांशत: स्ट्रेटो स्फीयर अर्थात् 25 से 48 किमी. की ऊँचाई पर होती है। ओजोन सूर्य की पराबैंगनी विकिरणों से, ऑक्सीजन के अणुओं के प्रकाश अपघटन के फलस्वरूप बनती है तथा वायुमण्डल की लगभग 99 प्रतिशत पराबैंगनी सौर किरणों में अपने में समाहित कर लेती है। साधारणत: ओजोन निर्माण प्राकृतिक एवं सन्तुलित रूप से चलता रहता है लेकिन कतिपय प्रदूषक तत्व इसमें व्यतिक्रम डालते हैं तो ओजोन परत में 'छिद्र' हो जाते हैं अथवा उसकी मात्रा में कमी आने लगती है जो सम्पूर्ण पृथ्वी के जीव-जन्तु के लिए संकट का कारण बनती है।

वर्ष 1985 में अनेक वैज्ञानिकों ने सनसनीखेज खबर दी कि अंटार्कटिका महाद्वीप के वायुमण्डल में सितम्बर माह में ओजोन की मात्रा कम हो जाती है तत्पश्चात् पुन: स्तर पर आ जाती है। बाद के प्रयोग से इस जानकारी की पुष्टि हुई कि **'ओजोन छिद्र'** का विकास हो रहा है। इसका कारण वैज्ञानिकों ने ओजोन परत में क्लोरीन यौगिकों की मात्रा आश्चर्यजनक रूप से बढ़ जाने को बताया है जिसमें फ्लोरीन मिश्रित तत्वों की अधिकता होती है। एक निश्चित मात्रा के बाद क्लोरीन ओजोन का विघटन प्रारंभ कर देता है। ओजोन परत को नष्ट करने में सबसे अधिक योग **क्लोरोफ्लोरो कार्बन** का है। क्लोरोफ्लोरो कार्बन ऐसे रासायनिक यौगिक हैं जिनमें कार्बन और हाइड्रोजन परमाणुओं के अतिरिक्त क्लोरीन और फ्लोरीन परमाणु भी होते हैं। ये औद्योगिक रूप से महत्त्वपूर्ण यौगिक हैं जिनका प्रयोग प्रशीतकों (रेफ्रिजरेन्ट) के रूप में किया जाता है। यदि इन योगिकों का उत्पादन वर्तमान दर से होता रहा तो अगले सौ वर्षों में वायुमण्डल की ओजोन में 7 से 13 प्रतिशत की कमी आ जाएगी। इसका प्रभाव जन-जीवन पर अत्यधिक हानिकारक होगा।

18 मानचित्र कला

भौगोलिक अध्ययनों के उपकरण के रूप में मानचित्र

मानचित्रों के प्रकार (Types of Maps) : मानचित्र या 'मैप' (Map) शब्द लैटिन भाषा के 'मैप्पा' (Mappa) शब्द से बना है। चिरसम्मत (Classical) लैटिन में 'मैप्पा' का अर्थ 'कपड़े का मेजपोश' अथवा रूमाल होता है। अत: मध्यकालीन युगों में कपड़े पर बने संसार के चक्र मानचित्र 'मैप्पा मुण्डी' (Mappa Mundi) कहे जाने लगे। संभवतया 'मैप्पा मुण्डी' शब्द को सर्वप्रथम 840 में सेन्ट रिक्वीयर के मिकन (Mican) नामक मठाधीश ने प्रयोग किया था तथा बाद में यह शब्द इतना प्रचलित हो गया कि सभी मध्यकालीन संसार मानचित्रों को कई शताब्दियों तक इसी नाम से पुकारा जाता रहा था।

मानचित्र का अर्थ तथा परिभाषा (Meaning and Definition of Map) : फिंच तथा ट्रिवार्था के अनुसार, 'निश्चित मापनी के अनुसार धरातल के किसी भाग के लक्षणों के समतल सतह पर निरूपण' को मानचित्र की संज्ञा दी है।

ईरविन रेंज के अनुसार, 'अपनी प्राथमिक संकल्पना में कोई मानचित्र धरातल के प्रतिरूप का ऊपर की तरफ से देखा गया रुढ़ चित्र होता है, जिसमें पहचान के लिए अक्षर लिख दिए जाते हैं।'

डडले स्टाम्प के अनुसार, 'धरातल अथवा उसके किसी भाग का तथा वहाँ के भौतिक और राजनीतिक लक्षणों आदि का अथवा खगोलीय पिण्डों का कागज अथवा किसी अन्य पदार्थ की समतल सतह पर निर्मित ऐसा चित्रण है, जिसमें अंकित प्रत्येक बिन्दु निश्चित मापनी या प्रक्षेप के अनुसार अपनी भौगोलिक अथवा खगोलीय स्थिति के अनुरूप स्थित होता है।'

मानचित्र की सही परिभाषा **आर.पी. मिश्रा** तथा **ए. रमेश** के अनुसार, 'समस्त पृथ्वी या उसके किसी भाग, आकाश या किसी अन्य आकाशीय पिण्ड के दृश्य तथा विचारे गए अवस्थितिक व वितरणात्मक प्रतिरूपों का मापनी के अनुसार प्रतीकात्मक आरेख मानचित्र कहलाता है।'

मानचित्र की मूल संकल्पनाएँ (Basic Concepts of Map) : मानचित्र की मूल संकल्पनाओं से हमारा तात्पर्य उन लक्षणों से हैं। जो कुछ अपवादों को छोड़कर सभी प्रकार के मानचित्रों में सदैव विद्यमान रहते हैं। विभिन्न विद्वानों के द्वारा दी गई मानचित्र की परिभाषाओं से मानचित्र की पाँच मूल संकल्पनाओं या लक्षणों पर प्रकाश पड़ता है। ये संकल्पनाएँ निम्न हैं :

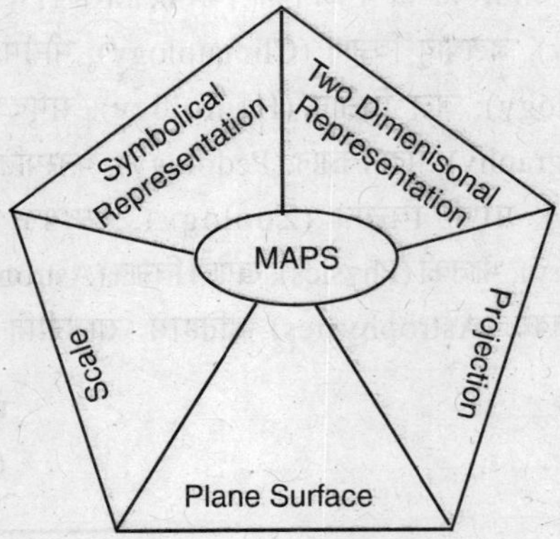

चित्र : *मानचित्र की संकल्पनाएँ*

मानचित्र के उद्देश्य (Purpose of Maps) : मानचित्र बनाने के दो प्रमुख उद्देश्य हैं : **प्रथम,** हमारी पृथ्वी का आकार इतना विशाल है कि उसके सम्पूर्ण भाग को एक साथ आँख से देखना असंभव है। मानचित्र पृथ्वी के आकार व आकृति को मापनी के अनुसार छोटा करके बोधगम्य बनाते हैं। धरातल पर स्थलाकृति आकृतियाँ कहाँ-कहाँ किस-किस प्रकार ही हैं, विभिन्न क्षेत्रों में नदियों का प्रवाह किस तरफ को है, वहाँ की चट्टानें, वनस्पति मिट्टियाँ, खनिज सम्पदा और जन्तु सृष्टि किस-किस भाँति की है, किसी प्रदेश में जलवायु की दशाएँ कैसी रहती हैं, पृथ्वी पर जनसंख्या का वितरण एवं बस्तियों के प्रतिरूप किस प्रकार के हैं, वहाँ के अर्विक व्यवसाय जैसे कृषि, कारखाने, परिवहन तथा व्यापार आदि की क्या अवस्था है तथा सामाजिक सांस्कृतिक और राजनीतिक प्रणालियाँ कैसी हैं—इस प्रकार के भौगोलिक तथ्यों एवं कारकों को स्पष्ट करना मानचित्रों का उद्देश्य होता है।

द्वितीय धरातल पर विान्नि प्रकार के भौतिक, आर्थिक, समाज-सांस्कृतिक तथा राजनीतिक प्रतिरूप साथ-साथ पाए जाते हैं। इन विवरणों में से केवल आवश्यकतानुसार छाँट गए विवरणों को प्रदर्शित करने के मानचित्र महत्त्वपूर्ण साधन होते हैं। इसके अलावा धरातल पर दृष्टिगत न होने वाले प्रतिरूपों को भी मानचित्रों द्वारा प्रकट किया जा सकता है। यद्यपि इस कार्य के लिए आरेख, चार्ट, मानारेख व रेखा मानचित्र भी बनाये जाते हैं, परंतु ये विधियाँ गौण हैं तथा इन्हें मानचित्रों की कोटि में नहीं गिना जाता।

मानचित्रों का उपयोग (Use of Maps) : समस्त संसार के मानचित्रों का उपयोग दिन-प्रतिदिन बढ़ता जा रहा है। विभिन्न देशों में प्राकृतिक संसाधनों (Natural Resources) की खोज हो रही है। इन संसाधनों को अंकित करने के लिए तथा मानव जीवन के आर्थिक, सामाजिक, सांस्कृतिक तथा राजनीतिक पक्षों को प्रदर्शित करने के लिए मानचित्रों का निर्माण एवं उपयोग किया जाता है।

भूगोल में मानचित्रों का सबसे अधिक प्रयोग होता है,अत: कभी-कभी मानचित्र को '**भूगोलवेत्ता का उपकरण**' कहा जाता है। भूगोल के अतिरिक्त अन्य अनेकों विषयों, जैसे : भू-विज्ञान (Geology), जलवायु विज्ञान (Climatology), मौसम विज्ञान (Meterology), जल विज्ञान (Hydrology), समुद्र विज्ञान (Oceanography), मृदा विज्ञान (Pedology), वनस्पति विज्ञान (Botony), प्राणी विज्ञान (Zoology), रसायन विज्ञान (Chemistry), भौतिकी (Physics), खगोल विज्ञान (Astronamy), खगोलभौतिकी (Astrophysics), इतिहास, राजनीति शास्त्र, समाजशास्त्र, अर्थशास्त्र, मानव विज्ञान (Anthropology), कृषि, व्यापार एवं वाणिज्य, नौ संचालन, परिवहन तथा पत्रकारिता आदि में रेखाचित्रों व मानचित्रों का प्रयोग बढ़ रहा है। सैन्य विज्ञान में मानचित्रों का विशेष स्थान प्राप्त है। इतिहास इस बात का गवाह है कि किसी देश के सैनिकों ने मानचित्रों के पढ़ने में जितनी अधिक भूलें की हैं उतना ही उन्होंने पराजय का मुँह अधिक देखा है।

मानचित्रों का वर्गीकरण/प्रकार (Types/Classification of Maps) : मानचित्र वर्गीकरण के चार प्रमुख आधार होते हैं : **1.** मापनी, **2.** स्थलाकृति लक्षणों की मात्रा, **3.** मानचित्र की अन्तर्वस्तु या उद्देश्य तथा **4.** रचना शैली।

मानचित्रों के प्रकार

(Types of Maps)

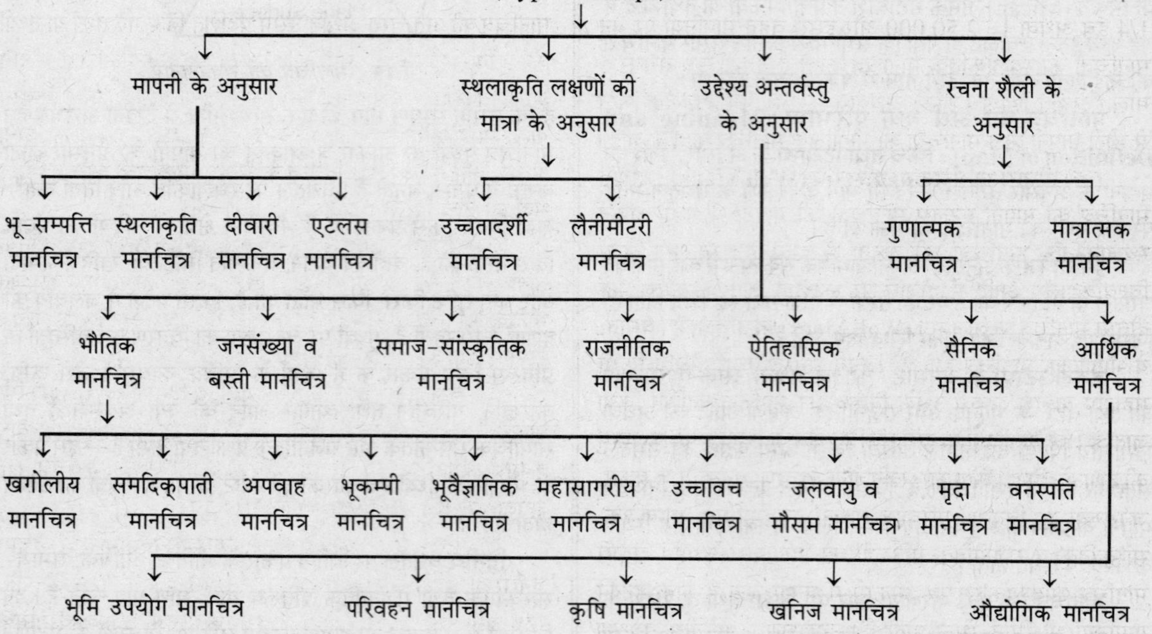

1. मापनी के अनुसार मानचित्रों के भेद : मापनी के आधार पर मानचित्रों को प्राय: दो भागों में बाँटा जा सकता है : **1.** वृहत मापनी मानचित्र (Large Scale Maps) तथा **2.** लघुमान मानचित्र (Small Scale Maps)। भू-सम्पत्ति मानचित्रों, नगरों के प्लानों तथा स्थलाकृत मानचित्रों को वृहत् मापनी वाले मानचित्रों की संज्ञा देते हैं तथा दीवारी मानचित्र व एटलस मानचित्र लघुमान मानचित्र कहलाते हैं।

(i) **भू-सम्पत्ति मानचित्र (Cadastral Maps) :** 'कैडस्ट्रल' शब्द फ्रांसीसी भाषा के 'कैडस्टर' (Cadestre) शब्द से बना है, जिसका अर्थ 'सम्पत्ति रजिस्टर' होता है। वृहत् मापनी पर बनाए गए नगरों के प्लान, जिनमें मार्ग व नागरिकों के भवनों की सीमाएँ अंकित हों अथवा किसी ग्राम का मानचित्र, जिसमें खेतों की सीमाएँ, मार्ग, जलाशय, पूजा गृह, कुएँ आदि को प्रदर्शित किया गया हो, भूसम्पत्ति मानचित्र कहे जाते हैं। भूमि भवन कर एवं लगान आदि वसूल करने के लिए अथवा नागरिकों के भूमि संबंधी विवादों को हल करने के लिए लगभग प्रत्येक देश की सरकार के द्वारा इस प्रकार के मानचित्र बनवाए जाते हैं। कर प्राप्त करने के अलावा, नगर योजना एवं ग्रामीण भूमि उपयोग आयोजना संबंधी अध्ययनों के लिए ये मानचित्र परम उपयोगी होते हैं।

हमारे देश के ग्रामों के मानचित्र, जो 1 : 3,960 (अर्थात् 16 इंच = 1 मील) से 1 : 1,980 (अर्थात् 32 इंच = 1 मील) तक की मापनियों पर बनाए गए हैं, इस प्रकार के मानचित्रों के उदाहरण हैं।

ब्रिटेन के 25.344 इंच = 1 मील तथा 6 इंच = 1 मील की मापनी वाले प्लान, जिन्हें क्रमश: '25 इंच प्लान' तथा '6 इंच प्लान' नामों से पुकारा जाता है। अत: भू-सम्पत्ति मानचित्र की संज्ञा देना अशुद्ध कहा जाएगा।

***(ii)* स्थलाकृति मानचित्र (Topographical Maps) :** भारतीय सर्वेक्षण विभाग के अनुसार पर्याप्त मत्रा में वृहत् मापनी पर बना कोई मानचित्र, जिसमें अंकित प्रत्येक लक्षण क आकृति एवं स्थिति को देखकर उसे धरातल पर पहचाना जा सके, स्थलाकृतिक मानचित्र कहलाता है।

इसके विपरीत भौगोलिक मानचित्र (Geographical Maps) इतनी लघु मापनी पर बना होता है कि उसके व्यक्तिगत लक्षणों का धरातल पर पहचान हेतु निरूपण करना असंभव होता है। सामान्यतया 1/4 इंच अथवा 1 : 2,50,000 और इससे वृहत् मापनियों पर बने मानचित्रों को स्थलाकृतिक मानचित्र कहते हैं तथा 1 इंच बराबर 4 मील (अर्थात् 1/4 इंच शीट) अथवा 1 : 2,50,000 निरूपक भिन्न से छोटी मापनी वाले मानचित्रों को भौगोलिक मानचित्र कहा जाता है।

***(iii)* दीवारी मानचित्र या वॉल मैप (Wall Maps) :** दीवारी मानचित्र की मापनी एटलस मानचित्रों की मापनी से बड़ी लेकिन स्थलाकृतिक मानचित्रों की तुलना में होती है। स्कूल/कॉलेज/विश्वविद्यालय आदि में दीवारों पर लटकाए जाने के कारण इन्हें दीवारी मानचित्र या वॉल मैप (Wall Maps) कहा जाता है। वस्तुत: ये भौगोलिक मानचित्र होते हैं, जिनमें समस्त पृथ्वी अथवा किसी महाद्वीप या देश अथवा उसके किसी छोटे भाग को प्रदर्शित किया जाता है। इन मानचित्रों के द्वारा संबंधित क्षेत्र के स्थल रूपों, जलवायु की दशाओं, मिट्टी क्रे प्रकार, खनिजों के वितरण, वनस्पति के प्रकार, जनसंख्या का वितरण, परिवहन साधनों एवं आर्थिक, सामाजिक, सांस्कृतिक व राजनीतिक प्रतिरूपों को दिखाया जाता है। दीवारी मानचित्र आवश्यकतानुसार आकारों में बनाए जाते हैं अत: इनकी मापनियाँ भी भिन्न-भिन्न होती हैं। उदाहरणार्थ, भारतीय सर्वेक्षण विभाग के द्वारा बनाए गए दीवारी मानचित्रों की मापनियाँ 1 : 1,50,00,000 से 1 : 25,00,000 तक है।

***(iv)* एटलस मानचित्र (Atlas Maps) :** मानचित्रावलियों के मानचित्र प्राय: 1 : 20,00,000 से छोटे मापनी पर बनाए जाते हैं। मानचित्रावलियाँ भिन्न-भिन्न आकारों में मुद्रित की जाती हैं, अत: उनके मानचित्रों की निरूपक भिन्नों में पर्याप्त अन्तर मिलता है।

2. स्थलाकृति लक्षणों की मात्रा के अनुसार मानचित्रों के भेद : उपर्युक्त आधार पर मानचित्रों के निम्नलिखित दो भेद होते हैं :

(i) **उच्चतादर्शी मानचित्र (Hypsometric Map) :** उच्चतादर्शी मानचित्रों में स्थलाकृतिक लक्षण (Topographical Features) तथा उच्चावच (Relief) के निरूपण पर विशेष बल दिया जाता है। विभिन्न देशों के सर्वेक्षण विभाग के द्वारा बनाए गए स्थलाकृतिक मानचित्र, जिनमें हैश्यूर प्रणाली, समोच्च रेखाओं, तल चिन्हों तथा स्थानिक ऊँचाईयों (Spot height) आदि की सहायता से उच्चावच प्रदर्शित किया जाता है, उच्चतादर्शी मानचित्रों के उदाहरण हैं।

(ii) **प्लैनीमिट्रिक मानचित्र** (Planimatric Map) : जिन मानचित्रों में स्थलाकृतिक लक्षणों के बजाय सांस्कृतिक एवं आर्थिक तत्वों के निरूपण को प्रधानता दी जाती है, उन्हें प्लैनीमीट्रिक मानचित्र कहते हैं। इन मानचित्रों में समुद्र तल से ऊँचाई प्रकट करने के लिए केवल कुछ विशेष स्थानों पर अंकों में ऊँचाई लिख देते हैं।

3. उद्देश्य या अन्त:वस्तु के अनुसार मानचित्रों के भेद : प्रत्येक मानचित्र को बनाने के पीछे कोई न कोई उद्देश्य अवश्य होता हे, जिसे मानचित्र की अंत:वस्तु अर्थात् उसमें प्रदर्शित किए गए तथ्य या तथ्यों को देखकर भली-भाँति समझा जा सकता है। चूँकि मानचित्रों के द्वारा अनेक विषयों से संबंधित बातों का निरूपण किया जाता है, अत: अंतवस्तु या उद्देश्य के आधार पर मानचित्रों के प्रकारों की सही-सही गणना करना अत्यन्त कठिन कार्य है। अंतर्वस्तु के अनुसार मानचित्रों के कुछ प्रमुख भेदों को नीचे लिखा गया है।

(i) **भौतिक मानचित्र (Physical Maps) :** प्राकृतिक वातावरण के तत्वों का वितरण प्रदर्शित करने वाले मानचित्रों को भौतिक मानचित्रों की संज्ञा दी जाती है। कुछ भौतिक मानचित्र निम्नलिखित हैं :

(a) खगोलीय मानचित्र, (b) समदिक्पाती मानचित्र, (c) भूकम्पी मानचित्र, (d) भूवैज्ञानिक मानचित्र, (e) उच्चावच मानचित्र, (f) जलवायु व मौसम मानचित्र, (g) मृदा मानचित्र, (h) वनस्पति मानचित्र, (i) अपवाह मानचित्र, (j) महासागरीय मानचित्र।

(ii) **जसंख्या व बस्ती प्रतरूप : जनसंख्या मानचित्रों** के द्वारा जनसंख्या का वितरण, घनत्व, जनसंख्या वृद्धि, स्त्री-पुरुष अनुपात, आयु वर्ग, जन्म व मृत्यं की दरें तथा जनसंख्या की व्यावसायिक संरचना आदि को प्रकट करते हैं। बस्ती मानचित्र में किसी प्रकार या ग्राम की बनावट या विन्यास तथा परिवहन मार्गों के जाल को प्रदर्शित किया जाता है।

(iii) **समाज सांस्कृतिक मानचित्र :** धर्म, जाति, भाषा, शिक्षा, वेशभूषा, स्वास्थ्य, कला, मनोरंजन एवं पर्यटन आदि से संबंधित मानचित्रों को समाज सांस्कृतिक मानचित्रों की संज्ञा दी जाती है।

(iv) **राजनीतिक मानचित्र :** इन मानचित्रों में किसी देश की अंतर्राष्ट्रीय व प्रशासनिक सीमाएँ, राष्ट्रीय एवं प्रान्तीय राजधानियाँ तथा अन्य प्रशासनिक केन्द्रों को प्रदर्शित किया जाता है।

(v) **ऐतिहासिक मानचित्र :** प्राचीन काल में भिन्न-भिन्न राजा-महाराजाओं के अधिकार क्षेत्रों, दुर्गों आक्रमण मार्गों एवं ऐतिहासिक

महत्व के नगरों को दिखलाने वाले मानचित्र ऐतिहासिक मानचित्र कहलाते हैं।

(vi) **सैनिक मानचित्र :** सैनिकों के उपयोग हेतु बनाए गए ये मानचित्र कई प्रकार के होते हैं। सामान्य मानचित्र 1 : 10,00,000 या उससे छोटी मापनी पर बने होते हैं तथा इनमें मुख्य-मुख्य स्थल रूपों को प्रकट किया जाता है। उच्च सैनिक अधिकारी सामान्य नियोजन संबंधी कार्यों में इस प्रकार के मानचित्रों का प्रयोग करते हैं।

(vii) **आर्थिक मानचित्र :** आर्थिक क्रियाकलापों से संबंधित मानचित्रों को आर्थिक मानचित्र कहते हैं। ये मानचित्र अनेक प्रकार के हो सकते हैं। आर्थिक मानचित्रों के कुछ प्रकार निम्नलिखित हैं:

(a) भूमि उपयोग मानचित्र, (b) परिवहन मानचित्र, (c) कृषि मानचित्र, (d) खनिज मानचित्र, (e) औद्योगिक मानचित्र।

4. रचना शैली के अनुसार मानचित्रों के भेद : रचना-शैली के आधार पर मानचित्रों के दो प्रमुख भागों में विभाजित किया जा सकता है : *(i)* गुणात्मक (Qualitative) मानचित्र तथा *(ii)* मात्रात्मक (Quantitative) मानचित्र।

वितरण के स्थानिक प्रतिरूपों (पैटर्न) की अध्ययन तकनीकें, एकल उद्देश्यीय तथा मिश्र मानचित्र, वर्णमात्री (कोरोप्लेथ), सममान रेखा तथा छायावर्णी (कोरोक्रोमेटिक) मानचित्र और पाई आरेख

प्राकृतिक अथवा सांस्कृतिक वातावरण के किसी तत्व का दिए हुए क्षेत्र में वितरण प्रदर्शित करने वाले मानचित्र को वितरण मानचित्र की संज्ञा दी जाती है। चूँकि प्रत्येक मानचित्र में किसी न किसी तत्व का वितरण प्रदर्शित किया जाता है, अत: उपर्युक्त परिभाषा के अनुसार सभी प्रकार के मानचित्रों को वितरण मानचित्र कहा जा सकता है। भूगोल का उद्देश्य पृथ्वी तल पर भिन्न-भिन्न तत्वों के वितरणों का विश्लेषण व वर्णन करना है तथा वितरण मानचित्र इस उद्देश्य की पूर्ति के एक महत्त्वपूर्ण साधन होते हैं। इन मानचित्रों में प्रदर्शित किसी तत्व के वितरण का : *(i)* घनत्व, (Density), *(ii)* प्रतिरूप (Pattern) तथा *(iii)* परिक्षेपण (Dispersion) देखकर उस तत्व के आधार पर उन स्थानों या क्षेत्रों के तुलनात्मक महत्त्व को समझाया जा सकता है। यही कारण है कि भूगोल सहित अन्य अनेक विषयों में वितरण मानचित्रों का प्रयोग दिन-प्रतिदिन तेजी से बढ़ रहा है और आवश्यकतानुसार नए-नए प्रकार के मानचित्रों की रचना की जा रही है। वस्तुत: आधुनिक समय में वितरण मानचित्रों (Distribution Maps) का क्षेत्र इतना व्यापक हो गया है कि इनकी अन्तर्वस्तुओं (Contents) की सही-सही संख्या बतलाना एक कठिन कार्य है।

वितरण मानचित्र बनाते समय निम्नांकित तत्वों की आवश्यकता होती है :

1. उस प्रदेश का शुद्ध मानचित्र जिस पर प्रशासनिक क्षेत्र बने हों।

2. मानचित्रण सामग्री एवं आवश्यक उपकरण।

3. उस प्रदेश का स्थलाकृतिक मानचित्र जिस पर बस्तियाँ, सड़कें, नदियाँ व नहरें आदि बनी हों।

4. प्राकृतिक दशा मिट्टी तथा जलवायु प्रदर्शित करने वाले मानचित्र हों।

5. संबंधित तथ्यों के विश्वसनीय आँकड़े आदि।

वितरण मानचित्र बनाने के सामान्य नियम : प्रत्येक मानचित्र स्वत: स्पष्ट (Self explanatory) स्वच्छ एवं आकर्षक होना चाहिए। यदि किसी वितरण मानचित्र को समझने के लिए पुस्तक में लिखे गए विवरण को पढ़ने की आवश्यकता होती है तो वह मानचित्र निर्मूल व निरर्थक कहा जाएगा। कोई वितरण मानचित्र स्वत: स्पष्ट तभी हो सकता है जब उसमें सभी आवश्यक प्रारंभिक सूचनाएँ जैसे :

1. मानचित्र में प्रदर्शित क्षेत्र का नाम, **2.** मानचित्र की अन्तर्वस्तु का शीर्षक, **3.** आँकड़ों का वर्ष व प्राप्ति का स्रोत, **4.** मानचित्र में प्रयोग किए गए रूढ़ि चिन्हों, प्रतीकों, रंगों व अभावों का संकेत, **5.** मापनी तथा **6.** अक्षांश-देशान्तर व प्रक्षेप दी गई हों।

इनमें प्रथम पाँच सूचनाओं को सभी प्रकार के वितरण मानचित्रों में देखा आवश्यक होता है तथा प्रक्षेप संबंधी सूचना केवल बड़े-बड़े क्षेत्रों में वितरण मानचित्रों में ही दी जाती है।

वितरण मानचित्र उपयोगी होने के साथ-साथ आकर्षक भी होने चाहिए। इसके लिए निम्नलिखित बातों पर विशेष ध्यान दिया जाना चाहिए।

1. दिए गए आँकड़ों को मानचित्र में प्रदर्शित करने के लिए सही विधि का चयन करना परम आवश्यक है।

2. मानचित्र में रूढ़ चिन्ह, प्रतीक, छायाएँ, आरेख व आलेख आदि अंकित करने समय पूरी शुद्धता बरतनी चाहिए ताकि मानचित्र को देखकर एक ही दृष्टि में अन्तर्वस्तु या आँकड़ों के सभी भेद एकदम स्पष्ट हो जाएँ।

3. मानचित्र यथासंभव स्वच्छ होने चाहिए तथा उनमें दृष्टि को अपनी तरफ आकर्षित करने का गुण विद्यमान होना चाहिए। इस हेतु विद्यार्थियों को मानचित्रकला की तकनीकों व उपकरणों का समुचित ज्ञान होना आवश्यक है।

वितरण मानचित्र बनाने की विधियाँ (Method of Drawing Distribution Maps) : वितरण मानचित्र बनाने की विधियों को दो वर्गों में विभक्त किया जा सकता है :

1. अमात्रात्मक विधियाँ (Non-quantitative Methods)
2. मात्रात्मक विधियाँ (Quantitative Methods)

प्रथम प्रकार की विधियों के द्वारा बनाए गए वितरण मानचित्रों को **गुण प्रधान मानचित्र** (Qualitative Maps) कहते हैं तथा मात्रात्मक विधियों के अनुसार बनाए गए वितरण मानचित्र **सांख्यिकीय मानचित्र** (Statistical Maps) कहलाते हैं। गुण प्रधान मानचित्रों में किसी तत्व या वस्तु का वितरण दिखाते समय वितरण के घनत्व पर कोई ध्यान नहीं दिया जाता है अर्थात् इन मानचित्रों को देखने से प्रदर्शित किए गए तत्व के घनत्व की क्षेत्रीय न्यूनाधिकता का कोई बोध नहीं होता है। इसके विपरीत सांख्यिकीय मानचित्रों का मूल उद्देश्य किसी तत्व या वस्तु के मूल्य, मात्रा या घनत्व की क्षेत्रीय भिन्नता को चित्रित करना होता है। दोनों प्रकार के मानचित्रों का यही एकमात्र अन्तर है। वितरण मानचित्र बनाने की उपर्युक्त दोनों विधियों के मुख्य-मुख्य भेदों को नीचे दिया गया है:

वितरण मानचित्र बनाने की विधियाँ

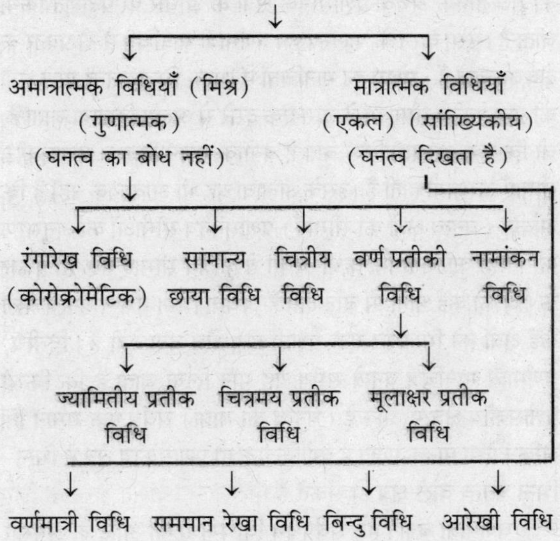

अमात्रात्मक विधियाँ (Non-quantitative Method)

अमात्रात्मक विधियों के निम्नलिखत पाँच प्रमुख भेद हैं :

1. रंगारेख विधि/कोरोक्रोमैटिक मानचित्र (Colour-patch Method/Chorocromatic Map): अमात्रात्मक वितरण मानचित्र बनाने की यह एक सरल व लोकप्रिय विधि है। इस विधि के अनुसार बनाए गए वितरण मानचित्रों को **रंगारेख मानचित्र** (Colour-patch Map), **रंगक मानचित्र** (Tint Map), **वर्ण मानचित्र** (Colout Map) तथा **कोरोक्रोमैटिक मानचित्र** (Chorochromatic Map) आदि, भिन्न-भिन्न नामों से पुकारते हैं। रंगों के प्रयोग के फलस्वरूप ये मानचित्र देखने में आकर्षक लगते हैं। इन मानचित्रों में भिन्न-भिन्न तत्वों या वस्तुओं के वितरण क्षेत्रों के रंग भरकर स्पष्ट करते हैं। प्राकृतिक प्रदेशों, राजनीतिक व प्रशासनिक क्षेत्रों, भूमि उपयोग के प्रकारों, भूवैज्ञानिक क्षेत्रों तथा प्राकृतिक वनस्पति व मिट्टियों के प्रकारों को प्रदर्शित करने के लिए प्राय: इस विधि का प्रयोग करते हैं।

रंगों के प्रयोग की दृष्टि से रंगारेख मानचित्रों को दो वर्गों में बाँटा जा सकता है। प्रथम प्रकार रंगारेख मानचित्रों में कोई मानचित्रकार रंगों का चयन करने में स्वतंत्र होता है अर्थात् वह अपनी रुचि व सुविधा के अनुसार भिन्न-भिन्न वितरण क्षेत्रों में इस प्रकार के रंग भरता है कि प्रत्येक क्षेत्र स्पष्ट दृष्टिगोचर हो जाए। इस उद्देश्य की पूर्ति हेतु वह आवश्यकता पड़ने पर एक ही रंग का कई स्थानों पर प्रयोग कर सकता है। संसार के राजनीतिक मानचित्र तथा राज्य, जनपद अथवा तहसीलें प्रदर्शित करने वाले प्रशासनिक रंगारेख मानचित्र इस वर्ग के उत्कृष्ट उदाहरण हैं। द्वितीय प्रकार के रंगारेख मानचित्रों में केवल अन्तर्राष्ट्रीय मान्यता के अनुसार निर्धारित रंग प्रयोग किए जो हैं। उदाहरणार्थ, आधुनिक भूवैज्ञानिक मानचित्रों में विभिन्न भूवैज्ञानिक संरचना वाले समीपवर्ती क्षेत्रों को पीले, हरे, नीले, बैंगनी (Violer) तथा लाल रंग की वर्णिक मापनी (Choromatic Scale) से मिलते-जुलते क्रम में रंगकर प्रदर्शित किया जाता है। इसी तरफ प्राकृतिक प्रदेश प्रदर्शित करने वाले रंगारेख मानचित्रों में पर्वतीय क्षेत्रों के गहरे भूरे रंग से, पठारी भागों को हल्के भूरे रंग से तथा मैदानों को पीले रंग से दिखलाते हैं, वनस्पति मानचित्रों में वनों के लिए हरे रंग का, घास के मैदानों के पीले रंग का तथा मरुस्थलीय वनस्पति के लिए भूरे रंग का प्रयोग होता है। ठीक उसी तरह सामान्य भूमि उपयोग अथवा नगरीय भूमि उपयोग के रंगारेख मानचित्रों से भिन्न-भिन्न कटिबंधों को पूर्व निश्चित रंगों के द्वारा प्रदर्शित किया जाता है।

कभी-कभी रंगारेख मानचित्र में कवल एक ही रंग की विभिन्न छायाओं के द्वारा वितरण के क्षेत्रों को प्रदर्शित किया जाता है। इस प्रकार के रंगारेख मानचित्रों को **स्तरित मानचित्र** (Layered Map) अथवा **स्तर रंगक मानचित्र** (Layer Lint Map) कहते हैं। उल्लेखनीय है कि जिन स्तरित मानचित्रों का उद्देश्य वितरण के घनत्व या मात्राओं का प्रकट करना होता है, उनकी गणना मात्रात्मक मानचित्रों में की जानी चाहिए।

2. सामान्य छाया विधि (Simple Shade Method) : यह विधि रंगारेख विधि के समान ही है। केवल इतना अंतर है कि इसमें रंगों के स्थान पर काली स्याही में बनाई गई छायाएँ या पारदर्शक कागज पर मुद्रित स्क्रीन प्रयोग में लाते हैं। यहाँ पर पुन: समझना आवश्यक है कि इस विधि के अनुसार बनाए गए छाया मानचित्र वर्ण मात्रा (Choropleth) विधि के द्वारा बनाए गए छाया मानचित्रों से भिन्न होते हैं। सामान्य छाया मानचित्र बनाने का एकमात्र उद्देश्य भिन्न-भिन्न प्रकार के क्षेत्रों को प्रदर्शित करना होता है तथा इन मानचित्रों

में प्रयुक्त छायाओं का वितरण के घनत्व से कोई संबंध नहीं होता। इसके विपरीत वर्णमात्री मानचित्रों में वितरण के घनत्व के अनुसार छायाओं को हल्का या भारी करना आवश्यक होता है।

3. चित्रीय विधि (Pictorial Method) : मानचित्र में चित्रों के माध्यम से वितरण प्रस्तुत करने की विधि को चित्रीय विधि कहते हैं। इस विधि में जिन-जिन वस्तुओं के स्थान, क्षेत्र या वितरण दिखलाने होते हैं, उन वस्तुओं के वास्तविक फोटो चित्रों पर आधारित रेखाचित्रों को मानचित्र में यथास्थान बना दिया जाता है। किसी देश के दर्शनीय स्थानों, पर्यटक केन्द्रों, वेशभूषा के प्रकारों, जनजातियों तथा ऐतिहासिक व सांस्कृतिक वैभव को प्राय: इसी विधि द्वारा प्रदर्शित किया जाता है।

4. वर्ण प्रतीकी या प्रतीक विधि (Choro-schematic or Symbol Method) : प्रतीक या चिन्हों की सहायता से वितरण प्रदर्शित करने की विधि को पर्ण प्रतीकी या प्रतीक विधि कहते हैं। इस विधि में जिन वस्तुओं का वितरण दिखाना होता है उन सब के अलग-अलग चिन्ह या प्रतीक निश्चित करके उन्हें मानचित्र में यथास्थान अंकित कर देते हैं। मानचित्र में प्रयोग किए गए प्रत्येक प्रतीक या 'संकेत' में अर्थ लिखना आवश्यक होता है। वर्ण प्रतीकी मानचत्र बनाते समय प्रतीकों के आकार व आकृति की एक समानता की ओर विशेष ध्यान दिया जाना चाहिए।

गुणात्मक वर्ण प्रतीकी मानचित्रों में प्रयोग किए जाने वाले प्रतीकों को तीन वर्गों में विभाजित किया जा सकता है :

- ज्यामितीय प्रतीक (Geometrical Symbols),
- चित्रमय प्रतीक (Pictorial Symbols),
- मूलाक्षर प्रतीक (Literal Symbols)

5. नामांकन विधि (Naming Method) : यह विधि मूलाक्षर प्रतीक विधि के समान होती है, केवल इतना अंतर है कि मूलाक्षर विधि में प्रदर्शित की जाने वाली वस्तुओं के नाम के प्रथम अक्षार या अक्षरों के प्रतीक के रूप में प्रयोग करते हैं जबकि नामांकन विधि में मानचित्र पर वस्तुओं के यथा स्थान पूरे नाम लिखे जाते हैं। इस तरह नामांकन विधि के अनुसार बनाए गए वितरण मानचित्रों में संकेत की रचना करना अनावश्यक होता है। चूँकि ऐसे मानचित्रों को समझने के लिए किसी विशेष ज्ञान की आवश्यकता नहीं होती है अत: छोटी कक्षाओं के विद्यार्थियों के लिए यह विधि बहुत उपयोगी होती है।

मात्रात्मक विधियाँ (Quantitative Methods)

किसी तत्व अथवा वस्तु के मूल्य, मात्रा अथवा घनत्व की क्षेत्रीय भिन्नता प्रकट करने वाले सांख्यिकीय मानचित्रों, जैसे : वर्षा मानचित्र, जनसंख्या मानचित्र आदि की रचना करने के लिए मात्रात्मक विधियाँ प्रयोग में लाई जाती हैं। इन विधियों को चार वर्गों में विभक्त किया जा सकता है :

1. वर्णमात्री या छाया विधि (Choropleth of Shading Method) : वर्णमात्री शब्द का अंग्रेजी पर्यायवाची (अर्थात Choropleth) शब्द ग्रीक भाषा के 'Choros' (स्थान) तथा 'Plethos' (माप) शब्दों के द्वारा मिलकर बना है तथा इसका सामान्य अर्थ **क्षेत्र में मात्रा** (Quantity in Area) होता है। इस तरह वर्णमात्री या छायित मानचित्र (Shading Map) में भिन्न-भिन्न घनत्व वाली छायाओं के द्वारा किसी वस्तु की प्रति इकाई क्षेत्र औसत संख्या या प्रतिशत मूल्य जैसे जनसंख्या का प्रतिवर्ष किमी. घनत्व, कृषि भूमि (Cultivized Land) का प्रतिशत आदि प्रदर्शित किया जाता है। चूँकि प्रशासकीय क्षेत्रों के आधार पर सांख्यिकीय आँकड़ों को प्राप्त करना सरल होता है अत: वर्णमात्री मानचित्र निर्माण हेतु प्राय: राज्यों, जनपदों, तहसीलों, विकास खण्डों एवं अन्य सिविल क्षेत्रों को इकाई क्षेत्रों के रूप में चुना जाता है। दूसरे शब्दों में, इन मानचित्रों में घनत्व आदि की भिन्नता को राजनीतिक अथवा प्रशासनिक क्षेत्रों के आधार पर प्रदर्शित किया जाता है। ऐसा करने के फलस्वरूप वर्णमात्री मानचित्र में दो प्रकार के दोष आ जाते हैं : **प्रथम** इन मानचित्रों में भिन्न-भिन्न घनत्व वाले क्षेत्रों की प्रशासकीय सीमाओं के द्वारा एक दूसरे से अलग दिखाया जाता है, जो कि एक अस्वाभाविक बात है क्योंकि राजनीतिक व प्रशासकीय सीमाएँ अस्थायी होती हैं। इसके अलावा यह भी आवश्यक नहीं है कि आँकड़े (घनत्व क्षेत्रों की सीमाएँ) प्रशासकीय सीमाओं का अनुसरण करे। यही कारण है कि कभी-कभी ये कृत्रिम सीमाएँ एक ही प्रकार के क्षेत्र को कई भागों में बाँट देती हैं अथवा भिन्न-भिन्न घनत्व वाले कई क्षेत्रों को मिलाकर एक प्रशासकीय क्षेत्र बना देती हैं। **द्वितीय,** वर्णमात्री मानचित्र बनाते समय यह मान लिया जाता है कि किसी प्रशासकीय क्षेत्र में आँकड़े (घनत्व की मात्रा) सर्वत्र एक समान हैं। लेकिन ऐसा मानना गलत है क्योंकि एक ही प्रशासकीय क्षेत्र में भिन्न-भिन्न घनत्व वाले क्षेत्र हो सकते हैं।

वर्णमात्री बनाने हेतु सर्वप्रथम विभिन्न राज्यों आदि के अनुसार दिए गए आँकड़ों को आरोही अथवा अवरोही क्रम में व्यवस्थित करते हैं। इसके बाद किसी उचित अन्तराल पर इन आँकड़ों को कुछ वर्गों में विभक्त कर देते हैं। इन वर्गों की संख्या मानचित्रकार की आवश्यकता व रुचि पर निर्भर है। आँकड़ों को वर्गों या समूहों में बाँटते समय 0-10, 10-20, 20-30 आदि के बजाय 0-9, 10-19, 20-29 के समान पद्धति अपनानी चाहिए, क्योंकि वर्णमात्री मानचित्रों में छायाओं के परिवर्तन से घनत्व रेखाओं के बजाय सीमा रेखाओं का बोध होता है। वर्गों की संख्या निश्चित होने के बाद प्रत्येक वर्ग में शामिल राज्यों में एक समान छाया भर देते हैं। इस संबंध में यह उल्लेखनीय है कि मूल्यों के बढ़ने के साथ-साथ छायाओं में भारीपन बढ़ता जाना चाहिए जिससे मानचित्र को देखने मात्र से विभिन्न क्षेत्रों का तुलनात्मक महत्त्व समझा जा सके। इस तरह सबसे कम घनत्व वाले क्षेत्रों में

सबसे हल्की छाया, उससे अधिक घनत्व वाले क्षेत्र में और भारी तथा सबसे अधिक घनत्व वाले क्षेत्र में सबसे भारी छाया भरी जाती है। मानचित्र में भरी सभी छायाओं को संकेत में प्रदर्शित करना आवश्यक होता है। नीच वर्णमात्री मानचित्र का एक चित्र दिया गया है।

2. सममान रेखा विधि (Isopleth Method) : मानचित्र पर किसी वस्तु के समान मूल्य या घनत्व वाले स्थानों को मिलाने वाली रेखाएँ **सममान रेखाएँ** (Isopleths) कहलाती हैं। अंग्रेजी भाषा का यह शब्द ग्रीक भाषा के 'Isos' (समान) तथा 'Plethos' (माप) शब्दों से मिलकर बना है तथा इसका शाब्दिक अर्थ **सममान वाली** या **सममान रेखा** होता है। उपर्युक्त परिभाषा के अनुसार समताप रेखाएँ (Isotherms), समदाब रेखाएँ (Isobars), समवर्षा रेखाएँ (Isohyets), समदिक्‌पाती रेखाएँ (Isogones), समोच्च रेखाएँ (Contours of Isohypses), समकाल रेखाएँ (Isocrones), समलवणता रेखाएँ (Isohalines), सममेघ रेखाएँ (Isonephs), समभूकम्प रेखाएँ (Isoseismals), तथा समपवन रेखाएँ (Isotachs) आदि सब भिन्न-भिन्न समान रेखाएँ हैं तथा इन्हें मानचित्र पर बिल्कुल

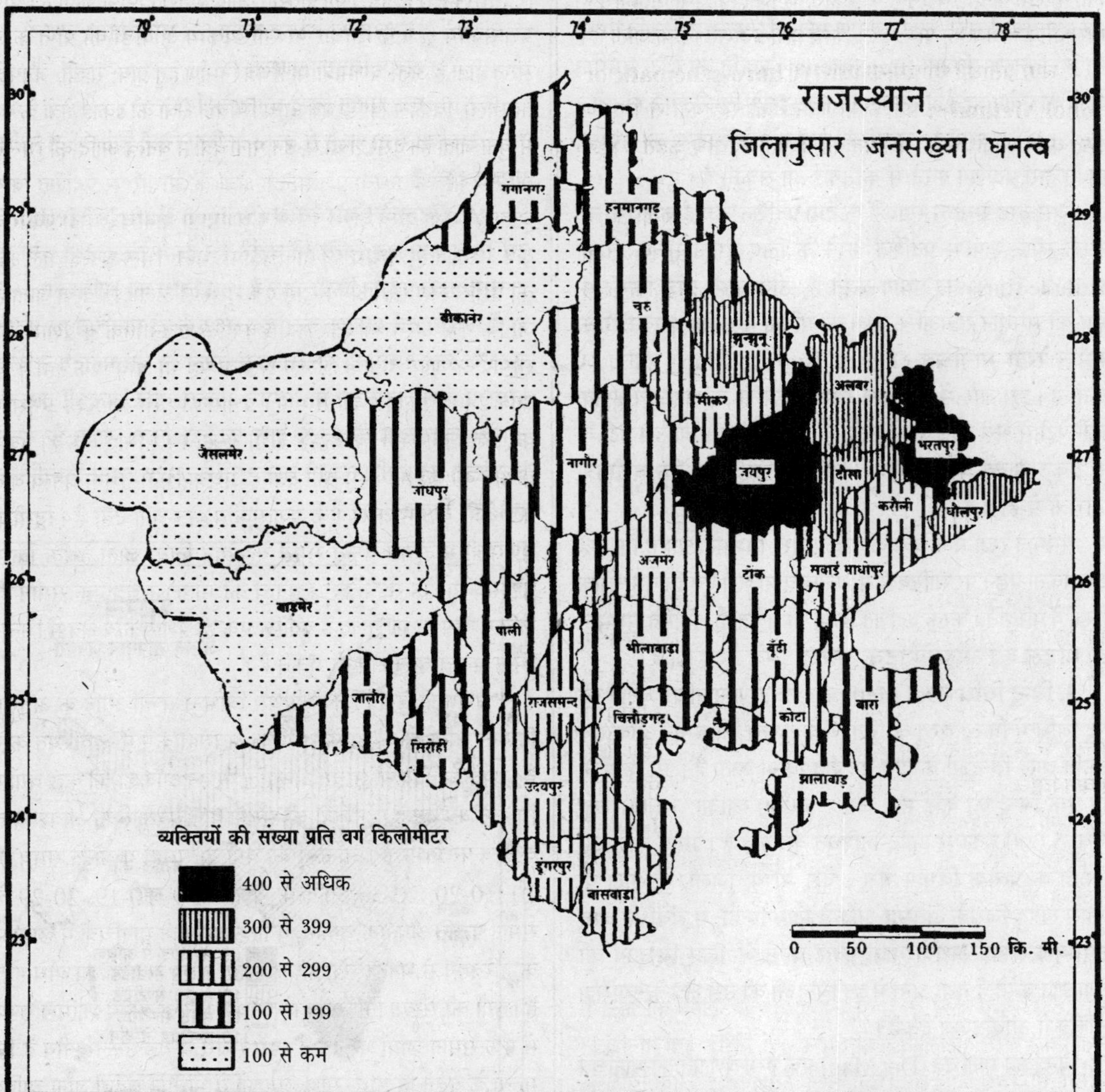

चित्र : *छाया अथवा वर्णमात्री मानचित्र*

उसी प्रकार बनाते हैं जिस तरह समोच्च रेखाओं को बनाया जाता है। अत: सममान रेखा मानचित्र (Isopleth Map) बनाने हेतु सर्वप्रथम मानचित्र में किसी वस्तु की ज्ञात मात्राओं या मूल्यों को स्थानिक ऊंचाईयों (Spot Heights) की तरह यथास्थान लिखते हैं। इसके बाद इन मूल्यों को किसी उचित अन्तराल (internal) पर अंतर्वेशित (Interpolate) करके मानचित्र में सममान रेखाएँ खींच देते हैं। सममान रेखाओं की मानचित्र को चुनते समय मानचित्र की मापनी एवं आँकड़ों की शुद्धता को ध्यान में रखना आवश्यक होता है। अत: इस विधि का प्रयोग केवल उसी दशा में किया जाना चाहिए जब किसी वस्तु के बारे में वितरण संबंधी सही-सही एवं पूर्ण सूचनाएँ उपलब्ध हों। यदि किसी वस्तु का वितरण संक्रामी (transitional) प्रकृति का है तो सममान रेखाओं का प्रयोग बहुत ही उपयोग रहता है। इसके विपरीत परिवर्तनशील (Variable) तत्वों जैसे : जनसंख्या के घनत्व के वितरण को सममान रेखाओं द्वारा प्रदर्शित करने में कठिनाई आ सकती है।

जिस तरह समोच्च रेखाओं के द्वारा प्रदर्शित ऊँचाई कटिबंधों को अधिक स्पष्ट रूप से प्रदर्शित करने के लिए तुंगता सूचक रंगकों (Attitude tints) का प्रयोग करते हैं, ठीक उसी तरह किसी भी प्रकार की सममान रेखाओं के बीच की पेटियों में छायाएँ भरकर **रंगक सममान रेखा मानचित्र** (Tinted Isopleth Map) बनाया जा सकता है। इस बारे में यह बात विशेष रूप से उल्लेखनीय है कि किसी पेटी में भरी जाने वाली छाया के भारीपन की मात्रा उस पेटी के द्वारा प्रकट मूल्यों के अनुपात में होनी चाहिए जैसा कि वर्णमात्री मानचित्रों में होता है।

सममान रेखा मानचित्रों की एक प्रमुख विशेषता यह है कि इन्हें आवश्यकता पड़ने पर सांख्यिकीय उच्चावच मॉडलों एवं त्रिविम ब्लॉक आरेखों में परिवर्तित करके प्रदर्शित किया जा सकता है। निर्मित **सममान रेखा मॉडल** एवं **आइसोमैट्रिक आरेख** इसके उदाहरण हैं।

3. बिन्दु विधि (Dot Method) : वितरण मानचित्र बनाने की बिन्दु विधि में किसी वस्तु के वितरण के घनत्व को समान आकार व आकृति वाले बिन्दुओं के द्वारा प्रदर्शित किया जाता है। इस कार्य के लिए एक बिन्दु का कोई मान जैसे : 5,000 व्यक्ति, 1,000 पशु, अथवा 5,000 हैक्टेयर आदि निश्चित कर लेते हैं। इसके बाद दिए गए क्षेत्र के प्रत्येक विभाग जैसे : देश, राज्य, जिला, तहसील या विकास खण्ड जिसके अनुसार आँकड़े दिए गए हों, में संबंधित वस्तु की सम्पूर्ण संख्या अथवा मात्रा प्रकट करने के लिए बिन्दुओं की संख्या ज्ञात करते हैं तथा अन्त में इन बिन्दुओं को उस क्षेत्र के रूपरेखा मानचित्र में अंकित कर देते हैं।

बिन्दुकित मानचित्र (Dot Map) एक ऐसा वर्ण प्रतीकी मानचित्र (Choroschematic Map) होता हे जिसमें एक ही प्रतीक (अर्थात् बिन्दु) की बार-बार पुनरावृत्ति होती है। चूँकि बिन्दुकित मानचित्र में बिन्छुओं की कुल संख्या तथा प्रदर्शित मात्राओं के मध्य निरपेक्ष अनुपात (Absolute Ratio) होता है, अत: बिन्दु विधि को कभी-कभी **निरपेक्ष विधि** (Absolute Method) के नाम से पुकारते हैं।

यहाँ यह अच्छी तरह जान लेना चाहिए कि बिन्दुकित मानचित्र बनाने का कार्य उतना सरल नहीं है जितना कि यह दिखता है। इसका कारण निम्नलिखित चार समस्या हैं, जिन्हें मानचित्र बनाने से पूर्व हल कर लेना अत्यन्त आवश्यक है :

(i) बिन्दु मूल्य निश्चत करना
(ii) बिन्दुओं का आकार
(iii) बिन्दुओं को अंकित करना *(a)* सम वितरण प्रणाली, *(b)* असम वितरण प्रणाली
(iv) एक समान बिन्दु बनाना आदि।

उपर्युक्त समस्याओं से बचने के लिए बिन्दु विधि में दो विधियाँ प्रयुक्त होती हैं :

A. स्टिलजेन बोर विधि (Stilgen Baur's Method) : इसे बिन्दु तथा वृत्त विधि भी कहते हैं। इसमें बिन्दु तथा वृत्तों द्वारा जनसंख्या का प्रदर्शन किया जाता है। इस विधि का आविष्कार 1930 ई. में नगरीय एवं ग्रामीण जनसंख्या को एक ही मानचित्र पर प्रदर्शित करने के लिए अमरीकी मानचित्रकार स्टिलजैन बोर महोदय ने किया। इसमें ग्रामीण जनसंख्या को समान आकार वाले बिन्दुओं द्वारा तथा नगरीय जनसंख्या को वृत्तों द्वारा प्रदर्शित किया जाता है नगरीय जनसंख्या को प्रदर्शित करने वाले वृत्तों के अर्द्ध-व्यास निम्नलिखित सूत्र द्वारा निकाले जाते हैं।

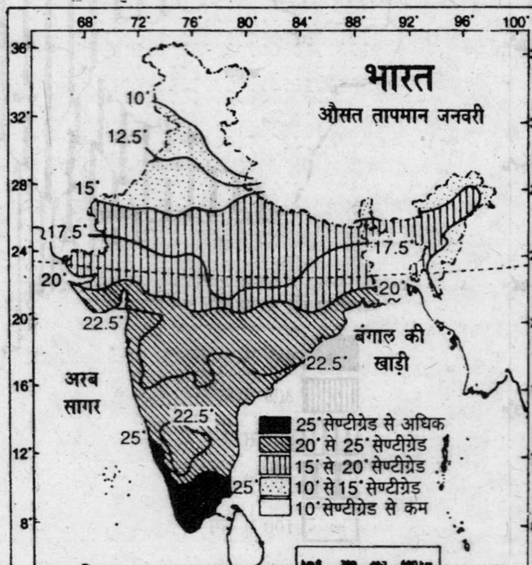

चित्र : *सममान रेखा (Isopleth) मानचित्र*

$$\text{वृत्त का अर्द्धव्यास} = \frac{\text{माना गया अर्द्धव्यास}}{(\text{सबसे छोटी संख्या})} \sqrt{\frac{\text{दी हुई संख्या (जिसका अर्द्धव्यास ज्ञात करना है)}}{\text{चुनी हुई संख्या}}}$$

(B) स्टेन डी गीयर विधि (Sten De Geer's Method) : इसे बिन्दु तथा गोले विधि भी कहते हैं। इस विधि का आविष्कार अमरीकी मानचित्रकार स्टेन डी गीयर ने 1917 ई. में किया। इसमें ग्रामीण जनसंख्या ने बिन्दुओं द्वारा तथा नगरीय जनसंख्या को गोलों द्वारा प्रदर्शित किया जाता है। गोले बनाने के लिए घनमूल निकालना पड़ता है। इसे निम्न सूत्र द्वारा ज्ञात किया जा सकता है—

$$\text{गोले का अर्द्धव्यास} = \text{माना गया अर्द्धव्यास} \times \sqrt[3]{\frac{\text{दी हुई संख्या (जिसका अर्द्धव्यास ज्ञात करना है)}}{\text{चुनी हुई संख्या}}}$$

बिन्दु विधि के गुण (Merits of dot Methods) : बिन्दु विधि के निम्नलिखित गुण विशेष रूप से उल्लेखनीय है :

- चूँकि बिन्दु स्वयं असातत्य रूप (Discontinuous Form) में होते हैं अत: यह विधि असांतत्य इकाइयों में मिलने वाली वस्तुओं (जैसे : जनसंख्या, पालतू पशु तथा फसलों आदि) के वितरण को प्रदर्शित करने में बहुत उपयोगी है।
- साधारणतया किसी बिन्दुकित मानचित्र में केवल एक वस्तु का वितरण प्रदर्शित करते हैं लेकिन विशेष परिस्थिति में एक ही मानचित्र में कई संबंधित वस्तुओं को भिन्न-भिन्न प्रकार के बिन्दुओं द्वारा प्रदर्शित किया जा सकता है।
- बिन्दु विधि का प्रयोग क्षेत्रफल संबंधी आँकड़ों का वितरण दिखाने तक सीमित नहीं हैं, बल्कि इस विधि के द्वारा मूल्य, आयतन, भार आदि आँकड़ों का वितरण भी प्रदर्शित किया जा सकता है।
- चूँकि बिन्दुकित मानचित्रों में वर्णमात्री मानचित्रों की तरह बार-बार संकेत देखने की जरूरत नहीं होती है, अत: इन मानचित्रों को शीघ्रतापूर्वक आसानी से पढ़ा जा सकता है।
- बिन्दु विधि के द्वारा सही-सही बनाए गए मानचित्र से किसी वस्तु के वास्तविक वितरण का काफी सीमा तक यथार्थ चित्रण संभव है।
- आवश्यकता पड़ने पर किसी सांख्यिकीय इकाई के बिन्दुओं को गिनकर पुन: आँकड़ों में बदला जा सकता है। लेकिन बिन्दु गिनने में होने वाली कठिनाई व त्रुटि की संभावना के कारण यह गुण विवादास्पद है।

बिन्दु विधि के दोष (Demerits of Dot Methos) : बिन्दु विधि के प्रमुख दोष निम्नलिखित हैं :

- पर्याप्त अभ्यास के बिना समान आकार व आकृति के बिन्दु बनाना कठिन होता है।
- छोटी-छोटी संख्यिकीय इकाइयों के आधार पर आँकड़े उपलब्ध न होने की दशा में बिन्दु विधि के द्वारा किसी वस्तु के वितरण की वास्तविक दशाओं का यथार्थ चित्रण करना असंभ्सव है।
- बिन्दु विधि मानचित्र बनाने के लिए ऐसे आधार मानचित्र की आवश्यकता होती है जिसमें आवश्यक सांख्यिकी इकाई क्षेत्रों में सीमाएँ हों। इस तरह के आधार मानचित्र सदैव उपलब्ध नहीं होते हैं, अत: सहायक मानचित्रों की सहायता से आधार मानचित्र में इन सीमाओं को अंकित करने के लिए अतिरिक्त परिश्रम व समय की आवश्यकता पड़ती है।
- विषय की जानकारी एवं दिए हुए क्षेत्र के भौगोलिक ज्ञान के अभाव में सही-सही बिन्दुकिंत मानचित्र बनाना कठिन होता है।
- बिन्दुकिंत मानचित्र की नकल करके उसकी प्रतिलिपि बनाना कठिन होता है।
- बिन्दु अंकित करने की प्रक्रिया में मानचित्रकार के द्वारा की गई त्रुटियों को मानचित्र में पहचानना कठिन होता है।

सममान रेखाएँ (Isopleth) निम्नलिखित प्रकार की हो सकती हैं :

- **समताप रेखा** (Isotherm) : समान तापमान वाले स्थानों को मिलाने वाली रेखा।
- **समदाब रेखा** (Isobars) : समान वायुदाब वाले स्थानों को मिलाने वाली रेखा।
- **आइसोबाथ** (Isobath) : समुद्र के अंदर समान गहराई वाले स्थानों को मिलाने वाली रेखा।
- **आइसोब्राण्ट** (Isobrant) : एक समान समय पर तूफान आने वाले स्थानों को मिलाने वाली रेखा।
- **आइसोक्रोन** (Isochrone) : किसी बिन्दु से उसके समान समय में तय की गई दूरी वाले स्थानों को मिलाने वाली रेखा।
- **समदिक्पाती रेखा** (Isogones) : समान चुम्बकीय झुकाव वाले स्थानोंको मिलाने वाली रेखा।
- **समलवणता रेखा** (Isohalines) : समुद्री जल के खारेपन की समान मात्रा वाले स्थानों को मिलने वाली रेखा।

- **आइसोहेल** (Isohes) : समान सूर्य के प्रकाश (Sunshine) वाले स्थानों को मिलाने वाली रेखा।
- **आइसोहाइप या समोच्च रेखा** (Isohypes of Contour Lines) : समुद्र तल से समान ऊँचाई वाले स्थानों को मिलाने वाली रेखा।
- **आइसोनिफ** (Isonif) : समान हिम (Snow) वाले स्थानों को मिलाने वाली रेखा।
- **आइसोनेफ** (Isoneph) : समान मेघाच्छन्नता (Cloudiness) वाले स्थानों को मिलाने वाली रेखा।
- **समवर्षा** (Isohytes) : समुद्र तल से समान वर्षा वाले स्थानों को मिलाकर खींची गई कल्पित रेखाओं को समवर्षा रेखाएँ कहते हैं।
- **समभूकम्प रेखा** (Isoseismal Lines) : मानचित्र पर भूकम्प की समान तीव्रता एवं प्रघात को बताने वाली रेखाओं को समभूकम्पीय (Isoseismal) कहते हैं।

4. आरेखी विधि (Diagrammatic Method) : आरेखी विधि में आधार मानचित्र पर आवश्यकतानुसार संख्या में आरेख या आलेख बनाकर किसी वस्तु या तथ्य के वितरण संबंधी अन्तरों को प्रदर्शित किया जाता है। इस विधि का प्रयोग पाँच दशाओं में विशेष रूप से उपयोगी रहता है : **प्रथम,** जब दिए गए आँकड़े बिन्दुकिंत या सममान रेखा मानचित्र बनाने के लिए अपर्याप्त हो। **द्वितीय,** जब दिए गए आँकड़े किसी वस्तु के वितरण में कालगत (Temporal) परिवर्तन प्रदर्शित करते हों। **तृतीय,** जब दिया गया चर (Variable) कई उप-विभागों में विभक्त हो। **चतुर्थ,** जब कई सम्बन्धित वस्तु का चरों का वितरण को मानचित्र में एक साथ प्रदर्शित करना आवश्यक हो। **पंचम,** जब किसी वस्तु का वितरण अत्यधिक परिवर्तनशील या बहुत केन्द्रित प्रकार का हो। इसके अलावा इस विधि के अनुसार बनाए गए आरेखी मानचित्र देखने में आकर्षक तथा बनाने में अपेक्षाकृत सरल होते हैं।

आरेखों व आलेखों के अनेक भेद होते हैं तथा लगभग प्रत्येक प्रकार के आरेख या आलेख को मानचित्र पर बनाया जा सकता है। इस तरह आरेखी मानचित्रों के उतने ही भेद हैं जितने कि आरेखों के आलेखों के होते हैं। यहाँ हम कुछ प्रमुख प्रकार के आरेखी मानचित्रों की जानकारी देंगे।

- **दंड आरेख मानचित्र (Bar-Diagram Maps) :** दंड आरेखों की सहायता से वितरण प्रदर्शित करने वाले आरेखी मानचित्रों को दंड आरेख कहते हैं। इन मानचित्रों में बनाए गए सभी दंड ऊर्ध्वाधर एवं एक समान मोटाई वाले होते हैं तथा उनकी लम्बाइयाँ प्रदर्शित मूल्यों के अनुपात में होती हैं। दंडों के निचले सिरे मानचित्र में दिए हुए स्थानों या क्षेत्रों की वास्तविक स्थितियाँ इंगित करते हैं। आवश्यकता पड़ने पर इन दंडों को विभाजित करके मिश्रित दंड आरेखों के रूप में प्रस्तुत किया जा सकता है। इसी तरह अगर कई संबंधित वस्तुओं का एक साथ वितरण दिखलाना होता है तो भिन्न-भिन्न सांख्यिकीय इकाइयों में बहु दंड आरेख की तरह आवश्यकतानुसार संख्या में पास-पास दंड बना होता है दंड आरेख मानचित्र पढ़ने में सरल होते हैं।
- **वृत्तारेख मानचित्र (Pic diagram Maps) :** इस विधि के अनुसार किसी वस्तु का वितरण प्रदर्शित करने के लिए मानचित्र में यथास्थान भिन्न-भिन्न आकार वाले वृत्त खींचकर उनमें वृत्तारेखों की तरह आवश्यकतानुसार संख्या में खंड या सेक्टर बना देते हैं। यद्यपि दंड आरेख मानचित्रों की तुलना में इन मानचित्रों को पढ़ना थोड़ा कठिन आवश्य है लेकिन इस विधि के द्वारा अपेक्षाकृत अधिक परिवर्ती वितरणों को सरलतापूर्वक प्रदर्शित किया जा सकता है।
- **पिरामिड आरेख (Pyramid Diagram) :** ये एक वित्तीय आरेख होते हैं। इनकी आकृति पिरामिड के समान होती है। जनसंख्या मानचित्रों में अथवा जनसंख्या के विभिन्न आयामों को प्रदर्शित करने के लिए इनका प्रयोग किया जाता है अर्थात् आयु वर्ग व लिंग के आधार पर जनसंख्या या साक्षरता का प्रदर्शन उत्तम होता है। रचना के आधार पर पिरामिड आरेख तीन प्रकार के होते हैं।
  - ❑ **सरल पिरामिड आरेख :** किसी एक वर्ष से संबंधित अथवा एक ही वर्ष के जनसंख्या आँकड़ों से बनाया गया आरेख सरल पिरामिड कहलाता है। इसमें जनसंख्या के आँकड़ों को एक आरोही क्रम में व्यवस्थित कर लिया जाता है। इसके बाद क्षैतिज रूप में मापक पर एक ओर पुरुष प्रतिशत व दूसरी ओर महिलाओं का प्रतिशत को प्रदर्शित किया जाता है। इसमें दंड क्षैतिजित बनाए जाते हैं।
  - ❑ **अध्यारोपित पिरामिड आरेख :** किसी स्थान के भिन्न-भिन्न वर्षों अथवा दो स्थानों की जनसंख्या के आयु वर्ग एवं लिंग के अनुसार जनसंख्यात्मक आँकड़ों का तुलनात्मक अध्ययन अध्यारोपित पिरामिड द्वारा किया जाता है। इसमें किसी स्थान का सरल पिरामिड बनाकर दूसरे स्थान का सरल पिरामिड इसके ऊपर अध्यारोपित कर दिया जाता है। इसमें दोनों के लिए मापक एक ही होता है जिससे उसकी तुलना हो सके।
  - ❑ **मिश्रित दंड आरेख :** आयु वर्ग व लिंग के अतिरिक्त जनसंख्या के अन्य लक्षणों की तुलना करने के लिए पिरामिड आरेख बनाए जाते हैं। इस आरेख की आकृति

सीढ़ीनुमा होती है। इसमें आरेख के प्रत्येक सोपान किसी स्थान पर क्षेत्र की विभिन्न वर्षों में कुल जनसंख्या को प्रकट करते हैं। इसे बनाने के लिए एक क्षैतिजिक मापक मान लिया जाता है। आँकड़ों के अनुसार इन स्तम्भों की लम्बाई निश्चित की जाती है। इसमें सबसे पहले वर्ष की जनसंख्या ऊपर तथा सबसे बाद की जनसंख्या नीचे रखी जाती है। इसके बाद स्तम्भों के कोनों को आपस में मिला दिया जाता है।

भौगोलिक सूचना तंत्र

भूगोल में आँकड़ों का एकत्रीकरण करना प्रमुख कार्य होता है, जो कि भूगोलवेत्ताओं, शोधकर्ताओं, अनुसंधानकर्ताओं, नाविकों एवं सर्वेक्षणकर्ताओं द्वारा किया जाता है।

प्राचीन काल में संबंधित आँकड़ों को मानचित्रों पर प्रदर्शित किया जाता था। उस समय अधिकतर मानचित्रों पर स्थलाकृतियों (उच्चावच) का प्रदर्शन होता था। इसके बाद उन्नीसवीं शताब्दी में भू-भौतिकी, भू-आकृति विज्ञान, मृदा विज्ञान एवं परिस्थितिकी आदि के प्रति बढ़ती रुचि के कारण मानचित्र में भी परिवर्तन होने लगा। इस प्रकार बनने वाले मानचित्र थिमैटिक मानचित्र (Thematic Map) कहलाते हैं।

बीसवीं शताब्दी में स्थलाकृतियों एवं प्राकृतिक संसाधनों के लिए थिमैटिक मानचित्रों की आवश्यकता महसूस की गई। इसका मुख्य कारण यह रहा कि इस समय हवाई यात्रा चित्रण द्वारा विभिन्न क्षेत्रों के छायाचित्र लिए जाने लगे जिनके माध्यम से विस्तृत जानकारी उपलब्ध करायी जाने लगी। अत: थिमैटिक मानचित्रों की आवश्यकता भूगोलवेत्ताओं, नियोजकों, वैज्ञानिकों, भू-भौतिकी वेत्ताओं, मृदा वैज्ञानिकों, भूमि उपयोगकर्ताओं व पारिस्थितिक वैज्ञानिकों को हुई।

इस दिशा में 40 के दशक में सांख्यिकीय विधियों एवं टाइम सीरीज की खोज महत्त्वपूर्ण प्रयास रहा। 1960 के दशक में डिजिटल कम्प्यूटर का अन्वेषण हुआ जिससे स्थानिक विश्लेषण तथा मात्रात्मक थिमैटिक माचित्रण में एक क्रान्ति उत्पन्न हुई। हवाई फोटो द्वारा ऐसे दुर्गम क्षेत्रों के चित्र प्राप्त किए जा सके जिसके संबंध में पहले मानव कल्पना भी नहीं कर सकता था। सुदूर संवेदन द्वारा प्राप्त आँकड़े मानचित्र के रूप में नहीं होते। ये फोटोग्राफिक प्रतिबिम्ब के रूप में चुम्बकीय टेप पर उपलब्ध होते हैं। फोटोग्राफिक प्रतिबिम्बों के मानचित्रण एवं विश्लेषण हेतु नवीन तकनीक की आवश्यकता पड़ी। इस दिशा में भूगोलविदों, गणितज्ञों, तथा कम्प्यूटर वैज्ञानिकों ने मिलकर एक नई मानचित्रण उपकरण की खोज की, जिसे **भौगोलिक सूचनातंत्र** (Geographical Information System) कहा जाता है। यह तंत्र सीमैप (SYMAP), ग्रिड (GRID), इमग्रिड (IMGRID) तथा जियोमैप (GEOMAP) आदि कई कार्यक्रम तैयार किए गए।

भौगोलिक सूचनातंत्र विभिन्न उपकरणों का एक समूह है जिसके अंतर्गत आँकड़ों का एकत्रीकरण होता है तथा उनका भण्डारण, पुन: प्राप्ति, परिवर्तन, स्थानिक प्रदर्शन तथा विश्लेषण होता है। भौगोलिक सूचना तंत्र (GIS) का प्रमुख कार्य पहले से प्राप्त विभिन्न आँकड़ों एवं सूचनाओं एवं मानचित्रों को एक साथ प्रयोग में लाना होता है। इससे परिणामी संश्लेषण राष्ट्रीय एवं अंतर्राष्ट्रीय आँकड़ा आधार प्रबंधन प्रणाली के अनुरूप हो जाए। भौगोलिक सूचना तंत्र सांख्यिकीय आँकड़ों के विश्लेषण हेतु बहुत उपयोगी है।

भारत के विभिन्न क्षेत्रों में भौगोलिक सूचना तंत्र तकनीक द्वारा मानचित्र तैयार किए गए तथा क्षेत्रीय विश्लेषण किया जाता है।

वस्तुनिष्ठ प्रश्न

1. निम्नलिखित शक्तियों में से किस के कारण प्रत्येक पिण्ड अपने-अपने स्थान पर टिका हुआ है?
A. केन्द्रोपसारी B. केन्द्रोमुखी
C. गुरुत्वाकर्षण D. उपर्युक्त में से कोई नहीं

2. पृथ्वी की उत्पत्ति के संदर्भ में वायव्य परिकल्पना का सिद्धांत किसने दिया है?
A. काण्ट B. लाप्लस
C. बफन D. चैम्बरलिन

3. हमारा सौरमंडल कौन-सी आकाशगंगा में स्थित है?
A. तारा मंडल B. मन्दाकिनी
C. एरावत पथ D. इनमें से कोई नहीं

4. सही युग्म बताएं–
(*a*) पृथ्वी से सबसे दूर का ग्रह–शुक्र
(*b*) पृथ्वी से सबसे निकट का ग्रह–बुद्ध
(*c*) सर्वाधिक अंडाकार कक्षा वाला ग्रह–अरुण
(*d*) सबसे कम गति से घूमने वाला ग्रह–वरुण
A. (*b*), (*c*) एवं (*d*) B. (*a*), (*b*) एवं (*c*)
C. (*c*) एवं (*d*) D. (*a*), (*c*) एवं (*d*)

5. किसके पास अपनी ऊर्जा एवं प्रकाश होता है?
A. ग्रह B. उपग्रह
C. सूर्य D. उल्काएं

6. किस कारण तारे टिमटिमाते हैं?
A. ऊष्मा और ऊर्जा के कारण
B. अग्निपुंज के कारण
C. बादलों के कारण
D. गैस के कारण

7. निम्नलिखित में से कौन-सा गलत मिलान है–
(*a*) 23½° द. अक्षांश–कर्क रेखा है
(*b*) 66½° द. अक्षांश–मकर रेखा है
(*c*) 23½° द. अक्षांश–आर्कटिक रेखा है
(*d*) 66½° उ. अक्षांश–अंटार्कटिक रेखा है
A. केवल (*a*) B. (*b*), (*c*) एवं (*d*)
C. (*a*) एवं (*d*) D. उपर्युक्त सभी

8. उत्तरी ध्रुव हमेशा प्रकाश में रहता है–
A. 23 सितम्बर से 21 मार्च तक
B. 21 मार्च से 23 सितम्बर तक
C. 21 जून से 22 दिसम्बर तक
D. 21 जून को

9. कर्क रेखा नहीं गुजरती है?
A. भारत से B. मिस्र से
C. मैक्सिको से D. ईरान से

10. भोर का तारा किसे कहा जाता है?
A. बृहस्पति B. मंगल
C. शुक्र D. बुध

11. निम्न में से कौन-सा कथन सही नहीं है?
A. कर्क एवं मकर रेखा के बाहर सूर्य की किरणें कभी भी लम्बवत् नहीं होती हैं
B. ध्रुवों पर 6 महीने का दिन होता है
C. शीत अयनांत के समय सूर्य कर्क रेखा पर लम्बवत् होता है
D. जब सूर्य भूमध्य रेखा पर लम्बवत् होता है तो इस अवस्था को विषुव कहा जाता है

12. संध्या का तारा किसे कहा जाता है?
A. शनि को B. मंगल को
C. शुक्र को D. बृहस्पति को

13. पृथ्वी की गति का कौन-सा परिणाम सही सुमेलित नहीं है?
A. परिभ्रमण के कारण ऋतु परिवर्तन होता है
B. घूर्णन गति के कारण दिन एवं रातें होती हैं
C. घूर्णन गति के कारण दिन-रात की लम्बाई में अंतर आता है
D. घूर्णन गति पवन एवं समुद्री धाराओं को प्रभावित करती है

14. कौन-सा ग्रह संध्या के समय उदित होकर पूरी रात दिखाई देता है?
A. शनि B. वरुण
C. बृहस्पति D. शुक्र

15. कंटूर रेखाओं द्वारा दिखलाया जाता है–
A. समान वर्षा के स्थान
B. समान तापमान के स्थान
C. समान ऊंचाई के स्थान
D. उपर्युक्त में से कोई नहीं

16. कौन-सा ग्रह पश्चिम की ओर भ्रमण करता है?
A. वरुण B. शनि
C. अरुण D. यम

17. किस ग्रह का प्रकाश हरे रंग का दिखाई देता है?
A. अरुण B. वरुण
C. बृहस्पति D. शुक्र

18. पृथ्वी के अतिरिक्त किस ग्रह पर मानव उपस्थिति की सम्भावना है?
A. शुक्र B. बुध
C. शनि D. मंगल

19. पृथ्वी में कितने प्रकार की गतियां हैं?
A. तीन B. एक
C. चार D. दो

20. सौर्य दिन और नक्षत्र दिन के बारे में कौन-सा कथन सही है?
A. दोनों की अवधि समान होती है
B. सौर दिवस की अवधि नक्षत्र दिवस से अधिक होती है
C. सौर दिवस की अवधि नक्षत्र दिवस से कम होती है
D. दोनों के मध्य कोई सम्बन्ध नहीं है

21. अन्तर्राष्ट्रीय तिथि रेखा कहाँ-से होकर गुजरती है?
A. 90° पश्चिमी देशान्तर के ठीक सहारे
B. 180° पूर्व/पश्चिम के सहारे, परन्तु भू-खण्डों से बचकर
C. 90° पूर्वी देशान्तर के ठीक सहारे
D. प्रधान देशान्तर के सहारे, लेकिन भू-खण्डों से बचकर

22. निम्नलिखित युग्मों में से कौन-से युग्म सुमेलित नहीं हैं?
(*a*) शीत अयनांत – 22 दिसम्बर
(*b*) ग्रीष्म अयनांत – 21 मार्च
(*c*) पतझड़ विषुव – 21 जून
(*d*) वसंत विषुव – 23 सितम्बर
A. (*b*), (*c*) एवं (*d*) B. (*a*), (*b*) एवं (*c*)
C. (*a*), (*b*) एवं (*d*) D. (*a*) एवं (*d*)

23. किस वैज्ञानिक ने पृथ्वी को गेंद के समान गोल बताया?
A. कॉपरनिकस B. गैलीलियो
C. इरेटॉस्थनीज D. अरस्तू

24. पृथ्वी अपने किस अक्ष तल पर झुका हुआ कोण बनाती है?
A. 85° B. $66\frac{1°}{2}$
C. 0° D. $23\frac{1°}{2}$

25. जब किसी मध्याह्न रेखा पर उत्तरोत्तर सूर्य दो बार गुजरता है तो उसे कहते हैं–
A. अधिसौर B. पूर्णसौर
C. सौरदिवस D. उपर्युक्त में से कोई नहीं

26. कौन-सा शब्द पृथ्वी की सूर्य से निकटतम स्थिति को दर्शाता है?
A. संक्रान्ति B. विषुव
C. उपसौर D. अपसौर

27. किस दिन पृथ्वी से सूर्य की दूरी निकटतम होती है?
A. 3 जनवरी B. 22 दिसम्बर
C. 21 मार्च D. 4 जुलाई

28. जब फिलीपीन्स में 6 बजे अपराह्न का समय होता है तो उस समय पनामा में क्या समय होगा?
A. 6 बजे अपराह्न B. 6 बजे पूर्वाह्न
C. 10 बजे पूर्वाह्न D. 2 बजे अपराह्न

29. मकर संक्रान्ति के समय सूर्य किस स्थान पर सीधा चमकता है?
A. कर्क रेखा पर B. विषुवत रेखा पर
C. मकर रेखा पर D. ध्रुवों पर

30. विषुवत रेखा से ध्रुवों की ओर जाने पर ग्रीष्म काल में दिन की अवधि–
A. बढ़ती है
B. घटती है
C. बराबर रहती है
D. पहले बढ़ती है और फिर घटती है

31. सौर परिवार के निम्न ग्रहों में से कौन-सा ग्रह सबसे अधिक ठंडा है?
A. बुध B. पृथ्वी
C. नैप्च्यून D. मंगल

32. जब सूर्य तथा चन्द्रमा के बीच पृथ्वी आ जाती है तब पड़ता है–
A. पूर्ण ग्रहण B. सूर्य ग्रहण
C. चन्द्र ग्रहण D. खण्ड ग्रहण

33. किस दिन सूर्य ग्रहण पड़ता है?
A. पूर्णिमा के दिन B. पंचमी के दिन
C. नवमी के दिन D. अमावस्या के दिन

34. किस जगह से प्रधान मध्याह्न रेखा होकर गुजरती है?
A. ग्रीनविच B. पर्थ
C. ग्रीनलैण्ड D. सिडनी

35. किस देशान्तर से भारत का मानक समय निर्धारित किया जाता है?

A. 80° पूर्वी देशान्तर B. 90° पूर्वी देशान्तर

C. $23\frac{1^\circ}{2}$ पूर्वी देशान्तर D. $82\frac{1^\circ}{2}$ पूर्वी देशान्तर

36. अन्तर्राष्ट्रीय तिथि रेखा कितनी बार मुड़ती है?

A. एक बार B. दो बार

C. तीन बार D. चार बार

37. ग्रीनविच में दोपहर के 12 बजे हैं तो न्यूयार्क में क्या समय होगा?

A. प्रातः 7.00 B. प्रातः 8.10

C. प्रातः 7.50 D. प्रातः 7.04

38. 1° देशान्तर की सर्वाधिक दूरी कहाँ पर होगी?

A. 45° अक्षांश पर B. मकर रेखा पर

C. विषुवत् रेखा पर D. कर्क रेखा पर

39. मध्य रात्रि का सूर्य कौन-सी प्राकृतिक घटना का परिणाम माना जाता है?

A. सूर्य के आभासी तल की ओर पृथ्वी की धुरी का झुकाव

B. विषुवत रेखा से दूरी

C. मौसम का परिवर्तन

D. ध्रुवों के निकट सूर्य की परिक्रमा धीमी होना

40. ग्रीष्म तथा शीत ऋतु में किस कारण दिन की अवधि में अंतर आता है?

A. सूर्य के अपने स्थान पर घूमने से

B. पृथ्वी के कक्षा में भ्रमण से

C. पृथ्वी के धुरी पर झुकाव से

D. पृथ्वी के धुरी पर भ्रमण से

41. पृथ्वी द्वारा अपनी धुरी पर एक निश्चित तारे के सापेक्ष में एक घूर्णन पूरा करने में लगा समय कहलाता है–

A. सौर दिवस B. पृथ्वी दिवस

C. नक्षत्र दिवस D. ग्रह दिवस

निर्देशः (प्रश्न सं. 42 से 44 तक)

A. (A) तथा (R) दोनों सही हैं, तथा (R), (A) का सही स्पष्टीकरण है।

B. (A) एवं (R) दोनों सही हैं, परन्तु (R), (A) का सही स्पष्टीकरण नहीं है।

C. (A) सही है, परन्तु (R) गलत है।

D. (A) गलत है, परन्तु (R) सही है।

42. **कथन (A) :** चांद का सदैव एक अभिन्न फलक ही पृथ्वी की ओर अभिमुख होता है।

कारण (R) : चांद अपने अक्ष पर 23½ दिवस में घूर्णन पूरा करता है, जो लगभग उतनी ही अवधि है जिसमें वह पृथ्वी की परिक्रमा पूरी करता है।

43. **कथन (A) :** शुक्र (वीनस) ग्रह पर मानव जीवन का होना अत्यधिक असंभव है।

कारण (R) : शुक्र के वायुमंडल के कार्बन डाईऑक्साइड का अत्यधिक उच्च स्तर है।

44. **कथन (A) :** पृथ्वी पर एक स्थान से बढ़ते हुए अक्षांश वाले दूसरे स्थान पर किसी वस्तु का वजन घटता है।

कारण (R) : पृथ्वी एक परिशुद्ध गोला नहीं है।

45. कौन-सा कथन पृथ्वी की गोल आकृति को प्रमाणित नहीं करता है?

A. अगर धरती चपटी होती तो इसके खड़े किनारे दिखाई पड़ते

B. सूर्योदय सर्वत्र एक साथ नहीं होता

C. सूर्य ग्रहण के समय दिखने वाली पृथ्वी की परछाई गोल होती

D. विभिन्न तारों की ऊंचाई अलग-अलग स्थानों से अलग-अलग होती

46. चीन में खोजे गये जीवावशेष अंटार्कटिका में पाए जाने वाले जीवावशेष से मिलते-जुलते हैं एवं दोनों एक ही समय के हैं, इसका अर्थ है कि–

A. चीन एवं अंटार्कटिका प्राचीनकाल में एक साथ जुड़े थे

B. चीन अंटार्कटिका से अलग होकर वर्तमान अवस्थिति को पहुंचा है

C. किसी समय दोनों स्थल द्वारा जुड़े हुए थे

D. अंटार्कटिका में किसी समय जन्तुओं का निवास स्थान था

47. महाविस्फोटक सिद्धान्त का श्रेय किस वैज्ञानिक को जाता है?

A. केन्डी B. होयल

C. लिमैत्रे D. गोल्ड

48. पृथ्वी का भूमध्यरेखीय व्यास कितना है?

A. 12856 किमी. B. 12760 किमी.

C. 12756 किमी. D. 12714 किमी.

49. पृथ्वी का ध्रुवीय व्यास कितना है?
A. 12712 किमी. B. 12513 किमी.
C. 12756 किमी. D. 12518 किमी.

50. कशेरुकी वाले जीवों का कल्प किस कल्प को कहा जाता है?
A. परमियन B. कार्बोनीफेरस
C. सिल्यूरियन D. डिवोनियन

51. किसे मत्स्य कल्प कहा जाता है?
A. कार्बोनीफेरस B. परमियन
C. सिल्यूरियन D. डिवोनियन

52. किस कल्प में उभयचारी जीवों का विकास हुआ था?
A. कार्बोनीफेरस B. परमियन
C. डिवोनियन D. सिल्यूरियन

53. प्रथम जीव की उत्पत्ति कहां हुई?
A. वायु में B. जल में
C. स्थल पर D. भूगर्भ में

54. स्तनपोशी जीवों का विकास किस युग में हुआ?
A. ट्रियासिक B. जूरैसिक
C. परमियन D. क्रिटेशियस

55. डाइनासोर जीव का प्रादुर्भाव किस भूगार्भिक इतिहास के युग की घटना है?
A. क्रिटेशियस B. ट्रियासिक
C. जूरैसिक D. कार्बोनीफेरस

56. एल्पाइन हलचल किस भूगार्भिक इतिहास के महाकल्प में आई?
A. आद्य महाकल्प B. नवजीव महाकल्प
C. पुराजीव महाकल्प D. उपर्युक्त में कोई नहीं

57. पृथ्वी के धरातल से केन्द्र की ओर जाने पर–
A. पदार्थों का भार घटता है
B. पदार्थों का भार बढ़ता है
C. पदार्थों का भार घटता-बढ़ता है
D. पदार्थों का भार समान रहता है

58. कितने फीट की गहराई पर पृथ्वी के आन्तरिक भाग में 1° तापमाप की बढ़ोतरी होती है?
A. 37 फीट पर B. 32 फीट पर
C. 30 फीट पर D. 36 फीट पर

59. कौन-सा पृथ्वी की परतों का सही क्रम है?
A. सीमा, निफे, सिआल B. नीफे, सिआल, सीमा
C. सिआल, सीमा, नीफे D. सीमा, सिआल, नीफे

60. पृथ्वी का आतंरिक कोर किस अवस्था में पाया जाता है?
A. कठोर B. तरल
C. गैसीय D. प्लास्टिक

61. निम्नलिखित में से कौन-सा जोड़ा गलत है?
A. सिलिका एवं मैग्नीशियम–सीमा
B. सिलिका एवं मैंगनीज–सीमा
C. निकेल एवं फेरस–नीफे
D. सिलिका एवं एल्युमिनियम–सिआल

62. निम्नलिखित में से समस्थिति का क्या अर्थ है?
A. ऊँचे उठे भू-आकार और गहराई पर स्थित सागरों के मध्य भौतिक और यान्त्रिक स्थिरता
B. गहराई पर स्थित सागरों तथा ऊँचे उठे भू-आकार के मध्य स्थिरता की दशा
C. गहराई पर स्थित सागरों तथा ऊँचे उठे भू-सागर के बीच यान्त्रिक स्थिरता की दशा
D. उपर्युक्त में से कोई नहीं

63. "ग्रहाणुओं के अनियमित रूप से संग्रहीत होने से महाद्वीप तथा महासागरों की उत्पत्ति हुई।" यह किसका कथन है?
A. होम्स B. चैम्बरलिन
C. केल्विन D. सोलास

64. चतुष्फलकीय पृथ्वी के–
A. उभरे हुये कोनों पर महासागर और चपटे भागों पर महाद्वीप बने
B. उभरे हुए कोनों पर पहाड़ तथा निचले भागों पर सागर बने
C. उभरे हुए कोनों पर महाद्वीप और चपटे भागों पर महासागर बने
D. उपर्युक्त में कोई भी सत्य नहीं है

65. वलन के नीचे धँसे हुए भाग को किस नाम से जाना जाता है?
A. घाटी B. अपनति
C. अभिनति D. ढाल

66. स्थल सेतु सिद्धान्त किस वैज्ञानिक की देन है?
A. चैम्बरलिन B. ग्रेगरी
C. जीन्स D. होम्स

67. वेगनर का महाद्वीपीय विस्थापन का सिद्धान्त किस पर आधारित है?
A. जलवायु की स्थिरता तथा महाद्वीपों का विस्थापन
B. महाद्वीपों की परिवर्तनशीलता तथा जलवायु की स्थिरता
C. जलवायु की परिवर्तनशीलता एवं महाद्वीपों की स्थिरता
D. उपर्युक्त में से कोई नहीं

68. महाद्वीपों का विस्थापन किस शक्ति द्वारा सम्पन्न हुआ?
A. केन्द्रोमुखी
B. गुरुत्वाकर्षण
C. केन्द्रोपसारी
D. उपर्युक्त में से किसी भी शक्ति से नहीं

69. भूपर्पटी में सर्वाधिक प्रतिशत पाया जाता है–
A. ऑक्सीजन B. सिलिका
C. हाइड्रोजन D. नाइट्रोजन

70. ग्रेफाइट कौन-सा खनिज है?
A. सिलिकन प्रधान B. ऑक्सीजन प्रधान
C. कार्बन प्रधान D. मैग्नेटाइट

71. पृथ्वी के स्थलमण्डल का लगभग कितना प्रतिशत भाग अवसादी चट्टानों से ढका है?
A. तीन चौथाई B. एक चौथाई
C. दो चौथाई D. तीन चौथाई से अधिक

72. आग्नेय शैलों को क्या कहा जाता है?
A. मौलिक शैल B. कठोर शैल
C. गौण शैल D. कायान्तरित शैल

73. ग्रेनाइट कौन-सी शैल है?
A. अधिवितलीय B. वहिर्वेधी
C. पातालीय D. धरातलीय

74. छत्रशिला का निर्माण किस जमाव के कारण होता है?
A. परतदार लावा जमाव के कारण से
B. समतल लावा जमाव के कारण से
C. नतोदर लावा जमाव के कारण से
D. उन्नतोदर लावा जमाव के कारण से

75. निम्नलिखित में से कौन-सी विशेषता आग्नेय शैल की नहीं है?
A. यह स्तर युक्त होती है
B. यह रवेदार होती है
C. यह सघन होती है
D. यह अरन्ध्री होती है

76. अवसादी शैलों को दूसरे किस नाम से जाना जाता है ?
A. अरन्ध्री शैलें B. कायान्तरित शैलें
C. स्तरित शैलें D. अस्तरित शैलें

77. बालू का पत्थर कौन-सी अवसादी शैल है?
A. यान्त्रिक क्रियाओं से निर्मित शैल
B. कार्बन प्रधान शैल
C. चूना प्रधान शैल
D. जैविक तत्त्वों से निर्मित शैल

78. किसमें बालू का पत्थर कायान्तरण होता है?
A. क्वार्ट्जाइट B. स्लेट
C. संगमरमर D. नीस

79. स्लेट किसमें कायान्तरित होती है ?
A. शिस्ट B. हीरा
C. फाइलाइट D. ग्रबोनीस

80. लिग्नाइट कोयला किसमें कायान्तरित होता है?
A. पीट B. एन्थ्रेसाइट
C. हीरा D. अभ्रक

81. निम्नलिखित में से विध्वंसकारी बल कौन-सा बल है?
A. बाह्यजात बल B. अन्तर्जात बल
C. वलन D. पर्वतक्रम बल

82. सागरीय अपरदन के लिए उपयुक्त दशाएं हैं?
A. खड़ा कगार वाला तट
B. कठोर एवं मुलायम चट्टानों का स्तर
C. लगातार तरंगों का टकराना
D. उपर्युक्त सभी

83. भूखण्ड में दरार पड़ने पर जब दोनों खण्ड प्रतिकूल दिशा में सरकते हैं तो उसे क्या कहा जाता है?
A. उत्क्रम भ्रंश B. सोपान भ्रंश
C. नतिलम्ब भ्रंश D. सामान्य भ्रंश

84. एशिया का मृत सागर किस प्रकार की घाटी का उदाहरण है?
A. रिफ्ट घाटी B. ग्रेबन
C. लम्बवत् घाटी D. उपर्युक्त में से कोई नहीं

85. संसार की सबसे लम्बी भ्रंश घाटी है?
A. पूर्वी अफ्रीकी (चट्टान) भ्रंश
B. दामोदर घाटी भ्रंश
C. राइन नदी घाटी भ्रंश
D. कैलिफोर्निया भ्रंश

86. जब गतिशील साधनों के साथ कंकड़, गोलाश्म, पत्थर इत्यादि बहते हुए जल द्वारा घिस कर काटे जाते हैं, तो वह क्रिया क्या कहलाती है?
A. सन्निघर्षण B. जलगति क्रिया
C. अपघर्षण D. अपवाहन

87. स्थलाकृतियाँ किसका प्रतिफल हैं?
A. प्रक्रम, अवस्था एवं संरचना
B. संरचना, प्रक्रम एवं अवस्था
C. अवस्था, प्रक्रम एवं संरचना
D. उपर्युक्त में से कोई भी नहीं

88. किस अवस्था में संकरी, गहरी और तंग घाटियों का निर्माण नदी द्वारा किया जाता है?

A. प्रौढ़ावस्था B. वृद्धावस्था
C. तरुणावस्था D. युवावस्था

89. नदी युवावस्था में कौन-सी आकृति नहीं बनाती है ?

A. कैनियन B. एस्चुरी
C. जलप्रपात D. गार्ज

90. जब नदी उत्थान से पूर्व अपने बहने के मार्ग को बरकरार रखती है, तो इस प्रक्रिया को क्या कहा जाता है?

A. प्रत्यानुवर्ती अपवाह B. अनुवर्ती अपवाह
C. अध्यारोपित अपवाह D. पूर्ववर्ती अपवाह

91. जलप्रपात का निर्माण किन शैलों वाले पत्र क्षेत्रों में होता है?

A. कठोर एवं कोमल शैल
B. परतदार शैल
C. कोमल शैल
D. कठोर शैल

92. मैदानी भाग में मन्द ढाल के कारण नदी का प्रवाह धीमा हो जाता है तथा नदी थोड़ा-सा अवरोध आने पर भी मोड़ खाकर बहना शुरू कर देती है। इस प्रकार के टेढ़े-मेढ़े बहाव से नदी मार्ग में क्या आकृति बनती है?

A. नदी विसर्पण B. नदी क्षिप्रिका
C. नदी अपहरण D. नदी परिच्छेदिका

93. कहाँ पर जलोढ़ शंकु का निर्माण होता है?

A. नदी तट
B. समतल मैदान पर
C. पर्वतीय ढालों पर
D. उपर्युक्त में से किसी पर नहीं

94. दिए गए आस्ट्रेलिया के मानचित्र में 'y' द्वारा प्रदर्शित छायांकित प्रदेश है–

A. माउंट ईसा B. ब्रोकेन हिल
C. हैमरस्ले रेंज D. वाइपा क्षेत्र

95. नील नदी का डेल्टा किस आकार का है?

A. पंजाकार B. प्रगतिशील
C. रूण्डित D. चापाकार

96. मिसिसिपी नदी का डेल्टा किस आकार का है?

A. ज्वारनदमुखी B. अग्रवर्द्धी
C. पंजाकार D. प्रगतिशील

97. गंगा नदी का डेल्टा किस आकार का है?

A. अग्रवर्द्धी B. पलियुक्त
C. ज्वारनदमुखी D. प्रगतिशील

98. भूमिगत जल का वह क्षेत्र जहाँ जल एकत्रित रहता है, किस नाम से जाना जाता है?

A. संतृप्त मण्डल B. जलभरा
C. भौम जलस्तर D. कुआँ

99. ऑस्ट्रेलिया की सबसे लम्बी नदी कौन-सी है?

A. मरे B. डार्लिंग
C. बारेगो D. मैंकिनसयर

100. चूने के प्रदेश में घोल रन्ध्र का निर्माण किस प्रक्रिया द्वारा होता है?

A. नाइट्रोजन की घुलन क्रिया द्वारा
B. कार्बन-डाई-ऑक्साइड की घुलन क्रिया द्वारा
C. हीलियम की घुलन क्रिया द्वारा
D. ऑक्सीजन की घुलन क्रिया द्वारा

101. कन्दरा का निर्माण किस क्रिया द्वारा होता है?

A. घुलन क्रिया तथा जलगति द्वारा
B. घुलन क्रिया तथा सन्निघर्षण द्वारा
C. घुलन क्रिया तथा अपघर्षण द्वारा
D. अपघर्षण एवं जलगति द्वारा

102. जब स्टेलैक्टाइट एवं स्टेलैग्माइट एक-दूसरे के पास आकर आपस में मिल जाते हैं, तो उन्हें क्या कहा जाता है?

A. कन्दरा B. गुफा स्तम्भ
C. चूर्णकूट D. प्राकृतिक पुल

103. संयुक्त राज्य अमेरिका में दक्षिणतम कृषि मेखला है :

A. ट्रक फार्मिंग मेखला B. मक्का मेखला
C. कपास मेखला D. गेहूँ मेखला

104. पर्वत शिखरों पर हिम का जमाव क्या कहलाता है ?

A. हिम चादर B. गिरिपदीय हिमानी
C. पर्वतीय हिमानी D. हिमटोपी

105. हिम क्षेत्र की ऐसी घाटी जिसकी तली सपाट, चौरस तथा पार्श्व खड़े ढाल युक्त होती है, किस घाटी के नाम से जानी जाती है?

A. U आकार की घाटी B. V आकार की घाटी
C. लटकती घाटी D. हिम गह्वर

106. हिम क्षेत्र में गहरी आराम कुर्सी की आकृति क्या कहलाती है?

A. तीक्ष्ण कटक B. टार्न
C. हार्न D. सर्क

107. पवन अपघर्षण के कारण निर्माण होता है–

A. पवन गवाक्ष का B. छत्रकशिला का
C. इन्सेलबर्ग का D. प्लाया का

108. बालूका स्तूप क्या है?

A. स्थिर तथा गतिहीन आकृति का स्तूप
B. अस्थिर तथा गतिहीन आकृति का स्तूप
C. अस्थिर तथा गतिशील स्तूप
D. स्थिर तथा गतिशील आकृति का स्तूप

109. महाद्वीपीय मग्नतट का उथला भाग, जो जलमग्न रहता है, क्या कहलाता है?

A. निम्न किनारा B. बाह्य किनारा
C. तट D. अग्र किनारा

110. सुनामी किससे संबंधित है?

A. हिमानी से B. सागर में भूकंप से
C. भूकम्प से D. प्रवाहित जल से

111. निम्नलिखित कथनों में से कौन-सा सही नहीं है?

A. ऐसी खाड़ियां, जिनका अग्रभाग संकीर्ण तथा पिछला भाग चौड़ा होता है, में उच्च ज्वार आते हैं
B. जब कोई खाड़ी खुले सागर में संकीर्ण चैनल द्वारा जुड़ी होती है तब वहां ज्वारीय धाराएं आती हैं
C. जब ज्वार किसी नदी की संकीर्ण तथा उथली ज्वारनदमुख में प्रवेश करती है तब ज्वारीय भित्ति बनती है
D. हुगली नदी के मुख पर उसकी ज्वारीय प्रकृति कोलकाता बन्दरगाह के लिए अति महत्त्वपूर्ण है

112. अपतट रोधक का निर्माण कहाँ पर होता है?

A. तट से दूर B. सागरीय तल के समीप
C. तट के नजदीक D. तट पर

113. A, B , C एवं D के रूप में चिहित अपवाह द्रोणियों को नीचे सूची में दिए गए नामों के साथ सुमेलित कीजिए और अपवाह द्रोणियों के नामों के नीचे दिए गए कूट का प्रयोग करते हुए सही उत्तर चुनिए–

अपवाह द्रोणियों के नाम

1. गंगा, ब्रह्मपुत्र 2. सिंधु
3. पराना 4. जाम्बेजी

अपवाह द्रोणिया

पैमाने के अनुसार नहीं

कूट :

	A	B	C	D
A.	3	1	2	4
B.	1	3	4	2
C.	1	3	2	4
D.	3	1	4	2

114. ज्वालामुखी उद्भेदन के समय कौन-सी गैस नहीं निकलती है?

A. हाइड्रोजन
B. अमोनिया
C. कार्बन-डाई-ऑक्साइड
D. ऑक्सीजन

115. विश्व के 75% ज्वालामुखी किस पेटी में पाये जाते हैं ?

A. हिन्द महासागरीय पेटी में
B. भूमध्यसागरीय पेटी में
C. परिप्रशान्त महासागरीय पेटी में
D. अटलांटिक महासागरीय पेटी में

116. इटली का एटना ज्वालामुखी किस प्रकृति का है?

A. केन्द्रीय उद्भेदन B. सक्रिय
C. शान्त D. प्रसुप्त

117. निम्नलिखित पेटी में से किसे अग्नि वृत्त कहा जाता है?

A. मध्यमहाद्वीपीय पेटी
B. हिन्द महासागरीय पेटी
C. परिप्रशान्त महासागरीय पेटी
D. अटलांटिक महासागरीय पेटी

118. किस ज्वालामुखी को भूमध्यसागर का प्रकाश स्तम्भ कहा जाता है?

A. स्ट्राम्बोली B. एटना
C. विसूवियस D. एजियान

119. उस स्थान को क्या कहा जाता है, जहाँ से भूकम्प लहरों की उत्पत्ति होती है?

A. उद्गम केन्द्र B. उत्पत्ति क्षेत्र
C. अधिकेन्द्र D. उपरोक्त में से कोई नहीं

120. धरातल के जिस बिन्दु पर भूकम्पी लहरों का ज्ञान सबसे पहले होता है तथा लहरों से सर्वाधिक प्रभावित होता है, उसे क्या कहा जाता है?

A. अभिकेन्द्र B. उद्‌गम केन्द्र
C. अधिकेन्द्र D. उपर्युक्त में से कोई नहीं

121. समान तीव्रता तथा आघात वाली भूकम्पीय तरंगों को क्या कहा जाता है?

A. भूकम्प रेखाएं B. सह-भूकम्प रेखाएं
C. सम-भूकम्प रेखाएं D. अभिकेन्द्र

122. मरुस्थलीय क्षेत्रों से दूर, वायु द्वारा अपवाहित अति सूक्ष्म कणीय धूल के बृहत् निक्षेपों से बने मैदान को किस नाम से जाना जाता है?

A. लोयस B. सीफ स्टप
C. बालुका स्टप D. बरखान

123. अनाच्छादन से क्या तात्पर्य है?

A. चट्टानों में सम्पीडन और तनाव की क्रियाएं
B. अपक्षय तथा अपरदन क्रियाएं
C. यान्त्रिक विघटन तथा रासायनिक अपघटन
D. हिमानी, नदी तथा हवा द्वारा अपरदन

124. पृथ्वी के धरातल पर 700 मीटर से अधिक ऊँचे भाग को क्या कहा जाता है?

A. मैदान B. पर्वत
C. पठार D. घाटी

125. कटकों, शिखरों तथा घाटियों से युक्त पहाड़ियों का लम्बा क्रम क्या कहलाता है?

A. पर्वत समूह B. पर्वत तन्त्र
C. पर्वत श्रेणी D. पर्वत शृंखला

126. विश्व के सबसे ऊँचे पर्वतों का निर्माण किस हलचल के दौरान हुआ है?

A. अल्पाइन हलचल
B. हर्सिनियन हलचल
C. कैलीडोनियन हलचल
D. चर्नियन हलचल

127. दो समानान्तर स्थल के मध्य का भाग ऊपर उठने या आस-पास के भाग के नीचे धंसने से बनने वाले पर्वत को कहा जाता है–

A. संग्रहीत पर्वत B. ब्लाक पर्वत
C. गुम्बदाकार पर्वत D. अवशिष्ट पर्वत

128. कौन-सा पठार ज्वालामुखी क्रिया से निर्मित नहीं है?

A. कोलम्बिया का पठार
B. तिब्बत का पठार
C. पैटेंगोनिया का पठार
D. ब्राजील का पठार

129. भारत का छोटा नागपुर का पठार किस प्रकार का पठार है?

A. चौरस B. शुष्क
C. विच्छेदित D. गुम्बदाकार

130. पाकिस्तान में स्थित पोटवार का पठार किस प्रकार से निर्मित पठार है?

A. नदी से निर्मित B. हिमानी से निर्मित
C. पवन से निर्मित D. ज्वालामुखी से निर्मित

131. पठारी प्रदेशों में कौन-से खनिज पदार्थ का अभाव होता है?

A. कोयला B. मैंगनीज
C. लौह अयस्क D. खनिज तेल

132. दो कन्दराओं के फैलकर एकाकार हो जाने पर बनी रचना कहलाती है–

A. प्राकृतिक मेहराब B. तटीय भृगु
C. तटीय कन्दरा D. स्टैक

133. दक्षिण भारत का पठार किस वर्ग में शामिल है?

A. आर्द्र पठार B. महाद्वीपीय पठार
C. अन्तपर्वतीय पठार D. तटीय पठार

निर्देशः (प्रश्न सं. 134 से 141 तक)

A. (A) तथा (R) दोनों सही हैं, तथा (R), (A) का सही स्पष्टीकरण है।
B. (A) एवं (R) दोनों सही हैं, परन्तु (R), (A) का सही स्पष्टीकरण नहीं है।
C. (A) सही है, परन्तु (R) गलत है।
D. (A) गलत है, परन्तु (R) सही है।

134. **कथन (A) :** एक नवानुवर्ती भ्रंश रेखा कगार में अधोपात भाग से निचली भूमि का निर्माण होगा।
कारण (R) : वर्तमान अपरदन तल पर अधोपात भाग में विद्यमान चट्टान मुलायम होती है।

135. **कथन (A) :** प्रशांत महासागर के पूर्वी भाग में संकरे महाद्वीपीय मग्न तट पाए जाते हैं।
कारण (R) : प्रशांत महासागर के पूर्वी तट के समानांतर मोड़दार पर्वतों की शृंखला स्थित है।

136. **कथन (A) :** पृथ्वी के आंतरिक भाग की संरचना को भूकंपी तरंगों की सहायता से मालूम किया जाता है।

कथन (B) : 'S' तरंगें, ठोस, तरल और गैस में चलती हैं, जबकि 'P' तरंगें केवल ठोस में चलती हैं।

137. कथन (A) : अक्साई चिन लद्दाख प्रदेश का सबसे निर्जन एवं शुष्कतम भाग है।
कारण (R) : सम्पूर्ण क्षेत्र में अत्यधिक वातोढ़ अपरदन की छाप है।

138. कथन (A) : भूमध्य रेखा के ऊपर वायुमण्डल की मोटाई अधिकतम है।
कारण (R) : भूमध्य रेखा के ऊपर उच्च सूर्यातपन तथा तीव्र संवहनीय धाराएं बहती हैं।

139. कथन (A) : वायुमण्डल में नमी की मात्रा अक्षांश से सम्बद्ध है।
कारण (R) : नमी को जलवाष्प के रूप में रखने की क्षमता तापमान से सम्बद्ध है।

140. कथन (A) : वार्षिक ताप परिसर स्थल क्षेत्रों के ऊपर अपेक्षाकृत अधिक होता है।
कारण (R) : स्थल क्षेत्र जल मंडलों की अपेक्षा शीघ्र गर्म और ठण्डे होते हैं।

141. कथन (A) : मरुस्थलीय प्रदेशों में अत्यधिक दैनिक तापांतर पाया जाता है।
कारण (R) : मरुस्थलीय प्रदेशों में वायुमण्डल में जलवाष्प की कमी होती है।

142. किसे वायुमण्डल की संरचना में शामिल नहीं किया जाता है?
A. जलवाष्प B. धूल के कण
C. गैस D. वायु

143. वायुमंडल का सर्वाधिक भाग किस मण्डल में स्थित है?
A. क्षोभ मण्डल या परिवर्तन मण्डल में
B. समताप मण्डल में
C. आयन मण्डल में
D. ओजोन मण्डल में

144. सूर्य से विकिरित अत्यन्त गर्म पराबैंगनी किरणों को वायुमण्डल के किस भाग द्वारा ग्रहण कर लिया जाता है?
A. परिवर्तन मण्डल B. समताप मण्डल
C. आयन मण्डल D. ओजोन मण्डल

145. कौन-सा मण्डल रेडियो तरंगों को परावर्तित करता है?
A. ओजोन मण्डल B. समताप मण्डल
C. परिवर्तन मण्डल D. आयन मण्डल

146. तापमान की स्थिरता वायुमण्डल की किस परत में पायी जाती है?
A. समताप मण्डल B. क्षोभ मण्डल
C. आयन मण्डल D. बाह्य मण्डल

147. वायुमण्डल की किस पेटी को अश्व अक्षांश के नाम से जाना जाता है?
A. उपोष्ण उच्च वायुदाब की पेटी
B. ध्रुवीय उच्च वायुदाब की पेटी
C. विषुवत रेखीय निम्न वायुदाब की पेटी
D. उपध्रुवीय निम्न वायुदाब की पेटी

148. जल वाष्प को जल में परिवर्तित करने की क्रिया को क्या कहा जाता है?
A. वाष्पीकरण B. संवहन
C. विकिरण D. संघनन

149. निम्नलिखित में से किसने 'इतिहास को भौगोलिक धुरी' अवधारणा को प्रतिपादित किया है?
A. जीन ब्रन्हेस
B. अल्ब्रेच्ट पेंक
C. हैलफोर्ड जे. मैकिन्डर
D. पीटर क्रोपोटकीन

150. सूर्य का मध्य भाग क्या कहलाता है?
A. स्थल मण्डल B. समताप मण्डल
C. वर्ण मण्डल D. प्रकाश मण्डल

151. कहां सूर्य की किरणें कभी भी समकोण पर नहीं होंगी?
A. श्रीनगर B. मुम्बई
C. चेन्नई D. तिरुवनन्तपुरम

152. आस्ट्रेलिया में सबसे लम्बा दिन होता है?
A. 21 जून को B. 22 सितम्बर को
C. 22 दिसम्बर को D. 23 मार्च को

153. वायुमण्डल मुख्यतः किससे गर्म होता है?
A. पृथ्वी के विकिरण द्वारा
B. पृथ्वी की गति के घर्षण से
C. सूर्य की सीधी किरणों से
D. पृथ्वी के अन्दर की ऊष्मा से

154. जलवाष्प की मात्रा पर सबसे अधिक प्रभाव किसका पड़ता है?
A. तापमान का B. वायु का
C. वर्षा का D. उपर्युक्त में से किसी का नहीं

155. कौन-सी सूर्य ताप की क्रिया धूल कणों द्वारा संपन्न नहीं होती?
A. विकिरण B. प्रकीर्णन
C. अवशोषण D. परावर्तन

156. किसी पदार्थ के ऊर्जा तरंगों के संचार द्वारा सीधे गर्म होने की प्रक्रिया कहलाती है–
A. गुप्त ऊष्मा B. संवहन
C. तापमान प्रतिलोमन D. विकिरण

157. समुद्र तल से ऊपर उठने पर तापमान में क्या होता है?
A. तापमान एक स्थापित दर से घटता-बढ़ता है
B. तापमान बढ़ता है
C. तापमान घटता है
D. तापमान स्थिर रहता है

158. वायुमण्डल को अधिकांश तापमान की प्राप्ति किससे होती है?
A. पार्थिव ऊर्जा से B. सूर्य विकिरण से
C. गुप्त ताप से D. लघु तरंग से

159. यदि पृथ्वी और अन्तरिक्ष के बीच से वायुमण्डल को हटा दिया जाए तो आकाश का रंग कैसा होगा?
A. काला B. लाल
C. नीला D. सफेद

160. निम्नलिखित में से कौन-से सामूहिक रूप से जोवियन ग्रहों नामक समूह को बनाते हैं?
A. शुक्र, पृथ्वी, मंगल तथा बृहस्पति
B. बुध, शुक्र, पृथ्वी तथा मंगल
C. मंगल, बृहस्पति, यूरेनस तथा नेपच्यून
D. बृहस्पति, शनि, यूरेनस तथा नेपच्यून

161. नीचे सूची-I वर्षा और सूची-II में उनकी प्रकृतियां दी गई हैं। निम्न कूटों की सहायता से सही जोड़े बनाइये–

सूची-I	सूची-II
(*a*) बौछारों वाली वर्षा	1. संवहनीय
(*b*) तेज हवाओं के साथ होने वाली वर्षा	2. चक्रवातीय
(*c*) करीब पूर्णतः शान्त वर्षा	3. मानसूनी
(*d*) विनाशकारी वर्षा	4. पर्वतीय

कूट :

	(*a*)	(*b*)	(*c*)	(*d*)
A.	3	4	2	1
B.	1	4	3	2
C.	2	3	1	4
D.	1	4	2	3

162. पूरे साल एक दिशा में प्रवाहित होने वाली पवनें कहलाती हैं–
A. स्थानीय पवनें B. ध्रुवीय पवनें
C. सामयिक पवनें D. सनातनी पवनें

163. संसार के अलग-अलग हिस्सों में कुछ स्थानीय पवनें चलती हैं। निम्नलिखित में से कौन-सा जोड़ा गलत है?
A. लीबिया – गिबली
B. स्पेन – लेबीची
C. इटली का उत्तरी भाग – बोरा
D. टियूनिस – हबूब

164. दहाड़ता चालीसा क्या है?
A. दक्षिणी गोलार्द्ध में 40° अक्षांश के पास का स्थान जहां तेज पछुआ हवाएं चलती हैं
B. उष्णकटिबंधीय चक्रवात
C. एक भौगोलिक क्षेत्र
D. उपर्युक्त में से कोई नहीं

165. निम्नलिखित सूची-I को सूची-II में दिये गये तथ्यों से उचित मिलान कीजिए–

सूची-I	सूची-II
(*a*) समताप रेखाएं	1. कम हवा के दबाव वाली रेखा
(*b*) समवर्षा रेखाएं	2. पहाड़ों पर पाई जाने वाली बर्फ की निम्न रेखा
(*c*) समदाब रेखाएं	3. समान तापक्रम वाले स्थानों को जोड़ने वाली रेखा
(*d*) हिम रेखाएँ	4. समान वर्षा के स्थानों को जोड़ने वाली रेखा
	5. हवा के समान दबाव वाले स्थानों को जोड़ने वाली रेखा

कूट :

	(*a*)	(*b*)	(*c*)	(*d*)
A.	2	3	4	5
B.	3	4	5	2
C.	1	3	2	4
D.	5	4	2	1

166. कौन-सी स्थायी पवन है?
A. स्थल समीर B. सिंधु समीर
C. मानसून D. पछुआ पवनें

167. व्यापारिक हवाएं किन अक्षांशों के बीच बहती हैं?
A. अश्व अक्षांशों से विषुवत रेखा की ओर
B. भूमध्य रेखा से उष्ण कटिबंध की ओर
C. उष्ण कटिबंध से ध्रुवीय क्षेत्रों की ओर
D. ध्रुवीय क्षेत्रों से उष्ण कटिबंध की ओर

168. अत्यधिक वर्षा प्रदान करने वाले मेघ कौन-से हैं?
A. कपासी मेघ B. वर्षी मेघ
C. स्तरी मेघ D. पक्षाभ मेघ

169. आल्प्स पर्वत की उच्च श्रेणियों से उतरकर घाटियों में कौन-सी पवनें बहती हैं?
A. चिनुक B. फोहन
C. बोरा D. सिरोको

170. किसी वायु के निश्चित आयतन पर उसमें उपस्थित आर्द्रता को क्या कहा जाता है?
A. विशिष्ट आर्द्रता B. सापेक्ष आर्द्रता
C. निरपेक्ष आर्द्रता D. उपर्युक्त में से कोई नहीं

171. भारत के उत्तरी राज्यों में शीत ऋतु में वर्षा किस प्रकार होती है?
A. संवहनीय B. चक्रवातीय
C. मानसूनी D. पर्वतीय

172. मानसून शब्द का क्या अर्थ है?
A. पवनों के दिशा का बदलना
B. पवनों का बहुत धीमी गति से बहना
C. पवनों का सदैव एक ही ओर बहना
D. पवनों का बहुत धीमी गति से बहना

173. फेरल के नियम के अनुसार पवनें अपनी दिशा किस ओर बदलती हैं?
A. उत्तरी गोलार्द्ध में बाईं ओर एवं दक्षिणी गोलार्द्ध में दाईं ओर
B. उत्तरी गोलार्द्ध में दाईं ओर तथा दक्षिणी गोलार्द्ध में दाईं ओर
C. उत्तरी गोलार्द्ध में दाईं ओर तथा दक्षिणी गोलार्द्ध में बाईं ओर
D. उत्तरी गोलार्द्ध में बाईं ओर तथा दक्षिणी गोलार्द्ध में दाईं ओर

174. वृष्टि छाया प्रदेश किसे कहा जाता है?
A. पर्वतों के पवन विमुख ढाल को
B. वर्षाविहीन क्षेत्र को
C. पर्वतों के पवनामुख ढाल को
D. पर्वतों के गिरिपद को

175. पछुआ वे अपरिवर्तनीय हवाएं हैं, जो उत्तरी गोलार्द्ध में दक्षिण-पश्चिम से व दक्षिणी गोलार्द्ध में उत्तर-पश्चिम से बहती हैं–
A. भूमध्य रेखा की ओर
B. ध्रुवों की ओर
C. ध्रुवों और भूमध्य सागर के दोनों ओर
D. उपर्युक्त में से किसी भी ओर नहीं

176. उच्च दबाव वाली हवाएं, जो केन्द्र से बाहर की ओर चलती हैं, क्या कहलाती हैं?
A. स्थानीय हवाएँ B. चक्रवात हवाएँ
C. प्रति चक्रवात हवाएँ D. उपर्युक्त में से कोई नहीं

177. निम्नलिखित में संवहन क्या है?
A. यह एक ऐसी प्रक्रिया है, जिसमें ऊर्जा का हस्तांतरण वायु व जल राशियों की गति द्वारा होता है
B. यह प्रक्रिया किसी भी तापमान के क्षेत्र में सम्पन्न होती है
C. यह सौर ऊर्जा के हस्तांतरण की एक अत्यंत सूक्ष्म प्रक्रिया है
D. इनमें से कोई नहीं

178. उस तूफान को क्या कहा जाता है, जिसमें पवनें नीचे से ऊपर की ओर चलती हैं?
A. प्रति चक्रवात B. तड़ित-चक्रवात
C. वाताग्र D. टाइफून

निर्देशः (प्रश्न सं. 179 से 188 तक)
A. (A) तथा (R) दोनों सही हैं, तथा (R), (A) का सही स्पष्टीकरण है।
B. (A) एवं (R) दोनों सही हैं, परन्तु (R), (A) का सही स्पष्टीकरण नहीं है।
C. (A) सही है, परन्तु (R) गलत है।
D. (A) गलत है, परन्तु (R) सही है।

179. कथन (A) : विषुवत रेखा के दोनों ओर 5° अक्षांश तक एक निम्न वायुदाब की पेटी पायी जाती है।
कारण (R) : इस डोलड्रम की पेटी में रात के समय संवहन धाराएं चलती हैं।

180. कथन (A) : उत्तरी गोलार्द्ध में पवन प्रतिरूप दक्षिणावर्त तथा दक्षिणी गोलार्द्ध में पवन प्रतिरूप वामावर्त होते हैं।
कारण (R) : उत्तरी तथा दक्षिणी गोलार्द्धों में पवन-प्रतिरूपों की दिशाओं का निर्धारण कोरिओलिस प्रभाव से होता है।

181. कथन (A) : हिमालय की नदियाँ बारहमासी होती हैं।
कारण (R) : प्रदेश को केवल दक्षिण-पश्चिम मानसून से वर्षा मिलती है।

182. कथन (A) : उष्ण मरुस्थल निरापवाद रूप से व्यापारिक पवन की पट्टियों में महाद्वीपों के पश्चिम की तरफ पाये जाते हैं।
कारण (R) : उष्णकटिबंधीय पट्टियों में जहां व्यापारिक पवन चलते हैं, वर्षा करने वाली आर्द्रतायुक्त हवाओं को रोकने हेतु पश्चिम की तरफ वस्तुतः उच्च स्थल नहीं हैं।

183. कथन (A) : प्रति चक्रवाती स्थितियां शीतऋतु में तब बनती हैं, जब वायुमंडलीय दाब उच्च होता है और वायुताप निम्न होता है।
कारण (R) : उत्तर भारत में शीतकालीन वर्षा से निम्न तापों वाली प्रति चक्रवाती स्थितियां पैदा होती हैं।

184. कथन (A) : दोनों गोलार्द्धों के 60°-65° अक्षांशों में उच्च दाब के बजाय निम्न दाब पट्टिका होती है।

कारण (R) : निम्न दाब क्षेत्र भूमि पर नहीं, बल्कि महासागरों पर स्थायी होते हैं।

185. **कथन (A) :** पृष्ठीय वायु चक्रवात के केन्द्र के ऊपर अभ्यांतर कुंडलित होती हैं।

कारण (R) : हवा चंक्रवात के केन्द्र में अवरोधित होती है।

186. **कथन (A) :** भूमध्यरेखा के दोनों ओर 5° से 8° अक्षांश तक के क्षेत्रों में वर्षभर वर्षा होती है।

कारण (R) : उच्च तापमान तथा उच्च आर्द्रता के कारण भूमध्यरेखा के निकट अधिकतर दोपहर को संवहनी वर्षा होती है।

187. **कथन (A) :** प्रति चक्रवातों में वर्षा का सामान्यतः अभाव होता है।

कारण (R) : प्रति चक्रवातों में वाताग्र का अभाव होता है।

188. **कथन (A) :** उष्ण महासागरीय जलवायु प्रदेश मानव के अधिवास के लिए अपेक्षाकृत अधिक उपयुक्त है।

कारण (R) : यह जलवायु प्रदेश विनाशकारी उष्ण कटिबंधीय चक्रवातों से अप्रभावित रहता है।

189. उत्पति के अनुसार झीलों के प्रकार हैं–
A. 3 B. 4
C. 5 D. 6

190. अपरदनात्मक झील का उदाहरण नहीं है–
A. बिलीबांग झील B. गोखुर झील
C. ग्रांड कुली झील D. डर्ग झील

191. निम्नलिखित में कौन-से विवर्त्तनिक झील का उदाहरण नहीं है?
A. सोनसकेसर झील B. क्रिस्टल स्प्रिंग झील
C. मृतसागर D. निकारागुआ झील

192. पोंचास्ट्रियन झील किसका उदाहरण है?
A. जलोढ़ पंख झील B. डेल्टा झील
C. रेफ्ट झील D. बाढ़ के मैदान की झील

193. डेन्यूब नदी कहां की नदी है?
A. अफ्रीका B. द. अमरीका
C. यूरोप D. एशिया

194. मीकांग नदी का उद्गम स्थल है–
A. तिब्बत B. आलप्स पर्वत
C. ग्रेट स्लेव झील D. एण्डिज पर्वत

195. पृथ्वी पर उपस्थित जल का कितने प्रतिशत महासागरों में स्थित है?
A. 97% B. 82.9%
C. 80.9% D. 79.8%

196. संसार का सबसे बड़ा महासागर कौन-सा है?
A. प्रशान्त महासागर B. अटलांटिक महासागर
C. आर्कटिक महासागर D. हिन्द महासागर

197. महासागर की जलधाराओं का एक प्रभाव यह होता है कि वे–
A. जल को समान रूप से बांटती हैं
B. तटीय जलवायु को सम बनाती हैं
C. जलीय तापमान का समान वितरण करती हैं
D. उपर्युक्त में से कोई नहीं

198. समुद्री जल के खारे होने का एक महत्त्वपूर्ण लाभ क्या है?
A. इससे समुद्र का पानी नहीं जमता है
B. इससे लोगों को नमक उपलब्ध होता है
C. समुद्र के पानी का घनत्व नीचा हो जाता है
D. उपर्युक्त में से कोई नहीं

199. सामुद्रिक धाराओं की उत्पत्ति के लिए कौन-सा कारक जिम्मेदार नहीं है?
A. महासागरीय तल की बनावट
B. जल के घनत्व में अंतर
C. वायुदाब तथा हवाएं
D. पृथ्वी का गुरुत्वाकर्षण एवं परिभ्रमण

200. महासागरीय लवणता का औसत प्रतिशत क्या है?
A. 30‰ B. 34‰
C. 35‰ D. 37‰

201. महासागर, उच्चावच के आधार पर चार भागों में विभाजित है। इसमें सर्वाधिक क्षेत्र किस उच्चावच द्वारा घिरा हुआ है ?
A. महासागरीय गर्त B. गंभीर मैदान
C. महाद्वीपीय मग्नतट D. महाद्वीपीय ढाल

202. निम्नलिखित में से कौन-सी तीन गर्म धाराएं हैं?
A. गल्फ स्ट्रीम, मोजाम्बिक, आयोशिवा
B. क्युरोशिवो, गल्फ स्ट्रीम, मोजाम्बिक
C. कैलीफोर्निया, क्युरोशिवो, क्युराइल
D. गल्फ स्ट्रीम, क्युराइल, क्युरोशिवो

203. समुद्र की गर्म धाराएं–
A. भूमध्य रेखा की ओर जाती हैं
B. कर्क रेखा तथा मकर रेखा के बीच चलती हैं
C. ध्रुवों की ओर जाती हैं
D. उष्ण कटिबंध की ओर जाती हैं

204. उत्तरी अमेरिका में न्यूफाउण्डलैंड के पास का समुद्री भाग सामान्यतया कुहरे से घिरा रहता है। इसका कारण क्या है?
A. इस क्षेत्र से लेब्रोडोर की ठंडी समुद्री धारा बहती है

B. इस क्षेत्र के समीप से गल्फ स्ट्रीम की गर्म समुद्री धारा बहती है

C. इस क्षेत्र के समीप गल्फ स्ट्रीम गर्म धारा एवं लेब्रोडोर ठंडी धारा का मिलन होता है

D. उपर्युक्त में से सभी

205. हम्बोल्ट धारा किस तट के नजदीक से बहती है ?

A. अफ्रीका के पूर्वी तट

B. एशिया के पूर्वी तट

C. दक्षिणी अमेरिका के पश्चिमी तट

D. अफ्रीका के पश्चिमी तट

206. नीचे दिए गए मानचित्र में हिन्द महासागर क्षेत्र के चार द्वीप अर्थात् (*a*) सैशेल्स (*b*) चागोस (*c*) मारीशस और (*d*) सोकोट्रा को 1, 2, 3 और 4 के रूप में अंकित किया गया है। इन्हें सुमेलित कीजिए और नीचे दिए गए कूट का प्रयोग करते हुए सही उत्तर चुनिए :

कूट :	(*a*)	(*b*)	(*c*)	(*d*)
A.	1	3	4	2
B.	3	1	2	4
C.	1	3	2	4
D.	3	1	4	2

207. उस सागर का नाम बताइए, जिसकी सीमाएं तीन महाद्वीपों को स्पर्श करती हैं?

A. अरब सागर B. कैरेबियन सागर

C. भूमध्य सागर D. लाल सागर

208. कौन-सा महासागर अंग्रेजी S अक्षर की आकृति के समान है?

A. हिन्द महासागर B. अटलांटिक महासागर

C. प्रशान्त महासागर D. आर्कटिक महासागर

209. महाद्वीपों के विस्तृत चबूतरे को सामुद्रिक वैज्ञानिकों ने क्या नाम दिया है?

A. गहन सागरीय मैदान

B. महाद्वीपीय मग्न ढाल

C. महाद्वीपीय मग्न तट

D. सामुद्रिक मग्न तट

210. सागरों में जीव-जंतुओं की अस्थियां, मछली के अवशेष, सीप तथा स्पंज आदि के निक्षेप क्या कहलाते हैं?

A. टेरीजेनियस निक्षेप B. सागरीय निक्षेप

C. पैलेजिक निक्षेप D. नेरेटिक निक्षेप

211. ग्लोबीजोरिना तथा टेरोपंड पंक क्या होता है?

A. सिलिका प्रधान B. चूना प्रधान

C. लावा प्रधान D. अस्थिपंजर प्रधान

212. कौन-सा तत्त्व सामुद्रिक तापमान के वितरण को सबसे अधिक प्रभावित करता है?

A. समुद्री धाराएं B. प्रचलित पवनें

C. अक्षांश D. स्थल तथा जल का वितरण

213. सागरीय जल की लवणता में सर्वाधिक प्रतिशत किसका होता है?

A. मैग्नीशियम सल्फेट B. कैल्सियम सल्फेट

C. सोडियम क्लोराइड D. मैग्नीशियम क्लोराइड

214. महासागरीय जल में प्रायः कितने प्रकार की गतियां होती हैं?

A. चार B. दो

C. तीन D. पांच

215. प्रत्येक ज्वार के बाद भाटा आने में कितना समय लगता है?

A. 6 घण्टे 13 मिनट B. 6 घण्टे

C. 6 घण्टे 15 मिनट D. 6 घण्टें 52 मिनट

216. कौन-सी धारा अटलांटिक महासागर में नहीं बहती है ?

A. वेंगुएला की धारा B. पेरू की धारा

C. फॉकलैण्ड की धारा D. गल्फ स्ट्रीम

217. निम्नलिखित धाराओं में से कौन-सी धारा ठण्डी धारा है?

A. वेंगुएला B. क्यूरोशिवो

C. गल्फ स्ट्रीम D. फ्लोरिडा

218. कौन-सी धारा अपने मूल स्थान से आगे चलकर उत्तरी अटलांटिक प्रवाह के नाम से बहती है?

A. लैब्रोडोर की धारा B. गल्फ की धारा

C. कनारी की धारा D. क्यूराइल की धारा

219. किस तट पर आगुलहास की धारा बहती है?
A. दक्षिणी-पूर्वी अफ्रीका के तट के सहारे
B. जापान के पूर्वी तट के सहारे
C. जापान के पश्चिमी तट के सहारे
D. दक्षिणी-पूर्वी अमेरिका तट के सहारे

220. प्रवाल की उत्पत्ति के लिए उपयुक्त परिस्थिति कौन-सी है?
A. गहरे सागरीय गर्त
B. शीत कटिबंधीय महासागर
C. उष्ण कटिबंधीय महासागर
D. शीतोष्ण कटिबंधीय महासागर

221. विश्व की प्रमुख अवरोधक प्रवालभित्ति (ग्रेट बैरियर रीफ) कहाँ पर स्थित है?
A. ऑस्ट्रेलिया के पूर्वी तट के सहारे
B. उत्तरी अमेरिका के पश्चिमी तट के सहारे
C. ऑस्ट्रेलिया के पश्चिमी तट के सहारे
D. अफ्रीका के पूर्वी तट के सहारे

निर्देशः (प्रश्न सं. 222 से 223 तक)
A. (A) तथा (R) दोनों सही हैं, तथा (R), (A) का सही स्पष्टीकरण है।
B. (A) एवं (R) दोनों सही हैं, परन्तु (R), (A) का सही स्पष्टीकरण नहीं है।
C. (A) सही है, परन्तु (R) गलत है।
D. (A) गलत है, परन्तु (R) सही है।

222. **कथन (A) :** मध्य सागरीय कटक के सहारे समुद्री नितल का प्रसार हो रहा है।
कारण (R) : मध्य सागरीय कटक संवहन तरंगों के अपसरण क्षेत्र में स्थित है।

223. **कथन (A) :** लघु ज्वार-भाटाओं के समय, उच्च ज्वार सामान्य से निम्नतर तथा निम्न ज्वार सामान्य से उच्चतर होता है।
कारण (R) : लघु ज्वार-भाटा, बृहत् ज्वार-भाटा के विपरीत, पूर्णचन्द के स्थान पर नव चन्द्र के समय होता है।

224. किसी स्थान विशेष पर अल्पकालीन वायुमण्डलीय दशाओं का अध्ययन क्या कहलाता है?
A. ऋतु B. जलवायु
C. मौसम D. वातावरण

225. चीन के अधिकांश भागों में पायी जाने वाली जलवायु को किस प्रकार की जलवायु कहा जा सकता है?
A. आर्द्र मरुस्थलीय B. अर्द्ध मरुस्थलीय
C. मानसूनी D. भूमध्यसागरीय

226. कौन-सा तत्त्व किसी स्थान विशेष की जलवायु को प्रभावित नहीं करता है?
A. पर्वतों की स्थिति B. खनिज सम्पदा
C. भूमध्य रेखा से दूरी D. प्राकृतिक वनस्पति

227. उस जलवायु का नाम बताइए, जहाँ ग्रीष्मकाल गर्म व शुष्क तथा शीतकाल में वर्षा होती है?
A. स्टैपी प्रदेश B. भूमध्यसागरीय प्रदेश
C. चीनी तुल्य प्रदेश D. मानसूनी प्रदेश

228. बनावट के अनुसार झील के कितने प्रकार हैं?
A. 2 B. 3
C. 4 D. 6

229. निम्नलिखित में से पंक किस रंग के नहीं होते हैं?
A. पीले B. लाल
C. हरे D. नीले

230. निम्नलिखित में से संसार के सर्वाधिक मानव किस प्रकार के मृदा प्रदेश में निवास कर रहे हैं?
A. काँप मृदा B. रेतीली मृदा
C. रेन्डजीना मृदा D. प्रेयरी मृदा

231. दोमट मिट्टी में चिका की मात्रा होती है–
A. 70 प्रतिशत B. 60 प्रतिशत
C. 50 प्रतिशत D. 40 प्रतिशत

232. बलुई मिट्टी में चिका की मात्रा होती है–
A. 15 प्रतिशत B. 20 प्रतिशत
C. 22 प्रतिशत D. 25 प्रतिशत

233. सिल्ट मिट्टी में बालू की मात्रा होती है–
A. 10 प्रतिशत B. 15 प्रतिशत
C. 17 प्रतिशत D. 22 प्रतिशत

234. हाइड्रेटेड आयरन ऑक्साइड के कारण मिट्टी का रंग कैसा होता है?
A. लाल B. पीला
C. भूरा D. काला

235. CSCS योजना के तहत् विश्व की समस्त मिट्टियों को बांटा गया है–
A. 8 भाग में B. 10 भाग में
C. 12 भाग में D. 13 भाग में

236. किस मिट्टी में ह्यूमस अधिक पाया जाता है?
A. पोडजोल मिट्टियां B. पोडकैल मिट्टियां
C. पेडाल्फर मिट्टियां D. लेटोजोल मिट्टियां

237. किस मिट्टी की ऊपरी परत में कैल्शियम संचित रहता है?
A. पेडाल्फर B. चरनोजम
C. मरुस्थलीय D. पोडकैल

238. मिट्टी क स्लेटीपन किस कारण होता है?
A. रेड ऑक्साइड B. हाइड्रेटेड आयरन ऑक्साइड
C. ह्यूमस की न्यूनता D. ह्यूमस की अधिकता

239. निम्नलिखित में से सवाना घास के मैदान कहां पाए जाते हैं?
A. आस्ट्रेलिया में
B. उत्तरी-मध्य अफ्रीका में
C. उत्तरी अमेरिका में
D. मध्य-एशिया में

240. घासभूमियों को मुख्यतः दो वर्गों में बांटा जाता है, जिनमें उष्ण कटिबन्धीय एवं शीतोष्ण कटिबंधीय घास भूमियां प्रमुख हैं। इन भूमियों के संदर्भ में कौन-सा कथन गलत है?
A. शीतोष्ण कटिबंधीय घास भूमि को कनाडा में प्रेयरी एवं पूर्व सोवियत संघ में स्टैपीज कहा जाता है
B. शीतोष्ण कटिबंधीय घास भूमि को दक्षिण अफ्रीका में होल्ड कहा जाता है
C. शीतोष्ण कटिबंधीय घास भूमि को अर्जेंटीना में कम्पास एवं आस्ट्रेलिया में डाउन्स कहा जाता है
D. दक्षिण अमेरिका में उष्ण कटिबंधीय घास भूमि को कम्पास तथा लानोस कहा जाता है

241. जैसे-जैसे हम ध्रुवों से विषुवत् रेखा की ओर चलते जाते हैं, वैसे-वैसे ही–
A. वनस्पतियों एवं जीव-जंतुओं की किस्में समान रहती हैं
B. जीव-जन्तुओं एवं वनस्पतियों की किस्में बढ़ती जाती हैं
C. जीव-जंतुओं एवं वनस्पतियों की किस्में कम होती जाती हैं
D. जीव-जंतुओं की किस्में कम होती जाती हैं, लेकिन वनस्पतियों की किस्में बढ़ती जाती हैं

242. स्त्रातजिक फसल कहलाता है?
A. चावल B. गेहूं
C. मक्का D. तिलहन

243. संसार के कुल कितने प्रतिशत क्षेत्र पर कृषि की जाती है?
A. 25 प्रतिशत B. 50 प्रतिशत
C. 15 प्रतिशत D. 10 प्रतिशत

244. किस फसल का उत्पादन विवरण (क्षेत्रफल के हिसाब से) विश्व में सर्वाधिक है?
A. चावल B. गेहूं
C. चाय D. मक्का

245. विश्व का अधिकतम कॉफी उत्पादक देश कौन-सा है ?
A. भारत B. सऊदी अरब
C. ब्राजील D. इथोपिया

246. रबड़ की खेती के लिए कितनी वर्षा की आवश्यकता होती है?
A. 200 से 250 सेमी. तक
B. 250 से 300 सेमी. तक
C. 300 से 350 सेमी. तक
D. 100 से 200 सेमी. तक

247. औसतन रूप से, पृथ्वी के आंतरिक भाग का घनत्व ...... है।
A. 3.4 B. 4.7
C. 2.6 D. 5.5

248. कौन-सी फसल है, जो काँप मिट्टी में होती है तथा जिसको 150 सेमी. वर्षा की आवश्यकत होती है?
A. चावल B. गन्ना
C. मक्का D. गेहूँ

249. पूरे संसार को कृषि प्रदेशों में विभाजित करने का कार्य सर्वप्रथम किसने किया था?
A. ब्लाश B. ब्रुन्श
C. एल्सवर्थ हंटिंग्टन D. डी. ह्विटल्सी

250. किस फसल का आदि स्थान यूरोप महाद्वीप में नहीं है?
A. राई B. चुकन्दर
C. सूर्यमुखी D. जई

251. दक्षिण-पूर्वी एशिया में बागानी कृषि के विकास का प्रमुख कारण है ?
A. भू-मध्यरेखीय जलवायु
B. औपनिवेशिक शासन
C. बागानी कृषि का व्यापारिक महत्त्व
D. सस्ता श्रम

252. 'खोज का महान युग' की कालावधि .... के बाद शुरू हुई थी।
A. अठारहवीं सदी B. उन्नीसवीं सदी
C. सत्रहवीं सदी D. पंद्रहवीं सदी

253. विश्व के भू-भाग को तीन महाद्वीपों–यूरोप, एशिया तथा लीबिया (अफ्रीका) में विभाजित करने वाले पहले विद्वान कौन थे?
A. हिप्पारकस B. हिरोडोटस
C. पोसिडोनियस D. अनेग्जीमेण्डर

254. चावल पैदा करने के लिए उत्तम मिट्टी कौन-सी है ?
A. दोमट B. चिकनी
C. अम्ल युक्त D. बलूई

255. मक्का किस जलवायु की फसल है?
A. शीतोष्ण कटिबंधीय
B. नम उष्ण तथा शीतोष्ण कटिबंधीय
C. शीत कटिबंधीय
D. उष्ण कटिबंधीय

256. संयुक्त राज्य अमेरिका में मक्का का सर्वाधिक उपयोग किस कार्य में होता है?
A. शराब बनाने में B. पशुओं के चारे में
C. मानव भोजन में D. स्टार्च बनाने में

257. कपास की खेती के लिए सर्वाधिक अच्छी मिट्टी कौन-सी है?
A. चूना प्रधान मिट्टी B. काली मिट्टी
C. चिकनी मिट्टी D. दोमट मिट्टी

258. संसार के स्थानांतरित कृषि के विभिन्न नाम संबंधित देशों के साथ दिए गए हैं। इनको सुमेलित कीजिए–

सूची-I	**सूची-II**
(*a*) दीया	1. वेनेजुएला
(*b*) तमराई	2. वियतनाम
(*c*) कैंगिन	3. थाईलैण्ड
(*d*) कोनकू	4. भारत
(*e*) रे	5. फिलीपीन्स

कूट :

	(*a*)	(*b*)	(*c*)	(*d*)	(*e*)
A.	2	3	4	5	1
B.	2	1	3	4	5
C.	4	3	5	1	2
D.	4	5	3	2	1

259. नीचे दी गई फसलों में से किसे चामत्कारिक फसल की संज्ञा दी जाती है ?
A. सोयाबीन B. तम्बाकू
C. सूर्यमुखी D. धान

260. कौन-सी फसल नील नदी के डेल्टा में सर्दी के मौसम में उगाई जाती है?
A. गेहूँ B. कपास
C. चावल D. तम्बाकू

261. कपास किस जलवायु का पौधा है?
A. शीत तथा शीतोष्ण कटिबंधीय
B. उष्ण कटिबंधीय
C. शीतोष्ण कटिबंधीय
D. उष्ण तथा शीतोष्ण कटिबंधीय

262. गन्ना किस जलवायु की फसल है?
A. उष्ण कटिबंधीय
B. उष्ण एवं आर्द्र कटिबंधीय
C. शीतोष्ण कटिबंधीय
D. उपोष्ण कटिबंधीय

263. किस भौगोलिक दशा में चाय की खेती नहीं की जाती है?
A. समतल क्षेत्र में
B. तापमान 23° सेल्सियस से 30° सेल्सियस में
C. उष्ण आर्द्र जलवायु में
D. वर्षा 125 सेमी. से 250 सेमी. में

264. नीचे दिये गये कृषि के प्रकारों तथा संबंधित शब्दावली को सुमेलित कीजिए–

सूची-I	**सूची-II**
(*a*) फ्लोरीकल्चर	1. रेशम का उत्पादन
(*b*) सेरिकल्चर	2. सब्जियों की कृषि
(*c*) ओलेरीकल्चर	3. मधुमक्खी पालन
(*d*) एपीकल्चर	4. वृक्षों और झाड़ियों की कृषि
(*e*) आरबरीकल्चर	5. फूलों की कृषि
(*f*) हॉर्टीकल्चर	6. फलों का उत्पादन

कूट :

	(*a*)	(*b*)	(*c*)	(*d*)	(*e*)	(*f*)
A.	5	3	4	6	2	1
B.	3	4	5	1	2	6
C.	5	1	2	3	4	6
D.	2	3	1	4	6	5

265. गैंगेटिक गल्फ जिसे अब बंगाल की खाड़ी के रूप में जाना जाता है, को पहली बार .... द्वारा आलेखित किया गया था।
A. स्ट्रैबो B. अल-मसुदी
C. टॉलेमी D. आर्यभट्ट

266. जिस देश में जनसंख्या की अधिकता होती है, वहाँ किन फसलों की कृषि की जाती है?
A. खाद्यान्न
B. बागानी फसलों की
C. रेशे वाली फसलों की
D. व्यापारिक फसलों की

267. कौन-सा क्षेत्र भूमध्यसागरीय कृषि प्रदेश में शामिल नहीं किया जाता है?
A. फ्रांस B. हंगरी
C. कैलिफोर्निया D. इटली

268. महाद्वीपीय शेल्फ तथा गहरे समुद्री तल के बीच फैले हुए क्षेत्र को .... कहा जाता है।
A. गायोट्स B. मध्य-महासागरीय कटक
C. नितल D. महाद्वीपीय ढाल

269. निम्नलिखित में से कौन प्रथम भूगोलवेत्ता थे जिन्होंने मानसून के आवर्ती प्रकृति के विचार को आगे बढ़ाया?
A. ग्रीक B. रोमन
C. अमेरिकन D. अरेबियन

270. कौन-सा कारक मछलियों के विकास के लिए सर्वाधिक उपयुक्त है?
A. ठण्डी जलधाराओं का प्रवाह
B. जीव प्लावक
C. ठण्डी तथा गर्म जल धाराओं का आपस में मिलना
D. गर्म धाराओं का प्रवाह

271. किस मत्स्य उत्पादक क्षेत्र को उच्च मध्य अक्षांशीय समुद्र में नहीं रखा जाता है?
A. उत्तरी-पश्चिमी अटलांटिक महासागरीय क्षेत्र
B. उत्तरी अटलांटिक महासागरीय क्षेत्र
C. उत्तरी प्रशांत महासागरीय क्षेत्र
D. उत्तरी–पश्चिमी प्रशान्त महासागरीय क्षेत्र

272. किस सागर में मछलियां सर्वाधिक मात्रा में मिलती हैं ?
A. छिछले सागर में B. खुले सागर में
C. गहरे सागर में D. घिरे सागर में

273. संसार के मछली उत्पादक क्षेत्र तथा उनके खास नामों का जोड़ा दिया गया है। इन जोड़ों में से कौन-सा जोड़ा गलत है?
A. संयुक्त राज्य अमेरिका तथा कनाडा के उत्तरी-पूर्वी तट–ग्राण्ड बैंक
B. प्रिंस एडवर्ड द्वीप का तटीय भाग–जॉर्जेज बैंक
C. उत्तरी सागर–डागर बैंक
D. सैवाल द्वीप तटीय भाग–सैवाल बैंक

274. आयोस्टर पकड़ने के लिए प्रसिद्ध स्थान है–
A. डॉगर बैंक B. चेसापीक खाड़ी
C. जॉर्जेज बैंक D. ग्रांड बैंक

275. प्राकृतिक वनस्पति कौन-सा संसाधन है?
A. जलीय B. जीवीय
C. निर्जीवीय D. प्राकृतिक

276. वनों का सर्वाधिक प्रयोग किस उद्योग में होता है ?
A. लाख उद्योग में
B. दियासलाई उद्योग में
C. कागज तथा लुग्दी उद्योग में
D. खेल का सामान बनाने के उद्योग में

277. किस महाद्वीप में टैगा वन सर्वाधिक आच्छादित हैं?
A. अफ्रीका B. उत्तरी अमेरिका
C. दक्षिणी अमेरिका D. यूरोप

278. नीचे घास के मैदान एवं उनके देश/क्षेत्र दिये गये हैं। निम्नलिखित में से कौन-सा सही नहीं है?
A. एशिया – स्टेप्स
B. ब्राजील – कम्पोज
C. वेनेजुएला – प्रेयरी
D. आस्ट्रेलिया – डाऊन्स

279. कम्पोज सवाना घास के मैदान हैं, वह किस देश में पाए जाते हैं?
A. ब्राजील में B. आस्ट्रेलिया में
C. नाइजीरिया में D. वेनेजुएला में

280. विषुवतीय वन के संदर्भ में कौन-सा कथन असत्य है ?
A. ये वन शीतोष्ण वन के नाम से भी जाने जाते हैं
B. ये वन अधिकतर अमेजन घाटी, कांगो घाटी तथा विषुवतीय प्रशान्त द्वीपों में पाये जाते हैं
C. ये वन व्यावहारिक रूप से उपयोग में नहीं लाये गये हैं
D. ये वन बहुत अधिक घने हैं

281. अमेजन नदी घाटी में पाये जाने वाले वनों को किस नाम से जाना जाता है ?
A. शंकुल वन B. पतझड़ वन
C. सेल्वास वन D. सदाबहार वन

282. मानव भूगोल के संस्थापक के रूप में सार्वभौमिक रूप से किसे स्वीकृत किया गया है?
A. फ्राइडरिक रैट्ज़ेल
B. वी.वी. दोकुचैव
C. विलियम मॉरिस डेविस
D. मार्को पोलो

283. भूगोल के क्षेत्र में 'भू-दृश्य (लैंडस्केप)' शब्द निम्नलिखित में से किसके द्वारा प्रस्तुत किया गया था?
A. क्रिस्टोफर कोलंबस B. कार्ल ओ. सावर
C. फर्डिनेंड मैगलन D. अलबर्ट डिमांजियां

284. आस्ट्रेलिया का कालगुर्ली किसलिए विख्यात है?
A. सोने की खानों के लिए
B. मूंगे की चट्टानों के लिए
C. डेयरी उद्योग के लिए
D. उपर्युक्त में से किसी के लिए नहीं

285. पूर्व सोवियत रूस में लौह अयस्क की खानें मुख्यतः किस क्षेत्र में पायी जाती हैं?

A. बाल्टिक क्षेत्र में
B. साइबेरिया क्षेत्र में
C. यूराल पर्वतीय क्षेत्र में
D. यूक्रेन में

286. खनिज निकालने के लिए कम गहराई पर जो खानें खोदी जाती हैं उन्हें क्या कहा जाता है?

A. कूप खदान B. छिछली खदान
C. खुली खदान D. उपर्युक्त में से कोई नहीं

287. निम्नलिखित में से कौन-सा जोड़ा गलत है?

A. मैंगनीज – अलौह धात्विक खनिज
B. हीरा – अधात्विक खनिज
C. कोयला – खनिज ईंधन
D. सोना – धात्विक खनिज

288. लौह मात्रा की उपलब्धता के आधार पर लौह अयस्क चार प्रकार के होते हैं। कौन-सा लौह अयस्क का प्रकार नहीं है?

A. हेमेटाइट B. लिग्नाइट
C. लिमोनाइट D. मैग्नेटाइट

289. संसार के प्रमुख लौह अयस्क क्षेत्रों तथा उनके देशों के जोड़ों में से गलत जोड़ा बताइये?

A. कनाडा – मिशिगन
B. संयुक्त राज्य अमेरिका – मेसाबी
C. भारत – छोटा नागपुर पठार
D. किवाई रॉग – स्वतंत्र देशों के राष्ट्रकुल

290. प्रशांत महासागर .... के माध्यम से आर्कटिक महासागर से जुड़ा हुआ है।

A. मैजेलन जलसंधि B. इंडोनेशियाई द्वीपसमूह
C. बेरिंग जलसंधि D. हवाई द्वीपसमूह

291. अलेक्जेंडर वॉन हंबोल्ट का नाम किस जलधारा से जुड़ा हुआ है?

A. एल नीनो धारा
B. अलास्का की धारा
C. कैलिफोर्निया की धारा
D. पेरू की धारा

292. अटलांटिक महासागर का आकार क्या है?

A. U-आकार B. S-आकार
C. O-आकार D. V-आकार

293. तरंग गति की दिशा में कौन-सी भूकंपीय तरंग समकोण पर कंपन उत्पन्न करती है?

A. P तरंग B. S तरंग
C. रेले तरंग D. लव तरंग

294. महाद्वीपीय जल सीमा की उत्पत्ति निम्नलिखित में से किस प्रक्रिया के कारण होती है?

A. महाद्वीपीय उपांत (मार्जिन) के साथ सरल फॉल्टिंग
B. समुद्र के स्तर में वृद्धि के कारण दंतुरित तट
C. सागर के पास काली मिट्टी का संचय
D. समुद्र के स्तर में सकारात्मक बदलाव

295. दक्षिण अफ्रीका गणराज्य के किस स्थान पर हीरा पाया जाता है?

A. जोहन्सबर्ग B. किम्बरले
C. नटाल क्षेत्र में D. केपटाऊन

296. निम्नलिखित में से कौन-सा कारक सूर्यातप के वितरण को प्रभावित करता है?

A. रात्रि की लम्बाई
B. एक क्षेत्र की लैंडफॉर्म
C. पृथ्वी तथा चंद्रमा के बीच की दूरी
D. झाई (सनस्पॉट)

297. वह प्रथम व्यक्ति कौन था जिसने 132 ई. में भूकंप के केन्द्र की दिशा का पता लगाने और अनुमान लगाने के लिए इस्तेमाल किए जाने वाले उपकरण को विकसित किया?

A. जेम्स मैक्सवेल B. पी.सी. महालनोबिस
C. चांग हेंग D. ए. होम्स

298. मैंगनीज किस प्रकार का खनिज पदार्थ है?

A. खजिन ईंधन B. अलौह धातु
C. अधातु D. लौह धातु

299. किस उद्योग में मैंगनीज धातु का अत्यधिक उपयोग किया जाता है?

A. कृषि व्यवसाय में
B. लौह इस्पात उद्योग में
C. विद्युत उपकरण उद्योग में
D. वस्त्र उद्योग में

300. कनाडा का एडमन्टन क्षेत्र किस खनिज के लिए प्रसिद्ध है?

A. लौह अयस्क B. तेल भंडार
C. यूरेनियम D. तांबा

301. भूमध्य रेखा के उत्तर में, अटलांटिक महासागर की मध्य-अटलांटिक कटक (रिज) को .... के रूप में जाना जाता है।
A. टेलीग्राफिक पठार B. वीविले थॉमसन कटक
C. डॉल्फिन उभार D. चैलेंजर उभार

302. वह भूमि जो कम-से-कम दो वर्षों तक लगातार जमी रहती है, ... कहलाती है।
A. आइस शेल्फ B. पर्माफ्रॉस्ट
C. आइस-पैक D. ग्लेशियर

303. निरंतर वर्षण के लिए किस प्रकार का निम्न बादल जिम्मेदार है?
A. मध्य कपासी (आल्टोक्यूम्यलस)
B. वर्षास्तरी (निंबोस्ट्रेट्स)
C. स्तरीकपासी (स्ट्रेटोक्यूमलस)
D. स्तरी (स्ट्रैटस)

304. विश्व की सबसे गहरी मीठे पानी की झील का नाम क्या है?
A. बैकल झील B. विक्टोरिया झील
C. सुपीरियर झील D. पुलिकट झील

305. 1919 में पृथ्वी की उत्पत्ति की व्याख्या करने के लिए ज्वारीय परिकल्पना को किसने प्रतिपादित किया था?
A. सर जेम्स जीन्स B. पैरा लाप्लेस
C. आर.एस. मॉर्गन D. टी.सी. चैंबर्लिन

306. किस धातु का निर्माण ताँबे के साथ टिन मिलाकर होता है?
A. जस्ता B. सोना
C. कांस्य D. निकेल

307. निम्नलिखित में से कौन-सा गर्म महासागरीय धारा है?
A. फॉकलैंड धारा
B. लैब्राडोर धारा
C. दक्षिण अटलांटिक विस्थापन (ड्रिफ्ट)
D. गल्फ स्ट्रीम

308. कौन-सी खान आस्ट्रेलिया की सोना उत्पादक खानों में शामिल नहीं की जाती है?
A. मोनरीफ B. सेन्टमार ग्रेट
C. वैनेडिको D. कालगुर्ली

309. निम्नलिखित में से कौन-सी प्रक्रिया ऊर्जा उनमुक्त करती है?
A. ऊर्ध्वपातन B. गलन
C. वाष्पीकरण D. संघनन

310. कोयले का निर्माण किस कल्प में हुआ माना जाता है?
A. कार्बोनीफेरस B. जूरैसिक
C. क्रिटेशियस D. ट्रियासिक

311. किस प्रकार के कोयले में कार्बन की सर्वाधिक मात्रा होती है?
A. लिग्नाइट B. बिटुमिनस
C. एन्थ्रेसाइट D. पीट

312. संसार का प्रसिद्ध डोनवास कोयला क्षेत्र किस देश में पाया जाता है?
A. कनाडा B. संयुक्त राज्य अमेरिका
C. यूक्रेन D. भारत

313. कौन-सा कोयले का एक विशेष प्रकार नहीं है?
A. लिमोनाइट B. बिटुमिनस
C. लिग्नाइट D. एन्थ्रेसाइट

314. लिथियम का अयस्क कौन-सा है?
A. हार्न सिल्वर B. स्पोडयूसीन
C. सिनेबार D. मैसीकॉट

315. कौन-सा लौह-अयस्क औद्योगिक दृष्टि से महत्त्वपूर्ण है ?
A. मैग्नेटाइट B. हैमेटाइट
C. लिमेनाइट D. सिडेराइट

316. स्त्रातजिक खनिज कहा जाता है—
A. परमाणु शक्ति से संबंधित खनिज
B. लौह-अयस्क
C. खजिन तेल
D. हीरा एवं सोना

317. कोयला उत्पादन में "रूर बेसिन" विश्व का एक महत्त्वपूर्ण क्षेत्र है। यह क्षेत्र किस देश में आता है?
A. हंगरी B. फ्रांस
C. जर्मनी D. पोलैण्ड

318. निम्नलिखित में से कौन-सा अस्तरीयमृदा समूह में है?
A. पॉडजोल मृदा B. लैटेराइट मृदा
C. जलोढ़ मृदा D. मरू मृदा

319. किन शैलों से खनिज तेल (पेट्रोलियम) प्राप्त होता है ?
A. परतदार B. आग्नेय
C. कायान्तरित D. उपर्युक्त में से सभी में

320. संसार के किस महाद्वीप में सर्वाधिक खनिज तेल निकाला जाता है?
A. दक्षिण अमेरिका B. आस्ट्रेलिया
C. एशिया D. यूरोप

321. नदी के मार्ग में स्थित परिवर्तन स्थलों को किसकी उपस्थिति से पहचाना जा सकता है :

A. कठोर चट्टान B. निम्न झरना
C. कवक विकास D. नरम चट्टान

322. निम्नलिखित में से कौन-सी अवसादी चट्टानें कार्बनिक रूप से बनती हैं?

A. जिप्सम B. शेल
C. चूना-पत्थर D. सॉल्ट रॉक

323. फ्योर्ड .... द्वारा निर्मित लैंडफॉर्म है।

A. पर्वत अपक्षय B. हिमनद अपरदन
C. हवा के जमाव D. समुद्री अपरदन

324. निम्नलिखित में से कौन-सा ईंधन कम खर्चीला है?

A. प्राकृतिक गैस B. कोयला
C. जल विद्युत D. अणु ऊर्जा

325. पृथ्वी की निम्नलिखित में से कौन-सी परतें बाह्य से आंतरिक तक सही क्रम में हैं?

A. भूपर्पटी, भूप्रावार, क्रोड
B. क्रोड, भूपर्पटी, भूप्रावार
C. क्रोड, भूप्रावार, भूपर्पटी
D. भूप्रावार, भूपर्पटी, क्रोड

326. आधुनिक समय में कौन-सा उद्योग आधारभूत उद्योग माना जाता है?

A. सूती वस्त्र उद्योग B. लोहा इस्पात उद्योग
C. इंजीनियरिंग उद्योग D. रासायनिक उद्योग

327. किस उद्योग को विकास उद्योग माना जाता है?

A. मोटरगाड़ी निर्माण उद्योग
B. रासायनिक उर्वरक निर्माण उद्योग
C. वायुयान निर्माण उद्योग
D. जलयान निर्माण उद्योग

328. सन् 1883 में किस देश में सर्वप्रथम जल विद्युत की स्थापना की गई थी?

A. फ्रांस B. संयुक्त राज्य अमेरिका
C. नॉर्वे D. डेनमार्क

329. कौन-सा नगर जापान का पिट्सबर्ग कहा जाता है?

A. याकोहामा B. टोकियो
C. ओसाका D. कोबे

330. लौह इस्पात निर्यातक देशों में कौन-सा देश शामिल नहीं किया जाता है?

A. जर्मनी B. इटली
C. पूर्व सोवियत संघ D. जापान

331. मोटरगाड़ी निर्माण करने वाली हेनरी फोर्ड कम्पनी किस शहर में है?

A. न्यूयार्क B. कैलिफोर्निया
C. बोस्टन D. डेट्रायट

332. कौन-सा देश व्यापारिक पोत का सर्वाधिक निर्माण करता है?

A. संयुक्त राज्य अमेरिका
B. चीन
C. ब्रिटेन
D. जापान

333. नीचे दो कथन दिए गए हैं, जिनमें से एक को अभिकथन (A) और दूसरे को कारण (R) के रूप में लेबल किया गया है :

अभिकथन (A) : भूकंपलिख द्वारा सैकड़ों झटके दर्ज किए गए हैं।

कारण (R) : भूकंपलिख पृथ्वी के आंतरिक खंडों के रहस्यों को जानने में हमारी मदद करते हैं।

उपरोक्त दो कथनों के संदर्भ में, निम्नलिखित में से कौन-सा सही है?

A. (A) तथा (R) दोनों गलत हैं।
B. (A) सही है, लेकिन (R) गलत है।
C. (A) तथा (R) दोनों सही हैं तथा (R), (A) की व्याख्या करता है।
D. (A) गलत है, लेकिन (R) सही है।

334. निम्नलिखित को सुमेलित कीजिए—

	सूची-I		सूची-II
(*a*)	जलयान उद्योग	1	बर्मिंघम
(*b*)	लौह इस्पात	2	विशाखापत्तनम
(*c*)	पैट्रोकैमिकल्स	3	नगोया
(*d*)	सूती वस्त्र	4	डेट्रायट
(*e*)	मोटर उद्योग	5	यूराल औद्योगिक क्षेत्र

कूट :

	(*a*)	(*b*)	(*c*)	(*d*)	(*e*)
A.	3	2	5	4	1
B.	2	1	3	4	5
C.	2	1	5	3	4
D.	3	4	5	2	1

335. ऊनी वस्त्र उद्योग किस प्रदेश में अधिकाधिक केन्द्रित है?

A. शीत-शीतोष्ण प्रदेश B. सागर-तटीय प्रदेश
C. उष्ण-आर्द्र प्रदेश D. उष्ण-शुष्क प्रदेश

336. निम्नलिखित में से कौन सही सुमेलित है?

I. बैरीस्फियर – 2780 किमी.

II. लिथोस्फियर – 100 किमी.

III. पायरोस्फियर – 200 किमी.

A. II तथा III B. I, II तथा III
C. I तथा II D. केवल II

337. उन्नत तकनीकी के कारण उद्योग किस मुख्य बिन्दु की ओर आकर्षित होते हैं?

A. श्रम B. कच्चा माल
C. बाजार D. उपर्युक्त में सभी

338. उत्तरी-पश्चिमी यूरोप का सर्वाधिक औद्योगिकृत क्षेत्र कौन-सा है?

A. पेरिस क्षेत्र B. रूस क्षेत्र
C. आर्डेन्स क्षेत्र D. जेनेवा क्षेत्र

339. सीमेंट उद्योग की स्थापना में कौन-से कारक की उपस्थिति अधिक प्रभावी होती है?

A. चूना पत्थर एवं मैंगनीज
B. कोयला एवं लौह अयस्क
C. कोयला एवं जिप्सम
D. चूना पत्थर एवं जिप्सम

340. रेशमी वस्त्र उद्योग के लिए रेशम कहां से प्राप्त किया जाता है?

A. भेड़ B. पटुआ
C. कोकून D. इनमें से किसी से नहीं

341. किस देश में सर्वप्रथम कागज बनाया गया?

A. ग्रेट ब्रिटेन
B. भारत
C. संयुक्त राज्य अमेरिका
D. चीन

342. वे उद्योग, जो स्थानीय कच्चे मालों का उपयोग करते हैं, किस उद्योग के नाम से जाने जाते हैं?

A. कुटीर उद्योग B. उपभोक्ता सामग्री उद्योग
C. आधारभूत उद्योग D. प्राथमिक उद्योग

343. औद्योगिक प्रदेश के सीमांकन के लिए कौन-सा तत्त्व नहीं माना जाता है?

A. उद्योग से उत्पादन
B. औद्योगिकीकरण का स्तर
C. औद्योगिकीकरण की मात्रा
D. औद्योगिकीकरण का विस्तार

निर्देशः (प्रश्न सं. 344 से 349 तक)

A. (A) तथा (R) दोनों सही हैं, तथा (R), (A) का सही स्पष्टीकरण है।
B. (A) एवं (R) दोनों सही हैं, परन्तु (R), (A) का सही स्पष्टीकरण नहीं है।
C. (A) सही है, परन्तु (R) गलत है।
D. (A) गलत है, परन्तु (R) सही है।

344. **कथन (A) :** सान फ्रांसिस्को खाड़ी के दक्षिण-पश्चिमी किनारे के समीप भूमि की एक पट्टी को ''सिलीकॉन वैली'' कहा जाता है।

कारण (R) : कैलिफोर्निया के इतिहास के प्रारम्भिक काल में सान फ्रांसिस्को खाड़ी का दक्षिण-पश्चिमी किनारा सिलिका खनन का प्रमुख क्षेत्र था।

345. **कथन (A) :** आस्ट्रेलिया में गोपशु पालन जितना दूध के लिए है, उसकी अपेक्षा मांस के लिए अधिक किया जाता है।

कारण (R) : आस्ट्रेलियावासी परम्परागत रूप से मांसाहारी हैं।

346. **कथन (A) :** गहन निर्वाह कृषि के क्षेत्रों में पशु पालन शस्य खेती की एक तनु उपवृत्ति है।

कारण (R) : सम्पूर्ण क्षेत्र में प्रजनन की वैज्ञानिक रीतियों के अभाव के कारण कृषक पशु उत्पादन में अक्षम हैं।

347. **कथन (A) :** शीतोष्ण वनों के विपरीत यदि उष्ण कटिबंधीय वर्षा वनों का अवनीकरण किया जाए तो उत्पादी कृषि स्थल निकलते हैं, जो कई वर्षों तक रासायनिक उर्वरकों के बिना भी गहन कृषि का भरण-पोषण कर सकते हैं।

कारण (R) : शीतोष्ण वनों की तुलना में उष्ण कटिबंधीय वर्षा वनों की प्रधान उत्पादकता बहुत अधिक होती है।

348. **कथन (A) :** कनाडा का लगभग 80 प्रतिशत औद्योगिक निर्माण दक्षिण ओन्टोरियो तथा सेंट लॉरेंस निम्न भूमि क्षेत्रों में केन्द्रित है।

कारण (R) : दक्षिण ओन्टोरियो तथा सेंट लॉरेंस निम्न भूमि क्षेत्रों में कोयले के निक्षेप बहुलता में हैं।

349. **कथन (A) :** खाद्यान्न खेती की प्रधानता मानसून एशिया की कृषि का अभिलक्षण है।

कारण (R) : मानसून एशिया में कृषि मुख्यतः जीवन निर्वाह प्रयोजन के लिए है।

350. मानव भूगोल में किसका अध्ययन किया जाता है?

A. मानव तथा परिस्थितियों का
B. मानव तथा वातावरण का
C. मानव तथा जलवायु का
D. मानव तथा वनस्पति का

351. प्राणी पारिस्थितिकी वैज्ञानिक किसका अध्ययन करता है?
A. जन्तुओं के गुण एवं लक्षणों का
B. मानव गुण एवं लक्षणों का
C. वन-सम्पदा के गुण एवं लक्षणों का
D. उपर्युक्त में से किसी का नहीं

352. मानव भूगोल के अध्ययन में कौन-सा पहलू शामिल नहीं किया जाता है?
A. भौतिक वातावरण
B. संसाधन
C. जनसंख्या
D. प्राकृतिक एवं सांस्कृतिक वातावरण

353. विषुवत रेखीय प्रदेशों में भोजन एकत्रित करने वाली आदिम जातियों में किसे शामिल नहीं किया जाता है?
A. बुशमैन B. पिग्मी
C. सेमांग D. सकाई

354. मरुस्थलीय प्रदेश में जीवन यापन करने वाली जनजातियों में कौन-सी जनजाति शामिल नहीं की जाती है?
A. बुशमैन B. युकागीर
C. मसाई D. बद्दू

355. ध्रुवीय प्रदेश में जीवन यापन करने वाली जनजातियों में कौन-सी जनजाति शामिल नहीं की जाती हैं?
A. एस्किमो B. युकागीर
C. सेमोयेड्स D. सेमांग

356. किस जनजाति के लोग रेन्डियर तथा कैरिवो जानवरों की खाल से निर्मित वस्त्रों का इस्तेमाल करते हैं?
A. सकाई B. एस्किमो
C. खिरगीज D. पिग्मी

357. कौन-सी जनजाति मरुस्थलीय प्रदेशों में निवास नहीं करती है?
A. बुशमैन B. सकाई
C. अनाजा D. बद्दू

358. संसार की प्रमुख जनजाति तथा उनके मकानों के जोड़े नीचे दिए गये हैं। निम्नलिखित में से गलत जोड़ा कौन-सा है?
A. टयूबिक – पिग्मी
B. युर्ट – खिरगीज
C. इग्लू – एस्किमो
D. क्राल – सकाई

359. जुलू जाति के लोग कहाँ के निवासी हैं?
A. युगान्डा के
B. न्यूजीलैण्ड के
C. दक्षिणी अफ्रीका गणराज्य के नेटाल क्षेत्र के
D. कीनिया के

360. सकाई लोगों के निवास किस आकार के हैं?
A. अर्द्धचन्द्राकार B. अण्डाकार
C. गोलाकार D. आयताकार

361. निम्नलिखित में से गलत जोड़ा बताइये?
A. उत्तरी यूरोप तथा स्कैन्डिनिविया – लेप्स
B. रूस का यूरोपीय क्षेत्र – याकुत
C. साइबेरिया के टुन्ड्रा – सेमोयेड्स
D. कनाडा के टुन्ड्रा – एस्किमो

362. कौन-सी जनजाति के लोग कुत्तों का प्रयोग शिकार के लिए करते हैं?
A. सेमांग B. बद्दू
C. एस्किमो D. सकाई

363. अफ्रीका की मसाई जनजाति किस प्रजाति से संबंध रखती है?
A. नीग्रिटो B. मंगोलायड
C. मेडिटिरेनियन्स D. आस्ट्रेलायड्स

364. वह प्रक्रिया जिसके माध्यम से वात गर्म या ठंडी हवा को क्षैतिज रूप से एक स्थान से दूसरे स्थान पर स्थानांतरित करती है, को .... के रूप में जाना जाता है।
A. अवशोषण B. संवहन
C. प्रवाहकत्त्व D. अभिवहन

365. निम्नलिखित में से माओरी जनजाति का निवास कहाँ पाया जाता है ?
A. कजाकिस्तान में B. अफ्रीका के जिम्बाब्वे में
C. न्यूजीलेण्ड में D. रूस के साइबेरिया में

366. जब ...., तब हवा को स्थिर माना जाता है।
A. हवा का सामान्य पतन दर = हवा का अरुद्धोष्म पतन दर
B. हवा का रुद्धोष्म पतन दर > हवा का सामान्य पतन दर
C. हवा का रुद्धोष्म पतन दर = हवा का सामान्य पतन दर
D. हवा का सामान्य पतन दर > हवा का रुद्धोष्म पतन दर

367. पर्वतीय क्षेत्रों में निवास करने वाली एटा जनजाति कहाँ पाई जाती है?
A. श्रीलंका में B. मलेशिया में
C. फिलीपींस में D. भारत के नीलगिरि पहाड़ में

368. ऐनू जनजाति कहाँ पाई जाती है?
A. अफगानिस्तान B. ईरान
C. जापान D. पाकिस्तान

369. मंगोलायड प्रजाति की प्रमुख विशेषता कौन-सी है, जो उसे दूसरी अन्य प्रजातियों से अलग करती है?
A. मुड़ी हुई तिरछी आंखें
B. घुंघराले बाल
C. चमड़ी का रंग
D. लम्बी एवं सीधी नाक

370. प्राचीन समुद्री यात्रा करने वाले जनों ने पछुआ पवनों को 'भयंकर पचासा (फ्युरीअस फिफ्टीज)' क्यों कहा है?
A. पछुआ पवनें उपोषण उच्च दाब की पेटियों से उप-ध्रुवीय निम्न दाब की पेटियों की ओर यात्रा करती हैं।
B. क्योंकि 40° से 60° दक्षिण अक्षांश के बीच दक्षिणी गोलार्ध में पछुआ पवनें अधिक प्रबल होती हैं।
C. पछुआ पवनें दक्षिण-पश्चिमी दिशा से उत्तर-पूर्वी दिशा की ओर चलती हैं।
D. क्योंकि वे व्यापारिक पवनों की तुलना में उत्तरी और दक्षिणी गोलार्ध दोनों में अधिक मजबूत हैं।

371. सर हरबर्ट रिजले के वर्गीकरण के अनुसार मध्य प्रदेश के पहाड़ी क्षेत्रों के निवासी किस प्रजाति वर्ग में आते हैं?
A. आर्य-द्रविड़ीयन B. सिथो-द्रविड़ीयन
C. भारतीय आर्य D. द्रविड़ीयन

372. पृथ्वी पर मानव निवास किस युग से प्रारंभ हो गया था ?
A. प्लायोसीन B. कार्बोनीफेरस
C. मायोसीन D. इयोसीन

373. मानव का वर्तमान विकसित स्वरूप किस युग में हुआ था?
A. प्लीस्टोसीन B. कार्बोनीफेरस
C. प्लायोसीन D. इयोसीन

374. जनसंख्या को प्रभावित करने वाला सर्वाधिक महत्त्वपूर्ण कारक कौन-सा है?
A. ऐतिहासिक कारक B. जलवायु कारक
C. आर्थिक कारक D. राजनीतिक कारक

375. कौन-सा क्षेत्र प्राचीन मानव सभ्यता का गढ़ कहा जाता है?
A. चीन का यांग्टिसीक्यांग मैदान
B. पश्चिम एशिया का दजला-फुरात का मैदान
C. भारत का गंगा मैदान
D. क्वान्टो का मैदान

376. पर्वतीय भागों में जनसंख्या कम होने का क्या कारण हो सकता है?
A. पर्वतीय क्षेत्रों में असुरक्षा की भावना
B. जल की कमी
C. पथरीली भूमि
D. भोजन का अभाव

377. किस दाब पेटी को अश्व अक्षांश भी कहा जाता है?
A. उपोषण उच्च दाब की पेटियां
B. भूमध्यरेखीय निम्न दाब की पेटियां
C. उप-ध्रुवीय निम्न दाब की पेटियां
D. ध्रुवीय उच्च दाब की पेटियां

378. निम्नलिखित में से कौन से हवा में उनके प्रतिशत के अवरोही क्रम में सही ढंग से अनुक्रमित हैं?
A. कार्बन डाइऑक्साइड, ऑक्सीजन, नाइट्रोजन, मीथेन
B. ऑक्सीजन, नाइट्रोजन, मीथेन, आर्गन
C. नाइट्रोजन, ऑक्सीजन, आर्गन, कार्बन डाइऑक्साइड
D. मिथेन, नाइट्रोजन, ऑक्सीजन, हीलियम

379. किसको मानव भूगोल का पिता माना जाता है?
A. कार्ल रिटर B. ब्लॉश
C. हम्बोल्ट D. जीन ब्रुन्श

380. अफ्रीका महाद्वीप का सर्वाधिक सघन आबादी वाला देश कौन-सा है?
A. सूडान B. नाइजीरिया
C. मिस्र D. दक्षिण अफ्रीका गणराज्य

381. 'बुशमैन' के संदर्भ में कौन-सा कथन असत्य है?
A. शिकार इनका परंपरागत व्यवसाय होता है
B. ये गेहूं की खेती के लिए संसार में प्रसिद्ध हैं
C. ये जंगली कुत्तों का उपयोग शिकार के लिए करते हैं
D. ये पशु नहीं पालते हैं

382. कृषि भूमि पर कृषि जनसंख्या का प्रतिवर्ग किलोमीटर घनत्व क्या कहलाता है?
A. ग्रामीण घनत्व B. आर्थिक घनत्व
C. कृषि घनत्व D. पौष्टिक घनत्व

383. भारत में सर्वाधिक प्रवासन किया जाता है?
A. महिलाओं द्वारा B. श्रमिकों द्वारा
C. छात्रों द्वारा D. अन्य

384. निम्नांकित में कौन-सा प्रवसन का सिद्धान्त है?
A. जेलिन्सकी का गतिशीलता संक्रमण मॉडल
B. ली का मॉडल
C. रेवेंस्टीन का सिद्धांत
D. उपर्युक्त सभी

385. किसे काल पक्ष प्रवास में शामिल नहीं किया जाता है ?
A. दैनिक प्रवास B. सामयिक प्रवास
C. स्थायी प्रवास D. दीर्घकालीन प्रवास

386. किन कारणों द्वारा ज्यादातर प्रवास प्रभावित होते हैं ?

A. सामाजिक कारण B. ऐतिहासिक कारण

C. आर्थिक कारण D. भौगोलिक कारण

387. नीचे कुछ जनजातियों तथा उनके निवास स्थानों के नाम दिए गए हैं, उनका मिलान कीजिए–

	सूची-I		सूची-II
(*a*)	माओरी	1	ग्वाटेमाला
(*b*)	महसूद	2	कीनिया
(*c*)	वेडयुइन्	3	अरब
(*d*)	मायाज	4	पाकिस्तान
(*e*)	टारटार	5	न्यूजीलेण्ड
(*f*)	मसाई	6	साइबेरिया

कूट :

	(*a*)	(*b*)	(*c*)	(*d*)	(*e*)	(*f*)
A.	2	3	4	5	1	6
B.	6	4	3	5	1	2
C.	5	4	3	1	6	2
D.	1	3	6	4	5	2

388. कुर्द लोगों का निवास किस देश में नहीं है?

A. ईरान B. अफगानिस्तान

C. रूस D. इराक

389. कैनो क्रिस्टेल नदी को और किस नाम से जाना जाता है?

A. तरल इंद्रधनुष B. तैरती झील

C. उबलती झील D. फ्राइंग पैन झील

390. कृषि गृह या वास गृह क्या होते हैं?

A. संकेन्द्रित अधिवास B. सघन अधिवास

C. प्रविकीर्ण अधिवास D. पूंजित अधिवास

391. कौन-सा अधिवास नगरीय अधिवास नहीं है?

A. महानगर B. पुरवा

C. नगर D. शहर

392. किसे मानव अधिवास नहीं माना जाता है?

A. गलियां B. कृषि गृह

C. सघन अधिवास D. वास गृह

393. मैगालोपोलिस कौन-से नगर हैं?

A. 20 लाख जनसंख्या वाले नगर

B. 50 लाख से अधिक जनसंख्या वाले नगर

C. 1 लाख जनसंख्या वाले नगर

D. 15 लाख जनसंख्या वाले नगर

394. ग्रामीण अधिवासों के फीता या डोरी प्रारूप किसे कहा जाता है?

A. तीर प्रारूप B. त्रिज्याकार प्रारूप

C. रेखीय प्रारूप D. चौकपट्टी प्रारूप

395. मरुस्थलीय क्षेत्रों में सामान्यतः किस प्रारूप के ग्रामीण अधिवास मिलते हैं?

A. आयताकार प्रारूप B. पंखा प्रारूप

C. सीढ़ी प्रारूप D. रेखीय प्रारूप

396. कौन-से प्रारूप के अधिवास सड़क, नदी एवं नहर के किनारे पाये जाते हैं?

A. तीरनुमा B. चौकपट्टी प्रारूप

C. आरीय प्रारूप D. रेखीय प्रारूप

397. दो अलग-अलग नगर एक-दूसरे से जुड़े हुये हों तो, उन्हें क्या कहा जाता है?

A. सन्नगर B. द्विनगर

C. मैगालोपोलिस D. महानगर

398. वायुमंडल की किस परत की पहचान ध्रुवीय प्रकाश (औरोरस) है?

A. मध्यमंडल B. आयनमंडल

C. क्षोभमंडल D. समतापमंडल

399. कौन-सा कारक नगरों की उत्पत्ति तथा विकास को प्रभावित नहीं करता है?

A. पदानुक्रम B. जलवायु

C. व्यापार D. औद्योगीकरण

400. किसका अध्ययन आर्थिक भूगोल में नहीं किया जाता है?

A. आर्थिक संसाधनों के वितरण का

B. आर्थिक क्रियाओं की क्षेत्रीय भिन्नता का

C. आर्थिक समस्याओं के वितरण का

D. आर्थिक क्रियाओं के क्षेत्रीय वितरण का

401. आखेट तथा वन्य वस्तु एकत्रीकरण को किन क्रियाओं में रखा जाता है?

A. तृतीयक B. प्राथमिक

C. चतुर्थक D. द्वितीयक

निर्देशः (प्रश्न सं. 402 और 403 के लिए)

A. (A) तथा (R) दोनों सही हैं, तथा (R), (A) का सही स्पष्टीकरण है।

B. (A) एवं (R) दोनों सही हैं, परन्तु (R), (A) का सही स्पष्टीकरण नहीं है।

C. (A) सही है, परन्तु (R) गलत है।

D. (A) गलत है, परन्तु (R) सही है।

402. **कथन (A) :** जनांकिकीय संक्रमण सिद्धांत जनांकिकीय प्रवृत्ति को दर्शाने वाला एक आदर्श सिद्धांत है।
कारण (R) : यह सिद्धांत विकसित देशों की जनांकिकीय प्रवृत्ति पर आधारित है।

403. **कथन (A) :** मॉल्थस ने प्राकृतिक नियमों के आधार पर जनसंख्या सिद्धांत का प्रतिपादन किया।
कारण (R) : जनसंख्या आधिक्य एवं प्राकृतिक नियंत्रण के बीच सकारात्मक संबंध पाया जाता है।

404. परिवहन तथा संचार व्यवस्था को किस क्रिया में शामिल किया जाता है ?
A. तृतीयक B. प्राथमिक
C. द्वितीयक D. चतुर्थक

405. संसार का सबसे लम्बा रेलमार्ग कौन-सा है?
A. ट्रांस एण्डियन रेलमार्ग
B. मध्य ट्रांस महाद्वीपीय रेलमार्ग
C. ट्रांस साइबेरियन रेलमार्ग
D. ट्रांस पैसिफिक रेलमार्ग

406. कौन-सा रेलमार्ग संयुक्त राज्य अमेरिका के सीएटल नगर से न्यूयार्क तक जाता है?
A. दक्षिणी-ट्रांस महाद्वीपीय रेलमार्ग
B. उत्तरी-ट्रांस महाद्वीपीय रेलमार्ग
C. ट्रांस काकेशियन रेलमार्ग
D. मध्य-ट्रांस महाद्वीपीय रेलमार्ग

407. किस देश में नौवाहन योग्य नदियों की लंबाई सबसे अधिक है?
A. संयुक्त राज्य अमेरिका
B. भारत
C. चीन
D. स्वतंत्र देशों के राष्ट्रकुल

408. स्वेज नहर किस-किस सागर को मिलाती है?
A. प्रशान्त महासागर-अटलांटिक महासागर
B. भूमध्य सागर-लाल सागर
C. अरब सागर-कैस्पियन सागर
D. भूमध्य सागर-काला सागर

409. किस देश में 'क्रा' नहर स्थित है?
A. जर्मनी B. इंग्लैण्ड
C. फ्रांस D. थाईलैण्ड

410. पनामा नहर किन-किन महासागरों या खाड़ियों को मिलाती है?
A. अटलांटिक महासागर एवं हिन्द महासागर
B. प्रशान्त महासागर एवं हिन्द महासागर
C. कैरिबियन सागर एवं सारगैसो सागर
D. प्रशान्त महासागर एवं अटलांटिक महासागर

411. जर्मनी में उत्तरी सागर तथा बाल्टिक सागर को किस नहर द्वारा जोड़ा जाता है?
A. गोटा नहर B. एल्ब नहर
C. कील नहर D. राइन नहर

412. किन-किन झीलों को सूसेन्टमेरी नहर द्वारा जोड़ा जाता है?
A. ह्यूरन एवं ओण्टोरियो
B. सुपीरियर एवं मिशिगन
C. सुपीरियर एवं ह्यूरन
D. ह्यूरन एवं इरी

413. दक्षिण अमेरिका की कौन-सी झील को ससांर की सबसे अधिक ऊँचाई पर स्थिति नौगम्य झील माना जाता है?
A. माराकाइबो B. मीरिम
C. टिटीकाका D. इनमें से कोई नहीं

414. एशिया में सर्वाधिक विस्तृत रेलमार्ग-नेटवर्क पाया जाता है?
A. जापान में B. सिंगापुर में
C. भारत में D. चीन में

415. मलक्का जल संधि मलेशिया एवं सुमात्रा को स्पर्श करती हुई जावा समुद्र एवं बंगाल की खाड़ी को जोड़ती है। जिब्राल्टर जल संधि भूमध्य सागर तथा अटलांटिक महासागर को जोड़ती है। बेरिंग जल संधि किसको जोड़ती है ?
A. आकर्टिक महासागर तथा हिन्द महासागर को
B. प्रशान्त महासागर तथा मैक्सिको की खाड़ी को
C. बेरिंग तथा आर्कटिक माहासागर को
D. अटलांटिक महासागर एवं प्रशान्त महासागर को

416. संसार की सबसे गहरी झील कौन-सी है?
A. विक्टोरिया झील B. सुपीरियर झील
C. बैकाल झील D. ह्यूरन झील

417. यूरोप से सुदूर पूर्व में जाने वाली उड़ानें किस वजह से मुम्बई में रुकती हैं?
A. अन्य रास्ते मरुस्थलीय हैं
B. भारत के नगर आबादी वाले हैं
C. मुम्बई ही एक ऐसा स्थान है जहाँ, पुनः ईंधन प्राप्त करने की सुविधाएं उपलब्ध है
D. मुम्बई भौगोलिक रास्ते पर है

418. विश्व का सर्वाधिक व्यस्त आंतरिक जल मार्ग है?
A. वोल्गा नदी तंत्र B. राइन नदी
C. महान झीलें D. अमेजन नदी तंत्र

419. मिट्टी की सतह पर 'सी' परत प्रतिनिधित्व करती है :
A. जैविक मलबा
B. महतम सिलिकेट क्ले सामग्री
C. अपक्षय मूल सामग्री
D. ठोस चट्टान

420. किस कारण से स्वेज नहर में झालें नहीं पाई जाती हैं?
A. इनकी उपस्थिति से जहाजों के प्रवाह प्रभावित होते हैं
B. नहर के दोनों किनारों तथा समुद्र तल के जलस्तर में एकरूपता मिलती है
C. यह नहर संसार के सभी जहाजों को आवागमन की सुविधा उपलब्ध कराती है
D. इस नहर का उपयोग निःशुल्क है

421. हारमुज जल संधि किन दो देशों को अलग करती है ?
A. ओमान तथा संयुक्त अरब अमीरात
B. ईरान तथा अफगानिस्तान
C. बहरीन तथा कतर
D. इराक तथा ईरान

422. आस्ट्रेलियन-ट्रांस-काण्टीनेन्टल रेल मार्ग के प्रमुख रेलवे जंक्शनों का कौन-सा युग्म (जोड़ा) सत्य है?
A. पर्थ-कुलगार्डी-कालगुर्ली-मेलबोर्न-कैनबरा-सिडनी
B. पर्थ-कुलगार्डी-ब्रिसबेन-मेलबोर्न-कैनबरा-सिडनी
C. पर्थ-कुलगार्डी-ब्रिसबेन-सिडनी-मेलबोर्न-कैनबरा
D. पर्थ-कुलगार्डी-ब्रिसबेन-होबार्ट-कैनबरा-सिडनी

निर्देशः (प्रश्न सं. 423 से 427 तक)
A. (A) तथा (R) दोनों सही हैं, तथा (R), (A) का सही स्पष्टीकरण है।
B. (A) एवं (R) दोनों सही हैं, परन्तु (R), (A) का सही स्पष्टीकरण नहीं है।
C. (A) सही है, परन्तु (R) गलत है।
D. (A) गलत है, परन्तु (R) सही है।

423. **कथन (A) :** सुदूर संवेदी तथा भौगोलिक सूचना तंत्र (GIS) दोनों ही स्थानिक महत्त्व की परिघटनाओं के विश्लेषण से सम्बद्ध हैं।
कारण (R) : सुदूर संवेदी, भौगोलिक सूचना तंत्र (GIS) को आंकड़े प्रदान करने का महत्त्वपूर्ण स्रोत है।

424. **कथन (A) :** बाल्टिक सागर अन्तर्राष्ट्रीय व्यापार हेतु वर्षभर खुला रहता है।
कारण (R) : बाल्टिक सागर गर्म तापीय कटिबंध में है।

425. **कथन (A) :** पिछले दो दशकों में उत्तर भारतीय मैदानों में बाढ़ की बारम्बारता बढ़ गई है।
कारण (R) : गाद के निक्षेपण के कारण नदी, घाटियों की गहराई में कमी हो गई है।

426. **कथन (A) :** गंगा का मैदान भारत का सर्वाधिक सघन जनसंख्या वाला भाग है।
कारण (R) : गंगा भारत की सर्वाधिक उपयोग में लायी जाने वाली नदी है।

427. **कथन (A) :** हिमालय पर्वतीय क्षेत्र में प्राचीनतम आर्कियन चट्टानों का अभाव है।
कारण (R) : हिमालय विश्व के नवीनतम मोड़दार पर्वतों में से एक है।

428. भारत का कारवार किस प्रकार के पत्तन का उदाहरण है?
A. तेल पत्तन   B. पोर्ट-ऑफ कॉल
C. पैकेट-स्टेशन   D. नेवी पत्तन

429. आंतरिक पत्तन का कौन-सा उदाहरण नहीं है?
A. मैनचेस्टर   B. यांगून पत्तन
C. कोलकाता   D. कोचीन

430. अदन को किस पत्तन के अंतर्गत रखा जाएगा?
A. पोर्ट-ऑफ कॉल   B. तेल पत्तन
C. पैकेट-स्टेशन   D. आन्त्रेपो पत्तन

431. निम्न में से कौन-सा सवारी पत्तन का उदाहरण है?
A. मुम्बई   B. कोपेनहेगेन
C. रार्टरडम   D. मैनहीम

432. भारत किस अक्षांश के मध्य स्थित है?
A. 9°5' से 38°5' उत्तरी अक्षांश
B. 8°4' से 37°8' उत्तरी अक्षांश
C. 5°6' से 35°7' दक्षिणी अक्षांश
D. 4°6' से 32°8' उत्तरी अक्षांश

433. भारत की संपूर्ण अंतर्राष्ट्रीय स्थल सीमा कितनी है ?
A. 15,100 किमी.   B. 15,300 किमी.
C. 15,200 किमी.   D. 15,150 किमी.

434. क्या कारण है कि भारत की तट रेखा पर अच्छे बन्दरगाहों का अभाव है?
A. भारत की तट रेखा जलोढ़ मिट्टी की बनी है
B. भारत की तट रेखा लाल मिट्टी की बनी है
C. भारत की तट रेखा सीधी तथा सपाट है
D. लम्बी तथा गहरी खाड़ियाँ हमारी तट रेखा से मिली हुई हैं

435. किस हिमालय श्रेणी को हिमाचल हिमालय के नाम से जाना जाता है?
A. मध्य हिमालय B. उत्तरी हिमालय
C. शिवालिक हिमालय D. उपर्युक्त में से कोई नहीं

436. भारत का देशान्तरीय विस्तार क्या है?
A. 68°7' पूर्व से 85°6' पूर्व
B. 68°7' पूर्व से 97°25' पूर्व
C. 85°7' पूर्व से 96°25' पूर्व
D. 85°7' पूर्व से 83°23' पूर्व

437. कौन-सी रेखा पाकिस्तान तथा भारत की सीमा निर्धारित करती है?
A. मेकमोहन रेखा B. डूरन्ड रेखा
C. सर क्रिक रेखा D. रेडक्लिफ रेखा

438. भारत में स्थित हिमालय की सर्वाधिक ऊंची चोटी है?
A. माऊण्ट एवरेस्ट B. कंचनजंगा
C. अन्नपूर्णा D. के-2

439. भारत एवं चीन के बीच अवस्थित सीमा रेखा को कहा जाता है?
A. डूरन्ड रेखा B. मैकमोहन रेखा
C. सर क्रिक D. रेडक्लिफ रेखा

440. कौन-सा विभाजक भारत तथा श्रीलंका को अलग करता है?
A. पाक जलडमरुमध्य B. रॉस द्वीप
C. मन्नार की खाड़ी D. टोरस जलडमरुमध्य

441. कर्क रेखा भारत के किस भाग से होकर गुज़रती है?
A. उत्तरी भाग से
B. उत्तर-पूर्व से
C. लगभग बीचोबीच से
D. दक्षिण भाग से

442. दक्षिण भारत की सबसे ऊंची चोटी कौन-सी है?
A. गुरुशिखर B. अन्नाईमुदी
C. दोदा बट्टा D. धौलागढ़

443. छोटा नागपुर पठार की सबसे ऊंची चोटी कौन-सी है ?
A. महेन्द्रगिरि B. पारसनाथ
C. गुरुशिखर D. दोदा बेट्टा

444. दक्षिणी प्रायद्वीपीय पठार पर मिलने वाली वनस्पतियों पर किस कारक का सर्वाधिक प्रभाव पड़ता है?
A. विषुवत् रेखा से दूरी
B. वर्षा
C. समुद्र तल से ऊंचाई
D. इन प्रदेशों की मिट्टी

445. दिए गए भारत के मानचित्र में 'x' द्वारा प्रदर्शित पर्वत है?

A. लुशाई श्रेणी B. बरेल श्रेणी
C. जयंतिया पहाड़ी D. नागा श्रेणी

446. हिमालय के प्रमुख प्रादेशिक क्षेत्र एवं उनकी हिमरेखा की ऊंचाइयां दी गई हैं। इनमें से कौन-सा जोड़ा ठीक नहीं है?
A. कश्मीर हिमालय – 600 मीटर
B. हिमाचल हिमालय – 5785 मीटर
C. असम हिमालय – 6000 मीटर
D. नेपाल हिमालय – 4500 मीटर

447. भारत में दक्षिण के पठार की उत्पत्ति तथा विस्तार से संबंधित कौन-सा वाक्य सत्य नहीं है?
A. यह पठार भूगाभिक काल में हुए ज्वालामुखी उद्गार से निकले लावा के निक्षेपण से बना है
B. इन पठारों में लावे की अधिकतम गहराई 2150 मीटर है
C. ये पठार बैसाल्ट शैलों के बने हैं
D. यह पठार चम्बल नदी के दक्षिण में त्रिभुजाकार रूप में फैला है

448. कौन-सा शिखर माउण्ट एवरेस्ट के बाद संसार का दूसरा सबसे ऊंचा शिखर है?
A. नन्दा देवी
B. मकालू
C. माउण्ट के 2 (गाडविन ऑस्टिन)
D. ब्रांड पीक

449. जोजिला दर्रा किसको जोड़ता है ?
A. लेह तथा श्रीनगर B. जम्मू तथा कारगिल
C. नेपाल तथा सिक्किम D. भूटान तथा अरुणाचल प्रदेश

450. पश्चिमी घाट तथा पूर्वी घाट पर्वत श्रेणियां किस पहाड़ी में मिलती हैं?
A. अन्नामलाई B. नीलगिरि
C. पालनी D. शेवराय

451. पूर्वी तट को दो भागों में बांटा गया है। दक्षिण की ओर का हिस्सा कोरोमण्डल तट है। उत्तरी तट को क्या कहा जाता है ?
A. काकीनाडा तट B. काठियावाड़ तट
C. उपन तट D. कंगुक तट

452. कौन-सा तट पश्चिमी तट का हिस्सा नहीं है?
A. काठियावाड़ तट B. कोरोमण्डल तट
C. कोंकण तट D. मालाबार तट

453. किस भूगोल में विभिन्न देशों का व्यापार तथा व्यापारिक केन्द्रों का अध्ययन किया जाता है?
A. वाणिज्य भूगोल में B. औद्योगिक भूगोल में
C. परिवहन भूगोल में D. नगरीय भूगोल में

454. ओपेक संगठन कब अस्तित्व में आया?
A. 1958 B. 1960
C. 1962 D. 1966

455. सिंगापुर किस प्रकर के पत्तन का उदाहरण है?
A. वाणिज्यिक पत्तन B. आन्त्रेपो पत्तन
C. बाह्य पत्तन D. आंतरिक

456. यमुना की प्रमुख सहायक नदियां कहां से निकलती हैं ?
A. विंध्य श्रेणी से B. मालवा के पठार से
C. दक्कन के पठार से D. अमरकंटक पहाड़ी से

457. ब्रह्मपुत्र नदी का स्रोत है–
A. मानसरोवर झील B. चेलभुंगडंग ग्लेशियर
C. यमनोत्री ग्लेशियर D. गंगौत्री ग्लेशियर

458. तुंगभद्रा तथा भीमा नदियां किसकी सहायक नदियां हैं ?
A. गोदावरी B. कावेरी
C. महानदी D. कृष्णा

459. नर्मदा नदी कहां से निकलती है?
A. महाबलेश्वर से B. अमरकंटक से
C. नासिक जिले से D. ब्रह्मगिरि से

460. अरावली पर्वतमाला से निकलने वाली कौन-सी नदी पूर्व की ओर बहती है?
A. बनास B. सुकरी
C. माही D. लूनी

461. भारतीय उपमहाद्वीप की सबसे बड़ी नदी है?
A. ब्रह्मपुत्र B. सिन्धु
C. गंगा D. महानदी

462. लूनी नदी किसमें गिरती है?
A. यमुना में B. कच्छ के रन में
C. गंगा के डेल्टा में D. नर्मदा नदी में

463. दक्षिण भारत में बहने वाली किस नदी का थाला सर्वाधिक है?
A. कृष्णा B. कावेरी
C. गोदावरी D. महानदी

464. प्रायद्वीपीय भारत की, पश्चिम की ओर बहने वाली नदियां डेल्टा नहीं बनाती हैं क्योंकि ....
A. पश्चिम की ओर बढ़ने वाली अधिकांश नदियां भ्रंश घाटियों में बहती हैं
B. ये नदियां पूर्णतः प्रौढ़ हो चुकी हैं अतः मलबा नहीं ला पातीं
C. पश्चिमी घाट काफी ऊंचा है जिस कारण ऊपर से गिरने वाली नदियां सिल्ट का सुनियोजित निक्षेप नहीं कर पातीं
D. उपर्युक्त सभी

465. चम्बल नदी किन-किन राज्यों से होकर प्रवाहित होती है?
A. मध्य प्रदेश-गुजरात-महाराष्ट्र
B. मध्य प्रदेश-राजस्थान-उत्तर प्रदेश
C. मध्य प्रदेश-महाराष्ट्र-गुजरात
D. महाराष्ट्र-गुजरात-मध्य प्रदेश

466. गोदावरी नदी कहां से निकलती है?
A. सतपुड़ा श्रेणी से B. मैकाल पर्वत से
C. सह्याद्रि से D. विंध्य पर्वत से

467. कोसी, गोमती, गंडक तथा रामगंगा नदी की सहायक नदियां हैं। इन सहायक नदियों में से कौन-सी नदी गंगा में सबसे बाद में मिलती है ?
A. कोसी B. गंडक
C. राम गंगा D. गोमती

468. यमुना नदी की तीन महत्त्वपूर्ण सहायक नदियां कौन-सी हैं?
A. चम्बल, केन, बेतवा B. सोन, बेतवा, केन
C. चम्बल, सोन, केन D. उपर्युक्त में से कोई नहीं

469. गंगा के दाहिने किनारे की मुख्य सहायक नदियों में से यमुना तथा सोन प्रमुख हैं। कौन-सी सहायक नदी गंगा के बायें किनारे पर नहीं मिलती है?
A. कोसी B. टोंक
C. गंडक D. बेतवा

470. देश की प्रमुख नदियों तथा उनके उद्गम स्थानों के सही जोड़े बनाइये।

नदियाँ	उद्गम स्थान
(*a*) सतलुज	1 ब्रह्मगिरि
(*b*) झेलम	2 अमरकंटक
(*c*) कावेरी	3 राक्षसताल
(*d*) नर्मदा	4 शेषनाग

कूट :

	(a)	(b)	(c)	(d)
A.	3	4	1	2
B.	3	1	2	4
C.	2	4	1	3
D.	3	2	1	4

471. कौन-सी नदी सतपुड़ा तथा विंध्याचल के बीच बहती है?

A. नर्मदा B. ताप्ती

C. महानदी D. सोन

472. निम्नलिखित शहर जिन नदियों पर बसे हैं उनके जोड़े बनाइए–

सूची-I	सूची-II
(a) हैदराबाद	1 सरयू
(b) फैजाबाद	2 गोमती
(c) उज्जैन	3 मूसी
(d) कोलकाता	4 क्षिप्रा
(e) लखनऊ	5 हुगली

कूट :

	(a)	(b)	(c)	(d)	(e)
A.	3	4	2	1	5
B.	3	1	4	5	2
C.	2	3	4	5	1
D.	1	2	4	3	5

473. निम्नलिखित कुछ झीलों तथा उनके राज्यों में से गलत जोड़ा बताइये–

A. सांभर झील – राजस्थान

B. चिल्का झील – ओडिशा

C. कोलोर झील – आन्ध्र प्रदेश

D. लूनार झील – मध्य प्रदेश

474. विख्यात जलप्रपात तथा उनके राज्यों के जोड़ों में से गलत जोड़ा बताइये–

A. पापनाशम जलप्रपात – हिमाचल प्रदेश

B. हुंडरू जलप्रपात – झारखंड

C. जोग जलप्रपात – कर्नाटक

D. धुआधार जलप्रपात – मध्य प्रदेश

निर्देशः (प्रश्न सं. 475 से 478 तक)

A. (A) तथा (R) दोनों सही हैं, तथा (R), (A) का सही स्पष्टीकरण है।

B. (A) एवं (R) दोनों सही हैं, परन्तु (R), (A) का सही स्पष्टीकरण नहीं है।

C. (A) सही है, परन्तु (R) गलत है।

D. (A) गलत है, परन्तु (R) सही है।

475. कथन (A) : सिंधु, सतलुज, गंडक एवं ब्रह्मपुत्र नदियां पूर्ववर्ती नदियां हैं।

कारण (R) : ये नदियां गहरे गॉर्ज का निर्माण करती हैं।

476. कथन (A) : प्रायद्वीपीय भारत की पश्चिमी की ओर बहने वाली नदियों के डेल्टा नहीं है।

कारण (R) : ये नदियां अपने साथ जलोढ़ अवसाद नहीं लाती हैं।

477. कथन (A) : पश्चिमी विक्षोभ बंगाल की खाड़ी एवं अरब सागर में उत्पन्न होने वाले उष्ण कटिबंधीय चक्रवातों के मार्ग को परिवर्तित करते हैं।

कारण (R) : भारत में पश्चिमी विक्षोभ उत्तर भारत में ग्रीष्म ऋतु में भी आते रहते हैं।

478. कथन (A) : बंगलौर में मंगलौर की अपेक्षा काफी अधिक औसत वार्षिक वर्षा होती है।

कारण (R) : बंगलौर को दक्षिण-पश्चिमी तथा उत्तर-पूर्वी मानसून दोनों से वर्षा होने का लाभ मिलता है।

479. भारत की जलवायु की सबसे महत्त्वपूर्ण विशेषता क्या है?

A. पवनों की दिशा में परिवर्तन

B. गर्म तथा शीतकालीन पवनों का असरदार होना

C. पवनों में मौसम के अनुसार परिवर्तन

D. पूरे साल लगातार वर्षा

480. तमिलनाडु में अधिकांश वर्षा खासकर प्रत्यावर्तित मानसून हवाओं के कारण होती है। प्रत्यावर्तित मानसून की ऋतु किस माह में प्रारंभ होती है?

A. सितम्बर B. अक्टूबर

C. जुलाई D. जून

481. किस समय वर्षा ऋतु में वायुमण्डल सर्वाधिक आर्द्रता रखता है?

A. सायंकाल B. मध्याह्न

C. प्रातः काल D. रात्रि

482. महासागरों में लवणता के ऊर्ध्वाधर वितरण के संदर्भ में कौन-सा कथन सही है?

A. गहराई के साथ समुद्री लवणता में वृद्धि या कमी की एक आवधिक प्रवृत्ति है।

B. तल पर घने पानी की उपस्थिति के कारण उच्च अक्षांशों में गहराई के साथ लवणता घट जाती है।

C. मध्य-अक्षांशों में समुद्रों की लवणता कुछ निश्चित सीमा तक बढ़ जाती है और उसके बाद उसमें गिरावट शुरू हो जाती है।

D. भूमध्यरेखीय क्षेत्रों की पहचान अत्यधिक वर्षा के कारण उच्च लवणता से होती है।

483. देश के किस राज्य में जनवरी मास का औसत तापमान सर्वाधिक होता है?

A. महाराष्ट्र B. केरल

C. आंध्र प्रदेश D. कर्नाटक

484. देश में सबसे अधिक वर्षा मासिनराम नामक स्थान पर होती है। यह स्थान किस राज्य में स्थित है?

A. असम B. त्रिपुरा

C. सिक्किम D. मेघालय

485. पश्चिमी विघ्न किस प्रकार से रबी की फसलों को प्रभावित करते हैं?

A. ओलों की वर्षा करके रबी फसल को हानि पहुंचाते हैं

B. उत्तरी मैदानों को गर्म रखकर फसलों को लाभ पहुंचाते हैं

C. ये विघ्न फसलों को नुकसान पहुँचाते हैं

D. ये शीतकालीन वर्षा करके रबी फसलों को लाभ पहुँचाते हैं

486. कौन-सी विशेषता भारतीय वर्षा से सम्बन्ध नहीं रखती है?

A. भारत के अधिकांश क्षेत्रों में वर्षा होती है

B. भारत के सभी क्षेत्रों में वर्षा का वितरण एक समान नहीं है

C. भारत में वर्षा की अनिश्चितता है

D. संपूर्ण भारत में वर्षा का वितरण समान है

487. चिनूक पवनों के बारे में निम्नलिखित में से कौन-सा/से कथन सही है/हैं?

I. ये स्थानीय ऊर्ध्वाधर पवनें हैं तथा स्थानीय रूप से प्रभावित क्षेत्रों की मौसम की स्थिति को अधिक रूप से प्रभावित करती हैं।

II. इन पवनों को संयुक्त राज्य अमेरिका में 'फोहेन' के नाम से जाना जाता है।

III. चिनूक पवनों को 'स्नो ईटर' भी कहा जाता है क्योंकि तापमान में अचानक वृद्धि के कारण जमीन की सतह पर मौजूद बर्फ पिघल जाती है।

A. केवल II B. I तथा III

C. I तथा II D. I, II तथा III

488. ग्रीष्मकालीन दक्षिणी-पश्चिमी मानसून का भारत की कुल वर्षा में करीब कितना प्रतिशत योगदान होता है?

A. 55 प्रतिशत B. 75 प्रतिशत

C. 60 प्रतिशत D. 40 प्रतिशत

489. भारत में शीतकालीन वर्षा तमिलनाडु तट पर किसके द्वारा होती है?

A. उत्तर-पूर्वी मानसून से

B. प्रति चक्रवात से

C. चक्रवात से

D. समुद्री तूफानों से

490. भारत में सर्वाधिक वर्षा दक्षिणी-पश्चिमी मानसून द्वारा होती है। इसकी समय अवधि होती है–

A. अप्रैल से अक्टूबर तक

B. मई से जुलाई तक

C. जून से सितम्बर तक

D. मार्च से अगस्त तक

491. पश्चिमी बंगाल, असम एवं ओडिशा के राज्यों में मानसून-पूर्व आने वाली तड़ित झंझाएँ किस नाम से जानी जाती हैं ?

A. लू B. नारवेस्टर्स (काल बैसाखी)

C. पश्चिमी विक्षोभ D. मैंगो शॉवर

492. कोंकण तट पर अप्रैल-मई में होने वाली मानसून पूर्व वर्षा को कहा जाता है ?

A. काल बैसाखी B. पश्चिमी विक्षोभ

C. झंझा वर्षा D. मैंगो शॉवर

493. किस राज्य में दक्षिणी-पश्चिमी मानसून से वर्षा नहीं होती है ?

A. तमिलनाडु B. मध्य प्रदेश

C. आंध्र प्रदेश D. गुजरात

494. समुद्र से दूर पायी जाने वाली जलवायु को महाद्वीपीय जलवायु कहा जाता है, दिल्ली की जलवायु है–

A. समुद्रतटीय जलवायु

B. महाद्वीपीय जलवायु

C. भूमध्यसागरीय जलवायु

D. भूमध्यरेखीय जलवायु

495. भारतीय मानसून का वर्णन सर्वप्रथम किस अरब विद्वान द्वारा किया गया था?

A. अलअहमदी B. अलगजनी

C. अलबरूनी D. उपर्युक्त में से कोई नहीं

496. मानसून की उत्पत्ति की नवीनतम् विचारधारा किस पर आधारित है?

A. प्रति चक्रवातों पर

B. ऊपरी वायुमंडल में से जेट नामक संवहन धाराओं पर

C. पवनों की दिशा परिवर्तन पर

D. स्थल के असमान गर्म होने पर

497. जो पवनें स्थल से समुद्र की ओर चलती हैं, क्या कहलाती हैं?
A. स्थल-समुद्र हवाएं
B. उत्तर-पूर्व व्यापारिक पवनें
C. दक्षिणी-पश्चिमी व्यापारिक पवनें
D. उत्तर-पश्चिमी स्थायी पवनें

498. नीचे दो कथन दिए गए हैं, जिनमें से एक को अभिकथन (A) और दूसरे को कारण (R) के रूप में लेबल किया गया है :

अभिकथन (A) : वायुमंडल की समतापमंडल परत को हवाई जहाज उड़ाने के लिए अधिमान्य किया जाता है।

कारण (R) : समतापमंडल परत अपेक्षाकृत स्थिर होती है तथा हवा के ऊर्ध्वाधर प्रवाह से पहचानी जाती है।

उपरोक्त दोनों कथनों के संदर्भ में, निम्नलिखित में से कौन-सा सही है?
A. (A) गलत है, लेकिन (R) सही है।
B. (A) तथा (R) दोनों गलत हैं।
C. (A) सही है, लेकिन (R) गलत है।
D. (A) तथा (R) दोनों सही हैं तथा (R), (A) की व्याख्या करता है।

499. भारत में काली कपास किस नाम से जानी जाती है ?
A. खादर B. रेगुड़
C. भाबर D. बांगर

500. भारत में सर्वाधिक विस्तार किस मिट्टी का मिलता है ?
A. लाल एवं पीली मिट्टी का
B. कँाप या जलोढ़ मिट्टी का
C. लेटेराइट मिट्टी का
D. काली मिट्टी का

501. भारत में मृदा अपरदन का सबसे प्रमुख कारण कौन-सा है?
A. वायु द्वारा मृदा का अपवाहन
B. नदी द्वारा अपरदन
C. वनों का बड़ी मात्रा में विदोहन
D. जलवायविक दशाएं

502. काली मिट्टी किस फसल के लिए उपयुक्त मानी जाती है?
A. तिलहन B. कपास
C. चाय D. गेहूं

503. किस मिट्टी में पोटाश एवं फॉस्फोरस पर्याप्त मात्रा में पाया जाता है तथा वह मिट्टी सर्वाधिक उपजाऊ होने का भी गुण रखती है?
A. कांप या जलोढ़ मिट्टी
B. पीट मिट्टी
C. लेटेराइट मिट्टी
D. लाल मिट्टी

504. लेटेराइट मिट्टी का अधिकतर जमाव किन राज्यों में पाया जाता है?
A. कर्नाटक एवं मध्य प्रदेश
B. केरल, कर्नाटक एवं आन्ध्र प्रदेश
C. मध्य प्रदेश एवं बिहार
D. त्रिपुरा, मणिपुर एवं मेघालय

505. लोहे एवं एल्युमिनियम की मात्रा सबसे अधिक किस प्रकार की मिट्टी में पाई जाती है?
A. लाल मिट्टी B. काली मिट्टी
C. कांप मिट्टी D. लेटेराइट मिट्टी

506. जिस क्षेत्र में बाढ़ का जल प्रति वर्ष पहुंचकर नई मिट्टी की परत जमा कर देता है, उसे खादर मिट्टी कहा जाता है। नदियों द्वारा बनाये गये छोटे-छोटे मैदानी भागों को किस नाम से जाना जाता है ?
A. भाबर B. दोआब
C. बांगर D. भूड़

507. भारत में रेतीली मिट्टी के प्रसार को किस उपाय द्वारा रोका जा रहा है?
A. वृक्षारोपण द्वारा B. कृत्रिम वर्षा द्वारा
C. सिंचाई द्वारा D. मेड़ों के निर्माण द्वारा

508. p^H का स्तर कम होने से क्या होता है?
A. मृदा की क्षारता कम होती है
B. मृदा की अम्लता अधिक होती है
C. मृदा की अम्लता कम होती है
D. मृदा की क्षारता अधिक होती है

509. किस फसल के लिए p^H-8 की अधिकता वाली मिट्टी उपयुक्त होती है?
A. गेहूं B. बरसीम
C. मक्का D. ज्वार

510. कौन-सी मिट्टी देश के सर्वाधिक क्षेत्रफल यानी करीब 44 प्रतिशत पर फैली हुई है?
A. मरुस्थली मिट्टी B. लाल मिट्टी
C. काली मिट्टी D. जलोढ़ मिट्टी

511. कल्लर, रेह, ऊसर, थूर, चोपन आदि किस प्रकार की मिट्टियां हैं?
A. पीट तथा दलदली मिट्टी
B. नमकीन मिट्टी
C. ज्वालामुखी प्रक्रिया से प्राप्त मिट्टी
D. जलोढ़ मिट्टी

512. खादर क्या है?
A. नये जलोढ़ मिट्टी से बने निचले मैदानी भाग जो बारिश के समय वर्षा के पानी में डूब जाते हैं
B. पुरानी कांप मिट्टी का मैदान
C. पुरानी जलोढ़ मिट्टी से बना उच्च क्षेत्र जहां बाढ़ का पानी नहीं पहुंच पाता है
D. उपर्युक्त में से कोई नहीं

513. किस राज्य में वन सम्पदा की प्रति एकड़ उपज सर्वाधिक है?
A. बिहार B. मध्य प्रदेश
C. असम D. त्रिपुरा

514. भारतीय वन नीति के अनुसार देश के कितने प्रतिशत क्षेत्र पर वनों का विस्तार होना चाहिए?
A. 35 प्रतिशत B. 23 प्रतिशत
C. 33 प्रतिशत D. 28 प्रतिशत

515. वनों के सन्दर्भ में कौन-सा कथन असत्य है?
A. पर्वत के ढालों से वन काट देने पर नदियों का प्रवाह तीव्र हो जाता है एवं मिट्टी का अपरदन तेज हो जाता है
B. वनों के कट जाने से वर्षा कम होने लगती है तथा जलवायु शुष्क हो जाती है
C. वनों के काटने से मिट्टी का क्षरण थम जाता है
D. वनों का देश की जलवायु पर गहरा प्रभाव पड़ता है

516. देवदार, स्प्रूस, चीड़ किस क्षेत्र के वनों में पाये जाते हैं ?
A. ज्वारीय वनों में
B. हिमालय के वनों में
C. तराई क्षेत्र के वनों में
D. दक्षिण भारत के वनों में

517. भारत लाख उत्पादन में संसार में प्रथम स्थान रखता है। कौन-सा राज्य भारत में सर्वाधिक लाख का उत्पादन करता है ?
A. मध्य प्रदेश B. आन्ध्र प्रदेश
C. झारखंड D. ओडिशा

518. भारत में 250 सेमी. वार्षिक वर्षा वाले प्रदेशों में कौन-से वन पाये जाते हैं ?
A. ज्वारीय वन
B. उष्ण कटिबंधीय सदाबहार वन
C. पर्णपाती वन
D. मानसूनी वन

519. भारतीय वन सर्वेक्षण की स्थापना किस वर्ष की गई थी ?
A. 1988 में B. 1981 में
C. 1984 में D. 1987 में

520. मलेरिया की दवा कुनैन किस वृक्ष से बनायी जाती है ?
A. सिनकोना B. वालनट
C. चीर D. यूकलिप्टस

521. भारतीय वन संसाधनों के आंकलन एवं विकास के लिए भारतीय वन सर्वेक्षण की स्थापना की गई है। इसका मुख्यालय किस जगह है?
A. देहरादून B. शिमला
C. श्रीनगर D. दिल्ली

522. कौन-सी वनस्पति समुद्र तल से 3750 मीटर ऊँचे क्षेत्रों में मिलती है?
A. पतझड़ या संकुल वनस्पति
B. मरुस्थलीय वनस्पति
C. पर्वतीय वनस्पति
D. मानसूनी वनस्पति

523. सिल्वरफर, बर्च तथा जूनीफर इत्यादि किन वनों में पाये जाते हैं?
A. पर्णपाती B. अल्पाइन
C. सदापर्णी D. ज्वारीय

524. कौन-से सन् में वनों के विकास के लिए भारत सरकार ने राष्ट्रीय वन-नीति की घोषणा की थी?
A. सन् 1950 B. सन् 1954
C. सन् 1952 D. सन् 1951

525. गंगा के डेल्टाई प्रदेश (सुन्दर वन डेल्टा) में कौन-से वृक्ष पाये जाते हैं?
A. शीशम B. सुन्दरी
C. देवदार D. चीड़

526. ISFR रिपोर्ट 2021 के अनुसार भारत में कुल कितनी प्रतिशत भूमि पर वन पाये जाते हैं ?
A. 19 प्रतिशत B. 25 प्रतिशत
C. 21.71 प्रतिशत D. 24 प्रतिशत

527. घाना पक्षी अभयारण्य किस राज्य में स्थित है ?
A. मध्य प्रदेश B. राजस्थान
C. हरियाणा D. उत्तर प्रदेश

528. काजीरंगा अभयारण्य असम राज्य में है। किस राज्य में मनास अभयारण्य स्थित है?
A. मेघालय B. त्रिपुरा
C. असम D. अरुणाचल प्रदेश

529. गिर वन, जहाँ खासकर शेर पाये जाते हैं, किस राज्य में स्थित है?
A. गुजरात B. राजस्थान
C. महाराष्ट्र D. जम्मू और कश्मीर

530. देश के अधिकतर राष्ट्रीय उद्यान को टाइगर प्रोजेक्ट के अन्तर्गत शामिल किया गया है। राज्यों तथा राष्ट्रीय उद्यानों के जोड़ों में कौन-सा जोड़ा गलत है?
A. मानस वन्य जीव अभयारण्य – असम
B. कॉर्बेट राष्ट्रीय पार्क – उत्तराखंड
C. बांदीपुर राष्ट्रीय पार्क – आन्ध्र प्रदेश
D. कान्हा राष्ट्रीय पार्क – मध्य प्रदेश

531. कॉर्बेट नेशनल पार्क उत्तराखंड में स्थित है, दाचीग्राम अभयारण्य किस राज्य में है?
A. पश्चिम बंगाल B. बिहार
C. जम्मू और कश्मीर D. उत्तराखंड

532. कर्नाटक में स्थित बांदीपुर किसलिए प्रसिद्ध है ?
A. आरक्षित वन क्षेत्र के लिए
B. प्राकृतिक दृश्यों के लिए
C. वन्य जीव अभयारण्य के लिए
D. बहुमूल्य लकड़ियों के व्यावसायिक विदोहन के लिए

533. असम में स्थित काजीरंगा अभयारण्य किसके लिए प्रसिद्ध है?
A. हाथी B. एक सींग वाला गैंड़ा
C. चीता D. सफेद शेर

534. किस अभयारण्य को जंगली हाथियों के लिए प्रसिद्ध माना जाता है?
A. चन्द्रप्रभा B. पेरियार
C. बांदीपुर D. मानस

निर्देशः (प्रश्न सं. 535 से 537 तक)
A. (A) तथा (R) दोनों सही हैं, तथा (R), (A) का सही स्पष्टीकरण है।
B. (A) एवं (R) दोनों सही हैं, परन्तु (R), (A) का सही स्पष्टीकरण नहीं है।
C. (A) सही है, परन्तु (R) गलत है।
D. (A) गलत है, परन्तु (R) सही है।

535. **कथन (A) :** भारत प्राकृतिक रबर का निर्यात नहीं करता।
कारण (R) : भारत की प्राकृतिक रबर की 97% मांग घरेलू उत्पादन से पूरी होती है।

536. **कथन (A) :** देहरादून में सघन वन पाए जाते हैं एवं यहां गहन खेती की जाती है।
कारण (R) : हिमाचल श्रेणी एवं शिवालिक श्रेणी के मध्य स्थित देहरादून एक संरचनात्मक घाटी है।

537. **कथन (A) :** वनोन्मूलन के बावजूद छत्तीसगढ़ प्रदेश के वर्तमान वन क्षेत्रों में साल वृक्ष सर्वप्रमुख प्रजाति है।
कारण (R) : साल वृक्ष अधिक संक्रामक, दहन प्रतिरोधी तथा अधिक दीर्घायु होता है।

538. प्राकृतिक विभागों के अनुरूप भारत को कितने भूकम्प क्षेत्रों में बाँटा गया है?
A. 2 B. 3
C. 4 D. 6

539. कर्दुवाड़ी परिकल्पना किस भूकम्प से संबद्ध है?
A. कांगड़ा भूकम्प – 4 अप्रैल, 2005
B. असम का भूकम्प – 8 जुलाई, 1918
C. कच्छ भूकम्प – 4 अगस्त, 1956
D. लातूर भूकम्प – 1993

540. 1962 में भूकम्प वैज्ञानिकों, भूगर्भ-शास्त्रियों तथा इंजीनियरों की समिति ने भारत को कितने भूकम्प क्षेत्रों में बाँटा था?
A. 3 क्षेत्र B. 4 क्षेत्र
C. 5 क्षेत्र D. 6 क्षेत्र

541. वर्तमान में भारत में कहां जागृत ज्वालामुखी पाए जाते हैं?
A. लक्षद्वीप B. बैरेन द्वीप
C. 'A' और 'B' D. उपर्युक्त में से कोई नहीं

542. मध्य कल्प में ज्वालामुखी विस्फोट कहां हुए?
A. राजमहल की पहाड़ी B. सतलज की घाटी
C. किराना की पहाड़ी D. आधुनिक ग्वालियर क्षेत्र

543. चक्रवात की उत्पत्ति हेतु महासागरीय तल का तापमान कितना होना चाहिए?
A. 26°C से अधिक B. 22°C से अधिक
C. 28°C से अधिक D. 30°C से अधिक

544. बाढ़ प्रबंध का राष्ट्रीय कार्यक्रम कब शुरू किया गया?
A. 1952 B. 1954
C. 1956 D. 1958

545. वर्षण के निम्नलिखित में से किस रूप का व्यास 5-50 मिमी. होता है?

A. ओलावृष्टि (हैल) B. फुहार (ड्रीज्जल)
C. सहिम वृष्टि (स्लीट) D. हिम (स्नो)

546. निम्नलिखित फसलों पर विचार कीजिए–

(*a*) कपास (*b*) मूंगफली
(*c*) मक्का (*d*) सरसों

उपर्युक्त में से खरीफ फसलें कौन-सी हैं?

A. (*a*) एवं (*b*) B. (*a*), (*b*) एवं (*c*)
C. (*c*) एवं (*d*) D. (*a*), (*b*), (*c*) एवं (*d*)

547. सूची-I और सूची-II का मिलान कीजिए–

सूची-I (मिट्टी)	**सूची-II (फसल)**
(*a*) भूरी मिट्टी	1 कपास
(*b*) जलोढ़ मिट्टी	2 चाय
(*c*) काली मिट्टी	3 गेहूं
(*d*) लाल मिट्टी	4 चावल

कूट :

	(*a*)	(*b*)	(*c*)	(*d*)
A.	2	4	1	3
B.	2	1	3	4
C.	1	2	4	3
D.	3	2	1	4

548. कोइलकारो जलविद्युत परियोजना किस राज्य में स्थित है?

A. बिहार B. ओडिशा
C. पश्चिम बंगाल D. हिमाचल प्रदेश

549. पोंग बांध किस नदी पर बनाया गया है?

A. व्यास B. सतलुज
C. रावी D. चिनाब

550. किस नदी पर तेलुगू-गंगा परियोजना शुरू की गई है ?

A. कावेरी B. कृष्णा
C. गोदावरी D. महानदी

551. तुंगभद्रा परियोजना तुंगभद्रा नदी पर स्थित है, कर्नाटक के अलावा किस राज्य की यह सम्मिलित परियोजना है?

A. तमिलनाडु B. केरल
C. आन्ध्र प्रदेश D. महाराष्ट्र

552. हीराकुड बांध, जो ओडिशा राज्य में है, किस नदी पर बनाया गया है?

A. महानदी B. स्वर्णरिखा
C. हुगली D. मचकुण्ड

553. सलाल जलविद्युत परियोजना किस राज्य की नदी पर है?

A. पंजाब – रावी
B. हिमाचल प्रदेश – व्यास
C. जम्मू और कश्मीर – चिनाब
D. उत्तर प्रदेश – भगीरथी

554. निम्नलिखित में से गलत जोड़ा बताइये–

A. काकड़ापार परियोजना – तापी नदी
B. नागार्जुन सागर परियोजना – गोदावरी
C. भाखड़ा नांगल परियोजना – सतलुज
D. कोसी परियोजना – कोसी नदी

555. भारत की सबसे बड़ी नहर योजना में से कौन-सी है ?

A. चम्बल योजना
B. रामगंगा नहर योजना
C. इंदिरा गांधी नहर (राजस्थान नहर) परियोजना
D. गंडक परियोजना

556. किस नदी घाटी परियोजना से सरदार सरोवर बांध संबंधित है?

A. नर्मदा B. महानदी
C. तापी D. सतलुज

557. दामोदर घाटी परियोजना के संदर्भ में कौन-सा कथन सत्य नहीं है?

A. दामोदर घाटी निगम की स्थापना भारत सरकार द्वारा 1948 में की गई थी
B. दामोदर घाटी परियोजना में फ्रांस ने सहायता की थी
C. दामोदर नदी घाटी छोटा नागपुर के पठार से निकलती है
D. दामोदर घाटी परियोजना में झारखंड एवं पश्चिमी बंगाल हिस्सेदार हैं

558. चम्बल नदी पर स्थित चम्बल परियोजना राजस्थान के साथ-साथ किस एक और राज्य की संयुक्त परियोजना है?

A. मध्य प्रदेश B. गुजरात
C. महाराष्ट्र D. उत्तर प्रदेश

559. निम्न कथनों पर विचार कीजिए–

1. दामोदर घाटी निगम स्वतंत्र भारत की प्रथम बहु-उद्देशीय नदी
घाटी परियोजना है।
2. दामोदर घाटी निगम में ताप तथा गैस ऊर्जा घर भी सम्मिलित हैं।

उपर्युक्त कथनों में से कौन-सा/से सही है/हैं?

A. केवल 1 B. केवल 2
C. दोनों 1 व 2 D. न ही 1 और न ही 2

560. किन राज्यों का मचकुण्ड परियोजना में संयुक्त सहयोग है?
A. उत्तर प्रदेश तथा मध्य प्रदेश
B. आन्ध्र प्रदेश तथा ओडिशा
C. उत्तर प्रदेश तथा बिहार
D. आन्ध्र प्रदेश तथा तमिलनाडु

561. मंगलम नहर केरल में है, रामपद सागर नहर किस राज्य में है?
A. गुजरात B. केरल
C. कर्नाटक D. आन्ध्र प्रदेश

562. नदियों की लम्बाई के अवरोही क्रम में गोदावरी, महानदी, नर्मदा व तापी का सही अनुक्रम कौन-सा है?
A. गोदावरी, महानदी, नर्मदा, तापी
B. गोदावरी, नर्मदा, महानदी, तापी
C. नर्मदा, गोदावरी, तापी, महानदी
D. नर्मदा, तापी, गोदावरी, महानदी

563. राणा प्रताप सागर, जवाहर सागर एवं गाँधी सागर जलाशयों का निर्माण किस नदी पर किया गया है?
A. कोसी B. घाघरा
C. यमुना D. चम्बल

564. फरक्का बांध का निर्माण किस उद्देश्य की पूर्ति के लिए किया गया था?
A. कोलकाता बन्दरगाह को ठीक हालात में रखने तथा भगीरथी-हुगली नदी प्रणाली में नौवाहन को बेहतरीन बनाने के लिए
B. बांध से सिंचाई के लिए पानी का उपयोग करने हेतु
C. बांध में पानी इकट्ठा करके बिजली तैयार करने के लिए
D. उपर्युक्त में से कोई नहीं

565. नागार्जुन सागर बांध का किस नदी पर निर्माण किया गया है?
A. कृष्णा B. कावेरी
C. महानदी D. गोदावरी

566. नदी परियोजना तथा उनसे संबंधित राज्यों के जोड़ों में से कौन-सा जोड़ा सत्य नहीं है?
A. मालप्रभा – आन्ध्र परियोजना
B. दामोदर घाटी परियोजना – झारखंड-पश्चिम बंगाल
C. रिहन्द परियोजना – उत्तर प्रदेश
D. तुंगभद्रा – आन्ध्र प्रदेश-कर्नाटक

567. गुजरात राज्य में स्थित काकरापारा परियोजना किस नदी पर बनायी गयी है?
A. साबरमती B. माही
C. नर्मदा D. तापी

568. महाराष्ट्र में स्थित कृष्णा परियोजना में कृष्णा नदी के साथ कौन-सी एक और नदी पर बाँध बनाया गया है?
A. वेन गंगा B. बनास
C. भीमा D. गोदावरी

569. भाखड़ा नांगल बहुउद्देशीय परियोजना पंजाब तथा हरियाणा के साथ कौन-से एक और राज्य की संयुक्त परियोजना है ?
A. राजस्थान B. हिमाचल प्रदेश
C. उत्तर प्रदेश D. जम्मू कश्मीर

570. नलकूपों की सर्वाधिक संख्या किस राज्य में पायी जाती है?
A. मध्य प्रदेश B. उत्तर प्रदेश
C. पंजाब D. हरियाणा

571. समुद्री जल में कौन-सा लवण प्रचुर मात्रा में मौजूद होता है?
A. कैल्शियम कार्बोनेट
B. पोटैशियम सल्फेट
C. मैग्नीशियम क्लोराइड
D. सोडियम क्लोराइड

572. भारत की कुल कितने प्रतिशत कृषित भूमि पर सिंचाई की सुविधा उपलब्ध है?
A. 57 प्रतिशत B. 47 प्रतिशत
C. 37 प्रतिशत D. 27 प्रतिशत

573. निम्नलिखित में से कौन-सा 'पक्षी पद डेल्टा' का सही उदाहरण है?
A. संयुक्त राज्य अमेरिका में मिसिसिपी का डेल्टा
B. भारत में गंगा का डेल्टा
C. फ्रांस में सीन का डेल्टा
D. अफ्रीका में नील नदी का डेल्टा

574. निम्नलिखित में से कौन-सा पुराना वलित पर्वत है?
A. एंडीज B. रॉकीज
C. हिमालय D. अरावली

575. मुर्रे द्वारा पंक के वर्गीकरण के आधार पर, महासागरों के चारों ओर नीले पंक का रंग नीला-काला केवल .... के कारण होता है।
A. हरी सिलिकेट के संचय
B. मैग्नीशियम की अधिक मात्रा
C. आयरन (लोहा) सल्फाइड की उपस्थिति
D. चट्टानों के विघटन

576. भारत मे सिंचाई का मुख्य साधन क्या है?
A. नहर B. तालाब
C. कुआँ D. उपर्युक्त में से कोई नहीं

577. दक्षिणी भारत में सिंचाई का मुख्य साधन क्या है ?
A. नहर B. तालाब
C. कुआं D. नलकूप

578. "बहुउद्देशीय परियोजनाएँ मेरे लिए आधुनिक भारत के मन्दिर तथा तीर्थ स्थान हैं", यह कथन किसका है?
A. जवाहरलाल नेहरू B. सरदार पटेल
C. कृष्णा मेनन D. महात्मा गांधी

579. फरक्का बांध का क्या उद्देश्य है?
A. विद्युत शक्ति पैदा करना
B. कोलकाता बंदरगाह के गाद को साफ करना
C. सिंचाई का विकास
D. बाढ़ नियंत्रण

580. भारत में कुल सिंचित क्षेत्र का कितने प्रतिशत तालाबों द्वारा सींचा जाता है?
A. 10 प्रतिशत B. 5 प्रतिशत
C. 3 प्रतिशत D. 2 प्रतिशत

581. भारत की किस नहर द्वारा सर्वाधिक भूमि की सिंचाई की जाती है?
A. नांगल B. भाखड़ा
C. गंडक D. आगरा नहर

582. कौन-से राज्य में प्रतिशत की दृष्टि से सिंचित भूमि कम है?
A. महाराष्ट्र B. त्रिपुरा
C. राजस्थान D. मध्य प्रदेश

583. दचिग्राम राष्ट्रीय उद्यान किस राज्य में अवस्थित है?
A. पंजाब B. उत्तर प्रदेश
C. हरियाणा D. जम्मू-कश्मीर

584. यदि किसी महासागर की लवणता की मात्रा अधिक है, तो ....।
A. तापमान कम होगा
B. घनत्व कम होगा
C. हिमांक कम होगा
D. वाष्प दर भी अधिक होगा

585. भूमिगत जल का निम्न में से कौन-सा स्रोत तलछटी चट्टानों से प्राप्त होता है?
A. आकाशी जल B. सहजात जल
C. समुद्री जल D. मैग्मज जल

586. किसानों को अधिकतम लाभ पहुंचाने के लिए भारतीय खाद्य निगम की स्थापना किस वर्ष की गई थी ?
A. 1955 B. 1965
C. 1951 D. 1975

587. जब सूर्य, पृथ्वी और चन्द्रमा पादस्थिति में आ जाते हैं, तो कौन-सा ज्वार उत्पन्न होता है?
A. उच्च ज्वार B. जेनिथ ज्वार
C. अवनत ज्वार D. बृहत् ज्वार

588. खरीफ की फसल की क्या विशेषता है?
A. अक्टूबर में बोकर, अप्रैल में काटी जाती है
B. जून-जुलाई में बोकर, अक्टूबर-नवम्बर में काटी जाती है
C. इस फसल को कम वर्षा चाहिए
D. जनवरी में बोकर मार्च में काटी जाती है

589. निम्न में से कौन-सा कारक महासागरों में लवणता की मात्रा और वितरण को नियंत्रित करता है?
A. वाष्पीकरण
B. नदियों से मीठे जल का प्रवाह
C. वायुमंडलीय दाब
D. अवक्षेपण

590. गेहूँ के बोने के समय कितना सेल्सियस तापमान होना चाहिए?
A. 5° से 10° सेल्सियस
B. 10° से 15° सेल्सियस
C. 15° से 20° सेल्सियस
D. 20° से 25° सेल्सियस

591. डॉब्सन इकाई को .... को मापने के लिए उपयोग की जाने वाली इकाई के रूप में परिभाषित किया गया है।
A. हवा में आर्द्रता
B. ओजोन सांद्रता
C. सापेक्ष दबाव
D. हवा का सामान्य तापमान

592. सतह से ऊपर ऊँचाई के आधार पर, किस प्रकार के बादलों का आधार 10 किमी. हो सकता है?
A. उच्च बादल
B. ऊर्ध्वाधर विस्तार वाले बादल
C. निम्न बादल
D. मध्य बादल

593. निम्नलिखित में से किस काल में, भूमि की सतह पर पौधों की उत्पत्ति और उपनिवेशीकरण शुरू हुआ?

A. सिलुरियन तथा डेवोनियन काल
B. कार्बोनिफेरस काल
C. प्रीकैम्ब्रियन काल
D. क्रीटेशस काल

594. निम्नलिखित कारकों में से कौन-सा महासागरों के तापमान के क्षैतिज वितरण को प्रभावित नहीं करता है?
A. समुद्र का आकार
B. अक्षांशों की रेखाएं
C. सूर्यताप की मात्रा
D. सनातनी पवनें तथा महासागरीय धाराएं

595. गन्ने की खेती के लिए सामान्यतः कितनी वर्षा की आवश्यकता होती है?
A. 100 सेमी. से अधिक
B. 150 सेमी. से अधिक
C. 200 सेमी. से अधिक
D. 50 सेमी. से अधिक

596. देश में बोई जाने वाली फसलों में से कौन-सी फसल सबसे ज्यादा क्षेत्रफल में बोई जाती है?
A. मक्का B. मूंगफली
C. गेहूँ D. चावल

597. फसलों के संदर्भ में कौन-सा कथन सत्य नहीं है ?
A. मक्का अधिक उपज वाला एक मोटा अनाज है, जो सामान्य वर्षा वाले ऊंचे भागों में बोया जाता है
B. मोटे अनाज जिसमें बाजरा, ज्वार मुख्य हैं—गुजरात, महाराष्ट्र, मध्य प्रदेश एवं राजस्थान के सूखे क्षेत्रों में बोया जाता है
C. देश के सम्पूर्ण बोए जाने वाले क्षेत्र के लगभग बारह प्रतिशत में जौ बोयी जाती है
D. दालें देश में भारी वर्षा के क्षेत्रों को छोड़कर अन्य सभी भागों में बोयी जाती हैं

598. रबर का उत्पादन किस क्षेत्र में अधिक होता है ?
A. जहां तापमान अधिक रहता है एवं वर्षा अधिक होती है
B. जहां तापमान अधिक रहता है
C. जहां तापमान कम रहता है एवं वर्षा अधिक होती है
D. जहां वर्षा तथा तापमान दोनों ही कम रहते हैं

599. कौन-सा नकदी फसलों का समूह है ?
A. गेहूँ, मक्का, चावल
B. चना, मटर, गेहूँ
C. कपास, जूट, गन्ना, चाय
D. चावल, चना, चाय

600. भारत का सर्वाधिक गन्ना पैदा करने वाला प्रदेश कौन-सा है ?
A. उत्तर प्रदेश B. पंजाब
C. हरियाणा D. मध्य प्रदेश

601. निम्नलिखित में से कौन-से भारत में पाए जाने वाले जैव विविधता हॉटस्पॉट में से एक है?
A. गुजरात के मैदान
B. पूर्वी घाट
C. भारत-म्यांमार
D. दक्कन का पठार

602. भारत में सबसे अधिक कपास किस राज्य में पैदा होती है ?
A. गुजरात B. कर्नाटक
C. महाराष्ट्र D. मध्य प्रदेश

603. कौन-सी फसल खरीफ की फसल नहीं है?
A. कपास B. मटर
C. मक्का D. बाजरा

604. कौन-सी फसल नाइट्रोजन स्थिरीकरण में सहायक होती है?
A. चावल B. दालें
C. गेहूं D. मक्का

605. खरीफ की फसल का समूह कौन-सा है?
A. ज्वार, गेहूँ, चावल, बाजरा
B. ज्वार, रागी, जौ
C. ज्वार, कपास, चावल
D. गेहूँ, जौ, चावल

606. जलोढ़ मिट्टी में उगने वाली वह कौन-सी फसल है, जिसे 150 सेमी. वर्षा की आवश्यकता होती है?
A. चावल B. गन्ना
C. गेहूँ D. मक्का

607. भारत में प्रति हेक्टेयर गेहूँ का उत्पादन पंजाब में सर्वाधिक है, परंतु संपूर्ण गेहूँ का क्षेत्रफल उत्तर प्रदेश में सर्वाधिक है। यह देश के संपूर्ण गेहूँ उत्पादन का कितने प्रतिशत पैदा करता है ?
A. 63 प्रतिशत B. 16.65 प्रतिशत
C. 44 प्रतिशत D. 25 प्रतिशत

608. तम्बाकू उत्पादन में भारत का संसार में तीसरा स्थान है। किस राज्य में तम्बाकू का सर्वाधिक उत्पादन किया जाता है?
A. बिहार B. आन्ध्र प्रदेश
C. उत्तर प्रदेश D. गुजरात

609. भारत के राज्यों में चाय के उत्पादन में सही क्रम कौन-सा है?
A. असम > पश्चिम बंगाल > तमिलनाडु > केरल
B. पश्चिम बंगाल > असम > तमिलनाडु > केरल
C. तमिलनाडु > केरल > असम > पश्चिम बंगाल
D. केरल > असम > पश्चिम बंगाल > तमिलनाडु

610. छत्तीसगढ़ मैदान, वेनगंगा घाटी तथा कावेरी डेल्टा के संदर्भ में कौन-सा कथन सत्य है?
A. तीनों क्षेत्रों की स्थिति तटीय है
B. तीनों क्षेत्रों में जनजातिय लोग रहते हैं
C. तीनों चावल उत्पादक क्षेत्र हैं
D. तीनों गन्ने के उत्पादन के लिए प्रसिद्ध हैं

611. हरित क्रान्ति के प्रारंभकर्त्ता कौन-से अमेरिकी विद्वान थे?
A. डॉ. विलियम गैड
B. डॉ. डब्ल्यू. डी. हैरिसं
C. डॉ. एस. डी. क्लार्क
D. डॉ. एम. फिलिप

612. भारत में तंबाकू के उत्पादक राज्य का सही क्रम कौन-सा है?
A. गुजरात > कर्नाटक > आन्ध्र प्रदेश > बिहार
B. उत्तर प्रदेश > बिहार > गुजरात > मध्य प्रदेश
C. आन्ध्र प्रदेश > बिहार > गुजरात > कर्नाटक
D. बिहार > आन्ध्र प्रदेश > गुजरात > मध्य प्रदेश

613. गेहूँ को पकाने के लिए कितने सेल्सियस तापमान की आवश्यकता होती है?
A. 35° सेल्सियस से 45° सेल्सियस
B. 28° सेल्सियस से 32° सेल्सियस
C. 30° सेल्सियस से 40° सेल्सियस
D. 20° सेल्सियस से 25° सेल्सियस

614. उत्तर भारत में प्रति हेक्टेयर गन्ने का निम्न उत्पादन होने का मुख्य कारण क्या है?
A. उपयुक्त जलवायु
B. सिंचाई सुविधा का अभाव
C. सस्ते श्रम की कमी
D. अनुत्पादक भूमि

615. अपने देश की कृषि व्यवस्था में फसलों में काफी परिवर्तन हुआ है तथा काफी विविधता आई है। किसमें सबसे अधिक विविधता आई है?
A. चारे की फसलों में
B. तिलहनों की फसलों में
C. खाद्यान्न फसलों में
D. मसालों की फसलों में

616. भारत में सर्वाधिक मूंगफली उत्पादक राज्यों का समूह है–
A. गुजरात, आन्ध्र प्रदेश, महाराष्ट्र
B. उत्तर प्रदेश, बिहार, ओडिशा
C. गुजरात, राजस्थान, तमिलनाडु
D. कर्नाटक, तमिलनाडु, केरल

617. गन्ने का उत्पत्ति स्थान माना जाता है?
A. केन्द्रीय अमेरिका B. हवाई द्वीप
C. भारत D. क्यूबा

618. कैलिफोर्निया के भूमध्यसागरीय बायोम में, झाड़ी समुदाय को किस नाम से जाना जाता है?
A. फिनबोस झाड़ियाँ B. माक्विस झाड़ियाँ
C. मल्ले झाड़ियाँ D. चैपरल झाड़ियाँ

619. फसल चक्र किसे कहते हैं?
A. फसलों को एक निश्चित मात्रा में मिलाकर बोना
B. एक ही फसल को एक ही खेत में लगातार बोने की प्रक्रिया
C. किसी निश्चित क्षेत्र में एक निश्चित समय तथा क्रम के अनुसार फसलों को उगाने की प्रक्रिया
D. फसलों को बिना पानी के बोने की प्रक्रिया

620. बिना सिंचाई की सहायता से की जाने वाली तर खेती के लिए वार्षिक वर्षा की कितनी मात्रा की आवश्यकता होती है?
A. 75 सेमी. से 200 सेमी.
B. 180 सेमी. से 200 सेमी.
C. 200 सेमी. से अधिक
D. 100 सेमी. से 150 सेमी.

621. मिश्रित खेती का क्या अर्थ है?
A. दो व्यक्तियों द्वारा साझे में खेती करना
B. एक ही खेत में एक साथ एक से अधिक फसल उगाना
C. एक खेत में एक के पश्चात् दूसरी फसल उगाना
D. दो संयुक्त खेतों में एक तरह की फसल उगाना

622. भारत का कौन-सा राज्य मक्का उत्पादन में प्रथम स्थान पर है?
A. कर्नाटक B. बिहार
C. पश्चिम बंगाल D. राजस्थान

623. भारत में तीन फसली मौसम रबी, खरीफ, जायद पाये जाते हैं। रबी की फसल नवम्बर में बोयी जाती है, यह किस महीने में काटी जाती है?
A. जनवरी में B. फरवरी में
C. अप्रैल में D. जून में

624. कॉफी तथा चाय की खेती के संबंध में कौन-सा कथन सही है?
A. कॉफी की फसल तथा चाय की फसल एक समान ऊँचाई पर बोयी जाती हैं
B. कॉफी की फसल चाय की फसल की तुलना में कम ऊँचाई पर बोयी जाती है
C. चाय की फसल कॉफी की फसल की तुलना में कम ऊँचाई पर बोयी जाती है
D. उपर्युक्त तीनों सही हैं

625. निम्नलिखित में से कौन-सा 'अंतरापरिवर्तीय पठार' का सही उदाहरण है?
A. तिब्बती पठार B. गढ़वाल पठार
C. महाबलेश्वर पठार D. पोटवार पठार

626. चावल की खेती के लिए कितनी वर्षा तथा कितने तापमान की आवश्यकता पड़ती है?
A. 100 सेमी. से 150 सेमी. वर्षा तथा 20° से 27° तापमान
B. 150 सेमी. से 200 सेमी. वर्षा तथा 20° से 25° सेल्सियस तापमान
C. 75 सेमी. से 125 सेमी. वर्षा तथा 10° से 20° सेल्सियस तापमान
D. उपर्युक्त में से कोई नहीं

627. शुष्क खेती करने के लिए कितनी वर्षा की आवश्यकता होती है?
A. 25 सेमी. B. 75 सेमी.
C. 80 सेमी. D. 50 सेमी.

628. साबरमती, आई. आर-8, यमुना, पंकज, जगन्नाथ, हंसा किस फसल के उन्नतशील बीज हैं?
A. गन्ना B. धान
C. मूंग D. गेहूँ

629. रबी की फसलों के लिए दिसम्बर तथा जनवरी में थोड़ी बहुत अर्थात् दो-चार हल्की वर्षा कैसे लाभदायक होती है?
A. इस वर्षा से पौधों को पानी मिलने से दाने बड़े हो जाते हैं
B. इस वर्षा से तापमान कम हो जाता है और वायु में आर्द्रता पैदा हो जाती है
C. इन महीनों में पाला पड़ने का डर होता है तथा वर्षा एवं पाले से फसल को नुकसान नहीं होता है
D. इस वर्षा से मिट्टी में नमी आ जाती है, जिससे बीज आसानी से अंकुरित हो जाते हैं?

630. कुल कृषित भूमि के कितने प्रतिशत पर चावल की खेती की जाती है?
A. 25 प्रतिशत B. 30 प्रतिशत
C. 23 प्रतिशत D. 28 प्रतिशत

631. मिश्रित कृषि का भारतीय सन्दर्भ में क्या अर्थ है?
A. एक साल एक फसल लेना दूसरे साल दूसरी फसल लेना
B. एक साल एक फसल लेना तथा दूसरे साल खेत खाली छोड़ना
C. दो या उससे अधिक फसल एक साथ लेना
D. पशुपालन के साथ-साथ कृषि भी करना

632. किस फसल से तेल और दालें दोनों ही मिलते हैं?
A. मूंग B. सोयाबीन
C. मूंगफली D. उपर्युक्त में से कोई नहीं

633. सूची-I (फसल) को सूची-II (रोग) के साथ सुनियोजित कीजिए–

	सूची-I (फसल)		**सूची-II (रोग)**
(*a*)	गेहूँ	1	टिक्का
(*b*)	मूंगफली	2	अरगॉट
(*c*)	गन्ना	3	किट्ट
(*d*)	बाजरा	4	रेडरॉट

कुट :

	(*a*)	(*b*)	(*c*)	(*d*)
A.	3	4	5	2
B.	3	1	4	2
C.	4	3	1	2
D.	2	3	1	4

634. भारत में कृषि को सबसे महत्त्वपूर्ण क्षेत्र में किस लिए माना जाता है?
A. क्योंकि देश की करीब 67 प्रतिशत आबादी इससे जीविका प्राप्त करती है
B. क्योंकि देश के अनेक उद्योग कृषि उत्पादन की वस्तुओं पर आश्रित हैं
C. भारत के सकल उत्पादन में कृषि का योगदान लगभग 32 प्रतिशत है
D. उपर्युक्त तीनों

635. किस फसल द्वारा सर्वाधिक कृषि भूमि का उपयोग किया जाता है?
A. चावल B. गेहूं
C. ज्वार-बाजरा D. तिलहन

636. भारत में प्रति एकड़ कम उत्पादन का क्या कारण है ?
A. प्राकृतिक कारणों से फसल खराब हो जाना
B. कृषि की तकनीक एवं कृषि प्रणाली पिछड़ी होना
C. भूमि का कम उर्वर होना
D. मौसम का प्रतिकूल होना

637. बीजों का अंकुरण किस समय अधिक होता है ?
A. ठंडक तथा शुष्क वातावरण
B. वर्षा
C. ठंडक तथा आर्द्र वातावरण
D. जाड़ा

निर्देशः (प्रश्न सं. 638 से 639 तक)
A. (A) तथा (R) दोनों सही हैं, तथा (R), (A) का सही स्पष्टीकरण है।
B. (A) एवं (R) दोनों सही हैं, परन्तु (R), (A) का सही स्पष्टीकरण नहीं है।
C. (A) सही है, परन्तु (R) गलत है।
D. (A) गलत है, परन्तु (R) सही है।

638. **कथन (A) :** भारत में पश्चिमी तट की तुलना में पूर्वी तट में धान का उत्पादन अधिक होता है।
कारण (R) : भारत में पूर्वी तट पर पश्चिमी तट की तुलना में अधिक वर्षा होती है।

639. **कथन (A) :** भारत में गन्ना की प्रति हेक्टेयर उपज तथा शर्करा की मात्रा अन्य देशों की तुलना में कम है।
कारण (R) : भारत में गन्ने की कृषि मुख्यतः असिंचित क्षेत्रों में की जाती है।

640. निम्नलिखित में से किस प्रकार के जानवरों के परिक्षेपण में सामूहिक निर्गमन शामिल है?
A. मौसमी परिक्षेपण
B. द्रुत परिक्षेपण
C. अस्वाभाविक (फोर्स्ड) परिक्षेपण
D. मानवजनित परिक्षेपण

641. निम्नलिखित में से किस काल को कशेरुकी जंतुओं की पहली उपस्थिति से पहचाना गया था?
A. ऑर्डोविशियन काल B. मियोसीन काल
C. त्रिआसिक काल D. कैम्ब्रियन काल

642. भारत का दूध उत्पादन में कौन-सा स्थान है?
A. चौथा B. पहला
C. तीसरा D. इनमें से कोई नहीं

643. भारतीय नस्ल की कौन-सी भैंस सर्वाधिक दूध देती है?
A. साहीवाल B. मुर्रा
C. जर्सी D. थारपारकर

644. मानसून की उत्पत्ति के बारे में गतिशील अवधारणा किसके द्वारा प्रस्तुत की गई थी?
A. काण्ट B. फॉन
C. हैली D. केंड्रीव

645. निम्नलिखित में से कौन-सी कुमाऊँ हिमालय की सबसे ऊँची चोटी है?
A. नंदा देवी B. केदारनाथ
C. कामेट D. त्रिशूल

646. किस देश में पशुओं की सवाधिक संख्या पायी जाती है?
A. संयुक्त राज्य अमेरिका B. जर्मनी
C. चीन D. भारत

647. ऑपरेशन फ्लड का मुख्य उद्देश्य क्या है?
A. कृषि सुविधा विस्तार B. बाढ़ नियंत्रण
C. दुग्ध विकास D. मछली पालन

648. गाय का गर्भकाल 280 दिन होता है, भैंस का गर्भकाल कितने दिन का होता है?
A. 300 दिन B. 280 दिन
C. 260 दिन D. 290 दिन

649. निम्नलिखित में से कौन-सा जैविक उत्तराधिकार के चरणों में से एक नहीं है?
A. नग्नता का चरण B. प्रतिक्रिया का चरण
C. प्रवास का चरण D. समायोजन का चरण

650. निम्नलिखित में से किस मृदा में जल धारण क्षमता अधिक होती है?
A. डेजर्ट मृदा B. काली मृदा
C. लैटेराइट मृदा D. पर्वत मृदा

651. पशुओं तथा उनकी नस्लों को सुमेलित कीजिए—

सूची-I (नस्ल)	**सूची-II (पशु)**
(*a*) जमुनापारी	1 भेड़
(*b*) जाफराबादी	2 गाय
(*c*) भाक्खरवाल	3 भैंस
(*d*) थारपारकर	4 बकरी

कूट :

	(*a*)	(*b*)	(*c*)	(*d*)
A.	4	3	1	2
B.	4	2	1	3
C.	3	4	2	1
D.	1	3	4	2

652. कुक्कुट की सबसे उन्नत एवं सुविख्यात किस्म कौन-सी है?
A. न्यू हैम्पशायर B. व्हाइट कोनिस
C. ब्लैक जाइंट D. व्हाइट लेगहॉर्न

653. भेड़ की विदेशी नस्ल कौन-सी है?
A. भाक्खरवाल B. नेल्लूरी
C. मैरिनो D. भादरवाह

654. 'डरमैटिश' भेड़ बकरियों को होने वाला प्रमुख रोग है। "मार्क्स" किसका रोग है?
A. मुर्गी B. गाय
C. घोड़ा D. सुअर

655. किस नस्ल वाली भैंस के दूध में वसा की सर्वाधिक मात्रा उपलब्ध होती है?
A. मुर्रा B. भदावरी
C. मेहसाना D. नीली

656. मुँह तथा पैर का रोग निम्न में से किसमें होता है?
A. सिर्फ मवेशी में B. सिर्फ सुअर में
C. सिर्फ भेड़ में D. उपर्युक्त तीनों में

657. बरबरी तथा मेहरजान किसकी नस्लें हैं?
A. ऊँट B. भेड़
C. घोड़ा D. गाय

658. भारत के शीत मरुस्थल के बारे में निम्नलिखित में से कौन-सा अभिकथन सही नहीं है?
A. यह दक्षिण में जांस्कर पर्वत से घिरा हुआ है
B. यह हिमालय पर्वतों के वृष्टि-छाया क्षेत्र में स्थित है
C. सिंधु नदी इस क्षेत्र से होकर बहती है
D. इस क्षेत्र में लवण (सेलाइन) झीलों की विशाल विविधता है

659. जाफराबादी, भदावरी तथा मुर्रा किसकी नस्लें हैं ?
A. भैंस B. बकरी
C. गाय D. घोड़ा

660. किस वर्ष डेयरी विकास के लिए ऑपरेशन फ्लड नामक अभियान आरम्भ किया गया था?
A. 1965 B. 1970
C. 1981 D. 1975

661. लौह-अयस्क की एशिया की सबसे बड़ी यन्त्रीकृत खान कौन-सी है?
A. क्योंझर B. नोआमण्डी
C. वैलाडीला D. मयूरभंज

662. रामसर कन्वेंशन नामक एक अंतर सरकारी संधि .... पर आधारित है।
A. अपवाह प्रणाली B. वन्यजीव
C. जलवायु D. जलमयभूमि

663. भारत के किस राज्य में निकेल के भंडार हैं?
A. आडिशा B. बिहार
C. राजस्थान D. कर्नाटक

664. भारत में औद्योगिक दृष्टि से सर्वाधिक महत्त्वपूर्ण लौह अयस्क कौन-सा है?
A. मैग्नेटाइट B. सिडेराइट
C. लेमोनाइट D. हैमेटाइट

665. भारत के कर्नाटक राज्य में स्थित बाबाबूदान की पहाड़ियों से कौन-सा खनिज पदार्थ निकाला जाता है?
A. लौह अयस्क B. मैंगनीज
C. निकेल D. पेट्रोलियम

666. जिप्सम सर्वाधिक मात्रा में भारत के किस राज्य में पाया जाता है?
A. बिहार B. मध्य प्रदेश
C. राजस्थान D. उत्तर प्रदेश

667. भारत में अभ्रक का सर्वाधिक उत्पादन करने वाला राज्य कौन-सा है?
A. झारखण्ड B. बिहार
C. आन्ध्र प्रदेश D. राजस्थान

668. भारत में लौह अयस्क का सर्वाधिक उत्पादन करने वाला राज्य है?
A. झारखण्ड B. ओडिशा
C. गोवा D. कर्नाटक

669. सोने का सबसे बड़ा उत्पादक राज्य है?
A. कर्नाटक B. झारखण्ड
C. राजस्थान D. आन्ध्र प्रदेश

670. परिस्थितिक निकेत के संदर्भ में निम्नलिखित में से कौन-सा/से कथन सही है/हैं?
I. स्पर्धी अपवर्जन का कानून कहता है कि कोई भी दो प्रजातियाँ समान निकेत को ग्रहण नहीं करेंगी तथा एक ही पर्यावास में समान संसाधनों के लिए बहुत लंबे समय तक प्रतिस्पर्धा नहीं करेंगी।
II. कम प्रभावी प्रजातियों की तुलना में अधिक प्रभावी प्रजातियां विस्तृत तथा व्यापक पारिस्थितिक निकेत ग्रहण करती है।

III. पारिस्थितिक निकेत, जनसंख्या संसाधन चर से प्रभावित नहीं होता है।

A. I तथा III B. I, II तथा III
C. केवल II D. I तथा II

671. थोरियम भारत के केरल राज्य में सर्वाधिक मिलता है। क्रोमाइट किस राज्य में सर्वाधिक पाया जाता है?

A. केरल B. ओडिशा
C. तमिलनाडु D. राजस्थान

672. निम्न में से कौन उष्णकटिबंधीय नम वर्णपाती वनों के प्रमुख वृक्षों में से एक है?

A. टीक B. देवदार
C. ओक D. रोजवुड

673. भारत का वह कौन-सा राज्य है, जो मूल्य के हिसाब से खनिज पदार्थों का सर्वाधिक उत्पादन करता है?

A. मध्य प्रदेश B. महाराष्ट्र
C. कर्नाटक D. झारखण्ड

674. कुद्रेमुख, जो कर्नाटक राज्य में है, किस खनिज पदार्थ के लिए महत्त्वपूर्ण है?

A. कोयला B. लौह अयस्क
C. एस्बेस्टस D. प्राकृतिक गैस

675. सिंहभूम, कोलार, खेतड़ी, धनबाद किससे संबंधित हैं?

A. लौह अयस्क, सोना, तांबा, कोयला
B. कोयला, तांबा, लौह अयस्क, सोना
C. तांबा, कोयला, लौह अयस्क, सोना
D. सोना, लौह अयस्क, कोयला, तांबा

676. लैटेराइट मृदा की निम्नलिखित में से कौन-सी विशेषता सही है?

A. कार्बनिक पदार्थों की प्रचुरता
B. आयरन से भरपूर
C. उच्च क्षेत्रों में कम अम्लीय
D. एल्युमिनियम में अपर्याप्तता

677. भारत में खनिजों के स्थान के निर्धारण में कौन-सी संस्था व्यस्त है?

A. राष्ट्रीय खनिज विकास निगम
B. केन्द्रीय खनन अनुसंधान निगम
C. भारतीय-भू-वैज्ञानिक सर्वेक्षण
D. भारतीय वन संस्थान

678. निम्नांकित में से किस राज्य समूह में अभ्रक पाया जाता है?

A. गुजरात, मध्य प्रदेश, असम, पश्चिम बंगाल
B. झारखण्ड, आन्ध्र प्रदेश, राजस्थान, मध्य प्रदेश
C. केरल, तमिलनाडु, उत्तर प्रदेश, पंजाब
D. हिमाचल प्रदेश, अरुणाचल प्रदेश, नगालैण्ड एवं गोवा

679. निम्न में से तांबा उत्पादक राज्यों का समूह है?

A. बिहार, उत्तर प्रदेश, पश्चिम बंगाल, सिक्किम
B. झारखण्ड, मध्य प्रदेश, राजस्थान, गुजरात, कर्नाटक
C. पंजाब, हरियाणा, हिमाचल प्रदेश, जम्मू एवं कश्मीर
D. केरल, तमिलनाडु, गोवा, छत्तीसगढ़, उत्तरांचल

680. हिमालय की निम्नलिखित में से कौन-सी पर्वत शृंखलाएँ मुख्य परिसीमा क्षेप (MBT) द्वारा अलग की गयी हैं?

A. लघु हिमालय तथा शिवालिक
B. लघु हिमालय तथा ट्रांस हिमालय
C. ट्रांस हिमालय तथा शिवालिक
D. महान हिमालय तथा लघु हिमालय

681. सूची-I (खनिज) को सूची-II (उत्पादक राज्य) से मिलाइए—

	सूची-I (खनिज)		**सूची-II (उत्पादक राज्य)**
(*a*)	डोलोमाइट	1	केरल
(*b*)	रॉक फॉस्फेट	2	राजस्थान
(*c*)	ऐपाटाइट	3	मध्य प्रदेश
(*d*)	कैओलिन	4	पश्चिम बंगाल

कूट :

	(*a*)	(*b*)	(*c*)	(*d*)
A.	3	2	4	1
B.	2	3	1	4
C.	1	4	3	2
D.	3	1	2	4

682. सूची-I (खनिज) को सूची-II (जिला) से सुमेलित कीजिए—

	(खनिज)		**(जिला)**
(*a*)	अभ्रक	1	सलेम
(*b*)	यूरेनियम	2	नेवेली
(*c*)	कोयला (लिग्नाइट)	3	सिंहभूम
(*d*)	लौह अयस्क	4	हजारीबाग

कूट :

	(*a*)	(*b*)	(*c*)	(*d*)
A.	3	1	4	2
B.	2	3	1	4
C.	4	3	2	1
D.	4	2	1	3

683. कौन-सा लौह इस्पात कारखाना कोयला क्षेत्र के समीप स्थित नहीं है?

A. बोकारो B. भिलाई

C. दुर्गापुर D. बर्नपुर

684. भारत में किस खान से वर्ष 1774 में सबसे पहले कोयला निकाला गया था?

A. सिंगरैनी B. बोकारो

C. झरीया D. रानीगंज

685. एन्थ्रासाइट, बिटूमिनस, लिग्नाइट, पीट किस खनिज का वर्गीकरण है?

A. लोहा B. मैंगनीज

C. कोयला D. हीरा

686. कोयले के विशाल निक्षेप भारत में गोंड़वाना क्षेत्र में उपलब्ध हैं। कोयले के सर्वाधिक उत्पादक राज्य क्रम में कौन-सा सही है?

A. झारखंड, ओडिशा, छत्तीसगढ़, पश्चिम बंगाल

B. पश्चिम बंगाल, उत्तर प्रदेश तथा ओडिशा

C. ओडिशा, पश्चिम बंगाल

D. महाराष्ट्र, मध्य प्रदेश, उत्तर प्रदेश

687. भारत की दामोदर घाटी में स्थित कौन-से कोयला क्षेत्र से कोयले का लगभग 4/5 आता है?

A. बोकारो B. करनपुरा

C. रानीगंज D. उपर्युक्त सभी से

688. नेवेली लिग्नाइट निगम किस राज्य से लिग्नाइट कोयला निकालता है?

A. तमिलनाडु B. जम्मू-कश्मीर

C. राजस्थान D. बिहार

689. किस स्थान पर भारत की केन्द्रीय ईंधन अनुसंधानशाला स्थित है?

A. जीयालगोरा B. रानीगंज

C. बोकारो D. नेवेली

690. राष्ट्रीय उद्यानों की सूची-I का राज्यों की सूची-II से मिलान करें तथा दिए गए विकल्पों में से सही उत्तर का चयन कीजिए।

सूची-I	सूची-II
(*a*) जलदापाडा राष्ट्रीय उद्यान	(*i*) अरुणाचल प्रदेश
(*b*) काजीरंगा राष्ट्रीय उद्यान	(*ii*) पश्चिम बंगाल
(*c*) कान्हा राष्ट्रीय उद्यान	(*iii*) मध्य प्रदेश
(*d*) नमदाफा राष्ट्रीय उद्यान	(*iv*) असम

	(*a*)	(*b*)	(*c*)	(*d*)
A.	(*iii*)	(*iv*)	(*ii*)	(*i*)
B.	(*ii*)	(*iv*)	(*iii*)	(*i*)
C.	(*iv*)	(*ii*)	(*iii*)	(*i*)
D.	(*i*)	(*iv*)	(*ii*)	(*iii*)

691. हजीरा-बाजीपुर-जगदीशपुर गैस पाइप से किस राज्य को गैस नहीं मिलती?

A. महाराष्ट्र B. मध्य प्रदेश

C. उत्तर प्रदेश D. गुजरात

692. भारत में तेल उत्पादन केन्द्र एवं राज्यों का सही क्रम मिलाएं?

1. असम–डिग्बोई 2. गुजरात–अंकलेश्वर

3. अरुणाचल प्रदेश–तिरप 4. राजस्थान–जैसलमेर

A. 1 एवं 2 सही हैं

B. 2 एवं 3 सही हैं

C. 1, 2 एवं 3 सही हैं

D. 1, 2, 3 एवं 4 सही हैं

693. भारत में सबसे पहले असम में तेल किस वर्ष निकाला गया था ?

A. 1867 में B. 1776 में

C. 1876 में D. 1857 में

694. भारत का सबसे पहला जल विद्युत केन्द्र, शिवसमुद्रम जो शरावती नदी पर स्थित है, किस राज्य में है?

A. तमिलनाडु B. महाराष्ट्र

C. कर्नाटक D. केरल

695. पश्चिम बंगाल के टीटागढ़ शहर का सम्बन्ध किस मुख्य उद्योग से है?

A. जूट से बनी वस्तुओं के लिए

B. कागज

C. सीमेंट

D. लोहा तथा स्टील के लिए

696. चरमोत्कर्ष वनस्पति की प्रकृति के बारे में एकचरम (मोनोक्लाइमेक्स) सिद्धांत कहता है कि ....।

A. कई चरमोत्कर्ष समुदायों को किसी भी जलवायु क्षेत्र से विकसित किया जा सकता है

B. मनुष्य की विनाशकारी तथा रचनात्मक गतिविधियाँ चरमोत्कर्ष वनस्पति को प्रभावित करती हैं

C. क्षेत्रीय जलवायु चरमोत्कर्ष वनस्पति का प्रमुख नियंत्रण है।

D. पर्यावास हमेशा पारिस्थितिकी तंत्र के साथ समतुल्यता में नहीं होता है।

697. सही सुमेलित कीजिए?
1. नुमालीगढ़–असम
2. कोयली–गुजरात
3. तीतीपाका–आन्ध्र प्रदेश
4. नारीमनम–तमिलनाडु

A. 1 एवं 2 सही हैं
B. 1 एवं 3 सही हैं
C. 2 एवं 4 सही हैं
D. 1, 2, 3 एवं 4 सभी सही हैं

698. भारत का सिक्योरिटी पेपर मिल किस जगह स्थित है?
A. होशंगाबाद B. चण्डीगढ़
C. चेन्नई D. नासिक

699. तारापुर तथा कलपक्कम में आण्विक बिजली घर स्थित है। ये किन राज्यों में आते हैं?
A. तमिलनाडु-कर्नाटक
B. तमिलनाडु-केरल
C. महाराष्ट्र-तमिलनाडु
D. उत्तर प्रदेश-आन्ध्र प्रदेश

700. भारत में सबसे पहले किस स्थान पर लोहा एवं इस्पात कारखाना स्थापित किया गया था?
A. कुल्टी B. भद्रावती
C. दुर्गापुर D. जमशेदपुर

701. भारत में पहला उर्वरक संयंत्र कहाँ स्थापित किया गया था?
A. गुन्टूर B. नांगल
C. सिंदरी D. बोनाईगांव

702. नरोरा परमाणु ऊर्जा केन्द्र भारत के किस राज्य में स्थित है?
A. उत्तर प्रदेश B. मध्य प्रदेश
C. पंजाब D. हरियाणा

703. भारत में निर्वतनी मानसून के मौसम के बारे में निम्नलिखित में से कौन-सा/से कथन सही है/हैं?
I. निर्वतनी मानसून के मौसम के दौरान तापमान समान रूप से उच्च होता है यानी उत्तरी भारत में लगभग 25 डिग्री सेल्सियस होता है।
II. यह दिसंबर की शुरुआत तक दक्षिण की ओर बढ़ता है तथा भूमध्यरेखीय निम्न के साथ विलीन हो जाता है।
III. अक्टूबर के अंतिम सप्ताह तक दक्षिण-पश्चिम मानसून दक्षिण भारत से पीछे हटना शुरू कर देता है।

A. I, II तथा III B. II तथा III
C. केवल I D. I तथा II

704. कौन-सा शहर वायुयान निर्माण उद्योग के लिए महत्वपूर्ण नहीं है?
A. कोरापुट B. कानपुर
C. चेन्नई D. बंगलूर

705. भारत में बढ़िया श्रेणी का संगमरमर किस स्थान से निकाला जाता है?
A. बीकानेर B. जोधपुर
C. पन्ना D. मकराना

706. सीमेंट उद्योग की स्थापना के लिए किस कच्चे माल की उपस्थिति सर्वाधिक प्रभावी होती है?
A. चूना पत्थर एवं जिप्सम
B. कोयला एवं मैंगनीज
C. जिप्सम एवं कोयला
D. उपरोक्त में से कोई नहीं

707. हिन्दुस्तान स्टील कार्पोरेशन (इस्पात संयंत्र) राउरकेला जो ओडिशा राज्य में स्थित है, किस देश के सहयोग से स्थापित किया गया है?
A. जर्मनी B. संयुक्त राज्य अमेरिका
C. रूस D. ब्रिटेन

708. नीचे दो कथन दिए गए हैं, जिनमें से एक को अभिकथन (A) और दूसरे को कारण (R) के रूप में लेबल किया गया है :

अभिकथन (A) : ऊपरी वायु निम्न दाब पश्चिमी जेट स्ट्रीम, सामान्य मौसम में कोई परिवर्तन नहीं करती हैं।

कारण (R) : क्षोभमंडल में ऊपरी वायु उच्च दाब तथा प्रतिचक्रवात स्थितियां विकसित होती हैं।

उपरोक्त दोनों कथनों के संदर्भ में, निम्नलिखित में से कौन-सा सही है?
A. (A) सही है, लेकिन (R) गलत है।
B. (A) तथा (R) दोनों सही हैं तथा (R), (A) की व्याख्या करता है।
C. (A) तथा (R) दोनों गलत हैं।
D. (A) गलत है, लेकिन (R) सही है।

709. कोरबा का एल्युमिनियम उद्योग किस राज्य में स्थित है?
A. ओडिशा B. बिहार
C. राजस्थान D. मध्य प्रदेश

710. भारत के उत्तर-पश्चिमी रेलवे क्षेत्र का मुख्यालय _______ में स्थित है।
A. कोलकाता B. गोरखपुर
C. जयपुर D. लखनऊ

711. 'फ्लाइंग स्कवीररेल' निम्नलिखित में से किस जीवमंडल रिजर्व में पाई जाती है?
A. नोकरेक, मेघालय
B. पचमढ़ी, मध्य प्रदेश
C. कच्छ, गुजरात
D. मन्नार की खाड़ी, तमिलनाडु

712. एशिया में किस प्रकार की ग्रामीण बस्ती पाई जाती है?
A. परिक्षिप्त
B. अर्ध-संहत
C. संहत
D. अर्ध-बिंदुचित्रित (सेमी-स्प्रिंकल्ड)

713. अंकलेश्वर तेल क्षेत्र किस राज्य में स्थित है?
A. असम B. महाराष्ट्र
C. आन्ध्र प्रदेश D. गुजरात

714. भारत के किस राज्य में सर्वाधिक थोरियम निकाला जाता है?
A. तमिलनाडु B. केरल
C. कर्नाटक D. महाराष्ट्र

715. बाम्बे हाई किसलिए प्रसिद्ध है?
A. पनडुब्बी निर्माण के लिए
B. परमाणु रिएक्टर के लिए
C. पेट्रोलियम भण्डार के लिए
D. मत्स्यन के लिए

716. निम्न उद्योगों एवं उनके स्थानों के जोड़ों में से कौन-सा सत्य नहीं है ?
A. रेल इंजन – धनबाद
B. रेशम उद्योग – कटनी
C. स्टील उद्योग – रानीगंज
D. उर्वरक उद्योग – गोरखपुर

717. देश के वैज्ञानिकों ने पंचमहल जिले के जांबा इलाके में यूरेनियम तथा थोरियम के भण्डारों का पता लगाया है। पंचमहल जिला किस राज्य में स्थित है?
A. राजस्थान B. मध्य प्रदेश
C. महाराष्ट्र D. उत्तर प्रदेश

718. भारत हैवी इलेक्ट्रिकल्स की इकाई किस शहर में स्थित है?
A. दिल्ली B. मुम्बई
C. हरिद्वार D. रांची

719. भारत के जीप निर्माता कम्पनी 'महिन्द्रा एण्ड महिन्द्रा लि.' किस स्थान पर स्थित है?
A. कोलकाता B. चेन्नई
C. जमशेदपुर D. पुणे

720. साईकिल बनाने की सर्वप्रथम फैक्ट्री की स्थापना 1906 में किस स्थान पर की गई थी?
A. सोनीपत B. जालन्धर
C. लुधियाना D. मुम्बई

721. भारत के कुल उत्पादन का करीब 85 प्रतिशत बाइराइटस खनिज कौन-सा राज्य उत्पादित करता है?
A. बिहार B. आन्ध्र प्रदेश
C. राजस्थान D. पंजाब

722. हिन्दुस्तान एण्टीबायोटिक लिमिटेड की स्थापना 1954 में किस स्थान पर की गई थी?
A. लुधियाना B. कोलकाता
C. पिम्परी (पुणे) D. नासिक

723. सूची-I (स्थान) को सूची-II (उद्योगों) में सुमेलित कीजिए–

(खनिज)	(उद्योग)
(*a*) भावनगर	1 लौह इस्पात उद्योग
(*b*) भद्रावती	2 जल विद्युत शक्ति केन्द्र
(*c*) मीठापुर	3 ज्वारीय शक्ति परियोजना
(*d*) कोयना	4 क्लोरिन उत्पादन

कूट :

	(*a*)	(*b*)	(*c*)	(*d*)
A.	3	1	4	2
B.	3	2	4	1
C.	2	3	4	1
D.	1	3	4	2

724. सही उत्तर बताएं?
1. भारत का कॉटेनोपॉलिस–मुम्बई
2. भारत का डेट्रामट–पिथमपुर
3. सिलिकॉन वैली–बंगलौर
4. उत्तरी भारत का मॉनचेस्टर–नागपुर

A. 1 एवं 2 सही है B. 2 एवं 4 सही है
C. 3 एवं 4 सही है D. 1, 2, 3 एवं 4 सभी सही हैं

725. देश में कागज उद्योग की पहली सफल फैक्ट्री (कारखाना) 1870 में किस स्थान पर स्थापित की गई थी?

A. बालीगंज-कोलकाता B. श्रीरामपुर-कोलकाता
C. वरली-मुम्बई D. काशीपुर-कानपुर

726. भारत में किस शहर को उत्तम वस्त्र तैयार करने के कारण 'पूर्व का बोस्टन' कहा जाता है ?

A. कानपुर B. अमृतसर
C. अहमदाबाद D. कोयम्बटूर

727. कॉलटेक्स तेल-शोधक संयंत्र कहाँ स्थापित है?

A. विशाखापत्तनम B. चेन्नई
C. तूतीकोरिन D. ट्राम्बे

728. देश में सूती कपड़े की आधुनिक ढंग के सफल कारखाने की स्थापना मुम्बई में सबसे पहले कावसजी डाबर द्वारा किस वर्ष की गई थी?

A. 1856 B. 1859
C. 1954 D. 1938

729. 'हिन्दुस्तान मोटर्स' कोलकाता में स्थित है, प्रीमियर ऑटोमाबाइल्स लिमिटेड कहाँ पर स्थित है?

A. चेन्नई B. बंगलौर
C. मुम्बई D. पुणे

730. रेल के डिब्बे बनाने का सबसे नया कारखाना किस जगह स्थापित किया गया है?

A. बनारस B. जमशेदपुर
C. कपूरथला D. पेराम्बूर

731. डीजल से चलने वाले रेल इंजन किस शहर में तैयार किये जाते हैं?

A. बनारस B. दुर्गापुर
C. हरिद्वार D. जमशेदपुर

732. सिन्दरी किस उद्योग के लिए प्रसिद्ध है?

A. तेल शोधन के लिए
B. उर्वरक के कारखाने के लिए
C. लोहा तथा इस्पात के लिए
D. सीमेंट उद्योग के लिए

733. भारत में सूती वस्त्र के सर्वाधिक कारखाने किस राज्य में हैं?

A. मध्य प्रदेश B. पंजाब
C. महाराष्ट्र D. गुजरात

734. बिजली से चलने वाले रेल इंजन का निर्माण किस शहर में किया जाता है?

A. दुर्गापुर B. जमशेदपुर
C. भोपाल D. हरिद्वार

735. भारत के किस शहर में सर्वाधिक प्लास्टिक बनायी जाती है?

A. मुम्बई B. बंगलौर
C. नई दिल्ली D. कोलकाता

736. देश का सर्वप्रथम सुपर फॉस्फेट खाद्य का कारखाना 1906 में कहाँ खोला गया था?

A. कोटा B. कानपुर
C. आनन्द D. रानीपेट (चेन्नई)

737. सूची-I (परमाणु शक्ति केन्द्र) को सूची-II (राज्य) से सुमेलित कीजिए–

सूची-I (परमाणु शक्ति केन्द्र)		सूची-II (राज्य)
(*a*) रावतभाटा परमाणु शक्ति केन्द्र	1	महाराष्ट्र
(*b*) कैगा परमाणु शक्ति केन्द्र	2	गुजरात
(*c*) नरोरा परमाणु शक्ति केन्द्र	3	कर्नाटक
(*d*) काकरापारा परमाणु शक्ति केन्द्र	4	उत्तर प्रदेश
(*e*) तारापुर परमाणु शक्ति केन्द्र	5	राजस्थान

कूट :

	(*a*)	(*b*)	(*c*)	(*d*)	(*e*)
A.	2	3	4	5	1
B.	2	4	3	5	1
C.	5	1	4	3	2
D.	5	3	4	2	1

738. शांत घाटी परियोजना किस राज्य में स्थापित की गई है?

A. कर्नाटक B. केरल
C. महाराष्ट्र D. आन्ध्र प्रदेश

739. किस जगह पर 1940 में हिन्दुस्तान एयर क्राफ्ट लिमिटेड कम्पनी स्थापित की गई थी?

A. हैदराबाद B. लखनऊ
C. बंगलौर D. कोरापुट

740. तमिलनाडु में किस स्थान पर आधुनिक लौह तथा इस्पात उद्योग की स्थापना की गई है?

A. कोयम्बटूर B. सलेम
C. मदुरई D. तिरुचिरापल्ली

741. भारत के कुटीर कांच उद्योग का सबसे बड़ा केन्द्र कौन-सा है?
A. दिल्ली B. फिरोजाबाद
C. नासिक D. कानपुर

742. इंडियन टेलिफोन इंडस्ट्रीज कहां पर स्थित है?
A. कानपुर तथा इलाहाबाद
B. कोलकाता तथा पटना
C. मुम्बई तथा दिल्ली
D. केवल बंगलौर

743. बोकारो में स्थित लौह इस्पात उद्योग किस देश के सहयोग से स्थापित किया गया है?
A. संयुक्त राज्य अमेरिका B. पूर्व सोवियत संघ
C. ब्रिटेन D. जर्मनी

744. पश्चिम बंगाल में स्थित रूपनारायणपुर किस उद्योग के लिए प्रख्यात है?
A. कागज उद्योग B. केबल उद्योग
C. जूट उद्योग D. लौह इस्पात उद्योग

745. चितरंजन रेल इंजन कारखाने द्वारा तैयार किया गया सर्वप्रथम रेल इंजन किस नाम से जाना जाता है?
A. भारत रत्न B. देशबन्धु
C. फेयरी क्वीन D. भारत मित्र

746. बोकारो के अलावा भारत को दूसरा बड़ा कौन-सा लौह इस्पात कारखाना भूतपूर्व सोवियत संघ के सहयोग से स्थापित किया गया है?
A. दुर्गापुर B. राऊरकेला
C. भद्रावती D. भिलाई

747. नीचे दो कथन दिए गए हैं, जिनमें से एक को कथन (A) और दूसरे को कारण (R) के रूप में लेबल किया गया है;

कथन (A) : सूती वस्त्र उद्योग भारत का सर्वाधिक विकेंद्रीकृत उद्योग है।

कारण (R) : भारत में कपास की कृषि लगभग सभी प्रदेशों में की जाती है।

उपरोक्त दोनों कथनों के संदर्भ में, निम्नलिखित में से कौन-सा सही है?
A. (A) तथा (R) दोनों सही हैं, तथा (R), (A) का सही स्पष्टीकरण है।
B. (A) एवं (R) दोनों सही हैं, परन्तु (R), (A) का सही स्पष्टीकरण नहीं है।
C. (A) सही है, परन्तु (R) गलत है।
D. (A) गलत है, परन्तु (R) सही है।

748. किस बन्दरगाह द्वारा मध्य प्रदेश के बैलाडीला लौह अयस्क क्षेत्र से जापान को लौह अयस्क निर्यात किया जाता है?
A. पाराद्वीप B. चेन्नई
C. विशाखापत्तनम D. तूतीकोरिन

749. दिए गए मानचित्र में पांडिचेरी संघ राज्य क्षेत्र के A, B, C एवं D से चिह्नित विभिन्न बंदरगाहों को उनके सम्बन्धित नामों से सुमेलित कीजिए तथा बंदरगाह की सूची के नीचे दिए गए कूट का प्रयोग कर सही उत्तर चुनिए–

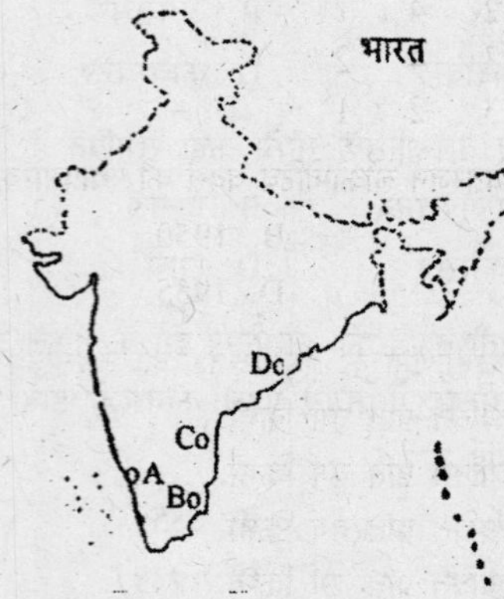

सूची (पांडिचेरी के बंदरगाह)
(A) करैकल (B) माहे
(C) पांडिचेरी (D) यमन

कूट :

	(A)	(B)	(C)	(D)
A.	2	1	3	4
B.	1	2	4	3
C.	2	1	4	3
D.	1	2	4	3

750. दिए गए मानचित्र में A, B, C एवं D से चिह्नित बंदरगाहों की अवस्थितियों को उन बंदरगाहों के नामों से सुमेलित कीजिए तथा बंदरगाहों के नामों के नीचे दिए गए कूट का प्रयोग करते हुए सही उत्तर चुनिए–

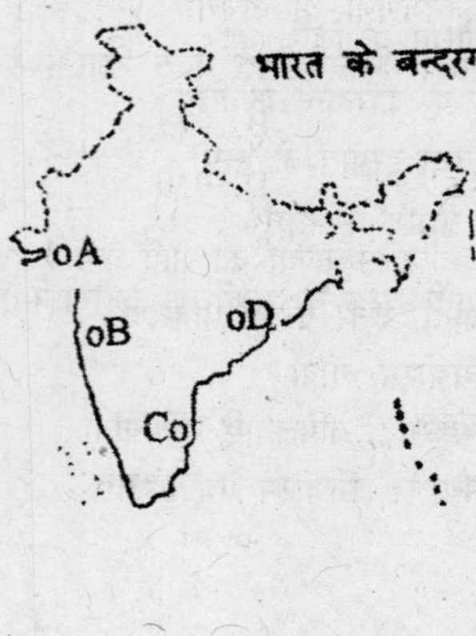

बंदरगाहों के नाम

1 काकीनाडा　　2 कारवार

3 मैंगलोर　　4 तूतीकोरिन

5 वेरावत

कूट :

	A	B	C	D
A.	4	2	3	5
B.	5	2	4	1
C.	1	3	4	2
D.	5	3	2	1

751. किस वर्ष चितरंजन लोकोमोटिव वर्क्स की स्थापना की गई थी?

A. 1948　　B. 1950

C. 1957　　D. 1955

752. 2011 की जनगणना के अनुसार देश का जनसंख्या घनत्व है?

A. 267 व्यक्ति प्रति वर्ग किमी.

B. 289 व्यक्ति प्रति वर्ग किमी.

C. 382 व्यक्ति प्रति वर्ग किमी.

D. 340 व्यक्ति प्रति वर्ग किमी.

753. निम्नलिखित में सही सुमेलित है (जनगणना 2011 के अनुसार) :

सूची-I (राज्य)	**सूची-II (जनसंख्या घनत्व)**
(*a*) बिहार	918
(*b*) केरल	860
(*c*) पश्चिम बंगाल	1028
(*d*) तमिलनाडु	555
(*e*) अरुणाचल प्रदेश	17

कूट :

A. (*a*), (*b*) एवं (*c*) सही हैं

B. (*c*), (*d*) एवं (*e*) सही हैं

C. (*a*), (*b*), (*c*), (*d*) एवं (*e*) सही हैं

D. (*c*), (*d*) एवं (*e*) सही हैं

754. 2011 की जनगणना के अनुसार प्रति हजार पुरुष पर स्त्रियों की संख्या निम्नलिखित में से कितनी है?

A. 925　　B. 943

C. 927　　D. 930

755. साक्षरता की दृष्टि से राज्यों का सही क्रम है?

A. केरल, गोवा, उत्तर प्रदेश, महाराष्ट्र

B. केरल, मिजोरम, गोवा

C. केरल, महाराष्ट्र, तमिलनाडु एवं गोवा

D. केरल, नगालैंड, मिजोरम एवं गोवा

756. भारत की टोडा जनजाति कहाँ निवास करती है ?

A. नीलगिरि पहाड़ी में

B. महाबलेश्वर की पहाड़ी में

C. राजमहल की पहाड़ी में

D. अमरकण्टक की पहाड़ी में

757. 2011 की जनगणना के अनुसार भारत में महिलाओं की साक्षरता दर कितनी है?

A. 73　　B. 64.6

C. 80　　D. 59

758. भारत में लिंगानुपात का बढ़ते क्रम में सही अनुक्रम है?

A. हरियाणा, पंजाब, उत्तर प्रदेश एवं राजस्थान

B. हरियाणा, बिहार, पश्चिम बंगाल एवं गोवा

C. हरियाणा, मध्य प्रदेश, हिमाचल प्रदेश एवं उत्तर प्रदेश

D. हरियाणा, पं. बंगाल, बिहार एवं ओडिशा

759. देश में संसार की लगभग 16 प्रतिशत जनसंख्या रहती है। भारत का वह कौन-सा राज्य है, जिसमें देश की कुल जनसंख्या की करीब 16.51 प्रतिशत जनसंख्या निवास करती है?

A. उत्तर प्रदेश　　B. बिहार

C. महाराष्ट्र　　D. केरल

760. आर्थिक संरचना में, चतुर्भागात्मक क्षेत्र की गतिविधियों में निम्नलिखित में से कौन-सी शामिल है?

A. कृषि

B. वस्तुएं और सेवाएं

C. अनुसंधान तथा सूचना

D. विनिर्माण

761. वर्ष 2011 की जनगणना के आधार पर त्रिपुरा का जनसंख्या घनत्व कितना है?

A. 120 व्यक्ति प्रति वर्ग किमी.

B. 220 व्यक्ति प्रति वर्ग किमी.

C. 150 व्यक्ति प्रति वर्ग किमी.

D. 350 व्यक्ति प्रति वर्ग किमी.

निर्देशः (प्रश्न सं. 762 से 763 तक)

A. (A) तथा (R) दोनों सही हैं, तथा (R), (A) का सही स्पष्टीकरण है।

B. (A) एवं (R) दोनों सही हैं, परन्तु (R), (A) का सही स्पष्टीकरण नहीं है।

C. (A) सही है, परन्तु (R) गलत है।

D. (A) गलत है, परन्तु (R) सही है।

762. **कथन (A) :** आंकड़ों के अनुसार भारत में लड़कों की अपेक्षा लड़कियां प्रति वर्ष अधिक संख्या में जन्म लेती हैं।
कारण (R) : भारत में लड़कों की मृत्यु-दर, लड़कियों की मृत्यु-दर की अपेक्षा अधिक है।

763. **कथन (A) :** भारत के गांवों की तुलना में नगरों में निर्भरता अनुपात अधिक है।
कारण (R) : गांवों से नगरों की ओर बेरोजगार जनसंख्या का स्थानांतरण बड़े पैमाने पर होता है।

764. छोटे गांव या पुरवा की आबादी होनी चाहिए–
A. 1000 से कम B. 1500 से कम
C. 2000 से कम D. 3000 से कम

765. 10,000 से अधिक आबादी वाले गांवों को कहा जाता है–
A. मध्यम आकार वाले गांव
B. बड़े गांव
C. बहुत बड़े गांव
D. बृहदाकार गांव

766. 5000-9999 तक की आबादी वाले गांव कहलाते हैं–
A. बड़े गांव B. बृहदाकार गांव
C. बहुत बड़े गांव D. मध्यम आकार वाले गांव

767. नगरीय वृद्धि की अवस्थाओं को जी. टेलर ने कितने भागों में विभाजित किया है?
A. 5 B. 6
C. 7 D. 8

768. भारत की जनगणना 2011 में किन बस्तियों को शहरी श्रेणी में निर्धारित किया गया है?
A. 5,000 से अधिक की जनसंख्या
B. 400 व्यक्ति प्रति वर्ग किमी. से ऊपर जनसंख्या का घनत्व
C. पुरुष कार्यशील जनसंख्या में कम-से-कम 75 प्रतिशत गैर-कृषि व्यवस्था पर आश्रित होना
D. उपर्युक्त तीनों

769. जल प्रदूषण नियंत्रण बोर्ड कब गठित हुआ?
A. 1970 में B. 1972 में
C. 1974 में D. 1980 में

770. पारिस्थितिक तंत्र वह पारिस्थितिक व्यवस्था है, जिसमें पांदप एक जीव-जन्तु अपने पर्यावरण की पोषण शृंखला द्वारा जुड़े रहते हैं। यह परिभाषा है—
A. टैन्सले B. हैगेट
C. ओडम D. संजय गुप्ता

771. पृथ्वी पर जल की कुल मात्रा का कितना प्रतिशत भाग ही जल के चक्रण में रहता है?
A. 0.0004 प्रतिशत B. 0.004 प्रतिशत
C. 0.04 प्रतिशत D. 0.4 प्रतिशत

772. कौन-सा चक्र निरन्तर वायुमण्डल जीवों एवं मृदा के बीच चलता रहता है जिससे पारिस्थितिक सन्तुलन बना रहता है?
A. अवसादी चक्र B. गैसीय चक्र
C. जल चक्र D. कार्बन चक्र

773. किस चक्र में कैल्शियम, फॉस्फोरस, सल्फर, मैग्नीशियम, सोडियम, पोटेशियम, जिंक, आयोडीन आदि खनिज तत्व शामिल किए जाते हैं?
A. अवसादी चक्र B. फॉस्फोरस चक्र
C. ऑक्सीजन चक्र D. जैव भू-रसायनिक चक्र

774. समस्त जैव क्रियाओं में होने वाले ऊर्जा के अन्तर-परिवर्तन हेतु अति आवश्यक पोषक तत्व है—
A. कैल्शियम B. मैग्नीशियम
C. पोटेशियम D. फॉस्फोरस

775. तालाब का वह तटवर्ती भाग जहाँ उथला जल पाया जाता है तथा सर्वाधिक सौर्य ताप प्राप्त करता है, कहलाता है—
A. अगाध कटिबंध B. सारोवरी कटिबंध
C. बेलांचली कटिबंध D. तटीय प्रदेश

776. किसी प्रदेश अथवा भू-वैज्ञानिक काल के प्राणी-जीवन को प्राणिजात कहते हैं इसे परिभाषित किया है—
A. जे. स्मिथ B. डब्ल्यू.सी. मूर
C. ए. न्यूबिगिन D. डी-रिले

777. सहारा मरुस्थल के दक्षिण की ओर का अफ्रीकी प्रदेश, मैडागास्कर तथा दक्षिणी अरेबिया किस जैव प्रदेश में शामिल हैं?
A. इथोपियन प्रदेश B. पेलिआर्कटिक प्रदेश
C. आस्ट्रेलियाई प्रदेश D. मलागासी उप-प्रदेश

778. कौन जैव प्रदेश जिसमें उष्ण कटिबंध के ऊपर का समस्त उत्तरी अमेरिका, ग्रीनलैंड, न्यूफाउण्डलैण्ड तथा मैक्सिको के पठारी प्रदेश शामिल हैं—
A. ओरियण्टल प्रदेश B. इथोपियन प्रदेश
C. निओट्रापिकल प्रदेश D. निआर्कटिक प्रदेश

779. क्षेत्रीय विस्तार की दृष्टि से कौन सा जैव प्रदेश सबसे बड़ा प्राणी भौगोलिक प्रदेश है—

A. पेलिआर्कटिक प्रदेश
B. इथोपियन प्रदेश
C. निआर्कटिक प्रदेश
D. आस्ट्रेलियाई प्रदेश

780. निम्न में से कौन सा कथन पर्यावरण प्रबधन के उद्देश्यों से संबंधित नहीं है?

A. पर्यावरण के सभी घटकों को प्रदूषित होने से बचाना।
B. विलुप्त होती जीवों की प्रजातियों को संरक्षित कर जैव विविधता बनाये रखना।
C. ग्रीन हाऊस गैसों में वृद्धि रसायनिक उर्वरकों के बढ़ते प्रयोग से हो रही है।
D. विकास परियोजनाओं की स्थापना से पूर्व उनके पर्यावरणीय प्रभाव का आंकलन करना।

781. पर्यावरण प्रबंधन का एक महत्त्वपूर्ण पक्ष पर्यावरण प्रदूषण नियंत्रण व गुणवत्ता प्रबंध है तो दूसरा पक्ष है—

A. संसाधन प्रबंधन B. भूमि प्रदूषण नियंत्रण
C. वन प्रबंधन D. जल प्रबंधन

782. पर्यावरण प्रबंधन में किस प्रक्रिया का विशेष महत्त्व है?

A. पर्यावरणीय प्रभाव के मूल्यांकन की प्रक्रिया
B. तीव्र औद्योगीकरण प्रक्रिया
C. नगरीयकरण प्रक्रिया
D. इनमें से कोई नहीं

783. पर्यावरण नव चेतना का प्रारंभ संयुक्त राष्ट्र संघ के तत्वावधान में आयोजित स्टॉकहोम सम्मेलन के बाद हुआ—

A. 1972 में B. 1976 में
C. 1974 में D. 1980 में

784. पर्यावरण शिक्षा के अन्तर्गत सम्मिलित पक्षों में से कौन सा संबंधित नहीं है?

A. पर्यावरण के घटक जैसे मृदा, जलराशियाँ, वनस्पतियाँ, जलवायु, प्राणी, स्थलाकृति आदि।
B. विकास तथा पर्यावरण समस्याएँ जैसे—प्रदूषण, वन विनाश, नगरीकरण, औद्योगीकरण, ऊर्जा संकट, मरुस्थलीय, प्राकृतिक प्रकोप, संसाधनों की कमी।
C. पर्यावरण प्रबंध—प्रदूषण नियन्त्रण के उपाय, पर्यावरण अधिनियमों का नियमन, पर्यटन स्थलों तथा अभयारण्यों का विकास, जनसंख्या वृद्धि व पर्यावरण में सामंजस्य, सतत् विकास आदि।
D. प्रदूषित जल में मृदा का विनाश।

785. पर्यावरण प्रबंधन एक बहुआयामी प्रक्रिया है। इससे निम्न में से कौन सा कथन संबंधित नहीं है?

A. मानवीय क्रियाकलापों का नियमन।
B. पर्यावरण के तत्वों की गुणवत्ता की स्थापना।
C. भविष्य की आवश्यकताओं की पूर्ति हेतु कार्य नीति का निर्धारण।
D. विकास के नाम पर प्राकृतिक संसाधनों का अन्धाधुन्ध शोषण।

786. भूगोल के ज्ञान की अभिवृद्धि हुई—

A. मानव खोजों एवं अभियानों से
B. सामग्री के एकत्रीकरण से
C. अरबों के विशिष्ट पर्यावरण के कारण
D. उपर्युक्त सभी

787. भूगोल शब्द का अर्थ है—

A. पृथ्वी
B. पृथ्वी का वर्णन
C. पृथ्वी एवं उसके भौतिक तथा सांस्कृतिक वातावरण का वर्णन
D. उपर्युक्त सभी

788. ''पृथ्वी और उस पर दिखाई देने वाली सभी बातों या तथ्यों का वर्णन करना या उसके बारे में लिखना ही शाब्दिक अर्थों में भूगोल है।'' लिखा था—

A. इरेटास्थनीज B. हिरेगेट्स
C. फ्रीमैन व रोप D. इनमें से कोई नहीं

789. ''भूगोल हमको स्थल एवं महासागरों में बसने वाले जीवों के बारे में ज्ञान बताने के साथ-साथ विभिन्न लक्षणों वाली पृथ्वी की विशेषताओं को समझाता है।'' किसने लिखा था?

A. अरस्तू B. टॉलमी
C. हिकेटियस D. स्ट्रेबो

790. ''भूगोल एक आभामय विज्ञान है जो कि पृथ्वी की झलक स्वर्ग में देखता है।'' किसने लिखा था?

A. टॉलमी ने B. अरस्तू ने
C. अल इन्दरीसी ने D. इनमें से कोई नहीं

791. भूगोल का सीमांकन है—
A. एक स्तरीय B. द्वि स्तरीय
C. त्रि स्तरीय D. इनमें से कोई नहीं

792. भूगोल का सीमांकन उनके क्रियाशील लक्षणों के अनुसार निम्न में से कौन सा है?
A. भू-विज्ञान B. गणितीय विज्ञान
C. सामाजिक विज्ञान D. ये सभी

793. भौगोलिक विकास के कितने काल हैं?
A. एक B. दो
C. तीन D. चार

794. सन् 300 से 1700 ई. तक भौगोलिक विकास का कौन सा काल रहा?
A. शास्त्रीय काल
B. मध्य काल
C. पूर्व आधुनिक शास्त्रीय काल
D. आधुनिक काल

795. पुनर्जागरण काल था—
A. 700 से 1100 ई. B. 1100 से 1700 ई.
C. 18वीं शताब्दी D. इनमें से कोई नहीं

796. वह कौन प्रथम यूनानी विद्वान था जिसने पृथ्वी को नापने का कार्य आरंभ किया?
A. अरस्तू B. इरेटास्थनीज
C. थेल्स D. इनमें से कोई नहीं

797. मापक के आधार पर विश्व का प्रथम मानचित्र बनाया—
A. अनेक्जीमेण्डर ने B. मर्केटर ने
C. हिकेटियस ने D. इनमें से कोई नहीं

798. **इतिहास का पिता** (Father of History) कहलाता है—
A. टॉलमी B. हैरोडोट्स
C. हिकेटियस D. ये सभी

799. कैस्पीयन सागर को सर्वप्रथम आन्तरिक सागर माना तथा याम्योतर (Meridian) खींचने का प्रयास किया—
A. हिकेटियस ने B. हेरोडोट्स ने
C. रिटर ने D. इनमें से कोई नहीं

800. पृथ्वी से सूर्य एवं चन्द्रमा के मध्य की दूरी निश्चित करने का प्रथम प्रयास किया—
A. टॉलमी ने B. अरस्तू ने
C. इरेटास्थनीज ने D. इनमें से कोई नहीं

801. वृत्तों को 360 अंशों में किसने विभक्त किया?
A. आर्यभट्ट ने B. वराहमिहिर ने
C. हिप्पार्कस ने D. इनमें से कोई नहीं

802. दीर्घ व लघु ज्वार के संबंध में सर्वप्रथम किसने जानकारी दी?
A. हिप्पार्कस B. पोसीडोनियस
C. पिथीयस D. इनमें से कोई नहीं

803. अरबी भाषा में '**अल्माजेस्ट**' है किसके कार्यों का संकलन है?
A. पीथीयस B. टॉलमी
C. हिप्पार्कस D. इनमें से कोई नहीं

804. '**टेराइन्कागनीटा**' (अनजान भूमि) की खोज की प्रेरणा दी—
A. सैबो ने B. पोम्योनियस ने
C. टॉलमी ने D. इनमें से कोई नहीं

805. हिस्टोरिया ने चुचेलित्त पुस्तक लिखी—
A. पोम्योनियस B. टिलनी
C. स्ट्रैबो D. इनमें से कोई नहीं

806. '**सोने के चरागाह व जवाहरात की खान**' नामक पुस्तक लिखी—
A. खलीफा अल मामून
B. हारून अल रशीद
C. अल मसूरी
D. इनमें से कोई नहीं

807. अल बरूनी की पुस्तक है?
A. किताब अल अशकाल
B. विश्व की प्रथम जलवायु मानचित्रावली
C. किताब अल हिन्द
D. इनमें से कोई नहीं

808. अरब साम्राज्य के भौगोलिक ज्ञान के केन्द्र थे—
A. काहिरा, कुस्तुनतुनियाँ
B. बगदाद, सिराज
C. जेरूसलम, टोलेडो
D. ये सभी

809. ग्लोब को सर्वप्रथम 7 जलवायु प्रदेशों में विभक्त किया—
A. अल इदरीसी ने B. अल बरूनी ने
C. अल मसूरी ने D. इनमें से कोई नहीं

810. तथ्य अन्वेषण युग माना है—
A. पुनर्जागरण युग को B. मध्यकाल ने
C. चिरसम्मत काल को D. अधिनूतन युग को

811. वास्कोडिगामा ने खोज की—
A. आस्ट्रेलिया की
B. नई दुनिया की
C. उत्तरमाशा अन्तरीप होकर भारत के समुद्री मार्ग की
D. इनमें से कोई नहीं

812. प्रसिद्ध नाविक एवं भूगोलवेत्ता थे—
A. मार्कोपोला, कोलम्बस, वास्को-डि-गामा, कैप्टन कुक
B. हम्बोल्ट, रिटर
C. ब्लाश, ब्रुन्श
D. हेटर, ग्रिफिश टेलर

813. वास्कोडिगामा के अलावा दूसरा पुर्तगाली नाविक था—
A. मार्कोपोला B. कोलम्बस
C. मैगलन D. फ्रांसीस ट्रेक

814. टस्मानिया की खोज किसने की?
A. हड्सन ने
B. हालैण्ड के नाविक टस्मान ने
C. कैप्टेन जेम्स कुक ने
D. इनमें से कोई नहीं

815. न्यूफाउण्डलैण्ड से रेस अन्तीप तक यात्रा की—
A. स्विस निवासी क्रिस्टोफर कोलम्बस
B. पुर्तगाली यात्री मैगलन
C. अंग्रेज नाविक जान कैबट
D. इनमें से कोई नहीं

816. '**नई दुनिया**' किसे कहते हैं?
A. भारत B. यूरेशिया
C. उ.द. अमेरिका D. इनमें से कोई नहीं

817. हवाई द्वीप की खोज की—
A. कोलम्बस ने B. वास्कोडिगामा ने
C. जेम्स कुक ने D. इनमें से कोई नहीं

818. छापाखाना तथा मुद्रण का आविष्कार हुआ—
A. चिरसम्मत काल में B. मध्य काल में
C. पुनर्जागरण काल में D. इनमें से कोई नहीं

819. किसने सिद्ध किया कि ग्रह, उपग्रह, पृथ्वी सभी सूर्य के चारों तरफ चक्कर लगाते हैं?
A. गैलीलियो ने B. कॉपरनिक्स ने
C. न्यूटन ने D. इनमें से कोई नहीं

820. Introduction to Universal Geography किसने लिखी?
A. गाइलन फ्लेचर B. क्यूवेरियस
C. जुआन डिलोकोसा D. इनमें से कोई नहीं

821. मानचित्र कला और ज्योतिष के ज्ञान को एक ही आधार पर स्थापित किया।
A. एडवर्ड राइट B. क्यूवेरियस
C. वारेनियस D. इनमें से कोई नहीं

822. क्रमबद्ध भूगोल तथा प्रादेशिक भूगोल की द्वैधता की आधारशिला रखी—
A. वारेनियस ने B. काण्ट ने
C. स्पिर्ड हैक्लुइट ने D. इनमें से कोई नहीं

823. भूगोल और इतिहास का भेद स्पष्ट किया—
A. वारेनियस ने B. काण्ट ने
C. किरचॉर ने D. इनमें से कोई नहीं

824. '**कॉसमॉस**' की रचना की थी—
A. काण्ट ने B. हम्बोल्ट ने
C. रिटर ने D. इनमें से कोई नहीं

825. पीरू तट पर ठण्डी धारा को किसने खोजा?
A. कोलम्बस ने B. वास्कोडिगाम ने
C. हम्बोल्ट ने D. इनमें से कोई नहीं

826. हम्बोल्ट थे—
A. नाविक B. भूगोलवेत्ता
C. प्रशासक D. ये सभी

827. पनामा नहर बनाने का विचार सर्वप्रथम दिया—
A. हम्बोल्ट ने B. कार्ल रिटर ने
C. रैट्जेल ने D. इनमें से किसी ने नहीं

828. नियतिवादी विचारक हैं—
A. रैटजेल B. कु. सैम्पुल
C. हम्बोल्ट D. ये सभी

829. संभववादी विचारक है—
A. ब्लाश और ब्रून्स B. टेलर
C. रेटजेल D. इनमें से कोई नहीं

830. बर्लिन में कौन से दो भूगोलवेत्ता एक साथ थे ?
A. रैटजेल एवं डार्विन
B. पिंगेल एवं रिचथोफन
C. हम्बोल्ट एवं कार्ल रिटर
D. कोई नहीं

831. डार्विन के समकालीन कौन थे ?
A. हम्बोल्ट B. रैटजेल
C. रिचथोफन D. इनमें से कोई नहीं

832. राज्य की जीव से तुलना की थी—
A. रिचथोफन ने B. हेटनर ने
C. रैटजेल ने D. इनमें से कोई नहीं

833. एन्थ्रोपोज्योग्राफी के रचयिता थे—
A. डिमांजिया B. हेटनर
C. रैटजेल D. इनमें से कोई नहीं

834. जलवायु का अध्ययन भौम्याकारों के अध्ययन से किया जा सकता है, बताया था—
A. रैटजेल B. हेटनर
C. पैंक D. इनमें से कोई नहीं

835. फ्रांसीसी सम्प्रदाय के भूगोलवेत्ता नहीं थे—
A. टेलिसी रेकलस B. लीटले
C. रैटजेल D. ब्लाश

836. जर्मन स्कूल के भूगोलवेत्ता हैं—
A. रिचथोफन, रैटजेल, रिटर
B. हंटिंगटन, टेलर
C. बेरी, बर्कनीज
D. डिमांजिया, पियरे, डिफोन्टेन्स

837. कोरल रीफ की समस्याओं पर किसने लिखा ?
A. डेविस ने B. पैंक ने
C. मार्श ने D. इनमें से कोई नहीं

838. अपरदन चक्र के जन्मदाता थे—
A. वाल्टर पेंक
B. कु. एलिन चर्चिल सेम्पुल
C. विलियम मोरिस डेविस
D. कोई नहीं

839. अमरीकी स्कूल के भूगोलवेत्ता हैं—
A. डीमार्टोनी, जे. एन्सेल, सीगफ्रीड
B. वाचर, पेसेराट, एम. सोरे, जीन गारमेन
C. डेविस, हंटिंगटन, आयशा बोमेन, उल्मान
D. रैटजेल, रिटर, हेटनर

840. ब्रिटिश स्कूल के भूगोलवेत्ता हैं—
A. वाल्कन वर्ग, सैलिसबरी, वैलेस, गिल्बर्ट
B. थार्नथ्वेट, हेल्मट लैण्डस, फिशर, बेकर, जान्सन
C. जान मैकिन्डर, हरबर्टसन, फ्लूमर, बूलरिज, मॉर्गन
D. व्हीटल्सी, प्रेस्टन, पियर्सी, जैफरसन

841. मार्कोपोलो की यात्रा का मार्ग था—
A. वेनिस, रूस, मध्य एशिया, मंगोलिया, मलाया, श्रीलंका, भारत
B. वेनिस, रूस, भारत, मलाया, चीन, मंगोलिया मध्य एशिया
C. वेनिस, मध्य एशिया, पाकिस्तान, भारत, श्रीलंका, मलाया, चीन, मंगोलिया
D. इनमें से कोई नहीं

842. सोवियत रूस में किस भूगोलवेत्ता को भौतिकी का विद्वान माना जाता है ?
A. लिसीयाओ B. लोमोनोसोव
C. गेरासीमोव D. कालेसलिक

843. निम्न में से कौन सी भूगोल की अभिनव प्रवृत्ति नहीं है ?
A. औपनिवेशक प्रवृत्ति B. अन्वेषण प्रवृत्ति
C. विशेषीकरण प्रवृत्ति D. आलोचनात्मक प्रवृत्ति

844. वास्कोडिगामा की यात्रा में निम्न में से कौन शामिल नहीं थे ?
A. उत्तरमाशा अन्तरीप B. मलागासी
C. आस्ट्रेलिया D. भारत

845. प्रकृतिवादी विचारक थे—
A. रैटजेल B. हम्बोल्ट
C. रिटर D. ये सभी

846. निश्चयवादी विचारक मानते हैं—
A. प्रकृति सर्वोपरि है
B. मानव सर्वोपरि है
C. प्रकृति व मानव दोनों में सन्तुलन है
D. इनमें से कोई नहीं

847. मानव, पृथ्वी की उपज है, किसने लिखा था ?
A. रैटजेल B. हम्बोल्ट
C. ब्लाश D. सेम्पुल

848. प्रदेश के कौन से दो भाग हैं?

A. मध्य, बाह्य B. समान, केन्द्रीय
C. आन्तरिक, बाह्य D. कोई नहीं

849. भौतिक भूगोल का अध्ययन करने वाला फ्रांस का प्रथम भूगोलवेत्ता था—

A. हंटिंगटन B. ब्लाश
C. मार्तोनी D. चोर्ले

850. निम्न मे से किसने यह तथ्य समुद्री यात्रा सम्पन्न कर बताया कि पृथ्वी का आकार गोल है?

A. कोलम्बस B. मैगलेन
C. वास्कोडिगामा D. कैप्टेन कुक

851. **'रुको और जाओ'** (Stop and Go) या नव निश्चयवाद के प्रतिपादक थे—

A. रैटजेल B. हम्बोल्ट
C. टैलर D. ब्लाश

852. सिस्टम एप्रोच के प्रमुख विद्वान हैं—

A. किंग B. पीटी
C. हेगेट, चोर्ले D. कोई नहीं

853. सिस्टम में होता है—

A. मूल उद्देश्यों का प्रवाह
B. ऊर्जा का आगमन
C. ऊर्जा का निर्गमन (अन्त में)
D. ये सभी

854. कार्ल सावर भूगोल की किस शाखा से संबंधित रहे?

A. भौतिक भूगोल B. कृषि भूगोल
C. सांस्कृतिक भूगोल D. राजनैतिक भूगोल

855. सांस्कृतिक दृश्य भूमि के विकास एवं वहाँ के प्रतिरूप एवं स्थापिक संबंधों को किसने आधार माना?

A. प्लाट B. कार्ल सावर
C. हार्टशोर्न D. इनमें से कोई नहीं

856. हार्टशोर्न की प्रसिद्ध पुस्तक थी—

A. एर्डकुण्डे
B. पर्सपेक्टिव ऑन नेचर ऑफ ज्योग्राफी
C. एन्थ्रोपोज्योग्राफी
D. इनमें से कोई नहीं

857. **ओडिसी व इलियड** नामक महाकाव्य के रचयिता हैं—

A. होमर B. थेल्स
C. अनेग्जीमेण्डर D. हिकेटियस

858. थेल्स कहाँ का निवासी था?

A. स्टेगेरिया B. हैलीकारनेसस
C. मिलेट्स D. इनमें से कोई नहीं

859. पृथ्वी की उत्पत्ति अदृश्य पदार्थ से मानने वाले विद्वान थे—

A. होमर B. थेल्स
C. अनेग्जीमेण्डर D. अरस्तू

860. अनेग्जीमेण्डर ने पृथ्वी की परिधि की 18 गुनी दूरी पर चन्द्रमा तथा कितनी दूरी पर सूर्य स्थित माना?

A. 20 गुनी B. 22 गुनी
C. 24 गुनी D. 27 गुनी

861. काँसे की एक वृत्ताकार उभरी हुई तश्तरी पर पृथ्वी का वृत्ताकार रूप एवं विश्व मानचित्र खोदा गया तथा स्पार्टा लाया गया, किसने बनाया था?

A. पाइथागोरस B. अनेग्जीमेण्डर
C. होमर D. हैरोडोट्स

862. निम्नलिखित में से किस विद्वान ने माना कि पृथ्वी अस्थिर है तथा ब्रह्माण्ड के केन्द्र में स्थित नहीं है?

A. पाइथागोरस ने B. टॉलमी ने
C. अरस्तू ने D. इनमें से कोई नहीं

863. असंगत युग्म को छाँटिए—

विद्वान		**कृतियाँ**
A. हिकेटियस	–	पीरिओडस
B. होमर	–	ओडिसी, इलियड
C. टॉलमी	–	प्राकृतिक इतिहास
D. क्लूवेरियस	–	ब्रह्माण्ड भूगोल

864. डेन्यूब नदी का ग्रीक कालीन नाम क्या था?

A. ईस्टर B. टेनाइस
C. बोरीस्थेन्स D. इनमें से कोई नहीं

865. निम्नलिखित में से किस विद्वान ने पृथ्वी को गोलाकार बताकर उसे तीन जलवायु खण्डों में विभाजित किया?

A. हैरोडोट्स ने B. हिकेटियस ने
C. अरस्तू ने D. सिकन्दर ने

866. **व्यवस्थित भूगोल का जनक** (Father of Systematic Geography) किसे कहा जाता है ?
A. इरेटास्थॅनीज को B. थियोफ्रेस्टस को
C. अनेग्जीमेण्डर को D. हैरोडोट्स को

867. अलमागेस्ट नामक कृति जो कि 13 खण्डों में है, किसकी कृति है ?
A. क्लूवेरियस B. हैरोडोट्स
C. महाकवि होमर D. टॉलमी

868. स्ट्रेबो का **भौगोलिक विश्वकोष** (Geographical Encyclopedia) कितनी पुस्तकों के रूप में था ?
A. 15 B. 16
C. 17 D. 18

869. टॉलमी भौगोलिक विश्वकोष के किस खण्ड में भारत का निवास मिलता है ?
A. 15वें B. 16वें
C. 17वें D. 18वें

870. टॉलमी ने बसी हुई पृथ्वी की लम्बाई 70,000 स्टेडिया तथा चौड़ाई कितने स्टेडिया बतायी ?
A. 20,000 B. 30,000
C. 40,000 D. 45,000

871. **पंच सिद्धान्तिका** नामक खगोलकी ग्रंथ किसका है ?
A. आर्यभट्ट का B. वाराहमिहिर का
C. ब्रह्मपुत्र का D. भास्कराचार्य का

872. पुराणों में वर्णित जम्बू द्वीप किस भूखण्ड का नाम है ?
A. एशिया B. यूरोप
C. यूरेशिया D. अफ्रीका

873. भूगोल के विकास के किस मध्यकालीन युग को पुनर्जागरण काल कहा जाता है ?
A. पूर्व मध्य कालीन B. अन्तर्मध्यकालीन युग
C. उत्तर मध्यकाल D. इनमें से कोई नहीं

874. भूगोल में कौन सा समय अंधेरा युग (Dark Age) कहलाता है ?
A. दूसरी से सातवीं शताब्दी
B. तीसरी से सातवीं शताब्दी
C. तीसरी से बारहवीं शताब्दी
D. इनमें से कोई नहीं

875. हम्बोल्ट ने किस विद्वान के साथ रहकर अधिकतम यात्राएँ पूरी कीं ?
A. आइमा बोन्प्लैण्ड B. प्रो. ए.जी. वार्नर
C. जॉन फॉर्स्टर D. श्लूटर

876. वॉन हम्बोल्ट ने राजा का वैज्ञानिक सलाहकार बनकर कहाँ कार्य किया ?
A. पेरिस B. बर्लिन
C. मैड्रिड D. इनमें से कोई नहीं

877. सामान्य भूगोल के लिए भौतिक भूगोल कौन विद्वान प्रयोग करता था ?
A. रिटर B. हम्बोल्ट
C. वारेनियस D. रैटजेल

878. ''भूगोल एक पूर्व विज्ञान है जिसमें पृथ्वी के सभी पहलुओं का अध्ययन शामिल है।'' यह कथन किसका है ?
A. वान हम्बोल्ट का B. वारेनियस का
C. फॉर्स्टर का D. कार्ल रिटर का

879. ''भूमण्डल पर सर्वत्र प्रकृति की सम्पूर्णता का प्रतिबिम्ब व्याप्त है।'' यह कथन किसका है ?
A. कार्ल रिटर का B. वॉन हम्बोल्ट का
C. रिचपथोफन का D. हेटनर का

880. असंगत युग्म को छाँटिए—

	भूगोलवेत्ता		**महत्त्वपूर्ण ग्रंथ**
A.	वॉन हम्बोल्ट	-	कॉसमॉस
B.	कार्ल रिटर	-	इर्डकुण्डे
C.	फ्रेडरिक रैटजेल	-	वॉल्कर कुण्डे
D.	अल्फ्रेड हेटनर	-	एन्थ्रोपोज्योग्राफी

881. ''मेरा अध्ययन तथ्यों पर आधारित है, दार्शनिक तर्क पर नहीं।'' रिटर का विचार किस विचारधारा से संबंधित है ?
A. पार्थिव एकता की विचारधारा
B. सम्पूर्णता की संकल्पना
C. ईश्वर उद्देश्यवादी विचारधारा
D. इनमें से कोई नहीं

882. रिटर ने '**लाण्डेरकुण्डे**' शब्द का प्रयोग किस अध्ययन के लिए किया ?
A. प्रादेशिक अध्ययन
B. क्षेत्रीय अध्ययन
C. मानव केन्द्रित अध्ययन
D. ये सभी

883. मानव भूगोल का जन्मदाता (Father of Human Geography) किसे कहा जाता है ?
A. हंटिंगटन को B. ब्लाश को
C. रैटजेल को D. डिमांजिया को

884. **Geography of 20th Century** नामक पुस्तक का सम्पादन किस भूगोलवेत्ता ने किया ?
A. टेलर B. हटिंगटन
C. रिटर D. हम्बोल्ट

885. रैटजेल ने राज्य के अंगवादी सिद्धान्त का विकास किस ग्रंथ में किया ?
A. राजनीतिक भूगोल B. एन्थ्रोपोज्योग्राफी
C. जर्मनी का भूगोल D. वॉल्कर कुण्डे

886. भूगोल को क्रमबद्ध विज्ञानों की जननी मानने वाला विद्वान था—
A. वॉन रिचथोफन B. फ्रोबेल
C. पेशेल D. हेटनर

887. फ्रांसीसी भूगोल का वास्तविक संस्थापक किसे माना जाता है ?
A. रेकलस को B. डिमांजिया को
C. ब्लाश को D. ब्रून्श को

888. ब्लाश ने भूगोल की 6 संकल्पनाओं का प्रतिपादन किया। निम्नलिखित में से कौन सी संकल्पना उनकी नहीं है ?
A. पार्थिव घटनाओं की एकता
B. भूगोल क्षेत्र वितरण विज्ञान के रूप में
C. पार्थिव घटनाओं एवं उनमें निहित घटनाओं के समुच्चय
D. यौगिक एवं सह-विविधताओं की स्थिति, वर्णन एवं व्याख्या

889. ''प्रकृति एक सलाहकार के रूप में कार्य करती है, वह मानव को कार्य करने के लिए बाध्य नहीं करती, बल्कि कुछ दिशाएँ प्रदान करती है।'' यह विचार किस भूगोलविद का है ?
A. ब्लाश B. जीन ब्रून्श
C. डिमांजिया D. टेलर

890. जीन ब्रून्श ने भूगोल के क्षेत्र को तीन वर्गों एवं कितने आवश्यक तथ्यों में विभाजित किया ?
A. तीन B. चार
C. पाँच D. छः

891. रॉयल ज्योग्राफिकल सोसायटी (Royal Geographical Society) की स्थापना कहाँ हुई ?
A. अमरीका B. ब्रिटेन
C. फ्रांस D. इनमें से कोई नहीं

892. निश्चयवाद की विचारधारा को समर्थन देने वाले विद्वानों में निम्नलिखित में से कौन शामिल नहीं है ?
A. स्ट्रेबो B. रैटजेल
C. कु. सैम्पुल D. कार्ल साबर

893. **यूरोपा** नामक ग्रंथ किस भूगोलविद् का है ?
A. कार्ल रिटर B. किरचॉफ
C. जीन बोदिन D. मोण्टेस्क्यू

894. **''मानव भूतल की उपज है''** (Man is the Product of Earth Surface) यह कथन किसका है ?
A. ब्लाश B. सैम्पुल
C. मोण्टेस्क्यू D. रैटजेल

895. संभववादी विचारधारा के समर्थकों ने निम्नलिखित में से किसे सम्मिलित नहीं किया जा सकता है ?
A. ब्लाश B. जीन ब्रून्श
C. कार्ल रिटर D. फैब्बरे

896. ''प्रकृति एक सलाहकार से अधिक नहीं है।'' यह विचार किसका है ?
A. ब्लाश B. जीन ब्रून्श
C. ईसा बौमैन D. फैब्बरे

897. संभववादी विचारधारा का प्रतिपादन सर्वप्रथम किसने किया ?
A. ईसा बोमेन B. फैब्बरे
C. जीन बून्श D. कार्ल सॉवर

898. अल्फेड हेटनर ने क्षेत्रीय भिन्नता की संकल्पना को कब समझाया ?
A. 1890 ई. B. 1892 ई.
C. 1898 ई. D. 1900 ई.

899. आधुनिक भूगोल के निश्चयचाद (Present day Determinism) किस भूगोलविद् की देन है ?
A. कार्ल सॉवर B. रॉक्सबी
C. स्पेट D. हंटिंगटन

900. निम्न भूगोलविदों में से आप किसे संभववाद का समर्थक नहीं मानेंगे ?
A. ब्लाश B. फेब्रे
C. रिटर D. डिमांजिया

उत्तरमाला

1	2	3	4	5	6	7	8	9	10
C	A	C	A	C	A	B	B	C	C
11	12	13	14	15	16	17	18	19	20
C	C	C	C	C	C	A	D	D	B
21	22	23	24	25	26	27	28	29	30
B	A	A	B	C	A	A	A	C	A
31	32	33	34	35	36	37	38	39	40
C	C	B	A	B	C	B	C	A	C
41	42	43	44	45	46	47	48	49	50
C	C	A	B	C	D	C	C	A	C
51	52	53	54	55	56	57	58	59	60
D	A	B	A	C	B	A	B	C	D
61	62	63	64	65	66	67	68	69	70
A	B	B	C	C	B	A	B	A	C
71	72	73	74	75	76	77	78	79	80
A	A	C	D	A	C	A	A	C	A
81	82	83	84	85	86	87	88	89	90
A	D	D	A	A	C	B	D	B	D
91	92	93	94	95	96	97	98	99	100
A	A	C	A	D	C	C	A	B	B
101	102	103	104	105	106	107	108	109	110
C	B	A	D	A	D	B	C	A	B
111	112	113	114	115	116	117	118	119	120
C	D	D	C	C	B	C	A	A	C
121	122	123	124	125	126	127	128	129	130
C	A	B	B	C	A	B	B	D	C
131	132	133	134	135	136	137	138	139	140
D	A	B	A	A	A	C	A	A	B
141	142	143	144	145	146	147	148	149	150
A	A	A	D	D	A	A	D	C	A
151	152	153	154	155	156	157	158	159	160
C	A	A	A	A	D	C	B	A	D
161	162	163	164	165	166	167	168	169	170
A	D	D	A	B	D	A	B	B	C
171	172	173	174	175	176	177	178	179	180
B	A	C	A	B	C	A	B	C	D

181	**182**	**183**	**184**	**485**	**186**	**187**	**188**	**189**	**190**
C	B	C	C	A	B	B	B	B	A
191	**192**	**193**	**194**	**195**	**196**	**197**	**198**	**199**	**200**
D	B	C	A	A	A	B	A	A	C
201	**202**	**203**	**204**	**205**	**206**	**207**	**208**	**209**	**210**
B	B	C	C	C	D	C	B	C	D
211	**212**	**213**	**214**	**215**	**216**	**217**	**218**	**219**	**220**
B	C	C	C	A	B	A	B	D	C
221	**222**	**223**	**224**	**225**	**226**	**227**	**228**	**229**	**230**
A	C	C	C	C	B	B	A	A	A
231	**232**	**233**	**234**	**235**	**236**	**237**	**238**	**239**	**240**
C	A	A	B	B	A	D	C	B	B
241	**242**	**243**	**244**	**245**	**246**	**247**	**248**	**249**	**250**
B	B	D	B	C	B	D	A	D	C
251	**252**	**253**	**254**	**255**	**256**	**257**	**258**	**259**	**260**
B	D	B	C	B	B	B	C	A	A
261	**262**	**263**	**264**	**265**	**266**	**267**	**268**	**269**	**270**
D	B	A	C	C	A	B	D	D	C
271	**272**	**273**	**274**	**275**	**276**	**277**	**278**	**279**	**280**
B	A	B	B	B	C	B	C	A	A
281	**282**	**283**	**284**	**285**	**286**	**287**	**288**	**299**	**290**
C	A	B	A	C	C	A	B	A	C
291	**292**	**293**	**294**	**295**	**296**	**297**	**298**	**299**	**300**
D	B	B	A	B	D	C	D	B	B
301	**302**	**303**	**304**	**305**	**306**	**307**	**308**	**309**	**310**
C	B	B	A	A	C	D	A	D	A
311	**312**	**313**	**314**	**315**	**316**	**317**	**318**	**319**	**320**
A	C	A	B	B	A	C	C	A	C
321	**322**	**323**	**324**	**325**	**326**	**327**	**328**	**329**	**330**
A	C	B	A	A	B	A	A	C	B
331	**332**	**333**	**334**	**335**	**336**	**337**	**338**	**339**	**340**
D	D	C	C	B	D	C	B	C	C
341	**342**	**343**	**344**	**345**	**346**	**347**	**348**	**349**	**350**
B	A	A	C	B	B	B	C	A	A
351	**352**	**353**	**354**	**355**	**356**	**357**	**358**	**359**	**360**
A	A	A	B	D	B	B	D	C	A
361	**362**	**363**	**364**	**365**	**366**	**367**	**368**	**369**	**370**
B	C	A	D	C	B	A	C	A	B

371	372	373	374	375	376	377	378	379	380
C	C	A	A	B	C	A	C	B	B
381	**382**	**383**	**384**	**385**	**386**	**387**	**388**	**389**	**390**
B	B	A	D	C	C	C	B	A	C
391	**392**	**393**	**394**	**395**	**396**	**397**	**398**	**399**	**400**
B	A	B	C	A	D	A	B	A	C
401	**402**	**403**	**404**	**405**	**406**	**407**	**408**	**409**	**410**
B	D	C	C	C	A	D	B	D	D
411	**412**	**413**	**414**	**415**	**416**	**417**	**418**	**419**	**420**
C	C	C	C	C	C	C	B	C	B
421	**422**	**423**	**424**	**425**	**426**	**427**	**428**	**429**	**430**
C	A	B	C	A	C	D	D	D	A
431	**432**	**433**	**434**	**435**	**436**	**437**	**438**	**439**	**440**
A	B	C	C	A	B	D	B	B	A
441	**442**	**443**	**444**	**445**	**446**	**447**	**448**	**449**	**450**
C	B	B	B	B	C	D	C	A	C
451	**452**	**453**	**454**	**455**	**456**	**457**	**458**	**459**	**460**
A	B	A	A	B	B	A	D	B	A
461	**462**	**463**	**464**	**465**	**466**	**467**	**468**	**469**	**470**
B	C	A	D	B	A	A	A	D	A
471	**472**	**473**	**474**	**475**	**476**	**477**	**478**	**479**	**480**
A	B	D	A	B	A	B	D	A	B
481	**482**	**483**	**484**	**485**	**486**	**487**	**488**	**489**	**490**
C	C	B	D	D	D	B	B	A	C
491	**492**	**493**	**494**	**495**	**496**	**497**	**498**	**499**	**500**
B	D	C	B	C	B	B	C	B	B
501	**502**	**503**	**504**	**505**	**506**	**507**	**508**	**509**	**510**
C	B	A	B	A	B	A	B	B	C
511	**512**	**513**	**514**	**515**	**516**	**517**	**518**	**519**	**520**
B	A	B	C	C	B	B	B	B	A
521	**522**	**523**	**524**	**525**	**526**	**527**	**528**	**529**	**530**
A	C	B	C	B	D	B	C	A	C
531	**532**	**533**	**534**	**535**	**536**	**537**	**538**	**539**	**540**
C	C	B	B	B	B	A	B	D	D
541	**542**	**543**	**544**	**545**	**546**	**547**	**548**	**549**	**550**
B	A	A	B	A	D	A	A	A	B
551	**552**	**553**	**554**	**555**	**556**	**557**	**558**	**559**	**560**
C	A	C	B	C	A	B	A	C	D

561	562	563	564	565	566	567	568	569	570
D	B	D	A	A	A	D	B	A	B
571	572	573	574	575	576	577	578	579	580
D	C	A	D	C	A	B	D	B	C
581	582	583	584	585	586	587	588	589	590
A	B	D	C	B	B	A	B	B	B
591	592	593	594	595	596	597	598	599	600
B	A	A	B	A	D	C	A	C	A
601	602	603	604	605	606	607	608	609	610
C	C	B	B	C	A	B	B	A	C
611	612	613	614	615	616	617	618	619	620
A	C	D	A	B	C	C	D	C	C
621	622	623	624	625	626	627	628	629	630
B	A	C	B	A	A	D	B	C	C
631	632	633	634	635	636	637	638	639	640
C	B	B	D	A	B	A	C	C	B
641	642	643	644	645	646	647	648	649	650
A	B	B	B	A	D	C	A	D	B
651	652	653	654	655	656	657	658	659	660
A	D	C	A	B	D	B	D	A	B
661	662	663	664	665	666	667	668	669	670
C	D	A	D	A	C	C	B	D	D
671	672	673	674	675	676	677	678	679	680
B	A	D	B	A	B	C	B	B	A
681	682	683	684	685	686	687	688	689	690
A	C	B	C	C	A	D	A	A	B
691	692	693	694	695	696	697	698	699	700
A	D	C	C	B	C	D	A	C	A
701	702	703	704	705	706	707	708	709	710
C	A	D	C	D	C	A	D	D	C
711	712	713	714	715	716	717	718	719	720
B	C	D	B	C	A	B	C	D	D
721	722	723	724	725	726	727	728	729	730
B	C	A	D	A	C	A	C	C	C
731	732	733	734	735	736	737	738	739	740
A	B	C	C	A	D	B	B	C	B
741	742	743	744	745	746	747	748	749	750
B	D	B	B	B	D	C	C	A	C

751	752	753	754	755	756	757	758	759	760
B	C	C	B	B	A	B	A	A	C
761	762	763	764	765	766	767	768	769	770
D	B	D	A	D	C	C	D	C	B
771	772	773	774	775	776	777	778	779	780
A	B	A	D	C	B	A	D	A	C
781	782	783	784	785	786	787	788	789	790
A	A	A	C	D	D	B	C	D	A
791	792	793	794	795	796	797	798	799	800
C	D	D	B	B	C	A	B	B	C
801	802	803	804	805	806	807	808	809	810
C	B	B	C	B	C	C	D	A	A
811	812	813	814	815	816	817	818	819	820
C	A	C	B	C	C	C	C	B	B
821	822	823	824	825	826	827	828	829	830
C	A	B	B	C	D	A	D	A	C
831	832	833	834	835	836	837	838	839	840
B	C	C	C	C	A	A	C	C	C
841	842	843	844	845	846	847	848	849	850
A	B	D	C	D	A	D	B	C	B
851	852	853	854	855	856	857	858	859	860
C	C	D	C	B	B	A	C	C	D
861	862	863	864	865	866	867	868	869	870
B	A	C	A	C	A	D	C	C	B
871	872	873	874	875	876	877	878	879	880
D	C	C	C	A	B	B	D	B	D
881	882	883	884	885	886	887	888	889	890
C	A	C	A	A	D	C	B	A	D
891	892	893	894	895	896	897	898	899	900
A	B	C	A	B	C	A	C	B	C